Zugangscode

Nutzungsdauer 24 Monate

V15ZHLE2

https://www.pearson.de/mylab/gdi4e

Grundlagen der Informatik

4., aktualisierte Auflage

Helmut Herold
Bruno Lurz
Martin Lurz
Jürgen Wohlrab

Pearson

Bibliografische Information der Deutschen Nationalbibliothek

Die Deutsche Nationalbibliothek verzeichnet diese Publikation
in der Deutschen Nationalbibliografie; detaillierte bibliografische Daten sind im Internet
über <http://dnb.dnb.de> abrufbar.

Der Umwelt zuliebe verzichten wir auf Einschweißfolie.

10 9 8 7 6 5 4 3 2 1

26 25 24 23

ISBN 978-3-86894-448-8 (Buch)
ISBN 978-3-86326-351-5 (E-Book)
Zugangscode einlösbar bis 30.09.2025

www.pearson.de
A part of Pearson plc worldwide

Programmleitung: Birger Peil, bpeil@pearson.de
Korrektorat: Katharina Pieper, Berlin
Coverillustration: © Ravil Sayfullin, Shutterstock
Herstellung: Philipp Burkart, pburkart@pearson.de
Satz: le-tex publishing services GmbH, Leipzig
Druck und Verarbeitung: GraphyCems, Villatuerta (Navara)

Printed in Spain

Inhaltsverzeichnis

Vorwort

Das Gebiet der Informatik ist so umfangreich, dass es unmöglich ist, es vollständig in einem Buch zu beschreiben, außer man würde ein Buch mit wahrscheinlich weit über zehn- oder sogar hunderttausend Seiten schreiben oder eine so kleine Schriftgröße wählen, die kein menschliches Auge mehr lesen könnte. Zudem würde man mit dem Lesen niemals fertig, da dieses Buch ständig aufgrund der tagtäglichen Fortentwicklung der Informatik immer um wahrscheinlich mehrere Seiten fortgeschrieben werden müsste. Folglich ist es unmöglich, ein Buch zu schreiben, das die Informatik vollständig abdeckt.

Trotzdem haben wir ein Buch über die Informatik geschrieben, und zwar über die Grundlagen der Informatik. Ja, man glaubt es kaum, aber auch in der Informatik gibt es Bleibendes, das wohl noch sehr lange gilt. Hierzu zählen z. B. Zahlensysteme oder Grundlagen der Logik. Natürlich gibt es auch Grundlagen, die zwar die nächsten Jahre noch Bestand haben werden, aber vielleicht in einigen Jahren nicht mehr von Wichtigkeit sind. Hierzu zählen z. B. technische Realisierungen oder spezielle Programmiersprachen. In diesem Buch werden deshalb wichtige Grundlagen der Informatik beschrieben, und zwar solche, die wohl noch sehr lange aktuell sind, aber auch Grundlagen, die vielleicht schon in ein paar Jahren veraltet sind und dann einer Aktualisierung bedürfen.

In der 2. Auflage des Buches wurden einige neuere und interessante Themengebiete vorgestellt. Namentlich wurde das Kapitel 7 (Programmiersprachen) um die portable GUI-Programmierung mit der QT-Bibliothek ergänzt und um die Möglichkeiten der Programmierung von Multicore-Prozessoren mit einer abschließenden kurzen Vorstellung der funktionalen Programmierung erweitert. Im Kapitel 10 (Rechnernetze) wurde ein Abschnitt über die Gefahren durch verschiedene Varianten von Schadsoftware zusammen mit einer Demonstration des Eindringens durch eine Sicherheitslücke, einen so genannten Pufferüberlauf, hinzugefügt. Ferner wurden einige Fehlerkorrekturen und vor allem im Kapitel 5 (Hardwarekomponenten) eine Reihe weiterer kleiner Ergänzungen zu Entwicklungen u. a. bei den Peripherie-Anschlusssystemen, wie z. B. zu PCIe, SATA, USB 3.0 und Thunderbolt, eingebracht.

In der 3. Auflage des Buches wurden einige neue Entwicklungen berücksichtigt und aktuelle Themengebiete ergänzt. Im Kapitel 7 (Programmiersprachen) wurde die openMP-Programmierung auf den openMP-Standard 3.x gebracht, der nun insbesondere parallele Tasks unterstützt. Zusätzlich wurden weitere interessante Probleme im Zusammenhang mit Cache-Speicher bei parallelen Abläufen aufgezeigt. Kapitel 8 (Datenstrukturen und Algorithmen) wurde um Suchalgorithmen und spezielle Baumstrukturen ergänzt. Das Kapitel 10 (Rechnernetze und das Internet) bzw. das Kapitel 10.8 (World Wide Web – WWW) wurde überarbeitet und um HTML5 erweitert. Außerdem wurden einige Fehlerkorrekturen und im Kapitel 5 (Hardwarekomponenten) einige kleine Ergänzungen zu Weiterentwicklungen der PC-Technik eingebracht.

In der nun vorliegenden 4. Auflage wird im Kapitel 7 (Programmiersprachen) bzw. genauer in Kapitel 7.7 eine Einführung in die Programmiersprache Python vorgestellt, die in immer mehr Gebieten zum Einsatz kommt. So wird sie unter anderem für Datenanalysen und im KI-Umfeld eingesetzt, aber auch im Bereich der Web- oder Spieleentwicklung genutzt. Neben kleinen Fehlerkorrekturen wurden im Kapitel 7.9 (Parallel-Programmierung) einige Anmerkungen zu Optimierungen bei parallelen Abläufen hinzugefügt und das Kapitel 10.9 (Gefahren durch Software) um zusätzliche Empfehlungen und interessante Hinweise ergänzt. Das Kapitel 10.8 (World Wide Web – WWW) wurde umfangreich und gründlich überarbeitet. Dabei wurden neue Entwicklungen berücksichtigt und Themen wie CSS und JavaScript stark erweitert und JSON neu hinzugefügt. Auch an etlichen weiteren Stellen wurden noch kleine Ergänzungen und Erläuterungen eingebracht. Neu ab dieser Ausgabe ist das **MyLab | Grundlagen der Informatik**. Mit vielen interaktiven Aufgaben zum Thema Programmieren bringen wir das Lehrbuch in Zusammenarbeit mit dem Pearson-Verlag auf den neuesten Stand der Didaktik. Wir wünschen viel Erfolg.

Nürnberg

Helmut Herold
Bruno Lurz
Martin Lurz
Jürgen Wohlrab

Einleitung

1

ÜBERBLICK

1.1 Idee dieses Buches

Praktisch orientiert mit technischem und theoretischem Hintergrund

Das vorliegende Buch soll die wichtigsten Grundlagen der Informatik vermitteln, wobei sein Schwerpunkt auf dem praktischen Teil der Informatik liegt, was man auch mit dem Begriff „Praktische Informatik" beschreibt. Daneben soll dieses Buch jedoch auch einen Einblick in die so genannte „Technische Informatik" und „Theoretische Informatik" geben, da aus Sicht der Autoren gerade diese beiden Gebiete in der heutigen Zeit leider oft zu kurz kommen, denn nicht allzu selten trifft heutzutage die Aussage „*Durchklick statt Durchblick*" zu. Natürlich können nicht alle Themengebiete der Informatik in aller Tiefe behandelt werden, denn das würde den Rahmen dieses Buches sprengen. Es können aber zumindest die Grundlagen zu den wichtigen Teilgebieten der Informatik vorgestellt werden, so dass der Leser in die Lage versetzt wird, sich bei Interesse tiefergehend mit diesen Themen zu beschäftigen. Ergänzende und themenvertiefende Literatur führt das Literaturverzeichnis auf.

Keine Bedienanleitungen für Software

Dieses Buch verzichtet nahezu vollständig auf die Vorstellung der angewandten Informatik, welcher die unüberschaubare Vielzahl an vorhandener spezieller Hardware (wie z. B. Soundkarten, Grafikkarten usw.) und Softwarelösungen (wie z. B. Microsoft-Word oder Spiele) zuzurechnen ist. Dieses Gebiet der Informatik ist so umfangreich und seine ständig neuen Versionen sind so kurzlebig, dass sie niemals durch ein einziges Buch abgedeckt werden könnten. Es ist Aufgabe des jeweiligen Software- oder Hardware-Herstellers, sein Produkt zu dokumentieren. Zudem zählt dieses Gebiet aus Sicht der Autoren nicht zu den Grundlagen der Informatik.

Dieses Buch ist in fünf Teile gegliedert.

Teil I: **Einführung in die Informatik**

Nach einer kurzen Vorstellung der Historie und der Teilgebiete der Informatik wird auf die Speicherung und Interpretation von Information eingegangen, bevor dann die boolesche Algebra und die wesentlichen Hardwarekomponenten eines Computers vorgestellt werden. Ein letztes Kapitel stellt die erforderlichen Programmierwerkzeuge vor, die ein von Menschen geschriebenes Programm benötigt, um aus ihm ein ausführbares Maschinenprogramm zu erzeugen.

Teil II: **Praktische Informatik**

Dieser Teil beginnt mit einer Einführung in die wesentlichen Konstrukte der Programmiersprachen C/C++ und Java, zeigt Möglichkeiten der parallelen Programmierung, bevor es dann grundlegende Datenstrukturen und Algorithmen, wie Stacks, Queues, Rekursion, binäre Bäume sowie Sortieralgorithmen und Backtracking vorstellt. Im darauf folgenden Kapitel werden der grundsätzliche Aufbau sowie die wesentlichen Dienste von Betriebssystemen gezeigt. Anschließend werden Rechnernetze, Internet und Schadsoftware gefolgt von Datenbanksystemen vorgestellt. Das abschließende Kapitel in diesem Teil gibt einen kurzen Einblick in die Welt des „Software-Engineerings".

Teil III: **Technische Informatik**

Nach der Vorstellung von Transistoren, Chips und logischen Bausteinen, werden Schaltnetze und Schaltwerke behandelt, bevor dann auf Prozessorarchitekturen, Speicher und Caches genauer eingegangen wird.

Teil IV: **Theoretische Informatik**

Dieser Teil startet mit einer Einführung in Automatentheorie und formale Sprachen, wobei es auch Werkzeuge vorstellt, welche die lexikalische und syntaktische Analyse von Compilern erheblich erleichtern. Das anschließende Kapitel stellt die Berechenbarkeitstheorie vor, indem es zunächst klärt, was berechenbare und nicht berechenbare Funktionen sind, bevor es Berechenbarkeitskonzepte wie z. B. Turing- und Registermaschinen behandelt oder prinzipiell unlösbare Probleme vorstellt.

Abschließend wird noch detaillierter auf die Komplexitätstheorie eingegangen, indem die Klasse P für praktisch lösbare Probleme sowie die Klasse NP für Probleme mit polynomialer Komplexität eingeführt wird, bevor einige ausgewählte Probleme mit NP-Vollständigkeit näher vorgestellt werden. Abschließend werden noch Approximationsalgorithmen behandelt, die ein NP-vollständiges Problem zwar nicht optimal lösen, aber zumindest in einer polynomialen Zeit eine akzeptable Lösung finden können.

Teil V: **Codes, Kompression, Kryptografie**

Im letzten Teil werden zunächst so genannte fehlertolerante Codes, wie z. B. der Hamming-Code oder die CRC-Kodierung vorgestellt, bevor das darauf folgende Kapitel sich der Datenkompression widmet und hierzu unterschiedliche Verfahren zur Komprimierung von Daten zeigt. Ein letztes Kapitel behandelt dann die Kryptografie, wobei es unterschiedliche Verschlüsselungsmethoden vorstellt.

1.2 Beispiele, Übungen und Rätsel

Beispiele und Übungen

Zum besseren Verständnis werden immer wieder Beispiele zum jeweiligen Themengebiet gegeben.

Um dem Leser seine Lernerfolge selbst überprüfen zu lassen, werden zu den einzelnen Themengebieten Übungen angegeben, die wie folgt gekennzeichnet sind:

▶ **Übung**

Die Lösungen zu diesen Übungen findet man im Begleitmaterial (siehe auch unten).

Simulationsprogramme, C/C++- und Java-Programme

Allerdings ist der Leser nicht nur auf die im Buch angegebenen Übungen beschränkt, sondern er kann sich jederzeit selbst Aufgaben ausdenken, deren Lösung er dann mit den im begleitenden Zusatzmaterial mitgelieferten Simulationsprogrammen überprüfen kann.

Oft werden im Rahmen dieses Buches, wie z. B. bei der Vorstellung der beiden heute weit verbreiteten Programmiersprachen C/C++ und Java, zusätzliche Demonstrationsprogramme entwickelt, die dann meist sowohl in C/C++ als auch in Java vorliegen. Weiterhin werden Demonstrationsprogramme für Python sowie Demonstrations-HTML-Seiten vorgestellt.

Alle diese Programme und Dokumente befinden sich auf dem **MyLab | Grundlagen der Informatik**[1] einschließlich des Quellcodes, den interessierte Leser zum Selbststudium heranziehen können. Auch eventuelle Korrekturen und Updates werden auf dem **MyLab | Grundlagen der Informatik** zum Download angeboten werden.

Insgesamt wurden Programme entwickelt, die über 30 000 Codezeilen *(Lines Of Code)* umfassen.

Rätsel und Denksportaufgaben

Am Anfang jedes Kapitels werden Rätsel und Denksportaufgaben gegeben. Dies soll die heute in jedem Beruf unverzichtbare Problemlösungsfähigkeit fördern, wobei das Lösen von Problemen gerade in der Informatik eine zentrale Rolle spielt. Die Lösungen zu diesen Rätseln und Denksportaufgaben im Begleitmaterial enthalten dabei auch allgemeine Tipps und Techniken zum Lösen von Problemstellungen allgemeiner Art, die hier nur in Form von Rätseln und Denksportaufgaben gegeben sind.

1.3 Begleitmaterial zu diesem Buch

Um die Seitenzahl dieses Buches nicht zu groß werden zu lassen, wurden einige zusätzliche Informationen und Tabellen, die Lösungen zu den Übungen und die Vorstellung der begleitenden Programme zum selbstständigen Üben in zusätzliche, separate Dokumente ausgelagert. Diese Zusatzinformationen sind in den nachfolgend erwähnten PDF-Dateien, die als Begleitmaterial zu diesem Buch dienen und vom **MyLab | Grundlagen der Informatik** herunterladbar sind, abgelegt.

infoGrundbuchZusatz.pdf – Begleitmaterial mit Zusatzinformationen und Lösungen

Finden Sie im Buch am Rand das hier gezeigte Symbol, so kann dies darauf hindeuten, dass Sie entweder eine passende Aufgabe im **MyLab | Grundlagen der Informatik** oder mehr Information zum jeweiligen Themengebiet in der Datei `infoGrundbuchZusatz.pdf` finden. Diese Datei, die auch die Lösungen zu den jeweiligen Übungen enthält, umfasst in etwa 450 Seiten und kann von dem zum Buch gehörenden **MyLab | Grundlagen der Informatik** heruntergeladen werden.

cprogRegel.pdf – Programmierrichtlinien für C/C++

In dieser PDF-Datei finden Sie beispielhaft wichtige Programmierrichtlinien für die Programmiersprache C/C++.

1 Am schnellsten gelangen Sie von dort zur Buchseite, wenn Sie in das Feld „Schnellsuche" die Buchnummer 4448 eingeben.

asciitabelle.pdf – Eine ASCII-Tabelle

In dieser PDF-Datei ist eine übersichtliche Tabelle zum ASCII-Code gegeben.

lcgi.pdf – Einfache Grafikbibliothek

Im Rahmen des beim *millin*-Verlag erschienenen Buches „*C-Programmierung unter Linux, Unix und Windows*“ wurden eigene Grafikroutinen entworfen, mit denen eine einfache Grafikprogrammierung möglich ist. Diese Grafik-Implementierung hat den Namen LCGI (*Linux C Graphics Interface*). Diese Grafikbibliothek ist mit der C++-Grafikbibliothek *Qt* der Firma *Trolltech* entworfen worden und ermöglicht dem Anfänger auf Grund ihrer Einfachheit und überschaubaren Anzahl von Funktionen einen leichten Einstieg in die Grafikprogrammierung. In der auf dem **MyLab | Grundlagen der Informatik** befindlichen Datei `lcgi.pdf` finden Sie eine Beschreibung zu LCGI.

1.4 MyLab | Grundlagen der Informatik

MyLab | Grundlagen der Informatik – *Learn a little...do a little.* Wie im Klassiker Giancoli Physik ist auch hier die Umsetzung des bei Studierenden bewährten didaktischen Konzepts der digitalen Übungsblätter *Learn a little...do a little* enthalten. Hier werden im **MyLab | Grundlagen der Informatik**, das zum Buch gehört, interaktive Skriptaufgaben mit Lösungshinweisen mit Ihnen durchgearbeitet.

Sie können diese Aufgaben so lange üben und mit neuen Aufgabenstellungen wiederholen, bis es wirklich sitzt. Über 100 Aufgaben in verschiedenen Schwierigkeitsgraden helfen Ihnen dabei, das Programmieren zu verstehen. Das Gradebook in **MyLab | Grundlagen der Informatik** gibt Ihnen einen Überblick über die von Ihnen bearbeiteten Aufgaben, so dass Sie immer wissen, was Sie gelernt haben. Eine detaillierte Anleitung finden Sie auf der Startseite von **MyLab | Grundlagen der Informatik**.

Die Anmeldung im **MyLab | Grundlagen der Informatik** ist mit jedem Browser möglich, der JavaScript unterstützt. Wir empfehlen die Verwendung eines Laptops oder Tablets. Zusätzlich können Sie das Lehrbuch als E-Book mitnehmen und überall lesen. Nutzen Sie diese einzigartige Möglichkeit zur Wiederholung und (Prüfungs-)Vorbereitung. Lernen Sie damit im Team, an der Hochschule oder im Selbststudium und nutzen Sie bei Fragen die Unterstützung der Tutorinnen und Tutoren, die Ihnen gerne weiterhelfen. Lassen Sie sich von kleinen Rückschlägen nicht entmutigen, sondern bleiben Sie dran. Dafür haben wir das **MyLab | Grundlagen der Informatik** entwickelt, das Sie in kleinen Learn a little...do a little-Schritten unterstützt.

Der **Zugangscode** steht auf den vorderen Seiten des Buches. Wenn Sie dieses Buch als eBook-Version besitzen und noch keinen Zugangscode erhalten haben, können Sie diesen hier anfragen `https://www.pearson.de/ebook-zugangscode`. Bei technischen Fragen zum **MyLab | Grundlagen der Informatik** können Sie sich ebenfalls jederzeit an unseren Support wenden.

1.5 Danksagung

Im Rahmen dieses Buches wurden zwar von den Autoren viele Demonstrations- und Simulationsprogramme entwickelt, aber ein Simulationsprogramm, das von Bachelor-Studenten und -Studentinnen im Rahmen einer Projektarbeit entwickelt wurde, ist hier doch hervorzuheben.

Simulator zu den Berechenbarkeitskonzepten

Unser Dank gebührt auch *Anett Krause*, *Bernd Himmler*, *Werner Siedenburg* und *Daniel Stierhof*, die zu den in Kapitel 18.4 vorgestellten Berechenbarkeitskonzepten einen Simulator entwickelt haben, der es dem Leser ermöglicht, eigene Turingmaschinen-Programme zu erstellen und sich dann die Abarbeitung dieser Programme schrittweise anzeigen zu lassen. Zudem ist dieser Simulator nicht nur in der Lage, eigene Turingprogramme abzuarbeiten, sondern ebenso WHILE-, GOTO-, LOOP- und Registermaschinen-Programme (siehe auch Abbildung 18.3 auf Seite 768). Die Bedienungsanleitung zu diesem Simulator und die Syntaxregeln zu den jeweiligen Programmarten finden Sie in der Datei `turing.pdf` bzw. in der Online-Hilfe dieses Simulators.

1.6 Hinweis in eigener Sache

Wenn wir uns an den Leser bzw. den Benutzer wenden, möchten wir damit natürlich auch gleichzeitig die Leserinnen bzw. Benutzerinnen ansprechen. Auf die doppelte Anrede oder eine abwechselnde Anrede wird lediglich deswegen verzichtet, da wir zum einen Wiederholungen vermeiden und zum anderen den Lesefluss nicht stören wollen.

TEIL I

Einführung in die Informatik

Bei einer erhitzt geführten Debatte im britischen Unterhaus ließ sich eine weibliche Abgeordnete dazu hinreißen, Winston Churchill folgenden Satz zuzurufen: „Wenn ich Ihre Frau wäre, würde ich Ihnen Gift in den Kaffee tun!“ Churchill konterte diese Attacke, schlagfertig wie er war, mit: „Und wenn ich Ihr Mann wäre, würde ich den Kaffee trinken!“

(Anekdote)

Die Historie und die Teilgebiete der Informatik

2

ÜBERBLICK

2.1 Rätsel: Streichholzprobleme

Lösungen

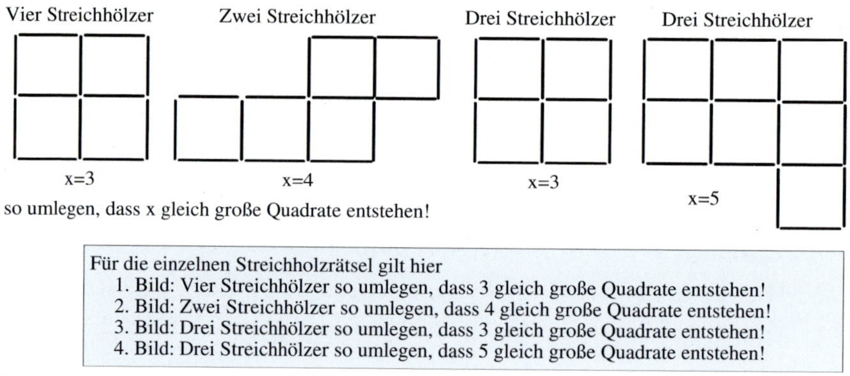

Abbildung 2.1: Streichholzprobleme

2.2 Der Begriff Informatik

Der Begriff „*Informatik*", der eine Wortneubildung bzw. eine Begriffsverschmelzung aus den beiden Wörtern „***Inform**ation*" und „*Auto**matik***" ist, wurde Ende der 1950er Jahre von dem Deutschen *Karl Steinbuch* eingeführt. Seit Ende der 1960er Jahre, als Informatik erstmals als eine eigene Studienrichtung auftauchte, wird unter dieser Bezeichnung Ausbildung und Forschung an den Hochschulen betrieben.

Während sich in Europa dieser Begriff etabliert hat, wie z. B. in Frankreich das Wort „*infomatique*", wird in den angelsächsischen Ländern stattdessen der Begriff „*computer science (Computerwissenschaft)*" verwendet. Informatik ist allerdings mehr als nur Computerwissenschaft, denn sie umfasst ganz allgemein die

automatisierte Informationsverarbeitung in Natur, Technik und Gesellschaft.

Hierzu vielleicht noch einen Satz von Edsger W. Dijkstra: „*In der Informatik geht es genauso wenig um Computer, wie in der Astronomie um Teleskope.*"

2.3 Historische Entwicklung der Informatik

Dieses Kapitel zeigt einige wichtige Stationen der historischen Entwicklung vom Abakus bis zum heutigen modernen Elektronenrechner.

2.3.1 Der Abakus

Schon vor mehr als 3000 Jahren war man bestrebt, mechanische Geräte zu entwickeln, die dem Menschen einfache Berechnungen abnahmen. Hierbei ist vor allen Dingen der Abakus zu erwähnen, wie er heute noch eingesetzt wird. Der Abakus ist ein Rechenbrett mit Kugeln, meist Holz- oder Glasperlen. In der Antike wurden Münzen oder Steine, so genannte Rechensteine, verwendet. Das Wort *Abakus* kommt vom lateinischen Wort *abacus* beziehungsweise vom griechischen *abax* und bedeutet *Tafel*,

Tablett bzw. *Tisch*. Mit einem Abakus sind die Grundrechenarten Addition, Subtraktion, Multiplikation und Division durchführbar, aber auch das Ziehen von Quadrat- und Kubikwurzeln.

Die ersten Verwender eines Abakus waren nach heutigem Kenntnisstand die Chinesen, circa 1100 vor Christus. Etwa 1600 nach Christus übernahmen die Japaner vermutlich zunächst das Prinzip des chinesischen Abakus *Suanpan* mit 2 + 5 Perlen pro Stab und magerten es dann auf die heutige redundanzfreie Form des japanischen Abakus *Soroban* mit 1 + 4 Perlen pro Stab ab. Bei archäologischen Ausgrabungen wurde ein Abakus der Azteken (von etwa 900–1000 nach Christus) entdeckt, bei dem die Rechenperlen aus aufgefädelten Maiskörnern bestanden, die auf einem Holzrahmen befestigt waren. Noch heute wird der Abakus in arabischen Basaren verwendet.

Zahlendarstellung beim chinesischen Abakus (Suanpan)

Der chinesische Abakus besteht üblicherweise aus einem Hartholzrahmen mit mehreren senkrecht angeordneten, parallelen Stäben. Auf jedem Stab können sieben Holzperlen nach oben oder unten geschoben werden. Eine Querstrebe teilt den Abakus in zwei Bereiche, wie es in Abbildung 2.2 gezeigt ist. Beim chinesischen Abakus (links in Abbildung 2.2) z. B. besitzt jeder Stab im oberen Bereich zwei Perlen und im unteren fünf. Die Anzahl der Stäbe liegt bei einem Standardabakus bei zehn bis zwölf, kann aber bei Bedarf auch größer sein.

Jeder Stab repräsentiert eine Dezimalstelle: der rechte Stab die Einerstelle, der zweite von rechts die Zehnerstelle usw. Jede Perle im unteren Teil steht für eine Einheit der jeweiligen Dezimalstelle, jede im oberen für fünf. Eine Perle wird gezählt, wenn sie in Richtung der Querstrebe geschoben wird.

Sind fünf untere Perlen eines Stabes abgezählt, erfolgt ein „Übertrag" in den oberen Bereich: Eine Fünferperle wird gesetzt und die Einer werden zurückgeschoben. Sind beide oberen Perlen gesetzt, dann wird das Ergebnis (10) auf die nächste Stelle – den linken Nachbarstab – übertragen.

Nachkommastellen können berücksichtigt werden, indem man sich das Dezimalkomma fest zwischen zwei Stäben denkt. Die Stäbe links davon stellen dann den ganzzahligen Anteil dar und die Stäbe rechts davon den gebrochenen.

Abbildung 2.3 zeigt z. B. die Darstellung der Zahl 705 236,4189 auf dem chinesischen Abakus (*Suanpan*) und auf dem japanischen Abakus (*Soroban*).

Mit dem begleitenden Programm `abakus.c` kann man sich interaktiv die Darstellung von Zahlen auf dem Abakus anzeigen lassen, wie es in Abbildung 2.3 gezeigt ist.

Echte Professionalität auf dem Abakus erreicht man nur mit der richtigen Fingerfertigkeit: Beim chinesischen Abakus werden z. B. die Perlen im unteren Teil nur mit Daumen und Zeigerfinger bewegt, der Daumen schiebt die Perlen nach oben,

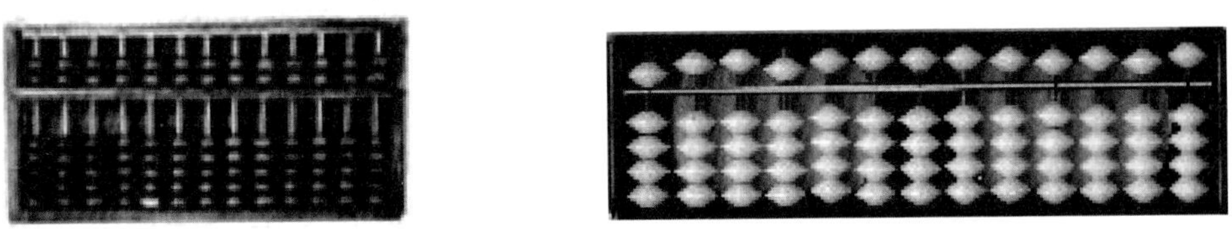

Abbildung 2.2: Der chinesische Abakus (*Suanpan*) und der japanische Abakus (*Soroban*)

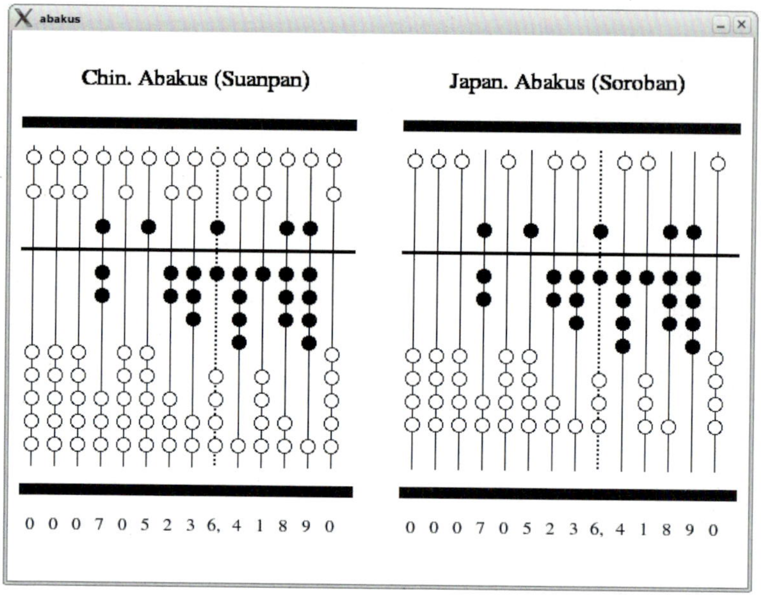

Abbildung 2.3: Die Zahl 705236,4189 auf dem Abakus (`abakus.c`)

der Zeigefinger in der Regel nach unten. Die Perlen im oberen Teil werden mit dem Mittelfinger nach unten und oben bewegt.

Ausnahmen gibt es bei bestimmten Operationen, beispielsweise Addition von 3 zur 8. Hier muss der Zeigefinger Perlen hochschieben. Die Addition der Drei wird *Jian Chi Jia Shi* genannt und bedeutet *„subtrahiere 7 addiere 10"*.

Addition und Subtraktion beim chinesischen Abakus (Suanpan)

Bei der Addition mit dem Abakus werden die zu addierenden Zahlen ziffernweise von rechts nach links durch die entsprechende Perlenanzahl eingegeben und damit automatisch „addiert". Wenn die Ziffern in die richtige Spalte „gezählt" werden und dabei gleichzeitig die Überträge richtig ausgeführt werden, liegt das Ergebnis der Operation anschließend korrekt vor. Bei der Subtraktion wird zuerst der Minuend (Zahl, von der zu subtrahieren ist) eingestellt, dann wird subtrahiert, indem Perlen entweder von einem oder von beiden Bereichen (oben oder unten) weggenommen werden. Die Perlenposition nach der Operation ist das Ergebnis.

Im begleitenden Zusatzmaterial finden Sie eine zugehörige Additions- und Subtraktionstabelle sowie eine kurze Anleitung zur Multiplikation und Division beim chinesischen Abakus (Suanpan). Um Zahlen interaktiv zu addieren bzw. zu subtrahieren, stehen die begleitenden Programme `abarech.c` und `Abarech.java` zur Verfügung, die im Begleitmaterial zu diesem Buch vorgestellt werden. Diese Programme ermöglichen die Eingabe von zwei Zahlen und zeigen dann schrittweise den Additions- bzw. Subtraktionsvorgang an.

2.3.2 Der Begriff Algorithmus und Ibn Musa Al-Chwarismi

Der persische Mathematiker und Astronom *Ibn Musa Al-Chwarismi* schrieb im 9. Jahrhundert das Lehrbuch *Kitab al jabr w'almuqabala* (Regeln der Wiedereinsetzung und Reduktion). Das Wort *Algorithmus* geht auf seinen Namen zurück.

Unter einem *Algorithmus* versteht man eine Verarbeitungsvorschrift, die von einem mechanisch oder elektronisch arbeitenden Gerät bzw. auch von einem Menschen durchgeführt werden kann. Aus der Präzision der sprachlichen Darstellung des Algorithmus muss die Abfolge der einzelnen Verarbeitungsschritte eindeutig hervorgehen. Wenn Wahlmöglichkeiten vorhanden sind, so muss dann genau festgelegt werden, wie die Auswahl einer Möglichkeit erfolgen soll. Beispiele für Algorithmen sind z. B. Vorschriften zum Addieren, Subtrahieren oder Multiplizieren von Zahlen. Andere Beispiele für Algorithmen sind z. B. Kochrezepte, Bastelanleitungen, Spielregeln, Gebrauchsanweisungen usw., welche jedoch nur selten exakt ausformuliert sind und oft Teile enthalten, die vom Ausführenden beliebig interpretiert werden können. Ein Algorithmus legt fest, wie Eingabedaten schrittweise in Ausgabedaten umgewandelt werden. Ein Beispiel für einen Algorithmus ist z. B. der von Euklid ca. 300 v. Chr. gefundene *Euklid'sche Algorithmus zur Bestimmung des größten gemeinsamen Teilers (ggT) zweier natürlicher Zahlen a und b*:

```
Eingabe: zwei ganze positive Zahlen a und b
Ausgabe: ggT von a und b
Algorithmus: Wiederhole folgende Schritte
                   r := Rest der ganzzahligen Division von a : b
                   a := b
                   b := r
           bis r = 0 ist
           Gib a aus, da sich nun in a der ggT befindet
```

Das Zeichen „:=“ bedeutet dabei „*ergibt sich aus*“ oder „*weise zu*“.

Im Begleitmaterial zu diesem Buch finden Sie den entsprechenden Code zu diesem Algorithmus sowohl in der Programmiersprache C/C++ (`euklid.c`) als auch in der Programmiersprache Java (`Euklid.java`).

2.3.3 Wichtige Stationen von 1500 bis 1930

Nachfolgend werden einige wichtige Meilensteine aus der Historie der Informatik vorgestellt.

- **A. Riese (1492–1559; Staffelstein) – Rechengesetze zum Dezimalsystem**
  Adam Riese veröffentlichte ein Rechenbuch, in dem er die Rechengesetze des aus Indien stammenden Dezimalsystems beschrieb. In dieser Zeit setzte sich das Dezimalsystem in Europa durch. Von nun an war eine Automatisierung des Rechenvorgangs möglich.

Abbildung 2.4: Rechenmaschine von W. Schickard

- **W. Schickard (1592–1635; Tübingen) – Erste Rechenmaschine**
  Wilhelm Schickard konstruierte im Jahre 1623 für seinen Freund *Kepler* (1571–1630) eine Maschine, die addieren, subtrahieren, multiplizieren und dividieren konnte. Diese Maschine blieb jedoch unbeachtet.
- **B. Pascal (1623–1662; Clermont) – Rechenmaschine mit 6 Stellen**
  Blaise Pascal konstruierte 1641 eine Maschine, mit der man sechsstellige Zahlen addieren konnte.
- **G. Leibniz (1646–1716; Leipzig) – Maschine für vier Grundrechenarten**
  Gottfried Wilhelm Leibniz konstruierte 1674 eine Rechenmaschine mit Staffelwalzen für die vier Grundrechenarten. Dabei beschäftigte er sich auch mit der binären Darstellung von Zahlen.
  Diese Maschinen von *Blaise Pascal* und *Gottfried Wilhelm Leibniz* hatten die Steuerung für z. B. die Addition mechanisch fest eingebaut. Die Summanden wurden über Stellrädchen eingegeben und durch Drehen an einer Kurbel wurde der vorgegebene Steuerungsmechanismus in Gang gesetzt, vergleichbar auch mit den alten, mechanischen Registrierkassen.

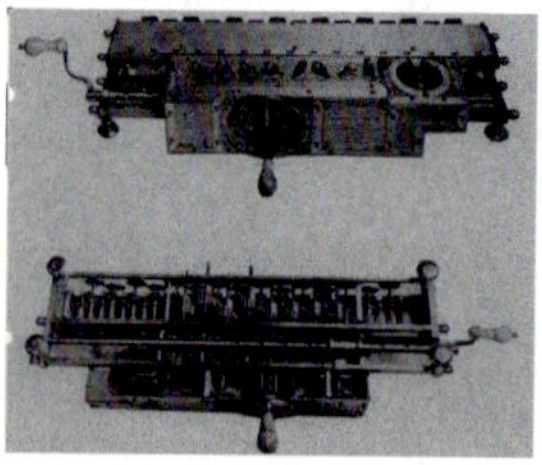
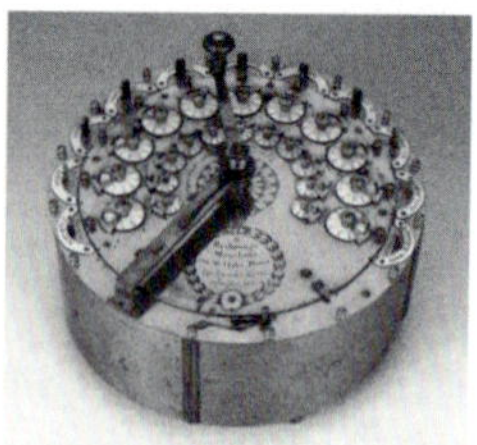

Abbildung 2.5: Rechenmaschinen von Leibniz (li) und Hahn

Ab 1818 wurden Rechenmaschinen nach dem Vorbild der *Leibniz'schen Maschine* serienmäßig hergestellt und dabei ständig weiterentwickelt.

- **P. Hahn (1739–1790; Kornwestheim) – 1. mechanische Rechenmaschine**
  Philipp Matthäus Hahn, ein Pfarrer aus Kornwestheim, entwickelte 1774 eine mechanische Rechenmaschine, die erstmals zuverlässig arbeitete.
- **Charles Babbage (1792–1871) – Prinzip der „Analytical Engine"**
  Charles Babbage entwickelte im Jahr 1838 das Prinzip der „Analytical Engine", die Rechnungen aller Art durchführen können sollte. Die Reihenfolge der einzelnen Rechenoperationen wurde dabei durch nacheinander eingegebene hölzerne Lochkartenplättchen gesteuert, die zu dieser Zeit bereits zur Steuerung von Webstühlen verwendet wurden. Die Maschine sollte einen Zahlenspeicher, ein Rechenwerk, eine Steuereinheit und einen Programmspeicher besitzen. Wegen der unzulänglichen technischen Möglichkeiten seiner Zeit wurde diese „programmgesteuerte" Maschine aber nie voll funktionsfähig. Die von seinen Zeitgenossen belächelte *Analytical Engine* ist jedoch das Modell einer Rechenmaschine, die bereits alle Module moderner Computer enthält, weshalb sie als (mechanischer) Vorläufer unserer heutigen programmierbaren Rechner angesehen werden kann. Auf seine Arbeiten stieß man erst wieder, als die modernen Rechner bereits konzipiert waren. Die Programmiersprache ADA wurde nach dem Vornamen der Assistentin von Charles Babbage, der Gräfin *Ada Augusta von Lovelace*, benannt.

Abbildung 2.6: Analytical Engine von C. Babbage (li) und Zähl- und Sortiermaschine von H. Hollerith

- **Hermann Hollerith (1860–1929) – Erfinder der Lochkarte**
  Eine Maschine zum Auswerten von amerikanischen Volkszählungsstatistiken mit Lochplättchen und später Lochkarten wurde im Jahre 1886 von *Hermann Hollerith* gebaut, dessen Eltern von Deutschland in die USA ausgewandert waren. Das Abtasten der Lochkarten erfolgte mit Metallstiften, über die – im Falle eines Loches – ein Kontakt geschlossen wurde, der einen elektrisch betriebenen Zähler um eins erhöhte. Damit konnte damals der Zeitbedarf für die Auswertung der Volkszählung von mehreren Jahren auf wenige Monate reduziert werden. Die für die Volkszählung im Jahre 1890 verbesserte Version der Lochkarten kann als Vorläufer für die in den IBM-Rechnern der 1960er und 1970er Jahre zur Programmspeicherung verwendeten Lochkarten angesehen werden.

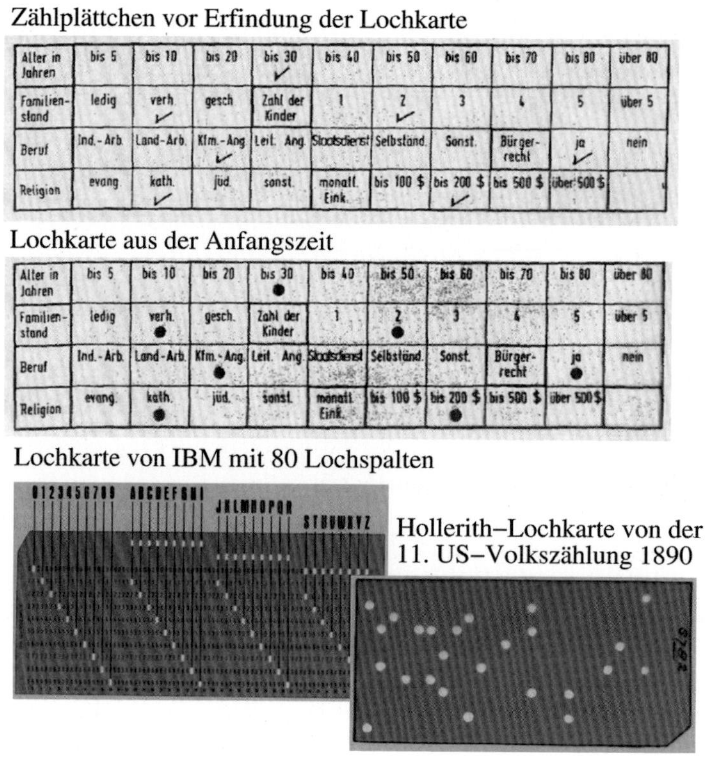

Abbildung 2.7: Zählplättchen und Lochkarten

Nach weiteren Verbesserungen gründete er 1896 die *Tabulating Machine Company*, die er 1911 für über eine Million Dollar einschließlich einem mit 20 000 Dollar jährlich dotierten Beratervertrag verkaufte. *Tabulating Machine Company* fusionierte mit der *Computing Scale Corporation* und der *International Time Recording Company* zur *Computing Tabulating Recording Corporation (CTR)*. 1924 wurde *CTR* schließlich in *International Business Machines Corporation (IBM)* umbenannt. Das größte Problem all dieser historischen Maschinen war jedoch die notwendige, komplexe Feinmechanik.

2.3.4 Konrad Zuse und der erste funktionstüchtige Computer

Mit dem Aufkommen des elektrischen Stroms und der Elektrotechnik wurde bei der Konstruktion von Rechenmaschinen dann zunehmend auf elektromechanische Bauteile gesetzt. Solche Maschinen wurden in den 1940er Jahren von *Konrad Zuse* (1910–1995) in Berlin gebaut.

Konrad Zuse war ein deutscher Bauingenieur und ist wohl der Erfinder des ersten funktionstüchtigen Computers der Welt. Nach seinem Abitur 1928 in Hoyerswerda begann er ein Maschinenbaustudium an der Technischen Hochschule Charlottenburg in Berlin (heute Technische Universität Berlin), das er 1935 abschloss. Anschließend arbeitete er als Statiker bei den Henschel Flugzeugwerken in Berlin-Schönefeld. Nachfolgend einige wichtige Daten zum Lebenslauf von Konrad Zuse und hier vor allen Dingen zu den von ihm konstruierten Rechenmaschinen Z1 bis Z4:

1934: Konrad Zuse begann mit der Planung einer programmgesteuerten Rechenmaschine. Sie verwendete das binäre Zahlensystem und die halblogarithmische Zahlendarstellung.

1938: Zuse stellte den elektrisch angetriebenen mechanischen Rechner Z1 mit begrenzten Programmiermöglichkeiten fertig, der die Befehle von Lochstreifen abliest. Die Z1 arbeitete aufgrund von Problemen mit der Mechanik nie zuverlässig.

1939: Zuse wurde zunächst zur Wehrmacht einberufen, wurde dann aber wieder freigestellt, damit er am Bau von Computern weiterarbeiten konnte.

1940: Zuse baute mit Unterstützung der aerodynamischen Versuchsanstalt die Z2, eine verbesserte Version mit Telefonrelais.

1941: Die elektromechanische Z3 war fertig. Dies war der **erste funktionsfähige programmgesteuerte Rechenautomat der Welt**: Das Programm wurde mit Lochstreifen eingegeben. Die Anlage verfügte über 2600 Relais und 64 Speicherplätze mit jeweils 22 Bits. Die Multiplikationszeit betrug etwa 3 Sekunden.

1941–1945: Während das Unternehmen von Zuse 1945 bei einem Bombenangriff zusammen mit der Z3 zerstört wurde, war die teilweise fertig gestellte Z4 vorher in Sicherheit gebracht worden. Zuse entwickelte in der Zeit von 1941–1945 auch den **Plankalkül**, der **die erste universelle Programmiersprache der Welt** war. Sie konnte jedoch auf den damaligen Computern noch nicht realisiert werden; das gelang erst im Jahr 2000.

Abbildung 2.8: Z3 von Konrad Zuse

1949: Zuse gründete in Neukirchen die Zuse KG. Die Z4 wurde fertig gestellt und war der erste kommerziell verfügbare Computer weltweit, da die amerikanische UNIVAC erst einige Monate später fertig gestellt wurde.

In den folgenden Jahren baute Zuse weitere Computer, deren Typenbezeichnung immer mit Z begann und die eine fortlaufende Nummer hatten. Mehr Informationen zu Konrad Zuse sind z. B. auf den folgenden Webseiten nachschlagbar:

http://www.konrad-zuse-computermuseum.de/
http://www.konrad-zuse.de
http://www.zib.de/

2.3.5 Howard H. Aiken und die Mark I

Howard Aiken (1900–1973) erstellte 1944 in Zusammenarbeit mit der Harvard University und der Firma IBM die teilweise programmgesteuerte Rechenanlage *Mark I*. Die aus ca. 100 000 Teilen bestehende Anlage war ca. 15 m lang und hatte eine Additionszeit von $\frac{1}{3}$ Sekunde sowie eine Multiplikationszeit von etwa 6 Sekunden.

Abbildung 2.9: Mark I von Howard H. Aiken

2.3.6 John von Neumann

Die für eine effektive Konstruktion von Rechenautomaten notwendigen theoretischen Arbeiten wurden Mitte der 1940er Jahre von *John von Neumann* (1903–1957) durchgeführt. Er entwickelte die Fundamentalprinzipien einer Rechenanlage.

- Der Rechner besteht aus den folgenden Komponenten: *Steuerwerk*, *Rechenwerk*, *Speicher*, *Ein- und Ausgabeeinheiten* und einem *Verbindungssystem*.
- Das steuernde Programm (Befehle) ist eine Kette logischer Binärentscheidungen (Ja/Nein-Auswahl), die seriell, d. h. Schritt für Schritt abgearbeitet werden.
- Das Programm wird wie die Daten im Speicher abgelegt und von dort automatisch abgerufen (speicherprogrammiert).

- Bedingte Befehle erlauben Sprünge bzw. Verzweigungen (nichtlineare Programmabläufe).

Auf der Basis des von John von Neumann 1946 aufgestellten Fundamentalprinzips entwickelte sich die Technologie bis zum heutigen Stand. Auf das von-Neumann'sche-Rechnermodell wird in Kapitel 5.2.2 auf Seite 94 noch genauer eingegangen.

Zusammenfassend kann man feststellen, dass es hauptsächlich drei Eigenschaften sind, die einen Computer (ab 1936, Zuse) von seinen Vorläufern unterscheiden:

- die Benutzung von zwei alternativen Zuständen zur Repräsentation von Daten anstelle von z. B. zehn möglichen zur Zahlenrepräsentation,
- die Elektronik anstelle der Mechanik,
- das gespeicherte Programm.

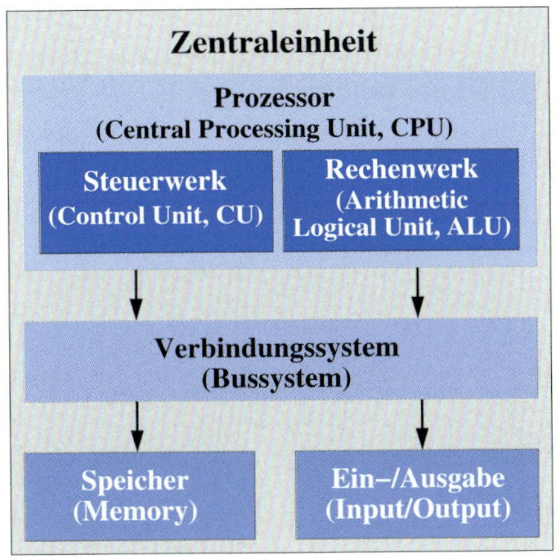

Abbildung 2.10: Das von-Neumann'sche-Rechnermodell

2.3.7 Generationen der elektronischen Datenverarbeitung

Die weitere Entwicklung basierte auf der Nutzung elektronischer Bauelemente und lässt sich von 1946 bis heute in Generationen einteilen.

1. Generation: Elektronische Röhrenrechner

Die Entwicklung der elektronischen Datenverarbeitung (EDV) begann etwa im Jahre 1946. Durch die Verwendung von elektronischen Schaltelementen anstelle von elektromechanischen Relais versprach man sich eine Erhöhung der Leistungsfähigkeit. Der erste elektronische Rechner *ENIAC* (Electronic Numerical Integrator and Automatic Calculator) wurde 1946 in den USA von *J.P. Eckert* und *J.W. Mauchly* fertig gestellt. Er bestand aus ca. 18 000 Elektronenröhren und 1500 Relais. Die Rechengeschwindigkeit dieses Computers war immerhin schon 100-mal höher als bei Mark I, da mehr als 1000 Rechenoperationen pro Sekunde möglich waren.

Der Aufwand war allerdings immens: ENIAC besaß ein Gewicht von 30 Tonnen und nahm eine Stellfläche von 140 Quadratmetern ein. Da Röhren beheizt werden müs-

Abbildung 2.11: Die ENIAC

sen, war sein Stromverbrauch enorm (174 KW) und er entwickelte eine entsprechende Wärme, so dass man ihn aus heutiger Sicht wohl eher als mittleres Heizwerk bezeichnen könnte. Bedingt durch den permanenten Ausfall einzelner Röhren musste man darüber hinaus noch mit Ausfallzeiten von 50% rechnen. Die feinmechanischen Probleme der Vergangenheit waren nun jedoch gelöst und es folgte eine Anzahl weiterer Röhrenrechner.

2. Generation: Transistorrechner

Der 1951 erfundene *Halbleitertransistor* konnte in größeren Stückzahlen gebaut werden. Damit setzte im Computerbau die Entwicklung der 2. Generation ein. 1955 erschien dann auch der erste Transistorrechner. Der Transistor ist erheblich kleiner und verbraucht nur einen Bruchteil der elektrischen Energie einer vergleichbaren Röhre. Folglich wurden die Rechner schneller, jetzt um den Faktor 10 auf etwa 10 000 Operationen pro Sekunde. In den Bell Telephone Laboratories wurde 1955 der erste Transistorrechner (TRADIC) der Welt konstruiert. Abbildung 2.12 zeigt links Transistoren und eine Elektronenröhre. Bei der rechts in Abbildung 2.12 gezeigten SMS-Karte (Standard Modular System) von 1959 befinden sich einzelne Transistoren, Widerstände, Dioden und Kapazitäten auf einer gedruckten Schaltung.

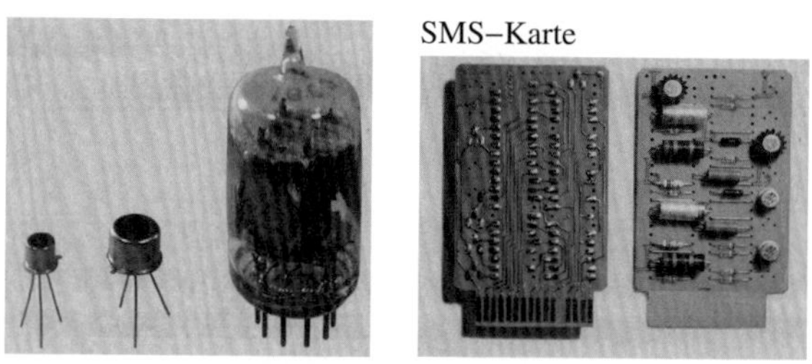

Abbildung 2.12: Transistoren, Elektronenröhre und SMS-Karte

3. Generation: Mikrochips mit hochintegrierten Schaltkreisen

Die Bauteile am Anfang der 3. Generation zu Beginn der sechziger Jahre vereinigten auf einer Fläche von ca. 3 Quadratmillimetern ca. 100 Transistoren. Abbildung 2.13 zeigt z. B. links eine SLT-Karte (Solid Logic Technology) von 1964. Diese hierbei verwendete Hybridtechnik im IBM System/360 enthält Transistorschaltkreise in Modulen.

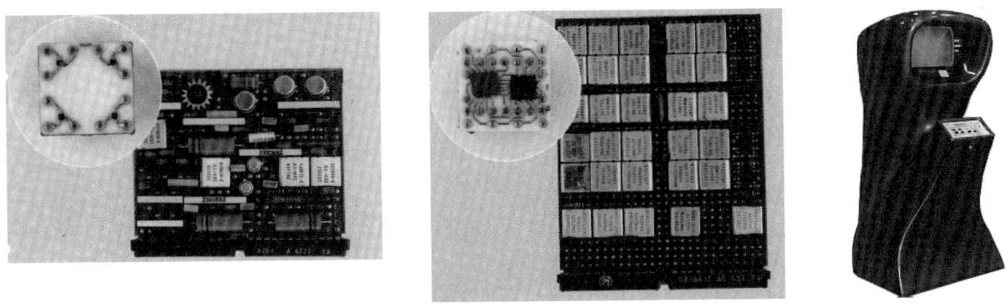

Abbildung 2.13: SLT-Karte, Speichermodulkarte und 1. elektronisches Videospiel

In den darauf folgenden Jahren wurden dann in einem hochintegrierten Schaltkreis (*LSI = large scale integration*), einem so genannten *Mikrochip*, auf einer Fläche von ca. 30 Quadratmillimetern über eine Million Transistoren zusammengefasst. Abbildung 2.13 zeigt in der Mitte eine monolithische Speichermodulkarte, die im IBM System/370 verwendet wurde. Umfasste eine solche Karte 1971 noch 128 Bits pro Chip, so waren es 1973 bereits 1 024 Bits pro Chip. 1971 kam dann auch das erste – rechts in Abbildung 2.13 gezeigte – elektronische Arcade-Videospiel (Tischtennis) auf den Markt, so dass die Elektronik auch in den Spielhallen ihren Einzug nahm.

1973 begann dann auch in den USA die Serienfertigung der ersten elektronischen Taschenrechner (damaliger Preis: etwa 700 Euro).

4. Generation: MOS-Technologie

Mit der 4. Generation und den hochintegrierten Schaltkreisen (*VLSI = very large scale integration*) gelang abermals eine Steigerung in der Rechengeschwindigkeit um den Faktor 10. Die Herstellung dieser Mikrochips erfolgte mit Hilfe der so genannten MOS-Technologie (*MOS = Metal Oxide Semiconductor*).

5. Generation: Parallelverarbeitung und Vernetzung

Im Oktober des Jahres 1981 wurde die „International Conference on 5th Generation Computer Systems“ durchgeführt, in der verschiedene Ansätze für die Rechner der Zukunft diskutiert wurden. Eine klare Abgrenzung zwischen Rechnern der vierten und fünften Generation konnte nicht herausgearbeitet werden. Am einfachsten ist eine solche Abgrenzung vorzunehmen, wenn generell Rechner mit einer Vielzahl parallel und vernetzt arbeitender Prozessoren als Rechner der fünften Generation bezeichnet werden. Mit dieser Definition setzt man bei der Rechnerarchitektur und damit bei der Organisation der Datenverarbeitung an. Andere Ansätze basieren auf technischen Weiterentwicklungen. Inzwischen wird an Rechnern geforscht, die noch schneller und kleiner und – da die Wärmeentwicklung das Haupthindernis für beides ist – noch sparsamer mit Energie sein werden. Zur Debatte stehen u. a. rein optische Systeme, die mit Lichtstrahlen arbeiten, und supraleitende Computer, die bei Temperaturen unter −200 °C arbeiten. Auch solche Rechner werden als Rechner der 5. Generation bezeichnet.

Heutige Rechner und das Moore'sche Gesetz

Moderne Rechner enthalten Mikroprozessoren mit vielen Millionen Transistoren, Arbeitsspeicher mit Millionen von Speicherplätzen (GigaBytes) und bewältigen Millionen von Operationen pro Sekunde. Wie drastisch die Rechengeschwindigkeit verbessert wurde, kann man daran erkennen, dass schon ein einfacher PC des Jahres 2000 mehr als 1 Milliarde Operationen pro Sekunde ausführen konnte. Verglichen mit den Relaisrechnern der 1940er Jahre mit ca. 1 bis 10 Operationen pro Sekunde rechnet er somit mehr als 100 Millionen Mal so schnell.

Der Original PC von IBM zu Beginn der 1980er Jahre war der „Urvater" des Industriestandards im Bereich der Personal Computer. Er hatte eine durchschnittliche Verarbeitungsgeschwindigkeit von circa 0,25 MIPS (*Million Instructions Per Second*).

Der zentrale Baustein eines typischen Personal Computers (PC) mit einem 80386-Prozessor (von der Firma Intel) im Jahre 1985 vereinigte in der Zentraleinheit 275 000 Transistoren auf einem Chip. Bei einer Taktfrequenz von 33 MHz (Megahertz, d. h. der Impulsgeber arbeitet mit 33 Millionen Schwingungen pro Sekunde) bot er eine durchschnittliche Verarbeitungsgeschwindigkeit von knapp 5 MIPS.

Die neuesten Rechnermodelle übertreffen die Leistungsfähigkeit dieser Rechner aus den 1980/90er Jahren um ein Vielfaches. So hat ein typischer heute im PC-Bereich eingesetzter Prozessor Hunderte bzw. sogar Tausende von Millionen Transistoren und eine Taktfrequenz von mehreren GHz (Gigahertz, d. h. der Impulsgeber arbeitet mit mehreren Milliarden Schwingungen pro Sekunde). Die Entwicklung der Computertechnologie lässt sich kurz wie folgt umschreiben:

kleiner – schneller – billiger.

Das *Moore'sche Gesetz*, das der Mitgründer der Firma Intel und Ehrenvorsitzende Dr. Gordon E. Moore 1965 formulierte, besagt, dass sich die Packungsdichte der Transistoren auf einem Mikroprozessor – und damit auch die Leistung gemessen in MIPS (*million instructions per second*) – in etwa alle 18 Monate verdoppelt. Daraus ergibt sich für unsere Computer eine Vervierfachung der Speicherkapazitäten alle drei Jahre und eine Verzehnfachung der Geschwindigkeit etwa alle 3,5 Jahre.

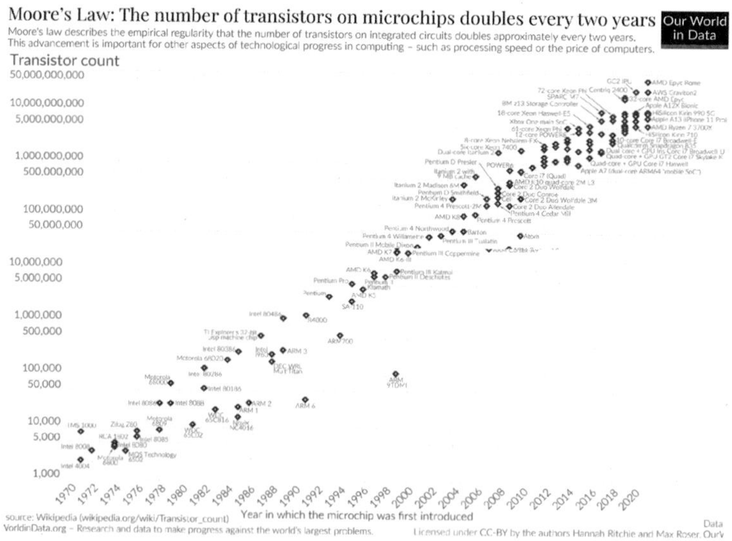

Abbildung 2.14: Das Moore'sche Gesetz anhand der Entwicklung von Prozessoren (nach Wikipedia)

2.4 Einordnung und Einteilung der Informatik

2.4.1 Verschiedene Einsatzgebiete von Computern (Informatik)

Rechner sind heute in vielen Bereichen im Einsatz. Sie lassen sich dabei grob in folgende Arten einteilen:

- *Kommerzielle Rechner* für die Ein-/Ausgabe von großen Datenmengen, aber nur für einfache, interne Berechnungen.
- *Wissenschaftliche Rechner* für komplexe, langwierige Rechnungen, aber nur für eine kleine Menge von Ein-/Ausgaben.
- *Prozess-/Echtzeit-Rechner* zur Steuerung oder Überwachung von physikalischen, chemischen oder technischen Prozessen. Hier ist nicht nur eine logische Korrektheit des Ergebnisses gefordert, sondern ebenso wichtig ist die „zeitliche Korrektheit".

Die allgemein zunehmende Leistungsfähigkeit von Rechnern weicht solche Abgrenzungen jedoch auf. Durch die weite Verbreitung und allgemeine Nutzung ist bei heutigen Rechnern eine benutzerfreundliche Bedienung sehr wichtig. Dafür wurden die anfangs textbasierten Bedienschnittstellen zunehmend durch grafische Bedienoberflächen ersetzt.

Abbildung 2.15: Man sieht sie nicht, aber sie sind doch unter uns

Wenn auch nicht so offensichtlich, aber doch allgegenwärtig ist die Informatik in nahezu allen unseren Haushaltsgeräten wie z. B. Handys, Autos oder Waschmaschinen, in denen so genannte *Embedded Systems* die Steuerung übernehmen. Beispiele für solche Geräte, die ohne eingebauten Rechner die heute gewohnte Funktionalität meist überhaupt nicht mehr bieten könnten, sind:

- Motor- u. Flugzeugsteuerungen, Autopiloten, ABS, ASR, Airbag usw.
- Computer-Tomographen, Ultraschallgeräte, Herzschrittmacher usw.
- Telefon-, Faxgeräte, Handys, Vermittlungsanlagen, Router usw.
- Video-, Digitalkameras, DVD-/MP3-Spieler usw.
- Heizungs-, Klima-, Beleuchtungssteuerungen, Wasch-/Spülmaschinen usw.

2.4.2 Die Teilgebiete der Informatik

Die Informatik wird heute in etwa vier Kernbereiche unterteilt, wie sie in Abbildung 2.16 gezeigt sind. Neben diesen Hauptgebieten existieren noch weitere Teilbereiche, wie z. B. *Künstliche Intelligenz*, *Wirtschaftsinformatik*, *Medieninformatik* usw., die interdisziplinär und teilweise eigenständig sind.

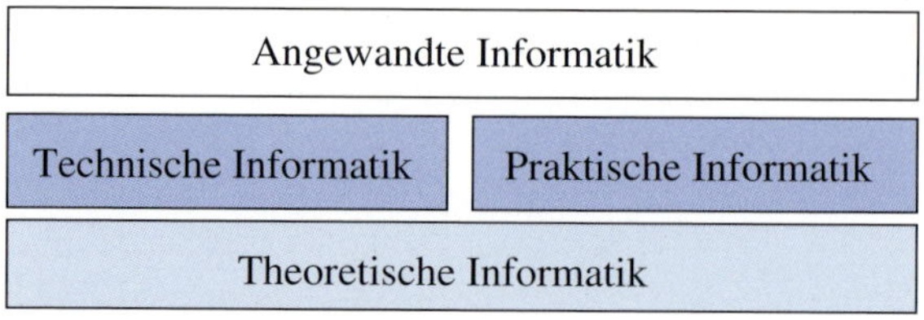

Abbildung 2.16: Die vier Hauptgebiete der Informatik

Theoretische Informatik – Grundlage für die anderen Kernbereiche

Die Theoretische Informatik ist die Basis für die technische und praktische Informatik und unterteilt sich ihrerseits in die folgenden Teilgebiete:

- *Automatentheorie und formale Sprachen*
  Ein Automat ist hierbei ein abstraktes Modell einer Maschine, die sich gemäß bestimmter Regeln (nach einem Programm) verhält. Unter Zuhilfenahme solcher einfach strukturierter Automaten lassen sich gewisse Eigenschaften von Algorithmen analysieren und beweisen. In Kapitel 17 auf Seite 728 wird näher auf die Automatentheorie und formale Sprachen eingegangen.
- *Berechenbarkeitstheorie*
  Hier wird untersucht, welche Probleme mit welchen Maschinen lösbar sind, wobei die *Church'sche These* eine wichtige Rolle spielt. Die Church'sche These besagt, dass Register- und Turingmaschinen genau die gleiche Klasse von Problemen berechnen können und dass es keine Maschine geben kann, die berechnungsstärker ist. Diese These ist formal nicht beweisbar, wird jedoch allgemein akzeptiert. In Kapitel 18 auf Seite 756 wird näher auf die Berechenbarkeitstheorie eingegangen.
- *Komplexitätstheorie*
  Sie befasst sich mit der Komplexität und Güte verschiedener Algorithmen. Die Komplexität eines Algorithmus wird üblicherweise in der Landau-Notation dargestellt. So existieren z. B. verschiedene Sortierverfahren, die schneller oder langsamer arbeiten bzw. mehr oder weniger Speicher benötigen. In Kapitel 19 auf Seite 784 wird näher auf die Komplexitätstheorie eingegangen.

Praktische Informatik – Grundlagen der Systemsoftware

Die praktische Informatik beschäftigt sich mit den Programmen, die ein System steuern, und umfasst z. B. die folgenden Teilgebiete:

- *Programmiersprachen, Compiler und Interpreter*
  Eine Programmiersprache ist eine Sprache, in der sich Computerprogramme schreiben lassen. Da ein Computer solche mehr den menschlichen Bedürfnissen ange-

passten Sprachen nicht verstehen kann, sind so genannte Übersetzer notwendig, wobei es hier zwei Varianten gibt: *Compiler* oder *Interpreter*, die das in einer bestimmten Sprache geschriebene Programm in Maschinensprache übersetzen. Es existiert eine Vielzahl von Programmiersprachen, wie z. B. C, C++, Java, Perl, Basic, Prolog usw. In Kapitel 7 auf Seite 148 wird näher auf Programmiersprachen eingegangen.

- *Algorithmen und Datenstrukturen*
  Während ein Algorithmus einen Lösungsweg beschreibt, legen die Datenstrukturen fest, wie die Daten zu verwalten und miteinander zu verknüpfen sind, um in geeigneter Weise auf diese zugreifen und sie manipulieren zu können. So kann man z. B. Daten sequenziell hintereinander oder aber auch „verstreut" speichern, wobei im letzteren Fall dann eine Verkettung der Daten notwendig ist.
  Datenstrukturen sind immer mit bestimmten Operationen verknüpft, um eben einen Zugriff zu ermöglichen. Ein typisches Beispiel für eine Datenstruktur ist der so genannte *Stack (Stapelspeicher)*, in dem man ähnlich zu einem Papierstapel immer nur oben Elemente einfügen bzw. wieder entfernen kann, was man auch als *LIFO-Prinzip (Last In First Out)* bezeichnet. Komplexere Datenstrukturen sind Bäume oder Graphen. In Kapitel 8 auf Seite 368 wird näher auf Algorithmen und Datenstrukturen eingegangen.

- *Betriebssysteme*
  Ein Betriebssystem ist die Software, die erst die Verwendung (den Betrieb) eines Computers ermöglicht. Das Betriebssystem verwaltet die Betriebsmittel wie Arbeitsspeicher, Ein-/Ausgabegeräte und steuert die Ausführung von Programmen. Betriebssysteme besitzen üblicherweise einen Kernel, der die Hardware des Computers verwaltet, sowie wichtige Systemprogramme, die zum Start des Betriebssystems und zu dessen Konfiguration benötigt werden. Verbreitete Betriebssysteme sind heute Microsoft Windows, Linux/Unix und Mac OS X. In Kapitel 9 auf Seite 472 wird näher auf Betriebssysteme eingegangen.

- *Datenbanken*
  Eine Datenbank ist eine elektronische Sammlung von Daten, die aus der Sicht des Benutzers zusammengehören, wie z. B. eine Personaldatenbank in einer Firma oder eine Kontendatenbank in einer Bank. Dazu gehört ein Verwaltungsprogramm, das es erlaubt, dass schnell und zuverlässig auf große Datenmengen zugegriffen werden kann. In Kapitel 11 auf Seite 578 wird näher auf Datenbanken eingegangen.

Technische Informatik – Grundlagen der Hardware

Die technische Informatik befasst sich mit den hardwareseitigen Grundlagen der Informatik wie etwa:

- *Mikroprozessortechnik*
  Die Mikroprozessortechnik beschäftigt sich mit der Entwicklung von Rechnern, Speicherchips, schnellen (Parallel-)Prozessoren, aber auch mit der Konstruktion von Festplatten, Bildschirmen oder Druckern.

- *Rechnerarchitektur*
  Die Rechnerarchitektur beschäftigt sich mit dem Aufbau einer CPU intern: Befehlssatz, Befehlsformat, Operationscode, Adressierungsart, Register und Speicher.

- *Rechnerkommunikation*
  Die Rechnerkommunikation beschäftigt sich mit dem Datenaustausch zwischen verschiedenen Computern. Dazu zählt nicht nur die Entwicklung von entsprechender Hardware (Netzwerkkomponenten wie z. B. Router, Switches, Firewalls usw.), sondern auch die dazugehörigen Softwarekomponenten, die diese Hardwarekomponenten steuern.

Angewandte Informatik – Der Computer aus Sicht des Anwenders

Die Resultate aus den drei zuvor genannten Kerngebieten der Informatik finden schließlich Verwendung in der angewandten Informatik. Diesem Bereich sind Hardware- und Software-Realisierungen zuzurechnen, wobei man zwei große Anwendungsgebiete unterscheiden kann:

- *Wirtschaftliche, kommerzielle Anwendungen*
  Hierzu zählen z. B. Programme, die für die Buchhaltung oder das Rechnungswesen in einer Firma eingesetzt werden, ebenso wie z. B. die Büro-Softwareprogramme von Microsoft (Word, Excel, Powerpoint usw.).
- *Technisch-wissenschaftliche Anwendungen*
  Hierzu zählen z. B. Programme, die Simulationen durchführen oder für Steuerungen (wie z. B. einer Ampelanlage oder eines Flugüberwachungssystems usw.) eingesetzt werden.

Interdisziplinäre Gebiete der Informatik

Rund um die Informatik haben sich einige interdisziplinäre, eigenständige Gebiete entwickelt, von denen nachfolgend einige kurz vorgestellt werden.

- *Wirtschaftsinformatik*
  Die Wirtschaftsinformatik, die oft auch als Teilgebiet der angewandten Informatik eingeordnet wird, ist zwischen der Informatik und den Wirtschaftswissenschaften, besonders der Betriebswirtschaftslehre, anzusiedeln. Die Wirtschaftsinformatik beschäftigt sich mit der Planung, Entwicklung und dem Betrieb von Informationsverarbeitungs-Systemen, die bei den täglich ablaufenden Geschäftsprozessen eingesetzt werden.
- *Computervisualistik*
  Die Computervisualistik, die ebenfalls oft als Teilgebiet der angewandten Informatik eingeordnet wird, beschäftigt sich mit Bilderzeugung, Bildverarbeitung und Bildgestaltung, wobei sie sich vor allen Dingen auf Computergrafik, Simulation, Visualisierung und Computerspiele konzentriert.
- *Künstliche Intelligenz*
  Die künstliche Intelligenz (KI) ist zwischenzeitlich ein wichtiges Teilgebiet der Informatik, das sich zum Teil erheblich von der klassischen Informatik unterscheidet. Statt der Vorgabe eines Algorithmus (Lösungsweges), wird in der Künstlichen Intelligenz die Lösungsfindung dem Computer selbst überlassen. Die Grundidee der künstlichen Intelligenz ist es, Computer zu entwickeln, die ähnlich wie der Mensch denken und Probleme lösen können. Die Verfahren der künstlichen Intelligenz werden heute in so genannten Expertensystemen bzw. in der Sensorik und Robotik angewendet.

- *Computerlinguistik*
  Die Computerlinguistik untersucht, wie man die natürliche Sprache mit dem Computer verarbeiten kann. Auch wenn sie oft als Teil der künstlichen Intelligenz angesehen wird, so besitzt sie aber doch auch gleichzeitig Schnittstellen zur Sprachwissenschaft.
- *Bioinformatik*
  Die Bioinformatik beschäftigt sich mit der Entschlüsselung des Erbgutes von Lebewesen und der Funktion lebender Zellen. Dies umfasst die Analyse bzw. Sequenzierung von DNA-Ketten und die Suche nach bestimmten Sequenzen in solchen Ketten, aber auch den Aufbau und die Struktur von Proteinen und ihre anschauliche dreidimensionale Darstellung, um daraus Rückschlüsse auf die biologische Wirkungsweise zu erhalten.

2.4.3 Die Informatik und unsere Abhängigkeit von ihr

Die Informatik hat heute nahezu in allen Bereichen unseres Lebens Einzug gehalten. Durch sie wurden praktisch alle Gesellschafts- und Wirtschaftsbereiche revolutioniert, wobei hier dem Internet mit seiner weltweiten Vernetzung eine besondere Rolle zukommt. Beispiele für die Wichtigkeit der Informatik in der Wissenschaft und Wirtschaft reichen von der nun erfolgten Sequenzierung des menschlichen Genoms, dessen riesige Datenmengen ohne Maschinen nicht handhabbar wären, bis zur Erfassung und Ermöglichung der gewaltigen Waren- und Geldströme der globalen Wirtschaft.

Natürlich sollte man das Ganze auch nicht ganz unkritisch betrachten, denn wir haben uns hier in eine Abhängigkeit begeben, die uns teuer zu stehen kommen könnte: Was passiert, wenn z. B. ein Virus das Internet einmal für Tage lahm legen oder wichtige Daten zerstören würde? Die Supermärkte würden nicht mehr versorgt, die Aktienmärkte könnten kaum noch arbeiten, die Verkehrsleitsysteme (wie z. B. die Flugüberwachung) würden zusammenbrechen usw.

Speicherung und Interpretation von Information

3

ÜBERBLICK

3.1 Rätsel: Umfüllprobleme

Lösungen

1. Wie kann man 6 Liter Wasser von einem Fluss abfüllen, wenn zum Messen nur ein 4-Liter-Eimer und ein 9-Liter-Eimer zur Verfügung stehen?
2. Eine Bauersfrau soll aus einem oben offenen Bottich voll Essig genau einen Liter abmessen, hat dazu jedoch nur ein 3-l- und ein 5-l-Gefäß. Wie erreicht sie dies am besten?
3. Eine Kanne mit 8 Liter Fassungsvermögen ist vollgefüllt mit Wein. Wie kann man 4 Liter Wein abfüllen, wenn zwei leere Kannen mit 5 Liter und 3 Liter Fassungsvermögen zur Verfügung stehen?
4. In einem Fass befinden sich 18 Liter Wein. Diese Menge soll mittels eines 2-l-Bechers, eines 5-l-Kruges und eines 8-l-Eimers so verteilt werden, dass sich die Hälfte des Weines in dem Fass, ein Drittel des Weines in dem Eimer und ein Sechstel des Weines in dem Krug befindet. Welche Umfüllungen sind dazu notwendig?

3.2 Unterschiedliche Zahlensysteme

Als Beginn der Datenverarbeitung kann die Erfindung von Zahlensystemen und die Verarbeitung von Zahlen angesehen werden. Durch die Abbildung auf Zahlen können unterscheidbare Objekte, wie die Anzahl der Schafe in einer Herde oder die Anzahl von Getreidesäcken quantifiziert werden. Die Zahlen mussten dann miteinander verglichen, addiert oder subtrahiert, d. h. allgemein verarbeitet werden.

Zahlensysteme wurden in der Vergangenheit sehr unterschiedlich konzipiert. Fast alle Zahlensysteme beruhen auf dem Abzählen mit den Fingern. Es findet sich daher fast überall in mehr oder weniger unterschiedlichen Varianten das *Zehnersystem*.

3.2.1 Das römische Zahlensystem

In den Zahlensystemen der Ägypter und Römer wurde der Wert einer Zahl einfach durch die Form und die Anzahl der Zeichen bestimmt. Die Regeln des römischen Zahlensystems sind im Folgenden aufgeführt.

- Verfügbare Ziffern sind:
  `I = 1, V = 5, X = 10, L = 50, C = 100, D = 500, M = 1000`
- Während die Ziffern `I`, `X`, `C` und `M` beliebig oft nebeneinander stehen können, dürfen die Ziffern `V`, `L` und `D` nicht wiederholt nebeneinander angegeben werden. Stehen gleiche Zeichen nebeneinander, so werden ihre Zahlenwerte addiert, wie z. B.:

II	=	2	=	1 + 1	XXX	=	30	=	10 + 10 + 10
CC	=	200	=	100 + 100	MMM	=	3000	=	1000 + 1000 + 1000

  Jedoch dürfen die Zeichen `I`, `X` und `C` nicht mehr als dreimal nebeneinander angegeben werden. `M` kann beliebig oft nebeneinander angegeben werden.
- Die Zeichen `V`, `L` und `D` dürfen in einer Zahl nur einmal vorkommen.
- Steht das Zeichen für eine kleinere Einheit rechts neben dem Zeichen einer größeren Einheit, dann wird die kleinere Einheit auf die größere addiert, wie z. B.

VI = 6 = 5 + 1
XIII = 13 = 10 + 1 + 1 + 1
DCCLVI = 756 = 500 + 100 + 100 + 50 + 5 + 1

- Steht das Zeichen für eine kleinere Einheit links neben dem Zeichen einer größeren Einheit, dann wird die kleinere Einheit von der größeren subtrahiert, wie z. B.

IV = 4 = 5 - 1
IX = 9 = 10 - 1
XXIX = 29 = 10 + 10 + 10 - 1

- Es dürfen nicht zwei oder mehrere kleinere Einheiten von der rechts stehenden größeren Einheit abgezogen werden. Von zwei möglichen Schreibweisen wählt man heute meist die kürzere:

IL = 49 (XLIX = 49)
VD = 495 (XDV = 495)
MIM = (MCMIC = 1999; MCMXCIX = 1999)
MDCCVL = (MDCCXLV = 1745)

- Tabelle von römischen Zahlen:

I	1	X	10	C	100
II	2	XX	20	CC	200
III	3	XXX	30	CCC	300
IV	4	XL	40	CD	400
V	5	L	50	D	500
VI	6	LX	60	DC	600
VII	7	LXX	70	DCC	700
VIII	8	LXXX	80	DCCC	800
IX	9	XC	90	CM	900
				M	1000

Um sich arabische Zahlen in römische bzw. umgekehrt umwandeln zu lassen, werden im Zusatzmaterial entsprechende begleitende Programme vorgestellt.

3.2.2 Positionssysteme

In den Systemen der Babylonier, Chinesen, Mayas und Inder hing der Wert einer Zahl von der Form und der Position der Zeichen ab. Solche Systeme heißen auch *Positions- oder Stellenwertsysteme*. Zur Darstellung benötigen sie ein zusätzliches Zeichen für die Ziffer 0. Der große Vorteil von Positionssystemen besteht darin, dass sie sehr einfache Rechenregeln besitzen. Unser heutiges Zahlensystem stammt aus Indien und gelangte über den nahen Osten zu uns, weshalb man auch heute noch von *arabischen Ziffern* spricht. Es ist ein Positionssystem mit der Basis zehn. Auch die ersten mechanischen Rechenmaschinen verwendeten das Zehnersystem.

Heutige elektronische Rechner verwenden das Dualsystem, ein Positionssystem, das mit zwei Ziffern 0 und 1 auskommt. Solche Dualzahlen besitzen bei gleichem Wert erheblich mehr Stellen, da eine Stelle ja nur zwei Werte repräsentieren kann. Der Grund für die Verwendung des Dualsystems in heutigen Rechnern ist allein der, dass es technisch erheblich einfacher ist viele elektronische Elemente mit nur jeweils

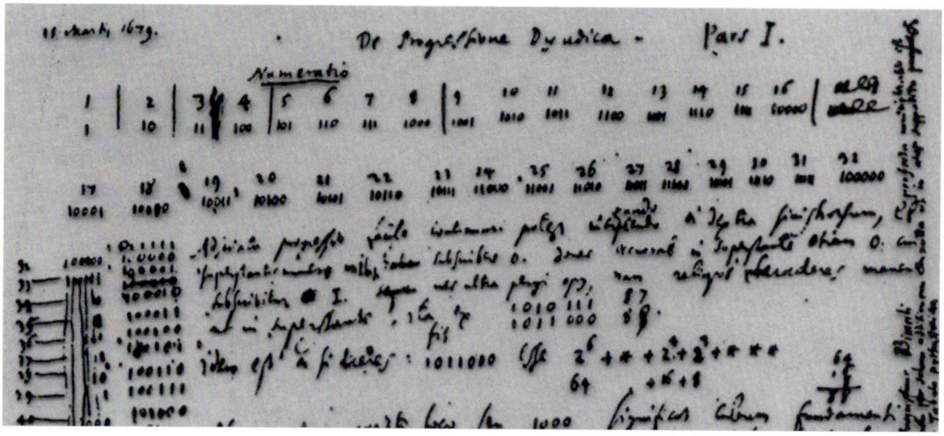

Abbildung 3.1: Leibniz-Traktat bezüglich Dualzahlen von 1679

zwei Zuständen (Strom bzw. kein Strom) zu bauen, als weniger Elemente mit dann jeweils zehn Zuständen für das Zehnersystem.

Bereits Leibniz kannte und beschäftigte sich mit dem Dualsystem, sein Ursprung liegt aber vermutlich schon erheblich früher in China. Unsere heutigen modernen DV-Maschinen können neben Zahlen auch alphanumerische Zeichen und Bilder speichern und verarbeiten. Die dazugehörigen Daten werden dabei in der Maschine ausschließlich binär kodiert (als Binärzahlen bestehend nur aus Nullen und Einsen) gespeichert.

3.2.3 Positionssysteme bei natürlichen Zahlen

Ein Positionssystem mit der Basis B ist ein Zahlensystem, in dem eine Zahl x nach Potenzen von B zerlegt wird.

- Eine natürliche Zahl n wird durch folgende Summe dargestellt:

$$n = \sum_{i=0}^{N-1} b_i \cdot B^i \qquad \text{wobei Folgendes gilt:}$$

  - B = Basis des Zahlensystems ($B \in \mathbb{N}, B \geq 2$)
  - b = Ziffern ($b_i \in \mathbb{N}_0, 0 \leq b_i < B$)
  - N = Anzahl der Stellen

- Namen für einige Zahlensysteme:

  B = 2: *Dualsystem*
  B = 8: *Oktalsystem*
  B = 10: *Dezimalsystem*
  B = 16: *Hexadezimalsystem*
  B = 12: *Zwölfersystem* (in der Informatik nicht gebräuchlich)

▶ Übung

Wie viele Ziffern stehen im Dezimalsystem zur Verfügung? Beachten Sie den Unterschied zwischen *Zahl* und *Ziffer*!

- dezimal:

```
n  =  (2017)10   =  2·10³ +  0·10² +  1·10¹ +  7·10⁰
in  Kurzform     :  2·10³ +         +  1·10¹ +  7·10⁰
           oder  :  2000  +         +  10    +  7
```

```
n  =  (7508)10   =  7·10³ +  5·10² +  0·10¹ +  8·10⁰
in  Kurzform     :  7·10³ +  5·10² +         +  8·10⁰
           oder  :  7000  +  500   +         +  8
```

- oktal:

$$
\begin{aligned}
n = (315)_8 &= 3 \cdot 8^2 + 1 \cdot 8^1 + 5 \cdot 8^0 \\
&= 3 \cdot 64 + 1 \cdot 8 + 5 \cdot 1 \\
&= 192 + 8 + 5 = (205)_{10}
\end{aligned}
$$

$$
\begin{aligned}
n = (777)_8 &= 7 \cdot 8^2 + 7 \cdot 8^1 + 7 \cdot 8^0 \\
&= 7 \cdot 64 + 7 \cdot 8 + 7 \cdot 1 \\
&= 448 + 56 + 7 = (511)_{10}
\end{aligned}
$$

- dual:

$$
\begin{aligned}
n = (11001)_2 &= 1 \cdot 2^4 + 1 \cdot 2^3 + 0 \cdot 2^2 + 0 \cdot 2^1 + 1 \cdot 2^0 \\
&= 1 \cdot 16 + 1 \cdot 8 + 0 \cdot 4 + 0 \cdot 2 + 1 \cdot 1 \\
&= 16 + 8 + 0 + 0 + 1 = (25)_{10}
\end{aligned}
$$

Da es für die „Ziffern“ `zehn`, `elf`, …, `fünfzehn` im Hexadezimalsystem keine eigene Zifferndarstellung gibt, nimmt man hierfür die Buchstaben `A`, `B`, `C`, `D`, `E`, `F` bzw. `a`, `b`, `c`, `d`, `e`, `f`.

▶ Übung

1. Wie viele Ziffern stehen im Oktalsystem zur Verfügung?
2. Geben Sie alle Ziffern des Oktalsystems an!
3. Wie viele Ziffern stehen im Hexadezimalsystem zur Verfügung?
4. Geben Sie alle Ziffern des Hexadezimalsystems an!

$$
\begin{aligned}
(C9)_{16} &= 12 \cdot 16^1 + 9 \cdot 16^0 = (201)_{10} \\
(fee)_{16} &= 15 \cdot 16^2 + 14 \cdot 16^1 + 14 \cdot 16^0 = (4078)_{10}
\end{aligned}
$$

Tabelle 3.1

Tabelle für die Zahlendarstellung in fünf verschiedenen Zahlensystemen

Dual	Oktal	Dezimal	Hexadezimal	Zwölfersystem
0	0	**0**	0	0
1	1	**1**	1	1
10	2	**2**	2	2
11	3	**3**	3	3
100	4	**4**	4	4
101	5	**5**	5	5
110	6	**6**	6	6
111	7	**7**	7	7
1000	10	**8**	8	8
1001	11	**9**	9	9
1010	12	**10**	a	a
1011	13	**11**	b	b
1100	14	**12**	c	10
1101	15	**13**	d	11
1110	16	**14**	e	12
1111	17	**15**	f	13
10000	20	**16**	10	14
10001	21	**17**	11	15

▶ **Übung**

Stellen Sie die folgenden Zahlen in ihrer Summenschreibweise dar und geben Sie ihre entsprechenden Werte im Dezimalsystem an:

$$(312)_4, (1202)_{16}, (ab1)_{12}, (101011)_2, (705)_8, (ABC)_{16}, (1111)_2, (127)_8$$

▶ **Übung**

In welchem Zahlensystem stellt folgende Gleichung eine wahre Aussage dar? $42 + 242 = 16^2$

Das begleitende Programm `konvert.c`, das im Zusatzmaterial vorgestellt wird, liest eine Zahl aus einem beliebigen Zahlensystem ein und konvertiert diese dann in alle Zahlensysteme zwischen 2 und 36.

Chinesische Zahlen – Beispiel zu den Eigenschaften von Positionssystemen

Denken Sie sich eine Zahl zwischen 1 und 26 aus. Dann betrachten Sie nacheinander die folgenden sechs Tabellen:

1	4	7	**2**	5	8	**3**	4	5
10	13	16	11	14	17	12	13	14
19	22	25	20	23	26	21	22	23
6	7	8	**9**	10	11	**18**	19	20
15	16	17	12	13	14	21	22	23
24	25	26	15	16	17	24	25	26

Befindet sich die ausgewählte Zahl in einer der Tabellen, so schreiben Sie die Zahl auf, die sich oben links (fett gedruckt) in dieser Tabelle befindet. Danach addieren Sie die aufgeschriebenen Zahlen. So kommt immer wieder die zu Anfang gewählte Zahl als Ergebnis heraus. Z. B. ist die Zahl 17 im zweiten, im vierten und im fünften Quadrat enthalten. Wenn man die drei ersten Zahlen dieser Quadrate addiert, ergibt sich: $2 + 6 + 9 = 17$.

Bei diesen Tabellen handelt es sich um eine geschickte Kodierung für das 3er System. Darin ist 3 die Basis und zur Darstellung einer Zahl stehen die Ziffern 0, 1 und 2 zur Verfügung. Wenn man 3 Stellen zur Verfügung hat, so kann man im 3er System alle Zahlen zwischen 0 und 26 darstellen:

$$
\begin{aligned}
(0)_3 &= (0)_{10} \\
(1)_3 &= (1)_{10} = 1*3^0 \\
(2)_3 &= (2)_{10} = 2*3^0 \\
(10)_3 &= (3)_{10} = 1*3^1 + 0*3^0 \\
(11)_3 &= (4)_{10} = 1*3^1 + 1*3^0 \\
&\ldots\ldots\ldots \\
(121)_3 &= (16)_{10} = 1*3^2 + 2*3^1 + 1*3^0 \\
(122)_3 &= (17)_{10} = 1*3^2 + 2*3^1 + 2*3^0 \\
&\ldots\ldots\ldots \\
(221)_3 &= (25)_{10} = 2*3^2 + 2*3^1 + 1*3^0 \\
(222)_3 &= (26)_{10} = 2*3^2 + 2*3^1 + 2*3^0
\end{aligned}
$$

Allgemein gilt für eine Zahl n:

$$
\begin{aligned}
n &= (0 \text{ oder } 1 \text{ oder } 2)\cdot 3^2 + (0 \text{ oder } 1 \text{ oder } 2)\cdot 3^1 + (0 \text{ oder } 1 \text{ oder } 2)\cdot 3^0 \\
n &= (0 \text{ oder } \mathbf{9} \text{ oder } \mathbf{18}) + (0 \text{ oder } \mathbf{3} \text{ oder } \mathbf{6}) + (0 \text{ oder } \mathbf{1} \text{ oder } \mathbf{2})
\end{aligned}
$$

Die fett gedruckten Zahlen finden Sie in den linken oberen Ecken der Tabellen wieder. Wird nun eine Zahl entsprechend dem 3er System zerlegt, dann befindet sich diese Zahl, falls die Zerlegung eine 1 enthält, in der ersten Tabelle. Enthält die Zerlegung eine 2, so befindet sich diese Zahl in der zweiten Tabelle usw. Enthält die Zerlegung eine 9, so befindet sich diese Zahl in der sechsten Tabelle. Folglich erhält man wieder die Ausgangszahl n, indem man die einzelnen Zahlen aus den oberen Ecken der betroffenen Tabellen addiert.

▶ Übung: Der Computer errät eine gedachte Ziffernfolge („Superhirn")

Nehmen wir an, dass Sie ein Programm schreiben sollen, das das Spiel „Moo" realisiert. Beim Spiel „Moo" handelt es sich um eine Computerversion zu dem bekannten Spiel „Superhirn" (auch unter dem Namen „Mastermind" bekannt). Die Aufgabe Ihres Programms ist es dabei, eine vom Benutzer ausgedachte Zahlenkombination zu erraten. Wie viele Ziffern (*z*) und Positionen (*p*) zur Verfügung stehen, muss der Benutzer am Anfang eingeben. Danach soll das Programm dem Benutzer immer Lösungsvorschläge vorgeben. Der Benutzer muss dann eingeben, wie viele Ziffern in diesem Lösungsvorschlag an der richtigen Position sind und wie viele Ziffern zwar richtig sind, aber sich noch an der falschen Position befinden. Mögliche Abläufe der begleitenden Programme `moo.c` und `Moo.java`:

```
Wie viele Ziffern: 10
Wie viele Positionen: 3
0 0 0    ? 0,0
1 1 1    ? 0,0
2 2 2    ? 0,0
3 3 3    ? 1,0
4 4 3    ? 0,1
5 3 5    ? 1,0
6 3 6    ? 1,0
7 3 7    ? 2,0
8 3 7    ? 2,0
 .... Ok, ich habe die Kombination gefunden: 9 3 7
```

```
Wie viele Ziffern: 5
Wie viele Positionen: 6
0 0 0 0 0 0    ? 1,0
1 1 1 1 1 0    ? 0,1
2 2 2 2 0 2    ? 2,0
3 3 3 3 0 2    ? 2,1
4 4 3 2 0 4    ? 3,3
4 2 4 3 0 4    ? 3,3
 .... Ok, ich habe die Kombination gefunden: 4 3 2 4 0 4
```

Ihre Vorgehensweise ist dabei folgende:

- Sie speichern sich zunächst alle möglichen Kombinationen.
- Immer wenn der Benutzer den Computervorschlag bewertet, also die richtigen Positionen und Ziffern eingegeben hat, geht das Programm wie folgt vor: Es bewertet alle noch nicht gestrichenen Kombinationen, indem es für jede Kombination annimmt, dass dies eine mögliche richtige Lösung wäre. Handelt es sich bei dieser Kombination um eine potenzielle Lösung, so müsste für diese Kombination die Benutzerbewertung bezüglich des Computervorschlags zutreffen. Trifft dies nicht zu, wird diese Kombination gestrichen. Dieses Verfahren wird für jede noch nicht gestrichene Kombination durchgeführt.
- Anschließend bietet dieses Programm dem Benutzer die erste noch nicht gestrichene Kombination zur erneuten Bewertung an usw.

Beantworten Sie zu dieser Aufgabenstellung nun folgende Fragen:

- Wie viele Kombinationen gibt es bei z Ziffern und p Positionen?
- Geben Sie für folgende Konstellationen alle möglichen Kombinationen an!

Ziffern	Positionen	Kombinationen
2	3	
4	2	
5	2	

- Können Sie aus dieser Tabelle Rückschlüsse auf Positionssysteme ziehen?
- Beschreiben Sie, wie man abhängig von der Ziffernzahl z und der Positionszahl p die jeweils benötigten Kombinationen erzeugen kann!

3.2.4 Positionssysteme bei gebrochenen Zahlen

Bei gebrochenen Zahlen trennt ein Punkt (Komma im Deutschen) in der Zahl den ganzzahligen Teil der Zahl vom gebrochenen Teil (Nachkommateil). Solche Zahlen lassen sich durch folgende Summenformel beschreiben:

$$n = \sum_{i=-M}^{N-1} b_i \cdot B^i \qquad \text{wobei Folgendes gilt:}$$

- B = Basis des Zahlensystems ($B \in \mathbb{N}, B \geq 2$)
- b = Ziffern ($b_i \in \mathbb{N}_0, 0 \leq b_i < B$)
- N = Anzahl der Stellen vor dem Punkt (Komma)
- M = Anzahl der Stellen nach dem Punkt (Komma)

$$\begin{array}{lllll}
(17.05)_{10} & = 1 \cdot 10^1 & + 7 \cdot 10^0 & + 0 \cdot 10^{-1} & + 5 \cdot 10^{-2} \\
(3758.0)_{10} & = 3 \cdot 10^3 & + 7 \cdot 10^2 & + 5 \cdot 10^1 & + 8 \cdot 10^0 \\
(9.702)_{10} & = 9 \cdot 10^0 & + 7 \cdot 10^{-1} & + 0 \cdot 10^{-2} & + 2 \cdot 10^{-3} \\
(0.503)_{10} & = 0 \cdot 10^0 & + 5 \cdot 10^{-1} & + 0 \cdot 10^{-2} & + 3 \cdot 10^{-3}
\end{array}$$

▶ **Übung: Geben Sie zu folgenden Zahlen die Summenform und die Darstellung im Dezimalsystem an:**

$$(1573.4)_8\,, \quad (ABC.CBA)_{16}\,, \quad (1011.1101)_2\,, \quad (0.4)_8$$

▶ Übung: Formel zu π

Durch welche der drei folgenden Summendarstellungen lässt sich $\pi = 3.1415927\ldots$ darstellen? Geben Sie zu den entsprechenden Möglichkeiten die Werte zu m, n, a_0, a_{-1} und a_{-7} an:

$$1. \sum_{i=0}^{n-1} a_i \cdot 10^i\,, \quad 2. \sum_{i=-m}^{n-1} a_i \cdot 10^i\,, \quad 3. \sum_{i=-\infty}^{n-1} a_i \cdot 10^i$$

3.3 Dual-, Oktal- und Hexadezimalsystem

In der Informatik spielen das Dual-, Oktal- und Hexadezimalsystem eine zentrale Rolle.

3.3.1 Das Dualsystem und das Bit im Rechner

Nochmals zur Wiederholung: Das von uns verwendete Zehnersystem ist ein Positionssystem. Dies bedeutet, dass jeder Position in einer Zahl ein bestimmter Wert zugeordnet wird, der eine Potenz von 10 ist.

Da das Zehnersystem, in dem 10 verschiedene Ziffern $0, 1, 2, \ldots, 9$ existieren, technisch schwer zu realisieren ist, benutzt man in Rechnern intern das Dualsystem, bei dem nur zwei Ziffern, 0 und 1, verwendet werden. Die beiden Ziffern des Dualsystems lassen sich technisch relativ leicht nachbilden:

$$0 = \text{kein Strom, keine Spannung}$$
$$1 = \text{Strom, Spannung}$$

Eine einzelne Binärstelle (0 oder 1), die ein Rechner speichert, wird als **Bit** bezeichnet. Das ist die Abkürzung für „*BInary digiT*“, also Binärziffer. Es handelt sich dabei um die kleinste Informationseinheit, die ein Computer verarbeiten kann.

Wie wir zuvor gesehen haben, handelt es sich auch beim Dualsystem um ein Positionssystem, in dem jeder Position in einer Zahl ein bestimmter Wert zugeordnet wird, der jedoch hier nun eine Potenz von 2 ist:

$$\begin{aligned} 10011 &= 1 \cdot 2^4 + 0 \cdot 2^3 + 0 \cdot 2^2 + 1 \cdot 2^1 + 1 \cdot 2^0 = 1 \cdot 16 + 0 \cdot 8 + 0 \cdot 4 + 1 \cdot 2 + 1 \cdot 1 \\ &= 19 \ \text{(im Zehnersystem)} \end{aligned}$$

Das Zahlensystem gibt man dabei meist tiefgestellt an, wie z. B.:

$(10011)_2$	=	$(19)_{10}$	oder :	$10011_{(2)}$	=	$19_{(10)}$
$(1011)_2$	=	$(11)_{10}$	oder :	$1011_{(2)}$	=	$11_{(10)}$
$(11010110)_2$	=	$(214)_{10}$	oder :	$11010110_{(2)}$	=	$214_{(10)}$

3.3.2 Konvertieren zwischen Dual- und Oktalsystem

Neben dem Dualsystem ist in der Informatik noch das Oktalsystem wichtig, da es in einer engen Beziehung zum Dualsystem steht. Es gilt nämlich: $2^3 = 8$ (Basis des Oktalsystems).

▶ Übung: Wie viele Dualstellen werden zur Darstellung der Ziffern im Oktalsystem maximal benötigt?

- Um eine im Dualsystem dargestellte Zahl ins Oktalsystem zu konvertieren, bildet man von rechts beginnend so genannte *Dualtriaden* (Dreiergruppen). Nachfolgend wird dies anhand der Dualzahl $110111001110010_{(2)}$ gezeigt, die der Oktalzahl $67162_{(8)}$ entspricht.

```
110  111  001  110  010  |  Dualzahl
 6    7    1    6    2   |  Oktalzahl
```

- Bei der Umwandlung einer Oktalzahl in ihre Dualdarstellung geht man den umgekehrten Weg. Nachfolgend wird dies anhand der Oktalzahl $3614_{(8)}$ gezeigt, die der Dualzahl $011110001100_{(2)}$ entspricht.

```
 3    6    1    4   |  Oktalzahl
011  110  001  100  |  Dualzahl
```

Es ist offensichtlich, dass ein Mensch sich die Zahl $3614_{(8)}$ wesentlich leichter merken kann als $011110001100_{(2)}$. Die Konvertierung von dieser leicht merkbaren Oktalzahl in die zugehörige Dualzahl ist dann – wie wir gesehen haben – sehr einfach möglich.

3.3.3 Konvertieren zwischen Dual- und Hexadezimalsystem

Neben dem Dualsystem ist in der Informatik des Weiteren noch das Hexadezimalsystem wichtig, da es in einer engen Beziehung zum Dualsystem steht. Es gilt nämlich: $2^4 = 16$ (Basis des Hexadezimalsystems).

▶ Übung

Geben Sie die Dualdarstellung der Ziffern des Hexadezimalsystems an! Wie viele Dualstellen werden zur Darstellung der Hexdezimalziffern maximal benötigt?

Um eine im Dualsystem dargestellte Zahl ins Hexadezimalsystem zu konvertieren, bildet man von rechts beginnend so genannte *Dualtetraden* (Vierergruppen).

$(\mathbf{ADA})_{16} = (\mathbf{101011011010})_2 = (\mathbf{5332})_8$

Hexadezimal: A D A | Dreiergruppen: 101 011 011 010

Vierergruppen: 1010 1101 1010 | Oktal: 5 3 3 2

$(\mathbf{753})_8 = (\mathbf{111101011})_2 = (\mathbf{1EB})_{16}$

Oktal: 7 5 3 | Vierergruppen: 1 1110 1011

Dreiergruppen: 111 101 011 | Hexadezimal: 1 E B

$(\mathbf{1011101011101})_2 = (\mathbf{175D})_{16} = (\mathbf{13535})_8$

Vierergruppen: 1 0111 0101 1101 | Dreier: 1 011 101 011 101

Hexadezimal: 1 7 5 D | Oktal: 1 3 5 3 5

$(\mathbf{11010111111111010})_2 = (\mathbf{1AFFA})_{16} = (\mathbf{327772})_8$

Vierer: 1 1010 1111 1111 1010 | Dreier: 11 010 111 111 111 010

Hexa: 1 A F F A | Oktal: 3 2 7 7 7 2

Es ist wieder offensichtlich, dass ein Mensch sich die Zahl $1EB_{(16)}$ wesentlich leichter merken kann als $111101011_{(2)}$. Die Konvertierung von dieser leicht merkbaren Hexadezimalzahl in die zugehörige Dualzahl ist dann – wie wir gesehen haben – sehr einfach möglich. Um also eine im Dualsystem dargestellte Zahl im Hexadezimalsystem (Oktalsystem) darzustellen, ist folgendermaßen vorzugehen:

1. Man teile die Ziffernfolge der Dualdarstellung von rechts nach links in Tetraden (Triaden).
2. Man ersetze die Dualtetraden (Dualtriaden) durch die ihnen entsprechenden Ziffern des Hexadezimalsystems (Oktalsystems) und den Basisindex 2 durch 16 (8).

▶ Übung:

Konvertieren Sie möglichst effizient die Zahl $(ABBA)_{16}$ in das Oktalsystem!

Die obigen Regeln gelten auch für gebrochene Zahlen, wenn man Dualtetraden bzw. -triaden vom Punkt (Komma) aus nach links und rechts bildet.

▶ Übung: Duale, oktale und hexadezimale Darstellung von gebrochenen Zahlen

Ergänzen Sie die folgenden Tabellen, so dass die jeweilige gebrochene Zahl in allen drei Darstellungsformen (dual, oktal und hexadezimal) vorliegt!

Dualsystem	Oktalsystem	Hexadezimalsystem
110 1110,0011		
		ABC,DE

3.4 Konvertierungsalgorithmen

3.4.1 Konvertieren von anderen Systemen in das Dezimalsystem

Eine in einem Positionssystem mit der Basis B dargestellte natürliche Zahl n: $n = \sum_{i=0}^{N} b_i \cdot B^i$ lässt sich mit Hilfe des *Hornerschemas* wie folgt darstellen:

$$n = (\ldots(((b_N \cdot B + b_{N-1}) \cdot B + b_{N-2}) \cdot B + b_{N-3}) \cdot B + \ldots + b_1) \cdot B + b_0$$

$$(1578)_{10} = ((1 \cdot 10 + 5) \cdot 10 + 7) \cdot 10 + 8$$
$$(754)_8 = (7 \cdot 8 + 5) \cdot 8 + 4 = (492)_{10}$$

Mit Hilfe dieser Darstellung können Konvertierungen in das Dezimalsystem einfach durchgeführt werden.

▶ Übung

Konvertieren Sie folgende Zahlen unter Zuhilfenahme des Hornerschemas in das Dezimalsystem: $(375)_8$, $(1210)_8$, $(888)_9$, $(ADA)_{16}$

3.4.2 Konvertieren vom Dezimalsystem in andere Positionssysteme

Für die Umwandlung einer Dezimalzahl x in ein Zahlensystem mit der Basis n kann folgender Algorithmus verwendet werden:

1. `x : n = y Rest z`
2. Mache y zum neuen x und fahre wieder mit Schritt 1 fort, wenn dieses neue x ungleich 0 ist, ansonsten fahre mit Schritt 3 fort.
3. Die ermittelten Reste z von unten nach oben nebeneinander geschrieben ergeben dann die entsprechende Dualzahl.

Nachfolgend zwei Beispiele für die Umwandlung einer Zahl aus dem Dezimal- in das Dualsystem:

$(\mathbf{30})_{\mathbf{10}} =?_2$

x				y		z
30	:	2	=	15	Rest	0
15	:	2	=	7	Rest	1
7	:	2	=	3	Rest	1
3	:	2	=	1	Rest	1
1	:	2	=	0	Rest	1

$(\mathbf{43})_{\mathbf{10}} =?_2$

x				y		z
43	:	2	=	21	Rest	1
21	:	2	=	10	Rest	1
10	:	2	=	5	Rest	0
5	:	2	=	2	Rest	1
2	:	2	=	1	Rest	0
1	:	2	=	0	Rest	1

Die Reste z von unten nach oben nebeneinander geschrieben liefern dann die gesuchte Dualzahl: $(\mathbf{30})_{\mathbf{10}} = \mathbf{11110_2}$ $(\mathbf{43})_{\mathbf{10}} = (\mathbf{101011})_{\mathbf{2}}$

▶ Übung: Wandeln Sie die folgenden Dezimalzahlen in das entsprechende Positionssystem um

$(445)_{10}$ = in das Dualsystem
$(7294)_{10}$ = in das Oktalsystem
$(87599)_{10}$ = in das Hexadezimalsystem
$(1234)_{10}$ = in das Siebenersystem
$(77875)_{10}$ = in das Dreiersystem
$(754398)_{10}$ = in das Dualsystem

Kann man diese letzte Zahl eventuell auch effizienter konvertieren?

Zum Konvertieren von Zahlen können Sie zum einen das auf Seite 52 erwähnte Programm `konvert.c` verwenden oder aber auch die beiden begleitenden Programme `dezkonvert.c` und `Dezkonvert.java`, die das Konvertieren von Dezimalzahlen schrittweise anzeigen, wie z. B.:

```
Gib Basis des Zielsystems ein (2<=Basis<=36): 16
Gib die zu wandelnde Zahl aus dem Zehnersystem ein: 45054
45054 : 16 =  2815 Rest 14 (E)
 2815 : 16 =   175 Rest 15 (F)
  175 : 16 =    10 Rest 15 (F)
   10 : 16 =     0 Rest 10 (A)
     ---> 45054(10) = AFFE(16)
```

3.4.3 Konvertieren echt gebrochener Zahlen

Eine echt gebrochene Zahl n ($n < 1$):

$$n = \sum_{i=-M}^{-1} b_i \cdot B^i$$

lässt sich auch mit Hilfe des *Hornerschemas* wie folgt darstellen:

$$n = \frac{1}{B} \cdot \left(b_{-1} + \frac{1}{B} \cdot \left(b_{-2} + \frac{1}{B} \cdot \left(b_{-3} + \ldots + \frac{1}{B} \cdot \left(b_{-M+1} + \frac{1}{B} \cdot b_{-M}\right)\ldots\right)\right)\right)$$

wie z. B. die Zahl:

$$0.193_{(10)} = \frac{1}{10} \cdot \left(1 + \frac{1}{10} \cdot \left(9 + \frac{1}{10} \cdot 3\right)\right)$$

Mit Hilfe dieser Darstellung können wieder Konvertierungen von anderen Systemen in das Dezimalsystem einfach durchgeführt werden.

Algorithmus zur Konvertierung echt gebrochener Dezimalzahlen

Für die Umwandlung des Nachkommateils einer Dezimalzahl in ein anderes Positionssystem existiert folgender Algorithmus, wobei B die Basis des Zielsystems ist:

1. $x \cdot B = y$ Überlauf z (z = ganzzahliger Anteil)
2. Mache Nachkommateil von y zum neuen x und fahre mit Schritt 1 fort, wenn dieses neue x ungleich 0 ist und noch nicht genügend Nachkommastellen ermittelt sind, ansonsten fahre mit Schritt 3 fort.
3. Schreibe die ermittelten Überläufe von oben nach unten nach 0. nebeneinander, um die entsprechende Dualzahl zu erhalten.

```
(0.34375)10 = (0.01011)2          | (0.408203125)10 = (0.321)8
      x            y           z  |       x                y            z
0.34375  · 2 = 0.6875  Ueberl. 0  | 0.408203125  · 8 = 3.265625  Ueberl. 3
 0.6875  · 2 =  1.375  Ueberl. 1  |    0.265625  · 8 =    2.125  Ueberl. 2
  0.375  · 2 =   0.75  Ueberl. 0  |       0.125  · 8 =        1  Ueberl. 1
   0.75  · 2 =    1.5  Ueberl. 1  |           0  · 8 =        0  Ueberl. 0
    0.5  · 2 =    1.0  Ueberl. 1
      0  · 2 =    0.0  Ueberl. 0
Die Überläufe z von oben nach unten nach 0. nebeneinander
geschrieben liefern dann die gesuchte Zahl.
```

Genauigkeitsverluste bei der Umwandlung gebrochener Dezimalzahlen

Manche gebrochenen Zahlen, die sich ganz genau im Dezimalsystem darstellen lassen, lassen sich leider nicht ganz genau als Dualzahl darstellen. Typische Beispiele dafür sind Zahlen, die sich im Dualsystem nur durch eine periodische Ziffernfolge repräsentieren lassen, wie z. B. $0.1_{(10)} = 0.0001100110011\ldots_{(2)}$:

```
   x        y        z
0.1 * 2 = 0.2    Überlauf 0

0.2 * 2 = 0.4    Überlauf 0
0.4 * 2 = 0.8    Überlauf 0
0.8 * 2 = 1.6    Überlauf 1
0.6 * 2 = 1.2    Überlauf 1

0.2 * 2 = 0.4    Überlauf 0
0.4 * 2 = 0.8    Überlauf 0
0.8 * 2 = 1.6    Überlauf 1
0.6 * 2 = 1.2    Überlauf 1
```

Das Bitmuster 0011 wiederholt sich hier ständig und es gilt somit:

$$0.1_{(10)} = 0.0\ \ 0011\ \ 0011\ldots_{(2)}$$

Solche Ungenauigkeiten treten dann natürlich auch in den Rechnern auf, die ja mit dem Dualsystem arbeiten. Darauf wird später noch näher eingegangen.

▶ Übung: Konvertieren Sie die folgenden Zahlen!

$(0.375)_{10}$ = im Dualsystem?
$(0.25)_{10}$ = im Fünfersystem?
$(0.19)_{10}$ = im Hexadezimalsystem?

Zum Konvertieren von echt gebrochenen Zahlen können Sie auch die begleitenden Programme `gebrkonv.c` und `Gebrkonv.java` verwenden, die im Zusatzmaterial vorgestellt werden und die das Konvertieren von echt gebrochenen Dezimalzahlen schrittweise anzeigen.

3.4.4 Konvertieren unecht gebrochener Zahlen

Um eine unecht gebrochene Zahl zu konvertieren, muss diese in ihren ganzzahligen Teil und ihren echt gebrochenen Teil aufgeteilt werden, die dann getrennt voneinander zu konvertieren sind.

$(12.25)_{10} = (1100.01)_2$

Ganzzahliger Teil: $(12)_{10} = (1100)_2$	**Echt gebrochener Teil:** $(0.25)_{10} = (0.01)_2$
12 : 2 = 6 Rest 0	0.25 ∗ 2 = 0.5 Überlauf 0
6 : 2 = 3 Rest 0	0.5 ∗ 2 = 1 Überlauf 1
3 : 2 = 1 Rest 1	0 ∗ 2 = 0 Überlauf 0
1 : 2 = 0 Rest 1	

3.5 Rechenoperationen im Dualsystem

3.5.1 Addition

Für die **duale Addition** gilt allgemein:

$$
\begin{array}{ll}
0+0 & = 0 \\
0+1 & = 1 \\
1+0 & = 1 \\
1+1 & = 0 \text{ Übertrag } 1 \\
1+1+1 \text{ (vom Übertrag)} & = 1 \text{ Übertrag } 1
\end{array}
$$

```
  0 1 0 1 1 0 1 =  45
  0 1 1 0 1 1 0 =  54
-----------------
  1 1 1 1       = Übertrag
-----------------
  1 1 0 0 0 1 1 =  99
```

▶ Übung: Addition im Dualsystem

Lösen Sie die folgenden Aufgaben, indem Sie die Dezimalzahlen zuerst in das Dualsystem umwandeln und dann im Dualsystem die Addition durchführen:
$(123)_{10} + (204)_{10} = ?_2$, $(15)_{10} + (31)_{10} = ?_2$, $(105)_{10} + (21)_{10} = ?_2$

▶ Übung: Addieren Sie die folgenden Dualzahlen:

```
1)
  0 1 0 1 1 0 1
+ 0 0 0 1 0 1 1
+ 0 0 1 0 0 0 1
+ 0 0 0 1 0 1 0
```

```
2)
  0 1 1 0 0 1
+ 0 0 1 1 0 0
+ 0 0 0 0 1 1
+ 0 0 1 0 0 1
```

```
3)
  0 1 1 0 0 1 0
+ 0 0 1 1 0 1 0
+ 0 0 0 1 1 0 0
+ 0 0 1 0 0 1 1
```

```
4)
  0 1 0 1 1 0 1
+ 0 0 0 1 1 1 1
+ 0 0 0 1 0 0 0
+ 0 0 1 0 1 0 1
+ 0 0 0 1 1 0 1
```

Zum Addieren von Dualzahlen können Sie auch die begleitenden Programme `dualadd.c` und `Dualadd.java` verwenden, die im Begleitmaterial vorgestellt werden.

3.5.2 Subtraktion und Darstellung negativer Zahlen

Negative Zahlen werden üblicherweise durch ihren Betrag mit vorangestelltem Minuszeichen dargestellt. Diese Darstellung wäre auch rechnerintern denkbar, hat jedoch den Nachteil, dass man eine gesonderte Vorzeichenrechnung durchführen müsste und man ein Rechenwerk benötigt, das sowohl addieren als auch subtrahieren kann. Um mit einem reinen Addierwerk auszukommen, versucht man, die Subtraktion auf eine Addition zurückzuführen. Dies geschieht durch das Verfahren der *Komplementbildung*. Man unterscheidet zwei Arten der Komplementbildung, wobei `B` für das Zahlensystem steht: *B-Komplement* und *(B-1)-Komplement*

Im Dualsystem könnte man also mit dem *Zweier-Komplement* (B-Komplement) oder mit dem *Einer-Komplement* ((B-1)-Komplement) arbeiten.

Da das B-Komplement technisch leichter realisierbar ist, wird vorwiegend mit dem B-Komplement (Zweier-Komplement) gearbeitet. Der Vollständigkeit halber und zum Vergleich werden hier beide Komplemente vorgestellt.

Negation von Zahlen mit dem B-Komplement (Zweier-Komplement)

Wir nehmen hier einmal an, dass wir vier Bits zur Verfügung haben, wobei das erste Bit das Vorzeichenbit ist. Hierfür wären dann die in Abbildung 3.2 gezeigten Bitkombinationen möglich.

Unter Verwendung eines Zahlenrings wird dann die in Abbildung 3.2 gezeigte Zuordnung von ganzen Zahlen getroffen. In dieser Darstellung wird die Zahl Null ($000\ldots00_{(2)}$) als positive Zahl aufgefasst. Dadurch wird die Darstellung *unsymmetrisch*, denn es gilt bei s verfügbaren Stellen Folgendes:

- kleinste darstellbare negative Zahl: $-B^{s-1}$: Im Zweier-Komplement gilt somit für die kleinste darstellbare negative Zahl: -2^{s-1}:

  bei s = 4: $-2^{4-1} = -2^3 = -8$
  bei s = 8: $-2^{8-1} = -2^7 = -128$
  bei s = 16: $-2^{16-1} = -2^{15} = -32768$
  bei s = 32: $-2^{32-1} = -2^{31} = -2147483648$

- größte darstellbare positive Zahl: $B^{s-1} - 1$: Im Zweier-Komplement gilt somit für die größte darstellbare positive Zahl: $2^{s-1} - 1$:

  bei s = 4: $2^{4-1} - 1 = 2^3 - 1 = 7$
  bei s = 8: $2^{8-1} - 1 = 2^7 - 1 = 127$
  bei s = 16: $2^{16-1} - 1 = 2^{15} - 1 = 32767$
  bei s = 32: $2^{32-1} - 1 = 2^{31} - 1 = 2147483647$

Mit unseren vier Bits könnten wir also Zahlen aus dem Wertebereich `-8..7` darstellen. Hier drängt sich jetzt nur noch die Frage auf, nach welchem Prinzip die einzelnen negativen Zahlen den entsprechenden Bitkombinationen zugeordnet werden.

Alle Kombinationen, bei denen das 1. Bit (Vorzeichenbit) gesetzt ist, repräsentieren dabei negative Zahlen:

0000 = 0	1000 = −8
0001 = 1	1001 = −7
0010 = 2	1010 = −6
0011 = 3	1011 = −5
0100 = 4	1100 = −4
0101 = 5	1101 = −3
0110 = 6	1110 = −2
0111 = 7	1111 = −1

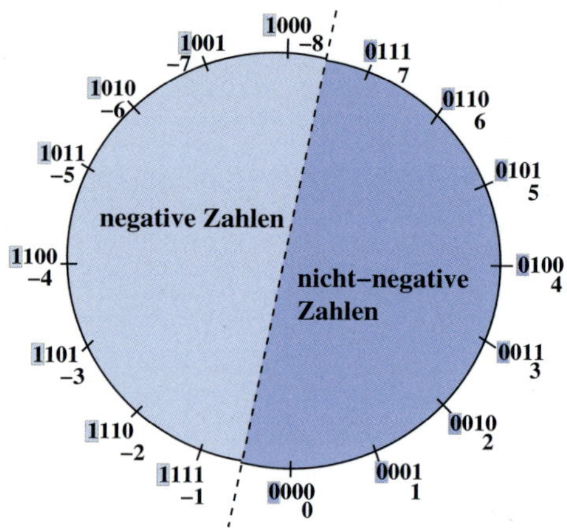

Abbildung 3.2: Zahlenring für vier Bits, wobei das erste Bit das Vorzeichenbit ist

Regeln für die Bildung eines Zweier-Komplements

1. Ist das 1. Bit mit 1 besetzt, so handelt es sich um eine negative Zahl.
2. Der Wert einer negativen Zahl wird dabei im Zweier-Komplement dargestellt. Zweier-Komplement zu einem Wert bedeutet dabei, dass zunächst jedes einzelne Bit invertiert (umgedreht) wird, und dann auf die so entstandene Bitkombination die Zahl 1 aufaddiert wird.

Zweier-Komplement zu 5:

```
   Dualdarstellung von 5: 0101

 Komplementieren von 5: 1010
                  + 1:  0001
                 ---------
                 = -5:  1011
```

Zweier-Komplement zu -5:

```
   Dualdarstellung von -5: 1011

 Komplementieren von -5: 0100
                   + 1:  0001
                  ---------
                   = 5:  0101
```

Der Vorteil einer solchen Komplement-Darstellung ist, dass eine Maschine nicht subtrahieren können muss, sondern jede Subtraktion `a - b` durch eine Addition `a + -b` realisieren kann, wie es in den Beispielen von Abbildung 3.3 gezeigt ist.

In Abbildung 3.3 hat der vorne stattfindende Überlauf des Bits keinen Einfluss auf die Richtigkeit des Ergebnisses. Das gilt allerdings nicht allgemein. Wenn nämlich das Ergebnis nicht im darstellbaren Zahlenbereich liegt, dann erhält man bei einem Überlauf ein falsches Ergebnis, wie es das folgende Beispiel zeigt.

```
2 - 4 = 2 + -4
   0010 =  2
 + 1100 = -4
 ----------
   1110 = -2
```

```
6 - 2 = 6 + -2
   0110 =  6
 + 1110 = -2
 ----------
  1|0100 =  4   Das vorne überlaufende Bit wird weggeworfen
```

Abbildung 3.3: Addition mit und ohne Überlauf

Bei fünf verfügbaren Stellen soll die Subtraktion $(-9)_{10} - (13)_{10}$ im Dualsystem mit Hilfe des B-Komplements durchgeführt werden.

Darstellbarer Zahlenbereich: $-2^4..2^4 - 1 = -16.. + 15$

$-(9)_{10}$: $(10111)_2$

$+\ (-13)_{10}$: $(10011)_2$

$(+10)_{10}$: 1| $(01010)_2$ Das vorne überlaufende Bit geht verloren → falsches Ergebnis

▶ Übung

Bilden Sie zu den folgenden Zahlen das entsprechende B-Komplement: $10101_{(2)}$, $785_{(10)}$, $AFFE_{(16)}$, $453_{(16)}$, $124_{(5)}$

▶ Übung

Subtrahieren Sie die folgenden Zahlen im B-Komplement mit 8 verfügbaren Stellen und `B=2`:

$$(57)_{10} - (122)_{10}$$
$$(43)_{10} - (11)_{10}$$
$$(17)_{10} - (109)_{10}$$

▶ Übung

Subtrahieren Sie die folgenden Zahlen im B-Komplement mit 5 verfügbaren Stellen und `B=10`:

$$(25737)_{10} - (18547)_{10}$$
$$(2737)_{10} - (4578)_{10}$$

Zur B-Komplementbildung und zum Subtrahieren von Zahlen im B-Komplement können Sie auch das begleitende Programm `subtraktion.c` verwenden, das im Begleitmaterial zu diesem Buch vorgestellt wird.

Negation von Zahlen mit dem (B-1)-Komplement (Einer-Komplement)

Wie bereits zuvor erwähnt, lässt sich das B-Komplement technisch leichter realisieren, weshalb auch vorwiegend mit dem B-Komplement (Zweier-Komplement) gearbeitet. Der Vollständigkeit halber und zum Vergleich wird hier das (B-1)-Komplement (Einer-Komplement) vorgestellt. Wir nehmen hier an, dass wir vier Bits zur Verfügung haben, wobei das erste Bit das Vorzeichenbit ist. Hierfür wären dann folgende Bitkombinationen möglich:

```
0000 +0 (positive Null)
0001  1
0010  2
0011  3
0100  4
0101  5
0110  6
0111  7
-------------------------------------
1000 -7
1001 -6
1010 -5
1011 -4 Alle Kombinationen, bei denen das 1. Bit (Vorzeichenbit)
1100 -3 gesetzt ist, repräsentieren dabei negative Zahlen.
1101 -2
1110 -1
1111 -0 (negative Null)
```

Anders als beim B-Komplement ist die Zahlendarstellung hierbei *symmetrisch*.

Regeln für die Bildung eines Einer-Komplements

1. Ist das 1. Bit mit 1 besetzt, so handelt es sich um eine negative Zahl (eventuell die negative Null 111...111).
2. Der Wert einer negativen Zahl wird dabei im Einer-Komplement dargestellt. Einer-Komplement zu einem Wert bedeutet dabei, dass zunächst jedes einzelne Bit invertiert (umgedreht) wird.
3. Führt die Addition des Komplements zu einem Überlauf einer 1, muss zu dem Ergebnis noch diese 1 hinzuaddiert werden („*Einer-Rücklauf*“).

$(14)_{10} - (7)_{10}$ im (B-1)-Komplement bei 5 verfügbaren Stellen und B=2:

```
Einer-Komplement zu (7)10 = (00111)2:
  Komplementieren von 7 (-7): 11000
  Dualdarstellung von 14 :  01110
                  + -7 :  11000
                  -------------
                       :  1|00110
       Aufaddieren von 1 :  00001
                  -------------
                   = 7 :  00111
```

$(9)_{10} - (13)_{10}$ im (B-1)-Komplement bei 5 verfügbaren Stellen und B=2:

```
Einer-Komplement zu (13)10 = (01101)2:
  Komplementieren von 13 (-13): 10010
   Dualdarstellung von 9: 01001
                 + -13: 10010
                 -------------
                 =  -4: 11011
```

▶ Übung

Subtrahieren Sie folgende Zahlen im (B-1)-Komplement mit 8 verfügbaren Stellen und B=2:

$(57)_{10} - (122)_{10}$, $(43)_{10} - (11)_{10}$, $(17)_{10} - (109)_{10}$

Subtrahieren Sie folgende Zahlen im (B-1)-Komplement mit 5 verfügbaren Stellen und B=10:

$(25737)_{10} - (18547)_{10}$ $(2737)_{10} - (4578)_{10}$

3.5.3 Multiplikation und Division

Die ganzzahlige Multiplikation bzw. Division wird in einem Rechner zwar allgemein mittels wiederholter Addition durchgeführt, aber in den Sonderfällen des Multiplikators bzw. Divisors von 2, 4, 8, ... kann die Multiplikation bzw. Division einfach auch durch eine Verschiebung von entsprechend vielen Bits nach links bzw. rechts erfolgen: Bei 2 (2^1) um 1 Bit, bei 4 (2^2) um 2 Bits, bei 8 um 3 (2^3) Bits usw.

dezimal : $(20)_{10}$ x $(8)_{10}$ = 160_{10}
dual : $(10100)_2$ x $(1000)_2$ = $(10100000)_2$ [10100 | 000]

dezimal : $(20)_{10}$: $(4)_{10}$ = 5_{10}
dual : $(10100)_2$: $(100)_2$ = $(101)_2$ [101 | 00]

Der Vollständigkeit halber wird im Begleitmaterial zu diesem Buch trotzdem die duale Multiplikation und Division entsprechend den Regeln vorgestellt, die wir im Zehnersystem anwenden, wenn wir per Hand multiplizieren.

3.5.4 Konvertieren durch sukzessive Multiplikation und Addition

Für die Konvertierung aus einem beliebigen Positionssystem in ein anderes beliebiges Positionssystem kann auch der folgende Algorithmus verwendet werden, wobei die Berechnung im Zielsystem mit der Basis B des Ausgangssystems durchgeführt wird:

$$
\begin{array}{lcll}
b_n \cdot B & = & a_1 & \\
a_1 + b_{n-1} & = & a_2 & \\
a_2 \cdot B & = & a_3 & \\
a_3 + b_{n-2} & = & a_4 & \\
\ldots & \ldots & \ldots & \\
a_{2n-1} + b_0 & = & \mathrm{x} & \text{im Zielsystem (mit der Basis B)}
\end{array}
$$

Konvertieren der Zahl $(2314)_{10}$ in das Dualsystem
Die Basis $B = (10)_{10}$ hat im Dualsystem die Darstellung $(1010)_2$ und die Dezimalziffern 2, 3, 1, 4 haben im Dualsystem folgende Darstellungen: $(10)_2$, $(11)_2$, $(1)_2$, $(100)_2$.

$$
\begin{array}{rcl}
10 \cdot 1010 & = & 10100 \\
+ 11 & = & 10111 \\
\cdot 1010 & = & 11100110 \\
+ 1 & = & 11100111 \\
\cdot 1010 & = & 100100000110 \\
+ 100 & = & \mathbf{100100001010}
\end{array}
$$

▶ **Übung**

Konvertieren Sie die Zahl $(11100)_2$ in das Dezimalsystem!
Konvertieren Sie die Zahl $(555)_6$ in das Dezimalsystem!
Konvertieren Sie die Zahl $(0110110)_2$ in das Sechsersystem!

3.6 Reelle Zahlen

In der Informatik wird statt des im Deutschen üblichen Kommas der Punkt verwendet, um den ganzzahligen Teil vom gebrochenen Teil einer reellen Zahl abzutrennen.

3.6.1 Festpunktzahlen

Bei Festpunktzahlen steht der Punkt (das Komma) immer an einer bestimmten festgelegten Stelle, wobei der Punkt natürlich nicht eigens mitgespeichert wird:

$$\text{zahl} = (z_{n-1} z_{n-2} \ldots z_1 z_0 \qquad z_{-1} z_{-2} \ldots z_{-m(2)}) \; ; \qquad \text{zahl} = \sum_{i=-m}^{n-1} z_i 2^i$$

zahl hat die Länge `n + m`, wobei `n` Stellen vor und `m` Stellen nach dem Punkt gesetzt sind. Nachfolgend ein Beispiel zur Festpunktdarstellung.

$$\begin{aligned}(11.011)_2 &= 1 \cdot 2^1 + 1 \cdot 2^0 + 0 \cdot 2^{-1} + 1 \cdot 2^{-2} + 1 \cdot 2^{-3} \\ &= 2 + 1 + 0 \cdot 0.5 + 0.25 + 0.125 = (3.375)_{10}\end{aligned}$$

Durch Einführen eines eigenen Vorzeichenbits können dann noch positive und negative Zahlen unterschieden werden. Die Nachteile der Festpunktdarstellung sind:

1. Man kann nur einen beschränkten Wertebereich abdecken.
2. Die Stelle des Punkts (Kommas) muss allgemein festgelegt werden. Und wo soll man diese festlegen, wenn manchmal mit sehr kleinen, hochgenauen Werten und ein anderes Mal mit sehr großen Werten gearbeitet werden muss?

Aufgrund dieser Nachteile wird die Festpunktdarstellung nur in Rechnern verwendet, die für Spezialanwendungen benötigt werden. In den üblichen heute verbreiteten Rechnern wird stattdessen die Gleitpunktdarstellung verwendet, die nachfolgend vorgestellt wird.

3.6.2 Gleitpunktzahlen und das IEEE[1]-Format

Hier wird die rechnerinterne Darstellung von Gleitpunktzahlen (gebrochenen Zahlen) kurz vorgestellt. Jede reelle Zahl kann in der Form $2.3756 \cdot 10^3$ angegeben werden. Bei dieser Darstellungsform setzt sich die Zahl aus zwei Bestandteilen zusammen:

Mantisse (`2.3756`) und Exponent (`3`), der ganzzahlig ist.

Diese Form wird auch meist in Rechnern verwendet, außer dass dort nicht mit Basis 10, sondern mit Basis 2 gearbeitet wird. Die für die Darstellung einer Gleitpunktzahl verwendete Anzahl von Bytes legt fest, ob man mit *einfacher* (Datentyp `float`) oder mit *doppelter Genauigkeit* (Datentyp `double`) arbeitet.

Abbildung 3.4 zeigt das standardisierte IEEE-Format für die beiden C/C++- und Java-Datentypen `float` und `double`, wobei vier Bytes für `float` und acht Bytes für

1 Das *Institute of Electrical and Electronics Engineers* (IEEE) ist ein weltweiter Berufsverband von Ingenieuren aus den Bereichen Elektrotechnik und Informatik. Er ist Veranstalter von Fachtagungen, Herausgeber diverser Fachzeitschriften und bildet Gremien für die Standardisierung von Techniken, Hardware und Software.

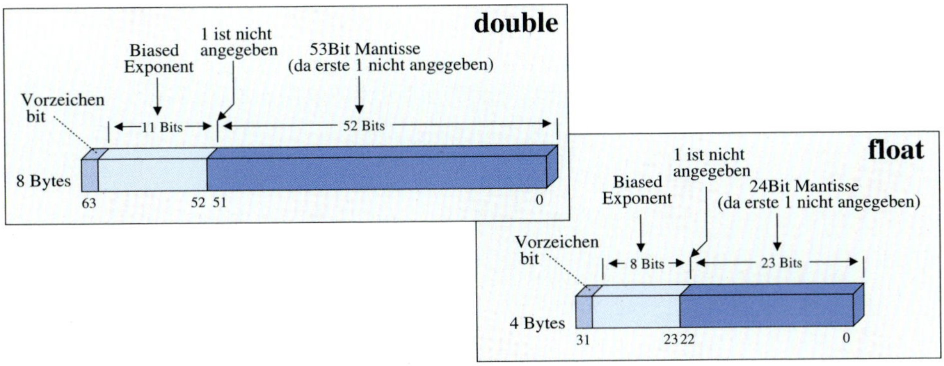

Abbildung 3.4: IEEE-Format für `float` und `double`

`double` definiert sind. In Kapitel 7 auf Seite 148 werden diese beiden Datentypen im Zusammenhang mit den Programmiersprachen C/C++ und Java nochmals vorgestellt. Das IEEE-Format geht von so genannten *normalisierten Gleitpunktzahlen* aus. „Normalisierung" bedeutet, dass der Exponent so verändert wird, dass der gedachte Dezimalpunkt immer rechts von der ersten Nicht-Null-Ziffer (im Binärsystem ist dies eine 1) liegt.

Die Dezimalzahl
$17.625 = 1 \cdot 10^1 + 7 \cdot 10^0 + 6 \cdot 10^{-1} + 2 \cdot 10^{-2} + 5 \cdot 10^{-3}$
entspricht der binären Zahl:
16 + 1 + 1/2 + 1/8
$= 1 \cdot 2^4 + 0 \cdot 2^3 + 0 \cdot 2^2 + 0 \cdot 2^1 + 1 \cdot 2^0 + 1 \cdot 2^{-1} + 0 \cdot 2^{-2} + 1 \cdot 2^{-3} = 10001.101 \cdot 2^0$
Die entsprechende normalisierte Form erhält man, indem man den Dezimalpunkt hinter die erste signifikante Ziffer „schiebt" und den Exponenten entsprechend anpasst:
$1.0001101 \cdot 2^4$

Gleitpunktzahlen werden immer in normalisierter Form dargestellt, und so ist sichergestellt, dass das höchstwertige „Einser-Bit" immer links vom gedachten Dezimalpunkt (außer für den Wert 0 natürlich) in der Mantisse stehen würde. Das IEEE-Format macht sich diese Tatsache zunutze, indem es vorschreibt, dass dieses Bit überhaupt nicht zu speichern ist.

Der *Exponent* ist eine Ganzzahl, welche im vorzeichenlosen Binärformat (nach der Addition eines so genannten *bias*) dargestellt wird. Durch diese *bias*-Addition wird also immer sichergestellt, dass der Exponent positiv ist, und somit wird für ihn keine Vorzeichenrechnung benötigt. Der Wert von *bias* hängt vom Genauigkeitsgrad ab (4 Bytes für `float`: `bias=127` bei 8 Bits für Exponent; 8 Bytes für `double`: `bias=1023` bei 11 Bits für Exponent).

Das IEEE-Format verwendet neben der Mantisse und dem Exponenten noch eine dritte Komponente: das *Vorzeichenbit* (0 für positiv und 1 für negativ). Das Vorzeichenbit zeigt das Vorzeichen der Mantisse, die immer als Betragswert, also auch im negativen Fall nicht als Komplement, dargestellt wird. Die Zahl `17.625` ($1.0001101 \cdot 2^4$)

würde dann als `float`-Wert folgendermaßen dargestellt:

```
|0|10000011|00011010000000000000000|
31        /                        0
    Biased Exponent ergibt sich als:
                        bias =     0111 1111 = 127
   + wirklicher Exponent =         0000 0100 =   4
                                   ---------------
                                   1000 0011 = 131
```

Formel zur Darstellung einer Gleitpunktzahl im IEEE-Format:

```
(−1)^S · (2^(B−bias)) · (1.f_N.....f_0)
 |        |              SIGNIFICAND
 |        |                 N=22 (float=23 Stellen), N=51 (double=52 Stellen)
 |     EXPONENT             B = Biased Exponent (zu speichernder Exponent)
 |           bias = 127 (float), bias = 1023 (double)
SIGN S = 0 (positiv); S = 1 (negativ)
```

Nach IEEE gilt Folgendes für `float` (einfach) und `double` (doppelt):

	einfach	doppelt
Vorzeichen-Bits	1	1
Exponenten-Bits	8	11
Mantissen-Bits	23	52
Bits insgesamt	32	64
BIAS	127	1023
Exponentenbereich	[−126,127]	[−1022,1023]

Die folgende Tabelle zeigt einige Sonderfälle des IEEE-Formats.

Biased Exponent	Mantisse	Bedeutung
111..111(= 255 bzw. = 2047)	$\neq 0$	*not a number* (keine gültige Zahl)
111..111(= 255 bzw. = 2047)	000..000(= 0)	$\pm\infty$
000..000(= 0)	000..000(= 0)	± 0

▶ Übung

Geben Sie zu folgenden Zahlen die `float`-Darstellung (nach IEEE-Format) an!

125.875, −13.888, 0.3, 0.01953125, −2.25

Mit dem Programm `gleiteig.c`, das im Begleitmaterial zu diesem Buch vorgestellt wird, können Sie sich interaktiv die Eigenschaften von `float`- und `double`-Zahlen ausgeben lassen. Das Programm `gleitpkt.c`, das ebenfalls dort vorgestellt wird, ermöglicht das selbstständige Üben, indem es dem Benutzer eine Gleitpunktzahl eingeben lässt, die es dann im IEEE-Format nach Wunsch entweder in `float`- bzw. `double`-Darstellung ausgibt.

Ungenauigkeiten bei Gleitpunktzahlen

Wie wir bereits auf Seite 61 gesehen haben, können Gleitpunktzahlen, die im Dezimalsystem ganz genau dargestellt werden können, im Dualsystem nicht immer ganz genau dargestellt werden. Dies führt zu kleinen, aber in gewissen Situationen doch zu berücksichtigenden Ungenauigkeiten. So sollte man grundsätzlich `float`- oder `double`-Werte niemals auf Gleichheit prüfen. Im begleitenden Zusatzmaterial zu diesem Buch finden Sie dazu eine nähere Erläuterung anhand von Beispielen.

3.7 Codes zur Darstellung von Zeichen

Für Zeichen gibt es viele unterschiedliche Kodierungen. Nachfolgend werden einige wichtige Kodierungen kurz vorgestellt.

3.7.1 ASCII-Code

Der ASCII-Code (**ASCII** = **A**merican **S**tandard for **C**oded **I**nformation **I**nterchange) ist eine festgelegte Abbildungsvorschrift (Norm) zur binären Kodierung von Zeichen.

- Der ASCII-Code umfasst Klein-/Großbuchstaben des lateinischen Alphabets, (arabische) Ziffern und viele Sonderzeichen.
- Die Kodierung erfolgt in einem Byte (8 Bits), so dass mit dem ASCII-Code 256 verschiedene Zeichen dargestellt werden können.
- Da allerdings das erste Bit nicht vom Standard-ASCII-Code genutzt wird, können im Standard-ASCII-Code nur 128 Zeichen dargestellt werden. Unterschiedliche erweiterte ASCII-Codes nutzen das erste Bit, um zusätzlich weitere 128 Zeichen darstellen zu können. Dabei handelt es sich dann um spezielle normierte ASCII-Code-Erweiterungen.

Tabelle 3.2

ASCII-Code zu den darstellbaren Zeichen

Zeichen	Dez.	Binär	Hexa	Oktal	Zeichen	Dez.	Binär	Hexa	Oktal
!	33	0010 0001	21	041	P	80	0101 0000	50	120
"	34	0010 0010	22	042	Q	81	0101 0001	51	121
#	35	0010 0011	23	043	R	82	0101 0010	52	122
$	36	0010 0100	24	044	S	83	0101 0011	53	123
%	37	0010 0101	25	045	T	84	0101 0100	54	124
&	38	0010 0110	26	046	U	85	0101 0101	55	125
'	39	0010 0111	27	047	V	86	0101 0110	56	126
(	40	0010 1000	28	050	W	87	0101 0111	57	127

Fortsetzung

Zeichen	Dez.	Binär	Hexa	Oktal	Zeichen	Dez.	Binär	Hexa	Oktal
)	41	0010 1001	29	051	X	88	0101 1000	58	130
*	42	0010 1010	2A	052	Y	89	0101 1001	59	131
+	43	0010 1011	2B	053	Z	90	0101 1010	5A	132
,	44	0010 1100	2C	054	[	91	0101 1011	5B	133
–	45	0010 1101	2D	055	\	92	0101 1100	5C	134
.	46	0010 1110	2E	056	]	93	0101 1101	5D	135
/	47	0010 1111	2F	057	^	94	0101 1110	5E	136
0	48	0011 0000	30	060	_	95	0101 1111	5F	137
1	49	0011 0001	31	061	'	96	0110 0000	60	140
2	50	0011 0010	32	062	a	97	0110 0001	61	141
3	51	0011 0011	33	063	b	98	0110 0010	62	142
4	52	0011 0100	34	064	c	99	0110 0011	63	143
5	53	0011 0101	35	065	d	100	0110 0100	64	144
6	54	0011 0110	36	066	e	101	0110 0101	65	145
7	55	0011 0111	37	067	f	102	0110 0110	66	146
8	56	0011 1000	38	070	g	103	0110 0111	67	147
9	57	0011 1001	39	071	h	104	0110 1000	68	150
:	58	0011 1010	3A	072	i	105	0110 1001	69	151
;	59	0011 1011	3B	073	j	106	0110 1010	6A	152
<	60	0011 1100	3C	074	k	107	0110 1011	6B	153
=	61	0011 1101	3D	075	l	108	0110 1100	6C	154
>	62	0011 1110	3E	076	m	109	0110 1101	6D	155
?	63	0011 1111	3F	077	n	110	0110 1110	6E	156
@	64	0100 0000	40	100	o	111	0110 1111	6F	157
A	65	0100 0001	41	101	p	112	0111 0000	70	160
B	66	0100 0010	42	102	q	113	0111 0001	71	161
C	67	0100 0011	43	103	r	114	0111 0010	72	162
D	68	0100 0100	44	104	s	115	0111 0011	73	163
E	69	0100 0101	45	105	t	116	0111 0100	74	164
F	70	0100 0110	46	106	u	117	0111 0101	75	165
G	71	0100 0111	47	107	v	118	0111 0110	76	166
H	72	0100 1000	48	110	w	119	0111 0111	77	167

Fortsetzung

Zeichen	Dez.	Binär	Hexa	Oktal	Zeichen	Dez.	Binär	Hexa	Oktal
I	73	0100 1001	49	111	x	120	0111 1000	78	170
J	74	0100 1010	4A	112	y	121	0111 1001	79	171
K	75	0100 1011	4B	113	z	122	0111 1010	7A	172
L	76	0100 1100	4C	114	{	123	0111 1011	7B	173
M	77	0100 1101	4D	115	|	124	0111 1100	7C	174
N	78	0100 1110	4E	116	}	125	0111 1101	7D	175
O	79	0100 1111	4F	117	~	126	0111 1110	7E	176

Sind Texte zu speichern, so werden die einzelnen Bytes, die jeweils immer ein Zeichen kodieren, einfach hintereinander abgespeichert, so dass man eine Zeichenkette (*String*) erhält. Um das Ende der Zeichenkette zu identifizieren, werden (in den Programmiersprachen) unterschiedliche Verfahren verwendet.

- Die Länge der Zeichenkette wird im ersten bzw. in den ersten beiden Bytes vor der eigentlichen Zeichenkette gespeichert. Dieses Verfahren benutzt z. B. die Programmiersprache PASCAL.
- Das Ende der Zeichenkette wird durch ein besonderes, nicht darzustellendes Zeichen gekennzeichnet. So verwendet z. B. die Programmiersprache C/C++ ein 0-Byte (Byte, in dem alle Bits 0 sind), um das Ende einer Zeichenkette zu kennzeichnen.

Es stellt sich nun nur noch die Frage, wie man bei einer Ziffer unterscheiden kann, ob sie als Zahl oder als ASCII-Code zu speichern ist. Nehmen wir z. B. die Ziffern `0`, `4`, `5` und `8`. Anhand der Programmiersprachen C/C++ und Java wird nachfolgend gezeigt, wie man diese Unterscheidung realisieren kann.

- *Ziffer als ASCII-Code ⟶ Angabe des Zeichens (Ziffer) in Hochkomma*:

```
'0': 00110000 (Dezimal 48)
'4': 00110100 (Dezimal 52)
'5': 00110101 (Dezimal 53)
'8': 00111000 (Dezimal 56)
```

- *Ziffer als numerischer Wert ⟶ Angabe einer Ziffer (ohne Hochkomma):*

```
0: 00000000 (Dezimal 0)
4: 00000100 (Dezimal 4)
5: 00000101 (Dezimal 5)
8: 00001000 (Dezimal 8)
```

Nachfolgend noch weitere Beispiele zum Speichern von Zeichen im ASCII-Code:

Angabe	Dezimaler ASCII–Wert	Dualdarstellung im Rechner
'a'	97	01100001
'W'	87	01010111
'*'	42	00101010
'9'	57	00111001

Eine vollständige ASCII-Tabelle mit den Sonderzeichen und entsprechenden Erklärungen zu den Zeichen finden Sie im begleitenden Zusatzmaterial zu diesem Buch in der Datei `asciitabelle.pdf`.

Zusätzlich wird dort das Programm `asciitab.c` vorgestellt, das die ASCII-Tabelle ausgibt.

▶ Übung

Geben Sie die Bitmuster an, die für die folgenden Angaben in einem Byte gespeichert werden: '%', '?', 9, '9', 26, '{', 1245

3.7.2 Unicode

Der ASCII-Code mit seinen 128 bzw. 256 Zeichen ist doch sehr begrenzt. Mit dem Unicode wurde ein Code eingeführt, in dem die Zeichen oder Elemente praktisch aller bekannten Schriftkulturen und Zeichensysteme festgehalten werden können. Durch dieses System wird es möglich, einem Computer „weltweit" zu sagen, welches Zeichen man dargestellt bekommen will. Voraussetzung ist natürlich, dass der Computer bzw. das ausgeführte Programm das Unicode-System unterstützt.

Unicode strebt die möglichst vollständige Erfassung aller bekannten Zeichen aus gegenwärtigen und vergangenen Schriftkulturen an. Die Zeichen werden nach Klassen katalogisiert und erhalten einen Zeichenwert. Alle nur erdenklichen Zeichen und Zeichensorten werden erfasst. Für Steuerzeichen wie Silbentrennzeichen, erzwungene Leerzeichen oder Tabulatorzeichen gibt es Unicodes. Die Zeichen mathematischer Formeln fehlen ebenso wenig wie die Silben- oder Wortzeichen fernöstlicher Schriftkulturen. Auch Einzelteile von Zeichen, wie etwa die Doppelpunkte über den deutschen Umlauten, haben einen eigenen Unicode. Zeichen lassen sich auch dynamisch kombinieren: So gibt es zwar natürlich ein deutsches „ö", aber der gleiche Buchstabe lässt sich auch aus „o" und dem Element für Doppelpunkt über dem Zeichen erzeugen.

Neben der bloßen Adressierung eines Zeichens oder Elements ist im Unicode-System für jedes Zeichen zusätzlich eine Menge von Eigenschaften definiert. Zur Eigenschaft eines Zeichens gehört z. B. die Schreibrichtung (bei arabischen Zeichen etwa ist die Schreibrichtung von rechts nach links).

Das *Unicode-Konsortium*, das 1991 gegründet wurde und aus Linguisten und anderen Fachleuten besteht, ermittelt die aufzunehmenden Zeichen. Die vergebenen Zeichenwerte haben verbindlichen Charakter. Die Zeichenwerte der von Unicode erfassten Zeichen wurden bis vor kurzem noch ausschließlich durch eine zwei Byte lange Zahl ausgedrückt. Auf diese Weise lassen sich bis zu 65536 verschiedene Zeichen in dem System unterbringen (2 Byte = 16 Bit = 2^{16} Kombinationsmöglichkeiten).

In der Unicode-Vollversion 3.0 vom September 1999 wurden bereits 49 194 Zeichen aus aller Welt aufgelistet. Es war abzusehen, dass die Grenze von 65 536 bald erreicht sein würde. In der Version 3.1 vom März 2001 wurden dann nochmals 44 946 Zeichen neu aufgenommen, z. B. Zeichen aus historischen Schriften. Und so kennt die Version 3.1 also bereits 94 140 Zeichen, weshalb die Zwei-Byte-Grenze durchbrochen werden musste. Das Zwei-Byte-Schema, im Unicode-System als *Basic Multilingual Plane (BMP)* bezeichnet, wird deshalb von einem Vier-Byte-Schema abgelöst. Die Codes von Unicode-Zeichen werden hexadezimal mit vorangestelltem `U+` dargestellt. Hierbei kann `x` als Platzhalter verwendet werden, wenn zusammenhängende Bereiche gemeint sind, wie z. B. `U+01Fx` für den Codebereich `U+01F0...U+01FF`.

Seit der Version 2.0 ist der Codebereich um weitere 16 gleich große Bereiche, so genannte *Planes*, erweitert. Somit sind nun maximal 1 114 112 $(2^{20}+2^{16} = (2^4+1)\cdot 2^{16} = (16+1)\cdot 2^{16})$ Zeichen bzw. so genannte *Codepoints* im Codebereich von `U+00000` bis `U+10FFFF` im Unicode vorgesehen (UCS-4, 32 Bit). Bislang sind um die 100 000 Codes individuellen Zeichen zugeordnet, was in etwa erst 10% des Coderaumes entspricht. Es können also jetzt noch sehr viele neue Zeichen aufgenommen werden.

Bei neuen Unicode-Versionen wird das Buch „The Unicode Standard“, herausgegeben vom Unicode-Konsortium, neu aufgelegt. Darin sind alle Zeichen, Zeichenwerte, Zeichenklassen usw. genau aufgeschlüsselt und dargestellt. Dieses Buch ist das verbindliche Normwerk. Mehr Informationen dazu lassen sich auf den Webseiten des Unicode-Konsortiums (http://www.unicode.org/) nachschlagen.

Die einzelnen Zeichen im Unicode-System sind nicht wahllos angeordnet. Das gesamte System ist in Zeichenbereiche aufgeteilt. Die Zeichenbereiche spiegeln jeweils eine bestimmte Schriftkultur oder eine Menge von Sonderzeichen wider.

Die Speicherung und Übertragung von Unicode erfolgt in unterschiedlichen Formaten, wie z. B.:

- *Unicode Transformation Format (UTF)*, wobei *UTF-8* am häufigsten verwendet wird, wie im Internet und in fast allen Betriebssystemen. Neben UTF-8 wird auch noch *UTF-16* verwendet, z. B. als Zeichenkodierung in Java.
- *SCSU (Standard Compression Scheme for Unicode)* ist eine Methode zur platzsparenden Speicherung, die die Anordnung der verschiedenen Alphabete in Blöcken ausnutzt.
- *UTF-EBCDIC* ist eine Unicode-Erweiterung, die auf dem EBCDIC-Format von IBM-Großrechnern aufbaut.

Im begleitenden Zusatzmaterial zu diesem Buch finden Sie die Unicode-Kodierung zum ASCII-Code und zu den deutschen Umlauten.

3.8 Weitere Codes für Zahlen und Zeichen

Neben dem ASCII-Code und dem Unicode existiert noch eine Vielzahl weiterer (Binär-) Codes, von denen hier einige kurz vorgestellt werden. Diese Codes dienen zwar häufig auch zur Darstellung von Zahlen, werden dann aber nicht für arithmetische Zwecke, sondern für ganz spezielle Aufgaben verwendet.

3.8.1 BCD-Code für Zahlen

Eine weitere Art der binären Kodierung von Zahlen oder besser gesagt Ziffern sind BCD-Werte (*Binary Coded Decimals*). Hierbei handelt sich um eine alternative, aber Speicherplatz verschwendende Art der Speicherung von Dezimalzahlen. Die BCD-Darstellung wird zur Ansteuerung von LCD-Anzeigen benutzt, um eine einzelne Dezimalziffer anzuzeigen. Bei BCD werden für jede Dezimalziffer vier oder manchmal auch acht Bits verwendet, indem die jeweiligen Ziffern nacheinander immer durch ihren Dualwert angegeben werden, wie z. B. die folgende Tabelle zeigt, bei der die Punkte in der BCD-Darstellung nur zum besseren Verständnis eingefügt wurden:

Dezimalzahl	Dualzahl	Duale BCD-Darstellung
294	100100110	0010.1001.0100
		2 9 4
16289	11111110100001	0001.0110.0010.1000.1001
		1 6 2 8 9

Die Bitmuster 1010, 1011, ..., 1111 werden im BCD-Code nicht genutzt, da nur 10 Ziffern existieren. Sie werden oft anderweitig genutzt, wie z. B. 1010 für das Vorzeichen + und 1011 für das Vorzeichen −.

Neben dem BCD-Code gibt es noch den *EBCDIC-Code* (*extended binary coded decimal interchange code*). Der EBCDIC-Code ist ein erweiterter BCD-Code, der von IBM entwickelt wurde und hauptsächlich im Großrechnerbereich eingesetzt wird. Von EBCDIC existieren mehrere untereinander inkompatible Varianten. Die amerikanische Variante benutzt mehr oder weniger die gleichen Zeichen wie ASCII. Es gibt aber in beiden Zeichensätzen Zeichen, die im jeweils anderen nicht enthalten sind. IBM hat niemals offiziell eine vollständige Codetabelle veröffentlicht. Es existieren aber „anwenderdefinierte“ Tabellen, die quasi zum De-facto-Standard wurden, weil sie alle Zeichen enthalten, die von ASCII-bezogenen Programmen verwendet werden. Da aber die Internationalisierung selbst vor den Großrechnern nicht Halt macht, werden auch hier verstärkt 16- bzw. 32-Bit-Zeichensätze auf Basis von Unicode eingesetzt.

Die Programme `dualbcd.c` und `Dualbcd.java`, die im Begleitmaterial zu diesem Buch vorgestellt werden, lesen eine ganze Zahl ein und geben dann die entsprechende Dualdarstellung sowie die BCD-Darstellung aus.

3.8.2 Gray-Code

Ein wichtiger Code, der auch in Rechnern zur Kodierung von Binärzahlen verwendet wird, ist der Gray-Code. Beim Gray-Code unterscheiden sich zwei aufeinanderfolgende Codewörter immer nur um genau ein Bit, wie z. B. nachfolgend für vier Bits gezeigt wird.

Dezimal	Gray (Binär)	Dezimal	Gray (Binär)	Dezimal	Gray (Binär)
1	0001	6	0101	11	1110
2	0011	7	0100	12	1010
3	0010	8	1100	13	1011
4	0110	9	1101	14	1001
5	0111	10	1111	15	1000

Der Gray-Code wird z. B. für die binäre Ausgabe von Werten von A/D-Wandlern (A/D = Analog/Digital) verwendet. Da sich bei jedem Zahlenübergang immer jeweils nur ein

Bit ändert, werden unsinnige Zwischenwerte bei Übergängen von z. B. `0111 (7)` zu `1000 (8)` vermieden, wenn Übergänge von $0 \rightarrow 1$ und $1 \rightarrow 0$ unterschiedlich schnell ablaufen. Sollen Werte in Gray-Zahlen arithmetisch weiterverarbeitet werden, müssen diese dazu natürlich erst in Dualzahlen umgewandelt werden

Das Programm `gray.c`, das im begleitenden Zusatzmaterial vorgestellt wird, ermöglicht die Ausgabe des Gray-Codes, wobei es die Stellenzahl des zu generierenden Gray-Codes einliest.

3.8.3 Barcode

Der *Barcode*, oder auch *Strichcode* genannt, befindet sich heute schon fast auf jedem Artikel. Er wird zwar nicht intern in Rechnern verwendet, aber von Rechnern dekodiert und dann intern z. B. in der ASCII- oder BCD-Kodierung gespeichert.

Leser, die mehr über den Barcode wissen möchten, seien hier auf das begleitende Zusatzmaterial verwiesen, in dem Barcodes detaillierter vorgestellt werden.

3.9 Duale Größenangaben

Um große Mengen von Bytes besser benennen zu können, hat man für bestimmte Bytemengen Kurznamen eingeführt, die dem Wort „Byte" vorangestellt werden können. Dabei ist jedoch zu beachten, dass man hier die entsprechenden Maßeinheiten für Kilobyte, Megabyte usw. im Dualsystem (Faktor $2^{10} = 1024$) und nicht im Dezimalsystem (Faktor $10^3 = 1000$) angibt, wie aus Tabelle 3.3 ersichtlich wird.

Tabelle 3.3

Maßeinheiten für Bytes

Maßeinheit		Anzahl von Bytes	KBytes	MBytes
Byte		1		
Kilobyte (KByte)	2^{10}	1024	1	
Megabyte (MByte)	2^{20}	1.048.576	1024	1
Gigabyte (GByte)	2^{30}	1.073.741.824	1.048.576	1024
Terabyte (TByte)	2^{40}	1.099.511.627.776	1.073.741.824	1.048.576
Petabyte (PByte)	2^{50}	1.125.899.906.842.624	1.099.511.627.776	1.073.741.824
Exabyte (EByte)	2^{60}	1.152.921.504.606.846.976	1.125.899.906.842.624	1.099.511.627.776

Vorsicht: MB ist nicht MByte

Die Hersteller von Laufwerken und Datenträgern verwenden oft für die Angabe der Kapazität ihrer Geräte inoffizielle Abkürzungen wie **MB**, **GB**, **TB** usw. statt **MByte**, **GByte**, **TByte** usw., was irreführend ist, da sie dann mit dem Faktor $10^3 = 1000$ statt mit dem richtigen Faktor $2^{10} = 1024$ rechnen. So ist z. B. „1 GB“ kein wirkliches Gigabyte mit der Größe von 1 073 741 824 Bytes, sondern stattdessen lediglich 1 Milliarde (1 000 000 000) Bytes, womit immerhin über 73 Megabyte fehlen. Eine Festplatte mit einer Größenangabe von 200 GB ist also nur 186 Gigabyte groß.

3.10 Die Grunddatentypen in der Programmiersprache C/C++

Da in einem Computer Zeichen – wie z. B. Buchstaben – ganz anders behandelt werden als ganze Zahlen und Gleitpunktzahlen – wie z. B. die Zahl $\pi = 3.1415\ldots$ –, wurde eine Klassifikation dieser unterschiedlichen Daten notwendig. Die unterschiedlichen Datentypen unterscheiden sich einerseits im Speicherbedarf und damit der darstellbaren Größe von Zahlen bzw. des Zeichenvorrats, und andererseits in der Interpretation des gegebenen Bitmusters durch die Software. Ordnet man nun in einem Programm Daten bestimmten Klassen wie *Zeichen, ganze Zahl, einfach/doppelt genaue Gleitpunktzahl* usw. zu, dann teilt man dem Rechner deren *Datentyp* mit. In der Programmiersprache C/C++ existieren die folgenden Grunddatentypen:

`char` Daten dieses Typs belegen ein Byte Speicherplatz und repräsentieren üblicherweise „Zeichen“. In einem Byte (>= 8 Bit) kann genau ein Zeichen des ASCII-Zeichenvorrats gespeichert werden. Der Datentyp `char` kann jedoch auch in der Programmiersprache C/C++ benutzt werden, um „kleine“ Ganzzahlen zu speichern. Vor `char` darf dabei `signed` (1. Bit ist Vorzeichenbit) oder `unsigned` (1. Bit ist kein Vorzeichenbit) angegeben werden.

`int`, `short` und `long` Diese Datentypen repräsentieren „ganze Zahlen“ mit unterschiedlicher Bytezahl (siehe auch Tabelle 3.4). Vor diesen Schlüsselwörtern darf dabei wieder `signed` (1. Bit ist Vorzeichenbit) oder `unsigned` (1. Bit ist kein Vorzeichenbit) angegeben werden.

`float` Dieser Datentyp ist für Gleitpunktzahlen mit einfacher Genauigkeit vorgesehen; dazu werden im Allgemeinen 4 Bytes (32 Bit) reserviert.

`double` Daten dieses Typs belegen 8 Byte (64 Bit) Speicherplatz und sind Gleitpunktzahlen mit doppelter Genauigkeit. Wird `long double` angegeben, so bedeutet dies meist, dass ein Speicherplatz von 96 Bits (12 Bytes) reserviert wird.

Die Größen und typischen Wertebereiche für die Datentypen der Programmiersprachen C/C++ auf 32-Bit-Architekturen sind in Tabelle 3.4 zusammengefasst.
Wie viele Bytes ein bestimmter Datentyp auf einer gegebenen Architektur tatsächlich belegt, kann mit dem Programm `typgroes.c` ermittelt werden, das im Begleitmaterial zu diesem Buch vorgestellt wird.

Tabelle 3.4

Typische Wertebereiche für die Datentypen auf 32-Bit-Architekturen

Datentyp-Bezeichnung	Bitzahl	Wertebereich
`char`, `signed char`	8	−128...127
`unsigned char`	8	0...255
`short`, `signed short`	16	−32 768...32 767
`unsigned short`	16	0...65 535
`int`, `signed int`	32	−2 147 483 648...2 147 483 647
`unsigned`, `unsigned int`	32	0...4 294 967 295
`long`, `signed long`	32	−2 147 83 648...2 147 483 647
`unsigned long`	32	0...4 294 967 295
`float`	32	$1.2 \cdot 10^{-38} \ldots 3.4 \cdot 10^{38}$
`double`	64	$2.2 \cdot 10^{-308} \ldots 1.8 \cdot 10^{308}$
`long double`	96	$3.4 \cdot 10^{-4932} \ldots 1.1 \cdot 10^{4932}$

Verlust von Bits bei zu großen Zahlen

Wird versucht, in einem Datentyp einen Wert abzulegen, der nicht in diesen Datentyp passt, so werden einfach die vorne überhängenden Dualziffern abgeschnitten. Dies wird nachfolgend anhand eines hypothetischen Datentyps `kurz`, der nur 4 Bit aufnehmen kann, verdeutlicht.

Es soll versucht werden, die Zahl `50` im hypothetischen 4-Bit Datentyp `kurz` darzustellen:

$(50)_{10} = (110010)_2$

Da nur für vier Bits Platz im Datentyp `kurz` ist, werden die ersten beiden Bits (`11`) einfach weggeworfen:

11|0010 , so dass schließlich folgende Bitkombination in `kurz` gespeichert wird:

0010

Dies ist die Dualdarstellung für die Zahl `2`. Der Versuch, die Zahl `50` im Datentyp `kurz` unterzubringen, führte also schließlich dazu, dass dort die Zahl `2` gespeichert wurde.

Dieses Abschneiden von vorne überhängenden Bits bei Zahlen, die außerhalb des Wertebereichs eines Datentyps liegen, kann sogar dazu führen, dass aus positiven Zahlen dann negative Zahlen resultieren bzw. umgekehrt.

Es soll versucht werden, die Zahl `43` im hypothetischen 4-Bit Datentyp `kurz` darzustellen:
$(43)_{10} = (101011)_2$
Da nur für 4 Bits Platz im Datentyp `kurz` ist, gehen die ersten beiden Bits (`10`) einfach wieder verloren: 10|1011
so dass sich schließlich folgende Bitkombination in `kurz` ergibt:
1011
Dies ist die Dualdarstellung für die Zahl `-5`. Der Versuch, die Zahl `43` im Datentyp `kurz` unterzubringen, führte also schließlich dazu, dass dort die Zahl `-5` gespeichert wurde.

Natürlich werden auch bei nicht vorzeichenbehafteten Datentypen (`unsigned`) vorne überhängende Bits abgeschnitten. In diesem Fall kann aber niemals eine negative Zahl aus diesem Abschneiden resultieren, da der Wertebereich von nicht vorzeichenbehafteten Datentypen aufgrund des fehlenden Vorzeichenbits immer positiv ist. Das Überlaufen von Datentypen wird hier deswegen so betont, da in Programmiersprachen wie C/C++ und auch Java beim Abspeichern von Zahlen, die außerhalb des Wertebereichs eines Datentyps liegen, *kein* Fehler gemeldet wird, sondern einfach die überhängenden Bits abgeschnitten werden! Mit diesem falschen Wert wird dann einfach weiter gearbeitet, was schließlich zu falschen Ergebnissen führt. Beim Entwurf eines Programms sollte also genau darauf geachtet werden, dass die während des Programmablaufs zu erwartenden Zahlen niemals außerhalb der Wertebereiche der dafür gewählten Datentypen liegen.

▶ Übung

Geben Sie die resultierende Dualdarstellung mit entsprechendem Dezimalwert für folgende Dezimalzahlen im `short`-Datentyp (zwei Bytes) an: $(-65000)_{10}$, $(100000)_{10}$, $(33000)_{10}$, $(65535)_{10}$

Zum selbstständigen Üben von Überläufen in Zahlen können Sie das begleitende Programm `ueberlauf.c` verwenden, das im Begleitmaterial vorgestellt wird.

Boolesche Algebra

4

ÜBERBLICK

4.1 Rätsel: Analytische Rätsel (1)

Lösungen

1. *Alter der einzelnen Familienmitglieder*:
   Über das Alter einer Familie, die aus einem Vater, einer Mutter und zwei Kindern besteht, ist Folgendes bekannt: Die Summe aller vier Lebensalter ist 124. Vater und Mutter sind zusammen dreimal so alt wie die Kinder. Die Mutter ist mehr als doppelt so alt wie das älteste Kind. Die Differenz, die sich ergibt, wenn man das Alter der Mutter von dem des Vaters abzieht, ist neunmal so groß wie die Differenz, die sich ergibt, wenn man das Alter des jüngeren Kindes von dem des älteren Kindes abzieht. Wie alt sind Vater, Mutter und die beiden Kinder?
2. *Alter von Anton*:
   Emil ist 24 Jahre alt. Er ist damit doppelt so alt wie Anton war, als Emil so alt war wie Anton jetzt ist. Wie alt ist Anton?
3. *Rabatt und Umsatzsteuer*:
   In einem Kaufhaus bekommen Sie 20% Rabatt, müssen aber 15% Umsatzsteuer zahlen. Was wäre für Sie günstiger: Zuerst Rabatt abziehen oder zuerst den Steueraufschlag vornehmen?
4. *Bauer vererbt seine Farm an seine Söhne*:
   Ein Bauer setzt sich zur Ruhe und möchte seine Farm auf seine vier Söhne zu gleichen Teilen aufteilen. Das Gebiet der Farm ist L-förmig (siehe folgende Abbildung) und soll in vier gleich große und gleich aussehende Parzellen aufgeteilt werden. Wie?

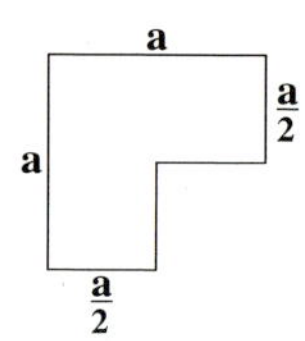

Abbildung 4.1: Eine L-förmige Farm

5. *Alter von Fritz und Paul*
   Wenn Fritz 5 Jahre jünger wäre, dann wäre er zweimal so alt wie Paul war, als er 6 Jahre jünger war; und wenn Fritz 9 Jahre älter wäre, dann wäre er dreimal so alt wie Paul, wenn Paul 4 Jahre jünger wäre. Wie alt sind Fritz und Paul?

4.2 George Boole und seine Algebra mit nur zwei Werten

George Boole war ein englischer Mathematiker, der sich Mitte des 19. Jahrhunderts mit der formalen Sicht heutiger digitaler Strukturen beschäftigte. Dabei entwickelte er die nach ihm benannte *boolesche Algebra*. In der booleschen Algebra existieren nur zwei Werte 0 (*falsch* bzw. *false*) und 1 (*wahr* bzw. *true*).

Das Verständnis der booleschen Algebra ist wichtig für die Konstruktion und den Bau von effizienten Strukturen und Schaltungen zur Verarbeitung binärer Größen und bildet damit die Grundlage für die heutige Rechner-Hardware.

4.3 Operatoren

Hat man nun zwei Variablen $a, b \in B$, so lassen sich drei Operatoren der booleschen Algebra definieren, wobei sich für die gleichen Operationen unterschiedliche Schreibweisen (Symbole) eingebürgert haben. Um den Leser mit allen diesen Symbolen vertraut zu machen, wird auf den folgenden Seiten nicht konsistent eine Schreibweise verwendet, sondern abwechselnd die eine oder andere.

OR-Operator (logische Summe); geschrieben als + oder ∨

Das Ergebnis einer OR-Operation ist 1, falls mindestens eine der Variablen in $a \vee b$ den Wert 1 besitzt. Folgende Wahrheitstabelle verdeutlicht den OR-Operator:

a	b	a OR b
0	0	0
0	1	1
1	0	1
1	1	1

		b	
	+	0	1
a	0	0	1
	1	1	1

Hinsichtlich der Aussagenlogik gilt: Eine mit dem OR-Operator gebildete Gesamtbedingung ist bereits wahr, wenn nur eine der beiden mit ∨ bzw. + verknüpften Einzelbedingungen wahr ist. Die Gesamtbedingung kann also nur dann falsch sein, wenn alle Einzelbedingungen falsch sind.

Es ist Weihnachten ∨ Es schneit ∨ Sie haben Schnupfen

Diese Gesamtbedingung ist bereits erfüllt, wenn mindestens eine Einzelbedingung wahr ist. Hat man Schnupfen und es ist ein heißer Sommertag,dann ist die Gesamtbedingung erfüllt.

alter < 6 + alter >= 67

Wenn `alter` kleiner als `6` oder aber größer als oder gleich `67` ist, dann ist diese Gesamtbedingung wahr, andernfalls falsch. Diese Verknüpfung ist also sowohl für noch nicht schulpflichtige Kinder als auch für Personen im Rentenalter erfüllt.

AND-Operator (logisches Produkt); geschrieben als * oder ∧ oder leer

Das Ergebnis einer AND-Operation ist 1, falls beide Variablen in $a \wedge b$ den Wert 1 besitzen. Folgende Wahrheitstabelle verdeutlicht den AND-Operator:

a	b	a AND b
0	0	0
0	1	0
1	0	0
1	1	1

		b	
	*	0	1
a	0	0	0
	1	0	1

Hinsichtlich der Aussagenlogik gilt: Zwei mit dem AND-Operator (∧ oder *) verknüpfte Einzelbedingungen ergeben nur dann eine wahre Gesamtbedingung, wenn beide Einzelbedingungen wahr sind, ansonsten ist die Gesamtbedingung falsch.

Es ist Weihnachten ∧ Es schneit ∧ Sie haben Schnupfen

Diese Gesamtbedingung ist nur dann erfüllt, wenn alle Einzelbedingungen wahr sind. Hat man z. B. keinen Schnupfen, dann ist auch die Gesamtbedingung nicht erfüllt, selbst wenn es Weihnachten ist und es schneit.

zaehler < 4 * zaehler >= 1

Diese Gesamtbedingung ist nur dann erfüllt, wenn `zaehler` kleiner als `4` ist, aber gleichzeitig auch größer als oder gleich 1 ist; wenn also `zaehler` einen Wert aus dem Intervall [1,4[besitzt. Bei allen anderen Werten von `zaehler` ist die Bedingung nicht erfüllt, also falsch.

alter >= 18 ∧ alter < 44

Wenn `alter` das Alter einer Person enthält, dann wäre diese Bedingung nur dann erfüllt, wenn die betreffende Person mindestens `18` Jahre alt ist, aber noch jünger als `44` Jahre ist.

NOT-Operator (Komplementierung); geschrieben als $\neg a$ oder $\overline{a}$

Das Ergebnis einer NOT-Operation ist 1, falls die entsprechende Variable bei $\neg a$ den Wert 0 besitzt. Besitzt die Variable den Wert 1, so ist das Ergebnis der Wert 0. Folgende Wahrheitstabelle verdeutlicht den NOT-Operator:

a	NOT a
0	1
1	0

¬ (alter >= 6 ∧ alter < 67)

Diese Verknüpfung deckt wie das Beispiel beim OR-Operator sowohl alle noch nicht schulpflichtigen Kinder als auch Personen im Rentenalter ab, denn diese Bedingung bedeutet: Alle Personen, deren Alter **nicht** im Intervall [6,67[liegt.

Im vorherigen Beispiel wurde eines der *De Morgan'schen Gesetze* angewendet:

$$\overline{a} + \overline{b} = \overline{a * b}$$
$$\overline{a} * \overline{b} = \overline{a + b}$$

In diesem Beispiel wurde also die folgende Bedingung aufgestellt:

$\overline{\text{alter} < 6} \wedge \overline{\text{alter} >= 67}$, was bedeutet: „nicht jünger als 6 und nicht schon 67“

Durch Anwendung des De Morgan'schen Gesetzes erhält man dann:

$$\overline{\overline{\text{alter} < 6} + \overline{\text{alter} >= 67}} = \overline{\text{alter} >= 6 + \text{alter} < 67}$$

Eine boolesche Menge `B` zusammen mit diesen drei Operatoren wird als boolesche Algebra `(B, AND, OR, NOT)` oder `(B, +, *, ¬)` bezeichnet. Alternativ kann man auch `B(∧, ∨, −)` schreiben.

4.4 Boolesche Schaltungen

Die zuvor vorgestellten booleschen Operatoren OR und AND kann man auch durch so genannte boolesche Schaltungen verdeutlichen, indem man einen einfachen Stromkreis hernimmt, der aus einer Batterie B, einer Lampe L und einem Schalter S besteht. Ist ein Schalter offen, so bedeutet dies den Wert 0, während ein geschlossener Schalter für den Wert 1 steht. Abbildung 4.2 zeigt die beiden booleschen Schaltungen für den AND- und den OR-Operator. Die Lampe hat dabei nur dann den Wert 1, also leuchtet:

- bei der *Serienschaltung*,
  wenn *beide Schalter den Wert 1 haben*, also geschlossen sind,
- bei der *Parallelschaltung*,
  wenn *mindestens ein Schalter den Wert 1 hat*, also geschlossen ist.

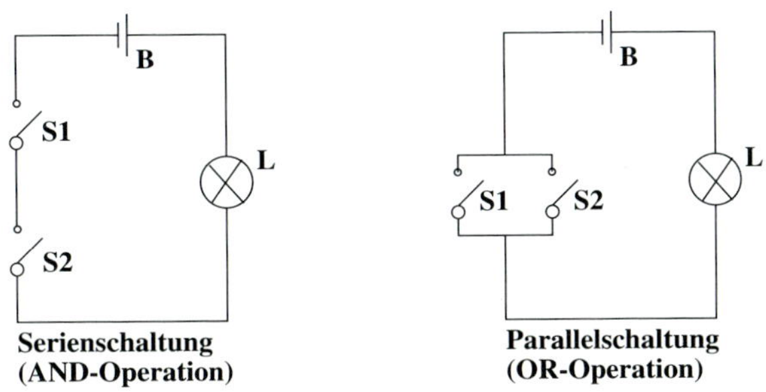

Abbildung 4.2: Serien- und Parallelschaltung für den AND- und OR-Operator

4.5 Boolesche Rechenregeln

In einer booleschen Algebra gelten verschiedene Gesetze, die zur Manipulation logischer Gleichungen hilfreich sind. Tabelle 4.1 zeigt diese Gesetze. Da $*$ höhere Priorität als $+$ hat, wird $*$ oft auch weggelassen, um die Lesbarkeit zu erhöhen (siehe auch letzte Spalte in Tabelle 4.1).

Zur Demonstration für die Richtigkeit der *De Morgan'schen Gesetze* dient die Wahrheitstabelle 4.2.

▶ Übung

Erstellen Sie zu allen Axiomen aus Tabelle 4.1 Wahrheitstabellen, um zu zeigen, dass die dort angegebenen Axiome richtig sind.

Tabelle 4.1

Rechenregeln in der booleschen Algebra

Name	Formel	Kurzschreibweise
Kommutativgesetze	a * b = b * a a + b = b + a	$ab = ba$
Assoziativgesetze	a * (b * c) = (a * b) * c a + (b + c) = (a + b) + c	$a(bc) = (ab)c$
Distributivgesetze	a * (b + c) = (a * b) + (a * c) a + (b * c) = (a + b) * (a + c)	$a(b + c) = ab + ac$ $a + bc = (a + b)(a + c)$
Identitätsgesetze	a * 1 = a a + 0 = a	$a1 = a$
Null-/Einsgesetze	a * 0 = 0 a + 1 = 1	$a0 = 0$
Komplementärgesetze	a * -a = 0 a + -a = 1	$a\bar{a} = 0$ $a + \bar{a} = 1$
Idempotenzgesetze	a * a = a a + a = a	$aa = a$
Verschmelzungsgesetze	a * (a + b) = a a + (a * b) = a	$a(a + b) = a$ $a + ab = a$
De Morgan'sche Gesetze	-(a * b) = -a + -b -(a + b) = -a * -b	$\overline{ab} = \bar{a} + \bar{b}$ $\overline{a + b} = \bar{a}\bar{b}$
Doppeltes Negationsgesetz	-(-a) = a	$\bar{\bar{a}} = a$

Tabelle 4.2

Wahrheitstabelle zu den *De Morgan'schen Gesetzen*

		$\overline{ab} = \bar{a} + \bar{b}$					$\overline{a + b} = \bar{a}\bar{b}$				
a	b	ab	$\overline{ab}$	$\bar{a}$	$\bar{b}$	$\bar{a} + \bar{b}$	a+b	$\overline{a + b}$	$\bar{a}$	$\bar{b}$	$\bar{a}\bar{b}$
0	0	0	**1**	1	1	**1**	0	**1**	1	1	**1**
0	1	0	**1**	1	0	**1**	1	**0**	1	0	**0**
1	0	0	**1**	0	1	**1**	1	**0**	0	1	**0**
1	1	1	**0**	0	0	**0**	1	**0**	0	0	**0**

4.6 Funktionen

Ausgehend von den betrachteten drei Operatoren wollen wir allgemein definieren, was eine boolesche Algebra ist:

Eine Funktion $f\colon B^n \to B$ heißt n-stellige boolesche Funktion.

Eine solche Funktion bildet die Menge aller möglichen n-Tupel aus {0,1} auf {0,1} ab und kann in Form einer Tabelle mit 2^{2^n} Werten dargestellt werden.

n = 1: ergibt vier einstellige boolesche Funktionen

In diesem Fall sind insgesamt vier einstellige boolesche Funktionen möglich:

$$f(x) = 0\,,\quad f(x) = 1\,,\quad f(x) = x\,,\quad f(x) = \bar{x}$$

n = 2: ergibt 16 zweistellige boolesche Funktionen

Tabelle 4.3

Die 16 zweistelligen booleschen Funktionen

b=	0	1	0	1	Term	Bezeichnung	Sprech- bzw.
a=	0	0	1	1			Schreibweise
f0	0	0	0	0	0	Nullfunktion	
f1	**0**	**0**	**0**	**1**	ab	**Konjunktion**	**a AND b**
f2	**0**	**0**	**1**	**0**	$a\bar{b}$	**1. Differenz**	**a AND NOT b**
f3	0	0	1	1	a	1. Identität	
f4	**0**	**1**	**0**	**0**	$\bar{a}b$	**2. Differenz**	**NOT a AND b**
f5	0	1	0	1	b	2. Identität	
f6	**0**	**1**	**1**	**0**	$\bar{a}b + a\bar{b}$	**Antivalenz**	**a XOR b**
f7	**0**	**1**	**1**	**1**	$a + b$	**Disjunktion**	**a OR b**
f8	**1**	**0**	**0**	**0**	$\overline{a + b}$	**Negatdisjunktion**	**a NOR b**
f9	**1**	**0**	**0**	**1**	$(\bar{a} + b)(a + \bar{b})$	**Äquivalenz**	**a ↔ b**
f10	1	0	1	0	$\bar{b}$	2. Negation	NOT b
f11	**1**	**0**	**1**	**1**	$a + \bar{b}$	**2. Implikation**	**b → a:** **Wenn b, dann a**
f12	1	1	0	0	$\bar{a}$	1. Negation	NOT a
f13	**1**	**1**	**0**	**1**	$\bar{a} + b$	**1. Implikation**	**a → b** **Wenn a, dann b**
f14	**1**	**1**	**1**	**0**	$\overline{ab}$	**Negatkonjunktion**	**a NAND b**
f15	1	1	1	1	1	Einsfunktion	

In diesem Fall sind insgesamt 16 zweistellige boolesche Funktionen möglich, die in Tabelle 4.3 gezeigt sind. Die Nummer nach `f` entspricht dabei der entsprechenden Dualzahl als Dezimalzahl, wie z. B. bei `f11` der Dualzahl `1011`.

Für die einzelnen Funktionen in Tabelle 4.3 gilt dabei Folgendes:

- *Null- bzw. einstellige Funktionen sind nicht von Interesse*
- *Einfache Funktionen mit den Operatoren AND, OR und NOT (siehe Tabelle 4.4)*

Tabelle 4.4

Einfache Funktionen mit den Operatoren AND, OR und NOT

		f1	f2	f4	f7
a	b	ab	$a\overline{b}$	$\overline{a}b$	a+b
0	0	0	0	0	0
0	1	0	0	1	1
1	0	0	1	0	1
1	1	1	0	0	1

- *Andere Funktionen und ihre Nachbildung mit AND, OR und NOT*
  Tabelle 4.5 enthält die restlichen Funktionen, wobei sie auch in der letzten Zeile zeigt, wie diese sich mittels der Operatoren AND, OR und NOT realisieren lassen.

Tabelle 4.5

Nachbildung anderer Funktionen mit den Operatoren AND, OR und NOT

		f6	f8	f9	f11	f13	f14
a	b	a XOR b	a NOR b	$a \leftrightarrow b$	$b \rightarrow a$	$a \rightarrow b$	a NAND b
0	0	0	1	1	1	1	1
0	1	1	0	0	0	1	1
1	0	1	0	0	1	0	1
1	1	0	0	1	1	1	0
		$\overline{a}b + a\overline{b}$	$\overline{a + b}$	$(\overline{a} + b)(a + \overline{b})$	$a + \overline{b}$	$\overline{a} + b$	$\overline{ab}$

Nachfolgend werden die Funktionen aus Tabelle 4.5 noch etwas genauer erläutert.

- *f6: XOR (Exklusiv-Oder)*
  Das Ergebnis einer XOR-Operation ist nur dann 1, wenn genau eine der Variablen in $a + b$ den Wert 1 besitzt. Anders als bei der OR-Operation dürfen hier nicht mehrere Variablen den Wert 1 besitzen.
- *f8 und f14: NOR und NAND*
  Bei diesen Funktionen wird das Ergebnis einer OR- bzw. AND-Operation negiert.
- *f9: Äquivalenz ($a \leftrightarrow b$)*
  Bei dieser Funktion ist das Ergebnis nur dann 1, wenn die beiden Variablen den gleichen Wert besitzen.
- *f11 und f13: „Wenn-dann"*
  Bei diesen beiden „Wenn-dann"-Funktionen ist das Ergebnis nur dann 0, wenn die erste Variable den Wert 1 und die zweite Variable den Wert 0 hat, wie es die folgende Tabelle zeigt:

boolesche Funktion			„Wenn-dann" in der Aussagenlogik		
x	y	x → y	Es regnet	Schirm ist aufgespannt	Wahrheitswert
0	0	1	falsch	falsch	wahr
0	1	1	falsch	wahr	wahr
1	0	0	wahr	falsch	falsch
1	1	1	wahr	wahr	wahr

Diese Logik lässt sich auch mittels der Aussagenlogik erklären. Nehmen wir z. B. die folgende Aussage:

„*Wenn es regnet, dann muss man einen Schirm aufspannen*".

Wenn es nun nicht regnet, so ist diese Aussage immer erfüllt, unabhängig davon, ob der Schirm aufgespannt ist oder nicht. Regnet es und der Schirm ist aufgespannt, so ist diese Aussage natürlich auch erfüllt.
Nicht erfüllt ist diese Aussage also nur dann, wenn es regnet und es ist kein Schirm aufgespannt.

Aus den Tabellen 4.4 und 4.5 lassen sich nun folgende Sätze aufstellen:

1. *Satz: Alle zweistelligen booleschen Funktionen können mit Hilfe der Negation (–), der Konjunktion (*) und der Disjunktion (+) dargestellt werden.*

   Da sich aufgrund der *De Morgan'schen Gesetze* und dem *doppelten Negationsgesetz* ($\overline{\overline{x}} = x$) die Disjunktion durch Negation und Konjunktion, und die Konjunktion durch Negation und Disjunktion ausdrücken lässt:

   $$a + b = \overline{\overline{a}} + \overline{\overline{b}} = \overline{\overline{a}\,\overline{b}} \quad \text{bzw.:} \quad ab = \overline{\overline{a}}\,\overline{\overline{b}} = \overline{\overline{a} + \overline{b}}$$

   gilt sogar der

2. *Satz: Alle zweistelligen booleschen Funktionen können entweder mit Hilfe der Negation und der Konjunktion, oder mit Hilfe der Negation und der Disjunktion dargestellt werden.* Und schließlich gilt sogar noch der

3. *Satz: Alle zweistelligen booleschen Funktionen können entweder mit Hilfe der NAND-Verknüpfung oder mit Hilfe der NOR-Verknüpfung dargestellt werden.*

Dieser letzte Satz hat zur Folge, dass – wie wir später in Kapitel 14 auf Seite 632 sehen werden – alle Schaltnetze aus Gattern einer einzigen Art, wie z. B. nur aus NAND-Gattern, aufgebaut werden können.

n-stellige boolesche Funktionen

Allgemein gilt, dass es für jedes beliebige $n \in \mathbb{N}$ mit $n \geq 1$ genau 2^{2^n} n-stellige boolesche Funktionen gibt. Zudem kann gezeigt werden, dass alle höherstelligen booleschen Funktionen ($n \geq 3$) durch Verknüpfungen 2-stelliger boolescher Funktionen aufgebaut werden können.

▶ Übung

Im Begleitmaterial wird das Programm `flohmarkt.c` vorgestellt, bei dem man durch Eingabe von zwei Eingangsgrößen eine Ausgabegröße mitgeteilt bekommt, und man dann den entsprechenden Gattertyp finden muss.

Hardwarekomponenten eines Computers

5

ÜBERBLICK

5.1 Rätsel: Analytische Rätsel (2)

Lösungen

1. Jeder Ecke eines Dreiecks wird insgeheim eine Zahl zugewiesen. An jeder Seite wird die Summe der an ihren beiden Enden stehenden, aber verdeckten Zahlen geschrieben, wie dies z. B. in folgender Abbildung gezeigt ist. Wie lauten die Zahlen an den Ecken? Stellen Sie eine allgemeine Regel für Aufgaben dieser Art auf!

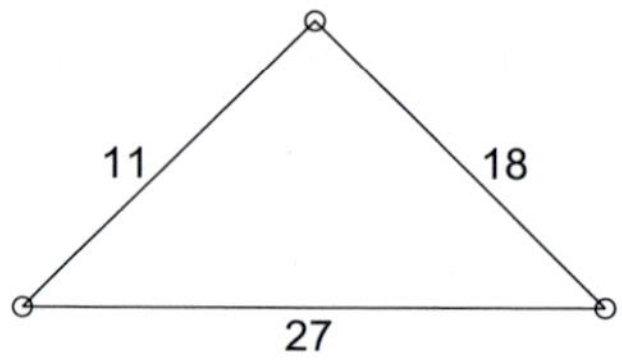

2. Hans ist 34 Jahre alt, seine Frau 30 und ihre Tochter ist 7 Jahre alt. Vor wie vielen Jahren waren Frau und Tochter zusammen genauso alt wie Hans?
3. Drei Gänse wiegen zusammen 10 kg. Die zweite Gans ist um ein Drittel schwerer als die erste, die dritte ist um ein Viertel leichter als die zweite. Wie schwer ist jede der drei Gänse?
4. Gibt es vier natürliche Zahlen, für die Folgendes gilt?
   - Die zweite Zahl ist um 1 kleiner als das Doppelte der ersten Zahl.
   - Die dritte Zahl ist um 1 kleiner als das Doppelte der zweiten Zahl.
   - Die vierte Zahl ist um 1 kleiner als das Doppelte der dritten Zahl.
   - Die Summe dieser vier Zahlen beträgt 79.
5. Ein Maultier und ein Esel schreiten mit Säcken beladen ihres Weges. Der Esel stöhnt unter seiner Last. Darauf spricht das Maultier:
   Was jammerst du? Doppelt so viel wie du trüge ich, gäbst du einen Sack mir. Nähmst du mir einen Sack ab, so trügen wir beide gleich viele Säcke.
   Wie viele Säcke trägt der Esel und wie viele das Maultier?

5.2 Aufbau von Computersystemen

Hier wird eine kurze Einführung in den Aufbau von Computersystemen und ihren Bestandteilen gegeben. Dabei wird zuerst auf die grundlegende Struktur und das Zusammenwirken der verschiedenen Bestandteile von Computern eingegangen, bevor dann die verschiedenen Bestandteile der Zentraleinheit (Prozessor) und anschließend die einzelnen Peripheriegeräte vorgestellt werden.

5.2.1 Zentraleinheit und Peripheriegeräte

Die Hardware besteht grundsätzlich aus Zentraleinheit und Peripherie, wie es z. B. in Abbildung 5.1 gezeigt ist.

Zur Zentraleinheit zählen vor allem der Mikroprozessor, der Arbeitsspeicher (RAM), die verschiedenen Bus- und Anschlusssysteme sowie das Ein-/Ausgabesystem. Zur

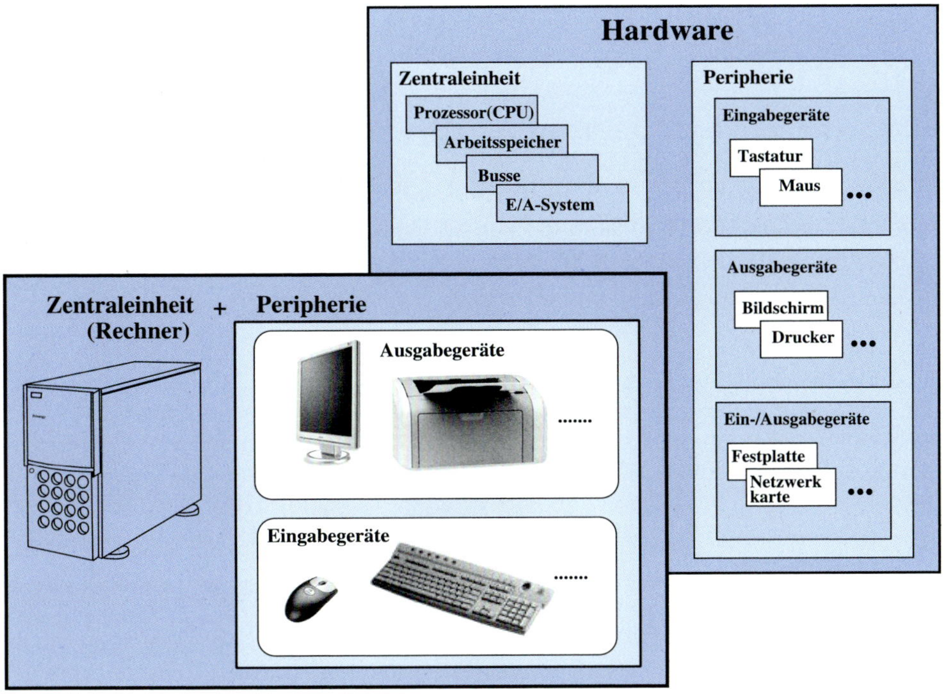

Abbildung 5.1: Computersystem = Zentraleinheit (Rechner) und Peripherie

Peripherie gehören die Komponenten, die zusätzlich an die Zentraleinheit angeschlossen werden. Es gibt eine Vielzahl von Peripheriegeräten, wie z. B.:

- *Ausgabegeräte*
  Hierzu gehören Geräte wie *Grafikkarten* zur Ausgabe auf *Bildschirmen*, *Projektoren* (*Beamer*) und *VR-Brillen*, zudem *Drucker*, *Plotter* zur Ausgabe von Zeichnungen (wie z. B. Baupläne für Häuser oder technische Zeichnungen von elektrischen Schaltungen usw.), *Lautsprecher* zur akustischen Ausgabe (wie z. B. Musik oder Sprache) usw.
- *Eingabegeräte*
  Hierzu gehören Geräte wie *Tastatur* zur Eingabe von Text, *Maus* zur Bedienung der grafischen Oberfläche, *Gamepad* zur Bedienung von Spielen, *Scanner* zur Eingabe von Grafiken, Bildern und Text, *Mikrofon* zur Eingabe von Sprache oder Musik, *Touchscreen* und *Stift (Pen)* zur Texteingabe oder zur Bedienung der grafischen Oberfläche usw.
- *Geräte, die gleichzeitig eine Ein- und Ausgabe erlauben*
  Es gibt auch Peripheriegeräte, die sowohl Ein- als auch Ausgaben erlauben. Viele sind diese fest im Gehäuse des Computers eingebaut, wie z. B.: *Festplattenlaufwerke* (*Harddisks*), *SSDs*, *CD-/DVD-/Blu-Ray-Brenner*, *Modem*, *Netzwerkkarte*, *Soundkarte* zur Ansteuerung von Mikrofon und Lautsprecher usw. Andere ver-

einen mehrere Ein- und Ausgabegeräte, wie z. B. *Multifunktionsdrucker*, oder sind portabel, wie z. B. *USB-Sticks* oder *externe Festplatten*.

5.2.2 EVA und das von-Neumann'sche-Rechnermodell

Computer arbeiten nach dem EVA-Prinzip (*Eingabe, Verarbeitung und Ausgabe*).

- **E***ingabe*: Über eine Eingabeeinheit wie z. B. eine Tastatur, eine Maus, einen USB-Stick usw. gelangen Daten in den Computer, die
- **V***erarbeitung* dieser Daten findet dann in der Zentraleinheit statt, bevor die
- **A***usgabe* über ein Ausgabegerät wie Bildschirm, Drucker, Festplatte usw. erfolgt.

Das EVA-Verfahren lässt sich durch die gesamte Geschichte der Computer verfolgen, wie es in Tabelle 5.1 gezeigt ist, wobei allerdings zu erwähnen ist, dass der Wechsel zwischen den unterschiedlichen Ein-/Ausgabegeräten nicht immer unbedingt deckungsgleich mit dem Wechsel in eine andere Computergeneration ist. Auch wird die neueste Generation (mobile Rechner) die vorherige Generation (Mikrocomputer) wohl verdrängen, aber durch die physikalischen Beschränkungen nie vollständig ersetzen.

Tabelle 5.1

EVA in den verschiedenen Computergenerationen

Computergeneration	Eingabeeinheit	Verarbeitungseinheit	Ausgabeeinheit
Röhrenrechner	Schalttafeln	Trommelspeicher	Leuchtanzeigen, Drucker mit Endlospapier
Transistorrechner	Lochkarten	Magnetkernspeicher	Drucker mit Endlospapier
IC-Rechner	Terminal mit Tastatur, Magnetband	IC-Schaltungen	Terminal, Drucker mit Endlospapier, Magnetband
Mikrocomputer	Tastatur, Maus, Festplatte usw.	Mikroprozessor	Bildschirm, Festplatte, Farb-/Laserdrucker usw.
Mobile Rechner (Mobiltelefone, Tablets etc.)	Touchscreen, LTE, Wifi, Kamera, Mikrofon, usw.	Mikrocontroller	Bildschirm, Flash-Speicher, Wifi usw.

Die Grundkomponenten eines von-Neumann-Rechners, wie er in Abbildung 5.2 gezeigt ist, sind:

- Der *Prozessor (CPU)* besteht aus Rechen- und Steuerwerk.
  Das *Steuerwerk* liest die Befehle und deren Operanden nacheinander ein und interpretiert diese anhand seiner Befehlstabelle und das *Rechenwerk* führt die entsprechenden arithmetischen und logischen Operationen durch.

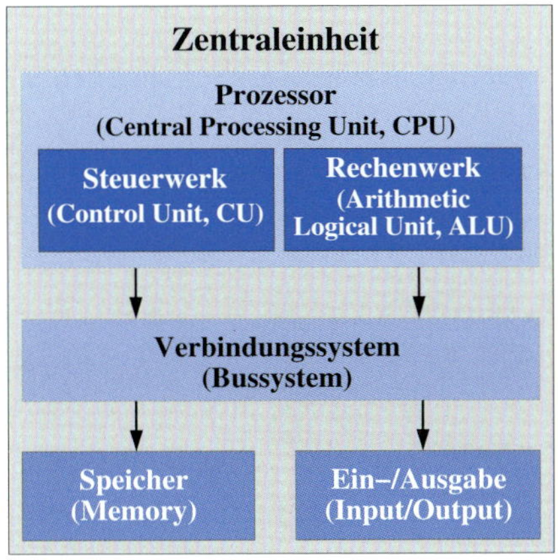

Abbildung 5.2: Grundkomponenten eines von-Neumann-Rechners

Rechen- und Steuerwerk sind auch heute noch die wichtigsten Komponenten von Mikroprozessoren.

- Der *Arbeitsspeicher* enthält die Befehle von ablaufenden Programmen und den zugehörigen Daten.
- Das *Bussystem* ist für den Transport von Daten zwischen den Einheiten wie dem Prozessor, dem Arbeitsspeicher und den Ein-/Ausgabeeinheiten zuständig.
- Die *Ein-/Ausgabeeinheiten* kommunizieren mit der Umwelt, um neue Programme und Daten entgegenzunehmen und fertig verarbeitete Daten wieder auszugeben.

Der heutige Aufbau von Rechnern folgt weitgehend dieser klassischen von-Neumann-Architektur. Bei heutigen PCs befinden sich diese Grundeinheiten physikalisch auf der so genannten Hauptplatine (*mainboard*) und sind dort elektrisch verschaltet. Die Funktionsweise des von-Neumann-Rechners beruht auf folgendem sehr einfachen Prinzip: *Auf den Inhalt der in einem Programmbefehl angegebenen Speicherzelle (Adresse einer Variablen mit Datum im Arbeitsspeicher oder Register) wird die im Befehl angegebene Operation angewendet, wie z. B.:*

```
MOV 5,[4711]   ; Speichere die Zahl 5 an der Adresse 4711
ADD [4710],R1  ; Addiere den Inhalt der Adresse 4710 auf den Inhalt des R1–Registers
```

Diesem Prinzip folgend können grundsätzlich drei von-Neumann-Datenarten unterschieden werden: *Befehl*, *Datum* und *Adresse*. Von der Maschine selbst (Hardware-Ebene) können diese Datenarten jedoch nicht unterschieden werden.

5.3 Die heutigen Personal Computer (PCs)

Auf der Vorderseite eines heutigen PCs befinden sich dabei üblicherweise ein oder mehrere Wechsellaufwerke (z. B. DVD-Laufwerk) und USB-Anschlüsse. Ebenso befindet sich üblicherweise auf der Vorderseite der Einschalt- und manchmal auch ein Reset-Knopf, sowie LEDs, die anzeigen, ob der PC eingeschaltet ist oder gerade

Festplattenaktivitäten stattfinden. Auf der Rückseite findet man dann zahlreiche Anschlüsse. Abbildung 5.3 zeigt die Rückseite eines heutigen PCs mit den wichtigsten Bedienelementen und das Innere eines heutigen PCs mit wichtigen Komponenten, die nachfolgend noch kurz beschrieben werden.

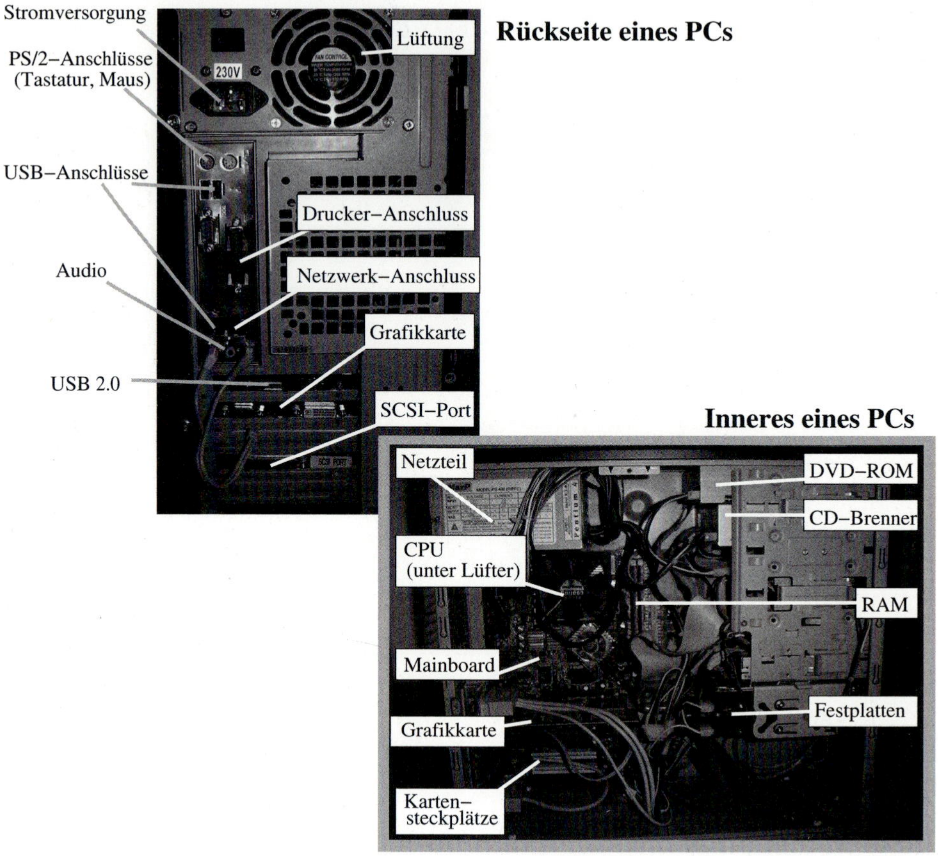

Abbildung 5.3: Rückseite und Inneres eines heutigen PCs

5.4 Die Zentraleinheit

Die Zentraleinheit besteht im Wesentlichen aus den Komponenten der *Hauptplatine*, die bei PCs oft auch als *Mainboard* oder *Motherboard* bezeichnet wird. Die wesentlichen Bestandteile auf einem Mainboard sind:

- Der *Mikroprozessor* (*CPU = Central Processing Unit*), der sowohl für die Ausführung der Programme als auch für die Steuerung und Verwaltung der Hardware verantwortlich ist, ist das Herzstück eines Computers. Während PCs meist nur einen Mikroprozessor haben, besitzen stark ausgelastete Server oder Hochleistungsrechner oft zwei, vier, acht oder auch noch mehr parallel arbeitende Prozessoren.

- Der *RAM-Arbeitsspeicher* (*RAM = Random Access Memory*) enthält nicht nur die Programme, die gerade ausgeführt werden, sondern auch die von den Programmen verwendeten Daten.
- Der *ROM-Speicher* (*ROM = Read-Only Memory = Nur-Lese-Speicher*) enthält heute nicht mehr wie früher das gesamte Betriebssystem, sondern nur ein Programm (*BIOS* bei Intel-PCs oder *ROM* bei Macintosh), das beim Einschalten die wichtigsten Hardwarekomponenten überprüft und dann das *Booten (Hochfahren)* des Betriebssystems von einem Speichermedium wie einer Festplatte oder einer DVD veranlasst.
- Die *Busse und Schnittstellen* werden sowohl zur Kommunikation zwischen den einzelnen Bestandteilen des Mainboards als auch zum Anschluss aller Arten von Peripheriegeräten benötigt, wie z. B. Grafikkarten, Netzwerkkarten, Festplatten, Druckern usw.
- Der *Chipsatz*, das sind normalerweise fest auf dem Mainboard untergebrachte Schaltkreise, die z. B. die Steuerung für sämtliche Anschlüsse des Mainboards übernehmen.

Auch wenn sich heute auf vielen Mainboards so genannte *Onboard-Komponenten* (wie z. B. Grafik-, Netzwerk- oder Soundkarten) befinden, so sind diese trotzdem kein Bestandteil der Zentraleinheit, sondern zählen weiterhin trotz ihrer Unterbringung auf der Hauptplatine zur Peripherie. Ebenso gehören Grafiksysteme und der Speichercontroller zur Peripherie, selbst wenn diese heutzutage oft sogar auf dem Prozessorchip integriert sind.

5.4.1 Der Prozessor

Mikroprozessoren sind integrierte Schaltkreise. Während sie ursprünglich nur aus wenigen Tausend Transistoren bestanden, enthalten sie heute viele Millionen bis Milliarden Transistoren, wobei die Integrationsdichte aufgrund des technologischen Fortschritts ständig zunimmt.

Komponenten eines Mikroprozessors

Abbildung 5.4 zeigt den Grundaufbau eines Mikroprozessors.

Ein Mikroprozessor setzt sich aus folgenden Komponenten zusammen:

- Die *ALU (Arithmetic Logical Unit=Arithmetisch-logische Einheit)* ist das *Rechenwerk*, das mathematische Operationen und logische Verknüpfungen durchführt.
- Die *Register* sind spezielle Speicherplätze innerhalb des Prozessorkerns. Die ALU rechnet mit den Werten, die sich in den Arbeitsregistern befinden. Typische Prozessoren verfügen nur über relativ wenige Register, wie z. B. 2, 4, 6, 8 usw.
- Das *Steuerwerk* übernimmt mittels zweier spezieller Register (Befehlszählerregister und Befehlsregister) die Kontrolle über die Ausführung des Programmcodes und initiiert andere Steuerungsfunktionen. Ein weiteres Register, das vom Steuerwerk verwaltet wird, ist der weiter unten erläuterte Stack-Zeiger.
- Mittels der *Befehlstabelle (Instruction Table)* ist es möglich, die verschiedenen Maschinenbefehle eines Programms zu dekodieren: Den unterschiedlichen Arten von Befehlen sind bestimmte Zahlenkennungen zugeteilt, so dass jeder gelesene

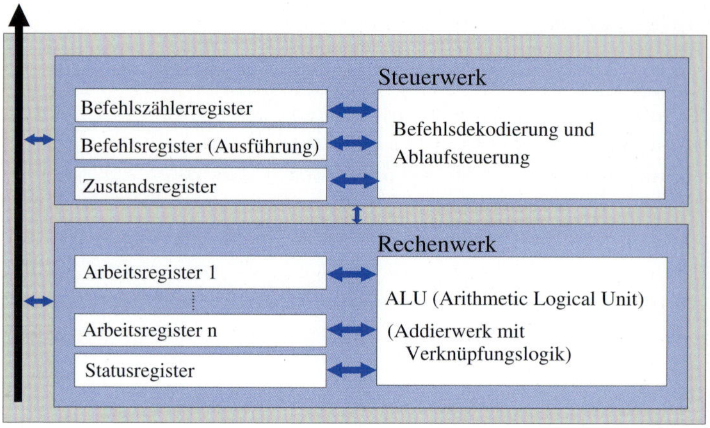

Abbildung 5.4: Grundaufbau eines Prozessors

Befehl eines Programms richtig zugeordnet werden kann und abhängig von seiner Kennung unterschiedliche Schaltungen aktiviert werden können, die für ein bestimmtes Verhalten des Prozessors sorgen.

- Über verschiedene *Busse (Datenleitungen)* ist der Prozessor mit den anderen Komponenten des Mainboards verbunden.
  - Der *Datenbus* wird zum Austausch von Daten mit dem Arbeitsspeicher benötigt.
  - Der *Adressbus* dient zum Übertragen der zugehörigen Speicheradressen.
  - Der *Steuerbus* koordiniert den Zugriff mit Hilfe von Daten- und Adressbus auf Speicher und Peripherieanschlüsse.

Register

Register sind prozessorinterne Speicherplätze, die jeweils ein (binäres) Datum bestimmter Länge (z. B. 32 Bit) aufnehmen können. Register besitzen zu anderen Prozessorkomponenten, wie Ablaufsteuerung und Verknüpfungslogik, sehr enge Verbindungen. Nur mit den Daten in den Arbeitsregistern können direkte logische Operationen durchgeführt werden. Zwei Zahlen in jeweils einem Arbeitsregister können zum Beispiel addiert oder miteinander verglichen werden.

- Die *Arbeitsregister* werden in Befehlen durch Namen wie z. B. `D1...D7` oder `EAX...EDX` angesprochen. Sie können Daten (Datenregister) und je nach Prozessortyp alle oder einige davon auch Adressen (Adressregister) aufnehmen.
- Das *Befehlszählerregister* beinhaltet immer die Adresse des nächsten auszuführenden Befehls (häufiger Name ist *Instruction Pointer = IP*).
- Das *Befehlsregister* kann einen (binären) Maschinenbefehl aufnehmen.

Die Eigenschaften und Größen der Register sind bei verschiedenen Prozessoren unterschiedlich und beeinflussen die Leistungsfähigkeit:

- *Die Größe bzw. Länge der für Berechnungen verwendeten Arbeits- bzw. Datenregister legt die in einem Befehl größte verarbeitbare Zahl fest.* So ist bei 8-Bit-Prozessoren die größte in einem Befehl verarbeitbare ganze Zahl die $2^8 = 256$. 32-Bit-Prozessoren z. B. können als größte ganze Zahl die $2^{32} = 4\,294\,967\,296$ in einem Befehl verarbeiten. Sollen jeweils größere Zahlen verarbeitet werden, muss dies dann in mehreren Befehlen mit jeweiliger Berücksichtigung des Übertrages geschehen, was natürlich die Bearbeitungsgeschwindigkeit herabsetzt.
- *Die Größe bzw. Länge des Befehlszählerregisters und der zur Speicherung von Adressen verwendeten Arbeits- bzw. Adressregister legt die maximale Größe des adressierbaren Arbeitsspeichers fest.* So kann ein Prozessor mit 16 Bit großen Adressregistern maximal 2^{16} = 65 KByte (Kilobyte), ein Prozessor mit 32-Bit-Adressregistern maximal 2^{32} = 4 GByte (Gigabyte) Arbeitsspeicher ansprechen.
- *Die Größe des Befehlsausführungsregisters wirkt sich über die Anzahl und Komplexität der möglichen Maschinenbefehle* natürlich auch auf die Leistungsfähigkeit eines Prozessors aus. Allerdings hat diese Größe keine so deutlich nach außen sichtbaren Auswirkungen auf die Leistung wie die Größe von Arbeits- und Adressregistern.
- *Bei größeren Prozessoren sind meist alle Register des Prozessors, also Arbeits- und Adressregister gleich groß.* Bei kleineren Prozessoren können die verschiedenen Registertypen und vor allem die zugehörigen Bussysteme auch unterschiedliche Breiten besitzen. Viele kleine und kostengünstige 8-Bit-Prozessoren besitzen zwar 8-Bit-Daten-, aber 16-Bit-Adressregister, da ein Adressraum von nur 256 Bytes natürlich kaum zu gebrauchen ist.
- *Je kleiner die Registerlängen eines Prozessors sind, umso kostengünstiger kann er einerseits hergestellt werden,* andererseits ist die Leistungsfähigkeit natürlich geringer, wenn zur Verarbeitung großer Zahlen mehrere Befehle benötigt werden bzw. durch die Einschränkung der Adressierbarkeit keine großen Programme in den Arbeitsspeicher geladen und damit bearbeitet werden können.

Funktionsweise eines Prozessors

Die Funktionsweise eines Prozessors soll nun beispielhaft anhand der Ausführung eines Maschinenbefehls gezeigt werden.

1. Das Befehlszählerregister des Steuerwerks enthält die Adresse des nächsten Maschinenbefehls. Die Adresse des Befehls wird über den Adressbus an den Arbeitsspeicher übermittelt.
2. Der Befehl wird durch das Steuerwerk aus dem Arbeitsspeicher über den Datenbus in das Befehlsregister übertragen. Mittels Dekodierlogik wird der Befehl analysiert und die Ausführung angestoßen.
3. Der Befehl wird ausgeführt, wobei abhängig vom jeweiligen Befehl zusätzlich das Lesen von Daten aus dem Arbeitsspeicher, die Ansteuerung von Peripherieschnittstellen, das Rechnen in der ALU oder die Durchführung eines Sprungs im Programm erforderlich wird. Der Status der jeweiligen Operation wird im *Statusregister (Flagregister)* angezeigt.

4. Falls ein Sprung stattfand, wird das Befehlszählerregister auf die entsprechende neue Adresse gesetzt, ansonsten wird das Befehlszählerregister um 1 erhöht.
5. Der Prozessor fährt wieder mit dem 1. Schritt fort.

Noch zu erwähnen sind in diesem Zusammenhang die *Hardware-Interrupts*:
Im Zusammenhang mit den stattfindenden Ein- und Ausgaben sind noch so genannte *Hardware-Interrupts* von Wichtigkeit: Da Anfragen von der Hardware (wie z. B. von der Festplatte oder einer Soundkarte) an den Prozessor asynchron auftreten, muss der Prozessor in regelmäßigen Abständen nachfragen, ob eines der angeschlossenen Geräte auf Antwort wartet. Ist dies der Fall, unterbricht der Prozessor unter Umständen den laufenden Prozess und führt zunächst die angeforderte Kommunikation mit der Hardware durch, bevor er den Prozess an der unterbrochenen Stelle wieder fortsetzt.

Symbolische Maschinenbefehle (Assembler-Befehle) für den Menschen

- *Binäre Maschinenbefehle, wie sie im Befehlsregister verarbeitet werden, sind für den Menschen praktisch unlesbar.* Daher wurde zur Erleichterung der Programmierung eine symbolische Schreibweise für Maschinenbefehle eingeführt; jedem binären Maschinenbefehl wird dabei ein Symbol mit entsprechenden Operandenzusätzen zugeordnet (1:1-Abbildung).
- *Solche symbolischen Maschinenbefehle werden Assembler-Befehle genannt.* Da fast jeder Prozessortyp, abhängig von der Dekodierlogik, unterschiedliche Maschinenbefehle besitzt, gibt es auch für jeden Prozessortyp unterschiedliche Assembler-Befehle.

Typische symbolische Maschinenbefehle (Assembler-Befehle) sind z. B.:

- `MOV BX, $7A35`
  Hole aus dem Arbeitsspeicher den Wert, der an der Adresse `7A35` steht, und lege ihn im Arbeitsregister `BX` ab.
- `ADD BX, 20`
  Addiere den Wert `20` zum Inhalt des Rechenregisters `BX`.
- `CMP BX, 50`
  Vergleiche den Wert im Register `BX` mit dem Wert `50`. Falls im Register `BX` der Wert 50 steht, wird ein bestimmtes Bit (Flag) im Zustandsregister gesetzt.
- `JE $B7F4`
  Falls der vorherige Vergleich „gleich“ ergeben hat (entsprechendes Flag ist im Zustandsregister gesetzt), springe zur Programmadresse B7F4.
  `JE` steht für „jump if equals“, also „Springe nach …, wenn gleich“.

Die Reihenfolge der Ausführung von Operanden in Assembler-Befehlen ist dabei vom Prozessortyp abhängig. In den Beispielen zuvor erfolgt sie von rechts nach links.

Binäre Maschinenbefehle für den Prozessor

Wie bereits erwähnt, sind die Assembler-Befehle für den Menschen gedacht und bereits eine vereinfachende Abstraktion der Maschinenbefehle, wie sie der Prozessor versteht und die alle aus Zahlen bestehen. Dies bedeutet, dass man einen Übersetzer benötigt, der die Assembler-Befehle in binäre, für den Prozessor verständliche Maschinenbefehle übersetzt.

Deshalb werden für die jeweiligen Prozessoren automatische Übersetz-Programme, auch *Assembler* genannt, zur Verfügung gestellt, die aus den symbolischen Maschinenbefehlen eines Assemblerprogramms die entsprechenden binären Maschinenbefehle erzeugen, die der Prozessor dann „verstehen“ kann.

Eine umgekehrte Umsetzung ist wegen der 1:1-Abbildung von Maschinen- auf Assemblercode auch (weitgehend) möglich, was man als *Disassemblierung* bezeichnet.

Beispiele von Befehlen für den Intel80x86-Prozessor in symbolischem Assembler- und binärem Maschinencode:

Assemblercode	::	Maschinencode	Kommentar
add edx,0Fh	::	83 C2 0F	; addiere 15 zum Inhalt des EDX-Registers
sub eax,[v2]	::	2B 45 F8	; subtrahiere den Inhalt der Variablen v2 von EAX
neg ecx	::	F7 D9	; negiere den Inhalt des ECX-Registers

Wie im Beispiel auch zu sehen, wird zur besseren Lesbarkeit und kürzeren Schreibweise für den Maschinencode im Allgemeinen nicht direkt die Binär- sondern die Hexadezimal-Darstellung verwendet.

Der Aufbau und die Art von Maschinenbefehlen unterscheiden sich bei verschiedenen Prozessortypen und -herstellern sehr stark. Andererseits sind bei allen Unterschieden im Detail auch gemeinsame Grundprinzipien vorhanden, wie z. B.:

- *Maschinenbefehle bestehen aus mehreren Teilen.* Diese umfassen, wie auch in Abbildung 5.5 zu sehen ist, im Allgemeinen:
  - den eigentlichen Befehl (*OP-CODE* = Operationscode),
  - einen Operandenteil mit Angabe der Adressierungsart und
  - einen Operandenwert oder eine Adresse.

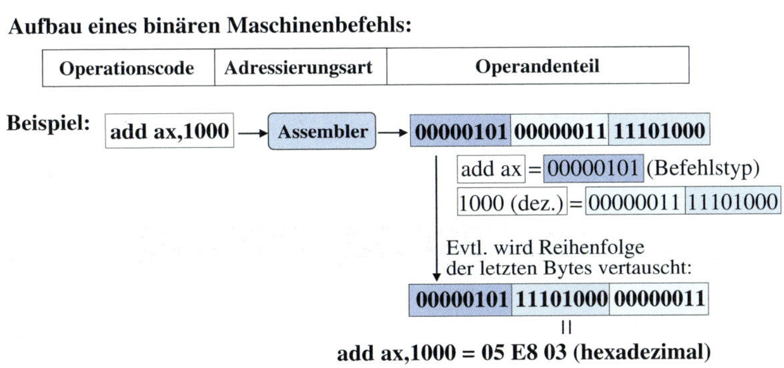

Abbildung 5.5: Grundaufbau eines Prozessorbefehls (beispielhaft, little Endian)

- *Jedes Bit hat eine spezielle Bedeutung* und durch die Interpretation im Steuerwerk werden die verschiedenen Reaktionen veranlasst.
- *Je nach Art des Befehls können Maschinenbefehle auch verschiedene Längen und eine unterschiedliche Anzahl von Operanden haben.* Heutige Prozessoren weisen bis zu einige hundert Maschinenbefehle auf. Viele der Befehle unterscheiden sich jedoch nur durch die Art der Adressierung des bzw. der Operanden.

Maschinenbefehle können grob nach folgenden Kategorien unterschieden werden:

Befehlsart		Beispiel
Arithmetische Befehle (ADD, INC, ...)	:	ADD BX,[1002]
Logische Befehle (AND, SHR, ...)	:	AND CX,7FFF
Sprungbefehle (JMP, JG, CALL, ...)	:	JMP 2000
Transportbefehle (MOV, ...)	:	MOV BX,[1000]
Prozessorkontrollbefehle u. a. (CLI, ...)	:	CLI

- *Arithmetische und logische Befehle* dienen vor allem zum Aufbau der Logik eines Programms. Sie erlauben logische Entscheidungen und Berechnungen.
- *Transportbefehle* dienen zum Transport der Daten zwischen Prozessor, Arbeitsspeicher und Ein-/Ausgabeeinheiten.
- *Sprungbefehle* ermöglichen unter Berücksichtigung entsprechender logischer oder arithmetischer Randbedingungen beliebige Abweichungen vom linearen Fluss eines Programms. Mit diesen Befehlen wird in erster Linie die immense Vielfalt im Verhalten eines Programms und zusammen mit arithmetischen und logischen Befehlen die sprichwörtliche „Intelligenz" von heutigen Computern erreicht. Durch Sprungbefehle werden „höhere" Anweisungen abgebildet wie:

  `IF/SWITCH-CASE` für echte Verzweigungen,
  `WHILE/REPEAT` für Wiederholungen von Anweisungen (Schleifen) und
  `CALL FUNC()` für Funktionsaufrufe.

- *Prozessorkontrollbefehle* werden zur Priorisierung von wichtigen Aufgaben und allgemein zur internen Organisation und zur Verwaltung des Prozessors benötigt.

Leistungsmerkmale von Prozessoren

Die wichtigsten Leistungsmerkmale von Prozessoren sind:

- Die *Wortbreite eines Prozessors*
  Sie legt fest, aus wie vielen Bits ein Maschinenwort eines Prozessors besteht und ist von entscheidender Bedeutung für seine Leistungsfähigkeit. *Je breiter das Maschinenwort ist, umso mehr Berechnungen kann der Prozessor in einer Zeiteinheit durchführen.* Die Wortbreite betrifft folgende Komponenten eines Prozessors, wobei normalerweise alle diese Komponenten die gleiche Wortbreite besitzen:

  - Die *Wortbreite der Arbeits- bzw. Datenregister* legt die maximale Größe von Ganzzahlen und die Genauigkeit von Gleitpunktzahlen fest, worauf bereits auf Seite 98 näher eingegangen wurde.

- Die *Wortbreite des Datenbusses* legt fest, wie viele Bits gleichzeitig aus dem Arbeitsspeicher gelesen oder in ihn geschrieben werden können. Diese Wortbreite ist entscheidend, da sie Einfluss auf die Geschwindigkeit des Datenaustausches mit den Programmen hat.
- Die *Wortbreite des Adressbusses* legt die maximale Größe von Speicheradressen fest, und somit auch automatisch, wie viel Arbeitsspeicher ein Prozessor überhaupt adressieren kann.
- Die *Breite des Steuerbusses* legt die Art der Peripherieanschlüsse fest, die ein Prozessor zulässt.

Tabelle 5.2 zeigt, wie die Wortbreite in den verschiedenen Prozessorgenerationen ständig gesteigert wurde.

Tabelle 5.2

Erhöhung der Wortbreite in den verschiedenen Prozessorgenerationen

Prozessor (Jahr)	Wortbreite	Darstellbare Werte
Intel 4004 (1971)	4 Bit	16
Intel 8080, Zilog Z80 (1974)	8 Bit	256
Intel 8088, Motorola 68000 (1979)	16 Bit	65 536
Intel 80386, PowerPC (1985)	32 Bit	4 294 967 296
Mips R4000 (1991), AMD Opteron (2003), Intel Xeon (2004)	64 Bit	18 446 744 073 709 551 616

- *Die Anzahl an Recheneinheiten (Cores)*
  Moderne Prozessoren sind Multicore-Prozessoren; sie besitzen mehrere komplette Recheneinheiten (Abbildung 5.4), *Core* oder auch Kern genannt. Jede davon kann unabhängig voneinander ein eigenes Programm ausführen, beschleunigt aber nicht die Ausführung der jeweils anderen Rechenkerne. Bei Dual-Core-Prozessoren kann sich z. B. ein Core um die Betriebssystemaufgaben kümmern, während der andere die gerade aktive Anwendung abarbeitet.
  Ob ein System von mehreren Cores profitiert (also *skaliert*), hängt extrem von der jeweiligen Situation ab. Single-Core-Prozessoren (1 Rechenkern) werden typischerweise nicht mehr empfohlen. Dual-Core-Prozessoren (2 Rechenkerne) haben typischerweise eine sehr hohe Performance, wenn Anwendungen nur einen Rechenkern auslasten können (Office-Programme, Webbrowser, viele Spiele). Quad-Core-Prozessoren (4 Rechenkerne) sind oft die beliebtesten Alleskönner. Von noch mehr Cores können nur *Server* und spezielle Anwendungen wie z. B. Bildverarbeitung, Videoschnitt, Modellierung, Softwareentwicklung profitieren.

- *Die Taktfrequenz*
  Die Wortbreite und Anzahl an Recheneinheiten sind nicht alleine entscheidend für die Geschwindigkeit von Prozessoren. Sehr häufig wird die Taktfrequenz (*clock rate*) zur Beurteilung der Prozessor-Geschwindigkeit herangezogen. Die Taktfrequenz wird allerdings nicht vom Prozessor selbst festgelegt, sondern ist ein Vielfaches des Mainboard-Grundtaktes (je nach Architektur z. B. *FSB* (*Front Side Bus*), *HyperTransport* oder *QPI*-Systemtakt). Während dieses Vielfache (auch Multiplikator genannt) bei manchen Prozessoren über BIOS-Einstellungen verändert werden kann, haben die meisten Prozessoren einen festen Multiplikator.
  Hat man z. B. in einem PC ein mit 200 MHz getaktetes Mainboard und einen Prozessor mit einem einstellbaren Multiplikator, dann würde die Einstellung eines Multiplikators von 20 zu einer CPU-Taktrate von 4 GHz führen. Es ist allerdings nicht ratsam, den Prozessor über den vom Hersteller angegebenen Wert zu takten, denn ein solches *„Overclocking"* kann durch lokale Überhitzung zur Beschädigung des Prozessors führen, so dass er anschließend nur noch Schrottwert besitzt. Moderne Prozessoren versuchen sich selber zu schützen, indem mehrere Temperatursensoren den Chip überwachen und notfalls abschalten.
  Oft wird jedoch die Bedeutung der Taktfrequenz hinsichtlich der wirklichen Arbeitsgeschwindigkeit einer CPU vor allen Dingen in der Werbung der jeweiligen Prozessor-Hersteller überbewertet. Die Taktfrequenz ist nicht das Maß aller Dinge und sagt z. B. wenig aus, wenn der eine Prozessor zur Ausführung bestimmter Befehle mehrere Taktzyklen benötigt, während ein anderer Prozessor diese Befehle in einem Taktzyklus abarbeitet, oder sogar mehrere Befehle gleichzeitig verarbeitet. Außerdem nützt ein Prozessor mit einer hohen Taktfrequenz wenig, wenn nicht genügend Arbeitsspeicher vorhanden ist, denn dann geht sehr viel Zeit verloren, um nicht benötigte Speicherinhalte auf die Festplatte auszulagern und die Daten zu laden, die als Nächstes benötigt werden. In diesem Fall ist ein solcher Rechner mit einer schnellen CPU wahrscheinlich langsamer als ein anderer Rechner mit einer langsameren CPU, der aber genügend Arbeitsspeicher besitzt. Da dieser Zusammenhang in der Werbung nur schwer vermittelbar ist werden trotz der relativ geringen Kosten für Speicher noch oft PCs mit zu geringem Arbeitsspeicher angeboten.
- *Benchmarks – bessere Maße zur Leistungsbewertung von Prozessoren*
  Wie zuvor erwähnt ist die Taktrate nur begrenzt verwendbar, um Aussagen über die Leistungsmerkmale von Prozessoren zu treffen. Bessere Beurteilungen als durch die Taktrate lassen sich mit den folgenden Maßen erreichen:

  MIPS – Million Instructions per Second

  MIPS ist die Anzahl der Befehle, die ein Prozessor in einer Sekunde ausführen kann. Dieser Wert wird durch so genannte Benchmarks gemessen. Benchmarks sind Programmpakete, die Befehlsfolgen enthalten, die reale Anwendungen widerspiegeln sollen. Es versteht sich von selbst, dass Benchmarks nicht von den Prozessor-Herstellern, sondern von neutralen und unabhängigen Stellen entwickelt werden sollten.

  FLOPS – Floating Point Operations Per Second

  FLOPS ist die Anzahl der Gleitpunktoperationen, die ein Prozessor in einer Sekunde ausführen kann. Dieser Wert lässt sich wieder mit neutralen Benchmarks ermitteln.

Einsatzbereiche von Prozessoren

Es gibt heute Hunderte verschiedener Prozessoren von vielen Herstellern und für viele verschiedene Anwendungszwecke, von denen nachfolgend einige mit ihrem typischen Einsatzbereich kurz vorgestellt werden.

- *Prozessoren für PCs*: Vor allem die in den IBM-PCs verwendeten Prozessoren sind weitbekannt. In den folgenden Tabellen werden die Daten- und Adressbreiten wichtiger Prozessoren mit ihrer historischen Entwicklung aufgeführt.

  Intel- und Intel-kompatible Prozessoren in IBM und Apple PCs:

Prozessortyp	Datenbreite (in Bit)	Adressbreite (in Bit)
8086	16	20
80286	16	24
80386, -486, Pentium, Athlon,...	32	32
Pentium/Xeon (Intel), Opteron (AMD)	64	64

  Die inzwischen gängigen 64-Bit-Prozessoren bringen neben einer weiteren Erhöhung der Rechenleistung vor allem eine Erhöhung des adressierbaren Arbeitsspeichers auf weit über 4 GByte.
- *Proprietäre Prozessoren*: Vor allem in Großrechnern, auch *Mainframes* genannt, verwenden Hersteller, wie z. B. IBM, häufig auch noch eigene, mehr oder weniger proprietäre Prozessoren. In diesen Fällen wird auch häufig Hardware und Software aus einer Hand, d. h. vom gleichen Hersteller, geliefert. Daher müssen auch die Befehlssätze der Prozessoren nicht allgemein bekannt gemacht und veröffentlicht werden, im Gegensatz zu Prozessoren, die in offenen Systemen wie PCs verwendet und für die Programme von verschiedenen Herstellern erstellt werden.
  Durch die enorme Verbreitung von PCs haben die Intel-kompatiblen Prozessoren einen kaum einzuholenden Performance-Vorsprung. Ist die Leistung im Bezug auf den Stromverbrauch wichtig haben hingegen die Prozessoren aus den Eingebetteten Systemen (*Embedded Systems*) die Nase vorn. Aus diesen Gründen schwindet die Bedeutung proprietärer Prozessoren immer mehr.
- *Prozessoren in Eingebetteten Systemen*: Im Bereich der Embedded Systems ist der Einsatz von Prozessoren sehr groß, die Typenvielfalt riesig, nahezu unüberschaubar und ständig weiter zunehmend. Die Palette reicht dabei von kostengünstigen und stromsparenden 4-, 8- und 16-Bit- über 32- bis zu 64-Bit- und speziellen 128-Bit- oder noch deutlich breiteren Prozessoren (z. B. für schnelle Grafikverarbeitung). Allein im Bereich der Mikrocontroller haben über 30 Firmen Produkte am Markt.
  Für hohe Leistungsfähigkeit bei gleichzeitig geringem Strombedarf sind z. B. die Prozessoren der *ARM-Serie* bekannt, die in Mobiltelefonen und Tablets fast aller Hersteller eingesetzt werden. Häufig werden hier Prozessoren als *Mikrocontroller mit zusätzlichen Peripheriebausteinen auf dem Chip*, wie z. B. AD-Wandlern[1] oder Schnittstellen-Bausteinen, eingesetzt.

Die Preise für Prozessoren reichen von wenigen 0,10 Euro für einen kleinen 4-Bit- bis zu mehr als 1000 Euro für die neuesten 32- oder 64-Bit-Prozessoren.

1 AD-Wandler=Analog/Digital-Wandler

Von den insgesamt produzierten Prozessoren werden dabei heute

- weniger als 5% der Prozessoren direkt in PCs, Workstations und Servern verwendet, wobei der Großteil dieser Prozessoren 32- bzw. 64-Bit-Prozessoren sind, aber
- über 95% werden in Geräten, d. h. in so genannten *Embedded Systems* eingesetzt, wobei hiervon etwa 90% der Prozessoren so genannte *Mikrocontroller* sind, die neben dem Prozessor zusätzliche weitere HW „on Chip" wie z. B. Speicher (ROM, RAM), Timer, I/O-Ports, A/D-Cs usw. enthalten.

Die Prozessoren für PCs haben also verglichen mit dem Gesamtmarkt an Prozessoren eher eine geringe Bedeutung.

Ein paar ausgewählte Beispiele für viel genutzte Prozessorarchitekturen:

Prozessortyp	Datenbreite (in Bit)	Adressbreite (in Bit)
Atmel AVR Tiny	8	16
Microchip PIC24	16	23
Motorola MC68000	16	32
ARMv7 (Apple A5, nvidia Tegra uvm.)	32	32
ARMv8 (Apple A9, ARM Cortex A72 uvm.)	64	64

Schnelle Cache-Speicher – weitere Komponenten heutiger Prozessoren

Da während des Ablaufs eines Programms jedes zu bearbeitende Datum aus dem Arbeitsspeicher geholt und nach Veränderung wieder dorthin zurückgeschrieben werden muss, ist die Zugriffsgeschwindigkeit zum Arbeitsspeicher entscheidend für die Schnelligkeit eines Rechensystems. Heutige Mikroprozessoren besitzen deshalb zusätzlich noch so genannte Cache-Speicher, was sehr schnelle kleine Zwischenspeicher sind.

In Cache-Speichern werden jeweils die vom Prozessor zuletzt ausgeführten Befehle und bearbeiteten Daten zwischengespeichert. Werden in der Folgezeit zwischengespeicherte Daten nochmals benötigt, was in üblichen Programmen sehr wahrscheinlich ist, kann der Zugriff darauf nun erheblich schneller durchgeführt werden.

Cache-Speicher wurden aus wirtschaftlichen Gründen eingeführt, um die Leistungsfähigkeit von Computern wesentlich zu steigern, ohne dass erhebliche Kosten entstanden. Hätte man den gesamten großen Hauptspeicher mit schnellen Speicherelementen realisiert, wie sie bei den Cache-Speichern verwendet werden, wäre das zum einen sehr teuer und zum anderen mit einem sehr hohen Stromverbrauch verbunden gewesen. Dies hat dann schließlich bei leistungsfähigen Prozessoren und Rechensystemen zu einer mehrstufigen Speicherarchitektur geführt:

- Der *Level-1-Cache* ist direkt im Prozessorkern untergebracht und wird meist mit derselben Taktrate betrieben wie der Prozessor selbst. Er ist sehr klein (wie z. B. 16 Kilobyte oder 128 Kilobyte).
- Der *Level-2-Cache* ist heutzutage ebenfalls direkt im Prozessorkern untergebracht, oder im Prozessorinneren, aber nicht im Prozessorkern. Der Level-2-Cache ist wesentlich schneller als der normale Arbeitsspeicher, jedoch langsamer als der Level-1-Cache, dafür mit z. B. 512 oder 1024 Kilobyte größer als dieser. Vor allem

Multicore-Prozessoren besitzen häufig auch noch einen Level-3-Cache, den alle Kerne gemeinsam nutzen und der daher Vorteile besonders bei der Sicherstellung der Datenkonsistenz für die verschiedenen Kerne bringt.

- Der *RAM-Arbeitsspeicher* wird zur normalen Speicherung der Programme verwendet, die gerade ausgeführt werden, und der von ihnen verwendeten Daten.
- *Swapping bzw. Paging*: Sollte der normale Arbeitsspeicher nicht mehr ausreichen, um alle Daten der aktuell geladenen Programme aufzunehmen, werden Inhalte aus dem RAM, die aktuell nicht so dringend benötigt werden, auf die Festplatte ausgelagert, was man mit *Swapping* bzw. *Paging* bezeichnet (siehe auch Kapitel 16.6.1 auf Seite 721).

Cache-Speicher werden in Kapitel 16.5 auf Seite 711 detaillierter behandelt.

Möglichkeiten der Leistungssteigerung von Rechnern

Trotz bereits erreichter, zum Teil atemberaubender Leistungen von heutigen Prozessoren, ist das Interesse und der Bedarf an Leistungssteigerungen in der maschinellen Datenverarbeitung ungebrochen. So erwartet man eine weitere Steigerung der Rechnerleistungen z. B. in folgenden Bereichen:

- *Meteorologie*: für weiter verbesserte Wettervorhersagen,
- *Physik*: für die Überprüfung von Modellen zum Aufbau und der Struktur der Materie und des gesamten Kosmos,
- *Medizintechnik*: für noch erheblich bessere Auflösung von bildgebenden Tomografie-Verfahren und die Darstellung auch von 3-D-Bildern in Echtzeit, d. h. innerhalb weniger $\frac{1}{10}$ Sekunden,
- *Pharmazie*: für das 3-D-Design von komplizierten Proteinen zur Herstellung neuer Medikamente,
- *Gen-Forschung*: für die Untersuchung der Funktionalität der aus den nun bekannten Genen synthetisierten Proteine.

Nicht zuletzt möchte sich auch der Privatanwender durch Leistungssteigerungen seines PCs noch weitere Anwendungsfelder, wie z. B. Video-Bearbeitung usw. erschließen.

Für die Gesamtgeschwindigkeit eines Systems ist bei Weitem – wie bereits zuvor erwähnt – nicht allein die Taktrate des Prozessors in MHz oder GHz entscheidend, sondern auch die Anzahl der für die Ausführung eines Befehls benötigten Taktzyklen, die Wartezeit bei Zugriffen auf den Arbeitsspeicher usw. Für Leistungssteigerungen werden allgemein folgende verschiedene Konzepte und Techniken verfolgt:

- *Einsatz von schnellen Zwischenspeichern*
  Zur Erhöhung der Zugriffsgeschwindigkeit auf verschiedene Speicher, allen voran dem Arbeitsspeicher, dient – wie bereits erwähnt – der Einsatz von Cache-Speichern.
- *Einsatz von zusätzlichen, speziellen Co-Prozessoren*
  Zur Bearbeitung spezieller Aufgaben und Funktionen werden bei diesem Konzept zusätzliche, spezielle Prozessoren mit entsprechenden Maschinenbefehlen vorgesehen. Diese sind auf die Ausführung bestimmter spezieller Befehle und Funktionen optimiert und benötigten für diese erheblich weniger Takte und damit Zeit als ein Universalprozessor.

Häufig im Einsatz sind *Co-Prozessoren für mathematische Funktionen und zur Grafikverarbeitung*. Spezielle mathematische Rechenwerke sind heute in vielen Prozessor-Chips integriert. Leistungsfähige *Grafikprozessoren* mit speziellen Maschinenbefehlen zur schnellen Bearbeitung grafischer Funktionen befinden sich auf eigenen Grafikkarten. Viele PC-Prozessoren haben auf ihren Chips bereits einfache Grafikprozessoren integriert.

- *Einsatz von RISC-Prozessoren bzw. -Konzepten*
  Bei der tradionellen *CISC-Architektur* wird versucht, immer mehr und auch immer komplexere Funktionen direkt durch den Prozessor durchführen zu lassen, weshalb diese Architektur mit ihrem komplexen Befehlssatz als „*Complex Instruction Set Computer*" bezeichnet wird.
  Bei der neueren *RISC-Architektur (Reduced Instruction Set Computer)* geht man genau den umgekehrten Weg: Man versucht, die Struktur des Prozessors zu vereinfachen, indem man einen Befehlssatz zur Verfügung stellt, der nur wenige, aber dafür sehr schnelle und einfach auszuführende Befehle beinhaltet. Komplexere Funktionen lassen sich hierbei dann durch Kombination mehrerer solcher einfacher Befehle realisieren.
  Auf die CISC- und RISC-Architekturen wird in Kapitel 16.2 auf Seite 699 näher eingegangen.
- *Einsatz von Parallelverarbeitung*
  Eine Steigerung der Leistung von Datenverarbeitungsmaschinen kann auch, zumindest solange die Problemstellung dies zulässt, durch eine gleichzeitige, parallele Verarbeitung erreicht werden. Bei Parallelverarbeitung muss zwischen der gleichzeitigen Verarbeitung von Befehlen oder von Daten unterschieden werden. Je nachdem können mehrere Daten (z. B. Vektorelemente) gleichzeitig mit einem Befehl oder ein Datenstrom mit verschiedenen Befehlen bearbeitet werden. Speziell Multicore-Prozessoren profitieren extrem von entsprechend angepasster Software. Auf Parallelverarbeitung wird in Kapitel 16.3 auf Seite 701 bei der Vorstellung vom so genannten *Pipelining* detaillierter eingegangen.

5.4.2 Der Arbeitsspeicher

Die Anzahl der Register eines Prozessors ist sehr beschränkt. Viele Prozessortypen besitzen gerade einmal vier oder acht Arbeitsregister und ein Befehlsregister. Die zur Bearbeitung benötigten Daten und die Programme müssen daher in einem separaten, größeren Speicher, dem *Arbeitsspeicher*, untergebracht werden.

Auf Seite 106 wurde bereits eine mehrstufige Speicherarchitektur vorgestellt, die der Prozessor in Zusammenarbeit mit dem Betriebssystem verwaltet. Hier wird nun speziell der Arbeitsspeicher als eigene Hardwarekomponente vorgestellt.

In den Anfangszeiten der elektronischen Datenverarbeitung, vor der Verfügbarkeit von Halbleiterspeichern, dienten *Kernspeicher* als Arbeitsspeicher. Jedes Bit wurde durch einen wenige Millimeter großen Ferritring realisiert, durch den Lese- und Schreibdrähte gefädelt waren. Durch die aufwändige Herstellung und die makroskopische Größe konnten im Vergleich zu heute nur sehr kleine und extrem teuere Arbeitsspeicher realisiert werden.

Beim Ablauf eines Programms benötigt der Prozessor einen direkten, adressbezogenen Zugriff auf einzelne Speicherzellen des Arbeitsspeichers, sowohl um einzelne

Befehle zu lesen, als auch um einzelne Daten zu lesen oder zu schreiben. Solche direkten und möglichst schnellen Zugriffe bieten die heute verwendeten Halbleiterspeicher, auf die nachfolgend näher eingegangen wird.

Heutige Arbeitsspeicher bestehen aus Halbleiterspeichern

Der Arbeitsspeicher besteht im Wesentlichen aus Speicherbausteinen, die man als RAM (*Random Access Memory = Speicher mit wahlfreiem Zugriff*) bezeichnet.

„*Random Access*" bedeutet dabei Folgendes:

1. Inhalte solcher Speicher können *sowohl gelesen als auch verändert (beschrieben) werden*. Das Gegenstück dazu sind ROM-Speicher (*Read-Only Memory*), die nur gelesen, aber nicht beschrieben werden können. ROM-Speicher werden in Kapitel 5.4.3 auf Seite 110 vorgestellt.
2. Auf jedes Byte des Speichers kann direkt zugegriffen werden. Das Gegenstück dazu sind Speicher mit sequenziellem Zugriff, wie z. B. Magnetbänder, wo kein direkter Zugriff auf ein bestimmtes Byte möglich ist, sondern man erst das Band an die entsprechende Stelle spulen muss.

Alle RAM-Bausteine haben gemeinsam, dass ihr Inhalt „flüchtig" ist, was bedeutet, dass sie nur so lange den gespeicherten Wert behalten, wie sie mit Strom (Spannung) versorgt werden. Schaltet man z. B. den Rechner ab, sind alle Daten im Arbeitsspeicher verloren.

Man unterscheidet zwei verschiedene Arten von RAMs:

- *DRAM* (*Dynamic RAM*) – langsamer und kostengünstiger Speicherbaustein für Arbeitsspeicher
  DRAMs benötigen nicht nur das Anliegen einer Spannung, sondern erfordern zusätzlich, dass der Inhalt aller Speicherstellen mit jedem Taktzyklus aufgefrischt wird, was man als *Refresh* bezeichnet. DRAMs sind kostengünstig und haben einen niedrigen Stromverbrauch, weshalb der Großteil des Arbeitsspeichers durch DRAMs realisiert wird.
- *SRAM* (*Static RAM*) – schneller und teurer Speicherbaustein für Register und Cache-Speicher
  SRAMs benötigen nur das Anliegen einer Spannung. Sie sind wesentlich teurer und haben auch einen höheren Stromverbrauch als DRAMs, sind dafür aber auch erheblich schneller. Deshalb wird niemals der ganze Arbeitsspeicher mit SRAM-Bausteinen realisiert. SRAM-Bausteine werden stattdessen für Prozessorregister oder schnelle Cache-Speicher verwendet.

RAMs sind Byte-orientiert, was bedeutet, dass jede Speicherzelle 1 Byte groß ist und eine eigene Adresse besitzt. Prinzipiell können jedoch in einem Befehl auch gleich mehrere Bytes vom Speicher abgerufen oder eingeschrieben werden. Die in einem Befehl maximal bearbeitbare bzw. adressierbare Anzahl von Bytes hängt von der Bus- bzw. Registerbreite des verwendeten Prozessors ab.

Verschiedene Bauformen von RAM-Bausteinen

Arbeitsspeicher sind kleine, rechteckige Platinen, die mit mehreren Chips versehen sind und in bei PCs auf dem Mainboard vorhandenen Slots senkrecht aufgesteckt werden. Es existieren verschiedene Bauformen von RAM-Bausteinen, wie z. B.:

- *SD-RAM* (*Synchronous Dynamic RAM*) besteht aus so genannten DIMM-Modulen (*Double Inline Memory Modules*), wobei der Zugriff auf diesen Speicher mit der Taktfrequenz des Mainboards selbst erfolgt. SD-RAMs können auf Mainboards mit einer Taktfrequenz bis 133 MHz eingesetzt werden.
- *DDR-RAM* (*Double Data Rate*) besteht ebenfalls aus DIMM-Modulen und arbeitet mit der doppelten Datenrate von SD-RAM. Pro Taktzyklus können somit doppelt so viele Daten geschrieben bzw. gelesen werden. DDR-RAM hat sich seither als Standardtechnik durchgesetzt, und wurde zu den (zueinander inkompatiblen) Technologien DDR2, DDR3 und DDR4 weiterentwickelt.

Allgemein kann jedoch festgehalten werden, dass für die Leistungsfähigkeit eines Rechners die Größe des Arbeitsspeichers wesentlich wichtiger ist als die Technologie der Speicherbausteine. Die Wahl der Technologie wird dabei vom *Speichercontroller* bestimmt, der oft direkt mit auf dem Prozessor-Chip sitzt.

5.4.3 ROMs zur Speicherung von Programmen und konstanten Daten

Bereits beim Einschalten eines Rechners muss ein Programm abgearbeitet werden können, das aber nicht in einem flüchtigen RAM-Speicher abgelegt sein kann. Weiter müssen bei Embedded Systems Programme auch ohne Festplattenspeicher permanent abgelegt werden können. Ebenso wie für die Ablage weiterer konstanter Daten sind dazu Halbleiter-ROMs (*Read-Only Memory*) gut geeignet.

Verschiedene Arten von ROMs

Nachfolgend werden zunächst die wichtigsten ROMs aus Halbleiterbausteinen kurz in der Reihenfolge beschrieben, in der sie entwickelt und eingesetzt wurden.

- *ROM* wird bereits bei der Herstellung mit einer fest verdrahteten Funktionalität versehen, die nicht mehr geändert werden kann.
- *PROM* (*Programmable ROM*) kann nur einmal mit einem speziellen PROM-Brenner programmiert werden und danach kann der Inhalt dieses Speichers nicht mehr geändert werden.
- *EPROM* (*Erasable PROM*) kann mit einem speziellen EPROM-Brenner beschrieben werden, aber auch wieder mit UV-Licht durch ein speziell eingebautes Quarz-Fenster gelöscht und erneut beschrieben werden.
- *Flash-ROM* oder auch kurz *Flash* kann, ohne speziellen EPROM-Brenner, einfach mit spezieller Software erneut beschrieben werden. Anders als das RAM hat ein Flash den Vorteil, dass der Inhalt nicht verloren geht, wenn es nicht mit Strom versorgt wird. Neben BIOS-Bausteinen werden z. B. auch USB-Sticks, SD-Karten und SSDs (*Solid State Disks*) mittels Flash-ROMs realisiert.

Da Halbleiter-ROMs ebenso wie RAMs einen direkten adressbezogenen Speicherzugriff bieten, können sie auch, in beschränkten Umfang, als Nur-Lese-Arbeitsspeicher für konstante Daten und Programme verwendet werden. Programme in Halbleiter-ROMs können also direkt aus dem ROM abgearbeitet werden und müssen nicht erst zum Ablauf von einem Medium wie einer Festplatte in den RAM-Arbeitsspeicher kopiert werden.

Gegenüberstellung von RAMs und ROMs

Die Unterschiede zwischen RAMs und ROMs betreffen vor allem

- Lese-/Schreib-Möglichkeiten (RW; *read-write*)
- Zugriffszeiten (ZZ; für R/W)
- Speicherpermanenz ohne Spannungsversorgung (SP)
- Realisierbare Speichergröße (SG)

und sind in der folgenden Tabelle gegenübergestellt:

	ROM	PROM	EPROM	Flash-ROM	DRAM	SRAM
RW	R	R	R ((W))	R (W)	RW	RW
ZZ	+	+	+ / –	+ / –	++	+++
SP	+	+	+	+	–	–
SG	+	+	+	+	+	+

In der aktuellen Entwicklung befinden sich Halbleiterspeicher, die – bei mit RAMs vergleichbaren wahlfreien Lese- und Schreibzugriffen – die Daten auch ohne anliegende Spannung halten. Sobald solche *FRAMs (Ferroelectric-RAMs)* oder auch MRAMs (Magneto-resistive RAMs) bezüglich Speicherdichte, Zugriffszeiten und Preis mit den aktuellen RAMs vergleichbar sein werden, dürfte sich die Nutzung von PCs durch den Wegfall des lästigen Bootvorgangs nochmals stark verbessern.

Es sollte aber erwähnt werden, dass es bereits viele Versuche einer derartigen Entwicklung gab, die alle bisher das Laborstadium noch nicht verlassen haben.

ROMs mit einem Betriebssystem

Während die ersten PCs ein einfaches Betriebssystem und einen BASIC-Interpreter noch fest in einen ROM-Baustein eingebrannt hatten, wurde beim IBM-PC Anfang bis Mitte der 1980er Jahre das Betriebssystem auf einer Diskette geliefert, von dort in den Arbeitsspeicher geladen und gestartet. Der Vorteil dieser Art des Bootens (Starten) des Betriebssystems ist die einfachere Änderbarkeit und Wahlfreiheit bei der Verwendung eines bestimmten Software-Produkts. Auch heute noch ist in speziellen Anwendungsfällen das Betriebssystem und eventuell spezielle Anwendungssoftware im ROM untergebracht, wie z. B.:

- in fast allen Geräten, wie Handys, Smartphones, PDAs, d. h. in fast allen Embedded Systems,
- in speziellen Webserver-, Firewall- oder Router-Boxen, die meist ein einfaches Linux-Betriebssystem enthalten,
- in speziellen Industrie-PCs, die in rauen Umgebungen und Produktionsstätten eingesetzt werden, in denen keine Festplatten mit mechanischen Bauteilen verwendet werden können.

5.4.4 Das BIOS

Das BIOS (*Basic Input/Output System*) ist ein Chip, der sich bei IBM-PCs auf dem Mainboard befindet und *Firmware* enthält, was mehr oder weniger fest eingebrannte Software ist, die hier die Basis-Steuerlogik für den Start des Rechners beinhaltet. Bei jedem Start eines Rechners wird zuerst ein Programm im BIOS ausgeführt, das bestimmte Tests durchführt und dazugehörige Kontrollmeldungen anzeigt. Der BIOS-Baustein ist ein ROM-Speicher, der seine Daten, wie oben beschrieben, auch ohne Spannungsversorgung behält, dessen Inhalt aber „nur" gelesen werden kann. „Nur" ist hier in Anführungszeichen, da „nur lesen" heute nur noch teilweise zutrifft. Besser umschreiben kann man den ROM-Speicher des BIOS mit: Der Inhalt dieses Speichers kann nicht durch normale Schreibzugriffe des Betriebssystems modifiziert werden, aber sehr wohl beim Start des Rechners, wobei dann jedoch ein eventuell geänderter Inhalt dieses Speichers auch dann erhalten bleibt, wenn er nicht mehr mit Strom versorgt wird. Er besteht heute aus Flash-ROM-Bausteinen und meist zusätzlich noch aus einem kleinen batterie- oder akkugepufferten RAM-Baustein, in dem geänderte Konfigurationsparameter und auch die System-Uhrzeit gespeichert und ohne externe Spannungsversorgung gehalten werden können, zumindest solange die Batterie funktionsfähig ist. Im BIOS-ROM befindet sich ein Programm in der Maschinensprache des Computers, das beim Einschalten des Rechners automatisch vom Prozessor ausgeführt wird. Die wesentlichen Aufgaben dieses Maschinenprogramms sind dabei:

- *POST – Power-On Self Test* (*Selbsttest beim Einschalten*)
  Dieses Maschinenprogramm testet als Erstes die wichtigsten Hardwarekomponenten (Grafikkarte, RAM usw.). Anschließend sucht es nach einem Laufwerk, von dem ein Betriebssystem gestartet werden kann. Weitere Tests betreffen die Tastatur und eventuell auch die Maus. Sollten diese Tests ergeben, dass der Rechner nicht gestartet werden kann, weil z. B. das RAM physikalische Fehler aufweist, meldet dies das BIOS durch bestimmte Tonsignale, deren Bedeutung üblicherweise in der mitgelieferten Dokumentation des Mainboards beschrieben ist.
- *Einfache Kommunikation mit der Hardware*
  Über diese vom BIOS angebotene Funktionalität lässt sich z. B. die Rechneruhr einstellen oder man kann festlegen, ob von einer DVD oder von der Festplatte das Betriebssystem zu laden ist. Beim Einschalten des Rechners kann man durch Drücken einer bestimmten Taste (abhängig vom jeweiligen BIOS meist F1 oder Entf) in das BIOS-Setup gelangen, was ein einfaches kleines Programm zur Konfiguration der BIOS-Parameter und der Hardware ist.
- *Übergabe der Kontrolle an den Datenträger*
  Nach einem erfolgreichen POST-Test übergibt das BIOS die Kontrolle an den Datenträger, von dem das System gestartet werden soll. Es wird hierbei das Programm im so genannten *Master Boot Record (Startsektor; kurz MBR)* des Laufwerks gestartet. Im MBR befindet sich üblicherweise ein so genannter *Boot-Loader* für ein bestimmtes Betriebssystem oder ein so genannter *Bootmanager*, der den Benutzer wählen lässt, welches Betriebssystem zu starten ist, wenn auf dem jeweiligen Rechner mehrere Betriebssysteme installiert sind. Weiterhin kann unter Umständen, je nachdem welche Konfiguration das zu startende Betriebssystem zulässt, gewählt werden, ob es z. B. im Grafikmodus oder im Kommandomodus, ob es mit Netzwerkfunktionalität oder nur im so genannten Stand-alone-Modus hochzufahren ist.

5.4.5 Busse und Schnittstellen (Anschlüsse)

Busse und Schnittstellen werden sowohl zur Kommunikation zwischen den einzelnen Bestandteilen des Mainboards als auch zum Anschluss aller Arten von Peripheriegeräten benötigt, wie z. B. für Grafikkarten, Netzwerkkarten, Festplatten, Drucker usw. So müssen z. B. zwischen dem Prozessor und dem Arbeitsspeicher und auch zur Ein-/Ausgabeeinheit Daten übertragen werden. Der Prozessor gibt z. B. eine Adresse an den Arbeitsspeicher und fordert das Datum an, das an dieser Adresse gespeichert ist. Diesem Transport von Daten zwischen den Einheiten, dem Prozessor, dem Arbeitsspeicher und der Ein-/Ausgabeeinheit dient ein so genanntes internes *Bussystem*. Moderne Prozessoren haben mehrere solche Bussysteme, um mehrere Datenströme gleichzeitig transportieren zu können.

Verschiedene Arten von Bussen

Aus Geschwindigkeitsgründen werden auf dem internen Bussystem mehrere *Bits parallel übertragen*. Die Anzahl der parallel zu übertragenden Bits hängt von der an den HW-Chips verfügbaren Busleitungen ab und korreliert sinnvollerweise mit der Bitlänge der Prozessorregister und der darin zu verarbeitenden maximalen Datengrößen. Im Einzelnen werden die folgenden Busse unterschieden:

- *Datenbus:* Er dient der *bidirektionalen Übertragung von Daten zwischen den Einheiten*. Für eine optimale Leistung wird in einem Rechensystem die Breite des Datenbusses gleich einem Vielfachen der Größe der Arbeitsregister des Prozessors gewählt. Typische Breiten sind (4)-, 8-, 16-, 32-, 64-Leitungen. Für den Transport größerer Daten werden dann mehrere Buszugriffe (-zyklen) benötigt.
- *Adressbus:* Er dient der *unidirektionalen Übermittlung von Adressen zum Speicher (oder zu den Ein-/Ausgabeeinheiten)* und bewirkt das Lesen oder Schreiben eines Datums über den Datenbus von bzw. zu dieser Adresse. Wie bereits erwähnt, legt die Breite der zur Adressierung verwendeten Register eines Prozessors und die üblicherweise darauf abgestimmte Breite des Adressbusses den maximal adressierbaren Arbeitsspeicher und damit die maximal mögliche Größe von Programmen und Daten fest. Typische Breiten des Adressbusses sind: 8-, 16-, 20-, 32-, 64-Leitungen, was Adressräumen von 256 Byte, 64 kB, 1 MB, 4GB und $18 \cdot 10^{18}$ Byte entspricht. Auch der Adressbus kann aus Gründen der Einsparung von Leitungen kleiner als die Adressregistergröße gewählt werden, was dann jedoch den maximal adressierbaren Arbeitsspeicher herabsetzt.

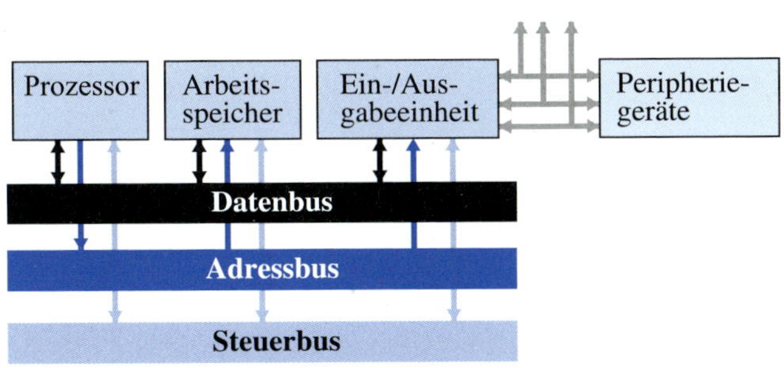

Abbildung 5.6: Busstruktur eines von-Neumann-Rechners

- *Steuerbus:* Er dient zur Koordination exklusiver Zugriffe auf den Daten- und Adressbus (Bus reservieren, freigeben, ...). Die Funktionen und der Aufbau hängen sehr stark vom jeweiligen Prozessor bzw. Mainboard ab. Typische Breiten sind 5–10 Leitungen.

Interne und externe Kommunikation auf einem Mainboard

Um eine ungestörte Kommunikation zwischen Prozessor, den einzelnen Bestandteilen des Mainboards und den angeschlossenen Peripheriegeräten zu garantieren, werden verschiedene Techniken eingesetzt.

- *Polling von Daten*
  Bei diesem Verfahren fragt der Prozessor in bestimmten Zeitabständen bei einem Gerät nach, ob Daten zur Übertragung anstehen. Bei häufigem, dann oft ergebnislosem Polling, wird damit einerseits eine hohe Belastung des Prozessors erzeugt, während bei zu geringer Pollingrate Daten verloren gehen können. Dieses Verfahren wird daher selten und nur für geringe Datenaufkommen eingesetzt.
- *Interrupt Requests (IRQs)*
  Bei diesem Verfahren kann eine Kommunikation mit dem Prozessor von einem Gerät durch Auslösung bestimmter Signale, so genannter IRQs (Interrupt Requests), begonnen bzw. angefordert werden. Damit der Prozessor bei einer Anfrage feststellen kann, von welchem Gerät diese kommt, werden unterschiedliche IRQs verwendet. Jedes Gerät, das kommunizieren will, benutzt deshalb ein eindeutiges Signal, das ihm zugeteilt ist. Beim IBM-PC sind 16 verschiedene Interrupt-Signale vorhanden. Bei einer Auslösung werden diese 16 Signale mit den Nummern von 0 bis 15 vom Prozessor nacheinander abgeprüft, so dass der Prozessor feststellen kann, ob über den jeweiligen IRQ Kommunikation angefordert wird.
  Alle PCI-Mainboards erlauben *IRQ-Sharing*, so dass zwei oder mehr Geräte denselben IRQ verwenden können, wobei dann zusätzliche Techniken benutzt werden, um die entsprechenden Geräte zu identifizieren: Der Chipsatz enthält dazu einen so genannten *programmierbaren Interrupt-Controller (PIC).*

Wie zuvor beschrieben kann entweder durch Polling oder durch Auslösen eines Interrupts eine Kommunikation zwischen einem Gerät und dem Prozessor begonnen werden. Zur Übertragung der Kommunikationsdaten stehen dann die folgenden Möglichkeiten zur Verfügung.

- *E/A-Port- bzw. Basisadressen*
  Solche Adressen legen den Beginn eines vereinbarten Adressblocks fest, der für den Austausch von Konfigurations- und Steuerungsinformationen zwischen dem Prozessor und dem jeweiligen Gerät verwendet wird. Die jeweiligen Adressen liegen normalerweise am Anfang des adressierbaren Bereichs, wie z. B. beim IBM-PC von 000H bis 400H. Hierbei handelt es sich jedoch nicht um Adressen im Arbeitsspeicher, sondern um spezielle Adressen in der Ein-/Ausgabeeinheit (Geräteschnittstellen), die vom Prozessor nach derselben Logik angesprochen werden wie Speicheradressen. Beispielsweise sind beim IBM-PC der COM1-Schnittstelle standardmäßig die (Port-)Adressen 3F8 bis 3FE (7 Bytes) zugeordnet, wobei an der Adresse 3F8 das Transmit/Receive-Register und an den weiteren Adressen bestimmte Statusregister des seriellen Bausteins liegen. Für eine Datenübertragung

muss nun unter Beachtung bestimmter Statusregisterbelegungen das zu übertragende Byte an diese Adresse geschrieben werden. Zum Schreiben bzw. Lesen von solchen I/O-Adressen bieten Compiler bestimmte Befehle an, z. B. für das Betriebssystem DOS Befehle wie outp(b) bzw. inp(b), die in die entsprechenden Maschinenbefehle zum Port-Zugriff umgesetzt werden.
Bei modernen PCs werden nur noch wenige Peripheriegeräte über E/A-Ports angesprochen, die meisten Daten werden über Memory Mapped I/O ausgetauscht.

- *Memory Mapped I/O*
  Nicht alle Prozessoren besitzen spezielle Adressbereiche für Ein-/Ausgabegeräte oder diese reichen für die Vielzahl von zu übertragenden Daten nicht aus. Prinzipiell können Adressen für Ein-/Ausgabegeräte auch im Adressbereich des Arbeitsspeichers liegen, wobei dadurch dessen maximal mögliche Größe natürlich etwas eingeschränkt wird. Solche Adressen werden vom Prozessor dann wie ganz normale Arbeitsspeicheradressen angesprochen.
- *DMA-Kanäle (Direct Memory Access) und Bus Mastering*
  DMA ist ein spezielles Verfahren zur direkten Übertragung von Gerätedaten in den Arbeitsspeicher und umgekehrt, ohne dass die gesamten Daten den Prozessor passieren müssen, was einen wichtigen Geschwindigkeitsvorteil mit sich bringt. Heute wird jedoch die DMA-Steuerung der meisten Geräte nicht mehr über diese DMA-Kanäle durchgeführt, sondern über das so genannte *Bus Mastering*-Verfahren, was ein verbessertes Verfahren ist.

Anschlüsse für Erweiterungskarten

Es gibt vor allem im PC-Bereich z. B. folgende verschiedene Arten von Schnittstellen zum Anschluss von Ergänzungs- bzw. Erweiterungskarten:

- Der *PCI-Anschluss (Peripheral Component Interface)* ist ein Standard-Kartenanschluss für PCs, der mit einer Taktfrequenz von 33 MHz betrieben wird und eine Datenbreite von 32 Bit besitzt. Auch wenn der Anschluss veraltet ist, existieren vor allem im industriellen Umfeld noch viele PCI-basierte Systeme.
- *PCIe (PCI-Express)* ist der Nachfolge-Anschluss von PCI und AGP und bietet im Vergleich zu seinen Vorgängern eine deutlich höhere Datenübertragungsrate. Es gibt (abwärtskompatible) Versionen 2 und 3 mit erhöhter Übertragungsleistung.
- Der *PCMCIA-Anschluss (Personal Computer Memory Card International Association)* wird auch als *PC-Card-Anschluss* und häufig bei Notebooks als externer Anschluss für spezielle kleine Einsteckkarten eingesetzt.

Anschlüsse für Laufwerke

Für Festplatten, CD-ROM-Laufwerke und andere Massenspeicher gibt es folgende wichtige Arten von Schnittstellen.

- *EIDE/IDE (Enhanced Integrated Device Electronics)* war auf den meisten PC-Mainboards integriert. Mit jedem der beiden Anschlüsse (üblicherweise für 40-polige Flachbandkabel) können je zwei Geräte verbunden werden: ein *Master* und ein *Slave*. Die Einstellung, ob ein Gerät als Master oder als Slave betrieben wird, erfolgt durch einen Jumper oder DIP-Schalter am Gerät selbst. IDE wurde inzwischen nahezu vollständig von SATA abgelöst.

- *SCSI (Small Computer System Interface)*: Eine SCSI-Schnittstelle erlaubt den Anschluss von 7 Geräten bzw. die *Wide-SCSI-Schnittstelle* lässt sogar den Anschluss von 15 Geräten zu. Ein SCSI-Controller verfügt in der Regel über drei Anschlüsse: zwei interne für 50-polige Flachbandkabel sowie einen externen. Von diesen drei Anschlüssen dürfen nur zwei verwendet, und am SCSI-Controller dürfen Geräte nur hintereinander in einer Kette angeschlossen werden und nicht etwa sternförmig. Das erste und das letzte Gerät in der Kette benötigt jeweils einen Abschlusswiderstand, auch *Terminator* genannt. SCSI war lange Zeit im Serverbereich die dominante Schnittstelle und wurde inzwischen von SATA und SAS abgelöst.
- *SATA/eSATA (serial ATA/external serial ATA)/SAS (Serial Attached SCSI)*: Serial ATA ist eine Schnittstelle und ein Übertragungsprotokoll zum Anschluss von Peripheriegeräten wie z. B. Festplatten. Es wurde aus dem älteren (parallel-)ATA-Standard entwickelt, der bei IDE-Schnittstellen verwendet wird. Statt einem parallelen Busdesign wird jedoch eine bit-serielle Punkt-zu-Punkt-Verbindung genutzt. Die dazu spezifizierten Verbindungskabel sind erheblich dünner und können bis zu einem bzw. bei eSATA auch mehrere Meter lang sein. Auch die Übertragungsgeschwindigkeit ist je nach Version des SATA-Standards erheblich höher als bei Parallel-ATA und liegt im Bereich von mehreren GBits/s.
  SAS ist eine zu SATA kompatible Erweiterung, die für komplexere Server-Systeme mit vielen Festplatten entwickelt wurde. Kabel dürfen bei SAS bis zu 10m lang sein.

Weitere Anschlüsse für Peripheriegeräte: USB und FireWire

Heutige Rechner sind mit neuartigen, seriellen Schnittstellen für externe Geräte ausgestattet, bei denen anders als beim SCSI-Anschluss keine aufwändige Konfiguration mehr notwendig ist. Die nachfolgend vorgestellten Schnittstellen unterstützen dabei das so genannte *Hot-Plugging*-Verfahren, mit dem es möglich ist, Geräte im laufenden Betrieb anzuschließen und wieder zu entfernen. Das Betriebssystem lädt dann automatisch die so genannte Treibersoftware, die zur Kommunikation mit dem entsprechenden Gerät benötigt wird, und löscht diese auch wieder, wenn das Gerät entfernt wird.

- Der *USB-Anschluss* (*Universal Serial Bus*) existiert in mehreren verschiedenen Versionen: *USB 1.0 und 1.1* arbeiten mit einer Datenübertragungsrate von 12 MBit/s und *USB 2.0* mit einer Übertragungsrate von 480 MBit/s. Mit dem nächsten Standard, USB 3.0, sind Datenübertragungsraten von 5 GBit/s zu erreichen, mit USB 3.1 unter bestimmten Voraussetzungen auch 10 GBit/s. Diese höheren Datenraten werden durch eine geänderte Übertragungstechnik ermöglicht, die zusätzlich zu den bisherigen Datenleitungen (D+/D-) noch weitere Leitungen erfordert. Dazu wurden mit USB 3.0 neue Steckverbinder und Kabel eingeführt, die mit den bisherigen Verbindern jedoch abwärtskompatibel sind. An die USB-Anschlüsse eines Rechners können insgesamt maximal 127 Geräte angeschlossen werden, wozu allerdings so genannte *USB-Hubs* als Verteilungsgeräte benötigt werden. USB wird z. B. für Drucker, Modems, Scanner, Digitalkameras, externe Festplatten und externe CD-Brenner eingesetzt, meistens auch für Tastatur und Maus.
- Die *IEEE-1394-Schnittstelle* (auch *FireWire* genannt) arbeitet mit einer Übertragungsrate von 400 MBit/s bzw. das neuere *FireWire 800* mit einer Übertragungsrate

von 800 MBit/s. Der Hauptverwendungszweck dieses Anschlusses ist der digitale Videoschnitt, weshalb er auch als *DV-Schnittstelle* bezeichnet wird. An einen FireWire-Anschluss lassen sich bis zu 63 Geräte anschließen. Trotz Weiterentwicklung ist die Schnittstelle aber inzwischen kaum noch aufzufinden.

- Unter dem Namen *Light Peak* bzw. *Thunderbolt* wurde von der Firma Intel eine Schnittstelle zwischen Computern, Monitoren, Peripheriegeräten und Unterhaltungselektronik, wie z. B. Videokameras, entwickelt und in den Jahren 2010/2011 vorgestellt. Nach einer zunächst elektrischen Übertragung und einer Reichweite bis zu etwa 3 m, soll es später auch eine noch schnellere, optische Übertragung der Daten mit Reichweiten bis zu 10 m und mehr geben.
  Thunderbolt verwendet mehrere parallele bidirektionale Kanäle, auf denen Daten seriell übertragen werden. Aktuell werden zwei Kanäle mit Übertragungsraten von je 10 GBit/s genutzt, mit Möglichkeiten für noch höhere Bandbreiten. Thunderbolt basiert einerseits auf PCI-Express (s. vorne bzw. S. 115) und andererseits auf der DisplayPort-Technologie, einem Videostandard für HD-Displays.
  Damit soll es möglich sein, mit Hilfe von Adaptern auch Peripheriegeräte mit verschiedenen Schnittstellen anzuschließen. Aus Sicht von Intel ist Thunderbolt als universeller Anschluss für Peripheriegeräte zur Übertragung großer Datenmengen gedacht. Bisher hat er sich aber noch nicht durchgesetzt.

Viele PCs sind neben USB auch heute noch mit den klassischen seriellen und parallelen Schnittstellen ausgestattet. PCs und insbesondere Laptops, die diese Anschlüsse nicht aufweisen, werden als *Legacy-free* bezeichnet. Auch Ethernetanschlüsse werden zunehmend von Peripheriegeräten, wie Druckern u. Ä., angeboten und ermöglichen somit deren Verwendung und den Zugriff in einem lokalen Netzwerk (LAN). Die Datenübertragungsraten liegen damit im Bereich 100 MBit/s bis GBit/s. Netzwerkprotokolle sind in Kapitel 10 beschrieben.

Drahtlose Schnittstellen

Um den „Kabelsalat" für die vielen an einen Rechner angeschlossenen Peripheriegeräte zu vermeiden, werden zunehmend drahtlose Schnittstellen eingesetzt.

Infrarotanschlüsse: Wie bei der Fernbedienung für einen Fernseher benötigt man auch hier zwischen Gerät und Empfangsstation einen Sichtkontakt. Infrarot- sind anders als Funkanschlüsse weniger Störungen ausgesetzt, dafür aber wesentlich langsamer als diese. Infrarotanschlüsse eignen sich vor allem für Tastaturen und Mäuse, werden aber auch hier kaum noch eingesetzt.

Funkanschlüsse (Bluetooth): Funkanschlüsse arbeiten fast immer mit Mikrowellen im Frequenzbereich von 2,4 GHz, da dieses „Mikrowellen-Ofen"-Frequenzband lizenzfrei ist. Mit der Bluetooth-Technologie wurde ein einheitlicher Datenfunk-Standard für den Anschluss von Peripheriegeräten geschaffen, bei dem Funkverbindungen mit einer maximalen Reichweite von etwa 10 Metern und einer Übertragungsrate von 1 MBit/s möglich sind. Inzwischen kann nahezu jede Art von Gerät, wie z. B. Tastaturen, Mäuse, Handys usw., über Bluetooth angeschlossen werden.

Erheblich höhere Datenübertragungsraten bieten die drahtlosen Netzwerke (Wireless LAN bzw. WLAN). Für WLANs wird normalerweise ein Standard der IEEE-802.11-Familie verwendet. Die Datenübertragungsraten liegen im Bereich von mehreren

MBit/s bis GBit/s (verbreitet: 54 MBit/s), die Funkfrequenzen liegen, wie bei Bluetooth, in den lizenzfreien ISM-Bändern. Manchmal wird anstelle von WLAN auch der Begriff Wi-Fi verwendet. WLAN-Anschlüsse werden auch zunehmend von Peripheriegeräten, wie Druckern u. Ä., für drahtlose Zugriffe angeboten.

Serielle und parallele Datenübertragung bei Anschlusssystemen

Bei den unterschiedlichen Anschlusssystemen ist die jeweilige Art der Datenübertragung ein wichtiges Merkmal.

- Bei der *seriellen Datenübertragung* werden die einzelnen Bits nacheinander,
- bei der *parallelen Übertragung* werden die Bits dagegen gleichzeitig auf mehreren nebeneinanderliegenden Leitungen übertragen, wie z. B. 8, 16, 32 oder 64 Bits.

Da eine serielle Datenübertragung weniger Strom benötigt und auch für größere Entfernungen als eine parallele Datenübertragung eingesetzt werden kann, gewinnt die serielle Übertragung von Daten immer mehr Oberhand gegenüber der parallelen. So werden Drucker fast nur noch an die serielle USB-Schnittstelle statt an die alte Parallelschnittstelle angeschlossen und der SCSI-Anschluss, der früher häufig für externe Laufwerke verwendet wurde, wird heute durch FireWire oder USB 2.0 ersetzt. Ebenso ist inzwischen der interne EIDE-Anschluss für Festplatten nahezu komplett durch den seriellen S-ATA-Anschluss ersetzt.

5.5 Die Peripherie

Zur Peripherie zählen alle Geräte, die an einen Rechner angeschlossen sind. Solche Peripheriegeräte sind Eingabe-, Ausgabe- oder gleichzeitig Ein- und Ausgabegeräte, wobei man die Geräte, die zur Speicherung von Daten dienen, noch zusätzlich als *Massenspeicher* bezeichnet. Die folgende Tabelle gibt einen Überblick über einige wichtige Peripheriegeräte und ihre Funktion.

Geräte	Eingabe	Ausgabe	Massenspeicher
Tastatur, Maus, Scanner, Digitalkamera	x		
DVD-ROM-Laufwerk	x		x
Grafikkarte, Bildschirm, Drucker, Lautsprecher		x	
Netzwerkkarte, Modem, Soundkarte	x	x	
Festplatte, USB-Stick, DVD-Brenner	x	x	x

5.5.1 Massenspeicher

Eine Möglichkeit, Massenspeicher zu unterscheiden, ist deren physikalisches Schreib- und Leseverfahren.

Magnetische Datenträger: Hier werden die Bits durch magnetische Bereiche mit gegensätzlicher Polarität dargestellt. Hierzu gehören z. B. die Festplatte, früher waren Disketten-, ZIP-, JAZ- und Bandlaufwerke (Streamer) häufig anzutreffen.

Optische Datenträger: Hier werden die Daten auf einer reflektierenden Metallfläche gespeichert, die von einem Laserstrahl abgetastet wird. Die Bits werden durch hineingebohrte oder gebrannte Löcher (*Pits*) und unveränderte (nicht gebohrte) Stellen (*Land*) dargestellt, deren Wert dann durch das unterschiedliche Reflektionsverhalten ermittelt werden kann. Hierzu gehören z. B. CDs, DVDs und Blu-Rays, die jeweils in nur lesbarer, einmal beschreibbarer und (selten) wiederbeschreibbarer Form erhältlich sind.

Magneto-optische (MO) Datenträger: Hier wird ein Mischverfahren aus magnetischen und optischen Schreib- und Lesevorgängen verwendet, bei dem die Oberfläche mittels eines starken Laserstrahls magnetisch veränderbar gemacht wird. Anschließend kann sie optisch durch einen Laserstrahl gelesen und später wieder beschrieben werden. MO-Datenträger und die zugehörigen Laufwerke haben mit dem Aufkommen der beschreibbaren CDs weitgehend an Bedeutung verloren.

Halbleiter-basierte Datenträger: Bei diesen Datenträger werden die zu speichernden Bits in einem Flash-ROM gespeichert. Gängige Speichermedien sind SD-Karten, Compact-Flash, USB-Sticks und SSDs. Inzwischen sind diese Speicher in so großen Kapazitäten verfügbar, dass sie die anderen Technologien mehr und mehr verdrängen. Nur Festplatten haben noch geringere Kosten pro gespeichertem Bit.

Unterschiedliche Realisierungen von magnetischen Datenträgern

Magnetische Datenträger lassen sich hinsichtlich ihrer Realisierung unterscheiden:

- *Rotierende runde Scheibe*, bei der ein Schreib-/Lesekopf sich nach außen und innen bewegen kann. Während die Scheibe ständig rotiert, bewegt sich der Schreib-/Lesekopf nach innen und außen und kann immer den Teil auf der Platte lesen bzw. beschreiben, der sich gerade unter ihm befindet. Genau wie beim Arbeitsspeicher wird dieses Zugriffsverfahren auch hier als *Random Access* bezeichnet. Man kann hier nun wieder zwischen zwei Arten unterscheiden:

  Festplatte – der wichtigste Massenspeicher
  Bei der Festplatte sind Laufwerk und Datenträger eine untrennbare Einheit. Festplattenlaufwerke werden oft mit HDD (*Hard Disk Drive*) abgekürzt. Es werden dabei in einem luftdichten Gehäuse mehrere (heute meist nur noch wenige) übereinander rotierende Magnetplatten auf einer gemeinsamen drehbaren Achse untergebracht, was man auch als Plattenstapel bezeichnet. Das Plattenmaterial ist fast immer Aluminium, Glas oder Keramik, mit einer sehr dünnen magnetisierbaren Oberflächenschicht. Wie eine Gabel fahren die übereinander angeordneten Schreib-/Leseköpfe zwischen diese Platten, wie es rechts in Abbildung 5.7 gezeigt ist. Die einzelnen Festplatten sind dann noch in Spuren und Sektoren unterteilt, wobei die untereinanderliegenden Spuren einen Zylinder bilden, der eine Zylinderadresse besitzt. Die Größe heutiger Festplatten liegt bei mehreren TB (nicht TByte; siehe auch Seite 77).

  Wechseldatenträger (wie z. B. Diskette, ZIP-Diskette usw.)
  können in das Laufwerk eingesteckt und später wieder entnommen werden, was sie zwar flexibler als Festplatten macht, aber dafür haben sie weniger Speicherkapazität und sind wesentlich langsamer als Festplatten.

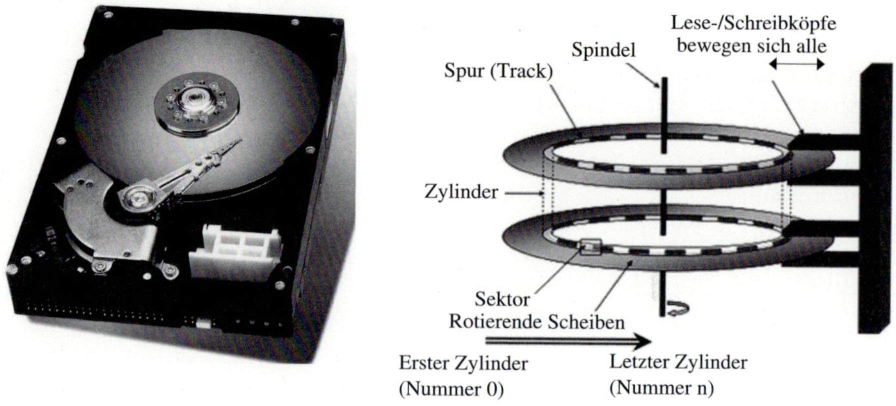

Abbildung 5.7: Geöffnetes Festplattenlaufwerk und Plattenstapel mit Zylindern, Spuren und Sektoren

- *Magnetbänder*, bei denen ein langes, dünnes Band unter dem statischen Schreib-/Lesekopf entlanggezogen wird. Ein direkter Zugriff auf Daten wie bei den rotierenden Scheiben ist hier nicht möglich, sondern nur der Reihe nach hintereinander (sequenziell). Um ein entsprechendes Byte an einer bestimmten Stelle zu lesen, muss man das Band erst an die entsprechende Stelle spulen. Deshalb werden Magnetbänder auch nicht für die normale Speicherung von Daten verwendet, sondern dienen vor allem zur Datensicherung (*Backup*).

Partitionieren von Festplatten

Um große Festplatten besser zu nutzen, werden diese meist partitioniert, was bedeutet, dass man sie in mehrere Partitionen (Teilbereiche) unterteilt. Diese Partitionen werden dann vom Betriebssystem als ein eigenes Laufwerk behandelt. Durch ein Partitionieren einer Festplatte kann man seine eigenen Daten z. B. auf eine eigene Partition legen, während man das Betriebssystem in einer anderen Partition unterbringt. Mittels Partitionieren ist es dann auch möglich, mehrere Betriebssysteme auf demselben Rechner zu installieren.

RAID (Redundant Array of Independent Disks)

RAID-Systeme, die oft im Serverbereich eingesetzt werden, fassen mehrere physikalische Festplatten zu einer Einheit zusammen, um entweder die Leistungsfähigkeit zu erhöhen oder aber um Datenverlust zu vermeiden, indem die Daten doppelt auf mehreren Festplatten gespeichert werden, was man auch mit „Spiegeln von Platten“ bezeichnet. Man unterscheidet acht verschiedene RAID-Levels, die von 0 bis 7 durchnummeriert werden und sich bezüglich der Art und Weise, wie sie die einzelnen Festplatten nutzen, voneinander unterscheiden.

Compact Disc (CD)

Die *Compact Disc (CD)* wurde 1982 von Sony und Philips vorgestellt, wobei sie zunächst hauptsächlich in der Musikindustrie die Schallplatte ablöste. Die Oberfläche einer CD besteht aus einer sehr dünnen Metallschicht, die von einem Laserstrahl abgetastet werden kann. Vertiefungen in dieser Oberfläche (*Pits*) wechseln sich mit der normalen, unversehrten Fläche (*Land*) ab und bilden so das Bitmuster, das von CD-Spielern als Daten, Musik oder Video interpretiert wird. Sehr bald erkannte man, dass die CD für die Speicherung von Daten im Computerbereich eingesetzt werden kann. Man definierte das Datenformat der CD-ROM und begann nun umfangreichere Software auf CD-ROMs auszuliefern. Seit Mitte der 1990er Jahre gehört ein CD-ROM-Laufwerk zum Lesen der Daten auf CDs zur Grundausstattung von PCs. Eine CD-ROM besitzt eine maximale Speicherkapazität von 650 Megabyte, wobei bei exakterer Fertigung 700 oder mehr erreicht werden können, indem die Spur enger gelegt wird. Man unterscheidet die folgenden Formate bei CDs:

- *Red Book* ist eine Audio-CD, die aus einem Inhaltsverzeichnis (*table of contents*) und bis zu 99 Audiotracks besteht.
- *CD-Text* ist ein erweitertes Format zur Audio-CD, das es erlaubt, Textinformationen wie z. B. Titel und Interpreten, in die Tracks zu schreiben, so dass CD-Spieler oder CD-Abspielprogramme diese auf dem Computer anzeigen können.
- *Yellow Book* ist das Standardformat für die CD-ROMs in Computern.
- *Blue Book* ist eine Erweiterung des Yellow-Book-Standards, indem dieses Format besser festlegt, wie Audio- und Daten-Tracks aufeinanderfolgen sollen, damit die CD sowohl von einem alten Audio-CD-Spieler als auch von einem modernen CD-ROM-Laufwerk in einem Computer abgespielt werden kann.
- *Green Book* legt das Format der Philips CDi (*interactive*) fest, das für Multimedia-Anwendungen vorgesehen war, aber sich nicht gegen die aufkommende Multimedia-CD-ROM durchsetzen konnte.
- *Orange Book* ist das Standardformat für beschreibbare CDs (*CD-R, für Recordable*) und wiederbeschreibbare CDs (*CD-RW, ReWritable*).
- *White Book* ist das Format für Video-CDs.

Während bei beschreibbaren CD-Rs die Pits durch einen sehr starken Laserstrahl in die Metalloberfläche „gebrannt“ werden, haben diese Pits bei einer wiederbeschreibbaren CD-RW eine viel geringere Tiefe, so dass sie beim Überschreibvorgang wieder „abgeschliffen“ werden können. Auf diese Weise lässt sich eine CD-RW bis zu 1000 mal beschreiben. Da das Wiederbeschreiben einer CD-RW aufwändiger ist, geschieht es beim gleichen Brenner langsamer als das Beschreiben einer normalen CD-R, weshalb auch bei CD-RW-Brennern normalerweise drei Geschwindigkeiten angegeben sind. So bedeutet z. B. 40x/12x/48x, dass der CD-Brenner CD-Rs mit 40-facher Geschwindigkeit beschreibt, CD-RWs 12-fach wieder beschreibt und sämtliche CDs mit 48-facher Geschwindigkeit liest. Beim Brennen gibt es unterschiedliche Verfahren:

- *Disc-at-once* – Ganzen Inhalt auf einmal brennen
  In den Anfängen der CDs musste der ganze Inhalt in einem einzigen Durchgang darauf gebrannt werden.
- *Multisession (Track-at-once)* – Inhalt in mehreren Durchgängen brennen
  Mit dem später entwickelten Multisession-Format kann nun eine CD in mehreren Durchgängen (Sessions) gebrannt werden, wobei man wählen kann, ob der alte Inhalt erhalten bleiben oder überschrieben werden soll. Das spezielle Multisession-Verfahren für Audio-CDs wird als *Track-at-once* bezeichnet.

Digital Versatile Disc (DVD)

Bei der DVD, die äußerlich genauso wie eine CD aussieht, handelt sich um einen optischen Datenträger mit einer erheblich höheren Speicherdichte. Eine DVD besitzt statt der einen Metallschicht einer CD zwei übereinander angeordnete, die von einem Laser mit unterschiedlicher Brennweite abgetastet werden. Die Speicherkapazität einer DVD (Single-Layer) beträgt 4,7 Gigabyte. Ärgerlich ist, dass jede Video-DVD mit einem so genannten *Region-Code* ausgestattet ist, von denen es acht verschiedene auf der Welt gibt. (Zur Region eins gehören z. B. die USA; Europa und Japan bilden gemeinsam die Region zwei usw.). Dadurch dass jedes DVD-Laufwerk nur DVDs mit einem einzigen Code abspielen kann, soll verhindert werden, dass man sich in einer Region bereits die DVD-Version eines Films beschafft, der in dieser Region zur Zeit nur im Kino läuft. DVD-ROMs werden nicht nur für Videos eingesetzt, sondern ersetzen auch im Computerbereich aufgrund ihrer höheren Speicherkapazität bei der Auslieferung von Software (wie Computerspiele, Betriebssysteme usw.) zunehmend die CD-ROMs. Um mit DVDs zu arbeiten, benötigt man ein DVD-Laufwerk, das grundsätzlich auch CDs lesen kann. Für beschreibbare bzw. wiederbeschreibbare DVDs gibt es drei zueinander inkompatible Formate.

- *DVD-R und DVD-RW* sind das älteste Format. Diese Datenträger können von einem normalen DVD-ROM-Laufwerk oder DVD-Spieler gelesen werden. Es empfiehlt sich, Video-DVDs mit diesem Format zu brennen, da es eine etwas bessere Videoqualität aufweist als die beiden anderen Formate.
- *DVD+R bzw. DVD+RW* ist das Nachfolgeformat, das für normale DVD-Spieler geeignet ist und hinsichtlich Geschwindigkeit und Fehlervermeidung dem Vorgängerformat überlegen ist.
- *DVD-RAM*, das vollständig inkompatibel zu den beiden anderen Formaten ist, ist speziell für die Datensicherung geeignet und kann nicht mit normalen DVD-ROM-Laufwerken und DVD-Spielern gelesen bzw. beschrieben werden. Theoretisch ist es das schnellste und zuverlässigste aller dieser drei Formate, durch die fehlende Kompatibilität zu den beiden anderen Formaten hat es sich jedoch nicht durchgesetzt.

Blu-Ray-Disc

Die *Blu-Ray-Disc* (auch: Blue-Ray, abgekürzt BD) ist ein weiteres digitales optisches Speichermedium. Sie bietet, verglichen mit der DVD, nochmals eine erheblich gesteigerte Datenrate und Speicherkapazität. Eine Single Layer BD kann 25 GB und Multi Layer Discs können entsprechend noch mehr Daten speichern. Der Name Blu-Ray bezieht sich auf das violette Licht des verwendeten Lasers (405 nm), der einen entsprechend geringen Spurabstand und damit die hohe Datendichte ermöglicht. Blu-Ray-Player sind meist abwärtskompatibel zu DVDs, sodass auch diese abgespielt werden können. Im Videobereich hat sich Blu-Ray bereits durchgesetzt, da hochaufgelöste Filme eine extrem hohe Datenrate benötigen. Auch wenn PCs inzwischen immer mehr Blu-Ray-Laufwerke besitzen, werden hier eher USB-Sticks eingesetzt.

USB-Sticks als Wechseldatenträger

Ein *USB-Stick* ist ein Wechsellaufwerk und ein Speichermedium in einem. USB-Sticks haben weitgehend die 3,5-Zoll-Diskette (Floppy-Disk) als Wechseldatenträger abgelöst, da sie zum einen eine wesentlich höhere Geschwindigkeit aufweisen und zum anderen eine erheblich höhere Speicherkapazität im GByte-Bereich gegenüber 1,44 MByte bei Floppy-Disks besitzen. Oft bezeichnet man diese Geräte aber auch als *USB Memory Sticks*, was jedoch nicht ganz richtig ist, da der Begriff *Memory Stick* ein patentiertes Speichermedium von der Firma Sony ist. Als Speichermedium enthalten sie im Allgemeinen Flash-Speicherchips, deren Eigenschaften vorne bereits erläutert wurden.

Speicherhierarchie in Rechnersystemen

Aus den auf den vorherigen Seiten vorgestellten verschiedenen Speicherarten ergibt sich für die praktische Realisierung von Speichern für Rechensysteme ein hierarchischer Aufbau, der durch die Unterschiede vor allem in den *Lese-/Schreib-Möglichkeiten*, *Zugriffszeiten*, *Speicherpermanenz* und *realisierbaren Speichergrößen* bedingt ist. Zwischen allen Speicherebenen kann jeweils noch ein Cache-Speicher zum Beschleunigen von Zugriffen vorgesehen sein, der entweder als separater, eigener Speicher vorhanden ist, oder für die Sekundärspeicherebene mit vorhandenem Arbeitsspeicher simuliert werden kann.

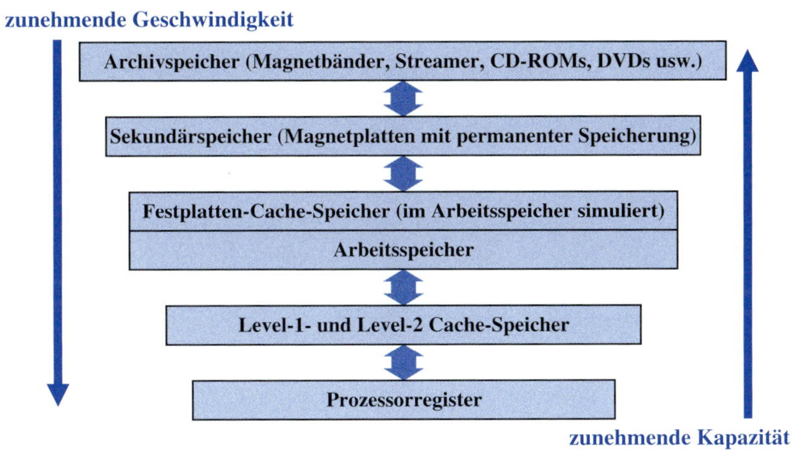

Abbildung 5.8: Speicherhierarchie (einschließlich Cache-Speicher)

5.5.2 Eingabegeräte

Die zuvor vorgestellten Massenspeicher sind bis auf die CD- und DVD-Laufwerke gleichzeitig sowohl Eingabe- als auch Ausgabegeräte. In diesem Abschnitt werden nun die wichtigsten Geräte vorgestellt, die vor allem bei PCs nur zur Eingabe dienen.

Tastatur und Maus

Diese beiden sind heute so selbstverständlich und alltäglich, dass hier auf eine detailliertere Vorstellung verzichtet wird.

Scanner

Ein Scanner dient dazu, ein Bild abzutasten und in digitale Daten umzuwandeln. Es existieren unterschiedliche Arten von Scannern, von denen die wichtigsten nachfolgend kurz vorgestellt werden.

- *Flachbettscanner* ist das übliche Desktop-Gerät zum Scannen von Fotos oder Bildern. Die Scan-Fläche ist eine flache Glasplatte, auf die die Vorlage (DIN A4 oder DIN A3) gelegt wird. Das Scannen erfolgt zeilenweise durch einen beweglichen Schlitten, auf den Lampe und Spiegel montiert sind. Typische Auflösungen sind dabei 1200 und 2400 Pixel pro Zoll (*dpi = dots per inch*). Die Farbtiefe beträgt bis zu 16 Bit für Graustufen (65 536 Abstufungen) bzw. 48 Bit Farbe (je 16 Bit für die Lichtfarben Rot, Grün und Blau).
- *Trommelscanner*, die wesentlich größere Vorlagen als Flachbettscanner abtasten können, bestehen aus einer zylinderförmigen Glastrommel, auf der die Vorlage befestigt wird. Die Trommel rotiert dabei mit hoher Geschwindigkeit (300 bis 1300 Umdrehungen in der Minute) und die Auflösung beträgt mindestens 3000 Pixel. Trommelscanner sind professionelle und sehr teure Geräte, die z. B. in Werbeagenturen verwendet werden.

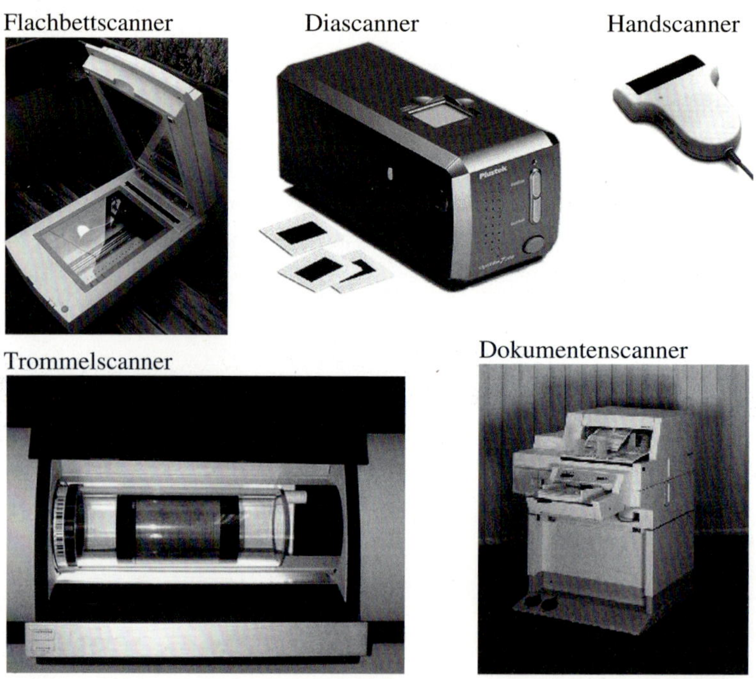

Abbildung 5.9: Verschiedene Arten von Scannern

- *Handscanner* sind Scanner, bei denen die Führung per Hand durch den Benutzer erfolgt, wobei meist etwa 10 cm breite Streifen pro Scanbewegung abgetastet werden. Die gesamte Seite wird dann aus den einzelnen Streifen mittels Software zusammengesetzt. Das Verfahren ist hierbei sehr ungenau und aufwändig. Neuere Handscanner erlauben jedoch das Einscannen breiterer Streifen, so dass eine DIN-A4-Seite mit einer Scanbewegung erfasst werden kann.
- *Diascanner oder Kleinbildscanner* sind speziell gebaute Scanner, um gerahmte Diapositive und in den meisten Fällen auch normale Negative zu digitalisieren. Da die Vorlage mit ihren 36 × 24 mm sehr klein ist, hat diese Art von Scannern eine hohe Auflösung um die 5000 dpi.
- *Dokumentenscanner* sind für eine schnelle Erfassung großer Dokumentenmengen vorgesehen. Sie werden in papierlosen Büros, in Banken, in Versicherungen und in Bibliotheken eingesetzt, um Dokumente möglichst platzsparend und effizient zu archivieren. Die Bildqualität ist nicht sehr hoch, dafür aber die Geschwindigkeit umso höher. Typische Werte liegen bei Scannern für den Arbeitsplatz bei 25 DIN-A4-Seiten in der Minute, bei den professionelleren Zentral-Scan-Systemen für Archive können bis zu 500 DIN-A4-Seiten in der Minute erfasst werden. Oft wird dabei das Dokument gleichzeitig noch auf Mikrofilm fotografiert.

Digitalkameras

Digitalkameras haben seit ihrem Aufkommen Ende der 1990er Jahre einen unvergleichlichen Siegeszug hinter sich. Anders als die herkömmlichen Fotoapparate enthält eine Digitalkamera keinen chemisch reagierenden Film, sondern einen Chip, und ermöglicht die Weiterverarbeitung der aufgenommenen Bilder auf einem Computer. Die Auflösung von Digitalkameras wird in Millionen Pixeln (Megapixeln) angegeben und reicht abhängig vom verwendeten Modell von 4 Megapixeln bis zu über 40 Megapixeln.

5.5.3 Ausgabegeräte

In diesem Abschnitt werden die wichtigsten Geräte vorgestellt, die wiederum vor allem bei PCs nur zur Ausgabe dienen.

Grafikkarten

Die Aufgabe der Grafikkarte ist es, das Bild zu erzeugen, das auf dem Bildschirm auszugeben ist. Dazu besitzt eine heutige Grafikkarte einen eigenen Mikroprozessor, der verschiedene Arten der Bildberechnung durchführt, und einen eigenen RAM-Speicher zur Speicherung des Bildschirmbildes. Nachfolgend einige erste wichtige Entwicklungsschritte, insbesondere bei den Grafikkarten für IBM-PCs:

1981: Der erste IBM-PC kam mit einer Karte auf den Markt, die nur die einfarbige Darstellung von Text ermöglichte.

1982: Die Firma Hercules brachte eine ebenfalls einfarbige Karte auf den Markt, mit der die Pixel des Textmodus einzeln angesteuert werden konnten.

1984: Die bereits früher von IBM entwickelte CGA-Farb-Grafikkarte setzte sich auf dem Markt durch und wurde anschließend vom Nachfolgemodell, der EGA-

Karte, abgelöst. Ebenfalls 1984 brachte die Firma SGI die erste Grafik-Workstation IRIS 1000 auf den Markt. Diese besaß schon spezielle Hardware für die beschleunigte Berechnung dreidimensionaler Grafik.

1989: IBM kam mit so genannten PS/2-Modellen, die MCGA- und VGA-Karten enthielten, auf den Markt.

VGA (640 × 480 Punkte in 16 Farben) ist ein Standard, der auch heute noch unterstützt wird, denn nur bis zu diesem Modus kann die Hardware aller PC-Grafikkarten von der Software auf einheitliche Weise angesprochen werden.

Spätere Standards wie VESA (*Video Electronics Standards Association*) spezifizieren nicht mehr auf Hardware-Ebene, wie eine Grafikkarte zu funktionieren hat, sondern definieren bestimmte BIOS-Aufrufe, mit deren Hilfe teilweise beliebige Auflösungen und Farbtiefen eingestellt werden können. Den VESA-Standard unterstützt heutzutage jede Grafikkarte. Erweiterte Funktionen wie Multi-Monitor-Betrieb oder Beschleunigungsfunktionen können aber nur mit speziell für die jeweilige Karte programmierten Treibern genutzt werden.

Die weiteren Entwicklungen SVGA, XGA usw. sind keine Standards für Grafikkarten, sondern Kurzbezeichnungen für Bildschirmauflösungen, wie z. B. XGA mit einer Auflösung von 1024 × 768 Pixel. Bis etwa 1990 wandelte diese erste Generation von Grafikkarten im PC-Bereich lediglich den Video-RAM in Ausgangssignale für den Bildschirm um.

Danach gab es einige bedeutende neue Entwicklungen:

- *Windowsbeschleuniger*: Die Grafikkarten entwickelten sich zu eigenständigen kleinen Computern mit einer eigenen CPU (Windowsbeschleuniger), bei denen man nicht nur einzelne Pixel setzen, sondern denen man auch Befehle zum Zeichnen von Linien und Füllen von Flächen schicken konnte. Der Name resultiert aus der Tatsache, dass diese Funktionen zu Beginn meist nur vom Microsofts Windows-Betriebssystem genutzt wurden.
- *3D-Beschleuniger*: Als Mitte der 1990er Jahre die 3D-Spiele aufkamen, kam bald der erste 3D-Beschleuniger, der so genannte *Voodoo Graphics Chipsatz*, auf den Markt. Einem 3D-Beschleuniger kann ein Programm in einem dreidimensionalen Raum die geometrischen Figuren in Form von Polygonen und die Texturen angeben, mit denen die Flächen der Polygone zu füllen (*rendern*) sind. Diese einfache, aber rechenintensive Aufgabe musste in den ersten 3D-Spielen noch von der CPU selbst durchgeführt werden. Da dies nun die Grafikkarte mit ihrer eigenen CPU übernahm, führte dies zu einer massiven Leistungssteigerung von 3D-Spielen, woraus eine bessere Bildauflösung und realistischere Bilder resultierten. Damit wurde die gleiche Technologie, die 1984 bereits SGI auf dem Workstation-Markt eingeführt hatte, auch im PC-Bereich populär.

Eine zunehmende Spezialisierung auf Grafikoperationen führte für die speziellen CPUs auf den Grafikkarten zur Bildung des Begriffs Grafic-Processing-Unit (*GPU*). Zur weiteren Leistungssteigerung beinhalten diese inzwischen viele gleichartige Recheneinheiten zur stark parallelen Verarbeitung von Grafikdaten.

Heutige Grafikkarten enthalten GPUs, die Turing-vollständig sind, daher beliebige Programme abarbeiten können. Da sie extrem effizient aufgebaut sind, werden sie teilweise auch für Anwendungen außerhalb des Grafikbereichs z. B. für Simulationen, Bildbearbeitung oder Datenverarbeitung eingesetzt. GPUs sind mit die derzeit komplexesten Chips auf dem Markt mit teilweise über 10 Milliarden Transistoren und können mehrere 1000 Cores enthalten (verglichen mit den max. 8 Cores eines üblichen Prozessors).

Bildschirme (Monitore)

Es gibt drei verschiedene Grundtypen von Computerbildschirmen:

- *Röhrenbildschirme (Röhrenmonitore)*
  Ein Elektronenstrahl in einer Vakuumröhre stimuliert eine Phosphorschicht, auf die er das Bild so zeichnet, indem er jeden einzelnen Punkt in jeder Zeile nacheinander abtastet. Eigentlich sieht man auf einem Röhrenmonitor zu einem Zeitpunkt immer nur ein einziges Pixel, aber wegen der schnellen Abtastung des ganzen Bildes (mindestens 25 mal in der Sekunde) und aufgrund der Trägheit der Augen sieht man das ganze Bild (alle Punkte) auf einmal.
- *LCD-Bildschirme (TFT-Monitore)*
  Das LCD-Verfahren (*Liquid Cristal Display = Flüssigkristallanzeige*), das seit Jahrzehnten z. B. bei Digitaluhren oder Taschenrechnern verwendet wird, wird auch bei Notebooks und Flachbildschirmen eingesetzt. Bei TFT-Bildschirmen (*Thin Flat Transistor*) wird jeder Flüssigkristall durch einen eigenen Transistor angesteuert. Dieser Flüssigkristall lässt das Licht der hinter dem Bildschirm platzierten Hintergrundbeleuchtung passieren, oder eben nicht. Es gibt Weiterentwicklungen wie IPS, die die LCDs eigene Winkelabhängigkeit des Displays deutlich reduzieren.
  Da TFT-Bildschirme nicht flimmern und erheblich weniger Platz benötigen, haben sie Röhrenmonitore quasi vollständig verdrängt.
- *OLED-Bildschirme*: OLED-Monitore (*Organic Light Emmitting Diode*) enthalten an jedem Pixel eine Licht emittierende Struktur. Da hier kein Hintergrundlicht benötigt wird, sind OLED-Displays potenziell sparsamer, und werden daher gerne für mobile Geräte eingesetzt. Aufgrund der verwendeten organischen Materialien ist die Fertigung insbesondere von großen Bildschirmen deutlich komplexer als bei LCDs.

Neben den Röhren- und LCD-Bildschirmen existieren noch spezielle Anzeigegeräte wie z. B. Projektoren (auch: Beamer), die für Vorträge oder Filme verwendet werden.

Drucker

Für Drucker werden bzw. wurden verschiedenste Technologien eingesetzt, wobei die folgenden ersten beiden Arten heute nur noch eine untergeordnete Rolle spielen.

- *Nadel- oder Matrixdrucker* hatten übereinanderliegende kleine Nadeln, die jeweils gegen ein Farbband gedrückt wurden, um eine einzelne Punktspalte einer Druckzeile auszugeben. Die Qualität der Ausdrucke ließ doch sehr zu wünschen übrig. Heute werden Nadeldrucker nur noch für Spezialanwendungen eingesetzt, wie z. B. zum Drucken von Belegen. Anders als bei den heute verwendeten Druckern konnte man mit ihnen jedoch auch Durchschläge erstellen, da die Nadeln mit ausreichendem Druck auf das Papier gedrückt wurden.
- *Typenrad- und Kugelkopfdrucker* waren wie Schreibmaschinen mit einem Rad oder einer Kugel ausgestattet, die mit einzelnen hervorstehenden Buchstaben versehen waren, die gegen ein Farbband und dann auf das Papier gedrückt wurden. Sie

lieferten zwar eine hervorragende Schriftqualität, konnten aber nur in der Schriftart des jeweiligen Typenrads drucken und eine Ausgabe von Grafiken war überhaupt nicht möglich.

- *Tintenstrahldrucker* schießen durch feine Düsen winzige Tintentropfen auf das Papier. Nach den ersten Modellen, die nur schwarz und durch verschieden große Rasterpunkte unterschiedliche Graustufen drucken konnten, sind jetzt Farbtintenstrahldrucker Standard. Diese ersten Farbdrucker, die nur die drei Grundfarben Cyan, Magenta und Gelb hatten, erzeugten die fehlende schwarze Farbe durch Übereinanderdrucken dieser drei Farben. Da das daraus resultierende Schwarz meist zu kontrastarm und zu blass war, sind heutige Farbtintenstrahldrucker zusätzlich mit Schwarz als vierter Druckfarbe ausgestattet und entsprechen damit dem modernen Vierfarbendruck. Die meisten Modelle besitzen getrennte Patronen für Schwarz und die drei Farben. Drucker, die vor allem für die Wiedergabe von Bildern konstruiert sind, haben oft noch zusätzliche Farben für die Darstellung von schwer zu mischenden Pastelltönen.
- *Laserdrucker*, die die Druckqualität ganz erheblich verbesserten, verwenden eine Technik, wie sie beim Fotokopierer eingesetzt wird: Eine rotierende, elektrisch leitfähige Trommel wird an verschiedenen Stellen durch einen Laserstrahl oder eine LED-Leiste belichtet, der dort die elektrische Ladung ändert. Anschließend wird die Trommel mit Toner bedeckt, der nur an den geladenen Stellen haftet und von anderen wieder abfällt. Daraufhin wird die Trommel auf einen Bogen Papier abgerollt. Anschließend wird der Toner durch Hitze „eingebrannt".
  Bei Farblaserdruckern wird der ganze Vorgang für die vier Druckfarben insgesamt viermal wiederholt, wobei jedes Mal Toner einer anderen Farbe aufgetragen wird.
- *Thermotransferdrucker:* Bei diesen Druckern wird spezielles Papier durch Hitzeeinwirkung an bestimmten Stellen dunkel. Diese Drucker werden oft für das Drucken von Verkaufsbelegen eingesetzt.
- *Thermosublimationsdrucker:* Bei diesen Druckern wird die Druckfarbe durch Erhitzen gasförmig und dringt in ein spezielles kunststoffhaltiges Papier ein, mit dem sie sich dann nach dem Abkühlen verbindet.

Drucker lassen sich auch nach der Sprache oder Treibertechnik unterscheiden, mit der sie angesteuert werden.

- *GDI-Drucker* – ursprünglich nur unter Microsoft Windows verwendbar
  Die so genannten GDI-Drucker sind die billigsten Drucker, funktionieren allerdings aber auch nur mit entsprechenden Druckertreibern, da sie ein fertiges, vom Betriebssystem erzeugtes Bild erwarten, das sie dann eins zu eins ausdrucken.
- *Drucker mit firmenspezifischen Druckersprachen*
  Diese Art von Druckern versteht nur eine vom Hersteller selbst definierte Druckersprache, wie z. B. PCL von Hewlett-Packard. Im Unterschied zu GDI übernimmt der Drucker hier mehr Aufgaben.
- *PostScript-Drucker* – allgemein verwendbar
  PostScript (von der Firma Adobe) ist eine weitgehend standardisierte Sprache für das Drucken mit höchster Qualität.

- *PDF-Drucker* – allgemein verwendbar
  PDF (*Portable Document Format*) von der Firma Adobe ist der meist genutzte Standard für die Beschreibung von kompletten Druckseiten. Es hat sich inzwischen überall dort durchgesetzt, wo exakt formatierte Dokumente genutzt werden.

Bei Druckern, die über eine Druckersprache angesteuert werden, ist es wichtig, dass die im jeweiligen Dokument verwendeten Schriftarten direkt in der Druckerhardware integriert sind, ansonsten müssen fehlende Schriftarten vom Druckertreiber nachgebildet werden, was die Druckdauer verlängert und die Schriftqualität verringert.

Auch wenn PostScript und PDF als standardisierte Sprachen von den Betriebssytemen in der Regel direkt unterstützt werden, hat die Installation eines druckerspezifischen Treibers oft Vorteile, da nicht standardisierte Methoden wie die Abfrage des Tinten-/Tonerstandes oder die Auswahl der Druckqualität nur mit diesen Treibern möglich ist.

5.6 Modell eines einfachen Prozessorsystems

Hier wird das Modell eines programmgesteuerten Automaten (*Registermaschine* genannt) konzipiert und eine zugehörige Assembler-Sprache definiert. Dieses Modell ist gegenüber einem wirklichen Mikroprozessor stark vereinfacht, zeigt aber trotzdem die wesentlichen Punkte der Programmsteuerung, so dass jeder, der dieses Modell versteht, sehr schnell auch die Funktionsweise und Programmierung eines wirklichen Mikroprozessors versteht. Diese Registermaschine zeigt nämlich die grundlegende Struktur eines jeden informationsverarbeitenden Systems, d. h., sie besteht aus Prozessor, Speicher sowie Ein- und Ausgabeeinheiten.

- *Speicher*: Der Arbeitsspeicher wird in *Programmspeicher* und *Datenspeicher* unterteilt. Im Programmspeicher befindet sich das Programm, also die von der Maschine auszuführenden Befehle. Der Datenspeicher dagegen enthält die zu verarbeitenden Daten und bietet Platz für eventuelle Zwischenergebnisse. Über Datenleitungen kann mittels der Adressen auf die Speicherinhalte sowohl lesend als auch schreibend zugegriffen werden.
- *Prozessor*: Der Prozessor besteht aus *Rechen-* und *Steuerwerk*. Das Rechenwerk (*ALU; Arithmetic Logical Unit*) ist ein Schaltwerk, das auf Veranlassung des Steuerwerks sämtliche arithmetischen und logischen Operationen durchführt. Wichtige Bestandteile des Prozessors sind die folgenden *Register*:

  Akkumulator: Vor der Ausführung einer zweistelligen Operation befindet sich der eine Operand im Datenspeicher und der andere im Akkumulator. Nach der Ausführung befindet sich das Ergebnis im Akkumulator.

  Befehlsregister: Dieses enthält immer den momentan auszuführenden Befehl.

  Befehlszähler (IP, Instruction Pointer/PC, Program Counter): Er enthält die Adresse des Befehls (im Programmspeicher), der gerade zur Ausführung ansteht.

- *Ein-/Ausgabeeinheit*: In diesem einfachen Modell wird festgelegt, dass Eingaben direkt in den Speicher erfolgen und dass ihr Inhalt sowie der des Akkumulators nach Abschluss der Berechnung ausgegeben werden kann, so dass in diesem Modell keine eigene Ein-/Ausgabeeinheit benötigt wird.

Allgemein besteht bei unserer Registermaschine ein Befehl aus folgenden Angaben:

1. *der auszuführenden Operation* und
2. *der Operandenadresse (Adresse des Operanden im Datenspeicher).*

Weiterhin ist vor dem Befehl jeweils die Adresse angegeben, an der der Befehl im Arbeitsspeicher liegt. Das Zusammenwirken der einzelnen Komponenten der Registermaschine soll nun an einem einfachen Beispiel verdeutlicht werden: Es ist ein Registermaschinenprogramm zu entwickeln, das die Summe einer Folge von einzugebenden ganzen Zahlen berechnet. Das Eingabeende soll dabei mit der Zahl 0 angezeigt werden. Es wird angenommen, dass der Speicher mit 0 initialisiert ist; ansonsten sind zu Beginn noch die Befehle LDK 0 und STA 02 auszuführen. Listing 5.1 zeigt das zugehörige Programm `summe.asm` (mit Kommentaren).

Listing 5.1: Assemblerprogramm `summe.asm`: Summe zu ganzen Zahlen

```
01 INP 01    ; Zahl einlesen und an Adr. 1 (Datenspeicher) speichern
02 LDA 01    ; Lade Zahl von Adr. 1 (Datenspeicher) in Akkumulator
03 JEZ 07    ; Falls Akku == 0, springe an Programmadr. 7 (OUT 02)
04 ADD 02    ; Addiere auf Akku Inhalt von Adresse 2 (Datenspeicher)
05 STA 02    ; Speichere Akku an Adresse 2 (Datenspeicher)
06 JMP 01    ; Springe zurück an Programmadr. 1 (INP 01)
07 OUT 02    ; Gib Inhalt von Adresse 2 (Datenspeicher) aus
08 HLT 99    ; Programmende
```

`01 INP 01` – *Lies Zahl ein und speichere sie im Datenspeicher an Adresse 1*
Zuerst lesen wir mit diesem Befehl die erste Zahl in den Datenspeicher ein. Dazu gibt es den Befehl `INP <adresse>` (von engl.: *input*).

`02 LDA 01` – *Lade den Inhalt der Adresse 1 in den Akkumulator*
Mit diesem Befehl laden wir nun die eingelesene Zahl in den Akkumulator. Dazu existiert der Befehl `LDA <adresse>` (von engl.: *LoaD from memory to Accumulator*).

`03 JEZ 07` – *Wenn Akkumulator Wert 0 hat, so springe an Adresse 7, ansonsten fahre mit dem nächsten Befehl fort*
Mit diesem Befehl wird geprüft, ob die eingegebene Zahl Null war, was auf das Ende der Eingabe hindeutet. Dazu steht der Befehl `JEZ <adresse>` (von engl.: *Jump Equal Zero*).

`04 ADD 02` – *Addiere zum Akkumulatorinhalt den Wert von der Adresse 2*
Mit diesem Befehl wird die bisher berechnete Summe, die an einer bestimmten Adresse im Datenspeicher (hier 2) gehalten wird, auf den Inhalt des Akkumulators aufaddiert. Dazu gibt es den Befehl `ADD <adresse>`.

`05 STA 02` – *Speichere den Akkumulatorinhalt an die Adresse 2*
Mit diesem Befehl wird dann der neue Wert des Akkumulators wieder an die Adresse 2 gespeichert, was mit dem Befehl `STA <adresse>` (von engl.: *STore Accumulator to memory*) möglich ist.

`06 JMP 01` – *Springe an die Adresse 1 im Programmspeicher*
Mit diesem Befehl wird die nächste Zahl eingelesen, was sich mit einem unbedingten Sprung erreichen lässt. Dazu gibt es den Befehl `JMP <adresse>` (von engl.: *JuMP*).

`07 OUT 02` – *Gib Wert aus, der an Adresse 2 steht*
Mit diesem Befehl wird nun nur noch der Inhalt der bisher berechneten Summe, die sich in unserem Programm an der Adresse 2 im Datenspeicher befindet, ausgegeben.

`08 HLT 99`: Hierbei handelt es sich um den Endebefehl (mit Pseudoadresse 99).

Die Registermaschine durchläuft für jeden Befehl den folgenden fünfschrittigen Befehlszyklus, wie es in Abbildung 5.10 gezeigt ist.

1. *Befehl holen*: Aus dem Programmspeicher wird dasjenige Befehlswort (bestehend aus Operation und Operandenadresse) in das Befehlsregister geholt, dessen Adresse im Befehlszähler steht. Steht z. B. der Befehlszähler auf 04, so wird das Befehlswort `ADD 02` in das Befehlsregister geholt (siehe auch Abbildung 5.10). Die Ausführung des Befehls geschieht dann in den folgenden vier Schritten.
2. *Operand holen*: Der Adressteil des Befehlsworts ermöglicht das Holen des entsprechenden Operanden aus dem Datenspeicher. In unserem Beispiel wird von Adresse 2 die bisher gebildete Summe (etwa 347) in den Akkumulator geholt.
3. *Befehl dekodieren*: Der Operationsteil des Befehls muss nun dekodiert werden, d. h., durch eine geeignete Schaltung wird der ALU mitgeteilt, welche Operation durchzuführen ist. In unserem Beispiel wird die ALU auf Addition geschaltet.
4. *Operation ausführen*: Nun wird die im Befehl angegebene Operation durchgeführt. In unserem Beispiel wird von der ALU die Addition ausgeführt, wobei das Ergebnis danach im Akkumulator steht.
5. *Befehlszähler ändern*: In den Befehlszähler wird schließlich die Adresse des nächsten Befehls geschrieben. Üblicherweise wird der Befehlszähler um 1 er-

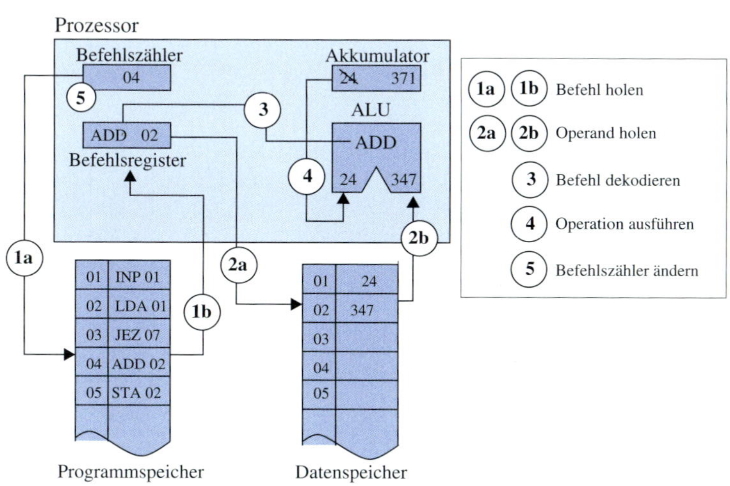

Abbildung 5.10: Der fünfschrittige Befehlszyklus der Registermaschine

höht, d. h., der im Programmspeicher folgende Befehl steht nun zur Ausführung an. Bei Sprungbefehlen dagegen wird in den Befehlszähler die Sprungadresse geschrieben. Lautet der Befehl z. B. `JMP 07`, so steht nach der Ausführung des Befehls im Befehlszähler die Zahl `07` und die Registermaschine fährt mit der Ausführung des Befehls fort, der an Adresse 7 des Programmspeichers steht. Beim Programmstart muss der Befehlszähler immer auf die Anfangsadresse des Programms gesetzt werden.

Nachdem wir einige Befehle der Registermaschine sowie ihre Ausführung kennengelernt haben, wollen wir nun die Registermaschinensprache vollständig definieren.

Sprungbefehle:

`JMP` *adresse* (*JuMP*): Springe an *adresse*, d. h., schreibe *adresse* in den Befehlszähler

`JEZ` *adresse* (*Jump Equal Zero*): Springe an *adresse*, wenn Akkumulatorinhalt = 0, ansonsten erhöhe Befehlszähler um 1

`JNE` *adresse* (*Jump Not Equal zero*): Springe an *adresse*, wenn Akkumulatorinhalt ungleich 0, ansonsten erhöhe Befehlszähler um 1

`JLZ` *adresse* (*Jump if Lower Zero*): Springe nach *adresse*, wenn Akkumulatorinhalt < 0, ansonsten erhöhe Befehlszähler um 1

`JLE` *adresse* (*Jump if Lower or Equal zero*): Springe an *adresse*, wenn Akkumulatorinhalt ≤ 0, ansonsten erhöhe Befehlszähler um 1

`JGZ` *adresse* (*Jump if Greater Zero*): Springe an *adresse*, wenn Akkumulatorinhalt > 0, ansonsten erhöhe Befehlszähler um 1

`JGE` *adresse* (*Jump if Greater or Equal zero*): Springe an *adresse*, wenn Akkumulatorinhalt ≥ 0, ansonsten erhöhe Befehlszähler um 1

Verarbeitungsbefehle:

`ADD` *adresse* ADDiere zum Akkumulatorinhalt den Inhalt von *adresse*

`SUB` *adresse* SUBtrahiere vom Akkumulatorinhalt den Inhalt von *adresse*

`MUL` *adresse* MULtipliziere mit dem Akkumulatorinhalt den von *adresse*

`DIV` *adresse* DIVidiere den Akkumulatorinhalt durch den Inhalt von *adresse*

Transportbefehle:

`LDA` *adresse* (*LoaD from memory to Accumulator*)
Lade den Inhalt von *adresse* in den Akkumulator

`LDK` *zahl* Lade Konstante *zahl* in den Akkumulator
Z. B. bedeutet `LDK 27`: Lade die Zahl 27 in den Akkumulator

`STA` *adresse* (*STore Accumulator to memory*)
Speichere den Akkumulatorinhalt nach *adresse*

Sonstige Befehle:

`INP` *adresse* Eingabe nach *adresse*

`OUT` *adresse* Ausgabe aus *adresse* (Akkumulator hat die Adresse 00)

`HLT 99` Programmende

Das begleitende Programm `regmasch.c`, das diese Registermaschine simuliert, liest das jeweilige Assemblerprogramm aus einer Datei, deren Name beim Aufruf anzugeben ist. Es zeigt dann schrittweise den Ablauf des Assemblerprogramms (aktueller Befehlszähler und Befehl, Inhalt des Akkumulators und des Datenspeichers) an. Sowohl Leerzeilen als auch Kommentare, die immer mit Semikolon eingeleitet werden, ignoriert dieses Programm. Unser Programm zur Summenbildung könnte z. B. den im Listing 5.2 gezeigten Inhalt haben.

Listing 5.2: Assemblerprogramm `summe.asm`: Summe zu einzugebenden Zahlen

```
§\texttt{; Summe von einzugebenden Zahlen ermitteln und ausgeben}§
§\texttt{; ========================================================}§
§\texttt{;                ......................................................          Zahl einlesen}§
01  INP  01    ; Zahl einlesen und an Adresse 1 (Datenspeicher) einlesen
§\texttt{;       .............     Wenn Zahl = 0, dann nächste Anweisungen überspringen}§
02  LDA 01     ; Lade Zahl von Adresse 1 (Datenspeicher) in den Akkumulator
03  JEZ  07    ; Falls  Akku == 0, springe an Programmadr. 7 (OUT 02)
§\texttt{;           ................................        Zahl auf bisherige Summe aufaddieren}§
04  ADD 02     ; Addiere auf Akku Inhalt von Adresse 2 (Datenspeicher)
05  STA 02     ; Speichere Akku an Adresse 2 (Datenspeicher)
§\texttt{;         ......................      Sprung auf Programmanfang (neue Zahl einlesen)}§
06  JMP 01     ; Springe zurueck an Programmadr. 1 (INP 01)
§\texttt{;          ..........................       Ermittelte  Summe ausgeben und Programmende}§
07  OUT 02     ; Gib Inhalt von Adresse 2 (Datenspeicher) aus
08  HLT 99     ; Programmende
```

Abbildung 5.11 zeigt ein Fenster zu dem Simulationsprogramm `regmasch.c`, während es das vorherige Assemblerprogramm `summe.asm` bearbeitet. Der zugehörige Aufruf ist dabei:

./regmasch summe.asm

▶ Übung

Erstellen Sie Assemblerprogramme zu folgenden Aufgabenstellungen, wobei Sie Ihre Programme dann mit einem der beiden Programme `regmasch.c` oder `Regmasch.java` testen sollten.

`sum_1_n.asm`:	Addieren der Zahlen $1 + 2 + 3 + \ldots + n$, wobei n einzugeben ist.
`mittelw.asm`:	Ermitteln des Mittelwerts zu einer Zahlenfolge (Ende mit 0).
`minimum.asm`:	Ermitteln des Minimums zu zwei einzugebenden Zahlen.
`potenz.asm`:	Berechnen der Potenz zu *a* hoch *b*, wobei a und b einzugeben sind.

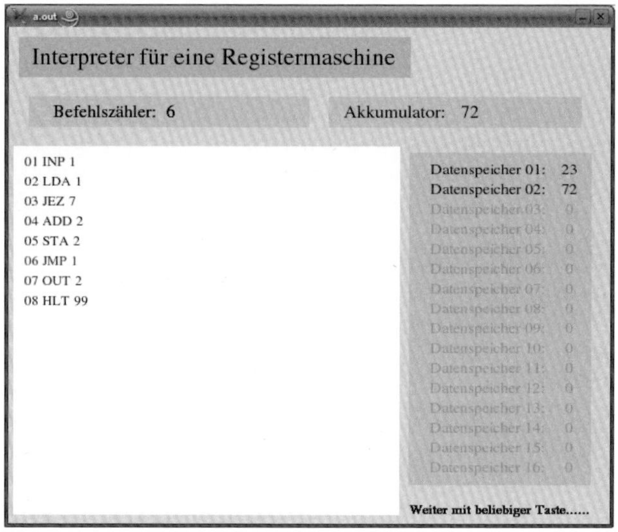

Abbildung 5.11: Abarbeitung des Assemblerprogramms `summe.asm`

5.7 Alternative Rechnerarchitekturen (Neuronale Netze)

Die Datenverarbeitung mit neuronalen Netzen stellt eine gänzlich andere Art der Verarbeitung von Daten dar als mit den oben beschriebenen, herkömmlichen Prozessoren. In künstlichen neuronalen Netzen wird ein *vereinfachtes Modell des zentralen Nervensystems (Gehirn) von Lebewesen* nachgebildet. Dabei handelt es sich um Netzwerke von vielfach miteinander verbundenen Neuronen, die als einfachste Prozessorelemente angesehen werden können. Ein solches Netzwerk führt nicht einfach vorher eingegebene Befehle (Programm) aus, sondern muss erst durch „Lernen" dazu gebracht werden, auf Eingabedaten die gewünschten Ausgabereaktionen zu erzeugen. Neuronale Netze werden heute üblicherweise auf herkömmlichen Prozessoren durch entsprechende Software simuliert; höhere Leistungen werden dabei durch den Einsatz spezieller Prozessoren für schnelle Vektor-/Matrixverarbeitung erreicht. Moderne Grafikkarten werden hierfür oft benutzt, da die Verarbeitungsstruktur von Grafik der der neuronalen Netze ähnelt.

Auf eine nähere Beschreibung von neuronalen Netzen wird hier verzichtet, da dies den Rahmen dieses Buches sprengen würde.

Vom Programm zum Maschinenprogramm

6

ÜBERBLICK

6.1 Rätsel: Analytische Rätsel (3)

Lösungen

1. Welchen Radius hat ein Kreis, der ebenso viele Zentimeter Umfang wie Quadratzentimeter Fläche besitzt?
2. Auf einem Bahnhof rauscht ein ICE vorbei. Dabei benötigt der Zug 7 Sekunden, um am Bahnhofsvorsteher vorbeizufahren; dieser selbst hat die Zeit gestoppt, die der Zug zum Passieren des 330 m langen Bahnsteiges benötigt. Dieses sind von Beginn des Bahnsteiges und der Lok bis zum Ende des Bahnsteiges und des letzten Waggons 18 Sekunden. Wie lang ist der Zug und wie schnell fährt er?
3. Ein Arbeiter hatte eine bestimmte Menge von Werkstücken herzustellen. Für die erste Hälfte der gesamten Werkstückszahl schaffte er täglich nur 10 Werkstücke. Dafür gelang es ihm aber, den Rest mit täglich 30 Werkstücken zu erledigen. Wie viele Werkstücke stellte der Arbeiter durchschnittlich während des gesamten Auftrags her?
4. Unter einem Palindrom versteht man eine Zahl, die vorwärts und rückwärts gelesen genau denselben Wert hat. Ein Beispiel hierfür ist 3553. Ein Freund von mir behauptet, dass alle Palindrome mit 4 Ziffern durch 11 teilbar seien. Hat er Recht?
5. *As I was going to St. Ives*
   I met a man with seven wives.
   Each wife had seven sacks,
   Each sack had seven cats,
   Each cat had seven kids.
   Kids, cats, sacks and wives.
   How many were going to St. Ives?
6. Um welchen Bruchteil übertrifft vierviertel die Zahl dreiviertel?

6.2 Entwicklung eines Programms

Softwareprojekte werden in mehrere voneinander abgegrenzte Phasen unterteilt. Man erhält einen *Softwarelebenszyklus*, einen so genannten *Software Life Cycle*. Es gibt zwar einen eindeutigen Ablauf eines Software Life Cycles, allerdings aber keine einheitliche Form der Darstellung. Die grundsätzlichen Phasen des Software Life Cycles sind:

1. *Problemanalyse*, auch *Anforderungsanalyse* oder *Systemanalyse* genannt: Diese Analyse wird in enger Zusammenarbeit mit dem Auftraggeber durchgeführt, wobei der Auftraggeber seine Vorstellungen über die Funktion des zu entwickelnden Systems vorgibt. Eventuell werden hier auch Performance-Vorgaben (Geschwindigkeit, Antwortzeit, ...) oder Entwicklungskosten mit einbezogen. Das Ergebnis ist eine *Anforderungsbeschreibung*, die auch *Pflichtenheft* genannt wird.

2. *Systementwurf*: Hier werden die zu lösenden Aufgaben in so genannte *Module* aufgeteilt. Dies erhöht die Übersichtlichkeit und verbessert die Korrektheit und Zuverlässigkeit. Ein weiterer Vorteil von Modulen ist auch, dass verschiedene

Programmierteams später an genau festgelegten und gegeneinander abgegrenzten Teilaufgaben parallel arbeiten können. Das Ergebnis ist eine *Systemspezifikation*, die als Grundlage für die Implementierung gilt.

3. *Programmentwurf*: In dieser Phase werden die einzelnen Module weiter verfeinert, indem die Datenstrukturen festgelegt und Algorithmen entwickelt werden. Das Ergebnis besteht in mehreren *Programmspezifikationen*.
4. *Implementierung und Test*: In diesem Stadium werden die einzelnen Module programmiert und anhand ihrer jeweiligen Spezifikation getestet (verifiziert). Durch das Zusammensetzen der einzelnen Module erhält man das Programm.
5. *Betrieb und Wartung*: Diese Phase umfasst die Pflege der Software, in der entsprechende vom Benutzer gewünschte Erweiterungen und Änderungen eingebracht oder entdeckte Fehler behoben werden. Unter Umständen führt dies wieder zur Problemanalyse zurück, wodurch ein Zyklus entsteht.

6.3 Programmierwerkzeuge

6.3.1 Unterschiedliche Arten der Übersetzung

Im Folgenden soll nicht die Entwicklung von Programmen, sondern nur die 4. Phase (Implementierung und Test) des Software Life Cycles näher betrachtet werden. Dabei wird gezeigt, wie ein einmal erstelltes Programm im Computer abgearbeitet wird. Dazu betrachten wir den Computer als eine Maschine, die ein Problem löst, indem sie Befehle (*instructions*) ausführt. Ein Satz von Befehlen, der zur Ausführung einer bestimmten Aufgabe zusammengestellt wurde, nennt man in diesem Zusammenhang ein *Programm*. Da die elektronischen Schaltungen eines Computers – wie im vorherigen Kapitel gezeigt – nur eine begrenzte Menge einfacher Maschinenbefehle kennen, müssen alle Programme in solche dem Rechner bekannte Maschinenbefehle umgewandelt werden, ehe sie ausführbar sind. Solche Maschinenbefehle sind sehr einfach, die z. B. Aufgaben wie die folgenden lösen:

Addiere zwei Zahlen!

Speichere die Zahl, die an Stelle x steht, an die Stelle y!

Diese primitiven Befehle eines Computers bilden eine Sprache, die ein Computer verarbeiten kann. Eine solche Sprache nennt man *Maschinensprache* (*machine language*). Weil Maschinensprachen jedoch von Menschen nur schwierig zu benutzen sind, hat man höhere Programmiersprachen entwickelt, die das Programmieren erheblich erleichtern. Da die Maschine die Befehle einer höheren Programmiersprache nicht kennt, muss man diese in die Maschinensprache übersetzen. Dabei gibt es grundsätzlich zwei verschiedene Möglichkeiten:

- *Compilieren*
  Hierbei wird jeder Befehl des in der höheren Programmiersprache geschriebenen Programms in eine entsprechende Folge von Maschinenbefehlen übersetzt. Das resultierende Programm besteht dann nur noch aus solchen Maschinenbefehlen. Der Computer führt statt des in der höheren Programmiersprache geschriebenen Programms das Programm in Maschinensprache aus. Diese Technik der Übersetzung von einer höheren Programmiersprache in die Maschinensprache nennt man

Compilierung. Das Programm, das für die Übersetzung zuständig ist, wird *Compiler* genannt.

- *Interpretieren*
  Auch bei dieser zweiten Übersetzungsart wird das Programm in einer Maschinensprache ausgeführt. Jedoch werden hier nicht alle Befehle des in der höheren Programmiersprache geschriebenen Programms auf einmal in ein Maschinenprogramm übersetzt, sondern stattdessen werden die Befehle erst bei der Ausführung einzeln nacheinander in entsprechende Folgen von Maschinenbefehlen übersetzt und dann ausgeführt. Diese Technik, bei der zunächst kein neues Programm in der Maschinensprache erzeugt werden muss, nennt man *Interpretation*. Das Programm, das für die Übersetzung und Ausführung der einzelnen Befehle zuständig ist, wird *Interpreter* genannt.

Compilierung und Interpretation im Vergleich:

- Bei der Compilierung wird zuerst das gesamte Programm in ein Maschinenprogramm übersetzt, so dass man dann anschließend zwei Programme hat:
  - das selbst erstellte Programm in der höheren Programmiersprache, das nur für den Menschen lesbar und nicht auf der Maschine ausführbar ist, und
  - das durch den Compiler erzeugte Maschinenprogramm, das auf der Maschine ausführbar ist, aber für den Menschen schwer lesbar ist.
- Bei der Interpretation wird jeder Befehl des Programms nach der Prüfung und Dekodierung unmittelbar ausgeführt. Es wird also kein eigenes übersetztes Programm generiert.

Neuere Programmiersprachen, wie z. B. Java der Firma Sun oder C# der Firma Microsoft, verwenden mehr oder weniger eine Mischung aus den beiden Methoden. Solche Programme werden compiliert, allerdings nicht direkt in den Maschinencode eines bestimmten HW-Prozessors, sondern in einen eigens definierten, so genannten virtuellen Maschinencode. Erst beim Ablauf wird dieser Code von einem SW-Programm, einer so genannten *virtuellen Maschine*, interpretiert und in den realen Maschinencode umgesetzt. Dieses Vorgehen erlaubt den Ablauf von Programmen auf allen Systemen, auf denen eine zugehörige virtuelle Maschine installiert ist, und zusätzlich auch die Überprüfung von Befehlen vor deren Ausführung, z. B. auf Sicherheitsprobleme. In den Zeiten der weltweiten Vernetzung verschiedenster Rechner sind dies entscheidende Vorteile, die durch eine etwas höhere Laufzeit mehr als ausgeglichen werden.

6.3.2 Der Compiler

Damit der Computer ein von einem Programmierer erstelltes Programm, auch *Quellprogramm* oder *Source Code* genannt, bearbeiten kann, muss dieses zunächst in die Maschinensprache umgewandelt werden (siehe auch Abbildung 6.1).

Die Compilierung umfasst im Wesentlichen zwei Schritte:

1. *Analyse*
   Das Quellprogramm wird hier in seine Bestandteile zerlegt und es wird eine Zwischendarstellung des Quellprogramms, ein so genannter *parse tree* erzeugt.

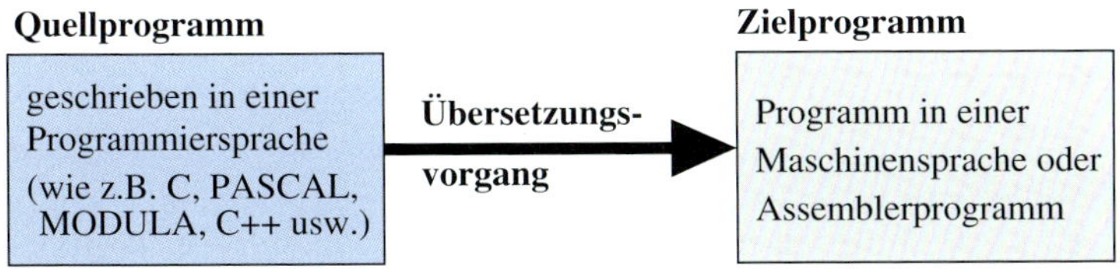

Abbildung 6.1: Übersetzung (Compilierung) eines Quellprogramms in ein Maschinen-/Assemblerprogramm

2. *Synthese*
   Aus dem *parse tree* wird das gewünschte Zielprogramm konstruiert.

Besonderheiten der Compilierung können dabei sein:

- Das Programm kann aus mehreren Modulen bestehen, die sich in unterschiedlichen Dateien befinden und alle einzeln – getrennt voneinander – zu compilieren sind, bevor sie mit dem Linker dann alle „zusammengebunden" werden.
- Wenn das Zielprogramm ein Assemblercode ist, muss eine weitere Übersetzung in Maschinencode (Binärcode aus Nullen und Einsen) erfolgen, was man als Assemblierung bezeichnet.
- Der Maschinencode muss gegebenenfalls mit Bibliotheksroutinen zusammengebunden werden.

Eine ausführlichere Beschreibung zu Compilern und die dabei eingesetzten Verfahren findet sich in Kapitel 17 auf Seite 728.

6.3.3 Der Linker

Für die Modultechnik und die objektorientierte Programmierung ist es wichtig, die Unterschiede zwischen einem *Linker* und *Compiler* genau zu kennen. Deshalb wird hier – nachdem der Compiler behandelt wurde – nochmals kurz auf die Aufgaben eingegangen, die ein Linker hat.

Die Grundidee in der SW-Entwicklung ist die *getrennte Compilierung*: Unterschiedliche Module können zu unterschiedlichen Zeitpunkten von verschiedenen SW-Entwicklern unabhängig voneinander compiliert werden. Später können dann die aus den Compilierungen resultierenden *Objektdateien* mit dem Linker zu einem ablauffähigen Programm zusammengebunden werden. Daraus ergeben sich die in Abbildung 6.2 gezeigten Schritte bei der Umwandlung eines Quellprogramms in ein Maschinen- bzw. Assemblerprogramm.

Der Linker ist normalerweise ein eigenes Programm, das unabhängig vom Compiler ist, und deshalb auch nicht viel über die jeweils verwendete Programmiersprache wissen muss. Stattdessen ist für den Linker eine eigene Sprache festgelegt. Die Aufgabe des jeweiligen Compilers ist es, die ihm vorgelegten Module in diese dem Linker verständliche Sprache zu übersetzen. So übersetzte Module nennt man dann Objektmodule: In Linux/Unix erkennt man diese an der Endung `.o`. So liefert z. B. die Compilierung eines Moduls `add.c` in Linux/Unix den Objektmodul `add.o`. Wenn wir z. B. in Linux/Unix zwei C-Module `a.c` und `b.c` compilieren, so erhalten wir zunächst zwei Objektmodule `a.o` und `b.o`, wie dies links in Abbildung 6.3 gezeigt ist.

Wenn die beiden Objektmodule miteinander kommunizieren, was wahrscheinlich

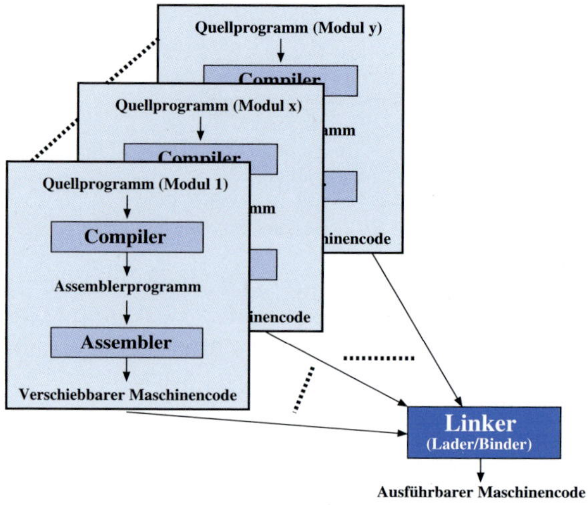

Abbildung 6.2: Compilieren, Assemblieren und Linken

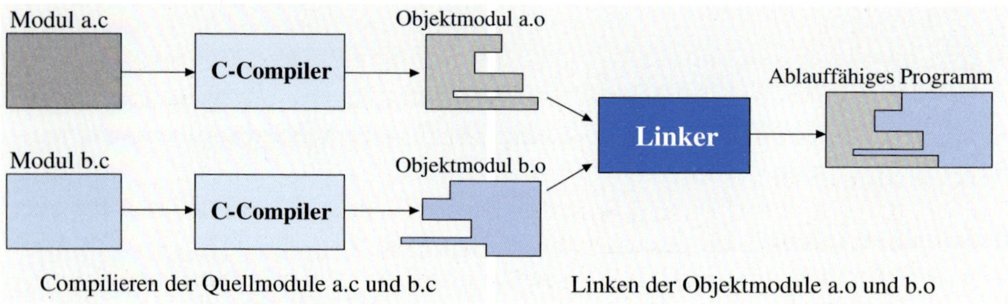

Abbildung 6.3: Compilieren und Linken von Modulen

der Fall ist, so haben sie Schnittstellen zueinander, die die beiden miteinander abgestimmt haben müssen. Schnittstellen sind dabei üblicherweise Funktionen eines Moduls, die von einem anderen Modul aufgerufen werden. Legen wir nun diese beiden Objektmodule dem Linker vor, so generiert er hieraus ein ablauffähiges Programm, wie dies rechts in Abbildung 6.3 gezeigt ist.

Sollten sich in den Modulen Aufrufe zu fertigen Bibliotheksroutinen befinden, so muss der Linker nach diesen in den entsprechenden Bibliotheken suchen und diese zum Programm hinzubinden. In Abbildung 6.4 ist dieses Hinzubinden von Bibliotheksroutinen nochmals veranschaulicht.

Statisches und dynamisches Linken

Man unterscheidet die beiden folgenden Arten von Linken:

- *Statisches Linken*
  Beim statischen Linken werden alle benötigten Funktionen, vor allen Dingen die aus den Bibliotheken, fest zu einem Programm zusammen gelinkt. Dies ist der sicherste Weg, wenn man vermeiden will, dass dem Benutzer eventuell benötigte

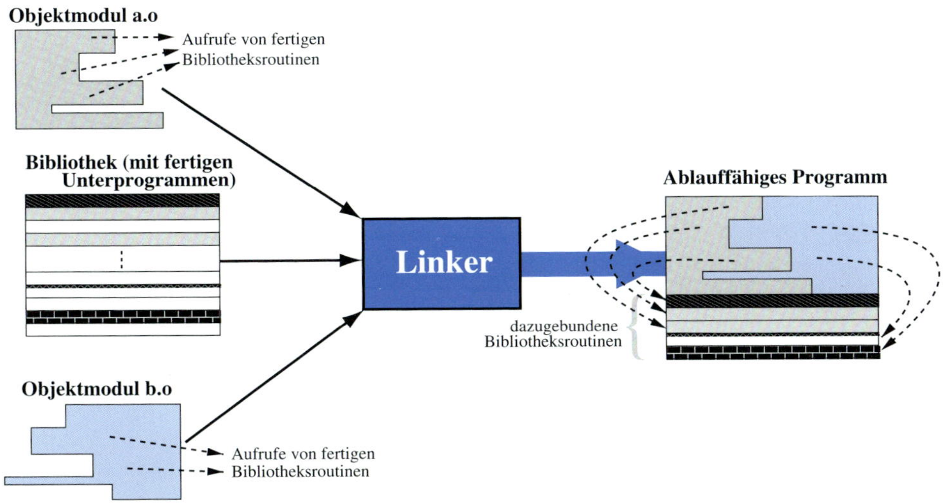

Abbildung 6.4: Linken der beiden Objektmodule `a.o` und `b.o` mit Hinzubinden von Bibliotheksroutinen

Funktionen fehlen, was hier nicht vorkommen kann, da ja alle Funktionen im Programm vorhanden sind. Der Nachteil des statischen Linkens ist allerdings, dass die Datei, die das Maschinenprogramm enthält, sehr groß werden kann.

- *Dynamisches Linken*
  Beim dynamischen Linken werden nicht alle benötigten Funktionen sofort dazu gelinkt. In diesem Fall geht man davon aus, dass der Benutzer die entsprechenden nicht im Programm dazu gelinkten Funktionen über eine Bibliothek zur Verfügung stellt, die dann erst zur Programmlaufzeit dynamisch dazu gelinkt werden. In diesem Fall spricht man von *„dynamically linked libraries (DLLs)"* oder *„shared libraries"*. Dies hat den Vorteil, dass man die Bibliothek nachträglich leicht austauschen kann, die Programme kleiner werden und dass der Speicher nur einmal benötigt wird, wenn mehrere Programme die selbe Bibliothek verwenden. Der Nachteil ist jedoch, dass man sicherstellen muss, dass auch der Benutzer die dynamische Bibliothek installiert hat, wobei es natürlich auch noch die richtige Version sein muss.

Oft findet auch ein Mischen aus statischem und dynamischem Linken statt.

6.3.4 Der Lader (und Locator)

Das Ergebnis eines Linker- bzw. auch eines Assemblerlaufs ist verschiebbarer Maschinencode, der an jede Stelle des Arbeitsspeichers geladen werden kann. Wenn der Code z. B. an die Adresse `3000` (*Offset*) geladen werden soll, dann muss das Programm *lociert* bzw. *relociert* werden, indem zu allen Adressen im Code noch der Wert `3000` hinzuaddiert wird. Dies ist nun die Aufgabe des *Laders* (engl. *loader*).

Der Lader liest ein assembliertes und gelinktes Programm Befehl für Befehl ein und trägt den Maschinencode jeweils an die Stelle im Hauptspeicher ein, die als Speicheradresse einschließlich des Offsets vor jedem Befehl bzw. beim Programmstart angegeben wurde. Danach kann das Programm mit seiner Ausführung beginnen.

Nach dem Starten eines Rechners muss aber auch der Lader selbst in den Hauptspeicher geladen werden. Dies geschieht über ein eigenes Ladeprogramm, das sich heute üblicherweise im Festwertspeicher (bei IBM-PCs: BIOS-ROM) befindet. Das Einlesen erfolgt dabei meist auf absolut vorgegebene Speicheradressen, was man auch mit „*Bootstrap*“ (Selbstladen) bezeichnet.

Bei Embedded Systems, wie z. B. Mobiltelefonen, PDAs oder speziellen Steuerungssystemen, werden die Programme meist bereits bei der Produktion in einen ROM-Speicher geladen und aus diesem direkt ausgeführt. In diesen Fällen wird nach dem Linken, anstelle des Ladens mit Location, zunächst nur eine Location auf eine feste Adresse durchgeführt. Anschließend wird das relocierte Programm einfach an genau diese Adresse in den ROM-Speicher geschrieben und kann von dort ablaufen.

6.3.5 Der Debugger

Eine einfache Möglichkeit, den ablaufenden Code zu betrachten, bietet ein weiteres Programmierwerkzeug, der *Debugger*, der es erlaubt, das Programm schrittweise, d. h. jeden Befehl als einzelnen Schritt, zu durchlaufen. Dabei können sowohl die Befehle der Hochsprache, aber auch die erzeugten Maschinenbefehle, die zugehörigen Assembler-Befehle und die Adresse jedes Befehls im Arbeitsspeicher dargestellt werden. Neben weiteren Funktionen bieten Debugger auch die Möglichkeit, die Prozessorregister und die Inhalte von Teilen des Arbeitsspeichers zu betrachten.

Der Begriff *Debugger* heißt ins Deutsche übersetzt in etwa „*Entwanzer*“ und soll angeblich daher stammen, dass man zur Zeit der Röhrenrechner nach einem Rechnerausfall bei der Fehlersuche einen Käfer im Rechner fand, der einen Kurzschluss erzeugt hatte.

Heute jedenfalls wird der Debugger hauptsächlich dazu eingesetzt, in Programmen nach Fehlern zu suchen, indem man diese schrittweise durchläuft. Abbildung 6.5 zeigt oben den Debugger `ddd` unter Linux, wobei in diesem Fall das Fenster in vier Unterfenster aufgeteilt ist:

1. *Data Window*
   Hier kann man sich die aktuellen Inhalte der jeweiligen Variablen anzeigen lassen.

2. *Source Window*
   Hier wird das eigentliche Quellprogramm angezeigt und ersichtlich, an welcher Stelle man sich gerade in der Programmausführung befindet. In diesem Fenster kann man unter anderem Haltepunkte (*breakpoints*) mit der rechten Maustaste setzen oder sich den Inhalt einzelner Variablen anzeigen lassen, indem man die Maus auf den entsprechenden Variablennamen bewegt.

3. *Machine Code Window*
   Hier kann man sich den zum Quellprogramm gehörigen Assemblercode anzeigen lassen. Wie im darüberliegenden Fenster wird auch hier angezeigt, an welcher Stelle man sich gerade in der Programmausführung befindet. In diesem Fenster kann man unter anderem auch wieder Haltepunkte (*breakpoints*) mit der rechten Maustaste setzen oder sich den Inhalt einzelner Register anzeigen lassen, indem man die Maus auf den entsprechenden Registernamen bewegt.

4. *GDB console*
   Hier können vom Programm angeforderte Daten eingegeben werden.

Der Debugger ddd unter Linux

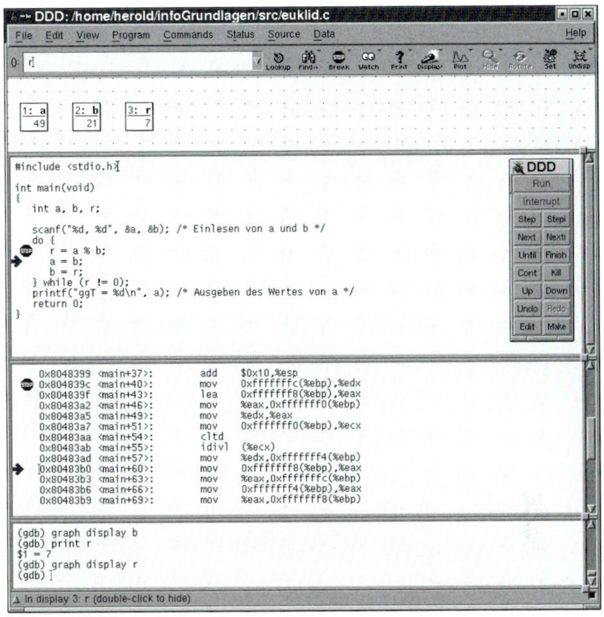

Der Debugger zu Visual–C++ unter Windows

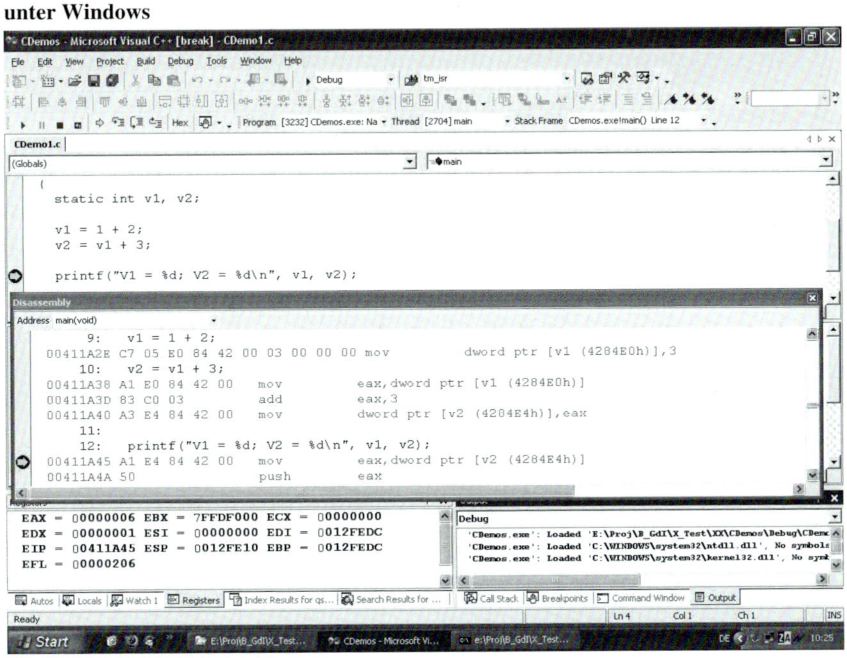

Abbildung 6.5: Der Debugger ddd unter Linux und zu Visual-C++ unter Windows

Zusätzlich wird ein eigenes Fenster mit dem Namen *ddd* angezeigt, mit dem man den Debugger steuern kann. Wichtige Buttons in diesem Fenster sind z. B.:

`Run`	Programm starten
`Step`	nächste Anweisung im Assemblerprogramm ausführen
`Next`	nächste Anweisung im Quellprogramm ausführen
`Cont`	Programmausführung bis zum nächsten Haltepunkt ausführen
`Undo`	letzte Debugger-Steuerungsanweisung wieder rückgängig machen

Unten zeigt Abbildung 6.5 ein Beispiel zum Debuggen unter Windows.

Im Folgenden soll der Ablauf eines Programms einmal kurz auf der Maschinenebene demonstriert werden. Dazu wird ein sehr einfaches Beispielprogramm in der Programmiersprache C/C++ erstellt, mit einem Compiler in Assembler- bzw. Maschinensprache übersetzt und in eine ablauffähige Form gebracht. Daraufhin wird der Debugger – wie oben beschrieben – gestartet und der Hochsprachen- zusammen mit dem Assembler- bzw. Maschinencode dargestellt. Beim zeilenweisen Abarbeiten zeigt sich dann, je nach verwendetem Debugger, beispielsweise etwa folgendes Bild:

```
1:     #include <stdlib.h>
2:     #include <stdio.h>
3:
4:     int main( void )
5:     {
00401010   55                   push ebp
00401011   8B EC                mov  ebp,esp
00401013   83 EC 08             sub  esp,8
6:         int v1, v2;
7:
8:         v1 = 1 + 2;
00401016   C7 45 FC 03 00 00 00 mov  dword ptr [v1],3
9:         v2 = v1 + 3;
0040101D   8B 45 FC             mov  eax,dword ptr [v1]
00401020   83 C0 03             add  eax,3
00401023   89 45 F8             mov  dword ptr [v2],eax
10:
11:        printf("V1 = %d; V2 = %d\n", v1, v2);
00401026   8B 4D F8             mov  ecx,dword ptr [v2]
00401029   51                   push ecx
0040102A   8B 55 FC             mov  edx,dword ptr [v1]
0040102D   52                   push edx
0040102E   68 30 0A 41 00       push offset __xt_z(0x00410a30)+10Ch
00401033   E8 28 00 00 00       call printf(0x00401060)
00401038   83 C4 0C             add  esp,0Ch
12:
13:        return 0;
14:    }
0040103B   33 C0                xor  eax,eax
0040103D   8B E5                mov  esp,ebp
0040103F   5D                   pop  ebp
00401040   C3                   ret
```

TEIL II

Praktische Informatik

In besonders guter Laune führte Mark Twain bei einem exklusiven Abendessen die Gemahlin des Gouverneurs zu Tisch.
Galant sagte er: „Wie schön Sie sind, Madame!"
Geschmeichelt nahm die Dame das Kompliment auf, entgegnete aber trotzdem boshaft:
„Wie schade, dass ich von Ihnen nicht dasselbe sagen kann."
Mark Twain darauf: „Machen Sie es wie ich, gnädige Frau. Lügen Sie!"

(Anekdote)

Programmiersprachen

7

ÜBERBLICK

7.1 Rätsel: Analytische Rätsel (4)

Lösungen

1. Wenn 5 Katzen in 5 Minuten genau 5 Mäuse fangen, wie viele Katzen fangen dann in 100 Minuten genau 100 Mäuse?
2. Im Mittelalter war folgendes Multiplikationsverfahren weit verbreitet. Wenn man weiß, wie Zahlen kleiner als 6 malzunehmen sind, kann man Zahlen zwischen 6 und 10 wie folgt multiplizieren: Halten Sie beide Hände vor sich. Um etwa $7 \cdot 9$ auszurechnen, senkt man $7 - 5 = 2$ Finger der linken Hand und $9 - 5 = 4$ Finger der rechten Hand. Danach zählt man die gesenkten Finger (hier: $2 + 4 = 6$) und multipliziert die ausgestreckten Finger (hier: $3 * 1 = 3$). Dann setzt man die beiden Ziffern zusammen und erhält das Ergebnis (hier: 63). Stimmt dieses Verfahren immer?
3. Angenommen, eineinhalb Hühner legen in eineinhalb Tagen genau eineinhalb Eier. Wie viele Eier legen dann sieben Hühner in sechs Tagen?
4. Emil besitzt vier Sorten Kugeln A, B, C und D. Kugeln gleicher Sorte haben gleiches Gewicht. Von diesen Kugeln ist bekannt, dass
   - zwei Kugeln der Sorte B so schwer sind wie eine A-Kugel,
   - drei Kugeln der Sorte C so schwer sind wie eine B-Kugel,
   - fünf Kugeln der Sorte D so schwer sind wie eine C-Kugel.

   Wie viele Kugeln der Sorte D sind so schwer wie eine Kugel der Sorte A ?
5. Eine Familie besteht aus sechs Personen, dem Vater, der Mutter, zwei Söhnen und zwei Töchtern. Das Produkt der Zahlen, die jeweils das Alter der weiblichen Familienmitglieder in vollen Jahren angeben, beträgt 5291. Das Produkt der Zahlen, die jeweils das Alter der männlichen Familienmitglieder in vollen Jahren angeben, beträgt 3913. Zwei Kinder dieser Familie sind Zwillinge. Sind nun diese Zwillinge gleichen oder verschiedenen Geschlechts?

7.2 Höhere Programmiersprachen

Beim Umsetzen von Problemlösungsideen in ein Assemblerprogramm muss der Programmierer dem Computer jeden auszuführenden Schritt genau vorschreiben, wie z. B. bei unserem Modell eines einfachen Prozessorsystems auf Seite 129. Dabei geht viel wertvolle Zeit und Energie verloren. Man war und ist also bestrebt, etwas Effizienteres zu finden, bei dem sich der Programmierer mehr auf das Lösen des eigentlichen Problems konzentrieren kann und sich nicht mit der Umsetzung seiner Ideen in maschinennahe Anweisungen herumschlagen muss. Aus diesem Bestreben entstanden Ende der 1950er Jahre die ersten höheren Programmiersprachen wie `FORTRAN` und `ALGOL`. Höhere, problemorientierte Programmiersprachen sollen es dem Programmierer ermöglichen, seine Problemlösung in einer höheren, fachspezifischen Notation anzugeben. Für das Umsetzen eines solchen in einer höheren Programmiersprache geschriebenen Programms in Maschinenanweisungen sorgt dann ein Übersetzungsprogramm, wie z. B. ein Compiler.

Höhere Programmiersprachen sollen also die Umsetzung *problemorientierter Algorithmen* erleichtern und werden daher häufig auch als *problemorientierte Programmiersprachen* bezeichnet. Nach DIN 44300 gilt sinngemäß:

Eine Programmiersprache heißt problemorientiert, wenn sie geeignet ist, Algorithmen aus einem bestimmten Anwendungsbereich unabhängig von einer bestimmten Rechenanlage abzufassen und wenn sie sich in eine in dem betreffenden Bereich übliche Schreib- und Sprechweise anlehnt.

Die Anwendungsbereiche für Programmiersprachen sind weit gestreut und umfassen Verwaltungs- und Datenhaltungsaufgaben mit Schwerpunkten auf Dateien- und Tabellenbearbeitung sowie technisch-wissenschaftliche Aufgaben mit Schwerpunkten auf der Formulierung arithmetischer Ausdrücke und Behandlung rekursiver Strukturen. Dafür gibt es heute hunderte verschiedener höherer Programmiersprachen. Die Unterschiede liegen im Sprachniveau und vor allem in den Ausdrucksmitteln für verschiedene Problemlösungen.

Die bekanntesten Programmiersprachen sind unter anderem:

Sprache	ca. Jahr	Anwendungsgebiet
FORTRAN	1954	mathematisch-wissenschaftlich (*FOR*mula*TRAN*slator)
ALGOL	1958	mathematisch-wissenschaftlich (*ALGO*rithmic *L*anguage)
COBOL	1959	kommerziell, kaufmännisch (*CO*mmon *B*usiness *O*riented *L*anguage)
BASIC	1963	Hobbybereich; es gibt viele BASIC-Dialekte
PASCAL	1968	Ausbildung; allgemein
ADA	1975	sicherheitskritische Anwendungen; allgemein
C	1969	Systemimplementierung; allgemein
C++	1980	objektorientiert; allgemein
JAVA	1995	objektorientiert; allgemein, verteilte Netz-/ Internet-Anwendungen
C#	2000	objektorientiert; allgemein, verteilte Netz-/ Internet-Anwendungen

Programmiersprachen können auch verschiedenen Generationen zugeordnet werden:

	Sprachenart	Beispiel	Merkmale (Abstraktion von)
1G	Maschinen	Maschinen-Code	Binäre Befehle
2G	Assembler	Assemblercode	Symbolische Befehle
3G	prozedural	FORTRAN, COBOL	hardwareunabhängig
3G+	prozedural objektorientiert	PASCAL, C, C++, Java, C#	Strukturiert (Daten=abstrakte Datentypen) Objektorientiert
4G	deklarativ	LISP,PROLOG,SQL	Transaktionsorientiert
5G	???		

Als höhere Programmiersprachen werden die Sprachen ab der 3. Generation bezeichnet, wobei auch nur solche 3G+-Sprachen in diesem Kapitel weiter berücksichtigt werden. Die Konzepte dieser Sprachen beinhalten Elemente wie

- Datentypen und Variablen zur Speicherung von Daten,
- Operatoren und Ausdrücke zur logischen Verknüpfung von Daten,

- Steuer- bzw. Kontrollanweisungen (Programmablaufsteuerung) in Form von Verzweigungen und von Schleifen.

In diesem Kapitel werden die grundlegenden Konzepte und Konstrukte vorgestellt, die für das Programmieren in einer Programmiersprache erforderlich sind. Zur Demonstration dieser fundamentalen Konzepte und Konstrukte werden die folgenden heute sehr weit verbreiteten Programmiersprachen C und Java verwendet.

- *C – als Vertreter einer prozeduralen Sprache*
  Die Programmiersprache C wird hier verwendet, da viele der von ihr eingeführten grundlegenden Konstrukte auch in andere Sprachen wie z. B. Java oder C# übernommen wurden und C immer noch im Bereich der hardwarenahen Programmierung sowie in der Systemprogrammierung eine zentrale Rolle spielt. C ermöglicht das Erstellen sehr effizienter Programme und auch direkte Zugriffe auf Hardware-Bausteine und -Register, weshalb C auch zur Programmierung von Embedded Systems gut geeignet ist. Allerdings bergen die freizügigen Möglichkeiten im Umgang mit Variablen und Adressen bzw. Zeigern auch einiges Potenzial an Fehlermöglichkeiten. Dies kann und sollte durch die Vorgabe und Einhaltung bestimmter Programmierrichtlinien eingeschränkt werden.
  Im begleitenden Zusatzmaterial zu diesem Buch finden Sie beispielhaft in der Datei `cprogRegel.pdf` solche Programmierrichtlinien für C.
- *Java – als Vertreter einer objektorientierten Sprache*
  Die weit verbreitete Programmiersprache Java wird hier verwendet, um zum einen auch die Objektorientierung anhand einer Programmiersprache zu verdeutlichen und zum anderen wegen der Plattformunabhängigkeit von Java-Programmen. Die Sprache Java wurde von der Firma SUN entwickelt und ist für moderne Anwendungen vor allem auch im Zusammenhang mit Netzwerken und dem Internet geeignet. Der Name wurde einfach nach einer Insel gewählt, auf der der Rohstoff für das bei Programmierern beliebteste Getränk, nämlich Kaffee bzw. Cola, wächst. Java ist eine rein objektorientierte Sprache, im Gegensatz zu prozeduralen bzw. gemischten Sprachen wie C bzw. C++. Die Programmeinheiten sind Objekte und keine Funktionen, die konsequenterweise nur innerhalb einer Klasse definiert werden können. Die Syntax von Java ist der von C bzw C++ sehr ähnlich. So gibt es ähnliche Datentypen, Operatoren und Kontrollstrukturen. Allerdings fehlen einige vor allem für die Programmsicherheit problematische Elemente wie z. B. Zeiger. Ähnlich wie C bzw. C++ mit ihrer Standard-Bibliothek enthält Java auch eine sehr umfangreiche Sammlung von Standardklassen, die die Erstellung moderner Anwendungen, wie z. B. Netzwerk- oder GUI-Anwendungen[1], unterstützen und erheblich vereinfachen.

Vorweg sei erwähnt, dass hier die Grundkonstrukte von C und Java, soweit sie identisch oder zumindest sehr ähnlich sind, parallel nebeneinander vorgestellt werden, um so dem Leser gleichzeitig einen leichteren Einstieg in diese beiden Sprachen zu ermöglichen. Dies soll aber nicht den falschen Eindruck erwecken, dass es sich bei C und Java um zwei nahezu identische Sprachen handelt, denn von der Konzeption her ist C eine prozedurale und Java eine objektorientierte Sprache. Eben diese objektorientierten Konzepte von Java, über die C nicht verfügt, werden des-

1 Unter GUI-Programmierung (*Graphical User Interface*) versteht man die Erstellung von Programmen mit grafischen Bedienoberflächen.

halb getrennt in Kapitel 7.6 auf Seite 232 vorgestellt, um Java klar von C abzugrenzen.

Es würde den Rahmen dieses Buches sprengen, alle Konstrukte von C und Java hier detailliert vorzustellen. Statt dessen werden nur wesentliche Konstrukte dieser beiden Sprachen vorgestellt, soweit diese fundamental sind bzw. für das Verständnis von Programmen in diesem Buch benötigt werden. Um diese Sprachen vollständig zu erlernen, muss eventuell auf entsprechende Fachliteratur zu diesen Sprachen (siehe auch Literaturverzeichnis) zurückgegriffen werden, aber nichtsdestotrotz ist dieses Kapitel dazu geeignet, den Einstieg in diese beiden oder auch andere Programmiersprachen zu erleichtern.

Weitere industriell sehr weit verbreitete Sprachen sind z. B. die beiden folgenden, auf die hier nicht näher eingegangen wird, die aber an die Programmiersprachen C bzw. Java angelehnt sind.

- *C++ – eine objektorientierte Erweiterung der Sprache C*
  In C++ werden die objektorientierten Konzepte durch Hinzufügen von neuen Sprachelementen unterstützt, wobei alle C-Sprachelemente in ihrer ursprünglichen Bedeutung erhalten bleiben. C++-Compiler können daher ohne weiteres zur Erzeugung von C-Programmen verwendet werden. Prinzipiell ist auch fast jede beliebige Mischung von C und C++ Konstrukten möglich.
- *C# – eine Java-ähnliche Sprache*
  Die Sprache C# ist eine von der Firma Microsoft neu entwickelte Programmiersprache. Diese Sprache hat viele Ähnlichkeiten mit Java und deckt auch die gleichen Anwendungsbereiche ab. Auf eine genauere Beschreibung wird hier verzichtet.

7.3 Grundlagen der Programmierung

7.3.1 Spezifikation einer Aufgabenstellung

Vor dem Beginn der Programmierung sollte das zu lösende Problem zuerst genau beschrieben, also *spezifiziert* werden. Eine *Spezifikation* als Ausgangspunkt ist eine *vollständige, detaillierte und unzweideutige Problembeschreibung*. Hierbei bedeutet

- *vollständig:* alle relevanten Informationen sind berücksichtigt,
- *detailliert:* alle Hilfsmittel und Grundaktionen sind aufgelistet, die zur Lösung zugelassen sind,
- *unzweideutig:* Festlegung von klaren Kriterien, wann eine Lösung akzeptabel ist.

Informelle Spezifikationen sind meist umgangssprachlich und unpräzise formuliert, weshalb sie nur beschränkt diese Kriterien erfüllen, wie z. B.:

> *Zu zwei Zahlen X und Y ist der größte gemeinsame Teiler ggT(X,Y) zu berechnen.*

Diese umgangssprachliche Spezifikation ist sehr ungenau, wie wir nachfolgend sehen.

- *vollständig?* Dürfen X und Y nur ganze Zahlen sein und müssen sie positive Zahlen sein? Wie groß können die beiden Zahlen X und Y sein? Wie erhält das Programm X und Y (dezimal oder dual von der Hardware)?
- *detailliert?* Dürfen X und Y verändert werden?

- *unzweideutig?* Das Wort „berechnen“ lässt offen, ob das Ergebnis z. B. auszugeben oder aber in einer Datei zu speichern ist.

Hier wäre also eine bessere Spezifikation erforderlich, wie z. B.:

> *Zu zwei positiven natürlichen Dezimalzahlen X und Y, die über Tastatur einzulesen sind und jeweils in einem Speicher von 4 Bytes zu speichern sind, ist der größte gemeinsame Teiler ggT(X, Y) zu berechnen. Das Ergebnis der Berechnung ist auf dem Bildschirm auszugeben, wobei die Inhalte von X und Y nach der Berechnung weiterhin ihre alten Werte besitzen müssen.*

7.3.2 Der Begriff Algorithmus

Nach der Spezifikation eines Problems geht es anschließend darum, einen Lösungsweg zu entwerfen. Da die Lösung in den hier betrachteten Fällen von einem Computer ausgeführt werden soll, muss jeder Schritt genau vorgeschrieben werden. Dies erfolgt mit Hilfe eines so genannten Algorithmus. Das Wort *Algorithmus* ist eine Abwandlung oder Verballhornung des Namens *Abu Ja'far Muhammad Ibn Musa Al-Khwarizmi* (siehe auch Kapitel 2.3.2, auf Seite 31). Nachfolgend nun einige Definitionen zu dem Wort *Algorithmus.*

Informelle Charakterisierung: Ein Algorithmus ist eine detaillierte und explizite Vorschrift zur schrittweisen Lösung eines Problems, d. h. eine Vorschrift zur Lösung einer Aufgabe, die ***präzise formuliert, in endlicher Form dargestellt*** *und* ***effektiv*** *ausführbar ist.*

Die Aufgabe kann aus vielen Anwendungsgebieten stammen, wie z. B. Sortieren der Namen in einem Telefonbuch, Programmieren eines Videorecorders oder Steuerung einer Ampelanlage.

Formale Definition (von H. Kübe): Ein Algorithmus ist eine in der Beschreibung und Ausführung ***endliche, deterministische*** *und* ***effektive*** *Vorschrift zur Lösung eines Problems, die* ***effizient*** *sein sollte.*

Hierin bedeuten

endlich: nach einer endlichen Zeit wird der Algorithmus beendet,

deterministisch: eindeutige Bestimmung des nächsten Schrittes,

effektiv: eindeutige Ausführbarkeit der Einzelschritte,

effizient: geringer Verbrauch an Ressourcen wie Speicherplatz und Rechenzeit.

7.3.3 Formulierung und Darstellung eines Algorithmus

Die Formulierung eines Algorithmus kann auf verschiedene Weise erfolgen, wie z. B. in einer natürlichen oder einer formalen Sprache oder aber auch grafisch. Die Ausführung eines Algorithmus kann durch Menschen oder Maschinen erfolgen. Algorithmen lassen sich z. B. informell mittels Text beschreiben, wie die nachfolgenden Beispiele zeigen.

Algorithmus zum Ermitteln der ältesten Person in einer Personenschlange:

1: Gehe zur ersten Person!
2: Frage Person nach dem Alter!
3: Merke dir das Alter!
4: Solange nicht alle Leute befragt, wiederhole Schritte 4.1 bis 4.3!
  4.1: Gehe zur nachfolgenden Person!
  4.2: Frage diese Person nach dem Alter!
  4.3: Wenn Alter größer als das gemerkte Alter ist, dann merke dir das neue Alter!
5: Älteste Person in dieser Schlange ist 'gemerktes Alter' alt!

Algorithmus zum Ermitteln der größten Zahl aus einer Menge von Zahlen:

1: Lies die erste Zahl!
2: Speichere diese Zahl in der Variablen 'max'!
3: Solange nicht alle Zahlen gelesen, wiederhole Schritte 3.1 bis 3.2!
  3.1: Lies die nächste Zahl!
  3.2: Wenn diese Zahl größer als Zahl in der Variablen 'max' ist,
    speichere diese Zahl als neuen Wert in Variablen 'max'!
4: Gib den Wert der Variablen 'max' aus!

Hier taucht zum ersten Mal der Begriff *Variable* (`max`) auf. Variablen sind Speicherplätze, an die man in einem Programm einen Namen vergibt. Solche benamten Speicherplätze werden als *Variablen* bezeichnet, da ihr Wert während der Programmlaufzeit ständig verändert werden kann.

Konstanten dagegen bekommen zu Beginn einen Wert zugewiesen, der dann nicht mehr während der Laufzeit eines Programms veränderbar ist. Eine typische Konstante, der man in einem Programm üblicherweise einen Namen gibt, um nicht ständig ihren Wert eingeben zu müssen, wäre z. B. die Zahl π (üblich ist hier die Vergabe des Namens *PI*). In Kapitel 7.4.1 auf Seite 160 werden Konstanten noch näher vorgestellt.

Nachfolgend ist ein Algorithmus zur Ermittlung des größten gemeinsamen Teilers (ggT) von zwei Zahlen gezeigt, der von *Euklid* stammt:

1. Lies zwei ganze Zahlen in die Variablen 'x' und 'y' ein!
2. Solange der Wert von 'x' größer als 0 ist, wiederhole Schritte 2.1 bis 2.2!
  2.1 Wenn Wert von 'x' kleiner als 'y', dann vertausche 'x' und 'y'!
  2.2 Weise 'x' die Differenz von 'x' minus 'y' zu!
3. Gib den Wert von 'y' (ist ggT) aus!

Programmablaufpläne und Struktogramme

Neben der informellen textuellen Beschreibung eines Algorithmus sind auch andere Formen zur Darstellung von Algorithmen möglich, wie z. B. als:

- *Programmablaufpläne bzw. Flussdiagramme (DIN 66001)*
  Abbildung 7.1 zeigt links den Programmablaufplan zum Euklid'schen Algorithmus. Flussdiagramme gelten zwar in der heutigen Softwareentwicklung als veraltet, werden aber auch heute noch in der Dokumentation zur Darstellung eines bestimmten Ablaufverhaltens verwendet.

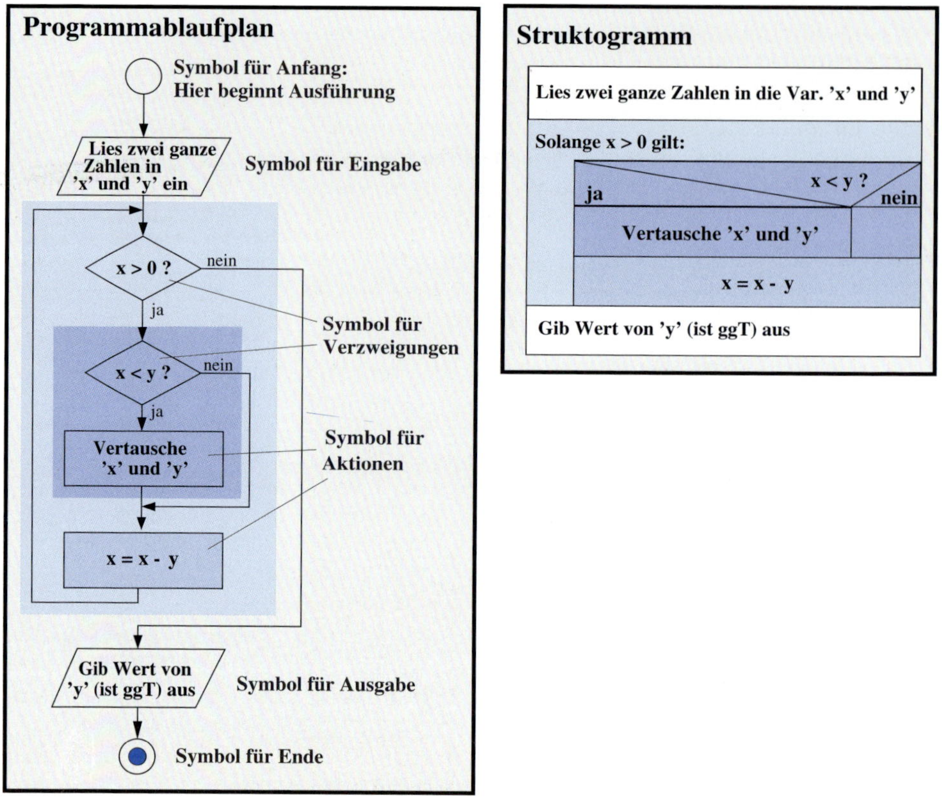

Abbildung 7.1: Programmablaufplan und Struktogramm zum Euklid'schen Algorithmus

- *Struktogramme von Nassi und Shneiderman (DIN 66261)*
  Abbildung 7.1 zeigt rechts das Struktogramm zum Euklid'schen Algorithmus. Struktogramme werden hauptsächlich in der Lehre verwendet, während sie in der praktischen Softwareentwicklung wegen ihrer schweren Pflegbarkeit nur selten eingesetzt werden.

7.3.4 Programm = Daten + Algorithmus

In ihrer allgemeinsten Form bestehen Programme aus:

1. Objekten (Daten),
2. Algorithmus, der Operationen an den Objekten (Daten) festlegt.

   Die Operationen bewirken, dass die Objekte (Daten) von einem ursprünglichen Zustand (Anfangs- oder Eingangsstruktur) über eventuell notwendige Zwischenstrukturen in eine Endstruktur gebracht werden.

Der Zusammenhang zwischen einem Algorithmus und einem Programm lässt sich wie folgt beschreiben.

- (Computer-)Programme sind Verfahren, die gegebene Daten durch Algorithmen in einem Computer manipulieren, um ein gewünschtes Endergebnis bzw. einen bestimmten Endezustand zu erhalten.
- Die Formulierung eines Algorithmus erfolgt in einer Sprache, die der Computer verstehen und abarbeiten kann. Programmiersprachen sind ein Hilfsmittel zur Abbildung der Daten- und Kontrollstrukturen des Algorithmus in die Sprachkonstrukte der betreffenden Programmiersprache.
- Aus der „Sicht" des Computers ist ein Programm eine endliche Folge von ausführbaren Anweisungen. Ausführbare Programme sind die Abbildung der Daten- und Kontrollstrukturen in die interne Darstellung des betreffenden Computers, was man als *Objektcode* bezeichnet. Als interne Darstellung wird die Maschinensprache des betreffenden Computers verwendet, wobei diese Maschinensprache vom jeweiligen Hersteller des Prozessors abhängig ist.

Abbildung 7.2 zeigt die Aufgabenteilung zwischen Mensch und Maschine. Diese Schrittfolge wird nachfolgend anhand eines konkreten Beispiels verdeutlicht.

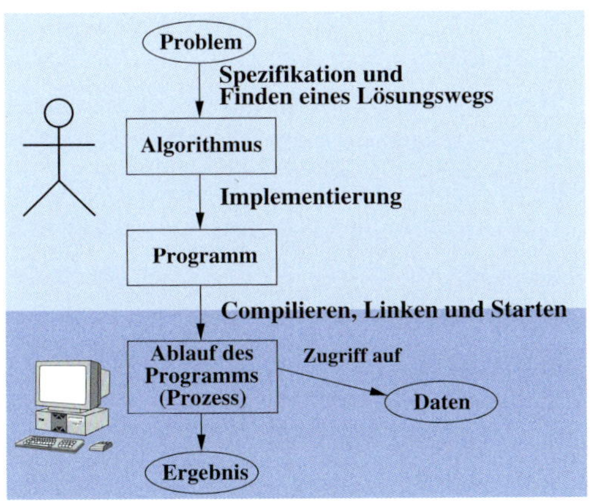

Abbildung 7.2: Aufgabenteilung zwischen Mensch und Computer

1. Spezifikation und Finden eines Lösungswegs

Die Aufgabenstellung lautet hier: *Zu zwei positiven natürlichen Dezimalzahlen x und y, die über Tastatur einzulesen sind und jeweils in einem Speicher von 4 Bytes zu speichern sind, ist der größte gemeinsame Teiler ggT(x,y) zu berechnen und am Bildschirm auszugeben. Die Inhalte von x und y dürfen dabei verändert werden.*

Als Lösungsweg wählen wir den bereits früher vorgestellten Euklid'schen Algorithmus (siehe auch Abbildung 7.1):

1. Lies zwei ganze Zahlen in die Variablen 'x' und 'y' ein!
2. Solange der Wert von 'x' größer als 0 ist, wiederhole Schritte 2.1 bis 2.2!
   2.1 Wenn Wert von 'x' kleiner als 'y', dann vertausche 'x' und 'y'!
   2.2 Weise 'x' die Differenz von 'x' minus 'y' zu!
3. Gib den Wert von 'y' (ist ggT) aus!

2. Implementierung des Algorithmus

Unter Implementierung versteht man das Umsetzen eines Algorithmus in die entsprechende Programmiersprache. Das Programm `ggt.c` (Listing 7.1) zeigt eine mögliche C-Implementierung und das Java-Programm `Ggt.java` (Listing 7.2) eine mögliche Java-Implementierung zu diesem Euklid'schen Algorithmus. Diese beiden Programme dienen hier lediglich dazu, dem Leser einen ersten Eindruck über das Aussehen von Programmen zu vermitteln. Nähere Erläuterungen zu den einzelnen hier verwendeten Konstrukten werden dann in Kapitel 7.4 auf Seite 160 gegeben.

Listing 7.1: `ggt.c`: C-Implementierung zum Euklid'schen Algorithmus

```c
#include <stdio.h>

int main(void) {
   int x, y, h; /* Variablen (Speicherplätze) für ganze Zahlen */

   printf("1. Zahl: "); /* 1: Einlesen der Werte für x und y */
   scanf("%d", &x);
   printf("2. Zahl: ");
   scanf("%d", &y);

   while (x > 0) /* 2: Solange x > 0 ist, wiederhole Schritte 2.1 bis 2.2 */
   {
      if (x < y) /* 2.1: Ist x < y, dann vertausche x und y */
      {
         h = x;  /*        Vertauschen der Werte von x und y */
         x = y;  /*        ..............................    */
         y = h;  /*        ..............................    */
      }
      x = x - y; /* 2.2: Weise x Differenz von x - y zu */
   }
   printf(" ---> ggT = %d\n", y); /* 3: Gib Wert von y (ist ggT) aus */
   return 0;
}
```

- *Grundsätzlicher Aufbau eines C-Programms*

```c
#include <stdio.h>

int main(void) {
   .....
   return 0;
}
```

`main()` bezeichnet eine so genannte *Funktion*, die beim Start des Programms aufgerufen und abgearbeitet wird. Auf *Funktionen* wird im Kapitel 7.5.11 auf Seite 190 näher eingegangen.

- *Einlesen mit `scanf(...)` und Ausgeben mit `printf(...)` in C*

```
int    i, a = 5,    b = 10;
float  g, x = 5.2, y= 10.4;

scanf("%d", &i); /* Einlesen von ganzer Zahl in Variable (Speicherpl.) mit Namen 'i' */
scanf("%f", &g); /* Einlesen von Gleitpktzahl in Variable (Speicherpl.) mit Namen 'g'*/

printf("Hallo wie gehts\n"); /* Ausgabe: Hallo wie gehts; \n bewirkt Zeilenvorschub */
printf("Summe %d + %d ist %d\n", a, b, a+b); /* Ausgabe: Summe 5 + 10 ist 15 */
printf("%f + %f ist %f\n", x, y, x+y); /* Ausg.: 5.200000 + 10.400000 ist 15.600000 */

 /* Um in C Gleitpunktzahlen nicht mit 6 Stellen nach Komma (Punkt) ausgeben */
 /* zu lassen, kann man %g verwenden: */
printf("Summe %g + %g = %g\n", x, y, x+y); /* Ausgabe: Summe 5.2 + 10.4 = 15.6 */
```

Zur Verwendung dieser Funktionen ist #include <stdio.h> mit den Prototypenbeschreibungen nötig. Sie besitzen folgende Aufrufparameter:

```
int anzahl = scanf("format", &argument1, &argument2, ...); bzw.
int anzahl = printf("format", argument1, argument2, ...);
```

Die Kontrollzeichenkette *"format"* gibt an, wie die einzelnen Argumente einzulesen bzw. auszugeben sind und enthält dazu Formatierungs- bzw. Umwandlungsvorgaben, die mit % beginnen. Diese erlauben es, den Datentyp und optional auch weitere Einzelheiten, wie u. a. die Weite des jeweiligen Arguments, festzulegen. Genaue Details dazu sind in entsprechenden C-Lehrbüchern zu finden.

Listing 7.2: `Ggt.java`: Java-Implementierung zum Euklid'schen Algorithmus

```
import java.io.*;
public class Ggt {
   public static void main (String args[]) {
     int x, y, h; /* Variablen (Speicherplätze) für ganze Zahlen */
     Eingabe ein = new Eingabe();
     x = ein.readInt("1. Zahl: ");
     y = ein.readInt("2. Zahl: ");
     while (x > 0) /* 2: Solange x > 0 ist, wiederhole Schritte 2.1 bis 2.2 */
      {
         if (x < y) /* 2.1: Ist x < y, dann vertausche x und y */
         {
            h = x;  /*           Vertauschen der Werte von x und y */
            x = y;  /*                ................................       */
            y = h;  /*                ................................       */
         }
         x = x - y; /*  2.2: Weise x Differenz von x - y zu */
      }
      System.out.println("---> ggT = " + y); // 3: Gib Wert von y (ist ggT) aus
   }
}
```

- *Grundsätzlicher Aufbau eines Java-Programms*
  Java-Programme sind immer in so genannten Klassen enthalten. Hier haben wir eine Klasse `Ggt`. Damit ein Java-Programm lauffähig ist, muss es innerhalb einer `public`-Klasse eine (`public static`) Funktion bzw. Methode mit dem Namen `main` besitzen, wie es nachfolgend gezeigt ist. Somit ergibt sich zunächst folgender grundsätzlicher Aufbau für Java-Programme:

```
import java.io.*;
public class Ggt {
   public static void main (String args[]) {
      .....
   }
}
```

- *Einlesen und Ausgeben in Java*
  Da das Einlesen von der Tastatur in Java etwas umständlich ist, wurde hierfür im Rahmen dieses Buches eine eigene Klasse `Eingabe` (in Datei `Eingabe.java`) entwickelt, die im Begleitmaterial zu diesem Buch nachgeschlagen werden kann. Unter Verwendung dieser Klasse sind folgende Eingaben möglich:

```
Eingabe ein = new Eingabe();
 x = ein.readInt("1. Zahl: "); /* Einlesen einer ganzen Zahl mit Ausgabe der
                                  Aufforderung "1. Zahl: " */
 x = ein.readDouble("Gleitpktzahl: "); /* Einlesen einer Gleitpunktzahl mit
                                  Ausgabe der Aufforderung "Gleitpktzahl: " */
 x = ein.readChar("Ein Zeichen: "); /* Einlesen eines Zeichens mit Ausgabe der
                                  Aufforderung "Ein Zeichen: " */
     /* Ausgabe des Textes "Hallo wie gehts" ohne Zeilenvorschub */
 System.out.print("Hallo wie gehts");
     /* Ausgabe von "---> ggT = " und des Werts von y mit Zeilenvorschub */
 System.out.println("---> ggT = " + y);
```

Die Details von Funktions- bzw. Methodenaufrufen in Java werden in Kapitel 7.5.11 auf Seite 190 und in Kapitel 7.6 ab Seite 232 näher erläutert.

Kommentare in `/*...*/` und Zeilenkommentare mit `//`

Texte, die innerhalb von `/*...*/` angegeben sind, sind nur für den Menschen gedacht und werden vom Compiler einfach überlesen. Solche in `/*...*/` angegebenen Texte bezeichnet man als *Kommentare*, die dem Leser eines Programms helfen sollen, den Programmcode besser zu verstehen, wie z. B. die Kommentare:

```
int x, y, h; /* Variablen (Speicherplätze) für ganze Zahlen */
while (x > 0) /* 2: Solange x > 0 ist, wiederhole Schritte 2.1 bis 2.2 */
```

In Java, C++ und im neuen Standard von C sind auch Zeilenkommentare erlaubt:

```
zaehl = zaehl + 1; // ab hier bis Zeilenende Kommentar
```

3. Compilieren, Linken und Starten des Programms

In Kapitel 6 auf Seite 136 wurden bereits Compiler, Interpreter und Linker vorgestellt, die für die Übersetzung eines Programms in ein Maschinenprogramm erforderlich sind, weshalb hier auf eine erneute Erläuterung verzichtet werden kann.

Compilieren und Ausführen von C-Programmen

Das Compilieren des C-Programms `ggt.c` (Listing 7.1) erfolgt unter Linux/Unix mit: **cc -Wall -o ggt ggt.c** oder **gcc -Wall -o ggt ggt.c**

Die Option `-Wall` legt dabei fest, dass die höchste Warnstufe beim Compilieren eingestellt ist, so dass nicht nur Syntaxfehler, sondern auch schlechter Programmierstil gemeldet wird. Der auf die Option `-o` folgende Name ist der Name des ausführbaren Programms, das durch diesen Aufruf zu erzeugen ist, wenn das C-Programm fehlerfrei compiliert und gelinkt werden kann. Das Starten des Programms erfolgt dann durch den Aufruf des ausführbaren Programms (`ggt` bzw. `./ggt`):

```
./ggt
1. Zahl: 42
2. Zahl: 12
 ---> ggT = 6
```

Ein C/C++-Programm kann nur dann auf einem anderen System ablaufen, wenn es dort in den entsprechenden Maschinencode compiliert wurde. So würde z. B. das obige unter Linux/Unix compilierte Programm `ggt` nicht auf einem Microsoft-Windows-System ablauffähig sein. Um es auch unter einem MS-Windows-System ablaufen zu lassen, müsste man das C-Programm `ggt.c` erst mit einem Compiler unter MS-Windows compilieren.

Compilieren und Ausführen von Java-Programmen

Java-Programme dagegen sind portabel, was bedeutet, dass diese ohne Nachcompilierung sofort unter mehreren System ablauffähig sind. Java benutzt dazu eine so genannte *virtuelle Maschine*, indem ein Java-Compiler nicht Maschinencode für die darunterliegende Plattform erzeugt, sondern stattdessen einen eigenen Zwischencode (*Bytecode* genannt) für die *virtuelle Maschine*. Möchte man nun auf einer beliebigen Plattform ein eventuell auf einer anderen Plattform compiliertes Java-Programm starten, so muss dort nur ein Interpreter (siehe auch Seite 138) vorhanden sein, der diesen Bytecode in den Maschinencode der entsprechenden Plattform übersetzen kann (siehe auch Abbildung 7.3).

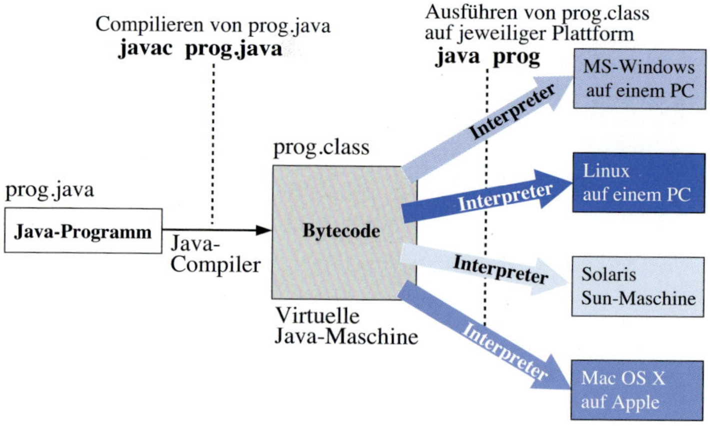

Abbildung 7.3: Java: Compilieren in Bytecode und Interpretieren auf jeweiliger Plattform

Um das Java-Programm `Ggt.java` (Listing 7.2) nun zu compilieren, muss man

javac Ggt.java

aufrufen. Der Compiler übersetzt dann dieses Programm in Bytecode, den er in die Datei `Ggt.class` schreibt. Ausführen lässt sich dieses Bytecode-Programm `Ggt.class` nun mit dem Aufruf: **java Ggt**, wie z B.:

```
java Ggt
1. Zahl: 42
2. Zahl: 12
 ---> ggT = 6
```

7.4 Datentypen und Operatoren in C/C++ und Java

7.4.1 Datentypen und Konstanten

Tabelle 7.1 zeigt nochmals die wichtigsten Grunddatentypen von C/C++ und Java, die bereits in Kapitel 3.10 auf Seite 78 näher behandelt wurden und die in den späteren Programmen dieses Buches verwendet werden.

Ganzzahlige Konstanten (für z. B. `short`, `int` und `long`)

Soll eine ganzzahlige Konstante als Oktal- bzw. Hexadezimalzahl interpretiert werden, ist ihr eine `0` bzw. ein `0x` voranzustellen: 0273 bedeutet $273_{(8)}$, also dezimal $187_{(10)}$ und `0xa4` steht für $a4_{(16)}$ oder umgerechnet in das Dezimalsystem $164_{(10)}$.

Die Voreinstellung ist, dass ganzzahlige Konstanten im Datentyp `int` abgelegt werden. Möchte man, dass sie z. B. im Datentyp `long` abgelegt werden, muss man das Suffix `L` oder `l` anhängen, wie z. B. `2L` oder `0xaffeL`.

Tabelle 7.1

Datentypen in C/C++ und/oder Java

Datentyp	Bitzahl	Wertebereich	vorhanden in
`char`	8	−128..127	C (ASCII-Zeichen und 8-Bit-Zahlen)
`char`	16	0..65 535	Java (16-Bit Unicode-Zeichen)
`byte`	8	−128..127	Java (für 8-Bit-Zahlen)
`short`	16	−32 768..32 767	C und Java
`int`	32	−2 147 483 648..2 147 483 647	C und Java
`long`	32/64	−9 223 372 036 854 775 808.. ..9 223 372 036 854 775 807	C (32/64 Bit) und Java (64 Bit)
`float`	32	$1.2 \cdot 10^{-38}..3.4 \cdot 10^{38}$	C und Java
`double`	64	$2.2 \cdot 10^{-308}..1.8 \cdot 10^{308}$	C und Java
`boolean`	8[2]	Werte `true` und `false`	Java

Gleitpunktkonstanten (für `float` und `double`)

Die in C/C++ und Java erlaubten Darstellungen einer Gleitpunktkonstante werden durch das in Abbildung 7.4 gezeigte Syntaxdiagramm beschrieben.

Der nach `e` bzw. `E` angegebene Exponent wird als „Zehnerexponent" interpretiert. Zudem kann an eine Gleitpunktkonstante noch das Suffix `f` bzw. `F` angehängt werden, um diese statt in dem voreingestellten Datentyp `double` in den Datentyp `float` ablegen zu lassen.

2 Hier wird oft jedoch die Breite des Maschinenworts wie z. B. 32 oder 64 verwendet.

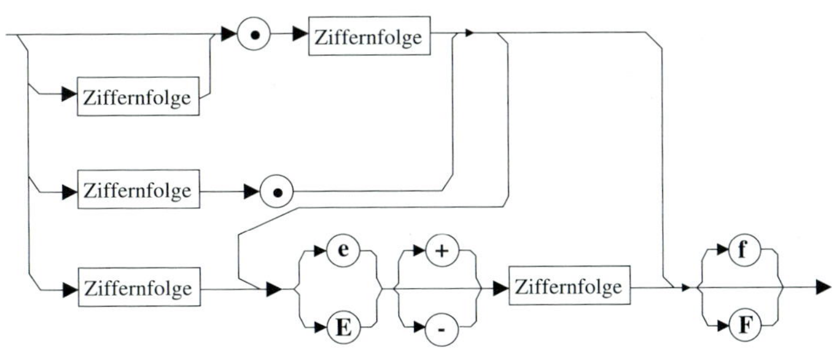

Abbildung 7.4: Syntaxdiagramm für erlaubte Gleitpunktkonstanten

Die folgende Liste zeigt erlaubte und unerlaubte Gleitpunktkonstanten.

Erlaubte Gleitpunktkonstanten: −2.3 2.3333e37 3.4F .142E15 3.e−19
Unerlaubte Gleitpunktkonstanten: .e+12 2143.6.3 52.e++43f 4.8e 2.3e+3.45

char-Konstanten

`char`-Konstanten müssen mit einfachem Hochkomma (z. B.: 'a') geklammert werden. Im `char`-Datentyp wird dann der zugehörige ASCII- bzw. in Java Unicode-Wert gespeichert, der dieses Zeichen repräsentiert. Als `char`-Konstanten sind unter anderem auch folgende Steuerzeichen (*Escape-Sequenzen*) erlaubt:

`\b`	Backspace (ein Zeichen zurückpositionieren)
`\f`	Seitenvorschub
`\n`	Neue Zeile
`\r`	Wagenrücklauf (an Anfang der momentanen Zeile positionieren)
`\t`	Tabulator
`\'`	Hochkomma
`\"`	Anführungszeichen
`\\`	Backslash

Es ist auch eine Typumwandlung (*Casting* genannt) möglich, wie z. B.:

```
int     i;
double d = 43.51;
   i = (int)d;    <-- hier wird 43 als ganzzahliger Wert in i abgelegt.
```

7.4.2 Bezeichner

Die Vergabe von Namen (so genannten *Bezeichnern*) an Variablen und Funktionen ist in C/C++ und Java an bestimmte Regeln gebunden, von denen die wichtigsten nachfolgend kurz vorgestellt werden.

1. Während in C/C++ nur Buchstaben (keine Umlaute ä, ü, ö oder ß), Ziffern und der Unterstrich (_) verwendet werden dürfen, sind in Java alle in Unicode zulässigen Buchstaben, Ziffern und auch der Unterstrich (_) sowie das Dollarzeichen ($) erlaubt.
2. Das erste Zeichen eines Bezeichners darf keine Ziffer sein.
3. Schlüsselwörter wie `if`, `for` usw. sind nicht als Bezeichnernamen erlaubt, wobei sie natürlich Teil eines Namens sein dürfen, wie z. B. `form`, `felsen`, `dose` usw.

7.4.3 Grundlegende Operatoren

```
/*      ......................................      Zuweisungen von Werten an Variablen */
  h = x;  /* weist der Variablen h den Wert von x zu */
  x = y;  /* weist der Variablen x den Wert von y zu */
  y = h;  /* weist der Variablen y den Wert von h zu */
/*      ..................................................      Arithmetische Operatoren */
  x = x - y;   /* Weise x die Differenz von x - y zu */
  x = x + 4;   /* Inhalt von x um 4 erhöhen */
  x = y * z;   /* Weise x den Wert aus der Multiplikation von y und z zu */
  y = a / b;   /* Weise y den Wert aus der Division von a und b zu */
/* Ein weiterer Operator ist der so genannte modulo-Operator %,
   der den Rest aus einer ganzzahligen Division liefert, wie z.B.: */
  int z = 17;
  rest = z % 6;    /* in rest wird Wert 5 gespeichert */
  rest = z % 8;    /* in rest wird Wert 1 gespeichert */
  rest = z % 13;   /* in rest wird Wert 4 gespeichert */
  z    = z % 2;    /* in z wird Wert 1 gespeichert */
/*      ....................................................      Vergleichsoperatoren */
  x > 0        /* prüft, ob der Wert der Variablen x größer als 0 ist */
  x < y        /* prüft, ob der Wert von x kleiner als der von y ist */
  z != 0       /* prüft, ob der Wert von z ungleich 0 ist */
  z == y       /* prüft, ob der Wert von z gleich dem von y ist */
  preis <= 100 /* prüft, ob der Wert von preis kleiner oder gleich 100 ist */
  alter >= 18  /* prüft, ob der Wert von alter größer oder gleich 18 ist */
```

Daneben bieten sowohl C/C++ als auch Java so genannte zusammengesetzte Operatoren für die arithmetischen Operatoren an, wie z. B.:

```
a -= b /* entspricht a = a - b */
a *= b /* entspricht a = a * b */
a /= b /* entspricht a = a / b */
a %= b /* entspricht a = a % b */  ........
```

7.4.4 Die logischen Operatoren &&, || und !

Für die logischen Operatoren AND, OR und NOT, die bereits in Kapitel 4 auf Seite 82 vorgestellt wurden, bieten C/C++ und Java die folgenden Konstrukte an:

&& (AND-Operator): Z. B. ist die Bedingung `monat>4 && monat<10` nur erfüllt, wenn der Wert der Variablen `monat` größer als 4 und zugleich auch kleiner als 10 ist.

|| (OR-Operator): Z. B. ist `alter<=19 || alter>=50` für alle Teenager und Kinder als auch für alle Personen erfüllt, die 50 Jahre oder älter sind.

! (NOT-Operator): Z. B. ist `!(alter<=19 || alter>=50)` für alle Personen erfüllt, die keine Teenager oder Kinder mehr sind, aber auch noch nicht das 50. Lebensjahr erreicht haben. Dieser Ausdruck entspricht somit dem Ausdruck `alter>19 && alter<50`.

7.4.5 Die Shift-Operatoren << und >>

Mit den beiden Shift-Operatoren ist es möglich, die Bits eines Operanden nach links (<<) bzw. nach rechts (>>) zu schieben. Um wie viele Stellen die Bits des linken Operanden zu verschieben sind, gibt dabei der rechte Operand an.

Beim Links-Shift wird der Inhalt der entsprechenden Variablen um n Bits nach links geschoben und eine 0 nachgezogen, was einer Multiplikation mit 2^n entspricht.

Beim Rechts-Shift wird der Inhalt der entsprechenden Variablen um n Bits nach rechts geschoben, wobei Bits verloren gehen, was somit einer ganzzahligen Division durch 2^n entspricht.

```
a = 5;      /* a: 0000 0000 0000 0101 (Dezimal: 5) */
a = a << 1; /* a: 0000 0000 0000 1010 (Dezimal: 10) */

a = 10;     /* a: 0000 0000 0000 1010 (Dezimal: 10) */
b = a << 3; /* b: 0000 0000 0101 0000 (Dezimal: 80) */

x = 13;     /* x: 0000 0000 0000 1101 (Dezimal: 13) */
x = x >> 1; /* x: 0000 0000 0000 0110 (Dezimal: 6) */

x = 50;     /* x: 0000 0000 0011 0010 (Dezimal: 50) */
y = x >> 4; /* y: 0000 0000 0000 0011 (Dezimal: 3) */
```

Diese Operatoren können nur auf ganzzahlige Datentypen, also `char`, `int` usw. angewendet werden. Bei `signed`-Datentypen, d. h. negativen Zahlen (1. Bit eine 1) wird bei >> von links eine 1 und keine 0 nachgeschoben. Um bei einer negativen Zahl eine 0 nachschieben zu lassen, bietet Java (nicht C) noch den Operator >>> an. In C/C++ kann man dafür Casting auf `unsigned int` einsetzen.

7.4.6 Die Bit-Operatoren &, |, ^ und ~

C/C++ und Java bieten die folgenden vier Bit-Operatoren an:

- *Bitweise Invertierung mit ~ = Einer-Komplement ((B-1)-Komplement)*
  Der Operator ~ (engl. *tilde*) invertiert die einzelnen Bits des angegebenen Operanden ($0 \rightarrow 1$, $1 \rightarrow 0$).

```
x = 13; /* x: 0000 0000 0000 1101 (Dezimal: 13) */
y = ~x; /* y: 1111 1111 1111 0010 (Dezimal: -14) */
/* Nachbilden des Zweier-Komplements */
x = 24;       /*  x: 0000 0000 0001 1000 (Dezimal: 24) */
y = ~x + 1;   /* ~x: 1111 1111 1110 0111 (Dezimal: -25) */
              /* +1: 0000 0000 0000 0001 (Dezimal: 1) */
              /*  y: 1111 1111 1110 1000 (Dezimal: -24) */
```

- *Bitweise AND-Verknüpfung mit &*
  Der &-Operator verknüpft die einzelnen Bits der beiden Operanden folgendermaßen:
  0 & 0 = 0
  0 & 1 = 0   Aus der Verknüpfung ergibt sich also nur dann eine 1,
  1 & 0 = 0   wenn alle verknüpften Bits 1 sind.
  1 & 1 = 1

```
x = 0xaffe;   /* x: 1010 1111 1111 1110 (Hexa=affe) */
y = 0x753a;   /* y: 0111 0101 0011 1010 (Hexa=753a) */
              /* ---------------------------------- */
z = x & y;    /* z: 0010 0101 0011 1010 (Hexa=253a = Dez=9530 */
```

- *Bitweise OR-Verknüpfung mit |*
  Der |-Operator verknüpft die einzelnen Bits der beiden Operanden folgendermaßen:
  0 | 0 = 0
  0 | 1 = 1   Aus der Verknüpfung ergibt sich also schon dann eine 1,
  1 | 0 = 1   wenn bereits eines der verknüpften Bits 1 ist.
  1 | 1 = 1

```
x = 0x4789;   /* x: 0100 0111 1000 1001 (Hexa=4789) */
y = 0x753a;   /* y: 0111 0101 0011 1010 (Hexa=753a) */
              /* ---------------------------------- */
z = x | y;    /* z: 0111 0111 1011 1011 (Hexa=77bb = Dez=30651 */
```

- *Bitweise XOR-Verknüpfung mit ^*
  Der ^-Operator verknüpft die einzelnen Bits der beiden Operanden folgendermaßen:
  0 ^ 0 = 0
  0 ^ 1 = 1   Aus der Verknüpfung ergibt sich also nur dann eine 1,
  1 ^ 0 = 1   wenn nur eines der verknüpften Bits 1 ist
  1 ^ 1 = 0   und das andere Bit 0 ist.

```
x = 0x4789;/* x: 0100 0111 1000 1001 (Hexadez.: 4789) */
y = 0x753a;/* y: 0111 0101 0011 1010 (Hexadez.: 753a) */
           /* ---------------------------------- */
z = x ^ y; /* z: 0011 0010 1011 0011 (Hexa=32b3 = Dez=12979 */
```

Während es sich bei den drei Operatoren &, | und ^ um so genannte dyadische oder binäre Operatoren handelt, die immer zwei Operanden (links und rechts vom Operator) benötigen, handelt es sich beim Operator ~ um einen monadischen bzw. unären Operator, der wie z. B. das negative Vorzeichen oder der Negationsoperator ! nur auf einen Operanden angewendet werden kann. Auch diese Operatoren können lediglich auf ganzzahlige Datentypen wie `char` oder `int` angewendet werden.

7.4.7 Die Postfix- und Präfixoperatoren ++ und −−

In Programmen werden sehr oft Zählvariablen benötigt, auf die ständig 1 addiert (Inkrementiervorgang) oder von denen laufend 1 subtrahiert (Dekrementiervorgang) werden muss. C/C++ und Java bieten für diese beiden Operationen den Inkrementoperator ++ und den Dekrementoperator −− an.

```
++a; /* hat die gleiche Wirkung wie: */
   a = a + 1; /* bzw. */
   a += 1;
```

```
--b; /* hat die gleiche Wirkung wie: */
   b = b - 1; /* bzw. */
   b -= 1;
```

Die beiden Operatoren ++ und −− können auch bei Variablen auf der rechten Seite einer Zuweisung verwendet werden. Dabei ist jedoch zu beachten, ob sie vor (*Präfix*-Schreibweise) oder hinter einem Operanden (*Postfix*-Schreibweise) stehen:

- *Präfix-Schreibweise*
  Hier werden die beiden Operatoren ++ und −− vor allen anderen Operatoren ausgewertet.

```
vor = ++praefix;
    /* entspricht der Anweisungsfolge: */
praefix = praefix + 1;
vor = praefix;
```

  Hätte z. B. `praefix` vor dieser Zuweisung den Wert 11, dann wäre nach dieser Zuweisung in `praefix` und in `vor` der Wert 12 gespeichert.

- *Postfix-Schreibweise*
  Hier werden die beiden Operatoren ++ und −− zu allerletzt ausgewertet, also nachdem alle anderen Operatoren (auch die Zuweisung) durchgeführt wurden.

```
nach = postfix++;
    /* entspricht der Anweisungsfolge: */
nach = postfix;
postfix = postfix + 1;
```

  Hätte z. B. `postfix` vor dieser Zuweisung den Wert 11, dann wäre danach in `nach` der Wert 11, aber in der Variablen `postfix` der Wert 12 gespeichert.

Die beiden Operatoren ++ und −− dürfen nur auf Variablen angewendet werden und sie dürfen nicht auf der linken Seite einer Zuweisung benutzt werden.
Verboten sind also Ausdrücke wie z. B.:

x = (a+b)++;	x = 4++;	(a++)++;	alle nicht erlaubt
a++ = 4;	x = c++ = b+3;	−−zahl += b;	alle nicht erlaubt

Bei der Anwendung auf eine einzelne Variable wie z. B. $x++$; oder $--y$; ist es gleichgültig, ob die Operatoren links oder rechts vom Operanden geschrieben werden.

7.4.8 Prioritäten und Assoziativitäten der Operatoren

Tabelle 7.2 enthält wichtige Operatoren, die sowohl in C/C++ als auch in Java vorhanden sind. Zudem zeigt sie deren Prioritäten untereinander.

Tabelle 7.2

Prioritätstabelle für Operatoren in C/C++ und Java

Operator (höchste Priorität oben; niedrigste unten)		Assoziativität
Unäre Postfixop.:	( ) [ ] . (Punktoperator) ++ −−	von links her
Unäre Präfixop.:	+ − (Vorz.) ! (NOT) ~ ++ −− (Casting)	von rechts her
Multipl./Division:	∗ (Multiplikation) / (Division) % (Modulo)	von links her
Add./Subtraktion:	+ (Addition) − (Subtraktion)	von links her
Schiebeoperatoren:	<< (Linksshift) >> (Rechtsshift)	von links her
Relationale Op.:	< <= > >=	von links her
Vergleichsop.:	== !=	von links her
Bitweises AND:	&	von links her
Bitweises XOR:	^	von links her
Bitweises OR:	|	von links her
Logisches AND:	&&	von links her
Logisches OR:	||	von links her
Bedingter Operator:	? :	von rechts her
Zuweisungsop.:	= += −= ∗= /= %= >>= <<= &= |= ^=	von rechts her

Nachfolgend einige Merkregeln zu den Prioritäten der einzelnen Operatoren.

1. Falls man sich bei einigen Operatoren über deren Priorität unsicher ist, sollte man sicherheitshalber Klammern verwenden, um die gewünschte Auswertung zu erreichen. Klammern haben nämlich immer die höchste Priorität.
2. Unäre Operatoren (wie z. B. Vorzeichen oder Inkrement-Operatoren) haben höhere Priorität als binäre Operatoren.
3. Die arithmetischen Operatoren ∗, /, %, + und − haben unter den binären Operatoren die höchste Priorität, wobei unter ihnen „Punkt vor Strich“ gilt.

4. Die Operatoren <, <=, >, >= haben eine höhere Priorität als die beiden Gleichheitsoperatoren == und ! =. So könnte man z. B. mit $a < b == c < d$ prüfen, ob a und b in der gleichen relationalen Beziehung zueinander stehen wie c und d.
5. Die logischen Operatoren (&&, ||) und die Bit-Operatoren (&, ^, |) haben niedrigere Priorität als die Vergleichsoperatoren.
6. Bit-Operatoren haben immer höhere Priorität als logische Operatoren. Allgemein gilt, dass AND stärker ist als OR, wobei sich XOR (^) bei den Bit-Operatoren dazwischen geschmuggelt hat.
7. Zuweisungsoperatoren haben die geringste Priorität. Es gilt also allgemein: In einer Zuweisung wird immer zuerst der Ausdruck rechts vom Zuweisungsoperator ausgewertet, bevor dann das Auswertungs-Ergebnis der links stehenden Variablen zugewiesen wird.

In der Prioritätstabelle 7.2 ist neben den Operatoren-Gruppen „von links her" und nur bei einigen ist „von rechts her" angegeben. Dieser Kommentar gibt die Assoziativitäts-Bedingungen für die jeweiligen Operatoren an. Die *Assoziativität* legt fest, wie die Operatoren bei gleicher Priorität abgearbeitet werden.

Links-Assoziativität: Die meisten Operatoren besitzen Links-Assoziativität („von links her"), was bedeutet, dass diese Operatoren von links her abgearbeitet werden. So würde z. B. die Anweisung `a = 10-3-2;` dazu führen, dass a der Wert 5 zugewiesen wird, da dieser Ausdruck der Angabe `a = (10-3)-2;` und nicht der Angabe `a = 10-(3-2);` (Zuweisung von Wert 9 an Variable a) entspricht.

Rechts-Assoziativität: Nur die unären Operatoren (!, ~, −, +, ++, −−) und die Zuweisungsoperatoren besitzen Rechts-Assoziativität („von rechts her"), was bedeutet, dass diese Operatoren bei gleicher Priorität von rechts her abgearbeitet werden. So würden z. B. die beiden folgenden C-Anweisungen dazu führen, dass den zwei Variablen a und b der Wert 12 zugewiesen wird, da bei der zweiten Anweisung die beiden Zuweisungsoperatoren = von rechts her abgearbeitet würden. Dies bedeutet, dass zuerst die Zuweisung `b=b+5` ausgeführt wird, was dazu führt, dass 12 der neue Wert von b wird. Erst danach wird die Zuweisung `a=b` durchgeführt, wodurch dann a der Wert von b (12) zugewiesen wird.

```
b = 7;
a = b = b+5;
```

Während für ganzzahlige Datentypen wie `int`, `long` und `char` (in C/C++) bzw. `byte` (in Java) alle Operatoren aus Tabelle 7.2 erlaubt sind, sind für `float` und `double` nicht alle Operatoren erlaubt, wie es in Tabelle 7.3 dargestellt ist. Es ist erkennbar, dass Bit-Operationen, Shift-Operationen und Modulo-Rechnungen nicht für die Gleitpunkt-Datentypen `float` und `double` erlaubt sind.

Tabelle 7.3

Erlaubte und unerlaubte Operationen für `float` und `double`

erlaubt	nicht erlaubt
! ++ −− + (Vorz.) -(*Vorz.*)	~ (Tilde)
* /	%
+ −	<< >>
< <= > >= == !=	& ^ |
&& || = += −= *= /=	%= >>= <<= &= |= ^=

7.5 Formulierung von Algorithmen in C/C++ und Java

Nachfolgend werden nun die grundlegenden Operationen zur Formulierung eines Algorithmus in den Programmiersprachen C/C++ und Java vorgestellt.

Alle in diesem Kapitel vorgestellten C/C++ - und Java-Programme befinden sich im Begleitmaterial zu diesem Buch, so dass man sie ausprobieren kann.

7.5.1 Sequenz

Anweisungen werden in C/C++ und Java nacheinander mit Semikolon angegeben, was man als *Sequenz* bezeichnet (siehe Abbildung 7.5).

```
 .....
anweisung;
anweisung;
 .....
```

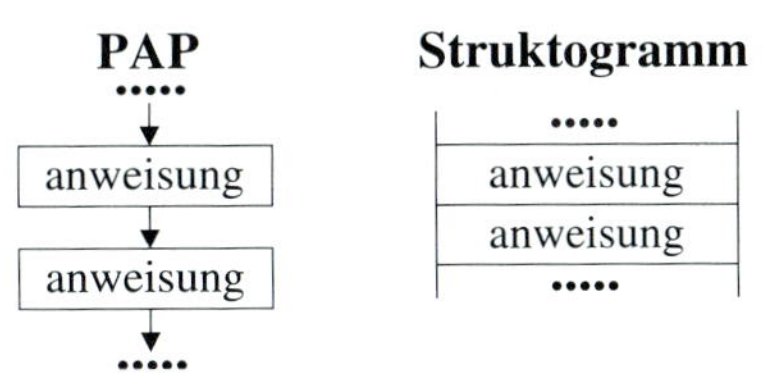

Abbildung 7.5: Sequenz von Anweisungen

7.5.2 Verzweigungen mit if

Die Abbildungen 7.6 und 7.7 zeigen unterschiedliche Verzweigungen mit `if`.

```
if (bedingung)
    anweisung;
```

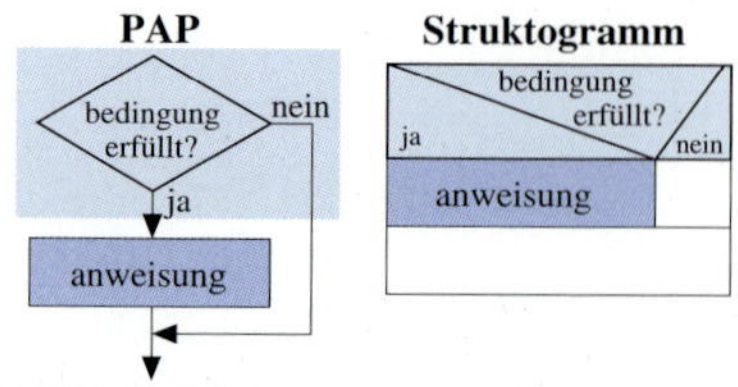


```
if (bedingung) {
    anweisung;
    anweisung;
    .....
}
```

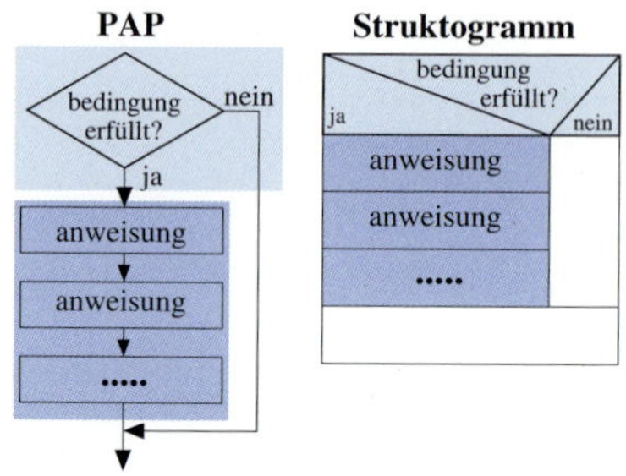

Abbildung 7.6: Bedingte Auswahl für eine Anweisung und mehrere Anweisungen

```
if (bedingung) {
    anweisung;
    anweisung;
    .....
} else {
    anweisung;
    anweisung;
    .....
}
```

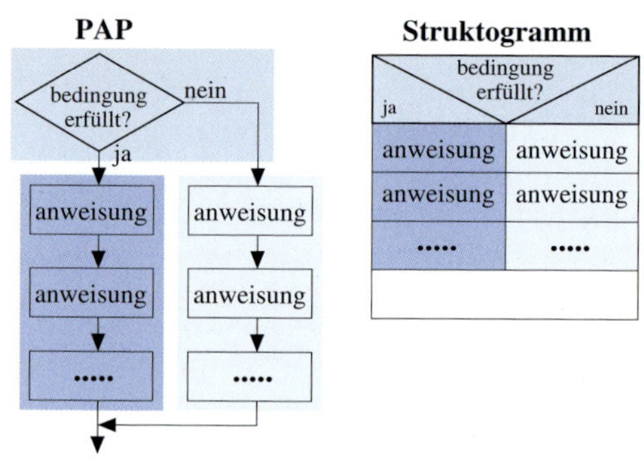


```
if (bedingung1) {
    anweisung;
    anweisung;
    .....
} else if (bedingung2) {
    anweisung;
    anweisung;
    .....
} else {
    anweisung;
    anweisung;
    .....
}
```

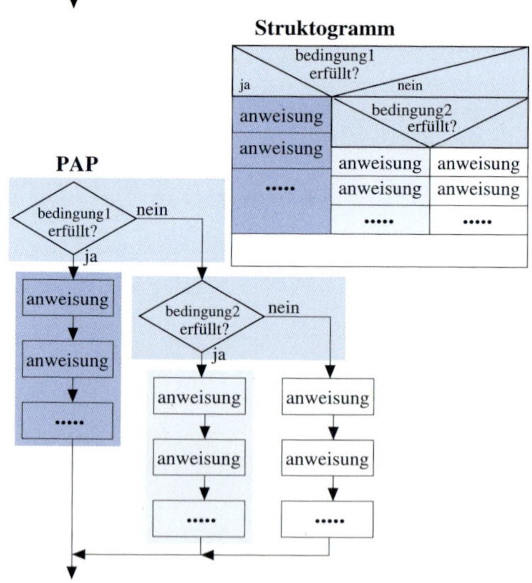

Abbildung 7.7: Alternative Auswahl und Mehrfachauswahl

> Sie wollen ein Auto kaufen, das folgende Kriterien erfüllt:
> Es muss 4 Türen haben,
> die Farbe soll blau sein (Eingabe 1 für blau, 0 für andere Farbe) und
> der Preis darf höchstens 10 000 € betragen.

Stellen Sie sich vor, dass Sie die Daten von einem interessanten Auto am Bildschirm eingeben und Ihr Programm gibt dann aus, ob dieses Auto Ihre Forderungen erfüllt oder nicht. Wenn es Ihre Kriterien nicht erfüllt, so sollen die Gründe ebenfalls ausgegeben werden (siehe auch Abbildung 7.8).

```
/* Codeauszug in C und Java */
Eingabe: tueren, farbe und preis
zaehl = 0; /* zaehl wird auf 0 gesetzt */

if (tueren == 4)
   zaehl = zaehl + 1;
else
   Ausgabe: "keine 4 Türen";
if (farbe == 1)
   zaehl = zaehl + 1;
else
   Ausgabe: "nicht blau";
if (preis <= 10000)
   zaehl = zaehl + 1;
else
   Ausgabe: "zu teuer";
if (zaehl == 3) {
    Ausgabe: "Auto erfüllt die Kriterien";
    Ausgabe: "Dieses Auto können";
    Ausgabe: "Sie kaufen.";
} else {
    Ausgabe: "Auto kommt nicht in Frage";
    Ausgabe: "Ich würde die Finger";
    Ausgabe: "davon lassen.";
}
```

Zugehörige Programme
`autokauf.c` und `AutoKauf.java`

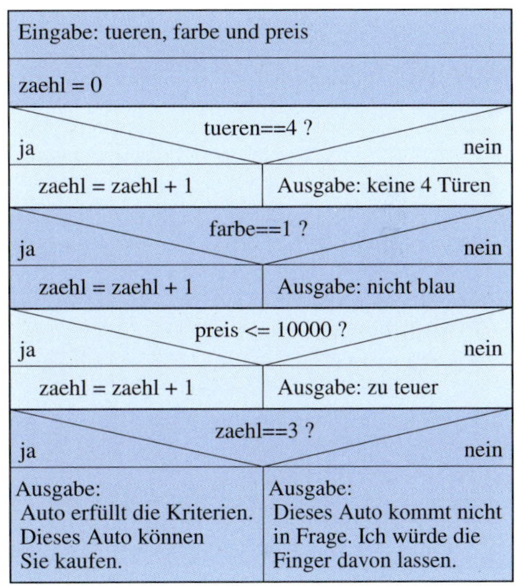

Abbildung 7.8: Prüfen von Kriterien beim Kauf eines Autos

In Abbildung 7.8 findet sich ein weiteres wichtiges Sprachelement der Programmiersprachen C/C++ und Java:

- *Zusammenfassen von mehreren Anweisungen mit {...} zu einem Block*
  Sind von einer Bedingung mehrere Anweisungen abhängig, wie z. B. bei `if (zaehl == 3)`, so müssen diese Anweisungen mit {...} zu einem Block zusammengefasst werden. Man kann zwar auch einzelne Anweisungen mit {...} klammern, aber das ist nicht unbedingt erforderlich. So könnte man z. B. statt dem Code links im Folgenden auch den Code rechts angeben:

```
if (preis <= 10000)
   zaehl = zaehl + 1;
else
   Ausgabe: "zu teuer";
```

```
if (preis <= 10000) {
   zaehl = zaehl + 1;
} else {
   Ausgabe: "zu teuer";
}
```

Ebenfalls möglich ist die nachfolgend gezeigte noch übersichtlichere Schreibweise, welche in diesem Buch aus Platzgründen nicht verwendet wird.

```
/* Bei einer Anweisung */
if (preis <= 10000)
  {
    zaehl = zaehl + 1;
  }
else
  {
    Ausgabe: "zu teuer";
  }
```

```
/* Bei mehreren Anweisungen */
if (zaehl == 3)
{
    Ausgabe: "Auto erfüllt die Kriterien";
    Ausgabe: "Dieses Auto können Sie kaufen."
}
else
{
    Ausgabe: "Auto kommt nicht in Frage";
    Ausgabe: "Ich würde die Finger davon lassen.";
}
```

Hätte man auf die Ausgabe der Gründe für einen Nichtkauf verzichtet, dann könnte der Programmteil, der die Kriterien überprüft, wie in Abbildung 7.9 aussehen.

Zugehörige Programme:
`autokauf2.c`, `Autokauf2.java`

```
if (tueren != 4)
   Ausgabe: "Auto ist nicht ok";
else if (farbe != 1)
   Ausgabe: "Auto ist nicht ok";
else if (preis > 10000)
   Ausgabe: "Auto ist nicht ok";
else
   Ausgabe: "Auto ist ok";
```

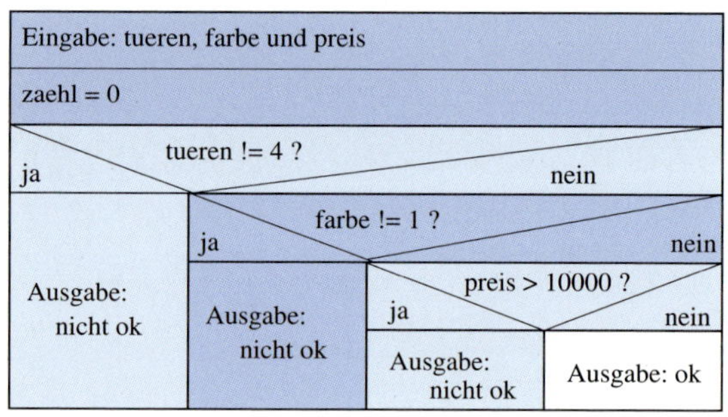

Abbildung 7.9: Prüfen von Kriterien beim Kauf eines Autos ohne Erläuterungen

Über Tastatur sollen zwei Werte eingegeben werden, die nach Größe geordnet (größte Zahl zuerst) am Bildschirm wieder auszugeben sind (siehe auch Abbildung 7.10).

```
/* Auszug aus den Programmen
   vertausch.c und Vertausch.java */
Eingabe der beiden Zahlen a und b;
if (b > a) {
   hilf = b; /* Vertauschen von a und b */
   b = a;
   a = hilf;
}
Ausgabe: a, b;
```

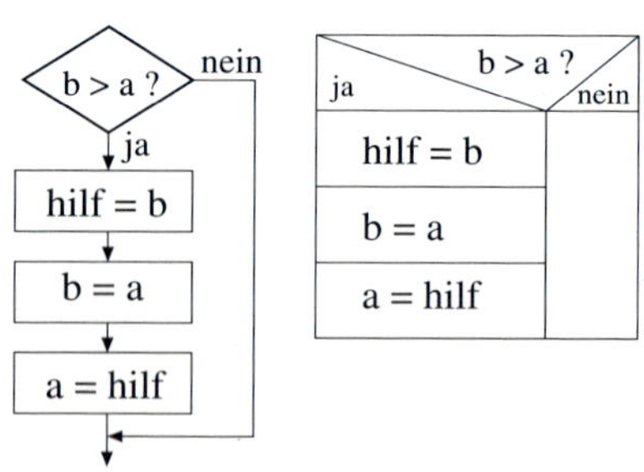

Abbildung 7.10: Sortieren mittels Vertauschen zweier Variablen

Ein Vertauschen ohne Hilfsvariable wie im folgenden Code wäre übrigens falsch gewesen:

```
if (b > a) { /* ........ Falsches Vertauschen von zwei Variablen */
   a = b; /* Hier wird a mit b überschrieben (a und b) haben nun den Wert von b */
   b = a;
}
```

Eine weitere Regel für die `if`-Anweisung soll an dem Programmausschnitt in Abbildung 7.11 gezeigt werden.

Auszug aus den Programmen
`ifschacht1.c` und `Ifschacht1.java`

```
/* Verschachtelte if–Anweisungen */
if (monat > 4 && monat < 10)
   if (urlaub == 'j')
      if (wetter == 'g')
         Ausgabe: "Schönen Badeurlaub";
      else {
         Ausgabe: "Nicht traurig sein.";
         Ausgabe: "Tauchen Sie zu Hause";
         Ausgabe: "ein in die Informatik.";
      }
Ausgabe: "Schönen Tag noch.";
```

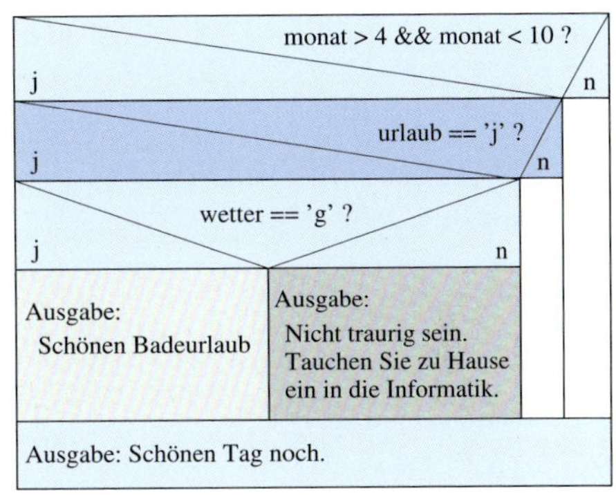

Abbildung 7.11: Verschachtelte if-Anweisungen (Bezug von innen nach außen)

Der `else`-Teil gehört hier zum innersten `if`. Es wird also von innen nach außen verschachtelt: erstes `else` gehört zum letzten noch nicht abgeschlossenen `if`, nächstes `else` zum vorletzten nicht abgeschlossenen `if` usw.

In diesem Beispiel wird der Trostspruch, zu Hause in die Informatik einzutauchen, nur dann am Bildschirm ausgegeben, wenn `monat` einen Wert größer als 4 aber kleiner als 10, `urlaub` den Buchstaben `j` und `wetter` nicht den Buchstaben `g` enthält. Nachfolgend noch weitere Erläuterungen zu Abbildung 7.11.

`urlaub == 'j'` und `wetter == 'g'`
: Möchte man den Inhalt einer Variablen mit einem Zeichen vergleichen, so ist dieses Zeichen in Hochkommas anzugeben. Dies ist erforderlich, da sonst in diesem Fall ein Vergleich mit den Variablennamen `j` und `g` versucht würde, die hier allerdings nicht existieren, was zu einem Compilerfehler führen würde. Will man z. B. den Inhalt der Variablen `z` mit dem Zeichen 7 (dualer ASCII-Code: 00110111) vergleichen, so muss man `z == '7'` angeben, denn der Vergleich `z == 7` würde `z` mit dem numerischen Wert 7 (dual: 00000111) vergleichen.

Will man einen anderen logischen Bezug bewirken, muss man dies durch Klammerung mit { } verdeutlichen. Soll sich z. B. anders als in Abbildung 7.11 der `else`-Teil auf das erste `if` beziehen, so müsste der entsprechende Programmteil wie in Abbildung 7.12 gestaltet sein.

Auszug aus den Programmen
`ifschacht2.c` und `Ifschacht2.java`

```
/* if's mit eigenen Bezügen */
if (monat > 4 && monat < 10) {
   if (urlaub == 'j')
      if (wetter == 'g')
         Ausgabe: "Schönen Badeurlaub";
} else {
   Ausgabe: "Herbst oder Winter:";
   Ausgabe: "Also warm anziehen.";
}
Ausgabe: "Schönen Tag noch.";
```

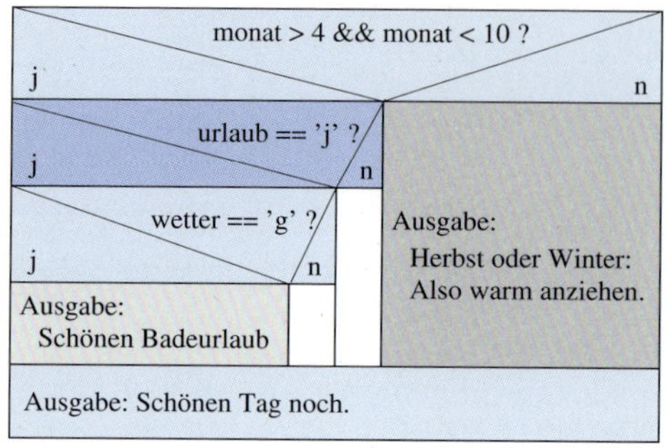

Abbildung 7.12: Geschachtelte if-Anweisungen (Eigener Bezug mit {...})

Falls `monat` nicht einen Wert besitzt, der größer als 4 und zugleich kleiner als 10 ist, so wird am Bildschirm die Empfehlung, sich warm anzuziehen, ausgegeben. Für diesen Fall ist dann die `if`-Anweisung beendet. Besitzt dagegen `monat` einen Wert, der sowohl größer als 4 als auch kleiner als 10 ist, so wird weiter verzweigt:

`if (urlaub=='j')` und danach möglicherweise nochmals: `if (wetter=='g')`.

▶ Übung

Geben Sie die Programme `schalt.c` und/oder `Schalt.java` zu folgender Aufgabenstellung an: Es ist eine Jahreszahl einzulesen und dann auszugeben, ob es sich bei diesem Jahr um ein Schaltjahr handelt oder nicht. Das Struktogramm aus Abbildung 7.13 zeigt die Regeln für ein Schaltjahr. So war z. B. 2000 ein Schaltjahr, aber das Jahr 2100 wird kein Schaltjahr sein.

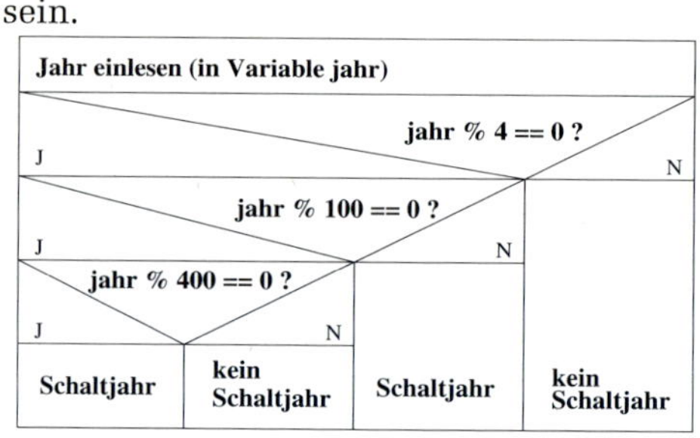

Abbildung 7.13: Struktogramm zur Bestimmung eines Schaltjahres

Mögliche Abläufe der Programme `schalt.c` bzw. `Schalt.java`:

```
Gib ein Jahr ein: 1900
   ---> kein Schaltjahr
```

```
Gib ein Jahr ein: 2000
   ---> Schaltjahr
```

7.5.3 Verzweigungen mit switch

Mit `switch` kann unter mehreren Alternativen und nicht nur unter zwei wie bei `if` ausgewählt werden, wie es in Abbildung 7.14 zu sehen ist.

```
switch (ausdruck) {
    case ausdr1:
       anweisungen1
    case ausdr2:
       anweisungen2
    ...
    ...
    case ausdrN:
       anweisungenN
    default:
       anweisungenD
}
```

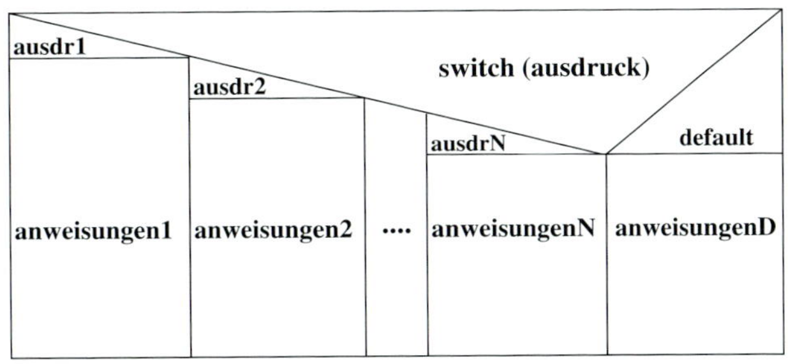

Abbildung 7.14: Mehrfachverzweigung mit switch

Abbildung 7.15 zeigt, wie man mittels `switch` eine Menüauswahl realisieren kann.

```
Ausgabe: "(A)endern"
Ausgabe: "(L)oeschen"
Ausgabe: "(D)rucken"
Ausgabe: "(B)eenden"
Ausgabe: "Ihre Wahl?"
Eingabe: wahl

switch (wahl) {
   case 'A':
       Ausgabe: "(A)endern gewählt";
       break;
   case 'L':
       Ausgabe: "(L)oeschen gewählt";
       break;
   case 'D':
       Ausgabe: "(D)rucken gewählt";
       break;
   case 'B':
       Ausgabe: "(B)eenden gewählt";
       break;
   default:
       Ausgabe: "Wahl unerlaubt";
       break;
}
```

Auszug aus den Programmen `menue.c` und `Menue.java`

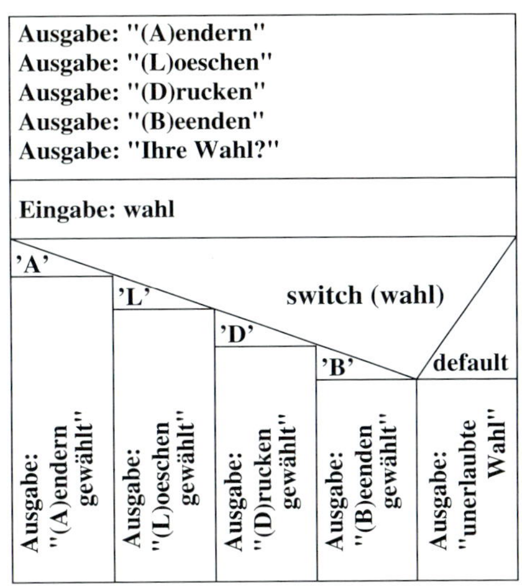

Abbildung 7.15: Menüauswahl mittels switch

Es wird der bei `switch` angegebene *Ausdruck* ausgewertet und das Ergebnis mit den einzelnen `case`-Ausdrücken, die ganzzahlige Werte (Konstanten) liefern müssen, verglichen. Wird eine Übereinstimmung gefunden, wird diese `case`-Marke angesprungen und die Programmausführung danach fortgesetzt. Wird keine Übereinstimmung gefunden, so verzweigt das Programm zur `default`-Marke, falls diese angegeben wurde. Wird keine Übereinstimmung gefunden und es ist keine `default`-Marke angegeben, so wird keine Anweisung des `switch`-Blocks ausgeführt. Fehlt also die `default`-Marke, wird der gesamte `switch`-Block übersprungen, wenn keine Übereinstimmung in den `case`-Marken vorliegt.

Um die `switch`-Anweisung nach Bearbeitung einer `case`-Marke unmittelbar verlassen zu können, ist das Schlüsselwort `break` (wird später noch genauer behandelt) anzugeben. Fehlt die `break`-Anweisung, wird der Programmablauf mit der nächstfolgenden `case`-Alternative fortgeführt.

Die Reihenfolge der `case`- und `default`-Marken ist beliebig. Die angegebenen case-Konstanten müssen verschieden sein.

▶ Übung: Wochentag zu einem Datum ermitteln

Zu einem einzugebenden Datum ist der Name des Wochentags zu ermitteln und auszugeben.
Zur Lösung dieser Aufgabenstellung gibt es viele Methoden.
Nachfolgend ein möglicher Algorithmus zur Lösung dieser Aufgabenstellung:

```
    Eingabe: tag, monat, jahr (wie z.B. 2.11.1934)
    jh = Jahrhundert (vorderen beiden Ziffern der Jahreszahl)
    ja = Jahr im Jahrhundert (hinteren beiden Ziffern der Jahreszahl)
    if monat kein Januar oder Februar
       monat -=3
    else
       monat += 9
       ja--
  tag = ( (146097*jh)/4 + (1461*ja)/4 + (153*monat+2)/5 + tag
                                                   + 1721119) % 7
  Nr. des Tages legt Wochentag fest (0 = Montag, 1 = Dienstag, ....,
                                     6 = Sonntag)
```

Erstellen Sie hierzu die Programme `wochtag.c` und/oder `Wochtag.java`.
Nachfolgend zwei mögliche Ablaufbeispiele zu diesen Programmen:

```
Tag:   12
Monat: 12
Jahr:  2005
Das Datum 12.12.2005 ist ein Montag
```

```
Tag:   12
Monat: 3
Jahr:  2048
Das Datum 12.3.2048 ist ein Donnerstag
```

7.5.4 for-Schleife (Schleife mit der Abfrage am Anfang)

Schleifen dienen in Programmiersprachen zur wiederholten Ausführung von Anweisungen. Die Anweisungen innerhalb der hier und in den nächsten Abschnitten vorgestellten Schleifen werden so lange ausgeführt, wie die Bedingung erfüllt ist. Ist die Bedingung bereits beim ersten Mal nicht erfüllt, dann werden die Anweisungen innerhalb der Schleife nie ausgeführt. Zu diesem Schleifentyp bietet sowohl C/C++ als auch Java zwei Arten von Schleifen an: die hier vorgestellte `for`-Schleife und die im nächsten Abschnitt vorgestellte `while`-Schleife. Abbildung 7.16 verdeutlicht die `for`-Schleife. Für die einzelnen Ausdrücke gilt dabei Folgendes:

- *ausdruck1* dient zur Initialisierung von Variablen, meist der Schleifenvariablen, die zum Abbruchkriterium benutzt wird.
- *ausdruck2* legt das Abbruchkriterium für die Schleife fest. Wenn *ausdruck2* nicht erfüllt (falsch) ist, wird die Schleife beendet.
- *ausdruck3* reinitialisiert die Schleifenvariable, z. B. inkrementiert diese.

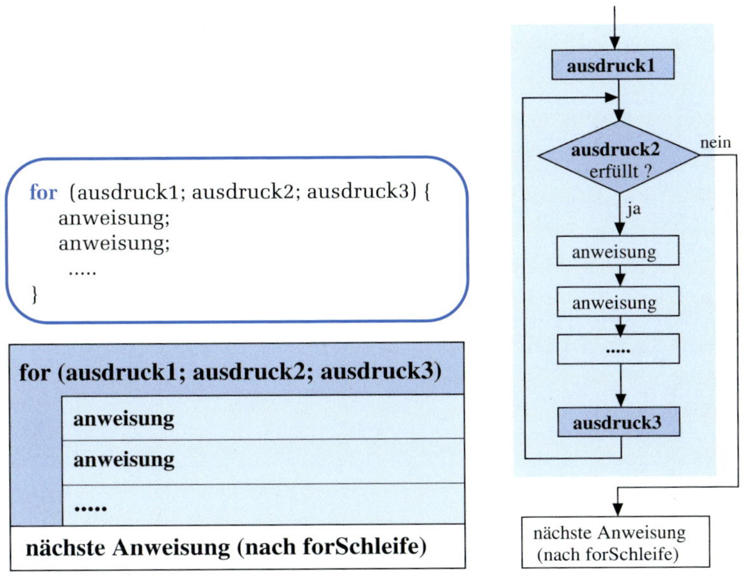

Abbildung 7.16: Die for-Schleife

Ist nur eine Anweisung in die `for`-Schleife eingebettet, können die beiden umfassenden geschweiften Klammern {...} auch weggelassen werden. Abbildung 7.17 ist ein Beispiel zur `for`-Schleife.

Die zugehörigen Programme `haus.c` bzw. `Haus.java` geben beide Folgendes aus:

```
    *
   ** **
  **   **
 **     **
**********
**********
**      **
**      **
**      **
**      **
**********
```

Zugehörige Programme:
`haus.c` und `Haus.java`

```
Ausgabe: "      *"
Ausgabe: "    ** **"
Ausgabe: "  **     **"
Ausgabe: " **        **"
Ausgabe: "**********"
Ausgabe: "**********"
                /* i++ entspricht: i = i+1 */
for (i=1; i<5; i++)
    Ausgabe: "**          **"

Ausgabe: "**********"
```

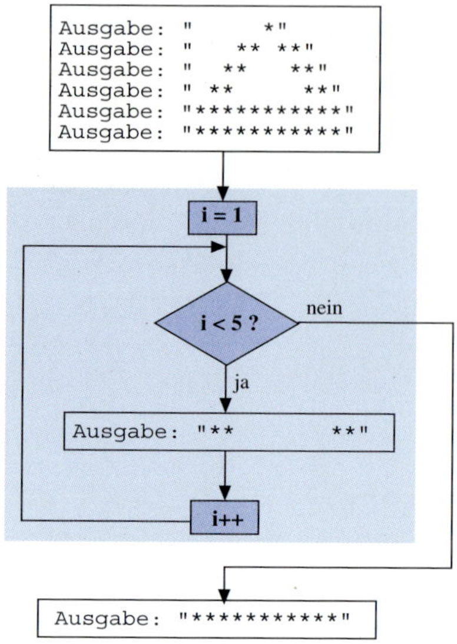

Abbildung 7.17: Beispiel zur for-Schleife

Allgemein kann eine `for`-Schleife wie folgt dargestellt werden:

```
for  ( Schleifenvariable=Anfangswert;
       Schleifenbedingung;
       Schleifenvariable verändern)
```

Im vorherigen Beispiel wäre

```
Schleifenvariable             : i
Anfangswert                   : 1
Schleifen–Bedingung           : i<5
Schleifenvariable verändern : i++ (entspricht: i = i+1)
```

Da die Abfrage der Schleifen-Bedingung am Anfang durchgeführt wird, kann es vorkommen, dass die Anweisungen in einer `for`-Schleife überhaupt nicht ausgeführt werden, wie z. B. bei der folgenden `for`-Schleife:

```
for (i=7; i>10; ++i)
   Ausgabe: "Guten "
Ausgabe: "Tag"
```

Hier ist die Schleifenbedingung `i > 10` sofort nicht erfüllt, so dass die Schleifenanweisung `Ausgabe: „Guten“` überhaupt nicht ausgeführt wird. Stattdessen wird mit der nächsten Anweisung nach der `for`-Schleife fortgefahren und nur der Text „`Tag`“ am Bildschirm ausgegeben.

Es soll die geometrische Reihe berechnet werden:

$$1 + \frac{1}{2} + \frac{1}{4} + \ldots + \frac{1}{2^n}$$

wobei `n` einzugeben ist. Diese Reihe besteht aus `n+1` Summanden (Summengliedern). Abbildung 7.18 zeigt die Lösung zu dieser Aufgabe mit einer `for`-Schleife.

Zugehörige Programme:
`georeihe.c` und `Georeihe.java`

```
reih_teil=1;
summe=1;
Eingabe: n

for (zaehl=1; zaehl<=n; zaehl++) {
    reih_teil = reih_teil/2;
    summe += reih_teil;
}
Ausgabe: summe
```

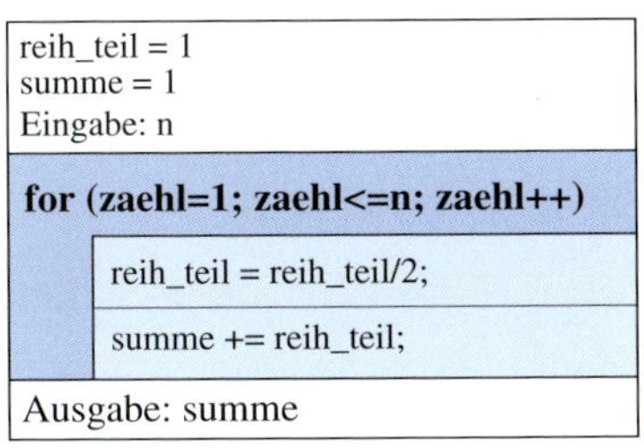

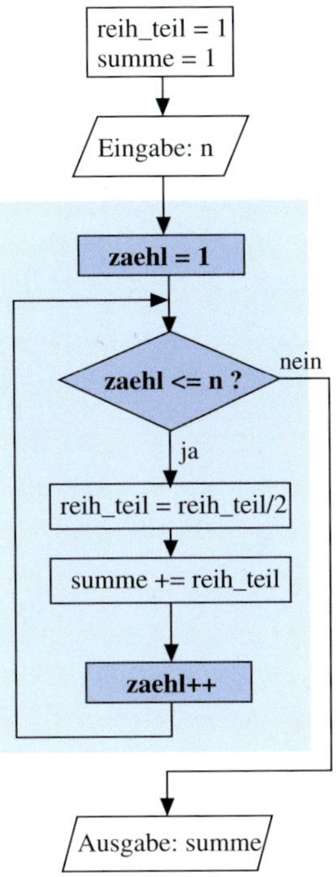

Abbildung 7.18: Berechnung der geometrischen Reihe

In der `for`-Schleife von Abbildung 7.18 wird zunächst die Schleifenvariable `zaehl` auf 1 gesetzt. Danach wird gefragt, ob die Schleifen-Bedingung `zaehl<=n` noch erfüllt ist. Wenn ja, dann werden die beiden zur Schleife gehörigen Anweisungen

```
reih_teil = reih_teil/2;
summe += reih_teil;
```

ausgeführt und die Schleifenvariable `zaehl` mit `zaehl++` um den Wert 1 inkrementiert. Nun beginnt der zweite Schleifendurchlauf mit der Überprüfung der Schleifenbedingung. Ist sie noch erfüllt, so werden wieder die Schleifenanweisungen und die Inkrementierung `zaehl++` durchgeführt usw. Die Schleife wird erst verlassen, wenn die Schleifenbedingung nicht mehr erfüllt ist. Wird z. B. für `n` (Variable `n`) 0 eingegeben, so werden die beiden Schleifenanweisungen kein einziges Mal ausgeführt, was leicht anhand des Programmablaufplans in Abbildung 7.18 nachvollziehbar ist. In diesem Fall ($n = 0$) werden die Schleifenanweisungen nicht ausgeführt und der unveränderte Wert für `summe` (1) wird ausgegeben. Wird für `n` der Wert

- 1 eingegeben, werden die beiden Schleifenanweisungen 1-mal ausgeführt,
- 2 eingegeben, werden die beiden Schleifenanweisungen 2-mal ausgeführt, ...
- 100 eingegeben, werden die beiden Schleifenanweisungen 100-mal ausgeführt.

Mögliche Abläufe der zugehörigen Programme `georeihe.c` bzw. `Georeihe.java`:

```
n: 1
Die Summe bis 1 ist: 1.5
```

```
n: 3
Die Summe bis 3 ist: 1.875
```

```
n: 90
Die Summe bis 90 ist: 2
```

Die in der for-Anweisung angegebenen Komponenten (*Ausdrücke*) können einzeln oder auch insgesamt fehlen, jedoch müssen die Semikolons in der Klammer an den richtigen Stellen verbleiben. So kann man z. B. eine Endlosschleife realisieren:

```
for ( ; ; ) {
    ......
}
```

Als Nächstes lernen wir ineinander geschachtelte for-Schleifen kennen. So bewirkt z. B. der Code in Abbildung 7.19 die Ausgabe des Zehner-Einmaleins.

for (aussen=1; aussen<=10; aussen++)
  for (innen=1; innen<=10; innen++)
    Ausgabe: aussen, innen, aussen * innen

Zugehörige Programme:

`einmaleins.c` und `Einmaleins.java`

```
for (aussen=1; aussen<=10; aussen++)
   for (innen=1; innen<=10; innen++)
      Ausgabe: aussen, innen, aussen*innen
```

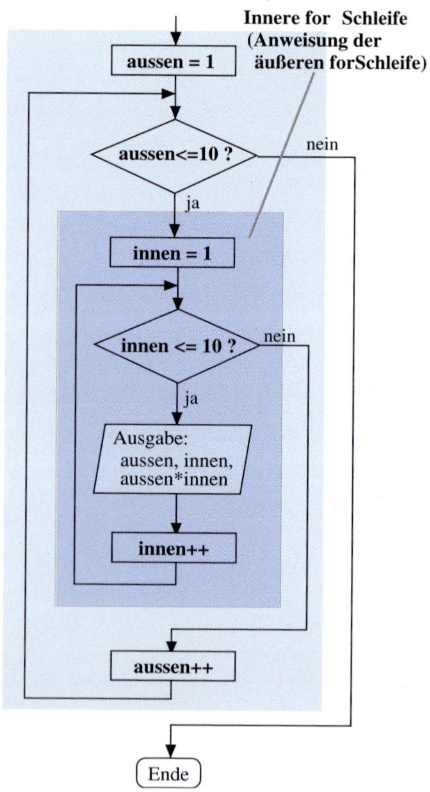

Abbildung 7.19: Ausgabe des Zehner-Einmaleins mit geschachtelten for-Schleifen

In Abbildung 7.19 ist die Anweisung der äußeren `for`-Schleife eine `for`-Schleife. Diese innere `for`-Schleife wird zunächst ausgeführt und bewirkt die Ausgabe, die nachfolgend links gezeigt ist.

Danach wird wieder zur äußeren `for`-Schleife zurückgekehrt, d. h. jetzt wird die Variable `aussen` um 1 erhöht, bevor wieder die innere `for`-Schleife 10-mal durchlaufen wird, was zur nachfolgend rechts gezeigten Ausgabe führt:

Ausgabe	
1 ∗ 1 = 1	
1 ∗ 2 = 2	*Die Variable aussen*
1 ∗ 3 = 3	*besitzt bei allen*
1 ∗ 4 = 4	*10 Durchläufen der*
1 ∗ 5 = 5	*inneren for-Schleife*
1 ∗ 6 = 6	*den Wert 1, während*
1 ∗ 7 = 7	*die Variable innen*
1 ∗ 8 = 8	*für jeden Durchlauf*
1 ∗ 9 = 9	*um 1 erhöht wird.*
1 ∗ 10 = 10	

Ausgabe	
2 ∗ 1 = 2	
2 ∗ 2 = 4	*Die Variable aussen*
2 ∗ 3 = 6	*besitzt nun bei allen*
2 ∗ 4 = 8	*10 Durchläufen der*
2 ∗ 5 = 10	*inneren for-Schleife*
2 ∗ 6 = 12	*den Wert 2, während*
2 ∗ 7 = 14	*die Variable innen für*
2 ∗ 8 = 16	*jeden Durchlauf wieder*
2 ∗ 9 = 18	*um 1 erhöht wird.*
2 ∗ 10 = 20	

Insgesamt wird die Ausgabeanweisung 100-mal ausgeführt, wie es Abbildung 7.20 nochmals veranschaulicht.

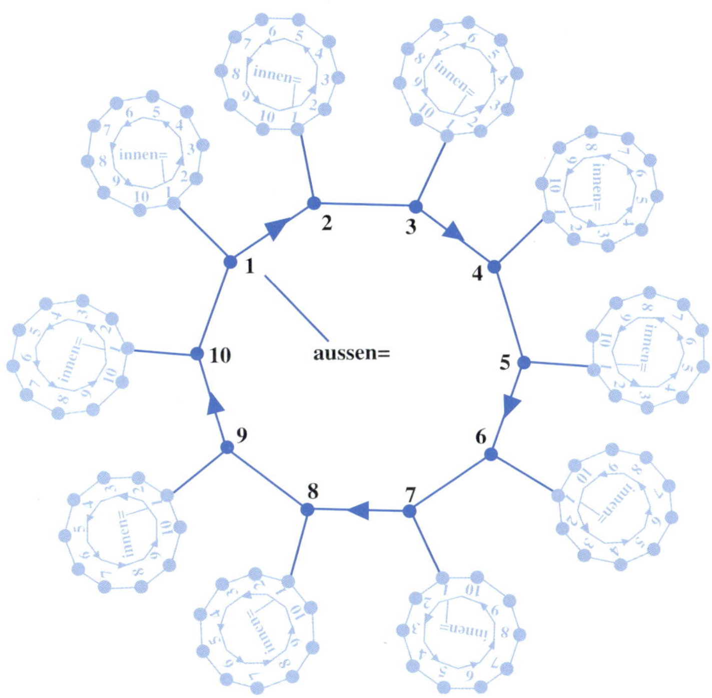

Abbildung 7.20: Die beiden ineinander geschachtelten for-Schleifen aus Abbildung 7.19

Natürlich lassen sich nicht nur zwei, sondern auch mehrere for-Schleifen ineinander schachteln, wie z. B. bei Aufgaben, bei denen alle Kombinationen zu bestimmten Einzelteilen „durchprobiert" werden müssen. Nachfolgend ein Beispiel dazu.

Es stehen 10-Cent, 20-Cent und 50-Cent-Briefmarken zur Verfügung. Die Aufgabe ist nun, alle Möglichkeiten auszugeben, um mit diesen Marken einen Brief mit einem bestimmten Betrag zu frankieren. Listing 7.3 löst diese Aufgabenstellung, indem es drei `for`-Schleifen schachtelt.

Listing 7.3: Ausgeben aller Möglichkeiten zum Bilden eines Betrags mit Briefmarken

```
Eingabe: betrag
for (zehn=0; zehn<=betrag/10; zehn++)
   for (zwanzig=0; zwanzig<=betrag/20; zwanzig++)
      for (fuenfzig=0; fuenfzig<=betrag/50; fuenfzig++)
         if (zehn*10 + zwanzig*20 + fuenfzig*50 == betrag)
            Ausgabe: zehn, zwanzig, fuenfzig
```

Nachfolgend ist ein möglicher Ablauf der zugehörigen Programme `briefmark.c` bzw. `Briefmark.java` gezeigt.

```
Betrag: 150
|     10Cent |     20Cent |     50Cent |
|          0 |          0 |          3 |
|          0 |          5 |          1 |
|          1 |          2 |          2 |
|          1 |          7 |          0 |
|          2 |          4 |          1 |
|          3 |          1 |          2 |
|          3 |          6 |          0 |
|          4 |          3 |          1 |
|          5 |          0 |          2 |
|          5 |          5 |          0 |
|          6 |          2 |          1 |
|          7 |          4 |          0 |
|          8 |          1 |          1 |
|          9 |          3 |          0 |
|         10 |          0 |          1 |
|         11 |          2 |          0 |
|         13 |          1 |          0 |
|         15 |          0 |          0 |
```

Bei solchen mehrfach geschachtelten `for`-Schleifen zum Durcharbeiten aller Kombinationen ist jedoch auch etwas Vorsicht geboten, wie es in Listing 7.4 gezeigt ist, das sechs `for`-Schleifen ineinander schachtelt.

Listing 7.4: Sechs ineinander geschachtelte for-Schleifen

```
for (i=0; i<=1000; i++)
   for (j=0; j<=1000; j++)
      for (k=0; k<=1000; k++)
         for (l=0; l<=1000; l++)
            for (m=0; m<=1000; m++)
               for (n=0; n<=1000; n++)
                  z++;
```

In Listing 7.4 würde die Anweisung `z++` $1000^6 = 10^{18}$ Mal ausgeführt. Wenn wir nun annehmen, dass ein Computer in einer Sekunde 100 Millionen Mal dieses `z++` ausführen könnte, so würde er 10^{10} ($\frac{10^{18}}{10^8}$) Sekunden benötigen. Ein Tag hat 86.400 Sekunden, was bedeutet, dass dieses harmlos aussehende Programm dann ungefähr 11,5 Millionen Tage bzw. fast 320 Jahre laufen würde.

▶ Übung: Berechnung der Leibniz-Reihe

Erstellen Sie ein Programm `leibniz.c` und/oder `Leibniz.java`, das die Leibniz-Reihe berechnet:

$$\frac{\pi}{4} = \frac{1}{1} - \frac{1}{3} + \frac{1}{5} - \frac{1}{7} + \frac{1}{9} \mp \ldots$$

Wie viele Brüche zu addieren bzw. zu subtrahieren sind, ist einzugeben.

Mögliche Abläufe dieser Programme:

```
Wie viele Brueche sollen addiert bzw. subtrahiert werden: 3
  Summe bis zum 3. Glied: 0.866667 ===> PI=3.46667
```

```
Wie viele Brueche sollen addiert bzw. subtrahiert werden: 1000000
  Summe bis zum 1000000. Glied: 0.785398 ===> PI=3.14159
```

▶ Übung: Kombinieren mit bunten Glaskugeln

In einem Spielwarengeschäft gibt es vier Sorten bunter Glaskugeln zu kaufen. Die einzelnen Kugeln haben dabei unterschiedliche Gewichte und Preise:

1.Sorte	1 g	4 Cent
2.Sorte	4 g	9 Cent
3.Sorte	8 g	12 Cent
4.Sorte	10 g	18 Cent

Wie viele Möglichkeiten gibt es nun, um für genau 10 Euro genau 100 Kugeln zu kaufen, die genau 500 g wiegen? Erstellen Sie ein Programm `glaskugel.c` und/oder `Glaskugel.java`, das alle Möglichkeiten ausgibt.

7.5.5 while-Schleife (Schleife mit der Abfrage am Anfang)

Die Anweisungen innerhalb einer `while`-Schleife werden ebenso wie bei der `for`-Schleife so lange ausgeführt, wie die Bedingung erfüllt ist. Ist die Bedingung bereits beim ersten Mal nicht erfüllt, dann werden die Anweisungen innerhalb der `while`-Schleife nie ausgeführt. Abbildung 7.21 verdeutlicht die `while`-Schleife.

Ist nur eine Anweisung in die `while`-Schleife eingebettet, können die beiden umfassenden geschweiften Klammern {...} auch weggelassen werden.

Da die Abfrage der Schleifen-Bedingung wie bei der `for`-Schleife am Anfang durchgeführt wird, wird die `while`-Schleife genauso wie die `for`-Schleife im Struktogramm dargestellt. Jede `for`-Schleife lässt sich in C/C++ und Java durch eine `while`-Schleife formulieren und umgekehrt.

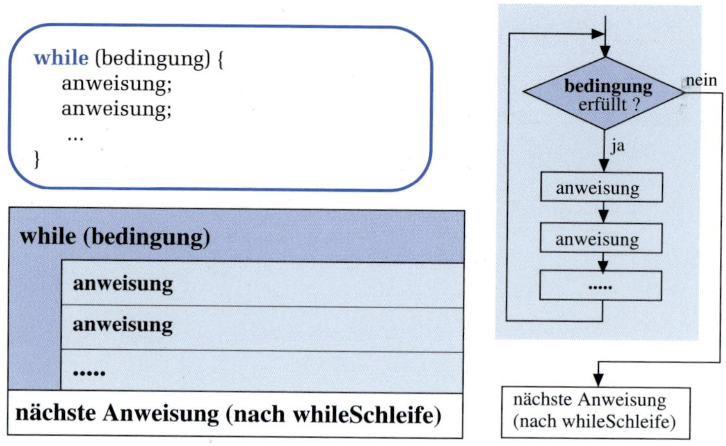

Abbildung 7.21: Die while-Schleife

```
/* for-Schleife */

for (ausdr1; ausdr2; ausdr3)
    Schleifenanweisung
```

```
/* entsprechende while-Schleife */
ausdr1;
while (ausdr2) {
    Schleifenanweisung
    ausdr3;
}
```

Es ist ein Programm zu erstellen, das einen momentanen Bonbonpreis, eine Inflationsrate und eine Preisgrenze einliest. Dieses Programm soll dann berechnen, nach wie viel Jahren bei dieser Inflationsrate und diesem Ausgangs-Bonbonpreis die entsprechende Preisgrenze erreicht bzw. überschritten ist. Abbildung 7.22 zeigt die Lösung zu dieser Aufgabe mit einer `while`-Schleife.

Mögliche Abläufe der Programme `bonbon.c` bzw. `Bonbon.java` sind:

```
Momentaner Bonbonpreis (in Euro): 0.2
Inflationsrate    (in Prozent): 130
Preisgrenze (in Euro): 100

Nach 8 Jahren ueber Preisgrenze:
Der Preis ist dann 156.62 Euro.
```

```
Momentaner Bonbonpreis (in Euro): 0.05
Inflationsrate    (in Prozent):  2.3
Preisgrenze (in Euro):  11.6

Nach 240 Jahren ueber Preisgrenze:
Der Preis ist dann 11.73 Euro.
```

Die `while`-Schleife in Abbildung 7.22 hätte man auch – wie in Listing 7.5 gezeigt – durch eine `for`-Schleife ersetzen können.

Listing 7.5: Realisierung des Programms aus Abbildung 7.22 mit for-Schleife

```
Eingabe: preis, inflations_rate, grenze
for (jahre=0; preis < grenze; jahre++)
  preis += preis*inflations_rate/100;
Ausgabe: jahre
```

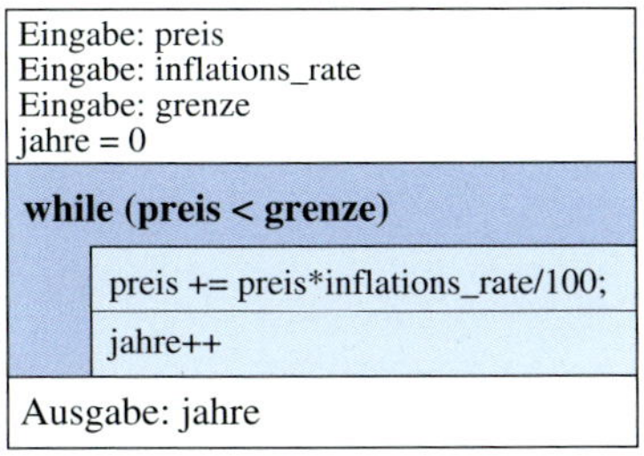

Zugehörige Programme:
`bonbon.c` und `Bonbon.java`

```
Eingabe: preis, inflations_rate, grenze
jahre = 0;
while (preis < grenze) {
    preis += preis*inflations_rate/100;
    jahre++;
}
Ausgabe: jahre
```

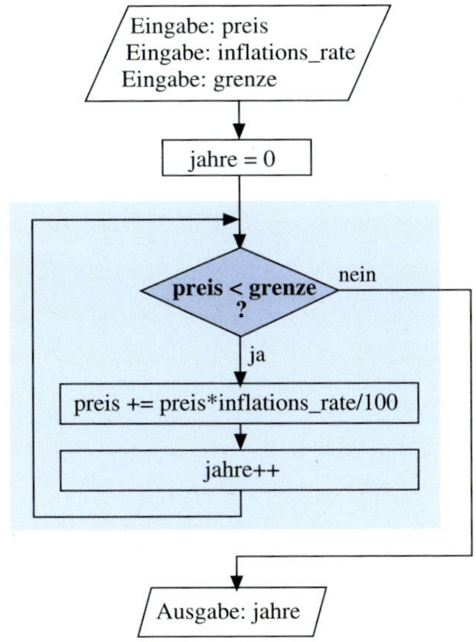

Abbildung 7.22: Nach wie vielen Jahren übersteigt Bonbonpreis eingegebene Grenze?

`while`-Schleifen werden bevorzugt dann verwendet, wenn nicht vorhersagbar ist, wie oft die zugehörigen Schleifenanweisungen zu wiederholen sind. Ein Beispiel dafür wäre das *Heron-Verfahren* zur näherungsweisen Berechnung der Quadratwurzel einer Zahl `x`. Der entsprechende Algorithmus, der nach *Heron von Alexandrien* (50 n. Chr.) benannt ist, ist links in Abbildung 7.23 gezeigt. Rechts in Abbildung 7.23 ist ein Ablauf der zugehörigen Programme `heron.c` bzw. `Heron.java` gezeigt.

```
Eingabe: x; /* Auszug aus heron.c und Heron.java */
y = x/2;    z = x/y;
Ausgabe: z;
while ((z-y)*(z-y) > 0.000001) {
    y = (y+z)/2;
    z = x/y;
    Ausgabe: z;
}
```

```
Gib eine Zahl ein: 2
        2.000000
        1.333333
        1.411765
        1.414211
```

Abbildung 7.23: Heron-Verfahren und möglicher Ablauf

Aus Gründen der besseren Lesbarkeit und des besseren Verständnisses von C- und Java-Programmen kann auf die Frage:

Wann ist eine for- und wann eine while-Schleife zu verwenden?

allgemein Folgendes geantwortet werden:

1. `for`-Schleifen werden üblicherweise dann verwendet, wenn ein ganzer Bereich beginnend bei einem bestimmten Startwert bis zu einem vorgegebenen Endwert

mit einer festen Schrittweite zu durchlaufen ist (siehe dazu auch die Beispiele im vorherigen Kapitel).

2. `while`-Schleifen dagegen werden immer dann verwendet, wenn lediglich ein Endekriterium gegeben ist, und es nicht vorhersagbar ist, wie oft die entsprechenden Schleifenanweisungen ausgeführt werden müssen, bis das Endekriterium zutrifft. Das vorherige Beispiel (Heron-Verfahren) ist somit eine typische Anwendung für eine `while`-Schleife.

► Übung: Teuflische Folge

Die teuflische Folge ist wie folgt definiert: Die erste Zahl der Folge ist irgendeine ungerade Zahl größer als 1. Der Nachfolger einer Zahl p der Folge ist:

$$\frac{p}{2}, \qquad \text{wenn } p \text{ gerade ist, und}$$
$$\frac{3p+1}{2}, \qquad \text{wenn } p \text{ ungerade ist}.$$

Die Folge ist zu Ende, wenn die Zahl 1 erreicht wird. Erstellen Sie ein Programm `teuffolg.c` und/oder `Teuffolg.java`, das einen Startwert einliest und dann beginnend bei diesem Wert die teuflische Folge ausgibt.

7.5.6 do...while-Schleife (Schleife mit der Abfrage am Ende)

Anders als bei der `for`- und `while`-Schleife wird bei der `do...while`-Schleife die Schleifenbedingung erst am Ende abgefragt, d. h. die Schleifenanweisung wird zumindest einmal ausgeführt, was bei der `for`- und `while`-Schleife nicht gewährleistet ist, da dort die Überprüfung der Schleifenbedingung am Anfang stattfindet. Als Beispiel soll ein Programm dienen, das so genannte *Armstrong-Zahlen* aus einem einzugebenden Bereich findet. Armstrong-Zahlen sind Zahlen, bei denen die Summe der 3er-Potenzen aller Ziffern gleich der Zahl selbst ist, wie z. B. bei 153: $153 = 1^3 + 5^3 + 3^3$. Abbildung 7.24 zeigt eine mögliche Lösung zu dieser Aufgabe mit einer `do...while`-Schleife.

Möglicher Ablauf der Programme `armstrong.c` bzw. `Armstrong.java`:

```
Untere Bereichsgrenze: 1
Obere Bereichsgrenze: 1000
1, 153, 370, 371, 407,
```

Ist nur eine Anweisung in die `do...while`-Schleife eingebettet, können die beiden umfassenden geschweiften Klammern {...} auch weggelassen werden.

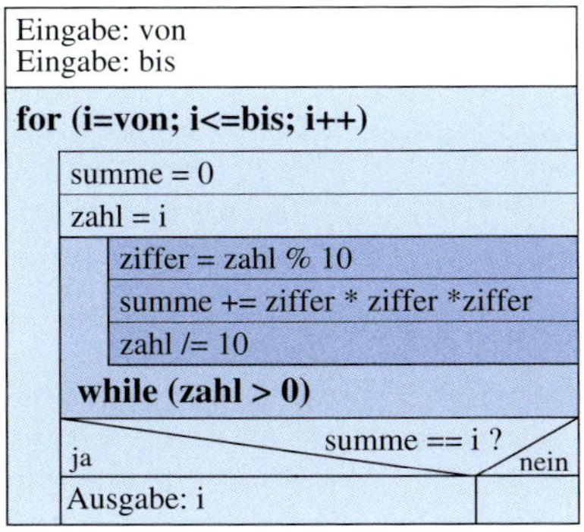

Zugehörige Programme:
`armstrong.c` und `Armstrong.java`

```
Eingabe: von, bis
for (i=von ; i<=bis ; i++) {
   summe = 0;
   zahl = i;
   do {
      ziffer =zahl%10; /* Hintere Ziffer */
      summe += ziffer * ziffer * ziffer ;
      zahl /= 10; /* Hintere Ziffer weg */
   } while (zahl>0);
   if (i==summe)
      Ausgabe: i
}
```

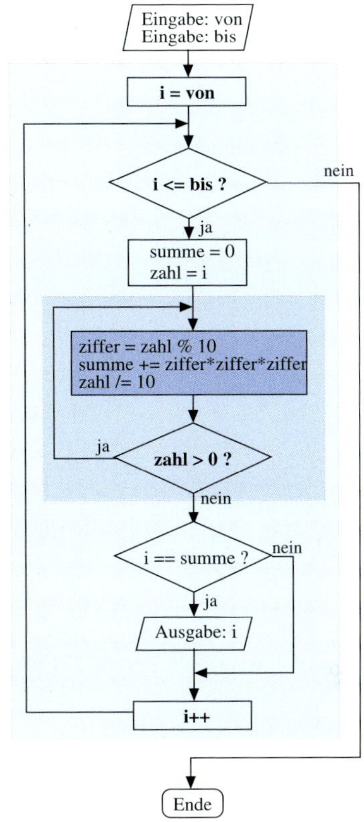

Abbildung 7.24: Finden von Armstrong-Zahlen

7.5.7 Abbruch von Schleifen mit break

Die `break`-Anweisung wurde bereits benutzt, um eine `switch`-Anweisung zu verlassen, wie es in Abbildung 7.15 auf Seite 175 dargestellt wurde. `break` kann daneben auch benutzt werden, um eine Schleife vorzeitig zu beenden. In geschachtelten Schleifen beendet ein `break` nur die unmittelbar umgebende Schleife. Wie man mehrere Schleifenebenen verlassen kann, wird in Kapitel 7.5.9 beschrieben. Abbildung 7.25 zeigt den Einsatz von `break` bei einer Endlosschleife.

Ein möglicher Ablauf dieser beiden Programme aus Abbildung 7.25 ist:

```
Gerade Zahl: 11
.... 11 ungerade
Gerade Zahl: 179
.... 179 ungerade
Gerade Zahl: 68
---> 68 ist gerade
```

Mit `break` können allerdings auch „normale“ `while`-, `for`- und `do...while`-Schleifen abgebrochen werden, wie es Abbildung 7.26 zeigt, wo zu einer eingegebenen Zahl bestimmt werden soll, ob es sich um eine Primzahl handelt oder nicht. Dabei werden in

```c
#include <stdio.h> /* break.c */
int main(void) {
  int  z;
   while (1) { /* Endlosschleife */
      printf("Gerade Zahl: ");
      scanf("%d", &z);
      if (z%2 == 0) /* z gerade? */
         break;
      printf(" ....  %d ungerade\n", z);
   }
   printf("---> %d ist gerade\n", z);
   return 0;
}
```

```java
import java.io.*;   // Break.java
public class Break {
   public static  void main (String *
                         *args[]) {
      int  z;
      Eingabe ein = new Eingabe();
      while (true) { /* Endlosschleife */
         z = ein.readInt("Gerade Zahl: ");
         if (z%2 == 0) /* z gerade? */
            break;
         System.out.println(" ....  " + z
                         + " ungerade");
      }
      System.out.println("---> " + z +
                      "  ist  gerade");
   }
}
```

Abbildung 7.25: Endlosschleife zur Sicherstellung der richtigen Eingabe

```c
#include <stdio.h> /* primz.c */
int main(void) {
  int z, i, primzahl = 1;
   printf("Zahl: ");
   scanf("%d", &z);
   for (i=2; i  <= z/2; i++) {
      /* z durch i teilbar? */
      if (z % i == 0) {
         primzahl = 0;
         break; /* Abbruch, wenn *
                          **/
      }           /* teilbar        */
   }
   if (primzahl == 1)
      printf("= Primzahl\n");
   else
      printf("= keine Primzahl\n");
   return 0;
}
```

```java
import java.io.*;   // Primz.java
public class Primz {
   public static  void main (String args[])  {
      int z, i, primzahl = 1;
      Eingabe ein = new Eingabe();
      z = ein.readInt("Zahl: ");
      for (i=2; i  <= z/2; i++) {
         /* z durch i teilbar? */
         if (z % i == 0) {
            primzahl = 0;
            break; /* Abbruch, wenn */
         }              /* teilbar          */
      }
      if (primzahl == 1)
         System.out.println("= Primzahl");
      else
         System.out.println("= keine *
                               *Primzahl");
   }
}
```

Abbildung 7.26: Prüfen, ob eine Zahl eine Primzahl ist oder nicht

einer for-Schleife von 2 bis zur Hälfte dieser Zahl nacheinander alle Teiler genommen und versucht, diese Zahl durch diese Teiler zu teilen. Ist die Zahl durch einen Teiler teilbar, so muss nicht weiter geprüft werden, da es keine Primzahl mehr sein kann, weshalb die for-Schleife dann mit `break` abgebrochen wird.

Mögliche Abläufe der beiden Programme aus Abbildung 7.26 sind:

```
Zahl: 80000
= keine Primzahl
```

```
Zahl: 1011
= keine Primzahl
```

```
Zahl: 2011
= Primzahl
```

7.5.8 Abbruch eines einzelnen Schleifendurchlaufs mit continue

Ein Schleifendurchlauf (also nicht die ganze Schleife) lässt sich mit `continue` abbrechen. Es wird dann sofort mit dem nächsten Schleifendurchlauf fortgefahren.

```
while (bedingung)
{
   ...
   if (bedingung)
      continue; /* startet nächsten Schleifendurchlauf */
   ...
}
```

Ein mögliches Beispiel hierzu wäre ein Programm, das für die Steuerung einer Heizungsanlage zuständig ist. Das Programm erhält fortlaufend von den Messstellen die aktuellen Temperaturwerte, die mit einem geforderten Sollwert verglichen werden. Bei Abweichungen ist ein Programmteil auszuführen, der für die Regelung der Anlage zuständig ist:

```
while (1) { /* in Java: */ while (true) {
   /* Timer laufen lassen                                */
   /* Lesen momentaner Ist-Temperatur von Messstellen
   if (temperatur == soll_wert)
      continue;
   .....
   /* Programmteil, der bei Sollwertabweichungen die notwendigen Schritte, wie */
   /* Heizung einschalten, Gaszufuhr regeln usw... einleitet                   */
   .....
}
```

Mit `continue` können natürlich auch `for`- und `do...while`-Schleifendurchläufe abgebrochen werden.

7.5.9 Abbruch mehrerer geschachtelter Schleifen mit goto

In der theoretischen Informatik wird das in der praktischen Informatik verpönte `goto` häufig bei der Beschreibung von Algorithmen verwendet. In der Praxis sollte man `goto` allerdings nur dann einsetzen, wenn man mehrere ineinander geschachtelte Schleifen auf einmal mit einem Vorwärtssprung beenden möchte.

```
while (bedingung) {
   anweisung(en);
   for (i=1; i<=n; i=i+n) {
      anweisung(en); .....
      if (bedingung)
         goto marke; /* Sprung zu marke außerhalb der Schleife */
      anweisung(en); .....
   }
   anweisung(en); .....
}
marke: anweisung(en); .....
```

7.5.10 Programmabbruch mit exit

Um ein Programm an einer beliebigen Stelle zu beenden, kann man in C/C++ die Funktion `exit()` und in Java die Methode `System.exit()` aufrufen:

```
/* Programmiersprache C/C++ */
  ......
  exit(wert); /* Programmabbruch */
  ......
```

```
/* Programmiersprache Java */
  ......
  System.exit(wert); /* Programmabbruch */
  ......
```

7.5.11 Allgemeines zu Funktionen bzw. Methoden

In der Programmierpraxis sind häufig Probleme anzutreffen, die einander von der Aufgabenstellung her ähnlich sind. Dieser Tatsache wird in der Programmiersprache C/C++ mit so genannten *Funktionen* bzw. in Java mit so genannten *Methoden* Rechnung getragen. Im Nachfolgenden wird allgemein der Überbegriff *Funktion* für beide Namen verwendet. Funktionen dienen darüber hinaus auch zur Strukturierung von Programmen, wie im Kapitel 7.6.1 auf Seite 232 noch näher ausgeführt wird.

Beim Aufruf einer Funktion können Werte über eine Parameterliste übergeben und bei der Rückkehr kann ein oder auch kein Wert zurückgegeben werden.

Bei der Definition einer Funktion wird zunächst lediglich eine „Schablone", oder besser eine Programmstruktur unter Verwendung von Parametern festgelegt.

```
/* Funktionen ohne Rückgabewert */   /* Funktionen mit Rückgabewert */
void name(parameterliste) {          datentyp name(parameterliste) {
  anweisung(en);                       anweisung(en);
}                                      return wert;
                                     }
```

Da C/C++ keinen Potenzoperator wie z. B. ** in Fortran kennt, werden wir als erstes Beispiel zu Funktionen ein Programm `potenz.c` erstellen, in dem wir eine eigene Funktion `hoch(x,y)` definieren, die einen `float`-Wert `x` mit einem `int`-Wert `y` potenziert, also x^y berechnet. So sollte z. B. der Funktionsaufruf `hoch(2.5, 3)` den Wert `15.625` ($2.5^3 = 2.5 \cdot 2.5 \cdot 2.5$) liefern.

```
#include <stdio.h> /* C-Programm potenz.c */

float hoch(float a, int b) {  /* Funktionsname(Parameter-Deklarationen) */
   int     zaehler;           /*   Lokale Deklarationen   */
   float   rueckgabe_wert=1;  /*                          */
    if (b<0) {                            /*                    */
       a = 1/a;                           /*                    */
       b = -b;                            /*                    */
    }                                     /*   Funktions-       */
    for (zaehler=1 ; zaehler<=b ; ++zaehler) /*  Anweisungen    */
       rueckgabe_wert *= a;               /*                    */
    return rueckgabe_wert;                /*                    */
}
```

```
int  main(void) { /* Funktionsname(leere Liste von formalen Parametern) */
   int     exponent;        /*  Lokale Deklarationen          */
   float   zahl, ergeb;     /*                                */
    printf("x: "); scanf("%f", &zahl);
    printf("y: "); scanf("%d", &exponent);
    ergeb = hoch(zahl, exponent); /* Aufruf der Funktion hoch */
    printf("....%g hoch %d = %g\n", zahl, exponent, ergeb);
    /* Wenn Rückgabewert (wie hier) nicht zwischengespeichert werden soll */
    /* kann hoch auch direkt in printf aufgerufen werden              */
    printf("....%g hoch %d = %g\n", zahl, exponent, hoch(zahl, exponent));
    return 0;
}
```

Mögliche Abläufe des Programms `potenz.c`:

```
x: 2.5
y: 3
 ....2.5  hoch 3 = 15.625
 ....2.5  hoch 3 = 15.625
```

```
x: 2
y: -3
 ....2  hoch -3 = 0.125
 ....2  hoch -3 = 0.125
```

Aus diesem Beispiel können wir sehr viel über Funktionen in C/C++ lernen.

- Ein C-Programm besteht aus einer oder mehreren Funktionen. Unser Programm `potenz.c` besteht aus zwei Funktionen mit den Namen `main()` und `hoch()` und Aufrufen von Standardfunktionen wie `printf()`, `scanf()`.
- Bei `main()` handelt es sich um eine besondere Funktion, da `main()` den Programmanfang kennzeichnet. Das heißt, dass in jedem C-Programm eine Funktion mit dem Namen `main()` enthalten sein muss.
- Von der Funktion `main()` aus werden dann normalerweise andere Funktionen aufgerufen. In unserem Beispiel ruft die Funktion `main()` die Funktionen `printf()` und `scanf()` aus der Standardbibliothek und die selbst erstellte Funktion `hoch()` auf, die vor `main()` definiert ist.
- An der Angabe `(void)` hinter `main` können wir erkennen, dass bei dieser Funktion auf die Angabe von formalen Parametern verzichtet wurde, was erlaubt ist.
- Da Funktionen in beliebiger Reihenfolge definiert werden können, hätten wir die Definition der Funktion `hoch()` auch nach der von `main()` angeben dürfen. Man hätte dann jedoch vor `main()` einen so genannten Prototyp für `hoch()` angeben müssen, damit `main()` zumindest die Parameter und den Rückgabewert dieser Funktion `hoch()` kennt, wie z. B.:

  ```
  float hoch(float a, int b); /* Prototyp-Deklaration */
  ```

  Die vollständige Definition der Funktion `hoch()` hätte man dann nach `main()` angeben können.
- In der Funktion `main()` wird mit folgender Anweisung die Funktion `hoch()` aufgerufen, d. h., es wird der Programmteil mit dem Namen `hoch()` ausgeführt.

  ```
  ergeb = hoch(zahl, exponent);
  ```

Dabei werden für die Parameter die aktuellen Argumente
a zahl
b exponent eingesetzt.

- Bei der Definition von `hoch()` müssen die formalen Parameter deklariert werden, damit ihre Datentypen der Funktion bekannt sind:

```
float hoch(float a, int b)
```

Diese Definition legt zusätzlich fest, dass die Funktion `hoch()` als Rückgabe einen Wert vom Datentyp `float` liefert.

- Nach der öffnenden geschweiften Klammer { werden so genannte lokale Variablen deklariert:

```
int   zaehler;
float rueckgabe_wert = 1;
```

Die hier deklarierten Variablen sind, ebenso wie die zuvor deklarierten formalen Parameter, nur innerhalb dieser Funktion bekannt. Diesen Effekt soll das Attribut *lokal* ausdrücken. Hätten wir z. B. in `main()` eine `int`-Variable `zaehler` deklariert, so würde es sich dabei – auch wenn der gleiche Name angegeben wurde – um eine andere Variable handeln, als bei `zaehler` in der Funktion `hoch()`.

- Die Funktion `hoch()` berechnet nun einen Wert und gibt den berechneten Wert, der bei unserem Beispiel in der `float`-Variablen `rueckgabe_wert` liegt, mit Hilfe der `return`-Anweisung an die aufrufende Funktion (in unserem Fall an die Funktion `main()`) zurück:

```
return rueckgabe_wert;
```

- Dieser Wert von `rueckgabe_wert` wird in der Variablen `ergeb` der Funktion `main()` mit

```
ergeb = hoch(zahl, exponent);
```

gespeichert und später am Bildschirm ausgegeben.

- Die beiden Anweisungen in unserem Beispiel

```
ergeb = hoch(zahl, exponent);
printf("....%g hoch %d = %g\n", zahl, exponent, ergeb);
```

kann man, wenn der Rückgabewert nur temporär benötigt wird, auch zu einer Anweisung zusammenfassen, was wir in unserem Programm zur Demonstration getan haben:

```
printf("....%g hoch %d = %g\n", zahl, exponent, hoch(zahl, exponent));
```

Das folgende Listing, das die Implementierung der vorherigen Aufgabenstellung (Potenzbildung) in Java zeigt, verdeutlicht, dass Funktionen in Java, wo man diese als *Methoden* bezeichnet, weitgehend identisch zu denen in C/C++ sind:

```
import java.io.*; /* Java-Programm Potenz.java */

public class Potenz {
   static float hoch(float a, int b) { /* Funktionsname(Parameter-Deklarationen) */
      int      zaehler;              /*  Lokale Deklarationen  */
      float    rueckgabe_wert=1; /*                          */
      if (b<0) {                         /*                          */
         a = 1/a;                        /*                          */
         b = -b;                         /*                          */
      }                                  /*   Funktions-             */
      for (zaehler=1 ; zaehler<=b ; ++zaehler) /*   Anweisungen  */
         rueckgabe_wert *= a;            /*                          */
      return rueckgabe_wert;             /*                          */
   }
   public static void main (String args[]) {
     int      exponent;       /*  Lokale Deklarationen          */
     float    zahl, ergeb;    /*                                */
     Eingabe ein = new Eingabe();
      zahl      = ein.readFloat("x: ");
      exponent = ein.readInt("y: ");
      ergeb = hoch(zahl, exponent); /* Aufruf der Funktion hoch */
      System.out.println(" .... " + zahl + " hoch " + exponent + " = " + ergeb);
      /* Wenn Rueckgabewert (wie hier) nicht zwischengespeichert werden soll */
      /* kann hoch auch direkt in System.out.println aufgerufen werden */
      System.out.println(" .... " + zahl + " hoch " + exponent + " = "
                                  + hoch(zahl, exponent));
   }
}
```

In Java sind alle Funktionen als *Methoden* innerhalb von Klassen zu definieren. Dabei sollte man zwischen `static`-Methoden, die ohne das Anlegen eines Objekts, und Methoden (ohne `static`), die erst nach Anlegen eines Objekts (mit `new`) aufgerufen werden können, unterscheiden. Beim Aufruf von Methoden ist bei `static`-Methoden der Klassenname, ansonsten der Objektname, mit Punkt getrennt dem Methodennamen voranzustellen. Wird beim Aufruf kein Klassen- bzw. Objektname vorangestellt, wird implizit der Name der aktuellen Klasse bzw. des Objekts angenommen.

Die return-Anweisung

Eine `return`-Anweisung bewirkt die unmittelbare Beendigung einer Funktion und die Rückkehr zur aufrufenden Funktion. Die Syntax für die `return`-Anweisung ist:

```
return(ausdruck);        /* oder */     return ausdruck;          /* oder */     return;
```

Wird eine `return`-Anweisung mit einem *ausdruck* angegeben, so wird der Wert dieses Ausdrucks als Funktionsergebnis an den Aufrufer zurückgegeben. Der Datentyp des

Ausdrucks muss dabei mit dem Funktionstyp in der Funktionsdeklaration übereinstimmen.

Wird `return` ohne Angabe eines *ausdrucks* aufgerufen, so liefert die entsprechende Funktion keinen Rückgabewert. Darauf wird nachfolgend eingegangen.

Funktionen ohne Rückgabewert

In der Programmiersprache PASCAL unterscheidet man Funktionen und Prozeduren. Prozeduren unterscheiden sich dabei von Funktionen darin, dass sie keinen Wert an den Aufrufer zurückgeben. C/C++ und Java kennen nun aber nur Funktionen bzw. Methoden. Um Prozeduren in C/C++ oder Java nachzubilden, muss man als Rückgabe-Datentyp für eine Funktion den Datentyp `void` angeben. Abbildung 7.27 zeigt die beiden Programme `noreturn.c` und `Noreturn.java`, die sich beide eine Funktion („Prozedur“) `ausgabe()` zur n-maligen Ausgabe eines Zeichens definieren. Das auszugebende Zeichen wird dabei dieser Funktion ebenso als Argument übergeben wie die Anzahl, wie oft es auszugeben ist.

```
/* C–Programm noreturn.c */
#include <stdio.h>

void ausgabe(char zeich, int n) {
   int  i;

   for (i=1 ; i<=n ; i++)
      printf("%c", zeich);
   printf("\n");
} /* kein Rückgabewert */

int  main(void) {
  char z;
  int  wieoft;

   printf("Welches Zeichen: ");
   z = getchar(); /* Zeichen
                     einlesen */
   printf("Wie oft ausgeben: ");
   scanf("%d", &wieoft);
   ausgabe(z, wieoft);
   return 0;
}
```

```
/* Java–Programm Noreturn.java */
import java.io.*;

public class Noreturn
{
   static  void ausgabe(char zeich, int n)
   {
      for (int i=1 ; i<=n ; i++)
         System.out.print(zeich);
      System.out.println();
   } /* kein Rückgabewert */

   public static  void main(String args[]) {
      char  z;
      int    wieoft;
      Eingabe ein = new Eingabe();

      z = ein.readChar("Welches Zeichen: ");
      wieoft = ein.readInt("Wie oft ausgeben: ");
      ausgabe(z, wieoft);
   }
}
```

Abbildung 7.27: Funktionen ohne Rückgabewert (n-maliges Ausgeben eines Zeichens)

Mögliche Abläufe der beiden Programme aus Abbildung 7.27 sind:

```
Welches Zeichen: =
Wie oft ausgeben: 20
====================
```

```
Welches Zeichen: x
Wie oft ausgeben: 32
xxxxxxxxxxxxxxxxxxxxxxxxxxxxxxxx
```

Soll eine Funktion keinen Wert an die aufrufende Funktion zurückliefern, so ist bei `return` kein *ausdruck* anzugeben, was lediglich die Beendigung der aktuellen Funktion und die Rückkehr zur aufrufenden Funktion (ohne Rückgabe eines Wertes) bewirkt. Man kann in diesem Fall aber auch vollständig auf `return` verzichten, wie wir dies z. B. in der Funktion `ausgabe()` in Abbildung 7.27 getan haben. Es gilt nämlich, dass das Erreichen des Funktionsendes (abschließende geschweifte Klammer }) immer automatisch zu einer Rückkehr (ohne Rückgabe eines Wertes) aus der Funktion führt.

In Abbildung 7.27 kommt ein neues Konstrukt hinzu, das in Java, C++ und im neuen Standard von C erlaubt ist:

```
for (int i=1 ; i<=n ; i++) /* Deklaration der Laufvariablen im for-Schleifenkopf */
    System.out.print(zeich);
```

Bei Funktionsaufrufen findet nur Wertübergabe statt (call-by-value)

Wird in C/C++ oder Java eine Funktion aufgerufen, dann werden *nur die Werte der Argumente* an die entsprechende Funktion übergeben. Was diese Aussage bedeutet, soll an einem konkreten Beispiel gezeigt werden. Die beiden Programme `tausch.c` und `Tausch.java` in Abbildung 7.28 sollen die Inhalte von zwei Variablen vertauschen.

```
/* C-Programm tausch.c */
#include <stdio.h>

void tausch(int a, int b) {
   int    hilf;
    hilf = a;
    a = b;
    b = hilf;
}

int  main(void) {
    int  zahl1 = 10;
    int  zahl2 = 5;
    printf(" Vor tausch-Aufruf: "
            "zahl1=%d, zahl2=%d\n",
            zahl1, zahl2);
    tausch(zahl1, zahl2);

    printf("Nach tausch-Aufruf: "
            "zahl1=%d, zahl2=%d\n",
            zahl1, zahl2);
    return 0;
}
```

```
/* Java-Programm Tausch.java */
import java.io.*;

public class Tausch {
   static void tausch(int a, int b) {
      int    hilf;
       hilf = a;
       a = b;
       b = hilf;
   }
   public static void main (String args[]) {
       int  zahl1 = 10;
       int  zahl2 = 5;
       System.out.println(" Vor tausch-Aufruf: "
                    + "zahl1=" + zahl1 + ", "
                    + "zahl2=" + zahl2);
       tausch(zahl1, zahl2);

       System.out.println("Nach tausch-Aufruf: "
                    + "zahl1=" + zahl1 + ", "
                    + "zahl2=" + zahl2);
   }
}
```

Abbildung 7.28: Wertübergabe bei Funktionen (Vergeblicher Tauschversuch)

Die beiden Programme `tausch.c` und `Tausch.java` aus Abbildung 7.28 würden nicht – wie erwartet – die Inhalte der beiden `zahl1` und `zahl2` vertauschen, wie die folgende Ausgabe dieser beiden Programme zeigt:

```
Vor tausch-Aufruf: zahl1=10, zahl2=5
Nach tausch-Aufruf: zahl1=10, zahl2=5
```

Mit der folgenden Deklaration wird in `main()` Speicherplatz für die beiden Variablen `zahl1` und `zahl2` reserviert, wobei diesen zugleich auch der Wert 10 bzw. der Wert 5 zugewiesen wird.

```
int zahl1 = 10;
int zahl2 = 5;
```

Mit dem Funktionsaufruf

```
tausch(zahl1, zahl2);
```

werden dann die Werte von `zahl1` und `zahl2` an die Funktion `tausch()` übergeben, was einem Kopieren dieser Werte in einen eigenen Speicherbereich für die Funktion `tausch()` gleichkommt, wie dies links in Abbildung 7.29 dargestellt ist.

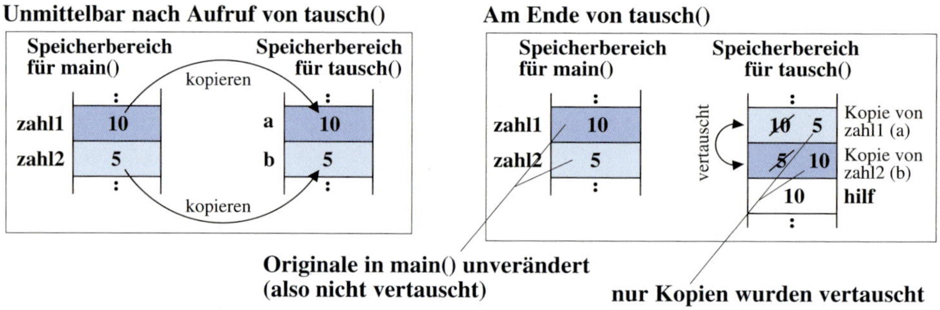

Abbildung 7.29: Vertauschen der Kopien von zahl1 und zahl2 in `tausch()`

Im Funktionsbereich von `tausch()` ist eine lokale Variable `hilf` deklariert, welche nur innerhalb von `tausch()` verwendet werden kann. Die Anweisungen im Funktionsbereich von `tausch()` bewirken das Vertauschen der kopierten Werte, wie dies rechts in Abbildung 7.29 gezeigt ist. Es ist dabei zu erkennen, dass die Inhalte der ursprünglichen Variablen `zahl1` und `zahl2` durch die „Vertausch-Anweisungen" nicht verändert wurden.

Die beiden `int`-Variablen in `main()` besitzen also nach der Rückkehr aus der Funktion `tausch()` noch dieselben Werte wie vor dem Funktionsaufruf von `tausch()`.

Bei einem Funktionsaufruf werden also grundsätzlich nur die Werte (Kopien) der Argumente an die aufgerufene Funktion übergeben. Daraus folgt, dass eine Funktion bei der eben vorgestellten Vorgehensweise den Inhalt von außerhalb deklarierten Variablen nicht verändern kann. Wie aber kann man die außerhalb von Funktionen deklarierten Variablen innerhalb von Funktionen verändern? Die beiden nachfolgenden Abschnitte geben die Antwort auf diese Frage.

Call-by-reference in C/C++

Die Antwort auf die zuvor gestellte Frage lautet:

> *Wir müssen in C/C++ nicht Werte, sondern Adressen als Argumente übergeben.*

Wie können wir aber Adressen übergeben? Antwort: Wir müssen die formalen Parameter bei der Funktionsdefinition als so genannte *Zeiger (Pointer)* deklarieren (durch Voranstellen von * vor den Parameternamen) und beim Funktionsaufruf die Adressen von Variablen (durch Voranstellen des Adressoperators & vor den Variablennamen) übergeben.

Die Funktion `tausch()` aus dem vorherigen Beispiel soll so umgeschrieben werden, dass die beiden Argumente `a` und `b` nicht mehr Werte erwarten, sondern Adressen von Variablen, wie es das folgende Programm `tausch2.c` verdeutlicht.

```
#include <stdio.h>

void tausch(int *a, int *b) /* Nun Zeigerparameter */ {
  int   hilf;
   hilf = *a;
   *a = *b;
   *b = hilf;
}

int  main(void) {
   int   zahl1 = 10,
   int   zahl2 = 5;

   printf(" Vor tausch-Aufruf: zahl1=%d, zahl2=%d\n", zahl1, zahl2);
   tausch(&zahl1, &zahl2); /* Aufruf von tausch mit den Adressen
                              der Variablen zahl1 und zahl2      */
   printf("Nach tausch-Aufruf: zahl1=%d, zahl2=%d\n", zahl1, zahl2);
   return 0;
}
```

In der Definition von `tausch()` werden mit der Deklaration

```
void tausch(int *a, int *b)
```

zwei Speicherplätze für `int`-Zeiger (Adressen für `int`-Variablen) reserviert.

Mit dem Funktionsaufruf

```
   tausch(&zahl1, &zahl2);
```

werden dann die Adressen von `zahl1` und `zahl2` als Argumente an die Funktion `tausch()` übergeben (`&` = Adressoperator). Bei dieser Übergabe werden also in die beiden reservierten Speicherplätze `a` und `b` der Funktion `tausch()` die Adressen von `zahl1` und `zahl2` abgelegt. Links in Abbildung 7.30 ist dies veranschaulicht, wobei hier als Adressen für `zahl1` und `zahl2` die Werte `1000` und `1004` angenommen wurden.

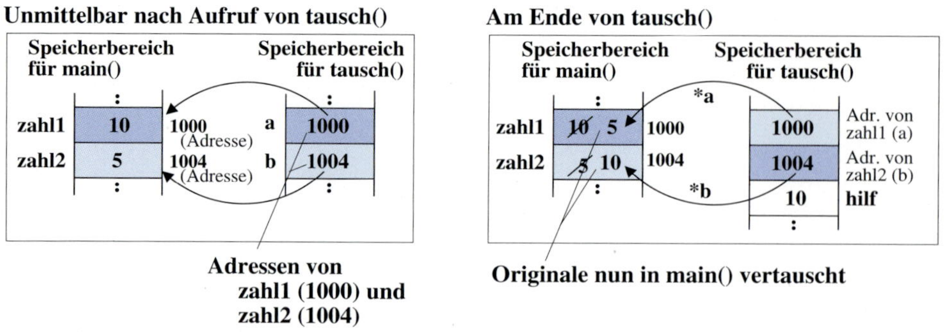

Abbildung 7.30: Vertauschen mit call-by-reference

Das Vertauschen erfolgt in `tausch()` mit den folgenden Anweisungen:

```
hilf = *a;   /* hilf = Wert, auf den a zeigt.
                a hat die Adresse 1000 und an dieser Adresse steht der Wert 10,
                was somit Folgendes bewirkt:
                  hilf = 10                                                   */
*a   = *b;   /* Der Speicherplatz, auf den a zeigt, soll mit dem Wert belegt
                werden, auf den b zeigt: a zeigt auf zahl1 und b auf zahl2.
                Somit bewirkt diese Anweisung Folgendes:
                  zahl1 = zahl2   entspricht: zahl1 = 5                       */
*b   = hilf; /* Der Speicherplatz, auf den b zeigt, soll mit dem Wert belegt
                werden, der sich in hilf befindet: b zeigt auf zahl2.
                Somit bewirkt diese Anweisung Folgendes:
                  zahl2 = hilf    entspricht: zahl2 = 10                      */
```

Nach der Rückkehr aus der Funktion `tausch()` sind dann die Werte von `zahl1` und `zahl2` vertauscht, wie es rechts in Abbildung 7.30 zu sehen ist. Dieses Programm `tausch2.c` vertauscht die Inhalte der beiden `int`-Variablen `zahl1` und `zahl2` nun wirklich, wie der Programmablauf auch zeigt:

```
 Vor tausch-Aufruf: zahl1=10, zahl2=5
Nach tausch-Aufruf: zahl1=5, zahl2=10
```

Die eben kennengelernte Technik der Parameterübergabe mit Adressen nennt man *call-by-reference*, während man die Parameterübergabe mit Werten *call-by-value* nennt. Ganz allgemein kann man mit Zeigerparametern eine oder mehrere außerhalb der Funktion deklarierte Variablen beeinflussen. Eine solche Vorgehensweise birgt aber auch einige Gefahren in sich, denn ein zu freizügiger Umgang mit Zeigerparametern lässt die Verwaltung von Variablen schnell unübersichtlich werden, was zu schwer auffindbaren Fehlern führen kann.

An dieser Stelle wird vielleicht auch deutlich, warum in C/C++ bei der Bibliotheksfunktion `scanf()` die Variablen mit Adressoperator `&` anzugeben sind. Würde nämlich keine Adresse einer Variablen an `scanf()` übergeben, könnte diese Funktion den eingegebenen Wert nicht an die aufrufende Funktion zurückliefern.

Vertauschen von Variablen in Java

In Java existieren keine Zeiger, weshalb man hier zu diesem Zweck eine eigene Klasse einführen muss, die nur eine Variable enthält, wie es im nachfolgenden Listing gezeigt ist. In den meisten Fällen muss in Java vor der Benutzung einer Klasse ein Objekt mit dem `new`-Operator angelegt werden. Bei der Übergabe von Objekten wird dann eine so genannte *Referenz*, d. h. ein Verweis auf das Objekt übergeben. Die Methode `tausch()` arbeitet mit den angelegten Objekten und die darin enthaltenen Variablen werden vertauscht.

```
import java.io.*;
class ganzZahl { // eigene Klasse für eine ganze Zahl
   public int x;
}
public class Tausch2 {
   static void tausch(ganzZahl a, ganzZahl b) {
     int hilf = a.x;
      a.x = b.x;
      b.x = hilf;
   }
   public static void main (String args[]) {
      ganzZahl zahl1 = new ganzZahl();
      ganzZahl zahl2 = new ganzZahl();
      zahl1.x = 10;
      zahl2.x = 5;
      System.out.println(" Vor tausch-Aufruf: "+"zahl1="+zahl1.x+", "+"zahl2="+zahl2.x);
      tausch(zahl1, zahl2);
      System.out.println("Nach tausch-Aufruf: "+"zahl1="+zahl1.x+", "+"zahl2="+zahl2.x);
   }
}
```

Dieses Programm `Tausch2.java` liefert dann folgende Ausgabe:

```
 Vor tausch-Aufruf: zahl1=10, zahl2=5
Nach tausch-Aufruf: zahl1=5, zahl2=10
```

▶ Übung: Schnelles Potenzieren mit dem Legendre-Algorithmus

Folgender Algorithmus liefert die Potenz a^b für relles $a > 0$ und natürliche Zahlen b:

```
x = a;    y = b;    z = 1
while (y > 0) {
   if (y ungerade)
      z = z*x;
   y = y/2;  x = x*x;
}
z = Potenz von a hoch b
```

Erstellen Sie ein Programm `legendre.c` und/oder `Legendre.java`, das diesen Algorithmus in einer eigenen Funktion `legendre()` realisiert. Nachdem der Benutzer die beiden Werte zu a und b eingegeben hat, soll die Funktion `legendre()` mit diesen beiden Werten als Argumente aufgerufen werden und das Ergebnis als Rückgabewert liefern, so dass man es dann ausgeben kann. Ein möglicher Ablauf dieser beiden Programme `legendre.c` und `Legendre.java` ist:

```
a: 1.1
b: 100
1.1 hoch 100 = 13780.612340
```

▶ Übung: Mehrwertsteuer berechnen

Erstellen Sie zwei Programme `mwst.c` und `Mwst.java`, die in einer Funktion bzw. Methode die Mehrwertsteuer zu einem Betrag berechnen. Dieser Betrag soll dabei ebenso wie der Mehrwertsteuersatz übergeben werden. Der Bruttobetrag (mit Mehrwertsteuer) soll hierbei nicht als Rückgabewert, sondern über einen dritten Parameter der Funktion geliefert werden. Ein möglicher Ablauf der Programme ist:

```
Netto: 2000
MWST-Satz: 17.3
---> 2000.00 mit MWST 17.30% = 2346.00
```

7.5.12 Rekursive Funktionen bzw. rekursive Methoden

Funktionen können auch rekursiv aufgerufen werden, d. h., eine Funktion darf sich selbst wieder aufrufen. Ein solcher rekursiver Aufruf kann entweder direkt oder auf Umwegen über andere Funktionsaufrufe erfolgen. Die beiden nachfolgend gezeigten Programme `fakul.c` und `Fakul.java` berechnen zu einer Zahl `n`, die einzugeben ist, die Fakultät: $n! = 1 \cdot 2 \cdot 3 \cdot \ldots \cdot n$, wobei: $0! = 1$.

```c
#include <stdio.h>
/* fakul.c */
int fakul(int zahl) {
  int ergeb;
   if (zahl>0)
      ergeb = zahl * fakul(zahl-1);
   else
      ergeb = 1;
   return(ergeb);
}
int main(void) {
   int  bis;
   printf("Zahl: ");
   scanf("%d", &bis);
   printf("%d! = %d\n",
          bis, fakul(bis));
   return 0;
}
```

```java
import java.io.*;      // Fakul.java
public class Fakul {
   static int fakul(int zahl) {
    int ergeb;
     if (zahl>0)
        ergeb = zahl * fakul(zahl-1);
     else
        ergeb = 1;
     return(ergeb);
   }
   public static void main (String args[]) {
     int  bis;
     Eingabe ein = new Eingabe();
     bis = ein.readInt("Zahl: ");
     System.out.println(bis + "! = " + fakul(bis));
   }
}
```

Mögliche Abläufe der beiden Programme `fakul.c` und `Fakul.java` sind:

```
Zahl: 6
6! = 720
```

```
Zahl: 10
10! = 3628800
```

Während des Programmablaufs wird eine Verschachtelung aufgebaut, wie sie in Abbildung 7.31 für `bis = 3` gezeigt ist. Bei jedem Aufruf der Funktion `fakul()` wird die gerade arbeitende Funktion temporär unterbrochen und neu gestartet, allerdings eine Ebene tiefer.

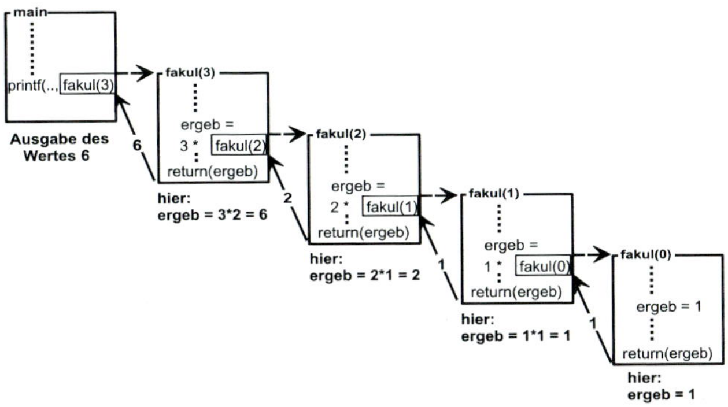

Abbildung 7.31: Rekursiver Aufruf der Funktion `fakul()`

Hier wird also die Bearbeitung eines Problems wiederholt, ohne dass eine Wiederholungsanweisung wie z. B. `while` auftritt. Bei der Rekursion handelt es sich um eine *Wiederholung durch Schachtelung*. Alle lokalen Variablen werden bei jedem rekursiven Funktionsaufruf neu auf dem so genannten *Stack-Speicher* angelegt, so dass jeder Aufruf der Funktion in einer rekursiven Aufruffolge seine eigenen „privaten“ Variablen besitzt. In unserem Beispiel werden also bei jedem Aufruf von `fakul()` neue Speicherplätze für `ergeb` und `zahl` angelegt, d. h. die Variable `ergeb` in `fakul(3)` ist beispielsweise unabhängig von der Variablen `ergeb` in `fakul(2)`.

Natürlich wäre die Berechnung der Fakultät auch unter Verwendung von Schleifen (Wiederholungs-Anweisungen) möglich gewesen, wie dies bei den beiden Programmen `fakul2.c` und `Fakul2.java` in Abbildung 7.32 geschehen ist.

```c
#include <stdio.h> /* fakul2.c */
int  main(void) {
   int   i, bis, ergeb=1;

   printf("Zahl: ");
   scanf("%d", &bis);
   for  (i=1; i<=bis; i++)
      ergeb *= i;
   printf("%d! = %d\n", bis, ergeb);
   return 0;
}
```

```java
import java.io.*;   // Fakul2.java
public class Fakul2 {
   public static  void main (String args[]) {
      int   i, bis, ergeb=1;
      Eingabe ein = new Eingabe();
      bis = ein.readInt("Zahl: ");
      for  (i=1; i<=bis; i++)
         ergeb *= i;
      System.out.println(bis + "! = " + ergeb);
   }
}
```

Abbildung 7.32: Nicht rekursives Berechnen der Fakultät mit Schleifen

Wir können nun das bisher Kennengelernte über rekursive Funktionen zusammenfassen und durch Neues ergänzen.

- Eine Funktion heißt *rekursiv*, wenn sie sich selbst direkt aufruft oder wenn ein Aufruf einer anderen von ihr aufgerufenen Funktion dazu führt, dass sie ihrerseits wieder aufgerufen wird.
- Der Programmierer muss dafür sorgen, dass eine rekursive Schachtelung gegen ein definiertes Ende läuft, wie z. B.:

```
if (zahl > 0)
   ergeb = zahl * fakul(zahl - 1);
else
   ergeb = 1; /* definiertes Ende, wenn zahl <= 0 */
```

- Bei rekursiven Funktionsaufrufen können gleichzeitig mehrere Versionen einer Variablen auf dem so genannten Stack liegen, die den einzelnen Verschachtelungsebenen entsprechen.
- Jede rekursive Funktion kann mittels Wiederholungs-Anweisungen realisiert werden. Das Umgekehrte gilt natürlich auch.

Ein Algorithmus zur Umwandlung einer Dezimalzahl in eine Dualzahl ist:

```
Solange zahl ungleich 0 führe folgende Schritte durch:
   rest = zahl % 2 (Rest von Division durch 2)
   zahl = zahl / 2
Gib errechnete Reste in umgekehrter Reihenfolge (von unten nach oben) aus.
```

```
/* C-Programm dualrekursiv.c */
#include <stdio.h>
void wandel(int zahl) {
  int rest;
  if (zahl != 0) {
     rest = zahl % 2;
     wandel(zahl/2);
     printf("%d", rest);
  }
}
int main(void) {
  int zahl;
   printf("Dezimalzahl: ");
   scanf("%d", &zahl);
   wandel(zahl);
   return 0;
}
```

```
/* Java-Programm Dualrekursiv.java */
public class Dualrekursiv {
   static void wandel(int zahl) {
     int rest;
      if (zahl != 0) {
        rest = zahl % 2;
        wandel(zahl/2);
        System.out.print(rest);
      }
   }
   public static void main (String args[]) {
     int zahl;
      Eingabe ein = new Eingabe();
      zahl = ein.readInt("Dezimalzahl: ");
      wandel(zahl);
   }
}
```

Abbildung 7.33: Rekursives Umwandeln einer Dezimalzahl in eine Dualzahl

Nachfolgend dazu ein Beispiel:

```
11 : 2 = 5 Rest 1   ^
 5 : 2 = 2 Rest 1   |  Ausgabe in umgekehrter Reihenfolge
 2 : 2 = 1 Rest 0   |
 1 : 2 = 0 Rest 1   | Dualzahl zu 11 ist somit: 1011
```

Die beiden Programme `dualrekursiv.c` und `Dualrekursiv.java` in Abbildung 7.33 realisieren diesen Algorithmus rekursiv.

Mögliche Abläufe der Programme aus Abbildung 7.33 sind:

```
Dezimalzahl: 11
1011
```

```
Dezimalzahl: 173
10101101
```

Abbildung 7.34 veranschaulicht nochmals die rekursiven Aufrufe zu den Programmen in Abbildung 7.33 für die Dezimalzahl `11`. Wir sehen hier, dass mit jedem Aufruf von `wandel()` ein neuer Speicherplatz für die Variable `rest` im Stackbereich angelegt wird. Der Stackpointer (SP) zeigt dann auf die aktuelle Version von `rest` der jeweiligen Ebene. Mit der Rückkehr in eine höhere Ebene wird der Stackpointer zurückgesetzt und der vorherige Wert von `rest` ist nicht mehr verfügbar.

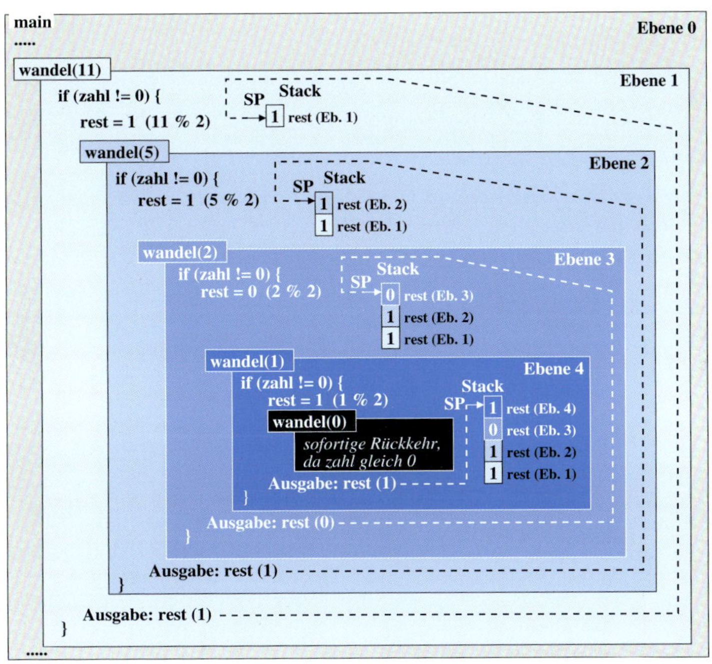

Abbildung 7.34: Rekursiver Aufruf der Funktion `wandel()` in Abbildung 7.33

Rekursive Funktionsaufrufe erfordern allerdings Zeit und Speicherplatz, da für jeden neuen Aufruf neue „private“ Variablen, d. h. neue Speicherplätze, anzulegen sind.

Fibonacci-Zahlen

Es existiert eine Vielzahl von mathematischen Funktionen, die rekursiv definiert werden, von denen nachfolgend einige vorgestellt werden. Für die Berechnung solcher Funktionen eignen sich rekursive Funktionen natürlich hervorragend. Fibonacci-Zahlen können beispielsweise wie folgt definiert werden:

$$F(1) = 1 \qquad \text{für } n \leq 1$$
$$F(n) = F(n-2) + F(n-1) \qquad \text{für } n > 1$$

In den beiden Programmen in Abbildung 7.35 wird ein weiterer Operator verwendet, den sowohl C/C++ als auch Java zur Verfügung stellt, nämlich die bedingte Bewertung: *bedingung* ? *ausdr1* : *ausdr2*. Ist hier die *bedingung* erfüllt, wird *ausdr1* ausgewertet, andernfalls *ausdr2*. In jedem Fall wird aber nur einer der beiden Ausdrücke – *ausdr1* oder *ausdr2* – ausgewertet. Dieser Wert ist dann das Ergebnis der gesamten bedingten Bewertung. Somit kann man z. B. statt

```
if (zahl1 > zahl2)
  max=zahl1;
else
  max=zahl2;
```

auch Folgendes angeben:

```
max = (zahl1 > zahl2) ? zahl1 : zahl2;
```

Zunächst wird hier der Ausdruck (`zahl1 > zahl2`) ausgewertet. Trifft diese Bedingung zu, wird `max` der Wert von `zahl1`, sonst der von `zahl2` zugewiesen.

Eine genauere Betrachtung zeigt uns, dass sich die Berechnung der Fibonacci-Zahlen als Baum darstellen lässt, der die Aufrufhierarchie der rekursiven Funktion *f*() aus den beiden Programmen in Abbildung 7.35 zeigt. Abbildung 7.36 stellt den Baum für *F*(5) dar. Die Gefahr bei solchen Bäumen ist, dass sie wie ein „Schneeballsystem" sehr schnell anwachsen. Das obige Programm würde z. B. mit Sicherheit für *F*(10000) den für das Programm zur Verfügung stehenden Stack-Speicher zum Überlaufen bringen.

```
/* C-Programm fibonacci.c */
#include <stdio.h>
int f(int n) {
   return (n<=1) ? 1 : f(n-2)+f(n-1);
}
int main(void) {
   int i, von, bis;
    printf("Startwert: ");
    scanf("%d", &von);
    printf("Endwert: ");
    scanf("%d", &bis);
    for (i=von; i<=bis; i++)
       printf(" F(%d) = %d\n", i, f(i));
    return 0;
}
```

```
/* Java-Programm Fibonacci.java */
import java.io.*;
public class Fibonacci {
   static int f(int n) {
      return (n<=1) ? 1 : f(n-2)+f(n-1);
   }
   public static void main (String args[]) {
     Eingabe ein = new Eingabe();
      int von = ein.readInt("Startwert: ");
      int bis = ein.readInt("Endwert: ");
      for (int i=von; i<=bis; i++)
         System.out.println(" F(" + i + ") = "
                              + f(i));
   }
}
```

Abbildung 7.35: Rekursives Ermitteln der Fibonacci-Zahlen

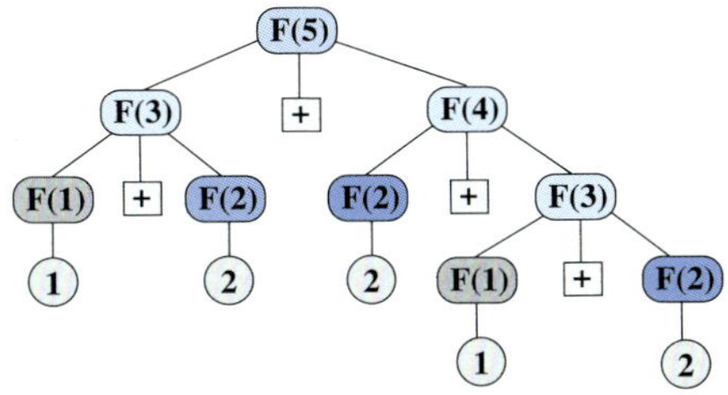

Abbildung 7.36: Rekursive Aufrufhierarchie für $F(5)$

Mögliche Abläufe der beiden Programme aus Abbildung 7.35 sind:

```
Startwert: 1
Endwert: 4
 F(1) = 1
 F(2) = 2
 F(3) = 3
 F(4) = 5
```

```
Startwert: 25
Endwert: 30
 F(27) = 317811
 F(28) = 514229
 F(29) = 832040
 F(30) = 1346269
```

Binomialkoeffizient

Mit dem Binomialkoeffizienten kann man berechnen, wie viele Möglichkeiten es gibt, um k Elemente auf n Positionen zu verteilen. Dieser Binomialkoeffizient lässt sich für $0 \leq k \leq n$ auch rekursiv definieren:

$$\binom{n}{k} = \begin{cases} 1 & : \text{ wenn } k = 0 \text{ oder } k = n \\ \binom{n-1}{k} + \binom{n-1}{k-1} & : \text{ sonst} \end{cases}$$

Die beiden Programme `binom.c` und `Binom.java` in Abbildung 7.37 berechnen den Binomialkoeffizienten mit Hilfe von Rekursion. Dabei zeigt sich, dass die obige Formel unter Verwendung von Rekursion wieder nahezu direkt in das Programm übernommen werden kann.

```c
#include <stdio.h> /* binom.c */
int binom(int n, int k) {
  return (k==0 || k==n)
    ? 1
    : (binom(n-1,k) + binom(n-1,k-1));
}

int  main(void) {
   int  n, k;
   printf("n: ");
   scanf("%d", &n);
   printf("k: ");
   scanf("%d", &k);
   printf("---> %d\n", binom(n, k));
   return 0;
}
```

```java
import java.io.*;      // Binom.java
public class Binom {
   static  int binom(int n, int k) {
     return (k==0 || k==n)
       ? 1
       : (binom(n-1,k) + binom(n-1,k-1));
   }
   public static  void main (String args[]) {
      int  n, k;
      Eingabe ein = new Eingabe();
      n = ein.readInt("n: ");
      k = ein.readInt("k: ");
      System.out.println("---> "
                         + binom(n, k));
   }
}
```

Abbildung 7.37: Rekursives Ermitteln des Binomialkoeffizienten

Mögliche Abläufe der beiden Programme `binom.c` und `Binom.java` aus Abbildung 7.37 sind:

```
n: 49
k: 6
---> 13983816
```

```
n: 124
k: 3
---> 310124
```

Peano-Axiome für natürliche Zahlen

Die Rekursion wurde aus der Mathematik übernommen, wo mit ihrer Hilfe unendliche Mengen durch endliche Aussagen charakterisiert werden können. Das Musterbeispiel sind *Axiome von Peano* zur Menge N_0 der natürlichen Zahlen.

1. 0 ist eine natürliche Zahl.
2. Zu jeder natürlichen Zahl n gibt es eine natürliche Zahl $n+1$ als Nachfolger.
3. 0 ist nicht Nachfolger einer natürlichen Zahl.
4. Natürliche Zahlen mit gleichen Nachfolgern sind gleich.
5. Enthält eine Menge die Zahl 0 und mit jeder natürlichen Zahl n auch ihren Nachfolger, so enthält sie alle natürlichen Zahlen.

Das darauf basierende *Induktionsprinzip* oder auch *Prinzip der vollständigen Induktion* ermöglicht Aussagen über unendliche Mengen von natürlichen Zahlen. Definiert man zwei Funktionen *succ*() (successor = Nachfolger) und *pred*() (predecessor = Vorgänger):

```
int  succ(int x) { return x+1;                }
int  pred(int x) { return (x==0) ? 0 : x-1; }
```

dann lassen sich Operationen wie die Addition, Subtraktion, Multiplikation und Potenzierung für die natürlichen Zahlen mit Hilfe von *succ*() und *pred*() rekursiv definieren, ohne dass man die Operatoren +, - oder * benötigt. Als Beispiel möge die Funktion *add*() zum Addieren von zwei Zahlen dienen:

```
int add(int x, int y) { return (y==0) ? x : succ(add(x,pred(y))); }
```

Die im begleitenden Zusatzmaterial vorgestellten Programme `peanorek.c` und `Peanorek.java` bilden die vier Operationen Addition, Subtraktion, Multiplikation und Potenzierung für die natürlichen Zahlen nur mit *succ*() und *pred*() nach. Ein möglicher Ablauf ist auf der nächsten Seite gezeigt.

```
Rechnen nach den Peano−Axiomen
 0   Ende
 1   Addition
 2   Subtraktion
 3   Multiplikation
 4   Potenzierung
Was wuenschen Sie zu tun: 3
1. Zahl: 4
2. Zahl: 9
−−> 4 * 9 = 36
 ........
```

```
Was wuenschen Sie zu tun: 2
1. Zahl: 77
2. Zahl: 24
−−> 77 − 24 = 53
 ........
Was wuenschen Sie zu tun: 4
1. Zahl: 5
2. Zahl: 6
−−> 5 hoch 6 = 15625
 ........
Was wuenschen Sie zu tun: 0
```

▶ Übung: Größter gemeinsamer Teiler

Der größte gemeinsame Teiler (ggT) zweier Zahlen lässt sich auch rekursiv definieren:

$$ggt(n, m) = \begin{cases} n & : \text{ wenn } m = 0 \\ ggt(m, n \; mod \; m) & : \text{ sonst} \end{cases}$$

Erstellen Sie dazu sowohl ein C-Programm `ggtrekursiv.c` als auch ein Java-Programm `Ggtrekursiv.java`, das den größten gemeinsamen Teiler von mehreren Zahlen unter Verwendung dieser rekursiven Formel ermittelt, wie z. B.:

```
1. Zahl: 818127
2. Zahl: 999999
3. Zahl (Ende=0): 1071
4. Zahl (Ende=0): 0
=====> ggt = 9
```

```
1. Zahl: 2376
2. Zahl: 3751
3. Zahl (Ende=0): 23122
4. Zahl (Ende=0): 0
=====> ggt = 11
```

Die Türme von Hanoi

Bei den Türmen von Hanoi handelt es sich um ein Problem, das *Edouard Lucas* 1883 erfunden und in Form eines Spiels populär gemacht hat. Um das Spiel geheimnisvoller zu machen, berichtete er von einer Legende, die dem Spiel zugrunde liegt:

> *In der Stadt Hanoi stehen in einem Brahma-Tempel drei Säulen. Auf einer dieser Säule liegen 64 Scheiben, die von oben nach unten gesehen einen streng monoton wachsenden Durchmesser haben. Die Welt wird in Schutt und Asche fallen, wenn die Mönche die Scheiben der ersten Säule auf eine andere Säule gelegt haben. Dabei darf nie mehr als eine Scheibe gleichzeitig bewegt und niemals eine größere auf eine kleinere gelegt werden.*

Nennt man die Säulen A, B, C, so soll die Lösung gesucht werden, die n Scheiben von A nach C bringt, unter Zuhilfenahme von Säule B. Zu dieser Aufgabenstellung gibt es eine einfache rekursive Lösung: Unter der Annahme, dass das Problem für $n-1$ Scheiben gelöst ist, ergeben sich folgende Schritte:

1. Bringe die $n-1$ Scheiben von A nach B mit Hilfe von C.
2. Bringe die letzte Scheibe von A nach C.
3. Bringe die $n-1$ Scheiben von B nach C mit Hilfe von A.

Allgemein gilt hier:

1. Ist $n > 1$, bewegt man – unter Verwendung von C als Hilfsplatz – die oberen $n - 1$ Scheiben von A nach B (Schritt 1).
2. Wenn nur eine einzige Scheibe vorhanden ist, so wird diese einfach von A nach C gelegt (Schritt 2).
3. Nun werden die $n - 1$ Scheiben von B nach C gebracht (Schritt 3).

Dieser Algorithmus lässt sich leicht wie folgt durch eine rekursive Funktion definieren.

```
hanoi(n, a, b, c) {
   if (n>0) {
      hanoi(n−1, a, c, b)
      Bewege Scheibe n von Saeule a nach Saeule b
      hanoi(n−1, c, b, a)
   }
}
```

Ruft man diese Funktion nun mit `hanoi(n, 1, 3, 2)` auf, hat man die rekursive Lösung dieses Problems.

Abbildung 7.38 zeigt dazu ein Beispiel für $n = 4$.

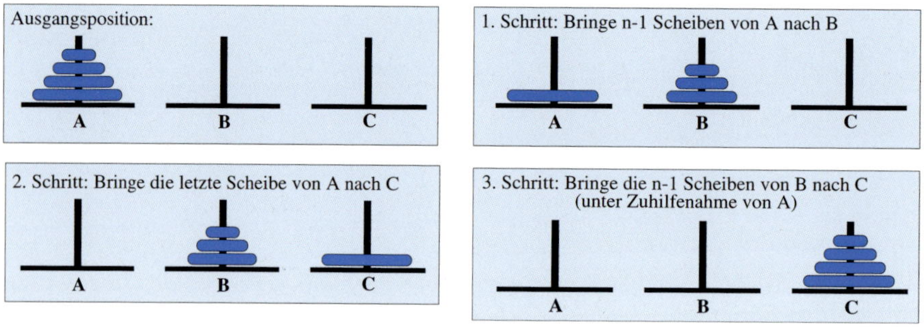

Abbildung 7.38: Vorgehensweise bei den Türmen von Hanoi mit $n = 4$

Das begleitende Programm `hanoi.c` liest zunächst ein, wie viele Scheiben sich auf der Säule A befinden, und legt dann die Scheiben von Säule A auf die Säule C. Der ganze Vorgang des Bewegens der Scheiben wird dabei grafisch gezeigt (siehe auch Abbildung 7.39).

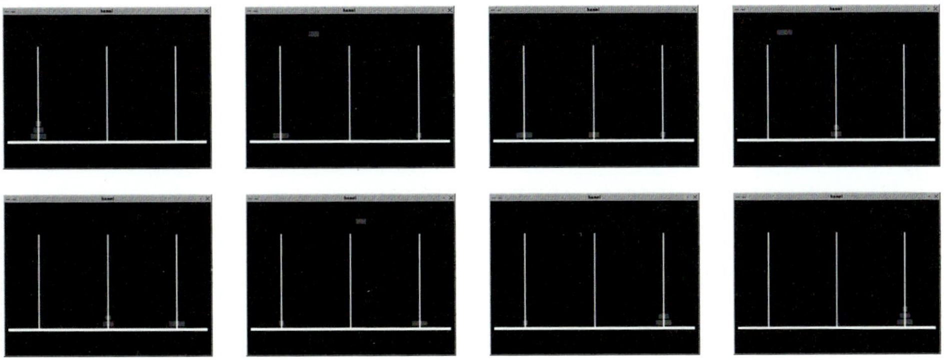

Abbildung 7.39: Die Türme von Hanoi

7.5.13 Arrays

In der Programmierpraxis sind häufig Probleme anzutreffen, bei denen man nicht mit einfachen Variablen auskommt, sondern einen ganzen Block von Variablen des gleichen Typs benötigt. Ein Beispiel dafür wären die Monatsumsätze eines Unternehmens für ein Jahr. In diesem Fall ist es sehr nützlich, 12 `double`-Variablen in einem Block zu definieren, an den nur ein Name vergeben wird. Zur Unterscheidung der Monate wird dann z. B. ein Index (ganze Zahl) verwendet. Dazu bietet sowohl C/C++ als auch Java so genannte *Arrays* an. Ein *Array* ist die namentliche Zusammenfassung einer Anzahl von gleichartigen Objekten eines Datentyps, wie z. B. `int`- oder `double`-Variablen.

Eindimensionale Arrays

Ein eindimensionales Array mit 12 Elementen vom Typ `double` könnte wie in Abbildung 7.40 vereinbart werden, wobei dort zugleich auch zwei Elemente dieses Arrays mit Werten belegt werden.

Werden n Elemente (hier: $n = 12$) für ein Array festgelegt, so erfolgt die Adressierung über so genannte Indizes von Element 0 bis Element $n - 1$.

```
/* Eindim. Arrays in C */

double umsatz[12];

umsatz[4] = 23678.45;
umsatz[7] = 17892.32;
```

```
/* Eindim. Arrays in Java */

double[] umsatz = new double[12];
   // bzw. auch:
double umsatz[] = new double[12];

umsatz[4] = 23678.45;
umsatz[7] = 17892.32;
```

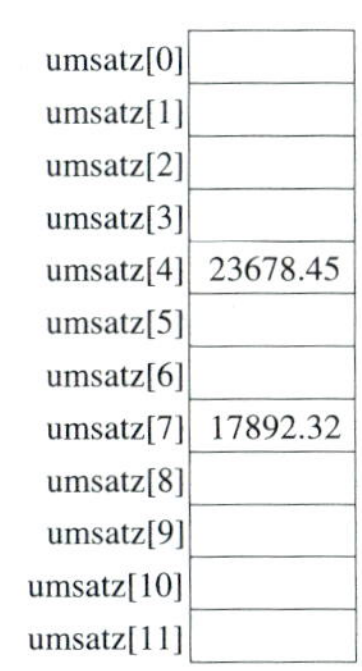

Abbildung 7.40: Eindimensionale Arrays in C/C++ und Java

Wichtig ist hier, dass jedes Array mit der Elementnummer 0 und nicht mit 1 beginnt und eben nur Indizes von 0 bis n−1 erlaubt sind.

Abbildung 7.41 legt die Quadratzahlen von `0` bis `19` (nicht **20**) zunächst in einem Array `quadZahl` ab, und gibt dann den Inhalt dieses Arrays aus.

```c
/* C-Programm quadzahl.c */
#include <stdio.h>

int main(void) {
   int  i;
   int  quadZahl[20];

   for (i=0; i<20; i++)
      quadZahl[i] = i*i;

   for (i=0; i<20; i++)
      printf("%d, ", quadZahl[i]);
   return 0;
}
```

```java
/* Java-Programm Quadzahl.java */
import java.io.*;

public class Quadzahl {
   public static void main (String args[]) {
      int  i;
      int[]  quadZahl = new int[20];

      for (i=0; i<20; i++)
         quadZahl[i] = i*i;
      for (i=0; i<20; i++)
         System.out.print(quadZahl[i] + ", ");
   }
}
```

Abbildung 7.41: Quadratzahlen von 0 bis 19 in einem Array speichern und ausgeben

Die beiden Programme `quadzahl.c` und `Quadzahl.java` liefern folgende Ausgabe:

```
0, 1, 4, 9, 16, 25, 36, 49, 64, 81, 100, 121, 144, 169, 196, 225, 256, 289, 324, 361,
```

Ein sehr häufiger Fehler ist, dass man ein Array der Größe `n` definiert, und dann mit einer `for`-Schleife der folgenden Art dieses Array beschreibt:

```
for (i=1; i<=n ; i++)
   array[i] = ...;
```

Der Fehler hier ist die Annahme, dass das Array sich über die Elemente `1..n` erstreckt. In Wirklichkeit erstreckt es sich aber über die Elemente `0..n-1`, was dazu führt, dass man beim letzten Durchlauf der `for`-Schleife (`i` ist dann `n`) mit

```
array[n] = ....;
```

bereits in fremden Speicherplatz schreibt, wie es die beiden Programme in Abbildung 7.42 verdeutlichen. Während das Programm `quadfalsch.c` in Abbildung 7.42 stillschweigend fremden Speicherplatz überschreibt, was vor allen Dingen in größeren Programmen zu schwer auffindbaren Fehlern führen kann, meldet das Java-Programm `Quadfalsch.java` zumindest den unerlaubten Arrayzugriff, wie z. B.:

```
Exception in thread "main" java.lang.ArrayIndexOutOfBoundsException: 5
        at quadfalsch.main(quadfalsch.java:8)
```

Um eine solche Überschreibung in Anwendungen, bei denen eine Indizierung von `1` bis `n` naheliegender ist, zu vermeiden, lässt man häufig das 0. Element ungenutzt. Man wendet dann oft die in Abbildung 7.43 gezeigte Technik an, indem man eine Konstante für die Array-Größe definiert. Eine solche Definition einer Konstanten für die Array-Größe hat neben dem hier gezeigten auch noch weitere Vorteile und wird allgemein empfohlen.

```c
/* C-Programm quadfalsch.c */
int main(void) {
   int  i;
   int  quad[5];

   for (i=1; i<=5; i++)
      quad[i] = i*i;
   /* Richtig:
   for (i=0; i<5; i++)
      quad[i] = i*i;
    */
   return 0;
}
```

```java
/* Java-Programm Quadfalsch.java */
public class Quadfalsch {
   public static void main (String args[]) {
      int   i;
      int[] quad = new int[5];
      for (i=1; i<=5; i++)
         quad[i] = i*i;
      /* Richtig:
      for (i=0; i<5; i++)
         quad[i] = i*i;
      */
   }
}
```

Abbildung 7.42: Zugriff auf ein Element, das nicht mehr Teil eines Arrays ist

```c
/* C-Programm quadrichtig.c */
/* Def. Konst. MAX mit Wert 5 */
#define MAX 5
int main(void) {
   int  i;
   int  quad[MAX+1];

   for (i=1; i<=MAX; i++)
      quad[i] = i*i;
   return 0;
}
```

```java
/* Java-Programm Quadrichtig.java */
public class Quadrichtig {
   public static void main (String args[]) {
         // Def. Konstante MAX mit Wert 5
      final int MAX = 5;
      int[] quad = new int[MAX+1];

      for (int i=1; i<=MAX; i++)
         quad[i] = i*i;
   }
}
```

Abbildung 7.43: Ungenutztes 0. Element, dafür ein Element mehr mit `MAX+1` definiert

▶ Übung: Dodon, der Märchenkönig

Dodon, der Märchenkönig, nahm bei einem Feldzug n Feinde gefangen, die er in n Einzelzellen steckte. An seinem Geburtstag sollten einige freigelassen werden, und zwar nach einem ganz eigenartigen Verfahren (vom Hofmathematiker ausgedacht). Dieses Verfahren arbeitet mit mehreren Durchgängen, wobei in jedem Durchgang für jede betroffene Zellentür folgender Zustandswechsel durchgeführt wird:

- Ist die entsprechende Zellentür gerade offen, wird sie geschlossen.
- Ist die entsprechende Zellentür gerade geschlossen, wird sie geöffnet.

Zunächst sind alle Zellentüren geschlossen:

1 2 3 4 5 6 7 8 9 10 11 12 13 14 15 16 17 18 ....

Bei den nachfolgenden Durchgängen werden offene Zellen unterstrichen dargestellt:

1. Im ersten Durchgang ist dann jede Tür von einem Zustandswechsel betroffen, was heißt, da zu diesem Zeitpunkt alle Türen geschlossen sind, dass in diesem Durchgang alle Türen geöffnet (unterstrichen hier dargestellt) werden:
   1 2 3 4 5 6 7 8 9 10 11 12 13 14 15 16 17 18 ....
2. Im zweiten Durchgang ist dann nur jede zweite Tür von einem Zustandswechsel betroffen:
   1 2 3 4 5 6 7 8 9 10 11 12 13 14 15 16 17 18 ....
3. Im dritten Durchgang ist dann nur jede dritte Tür von einem Zustandswechsel betroffen:
   1 2 3 4 5 6 7 8 9 10 11 12 13 14 15 16 17 18 ....
4. Und so geht es im vierten Durchgang:
   1 2 3 4 5 6 7 8 9 10 11 12 13 14 15 16 17 18 ....
5. und im fünften,
   1 2 3 4 5 6 7 8 9 10 11 12 13 14 15 16 17 18 ....

...... bis zum n .ten Durchgang weiter.

Bei n Gefangenen finden also n Durchgänge statt, wobei beim i-ten Durchgang jede i-te Tür vom Zustandswechsel betroffen ist. Nach den n Durchgängen werden zum Geburtstag des Königs die Gefangenen mit den offenen Türen freigelassen. Die Frage ist nun, welche Zellentüren standen offen, als der Geburtstag des Königs anbrach? Erstellen Sie ein Programm `dodon.c` und/oder `Dodon.java`, das die Zahl der Zellentüren (n) einliest und dann diese Frage beantwortet.

Mehrdimensionale Arrays

Bisher haben wir nur mit eindimensionalen Arrays gearbeitet. In der Praxis benötigt man aber häufig auch mehrdimensionale Arrays. Deswegen bieten C/C++ und Java neben eindimensionalen Arrays auch noch mehrdimensionale Arrays an, wie z. B. zwei- oder dreidimensionale Arrays. In der Mathematik werden zweidimensionale Arrays auch *Matrizen* genannt. In Abbildung 7.44 wird gezeigt, wie man solche zweidimensionalen Arrays in C/C++ und Java realisieren kann, indem dort eine Tabelle zum Einmaleins bis 5 in einem solchen zweidimensionalen Array abgelegt und dann ausgegeben wird.

Die beiden Programme aus Abbildung 7.44 liefern die folgende Ausgabe:

```
1  2  3  4  5
2  4  6  8 10
3  6  9 12 15
4  8 12 16 20
5 10 15 20 25
```

```
/* C-Programm zweidim.c */
#include <stdio.h>

int main(void) {
   int  i, j;
   int tabelle[6][6];

   for (i=1; i<=5; i++)
      for (j=1; j<=5; j++)
         tabelle[i][j] = i*j;
   for (i=1; i<=5; i++) {
      for (j=1; j<=5; j++)
         printf("%3d ", tabelle[i][j]);
      printf("\n");
   }
   return 0;
}
```

```
/* Java-Programm Zweidim.java */
import java.io.*;
public class Zweidim {
  public static void main (String args[]) {
    int        i, j;
    int[][] tabelle = new int[6][6];

    for (i=1; i<=5; i++)
       for (j=1; j<=5; j++)
          tabelle[i][j] = i*j;
    for (i=1; i<=5; i++) {
       for (j=1; j<=5; j++)
          System.out.format("%3d ",tabelle[i][j]);
       System.out.println("");
    }
  }
}
```

Abbildung 7.44: Zweidimensionales Array der Größe 6×6

Es können natürlich nicht nur zweidimensionale Arrays, sondern auch drei-, vier- und sonstige mehrdimensionale Arrays definiert werden, wie z. B. das folgende fünfdimensionale Array:

```
double x[10][200][50][30][100]; /* in C */
double [][][][][]  x = new double[10][200][50][30][100]; // in Java
```

Bei solchen mehrdimensionalen Array-Definitionen muss man nur berücksichtigen, dass man oft mit harmlos aussehenden Definitionen wie der obigen sehr viel Arbeitsspeicher anfordert, über den der betreffende Rechner eventuell nicht verfügt. So würde z. B. die obige Definition bereits zu folgender Speicheranforderung führen:

$10 * 200 * 50 * 30 * 100 = 300$ Mio. $* 8$ Byte (für double) $\longrightarrow$ **mehr als 2 GigaByte**

Arrays lassen sich auch bereits bei ihrer Deklaration initialisieren, wie z. B.:

```
int primZahl[] = { 2, 3, 5, 7, 11, 13, 17 }; /* in C */
/* Ermitteln der Anzahl von Elementen im Array primZahl */
printf("%d\n", sizeof(primZahl) / sizeof(primZahl[0])); /* gibt hier 7 aus */

int[] primZahl = { 2, 3, 5, 7, 11, 13, 17 }; // in Java
System.out.println(primZahl.length); // gibt hier 7 aus
```

In diesem Fall entfällt der bei Java ansonsten notwendige explizite Aufruf von `new`, da hier dann der benötigte Speicher implizit angefordert wird.

▶ Übung: Magisches Quadrat nach Algorithmus von De La Loubere

Bei einem magischen Quadrat sind sowohl alle Zeilen-, Spalten- als auch Diagonalensummen gleich. Für die Konstruktion eines magischen Quadrats mit ungeradem n gibt es einen Algorithmus, den der Jesuit *De La Loubere* 1697 aus China mitbrachte:

```
int  n, quadrat[100][100];
void magquad_ungerade(void) {
  int  i=1, j=(n+1)/2, k;
   for (k=1; k<=n*n; k++) {
      quadrat[i][j] = k;
      if (k%n == 0)
         i++;
      else {
         i = (i==1) ? n : i-1;
         j = (j==n) ? 1 : j+1;
      }
   }
}
```

Erstellen Sie ein Programm `magquad.c` und/oder `Magquad.java`, das eine ungerade Zahl `n` einliest und dann das magische Quadrat dazu ausgibt, wie z. B.:

```
Ungerades n: 3
   8  1  6
   3  5  7
   4  9  2
```

```
Ungerades n: 9
  47 58 69 80  1 12 23 34 45
  57 68 79  9 11 22 33 44 46
  67 78  8 10 21 32 43 54 56
  77  7 18 20 31 42 53 55 66
   6 17 19 30 41 52 63 65 76
  16 27 29 40 51 62 64 75  5
  26 28 39 50 61 72 74  4 15
  36 38 49 60 71 73  3 14 25
  37 48 59 70 81  2 13 24 35
```

7.5.14 Strings

Strings in C/C++ – mit `\0` endende `char`-Arrays

In C/C++ werden Arrays vom Datentyp `char` zum Speichern von Strings (Zeichenketten) verwendet Der C-Compiler markiert in diesen Fällen das Ende eines solchen `char`-Arrays mit dem Null-Zeichen `\0` (Byte, das nur 0-Bits enthält), damit beim Programmlauf das Ende des Strings erkannt werden kann. Deshalb ist die Länge eines solchen Arrays um 1 größer als die Anzahl der relevanten Zeichen. Ganze Zeilen lassen sich in C/C++ z. B. wie folgt einlesen:

```
char zeile[1000];          /* In das char-Array zeile bis Return (\n) */
fgets(zeile, 1000, stdin); /* maximal 1000 Zeichen von Tastatur (stdin) einlesen. */
```

Hierbei wird das Return-Zeichen `\n` im eingelesenen String (hier `zeile`) am Ende mit abgespeichert und dann das `\0`-Zeichen angehängt. Um die Länge eines Strings zu ermitteln, steht die Funktion `strlen()` zur Verfügung. Die von dieser Funktion gelieferte Zahl entspricht der Anzahl der Zeichen (ohne abschließendes `\0`) im jeweiligen String. Hat man z. B. eine Zeile mit `fgets()` eingelesen, so befindet sich das letzte Zeichen vor dem mit eingelesenem `\n` an der Position `strlen(zeile)-2` im String, da die Zählung ja immer bei 0 beginnt. Bei der Übergabe von Array-Variablen – wie `zeile` im obigen Beispiel – werden im Gegensatz zu einfachen Variablen nicht die einzelnen Werte als Kopie übergeben, sondern die Adresse des Arrays. Daher kann im obigen Fall vor `zeile` der Adressoperator & fehlen und trotzdem kann das Array von der Funktion `fgets()` beschrieben werden.

Strings in Java – Eigener Datentyp `String`

Java bietet einen eigenen Datentyp `String` an. Ganze Zeilen lassen sich in Java z. B. wie folgt einlesen:

```
Eingabe ein = new Eingabe();
String zeile = ein.readLine("Text:"); // In zeile eine ganze Zeile von Tastatur lesen
```

Hierbei wird anders als in C/C++ das Return-Zeichen `\n` nicht in `zeile` am Ende mit abgespeichert. Um die Länge eines Strings zu ermitteln, stellt die Klasse `String` die Methode `length()` zur Verfügung. Die von dieser Funktion gelieferte Zahl entspricht der Anzahl der Zeichen im jeweiligen String. Hat man z. B. eine Zeile mit `readLine()` eingelesen, so befindet sich das letzte relevante Zeichen an der Position `zeile.length()-1` im String, da die Zählung ja immer bei 0 beginnt.

Um auf ein einzelnes Zeichen in einem `String`-Objekt zuzugreifen, bietet die Klasse `String` die Methode `charAt()` an, wie z. B.:

```
char zeich;
zeich = zeile.charAt(0); // Zeichen an 1. Pos
zeich = zeile.charAt(1); // Zeichen an 2. Pos
  ........
```

```
/* C-Programm zeilstring.c */
#include <stdio.h>
#include <string.h>
int  main(void) {
   int    i;
   char  zeile[1000];
   printf("Text:    ");
   fgets(zeile, 1000, stdin);
   printf("Revers: ");
   for  (i=strlen(zeile)-2; i>=0; i--)
      printf("%c", zeile[i]);
   return 0;
}
```

```
/* Java-Programm Zeilstring.java */
import java.io.*;
public class Zeilstring {
   public static  void main (String args[])  {
      String    zeile;
      Eingabe ein = new Eingabe();

      zeile  = ein.readLine("Text:    ");
      System.out.print("Revers: ");
      for  (int  i=zeile.length()-1; i>=0; i--)
         System.out.print(zeile.charAt(i));
   }
}
```

Abbildung 7.45: Einlesen einer Zeile mit rückwärtiger Ausgabe dieser Zeile

Die beiden Programme in Abbildung 7.45 lesen eine ganze Zeile ein und geben diese dann wieder rückwärts aus. Ein möglicher Ablauf dieser Programme ist z. B.:

```
Text:    anna und otto
Revers: otto dnu anna
```

► Übung: Hebräische Verschlüsselungs-Methode

Bei der hebräischen Verschlüsselungs-Methode trägt man eine Nachricht zeilenweise in einem zweidimensionalen Array ein und liest diese spaltenweise wieder aus. Erstellen Sie ein Programm `hebrae.c` und/oder `Hebrae.java` für diese *hebräische Verschlüsselungs-Methode*, wie die folgenden Ablaufbeispiele zeigen:

```
Wie viele Zeilen: 4
Wie viele Spalten: 6
Text: Eine Katze jagt die Maus
 ..... Eaaeitg nztMee a duKjis
```

```
Wie viele Zeilen: 6
Wie viele Spalten: 4
Text: Eaaeitg nztMee a duKjis
 ..... Eine Katze jagt die Maus
```

E	i	n	e	_	K
a	t	z	e	_	j
a	g	t	_	d	i
e	_	M	a	u	s

Zusammenfügen (Konkatenieren) von Strings

Strings sind – wie bereits erwähnt – Folgen von einzelnen Zeichen (ASCII-Zeichen in C/C++ bzw. Unicode-Zeichen in Java), wobei in diesen Folgen auch Steuerzeichen wie `\n` (siehe auch Tabelle auf Seite 162) vorkommen können. Die beiden Programme in Abbildung 7.46 sind Demonstrationsbeispiele zu Zeichenketten, wobei sie unter anderem auch zeigen, dass man in C/C++ Strings einfach durch Aneinanderreihen zusammenfügen kann, während in Java dazu der Operator + anzugeben ist.

```c
#include <stdio.h> /*zeichkette.c*/

int main(void) {
   printf("Vorschub\nund weiter: ");
   printf("\"Herbst\" ");
   printf(und \t\"Winter\"\n");
   printf("Zusammenhaengen geht "
          "in C einfach "
          "so\n");
   return 0;
}
```

```java
import java.io.*;     // Zeichkette.java
public class Zeichkette {
   public static void main (String args[]) {
     System.out.print("Vorschub\nund weiter: ");
     System.out.print("\"Herbst\" ");
     System.out.print("und \t\"Winter\"\n");
     System.out.print("Zusammenhaengen " +
                      "in Java mit plus " +
                      "dazwischen\n");
   }
}
```

Abbildung 7.46: Zusammenfügen von Strings in C/C++ und Java anhand von Ausgaben

Die Programme aus Abbildung 7.46 liefern folgende Ausgaben:

```
Vorschub                        [Ausgabe durch Programm zeichkette.c]
und weiter: "Herbst" und        "Winter"
Zusammenhaengen geht in C einfach so
```

```
Vorschub                        [Ausgabe durch Programm Zeichkette.java]
und weiter: "Herbst" und        "Winter"
Zusammenhaengen in Java mit plus dazwischen
```

7.5.15 Zufallszahlen

Will man Simulationen durchführen, so benötigt man Zufallszahlen. Zufallszahlen lassen sich in C/C++ mit folgenden Aufrufen erzeugen:

```
#include <stdlib.h>
#include <time.h>
 ....
srand(time(NULL)); /* Setzen des Startwerts für den Zufallszahlengenerator */
 ....
zufZahl = rand(); /*  liefert  eine Zufallszahl zwischen 1 und 2147483647 */
```

Um z. B. eine Zufallszahl zwischen 1 und 6 für einen Würfel zu erhalten, muss man den Modulo-Operator % verwenden, wie z. B.

```
augenZahl = rand()%6 + 1; /* liefert Zufallszahl zwischen 1 und 6 */
```

Für Zufallszahlen in Java steht die Klasse `Random` zur Verfügung:

```
import java.util.*;  // fuer Random
 ....
Random zuf = new Random();
 ....
augenZahl = zuf.nextInt(6) + 1; //  liefert  Zufallszahl zwischen 1 und 6
```

Die beiden Programme in Abbildung 7.47 erzeugen jeweils 10 Zufallszahlen zwischen 1 und 6, wobei sie bei jedem Start andere Zufallszahlen erzeugen, wie z. B.:

```
2, 2, 6, 3, 4, 5, 1, 5, 4, 1,
```

```
1, 2, 4, 2, 6, 3, 2, 4, 6, 6,
```

```
/* C-Programm wuerfeln.c */
#include <stdio.h>
#include <stdlib.h>
#include <time.h>
int  main(void) {
   int  i;
   srand(time(NULL));
   for  (i=0; i<10; i++)
      printf("%d, ", rand()%6+1);
   printf("\n");
   return 0;
}
```

```
/* Java-Programm Wuerfeln.java */
import java.io.*;
import java.util.*;  // fuer Random
public class Wuerfeln {
  public static  void main (String args[]) {
    Random zuf = new Random();
    for  (int  i=0; i<10; i++)
       System.out.print(
              zuf.nextInt(6)+1 + ",  ");
    System.out.println();
  }
}
```

Abbildung 7.47: Ausgeben von zehn Zufallszahlen zwischen 1 und 6

Um zu testen, wie gut die jeweiligen Zufallsgeneratoren sind, kann man sie z. B. 1 Million Mal würfeln lassen, wie es in Abbildung 7.48 gezeigt ist. In diesem Fall müsste die Augenzahl in etwa gleich verteilt sein, was auch zutrifft, wie die folgende Ausgabe zeigt ($\frac{1}{6} = 16{,}66\%$):

```
1:      166565 16.66%
2:      166948 16.69%
3:      166778 16.68%
4:      166284 16.63%
5:      166846 16.68%
6:      166579 16.66%
```

```c
/* C-Programm wuerfelMio.c */
#include <stdio.h>
#include <stdlib.h>
#include <time.h>
double augenZahl[7];
int  main(void) {
   int     i;
   srand(time(NULL));
   for (i=0; i<1000000; i++)
      augenZahl[rand()%6+1]++;
   for (i=1; i<=6; i++)
      printf("%d: %g %.2f%%\n",
          i, augenZahl[i],
          augenZahl[i]/1000000*100);
   return 0;
}
```

```java
/* Java-Programm WuerfelMio.java */
import java.io.*;
import java.util.*; // fuer Random
public class WuerfelMio {
  public static void main (String args[]) {
     double[] augenZahl = new double[7];
     Random zuf = new Random();
     for (int i=0; i<1000000; i++)
        augenZahl[zuf.nextInt(6)+1]++;
     for (int i=1; i<=6; i++)
        System.out.format("%d: %g
                          %.2f%%\n",
           i, augenZahl[i],
           augenZahl[i]/1000000*100);
  }
}
```

Abbildung 7.48: Eine Million Mal würfeln

Im begleitenden Zusatzmaterial finden Sie ein C-Programm `zufgedicht.c` und ein Java-Programm `Zufgedicht.java`, die beide Zufallsgedichte in einer Form erzeugen, dass sowohl jedes Substantiv als auch jedes Verb jeweils nur einmal vorkommt, wie es z. B. Abbildung 7.49 zeigt.

```
Stimmen, die schweben
Schreie, die steigen
Blitze, die gluehen
Wellen, die verwehen
Wolken, die kreisen
Fluten, die stuerzen
Wirbel, die zerfliessen
Schmerzen, die schwanken
Sterne, die zusammensinken
Planeten, die brechen
```

```
Wolken, die schwanken
Blitze, die verwehen
Stimmen, die stuerzen
Fluten, die zerfliessen
Sterne, die steigen
Wellen, die brechen
Schmerzen, die kreisen
Planeten, die schweben
Schreie, die gluehen
Wirbel, die zusammensinken
```

Abbildung 7.49: Erzeugen von Zufallsgedichten

7.5.16 Argumente auf der Kommandozeile

Jedes C/C++- und Java-Programm muss einen Hauptprogrammteil `main()` besitzen. `main()` ist aber nichts anderes als eine Funktion bzw. Methode, die beim Start des Programms aufgerufen wird.

Kommandozeilenargumente in C/C++

Wir gingen bisher in den vorherigen C-Programmen davon aus, dass `main()` ohne Parameter arbeitet: `int main(void)`. In Wirklichkeit werden aber bei jedem Aufruf der Funktion `main()` zwei Argumente mitgegeben, die wie folgt definiert sind:

```
int main(int argc, char *argv[])
```

Die beiden Parameter `argc` und `argv` ermöglichen die Übergabe von Strings an das aufgerufene Programm, wobei gilt:

`argc` – Anzahl der übergebenen Strings (Worte),
`argv` – Array von Strings (Worte) aus der Kommandozeile.

Folgendes Programm `argtest.c` zeigt die Verwendung von `argc` und `argv`:

```
#include <stdio.h>
int  main(int argc, char *argv[]) {
  int  i;
   for (i=0; i<argc; i++)
      printf("Wort %d: %s\n", i, argv[i]);
   return 0;
}
```

Ruft man nun dieses Programm wie folgt auf:

./argtest start eins zwei drei vier „und so weiter" schluss

liefert es die links in Abbildung 7.50 gezeigte Ausgabe, wobei hierbei die Funktion `main()` mit `argc=8` und den rechts abgebildeten Strings im Stringarray `argv` aufgerufen wird.

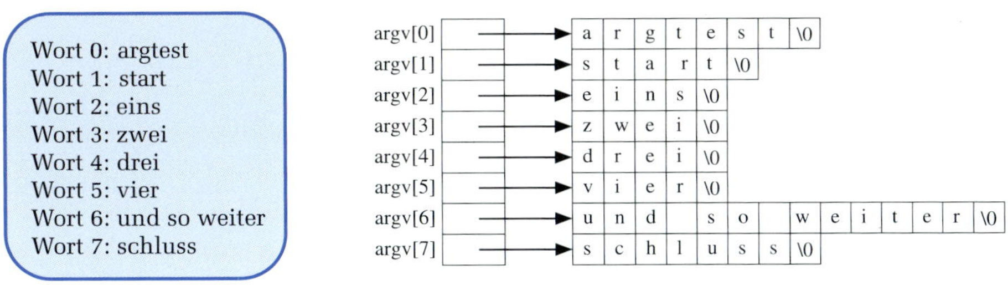

Abbildung 7.50: `argv` bei ‚argtest start eins zwei drei vier „und so weiter" schluss'

Da der Aufruf eines Programms bei vielen Betriebssystemen durch Angabe des Programmnamens erfolgt, ist es in C/C++ zur Regel geworden, dass `argv[0]` der Programmname ist.

- Es ist noch zu erwähnen, dass Wörter auf der Kommandozeile durch so genannte Whitespaces (Leerzeichen, Tabzeichen usw.) voneinander getrennt werden. Enthält nun ein Wort solche Whitespaces, so ist dieses ganze Wort mit Anführungszeichen zu klammern, wie es bereits im obigen Aufruf beim Argument `"und so weiter"` geschehen ist.
- Statt der Deklaration `int main( int argc, char *argv[] )` kann auch folgende Deklaration angegeben werden:

```
int main( int argc, char **argv )
```

Kommandozeilenargumente in Java

In Java ist die Übergabe von Kommandozeilenargumenten ähnlich zu C/C++, wobei hier allerdings nur der Parameter `argv` in `main()` anzugeben ist. Die Anzahl der übergebenen Strings (Worte) lässt sich dann mit `argv.length` ermitteln:

```
import java.io.*;
public class Argtest {
   public static void main(String argv[]) {
      for (int i=0; i < argv.length; i++)
         System.out.println("Wort " + i +": " + argv[i]);
   }
}
```

Dieses Programm `Argtest.java` liefert für den Aufruf:

java Argtest start eins zwei drei vier „und so weiter“ schluss

die folgende Ausgabe, an der zu erkennen ist, dass in Java anders als in C/C++ `argv[0]` nicht den Programmnamen, sondern bereits das erste Kommandozeilenargument enthält:

```
Wort 0: start
Wort 1: eins
Wort 2: zwei
Wort 3: drei
Wort 4: vier
Wort 5: und so weiter
Wort 6: schluss
```

7.5.17 Ausnahmen (Exceptions) in Java

Ausnahmen (*Exceptions*) sind Fehler, die ein Programm oder das System zu erkennen und abzufangen (*catch*) versucht. Ausnahmen können durch *Laufzeitfehler* (wie z. B.

Division durch 0, Schreibversuch in eine schreibgeschützte Datei oder wie im folgenden Beispiel eine nicht erfolgreiche Konvertierung einer Zahl) verursacht werden. Solche Laufzeitfehler lassen sich in Java abfangen und entsprechend behandeln. Folgende Methode aus der in vorherigen Java-Programmen immer wieder verwendeten selbst erstellten Klasse `Eingabe` (in `Eingabe.java`) soll dies verdeutlichen.

```
public static int readInt(String ausgabe) {
  int i = 0;
  String zeile;
  boolean fehler = true;
   InputStreamReader input = new InputStreamReader(System.in);
   BufferedReader buffin = new BufferedReader(input);
   while (fehler) {
      try { // .... Versuch einzulesen
         System.out.print(ausgabe);
         zeile = buffin.readLine();
         i = Integer.parseInt(zeile);
         fehler = false;
      } catch (NumberFormatException nfex) { //.... bei Fehler
         System.err.println("Fehler bei der Konvertierung");
      }
   }
   return i;
}
```

Innerhalb eines `try`-Konstrukts wird bei erkannten und im `catch`-Block angegebenen Fehlern bzw. Fehlerklassen, wie z. B. einer nicht erfolgreichen Zahlkonvertierung in der `parseInt()`-Methode, der `catch`-Block betreten und dessen Anweisungen ausgeführt. Man sagt, der geworfene Fehler wird abgefangen. Durch die umgebende Schleife wird in diesem Beispiel der `try`-Block so lange wiederholt, bis `fehler` auf `false` gesetzt und damit eine Konvertierung erfolgen konnte.

Das nachfolgend links gezeigte Programm `Except.java` versucht eine ganze Zahl unter Verwendung dieser Methode `readInt()` einzulesen. Rechts ist dabei ein möglicher Ablauf dieses Programms `Except.java` gezeigt.

```
import java.io.*;
public class Except {
   public static void main (String args[]) {
      int      ganzZahl;
      Eingabe ein = new Eingabe();
      ganzZahl = ein.readInt("Gib ganze Zahl ein: ");
      System.out.println("Die Zahl ist: " + ganzZahl);
   }
}
```

```
Gib ganze Zahl ein: 2.34
Fehler bei der Konvertierung
Gib ganze Zahl ein: hallo
Fehler bei der Konvertierung
Gib ganze Zahl ein: 3,4
Fehler bei der Konvertierung
Gib ganze Zahl ein: 35
Die Zahl ist: 35
```

7.5.18 Dateien

Bei der Verarbeitung von Daten ist es oft erforderlich, diese nicht nur für die Laufzeit des entsprechenden Programms im Arbeitsspeicher zur Verfügung zu haben, sondern sie darüber hinaus auch dauerhaft zu speichern. Ein einfaches Beispiel sind die Wörter in einem elektronischen Wörterbuch. Diese Wörter sollten auch nach dem Ende des entsprechenden Wörterbuch-Programms erhalten bleiben, damit sie beim nächsten Start des Wörterbuch-Programms wieder zur Verfügung stehen, um dem Benutzer das Nachschlagen oder das Hinzufügen eines neuen Worts zu ermöglichen. Zu diesem Zweck schreibt das Programm die Daten (in unserem Beispiel die Wörter mit der zugehörigen Übersetzung) in eine *Datei*, die auf einem externen Speichermedium (Magnetplatte, Band usw.) liegt. Beim nächsten Start des Programms kann dieses die Daten wieder aus der entsprechenden Datei lesen.

Eine *Datei* (engl. *file*) ist letztendlich nichts anderes als eine Ansammlung von Daten, die auf einem externen Speicher dauerhaft aufbewahrt werden. Aus Sicht von C/C++ und Java kann man sich eine Datei als ein permanentes, großes `char`-Array vorstellen, in das ein Programm Daten schreiben und aus dem ein Programm Daten lesen kann, allerdings nicht mit indiziertem, sondern nur mit sequenziellem Zugriff. In C/C++ und Java ist eine Datei nicht irgendwie strukturiert, sondern lediglich eine Folge von Bytes, weswegen eine Datei dort oft auch als Datenstrom (*byte stream*) bezeichnet wird. Jedes einzelne dieser Zeichen (Bytes) kann über eine Positionsnummer in der Datei lokalisiert werden. So besitzt das erste Zeichen einer Datei die Positionsnummer 0, das zweite die Positionsnummer 1 usw.

Dateien in C/C++

Man kann in C/C++ grundsätzlich auf zwei Ebenen mit Dateien operieren:

- auf einer „unteren Ebene" (*low level*)
  Die untere Ebene ist die der so genannten *elementaren Dateizugriffe* (*Elementare Ein-/Ausgabe*), bei denen Funktionen verwendet werden, die direkt auf die entsprechenden Routinen des Betriebssystems (*system calls*) für Dateioperationen zurückgreifen. Diese elementaren Funktionen sind natürlich vom Betriebssystem abhängig und gehören nicht zum C-Standard, was bei der Portierung von Programmen von großer Bedeutung ist, weswegen auf eine Vorstellung dieser Funktionen hier verzichtet wird.
- auf einer „höheren Ebene" (*high level*)
  Die obere Ebene ist die der so genannten *höheren Dateizugriffe*, bei denen Funktionen verwendet werden, die zum einen wesentlich komfortabler als die elementaren sind und zum anderen auch dem C-Standard entsprechen und somit vom jeweiligen Betriebssystem unabhängig sind.

Nachfolgend werden die wichtigsten der höheren Funktionen zur Ein- und Ausgabe kurz vorgestellt.

fopen – Öffnen von Dateien

Öffnet man eine Datei, so ordnet man dieser Datei einen so genannten *Stream* zu, auf den man unter Verwendung des von der Eröffnungsroutine `fopen()` gelieferten `FILE`-Zeigers schreiben oder aus dem man lesen kann.

```
FILE* fopen(const char *pfadname, const char *modus);
      /* gibt zurück: FILE-Zeiger (bei Erfolg); NULL bei Fehler */
```

`pfadname` ist dabei der Name der zu öffnenden Datei und `modus` legt die Zugriffsart für die Datei fest, wobei hierfür folgende Angaben möglich sind:

`modus`-Argument	Bedeutung
`"r"` oder `"rb"`	(read) zum Lesen öffnen
`"w"` oder `"wb"`	(write) zum Schreiben öffnen (neu anlegen oder Inhalt einer existierenden Datei löschen)
`"a"` oder `"ab"`	(append) zum Schreiben am Dateiende öffnen; nicht exististierende Datei wird angelegt
`"r+"`, `"r+b"` oder `"rb+"`	zum Lesen und Schreiben öffnen
`"w+"`, `"w+b"` oder `"wb+"`	zum Lesen und Schreiben öffnen; Inhalt einer existierenden Datei löschen
`"a+"`, `"a+b"` oder `"ab+"`	zum Lesen und Schreiben ab Dateiende öffnen

Der Buchstabe `b` bei der `modus`-Angabe wird benötigt, um zwischen Text- und Binärdateien zu unterscheiden. Da Linux/Unix-Systeme solche Dateiarten nicht unterscheiden, hat dieses Zeichen `b` dort keinerlei Bedeutung. In anderen Betriebssystemen (wie z. B. MS-DOS oder MicroSoft-Windows) muss dieses `b` jedoch beim Öffnen von Binärdateien angegeben werden. Die nachfolgende Tabelle fasst zusammen, welche Einschränkungen und Auswirkungen bei den einzelnen Öffnungsmodi gelten.

Einschränkung bzw. Auswirkung	r	w	a	r+	w+	a+
Datei muss zuvor existieren	x			x		
Alter Dateiinhalt geht verloren		x			x	
Aus Datei kann gelesen werden	x			x	x	x
In Datei kann geschrieben werden		x	x	x	x	x
Nur am Dateiende kann geschrieben werden			x			x

Will man die Datei `brief.txt` zum Lesen öffnen, ist dies z. B. wie folgt möglich:

```
FILE *fz;      /* FILE-Zeiger definieren */
 .......
fz = fopen("brief.txt", "r"); /* Datei brief.txt öffnen */
  /*  .......   Operationen auf die Datei  ......  */
  /*            ..........................         */
```

Man sollte grundsätzlich davon ausgehen, dass eine Datei, aus welchen Gründen auch immer, nicht korrekt geöffnet werden kann – in unserem Fall z. B., weil sie nicht existiert. Deshalb sollte man den Rückgabewert von `fopen()` überprüfen: Ist dieser nämlich `NULL`, schlug das Öffnen der entsprechenden Datei fehl. Der folgende Codeausschnitt zeigt die typische Vorgehensweise zum Öffnen einer Datei.

```
FILE *fz;       /* FILE-Zeiger definieren */
 .......
fz = fopen("brief.txt", "r"); /* Datei brief.txt oeffnen */
if (fz == NULL) {
   printf("kann Datei brief.txt nicht zum Lesen öffnen\n");
    ......
}
/* oder im typischen C-Stil noch etwas kompakter: */
      FILE *fz;       /* FILE-Zeiger definieren */
       .......
      if ( (fz = fopen("brief.txt", "r")) == NULL) { /* Datei brief.txt oeffnen */
         printf("kann Datei brief.txt nicht zum Lesen öffnen\n");
          ......
      }
```

fclose – Schließen von Dateien

Um eine geöffnete Datei zu schließen, steht die Funktion `fclose()` zur Verfügung.

```
int fclose(FILE *fz);          /* gibt zurück: 0 (bei Erfolg); EOF bei Fehler */
```

Bevor `fclose()` die Verbindung zwischen einer Datei und dem `FILE`-Zeiger `fz` auflöst, überträgt diese Funktion alle Inhalte von noch nicht geleerten Ausgabe-Puffern in die entsprechende Datei. Eventuell noch vorhandene Inhalte von Eingabe-Puffern gehen verloren. Wenn ein Programm normal endet (entweder mit `exit()` oder `return` in der `main()`-Funktion), so werden die Inhalte aller E/A-Puffer automatisch in die entsprechenden Dateien übertragen, bevor alle offenen Dateien (Streams) geschlossen werden. Trotzdem ist es aus folgenden Gründen ratsam, Dateien immer schon dann zu schließen, wenn feststeht, dass ihre Bearbeitung beendet ist:

1. Die Zahl der Dateien, die gleichzeitig in einem Programm geöffnet sein dürfen, ist begrenzt. Wenn ein Programm mit einer großen Zahl von Dateien operiert, könnte es daher sein, dass freie `FILE`-Zeiger benötigt werden.
2. Beim Schreiben in eine Datei wird der Inhalt des dazugehörigen Dateipuffers immer erst dann wirklich in die Datei übertragen (d. h. der Puffer geleert), wenn der Puffer voll ist. Ist nun nach der Bearbeitung einer Datei der zugehörige Dateipuffer nur teilweise gefüllt, würden bei einer irregulären Beendigung des Programms die im Dateipuffer stehenden Daten verloren gehen und sich nicht in der Datei befinden, da der automatische Aufruf von `fclose()` am Programmende nicht mehr stattfindet.

Die vordefinierten FILE-Zeiger `stdin`, `stdout` und `stderr`

Für jedes gestartete Programm werden automatisch die folgenden `FILE`-Zeigerkonstanten, die in `<stdio.h>` definiert sind, bereitgestellt:

`stdin`	(Standardeingabe)	auf die Tastatur eingestellt
`stdout`	(Standardausgabe)	auf den Bildschirm eingestellt
`stderr`	(Standardfehlerausgabe)	auf den Bildschirm eingestellt

fgetc() und fputc() – Lesen und Schreiben eines Zeichens in Datei

```
int fgetc(FILE *fz); /* Lesen eines Zeichens */
    /* gibt zurück: nächstes Zeichen aus Datei fz (bei Erfolg);
                        EOF bei Dateiende oder Fehler */

int fputc(int zeich, FILE *fz); /* Schreiben eines Zeichens */
    /* gibt zurück: zeich (bei Erfolg); EOF bei Fehler */
```

Das folgende C-Programm `bytezahl.c` zählt alle Zeichen der auf der Kommandozeile angegebenen Dateien. Es gibt dabei zu jeder einzelnen Datei deren Bytezahl sowie am Ende die gesamte Bytezahl aller Dateien aus.

```
#include <stdio.h>
#include <stdlib.h>

int  main(int argc, char *argv[]) {
   FILE *fz;
   int   i;
   int   b, total=0;

   if (argc < 2) {
      printf(" ...... Es muss mind. ein Dateiname angegeben sein\n");
      exit(1);
   }
   for (i=1; i<argc; i++) {
      if ( (fz=fopen(argv[i], "rb")) == NULL) { /*-- Oeffnen der i.ten Datei --*/
         printf(" ...... Kann Datei '%s' nicht oeffnen\n", argv[i]);
         continue;
      }
      b=0;  /*---- Lesen und Zaehlen aller Bytes der i.ten Datei ---*/
      while (fgetc(fz) != EOF)
         b++;
      total += b;
      fclose(fz); /*--- Schliessen der i.ten Datei ---*/

      printf("%30s : %10d\n", argv[i], b);
   }
   printf("--------------------------------------\n");
   printf("%30s : %10d\n", "Gesamt", total); /*-- Ausgabe gesamter Bytezahl --*/
   return 0;
}
```

Ruft man z. B.: `./bytezahl *.c` auf, könnte sich folgende Ausgabe ergeben:

```
                  armstrong.c :        472
                  arrayinit.c :        165
                         ........................
                 zufgedicht.c :       1051
                    zweidim.c :        290
--------------------------------------
                       Gesamt :      20537
```

fgets() und fputs() – Lesen und Schreiben ganzer Zeilen

Zum Lesen einer ganzen Zeile aus einer Datei (Stream) steht die Funktion fgets() zur Verfügung. Mit der Funktion fputs() kann eine ganze Zeile in eine Datei geschrieben werden. Diese beiden Funktionen sind in <stdio.h> wie folgt deklariert:

```
char *fgets(char *puffer, int n, FILE *fz); /* Lesen einer ganzen Zeile */
     /* gibt zurück: Adresse puffer (bei Erfolg); NULL bei Dateiende oder Fehler */

int fputs(const char *puffer, FILE *fz); /* Schreiben einer ganzen Zeile */
     /* gibt zurück: nichtnegativen Wert (bei Erfolg); EOF bei Fehler */
```

Bei fgets() muss die Größe des bereitgestellten puffer und der FILE-Zeiger fz der Datei angegeben werden, aus der zu lesen ist. fgets() liest dann aus der Datei (Stream) fz entweder n-1 Zeichen oder bis zum Dateiende bzw. zum nächsten Neuezeilezeichen (\n) und speichert die gelesenen Zeichen an der Adresse puffer ab, wobei hinter dem letzten Zeichen immer das String-Endezeichen \0 abgelegt wird. Bei fputs() muss die Adresse des Puffers, der zu schreiben ist, und der FILE-Zeiger fz der Datei angegeben werden, in die dieser Puffer zu schreiben ist.

Das folgende C-Programm dataus.c gibt den Inhalt einer Textdatei, deren Name auf der Kommandozeile anzugeben ist, auf der Standardausgabe (Bildschirm) aus.

```
#include <stdio.h>
#include <stdlib.h>
int main(int argc, char *argv[])
  FILE    *fz;
  char    zeile[10000];
   if (argc != 2) {
      printf("usage: %s dateiname\n", argv[0]); exit(1);
   }
   if ( (fz=fopen(argv[1], "r")) == NULL) {
      printf("Kann Datei '%s' nicht eroeffnen\n", argv[1]); exit(2);
   }
   while (fgets(zeile, 10000, fz) != NULL)
      fputs(zeile, stdout);
   return 0;
}
```

Das folgende C-Programm `filecopy.c` kopiert die Datei, deren Name als Erstes auf der Kommandozeile angegeben ist, in die Datei, deren Name als Zweites angegeben ist.

```
#include <stdio.h>
#include <stdlib.h>

int main(int argc, char *argv[])
{
  FILE    *lesefz, *schreibfz;
  int     zeich;

   if (argc != 3) {
      printf("usage: %s quelldatei zieldatei\n", argv[0]);  exit(1);
   }
   if ( (lesefz=fopen(argv[1], "r")) == NULL) {
      printf("Kann Datei '%s' nicht eroeffnen\n", argv[1]); exit(2);
   }
   if ( (schreibfz=fopen(argv[2], "w")) == NULL) {
      printf("Kann Datei '%s' nicht eroeffnen\n", argv[2]); exit(3);
   }
   while ( (zeich = fgetc(lesefz)) != EOF) /* Zeichenweises Lesen und Schreiben */
      fputc(zeich, schreibfz);
   return 0;
}
```

Dateien in Java

Nachfolgend wird die prinzipielle Vorgehensweise vorgestellt, um in Java aus Dateien zu lesen bzw. in diese zu schreiben.

Lesen aus Dateien

```
try {
  // ....1.  Input-Stream anlegen (Datei öffnen)
   BufferedReader in = new BufferedReader( new FileReader("dateiname") );
  // ....2.  Lesen aus Datei
   int zeich   = in.read(); // liest ein Zeichen
   int nzeich = in.read(char[]); // liest so viele Zeichen wie möglich in ein char Array
  // In beiden Fällen wird -1 zurückgegeben, wenn Dateiende (End-of-File) erreicht wird
   String s = in.readLine(); // liest ganze Zeile in String
  // ....3.  Schließen des Input-Streams bzw. der Datei
   in.close();
} catch (IOException ioex) {
   System.out.println("Lesefehler" + ioex);
}
```

Nach dem Anlegen des zum Öffnen und Lesen einer Datei benötigten Objekts mit `new` können die Methoden des Objekts aufgerufen werden.

Schreiben in Dateien

```
try {
   // ....1.  Output–Stream anlegen (Datei öffnen)
   BufferedReader out = new BufferedWriter( new FileWriter("dateiname") );
   int zeich; // ....2.  Schreiben in Datei
   out.write(zeich); // schreibt ein Zeichen
   out.write(char[]); // schreibt alle Zeichen aus einem char Array
   out.newLine(); // schreibt ein Zeilenende–Zeichen \n
   out.close(); // ....3.  Schließen des Output–Streams bzw. der Datei
} catch (IOException ioex) {
   System.out.println("Schreibfehler" + ioex);
}
```

Komfortabler lässt sich die Ausgabe noch mit den folgenden `PrintWriter`-Methoden bewerkstelligen.

```
try {
   // ....1.  Output–Stream anlegen (Datei öffnen)
   PrintWriter out = new PrintWriter(new FileWriter("dateiname"));
   out.print(" .... "); // ....2.  Schreiben in Datei
   out.println(" .... ");
   out.close(); // ....3.  Schließen des Output–Streams bzw. der Datei
} catch (IOException ioex) {
   System.out.println("Schreibfehler" + ioex);
}
```

Nachfolgend werden die zuvor vorgestellten C-Programmbeispiele für Dateien in Java realisiert.

Das folgende Java-Programm `Bytezahl.java` zählt alle Zeichen der auf der Kommandozeile angegebenen Dateien. Es gibt dabei zu jeder einzelnen Datei deren Bytezahl sowie am Ende die gesamte Bytezahl aller Dateien aus.

```
import java.io.*;

public class Bytezahl
{
   public static void main (String argv[]) {
     int    zeich;
     int    b;
     int    total=0;

      if (argv.length < 1) {
        System.out.println(" ...... Es muss mind. ein Dateiname angegeben\n");
        System.exit(1);
      }
```

```
        for (int i=0; i<argv.length; i++) {
            try {
                BufferedReader in = new BufferedReader( new FileReader(argv[i]) );
                try {
                    b=0;  // Lesen und Zaehlen aller Bytes der i.ten Datei
                    while( (zeich = in.read()) != -1 )
                        b++;
                    total  += b;
                    in.close();
                    System.out.format("%30s : %10d\n", argv[i], b);
                } catch (IOException exc) {
                    System.out.println("Lesefehler" + exc);
                }
            } catch (IOException exc) {
                System.out.println("Kann Datei " + argv[i] + " nicht oeffnen: " + exc);
            }
        }
        System.out.println("------------------------------------------");
        System.out.format("%30s : %10d\n", "Gesamt", total); // Ausgabe gesamter Bytezahl
    }
}
```

Das folgende Java-Programm `Dataus.java` gibt den Inhalt einer Textdatei, deren Name auf der Kommandozeile anzugeben ist, auf der Standardausgabe (Bildschirm) aus.

```
import java.io.*;

public class Dataus
{
    public static  void main (String argv[])
    {
        String zeile;

        if (argv.length != 1) {
            System.out.println("usage: java Dataus dateiname");
            System.exit(1);
        }
        try {
            BufferedReader in = new BufferedReader( new FileReader(argv[0]) );
            try {
                while( (zeile  = in.readLine()) != null )
                    System.out.println(zeile);
                in.close();
            } catch (IOException exc) {
                System.out.println("Lesefehler" + exc);
            }
        } catch (IOException exc) {
            System.out.println("Kann Datei " + argv[0] + " nicht oeffnen: " + exc);
        }
    }
}
```

Das folgende Java-Programm `Filecopy.java` kopiert die Datei, deren Name als Erstes auf der Kommandozeile angegeben ist, in die Datei, deren Name als Zweites angegeben ist.

```
import java.io.*;
public class Filecopy {
   public static void main (String argv[]) {
     int zeich;
     if (argv.length != 2) {
        System.out.println("usage: java Filecopy quelldatei zieldatei"); System.exit(1);
     }
     try {
        BufferedReader in = new BufferedReader( new FileReader(argv[0]) );
        BufferedWriter out = new BufferedWriter( new FileWriter(argv[1]) );
        try {
           while( (zeich = in.read()) != -1 )
              out.write(zeich);
           in.close();
           out.close();
        } catch (IOException exc) {
           System.out.println("Lesefehler" + exc);
        }
     } catch (IOException exc) {
        System.out.println("Kann Datei " + argv[0] + " oder " +
                                     argv[1] + " nicht oeffnen: " + exc);
     }
   }
}
```

▶ Übung: Ausgabe einer Datei mit Zeilennummern

Erstellen Sie ein Programm `zeilnr.c` und/oder `Zeilnr.java`, das die Datei, deren Name auf der Kommandozeile angegeben ist, mit Zeilennummern ausgibt.

7.5.19 Strukturen in C/C++

Ein typisches Beispiel für eine einfache Struktur in C/C++ wäre die Zusammenfassung der Daten eines Studenten aus einer Studentenkartei zu einer einzigen Einheit, die wir `stu_daten` nennen, wie z. B.:

```
struct stu_daten {
      char name[20];       /* Nachname                    */
      char vorname[20];    /* Vorname                     */
      int  postleit_zahl;  /* Postleitzahl                */
      char wohnort[20];    /* Wohnort                     */
      char strass_nr[20];  /* Strasse, Hausnummer         */
      char geburtdat[11];  /* Geburtsdatum: tt.mm.jjjj    */
      int  matrikelnr;     /* Matrikelnummer              */
};
```

Bei dieser Angabe handelt es sich um die *Deklaration einer Struktur*. Aus diesem Beispiel ist der allgemeine Aufbau einer Strukturdeklaration erkennbar.

- Eine Strukturdeklaration beginnt immer mit dem Schlüsselwort `struct` gefolgt vom Namen der Struktur (hier: `stu_daten`).
- Eine Strukturdeklaration besteht aus einer Liste von Komponenten (Einzelvariablen, wie z. B. `name`, `vorname`, `postleit_zahl` usw.).
- Jede Komponente wird, wie es üblich ist für Deklarationen, mit ihrem Datentyp und ihrem Namen deklariert.
- Die ganze Komponentenliste ist mit {...} zu klammern.
- Jede Strukturdeklaration ist mit Semikolon abzuschließen.

Die Definition von Strukturvariablen erfolgt z. B. mit

```
struct stu_daten student1;
struct stu_daten student2, studiosus;
struct stu_daten neu_student;
```

Mit diesen Definitionen werden nun die Strukturvariablen `student1`, `student2`, `studiosus` und `neu_student` angelegt, deren Datentyp `struct stu_daten` ist, also genau die oben beschriebene Struktur besitzt. Alle diese Strukturvariablen setzen sich somit aus den folgenden 7 Elementen (auch Komponenten genannt) zusammen:

`name, vorname, postleit_zahl, wohnort, strass_nr, geburtdat, matrikelnr`

Um auf eine einzelne Komponente einer definierten Strukturvariablen zuzugreifen, muss der *Punktoperator* verwendet werden, wie z. B.:

```
student.postleit_zahl = 91991;
student.matrikelnr = 54251;
student.matrikelnr = student.matrikelnr + 1;
student.matrikelnr−−;
```

Ist die Komponente einer Struktur wiederum eine Struktur, wie z. B. bei

```
struct koordinate {
   int    x;
   int    y;
};
 .....
struct pixel{
   struct koordinate position;
   int               farbe;
};
 .....
struct pixel  punkt;
```

dann kann man auf die Komponenten `x` und `y` der Strukturvariablen `position`, die ihrerseits eine Komponente der Strukturvariablen `punkt` ist, zugreifen, indem man die

Schachtelungsebenen wie einen „Pfad von oben nach unten" angibt und die Variablen der einzelnen Ebenen durch den Punktoperator trennt, wie z. B.:

```
punkt.position.x = 100;
punkt.position.y = 300;
punkt.farbe = RED;
```

Hat man einen Zeiger auf eine Strukturvariable, so kann man mit dem Pfeiloperator -> auf die einzelnen Komponenten zugreifen, wie z. B.:

```
struct koordinate k;
struct koordinate *kZgr; /* Zeiger auf Struktur k */
  kZgr = &k;
  kZgr->x = 100; /* entspricht: (*kZgr).x = 100 */
  kZgr->y = 200; /* entspricht: (*kZgr).y = 200 */
```

Strukturvariablen können einander zugewiesen werden, wobei automatisch alle Strukturelemente kopiert werden. Bei der Übergabe einer Strukturvariablen an eine Funktion und auch bei einer Rückgabe einer Strukturvariablen als Funktionswert werden die einzelnen Strukturelemente kopiert und als Werte übergeben.

7.6 Objektorientierte Programmierung mit Java

Hier wird zunächst anhand einiger wichtiger Meilensteine die Geschichte der Softwareentwicklung von ihren Anfängen bis zur heute weit verbreiteten Objektorientierung kurz skizziert, bevor dann die objektorientierte Programmierung anhand der Programmiersprache Java erläutert wird.

7.6.1 Meilensteine in der Softwareentwicklung

Im Laufe der Zeit haben sich die Entwicklungsmethoden und Gliederungsstrukturen immer weiter entwickelt. Die wichtigsten Meilensteine, die die Softwareentwicklung von Beginn an durchlief, werden nachfolgend kurz vorgestellt.

Erste Rechenmaschinen und Maschinensprachen

Die ersten Computer wurden Mitte der 1940er Jahre gebaut. Computer bedeutete damals: *Maschinen, die dem Menschen das Rechnen abnehmen.* Zu diesem Zeitpunkt gab es bei den Ingenieuren, die diese Maschinen bedienten, noch keine Trennung zwischen Hardware- und Software-Ingenieuren. Wollte jemand die Maschine programmieren, musste er deren innere Struktur genau kennen – er musste also die Hardware der Maschine ebenso gut kennen wie die speziell auf diese Maschine zugeschnittene Maschinensprache. Damals durfte ein guter Programmierer nicht problemorientiert, sondern er musste maschinenorientiert denken, da das Erstellen von guten Programmen nur dann möglich war, wenn man seine Maschine in- und auswendig kannte.

Assembler und Unterprogrammtechnik

Sehr bald erkannte man, dass das Schreiben von Programmen in einer speziellen Maschinensprache viele Nachteile hatte. Neben der Tatsache, dass das Programmieren nur einem kleinen Personenkreis, nämlich Ingenieuren mit detaillierten Maschinenkenntnissen, vorbehalten war, stand das Problem der äußerst schwer lesbaren Maschinenprogramme, da diese meist durch Folgen von Bitmustern angegeben wurden. Solche Sequenzen von Bitmustern waren zwar für die Maschine verständlich, aber für Menschen nur sehr schwer lesbar. Änderungen an umfangreichen Maschinenprogrammen, die durch endlose Sequenzen von Bitmustern angegeben wurden, waren somit äußerst schwierig.

Es war also nur folgerichtig, dass man versuchte, sich von dieser starken Maschinenabhängigkeit etwas zu lösen. Man erfand die maschinenorientierten Sprachen, auch *Assembler* genannt, die bereits in Kapitel 5 näher behandelt wurden.

Assembler-Sprachen waren zwar immer noch maschinenabhängig, da jede Maschine ihren eigenen Assembler hatte. Trotzdem bedeutete die Einführung von Assembler-Sprachen einen ersten Abstraktionsschritt, da beim Programmieren nicht mehr mit Bitmustern hantiert werden musste, sondern bereits so genannte mnemotechnische Begriffe wie z. B. `add` (zum Addieren) oder `mov` (zum Umspeichern von Werten) verwendet werden konnten.

Ein Programmierer musste also nicht mehr alle Internas einer Maschine kennen, sondern es reichte aus, wenn er die zugehörige Assembler-Sprache erlernte und sich zusätzlich noch einige grundlegende Kenntnisse über die Architektur des betreffenden Rechners (wie Wortbreite, Registeranzahl usw.) aneignete.

Die Einführung von mnemotechnischen Begriffen wie `add`, `mov` usw. führte natürlich zu wesentlich leichter lesbaren Programmen. Auch entfiel das Kontrollieren von endlosen Bitmustern. Statt dessen konnte sich der Programmierer nun schon mehr auf das eigentlich zu lösende Problem konzentrieren, da er sich nicht mehr mit detaillierten Maschinenbeschaffenheiten herumschlagen musste.

Die zuvor erwähnten Vorteile des Assemblers führten natürlich dazu, dass man versuchte, immer komplexere Aufgaben zu programmieren. Die Folge waren sehr lange Assemblerprogramme. So bestand z. B. das IBM-System OS/360 in den 1960er Jahren aus Millionen von Assemblerzeilen. Sehr bald erkannte man, dass sich oft gewisse Befehlsfolgen in einem größeren Assemblerprogramm wiederholten. Man war folglich bestrebt, in einem Programm solche mehrfach vorkommenden Codesequenzen auszugliedern, an einem Platz zusammenzufassen und diese Programmstellen dann bei Bedarf aufzurufen (meist mit *call subroutine*). Dies nannte man die *Subroutinen- oder Unterprogrammtechnik.*

Dies war ein zweiter wichtiger Abstraktionsschritt. Man kapselte nämlich eine Befehlsfolge gegen außen ab, die nur bei Bedarf aufgerufen wurde. Da in größeren Softwareprojekten mehrere Programmierer am gleichen Programm arbeiten mussten, brachte dies den entscheidenden Vorteil, dass unterschiedliche Programmteile von verschiedenen Leuten geschrieben werden konnten. Andere Programmierer riefen dann bei Bedarf solche von fremden Personen erstellten Unterprogramme auf, ohne unbedingt zu wissen, wie sie im Einzelnen programmiert waren. Den Aufrufer interessierte dabei nur, was diese Subroutinen taten und nicht, wie sie es taten. Dass die fremden Unterprogramme das Erwartete richtig taten, musste natürlich vorher von deren Erstellern ausgetestet werden. Die Unterprogrammtechnik brachte große Platzersparnis mit sich, hatte aber auch noch große Nachteile.

Keine Parameter: Zu Subroutinen zusammengefasste Programmteile mussten in unterschiedlichen Situationen oft auch geringfügig Unterschiedliches leisten. Nehmen wir z. B. eine einfache Subroutine, die beim Aufruf den Umfang eines Kreises berechnen soll. Da Subroutinen kein Parameterkonzept kannten, wurden globale Variablen (Speicherstellen) als Parameter missbraucht. Für obige Aufgabenstellung hat man also z. B. eine globale Variable r eingeführt, die vor jedem Aufruf der Subroutine mit dem entsprechenden Radius zu setzen war, und die Subroutine hat dann immer aus dieser globalen Variablen den jeweils aktuellen Radius gelesen. Globale Variablen haben aber den großen Nachteil, dass sie im ganzen Programm „vogelfrei" sind, d. h. dass an jeder beliebigen Stelle im Programm (von anderen Programmteilen) in diese Speicherplätze geschrieben werden kann. Die Folgen eines solchen versehentlichen Überschreibens von nicht geschützten globalen Speicherbereichen sind meist verheerend und das Auffinden des Missetäters ist meist sehr schwierig.

Keine Rückgabewerte: Da die Subroutinen nicht nur keine Parameter, sondern auch keine Rückgabewerte kannten, entstand ein weiteres Problem des Datenaustauschs zwischen aufrufendem Programmteil und Subroutine. Nehmen wir wieder das Beispiel des Kreisumfangs, so stellt sich die Frage, wie diese Subroutine den berechneten Kreisumfang an den Aufrufer zurückgeben konnte. Hier gab es ebenfalls wieder nur eine Lösung, nämlich globale Daten, auf die auch der Aufrufer zugreifen konnte. Die Subroutine schrieb also den berechneten Umfang an eine Speicherstelle, aus der der Aufrufer ihn lesen konnte. Es entstanden also auch hier wieder die bereits zuvor beschriebenen Probleme, die bei Verwendung von globalen Daten auftreten können.

Keine lokalen Daten: Um bestimmte Teilaufgaben in einer Subroutine zu lösen, benötigt man oft temporäre Speicherplätze, so genannte Hilfsvariablen, in denen man Zwischenergebnisse speichert, um später auf diese wieder zuzugreifen. Nach Erfüllung der jeweiligen Teilaufgabe werden solche temporären Variablen nicht mehr benötigt. Da die Subroutinentechnik keine lokalen Daten zuließ, musste man auch hier globale Daten benutzen, was wieder die zuvor erwähnten Gefahren mit sich brachte.

Problemorientierte höhere Programmiersprachen

Einer der großen Nachteile der Assembler-Programmierung war, dass man sich beim Programmieren immer noch zu sehr auf die Maschine mit allen ihren Registern und Speicheradressen konzentrieren musste. Die Erfindung der höheren Programmiersprache war sicher einer der wichtigsten Evolutionsschritte in der Geschichte der Softwareentwicklung, denn das Programmieren in einer höheren Programmiersprache brachte viele Vorteile mit sich.

Leichte Portierbarkeit: Man hatte sich endgültig von der darunterliegenden Maschine gelöst. Ein Programmierer, der sein Programm in einer bestimmten Sprache geschrieben hatte, konnte dieses leicht auf eine andere Maschine übertragen (portieren) und dort zum Laufen bringen. Voraussetzung war immer nur, dass auf dieser Maschine ein Compiler für die entsprechende Sprache verfügbar war.

Gute Lesbarkeit: Programme, die in einer höheren Programmiersprache geschrieben wurden, waren wesentlich leichter lesbar als Assemblerprogramme, weil die Anweisungen in einer dem Menschen viel verständlicheren Form angegeben werden konnten.

Hohe Effizienz: Da sich der Programmierer jetzt ganz auf die Lösung seiner Aufgabe konzentrieren konnte und sich nicht mehr mit Maschineninstruktionen herumschlagen musste, konnte er zu gegebenen Problemstellungen in wesentlich kürzerer Zeit die erforderlichen Programme erstellen. Die Entwicklungszeit von umfangreichen Programmen zu komplexen Aufgabenstellungen konnte um den Faktor 10 bis 100 und noch mehr reduziert werden.

Die Aufgabe, zu allen einzugebenden Zahlen die Summe zu bilden, wurde auf Seite 130 mit dem Assemblerprogramm `summe.asm` (Listing 5.1) gelöst. Listing 7.6 zeigt eine Lösung zu dieser Aufgabenstellung in der höheren Programmiersprache C/C++. Dabei ist erkennbar, dass dieses Programm wesentlich mehr auf den Menschen zugeschnitten und leichter verständlich ist als das Assemblerprogramm von Seite 130.

Listing 7.6: C-Programm summe.c: Summe zu einzugebenden Zahlen

```
#include <stdio.h>

int main(void) {
   int zahl,          /* hier wird jede eingegebene Zahl gespeichert */
       summe = 0; /* dient zum Aufaddieren der einzelnen Zahlen */
   scanf("%d", &zahl); /* Erste Zahl einlesen */
   while (zahl != 0) { /* Solange zahl nicht 0 folg. 2 Zeilen ausfuehren */
      summe = summe + zahl; /* zahl auf summe aufaddieren */
      scanf("%d", &zahl);   /* Naechste Zahl einlesen     */
   }
   printf(" ... Summe = %d\n", summe); /* Nach Verlassen der while-Schleife
                                          Wert der Variablen summe ausgeben */
   return 0;
}
```

Prozedurtechnik

Wir verdanken den höheren Programmiersprachen (vor allen Dingen ALGOL) noch eine weitere große Errungenschaft: die Prozedurtechnik, die eine konsequente Weiterentwicklung der Subroutinentechnik ist, wobei jedoch deren Nachteile ausgemerzt wurden. Neben „Prozedur" wird oft noch der Begriff „Funktion" verwendet. Leider sind diese beiden Begriffe nicht in allen Programmiersprachen gleich definiert. In PASCAL spricht man z. B. dann von einer Funktion, wenn die betreffende Subroutine einen Rückgabewert liefert, und von einer Prozedur, wenn sie dies nicht tut. Andere Sprachen kennen nur Prozeduren (wie z. B. MODULA-2) oder nur Funktionen (wie z. B. C). In solchen Sprachen wird dann zwischen Prozeduren bzw. Funktionen mit oder ohne Rückgabewert unterschieden.

Hier soll „Prozedur" als Überbegriff stehen für:

> *parametrisierbare Subroutinen, die lokale Variablen zulassen und einen Rückgabewert liefern.*

Es wurde viel über die Vorteile von höheren Programmiersprachen und ihrem Prozedurkonzept gesprochen, jedoch hat das Prozedurkonzept auch einige Nachteile.

1. *Versteckte Kommunikation mit Außenwelt weiterhin möglich*
   Die Kommunikationspunkte einer Prozedur mit der Außenwelt sind nur an

der Parameterliste und dem Rückgabetyp erkennbar. Wird aber innerhalb einer Prozedur auf eine globale Variable zugegriffen, so wird auch an dieser Stelle mit der Außenwelt kommuniziert. Ein solcher in der Prozedurtechnik erlaubter Zugriff auf globale Variablen birgt wieder die bereits früher erwähnten Gefahren in sich.

2. *Zu sehr auf Ein-Mann-Programme zugeschnitten*
Die Prozedurtechnik war noch zu sehr auf Ein-Mann-Programme zugeschnitten. In der praktischen Softwareentwicklung müssen aber meist mehrere Entwickler (bis zu Hunderten) gleichzeitig am selben Softwareprojekt arbeiten. Mit der reinen Prozedurtechnik wurde dieser Anforderung nur begrenzt Rechnung getragen.

3. *Austauschen von ganzen Programmteilen nur schwer möglich*
Das leichte Austauschen von Programmteilen wird bei der Prozedurtechnik nur begrenzt unterstützt, da die logischen Bestandteile alle in ein umfangreiches Programm fest eingebettet sind. Ändern bedeutet hierbei immer, dass in einem „riesigen" Programm geändert werden muss. Und dieses Programm, das eventuell Tausende und Abertausende von Befehlszeilen enthält, muss dann immer wieder als Ganzes neu compiliert werden. Dies war natürlich nicht sehr effizient. Schwerwiegender noch war aber der folgende Nachteil: Da das Zusammenspiel zwischen den einzelnen Programmteilen hier nur sehr schwer überschaubar war, konnte es leicht vorkommen, dass von Änderungen versehentlich auch bereits fertige und gut ausgetestete Programmteile betroffen wurden, was verheerende Folgen haben konnte.

Diese doch recht schwerwiegenden Nachteile bewogen die Softwareentwickler dazu, über bessere Entwicklungsmethoden nachzudenken. Es dauerte auch nicht allzu lange, bis eine solche Methode gefunden wurde, nämlich das *Modulkonzept*.

Modultechnik und Information Hiding

Die Idee der Modultechnik ist, eine Aufgabenstellung nicht als Ganzes zu lösen, sondern diese zunächst in kleine, überschaubare Teilaufgaben zu zerlegen. Die Lösungen der einzelnen Teilaufgaben ergeben zusammengefasst die Gesamtlösung. Programmtechnisch bedeutet dies, dass jede einzelne Teilaufgabe als eigenständiges Programmteil realisiert wird. Ein solches Programmteil nennt man dann ein *Modul*.

Ein Software-Modul kann z. B. mit einem elektronischen Bauteil wie etwa einer Steckkarte für einen Computer verglichen werden. Ein Modul besteht aus einer nach außen sichtbaren Schnittstelle und der internen Realisierung. Die Schnittstelle ist vergleichbar mit der Steckerleiste der PC-Steckkarte, über die die Kommunikation zwischen Prozessor und Steckkarte stattfindet. Die Realisierung entspricht der auf der Steckkarte installierten elektronischen Schaltung. Eine Realisierung nennt man in der Softwareentwicklung auch die *Implementierung*. Für den Gebrauch der Computer-Steckkarte reicht es vollkommen aus, wenn die Schnittstelle genau beschrieben ist. Ihr interner Aufbau kann im Normalfall niemals verändert werden, da er meist nicht bekannt und zudem auch fest verdrahtet ist. Ähnlich verhält es sich mit Software-Modulen. Auch hier kann – bei Beachtung einiger weniger programmtechnischer Regeln – die Implementierung von außen nicht verändert werden, wie dies links in Abbildung 7.51 gezeigt ist.

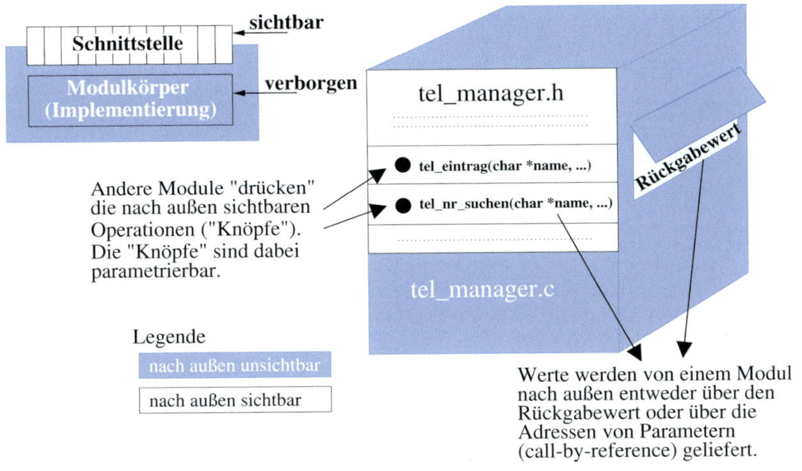

Abbildung 7.51: Sichtbare Schnittstelle und unsichtbare Implementierung eines Moduls

Alle Deklarationen und Definitionen von Daten und Operationen innerhalb eines Moduls sollten nämlich, soweit sie nicht in der Schnittstellenbeschreibung vorkommen, für die Außenwelt unsichtbar sein. Das Verstecken der eigentlichen Implementierung nennt man *Information Hiding*. Die konsequente Anwendung der Modultechnik führt dazu, dass man Programme erhält, die sich aus weitgehend autonomen Modulen zusammensetzen, die untereinander nur über die definierten Schnittstellen miteinander kommunizieren. Die „wilde“ und mit großen Nachteilen verbundene Kommunikation über globale Daten gibt es also nicht mehr, wenn Software nach dieser Methode entworfen und entwickelt wird.

Nachfolgend sind die Charakteristika eines Moduls zusammengefasst:

Modul = Schnittstelle + Implementierung

Jedes Modul besteht aus einer nach außen sichtbaren Schnittstelle und einer nach außen unsichtbaren Implementierung, die voll unter Kontrolle des jeweiligen Moduls liegt und somit von keinem fremden Modul manipuliert werden kann.

Eine Schnittstelle enthält die Deklarationen von Typen, Konstanten und Prozeduren
Im Sinne des *Information Hiding* wird in einer Modul-Schnittstelle nur gerade so viel nach außen sichtbar gemacht, wie für die Verwendung des Moduls notwendig ist. So wird man beispielsweise für eine von anderen Modulen aufrufbare Prozedur nur deren Namen, die Typen der Parameter und den Typ eines möglichen Rückgabewerts in der Schnittstelle angeben. Als Beispiel möge ein Modul `tel_manager.c` (in C/C++) dienen, das für die Verwaltung eines Telefonbuchs zuständig ist. Dazu bietet es in der Headerdatei `tel_manager.h` (in C/C++ wird die Schnittstelle zu einem Modul üblicherweise über eine zugehörige Headerdatei mit Endung `.h` statt `.c` angegeben) z. B. folgende Schnittstellen an:

```
extern int tel_eintragen(char *name, char *vorname, char *titel, char *nr);
  /* die einzutragenden Komponenten (Name, Vorname, Titel, Telnr)
     werden übergeben. tel_eintragen sorgt dann dafür, dass diese in einer
     internen Datenstruktur (Telefonbuch) festgehalten werden.
     Später können diese Daten dann wieder abgefragt werden.
     tel_eintragen liefert 1, falls tel_eintragen erfolgreich
     verlief, ansonsten liefert tel_eintragen 0 zurück */
extern int tel_nr_suchen(char *name, char *vorname, char *titel, char *nr);
  /* sucht im Telefonbuch einen Eintrag zu name.
     Rückgabewert 0 zeigt an, dass kein Eintrag zu 'name' existiert. */
```

An dieser Schnittstellen-Spezifikation ist erkennbar, dass die Verwaltung des gesamten Telefonbuchs voll unter der Kontrolle des Moduls `tel_manager.c` liegt. Will ein anderes Modul einen neuen Eintrag in das Telefonbuch vornehmen, so kann es dies nicht direkt tun, da die Telefonbuch-Daten für ihn nicht sichtbar sind, sondern es muss dazu immer die dafür angebotene Routine `tel_eintragen()` mit den entsprechenden Parametern aufrufen. Wie die Telefonbuch-Daten im Modul `tel_manager.c` aufgehoben werden, ob sie z. B. alle sequenziell als Ganzes hintereinander gespeichert werden, oder aber in Blöcke nach dem Anfangsbuchstaben aufgeteilt sind oder ..., entzieht sich der Kenntnis des Aufrufers. Er kann lediglich die über `tel_manager.h` nach außen angebotenen Operationen des Moduls `tel_manager.c` verwenden, um auf die internen Daten dieses Moduls zuzugreifen. Um z. B. zu einem Nachnamen die im Telefonbuch eingetragenen Daten (Vorname, Titel, Telefonnummer) zu erfahren, müsste ein anderes Modul die dafür angebotene Routine `tel_nr_suchen(...)` benutzen. Ein solches Modul entspricht also einer Art *black box*, über deren Innenleben ein Außenstehender nicht Bescheid weiß. Will er auf interne Daten des Moduls zugreifen, so muss er dazu die nach außen sichtbaren Knöpfe (Operationen) benutzen (siehe auch rechts in Abbildung 7.51).

Die Modul-Implementierung enthält die Realisierung

Die Modul-Implementierung besteht zum einen aus modul-lokalen Deklarationen von Datentypen, Konstanten und Variablen, zum anderen enthält sie die globalen Definitionen (Realisierungen) der nach außen sichtbaren Routinen (wie z. B. `tel_eintragen(...)`). Daneben beinhaltet eine Modul-Implementierung noch die Definition von lokalen Hilfsroutinen, die Hilfsfunktionen für die global sichtbaren Prozeduren ausführen. Solche lokalen Prozeduren sollten nicht global zugänglich sein. In C/C++ erreicht man dies z. B. dadurch, dass man bei der Definition einer lokalen Funktion das Schlüsselwort `static` voranstellt. Das Gleiche gilt im Übrigen auch für die Definition von lokalen Variablen in einem C-Modul.

Ein Modul ist getrennt compilierbar

Getrennt compilierbar bedeutet, dass ein Modul für sich allein erfolgreich compiliert werden kann. Bei der Compilierung eines Moduls müssen von den anderen Modulen, mit denen es kommuniziert, lediglich deren Schnittstellen bekannt sein. In einem C-Modul erreicht man das Bekanntmachen der Schnittstellen durch `#include` auf die Headerdateien (enthalten die Schnittstellen-Spezifikationen) der entsprechenden Module, mit denen es kommuniziert.

Ein Modul ist für sich allein nicht ablauffähig
: Ein Modul ist zwar getrennt compilierbar, aber für sich allein nicht ablauffähig, da es ja nur einen Teil eines ablauffähigen Programms darstellt. In der Modultechnik wird also klar unterschieden zwischen der Compilierung der einzelnen Module und dem Zusammenbinden (Linken) der einzelnen Module zu einem Programm.

Modularer Entwurf

Während in der Prozedurtechnik grundsätzlich nur die *top-down-Methode* (schrittweise Verfeinerung) angewandt wurde, liegt der Schwerpunkt beim modularen Design in der Suche nach einer geeigneten Zerlegung der gestellten Aufgabe in einzelne Module. Eine Zerlegung ist dann geeignet, wenn sie leichte Änderbarkeit und hohe Wiederverwendbarkeit garantiert. Dies wird durch eine Mischform zwischen *top-down-* und *bottom-up*-Entwurf erreicht. Nachfolgend sind einige Fragen gegeben, die sich ein Programmierer stellen sollte, wenn er eine vernünftige Modulstruktur erhalten möchte.

Welche Aufgaben und Daten gehören zusammen?
: Ein Beispiel dazu ist ein zentrales Fehlermodul, das alle Fehlermeldungen beinhaltet und zusätzlich noch Routinen anbietet, die für die Ausgabe von Fehlermeldungen zuständig sind. Ein solches Design ist sicher besser als ein undurchsichtiger Entwurf, bei dem jedes einzelne Modul selbst die Fehlermeldungen ausgibt, und eventuell bei fatalen Fehlern selbst für das Verlassen des gesamten Programms sorgt.

Wie gehören die einzelnen Aufgabenstellungen logisch zusammen und welche Schnittstellen sind dabei nach außen erforderlich?
: Ein Beispiel ist unser Telefonmanager, der als Einziger für die Verwaltung der Telefon-Datenbank verantwortlich ist. Ein solches zentrales Verwalten ist sicher einer verteilten Verwaltung vorzuziehen.

Bei welchen Programmteilen sind in Zukunft Änderungen zu erwarten?
: Denken Sie dabei nicht nur an solche offensichtlichen Daten wie z. B. Mehrwertsteuer oder Zinssatz, sondern auch an zukünftig mögliche Erweiterungen, wie z. B. Umstellung von der Tastatureingabe auf mausgesteuerte Eingabe. Es sollte also bereits beim Design darauf geachtet werden, dass Änderungen leicht möglich sind.

Welche Aufgaben werden in ähnlicher oder gleicher Form wieder benötigt?
: Ein gutes Beispiel hierfür ist eine Firma, die sich auf den Compilerbau spezialisiert hat. Eine solche Firma wird vernünftigerweise den Code-Generator nicht direkt an die lexikalische und syntaktische Analyse koppeln, sondern dazwischen einen Zwischencode-Generator schalten, der die vom Compiler-Frontend (lexikalische und syntaktische Analyse) gelieferten Daten zunächst in einen eigenen Zwischencode übersetzt. Ein solches Design hat viele Vorteile, die auf Seite 753 noch näher beschrieben werden.

Dies war nur ein Ausschnitt einiger wichtiger Gesichtspunkte, die ein Softwareentwickler beim modularen Entwurf berücksichtigen sollte.

Die Modultechnik hat trotz ihrer vielen Vorzüge doch auch einige Nachteile. Durch die *objektorientierte Programmierung*, die eine Weiterentwicklung der Modultechnik ist, wurden diese Nachteile beseitigt.

7.6.2 Einführung in die Objektorientierung

Hier wird zunächst gezeigt, dass die Natur, in der wir leben, objektorientiert ist, bevor die wesentlichen Aspekte vorgestellt werden, welche die objektorientierte von der traditionellen (prozeduralen) Softwareentwicklung unterscheiden.

Klassen und Objektorientierung in der Natur

Um den Begriff *Objektorientierung* etwas zu verdeutlichen, zeigt dieses Kapitel, dass wir tagtäglich mit Klassen und Objekten zu tun haben. Beide Begriffe (*Klasse* und *Objekt*) werden hier im Zusammenhang mit unserer Umwelt vorgestellt.

Klassifizierung von real existierenden Objekten

Wir sind von vielen Dingen mit verschiedenen Eigenschaften umgeben. Nehmen wir z. B. „Herrn Meier", „das Kätzchen Mausi" und „Frau Schmidt". All dies sind aus der Sicht der Objektorientierung so genannte *Objekte*. Allerdings haben wir mit den obigen Begriffen bereits eine Klassifizierung der einzelnen Objekte vorgenommen, denn wir haben unbewusst – so wie wir es von Kind auf gelernt haben – jedes dieser real existierenden Objekte einer bestimmten Klasse zugewiesen.

Ohne eine solche Klassifizierung würden wir uns sehr schwer tun, jedes einzelne Objekt zu beschreiben. In diesem Fall müsste man z. B. das Objekt „Meier" wie folgt umschreiben: „Das aufrechtgehende und denkende Lebewesen Meier mit zwei Beinen und zwei Armen, das keine Kinder gebären kann und …"

Um nun nicht für jedes individuelle Objekt die einzelnen Eigenschaften angeben zu müssen, haben wir schon als Kind gelernt, Klassen zu bilden und die einzelnen Objekte dann diesen Klassen zuzuordnen. Man denke dabei nur an Sätze von Kleinkindern wie „Da, ein Wau-Wau!". Diese Kinder haben für sich schon eine Klasse gebildet, der sie alle Hunde zuordnen, wobei sie vielleicht auch mal versehentlich eine Katze dieser Klasse zuordnen, aber das wird dann meist sofort von den Eltern korrigiert.

Klassen besitzen gewisse Eigenschaften

Jede Klasse besitzt unterschiedliche Eigenschaften. So besitzt z. B. die Klasse „Wau-Wau" für ein Kleinkind die Eigenschaften „Fell", „Vier Beine", „Schwanz", „Macht Wau-Wau" usw., während die Klasse „Ball" die Eigenschaften „rund", „hüpft", „bunt" usw. besitzt. Solche Eigenschaften erlauben es dem Kleinkind und uns, Objekte mit gleichen Eigenschaften zu Klassen zusammenzufassen.

Klassen lassen sich hierarchisch anordnen

Ein sehr schönes Beispiel für eine Klassenhierarchie liefert uns die Natur. Betrachten wir einen Ausschnitt aus der Welt der Lebewesen. So beschreibt z. B. der Begriff *Lebewesen* umfassend alle möglichen (uns bekannten) Lebensformen auf unserem Planeten. Dahinter verbergen sich jedoch verschiedene Gruppen. So unterscheidet man z. B. *Tier* und *Mensch*. Diese Gruppen (Unterklassen) kann man aufgrund unterschiedlicher Eigenschaften wiederum unterteilen (Tier: *Wassertier*, *Landtier* usw.). Es sind dann weitere Differenzierungen möglich (Landtier: *Hund*, *Katze* usw.), wobei auch diese Spezialisierungen weitere Unterteilungen zulassen, wie es in Abbildung 7.52 gezeigt ist.

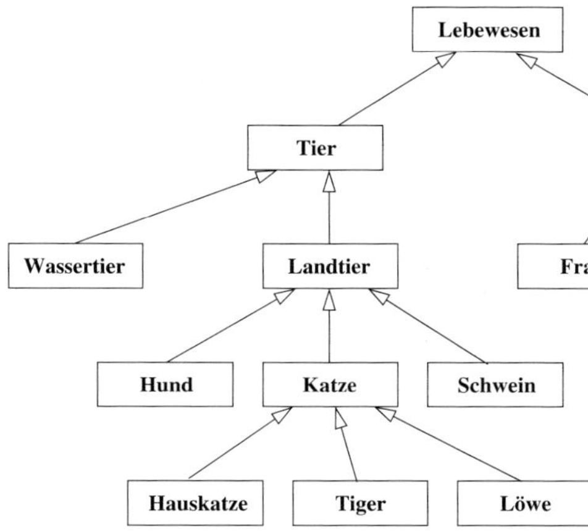

Abbildung 7.52: Mögliche Einteilung von Lebewesen (Ausschnitt)

Unterklassen erben die Eigenschaften von übergeordneten Klassen
Ordnet man jedem dieser Kästchen aus Abbildung 7.52 bestimmte Eigenschaften zu, so erkennt man, dass die Anzahl der Eigenschaften von oben nach unten zunimmt. Der obersten Klasse (*Lebewesen*) kann man nur die Eigenschaft *lebendig* zuordnen. Geht man nun eine Stufe tiefer und betrachtet die Gruppe *Tier*, so besitzt diese neue zusätzliche Eigenschaften (wie z. B. *nicht selbstständig denkend*), während die Gruppe *Mensch* andere neue Charakteristika aufweist. Entscheidend ist, dass beide Gruppen, sowohl *Tier* als auch *Mensch*, die Eigenschaft *lebendig* von der ihr übergeordneten Klasse *Lebewesen* erben. Begeben wir uns noch weiter nach unten, so werden wir auf immer mehr (neue) Eigenschaften stoßen. Die Besonderheit liegt darin, dass eine Unterklasse sämtliche Eigenschaften der übergeordneten Klasse übernimmt (*erbt*). So ist letztendlich die genaue Beschreibung eines bestimmten Lebewesens möglich.

Objekte sind real existierende Exemplare (Instanzen) einer Klasse
Solange wir nur die Beschreibung eines bestimmten Lebewesens betrachten, sprechen wir also von *Klasse*. Nun gibt es aber von jeder möglichen untergeordneten Lebewesen-Klasse mehr oder weniger viele Vertreter (*Exemplare*). Hier sprechen wir dann von einem *Objekt* (auch als *Instanz* bezeichnet), das alle Eigenschaften der entsprechenden Klasse besitzt. So ist z. B. ein Löwe namens „Simba" in einem bestimmten Zoo ein Objekt (eine Instanz) der Klasse „Loewe", die von der Klasse „Katze" abgeleitet wurde, welche wiederum „Landtier" als Basisklasse hat usw.

Allgemein gilt also, dass die in der realen Welt vorkommenden Elemente immer spezifischere Eigenschaften aufweisen, je tiefer sie sich in einer entsprechenden Baumhierarchie (wie sie z. B. in Abbildung 7.52 gezeigt ist) befinden. Bei gleichartigen Objekten wird also nicht jedes einzelne Objekt für sich beschrieben, sondern es wird eine allgemeine Beschreibung (Klasse) für diesen Typ von Objekten gegeben. Mit Hilfe solcher Beschreibungen lassen sich dann die konkreten Objekte den jeweiligen Klassen zuordnen. Jedes individuelle Objekt ist somit ein Exemplar der entsprechenden Klasse (siehe auch Abbildung 7.53).

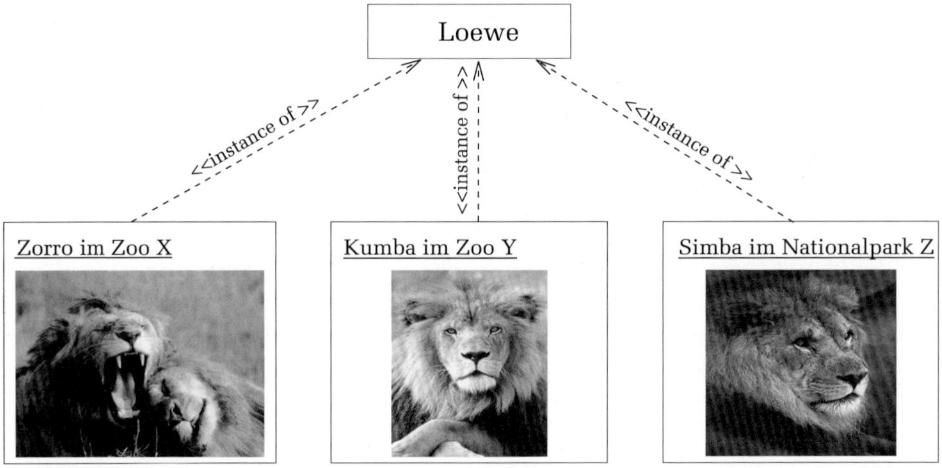

Abbildung 7.53: Objekte (Exemplare) zur Klasse „Loewe"

UML – Die Beschreibungssprache für objektorientierte Systeme

UML (*Unified Modeling Language*) ist eine Sprache und Notation, um objektorientierte Systeme zu beschreiben. So legt die UML z. B. Symbole für Klassen, Objekte und deren Beziehungen untereinander fest.

Im Herbst 1994 haben sich *Grady Booch* und *Jim Rumbaugh* bei der *Rational Software Corporation* zusammengeschlossen, um ihre erfolgreichen Methoden in Form einer gemeinsamen Notation zusammenzuführen. Ein Jahr später stieß noch *Ivar Jacobson* dazu. Anfang 1997 erblickte die *Unified Modeling Language* der so genannten „drei Amigos" *Booch*, *Jacobson* und *Rumbaugh* in ihrer ersten Version das Licht der objektorientierten Welt. Die UML kann mittlerweile als Industriestandard angesehen werden. Beinahe alle Hersteller von CASE-Tools (*CASE = Computer Aided Software Engineering*) unterstützen die UML.

Die Löwen „Zorro", „Kumba" und „Simba" in Abbildung 7.53 sind alle Exemplare (Instanzen, Objekte) der Klasse „Loewe". Es ist offensichtlich, dass die Klasse „Loewe" kein eigenes Objekt ist, sondern eben nur eine Beschreibung. In der UML werden Klassen und Objekte als Rechtecke dargestellt. Zur Unterscheidung von Klassen und Objekten wird bei Objekten der Name unterstrichen, wie dies in Abbildung 7.54 gezeigt ist.

Abbildung 7.54: Objekt und Klasse in der UML-Notation

Um eine Objekt-Klassen-Beziehung (Exemplarbeziehung, Instanzbeziehung) darzustellen, wird zwischen einem Objekt und seiner Klasse ein gestrichelter Pfeil in Richtung der Klasse gezeichnet, wie es z. B. in Abbildung 7.55 dargestellt ist. Im Falle des Löwen „Simba" sagt man dann: *„Simba ist ein Exemplar der Klasse Loewe"* oder *„Simba ist eine Instanz der Klasse Loewe"*, wie es auch in Abbildung 7.55 gezeigt ist.

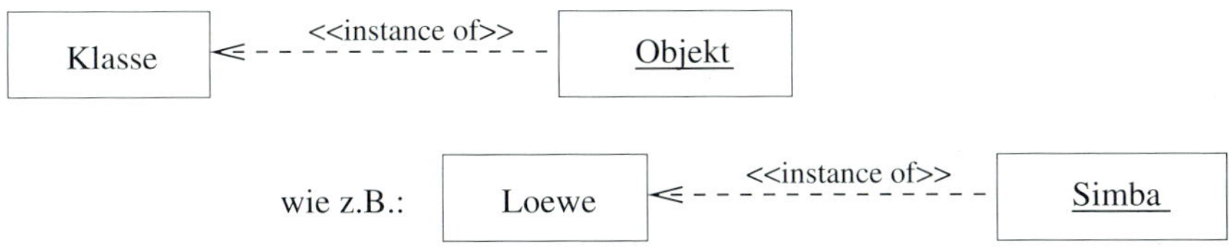

Abbildung 7.55: Objekt-Klassen-Beziehung

Objektorientierung in der Software

Die objektorientierte Programmierung (OOP) stützt sich auf diese Denkweise. Es besteht die Möglichkeit, Klassen zu definieren und ihre Eigenschaften an Unterklassen zu vererben, um letztendlich die genaue Beschreibung eines bestimmten Sachverhalts zu erreichen. Ausgehend von dieser nun erhaltenen Beschreibung können Objekte (Instanzen) erzeugt werden, die dann eine greifbare Repräsentation der jeweiligen Beschreibung darstellen.

Hier werden die wesentlichen Konzepte vorgestellt, welche die objektorientierte Softwareentwicklung von der traditionellen (prozeduralen) Softwareentwicklung unterscheiden.

Schritt 1: Zusammenfügen von Daten und Funktionen

Der erste Schritt zur Übernahme der Objektorientierung in die Softwareentwicklung war, dass man Daten und Funktionen, die in der prozeduralen Softwareentwicklung noch als getrennte Einheiten nebeneinander standen, zu einer Einheit zusammenfügte, wie dies Abbildung 7.56 verdeutlicht.

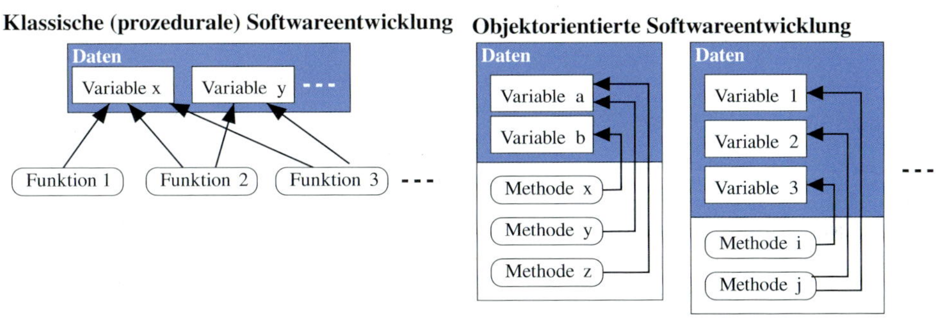

Abbildung 7.56: Klassische und objektorientierte Programmierung

Hierbei lag die Idee des *„Füge zusammen, was zusammengehört"* zugrunde. Man beseitigte damit einen ersten großen Nachteil von nicht objektorientierten Programmen, die keinen direkten Bezug zwischen Daten und den Funktionen, die auf diese Daten lesend oder schreibend zugriffen, erkennen ließen. Wie aus Abbildung 7.56 leicht zu erkennen ist, verschmelzen bei der objektorientierten Programmierung die Daten und die (diese Daten bearbeitenden) Funktionen zu einer Einheit, wodurch eine klare, eindeutige und überschaubare Softwarestruktur erreicht wird. Man sieht mit einem Blick, welche Daten durch welche Funktionen bearbeitet (verändert) werden.

Schritt 2: Datenkapselung

Ein zweiter großer Nachteil der klassischen prozeduralen Programmierung ist ihr mangelndes Schutzkonzept, da sie einen ungeschützten (oft auch ungewollten) Zugriff „fremder“ Funktionen auf Daten zulässt.

Um diesen Nachteil zu beseitigen, woraus oft schwer auffindbare Fehler resultierten, führte die Objektorientierung ihr eigenes Schutzkonzept ein, indem sie Möglichkeiten anbietet, Daten und Funktionen einer Klasse verschiedenen Schutzgraden zuzuordnen:

- *privat – nur innerhalb der Klasse ansprechbar,*
- *öffentlich – auch von außerhalb der Klasse ansprechbar.*

So können bei entsprechender Definition die Daten einer Klasse nur über die vom Programmierer zur Verfügung gestellten Funktionen verändert werden. Ein unkontrollierter Zugriff durch Fremdfunktionen wird so verhindert. Abbildung 7.57 verdeutlicht diesen Sachverhalt. Sie zeigt auch, dass ein Zugriff auf die geschützten Daten niemals direkt, sondern nur durch die nach außen sichtbaren Funktionen möglich ist.

Auch dieser Zugriffsschutz der objektorientierten Vorgehensweise gilt für viele Objekte in unserer realen Welt. Für den Nutzer eines Objekts ist nur von Interesse, was ein Objekt kann, und nicht, wie es dies intern durchführt.

- *Beispiel – Videorecorder*
  Nehmen wir z. B. einen Videorecorder oder einen Radio, die sich beide über Knöpfe bedienen lassen. Was dabei intern elektronisch abläuft, dürfte und sollte für die meisten Benutzer auch nicht von Interesse sein.
- *Beispiel – Kuh*
  Ein anderes Beispiel ist ein Bauer, der sich eine Milchkuh kauft. Für ihn ist nur interessant, dass er sich durch Drücken der „Euter-Knöpfe“ (Zitzen) Milch von der Kuh liefern lassen kann. Den Bauer wird dabei weniger der biologische Vorgang interessieren, der zur Entstehung der Milch führt. Natürlich besitzt so eine Kuh noch weitere Schnittstellen zur Außenwelt, wie z. B. das Maul, das der Bauer mit Futter versorgen muss, oder den After, aus dem die Verdauungsreste ausgeschieden werden. Entscheidend ist, dass der Bauer sich nur um die nach außen sichtbaren Schnittstellen der Kuh kümmern muss, und normalerweise keinerlei Zugang zu den Interna der Kuh hat.

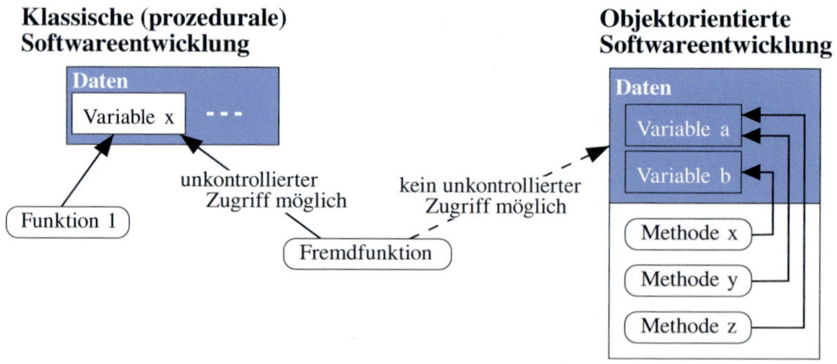

Abbildung 7.57: Zugriffsschutz in der objektorientierten Programmierung

- *Beispiel – Kassen und Schlüssel in einer Schule*
  Betrachten wir z. B. eine Schule, in der es eine Schulkasse, Klassenkasse und einen Turnhallenschlüssel gibt. Es ist offensichtlich, dass bei einem unkontrollierten Zugriff auf die einzelnen Kassen und den Schlüssel, wie es in Abbildung 7.58 zu sehen ist, früher oder später Unregelmäßigkeiten in den Kassen auftreten würden und der Turnhallenschlüssel nicht mehr auffindbar wäre.

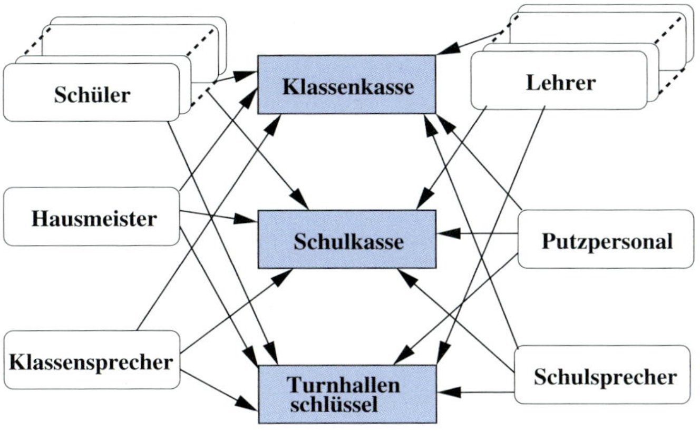

Abbildung 7.58: Ungeschützter Zugriff auf Kassen und Schlüssel in einer Schule

Hier ist sehr schön erkennbar, dass auch die reale Welt objektorientiert mit entsprechendem Zugriffsschutz organisiert ist, denn die einzelnen Objekte (hier Schlüssel und Kassen) liegen in der Verantwortlichkeit einer Person bzw. Institution. Möchte eine andere Person auf diese Objekte zugreifen, so ist dies niemals direkt möglich, sondern nur über die entsprechende verwaltende Person bzw. Institution, wie es in Abbildung 7.59 gezeigt ist.

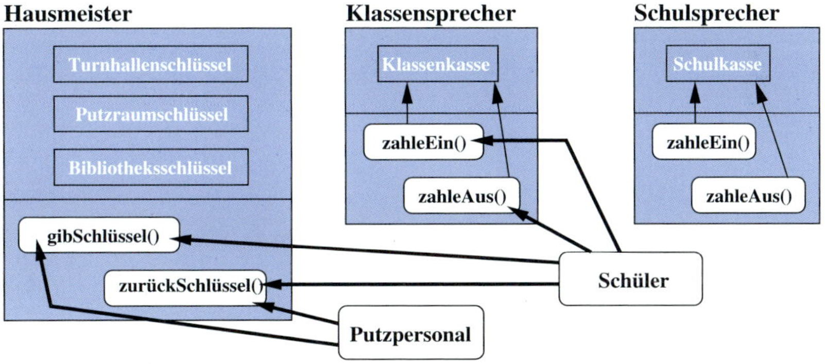

Abbildung 7.59: Objektorientierte Schule mit entsprechendem Zugriffsschutz

Möchte z. B. ein Schüler den Turnhallenschlüssel, so wird er sich an den Hausmeister wenden, und ihn um diesen Schlüssel bitten, da der Hausmeister für diesen Schlüssel verantwortlich ist. Niemals würde man allen Schülern einer Schule direkten Zugriff auf alle Kassen und Schlüssel der Schule ermöglichen, da dies zwangsläufig im Chaos enden würde.

Schritt 3: Wiederverwendung bereits vorhandener Software

Wie bereits angesprochen, werden in der objektorientierten Programmierung Objekte aufgrund vorliegender Klassendefinitionen gebildet. Somit besteht die Möglichkeit, Klassendefinitionen für oft benötigte Sachverhalte in so genannten „Klassenbibliotheken" zu hinterlegen. Durch einfaches Übernehmen dieser Definitionen (und eventuellem Hinzufügen neuer Teile mit Hilfe des Vererbungsmechanismus) wird die Softwareentwicklung stark vereinfacht. Man spricht auch von Softwareentwicklung durch Reproduktion (Nachbildung) von Objektbeschreibungen (Klassendefinitionen).

▶ Übung: Welche der folgenden Aussagen sind richtig?

1. Ein Objekt ist ein Exemplar einer Klasse.
2. Eine Klasse ist ein Objekt.
3. Bei der Vererbung erbt die übergeordnete Klasse alle Eigenschaften der Unterklasse.
4. Ein Objekt ist eine Klasse.
5. Eine Unterklasse erbt nur bestimmte, frei wählbare Eigenschaften von ihrer Oberklasse.
6. Ein Objekt ist eine Instanz einer Klasse.
7. Eine Unterklasse ist eine Klasse, die durch Vererbung aus einer anderen Klasse entsteht.
8. Das Neue an der Objektorientierung ist die klare Trennung zwischen Daten und Funktionen, so dass beliebige Funktionen jederzeit auf globale Daten zugreifen können.
9. Eine Unterklasse erbt alle Eigenschaften von ihrer Oberklasse.
10. Eine Klasse ist ein Exemplar eines Objekts.
11. Die Objektorientierung ermöglicht die Wiederverwendbarkeit von Software.

▶ Übung: Klassendiagramme

In welchem Zusammenhang stehen jeweils die folgenden Begriffe (Klasse, Objekt, Unterklasse)? Zeichnen Sie hierzu korrespondierende Modelle in UML-Notation!

> *Beispiel: Objektorientierte Sprache, PASCAL, Gesprochene Sprache, Sprache, Java, Englisch, Latein, Computersprache, Altgriechisch, C, Prozedurale Sprache, C++, Ausgestorbene Sprache, Deutsch*

Abbildung 7.60 zeigt die Lösung zu dieser Aufgabenstellung.

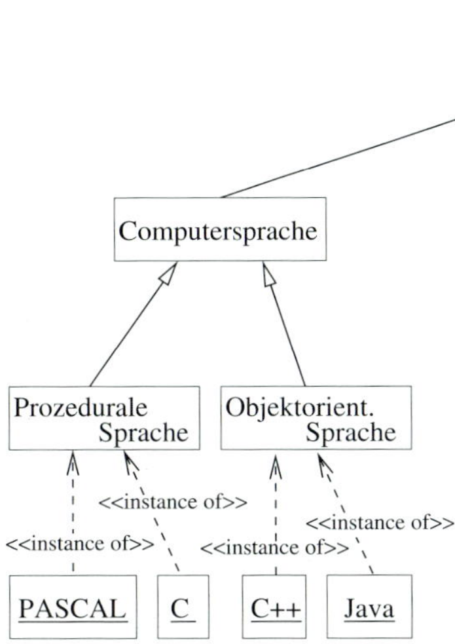

Abbildung 7.60: Objektorientiertes Modell zur Aufgabenstellung

Nachfolgend nun einige Übungen für Sie. Zeichnen Sie dazu das jeweils korrespondierende Modell (in UML-Notation) zu den nachfolgenden Begriffen!

Tiere mit und ohne Beine: Bello, Beinlos, Katze, „Ringel, meine Schlange", Zweibeiner, Hund, Fisch, Mensch, Lebewesen, Vierbeiner, „Mein Haustier", Schlange, Hai, Vogel, Rex, Mausi, „Mein Kater".

Die C-Datentypen: Datentyp, Ganzzahl, Gleitpunktzahl, short, int, alphanumerisch, numerisch, char, float, char zeichen, double, int zaehler, float pi

Unterschiedliche Menschen: Adenauer, Seefahrer, Bundeskanzler, „Hans Meier", „H. Hesse", Pirat, Mensch, Nobelpreisträger, Politiker, Physik, Nixon, „A. Einstein", Literatur, Lincoln, Sindbad, amerik. Präsident

7.6.3 Klassen und Objekte

In Kapitel 7.5.19 auf Seite 230 wurden Strukturen in C/C++ vorgestellt. Nachfolgend wird anhand dieser Strukturen das mangelnde Schutzkonzept in prozeduralen Sprachen wie C/C++ verdeutlicht. Definiert man in C/C++ Strukturvariablen wie in Listing 7.7, so kann auf diese Variablen und deren Komponenten jede Funktion zugreifen.

Listing 7.7: Programm cstruct.c: Unkontrollierter Zugriff auf Strukturen in C

```
#include <stdio.h>
#include <string.h>
 struct konto {
   int      nr;
   double stand;
   int      pin;
};
```

```
void legeKontoAn(int n, int p, struct konto *k) {
   k->nr    = n; /* Zugriff auf die Komponente über den Strukturzeiger k */
   k->stand = 0;
   k->pin = p;
}
void zahleEin(struct konto *k, double betrag) { k->stand += betrag; }
void hebeAb(struct konto *k, double betrag)  { k->stand -= betrag; }

void ueberweise(struct konto *von, struct konto *nach, double betrag) {
   hebeAb(von, betrag);
   zahleEin(nach, betrag);
}
int main(void) {
  struct konto eins, zwei;
   legeKontoAn(11111, 4711, &eins);
   zahleEin(&eins, 1000);
   printf("Konto %d: %.2lf\n", eins.nr, eins.stand);
   legeKontoAn(22222, 9999, &zwei);
   zahleEin(&zwei, 500);
   printf("Konto %d: %.2lf\n", zwei.nr, zwei.stand);
   printf("------------------------------ 300: eins --> zwei\n");
   ueberweise(&eins, &zwei, 300);
   printf("Konto %d: %.2lf\n", eins.nr, eins.stand);
   printf("Konto %d: %.2lf\n", zwei.nr, zwei.stand);
   printf("------------------------------ 150: von eins weg\n");
   hebeAb(&eins, 150); /* unkontrollierter Zugriff möglich */
   printf("Konto %d: %.2lf\n", eins.nr, eins.stand);
   printf("------------------------------ 200: zwei --> eins\n");
   ueberweise(&zwei, &eins, 200); /* unkontrollierter Zugriff möglich */
   printf("Konto %d: %.2lf\n", eins.nr, eins.stand);
   printf("Konto %d: %.2lf\n", zwei.nr, zwei.stand);
   /* .... keinerlei Schutz; sogar Zugriff auf Geheimnummer möglich */
   printf("------------------------------ Die GEHEIMNUMMERN\n");
   printf("Pin von Konto %d: %d\n", eins.nr, eins.pin);
   printf("Pin von Konto %d: %d\n", zwei.nr, zwei.pin);
   return 0;
}
```

Das Programm 7.7 liefert die folgende Ausgabe:

```
Konto 11111: 1000.00
Konto 22222: 500.00
------------------------ 300: eins --> zwei
Konto 11111: 700.00
Konto 22222: 800.00
------------------------ 150: von eins weg
Konto 11111: 550.00
------------------------ 200: zwei --> eins
Konto 11111: 750.00
Konto 22222: 600.00
------------------------ Die GEHEIMNUMMERN
Pin von Konto 11111: 4711
Pin von Konto 22222: 9999
```

In Programm 7.7 ist erkennbar, dass jede beliebige Funktion die Inhalte der beiden Strukturvariablen `eins` und `zwei` lesen und überschreiben kann, wie es in Abbildung 7.61 gezeigt ist. Dass ein solcher unkontrollierter Zugriff auf Konten in der realen Welt im Chaos enden würde, versteht sich wohl von selbst. Auch in der Softwareentwicklung sind unkontrollierte Zugriffe nicht ganz ungefährlich, da bei fehlerhaften Kontoständen nicht mehr nachvollziehbar ist, welche Funktion hierfür verantwortlich war.

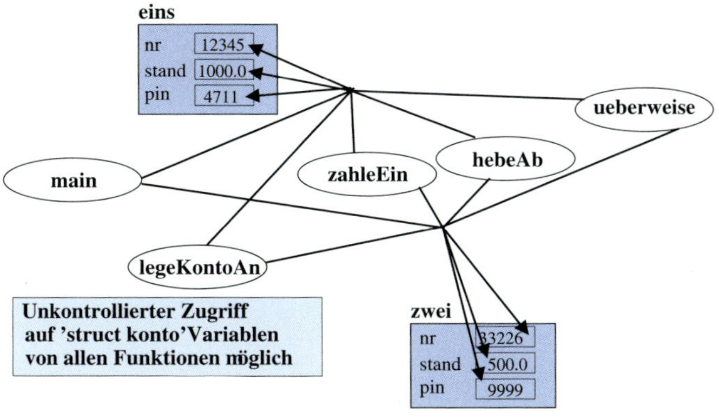

Abbildung 7.61: Unkontrollierter Zugriff in C auf Strukturen durch beliebige Funktionen

Um solche unkontrollierten Zugriffe zu vermeiden, bieten die objektorientierten Programmiersprachen Java und C++ zusätzlich zu Strukturen *Klassen* an, über die die prozedurale Programmiersprache C nicht verfügt. Entscheidend bei Klassen ist Folgendes:

Daten und Methoden (Memberfunktionen) in Klassen
: In Java lassen sich Funktionen (so genannte *Methoden*) einer Klasse zuordnen. Eine *Methode* ist ebenso wie die Daten ein Element (Bestandteil) einer Klasse. So ist sofort zu erkennen, welche Funktionen (Methoden) welche Daten bearbeiten.

Schutzmechanismen
: Um einen uneingeschränkten Zugriff auf Daten und/oder Methoden in einer Klasse zu vermeiden, führte man in Java die gleichen Schlüsselwörter wie in C++ ein, mit denen ein unterschiedlicher Zugriffsschutz für die einzelnen Elemente von Klassen festgelegt werden kann:

  `public` – Zugriff von überall möglich
  : Auf Daten und Methoden, die diesem Schutztyp zugeordnet sind, kann von überall aus zugegriffen werden, also auch von Funktionen, die keine Methoden dieser Klasse sind.

  `private` – Zugriff nur von innerhalb der Klasse möglich
  : Auf die diesem Schutztyp zugeordneten Daten und/oder Methoden kann nur von den Methoden zugegriffen werden, die innerhalb der Klasse definiert sind. Nach außen sind diese Daten und/oder Methoden unsichtbar.

Listing 7.8: Java-Programm `Konto.java` mit Schutzmechanismen

```
import java.io.*;
public class Konto
{
   // ....... private Membervariablen (von ausserhalb nicht zugreifbar)
   private int        nr, pin;
   private double   stand;
   private Eingabe ein;

   // ....... private Methoden (von ausserhalb nicht aufrufbar)
   private void kontoStand() { System.out.println("; Neuer Kontostand: " + stand); }
   private boolean liesGeheimNr() {
      if (ein.readInt("Geheimnummer von Kto " + nr + ": ") != pin) {
         System.out.println(" ..... Falsche Geheimzahl");
         return false;
      }
      return true;
   }
   // ....... public Methoden (von ausserhalb aufrufbar)
   public void initKonto(int n, int p) {
      nr     = n;
      stand = 0;
      pin    = p;
      ein    = new Eingabe();
   }
   public void zahleEin(double betrag) {
      stand += betrag;
      System.out.print("Kto " + nr + ":  +" + betrag);
      kontoStand();
   }
   public boolean hebeAb(double betrag) {
      if (liesGeheimNr()) {
         stand −= betrag;
         System.out.print("Kto " + nr + ":  −" + betrag);
         kontoStand();
         return true;
      }
      return false;
   }
   public void ueberweise(Konto nach, double betrag) {
      if (hebeAb(betrag))
         nach.zahleEin(betrag);
   }
   public void getKontostand() { System.out.println("Kontostand von "+nr+": "+stand); }
```

Listing 7.9 zeigt die `main()`-Methode, die zwei `Konto`-Objekte `eins` und `zwei` anlegt, und dann die von der Klasse `Konto` angebotenen `public`-Methoden aufruft.

Listing 7.9: Java-Programm `KontoMain.java`

```
public class KontoMain {
   public static void main (String args[]) {
      Konto eins = new Konto(),
               zwei = new Konto();
      eins.initKonto(11111, 4711);
      zwei.initKonto(22222, 9999);
      eins.zahleEin(700);
      zwei.zahleEin(500);
      eins.ueberweise(zwei, 300);
      zwei.hebeAb(150);
      eins.getKontostand();
   }
}
```

Möglicher Ablauf des Programms 7.9 (`KontoMain.java`):

```
Kto 11111: +700.0; Neuer Kontostand: 700.0
Kto 22222: +500.0; Neuer Kontostand: 500.0
Geheimnummer von Kto 11111: 4711
Kto 11111: –300.0; Neuer Kontostand: 400.0
Kto 22222: +300.0; Neuer Kontostand: 800.0
Geheimnummer von Kto 22222: 9999
Kto 22222: –150.0; Neuer Kontostand: 650.0
Kontostand von 11111: 400.0
```

Abbildung 7.62 verdeutlicht nochmals, dass

- von Funktionen außerhalb der Klasse `Konto` im Programm 7.8 nur auf die Methoden `initKonto()`, `zahleEin()` usw. zugegriffen werden kann,
- nicht jedoch auf die Membervariablen `nr`, `stand`, `pin`, `ein` und auch nicht auf die privaten Methoden `kontoStand()` und `liesGeheimNr()`. Innerhalb der Klasse kann jedoch auf diese Membervariablen ebenso zugegriffen werden wie auf die beiden privaten Methoden `kontoStand()` und `liesGeheimNr()`.

Der Vorteil hier ist, dass die Membervariablen nicht unkontrolliert von außerhalb der Klasse, sondern nur noch über die nach außen sichtbaren `public`-Methoden verändert werden können.

Abbildung 7.63 zeigt ein UML-Klassendiagramm zur Klasse `Konto`.

Objekte werden in UML-Diagrammen ähnlich wie Klassen dargestellt, nur dass der Objektname unterstrichen wird. Für die Attribute können beispielhaft Werte eingesetzt werden, wie dies in Abbildung 7.64 veranschaulicht ist. Auch bei Objekten ist nur der unterstrichene Objektname immer anzugeben, während die Attribute und ihre Werte wieder weggelassen werden können, wenn diese für den jeweiligen Anwendungsfall nicht von Interesse sind. Abbildung 7.64 zeigt mögliche Notationen für Objekte (am Beispiel der Klasse `Konto`).

Um einen Zusammenhang zwischen Objekten und Klassen in UML zu modellieren, wird von den Objekten ein gestrichelter Pfeil in Richtung der jeweiligen Klasse, zu der sie gehören, gezeichnet. Dieser Pfeil wird dann mit `<<instance of>>` beschriftet, wie dies in Abbildung 7.65 gezeigt ist.

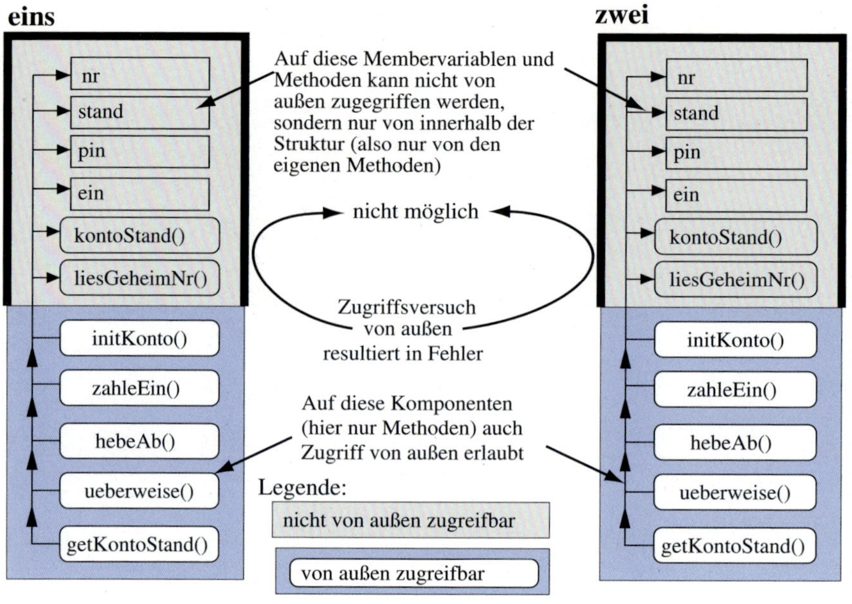

Abbildung 7.62: Zugriffsschutz für bestimmte Komponenten der Klasse `Konto`

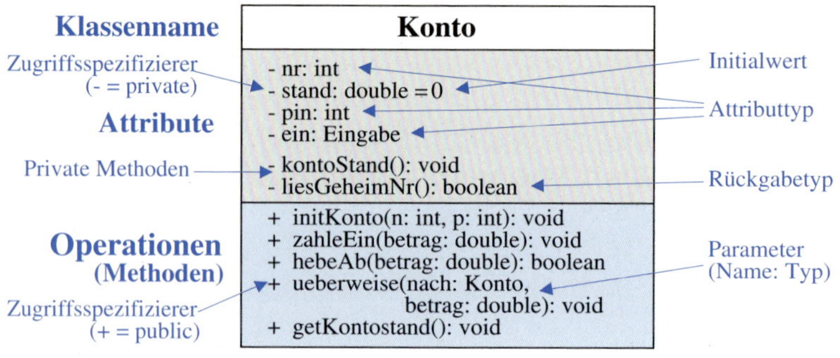

Abbildung 7.63: Klassen in UML (am Beispiel der Klasse `Konto`)

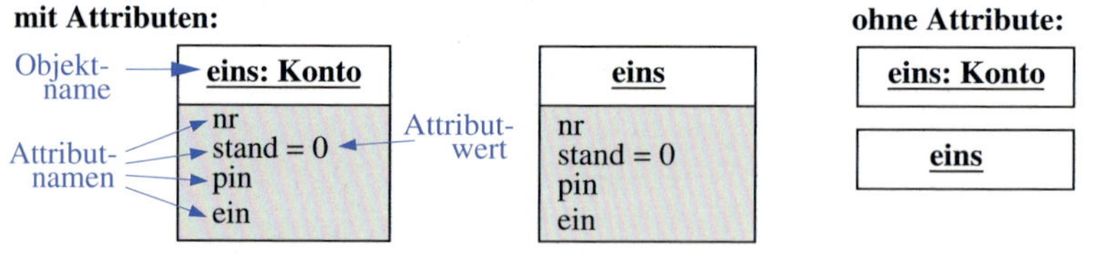

Abbildung 7.64: Notationsmöglichkeiten für Objekte in UML

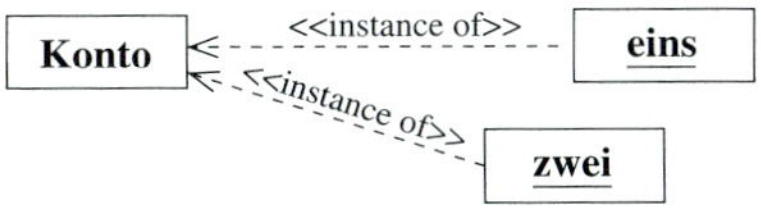

Abbildung 7.65: Klasse-Objekt-Beziehung in UML

Objekte als Instanz einer Klasse werden in Java mit dem Operator `new` angelegt. Üblicherweise, erst nach Anlegen eines Objekts einer Klasse, existieren die Daten und kann auf die Methoden des Objekts zugegriffen werden. Eine Ausnahme bilden nur die so genannten mit `static` definierten Klassenvariablen bzw. -methoden, die bereits auf Seite 193 erwähnt wurden.

7.6.4 Konstruktoren

Wird ein Objekt zu einer Klasse angelegt, so sind die Daten dieses Objekts zunächst undefiniert. Da die Daten meist privat sind, ist es auch nicht möglich, ihnen explizit (von außen) einen Wert zuzuweisen. Deswegen stellt man manchmal eigene Initialisierungsfunktionen zur Verfügung, die der Nutzer einer Klasse dann explizit nach dem Anlegen eines Objekts aufrufen muss, wie z. B. die Methode `initKonto()` im Programm 7.8 Solche explizit aufzurufenden Initialisierungsmethoden sind zum einen sehr umständlich und bergen zusätzlich die Gefahr, dass nach dem Anlegen eines Objekts der notwendige Aufruf der entsprechenden Initialisierungsmethode vergessen wird. Besser wäre es, wenn man ein Objekt bereits bei seiner Deklaration initialisieren könnte, wie man es z. B. für die Standarddatentypen kennt:

```
int    sum = 0;
double wert = 7.24;
```

Java bietet über so genannte *Konstruktoren* diese Möglichkeit der Initialisierung auch für Objekte an. Um die Datenelemente eines Objekts bereits bei seiner Deklaration initialisieren zu können, muss man eine spezielle Methode mit dem gleichen Namen wie die Klasse, einen so genannten *Konstruktor*, angeben und darin die gewünschten Initialisierungen durchführen. Programm 7.10 ist eine Version mit Konstruktoren zu unserem Konto-Beispiel.

Listing 7.10: Java-Programm Konto2.java mit Konstruktor

```
import java.io.*;

public class Konto2
{
    // ....... private Membervariablen (von ausserhalb nicht zugreifbar)
    // identisch zu Programm 7.8
    // ....... private Methoden (von ausserhalb nicht aufrufbar)
    // identisch zu Programm 7.8
```

```
    // .......   public Methoden (von ausserhalb aufrufbar)
    public Konto2(int n, int p) { // statt: initKonto(int n, int p)
        ein   = new Eingabe();
        stand = 0;
        nr    = n;
        pin   = p;
    }
    // .......   restliche Methoden identisch zu Programm 7.8
}
```

Programm 7.11 zeigt das Anlegen der beiden `Konto`-Objekte `eins` und `zwei`, wobei diese nun mittels der Konstruktor-Aufrufe bereits beim Anlegen geeignet initialisiert werden.

Listing 7.11: Java-Programm KontoMain2.java mit Konstruktor-Aufrufen

```
public class KontoMain2
{
    public static  void main (String args[])
    {
        Konto2 eins = new Konto2(11111, 4711),
                 zwei = new Konto2(22222, 9999);

        eins.zahleEin(700);
        zwei.zahleEin(500);
        eins.ueberweise(zwei, 300);
        zwei.hebeAb(150);
        eins.getKontostand();
    }
}
```

7.6.5 Vererbung und Polymorphismus

Nehmen wir nochmals die Einteilung der Lebewesen, wie sie in Abbildung 7.52 auf Seite 241 gezeigt ist. In einer solchen Hierarchie gilt dann Folgendes:

- *Alle Lebewesen einer Klasse verfügen über identische Eigenschaften.*
- *Klassen in einer tieferen Hierarchiestufe sind eine Spezialisierung der direkt übergeordneten Klasse.*
- *Die von einer Klasse abgeleiteten Unterklassen verfügen immer über alle Eigenschaften der Oberklasse.* Eigenschaften werden also automatisch an Unterklassen *weitervererbt.*
- *Die von einer Klasse abgeleiteten Unterklassen können neben den geerbten Eigenschaften weitere eigene Eigenschaften hinzufügen.* So erbt z. B. die Klasse `Hund` in Abbildung 7.52 auf Seite 241 alle Eigenschaften von der Klasse `Landtier`, erweitert diese aber um eigene speziellere Eigenschaften, wie z. B. „*kann bellen*“.

Solche Hierarchien lassen sich jedoch nicht nur für Lebewesen entwerfen, sondern ebenso für Daten und Konzepte, wie sie in der Softwareentwicklung vorkommen. Da eine solche Hierarchie dem Stammbaumprinzip entspricht, spricht man auch von *Vererbung* von Eigenschaften. Die Klasse, die Eigenschaften weitervererbt, wird *Ober-*

klasse (bzw. *Basisklasse* oder *Superklasse*) genannt, und Klassen, die etwas erben, heißen *Unterklassen* (bzw. *Subklassen*) oder *abgeleitete Klassen*.

Im Zusammenhang mit der Vererbungshierarchie verwendet man die zwei Begriffe:

- *Generalisierung*: Eine Oberklasse ist eine Generalisierung der Unterklassen,
- *Spezialisierung*: Eine Unterklasse ist eine Spezialisierung der Oberklasse.

Eine abgeleitete Klasse kann wieder als Basisklasse für weitere Unterklassen dienen.

Einfache Vererbung

Das UML-Klassendiagramm in Abbildung 7.66 zeigt eine Basisklasse `Mensch`, von der zwei Unterklassen `Student` und `Angestellter` abgeleitet sind, die beide sowohl die Attribute `name` und `Alter` als auch die Methode `getDaten()` von der Klasse `Mensch` erben. Ihrerseits erweitern sie aber diese geerbten Eigenschaften noch um `matrikelnr` und `getStudentDaten()` bzw. um `gehalt` und `getAngestDaten()`. In Abbildung 7.66 wurde neben den Zugriffsspezifizierern + und - für `public` und `private` noch ein weiterer Schutztyp mit dem Namen `protected` verwendet, der dort mit dem Zeichen # dargestellt ist:

> `protected` *ist die Zwischenstufe zwischen* `private` *und* `public`

Beim Vererben von Datenelementen werden diese in jedem Objekt der erbenden Klasse jeweils in einer eigenen Kopie neu angelegt. Da allerdings `private` Elemente einer Klasse grundsätzlich nicht weitervererbt werden, müsste man ohne dieses Schlüsselwort `protected` alle Elemente einer Basisklasse, die weitervererbt werden sollen, als `public` einstufen. Damit könnten aber auch andere „fremde" Funktionen auf diese Elemente zugreifen, womit das wichtigste Prinzip der Objektorientierung aufgehoben wäre. Um nun nur den erbenden Klassen und nicht dem ganzen Programm Zugriff auf bestimmte Elemente der Klasse zu erlauben, musste eine Zwischenstufe zwischen den beiden extremen Schutztypen `private` und `public` eingeführt werden, nämlich der Schutztyp `protected`. Bei Verwendung von `protected` für Klassenelemente erhält eine Klasse zwei Schnittstellen nach außen, und zwar

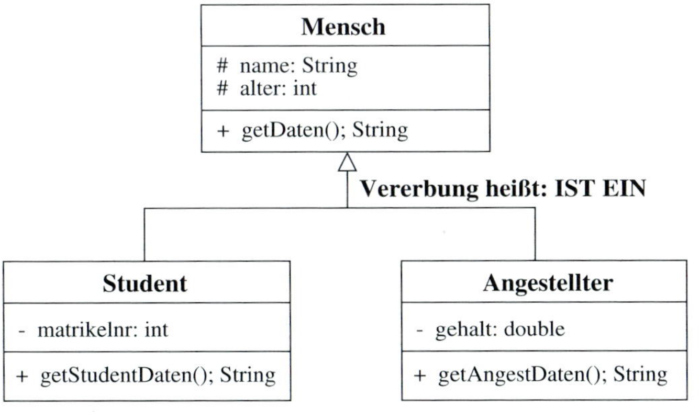

Abbildung 7.66: Vererben von Klasse `Mensch` an Klassen `Student` und `Angestellter`

- *Kunden-Schnittstelle*: Kunden dürfen nur auf `public`-Elemente zugreifen.
- *Erben-Schnittstelle*: Erben dürfen sowohl auf die `public`- als auch auf die `protected`-Elemente zugreifen.

Listing 7.12 zeigt das Java-Programm zur Abbildung 7.66.

Listing 7.12: `Erb.java`: Einfache Vererbung in Java (zu Abbildung 7.66)

```
import java.io.*;

class Mensch //... Basisklasse Mensch
{
  protected String name;
  protected int    alter;

   public Mensch(String name, int alter) {
      this.name = name; // ......  this bezeichnet immer das eigene Objekt
      this.alter  = alter;
   }
   public String getDaten() { return "Ich bin " + name + " und " + alter + " Jahre alt"; }
}

class Student extends Mensch //... Student (abgeleitet von Mensch)
{
   private int matrikelnr;

   public Student(String name, int alter, int matrikelnr) {
      super(name, alter); // Aufruf des Konstruktors der Basisklasse Mensch
      this.matrikelnr = matrikelnr;
   }
   public String getStudentDaten() {
      // ruft von Mensch geerbte Methode getDaten() auf
      return getDaten() + "\n" + " ..... Matrikelnummer: " + matrikelnr;
   }
}

class Angestellter extends Mensch //... Angestellter (abgeleitet von Mensch)
{
   private double gehalt;

   public Angestellter(String name, int alter, double gehalt) {
      super(name, alter); // Aufruf des Konstruktors der Basisklasse Mensch
      this.gehalt = gehalt;
   }
   public String getAngestDaten() {
      // ruft von Mensch geerbte Methode getDaten() auf
      return getDaten() + "\n" + " ..... Gehalt: " + gehalt;
   }
}
```

```
public class Erb // ...  Startklasse
{
   public static  void main (String args[]) {
      Mensch hans = new Mensch(„Hans“, 47);
      Student emil = new Student(„Emil“, 22, 123456);
      Angestellter toni = new Angestellter(„Toni“, 53, 3251.52);

      System.out.println(hans.getDaten());
      System.out.println(emil.getStudentDaten());
      System.out.println(toni.getAngestDaten());
   }
}
```

In Listing 7.12 sind einige neue Konstrukte von Java hinzugekommen:

Vererben einer Klasse mit `extends`

```
class  Student extends Mensch { //... Student (abgeleitet von Mensch)
class  Angestellter extends  Mensch { //... Angestellter (abgeleitet von Mensch)
```

Wird ein Objekt einer erbenden Klasse, wie z. B. `Student` angelegt, so erhält dieses zusätzlich zu den selbstdefinierten auch alle `public`- und `protected`-Datenelemente der Elternklasse in einer eigenen Kopie. Ebenso können alle `public`- und `protected`-Methoden der Elternklasse wie eigene Methoden des Objekts aufgerufen werden.

Aufrufen des Konstruktors der Basisklasse mit `super(...)`

Um die geerbten Membervariablen in einer abgeleiteten Klasse mit Werten zu initialisieren, muss man den Konstruktor der Basisklasse aufrufen, was mit der Methode `super()` möglich ist:

```
super(name, alter); // Aufruf des Konstruktors der Basisklasse Mensch
```

Zugriff auf das eigene Objekt mit `this`

Hat ein Parameter den gleichen Namen wie eine Membervariable, kann man die Membervariable dadurch ansprechen, dass man ihr `this.` voranstellt, wie z. B.:

```
public Mensch(String name, int alter) {
   this.name = name; // ........  this bezeichnet immer das eigene Objekt
   this.alter  =  alter ;
}
```

`this` ist eine Referenz auf das eigene Objekt und kann zur besseren Lesbarkeit auch generell zum Ansprechen von Membervariablen verwendet werden.

```
Ich bin Hans und 47 Jahre alt        [Ausgabe zu Listing 7.12]
Ich bin Emil und 22 Jahre alt
 ..... Matrikelnummer: 123456
Ich bin Toni und 53 Jahre alt
 ..... Gehalt: 3251.52
```

Überschreiben von geerbten Methoden

Es ist auch möglich, von der Basisklasse geerbte Methoden in einer abgeleiteten Klasse zu überschreiben. Dazu muss man in der abgeleiteten Klasse diese geerbte Methode nur überschreiben, indem man sie dort einfach neu definiert, wie es in Listing 7.13 gezeigt ist, wobei hier die Änderungen gegenüber Listing 7.12 fett hervorgehoben sind.

Listing 7.13: `Erb2.java`: Überschreiben von geerbten Methoden

```
import java.io.*;
class Mensch { //... Basisklasse Mensch
   // .... identisch zu Listing 7.12
}
class Student2 extends Mensch { //...Student2 (abgeleitet von Mensch)
  private int matrikelnr;
   public Student2(String name, int alter, int matrikelnr) {
      super(name, alter); // Aufruf des Konstruktors der Basisklasse Mensch
      this.matrikelnr = matrikelnr;
   }
   public String getDaten() { //nun gleicher Name wie in Basisklasse Mensch
      // ruft von Mensch geerbte Methode getDaten() auf
      return super.getDaten() + "\n" + " ..... Matrikelnummer: " + matrikelnr;
   }
}
class Angestellter2 extends Mensch { //...Angestellter2 (abgeleitet von Mensch)
  private double gehalt;
   public Angestellter2(String name, int alter, double gehalt) {
      super(name, alter); // Aufruf des Konstruktors der Basisklasse Mensch
      this.gehalt = gehalt;
   }
   public String getDaten() { //nun gleicher Name wie in Basisklasse Mensch
      // ruft von Mensch geerbte Methode getDaten() auf
      return super.getDaten() + "\n" + " ..... Gehalt: " + gehalt;
   }
}
public class Erb2 { // ... Startklasse
   public static void main (String args[]) {
      Mensch        hans = new Mensch("Hans", 47);
      Student2       emil = new Student2("Emil", 22, 123456);
      Angestellter2 toni = new Angestellter2("Toni", 53, 3251.52);
       System.out.println(hans.getDaten());
       System.out.println(emil.getDaten());
       System.out.println(toni.getDaten());
   }
}
```

In Listing 7.13, das die gleiche Ausgabe wie Listing 7.12 liefert, wurde in den abgeleiteten Klassen `Student` und `Angestellter` die von der Basisklasse `Mensch` geerbte Methode `getDaten()` überschrieben. Aus Listing 7.13 wird zudem ersichtlich, dass man in abgeleiteten Klassen auf gleichnamige Methoden aus der Basisklasse zugreifen kann, indem man ihrem Namen `super.` voranstellt.

Späte Bindung (Polymorphismus)

Hat man gleichnamige Methoden in der Basisklasse und in den von dieser Basisklasse abgeleiteten Klassen, so ist die so genannte späte Bindung (Bindung zur Laufzeit) möglich, was man auch als *Polymorphismus* bezeichnet.

Man speichert hierbei verschiedene Objekte der Basisklasse oder der abgeleiteten Klassen in einem Array, dessen Elementtyp die Basisklasse ist. Beim Zugriff auf die einzelnen Elemente dieses Arrays wird dann abhängig von der Klasse, zu dem das jeweilige Objekt gehört, automatisch die zu dieser Klasse gehörige richtige Methode aufgerufen, wie es in Listing 7.14 gezeigt ist.

Listing 7.14: `Dialekt.java`: Polymorphismus in Java

```
import java.io.*;
class Deutsch { // Basisklasse Deutsch
   protected void sprich() {
      System.out.println("Hochdeutsch: Datentyp String");
   }
}
class Franke extends Deutsch { // Franke abgeleitet von Deutsch
   protected void sprich() {
      System.out.println("Franke: Dadndüb Sdring");
   }
}
class Schwabe extends Deutsch { // Schwabe abgeleitet von Deutsch
   protected void sprich() {
      System.out.println("Schwabe: Datentyp Schtring");
   }
}
public class Dialekt { // ... Startklasse
   public static void main (String args[]) {
     Deutsch dieter = new Deutsch();
     Franke  frank  = new Franke();
     Schwabe sascha = new Schwabe();
     Franke  fritz  = new Franke();
      Deutsch[] mensch = new Deutsch[4];
      mensch[0] = dieter;
      mensch[1] = frank;
      mensch[2] = sascha;
      mensch[3] = fritz;
     for (int i=0; i<mensch.length; i++)
        mensch[i].sprich();
   }
}
```

Nachfolgend ist die Ausgabe zu Listing 7.14 gezeigt:

```
Hochdeutsch: Datentyp String
Franke: Dadndüb Sdring
Schwabe: Datentyp Schtring
Franke: Dadndüb Sdring
```

Abstrakte Basisklassen

Abstrakte Basisklassen dienen dazu, Klassen mit gemeinsamen Eigenschaften zusammenzufassen, wobei diese Eigenschaften als so genannte *abstrakte Methoden* lediglich definiert, aber erst in den Unterklassen implementiert werden müssen. Im Gegensatz zu den später vorgestellten *Interfaces* können abstrakte Klassen aber auch schon einige Methoden selbst implementieren. Listing 7.15 zeigt eine abstrakte Basisklasse `GrafObj`, von der zwei Unterklassen `Kreis` und `Rechteck` abgeleitet sind. Diese Unterklassen müssen die von der Basisklasse `GrafObj` geerbte abstrakte Methode `malen()` in jedem Fall implementieren.

Listing 7.15: `GrafObj.java`: Abstrakte Basisklassen in Java

```
import java.io.*;
abstract class Figur { // abstrakte Basisklasse Figur
  private int     x;
  private int     y;
  private String  name;
   public Figur(String name, int x, int y) {
      this.name = name;
      this.x    = x;
      this.y    = y;
   }
   public abstract void malen(); // abstrakte Methode
   protected void grundDaten() {
      System.out.println(name + ": Mittelpkt: (" + x + ",  " + y + ")");
   }
}
class Kreis extends Figur {
  private int radius;
   public Kreis(String name, int x, int y, int r) {
      super(name, x, y);
      radius = r;
   }
   public void malen() { // Implementierung der abstrakten Methode malen()
      System.out.print("...Kreis ");
      super.grundDaten();
      System.out.println("      Radius: " + radius);
   }
}
class Rechteck extends Figur {
  private int xDist;
  private int yDist;
   public Rechteck(String name, int x, int y, int xAbst, int yAbst) {
      super(name, x, y);
      xDist = xAbst;
      yDist = yAbst;
   }
   public void malen() { // Implementierung der abstrakten Methode malen()
      System.out.print("...Rechteck ");
      super.grundDaten();
      System.out.println("      Distanz nach links/rechts: "+xDist+", oben/unten: "+yDist);
   }
}
```

```
public class GrafObj { // ... Startklasse
   public static void main (String args[]) {
     Kreis      k1 = new Kreis("k1", 50, 100, 200);
     Kreis      k2 = new Kreis("k2", 300, 200, 90);
     Rechteck r1 = new Rechteck("r1", 120, 50, 40, 60);
     Rechteck r2 = new Rechteck("r2", 40, 80, 10, 20);
     Rechteck r3 = new Rechteck("r3", 70, 150, 20, 50);
      Figur[] zeichnung = new Figur[5];
      zeichnung[0] = k1;
      zeichnung[1] = r1;
      zeichnung[2] = r2;
      zeichnung[3] = k2;
      zeichnung[4] = r3;
     for (int i=0; i<zeichnung.length; i++)
        zeichnung[i].malen();
   }
}
```

Nachfolgend ist die Ausgabe zu Listing 7.15 gezeigt:

```
... Kreis k1: Mittelpkt: (50, 100)
      Radius: 200
... Rechteck r1: Mittelpkt: (120, 50)
      Distanz nach links/rechts: 40, oben/unten: 60
... Rechteck r2: Mittelpkt: (40, 80)
      Distanz nach links/rechts: 10, oben/unten: 20
... Kreis k2: Mittelpkt: (300, 200)
      Radius: 90
... Rechteck r3: Mittelpkt: (70, 150)
      Distanz nach links/rechts: 20, oben/unten: 50
```

Abbildung 7.67 zeigt die Darstellung von abstrakten Klassen in UML.

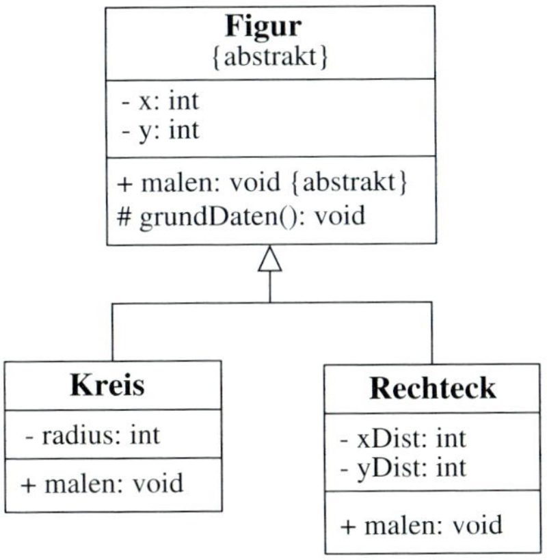

Abbildung 7.67: Abstrakte Klassen in UML

Interfaces (Schnittstellen)

Wenn alle Methoden einer Klasse abstrakt sind, nennt man die Klasse nicht mehr abstrakte Klasse, sondern *Interface*. Hierbei gilt in Java nun Folgendes:

- Bei Interfaces muss man das Schlüsselwort `interface` (statt `abstract`) angeben.
- Die Vererbung erfolgt mit `implements` (statt mit `extends`).
- Anders als bei „normaler" Vererbung kann eine Klasse mehrere Interfaces erben.
- Die abgeleiteten Klassen müssen alle geerbten Methoden der Interface-Klasse implementieren. Man zwingt also alle abgeleiteten Klassen, bestimmte Methoden in jedem Fall zur Verfügung zu stellen.

Listing 7.16 zeigt ein Interface `Relation`, das jeweils in einer Klasse `Punkt` und in einer Klasse `Viereck` implementiert wird.

Listing 7.16: `Schnittstelle.java`: Interfaces in Java

```
import java.io.*;
interface Relation { // Interface Relation
   boolean istKleiner(Relation rel);
   boolean istGleich(Relation rel);
}
class Punkt implements Relation {
   private int x, y;
   public Punkt(int x, int y) {
      this.x = x;
      this.y = y;
   }
   // ... Implementierung der Interface-Methode istKleiner()
   public boolean istKleiner(Relation rel) {
      return x < ((Punkt)rel).x && y < ((Punkt)rel).y;
   }
   // ... Implementierung der Interface-Methode istGleich()
   public boolean istGleich(Relation rel) {
      return x == ((Punkt)rel).x && y == ((Punkt)rel).y;
   }
}
class Viereck implements Relation {
   private int breite, hoehe;
   public Viereck(int x, int y) {
      breite = x;
      hoehe = y;
   }
   // ... Implementierung der Interface-Methode istKleiner()
   public boolean istKleiner(Relation rel) {
      return breite*hoehe < ((Viereck)rel).breite * ((Viereck)rel).hoehe;
   }
   // ... Implementierung der Interface-Methode istGleich()
   public boolean istGleich(Relation rel) {
      return breite*hoehe == ((Viereck)rel).breite * ((Viereck)rel).hoehe;
   }
}
```

```
public class Schnittstelle { // ... Startklasse
  public static void main (String args[]) {
     Punkt    p1 = new Punkt(50, 100);
     Punkt    p2 = new Punkt(150, 101);
     Punkt    p3 = new Punkt(50, 100);
     Viereck  v1 = new Viereck(100, 100);
     Viereck  v2 = new Viereck(20, 120);
     Viereck  v3 = new Viereck(80, 125);
      if (p1.istKleiner(p2)) System.out.println("p1 ist kleiner als p2");
      if (!p2.istKleiner(p1)) System.out.println("p2 ist groesser als p1");
      if (p3.istGleich(p1)) System.out.println("p1 ist gleich p3");

      if (v2.istKleiner(v1)) System.out.println("v2 ist kleiner als v1");
      if (!v1.istKleiner(v2)) System.out.println("v1 ist groesser als v2");
      if (v3.istGleich(v1)) System.out.println("v1 ist gleich v3");
  }
}
```

Nachfolgend ist die Ausgabe zu Listing 7.16 gezeigt:

```
p1 ist kleiner als p2
p2 ist groesser als p1
p1 ist gleich p3
v2 ist kleiner als v1
v1 ist groesser als v2
v1 ist gleich v3
```

Abbildung 7.68 zeigt die Darstellung von Schnittstellen in UML.

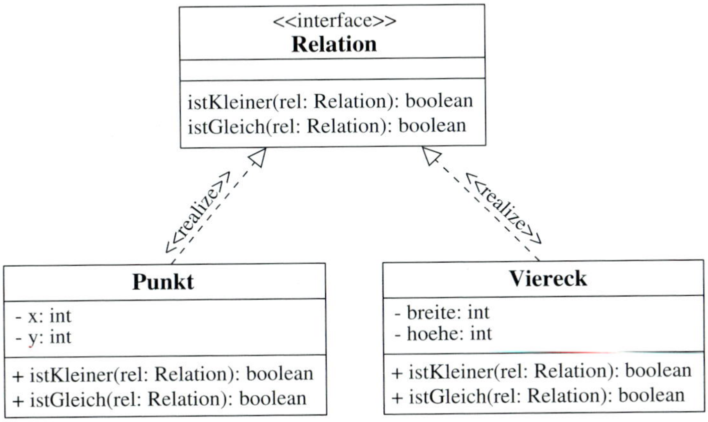

Abbildung 7.68: Schnittstellen in UML

7.6.6 GUI-Programmierung in Java

Unter GUI-Programmierung (*GUI = Graphical User Interface*) versteht man die Programmierung von Anwendungen mit grafischen Benutzeroberflächen.

Java stellt dazu in der Klassenbibliothek die so genannten AWT-Klassen *(Abstract Windowing Toolkit)* und die *JFC-* bzw. *Swing*-Klassen zur Verfügung. Das Aussehen der Objekte unter dem AWT hängt vom Betriebssystem ab, während die Swing-Objekte auf allen Betriebssystemen gleich aussehen. Die Namen der AWT- und der Swing-Klassen sind weitgehend identisch, nur dass bei den Swing-Klassen dem Klassennamen noch der Buchstabe `J` vorangestellt ist. Wegen der beschränkten Möglichkeiten des AWT wurden ursprünglich die so genannten *Java Foundation Classes (JFC)* entwickelt, die Swing enthalten. Später hat sich der Name *Swing* für *JFC* eingebürgert.

Ein erstes einfaches Fenster

Ein normales Fenster (*Window*), das verkleinert, vergrößert und verschoben werden kann, wird durch die Klasse `Frame` bzw. `JFrame` zur Verfügung gestellt. Abbildung 7.69 zeigt, wie man ein einfaches Fenster programmieren kann, in dem der Text „`Erstes Fenster`“ steht und dessen Titelleiste die Beschriftung „`AWT-Fenster`“ bzw. „`Swing-Fenster`“ besitzt.

```java
/* FensterAWT.java */
import java.awt.*;

class FensterA extends Frame {
   FensterA(String title) {
      super(title); // Titelleiste
      setSize(200, 100); // Groesse
      setVisible(true); // nun sichtbar
      add(new Label("Erstes Fenster"));
   }
}
public class FensterAWT {
  public static void main(String arg[]) {
     FensterA meinFenster
        = new FensterA("AWT-Fenster");
  }
}
```

```java
/* FensterSwing.java */
import javax.swing.*;
import java.awt.*;
class FensterS extends JFrame {
   FensterS(String title) {
      super(title); // Titelleiste
      setSize(200, 100); // Groesse
      setVisible(true); // nun sichtbar
      add(new Label("Erstes Fenster"));
   }
}
public class FensterSwing {
  public static void main(String arg[]) {
     FensterS meinFenster
        = new FensterS("Swing-Fenster");
  }
}
```

Abbildung 7.69: Ein erstes einfaches Fenster in Java

Die durch die Listings in Abbildung 7.69 erzeugten Fenster lassen sich jedoch nur dadurch beenden, dass man in der Konsole, in der man dieses Programm gestartet hat, dieses gewaltsam mit der Eingabe von *Strg-C* beendet. In den nachfolgenden Beispielprogrammen wird nun nur noch die neuere `Swing`-Variante verwendet.

Ereignisse (Events)

GUI-Programme werden durch *Ereignisse* gesteuert, auf die das jeweilige Programm entsprechend reagiert. Das betrifft vor allem auch sämtliche Benutzereingaben, wie Tastendrucke oder Mausklicks. *Ereignisse* oder *Events* treten ein, wenn sich der Zustand eines Objekts ändert, weil z. B. ein Button gedrückt wurde, der Inhalt eines Texteingabefeldes geändert, ein Listenelement ausgewählt oder eine Eingabe über die Tastatur erfolgte. Dabei gibt es *Ereignisquellen* (Buttons, Menüs usw.) und *Ereignis-*

empfänger. Die Methoden zum Empfangen und Verarbeiten von Ereignissen sind im Paket `java.awt.event` definiert. Für jede Ereignisklasse sind bestimmte Schnittstellen (*EventListener*) definiert, die die jeweiligen Methoden zum Empfang der gewünschten Ereignisse enthalten. Beispiele hierfür sind:

- `ActionListener`: Ereignisse wie z. B. Anklicken von Buttons oder Auswahl eines Menüeintrags usw.,
- `TextListener`: Text eines Texteingabefeldes wurde geändert,
- `KeyListener`: Taste auf der Tastatur wurde gedrückt,
- `MouseListener` und `MouseMotionListener`: Maus-Ereignisse wie Klicken oder Bewegen,
- `WindowListener`: Ereignisse im Zusammenhang mit Fenstern, wie z. B. Öffnen, Schließen, Aktivieren, Deaktivieren usw. von Fenstern,
- `ItemListener`: Ereignisse wie z. B. Anklicken eines Eintrages in einer Liste,
- `FocusListener`: Tastatur-Fokus hat sich geändert.

Als erstes Beispiel soll dies an einem Button demonstriert werden. Der Ablauf der Ereignis-Behandlung für einen Button ist:

- Das Betätigen eines Buttons erzeugt automatisch ein `ActionEvent`-Objekt.
- Zuständig für den Empfang dieses Events ist ein `ActionListener`-Objekt.
- Empfängt das `ActionListener`-Objekt ein `ActionEvent`-Objekt, so wird automatisch die Methode `actionPerformed(ActionEvent e)` des Listener-Objekts ausgeführt.

Die Vorgehensweise bei der Programmierung ist dabei folgende:

- Es muss ein spezielles `ActionListener`-Objekt erzeugt und beim Button mit der Methode `addActionListener(ActionListener al)` registriert werden, damit es die Events empfangen kann.
- `ActionListener` ist ein Interface. Um ein Objekt zu erzeugen, muss also zunächst eine Klasse zur Verfügung gestellt werden, die dieses Interface implementiert.
- In der vom Interface vorgeschriebenen Methode `actionPerformed()`, die zu implementieren ist, kann festgelegt werden, was bei Eintreten des Ereignisses ausgeführt werden soll.

Listing 7.17 demonstriert die Ereignisbehandlung für einen Button, den es oben im Fenster anzeigt, wobei jeder Mausklick auf diesen Button eine zufällige Hintergrundfarbe für das Fenster nach sich zieht, wie es z. B. in Abbildung 7.70 gezeigt ist. Dieses Beispiel zeigt auch noch die Möglichkeit der gezielten Anordnung von Komponenten in Fenstern mit Hilfe von so genannten *Layout-Manager*-Objekten und das Schließen des Fensters über das allgemeine *Schließen-Icon* in der Titelleiste.

Listing 7.17: `Farbwechsel.java`: Zufällige Hintergrundfarbe bei Button-Klick

```
import java.awt.*;
import java.awt.event.*; // fuer Ereignisse
import javax.swing.*;
public class Farbwechsel extends JFrame {
  private Container c; // Container fuer Button
  private JButton button;
   public Farbwechsel(String titel) {
      super(titel);
      c = getContentPane(); // Container erzeugen
      // ..... 1. Button erzeugen
      button = new JButton("Hintergrundfarbe wechseln");
      c.add(button, BorderLayout.NORTH); // Button oben anordnen
      // ..... 2. Listener fuer Events dem Button zuteilen
      ButtonListener horcher = new ButtonListener();
      button.addActionListener(horcher);
   }
   // Innere Listener-Klasse
   class ButtonListener implements ActionListener {
      public void actionPerformed(ActionEvent e) {
         float rot   = (float) Math.random(); // Zufallszahl aus Intervall [0,1)
         float gruen = (float) Math.random(); // Zufallszahl aus Intervall [0,1)
         float blau  = (float) Math.random(); // Zufallszahl aus Intervall [0,1)
         Color rgb = new Color(rot, gruen, blau);
         c.setBackground(rgb);
      }
   }
   public static void main(String[] args) {
      Farbwechsel f = new Farbwechsel("Fenster mit Button");
      f.setSize(300, 200);
      f.setVisible(true);
      // Programm nun mit Mausklick auf Schliessen-Button beendbar
      f.setDefaultCloseOperation(JFrame.EXIT_ON_CLOSE);
   }
}
```

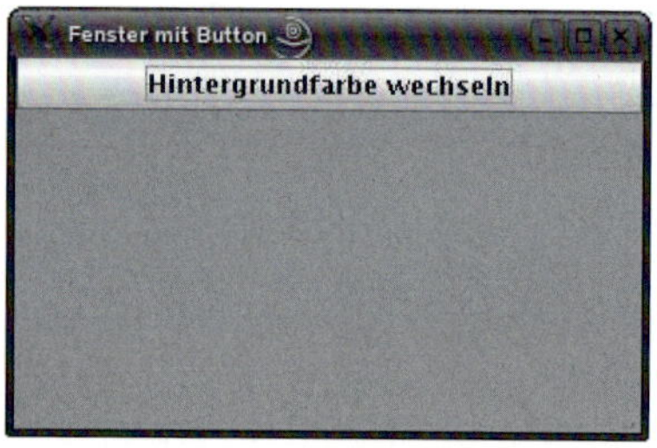

Abbildung 7.70: Bei jedem Button-Klick neue Hintergrundfarbe

Im nächsten Beispiel wird nun die Behandlung von Maus-Ereignissen demonstriert. Der Ablauf der Ereignis-Behandlung für eine Mausaktion ist:

- Eine Aktion mit der Maus (z. B. Klick oder Bewegung) erzeugt ein `Mouse`**Event**-Objekt.

- Zuständig für den Empfang dieses Events ist ein `Mouse`**Listener**-Objekt.
- Empfängt das `Mouse`**Listener**-Objekt ein `Mouse`**Event**-Objekt, so wird abhängig von der entsprechenden Mausaktion automatisch eine der folgenden Methoden des Listener-Objekts ausgeführt:

  `mouseEntered(Mouse`**Event e)** – Mauszeiger in die Komponente bewegt

  `mouseExited(Mouse`**Event e)** – Mauszeiger aus der Komponente bewegt

  `mousePressed(Mouse`**Event e)** – Maustaste gedrückt

  `mouseReleased(Mouse`**Event e)** – Maustaste losgelassen

  `mouseClicked(Mouse`**Event e)** – Maustaste geklickt

Die Vorgehensweise bei der Programmierung ist dabei folgende:

- Es muss ein spezielles `MouseListener`-Objekt erzeugt und bei der Komponente mit Hilfe der Methode `addMouseListener(MouseListener ml)` als Ereignis-Empfänger registriert werden.
- `MouseListener` ist ein Interface. Um ein Objekt zu erzeugen, muss also zunächst eine Klasse zur Verfügung gestellt werden, die dieses Interface implementiert.
- In der vom Interface vorgeschriebenen Methode `mouseX...()`, die zu implementieren ist, kann festgelegt werden, was bei Eintreten des speziellen Maus-Ereignisses ausgeführt werden soll.

Listing 7.18 demonstriert die Ereignisbehandlung für Maus-Events, wobei es an jeder Stelle im Fenster, an der der Benutzer die Maus klickt, einen blau gefüllten Kreis zeichnet, wie es z. B. links in Abbildung 7.71 zu sehen ist. Verlässt der Benutzer mit der Maus das Fenster, so werden alle diese Kreise durch schwarze Linien miteinander verbunden, wie es z. B. rechts in Abbildung 7.71 gezeigt ist. Bewegt er die Maus wieder in das Fenster, wird der ganze Fensterinhalt gelöscht, und er kann sich erneut mit Mausklicks Punkte malen lassen, die dann beim Verlassen des Fensters alle wieder miteinander verbunden werden.

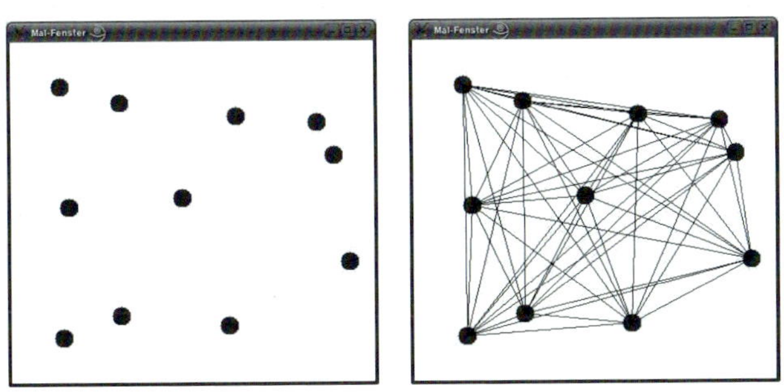

Abbildung 7.71: Punkte bei Mausklicks und Verbinden dieser beim Verlassen des Fensters

Listing 7.18: `Mausevent.java`: Punkte an Mausklicks und Verbinden der Punkte beim Verlassen des Fensters

```
import java.awt.*;
import java.awt.event.*;
import javax.swing.*;

public class Mausevent extends JFrame {
   Container c;
   private int[] x, y;
   private int pktZahl;

   public Mausevent(String titel) {
      super(titel);
      x = new int[10000];
      y = new int[10000];
      pktZahl = 0;
      c = getContentPane(); // Container erzeugen
      // Listener fuer Maus-Events dem Fenster zuteilen
      addMouseListener(new Horch());
   }
   class Horch implements MouseListener { // Innere Horch-Klasse
      public void mouseClicked(MouseEvent e) {
         Graphics g = getGraphics();
         g.setColor(Color.blue);
         g.fillOval(e.getX()-10, e.getY()-10, 20, 20);
         x[pktZahl] = e.getX();
         y[pktZahl] = e.getY();
         if (pktZahl < 10000) pktZahl++;
      }
      public void mouseEntered(MouseEvent e) {
         pktZahl = 0;
         c.setBackground(Color.blue);  // um blaue Punkte zu uebermalen
         c.setBackground(Color.white); // nun ganzen Hintergrund weiss
      }
      public void mouseExited(MouseEvent e) {
         Graphics g = getGraphics();
         for (int i=0; i < pktZahl-1; i++)
            for (int j=i+1; j < pktZahl; j++)
               g.drawLine(x[i], y[i], x[j], y[j]);
      }
      public void mousePressed(MouseEvent e) { }
      public void mouseReleased(MouseEvent e) { }
   }
   public static void main(String[] args) {
      Mausevent f = new Mausevent("Mal-Fenster");
      f.setSize(400, 400);
      f.setVisible(true);
      // Programm nun mit Mausklick auf Schliessen-Button beendbar
      f.setDefaultCloseOperation(JFrame.EXIT_ON_CLOSE);
   }
}
```

In Listing 7.18 sind einige neue Konstrukte hinzugekommen, die nachfolgend kurz erläutert werden.

Die Klasse Graphics und ihre Methoden

In der Klasse `Graphics` sind alle wichtigen Grafik-Methoden zum Zeichnen zusammengefasst. Um nun in einem Fenster zu zeichnen, benötigt man ein Objekt der Klasse `Graphics`, das man sich mit der Methode `getGraphics()` liefern lassen kann, wie z. B. bei:

```
public void mouseClicked(MouseEvent e) {
    Graphics g = getGraphics();
    g.setColor(Color.blue);
    g.fillOval(e.getX()-10, e.getY()-10, 20, 20);
}
```

Einige wichtige Methoden von `getGraphics()` sind z. B.:

- `setColor(Color farbe)` – setzt die Malfarbe.
- `drawLine(int x1, int y1, int x2, int y2)`
  zeichnet eine Linie von Punkt `(x1,y1)` nach Punkt `(x2,y2)`.
- `drawRect(int x, int y, int b, int h)`
  zeichnet ein Rechteck, dessen linke obere Ecke der Punkt `(x,y)` ist, mit einer Breite von `b` und einer Höhe von `h`. Möchte man ein gefülltes Rechteck, muss man `fillRect()` verwenden.
- `drawOval(int x, int y, int b, int h)`
  zeichnet eine Ellipse bzw. einen Kreis in einem Rechteck, dessen linke obere Ecke der Punkt `(x,y)` ist, und das eine Breite von `b` und eine Höhe von `h` hat. Möchte man eine gefüllte Ellipse bzw. einen gefüllten Kreis, muss man `fillOval()` verwenden.
- `drawString(String str, int x, int y)`
  gibt den String `str` aus, wobei `x` und `y` die Anfangsposition und die Basislinie festlegen, an der der String im Fenster auszugeben ist.
- `setFont(Font font)`
  setzt den Zeichensatz (Font) für die Ausgabe von Strings.

Inzwischen steht eine weitere Klasse `Graphics2D` für Grafik-Operationen zur Verfügung, die mehr Funktionalität anbietet, wie z. B. auch das Setzen der Linienstärke.

Informationen zu Mausaktionen über MouseEvent

Maus-Events liefern über das Argument vom Typ `MouseEvent` Informationen zur stattgefundenen Mausaktion, wie z. B. über `e.getX()` und `e.getY()` die Position, an der der Mausklick stattfand.

Adapter-Klassen mit leeren Methoden-Implementierungen

In Listing 7.18 mussten alle von der Interface-Klasse `MouseListener` angebotenen Methoden implementiert werden, selbst wenn sie nicht gebraucht wurden, wie z. B. die beiden folgenden leeren Methoden:

```
public void mousePressed(MouseEvent e) { }
public void mouseReleased(MouseEvent e) { }
```

Um nun nicht immer alle Ereignisse der jeweiligen Ereignis-Interfaceklasse vollständig implementieren zu müssen, bietet Java so genannte *Adapter*-Klassen zu den Ereignis-Klassen, die alle im jeweiligen Interface festgelegten Ereignisse mit leeren Methoden implementieren. Bei Verwendung dieser Adapter-Klassen muss man dann nicht alle Ereignisse implementieren, sondern kann sich auf die beschränken, die für den jeweiligen Anwendungsfall von Interesse sind. Hätte man z. B. in Listing 7.18 statt der folgenden Zeile

```
class Horch implements MouseListener {
```

Folgendes angegeben

```
class Horch extends MouseAdapter {
```

so hätte man die (leere) Implementierung der beiden Methoden `mousePressed()` und `mouseReleased()` weglassen können. Diese Vererbung kann man genau dann nutzen, wenn die Klasse nur von einer einzigen Klasse erben soll. Sobald jedoch Methoden mehrerer übergeordneter Klassen implementiert werden sollen, kann nur von einer Klasse geerbt werden. Für die weiteren Fälle müssen dann die Interfaces implementiert werden, da Java keine Mehrfachvererbung wie z. B. C++ zulässt:

```
class Horch extends MouseAdapter implements MouseMotionListener {
```

▶ Übung: Programm zu den Adapter-Klassen

Erstellen Sie ein Programm `Mausevent2.java`, das das Gleiche leistet wie das Programm in Listing 7.18, nur dass es stattdessen die Adapter-Klasse `MouseAdapter` verwendet.

Neben der Interface-Klasse `MouseListener` existiert noch die Interface-Klasse `MouseMotionListener`, die die folgenden beiden Methoden anbietet:

- `mouseMoved(MouseEvent e)` – wird ausgeführt, wenn Maus bewegt wurde,
- `mouseDragged(MouseEvent e)` – wird ausgeführt, wenn Maus mit gedrückter Maustaste bewegt wurde.

Listing 7.19, das das Malen in einem Fenster beim Bewegen der Maus mit gedrückter Maustaste ermöglicht, ist dazu ein Demonstrationsbeispiel.

Listing 7.19: `Mausmal.java`: Malen mit gedrückter Maustaste

```
import java.awt.*;
import java.awt.event.*;
import javax.swing.*;
public class Mausmal extends JFrame {
   Container c;
   private int x, y;
   public Mausmal(String titel) {
      super(titel);
      x = y = 0;
      c = getContentPane(); // Container erzeugen
      // Listener fuer Maus-Events dem Fenster zuteilen
      addMouseListener(new Horch());
      addMouseMotionListener(new Horch());
   }
   class Horch extends MouseAdapter implements MouseMotionListener {
      public void mouseReleased(MouseEvent e) {
         x = y = 0;
      }
      public void mouseDragged(MouseEvent e) {
         Graphics g = getGraphics();
         g.setColor(Color.blue);
         if (x != 0 && y != 0)
            g.drawLine(x, y, e.getX(), e.getY());
         x = e.getX();
         y = e.getY();
      }
      public void mouseMoved(MouseEvent e) { } // hier leere Methode notwendig
   }
   public static void main(String[] args) {
      Mausmal f = new Mausmal("Mal-Fenster");
      f.setSize(400, 400);
      f.setVisible(true);
      f.setDefaultCloseOperation(JFrame.EXIT_ON_CLOSE);
   }
}
```

Abschließendes Beispiel mit weiteren GUI-Komponenten

Listing 7.20 zeigt weitere GUI-Komponenten in Java, wie z. B. Panels für Unterfenster in einem Hauptfenster, Menüs und ein Dialogfenster. Dieses Programm bietet oben eine Menüleiste an, wie es in Abbildung 7.72 gezeigt ist. Über diese Menüeinträge kann der Benutzer Folgendes veranlassen:

- `Datei/Quit` – Programm beenden.
- `Bearbeiten/Clear` – Inhalt des rechten Panels löschen.
- `Bearbeiten/Neue Farbe` – Neue zufällige Farbe im rechten Panel.
- `Hilfe/Info` – Einblenden eines Dialogfensters (siehe rechts in Abbildung 7.72).

Klickt der Benutzer auf den Button „`Text`“ im rechten Panel, wird ihm im linken Panel auf weißem Hintergrund angezeigt, wie oft er diesen Button schon angeklickt hat. Bei einem Mausklick in das rechte Panel wird an dieser Stelle die Position ausgegeben, an der dieser Klick stattfand.

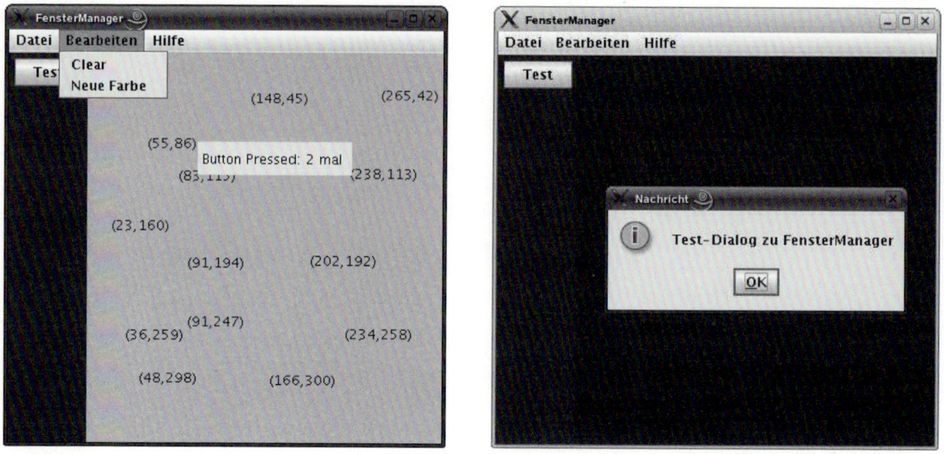

Abbildung 7.72: Panels, Menüs und Dialogfenster

Listing 7.20: FensterManager.java: Einige weitere GUI-Komponenten

```
import java.awt.*;
import java.awt.event.*;
import javax.swing.*;

class TeilFenster extends JFrame
{
  public TeilFenster(FensterManager fm, MeinPanel meinPanel)
  {
     super("FensterManager");
     setSize( 400, 400 );
     addWindowListener( fm );

     JPanel hauptPanel = new JPanel(); // Layout: West, North, East, South und Center
     hauptPanel.setLayout( new BorderLayout() );

     JPanel linksPanel = new JPanel();
     linksPanel.setBackground( Color.blue );

     JButton bt = new JButton("Test") ;
     bt.addActionListener( fm );
     bt.setSize( 40, 20 );
     linksPanel.add( bt );

        // ... linksPanel und meinPanel in hauptPanel einordnen
     hauptPanel.add( "West", linksPanel );
     hauptPanel.add( "Center", meinPanel );
       // ... hauptPanel im Fenster einfuegen
     getContentPane().add( hauptPanel );
```

```
      //           ..........................................          Menues
      JMenuBar menuBar = new JMenuBar();
      setJMenuBar( menuBar );

      JMenu mDatei = new JMenu( "Datei" );
      JMenu mBearb = new JMenu( "Bearbeiten" );
      JMenu mHilfe = new JMenu( "Hilfe" );
      menuBar.add( mDatei );
      menuBar.add( mBearb );
      menuBar.add( mHilfe );

      JMenuItem quit = new JMenuItem( "Quit");
      quit.addActionListener( fm );
      mDatei.add( quit );

      JMenuItem clear = new JMenuItem( "Clear");
      clear.addActionListener( fm );
      mBearb.add( clear );

      JMenuItem farbe = new JMenuItem( "Neue Farbe");
      farbe.addActionListener( fm );
      mBearb.add( farbe );

      JMenuItem info = new JMenuItem( "Info..." );
      info.addActionListener( fm );
      mHilfe.add( info );

      setVisible(true);
   }
}
class MeinPanel extends JPanel {
   public MeinPanel( FensterManager fm ) {
      addMouseListener( fm );
      setBackground( Color.cyan );
   }
}
public class FensterManager extends MouseAdapter
                            implements ActionListener, WindowListener {
   static int n = 0;
   static MeinPanel meinPanel;

   public static void main(String argv[]) {
      FensterManager fm = new FensterManager();
      meinPanel         = new MeinPanel( fm );
      TeilFenster fenster = new TeilFenster( fm, meinPanel );
   }

    //          ....................................       Einzige implementierte Maus-Methode
   public void mousePressed(MouseEvent ev) {
      int x = ev.getX(),
          y = ev.getY();
      Graphics g = meinPanel.getGraphics();
      g.drawString("(" + x + "," + y + ")", x, y);
   }
```

```
    //          .......................................          Implementierung der Action-Methode
    public void actionPerformed( ActionEvent evt ) {
       ++n;
       String aC = evt.getActionCommand();
       if ( aC.equals("Test") ) {
          Graphics g = meinPanel.getGraphics();
          g.clearRect(100, 100-20, 140, 30);
          g.drawString(" Button Pressed: "+n+" mal", 100, 100);
       } else if ( aC.equals("Neue Farbe") ) {
          float rot   = (float) Math.random(); // Zufallszahl aus Intervall [0,1)
          float gruen = (float) Math.random(); // Zufallszahl aus Intervall [0,1)
          float blau  = (float) Math.random(); // Zufallszahl aus Intervall [0,1)
          Color rgb = new Color(rot, gruen, blau);
          meinPanel.setBackground(rgb);
       } else if ( aC.equals("Clear") ) {
          meinPanel.repaint(); // Neu malen (loeschen)
          n = 0;
       } else if ( aC.equals("Quit") ) {
          System.exit(0);
       } else {
          JOptionPane jp = new JOptionPane();
          jp.showMessageDialog(meinPanel, "Test-Dialog zu FensterManager");
       }
    }
    public void windowClosing(WindowEvent e) { System.exit(0); }
    //          .......................................          Leere Methoden zu WindowListener
    public void windowActivated(WindowEvent e) { }
    public void windowClosed(WindowEvent e) { }
    public void windowDeactivated(WindowEvent e) { }
    public void windowDeiconified(WindowEvent e) { }
    public void windowIconified(WindowEvent e) { }
    public void windowOpened(WindowEvent e) { }
}
```

Im begleitenden Zusatzmaterial zu diesem Buch finden Sie ein Programm `Rgb.java`, mit dem man sich interaktiv die RGB-Farben anzeigen lassen kann, wie es in Abbildung 7.73 dargestellt ist.

Abbildung 7.73: Interaktives Einstellen von RGB-Farben mit Programm `Rgb.java`

7.7 Programmierung mit Python

Seit der Veröffentlichung der ersten Python-Version in den 1990er Jahren wurde diese Programmiersprache immer populärer. So ist sie heutzutage sowohl im Bereich wissenschaftlicher Anwendungen beliebt, findet aber auch Einsatz in der Webentwicklung sowie bei dem bekannten Einplatinen-Computer *Raspberry Pi*. Dieses Kapitel soll einen ersten Überblick bieten und somit einen guten Einstieg in die Sprache Python (Version 3+) ermöglichen.

7.7.1 Grundlagen

Python unterscheidet sich von anderen Programmiersprachen wie C/C++ und Java bezüglich einiger grundlegender Konzepte. Das offensichtlichste ist der Verzicht auf Klammern für Codeblöcke, um Verzweigungen, Funktionen oder Klassen zu kennzeichnen bzw. abzugrenzen. Stattdessen ist der zugehörige Code entsprechend einzurücken, wie unten noch gezeigt wird. Des Weiteren verfolgt Python das so genannte *Duck-Typing*-Konzept. Dies bedeutet, es gibt ein dynamisches Typ-Konzept und es wird der Ansatz verfolgt, dass vorhandene Methoden und Attribute eines Objekts für den semantischen Kontext ausschlaggebend sind und nicht die statische Klasse.

Installation und Updates

Python wird ständig weiterentwickelt und neue Funktionen werden hinzugefügt. Die neueste Version kann unter `python.org` kostenlos heruntergeladen werden. Auch wenn Python bei manchen Betriebssystemen oder Konfigurationen vorinstalliert sein kann, empfehlen wir die installierte Version zu prüfen, da verschiedene Python-Versionen auf einem Betriebssystem parallel installiert sein können. Bei Bedarf sollte Python 3 (nach)installiert werden, bevor mit der Anwendungsentwicklung begonnen wird.

Editor

Zum Bearbeiten von Python-Dateien (Endung `.py`) kann selbstverständlich ein reiner Texteditor verwendet werden. Etwas mehr Komfort bei der Programmierung, etwa durch automatische Vervollständigungsvorschläge und Debugging-Tools, bieten speziell für die Programmierung ausgelegte Editoren. Mögliche Optionen wären hierbei die kostenlose Community-Version von *PyCharm* oder *Visual Studio Code*. Wird ein beliebiger Texteditor verwendet, dann ist bei Verwendung von Umlauten und Sonderzeichen auf eine UTF-8-Kodierung der `*.py`-Datei zu achten.

Des Weiteren wird die Nutzung von *Pylint* (`https://www.pylint.org`) empfohlen. Dieses Analysewerkzeug wurde speziell für Python entworfen. Es hilft bei der Untersuchung des eigenen Codes auf Fehler und unterstützt bei der Einhaltung von Coding-Standards.

Module

Intern verfügbare Bibliotheken (Libraries) werden in Python unter dem Begriff „Modul“ geführt. Alle verfügbaren Module lassen sich in der Python-Konsole bzw. im Interactive Mode mit dem Befehl `help('modules')` auflisten. Module können einfach über die "`import modulname`"-Angabe eingebunden werden. Folgend möchten wir einige der Module vorstellen.

System Das Modul *sys* stellt verschiedene systemspezifische Parameter und Funktionen zur Verfügung. So ermöglicht es unter anderem mit der `exit()`-Funktion, ein Programm kontrolliert zu beenden.

Mathematik Das Mathematikmodul *math* stellt eine Vielzahl an Funktionen für die Bereiche Zahlentheorie (wie etwa Betrag, Rundungsfunktionen oder die Berechnung des größten gemeinsamen Teilers), logarithmische Funktionen (u. a. 2er- und 10er-Logarithmus oder auch Quadratwurzelberechnung), Trigonometrie (Sinus, Cosinus u. Ä.), Winkelmaße-Konvertierung (Grad in Bogenmaß umrechnen und umgekehrt), hyperbolische Funktionen sowie einige Konstanten (u. a. Pi, Tau und e) zur Verfügung.

Daten und Zeiten Das Modul *datetime* ermöglicht grundlegendes Arbeiten mit Datums- und Zeitangaben. So stellt es eine Vielzahl von Objekten zur Verfügung, die zur Speicherung und Verarbeitung von verschiedenen Ausprägungen von Datumsangaben (mit den Attributen Tag, Monat und Jahr) und Zeiten (mit den Attributen Stunde, Minute, Sekunde, Mikrosekunde und Zeitzone) genutzt werden können. Außerdem kann man sich verschiedene Werte, wie aktuelle Zeitwerte oder auch den Wochentag, als Integerwert (0 = Montag, 6 = Sonntag) ausgeben lassen.

JSON Um Daten im JSON-Format lesen und schreiben zu können, bietet Python das *json*-Modul an. Eine Beschreibung zum Arbeiten mit dem *json*-Modul gibt es in einem Abschnitt in Kapitel 7.7.6 auf Seite 304.

Bibliotheken

Neben Modulen gibt es auch eine Vielzahl an Bibliotheken von Drittanbietern, die Python um verschiedenste Funktionalitäten erweitern. Da eine detaillierte Auflistung den Umfang dieses Buches übersteigen würde, sind hier nur kurz die bekanntesten Bibliotheken aufgezählt.

Datenverarbeitung und -auswertung

- NumPy: Stellt unter anderem verschiedene mathematische Funktionen, Routinen der linearen Algebra sowie Fourier-Transformationen zur Verfügung.
- SciPy: Bündelt verschiedene Routinen für u. a. Interpolationen, lineare Algebra und Statistik.
- Matplotlib: Zur Erstellung von statischen, animierten und interaktiven Visualisierungen.

Bildverarbeitung

- OpenCV Python: Python-API für OpenCV, eine Bibliothek für die Bildverarbeitung und Computer Vision.
- Scikit-image: Eine Sammlung von Algorithmen für die Bildverarbeitung wie Transformationen, Filterung und Feature-Erkennung.
- Pytesseract: Optische Zeichenerkennung (OCR) auf Basis der Tesseract-OCR-Engine von Google.

Maschinelles Lernen

- TensorFlow: Erstellung, Training, Auswertung und Optimierung von neuronalen Netzwerken.
- Scikit-learn: Unterstützt überwachtes und unüberwachtes Lernen sowie Modellanpassung, Datenvorverarbeitung, Modellauswahl und -bewertung.
- NLTK (Natural Language Toolkit): Verschiedenste Tools zum Arbeiten mit menschlicher Sprache wie Klassifizierung, Parsing oder Semantic Reasoning.

Grafische Benutzeroberflächen

- Tkinter: Anbindung für das GUI-Toolkit Tk. Wird bei Windows- und MacOS-Installationen automatisch mitinstalliert.
- PyQt: Ermöglicht die Erstellung von Qt-basierten grafischen Oberflächen.

Web-Programmierung

- SQLAlchemy: Object Relational Mapper (ORM) zum Arbeiten mit SQL-Datenbanken.
- Flask: Schlankes Framework zur Erstellung von Webanwendungen.
- Django: Webframework basierend auf dem Model-View-Presenter-Entwurfsmuster.

Compilieren und Ausführen von Python-Programmen

Wie auch bei Java werden Python-Programme zunächst in einen Bytecode compiliert, der dann von einem Interpreter ausgeführt wird. Python-Programme sind somit portabel und unter jedem System lauffähig, auf dem ein Python-Interpreter installiert ist. Beim Start eines vorhandenen Python-Skripts wird zunächst geprüft, ob bereits zuvor ein Bytecode generiert wurde und ob dessen Erstelldatum jünger ist als das letzte Änderungsdatum der `.py`-Datei. Sollte dies nicht zutreffen, dann wird aus dem ursprünglichen Quellcode zunächst ein (Python-)Bytecode generiert (`.pyc`/`.pyo`-Dateien). Der vorhandene Bytecode wird anschließend an die so genannte Python Virtual Machine (PVM) übergeben, die durch den vorhandenen Bytecode iteriert und die entsprechenden Befehle ausführt (siehe Abbildung 7.74).

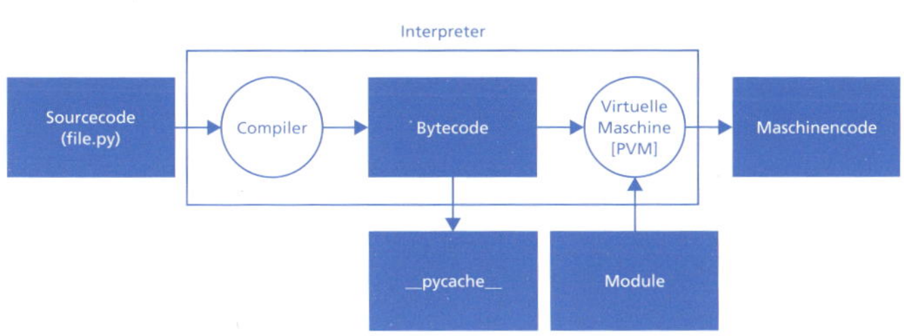

Abbildung 7.74: Compilieren von Python-Code in Bytecode und anschließend in Maschinencode mittels PVM

Auch wenn es potenziell möglich ist, sich die Bytecode-Dateien generieren zu lassen und diese zu teilen, werden in der Python-Community normalerweise die originalen Quellcode-Dateien (`.py`) geteilt. Diese werden auch auf anderen Systemen problemlos vom Python-Interpreter in (neuen) Bytecode übersetzt und bieten dem Nutzer darüber hinaus den Vorteil, jederzeit die genauen Programmabläufe einsehen zu können.

Interactive Mode Eine Option zum Ausführen von Python-Code ist die so genannte Interactive Session. Hierbei wird der Python-Interpreter direkt in der Konsole bzw. einem Konsolenfenster mit dem `python`- bzw. dem `python3`-Befehl aufgerufen, je nach Installationskonfiguration. Der Interactive Mode wird mit `>>>` angezeigt. Anschließend kann gewünschter Code Zeile für Zeile eingegeben werden. Die eingegebenen Befehle werden hierbei nach Betätigung der Enter-Taste direkt ausgeführt. Auch mehrzeilige Anweisungen wie etwa `if`-Abfragen (siehe Abschnitt in Kapitel 7.7.5 auf Seite 296) können problemlos verwendet werden. Dies wird in Listing 7.21 gezeigt.

Listing 7.21: Interactive Mode

```
C:\Users\USERNAME>python
Python 3.8.3 (tags/v3.8.3:6f8c832, May 13 2020, 22:37:02) [MSC v.1924 64 bit (AMD64)] on *
                                                    *win32
Type "help", "copyright", "credits" or "license" for more information.
>>> x = "Hello World"
>>> print(x)
Hello World
>>> if x == 1:
...     print("True")
... else:
...     print("False")
...
False
>>> exit()                #Beendet den Interactive Mode
C:\Users\USERNAME>
```

Dieser Modus ist vor allem für sehr kurze Skripte und/oder Tests sinnvoll. Bei längeren, komplizierteren Programmen, die auch für spätere Verwendungen abgespeichert werden sollen, ist der so genannte Script Mode zu nutzen.

Script Mode Der Script Mode erlaubt das Ausführen von vorhandenen Python-Dateien (`.py`). Dieser wird auch von den bekannten (Python-)Editoren genutzt, die dann die Konsolenausgabe direkt in ihrer UI anzeigen. Zum Ausführen einer entsprechenden Datei muss nach dem `python`-Befehl nur noch der Dateipfad und der Dateiname angegeben werden: `python [Pfad]\[Dateiname.py]`. Dies wird in Listing 7.22 mit `MeineErstePythonDatei.py` gezeigt.

Listing 7.22: MeineErstePythonDatei.py (Script Mode)

```
x = "Hello World"
print(x)

if x == 1:
    print("True")
else:
    print("False")
```

Die Ausführung ergibt:

```
C:\Users\USERNAME>python C:\Users\USERNAME\MeineErstePythonDatei.py
Hello World
False
```

Hinweis Wurde zuvor der Interactive Mode im Konsolenfenster gestartet, dann reicht es hier nicht, einfach den Dateipfad anzugeben. Dies würde zu einer Syntaxfehlermeldung führen. Um eine Python-Datei auszuführen, muss in diesem Fall der Interactive Mode erst beendet oder der Script-Mode-Befehl in einem anderen Konsolenfenster ausgeführt werden.

Kommentare in Python werden mit # als Zeilenkommentare eingeleitet, Kommentare über mehrere Zeilen sind in dreifache Anführungszeichen an einem Zeilenanfang (ohne Einrücken), also `"""Kommentar"""`, zu setzen.

Im Begleitmaterial auf **MyLab | Grundlagen der Informatik** finden Sie dieses und weitere Beispiele zu den Python-Programmen in diesem Kapitel.

7.7.2 Einfache Datentypen

Im Gegensatz zu den bereits vorgestellten Programmiersprachen C/C++ und Java hat Python keine statischen Datentypen. In Python gibt es nur so genannte Objekte. Der Typ eines Objekts wird hierbei dynamisch anhand seines Wertes festgelegt. Somit kann man sich einzelne Variablen wie Label vorstellen, die auf ein entsprechendes Objekt im Speicher referenzieren.

```
x = 1                 # Erstellt Objekt mit Wert 1 und weist Variable x zu
print(type(x))        # Ausgabe: <class 'int'>
x = "Hello World"     # Erstellt Objekt mit Wert "Hello World" und weist Variable x zu
print(x)              # Gibt "Hello World" aus
print(type(x))        # Ausgabe: <class 'str'>
```

Wird einer Variablen ein neuer Wert zugewiesen, dann wird, wie in Abbildung 7.75 dargestellt, intern im Speicher ein neues Objekt erstellt und die Referenz der Variablen entsprechend geändert. Der aktuelle Datentyp einer Variablen lässt sich mit der Funktion `type()` ausgeben.

Die Möglichkeit, eine Variable zur Referenzierung verschiedener Datentypen zu verwenden – in unserem Beispiel zunächst ein *Integer*-Wert, danach ein *String* –, ist jedoch im Hinblick auf die Nachvollziehbarkeit und Lesbarkeit des Codes nicht zu empfehlen. Mit der Funktion `id()` kann man sich die Speicheradresse des Objekts, auf

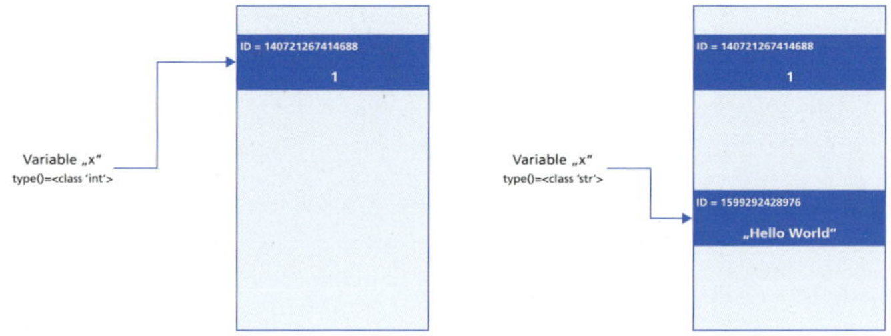

Abbildung 7.75: Ablauf bei Zuweisung eines neuen Werts zu einer Variablen in Python

die eine Variable verweist, ausgeben lassen. Da jedoch – ähnlich wie beim Java Garbage Collector – nicht mehr benötigte Objekte im Speicher durch Referenzzählung erkannt und automatisch entfernt werden, ist die direkte Nutzung der Speicheradressen nicht empfehlenswert.

Numerische Werte (Zahlen)

Python unterscheidet zwischen zwei verschiedenen Datentypen zur Repräsentation von Zahlenwerten: `int` für ganze Zahlen und `float` für gebrochene Zahlen. Um die Lesbarkeit großer Zahlen im Code zu erleichtern, erlaubt Python bei der Zuweisung von Zahlenwerten zu Variablen die Eingabe von Underscores. Sie werden vom Interpreter ignoriert, so dass mit diesen Werten ganz normal gearbeitet werden kann. Im Beispiel unten gibt es somit keinen Unterschied zwischen den Variablen `x` und `y`.

```
x = 10_000_000
print(x)                # Ausgabe: 10000000
y = 10000000
print(x-y)              # Ausgabe: 0
```

Hinweis Auch wenn im englischen Sprachraum das Komma oft zum Einteilen großer Zahlen verwendet wird, darf dies bei der Wertzuweisung eines Integer- oder Float-Werts nicht genutzt werden, da Python ansonsten ein Tupel erstellt (siehe Abschnitt in Kapitel 7.7.3 auf Seite 285). Die Verwendung des Punkts zur Einteilung würde entsprechend einen Gleitpunktwert erzeugen (siehe Abschnitt auf Seite 280).

Ganzzahlige Werte (Integer) Für die Repräsentation von Ganzzahlen gibt es in Python den Integer-Datentyp `int`. Es wird in dieser Programmiersprache nicht zwischen verschiedenen Typen wie `short`, `int` oder `long` unterschieden. Der mögliche Werteraum eines `int` hängt in Python nicht von einer festen Anzahl an Bits, sondern vom verfügbaren Speicher ab. Soll eine ganzzahlige Konstante nicht als Dezimalzahl, sondern als Dual-, Oktal- oder Hexadezimalzahl interpretiert werden, ist ihr ein `0b`, `0o` oder `0x` voranzustellen. Ausgaben in Dual-, Oktal-, oder Hexadezimaldarstellung sind mittels `bin()`, `oct()` oder `hex()` oder auch mit Format Strings (siehe im Folgenden) möglich.

Gleitpunktwerte (Float) Für Zahlenwerte mit Dezimalstellen verwendet Python den Gleitpunkt-Datentyp `float`. Wie bereits für ganzzahlige Werte gibt es nur einen Typ für die Repräsentation von Dezimalzahlen und es wird nicht weiter zwischen `float`, `double` oder anderen Gleitpunkt-Datentypen unterschieden.

Python nutzt bei Divisionen für das Operationsergebnis automatisch den Datentyp `float`, auch wenn beide Operanden vom Typ `int` sind und das Ergebnis wieder eine Ganzzahl ergibt.

```
x = 1
y = 2
ergebnis = y/x
print(ergebnis)          # Ausgabe: 2.0
```

Des Weiteren nutzt Python bei allen Operationen, die eine `float`-Variable beinhalten, für das Ergebnis automatisch eine Gleitpunkt-Variable, egal ob das Ergebnis Nachkommastellen hat oder nicht.

```
x = 1
y = 2.0
ergebnis = x*y
print(ergebnis)          # Ausgabe: 2.0
```

Bei der Nutzung von Gleitpunktwerten ist auch bei Python die grundsätzliche Ungenauigkeit zu beachten. Da Gleitpunktzahlen innerhalb der Computerhardware als Brüche zur Basis 2 (binär) verarbeitet werden, können Ungenauigkeiten auftreten. So werden die Zahlen 0.1 sowie 0.10000000000000001 durch den gleichen Annäherungswert repräsentiert und beide sind somit für Python identisch. Außerdem werden Nachkommastellen gerundet (maximal 17 dezimale Nachkommastellen). Die Auswirkung dieser Beschränkungen bei der Repräsentierung von Gleitpunktzahlen sieht man an folgendem Beispiel:

```
print(0.333333333333333 * 3)        # Ausgabe: 0.9999999999999989
print(0.3333333333333333 * 3)       # Ausgabe: 1.0
```

Neben den selbst definierbaren `float`-Werten gibt es in Python noch den Wert `float('inf')`. Dieser repräsentiert einen quasi „unendlich großen“ Wert. Somit eignet sich `float('inf')` bei Vergleichsoperationen, um beispielsweise Wegekosten bei Bäumen ("trees") zu berechnen.

Runden Möchte man die Anzahl der Nachkommastellen einer `float`-Zahl – unter Berücksichtigung der Rundungsregeln – limitieren, kann man hierfür die `round()`-Funktion nutzen. Diese gibt einen `float`-Wert mit der angegebenen Länge von Nachkommastellen zurück.

```
x = 10/3
print( x )               # Ausgabe: 3.3333333333333335
print( round(x,2) )      # Ausgabe: 3.33
```

Boolesche Werte (Boolean)

Eine *boolesche* Variable kann in Python, wie auch in anderen Programmiersprachen, genau zwei Werte annehmen: `True` und `False`. Die `bool()`-Funktion kann hierbei genutzt werden, um beliebige Werte in einen der beiden booleschen Werte umzuwandeln. So wird beispielsweise der Wert `0` in `False` umgewandelt und der Wert `1` in `True`.

Intern werden die Werte `True` und `False` wie `0` und `1` behandelt und könnten sogar für Operationen (siehe Kapitel 7.7.4) genutzt werden. Hiervon ist jedoch aus Lesbarkeitsgründen dringend abzuraten.

```
x = bool(True)
y = 1
z = bool("A")
print(x == y)          # Ausgabe: True
print(z)               # Ausgabe: True
print(x + y)           # Ausgabe: 2
```

Zeichenketten (Strings)

Für die Repräsentation von Zeichen (also Nicht-Zahlwerten) gibt es in Python den String-Datentyp `str`. Hierbei können bei der Wertzuweisung sowohl einfache wie auch doppelte Anführungszeichen genutzt werden. Dies ermöglicht die Verwendung von Apostrophen oder Anführungszeichen innerhalb des String-Werts.

```
x = "Hier kann auch ein Apostroph stehen: '"
print(x)               # Ausgabe: Hier kann auch ein Apostroph stehen: '
y = 'Die Sprache "Python" ist super!'
print(y)               # Ausgabe: Die Sprache "Python" ist super!
```

Zusätzlich gibt es noch Whitespace- oder auch Steuerzeichen, die zum Formatieren genutzt werden können.

```
x = "Matlab ist  toll!  \rPython"
print(x)               # Ausgabe: Python ist toll!
```

Whitespace-Zeichen	Format
\b	Backspace
\f	Seitenvorschub
\n	Neue Zeile
\r	Wagenrücklauf (an Anfang der aktuellen Zeile positionieren)
\t	Tabulator

Manipulationen Des Weiteren bietet Python noch die Möglichkeit, die Groß-/Kleinschreibung der Wörter in einer Zeichenfolge zu ändern. Mittels der verfügbaren

Methoden kann entweder der ganze Text in Großbuchstaben (`.upper()`) oder Kleinbuchstaben (`.lower()`) umformatiert werden. Darüber hinaus gibt es die Option, nur den jeweils ersten Buchstaben nach einem Leerzeichen großschreiben zu lassen (`.title()`).

```
name = "max mustermann"
print(name.title())              # Ausgabe: Max Mustermann
```

Mit der Methode `.strip()` können automatisiert Leerzeichen am String-Anfang und String-Ende entfernt werden. Dies kann vor allem nützlich sein, wenn Nutzereingaben verwendet werden, um diese für das System vergleichbar zu machen.

```
lieblingseis  = "Vanille"
lieblingspudding = " Vanille"
print("Gleiche Geschmacksrichtung:", lieblingseis == lieblingspudding)
# Ausgabe: Gleiche Geschmacksrichtung: False

lieblingseis  = "Vanille". strip ()
lieblingspudding = " Vanille".strip ()
print("Gleiche Geschmacksrichtung:", lieblingseis == lieblingspudding)
# Ausgabe: Gleiche Geschmacksrichtung: True
```

Methoden zur String-Manipulation	
.title()	Der erste Buchstabe einer jeden Zeichenfolge nach einem Leerzeichen wird großgeschrieben
.upper()	Alle Buchstaben des Strings werden großgeschrieben
.lower()	Alle Buchstaben des Strings werden kleingeschrieben
.lstrip()	Leerzeichen links entfernen
.rstrip()	Leerzeichen rechts entfernen
.strip()	Leerzeichen links und rechts entfernen

Mehrzeilige Eingaben im Interactive Mode Um im Interactive Mode mehrzeilige Texte eingeben zu können, bei denen man die Whitespace-Zeichen mit ausgeben möchte, nutzt man dreifache Anführungszeichen.

```
>>> y = """Dies
...  Ist
...  Ein
...  Mehrzeiliger
...  String!"""
>>> print(y)
# Ausgabe:
# Dies
# Ist
# Ein
# Mehrzeiliger
# String!
```

Format Strings Python bietet seit Version 3.6 mit den so genannten *f-Strings* ("formatted string literals") die Möglichkeit, Werte von Variablen dynamisch während der Laufzeit mit einem vorher definierten String zu konkatenieren. Hierzu muss vor dem ersten Anführungszeichen des Strings, in den die Variablenwerte eingefügt werden sollen, ein `f` hinzugefügt werden.

```
first_name = "Martin"
age = 19
y = f"{first_name} ist {age} Jahre alt."
print(y)                    # Ausgabe: Martin ist 19 Jahre alt.
```

Da die *f-Strings* erst zur Laufzeit ausgewertet werden, können die einzelnen Variablenwerte innerhalb der Klammern auch manipuliert werden.

```
first_name = "Martin"
age = 19
y = f"{first_name.upper()} ist {age + 11} Jahre alt."
print(y)                    # Ausgabe: MARTIN ist 30 Jahre alt.
```

Da in *f-Strings* die geschweiften Klammern als Marker für dynamisch einzufügenden Inhalt stehen, muss eine Doppelklammer gesetzt werden, wann man diese im String angezeigt bekommen möchte.

```
x = "Ich"
y = f"{x} liebe die Klammern {{ und }}"
print(y)                    # Ausgabe: Ich liebe Klammern { und }
```

Hinweis Abgesehen von *f-Strings* ist es in Python auch möglich, entsprechende zusammengesetzte Strings mittels Summe (siehe hierzu Kapitel 7.7.4) zu erstellen (z. B. `y = first_name + "ist" + str(age) + " Jahre alt."`). Jedoch ist die *f-Strings*-Methode um einiges übersichtlicher und von daher zu bevorzugen.

Datentyp-Konvertierungen (Type Cast)

Die Umwandlung eines Datentyps in einen anderen Datentyp (Casting) ist in Python relativ einfach. Python bietet hierbei die Möglichkeit, existierende Werte zu *Integer* mittels `int()`, *Float* mittels `float()` oder *String* mittels `str()` zu konvertieren.

```
intValue = int(1.95)
print(intValue)             # Ausgabe: 1
floatValue = float(True)
print(floatValue)           # Ausgabe: 1.0
stringValue = str(927)
print(stringValue)          # Ausgabe: 927 (String)
```

Hinweis Wird eine `float`-Zahl mittels `int(value)` zu einem *Integer* konvertiert, dann wird bei Python immer abgerundet (also die Nachkommastellen einfach abgeschnitten). Soll der `float`-Wert anhand seiner Nachkommastelle auf- oder abgerundet werden, so muss die `round()`-Funktion (siehe Abschnitt auf Seite 281) verwendet werden.

Bezeichner

Auch Python hat bestimmte Vorgaben, was die Vergabe von Variablennamen angeht.

1. Variablennamen dürfen alle Groß- und Kleinbuchstaben beinhalten (inklusive Umlaute und ß), Ziffern sowie den Unterstrich '_'. Des Weiteren wurde Python 3 für Nicht-ASCII-Zeichen geöffnet und unterstützt aktuell auch Zeichen der Unicode Character Database (UCD – V13.0).
2. Das Dollarzeichen (`$`) ist nicht erlaubt.
3. Das erste Zeichen eines Bezeichners darf keine Ziffer sein.
4. Schlüsselwörter (`if`, `for`, `while` u. a.) sind nicht erlaubt.

Im Gegensatz zu anderen Programmiersprachen wie C oder Java hat Python keine Konstantentypen. Nichtsdestotrotz hat es sich etabliert, in Großbuchstaben (*capslock*) geschriebene Variablen wie Konstanten zu behandeln. Entsprechend sollte ihr Wert innerhalb eines Programms niemals geändert werden.

```
MAX_TIMEOUT_WAIT = 300
MAX_TIMEOUT_WAIT = 5000 # Dies wäre zwar möglich, sollte aber aus *
                        *Konventionsgründen nicht gemacht werden
```

7.7.3 Strukturierte Datentypen (Datenstrukturen)

Listen und Tupel (Arrays)

Listen und Tupel sind in Python eine Möglichkeit, mehrere Objekte in einer bestimmten Reihenfolge abzuspeichern. Hierbei können die gespeicherten Elemente beliebige Datentypen sein – wenn gewünscht auch gemischt. Um eine Liste anzulegen, werden die gewünschten Werte innerhalb von eckigen Klammern `[]`, mit einfachen Kommata getrennt, aufgelistet. Für Tupel werden statt der eckigen runde Klammern `()` verwendet. Die einzelnen Elemente können über den so genannten Index abgerufen werden. Dieser beginnt mit der Zahl `0`. Um auf ein Element in einer Liste zuzugreifen, schreibt man den Namen der Liste, gefolgt vom Index des Elements, in eckigen Klammern.

```
myList = [1, 'Hello', 12.345, 'no']      # Erstellt eine neue Liste mit 4 Elementen
myTuple = (1, 'Hello', 12.345, 'no')     # Erstellt ein neues Tupel mit 4 Elementen
print(myList[1])                         # Ausgabe: Hello
myList[1] = 'Bye'                        # Neuer Listeninhalt: [1, 'Bye', 12.345, 'no']
print(myList[1])                         # Ausgabe: Bye
```

Während Listen und Tupel den gleichen Aufbau vorweisen, gibt es einen entscheidenden Unterschied: Tupel sind in Python statisch. Somit kann der Inhalt eines Tupels nach der initialen Zuweisung nicht mehr geändert werden, weder die Anzahl an gespeicherten Elementen noch die einzelnen Elemente selbst.

```
myTuple = (1, 'Hello', 12.345, 'no')      # Erstellt ein Tupel mit 4 Elementen
print(myTuple[1])                         # Ausgabe: Hello
myTuple[1] = 'Bye'      # Diese Anweisung würde einen Type-Error verursachen
```

Hinweis Auch wenn die einzelnen Werte eines Tupels nicht geändert werden können, kann die Variable überschrieben und neu belegt werden (also z. B.: `myTuple = ("New ", "Values ")`).

Eine Besonderheit von Python ist die Unterstützung von negativen Indexzahlen. Hierbei repräsentiert der Index `-1` das letzte Element der Liste. Mit jedem niedrigeren Wert wird jeweils ein Element weiter vorne in der Reihenfolge der Liste referenziert. Wie in Abbildung 7.76 dargestellt, gibt es somit in Python jeweils zwei valide Indexwerte, um auf ein bestimmtes Element zu referenzieren: einen positiven und einen negativen Index.

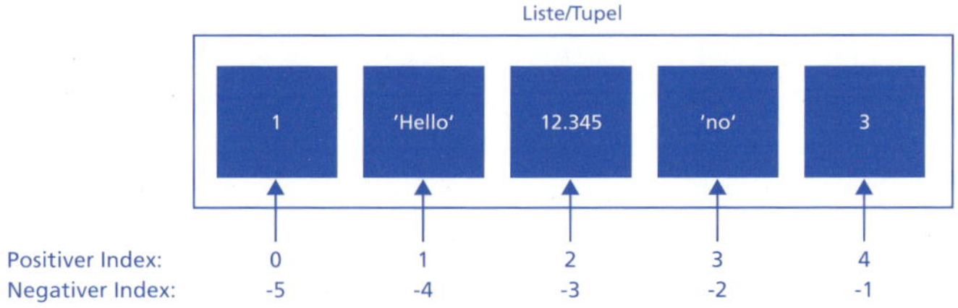

Abbildung 7.76: Gültige Indexwerte für die einzelnen Elemente einer Liste/eines Tupels

Des Weiteren kann mit der `list()`-Funktion eine Liste aus Zeichen- oder Zahlenfolgen erstellt werden. So lassen sich beispielsweise aus Strings und Tupeln Listen generieren. Auch eine mit der `range()`-Funktion erstellte Zahlenfolge kann in eine Liste umgewandelt werden. Außerdem können auch aus Sets (siehe Abschnitt auf Seite 290) oder Dictionaries (siehe Abschnitt auf Seite 291) Listen erstellt werden. Zuletzt können mit dem `del`-Befehl eine Liste oder ein Tupel, aber auch andere Objekte wie Sets und Dictionaries, komplett gelöscht bzw. entfernt werden.

```
x = list ("ABCD")
print(x)                    # Ausgabe: ['A','B','C','D']
y = list (range(1,5))
print(y)                    # Ausgabe: [1, 2, 3, 4, 5]
del x                       # Löscht Liste x
```

Elemente zu einer Liste hinzufügen und entfernen Um eine vorhandene Liste mit einem neuen Element zu erweitern, bietet Python zwei Möglichkeiten. Die `.append([Element])`-Methode fügt ein neues Element am Ende der Liste an, während die `.insert([Index],[Element])`-Methode es erlaubt, ein Element an einer bestimmten Index-Position einzufügen. Bestehende Elemente werden dann entsprechend um jeweils einen Index nach hinten geschoben.

Die `.extend()`-Methode ermöglicht das Hinzufügen einer Liste an eine andere Liste. Es werden also in diesem Fall alle Elemente von Liste `y` zur Liste `x` hinzugefügt.

```
x = [1, 3, 4]
x.append(2)          # Die erweiterte Liste sieht aus wie folgt: [1, 3, 4, 2]
x = [1, 3, 4]
x.insert(1, 2)       # Die erweiterte Liste sieht aus wie folgt: [1, 2, 3, 4]
x = [1, 2, 3]
y = ["A", "B", "C"]
x.extend(y)          # Die erweiterte Liste sieht aus wie folgt: [1, 2, 3, 'A', 'B', 'C']
print(x)             # Ausgabe:    [1, 2, 3, 'A', 'B', 'C']
```

Entsprechend ist es natürlich auch möglich, vorhandene Elemente aus einer Liste zu entfernen. Hierzu bietet Python vier Möglichkeiten an. Mittels des `del`-Befehls kann ein Element an einer bestimmten Index-Position gelöscht werden. Die `.pop()`-Methode gibt zusätzlich den Wert des entfernten Elements zurück, so dass dieser in einer (neuen) Variablen gespeichert werden kann, um diesen Wert weiterzuverarbeiten. Gibt man dem `.pop()`-Aufruf kein Argument mit, so wird automatisch das letzte Element der Liste gewählt. Alternativ kann man dem `.pop()`-Aufruf auch den gewünschten Indexwert als Argument mitgeben. Dann wird das entsprechende Element entfernt.

```
x = [1, 2, 3, 4, 5]
del x[2]             # Die Liste sieht nun aus wie folgt: [1, 2, 4, 5]
x = [1, 2, 3, 4, 5]
y = x.pop()          # Die Liste sieht nun aus wie folgt: [1, 2, 3, 4]
print(y)             # Ausgabe: 5
x = [1, 2, 3, 4, 5]
y = x.pop(1)         # Die Liste sieht nun aus wie folgt: [1, 3, 4, 5]
print(y)             # Ausgabe: 2
```

Um Elemente anhand ihres Wertes als Identifikator zu entfernen, gibt es die `.remove()`-Methode. Abschließend bietet Python noch die Möglichkeit, mit der `.clear()`-Methode alle Elemente einer Liste zu löschen.

```
x = ["A", "B", "C", "D", "E"]
x.remove("B")        # Die Liste sieht nun aus wie folgt: ['A', 'C', 'D', 'E']
x.clear()            # Die Liste sieht nun aus wie folgt: []
```

Wichtige Methoden zur Bearbeitung von Listen	
.append(ELEMENT)	Anfügen eines neuen Elements am Ende der Liste
.insert(INDEX , ELEMENT)	Einfügen eines neuen Elements an der Stelle des angegebenen Index
.extend(LISTE2)	Erweitert die Liste um eine zweite Liste
.pop(INDEX)	Entfernt den Wert am angegebenen Index und gibt ihn zurück. Wird kein Indexwert definiert, so wird automatisch das letzte Element (höchster Index) gewählt
.remove(WERT)	Entfernt das jeweils erste Element mit dem angegebenen Wert
.clear()	Entfernt alle Elemente aus der Liste
del LISTE[INDEX]	Befehl entfernt Element am angegebenen Index

Hinweis Die `.remove()`-Methode entfernt nur das jeweils erste Element (beginnend bei Index 0), das gefunden wird. Sind in einer Liste mehrere Elemente mit dem gleichen Wert vorhanden, die entfernt werden sollen, dann muss dies in einer Schleife erfolgen (siehe Kapitel 7.7.5 auf Seite 298).

Slicing von Listen (Sublisten) Python bietet auch so genanntes *Slicing* an, also das Auswählen eines Teilbereichs aus einer Liste. Damit kann ein bestimmter Abschnitt einer Liste kopiert oder auch mehrere Elemente gleichzeitig eingefügt, geändert oder gelöscht werden. Um einen entsprechenden Teilbereich einer Liste auszuwählen, werden hierbei in eckigen Klammern der Start-Index (`s`) sowie der End-Index (`e`), separiert mit einem Doppelpunkt (`[s:e]`), angegeben. Der angegebene End-Index ist jeweils nicht mehr Teil des Slices. Möchte man die Elemente von Anfang bis zu einem bestimmten Wert oder von einem bestimmten Wert bis zum Ende der Liste auswählen, so kann man jeweils den Start- oder Endwert leer lassen. Des Weiteren kann die Sublisten-Auswahl jeweils mit allen bereits erklärten Funktionen genutzt werden, um beispielsweise mehrere Elemente auf einmal zu löschen.

```
x = ["A", "B", "C", "D", "E"]
print(x[:3])            # Ausgabe: ['A', 'B', 'C']
x[2:4] = [0,0]   # Die bearbeitete Liste sieht aus wie folgt: ['A', 'B', 0, 0, 'E']
del x[3:]               # Die bearbeitete Liste sieht aus wie folgt: ['A', 'B', 0]
```

Zusätzlich ist es möglich, eine Schrittgröße für den Slice auszuwählen, um beispielsweise nur jedes zweite Element zu selektieren. Dies kann man mittels zusätzlichem Doppelpunkt, gefolgt von der Schrittgröße, angeben.

```
x = ["A", "B", "C", "D", "E", "F", "G", "H"]
print(x[::3])           # Ausgabe: ['A', 'D', 'G']
print(x[1:6:2])         # Ausgabe: ['B', 'D', 'F']
```

Außerdem gibt es die Möglichkeit, ein Slice-Setting in einem Objekt zu speichern. Solch ein Slice-Objekt ermöglicht verschiedene, auch später angelegte Listen auf dieselbe Art und Weise zu slicen. Start-Index, End-Index sowie Schrittgröße werden jeweils durch ein Komma getrennt. Zur Ausgabe wird das Slice-Objekt, wie ansonsten die Slice-Angaben, in eckigen Klammern hinter der Listenvariablen angegeben.

```
sliceObject = slice(3,8,2)
firstFiveElements = slice(5)
myList = ["A", "B", "C", "D", "E", "F", "G", "H", "I"]
print(myList[sliceObject])              # Ausgabe: ['D', 'F', 'H']
print(myList[firstFiveElements])        # Ausgabe: ['A', 'B', 'C', 'D', 'E']
```

Manipulation von Listen Python bietet einige Funktionen, um die Elementreihenfolge vorhandener Listen permanent zu manipulieren.

Sort Mit der `.sort()`-Methode können Listen entweder alphabetisch oder nach Zahlenwerten geordnet werden. Hierbei ist zu beachten, dass nur Listen sortiert werden können, die entweder nur String-Elemente oder nur Zahlenwerte enthalten. Nutzt man die `.sort()`-Methode ohne Argument, dann wird die Liste alphabetisch (A–Z) oder nach aufsteigenden Zahlenwerten geordnet. Mit dem Argument `reverse=True` können Listen entsprechend von Z–A oder nach absteigenden Werten sortiert werden.

```
listA = [1, 5, 4, 3, 2]
listA.sort()                 # Die Liste sieht nun aus wie folgt: [1, 2, 3, 4, 5]
listB = ["A", "C", "M", "P"]
listB.sort(reverse=True)     # Die Liste sieht nun aus wie folgt: ['P', 'M', 'C', 'A']
```

Hinweis Möchte man eine Liste nur für die Ausgabe sortieren lassen, ohne die Reihenfolge permanent zu ändern, dann bietet Python die `sorted()`-Funktion an. Eine entsprechende Ausgabe könnte wie folgt aussehen: `print(sorted(list))`.

Reverse Möchte man die Elementreihenfolge einfach umkehren, ohne eine zusätzliche Sortierung vorzunehmen, so kann man die `.reverse()`-Methode nutzen.

```
myList = [1, 8, 4, 83, 2]
myList.reverse()             # Die Liste sieht nun aus wie folgt: [2, 83, 4, 8, 1]
```

Sonstige Funktionen (in Listen) Python bietet einige elementare Funktionen an, um sich verschiedene Eigenschaften einer Liste anzeigen zu lassen. So gibt es für Listen, die nur Zahlenwerte enthalten, Funktionen, die den Minimal- oder Maximalwert der enthaltenen Elemente zurückgeben, sowie eine Funktion, um alle Zahlwerte aufzusummieren. Ferner bietet Python noch die Möglichkeit, die Anzahl der Elemente (Listenlänge) zu erfahren sowie mit der `.count()`-Methode zu prüfen, wie oft sich ein Element mit dem gleichen Wert (Zahlenwert, Boolean oder String) in der Liste befindet.

```
myList = [3, 17, 2, 8, 29, 28, 98, 59, 8]
print( min(myList) )           # Ausgabe: 2
print( max(myList) )           # Ausgabe: 98
print( sum(myList) )           # Ausgabe: 252
print( len(myList) )           # Ausgabe: 9
print( myList.count(8) )       # Ausgabe: 2
```

Listen kopieren Während man einfache Variablen problemlos kopieren kann, indem man die ursprüngliche Variable einer neuen zuweist (`x = y`), geschieht dies bei Listen anders. Wird versucht, eine Liste mit einer einfachen Zuweisung zu kopieren, dann erzeugt dies keine Kopie, sondern nur eine Variable, die auf die gleiche Speicheradresse verweist. Somit würden alle Änderungen, die an der „neuen" Liste vorgenommen werden, auch die ursprüngliche Liste betreffen. Um eine richtige Kopie anzulegen, muss man in Python der neuen Liste einen Slice der gesamten Originalliste zuweisen.

```
listA  = ["A", "B", "C", "D", "E"]
listB  = listA [:]
listC  = listA
listC.append("F")
print(listA)               # Ausgabe: ['A', 'B', 'C', 'D', 'E', 'F']
print(listB)               # Ausgabe: ['A', 'B', 'C', 'D', 'E']
print(listC)               # Ausgabe: ['A', 'B', 'C', 'D', 'E', 'F']
```

Sets

Sets sind in Python Sammlungen von Werten, die allerdings ohne bestimmte Reihenfolge gespeichert und somit nicht indiziert sind (in anderen Worten: den einzelnen Werten ist kein Index zugewiesen). Die Definition eines Sets erfolgt analog zu Listen, nur dass hier die Werteliste von geschweiften Klammern „{}“ umschlossen wird.

```
mySet = {"Apfel", "Birne"}
```

Da Sets keine Indizierung besitzen, können Werte auch nicht über einen Indexwert aufgerufen werden. Dies hat mehrere Auswirkungen: So kann jeder Wert nur einmal in einem Set vorkommen, des Weiteren müssen alle Änderungsbefehle auf Wertebene erfolgen. Zum Entfernen benutzt man entsprechend keinen Indexwert, sondern gibt den Elementwert an, der entfernt werden soll.

```
mySet = {"Apfel", "Birne"}
mySet.remove("Birne")          # Das Set sieht nun aus wie folgt: {"Apfel"}
print(mySet)                   # Ausgabe: {'Apfel'}
```

Wichtige Methoden zur Bearbeitung von Sets	
.add(WERT)	Hinzufügen eines neuen Elements
.update([WERT1,WERT2,WERT3])	Hinzufügen mehrerer Elemente auf einmal
.remove(WERT)	Entfernen eines Elements (falls Element nicht vorhanden, wird eine Fehlermeldung ausgegeben)
.discard(WERT)	Entfernen eines Elements (falls Element nicht vorhanden, wird keine Fehlermeldung ausgegeben)
.clear()	Entfernen aller Elemente
SET3 = SET1.union(SET2)	Vereinen von zwei Sets
del mySet	Befehl löscht Set und entfernt Set-Variable

Hinweis Zwar gibt es auch die Möglichkeit, für Sets die bereits vorgestellte `.pop()`-Methode zu nutzen, jedoch liefert diese bei Sets nicht (unbedingt) den letzten Wert, der mit `.add()` hinzugefügt wurde.

Dictionaries

Dictonaries sind wie Sets ungeordnete Sammlungen von Werten, jedoch in diesem Fall indizierte Sammlungen, und werden ebenfalls mit geschweiften Klammern „{}" definiert. Dass Dictonaries trotz Indizierung ungeordnet sind, liegt daran, dass bei Dictionaries der Index nicht zwingend ein Zahlenwert sein muss, sondern auch ein String sein kann. Diese so genannten *Key-Value*-Paare ermöglichen die Bedeutung eines Werts (z. B. „Augenfarbe" oder „Gewicht") als Indexwert zu nutzen. Dies erleichtert das Abspeichern von Informationen von Objekten aus der realen Welt.

```
myFriend = {
        "Vorname": "Max",
        "Nachname": "Mustermann",
        "Geburtsjahr": 2000
}
```

Auf einzelne Werte kann – analog zur Index-Angabe bei Listen und Tupeln – bei Dictionaries über die Key-Angabe (in unserem Beispiel „Vorname", „Nachname" und „Geburtsjahr") zugegriffen werden. Um eine Fehlermeldung zu vermeiden, falls der Key nicht im Dictionary existiert, kann die `.get()`-Methode genutzt werden.

```
print( myFriend["Vorname"] )                          # Ausgabe: Max
print( myFriend["Favouritefood"] )                    # Ausgabe: KeyError
print( myFriend.get("Favouritefood","none") )         # Ausgabe: none
```

Dictionaries können zunächst auch leer definiert werden, um erst später Elemente hinzuzufügen. Neue Werte fügt man hinzu, indem man für das Dictionary den neuen Key in eckigen Klammern angibt und den gewünschten Wert zuweist. Hierbei können nicht nur einzelne Zahlenwerte oder Strings für einen Key gespeichert werden, sondern auch Listen, Tupel, Sets oder sogar weitere Dictionaries. Diese können später auch entsprechend erweitert oder in sonstiger Form verändert oder manipuliert werden. Mit dem `del`-Befehl und Angabe des Keys können Key-Value-Paare aus dem Dictionary entfernt werden.

```
myFriend = {}
myFriend["Vorname"] = "Max"
print( myFriend["Vorname"] )                          # Ausgabe: Max
print( myFriend.get("Vorname") )                      # Ausgabe: Max
myFriend["Hobbys"] = {"Tennis", "Wandern"}    # Neues Paar (Value als Set) hinzufügen
myFriend["Hobbys"].add("Boot fahren")         # Neues Element (zum Value–Set) *
                                               *hinzufügen
print(myFriend["Hobbys"])       # Ausgabe: {'Boot fahren', 'Wandern', 'Tennis'}
del myFriend["Hobbys"]          # Key mit zugehörigen Value(s) entfernen
```

Methoden zur Bearbeitung von Dictionaries	
.get (KEY [, DEFAULT_VALUE])	Auslesen des Wertes eines Key-Value-Paares (Falls der Key nicht vorhanden sein sollte, wird keine Fehlermeldung ausgegeben. Man kann optional einen Default-Wert angeben, der zurückgegeben wird, sollte der Key nicht vorhanden sein)
.clear()	Entfernen aller Key-Value-Paare
.items()	Gibt eine Liste zurück, die alle Key-Value-Paare als einzelne Tupel enthält
.keys()	Gibt eine Liste aller im Dictionary enthaltener Keys zurück
.pop(KEY)	Gibt den Wert des entsprechenden Key-Value-Paars zurück und entfernt es gleichzeitig aus dem Dictionary
.popitem	Gibt das zuletzt hinzugefügte Key-Value-Paar zurück und entfernt es gleichzeitig aus dem Dictionary
DICTIONARYNAME[KEY] = WERT	Hinzufügen eines neuen Key-Value-Paares
del DICTIONARY-NAME[KEY]	Befehl entfernt angegebenes Key-Value-Paar

Hinweis Auch wenn Dictionaries offiziell als ungeordnet definiert sind, behalten die hinzugefügten Elemente bei aktuellen Python-Versionen ihre Reihenfolge bei. Entsprechend wird bei einem Loop durch ein Dictionary das zuletzt hinzugefügte Element auch immer als Letztes ausgeben.

7.7.4 Operatoren

Operatoren werden benötigt, um Variablen bzw. Daten verarbeiten zu können. Sie ermöglichen u. a. Zuweisungen, Verknüpfungen und Umwandlungen von Variablen und Werten.

Zuweisungsoperator

Der Zuweisungsoperator wird verwendet, um einer Variablen einen bestimmten Wert zuzuweisen.

```
x = 1
y = "Hello World"
z = x              # z besitzt nun ebenfalls den Wert 1
```

Arithmetische Operatoren

Arithmetische Operatoren können dazu genutzt werden, um mit numerischen Werten (*Integer* und *Float*) mathematische Operationen durchzuführen.

Arithmetische Operatoren	
+	Addition: Summiert die beiden Werte (links und rechts vom Operator) auf
–	Subtraktion: Subtrahiert den Wert rechts vom Operator vom linken Wert des Operators
*	Multiplikation: Multipliziert die beiden Werte miteinander. Dieser Operator kann auch mit einem String als Faktor genutzt werden (z. B. "Hi" * 5).
/	Division: Teilt den Wert links vom Operator durch den Wert rechts vom Operator
%	Modulo: Gibt den Rest einer Division zurück
**	Potenzierung: Potenziert einen entsprechenden Wert. Der Wert links vom Operator ist die Basis, der Wert rechts vom Operator der Exponent.
//	Division mit Abrundungsfunktion (Floor Division): Teilt den linken durch den rechten Wert. Sind Dividend und Divisor vom Typ Integer, so ist das Ergebnis ebenfalls ein Integer. Mögliche auftretende Nachkommastellen werden immer abgeschnitten.

Hinweis Alle arithmetischen Operatoren können mit dem Zuweisungsoperator kombiniert werden, um entsprechende Operationen verkürzt schreiben zu können. Hierzu wird an den arithmetischen Operator einfach der Zuweisungsoperator (=) angehängt. Somit kann `x = x + 2` auch verkürzt als `x += 2` oder `y = y / 5` als `y /= 5` geschrieben werden.

Vergleichsoperatoren

Vergleichsoperatoren werden verwendet, um zwei Werte miteinander zu vergleichen. Das Ergebnis ist entweder `True` (falls die Bedingung des Operators erfüllt ist) oder `False` (falls nicht).

Vergleichsoperatoren	
==	Gleichheit: Prüft, ob beide Werte gleich sind
!=	Ungleichheit: Prüft, ob die beiden Werte ungleich sind
>	Größer als: Prüft, ob der Wert links vom Operator größer ist als der rechts vom Operator
<	Kleiner als: Prüft, ob der Wert links vom Operator kleiner ist als der rechts vom Operator
>=	Größer gleich: Prüft, ob der Wert links vom Operator größer oder gleich groß ist wie der rechts vom Operator
<=	Kleiner gleich: Prüft, ob der Wert links vom Operator kleiner oder gleich groß ist wie der rechts vom Operator
is	Identität gleich: Prüft, ob beide Variablen auf das gleiche Objekt im Speicher verweisen (gleiche Speicheradresse)
is not	Identität ungleich: Prüft, ob beide Variablen auf unterschiedliche Objekte im Speicher verweisen (ungleiche Speicheradresse)

Hinweis Alle Vergleichsoperatoren können sowohl mit Zahlenwerten und Booleans als auch mit Strings genutzt werden. Bei größer bzw. kleiner (gleich) erfolgt ein Vergleich auf Basis der alphabetischen Reihenfolge der Strings (Grundlage ist hierbei der Unicode-Wert der Zeichen). Ist `String1` hierbei weiter vorne im Alphabet einzuordnen, dann gilt er als kleiner als `String2`. Die Länge der Strings wird nur berücksichtigt, wenn bis zum Ende eines Strings alle Zeichen den gleichen Wert haben (`"Abc" > "Ab"`, jedoch `"Abc" < "B"`). Großbuchstaben werden als kleiner angesehen als der entsprechende Kleinbuchstabe.

Logische Operatoren

Logische Operatoren ermöglichen es, mehrere Bedingungen zu verketten und somit komplexere Konditionen zu modellieren.

Logische Operatoren	
and	Und: Wird als `True` gewertet, wenn beide Vergleiche `True` sind
or	Oder: Wird als `True` gewertet, wenn mindestens einer der beiden Vergleiche `True` ist
not	Nicht: Invertiert das Ergebnis

```
(1 < 2 and 2 < 5)      # True
(1 < 2 and 2 > 5)      # False
(1 < 2 or 2 < 5)       # True
(1 < 2 or 2 > 5)       # True
not(1 < 2 and 2 > 5)   # True
not(1 < 2 or 2 > 5)    # False
```

Bit-Operatoren

Python verfügt ebenso wie C/C++ und Java über bitweise Operatoren (für eine detaillierte Beschreibung siehe Kapitel 7.4.5 und 7.4.6).

Bit-Operatoren	
&	AND-Verknüpfung (x & y)
|	OR-Verknüpfung (x | y)
^	XOR-Verknüpfung (x ^ y)
~	Bitweise Invertierung (~x)
<<	Linksshift (x << y) x um y Bits nach links
>>	Rechtsshift (x >> y) x um y Bits nach rechts

Hinweis Die bitweisen Operatoren können auch in Python nicht mit `float`-Werten genutzt werden.

Membership-Operatoren

Mit den Membership-Operatoren kann geprüft werden, ob ein bestimmtes Zeichen oder eine bestimmte Zeichenfolge Teil einer anderen Zeichenfolge oder eines anderen Objekts ist.

Membership-Operatoren	
in	Gibt True zurück, wenn ein Zeichen oder eine Zeichenfolge in dem zu prüfenden Objekt enthalten ist
not in	Gibt True zurück, wenn ein Zeichen oder eine Zeichenfolge nicht in dem zu prüfenden Objekt enthalten ist

```
"A" in "Ananas"     # True
"B" in "Ananas"     # False
```

Prioritäten und Assoziativitäten der Operatoren

Die Priorität eines Operators (*operator precedence*) bestimmt, in welcher Reihenfolge Operationen durchgeführt werden. Die folgende Tabelle gibt Aufschluss über die Prioritätenhöhe (geordnet von höchster zu niedrigster Priorität).

Operator-Prioritäten (hoch zu niedrig)	
()	Klammer
**	Potenzierung
+x,-x,~x	Unäres Plus, unäres Minus, bitweises NOT
*, /, //, %	Multiplikation, Division, Floor-Division, Modulo
+, –	Addition, Subtraktion
>>, <<	Bitweises Shift
&	Bitweises AND
^	Bitweises XOR
		Bitweises OR
==, !=, >, >=, <, >=, is, is not, in, not in	Vergleiche, Identitätsprüfungen und Membership-Tests
not	Logisches NOT
and	Logisches AND
or	Logisches OR
=, +=, -=, *=, /=, %=, //=, **=, &=, |=, ^=, >>=, <<=	Zuweisungsoperator

Die Assoziativität in Python verhält sich analog zu C/C++ und Java. Daher verweisen wir zu diesem Thema auf Kapitel 7.4.8. Die in Python zusätzlich enthaltenen Identitäts- und Membership-Tests haben eine Links-Assoziativität (*left-to-right chaining*).

7.7.5 Formulierung von Algorithmen in Python

Im Folgenden werden die grundlegenden Operationen zur Konstruktion eines Algorithmus in Python vorgestellt. Detaillierte Grafiken der einzelnen Operationen in Form von Programmablaufplänen (PAPs) und Struktogrammen sind in Kapitel 7.5 dargestellt.

Anweisungen und Sequenzen

Anweisungen werden in Python zeilenweise angegeben. Das Zeilenende beendet automatisch die Anweisung, ohne dass ein zusätzliches Abschlusszeichen wie etwa ein Semikolon angegeben wird. Mehrere Anweisungen hintereinander werden als Sequenz bezeichnet.

```
x = 1
y = x * 3
print( y )
```

Verzweigungen

Mit Verzweigungsanweisungen können Bedingungen definiert werden. Abhängig davon, ob diese zum Ausführungszeitpunkt erfüllt sind oder nicht, können anschließend unterschiedliche Teile des Programms ausgeführt werden.

Verzweigungen mit if Verzweigungen mit `if` können genutzt werden, um Bedingungen festzulegen, unter denen bestimmte Programmabläufe ausgeführt werden sollen. Es können beliebig viele Zeilen als Abhängigkeit der Bedingungsprüfung definiert werden. Hierbei müssen – da Python hier ohne (Block-)Klammern arbeitet – die entsprechenden Zeilen eingerückt werden.

Stellen Sie sich ein Weckprogramm vor, bei dem Sie für jeden Tag der Woche eine individuelle Alarmzeit einstellen können. Der Wecker prüft entsprechend, ob an diesem Tag ein Alarm eingestellt ist. Mit einer `if`-Anweisung kann die Information zur Alarmzeit nur angezeigt werden, falls ein Alarm für diesen Tag gesetzt wurde.

```
import datetime
wochentage = ("Montag", "Dienstag", "Mittwoch", "Donnerstag", "Freitag", "Samstag", *
                                                        *"Sonntag")
alarmList = ["8:00", "6:45", False, "8:00", "8:00", False, False]
heutigerTag = datetime.datetime.today().weekday()

if alarmList[heutigerTag] != False:
    # Alle eingerückten Befehle werden nur bei Konditionsergebnis "True" ausgeführt
    print(f"Heute ist {wochentage[heutigerTag]}.")
    print(f"Der Wecker klingelt um {alarmList[heutigerTag]} Uhr.")
```

Ein existierendes `if`-Statement kann noch mit einer `else`-Bedingung erweitert werden. Diese wird ausgeführt, falls zuvor geprüfte Konditionen als Ergebnis `False` zurückgeliefert haben.

In unserem Beispiel könnte das Weckprogramm einen alternativen Text anzeigen, falls kein Alarm für den aktuellen Tag eingestellt ist.

```
else:
    print(f"Heute ist {wochentage[heutigerTag]}.")
    print("Du kannst ausschlafen!")
```

Manchmal möchte man eine weitere Bedingungsprüfung durchführen, falls die erste ein `False`-Ergebnis geliefert hat. Dies kann man mit dem `elif`-Statement umsetzen.

So könnte das Weckprogramm an Wochentagen, für die kein Alarm gestellt wurde, eine andere Nachricht anzeigen als für Wochenendtage.

```
import datetime
wochentage = ("Montag", "Dienstag", "Mittwoch", "Donnerstag", "Freitag", "Samstag", *
                                                  *"Sonntag")
alarmList  = ["8:00", "6:45", False, "8:00", "8:00", False, False]
heutigerTag = datetime.datetime.today().weekday()

if alarmList[heutigerTag] != False:
    print(f"Heute ist {wochentage[heutigerTag]}.")
    print(f"Der Wecker klingelt um {alarmList[heutigerTag]} Uhr.")
elif heutigerTag <= 4:
    print(f"Heute ist {wochentage[heutigerTag]}.")
    print("Es wurde kein Wecker gestellt.")
    print("Du solltest trotzdem aufstehen und Python lernen.")
else:
    print(f"Heute ist {wochentage[heutigerTag]}.")
    print("Du kannst ausschlafen!")
```

Ein `if`-Statement kann theoretisch unbegrenzt viele weitere `elif`-Statements enthalten. Es ist auch erlaubt, ein `if`-Statement mit einem `elif`-Statement und ohne `else`-Statement zu definieren.

Verzweigungen mit switch...case Um effizient mehrere Fälle (Cases) unterscheiden zu können, beinhalten viele Programmiersprachen die so genannte `switch`-Verzweigung. In Python gibt es diese Verzweigung nicht direkt. Eine Möglichkeit, trotzdem diese Funktionalität, unter mehreren Alternativen unterscheiden zu können, zu implementieren, ist eine mehrzeilige `if / elif / else`-Anweisung.

Für unser Weckprogramm könnte man somit ein Konsolenmenü für die Einstellungen bauen. Je nachdem, welchen Buchstaben ein Nutzer eingibt, kann ein anderer Befehl aufgerufen werden:

```
import sys
# ...
eingabe = input("Bitte wählen Sie:")
if eingabe == "A":
    print("Sie haben (A)nzeigen gewählt.")
elif eingabe == "B":
    print("Sie haben (B)earbeiten gewählt.")
elif eingabe == "Z":
    print("Sie haben (Z)urücksetzen gewählt.")
elif eingabe == "S":
    sys.exit("Sie haben (S)chließen gewählt.")
else:
    print("Ungültige Eingabe!")
```

Solche `if-elif-else`-Statements benötigen jedoch relativ viel Rechenleistung (vor allem, wenn viele `elif`-Bedingungen enthalten sind, die alle nacheinander geprüft werden). Aus diesem Grund bietet sich die Nutzung eines Dictionary an. Hierbei hinterlegt man die Fälle als Keys und die Information, die man entsprechend erhalten möchte, als Value.

```
eingabe = input("Bitte wählen Sie:")
result  = {
            "A":"Sie haben (A)nzeigen gewählt.",
            "B":"Sie haben (B)earbeiten gewählt.",
            "Z":"Sie haben (Z)urücksetzen gewählt."
            "S":"Sie haben (S)chließen gewählt."
}.get(eingabe, "Ungültige Eingabe!")
print(result)
```

Die Dictionary-Konstruktion kann auch genutzt werden, um Funktionsnamen zu hinterlegen, die dann je nach Fall aufgerufen werden (siehe dynamische Funktionsaufrufe in Kapitel 7.7.7 auf Seite 305).

Schleifen

Schleifen dienen in Programmiersprachen zur wiederholten Ausführung von Anweisungen. Die in der Schleife enthaltenen Anweisungen werden so oft wiederholt, bis die Wiederholungsbedingung der Schleife nicht mehr erfüllt (`False`) ist. Dies hat zwei Auswirkungen, die bei der Implementierung beachtet werden müssen: Ist die Bedingung der Schleife von Anfang an nicht erfüllt, so werden die Anweisungen der Schleife nie ausgeführt. Ist die Bedingung so formuliert, dass sie immer `True` ist, dann wird die Schleife unendlich lange ausgeführt.

for-Schleife Eine `for`-Schleife ermöglicht ein festes Wiederholen eines bestimmten Programmteils (siehe auch Abbildung 7.16 auf Seite 177). Die Anzahl der Wiederholungen kann hierbei auf verschiedene Weise definiert werden. Eine Möglichkeit ist die Nutzung der `range()`-Funktion.

```
for i in range(5):
    print(i)                # Gibt nacheinander die Zahlen 0,1,2,3,4 aus
for i in range(9,1,−2):
    print(i)                # Gibt nacheinander die Zahlen 9,7,5,3 aus
```

Eine `for`-Schleife eignet sich auch zum Iterieren über Listen/Tupel (siehe Kapitel 7.7.3 auf Seite 285) oder auch Dictionaries (siehe Kapitel 7.7.3 auf Seite 291). Ein Vorteil gegenüber anderen Programmiersprachen ist hierbei, dass die Anzahl der zu iterierenden Elemente nicht vorher bestimmt werden muss.

for-Schleife mit Listen, Tupeln und Sets Bei der Iteration über einer Liste, einem Tupel oder einem Set muss nur eine Variable zum Abspeichern des Elementwertes der entsprechenden Liste, des Tupels oder Sets definiert werden. Die Ausgabe aller Weckzeiten aus der Liste `alarmList` benötigt somit nur die neue Variable `alarmZeit`:

```
for alarmZeit in alarmList:
    print(alarmZeit)
```

Hierbei würden jedoch nur die einzelnen Alarmzeiten aufgelistet werden. Soll zusätzlich zu den Alarmzeiten auch der jeweilige Wochentag angezeigt werden, dann benötigt man noch den aktuellen Indexwert bei jedem Durchgang der `for`-Schleife, um diesen aus dem `wochentage`-Tupel auslesen zu können.

Zu diesem Zweck stellt Python die `enumerate()`-Funktion zur Verfügung. Diese gibt ein Tupel mit dem aktuellen Indexwert der Schleife (beginnt standardmäßig mit `0`) sowie das Element des iterierten Wertes zurück. Auf diese Weise kann die Schleife um entsprechende Wochenangaben ergänzt werden.

```
for indx, alarmZeit in enumerate(alarmList):
  if alarmZeit:
    print(str(wochentage[indx]) + ": " + str(alarmZeit))
  else:
    print(str(wochentage[indx]) + ": – " )
```

Neben der Iteration über die vollständige Liste, das Tupel oder Set ist es auch möglich, über Sublisten zu iterieren. Hierbei kann die Slice-Anweisung direkt in der Schleife erfolgen. So könnte man sich beispielsweise nur die Weckzeiten der Wochentage ausgeben lassen.

```
for indx, alarmZeit in enumerate(alarmList[:5]):
```

for-Schleife mit Dictionaries Bei Dictionaries kann entweder auf das jeweilige Key-Value-Paar als Tupel zugegriffen werden oder – sofern man zwei Variablen definiert – auch einzeln auf den jeweiligen Key- und Value-Wert.

```
for pair in myDictionary.items():
    print(f"Key: {pair[0]} | Value: {pair[1]}")  # Key–Value–Wert als Tupel

for key, value in myDictionary.items():
    print(f"Key: {key} | Value: {value}.")       # Key–Value–Wert als Einzelvariablen
```

Außerdem ist es möglich, nur durch die Key- oder die Value-Werte zu iterieren. Hierzu muss entsprechend entweder die `keys()`- oder die `values()`-Funktion genutzt werden.

```
for key in myDictionary.keys():                  # Gibt nur den Key–Wert zurück
    print(f"Key: {key} | No value")

for value in myDictionary.values():              # Gibt nur den Value–Wert zurück
    print(f"No key | Value: {value}.")
```

Darüber hinaus kann durch das Dictionary in einer bestimmten Reihenfolge iteriert werden. Hierzu kann die `sorted()`-Funktion um die Dictionary-Methode gesetzt werden. Dies funktioniert bei allen `for`-Optionen, also sowohl für die Paar-Abfrage (wobei hier automatisch nach dem Key-Wert sortiert wird) wie auch bei den Iterationen nur über Key- und Value-Werte.

```
for key, value in sorted(myDictionary.items()):     # Sortiert nach Key-Wert
for key in sorted(myDictionary.keys()):             # Sortiert nach Key-Wert
for value in sorted(myDictionary.values()):         # Sortiert nach Value-Wert
```

Hinweis `sorted()` kann nur für values von gleichen Datentypen verwendet werden, ansonsten gibt es einen TypeError.

while-Schleife Wie auch in C oder Java (siehe Abbildung 7.21 auf Seite 184) werden `while`-Schleifen so lange ausgeführt, wie die gesetzte Bedingung erfüllt ist. Setzt man die Bedingung einer `while`-Schleife auf `True`, so wird sie unendlich oft ausgeführt. In unserem Weckprogramm können wir dies nutzen, um uns nach der Auswahl eines Menüpunkts wieder das Menü anzeigen zu lassen.

```
while True:
    if alarmList[heutigerTag] != False:
        ...

    print("\n--- Wecker Einstellungsoptionen ---")
    print("Wählen Sie (A) zum Anzeigen der Weckzeiten.")
    print("Wählen Sie (B) zum Bearbeiten der Weckzeiten.")
    print("Wählen Sie (Z) zum Zurücksetzen des Weckers.")

    # Hier wartet Python auf Nutzereingaben, bevor nächste Befehle ausgeführt werden
    eingabe = input("Bitte wählen Sie: ")
    ...
```

Hinweis Da Python auf Klammern verzichtet, müssen alle Anweisungen, die bei jedem einzelnen Looping-Durchlauf ausgeführt werden sollen, entsprechend eingerückt werden.

Abbruch von Schleifen Python bietet mit der `continue`- und der `break`-Anweisung die Möglichkeit, den Schleifenablauf dynamisch zu ändern. Die `continue`-Anweisung bricht die aktuelle Iteration einer Schleife ab, es wird also mit dem nächsten Schleifendurchlauf fortgefahren (siehe auch Kapitel 7.5.8). Die `break`-Anweisung beendet die Schleife vollständig. Wird die `break`-Anweisung innerhalb von geschachtelten Schleifen verwendet, so beendet diese nur die Schleife, in der sie aufgerufen wird. Vorhandene äußere Schleifen sind davon nicht betroffen (siehe auch Kapitel 7.5.7).

7.7.6 Dateien

Um Daten eines Programms permanent zu sichern und somit auch nach einem Systemneustart vorgenommene Änderungen wiederherstellen zu können, müssen die Daten gespeichert werden. Dies wird in der Regel durch die Sicherung in Dateien umgesetzt.

Dateien öffnen

Um eine Datei in Python zu öffnen, müssen der `open()`-Funktion als Argumente der Dateipfad sowie einer der möglichen Zugriffsmodi (siehe Tabelle unten) übergeben werden.

```
datei = open("meineDatei.Endung", "r")
```

Datei-Zugriffsmodi	
r	Öffnet eine Datei zum Lesen. Eine Fehlermeldung wird zurückgegeben, falls die Datei nicht existiert. Die Position zum Lesen ist am Anfang der Datei.
r+	Öffnet eine Datei zum Lesen und Schreiben. Eine Fehlermeldung wird zurückgegeben, falls die Datei nicht existiert. Die Position zum Lesen und Schreiben ist am Anfang der Datei (Inhalt wird überschrieben).
w	Öffnet eine Datei zum Schreiben. Die Datei wird erstellt, falls sie noch nicht existiert. Die Position zum Schreiben ist am Anfang der Datei (Inhalt wird überschrieben).
w+	Öffnet eine Datei zum Lesen und Schreiben. Die Datei wird erstellt, falls sie noch nicht existiert. Die Position zum Lesen und Schreiben ist am Anfang der Datei (Inhalt wird überschrieben).
a	Öffnet eine Datei zum Schreiben. Die Datei wird erstellt, falls sie noch nicht existiert. Die Position zum Schreiben ist am Ende der Datei (Inhalt wird angehängt).
a+	Öffnet eine Datei zum Lesen und Schreiben. Die Datei wird erstellt, falls sie noch nicht existiert. Die Position zum Lesen ist am Anfang der Datei, geschrieben wird jedoch am Ende der Datei (Inhalt wird angehängt).
x	Erstellt die angegebene Datei. Eine Fehlermeldung wird zurückgegeben, falls die Datei bereits existiert.

Zusätzlich kann noch angegeben werden, ob die entsprechende Datei als Binärdatei (z. B. für Bilder) oder Textdatei behandelt werden soll.

```
bild = open("meinBild.jpg", "rb")
```

Zusätzliche Datei-Zugriffsmodi	
t	Behandelt Datei im Textmodus (Standard, muss nicht extra angegeben werden)
b	Behandelt Datei im Binärmodus (z. B. für die Verarbeitung von JPG-Dateien)

Hinweis Der Zugriffsmodus `w`/`w+` löscht allen zuvor vorhandenen Inhalt beim Öffnen der Datei. Soll dies nicht geschehen, muss `r+` (ohne Schreibzugriffe) oder `a`/`a+` verwendet werden.

Dateien lesen

Nachdem eine Datei zum Lesen geöffnet wurde, kann ihr Inhalt entnommen werden. Hierzu bietet Python verschiedene Methoden an. Mit der `.read()`-Methode kann der gesamte Dateiinhalt ausgelesen werden oder mit der `.readline()`-Methode nur eine einzelne Zeile. Alternativ kann man den Inhalt als Liste (je Zeile ein Element) mit der `.readlines()`-Methode auslesen lassen.

Datei-Lesemethoden	
.read([n])	Liest den gesamten Inhalt der Datei aus. Es kann optional die Anzahl der Bytes [n], die ausgelesen werden sollen, angegeben werden; ansonsten wird die gesamte Datei ausgelesen.
.readline([n])	Liest den (Rest) Inhalt der aktuellen Zeile aus. Es kann optional die Anzahl der Bytes [n], die ausgelesen werden sollen, angegeben werden; es wird jedoch immer maximal eine Zeile ausgelesen.
.readlines()	Gibt die verbleibenden Zeilen als Liste aus

Dateien schreiben

Python bietet zwei verschiedene Methoden an, um Inhalte in eine Datei zu schreiben. So können entweder Strings per `.write()`-Methode in die Datei geschrieben werden oder der Inhalt von Listen mit Strings mit Hilfe der `.writelines()`-Methode.

```
datei = open("meineDatei.txt", "w")
string = "Hallo Welt! "
liste = ["Und der ","Inhalt einer ","Liste! "]
datei.write(string)
datei.writelines( liste )
```

Datei-Schreibmethoden	
.write(STRING)	Schreibt den Inhalt des Strings in die Datei
.writelines(LISTE)	Schreibt die Elemente der Liste in die Datei

Dateien schließen

Sobald eine Datei nicht mehr benötigt wird, sollte sie mit der `.close()`-Methode wieder geschlossen werden. Das manuelle Schließen ist auch in Python wichtig, da sonst Systemressourcen nicht wieder freigegeben werden. Deshalb sollte bei der Verarbeitung von Dateien der Code zusätzlich in einen `try-finally`-Block eingebettet werden.

```
datei = open("meineDatei.txt", "w")
try:
    datei.write("Hallo Welt!")
finally:
    datei.close()
```

Das with-Statement

Als Alternative zum `try-finally`-Block bietet Python bei der Arbeit mit Dateien das `with`-Schlüsselwort an. Der Vorteil ist, dass die Datei automatisch geschlossen wird, auch falls ein Fehler während der Verarbeitung auftreten sollte. Von daher ist es zu empfehlen, möglichst immer `with` zu nutzen.

```
with open("meineDatei.txt", "w") as datei:
    datei.write("Hallo Welt!")
```

Hinweis Werden `.write()` und `.close()` ohne die `with`-Anweisung verwendet, so kann es vorkommen, dass Daten nicht vollständig auf die Festplatte geschrieben werden, auch wenn das Programm keine Fehlermeldung ausgibt.

Navigieren innerhalb des Dokumenteninhalts

Um an einer bestimmten Stelle innerhalb eines Dokuments zu lesen oder zu schreiben, kann die Position des Zeigers (*file pointer/file position*) geändert werden. Die Möglichkeit der Zeigermanipulation ist nicht immer gegeben. Aus diesem Grund sollte man dies zunächst durch die `.seekable()`-Methode sicherstellen. Ein Beispiel für die Limitationen der `.seek()`-Methode ist der `a`/`a+`-Modus: In diesem Modus wird der Zeiger vor dem Schreiben mit `.tell()` auf die Ursprungsposition zurückgesetzt.

```
if datei.seekable():
    datei.seek(0)
print(datei.tell())
```

Dateizugriffsmethoden	
.seekable()	Gibt zurück, ob die Zeigerposition geändert werden darf
.seek(POSITION [, RELATION])	Setzt die Zeigerposition auf POSITION; RELATION ist optional; Default ist 0 und bedeutet absolute Positionierung, 1 bedeutet relativ zur aktuellen Position, 2 bedeutet relativ zum Dateiende
.tell()	Gibt die aktuelle Zeigerposition zurück

Textdateien

Die einfachste Möglichkeit zum Abspeichern von Informationen ist die Sicherung in Form einer Textdatei (`.txt`). Hierbei können Whitespace-Zeichen zur grundlegenden Formatierung der Datei – wie etwa Zeilenumbrüche – genutzt werden.

```
with open("meineDatei.txt", "w") as datei:
    string = "1\n2\n3\n"
    liste  = ["4\n","5\n","6\n"]
    datei.write(string)
    datei.writelines(liste)
```

Gängige Whitespace-Zeichen	
\n	Fügt einen Zeilenumbruch ein
\t	Fügt einen Tabulator-Abstand ein

JSON-Dateien

Python bietet auch die Möglichkeit, Daten und Dateien mit dem Datenformat JSON (siehe Kapitel 10.8.4 auf Seite 549) zu verarbeiten. Hierzu muss das `json`-Modul eingebunden werden. Für das Öffnen und Schließen der Dateien sollte auch hierbei wieder das `with`-Statement genutzt werden.

```
with open("datei.json", "r") as datei:
    daten = json.load(datei)
```

Für unser Weckprogramm können wir somit die einzelnen Weckzeiten in einer Datei abspeichern. Damit sind diese auch nach einem Programmneustart noch vorhanden. Zusätzlich passen wir die Alarmliste so an, dass mehrere Weckzeiten pro Tag gespeichert werden können.

```
# Jedem Tag wird eine Liste zugeordnet, in der mehrere Alarmzeiten gespeichert werden *
                                                  *können.
alarmliste = {
        "Montag": [],
        "Dienstag": [],
        [...]
# Speichern der Werte in der Datei "alarmzeiten.json"
with open("alarmzeiten.json", "w") as datei:
        json.dump(alarmliste, datei)
```

Datei-Operationen mit JSON	
json.dump(DATEN, DATEI)	Speichert die angegebenen DATEN als JSON-konformen String in der entsprechenden JSON-DATEI ab
json.dumps(DATEN)	Konvertiert die DATEN in einen JSON-konformen String
json.load(DATEI)	Liest den Inhalt einer JSON-DATEI und gibt eine Python-konforme Datenstruktur zurück
json.loads(DATEN)	Konvertiert einen JSON-String (DATEN) in eine Python-konforme Datenstruktur

Hinweis Nicht alle Python-Datenstrukturen können in JSON abgebildet werden. So können beispielsweise Sets vom `json`-Modul nicht in JSON-Strings umgewandelt werden.

7.7.7 Funktionen und Methoden

Wie auch in C/C++ und Java ist es in Python möglich, Codeabschnitte in Funktionen und Methoden auszulagern (siehe Kapitel 7.5.11 auf Seite 190). Hierbei wird zwischen den beiden Begriffen unterschieden: Während eine Funktion unabhängig definiert wird, ist eine Methode ein Teil einer Klasse (siehe Kapitel 7.7.8 auf Seite 306) und benötigt somit bei Aufruf den jeweiligen Klassennamen. Es können sowohl an Funktionen als auch an Methoden Werte über eine Parameterliste übergeben werden sowie bei der Rückkehr ein Wert oder auch kein Wert zurückgegeben werden.

Funktionen werden mit dem Schlüsselwort `def`, einem Funktionsnamen und einer Parameterliste `(...):`, die auch leer sein kann, definiert. Die Anweisungen werden entsprechend eingerückt. Für unser Weckprogramm können wir somit die Anweisung zum Speichern der Alarmzeiten in eine Funktion auslagern und daher diese immer dann aufrufen, wenn eine Änderung der Daten stattgefunden hat.

```
# Speichern der Alarmzeiten
def speichereAlarmzeiten():
    with open("alarmliste.json", "w") as datei:
        json.dump(alarmliste, datei)
 [...]

alarmliste.get(bearbeitenTag).append(bearbeitenNeueWeckzeit)
speichereAlarmzeiten()
```

Dynamische Funktionsaufrufe

Python bietet die Möglichkeit, Funktionen als Argument anderen Funktionen zu übergeben.

```
def halloWelt():
    print("Hallo Welt!")
def halloNutzer(funktion):
    funktion()
    print("Hallo Nutzer!")

variable1 = halloWelt
variable1()                          # Ausgabe: Hallo Welt!
halloNutzer(halloWelt)               # Ausgabe: Hallo Welt! Hallo Nutzer!
```

Es ist in Python möglich, Referenzen auf Funktionen in Variablen zu speichern und anschließend über die Variable mit angefügtem Klammerpaar () aufzurufen. Somit ist ein vereinfachtes `switch...case`-ähnliches Konstrukt ohne `if`-Abfragen möglich und die Menüauswahl in unserem Weckprogramm kann entsprechend umgestaltet werden. Hierzu nutzen wir die `.get()`-Methode der Dictionary-Struktur, um uns den Funktionsnamen abhängig von der Nutzereingabe zurückgeben zu lassen, und ergänzen ein Funktionsklammerpaar (). Alternativ wird ein Default-Wert (`wahl_ungueltig`) zurückgegeben, falls die Nutzereingabe keinem Key im Dictionary entsprechen sollte.

```
def wahl_a():
    print("Sie haben (A)nzeigen gewählt.")
def wahl_b():
    print("Sie haben (B)earbeiten gewählt.")
def wahl_z():
    print("Sie haben (Z)urücksetzen gewählt.")
def wahl_s():
    sys.exit("Sie haben (S)chließen gewählt.")
def wahl_ungueltig():
    print("Ungültige Eingabe!")
wahlOptionen = {"A": wahl_a, "B": wahl_b, "Z": wahl_z, "S": wahl_s}
print("Wecker Einstellungsoptionen:")
print("A zum Anzeigen der Weckzeit(en).")
print("B zum Bearbeiten der Weckzeit(en).")
print("Z zum Zurücksetzen der Weckzeit(en).")
print("S zum Schließen des Weckprogramms.")
eingabe = input("Bitte wählen Sie: ")
wahlOptionen.get(eingabe,wahl_ungueltig)()
```

Variablenzugriff in Funktionen

Innerhalb von Funktionen ist der standardmäßige Zugriff auf lokale Variablen beschränkt. Zwar ist es möglich, den Wert von globalen Variablen auszulesen, jedoch kann ihr Inhalt zunächst nicht geändert werden. Um eine entsprechende Werteänderung zu ermöglichen, gibt es die `nonlocal`- und `global`-Schlüsselwörter. Das `nonlocal`-Schlüsselwort erlaubt den Zugriff auf Variablen innerhalb von verschachtelten (*nested*) Funktionen. Das Schlüsselwort `global` wird genutzt, um auf global definierte Variablen zugreifen zu können.

```
globaleVariable = "Hallo"
def funktion_1():
    lokaleVariable = "Welt"
    def funktion_2():
        global globaleVariable
        globaleVariable = globaleVariable + " " + lokaleVariable
    funktion_2()
print(globaleVariable)                  # Ausgabe: Hallo
funktion_1()
print(globaleVariable)                  # Ausgabe: Hallo Welt
```

7.7.8 Klassen und Objekte

Auch Python unterstützt die objektorientierte Programmierung (siehe hierzu auch Kapitel 7.6 auf Seite 232). Eine Klasse wird immer mit dem Schlüsselwort `class` eingeleitet und der nachfolgende Klassenname sollte, im Zuge der Namenskonvention, immer mit einem Großbuchstaben beginnen und mit : abgeschlossen werden. Im Gegensatz zu C/C++ und Java hat Python keine Schutzmechanismen, um den Zugriff auf Daten und/oder Methoden in einer Klasse zu limitieren. Stattdessen gibt es die Konvention, entsprechende Elementnamen mit einem Unterstrich (als Ersatz für `protected`) und zwei Unterstrichen (als Ersatz für `private`) zu beginnen.

Möchte man, gegen die Konvention, trotzdem auf privat gesetzte Variablen oder Funktionen von außerhalb der Klasse zugreifen, dann müsste man zusätzlich beim Aufruf nochmals den Klassennamen mit vorangehendem Unterstrich angeben.

```
class MeineKlasse():
    publik = "Zugriff"
    _geschützt = "immer"
    __privat  = "möglich"

objekt = MeineKlasse()
print(objekt.publik + " " + objekt._geschützt + " " + objekt._MeineKlasse__privat)
# Ausgabe: Zugriff immer möglich!
```

Konstruktoren

Auch Python bietet die Möglichkeit zur Initialisierung von Objekten durch einen Konstruktor. Hier ist der Name des Konstruktors jedoch nicht vom Klassennamen abhängig, sondern lautet für alle Klassen `__init__`. Das erste Argument muss hierbei `self` sein. Anschließend können beliebig viele eigene Argumente angegeben werden. Der Wert für `self` wird während der Programmausführung bei der Erstellung automatisch von Python übergeben und ist eine Referenz auf die Instanz selbst, wodurch der Zugriff auf die Attribute und Methoden der Klasse ermöglicht wird.

```
class MeineKlasse:
    publik = "Zugriff"
    _geschützt = "immer"
    __privat  = "möglich"
    def __init__(self, wert1, wert2):
        self._geschützt = wert1
        self.__privat  = wert2

objekt = MeineKlasse("mittels","Konstruktor!")
print(objekt.publik + " " + objekt._geschützt + " " + objekt._MeineKlasse__privat)
# Ausgabe: Zugriff mittels Konstruktor!
```

Vererbung

Wie auch in C/C++ und Java kann eine Klasse als eine Unterklasse einer anderen definiert werden und somit Attribute und Methoden der Elternklasse erben (siehe auch Kapitel 7.6.5 auf Seite 254). Dafür wird bei der Definition nach dem Klassennamen die Elternklasse in Klammern `()` eingetragen. Mit der `super()`-Funktion ist es hierbei möglich, Methoden der Elternklasse direkt aufzurufen. Methoden der Basisklasse können durch eine Neudefinition der Methode überschrieben werden.

```
class Menschen:
    def __init__(self, name, alter):
        self._name = name
        self._alter  = alter
```

```
    def erhalteDaten(self):
        return "Ich bin " + self._name + " und " + str(self._alter) + " Jahre alt."
class Studierende(Menschen):
    def __init__(self, name, alter, matrikelnummer):
        super().__init__(name, alter)             # Aufrufen der __init__ Methode der *
                                                  *Elternklasse
        self.__matrikelnummer = matrikelnummer
    def erhalteDaten(self):                       # Überschreiben der Elternmethode
        return super().erhalteDaten() + " Meine Matrikelnummer lautet:" + *
                                                  *str(self.__matrikelnummer) + "."

class Angestelle(Menschen):
    def __init__(self, name, alter, gehalt):
        super().__init__(name, alter)             # Aufrufen der __init__ Methode der Elternklasse
        self.__gehalt = gehalt
    def erhalteDaten(self):                       # Überschreiben der Elternmethode
        return super().erhalteDaten() + " Mein Gehalt beträgt:" + str(self.__gehalt) + "Euro."

charlie = Menschen("Charlie", 47)
alex = Studierende("Alex", 22, 123456)
toni = Angestelle("Toni", 53, 2800)
print(charlie.erhalteDaten())   #Ausgabe: Ich bin Charlie und 47 Jahre alt.
print(alex.erhalteDaten())      #Ausgabe: Ich bin Alex und 22 Jahre alt. Meine *
                                *Matrikelnummer lautet: 123456.
print(toni.erhalteDaten())      #Ausgabe: Ich bin Toni und 53 Jahre alt. Mein Gehalt *
                                *beträgt: 2800Euro.
```

Multiple Vererbung In Python kann eine Klasse von mehreren anderen Klassen erben. Hierzu können in der Klammer nach dem Klassennamen entsprechend viele andere Klassen als Elternklassen eingetragen werden. Zu beachten ist hierbei das Verhalten der `super()`-Funktion oder auch das Verhalten beim Aufrufen von vererbten Methoden: Python durchsucht die Elternklassen nach dem entsprechenden Funktionsnamen der Reihe nach (*Method Resolution Order*). Sobald eine passende Funktion gefunden wird, wird diese ausgeführt. So wird in unserem Beispiel immer nur die `__init__`-Methode der ersten Elternklasse aufgerufen.

```
class Mensch:
    def __init__(self):
        print("Mensch")
    def typ(self):
        print("Mensch")
class Mann(Mensch):
    def __init__(self):
        print("Männlich")
class Frau(Mensch):
    def __init__(self):
        print("Weiblich")
class Sohn(Mann, Frau):
    def __init__(self):
        super().__init__()
```

```
class Tochter(Frau, Mann):
    def __init__(self):
        super().__init__()

alex = Sohn()          # Ausgabe: Männlich
taylor = Tochter()  # Ausgabe: Weiblich
alex.typ()              # Ausgabe: Mensch
```

Interfaces (Schnittstellen) Aufgrund der multiplen Vererbung und des *Duck-Typing*-Konzepts in Python gibt es keine klassischen Interface-Typen wie in Java. Ein ähnlicher Ansatz existiert jedoch in Form der so genannten Abstract Base Classes (oder auch kurz *ABCs* genannt). Zwar können diese nicht nur abstrakte Methoden beinhalten, sondern auch instanziierte Methoden, jedoch müssen auch hier (wie bei Interfaces in Java) die Unterklassen die geerbten abstrakten Methoden implementieren. Um *ABCs* nutzen zu können, wird im folgenden Beispiel vom Modul `abc` die Klasse `ABC` importiert, von der das Interface `Tier` erbt. Die Klasse `ABC` erlaubt dem Interface, abstrakte Methoden zu enthalten. Zusätzlich wird das Entwurfsmuster (*Decorator*) `abstractmethod` importiert. Dieses wird für abstrakte Methoden verwendet (gekennzeichnet durch `@abstractmethod` und dem Schlüsselwort `pass` anstatt einer Implementierung), um sicherzustellen, dass diese später, in Kindklassen, implementiert werden bzw. sind. Falls dies nicht der Fall sein sollte, wird bei der Instanziierung der entsprechenden Kindklasse ein Fehler ausgeworfen.

```
from abc import ABC, abstractmethod

class Tier(ABC):
    @abstractmethod
    def bewegen(self):
        pass
    @abstractmethod
    def essen(self):
        pass
    @abstractmethod
    def schlafen(self):
        pass

class Eichhoernchen(Tier):
    def __init__(self, name):
        self.__name = name
        print("Eichhörnchen " + self.__name + " wurde geboren.")
    def bewegen(self):
        print(self.__name + " läuft einen Ast entlang.")
    def essen(self, futter):
        print(self.__name + " knabbert eine " + futter + ".")
    def schlafen(self):
        print(self.__name + " schlummert im Kobel.")

momo = Eichhoernchen("Momo")  #Ausgabe: Eichhörnchen Momo wurde geboren
momo.essen("Haselnuss")          #Ausgabe: Momo knabbert eine Haselnuss
```

7.8 Portable GUI-Programmierung mit Qt

Natürlich kann in diesem Teil Qt nicht vollständig beschrieben werden, da dies den Rahmen dieses Buches sprengen würde. Stattdessen werden nur einige wesentlichen Aspekte von Qt kurz vorgestellt.

7.8.1 Allgemeines zu Qt

Qt ist eine von der norwegischen Firma *Trolltech* entwickelte C++-Klassenbibliothek, die eine einfache und portable GUI-Programmierung ermöglicht. Daneben sind mit Qt entwickelte Programme sowohl unter allen Linux/Unix- wie allen Windows-Systemen lauffähig. Qt unterstützt nämlich folgende Plattformen:

- **MS/Windows**
- **Unix/X11** – *Linux, Sun Solaris, HP-UX, Compaq Tru64 UNIX, IBM AIX, SGI IRIX* und *viele andere UNIX-Derivate*
- **Macintosh** – *Mac OS X*
- **Embedded** – *Linux Plattformen mit Framebuffer-Unterstützung*

Qt ist ein GUI-Toolkit

Qt ist nun ein so genanntes *application framework*. Unter einem Framework versteht man ein komplettes Programmiersystem, das dem Programmierer die Low-Level-Arbeiten abnimmt. Dazu stellt es ihm eine Bibliothek von Klassen zur Verfügung, so dass er sich Objekte definieren kann, die genau ein *User-interface*-Element repäsentieren (wie z. B. einen Button oder ein Menü), und er so über die vom Programmiersystem bereitgestellten Konstrukte alle Anwenderinteraktionen mit diesen Elementen verwalten kann.

Der Begriff „Widget"

Qt arbeitet mit so genannten *Widgets*. Dieser Begriff wird unter Unix für Windows (Fenster) verwendet: „Widget" ist eine Wortschöpfung aus den beiden Begriffen „Window" und „Gadget" (entspricht *Controls* unter Windows-Betriebssystemen). Nahezu alles, was man auf einer in Qt geschriebenen Oberfläche sieht, ist ein Widget: Buttons, Laufbalken, Dialogboxen usw. Widgets können ihrerseits wieder Subwidgets enthalten, wie z. B. Buttons oder Texteingabefelder in einer Dialogbox.

In Qt ist ein Widget ein Objekt einer Klasse, die von der Klasse `QWidget` abgeleitet ist. Qt enthält viele vordefinierte Widgets, allerdings kann der Qt-Programmierer auch seine eigenen Widgets definieren.

Der Qt-Assistant

Der *Qt-Assistant* ist eine Online-Hilfe, mit der man schnell und leicht nach benötigten Informationen zu Qt suchen kann.

Nach dem Start des Qt-Assistant wird ein Fenster eingeblendet, in dem sich oben eine Menü- und eine Werkzeugleiste befindet. Links darunter sieht man ein Navigationsfenster mit Karteikarten und rechts darunter das Fenster mit der entsprechenden Beschreibung. Abbildung 7.77 zeigt einen Screenshot zum Qt-Assistant.

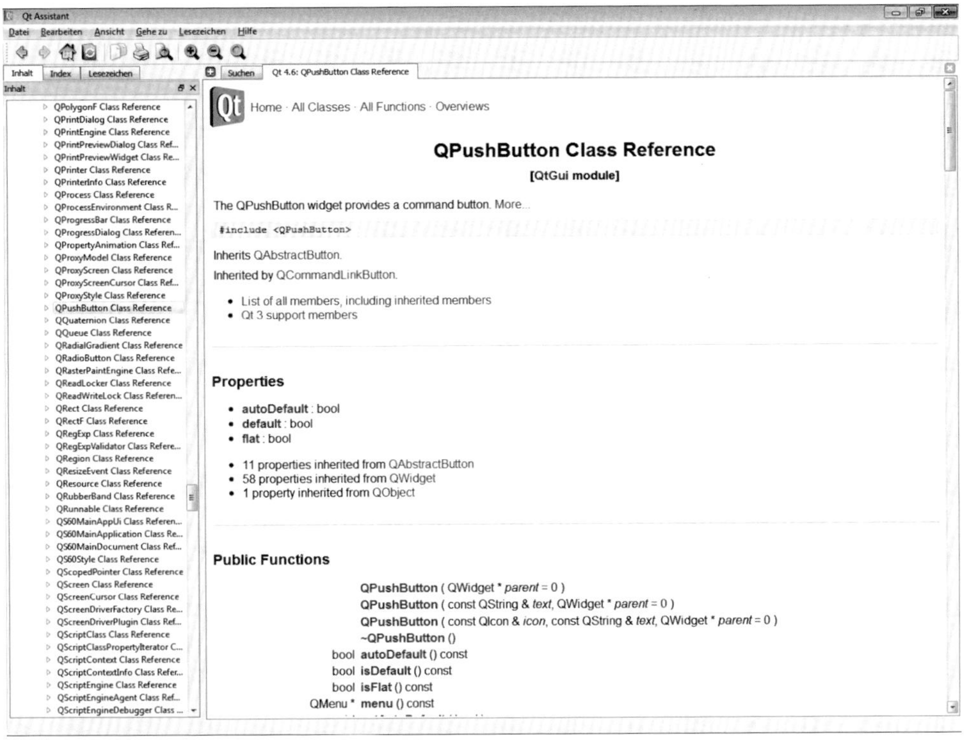

Abbildung 7.77: Der Qt-Assistant

Um einen Überblick zu bekommen, wie der Qt-Klassenbaum organisiert ist, sollte man zunächst den Punkt *Qt Reference Documentation* und dann *Classes* anklicken. Man bekommt dann eine Liste aller Qt-Klassen, die `public` sind, angezeigt. Um einen ersten Eindruck zu den Qt-Klassen zu bekommen, kann man z. B. auf die Klasse *QPushButton* klicken. In Abbildung 7.77 sieht man als erste Zeile eine Kurzbeschreibung der jeweiligen Klasse. In der zweiten Zeile ist dann der Name der Headerdatei angegeben, in der diese Klasse definiert ist. Es folgt der Name der Basisklasse, von der diese Klasse abgeleitet ist, bevor in der nächsten Zeile eine Liste der Klassen angegeben ist, die ihrerseits von dieser Klasse abgeleitet sind. Der Link *List of all members, including inherited mebers* ist wichtig für den Fall, dass man einen Überblick über alle Memberfunktionen haben möchte, also nicht nur die Memberfunktionen, die in der Klasse selbst definiert sind, sondern auch über die, welche diese Klasse von ihren übergeordneten Klassen erbt. Anschließend folgt eine Liste aller *Public Functions*, die direkt in dieser Klasse definiert sind, und viele weitere Informationen, wie z. B. *Public Slots*, *Signals* oder *Protected Members*, die diese Klasse anbietet. Nach diesen Listen wird eine detaillierte Beschreibung der entsprechenden Klasse gegeben, die oft ganze Beispiele enthält, wie diese Klasse zu verwenden ist.

7.8.2 Grundlegende Konzepte und Konstrukte von Qt

Dieses Kapitel gibt einen Überblick über einige wesentliche Konzepte und Konstrukte von Qt.

Grundsätzlicher Aufbau eines Qt-Programms

Unser erstes Qt-Programm 7.23 erzeugt ein kleines Window mit einem Text in der Mitte, über und unter dem sich ein Button befindet (siehe Abbildung 7.78). Beide Buttons sind für die Beendigung des Programms gedacht, wobei der obere Button schon aktiviert wird, sobald man auf ihm nur die Maustaste drückt, und der untere Button erst nach einem vollständigen Klick (Drücken und Loslassen).

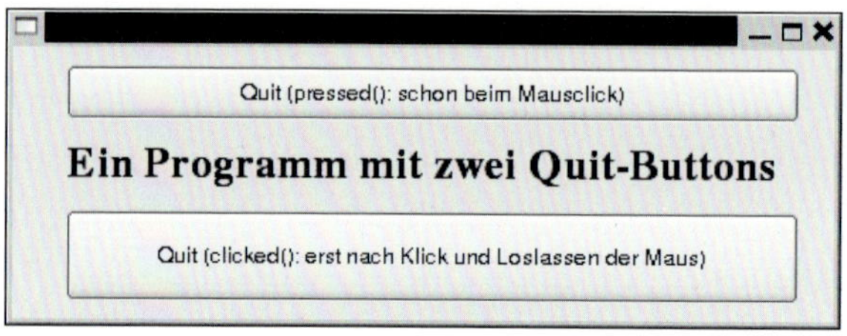

Abbildung 7.78: Window zum Programm 7.23 (zweibuttons.cpp)

Listing 7.23: `zweibuttons.cpp`: Erstes Qt-Programm mit einem Window das zwei Buttons und Text enthält

```
#include <qapplication.h>    //... in jedem Qt-Programm notwendig
#include <qlabel.h>          //... für Klasse QLabel
#include <qpushbutton.h>     //... für Klasse QPushbutton
#include <qfont.h>           //... für Klasse QFont

int main( int argc, char* argv[] )
{
      // Instantiierung eines QApplication-Objekts; immer notwendig
   QApplication myapp( argc, argv );

      // Hauptwidget, in dem Buttons und Text untergebracht werden.
   QWidget* mywidget = new QWidget();
         // ... horizontale, vertikale Position, Breite, Höhe in Pixel
   mywidget->setGeometry( 200, 100, 450, 150 );

      // Instantiierung eines ersten Buttons
   QPushButton* erster_button = new QPushButton(
                 "Quit (pressed(): schon beim Mausklick)", mywidget );
         // Rel. Position (30,10) in mywidget (400 breit, 30 hoch)
   erster_button->setGeometry( 30, 10, 400, 30 );
         // ... Tritt Signal 'pressed' bei erster_button auf, ist der
         // ... SLOTcode 'quit' (Verlassen des Programms) aufzurufen
   QObject::connect( erster_button, SIGNAL(pressed()), &myapp, SLOT(quit()) );

```

```
24        // Instantiierung eines Labels (nur Text)
25 QLabel* mylabel =new QLabel( "Ein Programm mit zwei Quit-Buttons", mywidget);
26           // Rel. Position (30,40) in mywidget (400 breit, 50 hoch)
27 mylabel->setGeometry( 30, 40, 400, 50 );
28 mylabel->setFont(QFont("Times", 18, QFont::Bold) );
29
30        // Instantiierung eines zweiten Buttons
31 QPushButton* zweiter_button = new QPushButton(
             "Quit (clicked(): erst nach Klick und Loslassen der Maus)", mywidget );
32           // Rel. Position (30,90) in mywidget (400 breit, 50 hoch)
33 zweiter_button->setGeometry( 30, 90, 400, 50 );
34           // Tritt Signal 'clicked' bei zweiter_button auf, ist der
35           // SLOTcode 'quit' (Verlassen des Programms) aufzurufen
36 QObject::connect( zweiter_button, SIGNAL(clicked()), &myapp, SLOT(quit()) );
37
38 mywidget->show();      // Zeige Hauptwidget mit seinen Subwidgets an
39 return myapp.exec();   // Übergabe der Kontrolle an Methode 'exec'
40                        // von QApplication
41 }
```

Nachfolgend einige Erläuterungen zu diesem Programm:

- **Zeilen 1–4: Inkludieren der Qt-Headerdateien**
  In den meisten Fällen haben die Qt-Headerdateien den gleichen Namen (ohne `.h`) wie die entsprechenden Klassennamen, die dort deklariert sind.
- **Zeile 9:** `QApplication myapp( argc, argv )`
  Dieses Objekt ist für das ganze *Event-Handling* verantwortlich und wird immer in Qt-Programmen benötigt. Die Übergabe der Kommandozeilenargumente an den Konstruktor des `QApplication`-Objekts ist notwendig, da `QApplication` einige spezielle Kommandozeilenoptionen kennt, die es – wenn solche angegeben sind – selbst auswertet und dann aus `argv` mit Dekrementierung von `argc` entfernt. Eine solche spezielle Qt-Option ist z. B. `-style`, die es dem Aufrufer ermöglicht, einen speziellen Widget-Stil als Voreinstellung für die Applikation festzulegen. Bietet das Anwendungsprogramm eigene Kommandozeilenargumente an, sollte es diese grundsätzlich erst nach der Instantiierung des `QApplication`-Objekts auswerten.
- **Zeile 12:** `QWidget* mywidget = new QWidget()`
  Diese Anweisung erzeugt das Hauptwidget `mywidget`, das als Container für die später erzeugten Subwidgets (Text und zwei Buttons) dient.
- **Zeile 14:** `mywidget->setGeometry( 200, 100, 450, 150 )`
  Die horizontalen und vertikalen Positionen (die ersten beiden Argumente) sind immer relativ zum Elternwidget. Da `mywidget` als Hauptwidget kein Elternwidget hat, beziehen sich die hier angegebenen Koordinaten auf den ganzen Bildschirm, während sie sich bei den folgenden Anweisungen relativ auf die linke obere Ecke ihres Hauptwidgets (Objekt `mywidget`) beziehen:

```
19   erster_button->setGeometry( 30, 10, 400, 30 );
27   mylabel->setGeometry( 30, 40, 400, 50 );
33   zweiter_button->setGeometry( 30, 90, 400, 50 );
```

Der dritte Parameter legt dabei die Breite und der vierte die Höhe des betreffenden Widgets in Pixel fest.

- **Zeile 17:** `QPushButton* erster_button = new QPushButton(`
  `"Quit (pressed(): schon beim Mausklick)", mywidget)`
  Mit dieser Anweisung wird ein erster Button erzeugt. Der erste Parameter des Konstruktors `QPushButton` legt den Button-Text und der zweite das Elternwidget fest, in dem dieser Button (hier `mywidget`) erscheinen soll.
- **Zeile 22:** `QObject::connect( erster_button, SIGNAL(pressed()),`
  `&myapp, SLOT(quit()) )`
  Mit der Methode `connect()` (von Klasse `QObject`) wird als Reaktion auf Eintreffen des Signals `pressed()` (von `erster_button`) die vordefinierte Slotroutine `quit()` eingerichtet, die das Programm sofort beendet.
- **Zeilen 25, 27, 28:**

```
// Zeile 25: erzeugt ein Label
//           (1. Parameter legt den Label-Text und der
//           2. Parameter das Elternwidget (mywidget) für das Label fest.)
  QLabel* mylabel =new QLabel("Ein Programm mit zwei Quit-Buttons", mywidget);
// Zeile 27: Mit der von Klasse QWidget geerbten Methode setGeometry() wird
//           rel. Position dieses Labels im Hauptwidget (mywidget) festgelegt.
  mylabel->setGeometry( 30, 40, 400, 50 );
// Zeile 28: legt mit Methode setFont() den Zeichensatz unter Verwendung der
//           Klasse QFont für den auszugebenden Text fest.
  mylabel->setFont(QFont("Times", 18, QFont::Bold) );
```

- **Zeilen 31, 33, 36:**

```
// Zeile 31: Einrichten eines 2. Pushbuttons
  QPushButton* zweiter_button = new QPushButton(
        "Quit (clicked(): erst nach Klick und Loslassen der Maus)", mywidget);
// Zeile 33: Festlegen der relativen Position dieses Buttons
  zweiter_button->setGeometry( 30, 90, 400, 50 );
// Zeile 36: Wenn zweiter_button das vordefinierte Signal clicked() schickt,
             wird die vordefinierte Slotroutine quit() ausgeführt, was zur
             sofortigen Beendigung des Programms führt. Anders als das Signal
             pressed() wird Signal clicked() erst dann ausgelöst, wenn nach
             Drücken der Maustaste auf Button diese wieder losgelassen wird.
  QObject::connect( zweiter_button, SIGNAL(clicked()), &myapp, SLOT(quit()) );
```

- **Zeile 38:** `mywidget->show()`
  legt fest, dass das Hauptwidget mit allen seinen Subwidgets auf dem Bildschirm anzuzeigen ist. Hier ist zu erwähnen, dass jedes Widget entweder sichtbar oder aber auch versteckt (nicht sichtbar) sein kann. Die Voreinstellung ist, dass Widgets, die keine Subwidgets von einem anderen sichtbaren Widget sind, unsichtbar bleiben.
- **Zeile 39:** `return myapp.exec()`
  Mit dieser letzten Anweisung wird die vollständige Kontrolle des Programmablaufs an das zu Beginn erzeugte `QApplication`-Objekt `myapp` übergeben.

Hier können wir also festhalten, dass unsere Qt-Programme von nun an die folgende Grundstruktur haben:

```
#include <q...h>
   ....
int main( int argc, char* argv[] )
{
   QApplication myapp( argc, argv );
   QWidget* mywidget = new QWidget();
   mywidget->setGeometry( x_pos, y_pos, breite, hoehe );
   .......
   mywidget->show();
   return myapp.exec();
}
```

7.8.3 Das Signal-Slot-Konzept von Qt

Hier wird zunächst ein zweites Qt-Programm erstellt, um an diesem das wichtige Signal-Slot-Konzept von Qt zu verdeutlichen, bevor ein weiteres Programmbeispiel aufzeigt, wie man sich eigene Slots in Qt definieren kann.

Erhöhen/Erniedrigen von LCD-Nummern

Das hier vorgestellte Programm 7.24 erzeugt ein kleines Window, in dem in der Mitte eine 7-Segment-LCD-Nummer angezeigt wird, die sich sowohl über den darüber angezeigten Schiebebalken (*Slider*) als auch über die beiden darunter angezeigten Buttons erhöhen bzw. erniedrigen lässt (siehe Abbildung 7.79).

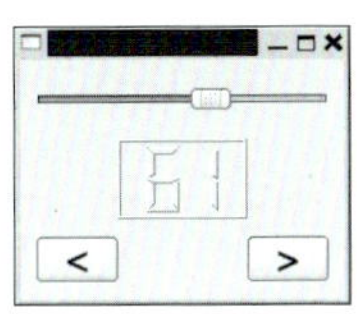

Abbildung 7.79: In- bzw. Dekrementieren einer LCD-Nummer über Schiebebalken bzw. Buttons

Im Listing 7.24 sind neu eingeführte Konstrukte fett hervorgehoben.

Listing 7.24: `schiebbalk.cpp`: LCD-Nummer die mit Schiebebalken bzw. Buttons verändert werden kann

```
#include <qapplication.h>
#include <qpushbutton.h>
#include <qslider.h>
#include <qlcdnumber.h>

int main( int argc, char* argv[] )
{
   QApplication myapp( argc, argv );

```

```
10     QWidget* mywidget = new QWidget();
11     mywidget->setGeometry( 400, 300, 200, 150 );
12
13     // .... Erzeugen eines Schiebebalkens
14     QSlider* myslider = new QSlider( Qt::Horizontal, // Ausrichtung
15                                      mywidget ); // Elternwidget
16     myslider->setMinimum(0);  // kleinstmoegl. Wert
17     myslider->setMaximum(99); // groesstmoegl. Wert
18     myslider->setValue(20);   // Startwert
19     myslider->setGeometry( 10, 10, 180, 30 );
20
21     // .... Erzeugen eines Objekts zur Anzeige von LCD-Nummern
22     QLCDNumber* mylcdnum = new QLCDNumber( 2, // Ziffernzahl
23                                            mywidget ); // Elternwidget
24     mylcdnum->setGeometry( 60, 50, 80, 50 );
25     mylcdnum->display( 20 ); // zeige Startwert an
26
27     // Verbinde Schiebebalken und Nummernanzeige
28     QObject::connect( myslider, SIGNAL( valueChanged( int ) ),
29                       mylcdnum, SLOT( display( int ) ) );
30
31     // Zwei Buttons zum schrittweisen Erhoehen und
32     // Erniedrigen der Schiebebalken-Werte
33     QPushButton* decrement = new QPushButton( "<", mywidget );
34      decrement->setGeometry( 10, 110, 50, 30 );
35      decrement->setFont(QFont("Times", 18, QFont::Bold) );
36
37     QPushButton* increment = new QPushButton( ">", mywidget );
38      increment->setGeometry( 140, 110, 50, 30 );
39      increment->setFont(QFont("Times", 18, QFont::Bold) );
40
41     // Verbinde das clicked()-Signal der Buttons mit den Slots, die
42     // den Schiebebalken-Wert erhöhen bzw. erniedrigen
43     QObject::connect( decrement, SIGNAL( clicked() ),
44                       myslider, SLOT( subtractStep() ) );
45     QObject::connect( increment, SIGNAL( clicked() ),
46                       myslider, SLOT( addStep() ) );
47
48     mywidget->show();
49     return myapp.exec();
50  }
```

Zur Erläuterung:

```
18     myslider->setValue(20);   // Startwert
```

Diese Zeile bewirkt, dass beim ersten Einblenden des `mylcdnum`-Widgets als Startwert `20` zu verwenden ist. `display()` ist eigentlich keine Methode der Klasse `QLCDNumber`, sondern ein von dieser Klasse zur Verfügung gestellter Slot. Wie diese Anweisung aber zeigt, können Slots genauso wie Methoden verwendet werden, was umgekehrt nicht gilt: Methoden können nicht wie Slots in einem `connect()`-Aufruf mit einem Signal verbunden werden.

```
QObject::connect( myslider, SIGNAL( valueChanged( int ) ),
                  mylcdnum, SLOT( display( int ) ) );
```

Hiermit wird festgelegt, dass bei Änderung des Schiebebalkens die Slotroutine `display(int)` mit dem aktuellem Schiebebalken-Wert aufzurufen ist. Bei jeder Änderung des Schiebebalkens schickt das `myslider`-Widget das Signal `valueChanged(int)` mit dem aktuellen Schiebebalken-Wert als Argument, das dann als Argument an `display(int)` weitergeleitet wird.

```
QObject::connect( decrement, SIGNAL( clicked() ),
                  myslider, SLOT( subtractStep() ) );
QObject::connect( increment, SIGNAL( clicked() ),
                  myslider, SLOT( addStep() ) );
```

Dieser Codeausschnitt legt fest, dass beim Schicken des Signals `clicked()` von einem der beiden Buttons `decrement` bzw. `increment` die vordefinierte Slotroutine `subtractStep()` bzw. `addStep()` des `myslider`-Widgets auszuführen ist.

Die einzelnen Qt-Klassen bieten unterschiedliche Signale und Slotroutinen an, die sich mit `QObject::connect` verbinden lassen. Im Programm 7.24 wurden die in Abbildung 7.80 gezeigten Signal-/Slotverbindungen zwischen den einzelnen Objekten eingerichtet.

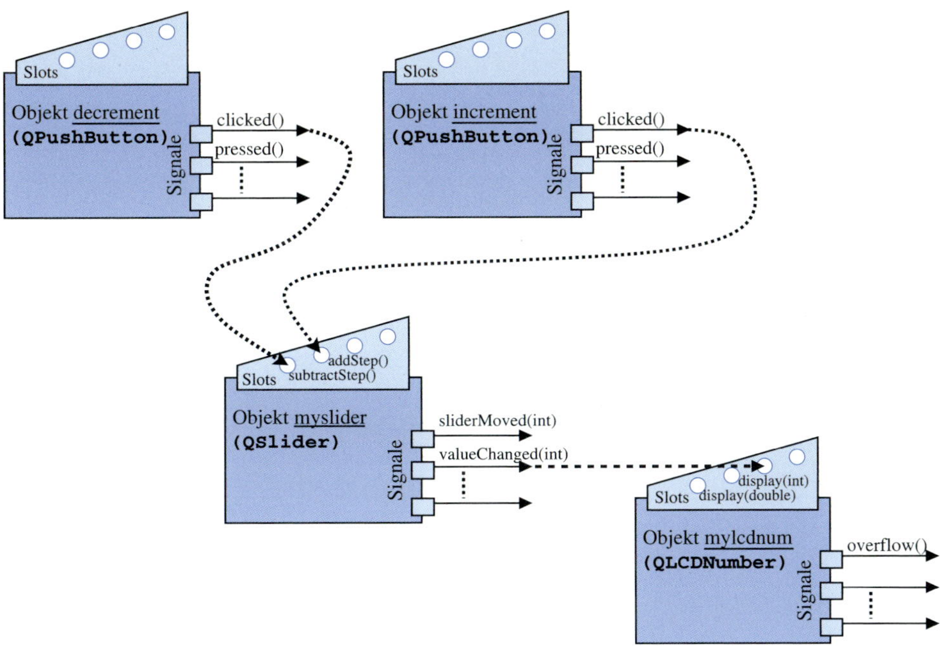

Abbildung 7.80: Signal-/Slotverbindungen im Programm 7.24

Ändern einer Schriftgröße mit Textanzeige

Hier wird gezeigt, wie man sich eigene Slots definieren kann und was bei der Generierung des Programms zu beachten ist. Das hier vorgestellte Programm 7.25 ist eine Erweiterung zum vorherigen Programm `schiebbalk.cpp`, indem es die angezeigte LCD-Nummer als Schriftgröße interpretiert und das Aussehen eines Textes mit dieser Schriftgröße exemplarisch rechts anzeigt (siehe Abbildung 7.81).

Für dieses Listing 7.25 soll ein eigener Slot definiert werden, der immer aufzurufen ist, wenn der Schiebebalken-Wert sich ändert. Dieser Slot ist für die Darstellung des Textes mit der neuen Schriftgröße, die dem Schiebebalken-Wert entspricht, zuständig. Für das Signal-Slot-Konzept hat Qt einige neue Schlüsselwörter eingeführt, die vom Präprozessor in die entsprechende C++-Syntax übersetzt werden. Um sich Klassen zu definieren, die eigene Slots und/oder Signale deklarieren, muss folgende Qt-Syntax eingehalten werden:

```
Class MyClass : public QObject {
   Q_OBJECT
     ....
signals:
    // ....  hier werden die entsprechenden Signale deklariert, wie z.B.:
      void buchstabe_a_gedrueckt();
public slots:
    // ....  hier werden die public Slots deklariert, wie z.B.:
      void lasse_text_blinken();
private slots:
    // ....  hier werden die privaten Slots deklariert, wie z.B.:
      void ich_bin_interner_slot();
  // ....  Weitere Deklarationen sind hier möglich
}
```

Bei der Deklaration von Slots und Signalen sind die folgenden Punkte zu beachten:

1. **Deklaration von Slots und Signalen ist nur in Klassen erlaubt**
   Die Deklaration einer Funktion, die als Slotroutine dienen soll, oder eines Signals außerhalb einer Klasse ist also nicht möglich, was im übrigen ja auch der C++-Philosophie widersprechen würde.
2. **Klassen mit eigenen Slots bzw. Signalen müssen von `QObject` abgeleitet sein.**
   Da man beim Programmieren mit Qt ohnehin Klassen verwendet, die direkt oder indirekt von der Klasse `QWidget` abgeleitet sind, ist dies keine große Einschränkung, da `QWidget` seinerseits von `QObject` abgeleitet ist.

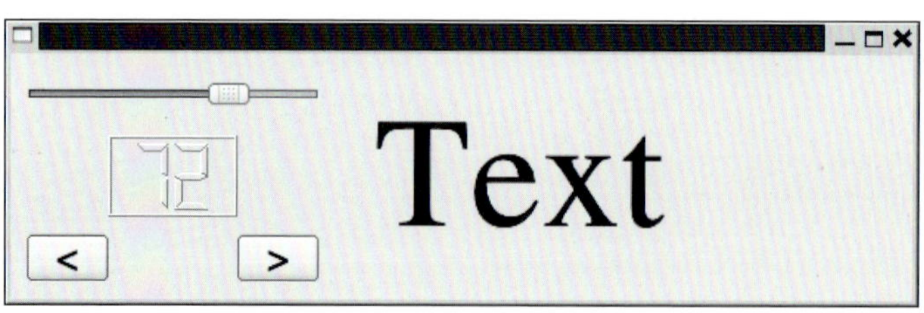

Abbildung 7.81: Schiebebalken und Buttons zum Ändern der Schriftgröße mit Textanzeige

3. **Klassen mit eigenen Slots bzw. Signalen müssen `Q_OBJECT` aufrufen**
   Hinter dem Makro `Q_OBJECT` darf kein Semikolon angegeben werden.

Mit diesen Kenntnissen können wir uns nun eine eigene Klasse `Schrift` definieren, die von der Klasse `QLabel` abgeleitet ist und einen eigenen Slot `stelle_neu_dar(int)` zur Neuanzeige des Textes (mit dem Wert des Schiebebalkens als Schriftgröße) anbietet. Dazu erstellen wir eine eigene Headerdatei `textgroes.h`:

```
#include <qlabel.h>
class Schrift : public QLabel {
   Q_OBJECT // notwendig, da Schrift Slots enthält
public:
   Schrift( char const* text, QWidget *parent ) : QLabel( text, parent )   { }
public slots:
   void stelle_neu_dar( int groesse ) {
      setFont(QFont("Times", groesse) );
      repaint();
   }
};
```

Im Slot `stelle_neu_dar(int groesse)` wird als neue Schriftgröße für den Text der über den Parameter `groesse` gelieferte Wert eingestellt. Mit der Methode `repaint()` wird dann veranlasst, dass der Text in diesem Label auch mit diesem neuen Font wirklich angezeigt wird. Mit dieser neuen Klassendefinition können wir nun unser Programm `textgroes.cpp` erstellen. Hier sind die gegenüber dem vorherigen Listing 7.24 neu hinzugekommenen Konstrukte fett hervorgehoben.

Listing 7.25: `textgroes.cpp`: Schiebebalken und zwei Buttons zum Ändern der Größe eines Textes

```
#include <qapplication.h>
#include <qpushbutton.h>
#include <qslider.h>
#include <qlcdnumber.h>
#include <qlabel.h>
#include "textgroes.h" // enthaelt neue Klasse 'Schrift'
                       // mit eigenem Slot 'stelle_neu_dar'
int main( int argc, char* argv[] )
{
   QApplication myapp( argc, argv );

   QWidget* mywidget = new QWidget();
   mywidget->setGeometry( 400, 300, 550, 150 );

   // .... Erzeugen eines Schiebebalkens
   QSlider* myslider = new QSlider( Qt::Horizontal, // Ausrichtung
                                    mywidget );    // Elternwidget
   myslider->setMinimum(0); // kleinstmoegl. Wert
   myslider->setMaximum(99); // groesstmoegl. Wert
   myslider->setValue(20); // Startwert
   myslider->setGeometry( 10, 10, 180, 30 );

```

```
23     // .... Erzeugen eines Objekts zur Anzeige von LCD-Nummern
24     QLCDNumber* mylcdnum = new QLCDNumber( 2, // Ziffernzahl
25                                             mywidget ); // Elternwidget
26     mylcdnum->setGeometry( 60, 50, 80, 50 );
27     mylcdnum->display( 20 ); // zeige Startwert an
28
29     // Verbinde Schiebebalken und Nummernanzeige
30     QObject::connect( myslider, SIGNAL( valueChanged( int ) ),
31                       mylcdnum, SLOT( display( int ) ) );
32
33     // Zwei Buttons zum schrittweisen Erhoehen und
34     // Erniedrigen der Schiebebalken-Werte
35     QPushButton* decrement = new QPushButton( "<", mywidget );
36      decrement->setGeometry( 10, 110, 50, 30 );
37      decrement->setFont(QFont("Times", 18, QFont::Bold) );
38
39     QPushButton* increment = new QPushButton( ">", mywidget );
40      increment->setGeometry( 140, 110, 50, 30 );
41      increment->setFont(QFont("Times", 18, QFont::Bold) );
42
43     // Verbinde das clicked()-Signal der Buttons mit den Slots, die
44     // den Schiebebalken-Wert erhoehen bzw. erniedrigen
45     QObject::connect( decrement, SIGNAL( clicked() ),
46                       myslider, SLOT( subtractStep() ) );
47     QObject::connect( increment, SIGNAL( clicked() ),
48                       myslider, SLOT( addStep() ) );
49
50     // Label zur Anzeige der Schrift(-groesse)
51     Schrift* anzeige = new Schrift( " Text", mywidget );
52     anzeige->setGeometry( 200, 10, 340, 130 );
53     anzeige->setFont(QFont("Times", 20) );
54
55     // Verbinde Schiebebalken und Label (fuer Textanzeige)
56     QObject::connect( myslider, SIGNAL( valueChanged( int ) ),
57                       anzeige, SLOT( stelle_neu_dar( int ) ) );
58
59     mywidget->show();
60     return myapp.exec();
61  }
```

Nachfolgend werden nun die neuen Anweisungen, die zum Verständnis von Programm 7.25 benötigt werden, näher erläutert:

- **Zeile 51:** Hier wird zunächst ein Objekt `anzeige` der Klasse `Schrift` angelegt, was ein Label-Widget ist, da die Klasse `Schrift` von der Klasse `QLabel` abgeleitet ist. In diesem Label wird der Text „Text" angezeigt.
- **Zeile 52:** legt die Position und Größe des Widgets `anzeige` fest, und
- **Zeile 53:** legt den zu verwendenden Font des auszugebenden Textes fest.
- **Zeilen 56 und 57:** Bei jeder Änderung des Schiebebalken-Werts wird das Signal `valueChanged(int)` geschickt. Diese beiden Zeilen legen nun fest, dass beim Auslösen dieses Signals die von `anzeige` definierte Slotroutine `stelle_neu_dar(int)` aufzurufen ist, was zu einer Anzeige des Textes mit der neuen Schriftgröße führt, die dem Schiebebalken-Wert entspricht.

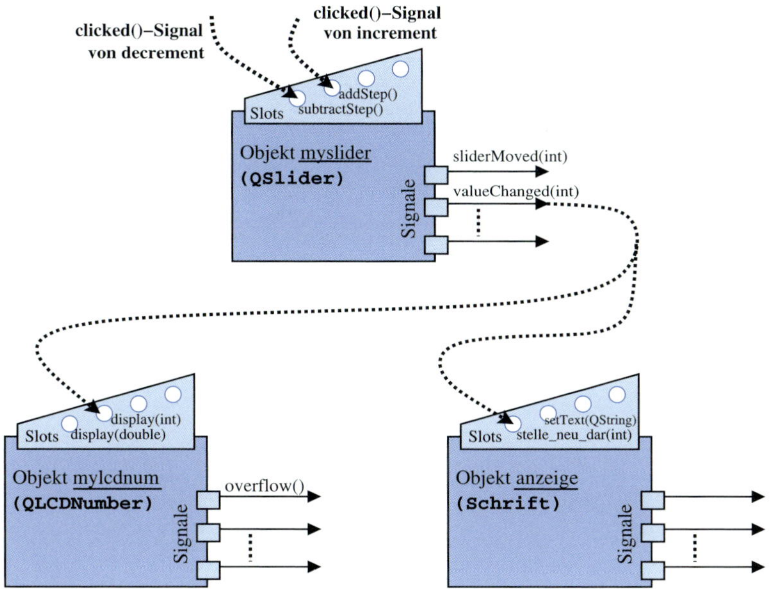

Abbildung 7.82: Signal-/Slotverbindungen im Programm 7.25

Immer wenn man Klassen definiert, die eigene Slots und/oder Signale definieren, muss man diese zunächst mit dem bei der Qt-Distribution mitgelieferten *Meta-Object-Compiler* (`moc`) compilieren. Verwendet man `qmake` zum Erstellen des `Makefile`s, so erkennt dieses Tool automatisch, dass ein entsprechender `moc`-Aufruf im `Makefile` generiert werden muss. Nehmen wir z. B. für unser Programm hier die folgende Datei `textgroes.pro`:

```
CONFIG += qt warn_on release
SOURCES = textgroes.cpp
HEADERS = textgroes.h
TARGET = textgroes
```

und rufen dann **qmake textgroes.pro -o Makefile**
auf, so wird ein `Makefile` generiert. Ein anschließender `make`-Aufruf führt dann zur Generierung eines ausführbaren Programms.

Neben dem expliziten Dazulinken einer von einem `moc`-Aufruf erzeugten `moc`-Datei besteht auch die Möglichkeit, eine solche `moc`-Datei mit Hilfe von

`#include "`*`mocdatei`*`.cpp"`

in der entsprechenden Quelldatei zu inkludieren.

Regeln für die Deklaration eigener Slots und Signale

Hier werden nochmals wichtige Regeln, die beim Signal-Slot-Konzept gelten, zusammengefasst. Sie ergänzen die auf Seite 318 aufgeführte Liste.

1. Slots können wie jede andere C++-Methode deklariert und implementiert werden. Slots sind eigentlich Methoden, die auch wie diese außerhalb eines `connect()`-Aufrufs direkt aufgerufen werden können. Umgekehrt können Methoden nicht als Argument eines `connect()`-Aufrufs angegeben werden.
2. Bei der Definition von Slots muss nur zuvor das Schlüsselwort `slots` zum entsprechenden Schutztyp-Schlüsselwort `public` bzw. `private` hinzugefügt werden. Natürlich ist es auch möglich, `protected slots:` zu definieren und diese als `virtual` zu deklarieren. Während Methoden auch `static` deklariert sein können, ist dies bei Slots nicht erlaubt.
3. Slots können wie Methoden Parameter besitzen. Es ist dabei nur zu beachten, dass das bei einem `connect()`-Aufruf angegebene Signal die gleichen Parametertypen besitzt wie der entsprechende Slot. Ein Slot kann dabei jedoch auch weniger Parameter haben als das mit ihm verbundene Signal, wenn er diese vom Signal gelieferten Parameter nicht alle benötigt.
4. Die Syntax für Slot-Namen entspricht der für Methoden. Einige Programmierer betten jedoch die Zeichenkette `slot` in den Namen von Slots ein, um diese sofort als Slots identifizieren zu können. Dieser Konvention folgt Qt bei den Namen seiner vordefinierten Slots jedoch nicht.
5. Um eigene Signale in einer Klasse zu definieren, muss zuvor das Schlüsselwort `signals:` angegeben werden. Ansonsten entspricht die Deklaration von Signalen der von anderen Memberfunktionen, mit dem wichtigen Unterschied, dass Signale nur deklariert und niemals direkt implementiert werden dürfen.
6. Zum Senden eines Signals in einer Komponente steht das Qt-Schlüsselwort `emit` zur Verfügung. Wenn z. B. das Signal `void farbe_geaendert(int)` in der Klassendefinition deklariert wurde, wäre z. B. folgender Aufruf möglich:

```
emit farbe_geaendert(173);
```

7. Die Verbindung von Signalen und Slots erfolgt mit `QObject::connect()`. Diese Methode wird in überladenen Varianten angeboten, hier aber werden wir nur die statische Variante mit vier Parametern verwenden:

```
QObject::connect( signal_object,          // Objekt, das das Signal schickt
                  SIGNAL(signal_name(...)), // Signal, das mit Slot zu verbinden
                  slot_object ,            // Objekt, das Signal empfängt
                  SLOT(slot_name(...)) );  // Slot, der mit Signal zu verbinden
```

   Es können sowohl eine beliebige Anzahl von Slots mit einem Signal als auch umgekehrt eine beliebige Anzahl von Signalen mit einem Slot verbunden werden. Da die Reihenfolge, in der Slots aufgerufen werden, bisher noch nicht von Qt festgelegt ist, kann man sich nicht darauf verlassen, dass Slots auch in der Reihenfolge aufgerufen werden, in der sie mittels `connect()` mit Signalen verbunden wurden.
8. Bei den SIGNAL- und SLOT-Routinen sind immer nur Typen als Parameter erlaubt. Ein häufiger Fehler ist, dass hier versucht wird, einen Wert statt eines

Typs anzugeben, wie z. B. im Folgenden, wo versucht wird, bei Auswahl des vierten Menüpunkts die Slotroutine `quit()` aufzurufen:

```
QObject::connect( menu, SIGNAL( activated( 4 ) ), // Falsch
                  qApp, SLOT( quit( int ) ) );
```

Dieser Code ist zwar naheliegend, aber nicht erlaubt. Stattdessen muss Folgendes angegeben werden:

```
QObject::connect( menu, SIGNAL( activated( int ) ), // Richtig
                  qApp, SLOT( menuBehandle( int ) ) );
```

In der Slotroutine `menuBehandle()` muss dann der übergebene Parameter ausgewertet werden, wie z. B.

```
void menuBehandle(int meuPkt) {
   switch (menuPkt) {
      ...
      case 4: qApp->quit();
      ...
   }
}
```

Dies war eine kurze Einführung in wesentliche Konstrukte und Konzepte von Qt, die natürlich nicht sehr tiefgehend war. Es werden jedoch bei Qt hervorragende Tutorials und Beispiele mitgeliefert, die den Einstieg in Qt erheblich erleichtern.

7.9 Programmierung paralleler Abläufe (Parallel-Programmierung)

In den vergangenen Jahren konnte die Arbeitsgeschwindigkeit von Prozessoren, vor allem auch durch die Erhöhung der CPU-Taktraten, ständig vergrößert werden. Davon profitierten Programme ganz automatisch, die auf jeweils neueren und damit schnelleren Rechnern ohne weiteres Zutun auch schneller abliefen. Zunehmend werden aus verschiedenen Gründen jetzt Grenzen hinsichtlich einer weiteren Erhöhung der Leistungsfähigkeit von einzelnen Prozessoren erreicht. Die jedoch, zumindest noch einige Jahre, weiter erhöhbare Packungsdichte der Transistoren auf den Chips führt nun zur Realisierung so genannter Multicore-Prozessoren. Das sind Bausteine, die mehrere Prozessor-Einheiten in einem Gehäuse beherbergen. Bereits ein aktueller PC des Jahres 2011 enthält bis zu 8 Prozessorkerne (-cores) in einem Prozessor-Chip und diese Zahl wird in den nächsten Jahren wohl noch weiter ansteigen. Entsprechende Betriebssysteme erlauben auf solchen Multicore-Prozessoren heute bereits den echt parallelen Ablauf von mehreren Programmen, so dass z. B. ein Virenschutzprogramm auf einem Prozessor-Core ablaufen kann ohne ein Textverarbeitungsprogramm, das auf einem anderen Prozessor-Core läuft, zu beeinträchtigen.

Soll jedoch ein einzelnes Programm, wie bisher gewohnt, auf einem neuen Multicore-Rechner auch schneller ablaufen, so muss es die Vielzahl der vorhandenen Prozessoren nutzen. Dazu muss es speziell für einen parallelen Ablauf erstellt bzw. programmiert sein und intern parallele Abläufe unterstützen. Um von den weiteren Fortschritten und Geschwindigkeitszunahmen profitieren zu können, werden neue Programme daher zunehmend als parallele Programme für Multicore-Prozessoren erstellt werden müssen.

Rechenmaschinen mit vielen Prozessoren, d. h. Multi-Prozessor Maschinen, mit der Möglichkeit von parallelen Abläufen gibt es als sehr teure Hochleistungsrechner in großen Rechenzentren bereits seit langem. Die dafür notwendigen Methoden zur Parallel-Programmierung wurden von Spezialisten entwickelt und beherrscht. Waren Fähigkeiten zur parallelen Programmierung bisher nur für solche Spezialisten nötig, werden solche Kenntnisse zukünftig wohl von fast jedem Programmierer erwartet werden, so dass die Programme auch weiterhin von den Leistungssteigerungen neuerer Hardware profitieren können.

7.9.1 Konzepte und HW-Architekturen für parallele Abläufe

Aus HW-Sicht sind mehrere Arten von parallelen Rechnern möglich.

Flynn'sche Klassifizierung von parallelen Rechnern

Eine grobe Einteilung bietet die *Klassifizierung nach Flynn*. Dabei werden Parallelrechner charakterisiert nach den Kontroll- und Datenflüssen.

Es werden vier Klassen von Rechnern unterschieden:

- **SISD**: *Single Instruction, Single Data,*
- **MISD**: *Multiple Instruction, Single Data,*
- **SIMD**: *Single Instruction, Multiple Data,*
- **MIMD**: *Multiple Instruction, Multiple Data.*

Jeder dieser Klassen kann ein idealisierter Rechner zugeordnet werden:

- Ein SISD-Rechner entspricht dem klassischen von-Neumann-Rechnermodell, das die Arbeitsweise aller sequenziellen Rechner beschreibt.
- Ein MISD-Rechner kann ein einzelnes Datum parallel mit verschiedenen Instruktionen bearbeiten. Dieses Modell ist praktisch kaum nutzbar. Teilweise kann man die Pipelineverarbeitung in einem Befehlszyklus (innerhalb eines Prozessors) damit identifizieren.
- Ein SIMD-Rechner bearbeitet verschiedene Daten parallel in mehreren Bearbeitungseinheiten mit der jeweils gleichen Instruktion. So genannte Vektor-Rechner arbeiten nach diesem Prinzip.
- Ein MIMD-Rechner kann verschiedene Daten mit jeweils verschiedenen Befehlen parallel bearbeiten. Ein MIMD-Rechner ist somit ein universeller Parallelrechner.

Weitere Klassifizierung von MIMD-Rechnern nach der Speicherorganisation

Insbesondere bei MIMD-Systemen wird eine weitere Klassifizierung nach der Organisation des Speichers durchgeführt, da es sehr unterschiedliche Möglichkeiten des Zusammenspiels von Speicher und Verarbeitungseinheiten gibt. Dabei unterscheidet man noch zwischen

- Rechnern mit physikalisch verteiltem Speicher
  (*distributed memory machines: DMM, Multi-Computersysteme*)
- Rechnern mit physikalisch gemeinsamem Speicher
  (*shared memory machines: SMM, Multi-Prozessorsysteme*)
  Eine spezielle Variante von SMM-Systemen wird als *Symmetrische Multiprozessor-Systeme (SMP)* bezeichnet, bei denen meist eine kleinere Anzahl von Prozessoren über einen Bus verbunden sind und Zugriff auf einen gemeinsamen Speicher und I/O-Geräte haben.

Es gibt auch Rechner mit virtuell gemeinsamem Speicher, die physikalisch verteilten Speicher besitzen, der durch geeignete Maßnahmen vom Programmierer wie gemeinsamer Speicher angesprochen werden kann. Diese werden hier jedoch nicht weiter betrachtet.

Die oben erwähnten und im Weiteren betrachteten modernen Multicore-Prozessoren gehören zur Klasse der MIMD-Rechner, besitzen üblicherweise einen gemeinsamen Speicher mit gemeinsamem Adressraum und sind wie SMP-Systeme aufgebaut. Zur Beschleunigung von Speicherzugriffen ist zusätzlich noch Cache-Speicher vorhanden, der für den Programmierer jedoch weitgehend transparent, also unsichtbar ist. Übliche heutige Multicore-Prozessoren besitzen ein hierarchisches Speicher-Design, bei dem jeder Kern meist einen eigenen Cache-Speicher besitzt, wobei einige wenige Kerne sich gegebenenfalls den Cache einer weiteren Ebene teilen und am Ende alle auf einen gemeinsamen Arbeitsspeicher zugreifen können, wie es Abbildung 7.83 zeigt. Ein Verständnis dafür ist, wie später noch erläutert, für eine effektive Programmierung durchaus bedeutend.

So genannte *Multi-Threading (SMT, Simultanes MT)* oder *Hyper-Threading (HT)* Prozessor-Chips besitzen anstelle mehrerer vollständiger Prozessorkerne nur mehrere duplizierte HW-Register, um sehr schnell zwischen verschiedenen Bearbeitungsflüssen umschalten zu können. Ein physikalischer Prozessor kann damit mehrere logische

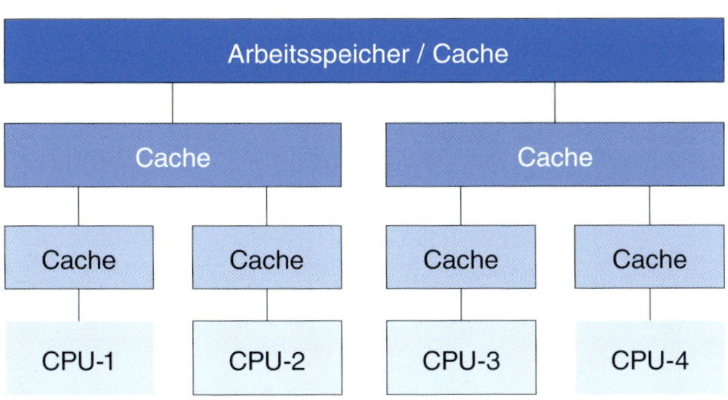

Abbildung 7.83: Hierarchisches Speicherdesign

Prozessoren darstellen. Diese Möglichkeit der parallelen Bearbeitung ist aber auf kaum mehr als zwei logische Prozessoren beschränkt, so dass eine höhere Parallelität also nur mit echten Multicore-Prozessoren sinnvoll ist. Aus Programmierersicht ist eine explizite Unterscheidung der beiden Möglichkeiten nicht direkt nötig.

Amdahl'sches Gesetz zur Leistungssteigerung durch parallele Abarbeitung

Eine wichtige Größe bei der Entwicklung paralleler Programme ist natürlich die überhaupt mögliche Leistungsverbesserung bzw. Beschleunigung (*Speedup-Faktor*). Diese ergibt sich, indem man die (vorige) sequenzielle Ablaufzeit t_s eines Programms im Verhältnis zur (neuen) parallelisierten Ablaufzeit t_p betrachtet.

$$speedup = \frac{t_s}{t_p}$$

Schon im Jahre 1967 hat *Gene Amdahl* festgestellt, dass die theoretisch mögliche Beschleunigung eines parallelen Algorithmus letztlich durch nicht beliebig parallelisierbare, im Code verbleibende serielle Anteile beschränkt wird.

Die tatsächliche parallele Ablaufzeit hängt nicht nur davon ab, wie viele Einheiten (n = Prozessoren) zur parallelen Verarbeitung gleichzeitig zur Verfügung stehen, sondern zusätzlich auch davon, wie viele Anteile eines Programms tatsächlich parallel (p) ablaufen und wie viele nur sequenziell (s, dabei ergibt sich: $p = 1 - s$) ablaufen können.

Das so genannte *Amdahl'sche Gesetz* gibt die maximale Beschleunigung *speedup* (unter Vernachlässigung eines kleinen Zusatzaufwands für die Parallelisierung) an mit:

$$speedup = \frac{1}{s + \frac{1-s}{n}} \qquad \text{für} \quad n \to \infty : speedup \leq \frac{1}{s}$$

Die maximal erreichbare Beschleunigung ist somit, in gewissem Umfang unabhängig von der Anzahl der eingesetzten Prozessoren, prinzipiell durch $\frac{1}{s}$ beschränkt. Werden beispielsweise 10% eines Programms (noch) sequenziell ausgeführt (also $s = 0{,}1$), ergibt das Amdahl'sche Gesetz, dass die maximal mögliche Beschleunigung $\frac{1}{s} = 10$ beträgt. Ein wichtiges Ziel einer Parallelisierung muss also sein, die sequenziellen Codeanteile zu minimieren.

Spätere praktische Untersuchungen durch Gustafson und Kollegen ergaben dann, dass die Annahme der serielle Programmanteil (s) sei konstant und unabhängig von n nicht immer ganz richtig ist, da in der Praxis mit wachsender Anzahl von Prozessoren meist auch die zu lösenden Aufgaben anwachsen und damit weitere Parallelisierungen ermöglichen. Für viele praktische Aufgaben sind mit parallelen Programmen also durchaus erheblich größere Leistungssteigerungen als durch das Amdahl'sche Gesetz zunächst vorausgesagt möglich.

7.9.2 SW-Konzepte und Erstellung paralleler Programme

Entwurf paralleler Programme

Die Nutzung expliziter Parallelverarbeitung in Multicore-Prozessoren hat deutliche Auswirkungen auf die Programmierung. Sollen nicht nur einzelne unterschiedliche

Programme unabhängig voneinander auf jeweils einem Prozessorkern ablaufen, sondern soll auch ein einzelnes Programm von der verfügbaren Leistung eines Multicore-Prozessors profitieren, so muss es selbst die verfügbaren Prozessorkerne entsprechend nutzen. Ein einzelnes Programm muss dabei in mehreren Berechnungsfäden bzw. -strömen ablaufen, so dass die verschiedenen Berechnungsfäden dann jeweils auf unterschiedlichen Prozessoren parallel abgearbeitet werden können. Zur Erzeugung mehrerer Berechnungsfäden eines Programms muss die Aufgabe des Programms in parallel bearbeitbare Teilaufgaben zerlegt werden.

Hier kann man prinzipiell zwei Möglichkeiten unterscheiden:

- **Task-Parallelität**
  Dabei werden unterschiedliche Arbeiten (*Tasks*, Funktionen) parallel auf verschiedenen Prozessoren durchgeführt. Die Tasks bzw. Funktionen können teilweise gleiche Daten nutzen, sind ansonsten aber mehr oder weniger unabhängig voneinander.
- **Daten-Parallelität**
  Dabei werden größere Mengen von Daten (Vektoren, Matrizen, ...) in mehrere Teile aufgeteilt und die Teile jeweils parallel von verschiedenen Prozessoren bearbeitet. Jeder Prozessor bearbeitet seinen Teil der Daten mit dem gleichen Code und am Ende gibt es ein gemeinsames Ergebnis. Diese Art der Parallelität kann beispielsweise bei Schleifen bzw. bei der Bearbeitung von Vektoren oder Matrizen genutzt werden.

Um ein korrektes Programm zu erhalten, müssen beim Entwurf eines parallelen Programms eventuell vorhandene Daten- und Kontrollabhängigkeiten immer genauestens berücksichtigt werden.

Parallel bearbeitbare Teilaufgaben werden häufig allgemein als *Tasks* bezeichnet.

Erstellung/Erzeugung der Berechnungsfäden/-ströme

Eine Voraussetzung für eine parallele Abarbeitung ist das Vorhandensein mehrerer Berechnungsfäden. Zu deren Erstellung sind für den Programmierer verschiedene Vorgehensweisen denkbar.

- **Der Programmierer muss keinerlei Angaben zur Parallelität zu machen.**
  Bei dieser impliziten Parallelität suchen spezielle Compiler parallelisierbare Stellen im Programm und führen eine automatische Parallelisierung durch. In der Praxis sind solche Ansätze allerdings noch wenig zu finden. Möglicherweise ergeben sich hier in der Zukunft neue, erweiterte Möglichkeiten durch die Verwendung funktionaler Programmiersprachen (siehe Kapitel 7.10).
- **Der Programmierer muss angeben, wo im Programm eine parallele Bearbeitung durchzuführen ist,** z. B. parallele Schleifendurchläufe oder parallel durchführbare Funktionsaufrufe, ohne aber eine Erzeugung von und Zuordnung an Threads explizit formulieren zu müssen. Beispiele für solche explizite Parallelität sind spezielle Compilerdirektiven wie in `openMP` oder die Verwendung spezieller Bibliotheken mit Funktionen und Objekten für parallele Abläufe.
- **Der Programmierer muss alle Details der parallelen Abarbeitung von der Thread-Erzeugung bis hin zur detaillierten Kommunikation angeben.**
  Diese explizite Parallelität mit expliziter Synchronisation und Kommunikation wird durch Programmierumgebungen zur Benutzung von so genannten *Threads*, wie z. B. Posix-Threads oder Windows-Threads, ermöglicht.

Während für Multicomputer-Systeme mit verteiltem Speicher Programmiermodelle wie z. B. MPI (Message-Passing-Interface) Verwendung finden, sind zur parallelen Programmierung von Multicore-Prozessoren (SMM/SMP) Modelle und Umgebungen für einen gemeinsamen Adressraum geeignet, da die Prozessorkerne einen gemeinsamen Speicher nutzen.

Programmierumgebungen zur Erstellung parallel ablaufbarer Programme für Multicore-Prozessoren

Für die parallele Programmierung von Multicore-Prozessoren stehen verschiedene Möglichkeiten bzw. Programmierumgebungen (APIs) zur Verfügung. Die verbreitetsten sind:

- **Posix-Thread API**
  Posix-Threads (*pthreads*) ist eine portable Thread-Bibliothek, die für viele Betriebssysteme nutzbar ist. Für Linux ist *pthreads* heute die Standard-Schnittstelle für Threads. Für Windows ist mit *pthreads-win32* eine Open-Source-Version verfügbar, die die Funktionen in einer DLL zur Verfügung stellt, so dass *pthreads*-Programme auch unter Windows erstellt werden können. Die Programmiersprache ist dabei C/C++.
- **Win-/MFC Thread API**
  Das Windows-/MFC API bietet eine C/C++-Umgebung zur Entwicklung von Multi-Thread-Windows-Anwendungen. Die Funktionen sind vergleichbar mit *pthreads.*
- **Java-Thread API**
  Die Programmiersprache Java unterstützt die Erzeugung, Verwaltung und Synchronisation von Threads auf Sprachebene bzw. durch Bereitstellung spezieller Klassen und Methoden.
- **Threading API für Microsoft.NET**
  Das .NET-Framework bietet umfangreiche Unterstützung für die Programmierung mit Threads für verschiedene Sprachen wie C++, Visual Basic, C# oder auch F#.
- **OpenMP**
  OpenMP ist ein API zur Erstellung portierbarer Multithreading-Programme für parallele Abläufe auf shared memory Maschinen (SMM), das Fortran, C und C++ unterstützt. Das Programmiermodell wird durch eine Menge von Compiler-Pragmas und -Direktiven, Bibliotheksfunktionen und Umgebungsvariablen realisiert, die die Plattform unabhängige Erstellung paralleler Programme durch unterstützende Compiler erheblich vereinfachen.
- **Threading Building Blocks (iTBB, C++, Library von Intel)**
  bietet vordefinierte Klassen und Methoden zur Durchführung paralleler Abläufe in einer Bibliothek für C++.
- **Parallel Patterns Library (PPL, C++, MS-VC++)**
  bietet ebenfalls vordefinierte Klassen und Methoden zur Durchführung paralleler Abläufe in einer Bibliothek für C++.
- **Task Parallel Library (TPL, C#, .NET4-Library)**
  bietet vordefinierte Klassen und Methoden zur Durchführung paralleler Abläufe in einer Bibliothek für C++, C#, VB und weiteren MS-spezifischen Sprachen.

7.9.3 Parallele Programmierung mit Threads

Anwendungen mit Hilfe eines Thread-APIs zu parallelisieren ist sehr aufwändig. Threads müssen explizit erzeugt, Aufgaben müssen aufgeteilt und explizit den Threads zugewiesen werden. Weiterhin muss häufig auch noch weiterer zusätzlicher Code für die Synchronisation der einzelnen Threads beim Zugriff auf gemeinsame Daten vorgesehen werden. Die Anzahl der erzeugten Threads sollte jeweils von der Anzahl der verfügbaren Kerne abhängen. Zu wenige Threads lassen Kerne unbenutzt, während zu viele Threads zu häufigen, zeitraubenden Kontextwechseln zwingen.

Die APIs für Posix-Threads unter Linux bzw. Windows-Threads sind im Kapitel 9.5 (Dienste von Betriebssystemen) kurz beschrieben. Vor allem auch im Zusatzmaterial zum Buch und dort speziell im Kapitel 9.5.2 sind Beispiele zur Erzeugung von Threads und im Kapitel 9.5.3 Beispiele zur Synchronisation bei gemeinsamen Datenzugriffen gezeigt.

In den folgenden Beispielprogrammen werden Primzahlen in Threads, die jeweils auf separaten Prozessor-Cores ablaufen können, gesucht, die gefundene Anzahl aufsummiert und am Ende ausgegeben. Bei den Laufzeittests wurde eine Suche von der Zahl $a = 3$ bis $e = 10\,000\,000$ mit 664 578 gefundenen Primzahlen auf einem System mit zwei Cores durchgeführt.

In der Programm-Version 1 wird der Suchraum von a bis e gleich groß auf die zwei Threads aufgeteilt, d. h. der erste Thread sucht von a bis $e/2$ und der zweite Thread sucht von $e/2$ bis e. Die beiden Threads verwenden eine gemeinsame Summen-Variable, auf die der Zugriff synchronisiert werden muss.

Es ergeben sich folgende beispielhafte Zeiten:

- Programm-Version 1 (Listing 7.26):

Thread 0	7.0 sec
Thread 1	11.1 sec
Gesamt	11.1 sec

Die ungleichen Zeiten beider Threads ergeben sich dadurch, dass bei dem verwendeten Algorithmus die Suche zu größeren Zahlen hin immer aufwändiger wird und die Rechenlast somit nicht gleich verteilt ist.

- Programm-Version 2 (Listing 7.27)

Thread 0	9.0 sec
Thread 1	9.2 sec
Gesamt	9.2 sec

In dieser Version 2 ist der Suchraum dagegen dynamisch und die Rechenlast damit gleich auf die beiden Threads aufgeteilt. Weiterhin verwendet nun jeder Thread eine eigene Variable zur Bildung seiner Teilsumme, die am Ende aufsummiert wird, um die sonst bei jedem Zugriff nötige Synchronisation zu vermeiden. Bei getrennter Betrachtung beider Optimierungen würde man finden, dass in diesem Fall die gleich aufgeteilte Arbeitslast am meisten zum Gesamtgewinn beiträgt, da eine Synchronisation bei der Summenbildung nur jeweils bei einer gefundenen Primzahl nötig ist, was, verglichen mit dem sonstigen Aufwand, doch relativ selten vorkommt.

Die Beispielprogramme liegen jeweils in einer Version mit *pthreads* und einer Version mit *Windows-Threads* vor (`primz_pT_1/2.cpp` bzw. `primz_wT_1/2.cpp`).
Im folgenden ist jeweils die Version mit *Windows-Threads* dargestellt; die jeweilige *pthreads*-Version ist im Zusatzmaterial zu finden.

Listing 7.26: `primz_wT_1.cpp`: Version 1: Primzahlsuche mit parallelen Threads für Windows

```
/*********************************************************************\
* Dieses Programm berechnet alle Primzahlen zwischen m und n
* und gibt deren Anzahl und die benoetigte Zeit aus.
* m und n sind einzugeben (Default-Bereich ist vorgegeben).
* Die Berechnung erfolgt in einem oder in mehreren parallelen Threads.
* Das Programm verwendet Windows-Threads.
* Die Anzahl der Arbeits-Threads kann eingegeben werden:
* Eingabe (0 .. 16); sonst: Default -> Anzahl der CPUs.
\*********************************************************************/
#include <stdio.h>
#include <time.h>
#include <windows.h>

#define MAXN 10000000
#define MAX_THREADS 16
//#define NUM_THREADS 1

#define bool  unsigned char

static  unsigned long m, n;
static  long          nPrime;
static  int           numThr;

//static  long int  nPrim[MAX_THREADS];
static  CRITICAL_SECTION gLock;
/*-----------------------------------------------------------------*/
inline bool isPrime(unsigned long int z) {
   unsigned long t = 1;
   bool prim = 1;

   while (t*t  <= z) {
      t++;
      if  (z  % t == 0) {
         prim = 0;
         break;
      }
   }
   return prim;
}
/*-----------------------------------------------------------------*/
DWORD WINAPI threadFunction(void *pArg) {
   unsigned long int i,  a,  e,  b;
   clock_t  start ,  ende;
   int   myTNum = *((int *)pArg);
   //long int  nPrim = 0;
```

```
    a = m + (n-m) * myTNum / numThr;
    if ( a % 2 == 0 )
       a += 1;
    e = m + (n-m) * (myTNum+1) / numThr;
    if ( e < n && e % 2 == 1 )
       e -= 1;
    b = 2;

    printf("myTNum: %d, a: %u, e: %u, b: %u\n", myTNum, a, e, b);
    start = clock();
    for (i = a; i <= e; i+=b) {
       if ( isPrime(i) ) {
          EnterCriticalSection(&gLock);
          nPrime++;
          LeaveCriticalSection(&gLock);
          if ( nPrime < 20 )
             printf("%11u-%d,", i, myTNum);
       }
    }
    ende = clock();
    printf("\nmyTNum: %d, CPU - Time: %lf sec\n",
             myTNum, (ende-start)/(double)CLOCKS_PER_SEC);
    //printf("myNum-Prim: %d \n", nPrime);
    return 0;
}
/*-----------------------------------------------------------*/
int  main(void) {
    HANDLE tHandle[MAX_THREADS];
    DWORD tID[MAX_THREADS];
    int     tNum[MAX_THREADS], it;
    int     numCPU, numT;
    clock_t start , ende;

    SYSTEM_INFO sysinfo;
    GetSystemInfo( &sysinfo );
    numCPU = sysinfo.dwNumberOfProcessors;
    numThr = (numCPU < MAX_THREADS ? numCPU : MAX_THREADS);

    printf("Number of Threads (1..%d, else: numCPU ): ", MAX_THREADS);
    scanf("%d", &numT);
    if (numT > 0 && numT <= MAX_THREADS)
       numThr = numT;
    printf("NumOfProcessors: %d, NumOfThreads: %d\n\n", numCPU, numThr);

    printf("Anzahl der Primzahlen zwischen m (0: 3) und n (0: %d) \n", MAXN);
    printf("m: ");
    scanf("%lu", &m);
    if ( m == 0 )
       m = 3;
    printf("n: ");
    scanf("%lu", &n);
```

```
    if ( n == 0 )
        n = MAXN;
    getchar();
    printf("\n");

    if (m <= 2)
        m = 3;
    m = (m % 2 == 1) ? m : m+1;
    printf("Primzahlen: %u -> %u\n", m, n);

    start = clock();
    InitializeCriticalSection (&gLock);
    for ( it = 0; it < numThr; it++ ) {
        tNum[it] = it;
        tHandle[it] = CreateThread( NULL, 0, threadFunction, &tNum[it], 0, &tID[it] );
    }
    for ( it = 0; it < numThr; it++ ) {
        //printf("Wait Finish Thr: %d \n", it);
        WaitForSingleObject(tHandle[it], INFINITE);
    }
    //WaitForMultipleObjects(numThr, tHandle, 1, INFINITE);
    DeleteCriticalSection(&gLock);
    ende = clock();
    printf("\nNumOfThreads: %d, Total CPU - Time: %lf sec\n",
            numThr, (ende-start)/(double)CLOCKS_PER_SEC);
    printf("Total Num-Prim: %d \n", nPrime);
    getchar();
    return(0);
}
```

Hinweis Dieses Programm `primz_wT_1.cpp` ist z. B. mit MS-VC++ wie folgt zu compilieren:

cl primz_wT_1.cpp

Das entsprechende Programm `primz_pT_1.cpp` im Zusatzmaterial ist z. B. unter Linux mit Gnu-C++ wie folgt zu compilieren:

g++ -pthreads primz_pT_1.cpp

Listing 7.27: `primz_wT_2.cpp`: Version 2: Verbesserte Version mit dynamischer Arbeitsaufteilung und eigenen Thread-Variablen

```
/**************************************************************\
 * Dieses Programm berechnet alle Primzahlen zwischen m und n
 * und gibt deren Anzahl und die benoetigte Zeit aus.
 * m und n sind einzugeben (Default-Bereich ist vorgegeben).
 * Die Berechnung erfolgt in einem oder in mehreren parallelen Threads.
 * Das Programm verwendet Windows-Threads.
 * Die Anzahl der Arbeits-Threads kann eingegeben werden:
 * Eingabe (0 .. 16); sonst: default -> Anzahl der CPUs.
\**************************************************************/
#include <stdio.h>
#include <time.h>
#include <windows.h>

#define MAXN 10000000
#define MAX_THREADS 16
//#define NUM_THREADS 1
#define bool  unsigned char

static unsigned long m, n;
static long          nPrime;
static int           numThr;
//static long int nPrim[MAX_THREADS];
static CRITICAL_SECTION gLock;
/*----------------------------------------------------------------*/
inline bool isPrime(unsigned long int z) {
    unsigned long t = 1;
    bool prim = 1;

    while (t*t  <= z) {
        t++;
        if (z % t == 0) {
            prim = 0;
            break;
        }
    }
    return prim;
}
/*----------------------------------------------------------------*/
DWORD WINAPI threadFunction(void *pArg) {
    unsigned long int i, a, e, b;
    clock_t start, ende;
    int   myTNum = *((int *)pArg);
    long int nPrim = 0;

    a = m + 2 * myTNum;
    if ( a % 2 == 0 )
        a += 1;
    e = n;
    b = 2 * numThr;

    printf("myTNum: %d, a: %u, e: %u, b: %u\n", myTNum, a, e, b);
```

```
        start  = clock();
        for (i  = a;  i  <= e; i+=b) {
            if (  isPrime(i)  )  {
                //EnterCriticalSection(&gLock);
                nPrim++;
                //LeaveCriticalSection(&gLock);
                if  (  nPrim < 20 )
                    printf("%11u−%d,", i, myTNum);
            }
        }
        EnterCriticalSection(&gLock);
        nPrime += nPrim;
        LeaveCriticalSection(&gLock);
        ende = clock();
        printf("\nmyTNum: %d, CPU − Time: %lf sec\n",
                myTNum, (ende−start)/(double)CLOCKS_PER_SEC);
        printf("myNum−Prim: %d %d\n", nPrime, nPrim);

        return 0;
}
/*−−−−−−−−−−−−−−−−−−−−−−−−−−−−−−−−−−−−−−−−−−−−−−−−−−−−−−−−−−*/
int   main(void) {
    HANDLE tHandle[MAX_THREADS];
    DWORD tID[MAX_THREADS];
    int       tNum[MAX_THREADS], it;
    int       numCPU, numT;
    clock_t  start ,  ende;

    SYSTEM_INFO sysinfo;
    GetSystemInfo( &sysinfo );
    numCPU = sysinfo.dwNumberOfProcessors;
    numThr = (numCPU < MAX_THREADS ? numCPU : MAX_THREADS);

    printf("Number of Threads (1..%d, else: numCPU ): ", MAX_THREADS);
    scanf("%d", &numT);
    if  (numT > 0 && numT <= MAX_THREADS)
        numThr = numT;
    printf("NumOfProcessors: %d, NumOfThreads: %d\n\n", numCPU, numThr);
    printf("Anzahl der Primzahlen zwischen m (0: 3) und n (0: %d) \n", MAXN);

    printf("m: ");
    scanf("%lu", &m);
    if  (  m == 0 )
        m = 3;

    printf("n:  ");
    scanf("%lu", &n);
    if  (  n == 0 )
        n = MAXN;

    getchar();
    printf("\n");
```

```
    if (m <= 2)
        m = 3;
    m = (m % 2 == 1) ? m : m+1;
    printf("Primzahlen: %u -> %u\n", m, n);

    start = clock();
    InitializeCriticalSection(&gLock);
    for ( it = 0; it < numThr; it++ ) {
        tNum[it] = it;
        tHandle[it] = CreateThread( NULL, 0, threadFunction, &tNum[it], 0, &tID[it] );
    }
    for ( it = 0; it < numThr; it++) {
        //printf("Wait Finish Thr: %d \n", it);
        WaitForSingleObject(tHandle[it], INFINITE);
    }
    //WaitForMultipleObjects(numThr, tHandle, 1, INFINITE);
    DeleteCriticalSection(&gLock);
    ende = clock();
    printf("\nNumOfThreads: %d, Total CPU - Time: %lf sec\n",
            numThr, (ende-start)/(double)CLOCKS_PER_SEC);
    printf("Total Num-Prim: %d \n", nPrime);
    getchar();
    return(0);
}
```

Hinweis Dieses Programm `primz_wT_2.cpp` ist z. B. mit MS-C++ wie folgt zu compilieren:

cl primz_wT_2.cpp

Das entsprechende Programm `primz_pT_2.cpp` im Zusatzmaterial ist z. B. unter Linux mit Gnu-C++ wie folgt zu compilieren:

g++ -pthreads primz_pT_2.cpp

7.9.4 Parallele Programmierung mit openMP

OpenMP (Open Multi Processing) ist eine offene und standardisierte Programmierschnittstelle für Maschinen mit gemeinsamem Speicher (SMP), mit deren Hilfe parallele Abläufe in C, C++ und Fortran-Programmen spezifiziert werden können[3].

OMP ist ein compilergestützter Ansatz und wird von zahlreichen Compilern, wie z. B. dem GCC ab der Version 4.2 auf Linux Systemen oder dem MS-VC++ ab der Version 2008 auf Windows-Systemen, unterstützt. Bei der Compilierung wird die Unterstützung im Allgemeinen durch die Angabe einer Compiler-Option wie z. B. `-fopenmp` oder `/openmp` erreicht. Gegebenfalls muss noch eine für OMP spezifische Bibliothek installiert sein bzw. werden. Für einen OpenMP-fähigen Compiler ist bei aktivierter OpenMP-Option die Compiler-Variable `_OPENMP` definiert. Diese kann zur bedingten Compilierung mit `#ifdef` verwendet werden, so dass auch spezifische Codeabschnitte in die Compilierung einbezogen oder ausgeschlossen werden können.

Die Hauptbestandteile von OpenMP sind Konstrukte in Form von Compilerdirektiven zur Threaderzeugung und Lastverteilung auf die Threads sowie zur Synchronisation und Klauseln zur Verwaltung des Gültigkeitsbereiches von Daten. Zusätzlich sind noch Laufzeitfunktionen und Umgebungsvariablen definiert.

3 Webseite: http://www.openmp.org

Mit OpenMP muss der Programmierer Threads nicht explizit erzeugen oder beenden. Der Quellcode muss nicht einmal wesentlich verändert, sondern nur an den Stellen ergänzt werden, die parallel ausgeführt werden sollen. Mit OpenMP ist somit auch eine schrittweise Parallelisierung eines Programms möglich. Durch Abschalten der entsprechenden Compiler-Option kann jederzeit eine lauffähige serielle Version des Programms erhalten werden, die auch zum Vergleich der Korrektheit des parallelen Ablaufs verwendet werden kann. Selbst mit einem nicht OpenMP-fähigen Compiler kann ein lauffähiges Programm erzeugt werden. Dieser wird die OpenMP-spezifischen Direktiven ignorieren oder eine Warnmeldung ausgeben, ohne jedoch die Compilierung abzubrechen.

OpenMP Compilerdirektiven beginnen immer mit `#pragma omp` und haben allgemein die Form:

```
#pragma omp <Direktive> [Klausel [[,] Klausel] ...]
```

Jede Direktive hat eine bestimmte Menge von gültigen Klauseln. Klauseln sind optional und beeinflussen das Verhalten der Direktive. Für einige Direktiven sind keine Klauseln erlaubt.

Alle `#pragma omp <> []` Anweisungen müssen mit einem Zeilenumbruch enden. Soll die Anweisung für mehr als nur die folgende C-Anweisung gelten, so muss ein Codeblock folgen, der, wie in C üblich, mit {...} geklammert wird. Die öffnende Klammer { des Codeblocks muss dabei auf der nachfolgenden Zeile stehen.

Laufzeitfunktionen und Umgebungsvariablen können benutzt werden, um z. B. zur Laufzeit die Anzahl der Prozessoren oder die Thread-ID zu ermitteln oder auch die Anzahl der Threads festzulegen. Weiterhin enthält die Bibliothek Funktionen zur Synchronisation von parallelen Threads. Möchte man Funktionen der OMP-Laufzeitbibliothek in einem Programm verwenden, so muss die Headerdatei `omp.h` eingebunden werden.

Im Folgenden werden die wichtigsten OMP-Konstrukte für die Programmiersprache C kurz vorgestellt.

OMP-Direktive zur Threaderzeugung (`parallel`)

`#pragma omp parallel`

Diese Direktive teilt das Programm (Masterthread) in mehrere Threads auf, so dass der darauf folgende, gegebenenfalls in {...} eingeschlossene Programmteil parallel abgearbeitet wird. Ohne weitere Angaben entspricht die Anzahl der erzeugten Threads normalerweise der Anzahl der verfügbaren Prozessor-Cores. Der Masterthread besitzt die Thread-ID 0. Listing 7.28 gibt `"Hallo Welt!"` mehrmals mit Hilfe mehrerer Threads aus.

Listing 7.28: "Hallo Welt!" in mehreren Threads

```c
#include <omp.h>
int main(void)
{
   #pragma omp parallel
   printf("Hallo Welt, hier Thread-ID: %d!\n", omp_get_thread_num());

   return 0;
}
```

Am Ende eines mit `omp parallel` gekennzeichneten parallelen Abschnitts steht immer eine implizite Barriere. Diese Barriere bewirkt, dass alle im vorhergehenden Abschnitt parallel arbeitenden Threads an dieser Stelle aufeinander warten müssen, bis auch der letzte Thread seine Berechnungen abgeschlossen hat. Diese Synchronisation ist im Allgemeinen für einen korrekten Programmablauf notwendig, hat aber zur Folge, dass der parallele Codeabschnitt von allen Threads zusammen nur so schnell ausgeführt werden kann, wie durch den langsamsten Thread, auf den die schnelleren eventuell warten müssen.

OMP-Direktiven zur Lastverteilung (Work-Sharing Constructs)

Diese Direktiven bestimmen, wie nebenläufige, unabhängige Arbeitslast auf parallele Threads verteilt wird.

- `#pragma omp for`
  Die Direktive teilt die Durchläufe der nachfolgenden for-Schleife auf Threads auf (Gebiets-/Datenaufteilung, *data partitioning*).
  Zur Parallelisierung einer for-Schleife verlangt OpenMP, dass die Schleife bestimmte Bedingungen erfüllt und folgendermaßen aufgebaut ist:

  ```
  for (index = startwert; index op endwert; inkrement)
     Anweisung;
  ```

  Die Anzahl der Schleifendurchläufe muss vor dem Eintritt in die Schleife berechenbar sein und darf sich innerhalb des Schleifenkörpers nicht ändern. Auch `startwert` und `endwert` dürfen sich während der Schleifenausführung nicht ändern und `inkrement` muss den Wert der Zählvariablen in jedem Schleifendurchlauf um denselben Wert verändern und darf dabei nur Additions- und Subtraktions-Operatoren verwenden. Ein Verlassen der Schleife mit `break` ist nicht erlaubt.
  Weiterhin dürfen selbstverständlich in Schleifen, die parallelisiert werden sollen, keine Datenabhängigkeiten zwischen einzelnen Iterationen vorkommen.
  Die Aufteilung der Schleifeniterationen auf die Threads kann durch Ergänzung der `for`-Direktive mit der Klausel `schedule` beeinflusst werden:
  `#pragma omp for schedule (type [, chunk])`
  Für `type` sind dabei folgende Schlüsselwörter erlaubt:
  `static, dynamic, guided, runtime, auto`
  und für `chunk` (Größe der Iterations-Blöcke) kann ein positiver Wert angegeben werden. Bei `static` werden jedem Thread seine Iterationen der Schleife bereits zu Beginn des ersten Schleifendurchlaufs zugewiesen. Bei den weiteren `schedule`-Typen werden dagegen nicht alle Iterationen bereits zu Anfang fest auf die Threads aufgeteilt. Die Threads bearbeiten jeweils die ihnen anhand des Werts von `chunk` zugeteilten Iterationen und bekommen neue zugewiesen, sobald sie die alten abgearbeitet haben. Der Vorteil dynamischer Ablaufpläne liegt darin, dass an Threads, die früher fertig sind, neue Iterationen zugewiesen werden können. Sie müssen nicht untätig warten. Die dynamische Zuweisung bedingt jedoch zusätzlichen Verwaltungsaufwand.
  Am Ende einer parallelisierten Schleife steht, wie am Ende eines parallelen Abschnitts, eine implizite Barriere, an der alle Threads aufeinander warten, bevor sie mit der Ausführung des restlichen Codes im parallelen Abschnitt fortfahren. Durch

Ergänzung der `for`-Direktive mit der Klausel `nowait`, also mit

```
#pragma omp for nowait
```

kann diese implizite Synchronisierung deaktiviert werden, wenn sie für die Korrektheit des Programms an dieser Stelle nicht notwendig ist.

- `#pragma omp sections`
  Diese Direktive verteilt unabhängige Programmteile auf verschiedene Threads (Task-/Funktionsaufteilung, *function partitioning*). Die genaue Syntax lautet:

```
#pragma omp sections
{
[ #pragma omp section ]
{
   // ... Teilaufgabe
}
[ #pragma omp section
{
   // ... Weitere Teilaufgabe(n)
} ]
}
```

OpenMP bewirkt, dass jeder Abschnitt (section)/Teilaufgabe von einem Thread einmal ausgeführt wird. Sind mehr Threads vorhanden als Teilaufgaben angegeben sind, bleiben Threads untätig und warten an der Barriere, die implizit am Ende von `#pragma omp sections` steht, bis alle ihre Berechnungen abgeschlossen haben. Gibt es mehr Teilaufgaben, als Threads zur Verfügung stehen, müssen einzelne Threads mehr als eine Teilaufgabe bearbeiten.
Die Direktiven zur Threaderzeugung und Lastverteilung können auch kombiniert werden (*Combined Parallel Work-Sharing Constructs*), wie z. B.:

```
#pragma omp parallel for
```

Das Beispielprogramm in Listing 7.29 initialisiert ein großes Array parallel, wobei jeder Thread die Initialisierung eines Teiles des Arrays übernimmt (Datenaufteilung).

Listing 7.29: Initialisierung eines großen Arrays

```
#define N 1000000
int main(void)
{
   int i, a[N];

   #pragma omp parallel for
   for (i = 0; i < N; i++)
      a[i]= i;

   return 0;
}
```

OMP-Klauseln zur Verwaltung des Gültigkeitsbereiches von Daten (Data Scope Attribute Clauses)

Bei der Shared-Memory-Programmierung sind zunächst die meisten Daten in allen Threads sichtbar. Es besteht jedoch häufig die Notwendigkeit von privaten, also nur für jeweils einen Thread sichtbaren Daten und dem expliziten Austauschen von Werten zwischen sequenziellen und parallelen Abschnitten. Dafür dienen in OpenMP so genannte *data clauses*, die an bestimmte Direktiven angehängt werden können.

- `shared (variable [, variable] ...)`
  Die in der Liste aufgeführten Variablen sind für alle Threads sichtbar und änderbar. Sie liegen für alle Threads an der gleichen Speicherstelle. Dies ist auch die Voreinstellung. D. h. auch alle Variablen, die weder in einer `shared`- noch einer `private`-Klausel aufgeführt sind, werden von allen Threads gemeinsam genutzt. Die einzige Ausnahme davon sind Schleifenvariablen.
- `private (variable [, variable] ...)`
  Jeder Thread verfügt über seine eigene Kopie (Instanz) dieser Variablen. Private Variablen werden nicht initialisiert. Die Werte sind auch nicht außerhalb des parallelen Abschnitts sichtbar.
- `firstprivate (variable [, variable] ...)`
  Diese Variablen sind privat, werden aber mit dem letzten Wert vor dem parallelen Abschnitt initialisiert.
- `lastprivate (variable [, variable] ...)`
  Diese Variablen sind privat, ihre Werte werden aber von dem Thread, der die letzte Iteration ausführt, aus dem parallelen Abschnitt herauskopiert.
- `reduction (op : variable [, variable] ...)`
  Diese Variablen sind privat, jeder Thread besitzt also eine eigene Version, alle Werte werden jedoch am Ende mit dem angegebenen Operator `op` auf einen globalen Wert zusammengefasst (reduziert). So lässt sich zum Beispiel die Summe aller Elemente eines Arrays parallel durch mehrere Threads bestimmen und am Ende eine gesamte Summe bilden.
  Erlaubte Operatoren für `op` sind: +, *, -, &, |, ^,&&, ||.

Die Datenzugriffsklauseln einer Direktive gelten nur innerhalb des Gültigkeitsbereichs des Codeblocks, der zur dieser Direktive gehört.

OMP-Direktiven zur Synchronisation (Synchronization Constructs)

- `#pragma omp critical section [name]`
  Der umschlossene Programmblock wird von allen Threads ausgeführt, aber niemals gleichzeitig, sondern sequenziell. `name` ist optional und dient zur Differenzierung bei der Verwendung mehrerer unabhängiger `critical sections` in einem Programm.
- `#pragma omp atomic`
  Kann analog zu `critical section` zum Schutz einer einzelnen Variablen genutzt werden, wobei unter Umständen etwas weniger Verwaltungsaufwand benötigt wird und damit Vorteile bei der Laufzeit entstehen können.

- `#pragma omp barrier`
  spezifiziert eine Barriere. Jeder Thread wartet an dieser Barriere, bis alle anderen Threads der Gruppe ebenfalls die Barriere erreicht haben, erst dann wird der Ablauf fortgesetzt.
- `#pragma omp single`
  Der nachfolgende Programmblock wird nur von einem und zwar dem Thread ausgeführt, der ihn zuerst erreicht. Am Ende des Blocks liegt eine implizite Barriere.
- `#pragma omp master`
  wirkt analog zu `single` mit dem Unterschied, dass der umschlossene Codeblock nur vom Masterthread ausgeführt wird und am Ende des Blocks keine Barriere impliziert ist.

Einige OMP-Laufzeitfunktionen

Die Funktionalität der folgenden Funktionen ergibt sich weitgehend aus dem jeweiligen Namen.

```
int omp_get_num_procs(void)
int omp_get_thread_num(void)
int omp_get_num_threads(void)
void omp_set_num_threads(int num_threads)
int omp_get_dynamic(void)
void omp_set_dynamic(int dynamic_threads)
int omp_get_nested(void)
void omp_set_nested(int nested)
```

Die OpenMP-Laufzeitbibliothek bietet auch Funktionen zur Synchronisierung paralleler Abschnitte zum Zugriff auf gemeinsam genutzte Daten.

In den folgenden Beispielprogrammen ist die Primzahlsuche aus dem vorigen Beispiel nun mit Hilfe von OMP parallelisiert. Bei den Laufzeittests wurde wiederum eine Suche von der Zahl $a = 3$ bis $e = 10\,000\,000$ mit 664 578 gefundenen Primzahlen auf einem System mit zwei Cores durchgeführt.

In der Programm-Version 1 verwendet die mit OMP parallelisierte Suchschleife das Default-Scheduling, nämlich *schedule* `static`, was zu einer einfachen, gleich großen Aufteilung des Suchraums führt. Die OMP-Threads verwenden eine gemeinsame, globale Summen-Variable, auf die der Zugriff synchronisiert werden muss. Hier ergeben sich folgende beispielhafte Zeiten:

- Programm-Version 1 (Listing 7.30)

Thread 0	7.1 sec
Thread 1	11.0 sec
Gesamt	11.0 sec

  Wie vorher ergeben sich die ungleichen Zeiten beider Threads dadurch, dass die Suche zu größeren Zahlen hin immer aufwändiger wird und die Rechenlast damit ungleich verteilt ist.

- Programm-Version 2 (Listing 7.31)

Thread 0	9.1 sec
Thread 1	9.1 sec
Gesamt	9.1 sec

In der Version 2 wird in der parallelisierten Suchschleife nun *schedule* `dynamic` verwendet, was zu einer dynamischen Aufteilung des Suchraums und damit einer etwa gleichen Auslastung der Threads führt. Weiterhin wird für die Summenbildung nun eine `reduction`-Variable verwendet.

Betrachtet man die beiden Optimierungen wiederum getrennt, so würde man auch hier feststellen, dass die gleiche Auslastung der Threads am meisten zum Gesamtgewinn beiträgt, da eine Synchronisation bei der Summenbildung nur jeweils bei einer gefundenen Primzahl nötig ist, was, verglichen mit dem sonstigen Aufwand, nur relativ selten vorkommt.

Listing 7.30: `primz_omp_1.cpp`: Version 1: Primzahlsuche mit parallelen OMP-Threads

```
/**********************************************************************\
* Dieses Programm berechnet alle Primzahlen zwischen m und n und gibt deren Anzahl
* und die benoetigte Zeit aus.  m und n sind einzugeben (Default-Bereich ist vorgegeben).
* Das Programm nutzt OMP.
* Compilierung mit VC++ z.B. mit: CL /openmp n.cpp
* Compilierung mit GCC z.B. mit: g++ -fopenmp -o ... n.cpp
* Die Anzahl der Arbeits-Threads kann eingegeben werden.
* Eingabe (0 .. 16); sonst: default --> Anzahl der CPUs.
\**********************************************************************/
#include <omp.h>
#include <stdio.h>
#include <time.h>
#define MAXN        10000000
#define MAX_THREADS 16
#define bool        unsigned char
static  unsigned long int m, n;
static  long int         nPrime;
static  int              numThr;
/*----------------------------------------------------------------------*/
inline bool isPrime(unsigned long int z) {
   unsigned long int t = 1;
   bool       prim = 1;
   while (t*t  <= z) {
        t++;
        if  (z  % t == 0) {
            prim = 0;
            break;
        }
   }
   return prim;
}
```

```
/*-----------------------------------------------------------------------*/
void testPrim( void ) {
   long int i;
   clock_t start , ende;
   #pragma omp parallel private(start, ende)
   {
   int myTNum = omp_get_thread_num();
   numThr = omp_get_num_threads();

   start = clock();
   #pragma omp for nowait
   for (i = m; i <= n; i+=2) {
      if ( isPrime(i) ) {
         #pragma omp critical
         nPrime++;
         if ( nPrime < 20 )
            printf("%11u-%d,", i, myTNum);
      }
   }
   ende = clock();
   printf("\nThrNum: %d, CPU - Time: %lf sec",
          myTNum, (ende-start)/(double)CLOCKS_PER_SEC);
   }
   return;
}
/*-----------------------------------------------------------------------*/
int  main(void) {
   int  numProc, numT;
   clock_t start , ende;

   numProc = omp_get_num_procs();
   printf("NumOfProcessors: %d\n", numProc);
   printf("Number of Threads (1..%d, else: default): ", MAX_THREADS);
   scanf("%d", &numT);
   if (numT > 0 && numT <= MAX_THREADS) {
      omp_set_num_threads( numT );
      printf("NumOfProcessors: %d, NumOfThreads: %d\n\n", numProc, numT);
   }
   printf("Anzahl der Primzahlen zwischen m (0: 3) und n (0: %d) \n", MAXN);
   printf("m: "); scanf("%lu", &m);
   if ( m == 0 )
      m = 3;
   printf("n: "); scanf("%lu", &n);
   if ( n == 0 )
      n = MAXN;
   getchar();
   printf("\n");
   if (m <= 2)
      m = 3;
   m = (m % 2 == 1) ? m : m+1;
   printf("Primzahlen: %u -> %u\n", m, n);
```

```
    start  = clock();
    testPrim();
    ende = clock();
    printf("\nNumOfThreads: %d, Total CPU - Time: %lf sec\n",
            numThr, (ende-start)/(double)CLOCKS_PER_SEC);
    printf("Total Num-Prim: %d \n", nPrime);
    getchar();
    return(0);
}
```

Listing 7.31: `primz_omp_2.cpp`: Version 2: Verbesserte Version mit dynamischer Arbeitsaufteilung und `reduction`-Variable

```
/**********************************************************************\
* Dieses Programm berechnet alle Primzahlen zwischen m und n
* und gibt deren Anzahl und die benoetigte Zeit aus.
* m und n sind einzugeben (Default-Bereich ist vorgegeben).
* Das Programm nutzt OMP.
* Compilierung mit VC++ z.B. mit: CL /openmp n.cpp
* Compilierung mit GCC z.B. mit: g++ -fopenmp -o ... n.cpp
* Die Anzahl der Arbeits-Threads kann eingegeben werden.
* Eingabe (0 .. 16); sonst: default -> Anzahl der CPUs.
\**********************************************************************/
#include <omp.h>
#include <stdio.h>
#include <time.h>

#define MAXN        10000000
#define MAX_THREADS 16
#define bool        unsigned char
static  unsigned long int m, n;
static  long int          nPrime;
static  int               numThr;
/*------------------------------------------------------------------*/
inline bool isPrime(unsigned long int z) {
    unsigned long int t = 1;
    bool              prim = 1;
    while (t*t  <= z) {
        t++;
        if  (z % t == 0) {
            prim = 0;
            break;
        }
    }
    return prim;
}
```

```
/*-----------------------------------------------------------*/
void testPrim( void ) {
   long int i;
   clock_t start, ende;

   #pragma omp parallel private(start, ende)
   {
   int myTNum = omp_get_thread_num();
   numThr    = omp_get_num_threads();

   start = clock();
   #pragma omp for nowait reduction(+:nPrime) schedule(dynamic)
   for (i = m; i <= n; i+=2) {
      if ( isPrime(i) ) {
         //#pragma omp critical
         nPrime++;
         if ( nPrime < 20 )
            printf("%11u-%d,", i, myTNum);
      }
   }
   ende = clock();
   printf("\nThrNum: %d, CPU - Time: %lf sec",
          myTNum, (ende-start)/(double)CLOCKS_PER_SEC);
   }
   return;
}
/*-----------------------------------------------------------*/
int  main(void) {
   int  numProc, numT;
   clock_t start, ende;

   numProc = omp_get_num_procs();
   printf("NumOfProcessors: %d\n", numProc);
   printf("Number of Threads (1..%d, else: default): ", MAX_THREADS);
   scanf("%d", &numT);
   if (numT > 0 && numT <= MAX_THREADS) {
      omp_set_num_threads( numT );
      printf("NumOfProcessors: %d, NumOfThreads: %d\n\n", numProc, numT);
   }
   printf("Anzahl der Primzahlen zwischen m (0: 3) und n (0: %d) \n", MAXN);
   printf("m: "); scanf("%lu", &m);
   if ( m == 0 )
      m = 3;
   printf("n: "); scanf("%lu", &n);
   if ( n == 0 )
      n = MAXN;
   getchar();
   printf("\n");
   if (m <= 2)
      m = 3;
   m = (m % 2 == 1) ? m : m+1;
   printf("Primzahlen: %u -> %u\n", m, n);
```

```
    start  = clock();
    testPrim();
    ende = clock();

    printf("\nNumOfThreads: %d, Total CPU – Time: %lf sec\n",
           numThr, (ende–start)/(double)CLOCKS_PER_SEC);
    printf("Total Num–Prim: %d \n", nPrime);
    getchar();
    return(0);
}
```

Die Beispielprogramme zu openMP sind sowohl für Linux als auch für Windows mit den entsprechenden Compilern und Optionen für openmp compilierbar und lauffähig.

OMP-Tasks (OMP 3.x)

Im OpenMP 3.0 Standard wurde mit dem Konzept von Tasks eine neue dynamische Möglichkeit zur Verteilung von Arbeit auf Threads eingeführt. Im Gegensatz zu OMP `sections`, wo Art und Anzahl der Aufgaben in parallel ablaufenden OMP-`section`-Blöcken statisch fest definiert sind, erlauben OMP-Tasks auch die parallele Bearbeitung irregulärer Datenstrukturen wie verketteter Listen oder Bäume. Tasks beinhalten einen Block von Programmanweisungen. Trifft ein Thread auf eine OMP-`task`-Direktive, wird ein neuer Task erzeugt und in eine Warteschlange gestellt oder gegebenenfalls auch sofort ausgeführt. Tasks werden von Threads ausgeführt, indem sie durch einen Task-Scheduler dynamisch zur Laufzeit an Threads zur parallelen Bearbeitung zugewiesen werden. Welcher Thread welchen Task ausführt, ist nicht relevant.

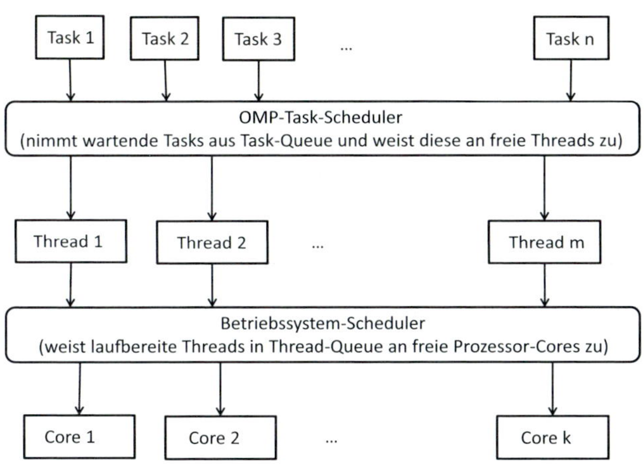

Abbildung 7.84: Abbildung von OMP-Tasks auf Prozessorkerne

Die Direktive für die Erzeugung von Tasks lautet:

- `#pragma omp task`
  Damit wird eine von anderen Tasks unabhängig ausführbare Aufgabe als Task erzeugt und in eine entsprechende Task-Warteschlange zur Bearbeitung eingereiht.

Tasks ermöglichen die Parallelisierung von while-Schleifen, von rekursiven Algorithmen und auch die parallele Bearbeitung der Knoten von verketteten Listen und Bäumen. Durch dynamische Zuordnung von Tasks zu Threads kann eine gleichmäßige Auslastung von allen Cores erreicht werden. Die Synchronisation kann durch die bereits bekannten Direktiven erfolgen, eine weitere Direktive

- `#pragma omp taskwait`
  dient speziell zum Warten auf Kind-Tasks, die seit dem Beginn des aktuellen Tasks erzeugt wurden.

Die Erzeugung einer sehr großen Anzahl von Tasks kann jedoch die Leistung durch die benötigte Verwaltung erheblich beeinträchtigen, was insbesondere bei der Verwendung von Tasks in rekursiven Algorithmen leicht geschehen kann. In solchen Fällen sollten Vorkehrungen getroffen werden, die erzeugte Tasks auf sinnvolle Anzahlen beschränken. Dies kann durch eine OMP-`if`-Direktive oder auch meist sogar besser durch eine if-Anweisung im Code erreicht werden.

Der folgende Code-Ausschnitt zeigt die Verwendung von Tasks zur rekursiven parallelen Berechnung von Fibonacci-Zahlen. Nach der Erzeugung von parallelen Threads erfolgt der Aufruf der Fibonacci-Funktion durch einem einzelnen Thread; die innerhalb der Funktion erzeugten Tasks werden dann den bereits erzeugten, wartenden Threads zur Bearbeitung zugewiesen.

Listing 7.32: Ausschnitt aus Beispielprogramm: `fibo_pt.c`

```c
long fib(int n) {
   long x, y;

   if (n < 2) {
      return (n);
   }
   else {
      if ( n > nltk ) {
        #pragma omp task shared(x)
        x = fib(n - 1);
        #pragma omp task shared(y)
        y = fib(n - 2);
        #pragma omp taskwait
        return (x + y);
      }
      else {
        x = fib(n - 1);
        y = fib(n - 2);
        return (x + y);
      }
   }
}
```

Die Laufzeiten für einige interessante Abläufe sind in der folgenden Tabelle angegeben. Man erkennt deutlich, dass eine zu kleine Grenze und damit eine Erzeugung von sehr vielen Tasks zu keiner weiteren Performance-Verbesserung, sondern sogar zu einer Verschlechterung führt. Andererseits ist bei der Erzeugung von nur wenigen Tasks der Performance-Gewinn auch kleiner als optimal möglich wäre, da dann Cores gegebenenfalls nicht (mehr) beschäftigt sind.

Tabelle 7.4

Beispielhafte Ablaufzeiten (i5, 2,6 GHz, 2 × 2 Cores):
Berechnung der Fibonacci-Zahl zu 45:
Ablaufzeiten
ohne Parallelisierung / openMP, 1 Thread: ca. 10 sec
mit Parallelisierung / openMP, 4 Threads:

Grenze für Task-Erzeugung	Anzahl Tasks	Ablaufzeit
44	ca. 2	ca. 7 sec
40	ca. 25	ca. 5 sec
20	ca. 400000	ca. 6 sec
15	ca. $4 \cdot 10^6$	ca. 45 sec

Allgemein kann man feststellen, dass rekursive Algorithmen häufig ein ungünstiges Laufzeitverhalten aufweisen und dass auch bei der Parallelisierung nur beschränkt Verbesserungen möglich sind. Der OpenMP 3.0 bzw. 3.1 Standard und damit die Verwendung von Tasks wird von GNU-Compilern ab Version 4.7.0 unterstützt. Dazu ist gegebenenfalls noch die zugehörige openmp-Bibliothek *libgomp* zu installieren. Vom MS-VisualC++-Compiler wird OpenMP 3.x und damit Tasks aktuell nicht unterstützt. Die Beispiele wurden mit dem GNU-C-Compiler 4.8.1 compiliert.

Wie oben erwähnt können Tasks auch zur Parallelisierung von while-Schleifen und verketteten Listen verwendet werden. Der folgende Code-Ausschnitt zeigt ein Beispiel für eine parallele Bearbeitung der Knoten einer verketteten Liste. Nach der Erzeugung von parallelen Threads wird die while-Schleife zur Bearbeitung der Knoten von einem einzelnen Thread durchlaufen. Zur Bearbeitung jedes Knotens wird jeweils ein separater Task erzeugt, der dann jeweils von einem der anfangs erzeugten Threads parallel bearbeitet wird.

Listing 7.33: Ausschnitt aus Beispielprogramm zur parallelen Bearbeitung einer verketteten Liste

```
  typedef struct node {
   int data;
   int resdata;
   struct node* pnext;
} NODE;
struct node *p;
...
   #pragma omp parallel
   {
      #pragma omp single
      {
            p = phead;
            while (p) {
                  #pragma omp task firstprivate(p)
                  {
                     processNode(p);
                  }
                  p = p−>pnext;
            }
      }
   }
```

Der derzeit aktuelle OMP 4.0 bzw. 4.5 Standard bringt weitere spezielle Ergänzungen und Verbesserungen zur parallelen Programmierung, wie z. B. die Möglichkeit des Abbruchs paralleler Abschnitte, selbst definierte `reduction`-Datentypen, Unterstützung für die SIMD-Einheiten moderner CPUs zur parallelen Bearbeitung von Vektor-Daten in einzelnen Prozessor-Instruktionen und auch von Co-Prozessoren. OMP 4.0 sollte von GCC ab Version 4.9.1 unterstützt werden.

7.9.5 Besondere Probleme bei paralleler Bearbeitung

Verteilung der Rechenlast auf Threads bzw. Tasks

Ein wichtiger Punkt für die Performance paralleler Programme ist die möglichst gleichmäßige Verteilung der Rechenlast auf die parallelen Threads. Wie auch in den obigen Beispielen deutlich wird, ist dies nicht immer einfach dadurch zu erreichen, dass z. B. die zu bearbeitenden Datenbereiche linear aufgeteilt werden, sondern es muss jeweils die tatsächliche Arbeitsbelastung berücksichtigt werden. Auch Wartezeiten durch nötige Synchronisationen von Threads sind möglichst zu vermeiden oder möglicherweise durch andere geeignete Maßnahmen zu ersetzen.

Ein gewisser Beitrag zur gleichmäßigeren Aufteilung von Rechenlast auf verfügbare Cores und somit zur gleichmäßigeren Auslastung kann in bestimmten Fällen auch durch Erzeugung und Ablauf einer (etwas) höheren Anzahl von Threads als verfügbaren Prozessor-Cores erreicht werden, insbesondere dann, wenn die Last nicht von vornherein statisch gleichmäßig aufgeteilt werden kann. Damit kann eine kleinteiligere Aufteilung der Gesamtarbeit und somit unter Umständen eine gleichmäßigere Auslastung der Cores erreicht werden. Sobald ein Thread auf einem Core seine Arbeit beendet hat, kann der Scheduler einen gegebenenfalls noch wartenden Thread diesem Core zuteilen, so dass der Core nicht unbeschäftigt bleibt. Zu viele Threads können durch den nötigen Verwaltungsaufwand, insbesondere beim Starten und Beenden, die Performance jedoch auch verkleinern.

Probleme bei parallelen Speicher- und Cache-Zugriffen

Eine Ursache für die Schnelligkeit moderner Prozessoren ist die Verwendung von Cache-Speichern, so dass nicht ständig für jedes zu bearbeitende Datum ein Zugriff auf den Arbeitsspeicher nötig ist. Vielfach ist nicht nur eine Cache-Ebene, sondern es sind mehrere Cache-Levels vorhanden. Cache-Speicher sind üblicherweise in so genannten Cache-Lines organisiert, wobei immer jeweils ganze solche Zeilen aus dem Arbeitsspeicher gelesen bzw. bei Änderung von Daten dorthin zurückgeschrieben werden. Die Länge einer Cache-Zeile der untersten Ebene beträgt bei heutigen PC-Prozessoren häufig 64 Bytes. Besitzt nun in einem Multicore-System jeder Prozessor-Core einen eigenen, lokalen Cache-Speicher, so kann das so genannte *False Sharing* auftreten, was die Leistung erheblich vermindern kann. Dieses Problem soll hier noch kurz erläutert werden.

Wird in einem solchen Multicore-System durch einen Prozessor-Core ein Datum in einer Cache-Zeile geändert, so wird diese Zeile zunächst als geändert gekennzeichnet, um sie und damit die geänderten Daten gegebenenfalls zu einem späteren Zeitpunkt zurück in den Arbeitsspeicher (oder gegebenenfalls einen gemeinsamen, höheren Level Cache-Speicher) zu schreiben. Benötigt nun aber in der Zwischenzeit ein anderer Prozessor-Core ebenfalls ein Datum innerhalb dieses Speicherbereichs (Cache-Zeile), so muss die Cache-Zeile vorher erst, d. h. sofort, zurück in den gemeinsamen Speicher geschrieben werden, so dass auch der andere Core immer mit den neuesten Daten arbeiten kann, was man mit *Cache-/Speicher-Kohärenz* bezeichnet. Verschiedene Threads bearbeiten also durchaus verschiedene Daten, die allerdings in der gleichen Cache-Zeile liegen. Erfolgen ständig und abwechselnd solche (benachbarten) Zugriffe, wird dadurch zwangsläufig die Leistung des Gesamtsystems abnehmen, da die schnellen Zugriffszeiten auf den lokalen Cache-Speicher praktisch nicht genutzt werden können, sondern jedes Mal ein langsamerer Zugriff auf den Arbeitsspeicher bzw. gemeinsamen Speicher durchgeführt werden muss.

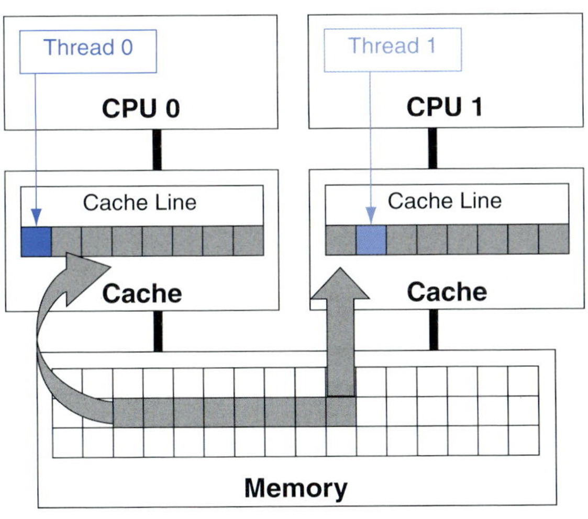

Abbildung 7.85: Cache- und Speicher-Zugriffe (Quelle: Intel)

In Listing 7.34 wird in verschiedenen Demo-Funktionen in jeweils einer Schleife durch einen oder mehrere parallele OMP-Threads eine Summation in einer globalen, gemeinsamen Variablen und in jeweils unterschiedlichen und Thread-eigenen Variablen gezeigt. In einer dieser Demo-Funktionen liegen die unterschiedlichen und Thread-eigenen Variablen im Speicher jeweils benachbart und damit in der gleichen Cache-Zeile, in einer anderen jedoch weit voneinander entfernt. Will im ersten Fall ein Thread auf einer CPU, z. B. CPU 0, seine Variable bearbeiten, so wird diese aus dem Arbeitsspeicher in den Cache der CPU des Threads geladen und von dort bearbeitet und gegebenenfalls geändert. Benötigt nun ein anderer Thread auf einer anderen CPU, z. B. CPU 1, seine (andere) Variable, die jedoch in der gleichen Cache-Zeile liegt, so muss, da die Zeile im Arbeitsspeicher (oder höheren Level Cache-Speicher) inzwischen ungültig ist, die Cache-Zeile vom Cache der CPU 0 zuerst (in den gemeinsamen Speicher) zurück kopiert werden und kann dann erst (neu) in den Cache der CPU 1 geladen werden. Nur mit einem solchen Vorgehen kann eine ständige Kohärenz zwischen Cache und Arbeitsspeicher gewährleistet werden.

Listing 7.34: `FalS_omp.cpp`: Zugriff auf verschiedene Variablen mit parallelen OMP-Threads (False Sharing)

```
/*****************************************************************\
* Die Demo-Funktionen dieses Programms arbeiten in einer Schleife auf einer Variablen.
* Bei paralleler Bearbeitung verwendet in speziellenen Faellen
* jeder Thread mit Hilfe seines eigenen Index (iT) ein eigenes
* Element eines Arrays um die ansonsten noetige Synchronisation zu vermeiden.
* Liegen die jeweiligen Elemente nahe zusammen im Speicher
* (gleiche Cache-Line), sollte sich der Effekt des "FalseSharing"
* zeigen, der bei entsprechendem Abstand wieder verschwindet.
* Das Programm nutzt OMP.
* Compilierung mit VC++ z.B. mit: CL /openmp n.cpp
* Compilierung mit GCC z.B. mit: g++ -fopenmp -o ... n.cpp
* Die Anzahl der Arbeits-Threads kann eingegeben werden.
* Eingabe (0 .. 16); 0: default -> numCPU.
*
\*****************************************************************/
#include <omp.h>
#include <stdio.h>
#include <time.h>
#define NN 200000000
#define MAX_THREADS 16
//#define CACHEL 64
//#define OFFSET (CACHEL/sizeof(int))
#define OFFSET 16

#ifdef _MSC_VER
__declspec (align(64)) static int sum_a[MAX_THREADS*OFFSET];
#else
__attribute__ ((aligned (64))) static int sum_a[MAX_THREADS*OFFSET];
#endif
/*---------------------------------------------------------------*/
int Demo0(int nn) {
   int sum=0, i;
   {
```

```
        int iT = 0;
        printf("T%d a%p ", iT, &sum);
        for (i = 0; i < nn; i++)
            sum += i; //Sequenziell
    }
    return sum;
}
/*-----------------------------------------------------------*/
int Demo1(int nn) {
    int sum=0, i;
    #pragma omp parallel
    {

        int iT = omp_get_thread_num();
        printf("T%d a%p ", iT, &sum);
        #pragma omp for
        for (i = 0; i < nn; i++)
            #pragma omp atomic
            sum += i; //Parallel
    }
    return sum;
}
/*-----------------------------------------------------------*/
int Demo2(int nn) {
    int sum=0, i;
    #pragma omp parallel
    {
        int iT = omp_get_thread_num();
        sum_a[iT] = 0;
        printf("T%d a%p o%ld ", iT, &sum_a[iT], (long int)(&sum_a[iT])%64);
        #pragma omp for
        for (i = 0; i < nn; i++)
            sum_a[iT] += i; //Parallel: iT = ThreadNumber (0, 1, ...)
        #pragma omp atomic
        sum += sum_a[iT];
    }
    return sum;
}
/*-----------------------------------------------------------*/
int Demo3(int nn) {
    int sum=0, i;
    #pragma omp parallel
    {
        int iT = omp_get_thread_num() * OFFSET;
        sum_a[iT] = 0;
        printf("T%d a%p o%ld ", iT/OFFSET, &sum_a[iT], (long int)(&sum_a[iT])%64);
        #pragma omp for
        for (i = 0; i < nn; i++)
            sum_a[iT] += i; //Parallel: iT = ThreadNumber * OFFSET (0, 16, ...)
        #pragma omp atomic
        sum += sum_a[iT];
    }
    return sum;
}
/*-----------------------------------------------------------*/
```

```
int Demo4(int nn) {
   int sum=0, i;
   #pragma omp parallel
   {
       int iT = omp_get_thread_num();
       //sum_a[iT] = 0;
       printf("T%d a%p ", iT, &sum);
       #pragma omp for reduction(+:sum)
       for (i = 0; i < nn; i++)
          sum += i;          //Parallel: reduction-Variable !
   }
   return sum;
}
/*-----------------------------------------------------------*/
int main(void) {
   int  numCPU, numT, nn;
   int  sum;
   clock_t start , ende;

   numCPU = omp_get_num_procs();
   printf("NumOfProcessors: %d\n", numCPU);
   printf("Number of Threads (1..%d, else: default): ", MAX_THREADS);
   scanf("%d", &numT);
   if (numT > 0 && numT <= MAX_THREADS) {
      omp_set_num_threads( numT );
      printf("NumOfProcessors: %d, NumOfThreads: %d\n\n", numCPU, numT);
   }
   #pragma omp parallel
   #pragma omp master
      numT = omp_get_num_threads();
   printf("Demo Loop, Number of Iterations (0: %d): \n", NN);
   printf("nn: "); scanf("%u", &nn);
   if ( nn == 0 )
      nn = NN;
   getchar();
   //-------------------------------
   printf("\nDemo-0; Sequenziell\n");
   start = clock();
   sum = Demo0(nn);
   ende = clock();
   printf("\nNumThrs: %d, CPU - Time: %lf sec\n",
           1, (ende-start)/(double)CLOCKS_PER_SEC);
   printf("SUM: %u\n", sum);
   //-------------------------------
   printf("\nDemo-1; Parallel m. Synchr.\n");
   start = clock();
   sum = Demo1(nn);
   ende = clock();
   printf("\nNumThrs: %d, CPU - Time: %lf sec\n",
           numT, (ende-start)/(double)CLOCKS_PER_SEC);
   printf("SUM: %u\n", sum);
   //-------------------------------
   printf("\nDemo-2; Parallel, Threads mit benachb. Elementen\n");
   start = clock();
   sum = Demo2(nn);
   ende = clock();
```

```
    printf("\nNumThrs: %d, CPU - Time: %lf sec\n",
            numT, (ende-start)/(double)CLOCKS_PER_SEC);
    printf("SUM: %u\n", sum);
    //------------------------------
    printf("\nDemo-3; Parallel, Threads mit entfernt. Elementen\n");
    start  = clock();
    sum = Demo3(nn);
    ende = clock();
    printf("\nNumThrs: %d, CPU - Time: %lf sec\n",
            numT, (ende-start)/(double)CLOCKS_PER_SEC);
    printf("SUM: %u\n", sum);
    //------------------------------

    printf("\nDemo-4; Parallel, Threads mit reduct. Var.\n");
    start  = clock();
    sum = Demo4(nn);
    ende = clock();
    printf("\nNumThrs: %d, CPU - Time: %lf sec\n",
            numT, (ende-start)/(double)CLOCKS_PER_SEC);
    printf("SUM: %u\n", sum);

    printf("\nFinished\n");
    getchar();
    return(0);
}
```

Auf einem System mit zwei Cores ergeben sich bei 200 000 000 Schleifen-Iterationen folgende Ablaufzeiten:

Demo-0	Sequenziell, eine Variable	0.7 sec	
Demo-1	Parallel, eine Variable mit Synchronisation	13.4 sec	
Demo-2	Parallel, eigene benachbarte Variablen	1.4 sec	(**False Sharing**)
Demo-3	Parallel, eigene entfernte Variablen	0.5 sec	
Demo-4	Parallel, `reduction`-Variable(n)	0.4 sec	

Der Effekt des False Sharing ist deutlich zu sehen und bewirkt eine sogar erheblich längere Ablaufzeit als beim sequenziellen Ablauf.

False Sharing Probleme können leicht unbemerkt bleiben, da es keine direkten Hinweise dafür gibt, außer gegebenenfalls eine verminderte CPU Leistung. Daten wie Anzahl der Cache-Fehler und Ähnliches können einen Hinweis auf derartige Probleme geben. Eine generelle Aussage zu Auswirkungen von False Sharing ist kaum möglich, da dies von vielen Parametern des jeweiligen Systems wie Anzahl der Cache-Ebenen, Blockgrößen der Caches, Datenlayout und Zugriffsmuster der Anwendung, Art des Cache-Kohärenzprotokolls usw. abhängt. Von HW-Herstellern wird zunehmend versucht die Prozessorarchitekturen anzupassen, um False Sharing zu reduzieren bzw. zu vermeiden. Eine Möglichkeit dazu ist die Verwendung von gemeinsamen Level-3-Cache-Speicher.

Bearbeitung zweidimensionaler Arrays (Matrizen)

Auch der effektive Zugriff auf zweidimensionale Arrays bzw. Matrizen hängt mit der Speicherorganisation zusammen. Bei einer Matrix `a[z][s]` werden vom C-Compiler alle Spalten-Elemente aus der 0. Zeile nacheinander in den Speicher gelegt, danach kommen alle Spalten-Elemente aus der 1. Zeile usw. Aus den vorigen Überlegungen zum Cache-Speicher folgt hier, dass Zugriffe auf (benachbarte) Spalten-Elemente innerhalb einer Zeile effizienter sind als Zugriffe auf Elemente in unterschiedlichen Zeilen der gleichen Spalte, zumindest dann, wenn die Anzahl der Spalten-Elemente höher ist als die Länge einer Cache-Zeile. Beim parallelen Zugriff ist es daher von Vorteil anhand der Zeilen zu parallelisieren, d. h. einem Prozessor-Core jeweils eine oder mehrere Zeilen einer Matrix zur Bearbeitung zuzuweisen, um eine gefüllte Cache-Line möglichst effektiv auszunutzen.

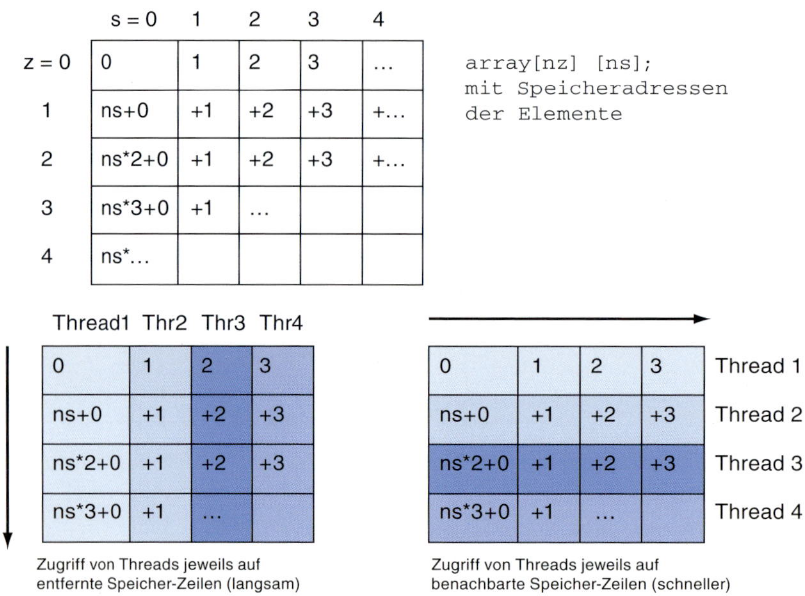

Abbildung 7.86: Matrizen, Speicherlayout und -zugriffe

In Listing 7.35 ist dies für OMP-Threads in verschiedenen Demo-Funktionen demonstriert. Auf einem System mit zwei Cores und einer Matrix-Größe von

`char mtx[20000][20000]`

ergeben sich folgende Ablaufzeiten:

Seriell Spalte/Zeile	6.9 sec
Seriell Zeile/Spalte	3.8 sec
Parallel Spalte/Zeile	9.3 sec
Parallel Zeile/Spalte	1.9 sec

Listing 7.35: `Matx_omp.cpp`: Matrixbearbeitung mit OMP-Threads und Zeilen- bzw. Spalten-Zugriffen

```
/**********************************************************************\
* Dieses Programm fuellt ein 2-dim Array (Matrix) in zwei geschachtelten Schleifen
* mit Werten. Alternativ oder zusaetzlich koennten jeweils die Elemente
* auch arithmetisch verarbeitet werden.
* Ablage 2-dim Arrays in C: a[zeilen][spalten] bzw. Mtx[y][x]
* Das Programm nutzt OMP.
* Compilierung mit VC++ z.B. mit: CL /openmp n.cpp
\**********************************************************************/
```

```
/********************************************************************\
* Compilierung mit GCC z.B. mit: g++ -fopenmp -o ... n.cpp
* Die Anzahl der Arbeits-Threads kann eingegeben werden.
* Eingabe (0 .. 16); 0: default -> numCPU.
\********************************************************************/

#include <omp.h>
#include <stdio.h>
#include <time.h>
//#define SIZE 200
#define MAX_THREADS 16
const int SIZEZ = 20000;
const int SIZES = 20000;
typedef unsigned char UCHAR;
static unsigned char mtx[SIZEZ][SIZES];
/*--------------------------------------------------------------------*/
void SetMtxSsz(UCHAR mtx[][SIZES], const int width, const int height) {
    int n=0;
    for (int s = 0; s < width; ++s)
      for (int z = 0; z < height; ++z) {
         mtx[z][s] += (z + s) % 0xFF;
         n++;
      }
    printf("Elements: %d ", n);
}
/*--------------------------------------------------------------------*/
void SetMtxSzs(UCHAR mtx[][SIZES], const int width, const int height) {
    int n=0;
    for (int z = 0; z < height; ++z)
      for (int s = 0; s < width; ++s) {
         mtx[z][s] += (z + s) % 0xFF;
         n++;
      }
    printf("Elements: %d ", n);
}
/*--------------------------------------------------------------------*/
void SetMtxPsz(UCHAR mtx[][SIZES], const int width, const int height) {
    int n=0;
    #pragma omp parallel for reduction(+:n)
    for (int s = 0; s < width; ++s)
      for (int z = 0; z < height; ++z) {
         mtx[z][s] += (z + s) % 0xFF;
         n++;
      }
    printf("Elements: %d ", n);
}
/*--------------------------------------------------------------------*/
void SetMtxPzs(UCHAR mtx[][SIZES], const int width, const int height) {
    int n=0;
    #pragma omp parallel for reduction(+:n)
    for (int z = 0; z < height; ++z)
      for (int s = 0; s < width; ++s) {
         mtx[z][s] += (z + s) % 0xFF;
         n++;
      }
    printf("Elements: %d ", n);
}
```

```
/*--------------------------------------------------------------------------*/
int main(void) {
    int   numCPU, numT;
    clock_t  start , ende;


    numCPU = omp_get_num_procs();
    printf("NumOfProcessors: %d\n", numCPU);
    printf("Number of Threads (1..%d, else: default): ", MAX_THREADS);
    scanf("%d", &numT);
    if (numT > 0 && numT <= MAX_THREADS) {
        omp_set_num_threads( numT );
        printf("NumOfProcessors: %d, NumOfThreads: %d\n\n", numCPU, numT);
    }
    #pragma omp parallel
    #pragma omp master
        numT = omp_get_num_threads();
    getchar();
    //------------------------------
    printf("\nSetMtx Serial-sz, Mtx-Size: [%d, %d]\n", SIZEZ, SIZES);
    start  = clock();
    SetMtxSsz(mtx, SIZES, SIZEZ);
    ende = clock();
    printf("\nNumThrs: %d, CPU - Time: %lf sec\n",
           1, (ende-start)/(double)CLOCKS_PER_SEC);
    //------------------------------
    printf("\nSetMtx Serial-zs\n");
    start  = clock();
    SetMtxSzs(mtx, SIZES, SIZEZ);
    ende = clock();
    printf("\nNumThrs: %d, CPU - Time: %lf sec\n",
           1, (ende-start)/(double)CLOCKS_PER_SEC);
    //------------------------------
    printf("\nSetMtx Parallel-sz\n");
    start  = clock();
    SetMtxPsz(mtx, SIZES, SIZEZ);
    ende = clock();
    printf("\nNumThrs: %d, CPU - Time: %lf sec\n",
           numT, (ende-start)/(double)CLOCKS_PER_SEC);
    //------------------------------
    printf("\nSetMtx Parallel-zs\n");
    start  = clock();
    SetMtxPzs(mtx, SIZES, SIZEZ);
    ende = clock();
    printf("\nNumThrs: %d, CPU - Time: %lf sec\n",
           numT, (ende-start)/(double)CLOCKS_PER_SEC);

    printf("\nFinished\n");
    getchar();
    return(0);
}
```

Weitere Probleme mit Cache-Speicher

Vor allem bei größeren mehrdimensionalen Arrays, aber auch allgemein, kann abhängig von Arraygrößen, -zugriffen und Cachegrößen ein ungünstiges Cache-Mapping ein so genanntes Cache Thrashing verursachen, was zu merkbaren Performance-Einbußen führen kann. Werden z. B. mehrdimensionale Vektoren bzw. Matrizen insbesondere mit einer (in C) Spaltenanzahl einer 2-er Potenz definiert, so kann dieses Phänomen bei gleichzeitigem bzw. parallelem Zugriff (in verschiedenen Zeilen) auftreten:

```
int m[SIZEZ][SIZES] mit: #define SIZES 4096 //(=2^12)}
```

Ähnliches kann auch bei gleichzeitigem bzw. parallelem Zugriff auf mehrere eindimensionale Vektoren auftreten, wie z. B.:

```
#define SIZE 32768 //(=2^15)
int a[SIZE],b [SIZE],c [SIZE],d [SIZE], e[SIZE];
for ( i =1 ; i  < SIZE; i++)
   a[i] =b[i] +c[i] * d[i] - e[i];
```

Im Detail stellt sich das Problem folgendermaßen dar:

Jede Zeile des Arrays `m` bzw. jeder Vektor `a` bis `e` hat in den obigen Beispielen die ersten bzw. untersten 12 bzw. 15 Adressbits gemeinsam. Die Elemente etlicher Matrix-Zeilen bzw. Vektoren werden daher (bei einer anzunehmenden Cache-Größe <~ Zeilen-/Vektor-Größe) im jeweiligen Cache-Speicher auf gleiche Cache-Adressen abgebildet. Selbst in Fällen von 2- oder 4-Wege-assoziativen Caches können nicht immer alle aktuell bearbeiteten Zeilen bzw. Vektoren auf unterschiedliche Cache-Adressen abgebildet werden. Ist dann die Anzahl der gleichzeitigen bzw. parallelen Zugriffe höher als die Cache-Assoziativität, dann können sich die Zugriffe auf die verschiedenen Zeilen bzw. Vektoren gegenseitig stören, d.h., es kommt zu Cache-Konflikten und daraus folgenden (langsamen) Zugriffen auf den Speicher, was zu den genannten Performance-Einbußen führt.

Das folgende Code-Beispiel zeigt eine einfache Multiplikation von Matrizen. In der folgenden Tabelle sind die Ablaufzeiten bei gleicher Anzahl von Multiplikationen einmal für den Fall von Matrizen mit einer definierten maximalen Spaltenanzahl von 2048 (2^{11}) Elementen und dann mit einer definierten maximalen Spaltenanzahl von 2046 bzw. 2080 Elementen gezeigt.

Listing 7.36: Ausschnitt aus Beispielprogramm: `matmul_p.c`

```
#pragma omp parallel for private(z,s,i,erg)
 for (z = 0; z < z1; z++) {
    for (s = 0; s < s2; s++) {
       erg = 0;
       for (i = 0; i < s1; i++) {
          erg += m1[z][i] * m2[i][s];
       }
       m3[z][s] = erg;
    }
 }
```

Tabelle 7.5

Beispielhafte Ablaufzeiten (i5, 2,6 GHz, 2 x 2 Cores)

Aktuell bearbeitete Matrix-Größe: 1200 x 1200 (unsigned int)

Ablaufzeit mit Parallelisierung/openMP, 4 Threads:

Max. Matrix-Spalten	Ablaufzeit
2048	14 sec
2046	5,1 sec
2080	4,7 sec

Ablaufzeit ohne Parallelisierung/openMP, 1 Thread:

Max. Matrix-Spalten	Ablaufzeit
2048	35 sec
2046	10 sec
2080	7,6 sec

Die Performanceunterschiede sind deutlich zu erkennen, sowohl mit als auch ohne parallele Threads ist ein deutlicher Performance-Einbruch bei einer Anzahl von 2048 Spalten zu sehen. In diesem Fall liegt dies auch am speziellen Algorithmus der Matrix-Multiplikation, bei dem eine Matrix zeilenweise, die andere spaltenweise durchlaufen werden muss, was zu einer ähnlichen Cache-Problematik wie bei gleichzeitigen parallelen Zugriffen auf unterschiedliche Zeilen führt.

Inzwischen wird von der Seite der Hardware-Entwicklung aus versucht, durch große und mehrstufige Caches (Layer 1–3) und mehrfach assoziative Caches, die Auswirkungen von gegenseitigen Störungen der Cache-Speicher durch gleichzeitige Zugriffe und insbesondere durch parallele Threads zu minimieren. Trotzdem können Cache-Abhängigkeiten weiterhin, wie gezeigt, insbesondere bei großen Datenmengen und in speziellen Fällen auftreten.

Somit besteht vor allem auch bei der parallelen Programmierung eine große Problematik darin, dass solche und ähnliche Performance-Verluste vielfach völlig unerkannt bleiben können, wenn keine entsprechenden Performance-Vergleiche durchgeführt werden.

Eine weitere Möglichkeit den obigen Algorithmus der Matrix-Multiplikation weiter zu beschleunigen besteht darin, die Multiplikator-Matrix (2. Matrix) in der innersten Schleife nicht spaltenweise, sondern möglichst zeilenweise zu durchlaufen, sodass sich auch für diese Matrix eine effektivere Cache-Nutzung ergibt. Das ist möglich, wenn zur Multiplikation die transponierte Matrix verwendet wird bzw. die Matrix vorher transponiert wird.

Im folgenden Beispielprogramm wird dies genauso durchgeführt. In der Tabelle mit den gemessenen Ablaufzeiten ist zu sehen, dass die Transponierung nur sehr wenig Laufzeit benötigt und insgesamt nochmals ein deutlicher Performance-Gewinn erreicht wird. Als Nebeneffekt ergibt sich, dass nun die Laufzeit auch bei einer Spaltengröße einer 2-er Potenz keinen Einbruch mehr erleidet.

Weitere Optimierungen sind möglich, indem in solchen Fällen z. B. versucht wird, die Matrizen in Teilmatrizen aufzuteilen, die jeweils einzeln in den Cache-Speicher passen und so zunächst getrennt sehr effizient bearbeitet werden können. In guten Bibliotheken sind solche Optimierungen üblicherweise realisiert.

Tabelle 7.6

Beispielhafte Ablaufzeiten (i5, 2,6 GHz, 2 × 2 Cores)
Zu Beispielprogramm: `matmul_pT.c`
Aktuell bearbeitete Matrix-Größe: 1200 × 1200 (unsigned int)

Ablaufzeit mit Parallelisierung/openMP, 4 Threads:

Max. Matrix-Spalten	Zeit (Transponierung)	Ablaufzeit (gesamt)
2048	< 0,1 sec	2,9 sec
2080	< 0,1 sec	2,9 sec

Ablaufzeit ohne Parallelisierung/openMP, 1 Thread:

Max. Matrix-Spalten	Zeit (Transponierung)	Ablaufzeit (gesamt)
2048	< 0,1 sec	5,7 sec
2080	< 0,1 sec	5,7 sec

(Zum Ablauf der Beispiele ist gegebenenfalls der entsprechende GNU-Compiler bzw. die entsprechende *libgomp-1* Bibliothek bzw. *libgomp-1.dll* zu installieren.)

7.9.6 Ausblick

Parallelisierung mit speziellen Bibliotheken (iTBB, PPL, TPL)

Insbesondere in objektorientierten Sprachen wie z. B. C++ möchte man auch Operationen auf komplexeren Datenstrukturen wie Listen oder Bäumen parallelisieren können. Mit den bisherigen Ansätzen wie Threads oder OMP-Threads ist dies zwar prinzipell möglich, aber doch immens aufwändig. Daher werden von etlichen Compiler-Herstellern Bibliotheken angeboten, die direkt die Parallelisierung von Arbeiten auf solchen komplexen Datenstrukten unterstützen. Beispiele solcher Bibliotheken wurden bereits oben genannt.

Ein Beispiel einer möglichen Parallelisierung mit solchen Bibliotheken soll hier noch kurz aufgeführt werden. Dieses zeigt nun zwar auch nicht direkt eine Parallelisierung einer komplexen C++-Struktur, kann aber die Wirkungsweise des Vorgehens bei der Parallelisierung mit solchen Bibliotheken demonstrieren.

Die Parallelisierung der for-Schleife im Programm Primzahlsuche wäre mit Hilfe der PPL folgendermaßen möglich:

- Sequenziell:

```
for (i = m; i <= n; i+=2)
{
   if ( isPrime(i) )
      nPrime++;
}
```

- Parallelisiert mit PPL:

```
combinable<long int> nPrim;
parallel_for ((long int)i=m, n, (long int)2, [&nPrim](long int i)
{
   if ( isPrime(i) )
      nPrim.local()++;
});
nPrime = nPrim.combine(plus<long int>());
```

Die Parallelisierung der for-Schleife erfolgt hier durch Verwendung der Methode `parallel_for()` aus der PPL, die in mehreren Überladungen, d. h. mit unterschiedlichen Übergabeparametern, definiert ist. Die oben verwendete Überladung erhält, neben den für eine Schleife nötigen Werten wie `anfangswert`, `endwert` und `schrittweite` noch als letzten Parameter eine auszuführende Funktion. Neben der Übergabe mit einem Funktionszeiger kann diese, wie hier gezeigt, auch einfach als so genannter *Lambda-Ausdruck* mit `[]()`{} ohne weitere Angaben übergeben werden.

Lambda-Ausdrücke zur Verwendung für Funktionen sind in einem neuen C++ Standard vorgesehen (C++0x) und sind kleine vereinfachte namenlose Funktions- bzw. Methodendefinitionen. Lambda-Funktionen weisen einen Funktionstext, aber keinen Namen auf. Steht ein Lambda-Ausdruck als Funktions-Parameter an Stelle eines Funktionszeigers, so wird einfach die im Ausdruck definierte Funktion übergeben und ausgeführt. Mit der obigen, speziellen Syntax wurden Lambda-Ausdrücke bereits in VC++2010 eingeführt. Durch die Capture-Clause `[]` können die Zugriffsarten auf die Variablen in der Funktion festgelegt werden (Wert oder Referenz), in `()` werden die Übergabeparameter angegeben und in {} der Funktions-Code.

Ähnlich wie für eine einfache Schleife gezeigt, wird in solchen Bibliotheken die Unterstützung von Parallelität durch Definition verschiedenster Klassen und Methoden ermöglicht, denen dann parallel auszuführende Algorithmen als Funktionen oder parallel zu bearbeitende Daten als Daten-Container einfach übergeben werden können. Die gesamte parallele Bearbeitung wird dann vollständig innerhalb des angelegten Klassenobjekts bzw. der -Methode im Wesentlichen unsichtbar für den Programmierer durchgeführt. Ein solches Vorgehen und entsprechende Bibliotheken lassen in der Zukunft nochmals eine Erleichterung und Vereinfachung bei der Erstellung paralleler Programme erwarten.

Die PPL ist, ebenso wie die TPL, in MS-Visual-Studio 10.0 enthalten und zur Verwendung unter Windows vorgesehen. Die iTBB-Bibliothek wird von der Firma Intel für verschiedene Plattformen auch in frei verfügbaren Versionen, angeboten und kann von entsprechenden Webseiten heruntergeladen und mit verschiedenen ANSI-C/C++ Compilern verwendet werden.

Das in den vorherigen Abschnitten vorgestellte Programmbeispiel zur Primzahlsuche ist in einer mit Hilfe der PPL parallelisierten Version im Zusatzmaterial enthalten (`primz_ppl.cpp`). Die Compilierung kann mit MS-VC++ (MS-Visual-Studio 10.0) durch **cl /EHsc primz_ppl.cpp** erfolgen.

Parallelität auf Grafikprozessoren, CUDA

In den vergangenen Jahren haben sich die auf den Grafikkarten von PCs befindlichen Grafikprozessoren (*Graphics Processing Units, GPUs*) wegen der ständig steigenden Anforderungen an realistische Grafik-Darstellungen durch Verwendung so genannter *many-core*-Prozessoren zu hoch parallelen Systemen mit immensen Rechenleistungen entwickelt. Diese GPUs sind spezialisiert für intensive, massiv parallele Berechnungen, gerade so wie es bei der Grafik-Bilderzeugung (*Rendering*) nützlich und nötig ist. Im Jahr 2006 hat die Firma NVIDIA *CUDA (Compute Unified Device Architecture)* eingeführt, eine parallele Rechen-Architektur mit einem neuen parallelen Programmiermodell und einer Befehlsarchitektur, das die Verwendung der parallelen Berechnungseinheiten in NVIDIA GPUs zur Durchführung von aufwändigen Berechnungen unterstützt. CUDA beinhaltet eine Software-Umgebung, die es erlaubt, eine Hochsprache wie C für die Programmierung zu benutzen. Weitere Sprachen und APIs werden ebenfalls unterstützt. Mittels der CUDA-API kann der Grafikprozessor quasi als Co-Prozessor zum Einsatz kommen. Für weitere Informationen zur Verwendung von GPUs und CUDA für leistungsfähige, parallele Programme wird auf die Literaturangaben verwiesen. Von den zugehörigen Webseiten können detaillierte Beschreibungen, Anleitungen und Beispiele heruntergeladen werden.

Auch von der Firma Microsoft werden entsprechende Klassen und Methoden zur parallelen Ausführung von Algorithmen bzw. Bearbeitung von Daten auf den GPUs von Grafikkarten zur Verfügung gestellt.

Zunehmend werden weitere Application Programming Interfaces entwickelt und vorgestellt, die offen und möglichst hardwareunabhängig sein sollten, teilweise sogar einfache Übergänge zwischen der Nutzung von Multicore-CPUs und GPUs ermöglichen sollen. Bekannte APIs dieser Art sind z. B. openACC oder openCL, die detailliert auf entsprechenden Webseiten (openacc.org bzw. opencl.org) vorgestellt werden.

Inzwischen schon vereinzelt und zukünftig wohl weiter zunehmend, werden die heute noch auf separaten Grafikkarten befindlichen GPUs zusammen mit Multicore-CPUs in einem Chip integriert werden. Dabei können dann extrem parallele Abläufe mit bestimmten von GPUs gut unterstützen Operationen auf den Manycore-GPUs und etwas weniger stark parallelisierbare Algorithmen mit allgemeineren Operationen auf den Multicore-CPUs ablaufen.

Weitere Optimierungen, Parallelisierung und Vektorisierung durch Compiler

Moderne Prozessorarchitekturen besitzen Vektorregister und darauf arbeitende Vektorbefehle und ermöglichen damit in bestimmten Fällen eine gewisse Parallelverarbeitung nach dem SIMD-Modell. Die Vektorbefehle in aktuellen x86- bzw. x64-Architekturen arbeiten auf 128 Bit großen *SSE*-Registern (*Streaming SIMD Exten-*

sion) bzw. auf 256-Bit-*AVX*-Registern (*Advanced Vector Extension*). Damit können 128/32 = 4 `int`- oder 128/64 = 2 `double`-Werte bzw. 256/32 = 8 `int`- oder 256/64=4 `double`-Werte in einem Befehl verarbeitet werden. Bei entsprechenden Algorithmen auf Vektoren kann dadurch ein deutlicher Effizienzgewinn erreicht werden. So kann z. B. bei der Bearbeitung von Arrays die Anzahl der Schleifendurchläufe entsprechend reduziert und die Bearbeitung dadurch erheblich beschleunigt werden.

Die Nutzung von Vektorbefehlen wird durch den Compiler veranlasst und kann durch entsprechende Compiler-Optionen gesteuert werden. In vielen Fällen genügt bereits die Angabe der jeweiligen Compiler-Option zur Optimierung der Geschwindigkeit, meist sind aber auch noch spezielle Optionen zur Nutzung der Vektorregister und auch einer teilweise automatischen Parallelisierung vorhanden. Weiter sind auch Optionen verfügbar, mit denen man sich Informationen über erfolgreich vektorisierte Anweisungen oder die Gründe für nicht mögliche Vektorisierungen anzeigen lassen kann. Mit dem GNU-C-Compiler kann eine Vektorisierung mit Ausgabe dazu bezüglicher Informationen z. B. mit folgenden Optionen angestoßen werden:

```
gcc -O3 -fopt-info-vec -fopt-info-vec-missed dateiname.c
```

Für den Visual-C++-Compiler ist dies z. B. mit folgenden Optionen möglich:

```
cl /O2 /Qvec-report:2 dateiname.c
```

Weitere zusätzliche Optionen, insbesondere auch zur Nutzung spezieller Register und Befehlserweiterungen auf bestimmten Prozessorarchitekturen, sind verfügbar. Manche Compiler bieten neben den Vektorisierungsoptionen auch Optionen zur automatischen Parallelisierung von Schleifen auf Multicore-Systemen, ähnlich zu openMP. Genaue Details dazu und zu den möglichen Compiler-Optionen sollten den entsprechenden Compiler-Dokumentationen und Handbüchern entnommen werden.

Für eine erfolgreiche Vektorisierung müssen allerdings etliche Bedingungen erfüllt werden, so sind z. B. keine Zugriffe auf einzelne Elemente in der Schleife erlaubt. Solche weiteren, gegebenenfalls auch nur bedingten Zugriffe auf einzelne Elemente in einer Schleife würden eine Vektorisierung verhindern, wie z. B.:

```
for (i = 0; i < V_LEN; i++)
{
  v3[i] = v1[i] + v2[i];
  if (v3[i] == 0)
     printf("Wert == 0\n");
}
```

In solchen Fällen ist eine Vektorisierung der Schleife nicht möglich und der Compiler wird bzw. muss die entsprechenden Qualifier ignorieren, um Fehler zu verhindern. Ohne die `if`-Anweisung mit dem Zugriff auf bzw. den Vergleich des einzelnen Arrayelements `v3[i]` wäre eine Vektorisierung der gezeigten Schleife möglich. Mit Compiler-Optionen wie den oben aufgeführten können erfolgte und auch nicht mögliche Vektorisierungen angezeigt werden.

Die Nutzung von Vektorbefehlen kann selbstverständlich auch zusätzlich zu einer parallelen Verarbeitung auf mehreren Prozessor-Cores erfolgen, z. B. auch mit openMP. OMP bietet ab Version 4.x auch die Verwendung von SIMD-Instruktionen des Prozessors zur Bearbeitung von Vektoren. Dafür kann vor den entsprechenden Code-Abschnitten

```
#pragma omp simd
```

angegeben werden.

Die Unterstützung durch Compiler und die Auswirkungen wurden von den Autoren nicht weiter untersucht. Bei Interesse und Bedarf wird empfohlen, aktuelle Literatur zu OMP zu Rate zu ziehen.

Funktionale Programmierung

Ein weiterer aktueller Ansatz zur Erstellung von Programmen, der auch einfache Möglichkeiten zur Parallelisierung bieten soll, ist die Verwendung funktionaler Programmiersprachen. Diese werden im folgenden Abschnitt kurz erläutert.

7.10 Funktionale Programmierung (Scala, F#)

Funktionale Programmierung ist neben der heute in der Praxis weit verbreiteten prozeduralen (imperativen) und der objektorientierten Programmierung ein weiterer Ansatz zur Erstellung von Programmen.

Zugeordnet zu einem der beiden grundlegenden Programmier-Paradigmen, nämlich

- den imperativen und objektorientierten Programmiersprachen sowie
- den deklarativen Programmiersprachen

zählen („rein") funktionale Programmiersprachen (eher) zu den deklarativen Sprachen.

Bei imperativen Programmiersprachen besteht ein geschriebenes Programm aus einer Folge von Anweisungen, die genau beschreiben, welche einzelnen Schritte nötig sind, um das Ergebnis zu berechnen.

Deklarative Programmiersprachen beschreiben dagegen, welche Bedingungen das Ergebnis des Programms erfüllen muss. Wie das Ergebnis dann im Detail errechnet wird, wird vom Übersetzer festgelegt. Ein Beispiel für eine deklarative Programmiersprache ist die Datenbank-Abfragesprache SQL. Auch logische Programmiersprachen, wie z. B. PROLOG, werden, wie eben auch funktionale Sprachen, zu den deklarativen Sprachen gezählt.

Eine funktionale Programmiersprache ist eine Sprache, die Sprachelemente speziell zur Arbeit mit Funktionen anbietet. Die Funktionen (rein) funktionaler Programmiersprachen sind jedoch nur eingeschränkt zu vergleichen mit den Funktionen von prozeduralen Sprachen, wie z. B. C-Funktionen, die beliebige Daten manipulieren können und eher als „Unterprogramme" wirken. Sie verhalten sich eher wie Funktionen in der Mathematik und liefern bei jedem Aufruf das gleiche Ergebnis, da sie keine internen Daten manipulieren.

Historisch gesehen entspringt die funktionale Programmierung der akademischen Forschung. Als theoretische Grundlage dient der *Lambda-Kalkül* von *Alonzo Church*. Jeder Ausdruck wird dabei als Funktion ohne weitere Nebeneffekte, wie in der Mathematik, betrachtet. Funktionen können als Parameter übergeben, als Ergebnisse zurückgeliefert oder in Variablen gespeichert werden. Dieses Konzept vereinfacht die Programmverifikation und Programmoptimierung, und verspricht auch Vorteile bei der Entwicklung nebenläufiger und paralleler Programme. Die in den neueren Standards von Sprachen wie C++ und C# eingeführten Lambda-Ausdrücke entstammen ebenfalls diesem Konzept.

Funktionale Programmiersprachen gibt es seit langem. Historisch kann LISP als die erste funktionale Sprache bezeichnet werden. Weitere Beispiele sind Scheme, ML, Haskell und Erlang.

Bei der funktionalen Programmierung wird der Programmablauf als Auswertung von (mathematischen) Funktionen dargestellt. Ein Problem wird in kleine Teile aufgeteilt, die von einzelnen Funktionen bearbeitet werden. Dann werden diese Funktionen kombiniert, um das gewünschte Ergebnis zu erzeugen. Im Gegensatz zu Funktionen in imperativen und objektorientierten Sprachen modifizieren diese Funktionen üblicherweise keine Daten, sondern erzeugen jeweils neue Objekte bzw. Daten. Damit ergeben sich keine Probleme durch Daten- oder Zustandsänderungen und daher auch keine Seiteneffekte.

Funktionale Programmierung ist also das Programmieren mit solchen, eher Mathematik ähnlichen, Funktionen. So stellt sich z. B. auch die Addition zweier Zahlen als eine Funktion dar. Diese wird nämlich nicht als Zuweisung der Art `x = 3 + 5` programmiert, sondern als Funktion, die für die zwei Eingabewerte `3` und `5` den Wert `8` ausgibt.

Bisher werden funktionale Ansätze allerdings noch kaum in der Praxis verwendet.

Funktionale Programmierung wird jedoch zunehmend interessant. Das Verhalten funktionaler Software lässt sich leichter verstehen und die Komplexität kann besser beherrscht werden. Mögliche Nebenläufigkeiten können leichter identifiziert und dabei Zugriffskonflikte bzw. Race Conditions einfacher vermieden werden. All dies sollte auch die Erstellung von parallelen Programmen für Multicore-Prozessoren vereinfachen. Nicht zuletzt erlauben funktionale Ansätze durch spezielle Sprachelemente häufig auch kompakteren Code.

Viele aktuelle Programmiersprachen beinhalten und unterstützen Mischungen von verschiedenen Programmierparadigmen. Aktuelle Programmiersprachen, die sowohl funktionale, aber auch imperative, objektorientierte Elemente beinhalten, sind z. B. Scala und F#. Scala baut auf Java auf, der Scala-Compiler übersetzt ein Scala-Programm in Java Bytecode, der auf der Java-VM ablaufen kann. F# baut auf die Sprache C# von Microsoft auf, der F#-Compiler ist in MS-Visual-Studio 10.0 integriert und übersetzt ein F#-Programm in Code für die CLR (Common Language Runtime für Windows). Auch für Scala ist ein Compiler für die CLR geplant.

Wie oben bereits erwähnt, unterstützen beide Sprachen sowohl funktionale, aber auch imperative, objektorientierte Sprachelemente, sind also keine „rein“ funktionalen Sprachen, sondern werden als so genannte „Multiparadigmensprachen“ bezeichnet. Daher können Funktionen in diesen Sprachen nicht nur nach streng funktionalen, sondern auch nach herkömmlichen, prozeduralen Aspekten angelegt sein. Nicht jedes Programm in einer dieser Sprachen muss also tatsächlich und ausschließlich funktionale Aspekte demonstrieren.

Das Gebiet der funktionalen Programmierung ist noch Gegenstand aktuellster Forschungen und Entwicklungen, insbesondere auch im Hinblick auf einfache Parallelisierungen.

In Listing 7.37 sind einige interessante Aspekte eines F#-Programms beispielhaft aufgezeigt. Es kann mit MS-VC++ (Version 10.0) als F#-Projekt compiliert werden und unter Windows ablaufen.

Listing 7.37: `Fs_Beispiel.fs`: Beispiel eines Programms bzw. von Funktionen in der funktionalen Programmiersprache F#

```
// Examples for the functional programming language F#
//
// Compile with MS-Visual-Studio 10.0 as F#-Project

// standard namespaces
open System

// function definitions
// note: 'let' defines a funtion or a variable
// note: 'let rec' defines a recursive function
// note: function arguments are usually space separated
// -----------------------------------------------------------


// Compute the sum of two integers a b
let sum a b = a + b

// Compute the factorial of an integer: n!
let rec factorial n = if n=0 then 1 else n * factorial (n-1)

// Compute the highest-common-factor of two integers a b
let rec hcf a b =
    if   a=0 then b
    elif a<b then hcf a (b-a)
    else hcf (a-b) b


(* Compute fibonacci numbers to an integer: n, recursively calculation *)
let rec fib n =
    match n with
    | 0 | 1 -> n
    | _ -> fib (n - 1) + fib (n - 2)

// Evaluate the functions, print results
// -----------------------------------------------------------

let x = 3
let y = 5

let r = sum x y
printfn "%d + %d = %d" x y (sum x y)

printfn "5! = %d" (factorial 5)

printfn "hfc(10, 15) = %A" (hcf 10 15)

printfn "fib(10) = %A" (fib 10)

printfn "* finished *"
Console.ReadLine() |> ignore
```

Für weitere Informationen wird auf die angegebene Literatur verwiesen.

Datenstrukturen und Algorithmen

8

ÜBERBLICK

8.1 Rätsel: Analytische Rätsel (5)

Lösungen

1. Ein mit konstanter Geschwindigkeit fahrender Zug fuhr über eine 225 Meter lange Brücke in genau 27 Sekunden. Gerechnet wurde von der Auffahrt der Lokomotive auf die Brücke bis zur Abfahrt des letzten Waggons von der Brücke. An einem Fußgänger, der entgegen der Fahrtrichtung dieses Zuges ging, fuhr dieser in genau 9 Sekunden vorüber. Während dieser Zeit hatte der Fußgänger genau 9 Meter zurückgelegt. Wie lang war der Zug und welche Geschwindigkeit hatte er?
2. Es gilt allgemein: $1 = 2$. Nachfolgend der Beweis dazu:

$x^2 - x^2 = x^2 - x^2$	Ausgangsfunktion
$(x + x)(x - x) = x(x - x)$	Faktorenzerlegung
$x + x = x$	Durch (x-x) dividiert
$2x = x$	Zusammengefasst
$2 = 1$	Durch x dividiert

   Steckt in der uns bekannten Mathematik etwa ein Fehler oder ist vielleicht an diesem Beweis etwas faul?
3. Man führt eine ganzzahlige Division durch. Wird der Dividend um 65 und der Divisor um 5 erhöht, verändern sich Quotient und Rest nicht. Wie lautet dieser Quotient?
4. Ist es möglich, fünf ganze aufeinanderfolgende Zahlen zu finden, die alle positiv sind und so beschaffen, dass die Summe der Quadratzahlen der beiden größten der Summe der Quadratzahlen der drei anderen entspricht?
5. Eine Flasche Wein kostet neun Euro. Der Wein kostet acht Euro mehr als die Flasche. Wie teuer ist die Flasche?
6. Ein Bauer besaß einiges Ackerland. Auf einem Drittel davon baute er Weizen, auf einem Viertel Erbsen, auf einem Fünftel des Landes Bohnen und auf den restlichen 26 Morgen baute er Mais an. Wie viele Morgen besaß er insgesamt?
7. Heini und Karl machen Rast, um sich zu stärken. Einer der beiden packt fünf, der andere drei Würste aus. Egon stößt zu ihnen. „Lasst mich mitessen", sagt er, „ich bezahle meinen Anteil auch." Heini und Karl ist es recht. Jeder der drei isst nun gleich viel von den Würsten. Anschließend holt Egon acht Eurostücke aus der Tasche und gibt sie den beiden anderen, damit sie diese untereinander aufteilen. Heini meint nun, dass ihm drei Euro zustehen, da er drei Würste hatte. Karl behauptet aber, dass das zu viel sei. Was wäre Ihrer Meinung nach eine gerechte Aufteilung der acht Euro?
8. Ein Bauer hat 17 Kühe. Bevor er stirbt, teilt er sein Erbe wie folgt unter seinen Söhnen auf: Der älteste Sohn bekommt die Hälfte der Kühe, der zweite ein Drittel und der jüngste Sohn bekommt ein Neuntel. Es darf aber keine Kuh getötet werden. Nach dem Tod des Bauern entbrennt ein schlimmer Streit zwischen den Söhnen, da sie nicht wissen, wie sie die Aufteilung durchführen sollen. Sie bitten den Nachbarn um Hilfe und dieser kann ihnen tatsächlich helfen. Wie hat er das geschafft?

8.2 Grundlegende Datenstrukturen

Informationen werden auf einem Rechner durch Daten repräsentiert. Die Umsetzung von Daten in Information wird als Interpretation bezeichnet.

8.2.1 Allgemeine Eigenschaften von Daten

Allgemeine Eigenschaften:

- Es existieren Basisdaten wie Zeichen, Wahrheitswerte (true, false), ganze Zahlen oder Gleitpunktzahlen.
- Daten können Beziehungen untereinander haben, wie z. B. Listen, hierarchische Datenstrukturen wie Bäume usw.

Algorithmen hängen in starkem Maße von der gewählten Datenstruktur ab. Durch geeignete Datenstrukturen können Algorithmen übersichtlicher und effizienter werden.

8.2.2 Basis-Datentypen

Ein Datentyp ist die Klassifizierung von Werten gleicher Art, wie z. B. ganzen Zahlen, Gleitpunktzahlen oder Zeichen (siehe auch Kapitel 7.4.1 auf Seite 160).

Basis-Datentypen sind:

`char`: Menge der Zeichen,

`int`: Menge der ganzen Zahlen, die im Rechner darstellbar sind,

`float`: Menge der darstellbaren Gleitkommazahlen mit einfacher Genauigkeit,

`double`: Menge der darstellbaren Gleitkommazahlen mit doppelter Genauigkeit,

Array: Zusammenfassung von zusammengehörigen Daten des gleichen Typs. Arrays wurden in Kapitel 7.5.13 auf Seite 209 vorgestellt.

8.2.3 Datenstruktur = Daten + Operationen

Unter einer Datenstruktur versteht man den Datentyp zusammen mit der Menge von Operationen, die auf diesem Datentyp erlaubt sind. Für die vordefinierten Datenstrukturen sind u. a. die folgenden Operationen vordefiniert:

Datentyp	Operationen	Bedeutung (Operandenzahl)
`short, int, float, double`	-	Negation des Werts (1)
`short, int, float, double`	+	Addition der Werte (2)
`short, int, float, double`	-	Subtraktion der Werte (2)
`short, int, float, double`	*	Multiplikation der Werte (2)
...	...	...

Für die Datenstrukturen `float` und `double` werden z. B. nicht alle Operationen angeboten, die für ganzzahlige Datentypen wie `short` und `int` zur Verfügung stehen. So wird z. B. ein Links- bzw. Rechtsshift von Bits (<<, >>) oder die Modulo-Operation `%`

(Rest einer Ganzzahldivision) in den Programmiersprachen C und Java nicht für die Datentypen `float` und `double` angeboten.

Abbildung 8.1 verdeutlicht nochmals anhand der Datenstruktur `int` die Zusammengehörigkeit eines Datentyps mit den zu ihm angebotenen Operationen. Möchte jemand zwei `int`-Werte addieren, muss er diese mit dem Plus-Operator verknüpfen, wie z. B.: `a + b`. Diese Operation bewirkt dann, dass als Ergebnis die Summe dieser beiden Werte geliefert wird. Die Abbildung 8.1 soll verdeutlichen, dass nach außen die interne Realisierung der Addition nicht bekannt ist. Um die Addition zu nutzen, muss man an die „`int`-*Blackbox*" nur die beiden Werte übergeben, dann den „Knopf" + drücken und man erhält als Ergebnis die Summe der übergebenen Werte. Wie diese intern ermittelt wird, ist und soll dem Nutzer des Datentyps `int` auch verborgen bleiben.

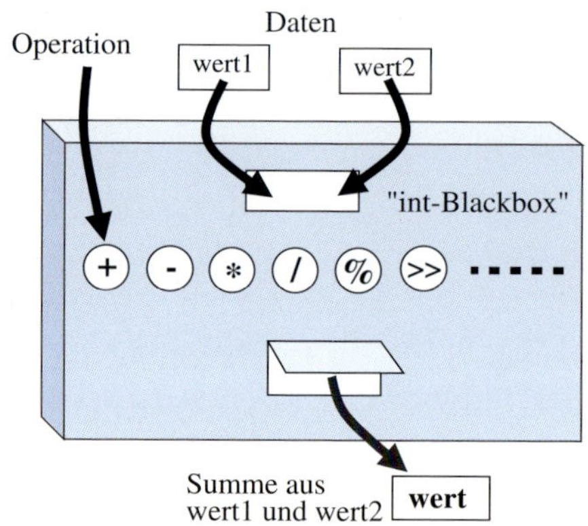

Abbildung 8.1: Der Datentyp int und seine vordefinierten Operationen

Die Wahl der richtigen Datenstruktur ist von fundamentaler Wichtigkeit bei der Lösung einer Aufgabe. Zur Datenstruktur gehören immer die Operationen, die auf ihr ausgeführt werden sollen. Diese Operationen implizieren die Algorithmen, die für diese verwendet werden sollen. Dieses Konzept bezeichnet man auch als *abstrakten Datentyp*.

Die nachfolgend vorgestellten klassischen Datenstrukturen sowie die hier nicht mehr vorgestellten Arrays (siehe Kapitel 7.5.13 auf Seite 209) bilden die Grundlage für nahezu alle in diesem Buch vorgestellten Algorithmen.

8.2.4 Verkettete Listen

Eine verkettete Liste (*linked list*) ist eine Folge von Elementen, die dynamisch während des Programmablaufs verlängert bzw. verkürzt werden kann. Anders als bei Arrays ist es bei verketteten Listen nicht garantiert, dass die einzelnen Elemente hintereinander im Speicher liegen. Um eine Verbindung zwischen den einzelnen, eventuell im Speicher verstreuten Elementen einer Liste zu haben, muss man sich einen Zeiger auf das nächste oder auch auf das vorherige Element im jeweiligen Element halten. Solche Zeiger werden üblicherweise dadurch realisiert, dass sie einfach die Speicheradresse des Elements, d. h. den Adresswert des Speicherplatzes, enthalten, auf das sie zeigen.

Einfach verkettete Listen

In der Programmiersprache C/C++ realisiert man Listen mittels so genannter *rekursiver Strukturen*, in denen Zeiger auf das nächste und/oder vorherige Element enthalten sind. In der Programmiersprache Java gibt es keine Zeiger bzw. sind Zeiger zumindest nicht explizit sichtbar und durch den Benutzer manipulierbar, da dort ein Zeiger auf ein Objekt mit dem Objekt selbst als so genannte *Referenz* identifiziert wird. Abbildung 8.2 zeigt die Definition von rekursiven Strukturen bzw. rekursiven Datenobjekten in C/C++ und Java.

```
/* Rekursive Struktur in C */
struct elem {
    char         name[20];
    struct elem *next;
};
```

```
/* Rekursives Objekt in Java */
class Elem {
    String  name;
    Elem    next;
     Elem(String s) { name = s; }
}
```

Abbildung 8.2: Rekursive Struktur in C/C++ und ein rekursives Datenobjekt in Java

Die Programme `liste1.c` und `Liste1.java` in Abbildung 8.3 lesen jeweils Namen ein, bis eine Leerzeile eingegeben wird. Jeder eingegebene Name wird dabei zunächst in einer verketteten Liste gespeichert, bevor die Programme diese Namen dann in der umgekehrten Eingabereihenfolge wieder ausgeben, indem sie die verkettete Liste Element für Element vom Ende her rückwärts durchlaufen.

Möglicher Ablauf der Programme aus Abbildung 8.3:

```
Namen:
Hans
Franz
Harald

 ..... Umgekehrt:
Harald
Franz
Hans
```

Nachfolgend einige Erläuterungen zu den beiden Programmen in Abbildung 8.3.

In beiden Programmen wird zu Beginn die Variable `anfang` auf `NULL` bzw. `null` gesetzt, da noch kein Eintrag in der Liste vorhanden ist.

In der `while`-Schleife wird dann mit `fgets()` bzw. `ein.readLine()` ein Name in `name` (z. B. „`Hans`“) eingelesen. Falls der Benutzer keine Zeichen (Leerzeile) eingibt, wird die `while`-Schleife verlassen und damit die Eingabe der Namen beendet.

Für jeden echten Namen, also solange noch keine Leerzeile eingegeben wurde, wird dann mit

```
/* in liste1 .c */
cursor =malloc(sizeof(struct elem));
if (cursor == NULL) {
    printf("Speicherplatzmangel\n");
    exit(1);
}
strcpy(cursor->name, name);
```

```
/* in Liste1.java */
cursor = new Elem(name);
```

```
/* C-Programm liste1.c */
#include <stdio.h>
#include <string.h>
#include <stdlib.h>

struct elem {
   char          name[20];
   struct elem *next;
};
int   main(void) {
   struct elem *anfang = NULL, *
                        **cursor;
   char name[20];
   printf("Namen:");
   while (1) {
      fgets(name, 20, stdin);
      if (strlen(name) == 1)
         break;
      /* Dynamisch Speicherplatz fuer
         Struktur 'elem' anfordern */
      cursor =malloc(sizeof(struct *
                         *elem));
      if (cursor == NULL) {
         printf("Speicherplatzmangel\n");
         exit(1);
      }
      strcpy(cursor->name, name);
      cursor->next = anfang;
      anfang = cursor;
   }
   printf(" ..... Umgekehrt:\n");
   while (cursor != NULL) {
      printf("%s", cursor->name);
      cursor = cursor->next;
   }
   return 0;
}
```

```
/* Java-Programm Liste1.java */
import java.io.*;

class Elem {
   String  name;
   Elem    next;

   Elem(String s) { name = s; }
}

public class Liste1 {
  private static  Elem anfang;
  private static  Elem cursor;

  Liste1() { anfang = null; }

  public static  void main(String arg[]) {
     String  name;
     Eingabe ein = new Eingabe();
     System.out.println("Namen:");
     while (true) {
        name = ein.readLine("");
        if (name.length() == 0)
           break;
        cursor = new Elem(name);
        cursor.next = anfang;
        anfang = cursor;
     }
     System.out.println(" ..... Umgekehrt:");
     while (cursor != null) {
        System.out.println(cursor.name);
        cursor = cursor.next;
     }
  }
}
```

Abbildung 8.3: Eintragen von Namen in eine verkettete Liste und rückwärtige Ausgabe

ein zusammenhängender Speicherbereich angefordert, der groß genug ist, um die Struktur bzw. das Objekt `elem` aufzunehmen. Die Anfangsadresse dieses neu angeforderten Speicherbereichs wird im Element `cursor` festgehalten und zugleich wird auch in diesem Speicherbereich der aktuell eingegebene Name abgelegt. `cursor` wird hier als ein Hilfszeiger bzw. eine Referenz auf innere Elemente in der Liste verwendet. Mit den beiden Anweisungen

```
/* in liste1.c */
cursor->next = anfang;
anfang = cursor;
```

```
/* in Liste1.java */
cursor.next = anfang;
anfang = cursor;
```

wird dann beim ersten Durchlauf die Komponente `next` von `cursor` auf `NULL` bzw. `null` gesetzt, da `anfang` mit `NULL` bzw. `null` vorbesetzt wurde. Schließlich wird noch mit „anfang = cursor" die Adresse von cursor in anfang festgehalten, so dass sich das in Abbildung 8.4 gezeigte Bild ergibt.

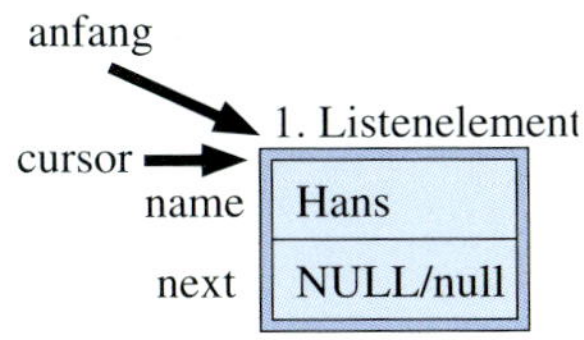

Abbildung 8.4: Das erste Element in der Liste

Nun wird die while-Schleife wieder von Beginn an ausgeführt. Nachdem wieder mit fgets() bzw. ein.readLine() ein Name in name (z. B. „Franz") eingelesen wurde, wird mit malloc() bzw. new ein zusammenhängender Speicherbereich für elem angefordert und dessen Anfangsadresse in cursor festgehalten, so dass sich das links in Abbildung 8.6 gezeigte Bild ergibt. Nach Ausführung der Anweisungen aus Abbildung 8.5 ergibt sich dann das Bild in der Mitte von Abbildung 8.6.

```
/* in liste1.c */
cursor =malloc(sizeof(struct elem));
 .......
strcpy(cursor->name, name);
cursor->next = anfang;
anfang = cursor;
```

```
/* in Liste1.java */
cursor = new Elem(name);
cursor.next = anfang;
anfang = cursor;
```

Abbildung 8.5: Speicher für neues Element anfordern, Namen eintragen und Element in Liste einhängen

Nun wird die while-Schleife wieder von Beginn an ausgeführt. Nach Eingabe des Namens (z. B. „Harald") und der erneuten Ausführung der Anweisungen aus Abbildung 8.5 ergibt sich dann das rechts in Abbildung 8.6 gezeigte Bild.

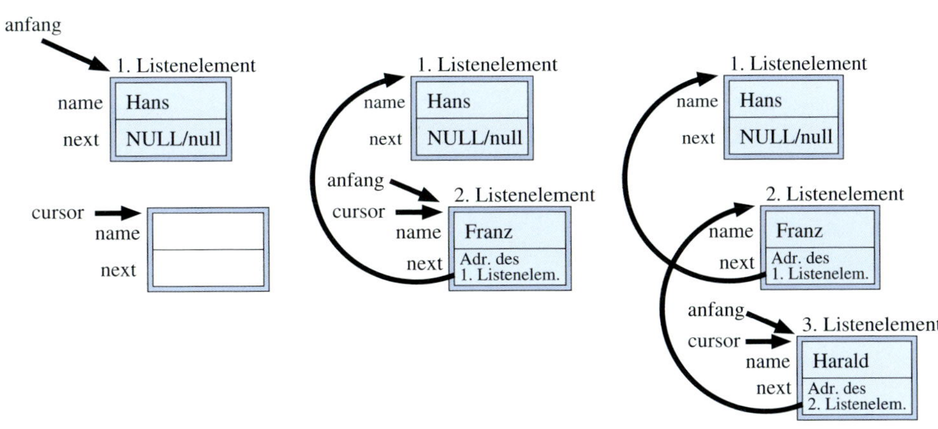

Abbildung 8.6: Einhängen neuer Elemente in Liste durch Rückwärtsverkettung

Wird dann beim nächsten Durchlauf der `while`-Schleife eine Leerzeile eingegeben, wird die `while`-Schleife mit `break` verlassen und mit den Anweisungen

```
/* in liste1.c */
printf(" ..... Umgekehrt:\n");
while (cursor != NULL) {
   printf("%s", cursor->name);
   cursor = cursor->next;
}
```

```
/* in Liste1.java */
System.out.println(" ..... Umgekehrt:");
while (cursor != null) {
   System.out.println(cursor.name);
   cursor = cursor.next;
}
```

werden die in der Liste gespeicherten Namen in umgekehrter Reihenfolge ausgegeben. Da `cursor` beim ersten Durchlauf dieser `while`-Schleife auf das letzte Listenelement zeigt (siehe auch Abbildung 8.6), wird mit „`cursor->name`“ bzw. „`cursor.name`“ als Erstes der Name „`Harald`“ ausgegeben. Vor dem nächsten Durchlauf der `while`-Schleife wird `cursor` mit

```
cursor = cursor->next;
```

```
cursor = cursor.next;
```

um ein Element in der Liste (auf das 2. Listenelement) vorgesetzt, so dass sich das links in Abbildung 8.7 gezeigte Bild ergibt und beim nächsten Durchlauf der `while`-Schleife der Name „`Franz`“ ausgegeben wird.

Vor dem nächsten Durchlauf der `while`-Schleife wird `cursor` wieder mit „`cursor = cursor->next`“ bzw. „`cursor = cursor.next`“ um ein Element in der Liste (auf das 1. Listenelement) vorgesetzt, so dass sich das rechts in Abbildung 8.7 gezeigte Bild ergibt und beim nächsten Durchlauf der `while`-Schleife der Name „`Hans`“ ausgegeben wird.

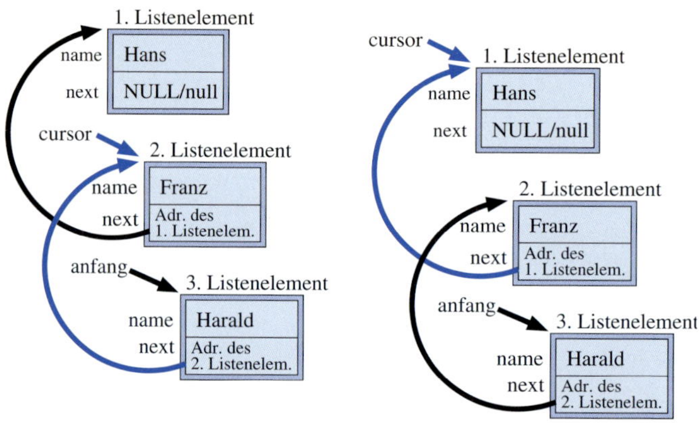

Abbildung 8.7: Rückwärtiges Durchlaufen der Liste mit Ausgabe der Namen

Vor dem nächsten Durchlauf der `while`-Schleife wird `cursor` dann wieder mit „`cursor = cursor->next`“ bzw. „`cursor = cursor.next`“ um ein Element in der Liste vorgesetzt. Da dies bewirkt, dass `cursor` nun den Wert `NULL` bzw. `null` erhält, die `while`-Schleife abgebrochen und das Programm beendet wird, da nun alle eingegebenen Namen in umgekehrter Reihenfolge ausgegeben wurden.

Sortierte Listen und Operationen für einfach verkettete Listen

Hier werden typische Operationen für Listen vorgestellt: *Ausgeben einer Liste*, *Einfügen eines Elements in die Liste* und *Löschen eines Elements aus der Liste*. Dazu wird hier ein Java-Programm `Liste2.java` erstellt, das es dem Benutzer erlaubt, Namen in einer Liste, die immer sortiert sein soll, einzufügen oder Namen aus dieser Liste wieder zu löschen. Neben diesen beiden Operationen soll das Programm natürlich auch in der Lage sein, die sortierte Liste auszugeben.

Möglicher Ablauf des Programms `Liste2.java`:

```
a    Ausgeben der Namensliste
n    Einfuegen eines neuen Namens
l    Loeschen eines Namens
e    Ende
          Deine Wahl: n
Gib den einzufuegenden Namen ein: Hans
          Deine Wahl: n
Gib den einzufuegenden Namen ein: Franz
          Deine Wahl: n
Gib den einzufuegenden Namen ein: Harald
          Deine Wahl: a
 .... Liste  .........
Franz
Hans
Harald
 .... Listenende .....
          Deine Wahl: n
Gib den einzufuegenden Namen ein: Clementine
          Deine Wahl: a
 .... Liste  .........
Clementine
Franz
Hans
Harald
 .... Listenende .....
          Deine Wahl: l
Gib den loeschenden Namen ein: Hans
          Deine Wahl: a
 .... Liste  .........
Clementine
Franz
Harald
 .... Listenende .....
          Deine Wahl: n
Gib den einzufuegenden Namen ein: Dieter
          Deine Wahl: a
 .... Liste  .........
Clementine
Dieter
Franz
Harald
 .... Listenende .....
          Deine Wahl: e
```

Im begleitenden Zusatzmaterial zu diesem Buch finden Sie das entsprechende C-Programm `liste2.c`, das das Gleiche leistet, wie das hier vorgestellte Java-Programm `Liste2.java`.

Listing 8.1: `Liste2.java`: Operationen für einfach verkettete Listen

```
import java.io.*;

class Elem {
   String   name;
   Elem     next;

   Elem(String s) { name = s; }
}

public class Liste2
{
   private static Elem kopf, ende, cursor;
   private static Eingabe ein;

   public static void ausgeben() {
      cursor = kopf.next;
      System.out.println(".... Liste    ..........   ");
      while (cursor != cursor.next) {
         System.out.println(cursor.name);
         cursor = cursor.next;
      }
      System.out.println(".... Listenende .....\n");
   }

   public static void einfuegen() {
      Elem neu_element;
      String name = ein.readLine("Gib den einzufuegenden Namen ein: ");
      neu_element = new Elem(name);

      cursor = kopf; // Finden der Position, wo neuer Name in Liste einzufuegen ist
      while (cursor.next != cursor.next.next) {
         if (name.compareTo(cursor.next.name) <= 0)
            break;
         cursor = cursor.next;
      }
      neu_element.next = cursor.next; // Einfuegen des neuen Namens in die Liste
      cursor.next      = neu_element;
   }

   public static void loeschen() {
      String name = ein.readLine("Gib den loeschenden Namen ein: ");
      cursor = kopf; // Finden der Position des zu loeschenden Namens in Liste

      while (cursor != cursor.next) {
         if (name.equals(cursor.next.name))
            break;
         cursor = cursor.next;
      }
```

```
        if (cursor == cursor.next)
           System.out.println(" ...... Name '" + name +
                              "' nicht in Liste vorhanden....\n\n");
        else
           cursor.next = cursor.next.next;
     }

     public static void main(String args[]) {
        kopf = new Elem(""); // Listen–Kopf und
        ende = new Elem(""); // Listen–Ende anlegen
        kopf.next = ende.next = ende;
        while (true) {
           char wahl = ein.readChar("\n" +
                      "a   Ausgeben der Namensliste\n" +
                      "n   Einfuegen eines neuen Namens\n" +
                      "l   Loeschen eines Namens\n" +
                      "e   Ende\n" +
                      "          Deine Wahl: ");
           if      (wahl == 'a')  ausgeben();
           else if (wahl == 'n')  einfuegen();
           else if (wahl == 'l')  loeschen();
           else if (wahl == 'e')  break;
        }
     }
  }
```

Nachfolgend einige Erläuterungen zu Listing 8.1.

In `main()` werden zunächst zwei so genannte Pseudoknoten `kopf` und `ende` angelegt, die immer auf den Anfang bzw. das Ende zeigen. Solche Pseudoknoten, die keine wirkliche Information enthalten, vereinfachen die Listen-Operationen, insbesondere die, die sich auf den Anfang bzw. das Ende der Liste beziehen. Diese beiden Knoten `kopf` und `ende` werden, wie in Abbildung 8.8 gezeigt, miteinander „verkettet“. Aus dieser Abbildung wird deutlich, dass `ende->next` immer auf `ende`, also auf sich selbst zeigt. Dies erleichtert das Durchlaufen der Liste.

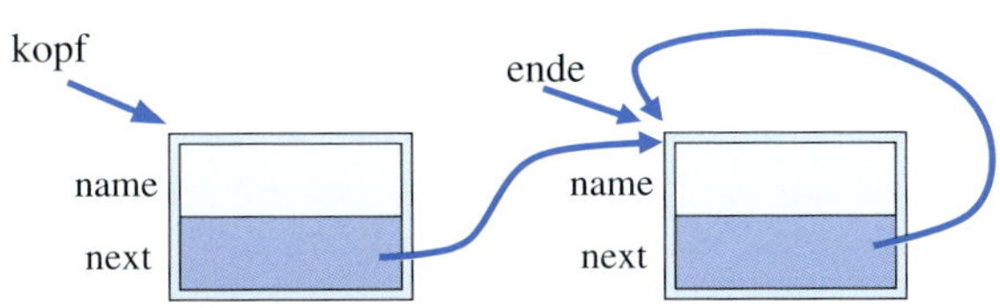

Abbildung 8.8: Die Pseudoknoten `kopf` und `ende`

In der Methode `einfuegen()` wird zunächst der Knoten gesucht, nach dem der jeweilige Name in der Liste einzufügen ist. Wenn wir annehmen, dass zuerst der Name „Hans“ einzufügen ist, so ergibt sich der links in Abbildung 8.9 gezeigte Ablauf.

1. *Einlesen eines Namens, Anlegen eines neuen Listenelements und Kopieren des eingelesenen Namens in das neue Listenelement.*

   Dies geschieht in folgendem Codeausschnitt:

```
Elem neu_element;
String name = ein.readLine("Gib den einzufuegenden Namen ein: ");
neu_element = new Elem(name);
```

2. *Suchen des Listenelements, nach dem das neue Listenelement einzufügen ist.* Dies geschieht in folgendem Codeausschnitt:

```
cursor = kopf; // Finden der Position, wo neuer Name in Liste einzufuegen ist
while (cursor.next != cursor.next.next) {
   if (name.compareTo(cursor.next.name) <= 0)
      break;
   cursor = cursor.next;
}
```

Da es sich bisher um eine leere Liste handelt, wird der neue Knoten (neues Listenelement) direkt nach dem Kopf der Liste eingefügt. Die `compareTo()`-Methode der Klasse String liefert einen Wert kleiner als 0, wenn der String beim lexikografischen Vergleich vor dem übergebenen String einzuordnen ist.

3. *und* 4. Einfügen des neuen Listenelements in der Liste:

```
neu_element.next = cursor.next; // 3
cursor.next      = neu_element; // 4
```

Für das Einfügen des Namens „`Franz`“ ergibt sich dann der rechts in Abbildung 8.9 gezeigte Ablauf.

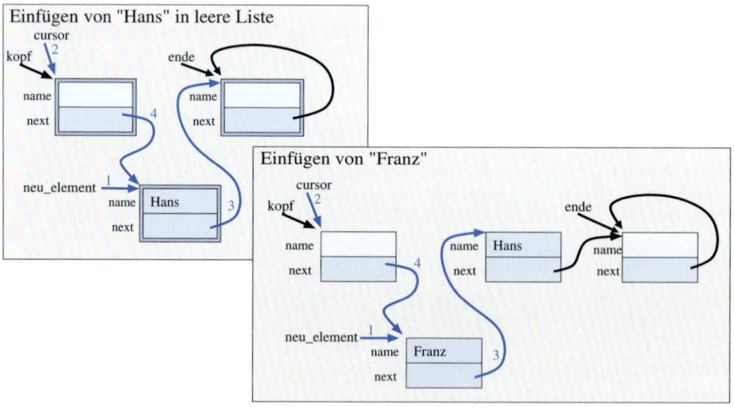

Abbildung 8.9: Einfügen von „Hans“ und danach „Franz“ mit Funktion `einfuegen()`

▶ Übung: Einfügen von Harald und Clementine

Vollziehen Sie zeichnerisch das Einfügen von „Harald" und „Clementine" nach.

In der Methode `loeschen()` wird zunächst der aus der Liste zu entfernende Name eingelesen. Anschließend wird dann das Listenelement gesucht, nach dem sich der zu löschende Name befindet. Wenn wir annehmen, dass der Name „Hans" aus der sortierten Liste zu entfernen ist, so ergibt sich der in Abbildung 8.10 gezeigte Verlauf.

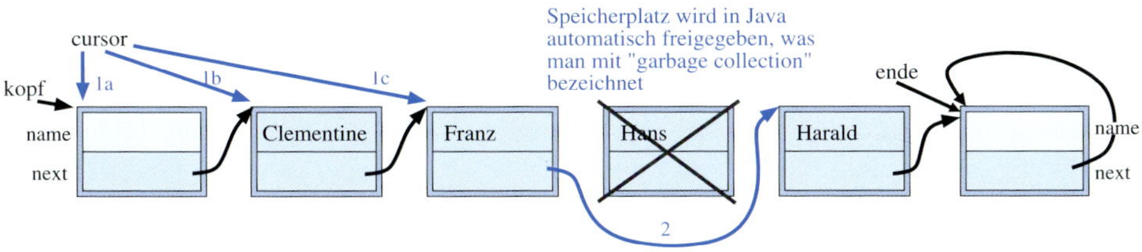

Abbildung 8.10: Löschen des Listenelements „Hans"

1. *Einlesen des zu löschenden Namens und Suchen des Listenelements, nach dem sich der zu löschende Knoten (Name) befindet.*

```
String name = ein.readLine("Gib den zu loeschenden Namen ein: ");
cursor = kopf; // Finden der Position des zu loeschenden Namens in Liste
while (cursor != cursor.next) {
   if (name.equals(cursor.next.name))
      break;
   cursor = cursor.next;
}
```

Falls man beim Suchen auf das Ende der Liste trifft, ist der vom Benutzer eingegebene Name nicht in der Liste vorhanden:

```
if (cursor == cursor.next)
   System.out.println(" ...... Name " + name +
                        " nicht in Liste vorhanden....\n\n");
```

2. *„Aushängen" des zu löschenden Elements (nur wenn Name gefunden):*

```
cursor.next = cursor.next.next;
```

Hier ist anzumerken, dass in Java keine explizite Freigabe von reserviertem Speicherplatz erforderlich ist, da dies in Java automatisch geschieht, was man mit *garbage collection* bezeichnet.

In der Programmiersprache C/C++ dagegen sollte man nicht mehr benötigten Speicherplatz unbedingt explizit mit `free()` freigeben.

Doppelt verkettete Listen

Bestimmte Operationen mit verketteten Listen, wie das Durchsuchen der Liste oder das Einfügen eines Listenelements, lassen sich vereinfachen, wenn man die Listenelemente nicht nur einfach, sondern *doppelt* miteinander verkettet (*doubly linked lists*). In diesem Fall enthalten die Listenelemente nicht nur einen Zeiger auf das folgende Listenelement (*Nachfolger*), sondern auch einen Zeiger auf das vorhergehende Listenelement (*Vorgänger*).

Im Unterschied zu einer einfach verketteten Liste kann man sich in einer doppelt verketteten Liste über den Nachfolger-Zeiger nicht nur vorwärts, sondern über den Vorgänger-Zeiger auch rückwärts in der Liste bewegen. Dies vereinfacht spezifische Operationen mit der Liste wie das Einfügen neuer oder das Entfernen alter Listenelemente, da man – anders als bei einer einfach verketteten Liste – die Liste nicht von Anfang an durchlaufen muss, wenn man beispielsweise an einer Position zwischen dem ersten und dem letzten Listenelement ein neues Element einfügen oder ein altes löschen will. Für das vorherige Beispiel ergäben sich dann Deklarationen wie sie in Abbildung 8.11 gezeigt sind, was z. B. zu einer Liste führen könnte, wie sie in Abbildung 8.12 dargestellt ist.

```c
/* Doppelt verkettete Liste in C */
struct elem {
   char        name[20];
   struct elem *next;
   struct elem *prev; /* Vorgaenger */
};
```

```java
/* Doppelt verkettete Liste in Java */
class Elem {
   String  name;
   Elem    next;
   Elem    prev; // Vorgaenger
    Elem(String s) { name = s; }
}
```

Abbildung 8.11: Doppelt verkettete Liste in C/C++ und in Java

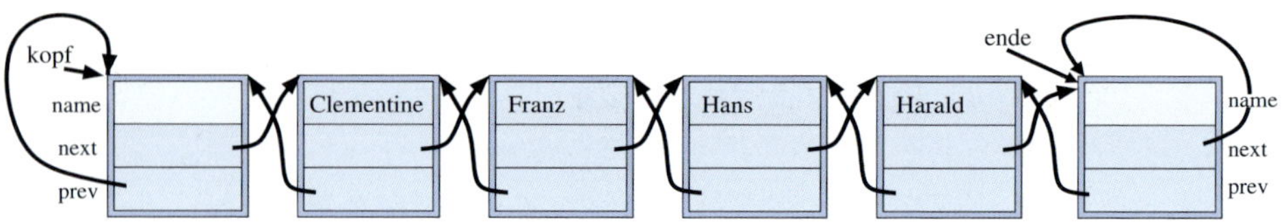

Abbildung 8.12: Doppelt verkettete Liste

Im begleitenden Zusatzmaterial zu diesem Buch werden die Programme `liste3.c` und `Liste3.java` vorgestellt, die eine solche doppelt verkettete Liste realisieren.

Ringlisten

Eine spezielle Form von verketteten Listen ist die so genannte *Ringliste*, bei der das letzte Listenelement wieder auf das erste zeigt, wie es z. B. in Abbildung 8.13 zu sehen ist.

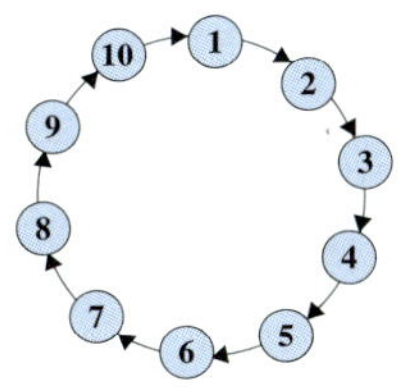

Abbildung 8.13: Ringliste – eine Spezialform einer verketteten Liste

Beispiel für eine Ringliste – Das Josephus-Problem

Im Jahre 67 n. Chr. wurde die galiläische Stadt Jotapata nach 47-tägiger Belagerung von Kaiser Vespasian eingenommen. Josephus, der Anführer des Widerstands, und 40 Soldaten wollten sich selbst umbringen, um der Sklaverei zu entgehen. Josephus beschwor sie vergebens, davon abzulassen. Damit er wenigstens seinen Freund und sich selbst rette, schlug Josephus als Tötungsritual die *decimatio* (Aussonderung jedes Zehnten) vor. An welche Stelle des Kreises stellte er seinen Freund und sich, um zu überleben?

Das Programm `Josephus.java` in Listing 8.2 ordnet zunächst `n` nummerierte Personen im Kreis an. Danach sondert es mit der Nummer `1` beginnend jede `z`-te Person aus, wobei sich der Kreis sofort wieder schließt. Das Programm `Josephus.java` gibt dabei die Reihenfolge der Aussonderung aus, wie z. B.:

```
Wie viele Personen: 41
Der Wievielte soll immer ausgesondert werden: 10
In folgender Reihenfolge wird ausgesondert:
10, 20, 30, 40, 9, 21, 32, 2, 14, 26, 38, 11, 24, 37, 12, 27, 1, 17, 34, 8, 29, 6,
28, 7, 33, 16, 41, 25, 18, 5, 3, 39, 4, 15, 23, 13, 36, 22, 31, 19, 35
```

```
Wie viele Personen: 100
Der Wievielte soll immer ausgesondert werden: 2
In folgender Reihenfolge wird ausgesondert:
2, 4, 6, 8, 10, 12, 14, 16, 18, 20, 22, 24, 26, 28, 30, 32, 34, 36, 38, 40, 42, 44,
46, 48, 50, 52, 54, 56, 58, 60, 62, 64, 66, 68, 70, 72, 74, 76, 78, 80, 82, 84, 86,
88, 90, 92, 94, 96, 98, 100, 3, 7, 11, 15, 19, 23, 27, 31, 35, 39, 43, 47, 51, 55,
59, 63, 67, 71, 75, 79, 83, 87, 91, 95, 99, 5, 13, 21, 29, 37, 45, 53, 61, 69, 77,
85, 93, 1, 17, 33, 49, 65, 81, 97, 25, 57, 89, 41, 9, 73
```

Listing 8.2: `Josephus.java`: Das Josephus-Problem

```
import java.io.*;
class Person {
   int       nummer;
   Person  next;
   Person(int nr) { nummer = nr; }
}
public class Josephus {
   public static void auszaehlen(int n, int z) {
         // Anlegen der ringfoermig einfach verketteten Liste
      Person pers, cursor, anfang = new Person(1);
      cursor = anfang;
      for (int i=2; i<=n; i++) {
         pers = new Person(i);
         cursor.next = pers;
         cursor       = pers;
      }
      cursor.next = anfang;
      do { // Aussondern (Simulieren des Abzaehlvorgangs)
         for (int i=1; i<z; i++)
            cursor = cursor.next;
         System.out.print(cursor.next.nummer + ", ");
         cursor.next = cursor.next.next;
      } while (cursor != cursor.next);
      System.out.println(cursor.nummer);
   }
   public static void main(String args[]) {
      Eingabe ein = new Eingabe();
      int n = ein.readInt("Wie viele Personen: ");
      int z = ein.readInt("Der Wievielte soll immer ausgesondert werden: ");
      System.out.println("In folgender Reihenfolge wird ausgesondert:");
      auszaehlen(n, z);
   }
}
```

Im begleitenden Zusatzmaterial zu diesem Buch finden Sie das entsprechende C-Programm `josephus.c`, das das Gleiche leistet wie das hier vorgestellte Java-Programm `Josephus.java`.

► Übung: Ziehen der Lottozahlen über eine Ringliste

Erstellen Sie ein Programm `Lottoring.java` und/oder `lottoring.c`, das `n` Zahlen in einer Ringliste (wie beim Josephus-Problem) anordnet und dann hieraus zufällig `z` Zahlen entfernt, wobei es die aus der Ringliste entfernten Zahlen immer ausgibt. `n` und `z` sind dabei vom Benutzer einzugeben. Das zufällige Ziehen soll dabei immer dadurch ermittelt werden, indem man sich für jeden Ziehvorgang eine Zufallszahl aus dem Intervall [1,1000] geben lässt. Diese Zufallszahl legt dann fest, wie oft in dieser Ringliste auf das nächste Element weiterzuschalten ist, bevor man dann die entsprechende noch in der Ringliste befindliche Zahl ausgibt und anschließend entfernt.

Mögliche Abläufe der Programme `Lottoring.java` und `lottoring.c` sind:

Wie viele Zahlen: **49**
Wie viele Zahlen sollen gezogen werden: **6**
36, 9, 19, 35, 14, 18,

Wie viele Zahlen: **9**
Wie viele Zahlen sollen gezogen werden: **9**
9, 5, 2, 8, 3, 1, 7, 6, 4,

Vorteile und Nachteile von verketteten Listen gegenüber Arrays

Der Vorteil einer verketteten Liste gegenüber einem Array ist der geringere Arbeitsaufwand bei ihrer Unterhaltung. So ist das Einfügen bzw. Entfernen eines Elements an einer bestimmten Stelle der Liste viel weniger aufwändig als bei einem Array. Zudem muss die Anzahl der Elemente und der dafür benötigte Speicherplatz nicht im Voraus angegeben werden. Im Falle eines Arrays erfordert eine später notwendige Erweiterung immer ein zeitlich aufwändiges Umkopieren (Verschieben) an einen anderen zusammenhängenden Speicherbereich.

Der Nachteil einer verketteten Liste gegenüber einem Array ist, dass man bei der Liste nicht die Möglichkeit eines Direktzugriffs auf ein beliebiges Element hat. Stattdessen muss man die Liste ab einem bestimmten Punkt aus durchlaufen, bis man zu dem gewünschten Element gelangt. Dieses kostet natürlich Zeit. Zudem belegen die notwendigen Zeiger- bzw. Referenzelemente zusätzlichen Speicherplatz.

8.2.5 Binäre Suche in einfach verketteten Listen (Skiplisten)

Bei den zuvor vorgestellten sortierten Listen kann man nur sequenziell auf die einzelnen Elemente zugreifen. Somit ist bei dieser Datenstruktur kein schnelles Suchen möglich. Allerdings kann man durch zusätzliche Verkettungen auch auf solche einfach verketteten Listen eine schnelle Suche, die so genannte binäre Suche ermöglichen. Diese Art von Listen sind dann so genannte *Skiplisten*.

Bei Skiplisten führt man neben der normalen Verkettung zusätzliche Ketten für schnelle Zugriffe ein, die dann als Aufsetzpunkte für die binäre Suche herangezogen werden. Abbildung 8.14 zeigt anhand der ersten drei Schritte den Aufbau von Skiplisten. Der Anfang einer Skipliste ist ein Pseudoelement, das keine Schlüssel, sondern nur Zeiger enthält. Das Ende einer Skipliste ist ebenfalls ein Pseudoelement, das keine Zeiger, sondern nur als Schlüssel einen Wert hat, der größer als alle anderen Schlüssel in der Liste ist (∞). Es gilt dann:

- Jeder 2^0-te Knoten hat einen Zeiger auf den nächsten Knoten auf Niveau 0.
- Jeder 2^1-te Knoten hat einen weiteren Zeiger auf einen 2^1 Positionen enfernten Knoten auf Niveau 1.
- Jeder 2^2-te Knoten hat einen weiteren Zeiger auf einen 2^2 Positionen enfernten Knoten auf Niveau 2.
- ...
- Jeder 2^n-te Knoten hat einen weiteren Zeiger auf einen 2^n Positionen enfernten Knoten auf Niveau n.

Bei n Knoten ist hier dann die Listenhöhe = $\lg n$.

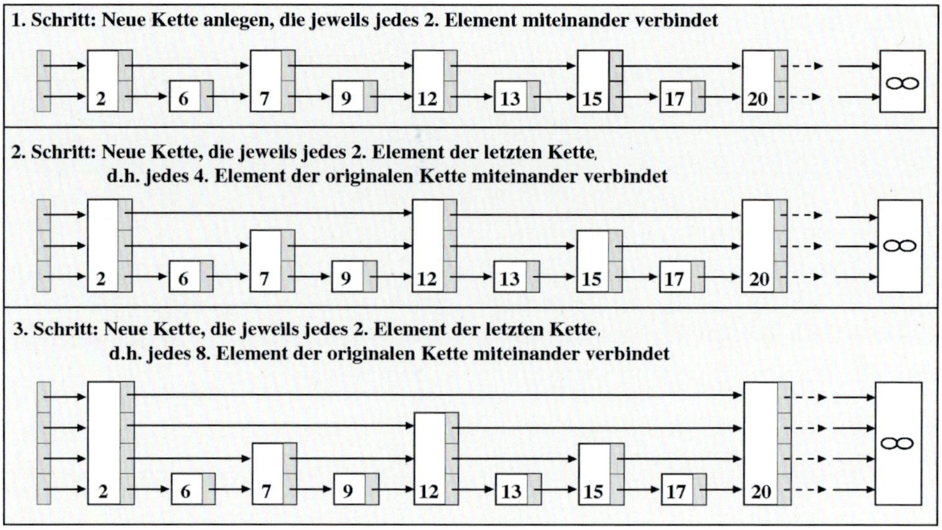

Abbildung 8.14: Aufbau von Skiplisten

Nachfolgend ist die Implementierung von Skiplisten in Java gezeigt. Bei der Klasse `Node` stellt `value` ein bespielhaftes Datenelement im jeweiligen Knoten dar, was z. B. ein String oder ein beliebiges anderes Objekt sein kann. `key` ist der Schlüssel für die Sortierung:

```
public class Node {
    public int     key;
    public int     value;
    public Node[] next;
    public Node(int level, int key, int val) {
        this.key   = key;
        this.value = val;
        next = new Node[level+1];
    }
}
```

```
public class Skiplist {
    public static final int HEADER_KEY = -1;
    public static final int TAIL_KEY = Integer.MAX_VALUE;
    public static final int NO_RESULT = -100;
    private int level;            // aktuelle Höhe der Liste
    private int maximumLevel; // max. Höhe der Liste
    private Node listHeader;  // Kopf der Liste
    private Node listTail;       // Ende der Liste
    public Skiplist(int maximumLevel) {         // Initialisieren der Liste
        level = 0;
```

```
    this.maximumLevel = maximumLevel;
    listHeader        = new Node(maximumLevel, HEADER_KEY, 0);
    listTail          = new Node(maximumLevel, TAIL_KEY, 0);
    for (int i = 0; i <= maximumLevel; i++)
      listHeader.next[i] = listTail ;
}
public int searchNode(int searchKey) {       //. Suchen nach einem Element
    Node node = listHeader;
    for (int i = level; i >= 0; i--) { // nach unten suchen
        while (node.next[i].key < searchKey) // nach rechts suchen
            node = node.next[i];
    }
    node = node.next[0];
    return (node.key == searchKey) ? node.value : NO_RESULT;
}
```

```
public void insertNode(int insertKey, int value) {     // Einfügen eines Elements
    Node[] updateList = new Node[maximumLevel+1];
    Node node         = listHeader;
    for (int i = level; i >= 0; i--) { // nach unten suchen
      while (node.next[i].key < insertKey) // nach rechts suchen
         node = node.next[i];
      updateList[i] = node;
    }
    node = node.next[0];
    if (node.key == insertKey) // Knoten gefunden
      node.value = value;
    else {
      int newLevel = createNewLevel(); // neue zufaellige Höhe erzeugen
      if (newLevel > level) {
         for (int i = level+1; i <= newLevel; i++)
            updateList[i] = listHeader;
         level = newLevel;
      }
      node = new Node(newLevel, insertKey, value);
      for (int i = 0; i <= newLevel; i++) { // Höhe anpassen
         node.next[i] = updateList[i].next[i];
         updateList[i].next[i] = node;
      }
    }
}
```

```
public void deleteNode(int deleteKey) {              // Löschen eines Elements
    Node updateList[] = new Node[maximumLevel+1];
    Node node = listHeader;
    for (int i = level; i >= 0; i--) { // nach unten suchen
        while (node.next[i].key < deleteKey) // nach rechts suchen
            node = node.next[i];
        updateList[i] = node;
    }
```

```
            node = node.next[0];
            if (node.key == deleteKey) {
                for (int i = 0; i <= level; i++)
                    if (updateList[i].next[i] == node)
                        updateList[i].next[i] = node.next[i];
                node = null;
                while (level > 0 && listHeader.next[level].key == TAIL_KEY)
                    level−−;
            }
        }
        // Ermitteln einer neuen zufälligen Höhe
        private int createNewLevel() {      // Hiermit wird die starre Verteilung der einzelnen
            int newLevel = 0;                // Höhen aufgegeben, was bewirkt, dass der *
                                             *Anteil
            Random rand = new Random(); // der Elemente mit einer bestimmten Höhe
            while (rand.nextInt()%2 == 0) // beibehalten wird und die Höhen gleichmäßig
                newLevel++;                  // und zufällig über die Listen verteilt werden.
            return newLevel;
        }
```

Skiplisten, die sich ja mehr oder wenig automatisch balancieren, sind eine ernsthafte Alternative zu den später vorgestellten binären Bäumen, deren Balancierung kein leichtes Unterfangen ist und meist Rekursion erfordert.

8.2.6 Stack (Stapel)

Eine weitere grundlegende Datenstruktur ist der so genannte *Stack* (Stapel). Es handelt sich dabei um eine Datenstruktur, für die Operationen wie die folgenden definiert sind:

`push()`: legt ein Element an oberster Stelle auf dem Stack ab.

`pop()`: entfernt das oberste Element aus dem Stack.

`top()`: liefert oberstes Element des Stacks, entfernt dieses aber nicht dort.

Diese Datenstruktur, bei der immer das zuletzt eingefügte Element entnommen wird, bezeichnet man auch als *LIFO* (*Last-In-First-Out*), was die Abbildung 8.15 nochmals verdeutlichen soll.

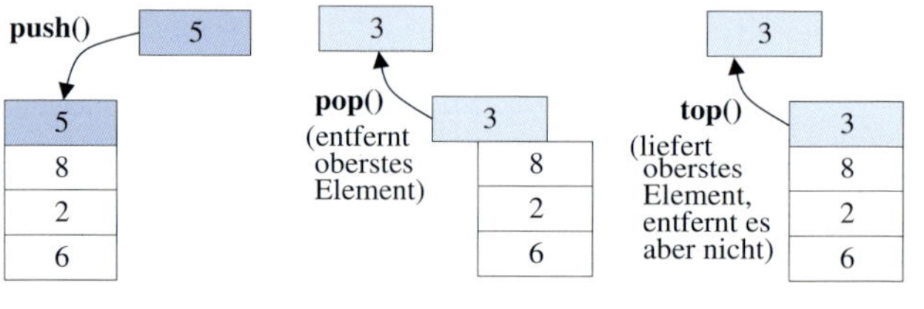

Abbildung 8.15: Die Datenstrukur „Stack"

Realisierung eines Stacks als Array

Ist die maximale Größe eines Stacks bekannt, empfiehlt es sich, diesen in Form eines eindimensionalen Arrays zu realisieren, wie es z. B. in Abbildung 8.16 gezeigt ist. `sp` (*stack pointer*) enthält dabei immer die Position des obersten Stackelements.

```
#include <stdio.h> /* stack.c */
#include <stdlib.h>
static int  *stack = NULL,
                   sp, unten, oben;
void stackinit(int n) {
  stack = (int*)malloc(n*sizeof(int));
  sp = unten = 0;
  oben = n-1;
}
int isEmpty() { return sp <= unten; }
int isFull()   { return sp  > oben; }
void push(int wert) {
  if (stack == NULL) {
     printf("Stack fehlt\n"); return;
  }
  if (isFull()) {
     printf("Stack voll\n"); return;
  }
  stack[sp++] = wert;
}
void pop() {
  if (stack == NULL) {
     printf("Stack fehlt\n"); return;
  }
  if (isEmpty()) {
     printf("Stack leer\n"); return;
  }
  --sp;
}
int top() {
  if (stack == NULL) {
    printf("Stack fehlt\n"); return -1;
  }
  if (isEmpty()) {
    printf("Stack leer\n"); return -1;
  }
  return stack[sp-1];
}
int popTop() {
  int wert = top();
  pop();
  return wert;
}
```

```
import java.io.*; /* Stack.java */
class StackFehler extends Exception {
  public StackFehler() { super(); }
  public StackFehler(String m) { super(m); }
}
class Stack {
  private int[] stack;
  private int sp, unten, oben;
  Stack(int n) {
     stack = new int[n];
     sp = unten = 0;
     oben = n-1;
  }
  boolean isEmpty() { return sp <= unten; }
  boolean isFull()  { return sp  > oben; }

  void push(int wert) throws StackFehler {
     if (stack == null)
        throw new StackFehler("Stack fehlt");
     if (isFull())
        throw new StackFehler("Stack voll");
     stack[sp++] = wert;
  }
  void pop() throws StackFehler {
     if (stack == null)
        throw new StackFehler("Stack fehlt");
     if (isEmpty())
        throw new StackFehler("Stack leer");
     --sp;
  }
  int top() throws StackFehler {
     if (stack == null)
        throw new StackFehler("Stack fehlt");
     if (isEmpty())
        throw new StackFehler("Stack leer");
     return stack[sp-1];
  }
  int popTop() throws StackFehler {
     int wert = top();
     pop();
     return wert;
  }
}
```

Abbildung 8.16: Realisierung eines Stacks als Array in C/C++ und Java

Abbildung 8.17 zeigt, wie man diesen Stack nun nutzen kann, indem dort nacheinander ganze Zahlen eingelesen werden und diese immer auf dem Stack abgelegt werden. Nachdem der Benutzer seine Eingabe mit `0` beendet hat, werden diese Zahlen vom Stack mit `popTop()` nacheinander wieder geholt und ausgegeben, so dass sie in der Ausgabe in rückwärtiger Reihenfolge zur Eingabe erscheinen. Das C-Programm `reverse.c` muss mit **cc -o reverse reverse.c stack.c** compiliert werden und kann dann mit **./reverse** aufgerufen werden. Das Java-Programm kann nach der Compilierung mit **javac Reverse.java** mit **java Reverse** aufgerufen werden:

```
Stackgroesse: 3
Zahl (0=Ende): 1
Zahl (0=Ende): 2
Zahl (0=Ende): 3
Zahl (0=Ende): 4
Stack voll
Zahl (0=Ende): 0
3, 2, 1,
```

```
Stackgroesse: 3
Zahl (0=Ende): 1
Zahl (0=Ende): 2
Zahl (0=Ende): 3
Zahl (0=Ende): 4
push(): StackFehler: Stack voll
Zahl (0=Ende): 0
3, 2, 1,
```

```c
/* Headerdatei stack.h */
extern void stackinit(int n);
extern int  isEmpty();
extern int  isFull();
extern void push(int wert);
extern void pop();
extern int  top();
extern int  popTop();
```

```c
/* C-Programm reverse.c */
#include <stdio.h>
#include "stack.h"
int main(void) {
   int  z, n;
   printf("Stackgroesse: ");
   scanf("%d", &n);
   stackinit(n);
   while (1) {
      printf("Zahl (0=Ende): ");
      scanf("%d", &z);
      if (z == 0) break;
      push(z);
   }
   while (!isEmpty())
      printf("%d, ", popTop());
   return 0;
}
```

```java
/* Java-Programm Reverse.java */
import java.io.*;

class Reverse {
  public static  void main(String args[]) {
    Eingabe ein = new Eingabe();
    int n = ein.readInt("Stackgroesse: ");

    Stack stack = new Stack(n);

    while (true) {
       int z = ein.readInt("Zahl (0=Ende): ");
       if (z == 0)
          break;
       try {
          stack.push(z);
       } catch (StackFehler f) {
          System.out.println("push(): " + f);
       }
    }
    while (!stack.isEmpty())
       try {
          System.out.print(stack.popTop() + ", ");
       } catch (StackFehler f) {
          System.out.println("popTop(): " + f);
       }
  }
}
```

Abbildung 8.17: Nutzen der Stack-Implementierung aus Abbildung 8.16

Realisierung eines Stacks als verkettete Liste

Ist die maximale Größe, zu der ein Stack im Laufe eines Programms anwachsen kann, im Voraus nicht bekannt, so ist ein Stack als verkettete Liste zu realisieren, wie es z. B. in Abbildung 8.18 gezeigt ist.

Abbildung 8.19 illustriert, wie man diesen Stack aus Abbildung 8.18 nun nutzen kann. Das C-Programm `reverseliste.c` muss mit

cc -o reverseliste reverseliste.c stackliste.c

compiliert werden und kann dann mit **./reverseliste** aufgerufen werden.

```c
/* C-Programm stackliste.c */
#include <stdio.h>
#include <stdlib.h>
struct elem {
   int         zahl;
   struct elem *next;
};
static struct elem *liste = NULL;
int isEmpty() { return liste==NULL;}
void push(int wert) {
  struct elem *neu =
   (struct elem *)malloc(sizeof *neu);
  neu->zahl = wert;
  neu->next = liste;
  liste  = neu;
}
void pop() {
  if (isEmpty()) {
     printf("Stack leer\n");
     return;
  }
  liste  = liste->next;
}
int top()  {
  if (isEmpty()) {
     printf("Stack leer\n");
     return -1;
  }
  return liste->zahl;
}
int popTop() {
  int wert = top();
  pop();
  return wert;
}
```

```java
/* Java-Programm StackListe.java */
import java.io.*;

class StackFehler extends Exception {
   public StackFehler()          { super(); }
   public StackFehler(String m) { super(m); }
}
class Elem {
  int  zahl;
  Elem next = null;
  Elem(int z) { zahl = z; }
}
class StackListe {
   private Elem liste = null;
   boolean isEmpty() { return liste == null; }

   void push(int wert) {
      Elem neu = new Elem(wert);
      neu.next = liste;
      liste  = neu;
   }
   void pop() throws StackFehler {
      if (isEmpty())
         throw new StackFehler("Stack leer");
      liste  = liste.next;
   }
   int top() throws StackFehler {
      if (isEmpty())
         throw new StackFehler("Stack leer");
      return liste.zahl;
   }
   int popTop() throws StackFehler {
      int wert = top();
      pop();
      return wert;
   }
}
```

Abbildung 8.18: Realisierung eines Stacks als verkettete Liste in C/C++ und Java

Das Java-Programm kann nach der Compilierung mit **javac ReverseListe.java** mit **java ReverseListe** aufgerufen werden:

```
Zahl (0=Ende): 1
Zahl (0=Ende): 2
Zahl (0=Ende): 3
Zahl (0=Ende): 4
Zahl (0=Ende): 5
Zahl (0=Ende): 0
5, 4, 3, 2, 1,
```

```
Zahl (0=Ende): 10
Zahl (0=Ende): 20
Zahl (0=Ende): 100
Zahl (0=Ende): 50
Zahl (0=Ende): 3
Zahl (0=Ende): 0
3, 50, 100, 20, 10,
```

```
/* Headerdatei stackliste.h */
extern int  isEmpty();
extern int  isFull();
extern void push(int wert);
extern void pop();
extern int  top();
extern int  popTop();
```

```
/* C-Programm reverseliste.c */
#include <stdio.h>
#include "stackliste.h"
int main(void) {
   int  z;
   while (1) {
      printf("Zahl (0=Ende): ");
      scanf("%d", &z);
      if (z == 0)
         break;
      push(z);
   }
   while (!isEmpty())
      printf("%d, ", popTop());
   return 0;
}
```

```
/* Java-Programm ReverseListe.java */
import java.io.*;

class ReverseListe {
   public static void main(String args[]) {
      Eingabe ein = new Eingabe();
      StackListe stack = new StackListe();
      while (true) {
         int z = ein.readInt("Zahl (0=Ende): ");
         if (z == 0)
            break;
         stack.push(z);
      }
      while (!stack.isEmpty())
         try {
            System.out.print(stack.popTop()+", ");
         } catch (StackFehler f) {
            System.out.println("popTop(): " + f);
         }
   }
}
```

Abbildung 8.19: Nutzen der Stack-Implementierung aus Abbildung 8.18

Umgekehrte polnische Notation

Ein mathematischer Ausdruck wird üblicherweise in der so genannten *Infix-Schreibweise* geschrieben: `(4 + 5) * (3 - 1) / 9`

Man kann einen solchen Ausdruck aber auch in der so genannten *umgekehrten polnischen Notation* [1] angeben: `4 5 + 3 1 - * 9 /`

Der Vorteil einer solchen *Postfix-Notation* ist, dass man keinerlei Prioritäten für die einzelnen Operatoren berücksichtigen muss, wie z. B., dass `*` und `/` höhere Priorität haben als `+` und `-` usw. Bei der Abarbeitung eines Ausdrucks, der in polnischer Notation angegeben ist, reicht es aus, Operanden in einem Stack an jeweils oberster Stelle unterzubringen und beim Lesen eines

- binären Operators die beiden obersten Elemente des Stacks zu entfernen, diese dann mit dem Operator zu verknüpfen und das Ergebnis als neues oberstes Element im Stack abzulegen,
- unären Operators das oberste Stack-Element mit diesem Operator zu behandeln.

Abbildung 8.20 zeigt die im Stack stattfindenden Operationen bei der Abarbeitung des obigen Ausdrucks, der in polnischer Notation angegeben ist.

1. Zunächst werden die beiden Operanden 4 und 5 auf den Stack gelegt.
2. Als Nächstes wird der binäre Operator + gelesen, was bedeutet, dass die beiden obersten Operanden des Stacks (5 und 4) zu entnehmen und zu addieren sind. Das Ergebnis 9 wird dann wieder an oberster Stelle des Stacks hinterlegt.

1 benannt nach dem polnischen Mathematiker *Jan Lukasiewicz*, der diese Scheibweise erfand.

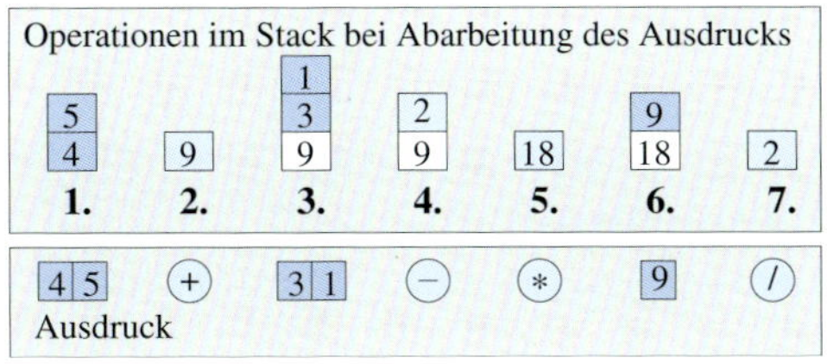

Abbildung 8.20: Stackoperationen bei Abarbeitung des Ausdrucks `4 5 + 3 1 - * 9 /`

3. Anschließend werden die beiden Operanden 3 und 1 gelesen und an oberster Stelle des Stacks hinterlegt.
4. Als Nächstes wird dann der binäre Operator `-` gelesen, was bedeutet, dass die beiden obersten Operanden des Stacks (1 und 3) zu entnehmen und zu subtrahieren sind. Das Ergebnis 2 wird dann wieder an oberster Stelle des Stacks hinterlegt.
5. Anschließend wird der binäre Operator `*` gelesen, was bedeutet, dass die beiden obersten Operanden des Stacks (2 und 9) aus dem Stack zu entnehmen und zu multiplizieren sind. Das Ergebnis 18 wird wieder an oberster Stelle des Stacks hinterlegt.
6. Als Nächstes wird dann der Operand 9 gelesen und oberster Stelle des Stacks hinterlegt.
7. Nun wird noch der binäre Operator `/` gelesen, was bedeutet, dass die beiden obersten Operanden des Stacks (9 und 18) zu entnehmen und zu dividieren sind. Das Ergebnis 2 wird wieder an oberster Stelle des Stacks hinterlegt, was schließlich auch das Ergebnis ist, da der gesamte Ausdruck nun abgearbeitet ist.

Eine interessante Eigenschaft der polnischen Notation ist, dass keine Klammern benötigt werden, um Prioritäten für Ausdrücke festzulegen.

Die beiden Programme in Abbildung 8.21 transformieren einen fehlerfreien Infix-Ausdruck (mit den Operatoren +, -, * und /), bei dem auch jeder einzelne Ausdruck geklammert ist, in einen Postfix-Ausdruck. In den beiden Programmen werden dabei die Operatoren im Stack abgelegt und die Operanden werden einfach ausgegeben, da die Reihenfolge der Operanden auch bei einer Umformung von der Infix- in die Postfix-Schreibweise erhalten bleibt. Jede schließende Klammer deutet darauf hin, dass bereits die beiden Operanden für den letzten Operator ausgegeben wurden, so dass nun der zuvor im Stack abgelegte Operator daraus entnommen und ausgegeben werden kann. Diese Programme führen der Einfachheit halber keine Fehlerprüfung durch. Da nur Operatoren mit zwei Operanden benutzt werden, kann die öffnende Klammer im Infix-Ausdruck einfach überlesen werden.

Das C/C++-Programm `intopostfix.c` muss mit

cc -o intopostfix intopostfix.c stackliste.c

compiliert werden und kann dann mit **./intopostfix** aufgerufen werden.

```c
/* C-Programm intopostfix.c */
#include <stdio.h>
#include <ctype.h>
#include "stackliste.h"

int main(void) {
  char ausdr[1000], z;
  int  i=0;

  fgets(ausdr, 1000, stdin);
  while (ausdr[i] != '\n') {
    z = ausdr[i];
    if (z == ')')
       printf("%c ", (char)popTop());
    else if (z == '+' || z == '-' ||
             z == '*' || z == '/')
       push(z);
    else if (isdigit(z)) {
       do {
          printf("%c", z);
          z = ausdr[++i];
       } while (isdigit(z));
       --i;
       printf(" ");
    } else if (z != '(')
       printf(" ");
    i++;
  }
  while (!isEmpty())
     printf("%c ", (char)popTop());
  return 0;
}
```

```java
import java.io.*; /* Intopostfix.java */
class Intopostfix {
   public static void main(String args[]) {
     Eingabe ein = new Eingabe();
     String ausdr = ein.readLine("");
     StackListe stack = new StackListe();
      for (int i=0; i<ausdr.length(); i++) {
        char z = ausdr.charAt(i);
        if (z == ')')
           try { System.out.print(
                    (char)stack.popTop()+" ");
           } catch (StackFehler f) {
              System.out.println(f);
           }
        else if (z == '+' || z == '-' ||
                 z == '*' || z == '/')
           stack.push(z);
        else if (Character.isDigit(z)) {
           do {
              System.out.print(z);
              if (++i >= ausdr.length())
                 break;
              z = ausdr.charAt(i);
           } while (Character.isDigit(z));
           i--;
           System.out.print(" ");
        } else if (z != '(')
           System.out.print(" ");
      }
      while (!stack.isEmpty())
        try { System.out.print(
                 (char)stack.popTop()+" ");
        } catch (StackFehler f) {
           System.out.println(f);
        }
   }
}
```

Abbildung 8.21: Transformieren eines fehlerfreien Ausdrucks in einen Postfix-Ausdruck

Das Java-Programm kann nach der Compilierung mit **javac Intopostfix.java** mit **java Intopostfix** aufgerufen werden:

```
((4+5)*(3-1))/9
4 5 + 3 1 - * 9 /
```

```
12*(((10+5)*(3+1))+120)
12 10 5 + 3 1 + * 120 + *
```

Die beiden Programme in Abbildung 8.22 erwarten als Eingabe einen Postfix-Ausdruck, in dem die Grundrechenarten (Addition, Subtraktion, Multiplikation und Division) vorkommen können, und liefern dann das Ergebnis zu diesem Ausdruck.

```
/* C-Programm postfix.c */
#include <stdio.h>
#include <ctype.h>
#include "stackliste.h"
int main(void) {
 char ausdr[1000], z;
 int  op2, op1, i = 0;
  fgets(ausdr, 1000, stdin);
  while (ausdr[i] != '\n') {
    z = ausdr[i];
    if (z == '+' || z == '-' ||
        z == '*' || z == '/') {
      op2 = popTop();
      op1 = popTop();
      if (z == '+')
         push(op1 + op2);
      else if (z == '-')
         push(op1 - op2);
      else if (z == '*')
         push(op1 * op2);
      else if (z == '/')
         push(op1 / op2);
    } else if (isdigit(z)) {
      int wert = 0;
      do {
        wert = wert*10 + z-'0';
        z = ausdr[++i];
      } while (isdigit(z));
      push(wert);
      --i;
    }
    i++;
  }
  printf("= %d\n", popTop());
  return 0;
}
```

```
import java.io.*; /* Postfix.java */
class Postfix {
  public static void main(String args[]) {
    int    op2=0, op1=0;
    Eingabe ein = new Eingabe();
    String ausdr = ein.readLine("");
    StackListe stack = new StackListe();
    for (int i=0; i<ausdr.length(); i++) {
       char z = ausdr.charAt(i);
       if (z=='+' || z=='-' || z=='*' || z=='/') {
         try { op2 = stack.popTop();
               op1 = stack.popTop();
         } catch (StackFehler f) {
            System.out.println(f); }
         if (z == '+') stack.push(op1 + op2);
         else if (z == '-') stack.push(op1 - op2);
         else if (z == '*') stack.push(op1 * op2);
         else if (z == '/') stack.push(op1 / op2);
       } else if (Character.isDigit(z)) {
         int wert = 0;
         do {
            wert = wert*10 + z-'0';
            if (++i >= ausdr.length())
               break;
            z = ausdr.charAt(i);
         } while (Character.isDigit(z));
         stack.push(wert);
         --i;
       }
    }
    try { System.out.println(
             "= "+stack.popTop()+" ");
    } catch (StackFehler f) {
         System.out.println(f); }
  }
}
```

Abbildung 8.22: Berechnen eines Postfix-Ausdrucks

In diesen Programmen in Abbildung 8.22 werden die Operanden (ganze Zahlen) im Stack abgelegt, während bei den Operatoren die beiden letzten Elemente (Zahlen) aus dem Stack entnommen werden. Nachdem hieraus das entsprechende Ergebnis berechnet wurde, wird dieses wieder auf dem Stack abgelegt.

Das C/C++-Programm `postfix.c` muss mit

cc -o postfix postfix.c stackliste.c

compiliert werden und kann dann mit **./postfix** aufgerufen werden.

Das Java-Programm kann nach der Compilierung mit **javac Postfix.java** mit **java Postfix** aufgerufen werden:

```
12 10 5 + 3 1 + * 120 + *
= 2160
```

```
4 5 + 3 1 - * 9 /
= 2
```

Man kann die Standardausgabe der Programme `intopostfix.c` und `Intopostfix.java` aus Abbildung 8.21 auch über eine so genannte *Pipe* (Zeichen |) direkt in die Standardeingabe der Programme `postfix.c` und `Postfix.java` umlenken, so dass man sich auch Infix-Ausdrücke berechnen lassen kann. Dazu muss man nur Folgendes aufrufen:

./intopostfix | ./postfix
java Intopostfix | java Postfix

Nachfolgend sind mögliche Abläufe zu diesen Aufrufen gezeigt:

```
12*(((10+5)*(3+1))+120)
= 2160
```

```
((12*10)+5)*((3+1)+120)
= 15500
```

8.2.7 Queue (Warteschlange)

Eine weitere grundlegende Datenstruktur sind so genannte *Queues*, die mit Warteschlangen vergleichbar sind. Es handelt sich dabei um eine Datenstruktur, für die Operationen wie die folgenden definiert sind:

`put()`: fügt ein Element am Ende der Warteschlange hinzu.

`get()`: entnimmt ein Element am Anfang der Warteschlange und liefert es zurück.

Während Stacks das *LIFO*-Prinzip (*last-in-first-out*) verwenden, arbeiten Queues nach dem *FIFO*-Prinzip (*first-in-first-out*), wie es Abbildung 8.23 zeigt.

Abbildung 8.23: Die Datenstrukur „Queue“

Realisierung einer Queue als Array

Ist die maximale Größe einer Queue bekannt, kann man eine Queue in Form eines eindimensionalen Arrays realisieren, indem man einen so genannten *Ringpuffer* („zirkulares Array“) verwendet, wie er in Abbildung 8.24 gezeigt ist. Erreicht man hier das Ende des Arrays, schaltet man wieder auf den Anfang des Arrays vor. Dazu verwendet man die zwei Variablen `anfang` und `ende`, die jeweils den Anfang bzw. das Ende der Queue festhalten. Abbildung 8.25 zeigt die Realisierung einer Queue mittels eines Ringpuffers in den Programmiersprachen C/C++ und Java.

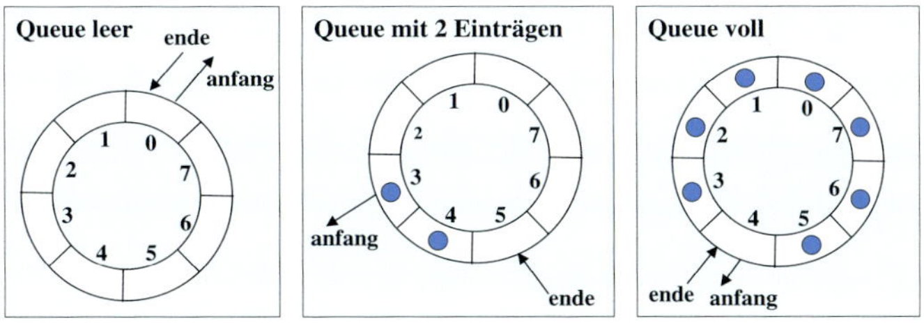

Abbildung 8.24: Ringpuffer bei der Realisierung einer Queue mit einem Array

```c
#include <stdio.h> /* queue.c */
#include <stdlib.h>
static int   *queue=NULL,
             max, anfang, ende, voll=0;
void queueinit(int n) {
  queue =
    (int*)malloc((n+1)*sizeof(int));
  anfang = ende = 0;
  max    = n;
}
int isEmpty() {
  return anfang==ende && !voll;
}
int isFull() { return voll; }
void put(int wert) {
  if (queue == NULL) {
    printf("Queue fehlt\n"); return;
  }
  if (isFull()) {
    printf("Queue voll\n"); return;
  }
  queue[ende] = wert;
  ende = (ende+1) % max;
  voll = (anfang==ende);
}
int get() {
  int z;
  if (queue == NULL) {
    printf("Queue fehlt\n");return -1;
  }
  if (isEmpty()) {
    printf("Queue leer\n"); return -1;
  }
  z      = queue[anfang];
  anfang = (anfang+1) % max;
  voll   = 0;
  return z;
}
```

```java
import java.io.*; /* Queue.java */
class QueueFehler extends Exception {
  public QueueFehler()          { super(); }
  public QueueFehler(String m) { super(m); }
}
class Queue {
  private int[]    queue;
  private int      max, anfang, ende;
  private boolean voll = false;
  Queue(int n) {
     queue = new int[n+1];
     anfang = ende = 0;
     max    = n;
  }
  boolean isEmpty() {
     return anfang==ende && !voll;
  }
  boolean isFull() { return voll; }
  void put(int wert) throws QueueFehler {
     if (queue == null)
       throw new QueueFehler("Queue fehlt");
     if (isFull())
       throw new QueueFehler("Queue voll");
     queue[ende] = wert;
     ende = (ende+1) % max;
     voll = (anfang==ende);
  }
  int get() throws QueueFehler {
     if (queue == null)
        throw new QueueFehler("Queue fehlt");
     if (isEmpty())
        throw new QueueFehler("Queue leer");
     int z  = queue[anfang];
     anfang = (anfang+1) % max;
     voll   = false;
     return z;
  }
}
```

Abbildung 8.25: Realisierung einer Queue als Array (Ringpuffer) in C/C++ und Java

Auf Seite 381 wurde das *Josephus-Problem* vorgestellt und dort dann als Ringliste realisiert. Abbildung 8.26 zeigt, wie man das Josephus-Problem mittels einer Queue lösen kann, indem es die nicht zur Hinrichtung ausgewählten Personen immer wieder hinten an der Schlange (Queue) anstellen lässt. Das C/C++-Programm `josephqu.c` muss mit **cc -o josephqu josephqu.c queue.c** compiliert werden und kann dann mit **./josephqu** aufgerufen werden. Das Java-Programm kann nach der Compilierung mit **javac Josephqu.java** mit **java Josephqu** aufgerufen werden.

```
/* Headerdatei queue.h */
extern void queueinit(int n);
extern int  isEmpty();
extern int  isFull();
extern void put(int wert);
extern int  get();
```

```
/* C-Programm josephqu.c */
#include <stdio.h>
#include "queue.h"

int main(void) {
   int n, z, i=0, j;
   printf("Wie viele Personen: ");
   scanf("%d", &n);
   printf("Wievielten aussondern: ");
   scanf("%d", &z);
   queueinit(n);
   while (!isFull()) /* Queue  */
      put(++i);      /* fuellen */
   while (!isEmpty()) {
      for (j=1; j < z; j++)
         put(get());
      printf("%d, ", get());
   }
   return 0;
}
```

```
/* Java-Programm Josephqu.java */
import java.io.*;
class Josephqu {
  public static void main(String args[]) {
    Eingabe ein = new Eingabe();
    int i = 0;
    int n = ein.readInt("Wie viele Personen: ");
    int z = ein.readInt("Wievielten aussondern:");
    Queue queue = new Queue(n);
    while (!queue.isFull()) /* Queue fuellen */
      try { queue.put(++i);
       } catch (QueueFehler f) {
          System.out.println(f);
       }
    while (!queue.isEmpty()) {
      for (int j=1; j < z; j++)
        try { queue.put(queue.get());
        } catch (QueueFehler f) {
          System.out.println(f);
        }
      try { System.out.print(queue.get()+", ");
      } catch (QueueFehler f) {
        System.out.println(f);
      }
    }
  }
}
```

Abbildung 8.26: Lösen des Josephus-Problems mittels einer Queue

Realisierung einer Queue als verkettete Liste

Ist die maximale Größe, zu der eine Queue im Laufe eines Programms anwachsen kann, im Voraus nicht bekannt, so ist eine Queue als verkettete Liste zu realisieren, wie es z. B. in Abbildung 8.27 gezeigt ist.

Abbildung 8.28 zeigt, wie man diese Queue aus Abbildung 8.27 nun nutzen kann. Beide Programme lösen wieder das Josephus-Problem und leisten somit das Gleiche wie die Programme in Abbildung 8.26. Das C-Programm `josephqulist.c` muss mit

cc -o josephqulist josephqulist.c queueliste.c

compiliert werden und kann dann mit **./josephqulist** aufgerufen werden.

```
/* C-Programm queueliste.c */
#include <stdio.h>
#include <stdlib.h>
struct elem {
   int          zahl;
   struct elem *next;
};
static struct elem *anfang = NULL,
                   *ende   = NULL;
static int anzahl = 0;
int isEmpty() { return anzahl == 0; }
void put(int wert) {
   struct elem *neu =
      (struct elem *)malloc(sizeof *neu);
   neu->zahl = wert;
   neu->next = NULL;
   if (isEmpty())
      anfang = neu;
   else
      ende->next = neu;
   ende = neu;
   anzahl++;
}
int get() {
  int      wert;
  struct elem *cursor = anfang;
   if (isEmpty()) {
     printf("Queue leer\n"); return -1;
   }
   anfang = anfang->next;
   if (anfang == NULL)
      ende = NULL;
   wert = cursor->zahl;
   free(cursor);
   anzahl--;
   return wert;
}
```

```
/* Java-Programm QueueListe.java */
import java.io.*;
class QueueFehler extends Exception {
  public QueueFehler()          { super();  }
  public QueueFehler(String m) { super(m);}
}
class Elem {
  int  zahl;
  Elem next = null;
  Elem(int z) { zahl = z; }
}
class QueueListe {
  private Elem anfang = null, ende = null;
  private int anzahl = 0;
  boolean isEmpty() { return anzahl == 0; }
  void put(int wert) {
    Elem neu = new Elem(wert);
    if (isEmpty())
       anfang = neu;
    else
       ende.next = neu;
    ende = neu;
    anzahl++;
  }
  int get() throws QueueFehler {
    if (isEmpty())
      throw new QueueFehler("Queue leer");
    Elem cursor = anfang;
    anfang = anfang.next;
    if (anfang == null)
       ende = null;
    anzahl--;
    return cursor.zahl;
  }
}
```

Abbildung 8.27: Realisierung einer Queue als verkettete Liste in C/C++ und Java

Das Java-Programm kann nach der Compilierung mit **javac Josephqulist.java** mit **java Josephqulist** aufgerufen werden.

```
/* Headerdatei queueliste.h */
extern int  isEmpty();
extern int  isFull();
extern void put(int wert);
extern int  get();
```

```
/* C-Programm josephqulist.c */
#include <stdio.h>
#include "queueliste.h"
int main(void) {
   int n, z, i=0, j;
   printf("Wie viele Personen: ");
   scanf("%d", &n);
   printf("Wievielte aussondern: ");
   scanf("%d", &z);
   for (i=1; i <= n; i++)
      put(i);
   while (!isEmpty()) {
      for (j=1; j < z; j++)
         put(get());
      printf("%d, ", get());
   }
   return 0;
}
```

```
/* Java-Programm Josephqulist.java */
import java.io.*;
class Josephqulist {
  public static void main(String args[]) {
    Eingabe ein = new Eingabe();
    int n = ein.readInt("Wie viele Personen: ");
    int z = ein.readInt("Wievielte aussondern: ");
    QueueListe queue = new QueueListe();
    for (int i=1; i <= n; i++)
       queue.put(i);
    while (!queue.isEmpty()) {
      for (int j=1; j < z; j++)
         try {
            queue.put(queue.get());
         } catch (QueueFehler f) {
            System.out.println(f);
         }
      try {
         System.out.print(queue.get()+", ");
      } catch (QueueFehler f) {
         System.out.println(f);
      }
    }
  }
}
```

Abbildung 8.28: Lösen des Josephus-Problems mit einer Queue (als verkettete Liste)

▶ Übung: Kubikzahlen über Polyas Sieb

Beim *Polya-Sieb* werden die natürlichen Zahlen in einer Reihe hingeschrieben. Danach streicht man – beginnend mit der 3 – jede dritte Zahl heraus. Schließlich betrachtet man die Summenfolge der so verbleibenden Zahlen. Das sieht so aus:

```
        1   2   3   4   5   6   7   8   9   10   11   12   13....
Durch Herausstreichen jeder dritten Zahl erhält man dann:
        1   2       4   5       7   8       10   11        13....
Die Summenfolge ist dann:
        1
        3 = 1+2
        7 = 1+2+4
       12 = 1+2+4+5
       19 = 1+2+4+5+7
       27 = 1+2+4+5+7+8
       37 = 1+2+4+5+7+8+10
       48 = 1+2+4+5+7+8+10+11
          ................
```

Streicht man nun beginnend mit der zweiten Zahl jede zweite Zahl aus dieser Summenfolge und bildet dann erneut die Summenfolge, so ergibt sich eine Zahlenfolge, die die Kubikzahlen enthält.

Erstellen Sie ein Programm `polya.c` und/oder `Polya.java`, das das Polya-Sieb dadurch realisiert, dass man die Zahlen immer wieder durch die Queue schiebt, wobei abhängig vom jeweiligen Durchgang immer weitere Zahlen (nach dem jeweiligen Kriterium) herausgefiltert werden, so dass sich z. B. folgende Abläufe ergeben:

```
Wie viele Zahlen: 10
1, 2, 3, 4, 5, 6, 7, 8, 9, 10,
1, 2, 4, 5, 7, 8, 10,
1, 3, 7, 12, 19, 27, 37,
1, 7, 19, 37,
1, 8, 27, 64,
```

```
Wie viele Zahlen: 20
1, 2, 3, 4, 5, 6, 7, 8, 9, 10, 11, 12, 13, 14, 15, 16, 17, 18, 19, 20,
1, 2, 4, 5, 7, 8, 10, 11, 13, 14, 16, 17, 19, 20,
1, 3, 7, 12, 19, 27, 37, 48, 61, 75, 91, 108, 127, 147,
1, 7, 19, 37, 61, 91, 127,
1, 8, 27, 64, 125, 216, 343,
```

8.3 Bäume

Bäume (*trees*) gehören zu den fundamentalen Datenstrukturen der Informatik. Bei Bäumen handelt es sich in gewisser Weise um eine zweidimensionale Erweiterung von verketteten Listen.

8.3.1 Grundlegendes zu Bäumen

Allgemein lassen sich folgende Definitionen zu Bäumen aufstellen:

- Ein *Baum* ist eine nicht-leere Menge von Knoten und Kanten, die gewisse Bedingungen erfüllen.
- Ein *Knoten* ist ein Objekt, das einen Namen haben und weitere Informationen beinhalten kann.
- Eine *Kante* ist eine Verbindung zwischen zwei Knoten.
- Ein *Pfad* ist eine Folge von unterschiedlichen Knoten, die durch Kanten im Baum miteinander verbunden sind.
- Die *Wurzel* eines Baums ist ein besonderer Knoten, der den Ursprung des Baums kennzeichnet. Es gilt immer, dass es zwischen der Wurzel und jedem beliebigen anderen Knoten eines Baums genau einen Pfad gibt.

Zum letzten Punkt in der vorherigen Liste ist anzumerken: Gibt es zwischen der Wurzel und einem der Knoten mehr als einen oder auch keinen Pfad, so handelt es sich nicht um einen Baum, sondern um einen so genannten *Graphen*.

Bäume werden in der Informatik üblicherweise umgekehrt zur Natur dargestellt, also mit der Wurzel oben (siehe auch Abbildung 8.29). In der linken Darstellung von Abbildung 8.29 ist der Knoten 1 die Wurzel.

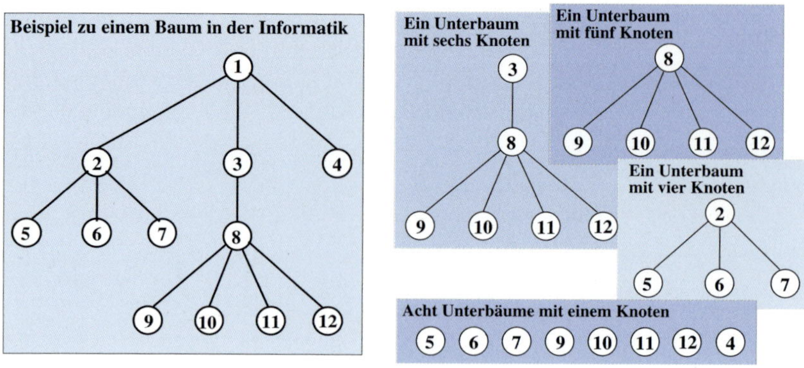

Abbildung 8.29: Ein Baum in der Informatik mit seinen Unterbäumen

Anhand des Baums in Abbildung 8.29 werden nachfolgend weitere Begriffe im Zusammenhang mit Bäumen geklärt.

- Jeder Knoten (außer der Wurzel) hat genau einen Vorgänger, der sich direkt über ihm befindet und als sein *direkter Vorgänger (parent)* bezeichnet wird. Knoten, die sich direkt unter einem Knoten befinden, werden als seine *direkten Nachfolger (children)* bezeichnet.
- Entsprechend eines Familienstammbaums spricht man auch von einem Großelter-Knoten oder von Geschwister-Knoten. In Abbildung 8.29 hat z. B. der Knoten 12 drei Geschwister-Knoten (9, 10, 11) und ist seinerseits der Enkel-Knoten zum Knoten 3.
- *Blätter, Endknoten und äußere Knoten* sind Knoten ohne Nachfolger, wie z. B. die Knoten 5, 6, 7, 9, 10, 11, 12 und 4.
- *Innere Knoten* sind Knoten mit mindestens einem Nachfolger, wie z. B. die Knoten 1, 2, 3 und 8.
- Jeder Knoten ist die Wurzel eines *Unterbaums*, der aus ihm und den Knoten unter ihm besteht. Im Baum von Abbildung 8.29 gibt es elf Unterbäume (siehe auch rechte Darstellung).
- Die *Ebene* eines Knotens ist die Anzahl der Knoten auf dem Pfad von diesem Knoten zur Wurzel, wobei der Knoten selbst nicht mitgezählt wird und die *Höhe eines Baums* ist seine höchste Ebenennummer. Die *Pfadlänge eines Baums* ist die Summe der Ebenen aller Knoten (siehe auch Abbildung 8.30).
- Ein *Wald* ist ein Menge von Bäumen. Entfernt man z. B. in Abbildung 8.29 die Wurzel mit ihren Kanten, bleibt ein Wald mit drei Bäumen übrig (siehe auch rechts in Abbildung 8.30).
- *Geordnete Bäume* sind Bäume, bei denen die Reihenfolge der direkten Nachfolger bei jedem Knoten festgelegt ist. Ist diese Reihenfolge nicht fest vorgeschrieben, spricht man von *ungeordneten Bäumen*.
- Falls jeder Knoten nur eine bestimmte Anzahl *n* von direkten Nachfolgern haben darf, die in einer bestimmten Reihenfolge vorliegen müssen, spricht man von einem *n-ären Baum*.

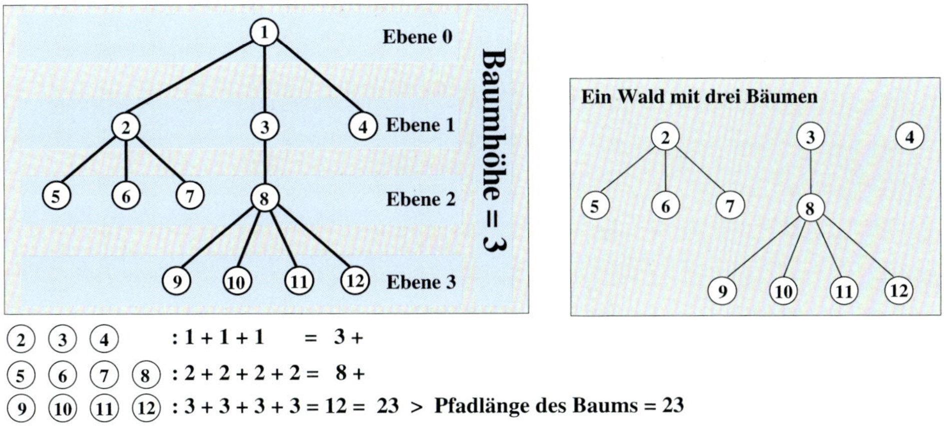

Abbildung 8.30: Ebenen, Höhe und Pfadlänge eines Baums und ein Wald

8.3.2 Binäre Bäume

Der einfachste Typ eines *n*-ären Baums ist der *binäre Baum*, für den Folgendes gilt:

- Es ist ein geordneter Baum mit zwei Typen von Knoten: *inneren und äußeren Knoten*. *Innere Knoten* haben immer maximal zwei direkte geordnete Nachfolger, die man auch als *linker und rechter Nachfolger* bezeichnet. *Äußere Knoten* sind Knoten ohne Nachfolger.
- Ein binärer Baum ist *leer*, wenn er nur aus einem äußeren Knoten besteht und keinen inneren Knoten besitzt.
- Ein *voller binärer Baum* ist ein binärer Baum, in dem sich in keiner Ebene, außer in der vorletzten und letzten Ebene, äußere Knoten befinden.
- Ein *vollständiger Baum* ist ein voller binärer Baum, bei dem sich in der letzten Ebene nur äußere Knoten befinden.

Abbildung 8.31 zeigt ein Beispiel für einen binären Baum und Abbildung 8.32 ein Beispiel für einen vollen und einen vollständigen binären Baum.

Binäre Bäume finden in der Informatik eine häufige Anwendung, da sie die Vorteile von Arrays (schneller Zugriff auf bestimmte Elemente) mit den Vorteilen von Listen (leichtes Einfügen bzw. Entfernen eines Elements) in sich vereinigen. Binäre Bäume lassen sich am besten mittels Rekursion verwalten. So kann man z. B. sehr einfach einen binären Baum rekursiv definieren:

> *Ein binärer Baum ist entweder die Wurzel eines anderen binären Baums oder ein äußerer Knoten.*

Abbildung 8.33 soll diese rekursive Definition eines binären Baums anhand des binären Baums in Abbildung 8.31 verdeutlichen.

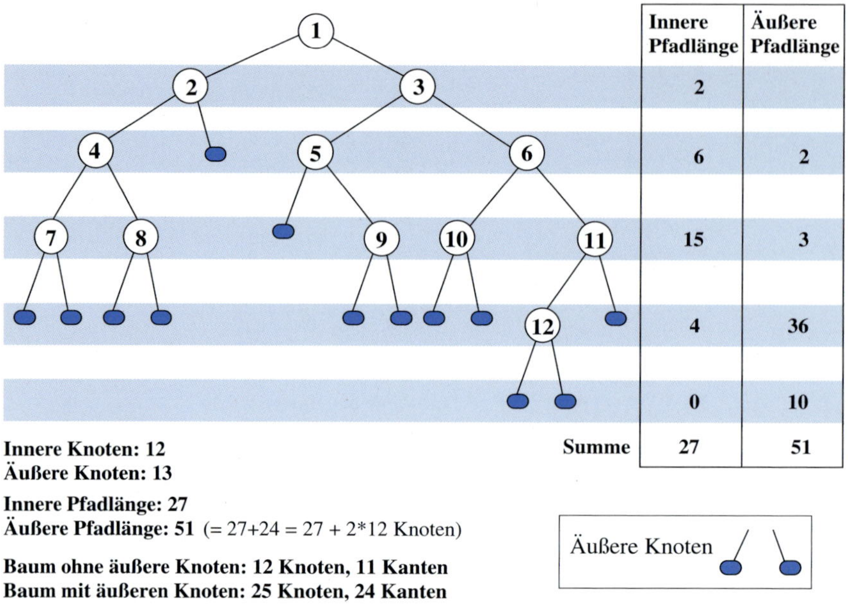

Abbildung 8.31: Beispiel für einen binären Baum

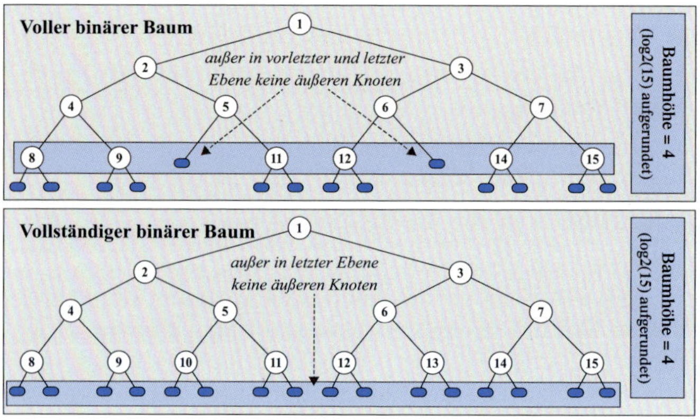

Abbildung 8.32: Beispiel für einen vollen und einen vollständigen binären Baum

Nachfolgend werden kurz einige wichtige Eigenschaften von binären Bäumen vorgestellt, die für die später vorgestellten Algorithmen von Wichtigkeit sind.

- *Für zwei Knoten in einem Baum gibt es immer nur genau einen Pfad, der sie verbindet.*
- *Ein binärer Baum mit n inneren Knoten hat n+1 äußere Knoten* (siehe Abbildung 8.31).

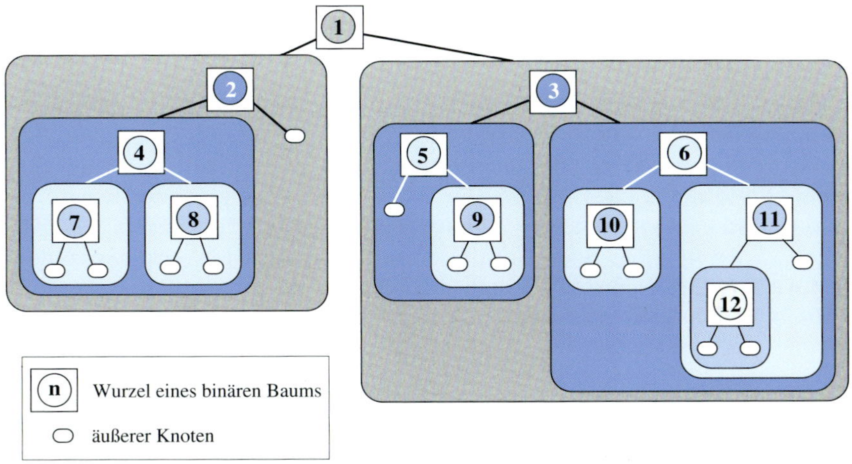

Abbildung 8.33: Rekursive Darstellung des binären Baum aus Abbildung 8.31

- *Die äußere Pfadlänge eines binären Baums mit n inneren Knoten ist immer um 2n größer als die innere Pfadlänge* (siehe Abbildung 8.31).
- *Ein Baum mit n Knoten hat immer n−1 Kanten* (siehe Abbildung 8.31).
- *Die Höhe eines vollen binären Baums mit n inneren Knoten ist die nächste ganze Zahl zu* $\log_2(n)$ (siehe Abbildung 8.32).

Realisierung von binären Bäumen in C/C++ und Java

Da Binärbäume zweidimensionale Erweiterungen zu verketteten Listen sind, kann man auf die Struktur von Listen zurückgreifen. Die Listen-Struktur muss hier dann um einen weiteren Nachfolger erweitert werden, denn im Gegensatz zu Listen haben Binärbäume eben nicht nur einen, sondern zwei Nachfolger (einen linken und einen rechten):

```
struct node { /* In C */
   int           zahl;
   struct node *links;
   struct node *rechts;
};
```

```
class Node { // In Java
   int    zahl;
   Node links;
   Node rechts;
   Node(int z) { zahl = z; links = rechts = null; }
}
```

Hier sollen zunächst anhand eines Beispiels die beiden wichtigsten rekursiven Operationen für binäre Bäume kurz vorgestellt werden:

- Einfügen eines Elements in einen binären Baum und
- Inorder-Traversieren eines binären Baums.

Zahlen einlesen und dabei gleich in einer sortierten Reihenfolge halten

Würden wir diese Aufgabenstellung mit Arrays lösen, wären nach jeder Eingabe einer kleineren Zahl erhebliche Umspeicherungen nötig, um diese Zahl entsprechend in das Array einzusortieren. Bei einer Realisierung mit verketteten Listen müssten wir immer die gesamte Liste durchlaufen, bis wir den Platz gefunden haben, an dem die Zahl aktuell einzuordnen ist. Um sowohl den Nachteil der Umspeicherungen (in einem Array) als auch das zeitaufwändige Suchen (in einer Liste) zu vermeiden, verwenden wir für diese Aufgabenstellung als Datenstruktur einen binären Baum. Dieser binäre Baum soll für jede eingegebene Zahl einen Knoten mit folgenden Informationen enthalten:

1. die Zahl selbst,
2. einen Verweis (Zeiger) auf den linken Nachkommen im binären Baum und
3. einen Verweis (Zeiger) auf den rechten Nachkommen im binären Baum.

Für den hier verwendeten binären Baum soll dabei Folgendes gelten:

1. Ein Knoten eines binären Baumes kann nicht mehr als zwei Nachkommen besitzen, wobei allerdings ein oder gar kein Nachkomme möglich ist.
2. Jeder linke Nachkomme eines Knotens ist kleiner als der Knoten selbst. Daraus folgt, dass alle Zahlen in den Knoten des gesamten linken Unterbaums kleiner als die Zahl im Knoten selbst sind.
3. Jeder rechte Nachkomme eines Knotens ist größer als der Knoten selbst. Daraus folgt, dass alle Zahlen in den Knoten des gesamten rechten Unterbaums größer als die Zahl im Knoten selbst sind.

Für unser Beispiel bedeutet dies, dass die Knoten (Zahlen) so anzuordnen sind, dass bei jedem Knoten (Zahl) der linke Unterbaum nur Knoten (Zahlen) enthält, die kleiner sind, und der rechte Unterbaum nur größere Knoten (Zahlen) aufweist, wie es z. B. in Abbildung 8.36 gezeigt ist.

Abbildung 8.34 zeigt eine mögliche Realisierung dieser Aufgabenstellung in C/C++ und Java.

Nehmen wir an, dass Zahlen in folgender Reihenfolge eingegeben werden:

```
50, 30, 40, 10, 70, 90, 20
```

1. Nach der Eingabe der ersten Zahl `50` wird `einordnen(zahl)` in `main()` aufgerufen. Da `wurzel` beim ersten Aufruf von `einordnen()` `NULL` bzw. `null` ist, wird in `einordnen()` mit `wurzel = neuerKnoten(zahl)` bzw. `wurzel = new Node(zahl)` ein neuer Knoten angelegt (siehe auch Abbildung 8.35).

```c
struct node { /* binbaumsort.c */
    int            zahl;
    struct node *links;
    struct node *rechts;
};
struct node *wurzel = NULL;
struct node *neuerKnoten(int zahl) {
  struct node *knot = (struct node *)
               malloc(sizeof(struct node));
  knot->zahl = zahl;
  knot->links = knot->rechts = NULL;
  return knot;
}
void insert(int zahl, struct node *k) {
  if (zahl < k->zahl) {
     if (k->links == NULL)
        k->links = neuerKnoten(zahl);
     else
        insert(zahl, k->links);
  } else {
     if (k->rechts == NULL)
        k->rechts = neuerKnoten(zahl);
     else
        insert(zahl, k->rechts);
  }
}
void einordnen(int zahl) {
  if (wurzel == NULL)
     wurzel = neuerKnoten(zahl);
  else
     insert(zahl, wurzel);
}
void drucke_baum(struct node *k) {
  if (k != NULL) {
     drucke_baum(k->links);
     printf("%d, ", k->zahl);
     drucke_baum(k->rechts);
  }
}
int  main(void) {
  int  zahl;
  while (1) {
     printf("Zahl (Ende=0): ");
     scanf("%d", &zahl);
     if (zahl == 0) break;
     einordnen(zahl);
  }
  drucke_baum(wurzel);
  return 0;
}
```

```java
import java.io.*; /* Binbaumsort.java */
class Node {
   int   zahl;
   Node links;
   Node rechts;
   Node(int z) {
      zahl = z;
      links = rechts = null;
   }
}
public class Binbaumsort {
   private static  Node wurzel = null;
   static void insert(int zahl, Node k) {
      if (zahl < k.zahl) {
         if (k.links == null)
            k.links = new Node(zahl);
         else
            insert(zahl, k.links);
      } else {
         if (k.rechts == null)
            k.rechts = new Node(zahl);
         else
            insert(zahl, k.rechts);
      }
   }
   public static void einordnen(int zahl) {
      if (wurzel == null)
         wurzel = new Node(zahl);
      else
         insert(zahl, wurzel);
   }
   public static void drucke_baum(Node k) {
      if (k != null) {
         drucke_baum(k.links);
         System.out.print(k.zahl + ", ");
         drucke_baum(k.rechts);
      }
   }
   public static void main(String args[]) {
      Eingabe ein = new Eingabe();
      int      zahl;
      while (true) {
         zahl = ein.readInt("Zahl (Ende=0):");
         if (zahl == 0)
            break;
         einordnen(zahl);
      }
      drucke_baum(wurzel);
   }
}
```

Abbildung 8.34: Realisierung eines Binärbaums, in dem Zahlen aufsteigend sortiert sind

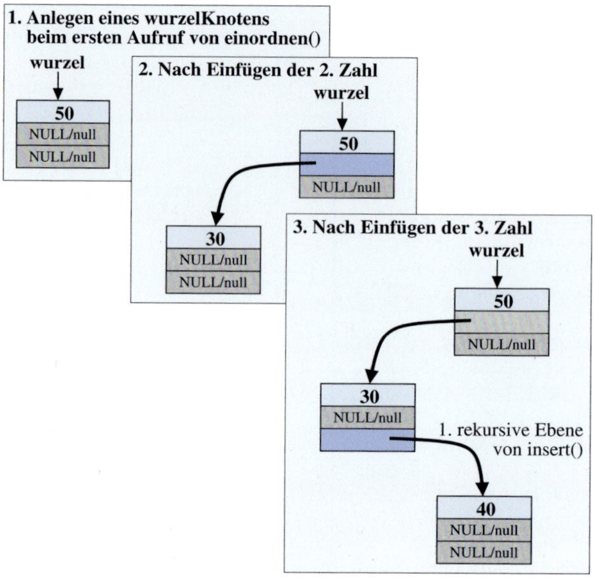

Abbildung 8.35: Einfügen der ersten drei Zahlen in den Binärbaum

2. Nach der Eingabe der zweiten Zahl `30` wird wieder `einordnen(zahl)` in `main()` aufgerufen. Da aber nun `wurzel` nicht mehr `NULL` bzw. `null` ist, wird nun in `einordnen()` die Funktion/Methode `insert(zahl, wurzel)` aufgerufen. In `insert()` wird dann die nachfolgend fett gedruckte Codezeile ausgeführt, da die Zahl `30` kleiner als die Zahl `50` im `wurzel`-Knoten ist und der linke Nachfolger des `wurzel`-Knotens `NULL` bzw. `null` ist:

```
if (zahl < k->zahl) { /* In C */
   if (k->links == NULL)
      k->links = neuerKnoten(zahl);
```

```
if (zahl < k.zahl) { // in Java
   if (k.links == null)
      k.links = new Node(zahl);
```

Dies bewirkt, dass die Zahl `30` als linker Nachfolger zum `wurzel`-Knoten eingetragen wird (siehe auch Abbildung 8.35).

3. Nach der Eingabe der dritten Zahl `40` wird wieder `einordnen(zahl)` aufgerufen. Da `wurzel` nicht mehr `NULL` bzw. `null` ist, wird in `einordnen()` die Funktion/Methode `insert(zahl, wurzel)` aufgerufen. In `insert()` wird nun die nachfolgend fett gedruckte Codezeile ausgeführt, da die Zahl `40` kleiner als die Zahl `50` im `wurzel`-Knoten ist und der linke Nachfolger des `wurzel`-Knotens nun aber nicht `NULL` bzw. `null` ist:

```
if (zahl < k->zahl) { /* In C */
   if (k->links == NULL)
      k->links = neuerKnoten(zahl);
   else
      insert(zahl, k->links);
```

```
if (zahl < k.zahl) {
   if (k.links == null)
      k.links = new Node(zahl);
   else
      insert(zahl, k.links);
```

Es wird also `insert()` rekursiv aufgerufen. Da nun aber die Zahl `40` größer als die Zahl `30` im linken Nachfolge-Knoten des `wurzel`-Knotens ist und der rechte Nachfolger dieses Nachfolge-Knotens `NULL` bzw. `null` ist, wird nun die nachfolgend fett gedruckte folgende Codezeile ausgeführt:

```
if (zahl < k->zahl) { /* in C */
   if (k->links == NULL)
      k->links = neuerKnoten(zahl);
   else
      insert(zahl, k->links);
} else {
   if (k->rechts == NULL)
      k->rechts = neuerKnoten(zahl);
```

```
if (zahl < k.zahl) {
   if (k.links == null)
      k.links = new Node(zahl);
   else
      insert(zahl, k.links);
} else {
   if (k.rechts == null)
      k.rechts = new Node(zahl);
```

Dies bewirkt, dass die Zahl `40` als rechter Nachfolger zum Knoten mit der Zahl `30` eingetragen wird (siehe auch Abbildung 8.35).

4. Auf ähnliche Weise werden nun die restlichen Zahlen 10, 70, 90 und 20 in den Baum eingetragen, wie es in Abbildung 8.36 veranschaulicht wird.

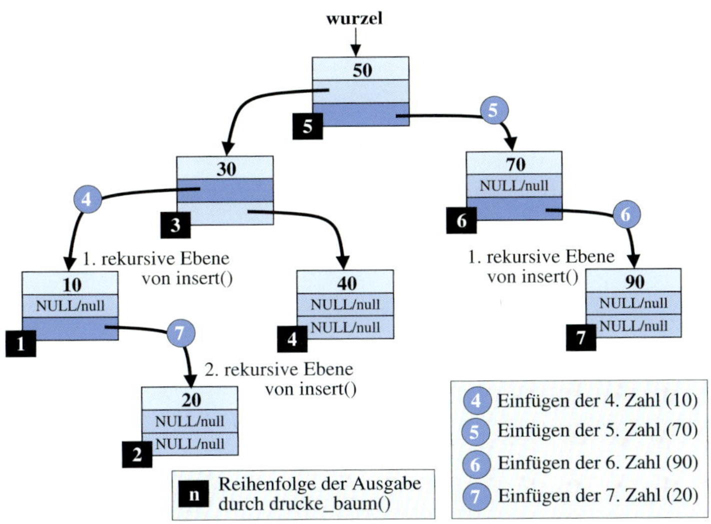

Abbildung 8.36: Einfügen restlicher Zahlen in Binärbaum und Reihenfolge der Ausgabe

Nachdem die Zahl `0` eingegeben wurde, wird der Binärbaum aus Abbildung 8.36 in der dort angegebenen Reihefolge mit `drucke_baum(wurzel)` ausgegeben:

```
void drucke_baum(struct node *k) {
   if (k != NULL) {
      drucke_baum(k->links);
      printf("%d, ", k->zahl);
      drucke_baum(k->rechts);
   }
}
```

```
public static void drucke_baum(Node k) {
   if (k != null) {
      drucke_baum(k.links);
      System.out.print(k.zahl + ", ");
      drucke_baum(k.rechts);
   }
}
```

Der hier verwendete Algorithmus in `drucke_baum()` gibt die Zahlen der einzelnen Knoten in der so genannten *Inorder*-Reihenfolge aus:

> *Zu jedem Knoten wird zunächst der linke Unterbaum (alle bezüglich des gerade betrachteten Knotens kleineren Zahlen), dann die Zahl des Knotens selbst, und schließlich der rechte Unterbaum (alle größeren Zahlen) ausgegeben.*

Ein möglicher Ablauf der beiden Programme aus Abbildung 8.34 ist:

```
Zahl (Ende=0): 50
Zahl (Ende=0): 30
Zahl (Ende=0): 40
Zahl (Ende=0): 10
Zahl (Ende=0): 70
Zahl (Ende=0): 90
Zahl (Ende=0): 20
Zahl (Ende=0): 0
10, 20, 30, 40, 50, 70, 90,
```

Im vorherigen Beispiel wurde der binäre Baum in der *Inorder-Reihenfolge* bei der Ausgabe mit *drucke_baum()* traversiert. Es gibt auch noch andere Möglichkeiten einen Binärbaum zu durchlaufen, die nachfolgend kurz vorgestellt werden.

Preorder-Traversierung eines Binärbaums

Die folgende Funktion `dreieck()` aus dem Programm `Bbpreorder.java` im Zusatzmaterial zeigt zum Vergleich mit der Funktion `drucke_baum()`, wie man einen Binärbaum in Preorder-Reihenfolge traversieren kann:

```
void dreieck(int l, int r, int h, Color farbe) {
   int m = (l+r)/2;
   if (h > 0) {
      male(l, r, h, farbe); // Preorder
      dreieck(l, m, h-1, Color.black);
      dreieck(m, r, h-1, Color.white);
   }
}
```

Für die Preorder-Traversierung wird folgender rekursiver Algorithmus verwendet:

> *Bearbeite zuerst die Wurzel, dann bearbeite den vollständigen linken Unterbaum und anschließend den vollständigen rechten Unterbaum zu dieser Wurzel.*

Die zuvor vorgestellte rekursive Funktion wird dann wie folgt aufgerufen:

```
dreieck(0, 320, 4, Color.black);
```

Die im Zusatzmaterial vorgestellten Programme `bbpreorder.c` und `Bbpreorder.java` erlauben es dem Benutzer, sich den binären Baum schrittweise durch Tastendruck zeichnen zu lassen, wie es in Abbildung 8.37 gezeigt ist.

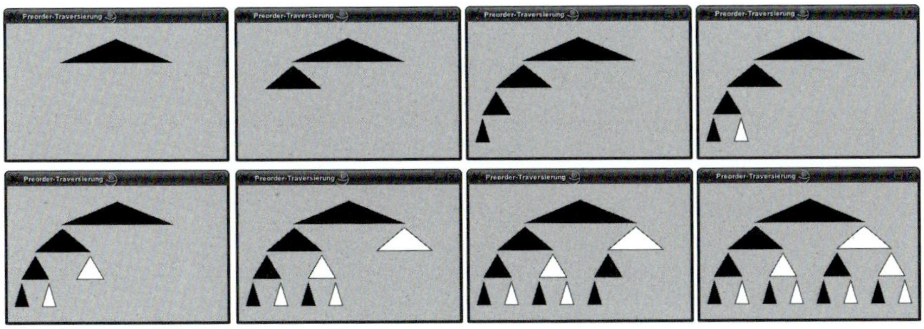

Abbildung 8.37: Traversieren eines Binärbaums in Preorder-Reihenfolge

Die beiden Programme zeichnen dabei den Baum in der Preorder-Reihenfolge, wie es Abbildung 8.38 nochmals verdeutlicht. In dieser Abbildung steht jeder Knoten für einen Aufruf von `male()`, wobei innerhalb des Knotens die ersten drei Argumente für diesen Aufruf angegeben sind.

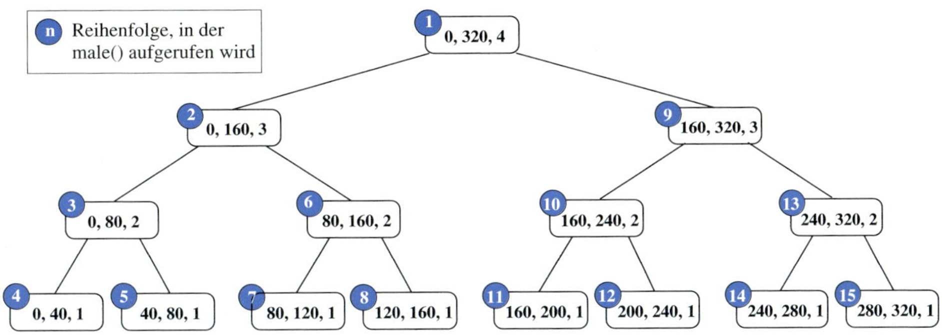

Abbildung 8.38: Aufrufreihenfolge (in Preorder) von `male()`

Inorder-Traversierung eines Binärbaums

Für das gleiche Beispiel wie zuvor zeigt die folgende Funktion, wie man einen Binärbaum in Inorder-Reihenfolge traversieren kann:

```
void dreieck(int l, int r, int h, Color farbe) {
   int m = (l+r)/2;
   if (h > 0) {
      dreieck(l, m, h−1, Color.black);
      male(l, r, h, farbe); // Inorder
      dreieck(m, r, h−1, Color.white);
   }
}
 ....
dreieck(0, 320, 4, Color.black); // Aufruf dieser rekursiven Funktion
```

Für die Inorder-Traversierung wird folgender rekursiver Algorithmus verwendet:

Bearbeite zuerst den vollständigen linken Unterbaum, dann die Wurzel und anschließend den vollständigen rechten Unterbaum zu dieser Wurzel.

Die im Zusatzmaterial gezeigten Programme `bbinorder.c` und `Bbinorder.java` erlauben es dem Benutzer, sich den binären Baum schrittweise durch Tastendruck zeichnen zu lassen, wie es in Abbildung 8.39 gezeigt ist. Sie zeichnen dabei den Baum in der Inorder-Reihenfolge, wie es Abbildung 8.40 nochmals verdeutlicht.

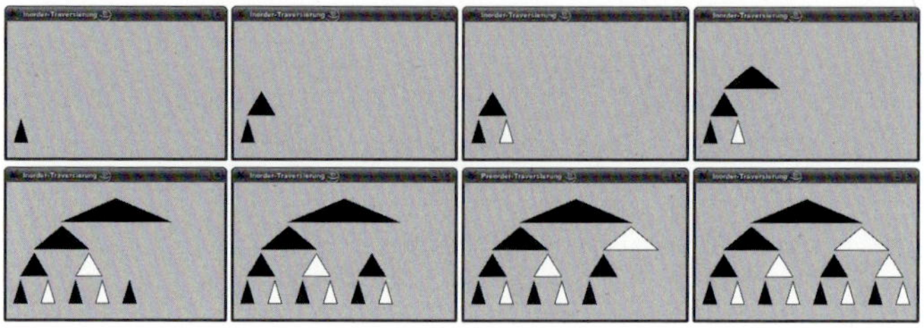

Abbildung 8.39: Traversieren eines Binärbaums in Inorder-Reihenfolge

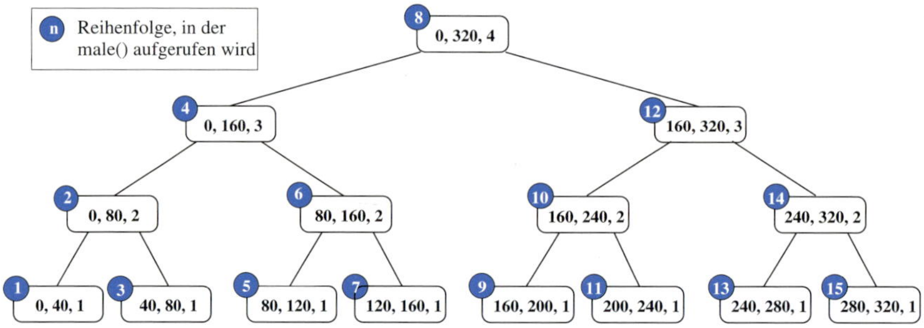

Abbildung 8.40: Aufrufreihenfolge (in Inorder) von `male()`

Postorder-Traversierung eines Binärbaums

Der folgende Ausschnitt aus dem Programm `Bbpostorder.java` im Zusatzmaterial zeigt, wie man einen Binärbaum in Postorder-Reihenfolge traversieren kann:

```
void dreieck(int l, int r, int h, Color farbe) {
   int m = (l+r)/2;
   if (h > 0) {
      dreieck(l, m, h-1, Color.black);
      dreieck(m, r, h-1, Color.white);
      male(l, r, h, farbe); // Postorder
   }
}
....
dreieck(0, 320, 4, Color.black); // Aufruf dieser rekursiven Funktion
```

Für die Postorder-Traversierung wird folgender rekursiver Algorithmus verwendet:

> *Bearbeite zuerst den vollständigen linken Unterbaum, dann den vollständigen rechten Unterbaum und schließlich zuletzt die Wurzel zu diesen Unterbäumen.*

Die im Zusatzmaterial gezeigten Programme `bbpostorder.c` und `Bbpostorder.java` ermöglichen es, sich den binären Baum schrittweise durch Tastendruck zeichnen zu lassen, wie es in Abbildung 8.41 gezeigt ist. Sie zeichnen dabei den Baum in der Postorder-Reihenfolge, wie es Abbildung 8.42 nochmals verdeutlicht.

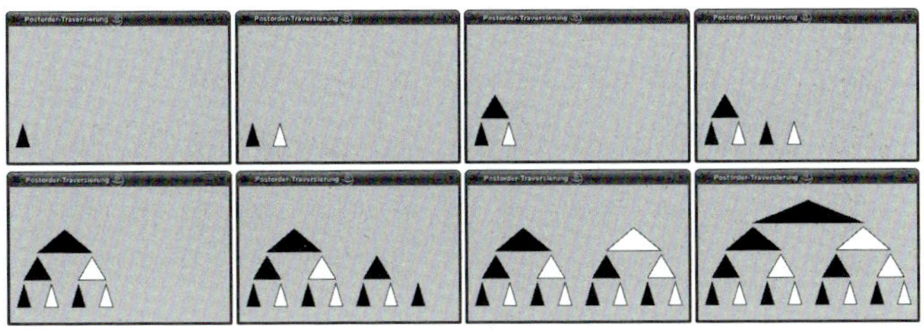

Abbildung 8.41: Traversieren eines Binärbaums in Postorder-Reihenfolge

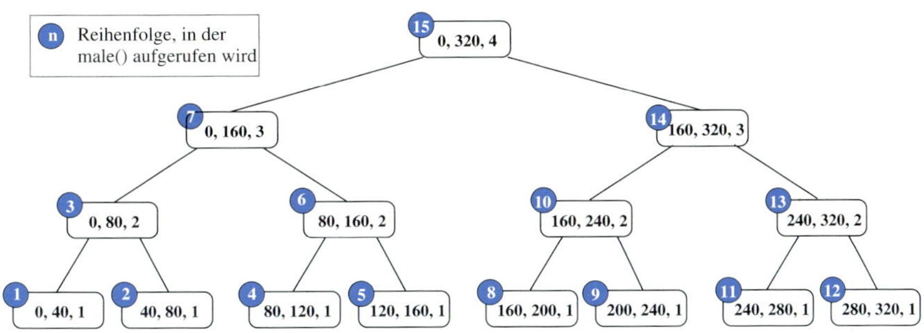

Abbildung 8.42: Aufrufreihenfolge (in Postorder) von `male()`

Lineal in Preorder-, Inorder- und Postorder-Reihenfolge

Die beiden im Zusatzmaterial gezeigten Programme `lineal.c` und `Lineal.java` zeichnen nacheinander ein Lineal in Preorder-, Inorder- und Postorder-Reihenfolge. Um das Zeichnen schrittweise nachvollziehen zu können, wird erst auf Tastendruck immer ein Strich des Lineals gezeigt (siehe auch Abbildung 8.43).

Levelorder-Traversierung eines Binärbaums

Bei der Levelorder-Traversierung wird immer zuerst die Wurzel und dann werden nacheinander die Knoten der nächsten Ebene vollständig durchlaufen, bevor auf die nächste Ebene abgestiegen wird. Der dazugehörige Algorithmus ist nicht mehr so einfach. Man muss hier eine Queue als Zwischenspeicher für die einzelnen Knoten einer Ebene heranziehen, wobei die Wurzeln der einzelnen Unterbäume jeweils am

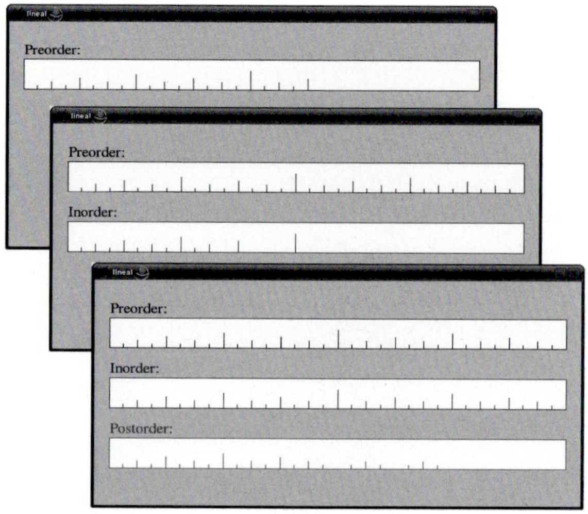

Abbildung 8.43: Zeichnen eines Lineals in Preorder-, Inorder- und Postorder-Reihenfolge

Ende dieser Queue eingereiht werden, so dass die Knoten der nächsten Ebene in der richtigen Reihenfolge in die Queue eingefügt werden.

Die Programme `levelorder.c` und `Levelorder.java`, die im Zusatzmaterial gezeigt werden, ermöglichen es, sich den binären Baum schrittweise in Levelorder-Reihenfolge durch Tastendruck zeichnen zu lassen (siehe auch Abbildung 8.44).

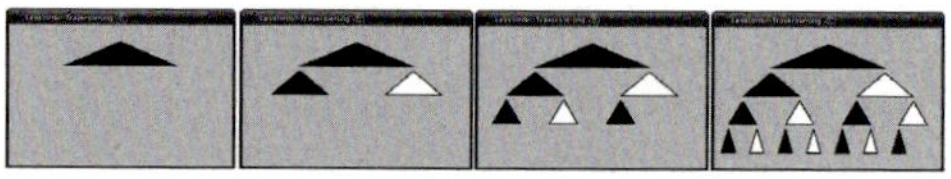

Abbildung 8.44: Traversieren eines Binärbaums in Levelorder-Reihenfolge

Grundlegende Operationen auf einem binären Baum

Hier werden einige grundlegende Operationen auf einem binären Baum kurz vorgestellt. Dazu nehmen wir z. B. die folgende Datenstruktur:

```
struct node { /* In C */
   int          zahl;
   struct node *links;
   struct node *rechts;
};
```

```
class Node { // In Java
   int    zahl;
   Node links;
   Node rechts;
   Node(int z) { zahl = z; links = rechts = null; }
}
```

Höhe eines Binärbaums

```
int hoehe(struct node *k) { /* in C */
  if (k == NULL)
    return 0;
  else {
    int hl = hoehe(k->links),
    int hr = hoehe(k->rechts);
    return (hl > hr) ? hl+1 : hr+1;
  }
}
```

```
int hoehe(Node k) { // in Java
  if (k == null)
    return 0;
  else {
    int hl = hoehe(k.links),
    int hr = hoehe(k.rechts);
    return (hl > hr) ? hl+1 : hr+1;
  }
}
```

Anzahl der Knoten in einem Binärbaum

```
int anzahl(struct node *k) { /* in C */
  return (k==NULL) ? 0 : anzahl(k->links) + anzahl(k->rechts) + 1;
}
```

```
int anzahl(Node k) { // in Java
  return (k==null) ? 0 : anzahl(k.links) + anzahl(k.rechts) + 1;
}
```

Anzahl der Blätter in einem Binärbaum

```
int blattzahl(struct node *k) { /* in C */
  if (k == NULL)
    return 0;
  else if (k->links == NULL && k->rechts == NULL)
    return 1;
  return blattzahl(k->links) + blattzahl(k->rechts);
}
```

```
int blattzahl(Node k) { // in Java
  if (k == null)
    return 0;
  else if (k.links == null && k.rechts == null)
    return 1;
  return blattzahl(k.links) + blattzahl(k.rechts);
}
```

Vollständiger Binärbaum

Ergänzend zur Definition auf Seite 401 ist ein Binärbaum ein *vollständiger Binärbaum der Höhe h*, wenn er $2^h - 1$ Knoten besitzt. In diesem Fall haben alle Blätter die Höhe h und alle inneren Knoten besitzen zwei Nachfolger.

Löschen eines Knotens aus dem Binärbaum

Hier sind drei Fälle zu unterscheiden:

1. *Entfernen eines Blatts*
   Ein Knoten ohne Nachfolger kann einfach entfernt werden, ohne dass die Struktur des verbleibenden Binärbaums beeinflusst wird: `k = NULL` bzw. `k = null`.
2. *Entfernen eines Knotens mit nur einem Nachfolger*
   Dem Zeiger auf den zu entfernenden Knoten wird eine Kopie des nicht leeren Nachfolger-Knotens zugewiesen:

```
k = k->links; bzw. k = k->rechts; /* in C */
k = k.links;  bzw. k = k.rechts;  // in Java
```

3. *Entfernen eines Knotens mit zwei Nachfolgern*
   Die Schwierigkeit besteht darin, dass der Zeiger, der auf den zu löschenden Knoten zeigt, nun nicht zugleich auf dessen beiden Nachfolger zeigen kann. Um den Binärbaum mit seinen Eigenschaften zu erhalten, muss an die Stelle des zu löschenden Knotens entweder der *größte Knoten in seinem linken Teilbaum* oder der *kleinste Knoten in seinem rechten Teilbaum* treten.

Im Zusatzmaterial finden Sie zu Punkt 3 (Entfernen eines Knotens mit zwei Nachfolgern) den entsprechenden Algorithmus. Zudem wird im begleitenden Zusatzmaterial das Programm `baumoper.c` näher vorgestellt, mit dem man Namen in einen Binärbaum einfügen bzw. wieder aus diesem löschen kann, wie es in Abbildung 8.45 gezeigt ist.

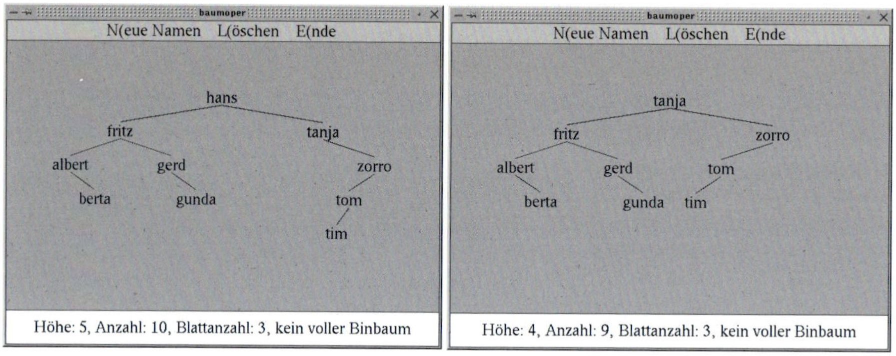

Abbildung 8.45: Visualisierter Binärbaum mit Löschen von „hans"

Balancierte Binärbäume

Der Aufwand, ein Element in einem Binärbaum zu suchen, wächst mit der Länge des Pfades von der Wurzel zu dem gesuchten Element, also mit der *Tiefe* des gefundenen Knotens. Bei einem so genannten *balancierten Baum* besitzen alle Blattknoten in etwa die gleiche Tiefe, was bedeutet, dass der Binärbaum bei n Knoten eine Höhe von $\log_2(n+1)$ hat.

Bei einem balancierten Binärbaum sind somit maximal $\log_2(n+1)$ Vergleiche (= Höhe des Binärbaums) notwendig, um ein Element in einem solchen balancierten Binärbaum zu finden. So sind z. B. links in Abbildung 8.45 maximal 5 Vergleiche und rechts in Abbildung 8.45 maximal 4 Vergleiche erforderlich, um ein Element in diesen Binärbäumen zu finden oder eben nicht zu finden, wenn es dort nicht vorhanden ist.

Abbildung 8.46 zeigt links einen optimal balancierten Binärbaum. Leider können durch Einfüge- und Löschoperationen höchst unbalancierte Binärbäume entstehen. Unbalancierte Bäume entstehen insbesondere dann, wenn viele Daten in ihrer Sortierreihenfolge eingefügt werden, so dass im schlimmsten Fall ein Binärbaum zu einer Liste degenerieren kann, wie es rechts in Abbildung 8.46 gezeigt ist. Hat man z. B. einen Binärbaum mit $n = 1000$ Knoten, so wird man bei einem balancierten Binärbaum maximal 10 Vergleiche ($\log_2(1001)$) benötigen, um ein Element in diesem Baum zu finden, während man bei einem schlecht balancierten Baum wesentlich mehr Vergleiche, im ungünstigsten Fall (eines zu einer Liste degenerierten Binärbaums) sogar maximal 1000 Vergleiche benötigt.

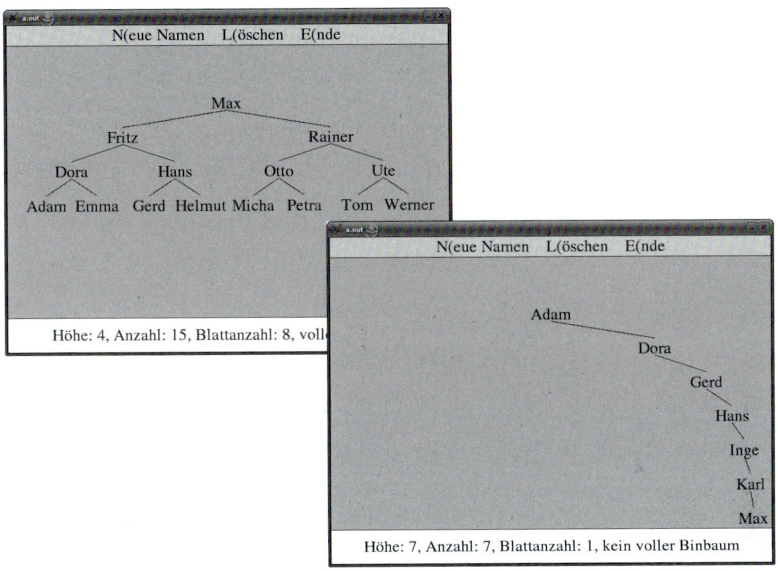

Abbildung 8.46: Optimal balancierter und zur Liste degenerierter Binärbaum

▶ Übung: Stammbaum als Binärbaum

Betrachtet man die Eltern einer Person, dann wieder deren Eltern usw., so hat man einen Binärbaum vorliegen, d. h. jeder Zweig gabelt sich in zwei weitere Zweige. Erstellen Sie ein Programm `stammbaum.c`, das immer einen Ausschnitt eines Stammbaums (eine Person mit ihren Eltern, soweit diese bereits eingegeben wurden) auf dem Bildschirm anzeigt. Wahlweise kann dann zum Vater, zur Mutter oder zurück zum Kind gewechselt werden. Sollte zu einem Elternteil gewechselt werden, das noch nicht bekannt ist (dargestellt durch ?), kann der Benutzer dessen Daten eingeben. Das Programm soll ein kleines Menü der folgenden Art anbieten:

```
M(utter V(ater K(ind A(nfang E(nde
```

Wählt der Benutzer den Menüpunkt `A(nfang`, so kann er von der Wurzel aus – mittels der Tasten `V(ater` bzw. `M(utter` – den gesamten Stammbaum nach oben durchwandern. Um sich im Stammbaum nach unten zu bewegen, muss er die Taste `K(ind` benutzen.

► Übung: Anzeigen der aktuellen Tabelle bei Sportereignissen

Erstellen Sie ein Programm `sport.c` und/oder `Sport.java`, das bei Ankunft eines Sportlers (wie z. B. Skilanglauf oder Marathon) immer den Namen des jeweiligen Sportlers und dessen gebrauchte Zeit in Sekunden einliest. Danach soll es diesen Sportler in einen Binärbaum entsprechend seiner Zeit einordnen und dann immer den aktuellen Zwischenstand ausgeben. Das Programm soll sich beenden, wenn beim Namen eine Leerzeile eingegeben wird, wobei es zuvor noch das Endergebnis ausgeben soll.

8.3.3 Sich selbst balancierende Binärbäume

AVL-Bäume

Der AVL-Baum ist ein binärer Suchbaum mit der zusätzlichen Eigenschaft, dass sich an jedem Knoten die Höhe der beiden Unterbäume um höchstens eins unterscheidet. Dies bedeutet, dass seine Höhe nur logarithmisch mit der Zahl der Schlüssel wächst und ihn so zu einem balancierten binären Suchbaum macht. AVL-Bäume, die 1962 von den sowjetischen Mathematikern *Georgi Maximowitsch* ***A**delson-**V**elski* und *Jewgeni Michailowitsch* ***L**andis* eingeführt wurden, sind nach den Anfangsbuchstaben ihrer Nachnamen benannt.

Mit dem *Balance-Faktor BF(t)* eines Knotens wird hier die Höhendifferenz bezeichnet:

$$BF(t) = H(t_l) - H(t_r)$$

- $H(t_l)$ = Höhe des linken Kindbaums und
- $H(t_r)$ = Höhe des rechten Kindbaums

Dabei wird ein Knoten mit
mit $BF(t) = 0$ als höhengleich,
mit $BF(t) > 0$ als linkslastig und
mit $BF(t) < 0$ als rechtslastig
bezeichnet.

Für jeden Knoten t eines AVL-Baums gilt somit: $-1 \leq BF(t) \leq +1$.

Da AVL-Bäume immer balanciert sind, können die wichtigsten Operationen in diesen Bäumen (*Suchen*, *Einfügen* und *Löschen*) in logarithmischer Zeit $O(\lg n)$ ausgeführt werden.

Rot-Schwarz-Bäume

Rot-Schwarz-Bäume, die von binären Bäumen abgeleitet sind, wurden 1972 unter dem Namen *symmetric binary B-trees* von Rudolf Bayer eingeführt. L. Guibas und R. Sedgewick führten 1978 die rot-schwarze Färbung ein. Da Rot-Schwarz-Bäume immer annähernd balanciert sind, können die wichtigsten Operationen in diesen Bäumen (*Suchen*, *Einfügen* und *Löschen*) in logarithmischer Zeit $O(\lg n)$ ausgeführt werden.

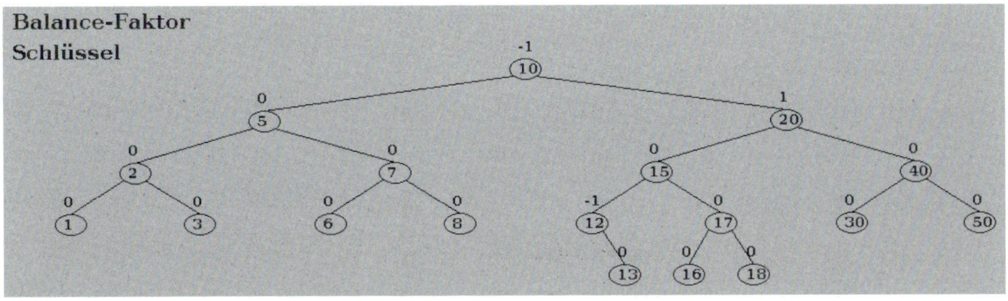

Abbildung 8.47: Beispiel eines AVL-Baums

Neben den Eigenschaften von binären Bäumen besitzen Rot-Schwarz-Bäume noch folgende Eigenschaften, welche sicherstellen, dass der Pfad von der Wurzel zum am weitesten entfernten Blattknoten niemals mehr als doppelt so lang wie der Pfad von der Wurzel zum am kürzesten entfernten Blattknoten ist, was bedeutet, dass die Höhe eines Rot-Schwarz-Baums mit n Werten nie größer als $2\lg(n+1)$ ist:

1. Jeder Knoten im Baum ist entweder rot oder schwarz.
2. Ist ein Knoten rot, so sind seine beiden Kindknoten schwarz.
3. Jeder Pfad von einem gegebenen Knoten zu seinen Blattknoten enthält die gleiche Anzahl schwarzer Knoten.

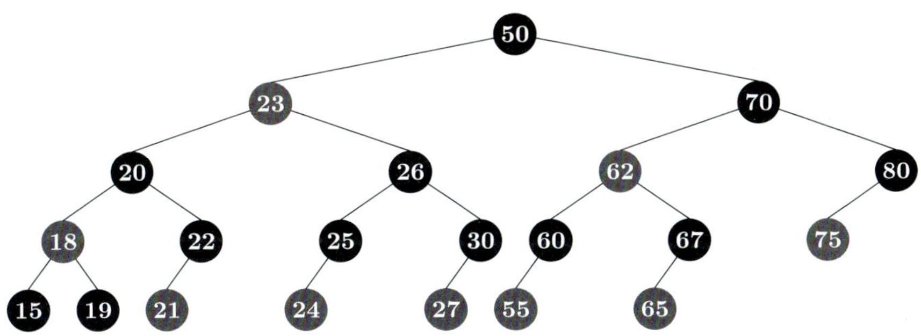

Abbildung 8.48: Beispiel eines Rot-Schwarz-Baums

Rot-Schwarz-Bäume werden oft zur Verwaltung von Symboltabellen eingesetzt, wie z. B.:

c++ (STL):	map, multimap, multiset
Java:	java.util.TreeMap, java.util.TreeSet
Linux kernel:	Scheduler

8.3.4 Splay-Bäume

Ein Splay-Baum ist eine spezielle Art eines binären Suchbaums, der sich nicht nur bei modifizierenden Operationen wie z. B. Einfügen oder Löschen, sondern auch bei bloßen Anfragen wie z. B. Suchen neu organisiert.

Hierbei sind folgende Fälle zu unterscheiden:

Operation	Wurzel wird
Einfügen eines Elements	neu eingefügtes Element
Suchen	
eines vorhandenen Elements	gefundenes Element
eines nicht vorhandenen Elements	Element, auf das zuletzt zugegriffen wurde
Löschen	
eines vorhandenen Elements	Element, auf das zuletzt vor dem Löschen des Elements zugegriffen wurde
eines nicht vorhandenen Elements	Element, auf das zuletzt zugegriffen wurde

Ein einfaches Beispiel für die Verwendung eines Splay-Baums wäre die Speicherung von Filmnamen in einem Baum. Manche Filme sind sicherlich beliebter als andere. Durch die häufigen Zugriffe auf die beliebtesten Filme würde sich der am häufigsten nachgefragte Film in der Wurzel befinden und somit mit einem Zugriff aufgefunden werden. Splay-Bäume werden üblicherweise z. B. bei der Implementierung von Caches, Routern oder zur Datenkomprimierung verwendet.

Netzwerk-Router z. B. empfangen Netzwerkpakete mit einer hohen Rate von eingehenden Verbindungen und müssen schnell auf Basis der IP-Adresse entscheiden, an welchen Ausgang jedes Paket zu senden ist. Der Router benötigt dabei zum Nachschlagen einer IP-Adresse eine Tabelle, um herauszufinden, welche ausgehenden Verbindungen zu benutzen sind. Wurde eine IP-Adresse einmal verwendet, ist es sehr wahrscheinlich, dass sie wiederverwendet wird, wahrscheinlich sogar mehrmals. Splay-Bäume können hierbei für eine gute Performanz sorgen.

8.3.5 B-Bäume

B-Bäume wurden 1972 von *Rudolf Bayer* und *Edward M. McCreight* eingeführt. Die Herkunft des Namens *B-Baum* ist nicht bekannt. Einige Vermutungen sind, dass das *B* für *Balanciert* oder aber für einen seiner Erfinder, *Bayer*, steht.

B-Bäume sind immer vollständig balancierte Bäume, die Daten nach Schlüsseln sortiert speichern. Auf Grund der Balanciertheit können die wichtigsten Operationen in diesen Bäumen (*Suchen*, *Einfügen* und *Löschen*) in logarithmischer Zeit $O(\lg n)$ ausgeführt werden.

B-Bäume werden in fast allen gängigen Datenbanksystemen eingesetzt, die aufgrund der großen Datenmengen diese nicht vollständig im Hauptspeicher halten können, sondern immer wieder aktuell benötigte Datenblöcke aus einem externen Speicher wie z. B. einer Festplatte in den Hauptspeicher laden müssen. Diese Datenblöcke sind dabei die Knoten eines B-Baums, die mit Schlüsseln versehen sind, welche für die Sortierung verwendet werden.

Anders als Binärbäume können B-Bäume mehr als zwei Kindknoten besitzen. Ein Baum heißt *B-Baum der Ordnung* $m \geq 2$, wenn gilt:

1. Alle Blattknoten haben die gleiche Tiefe, nämlich die *Höhe h* des B-Baums.
2. Jeder Knoten außer der Wurzel hat mindestens *m-1* Schlüssel, woraus folgt, dass jeder innere Knoten mindestens *m* Kindknoten hat.
3. Jeder Knoten hat höchstens *2m-1* Schlüssel, woraus wiederum folgt, dass jeder innere Knoten höchstens *2m* Kindknoten haben kann. Ein Knoten gilt als voll, wenn er genau *2m-1* Schlüssel besitzt.
4. Alle Schlüssel im linken Unterbaum zu einem Schlüssel sind hierbei kleiner und alle Schlüssel im rechten Unterbaum zu einem Schlüssel sind größer, was auch Abbildung 8.49 verdeutlicht.

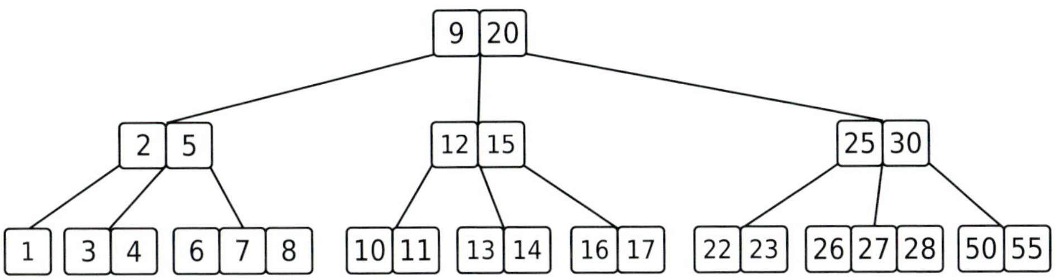

Abbildung 8.49: Beispiel zu einem B-Baum der Ordnung 2

Die Höhe h eines B-Baums der Ordnung $m \geq 2$ mit n Schlüsseln ist

$$h \leq log_m \frac{n+1}{2}. \tag{8.1}$$

Hat man z. B. einen B-Baum der Ordnung 256 mit einer Höhe 3, so kann man $256^3 = 16.777.216$ Schlüssel unterbringen. Ein Binärbaum mit dieser Anzahl von Schlüsseln hätte dagegen eine Höhe von 24.

Nachfolgend wird gezeigt, dass die Formel (8.1) zutrifft. Es gilt nämlich, dass die Wurzel eines B-Baums mindestens einen Schlüssel besitzt und die restlichen Knoten wegen Punkt 2 immer mindestens $m-1$ Schlüssel besitzen. Somit hat ein B-Baum, dessen Höhe h ist, in der Wurzel mindestens einen Knoten und

- in der Tiefe 1 mindestens 2 Knoten
- in der Tiefe 2 mindestens $2m$ Knoten
- in der Tiefe 3 mindestens $2m^2$ Knoten
- in der Tiefe 4 mindestens $2m^3$ Knoten
- ...
- in der Tiefe h mindestens $2m^{h-1}$ Knoten.

Es gilt folglich:

$$n \quad \geq \quad 1+(m-1)\sum_{i=1}^{h} 2m^{i-1} \quad = \quad 1+2(m-1)\frac{m^h-1}{m-1} \quad = \quad 2m^h - 1$$

Durch Umformen erhält man dann $m^h \leq \frac{n+1}{2}$. Nimmt man nun auf beiden Seiten den Logarithmus, so erhält man die obige Formel $h \leq log_m \frac{n+1}{2}$.

B-Bäume werden in vielen Dateisystemen und Datenbanken eingesetzt, wie z .B.:

Windows:	NTFS
Mac:	HFS, HFS
Linux:	ReiserFS, XFS, Ext3FS, JFS
Datenbanken:	ORACLE, DB2, INGRES, SQL, PostgreSQ

8.3.6 Baumrekursion bei Bäumen mit mehr als zwei Zweigen

Bisher haben wir nur Programme kennengelernt, bei denen eine binäre Baumrekursion vorlag. Hier werden jetzt kurz einige Algorithmen vorgestellt, bei denen eine Baumrekursion mit mehr als zwei Zweigen vorliegt.

Rekursion bei L-Systemen

Im Jahre 1956 publizierte *N. Chomsky* die Theorie der formalen Grammatiken. Von *S. Ginsburg* wurde dann 1962 die Gleichwertigkeit der *Backus-Naur-Form* mit den kontextfreien Chomsky-Grammatiken (siehe auch Kapitel 18.4.9 auf Seite 773) erkannt. Aufgrund dieser Beschreibungen konnte schließlich 1968 *A. Lindenmayer* die Theorie der so genannten *L-Systeme* entwickeln.

Ist V ein Alphabet von Zeichen und $V*$ bzw. $V+$ die Menge aller bzw. aller nichtleeren Wörter über V, so stellt das Tripel $(V, V+, P)$ ein so genanntes *kontextfreies L-System* dar, das als *0L-System* bezeichnet werden soll.

P ist dabei die (endliche) Menge der Produktionsregeln. Eine Produktionsregel (a, x) kann man schreiben als Zuordnung: a $\longrightarrow$ x.

Hat man z. B. das Alphabet {a,b} und die Produktionsregeln sind:

$$(1)\quad \mathrm{a} \longrightarrow \mathrm{ab}$$
$$(2)\quad \mathrm{b} \longrightarrow \mathrm{a}$$

lassen sich ausgehend vom Grundwort (Axiom) a durch gleichzeitige Anwendung der Produktionsregeln folgende Zeichenketten ableiten:

$$\mathrm{a} \longrightarrow \mathrm{ab} \longrightarrow \mathrm{aba} \longrightarrow \mathrm{abaab} \longrightarrow \mathrm{abaababa} \longrightarrow \mathrm{abaababaabaab}$$

Ein 0L-System ist somit charakterisiert durch die Angabe eines Axioms und den zugehörigen Produktionsregeln.

Das 0L-System für eine Seite (_/_) der von *Helge von Koch* gefundenen Koch-Kurve (auf Seite 424) besteht z. B. aus dem Axiom F und den Produktionsregeln:

$$\mathrm{F} \longrightarrow \mathrm{F} + \mathrm{F} - - \mathrm{F} + \mathrm{F}$$
$$+ \longrightarrow +$$
$$- \longrightarrow -$$

Dabei kann F als *Forward*, d. h Zeichnen einer Strecke, + als Linksdrehung und - als Rechtsdrehung interpretiert werden, wie es in Abbildung 8.50 gezeigt ist.

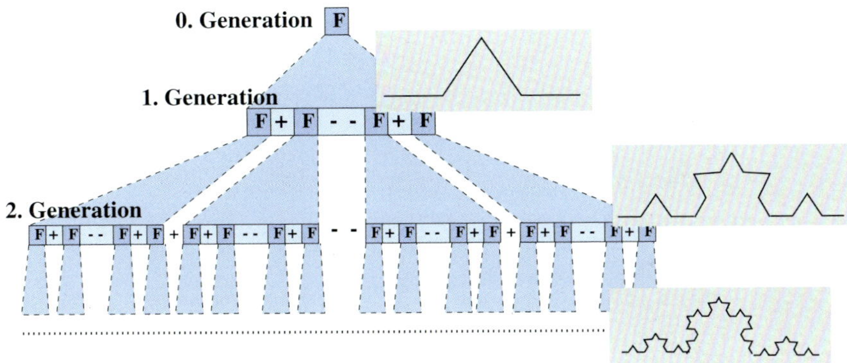

Abbildung 8.50: L-System für die Koch-Kurve

In der folgenden Tabelle sind die für 0L-Systeme notwendigen Symbole zusammen mit ihrer Bedeutung für die Grafik zusammengefasst:

F	um bestimmte Länge in aktueller Richtung eine Linie zeichnen
f	um bestimmte Länge in aktueller Richtung vorwärtsbewegen ohne zu zeichnen
+	aktuelle Richtung um vorgegebenen Winkel nach links drehen
–	aktuelle Richtung um vorgegebenen Winkel nach rechts drehen
[	Speichern von aktueller Position und Richtung auf dem Stack
]	Setzen von aktueller Position und Richtung auf zuvor im Stack abgelegte Werte

Sind `(x,y)` die momentanen Koordinaten und ist die aktuelle Richtung durch den Winkel `w` gegeben, so kann der momentane Zustand durch das Tripel `(x,y,w)` beschrieben werden. Die Symbole `F`, + und – führen dann bei einem vorgegebenen Drehwinkel `w` zu folgender Änderung des Zustands:

Symbol	Grafik-Aktion
F	$(x + l \cdot \cos(-w), y + l \cdot \sin(-w), w)$
+	$(x, y, w + d)$
–	$(x, y, w - d)$

In dieser Tabelle steht `l` für die Länge der zu zeichnenden Linie und `d` steht für die Änderung delta des Drehwinkels. Diese Rechenoperationen lassen sich nun leicht mittels Rekursion lösen, wie es das C-Programm aus Listing 8.3 zeigt, das eine Pflanze malt, die mit folgendem 0L-System beschrieben ist:

```
F ---> F F – [–F + F + F ] + [ +F – F – F]
          Anfangsrichtung = 90 Grad
          Drehwinkel w = 22.5 Grad
```

Abbildung 8.51 zeigt die auf Tastendruck nacheinander vom Programm `pflanze1.c` erzeugten Bilder.

Abbildung 8.51: „Wachsen" einer Pflanze durch das Programm `pflanze1.c`

Listing 8.3: `pflanze1.c`: Ausgeben einer Pflanze als 0L-System

```
#include <stdio.h>
#include <math.h>
#include <stdlib.h>
#include <graphics.h>

/*-------- Makros fuer die Symbole der Produktionsregeln --------------*/
#define F   f(t-1);                                              /* F */
#define M   phi=phi-delta;                                       /* - */
#define P   phi=phi+delta;                                       /* + */
#define A_ altx=x; alty=y; altphi=phi;                           /* [ */
#define _Z x=altx,y=alty,moveto((int)x,(int)y); phi=altphi;      /* ] */

double x, y, laenge, phi, delta;  /* Globale Variablen */
void f(int t);

int  main( int argc, char *argv[] )
{
   const double PI=4*atan(1);
   int          t, maxX=480, maxY=480;

   int    anfWinkel = 90;      /* Winkel zum Zeichnen der ersten Gerade */
   double drehWinkel = 22.5;   /* Drehwinkel */
   double faktor    =  0.5;    /* Verkleinerungsfaktor fuer Laenge bei Rekursion */
   int    rekTiefe  =  7;      /* Rekursionstiefe */

   delta = (drehWinkel*PI)/180; /*---- Umrechnen Winkel in Bogenmass */
   laenge = maxY/4;
   initgraph(maxX, maxY);
```

```
  for (t=1; t <= rekTiefe; t++) {
    cleardevice(WHITE);
    phi = (anfWinkel*PI)/180; /*---- Umrechnen Winkel in Bogenmass */
    x = maxX/2;
    y = maxY;
    moveto( (int)x, (int)y );
    f(t);
    laenge *= faktor;
    getch();
  }
  closegraph();
  return 0;
}

void f(int t)
{
  double altx, alty, altphi;
  if (t > 1) {
    F F  M  A_M F P F P F _Z P  A_P F M F M F _Z
  } else {
    x += laenge*cos(-phi);
    y += laenge*sin(-phi);
    lineto( (int)x, (int)y );
  }
}
```

Verwendet man die beiden Programmen `lsystem.c` und `Lsystem.java` kann man sich eine Datei erstellen, in der man das gewünschte 0L-System mit einigen anderen Daten beschreibt. Ruft man dann eines dieser beiden Programme mit dem Namen der entsprechenden Datei auf der Kommandozeile auf, wie z. B.

`./lsystem pflanze2.ein` bzw. **`java Lsystem pflanze2.ein`**

so geben diese die dazugehörigen Bilder auf Tastendruck (immer eine Rekursionsebene tiefer) aus, wie es in Abbildung 8.52 gezeigt ist. Folgender Inhalt der Datei `pflanze2.ein` zeigt, welche Daten dabei anzugeben sind:

```
F[+F]F[-F][F]    <== Regel des 0L-Systems
90               <== Startwinkel
25.7             <== Drehwinkel
7                <== Rekursionstiefe
300              <== Fensterbreite
480              <== Fensterhöhe
```

Bei der folgenden Datei `pflanze3.ein` würden diese Programme eine Pflanze wie in Abbildung 8.53 malen:

```
F[F+F--F][-F+F]
90
22.5
7
200
200
```

Abbildung 8.52: „Wachsen" einer weiteren Pflanze

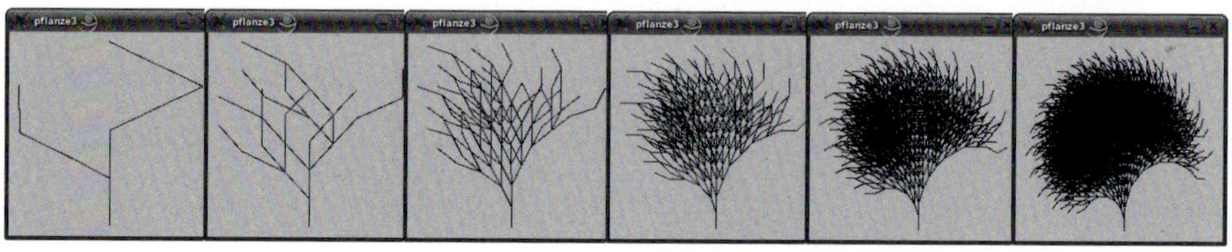

Abbildung 8.53: ... und noch eine Pflanze

Verwendet man die beiden mitgelieferten Programme `lsystem2.c` oder `Lsystem2.java` kann man sich eine Datei erstellen, in der man nicht nur eine Startregel, sondern auch zusätzlich noch eine Generatorregel zur Startregel angeben kann, wie z. B. die folgende Datei `koch.ein`, die die Koch-Kurve beschreibt. Abbildung 8.54 zeigt die dazugehörigen Bilder, die diese beiden Programme dann auf Tastendruck (immer eine Rekursionsebene tiefer) ausgeben.

```
F--F--F        <== Startregel des 0L-Systems
F+F--F+F       <== Generatorregel des 0L-Systems
0              <== Startwinkel
60             <== Drehwinkel
7              <== Rekursionstiefe
480            <== Fensterbreite
480            <== Fensterhöhe
```

Bei der folgenden Datei `sierpinski.ein` würden diese Programme das so genannte *Sierpinski-Sieb* wie in Abbildung 8.55 malen, das nach seinem Entdecker, dem polnischen Mathematiker *Waclaw Sierpinski*, benannt ist:

```
F+F+F
F+F-F-F+F
0
120
8
480
480
```

Bei den hier vorgestellten Gebilden wie z. B. der *Koch-Kurve* oder dem *Sierpinski-Sieb* handelt es sich um so genannte *Fraktale*. Ein Fraktal ist eine geometrische Figur, in der sich das Motiv in stets kleinerem Maßstab wiederholt. Früher galten diese Gebilde eher als mathematische Spielereien, aber mit dem Aufkommen von schneller Computer-Grafik stieg das Interesse der Wissenschaftler und der Öffentlichkeit

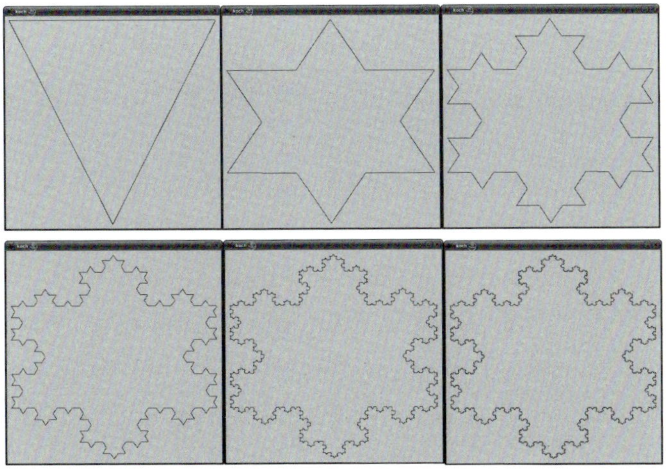

Abbildung 8.54: Die Koch-Kurve

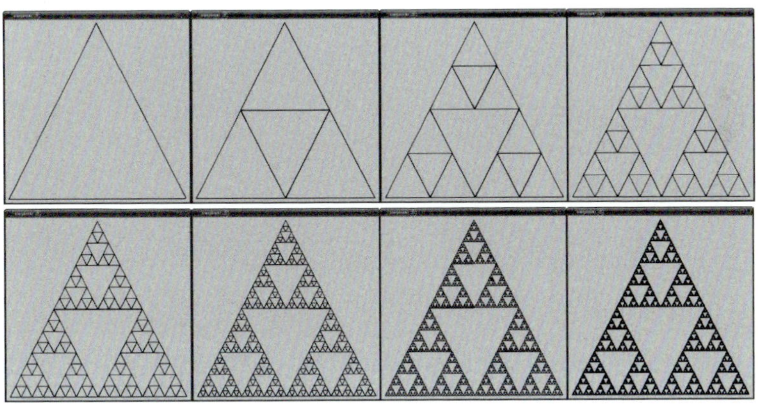

Abbildung 8.55: Das Sierpinski-Sieb

an den faszinierenden Bildern, die Fraktale liefern. Heute weiß man, dass Fraktale in vielen aktuellen Bereichen der Wissenschaften zu wichtigen neuen Erkenntnissen geführt haben. Im begleitenden Zusatzmaterial wird ein kurzer Einblick in diese neue, faszinierende und fächerübergreifende Wissenschaft *Fraktale und Chaostheorie* gegeben.

Die flächenfüllende Kurve von Hilbert

Wenn wir über Dimensionen sprechen, empfinden wir intuitiv Linien als eindimensional und Flächen als zweidimensional. Im Jahre 1891 fand *David Hilbert* eine Kurve, die eine Ebene füllt. Damit war gezeigt, wie naiv unsere Vorstellung von Dimensionen sind. Ist eine Linie, die eine ganze Fläche ausfüllt, nun ein- oder zweidimensional?

In der Natur ist die Bildung von raumfüllenden Strukturen ein Grundprinzip beim Aufbau von Lebewesen. Ein Organismus muss mit den lebensnotwendigen Substanzen wie Wasser und Sauerstoff versorgt werden. In vielen Fällen werden Nährstoffe durch ein Gefäßsystem transportiert, das jeden Ort im Volumen des Organismus erreichen muss. Zum Beispiel ist die Niere ein Organ, in dem drei miteinander verwachsene baumartige Gefäßsysteme, das arterielle, das venöse und das Harn-System untergebracht sind. Jedes von ihnen hat Zugang zu jedem Teil der Niere. Fraktale lösen das Problem der Organisation einer solch komplizierten Struktur auf wirksame Art und Weise. Natürlich war dies nicht das, woran Hilbert vor über 100 Jahren dachte. Erst jetzt durch die Entdeckung von Fraktalen gewinnen diese Entdeckungen praktische Bedeutungen.

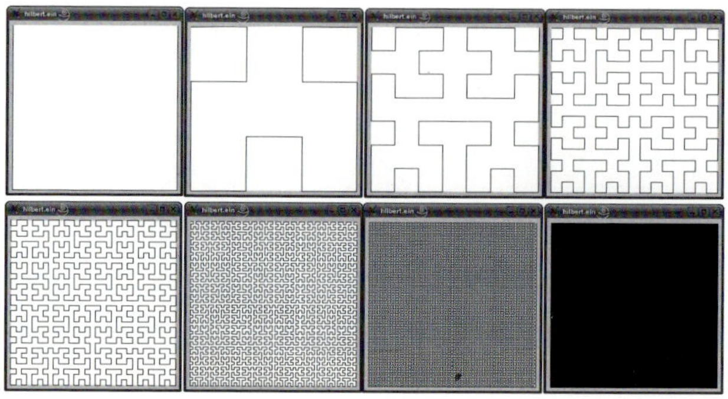

Abbildung 8.56: Die flächenfüllende Kurve von Hilbert

Verwendet man die beiden mitgelieferten Programme `lsystem3.c` oder `Lsystem3.java` kann man sich eine Datei erstellen, in der man eine Startregel und eine Generatorregel angeben kann, wobei einer dieser Regeln `X=` und der anderen `Y=` vorangestellt sein muss, wie es z. B. die folgende Datei `hilbert.ein` zeigt. Abbildung 8.56 zeigt die dazugehörigen Bilder, die diese beiden Programme dann auf Tastendruck (immer eine Rekursionsebene tiefer) ausgeben.

X=−YF+XFX+FY− ⟸ *Startregel (hier X-Regel)* [Dateiname hilbert.ein]
Y=+XF−YFY−FX+ ⟸ *Generatorregel (hier Y-Regel)*
0 ⟸ *Startwinkel*
90 ⟸ *Drehwinkel*
9 ⟸ *Rekursionstiefe*
275 ⟸ *Fensterbreite*
275 ⟸ *Fensterhöhe*

▸ Übung: Ein fraktaler Stern bestehend aus Quadraten

Erstellen Sie ein Programm `malquadrat.c` und/oder `Malquadrat.java`, das unter Zuhilfenahme der folgenden rekursiven Funktion `quad()` das in Abbildung 8.57 gezeigte Muster malt.

```
quad(x, y, r) {
   if (r>0) {
      quad(x−r, y+r, r/2);
      quad(x+r, y+r, r/2);
      quad(x−r, y−r, r/2);
      quad(x+r, y−r, r/2);
      Male Quadrat mit Mittelpkt (x,y) und Seitenlänge 2r
   }
}
```

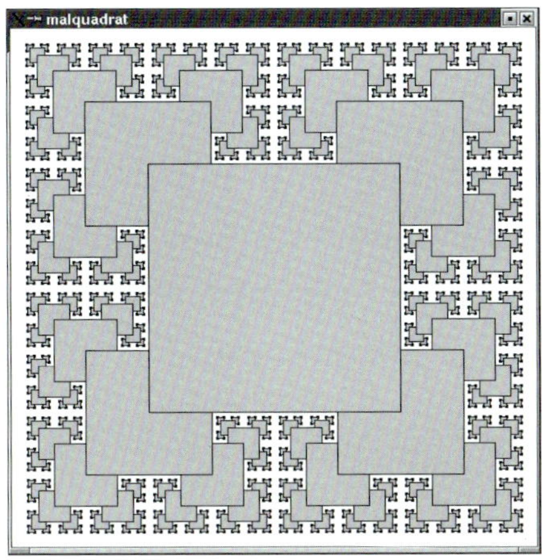

Abbildung 8.57: Ein fraktaler Stern bestehend aus Quadraten

▶ Übung: Huhn im dreieckigen Kornfeld

Ein Huhn befindet sich auf einem dreieckigen, abgeernteten Kornfeld. Es pickt nun die dort überall herumliegenden Körner nach folgender Methode auf: Es wählt sich zufällig eine der drei Ecken aus und läuft gerade auf diese Ecke zu. Nach der Hälfte des Weges bleibt es stehen und pickt dort ein Korn auf. Nun sucht es sich wieder zufällig einen der drei Eckpunkte aus, marschiert in Richtung dieses Punkts, bleibt aber auf der Hälfte der Strecke stehen und pickt das dort liegende Korn auf usw.

Erstellen Sie ein Programm `huhn.c` und/oder `Huhn.java`, das dem Benutzer zunächst die drei Eckpunkte des dreieckigen Kornfelds durch drei Klicks mit der Maustaste festlegen lässt. Danach soll das Huhn 50 000 Mal „picken“. Der Startpunkt des Huhns soll dabei zufällig gewählt werden. Die Pickpunkte des Huhns sind durch Ausgabe eines schwarzen Pixels an den jeweiligen Stellen anzuzeigen.

Lassen Sie sich überraschen. Die Ausgabe ergibt eine nicht erwartete fraktale Struktur, nämlich das bereits auf Seite 424 vorgestellte Sierpinski-Sieb.

Der Baum des Pythagoras

Der *Baum des Pythagoras* setzt sich aus lauter Quadraten zusammen, die so um rechtwinklige Dreiecke angeordnet sind, dass sie den Satz des Pythagoras illustrieren. Das Seitenverhältnis der beiden Katheten zueinander bestimmt dabei die „Schiefe“

des Baums. In Abbildung 8.58 haben die beiden Katheten das Seitenverhältnis 4 : 5 (entspricht 0.8).

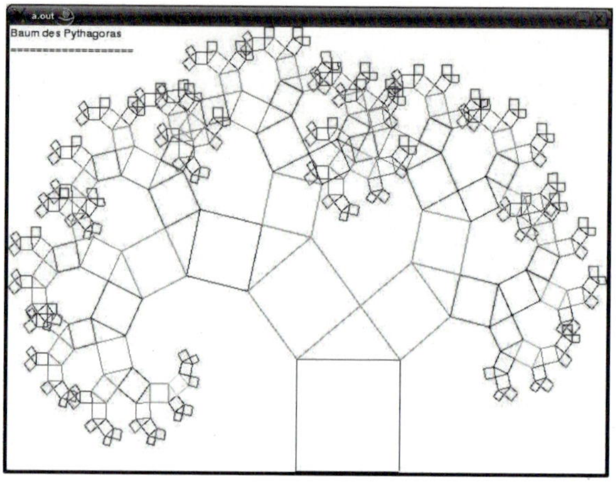

Abbildung 8.58: Der Baum des Pythagoras (Seitenverhältnis 4:5)

Die im Zusatzmaterial gezeigten Programme `pythbaum.c` und `Pythbaum.java` lesen zunächst das Seitenverhältnis und die maximale Länge der kleinsten Linie (in Pixel) ein, bevor sie dann den Baum des Pythagoras genau auf den Bildschirm passend zeichnen. Je kleiner die maximale Länge der kleinsten Linie (in Pixel) gewählt wird, um so mehr verästelt sich dieser Baum. Die Abbildungen 8.59 bis 8.62 zeigen solche vom Programm *pythbaum.c* eingeblendeten Pythagorasbäume für unterschiedliche Seitenverhältnisse und maximale Längen (für die kleinsten Linien).

Hier muss man die geometrische Gesetzmäßigkeit des Baumes erkennen. Die Figur soll den Satz des Pythagoras veranschaulichen: Das Quadrat über der Hypotenuse eines rechtwinkligen Dreiecks ist gleich der Summe der Quadrate über die Katheten:

$$a^2 + b^2 = c^2.$$

Der rekursive Algorithmus lautet dann:

> *Zeichne über eine Grundseite ein Quadrat. Betrachte die dieser Grundseite gegenüberliegende Quadratseite als Hypotenuse (c) eines rechtwinkligen Dreiecks. Zeichne, solange die Auflösung es zulässt, die Quadrate über der Ankathete (a) und der Gegenkathete (b) dieses Dreiecks nach dem gleichen Algorithmus.*

Man kann sich hier überlegen, dass der ganze pythagoräische Baum in einem Zug ohne Absetzen des Zeichenstifts als so genannter *Euler'scher Zyklus* erzeugt werden kann, wie dies in Abbildung 8.63 gezeigt ist.

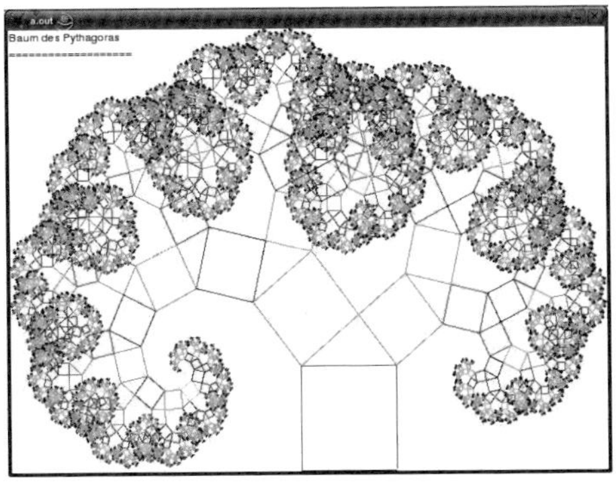

Abbildung 8.59: Seitenverhältnis: 0.8; kleinste Linie: 2 Pixel

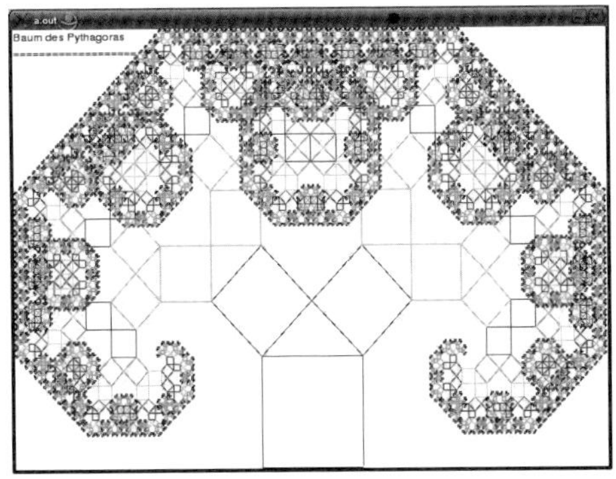

Abbildung 8.60: Seitenverhältnis: 1; kleinste Linie: 2 Pixel

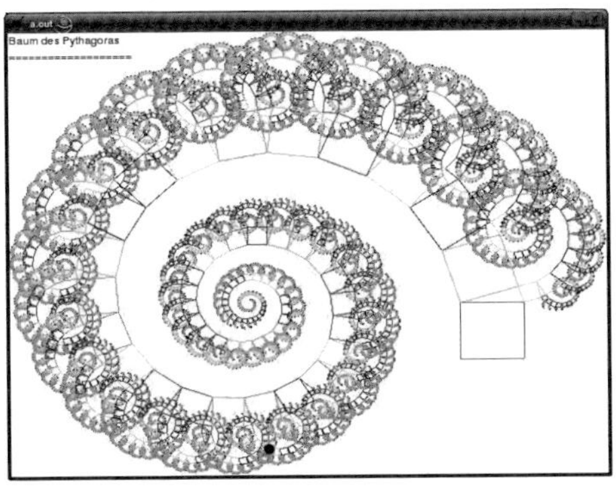

Abbildung 8.61: Seitenverhältnis: 0.3; kleinste Linie: 2 Pixel

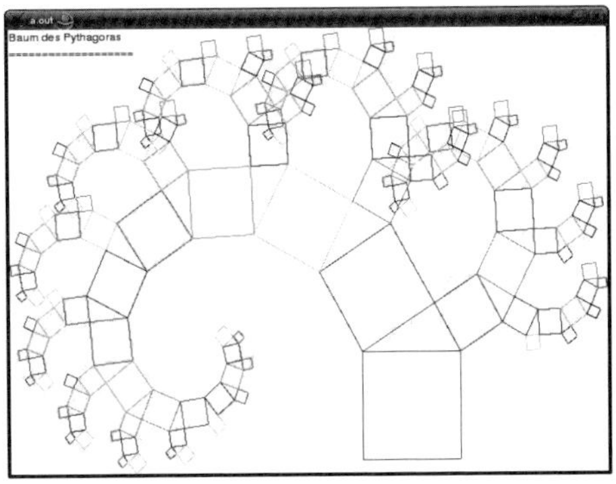

Abbildung 8.62: Seitenverhältnis: 0.6; kleinste Linie: 15 Pixel

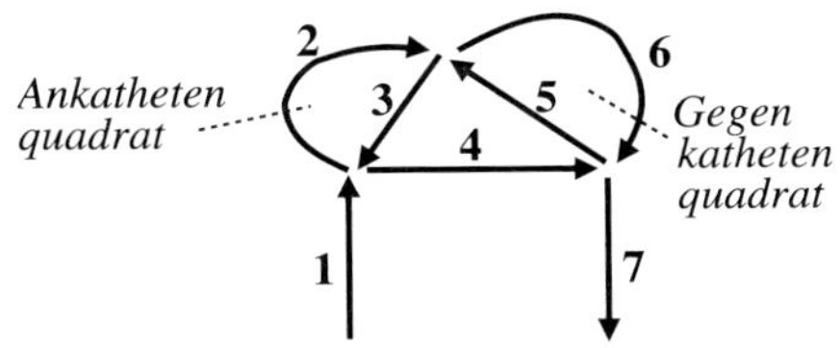

Abbildung 8.63: Der Euler-Zyklus

Die Grundseite wird beim Ankathetenquadrat nachher und beim Gegenkathetenquadrat vorher gezeichnet. In der Graphentheorie heißt ein solcher geschlossener Kantenzug, bei dem jede Kante einmal und nur einmal durchlaufen wird, ein Euler'scher Zyklus.

Die Mandelbrot-Menge und das Apfelmännchen

Die Mandelbrot-Menge ist eine Menge von Punkten. Jeder Punkt auf der komplexen Ebene – also jede komplexe Zahl – gehört entweder zur Menge oder nicht. Man kann die Menge definieren, indem man für jeden Punkt der Ebene Tests durchführt. Es geht dabei um eine einfache iterative Arithmetik.

Um einen Punkt zu überprüfen, nimmt man die entsprechende komplexe Zahl, erhebt sie ins Quadrat, addiert die ursprüngliche Zahl, quadratiert wieder das Ergebnis, addiert erneut die ursprüngliche Zahl, quadratiert das Ergebnis – und so weiter, immer nach demselben Schema. Wenn die Gesamtsumme gegen unendlich läuft, gehört der Punkt nicht zur Mandelbrot-Menge. Bleibt die Summe endlich, gehört der Punkt zur Mandelbrot-Menge.

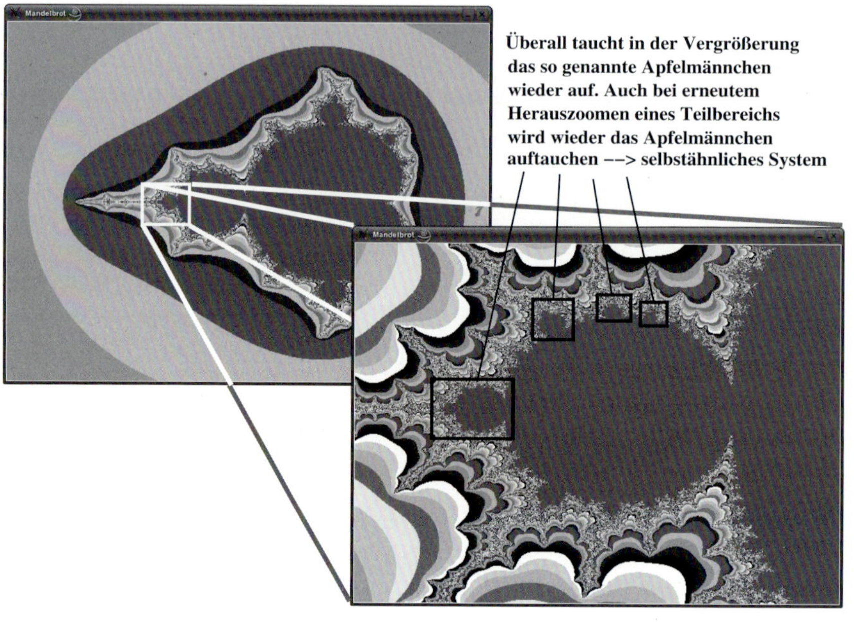

Abbildung 8.64: Die Mandelbrot-Menge und das Apfelmännchen

Eine genauere Beschreibung zur Mandelbrot-Menge finden Sie im begleitenden Zusatzmaterial. Dort wird auch das Programm `mandel.c` vorgestellt, mit dem man sich die Mandelbrot-Menge visualisieren lassen kann, wie z. B. in Abbildung 8.64 zu sehen ist.

8.4 Komplexität von Algorithmen und O-Notation

Probleme, die in Wissenschaft, Technik und Wirtschaft auftreten, erfordern *effiziente Algorithmen*. Dies kann bedeuten, dass Lösungen innerhalb weniger Stunden oder sogar innerhalb von Millisekunden (wie z. B. bei einem Laser-Steuergerät für Augenoperationen) geliefert werden müssen. Um zu beurteilen, ob Programme diesen Anforderungen genügen, muss man die Algorithmen hinsichtlich ihres Bedarfs an Zeit und Speicherplatz analysieren. In diesem Kapitel werden elementare Methoden zur Analyse von Algorithmen vorgestellt. Ein Algorithmus ist umso *effizienter*, je weniger er von den beiden Ressourcen *Zeit* und *Speicher* verbraucht.

8.4.1 Zeitaufwand

Anhand unterschiedlicher Algorithmen zur Lösung des gleichen Problems soll gezeigt werden, wie drastisch sich dies – abhängig vom gewählten Algorithmus – auf die Zeit auswirken kann, die zur Lösung benötigt wird.

Die Aufgabenstellung ist hier, eine maximale Abschnittssumme in einem Array von n ganzen Zahlen zu finden. Die maximale Abschnittssumme ergibt sich aus der Teilfolge von aufeinanderfolgenden Zahlen, die unter allen möglichen Teilfolgen die größte Summe liefert. Hat man z. B. die folgende Zahlenreihe:

```
-59, 52, 46, 14, -50, 58, -87, -77, 34, 15
```

so liefert die folgende Teil-Zahlenfolge die maximale Abschnittssumme:

```
52 + 46 + 14 + -50 + 58 = 120
```

Das Finden einer maximalen Abschnittssumme wird z. B. benötigt, um bestimmte grafische Muster zu erkennen oder aber zur Analyse von Aktienkursen, wo man Börsenkurse nachträglich untersucht, um einen besten Einkaufs- und Verkaufstag zu finden, so dass man einen maximalen Gewinn erzielt hätte. Nachfolgend werden Algorithmen vorgestellt, die den Wert der maximalen Abschnittssumme, aber nicht die zugehörige Folge ermitteln.

Kubischer Algorithmus

Die erste Lösung hier ist die Verwendung von drei ineinander geschachtelten Schleifen:

```
int maxfolge1(int z[], int n) {
   int i, j, k, sum, max = -10000000;
   for (i = 0; i < n; i++)
      for (j = i; j < n; j++) {
         sum = 0;
         for (k = i; k <= j; k++)
            sum += z[k];
         if (sum > max)
            max = sum;
      }
   return max;
}
```

Aufgrund der drei ineinander geschachtelten for-Schleifen ist der Zeitbedarf der Funktion `maxfolge1()` in etwa proportional zu n^3. Algorithmen mit einem solchen Zeitverhalten nennt man *kubische Algorithmen*.

Quadratischer Algorithmus

Hier übernehmen wir die Grundidee des ersten Algorithmus, speichern aber bereits errechnete Summen, um so Mehrfachberechnungen zu vermeiden. Während im vorhergehenden Algorithmus immer wieder die vollständige Summe `S(i,j) = z[i]+...+z[j]` neu berechnet wurde, greifen wir hier jetzt auf die bereits zuvor berechnete Summe `S(i,j-1)` zurück, indem wir folgende Berechnung durchführen: `S(i,j) = S(i,j-1) + z[j]`. So sparen wir uns die äußerste Schleife und kommen mit zwei Schleifen aus:

```
int maxfolge2(int z[], int n) {
   int i, j, sum, max = -10000000;
   for (i=0; i<n; i++) {
      sum = 0;
      for (j=i; j<n; j++) {
         sum += z[j];
         if (sum > max)
            max = sum;
      }
   }
   return max;
}
```

Aufgrund der zwei ineinander geschachtelten for-Schleifen ist der Zeitbedarf der Funktion `maxfolge2()` nun in etwa proportional zu n^2, was bereits eine dramatische Verbesserung des Laufzeitverhaltens bedeutet. Algorithmen mit einem solchen Zeitverhalten nennt man *quadratische Algorithmen*.

Linearer Algorithmus

Bei einer genaueren Betrachtung der Aufgabenstellung lässt sich ein noch schnellerer Algorithmus finden: Man merkt sich immer die bisher größte Abschnittssumme in `gesamtmax`. Zudem berechnet man immer die Abschnittssumme des aktuellen Teilstücks in `endesumme`. Sollte `endesumme` durch Hinzuaddieren der nächsten Zahl größer als die bisher ermittelte größte Abschnittssumme (in `gesamtmax`) werden, wird dies die neue maximale Abschnittssumme, indem der Wert von `endesumme` in der Variablen `gesamtmax` festgehalten wird. Sollte `endesumme` durch die Addition der nächsten Zahl negativ werden, wird dieser Variablen in diesem Fall der Wert `0` zugewiesen. Mit dieser Überlegung sparen wir uns eine weitere Schleife, so dass nur noch eine Schleife benötigt wird:

```
int maxfolge3(int z[], int n) {
   int i, s, gesamtmax = -10000000, endesumme = 0;
   for (i=0; i<n; i++) {
      endesumme = ((s=endesumme+z[i]) > 0) ? s : 0;
      if (endesumme > gesamtmax)
         gesamtmax = endesumme;
   }
   return gesamtmax;
}
```

Aufgrund der übrig gebliebenen einen for-Schleife ist der Zeitbedarf der Funktion `maxfolge3()` nun proportional zu n, was das Optimum ist, denn einen Algorithmus mit einem noch günstigeren Zeitverhalten als „proportional zu n" kann es für die Ermittlung einer maximalen Abschnittssumme nicht geben, da ja auf jede Zahl der Folge zumindest einmal zugegriffen werden muss. Algorithmen mit einem solchen Zeitverhalten nennt man *lineare Algorithmen*.

An diesem Beispiel kann man sehr schön erkennen, wie gravierend sich die Wahl eines Algorithmus auf das Zeitverhalten eines Programms auswirkt. Nehmen wir z. B. an, dass im vorherigen Beispiel die *Problemgröße* n den Wert 10 000 hat, so gilt Folgendes für die drei unterschiedlichen Algorithmen:

`maxfolge1()`: $t(n) = 10000^3 = 10^{4^3} = 10^{12}$ = 1 Billion

`maxfolge2()`: $t(n) = 10000^2 = 10^{4^2} = 10^8$ = 100 Millionen
also 10000 mal schneller als `maxfolge1()`

`maxfolge3()`: $t(n) = 10000^1 = 10^4$
also 10000 mal schneller als `maxfolge2()` und
100 Millionen mal schneller als `maxfolge1()`.

Die Zahl $t(n)$ ist die *Zeitkomplexität* des jeweiligen Algorithmus.

Das begleitende Programm `maxfolge.c` füllt ein Array mit 10000 Zufallszahlen, misst dann für die drei zuvor vorgestellten Algorithmen die Zeit und liefert z. B. auf einem 2,8 GHz Pentium-Rechner folgende Ergebnisse:

```
......    594.880 Sek.; maxfolge1 --> 359995
......      0.210 Sek.; maxfolge2 --> 359995
......      0.000 Sek.; maxfolge3 --> 359995
```

Auf einem anderen Rechner mit einem neueren Prozessor und eventuell mehr Speicher sind diese Zeiten natürlich kleiner. Dies bedeutet, dass solche absoluten Zeiten nicht sehr aussagekräftig sind bezüglich des Zeitverhaltens eines Programms. Für unsere Aufgabenstellung des Findens der maximalen Abschnittssumme können wir aber doch sehr gut das relative Zeitverhalten der drei Algorithmen zueinander erkennen.

Exponentieller Algorithmus

Eine natürliche Zahl n ist genau dann eine Primzahl, wenn sie zwischen 2 und $\sqrt{n}$ keine Teiler besitzt. Die folgende Funktion `prim()` testet rekursiv eine beliebige Zahl auf diese Eigenschaft:

```
int prim(int zahl, int teiler) {
   if (zahl < 2 || zahl%2 == 0 || zahl%teiler == 0)
      return 0; /* keine Primzahl */
   else if (teiler*teiler > zahl)
      return 1; /* Primzahl */
   return prim(zahl, teiler+1);
}
```

Um eine Zahl z nun darauf zu testen, ob sie eine Primzahl ist, muss man nur `prim(zahl, 2)` aufrufen.

Das begleitende Programm `primexpo.c` ruft die Funktion `prim()` für Zahlen mit unterschiedlich vielen Stellen (von 1 bis 9) auf. Für jede Stellenzahl wird diese Funktion dabei mit einer Million Zufallszahlen aufgerufen, wobei für jede Zufallszahl mitgezählt wird, wie oft die Funktion `prim()` (rekursiv) aufgerufen wird. So lässt sich dann ein Mittelwert für jede Stellenzahl ermitteln. Die durchschnittlichen Aufrufe der Funktion `prim()` abhängig von der Stellenzahl werden dann als Kurve gezeichnet (siehe auch Abbildung 8.65). In dieser Abbildung wurde zusätzlich die Exponentialfunktion e abhängig von der Stellenzahl als blaue Linie gezeichnet. Zudem wurden dort die wirklich ermittelten Aufrufe in schwarz und die entsprechenden Werte der Exponentialfunktion in blau angezeigt. Aus dieser Abbildung wird ersichtlich, dass wir es hier mit einem so genannten *exponentiellen Algorithmus* zu tun haben, der in etwa proportional zu e^n ist, wobei n die Stellenzahl der zu prüfenden Zahl ist.

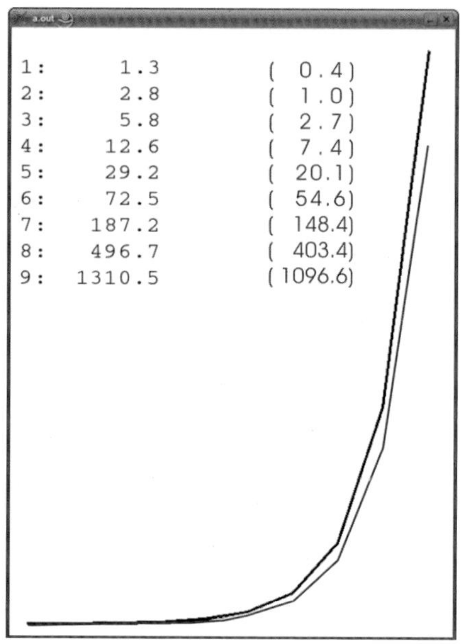

Abbildung 8.65: `prim()`-Aufrufe abhängig von der Stellenzahl

8.4.2 Speicherplatzbedarf

Neben dem Zeitaufwand ist der Speicherplatzbedarf für die Bestimmung der Komplexität von Algorithmen von Wichtigkeit. Anhand zweier Algorithmen zur Lösung des gleichen Problems soll hier gezeigt werden, wie sich die Wahl eines Algorithmus auf den Speicherplatzbedarf auswirken kann. Man habe in einem Array der Größe n ganze Zahlen aus dem Intervall $[0, n-1]$ gespeichert. Die Aufgabe ist es nun, festzustellen, ob keine Zahl doppelt in diesem Array vorkommt.

Quadratischer Algorithmus

Es liegt hier nahe, dass man jede Zahl des Arrays mit jeder anderen Zahl vergleicht, um diese Aufgabenstellung zu lösen:

```
int doppcheck1(int z[]) {
   for (int i=0; i<MAX-1; i++)
      for (int j=i+1; j<MAX; j++)
         if (z[i] == z[j])
            return 1;
   return 0;
}
```

Dieser Algorithmus benötigt wenig Speicherplatz: nur ein Array mit n Zahlen und zwei lokale Zählvariablen. Da er jedoch zwei ineinander geschachtelte Schleifen verwendet, ist seine Laufzeit proportional zu n^2 (quadratischer Algorithmus), während sein Speicherplatzbedarf in etwa proportional zu n ist.

Linearer Algorithmus

Wir führen nun zusätzlich ein Hilfsarray ein, dessen Elemente alle auf 0 gesetzt sind. Jede zu untersuchende Zahl wird nun als Index für dieses Hilfsarray verwendet. Sollte die Zahl zuvor noch nicht aufgetaucht sein, muss an diesem Index im Hilfsarry der Wert 0 stehen, den wir dann mit 1 überschreiben. Dies bedeutet, dass man das Auftreten einer doppelten Zahl daran erkennt, dass im Hilfsarray bereits eine 1 steht, die durch das erste Auftreten dieser Zahl dorthin geschrieben wurde:

```
int hilf[MAXZAHL] = {0};
....
int doppcheck2(int z[]) {
   for (int i=0; i<MAX; i++)
      if (hilf[z[i]] != 0)
         return 1;
      else
         hilf[z[i]] = 1;
   return 0;
}
```

Die Zeitkomplexität dieses Algorithmus ist nun proportional zu n, während der Speicherplatzbedarf hier – bedingt durch das zusätzliche Hilfsarray – abhängig von der größtmöglichen Zahl im Array exponentiell zunimmt. Nehmen wir als Problemgröße m die Anzahl der Bitstellen, die zur Speicherung der größten Zahl benötigt werden, so gilt, dass die Platzkomplexität $s(n)$ in etwa proportional zu 2^m ist.

Die *lineare Zeitkomplexität* wurde also durch eine *exponentielle Platzkomplexität* erkauft.

8.4.3 Klassifikation von Algorithmen

Wie wir bereits im vorherigen Kapitel gesehen haben, besitzen die meisten Algorithmen eine Problemgröße n, die die Laufzeit entscheidend beeinflusst. Tabelle 8.1 zeigt typische Komplexitätsfunktionen, zu denen die Laufzeit bzw. der Speicherverbrauch von Algorithmen proportional ist.

Tabelle 8.1

Typische Komplexitätsfunktionen zu Algorithmen

1	*konstant*	Jede Anweisung eines Programms wird höchstens einmal ausgeführt. Dies ist der Idealzustand für einen Algorithmus.
$\log n$	*logarithmisch*	Speicher- oder Zeitverbrauch wachsen nur mit der Problemgröße n. Die Basis des Logarithmus wird häufig 2 sein, d. h. vierfache Datenmenge verursacht doppelten Ressourcenverbrauch, 8-fache Datenmenge verursacht 3-fachen Verbrauch und 1024-fache Datenmenge 10-fachen Verbrauch.
n	*linear*	Speicher- oder Zeitverbrauch wachsen direkt proportional mit der Problemgröße n.
$n \log n$	$n \log n$	Der Ressourcenverbrauch liegt zwischen n (*linear*) und n^2 (*quadratisch*).
n^2	*quadratisch*	Speicher- oder Zeitverbrauch wachsen quadratisch mit der Problemgröße. Solche Algorithmen lassen sich praktisch nur für kleine Probleme anwenden.
n^3	*kubisch*	Speicher- oder Zeitverbrauch wachsen kubisch mit der Problemgröße. Solche Algorithmen lassen sich in der Praxis nur für sehr kleine Problemgrößen anwenden.
2^n	*exponentiell*	Bei doppelter, dreifacher und 10-facher Datenmenge steigt der Ressourcenverbrauch auf das 4-, 8- bzw. 1024-fache. Solche Algorithmen sind praktisch kaum verwendbar.

Eine Komplexitätsfunktion n^k, die sich asymptotisch wie ein Polynom vom Grad k verhält, nennt man *polynomial*. Noch stärker als *exponentiell* nimmt die Komplexität der Fakultätsfunktion $n!$ zu. Diese Fakultätsfunktion wächst *superexponentiell*. Neben diesen grundlegenden Komplexitätsfunktionen existieren weitere Zwischenformen, wie z. B.:

$n^{\frac{3}{2}}$	Algorithmus mit n^2 Speicher- und n^3 Zeitverbrauch (bei großem n näher bei $n \log n$ als bei n^2).
$n \cdot \log^2 n$	Algorithmus, der ein Problem zweistufig in Teilprobleme zerlegt (bei großem n näher bei $n \log n$ als bei n^2).

Wie bereits zuvor erwähnt, wird in der Informatik meist als Basis für den Logarithmus die Zahl 2 verwendet, was hier mit lg bezeichnet wird: $\log_2 n = \lg n$, wobei die nächstgrößere ganze Zahl zu $\lg n$ die Bitzahl ist, die für die Binärdarstellung von n benötigt wird[2].

2 $\log_2 n$ lässt sich im Übrigen durch $\log_{10} n / \log_{10} 2$ berechnen.

Die folgende Tabelle zeigt die Größen (ohne Nachkommastellen) der zuvor vorgestellten Komplexitätsfunktionen in Abhängigkeit von n.

n	$\lg n$	$\lg^2 n$	$\sqrt{n}$	$n \lg n$	$n \lg^2 n$	$n^{\frac{3}{2}}$	n^2
10	3	9	3	30	90	32	100
100	6	36	10	600	3600	1000	10 000
1000	9	81	32	9000	81 000	31 623	1 000 000
10 000	13	169	100	130 000	1 690 000	1 000 000	100 000 000
100 000	16	256	316	1 600 000	25 600 000	31 622 777	10 Milliarden
1 000 000	19	361	1000	19 000 000	361 000 000	1 Milliarde	1 Billion

Das begleitende Programm `algokomplex.c` gibt nicht nur die vorherige Tabelle aus, sondern lässt danach den Benutzer noch eine Zahl für n eingeben. Dann gibt es für die unterschiedlichen Komplexitätsfunktionen aus, wie lange das entsprechende Programm dauern würde, wenn pro Sekunde 1 Million Operationen ausgeführt werden, wie z. B.:

```
..... [Ausgabe der voherigen Tabelle]
Gib ein n ein: 10000
          | Jahre |  Tage |  Std |  Min |  Sek |:
     lg n |     0 |     0 |    0 |    0 |    0 |: 13
   lg^2 n |     0 |     0 |    0 |    0 |    0 |: 169
   sqrt n |     0 |     0 |    0 |    0 |    0 |: 100
   n lg n |     0 |     0 |    0 |    0 |    0 |: 130000
 n lg^2 n |     0 |     0 |    0 |    0 |    1 |: 1690000
  n^(3/2) |     0 |     0 |    0 |    0 |    1 |: 1000000
      n^2 |     0 |     0 |    0 |    1 |   40 |: 100000000
      n^3 |     0 |    11 |   13 |   46 |   40 |: 1000000000000
```

```
..... [Ausgabe der voherigen Tabelle]
Gib ein n ein: 1000000
          | Jahre |  Tage |  Std |  Min |  Sek |:
     lg n |     0 |     0 |    0 |    0 |    0 |: 19
   lg^2 n |     0 |     0 |    0 |    0 |    0 |: 361
   sqrt n |     0 |     0 |    0 |    0 |    0 |: 1000
   n lg n |     0 |     0 |    0 |    0 |   19 |: 19000000
 n lg^2 n |     0 |     0 |    0 |    6 |    1 |: 361000000
  n^(3/2) |     0 |     0 |    0 |   16 |   40 |: 1000000000
      n^2 |     0 |    11 |   13 |   46 |   40 |: 1000000000000
      n^3 | 31709 |   289 |    1 |   46 |   40 |: 1000000000000000000
```

8.4.4 Die O-Notation

Bezeichnet man die Laufzeit eines Programms (Zeitkomplexität) mit $t(n)$, so ist es offensichtlich, dass mit steigendem n der Koeffizient der höchsten Potenz von n in $t(n)$ zunehmend an Bedeutung für die Laufzeit gewinnt.

Ist $t(n)$ ein Polynom mit n^k ($k > 0$) als höchster Potenz von n, dann hat der zugehörige Algorithmus eine Zeitkomplexität der Größenordnung n^k. Dies wird mit $O(n^k)$ ausgedrückt. Die O-Notation dient dazu, das asymptotische Wachstum einer Funktion abzuschätzen. Sei $t(n)$ die Laufzeit eines Algorithmus, die über die Problemgröße n berechnet wird, dann sagt man „*t(n) ist O(f(n))*" für die Funktionen $t, f: \mathcal{N} \rightarrow \mathcal{N}$, wenn es eine ganze Zahl n_0 und eine Konstante $c > 0$ gibt, dass für alle $n \geq n_0$ gilt: $t(n) \leq c \cdot f(n)$. Die O-Notation ersetzt den Begriff „ist proportional zu" und ermöglicht das Ignorieren maschinenspezifischer Eigenschaften. Die O-Notation gilt nur für genügend große n und ist unabhängig von den Eigenschaften der Daten und der Implementierung. Sie ist allgemeingültig für alle Ausführungsumgebungen und ist deshalb auch eine Eigenschaft des abstrakten Algorithmus. $O(f(n))$ gibt eine obere Schranke für $t(n)$ an.

Sequenzielle Suche (O(n)-Algorithmus)

Als Beispiel nehmen wir den Algorithmus zur sequenziellen Suche, wobei in einem unsortierten Array von ganzen Zahlen eine bestimmte Zahl gesucht werden soll.

```
int seqsuche(int z[], int n, int zahl) {
   int i;
   for (i=0; i<n; i++)
      if (z[i] == zahl)
         return i; /* Zahl gefunden */
   return -1; /* Zahl nicht gefunden */
}
```

Die elementaren Operationen in diesem C-Code sind eine Zuweisung (`i=0`), eine Inkrementierung (`i++`), ein Zugriff auf Arrayelemente (`z[i]`) und zwei Vergleiche ($i < n$, `z[i] == zahl`). Da aber keine genauen Aussagen über den Zeitbedarf dieser Operationen möglich sind und auch nicht benötigt werden, nehmen wir hinsichtlich der O-Notation folgende Vereinfachungen vor:

1. Wir konzentrieren uns auf nur eine einzige, nämlich die entscheidende Operation, was hier der Vergleich `z[i] == zahl` ist.
2. Wir betrachten von den vielen möglichen Situationen, die auftreten können, nur den ungünstigsten, den günstigsten und den mittleren (durchschnittlichen) Fall.
3. Wir streichen schließlich alle additiven und multiplikativen Konstanten, um so die O-Notation für diesen Algorithmus zu erhalten.

Nun die Berechnung für die unter Punkt 2 genannten möglichen drei Fälle.

1. *Günstigster Fall: Gesuchte Zahl befindet sich an erster Position im Array.*
   In diesem Fall benötigen wir nur *einen Vergleich.*
2. *Ungünstigster Fall: Gesuchte Zahl befindet sich an letzter Position im Array.*
   In diesem Fall benötigen wir *n Vergleiche.*
3. *Durchschnittlicher Fall:*
   Wenn man hier Gleichverteilung annimmt, befindet sich die gesuchte Zahl mit jeweils gleicher Wahrscheinlichkeit p an jeder möglichen Stelle im Array. Hier muss man jedoch noch berücksichtigen, dass die gesuchte Zahl überhaupt nicht im Array vorhanden ist. Für diesen Fall nehmen wir die Wahrscheinlichkeit

q an. Somit gilt hier: $np + q = 1$; daraus folgt dann: $p = \frac{1-q}{n}$. Hinsichtlich der Zeitkomplexität gilt nun, dass i Vergleiche notwendig sind, wenn sich die gesuchte Zahl an i-ter Position befindet. Sollte die gesuchte Zahl nicht im Array vorhanden sein, so sind n Vergleiche erforderlich. Mit dieser Kenntnis lässt sich nun die Formel für die Zeitkomplexität n aufstellen:

$$t(n) = (1p + 2p + 3p + \ldots + np) + nq = (1 + 2 + 3 + \ldots + n) \cdot p + nq$$

Daraus kann man nun folgende mathematische Formel ableiten:

$$t(n) = \frac{n \cdot (n+1)}{2} p + nq$$

Für die unter Punkt 3 genannte Vereinfachung unterscheiden wir noch die beiden folgenden Fälle, die auftreten können:

1. *Gesuchte Zahl ist im Array vorhanden:* $t(n) \sim \frac{n+1}{2} \rightarrow t(n) = O(n)$
   In diesem Fall gilt für die Wahrscheinlichkeiten: $q = 0$ und $p = \frac{1}{n}$. Daraus folgt:
   $$t(n) = \frac{n+1}{2} = \frac{n}{2} + \frac{1}{2} = n \cdot \frac{1}{2} + \frac{1}{2}$$
   Durch Streichen der additiven Konstante ($\frac{1}{2}$) und der multiplikativen Konstante ($\frac{1}{2}$) erhalten wir: $t(n) = O(n)$.
2. *Gesuchte Zahl ist nicht im Array vorhanden:* $t(n) \sim \frac{n+1}{4} + \frac{n}{2} \rightarrow t(n) = O(n)$
   In diesem Fall nehmen wir z. B. für die Wahrscheinlichkeit q an: $q = \frac{1}{2}$, woraus folgt:
   $$p = \frac{1-q}{n} = \frac{1-\frac{1}{2}}{n} = \frac{1}{2n}$$
   Diese Werte setzen wir jetzt in die Formel für $t(n)$ ein und erhalten:
   $$t(n) = \frac{n+1}{4} + \frac{n}{2} = n \cdot \frac{1}{4} + \frac{1}{4} + n \cdot \frac{1}{2}$$
   Durch Streichen der additiven und der multiplikativen Konstanten erhalten wir: $t(n) = 2n$. Nun streichen wir noch die multiplikative Konstante 2 und erhalten für diesen Fall die Zeitkomplexität: $t(n) = O(n)$.

Somit gilt: *Die Zeitkomplexität ist bei der sequenziellen Suche in jedem Fall eine lineare Funktion von n.*

Ob unsere Formeln stimmen, wollen wir mit dem begleitenden Programm `suchzahl.c` testen, wie z. B.:

```
Vorhanden (1), Evtl. nicht vorhanden (2): 1
    10:          5
   100:         51
  1000:        500
 10000:       5009
100000:      50398
```

```
Vorhanden (1), Evtl. nicht vorhanden (2): 2
    10:          8
   100:         76
  1000:        748
 10000:       7510
100000:      75108
```

Es bestätigen sich also unsere zuvor ermittelten Formeln sowohl für den Fall, dass die gesuchte Zahl vorhanden ist: $t(n) \sim \frac{n+1}{2}$ als auch auch für den Fall, dass die gesuchte Zahl nicht vorhanden ist: $t(n) \sim \frac{n+1}{4} + \frac{n}{2}$.

Durch das Weglassen der additiven und multiplikativen Konstanten erhalten wir – wie wir oben gesehen haben – die O-Notation, die man auch als *Größenordnung* der Laufzeitfunktion bezeichnet.

Schnelles Potenzieren nach Legendre ($O(logn)$-Algorithmus)

Folgender Algorithmus von *Legendre* liefert die Potenz a^b für relle $a > 0$ und natürliche Zahlen b.

```
x = a;  y = b;  z = 1;
while (y>0) {
   if  (y ungerade)
      z = z*x
   y = y/2
   x = x*x
}
/* z = Potenz von a hoch b */
```

Wie dieser Algorithmus funktioniert, soll anhand eines Beispiels gezeigt werden. x^n wird als invariantes Produkt geschrieben: $z \cdot x^n$, wobei z zu Beginn 1 ist:

$$1 \cdot 4^7 = 4 \cdot 4^6 = 4 \cdot (4^2)^3 = 4 \cdot 16^3 = 4 \cdot 16 \cdot (16^2) = 4 \cdot 16 \cdot 256^1 = 16384 \cdot 256^0$$

Der Exponent 0 ist das Endekriterium. Die Potenz 4^7 wird also in ein Produkt folgender Exponenten zerlegt: $4^1 \cdot 4^2 \cdot 4^4$. Der Exponent 7 wird in eine Summe von 2er-Potenzen umgewandelt. Pro Schleifendurchlauf wird n (hier der Exponent) halbiert, bis man die Grenze 1 erreicht, so dass Folgendes gilt:

$$\frac{n}{2^x} = 1 \rightarrow x = \log_2 n$$

Somit hat dieser Legendre-Algorithmus die Größenordnung $\mathbf{O}(\log_2 n)$.

Teilersuche (kein wirklicher $O(\sqrt{n})$-Algorithmus)

Die folgende Funktion `teilsuch()`, die alle Teiler zu einer Zahl ermittelt, benötigt $\sqrt{n}$ Divisionen, da sie bei einem ermittelten Teiler nicht nur den Teiler selbst, sondern auch den komplementären Teiler dazu (Zahl geteilt durch Teiler) ausgibt:

```
void teilsuch(int zahl) {
   int t, w = (int)sqrt(zahl);
   for (t=1; t<w; t++)
      if (zahl%t == 0)
         Ausgabe: t und zahl/t;
   if (zahl%w==0)
      Ausgabe: w;
}
```

Dieser Algorithmus scheint die Zeitkomplexität: $t(n) = \sqrt{n}$ zu haben. Aber Vorsicht, denn betrachtet man dagegen die Komplexität am Anwachsen der Stellenzahl mit der Größenordnung n, handelt es sich hier um einen exponentiellen Algorithmus. Hat n

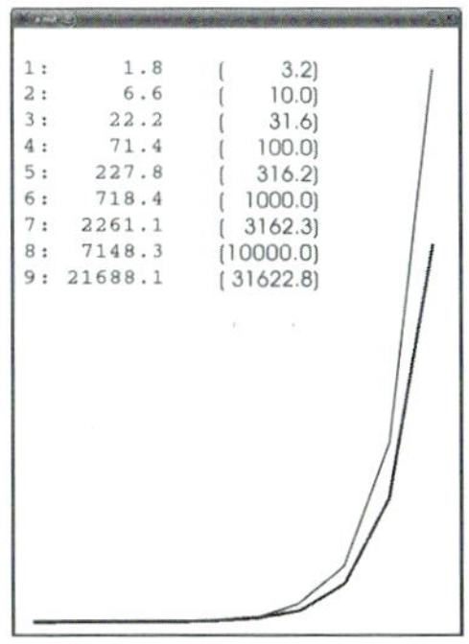

Abbildung 8.66: Schleifendurchläufe abhängig von Stellenzahl bei Teilersuche

nämlich d Dezimalstellen, so gilt:

$$O(\sqrt{n}) = O(\sqrt{10^d}) = O(3.162278^d)$$

Das begleitende Programm `teilsqrt.c` ruft für die Stellenzahlen 1 bis 9 jeweils 1000-mal die Funktion `teilsuch()` auf, wobei es immer die Anzahl der Schleifendurchläufe zählt und anschließend den mittleren Wert berechnet. Diesen mittleren Wert zeichnet es abhängig von der Stellenzahl. Zusätzlich zeichnet dieses Programm noch die Funktion 3.162278^d (d = Stellenzahl) als blaue Linie. Die wirklich ermittelte Aufrufzahl wird in schwarz und die entsprechenden Werte der Exponentialfunktion in blau angezeigt (siehe auch Abbildung 8.66). Aus dieser Abbildung wird ersichtlich, dass wir es hier mit einem so genannten *exponentiellen Algorithmus* zu tun haben, der in etwa proportional zu e^n ist, wobei n die Stellenzahl der zu prüfenden Zahl ist.

Primzahlen mit dem Sieb des Eratosthenes ($O(n^2)$-Algorithmus)

Um alle Primzahlen zwischen 1 und einer Zahl n zu bestimmen, kann das so genannte *Sieb des Eratosthenes* verwendet werden, das folgende Vorgehensweise vorschreibt: Zunächst wird auf die Zahl 2 positioniert, und dann alle Vielfachen von 2 herausgestrichen:

```
1 2 3 4̸ 5 6̸ 7 8̸ 9 1̸0 11 1̸2 13 1̸4 15 1̸6 17 1̸8 ......
  |
```

Im nächsten Schritt wird um eine Zahl weiterpositioniert, in unserem Fall also auf 3. Ist diese Zahl noch vorhanden, so handelt es sich um eine Primzahl, von der wiederum alle Vielfachen zu streichen sind:

```
1 2 3 4̸ 5 6̸ 7 8̸ 9̸ 1̸0 11 1̸2 13 1̸4 1̸5 1̸6 17 1̸8 ......
    |
```

Die nächste Primzahl nach 3 wäre dann 5 (noch nicht gestrichen), von der wieder alle Vielfachen zu streichen sind usw. Dieses Verfahren wird wiederholt, bis $\frac{n}{2}$ erreicht ist. Die im Array verbliebenen Zahlen sind dann Primzahlen. Nachfolgend ist der zugehörige Algorithmus gezeigt:

```
Eingabe: Zahl n
for (i=1 ; i<=n ; i++) /*  prim[0] wird nicht benutzt        */
   prim[i] = 1; /* zunaechst alle Zahlen erst mal Primzahlen */
for (i=2 ; i<=n/2 ; i++)
   if (prim[i])   /*  entspricht  if (prim[i]!=0)        */
      for (j=2*i ; j<=n ; j = j+i)
         prim[j] = 0;
Ausgabe: Die Primzahlen von 1 bis n sind:
for (i=2 ; i<=n ; ++i)
   if (prim[i])
      Ausgabe: i
```

Dieses *Sieb des Eratosthenes* hat aufgrund der beiden ineinander geschachtelten for-Schleifen die Größenordnung $O(n^2)$. Das Verfahren lässt sich optimieren, wenn man nur die ungeraden Zahlen abspeichert und die äußere Schleife nur bis $\sqrt{n}$ laufen lässt. In diesem Fall hätte der Algorithmus dann die Größenordnung $O(n^{\frac{3}{2}})$.

Es gibt zwar wesentlich bessere Verfahren als das Sieb des Eratosthenes, wobei dieses Verfahren jedoch sehr einfach ist und deswegen beim Arbeiten mit kleineren Primzahlen häufig eingesetzt wird.

Das begleitende Programm `primsieb.c` realisiert dieses Sieb des Eratosthenes.

Primzahlensieb mit einem $O(n \log n)$-Algorithmus

Das Sieb des Eratosthenes hat die Größenordnung $O(n^2)$. Der folgende Algorithmus hat die Größenordnung $O(n \log n)$, da er etwas schneller als linear wächst:

```
m = n/2-3; /* n = Primzahlen bis zu dieser oberen Grenze */
print 2 /* einzige gerade Primzahl */
for (i=0; i<=m; i++)
   prim[i] = 1;
for (i=0; i<=m; i++) {
   if (prim[i]) { /* prim[i] ist  genau dann 1, wenn 2i+3 Primzahl ist */
      p = i+i+3;
      k = i+p;
      z++;
      print p;
      while (k<=m) {
         prim[k] = 0;
         k += p;
      }
   }
}
print 'z' Primzahlen gefunden
```

Das begleitende Programm *primsieb2.c* zeichnet die Größenordnung dieses Algorithmus grafisch als schwarze Linie. Dabei zeichnet es auch die Kurve für die lineare Größenordnung $O(n)$ sowie eine näherungsweise $O(n \log n)$-Kurve, um zu zeigen, dass dieser Algorithmus schneller als linear wächst (siehe auch Abbildung 8.67).

> *Zwei Drittel aller Zahlen lassen sich im Übrigen schon von vorne herein ausschließen, da alle Primzahlen > 3 entweder als $6n - 1$ oder als $6n + 1$ dargestellt werden können. Zahlen, die diese Formel nicht erfüllen, sind keine Primzahlen.*

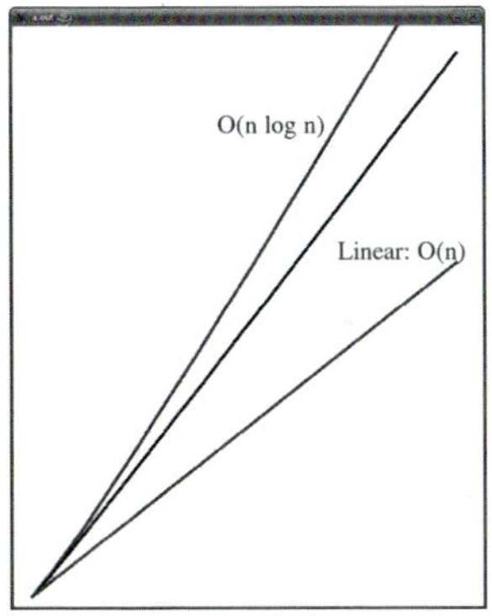

Abbildung 8.67: Größenordnung des Primzahlensiebs (Mitte)

8.4.5 Wahl eines Algorithmus

Bereits bei der Entwicklung von Algorithmen sollte man sich Gedanken hinsichtlich der Implementierung machen. Zudem kann man auch noch während der Implementierung lokale Optimierungen vornehmen, die die Laufzeit des implementierten Algorithmus verbessern. Neben den in den vorherigen Abschnitten vorgestellten Analyse-Verfahren, die rein theoretischer Natur sind, sollte man jedoch grundsätzlich auch die Realität nicht aus den Augen verlieren. So sollte man z. B. auch das Einsatzgebiet des jeweiligen Programms und das System bzw. die Hardware, auf der es abläuft, in die Wahl des entsprechenden Algorithmus mit einbeziehen. So mag beispielsweise ein Binärbaum theoretisch als die beste Wahl erscheinen, um eine große Datenmenge wie z. B. das Telefonbuch einer Großstadt zu sortieren, aber in Wirklichkeit ist er es dann doch nicht, da z. B. die einzelnen Knoten des Binärbaums verstreut im Speicher liegen, so dass beim Suchen eines Namens im Binärbaum wegen des großen Speicherbedarfs ein ständiges Ein- und Auslagern von Speicherseiten (*Pages*) erforderlich ist. Hier wird das Suchen des entsprechenden Namens mit einem oder zwei Zugriffen über einen so genannten Hashschlüssel in der Wirklichkeit die wahrscheinlich bessere Wahl sein. Nachfolgend einige einfache Regeln, die man bei der Wahl eines Algorithmus berücksichtigen sollte.

- *Kosten-/Nutzen-Analyse*: Ein Algorithmus, der nur wenige Male verwendet wird, um ein umfangreicheres Problem zu lösen, muss eventuell nicht optimal sein. Denn hier sollte man den Zeitaufwand mit einbeziehen, den man zur Verbesserung des Algorithmus benötigt. Braucht man z. B. temporär ein Matrix-Multiplikationsprogramm nur für einige wenige Berechnungen, so kann eine einfache Lösung, die das Ergebnis in 10 Minuten liefert, vollkommen ausreichen. Wo liegt hier der Nutzen, wenn man eine ganze Woche darauf verwendet, um das Programm so zu optimieren, dass man das gleiche Ergebnis in 20 Sekunden hat, wenn man dieses Programm nur zweimal braucht?
- *Bessere Algorithmen sind nicht immer wesentlich komplizierter*: Ein besserer Algorithmus muss nicht zwangsweise erheblich komplizierter sein als ein einfacher und „schlechter" Algorithmus. So wird oft ein langsamer exponentieller Algorithmus gewählt, obwohl ein nicht wesentlich komplizierterer Algorithmus der Ordnung $O(n \log n)$ existiert, der nur einen Bruchteil der Zeit benötigen würde.

- *Auffinden von „Flaschenhälsen“*: Ist ein Programm zu langsam, so bedeutet dies nicht unbedingt, dass man das ganze Programm vollständig neu schreiben muss. Stattdessen sollte man nach den so genannten „Flaschenhälsen“ suchen. Das sind die Stellen des Programms, wo es die meiste Zeit verbraucht. Findet man solche „Flaschenhälse“, so reicht es meist aus, diese zu optimieren, damit dann das gesamte Programm in einer akzeptablen Zeit Ergebnisse liefert.
- *Messen mit typischen Eingabedaten*: Das Messen des Laufzeitverhaltens eines implementierten Algorithmus sollte mit typischen Eingabedaten vorgenommen werden. So mag ein einfacher Sortieralgorithmus weniger Zeit und Speicher benötigen, wenn die zu sortierenden Daten bereits weitgehend sortiert sind, während ein theoretisch schneller und komplizierter Algorithmus in solchen Fällen wesentlich mehr Speicherplatz benötigt und eventuell sogar langsamer ist.

8.4.6 Einfache Optimierungen bei der Implementierung

In manchen Fällen ist es möglich, das Laufzeitverhalten von Programmen zu verbessern, indem man bestimmte Programmkonstrukte optimiert. Nachfolgend werden einige solche Optimierungen kurz vorgestellt, wobei jedoch zu erwähnen ist, dass heutige Compiler oft derartige Optimierungen schon von sich aus vornehmen.

Konstanten statt Variablen

Wenn möglich, sollte man immer Konstanten statt Variablen in Ausdrücken verwenden (*constant propagation*), wie z. B.:

```
/* ohne Optimierung */
for (i=1; i <= 1000000000; i++) {
   x = 2;
   y = x + 5;
   a = x;
   b = 0;
   c = a / x;
   d = x*c*c*c*c;
   e = x+b+b+b;
}
```

```
/* mit Optimierung */
for (i=1; i<= 1000000000; i++) {
   x = 2;
   y = 7;

   b = 0;
   c = 1;

   a = d = e = x;
}
```

```
... ohne Optimierung: 52.00  [Ausgabe durch das begleitende Programm constprop.c]
.... mit Optimierung: 9.17
```

Einmalige Berechnung gleicher Ausdrücke

Gleiche Ausdrücke sollte man nur einmal ausrechnen, und das Ergebnis dann an der entsprechenden Stelle einsetzen (*common subexpression elimination*), wie z. B.:

```
/* ohne Optimierung */
for (i=1; i<=100000000; i++) {
    x = (a+b+sqrt(a-b))/3;
    y = (a+b-sqrt(a-b))/3;


    f = r*r*4*atan(1);
    u = 2*r*4*atan(1);
}
```

```
/* mit Optimierung */
for (i=1; i<=100000000; i++) {
    c = a+b;
    d = sqrt(a-b);
    x = (c+d)/3;
    y = (c-d)/3;
    f = r*z;
    u = 2*z;
}
```

... ohne Optimierung: 26.16 *[Ausgabe durch das begleitende Programm commsub.c]*
.... mit Optimierung: 6.52

Keine überflüssigen Funktionsaufrufe

Da Funktionsaufrufe meist zeitaufwändiger als Operatoren sind, sollte man wenn möglich stattdessen Operatoren verwenden. Weiterhin kann man bei ganzzahligen Multiplikationen bzw. Divisionen von Zweierpotenzen statt der dafür vorhandenen Operatoren die Shift-Operationen verwenden, die wesentlich schneller sind (*operator strength reducing*), wie z. B.:

```
/* ohne Optimierung */
for (i=1; i<=100000000; i++) {
    x = ceil(pow(2.17, 2));
    x = a/8;
    c = b*16;
    if (d%2 != 0)
        e = x+3;
}
```

```
/* mit Optimierung */
for (i=1; i<=100000000; i++) {
    y = 2.17*2.17;    x = y + 0.5;
    x = a >> 3;
    c = b << 4;
    if (d&1)
        e = x+3;
}
```

... ohne Optimierung: 16.11 *[Ausgabe durch das begleitende Programm opstreng.c]*
.... mit Optimierung: 2.88

Keine überflüssigen oder doppelten Berechnungen (copy propagation)

```
/* ohne Optimierung */
for (i=1; i<=1000000000; i++) {
    a = x*y;
    b = x;    c = b*y;    d = x*y;
}
```

```
/* mit Optimierung */
for (i=1; i<=1000000000; i++) {
    b = x;
    a = c = d = x*y;
}
```

... ohne Optimierung: 9.44 *[Ausgabe durch das begleitende Programm copyprop.c]*
.... mit Optimierung: 8.90

Hier hat der Optimierer des Compilers wohl schon einiges optimiert.

Vermeiden überflüssiger Schleifendurchläufe (loop strength reduction)

```
/* ohne Optimierung */
for (i=1; i<=100000; i++)
   for (j=0; j<=1000; j++)
      if (j%10==0) array[j] = j;
```

```
/* mit Optimierung */
for (i=1; i<=100000; i++)
   for (j=0; j<=1000; j+=10)
      array[j] = j;
```

```
... ohne Optimierung: 16.65  [Ausgabe durch das begleitende Programm loopstreng.c]
.... mit Optimierung: 0.56
```

Entfernen invarianter Ausdrücke aus Schleifen (invariant code motion)

Eine wichtige Optimierung bei Schleifen ist, dass man invariante Ausdrücke in Schleifen eliminiert, wie z. B.:

```
/* ohne Optimierung */
for (i=1; i<=10000; i++) {
   for (j=1; j<=1000; j++)
      array[j] = a+b*sin(2.33);

   for (j=0; j<strlen(string)-sqrt(h); j++)
      string[j] = '-';
}
```

```
/* mit Optimierung */
x = a+b*sin(2.33);
for (i=1; i<=10000; i++) {
   for (j=1; j<=1000; j++)
      array[j] = x;
   l = strlen(string)-sqrt(h);
   for (j=0; j<l; j++)
      string[j] = '-';
}
```

```
... ohne Optimierung: 11.03  [Ausgabe durch das begleitende Programm invmotion.c]
.... mit Optimierung: 0.28
```

Zusammenfassen mehrerer Schleifen zu einer (loop jamming)

Wenn mehrere Schleifen mit der identischen Anzahl von Schleifendurchläufen hintereinander angegeben sind, sollte man diese zu einer zusammenfassen, wie z. B.:

```
/* ohne Optimierung */
for (i=1; i<=10000000; i++) {
   for (j=0; j<=1000; j++)
      a[j] = j;
   for (j=0; j<=1000; j++)
      b[j] = a[j] + x;
   for (j=0; j<=1000; j++)
      c[j] = a[j];
}
```

```
/* mit Optimierung */
for (i=1; i<=10000000; i++) {
   for (j=0; j<=1000; j++) {
      a[j] = j;
      b[j] = j + x;
      c[j] = j;
   }

}
```

```
... ohne Optimierung: 89.37  [Ausgabe durch das begleitende Programm loopjamm.c]
.... mit Optimierung: 62.86
```

Das Programm `loopjamm.c` zeigt unter anderem auch, dass man unnötige Indizierungen vermeiden sollte, da dies intern beim Programmablauf eine Multiplikation bedeutet.

8.5 Elementare Sortieralgorithmen

Das erste für einen Computer geschriebene Programm war ein Sortierprogramm. Die Computer-Pioniere interessierten sich besonders für Sortierprobleme, um die nichtnumerischen Fähigkeiten des Computers zu demonstrieren. Es wird behauptet, dass es kein Programmier-Problem gibt, bei dem nicht früher oder später eine Sortierung anfällt.

Hier werden einfache Sortieralgorithmen vorgestellt, die alle so etwa n^2 Schritte benötigen, um `n` Elemente zur sortieren. In späteren Kapiteln werden wir komplexere Sortieralgorithmen kennenlernen, die zum Sortieren von `n` Elementen nur $n \cdot \log n$ Schritte benötigen. Dies bedeutet jedoch nicht, dass die hier vorgestellten elementaren Sortieralgorithmen wertlos sind. Im Gegenteil, es kann effizienter sein, diese einfachen elementaren Sortieralgorithmen zu verwenden, wenn die Anzahl `n` der zu sortierenden Elemente nicht allzu groß ist. Nicht allzu groß bedeutet hier, dass nur wenige Hunderte von Elementen zu sortieren sind. Beim Sortieren von Dateien sind die elementaren Sortieralgorithmen noch gerechtfertigt, wenn die zu sortierenden Elemente nicht mehr als hundert sind.

Bei größeren Datenmengen ist jedoch von der Verwendung der hier vorgestellten elementaren Sortieralgorithmen abzuraten, wobei diese Aussage speziell für den Shellsort-Algorithmus nicht allgemeingültig sein muss, wie wir noch sehen werden.

8.5.1 Grundsätzliches zu Sortieralgorithmen

Speicherstelle der Daten

Man kann drei Arten von Speicherstellen unterscheiden, an denen sich die zu sortierenden Daten befinden.

1. *Intern*: Man spricht von *internen Sortieralgorithmen*, wenn sich die zu sortierenden Daten im Arbeitsspeicher, also z. B. in einem Array, befinden.
2. *Extern*: Man spricht von *externen Sortieralgorithmen*, wenn sich die zu sortierenden Daten z. B. auf einem Peripheriegerät (Magnetband, Festplatte usw.) befinden. Anders als bei den internen Sortieralgorithmen, bei denen direkt auf jedes Element zugegriffen werden kann, sind hier nur sequenzielle Zugriffe auf die Elemente (wie z. B. mit Vor- und Rückspulen) möglich.
3. *Index-sequenzielle Dateien*: Hier befinden sich die zu sortierenden Elemente in Dateien, wobei zu jedem Element ein so genannter *Datensatz* existiert, in dem sich nicht nur die Daten des Elements befinden, sondern zusätzlich ein so genannter *Schlüssel (key)*. Hier sind die Datensätze so zu sortieren, dass sich die Schlüssel in einer entsprechenden Reihenfolge befinden.

Leistungsfähigkeit der Sortieralgorithmen

- *Laufzeit*: Die Laufzeit liegt abhängig vom verwendeten Sortieralgorithmus zwischen $n \cdot \log n$ und n^2.

- *Speicherplatz*: Neben der Laufzeit spielt allerdings auch noch der benötigte Speicherplatz eine wichtige Rolle. Die Sortieralgorithmen lassen sich hier drei verschiedenen Klassen zuordnen.

  Kein zusätzlicher Speicherplatz: Solche Algorithmen sortieren die Elemente direkt am Ort und benötigen so keinen wesentlichen zusätzlichen Speicherplatz, außer vielleicht ein kleines Hilfsarray oder einen Stack.

  Zusätzlicher Speicherplatz von n Zeigern bzw. Referenzen: Solche Algorithmen unterhalten sich n zusätzliche Zeiger auf die einzelnen Elemente, was z. B. bei Verwendung einer verketteten Liste für die Daten zutrifft.

  Doppelter Speicherplatz: Solche Algorithmen benutzen beim Sortieren Kopien der zu sortierenden Daten.

Stabilität bei Sortieralgorithmen

Ein Sortieralgorithmus gilt als *stabil*, wenn er bei Elementen, die nach dem Sortierkriterium gleich sind, die zuvor vorliegende Reihenfolge der Elemente relativ zueinander beibehält. Hat man z. B. eine alphabetisch sortierte Liste von Einwohnern einer Stadt, so garantiert ein stabiler Sortieralgorithmus, der diese Liste nach Alter sortiert, dass gleichaltrige Personen danach immer noch alphabetisch geordnet sind. Bei einem instabilen Sortieralgorithmus ist dies nicht mehr gewährleistet.

8.5.2 Bubble-Sort

Ein populärer und einfacher Sortier-Algorithmus, den jeder Programmierer beherrschen sollte, ist der *Bubble-Sort* (Sortieren durch direktes Austauschen), bei dem bei jedem Durchlauf alle benachbarten Elemente verglichen und gegebenenfalls vertauscht werden. Findet bei einem Durchlauf kein Austausch mehr statt, sind die Daten sortiert. Dadurch wandert im i-ten Durchlauf das i-größte Element nach hinten bzw. das i-kleinste Element nach vorne. Der Name dieses Algorithmus resultiert aus der Analogie mit dem Aufsteigen einer Gasblase (*bubble*) in einer Flüssigkeit.

Die folgende Funktion `bubble_sort()` realisiert den Bubble-Sort für ein `int`-Array der Größe `n`:

```
void bubble_sort(int n, int z[]) {
   for (int i=0; i<n-1; i++)
      for (int j=i+1; j<n; j++)
         if (z[i] > z[j]) {
            int t = z[i];    z[i] = z[j];    z[j] = t; /* Vertauschen von z[i] und z[j] */
         }
```

Ein möglicher Ablauf der beiden Programme `bubble.c` und `Bubble.java`, die diese Funktion `bubble_sort()` realisieren und die beide im begleitenden Zusatzmaterial gezeigt werden, ist:

```
—— vor bubble_sort————————
 19 96 30 11 73  2 99 72 69 73
 1. Durchlauf:   2 96 30 19 73 11 99 72 69 73
 2. Durchlauf:   2 11 96 30 73 19 99 72 69 73
 3. Durchlauf:   2 11 19 96 73 30 99 72 69 73
 4. Durchlauf:   2 11 19 30 96 73 99 72 69 73
 5. Durchlauf:   2 11 19 30 69 96 99 73 72 73
 6. Durchlauf:   2 11 19 30 69 72 99 96 73 73
 7. Durchlauf:   2 11 19 30 69 72 73 99 96 73
 8. Durchlauf:   2 11 19 30 69 72 73 73 99 96
 9. Durchlauf:   2 11 19 30 69 72 73 73 96 99
—— nach bubble_sort————————
  2 11 19 30 69 72 73 73 96 99
```

Das beim jeweiligen Durchlauf eingeordnete Element ist in der obigen Ausgabe fett hevorgehoben. Ein verbesserter Bubble-Sort würde erkennen, dass ein Array bereits sortiert ist und somit unnötige Durchläufe vermeiden, wie z. B.:

```
void bubble_sort(int n, int z[]) {
   boolean sortiert = false;
   for (int i=0; i < n-1 && !sortiert; i++) {
      sortiert = true;
      for (int j = n-1; j > i; j--)
         if (z[j] < z[j-1]) {
            sortiert = false;
            int t = z[j];  z[j] = z[j-1];  z[j-1] = t;  // Vertauschen von z[j] und z[j-1]
         }
   }
}
```

Die begleitenden Programme `bubble2.c` und `Bubble2.java`, die im Zusatzmaterial vorgestellt werden, zeigen zusätzlich noch grafisch den Fortgang der Sortierung an, indem sie eine zufällige Zahlen-Permutation mittels des Bubble-Sorts sortieren (siehe auch Abbildung 8.68).

Der verbesserte Bubble-Sort benötigt im ungünstigsten Fall ungefähr $\frac{n^2}{2}$ Vergleiche. Für „nahezu sortierte“ Daten ist der verbesserte Bubble-Sort linear.

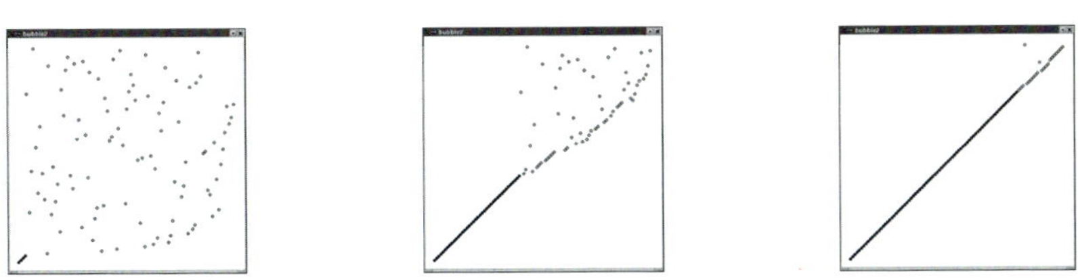

Abbildung 8.68: Sortieren einer zufälligen Zahlenpermutation mit dem Bubble-Sort

8.5.3 Insert-Sort

Beim *Insert-Sort* (Sortieren durch direktes Einfügen) geht man wie ein Skat-Spieler vor, der die Karten einzeln aufnimmt und jede in das bereits auf der Hand befindliche Blatt an der richtigen Stelle einfügt. Die folgende Funktion `insert_sort()` realisiert den Insert-Sort für ein int-Array der Größe `n`:

```
void insert_sort(int n, int z[]) {
   for (int i=1; i < n; i++) /* fuegt i. te Element ein */
      for (int j=i; j > 0 && z[j] < z[j-1]; j--) {
         int t = z[i];    z[i] = z[j];    z[j] = t; /* Vertauschen von z[i] und z[j] */
      }
}
```

Ein möglicher Ablauf der beiden Programme `insert.c` und `Insert.java`, die diese Funktion `insert_sort()` realisieren und die beide im begleitenden Zusatzmaterial gezeigt werden, ist:

```
—— vor insert_sort ————————
 61 96 24 45 87 29  4 14 31 31

 1. Durchlauf:  61 96 24 45 87 29  4 14 31 31
 2. Durchlauf:  24 61 96 45 87 29  4 14 31 31
 3. Durchlauf:  24 45 61 96 87 29  4 14 31 31
 4. Durchlauf:  24 45 61 87 96 29  4 14 31 31
 5. Durchlauf:  24 29 45 61 87 96  4 14 31 31
 6. Durchlauf:   4 24 29 45 61 87 96 14 31 31
 7. Durchlauf:   4 14 24 29 45 61 87 96 31 31
 8. Durchlauf:   4 14 24 29 31 45 61 87 96 31
 9. Durchlauf:   4 14 24 29 31 31 45 61 87 96
—— nach insert_sort ————————
  4 14 24 29 31 31 45 61 87 96
```

Das jeweils neu eingefügte Element ist bei der obigen Ausgabe fett hervorgehoben. Soll bei diesem Algorithmus das Element `x` eingefügt werden, so werden die Elemente der Größe nach mit `x` verglichen und `x` an der geeigneten Stelle eingefügt. Um für diese Elemente Platz zu schaffen, müssen die kleineren Elemente um eine Stelle nach links geschoben werden.

Die begleitenden Programme `insert2.c` und `Insert2.java`, die im Zusatzmaterial vorgestellt werden, zeigen zusätzlich noch grafisch den Fortgang der Sortierung an, indem sie eine zufällige Zahlen-Permutation mittels des Insert-Sorts sortieren (siehe auch Abbildung 8.69). Das nächste einzusortierende Element wird dabei rot gezeichnet und zusätzlich noch durch einen senkrechten Balken angezeigt. Ein gerade einsortiertes Element wird blau gezeichnet, und alle Elemente, die durch dieses Einsortieren verschoben werden mussten, werden gelb gezeichnet.

Der Insert-Sort benötigt im Durchschnitt ungefähr $\frac{n^2}{4}$ Vergleiche und Vertauschoperationen und im ungünstigsten Fall doppelt so viele. Für „nahezu sortierte“ Daten ist der Insert-Sort linear.

Sehr leistungsfähig ist der Insert-Sort, wenn man bereits sortierte Daten vorliegen hat, in die man wenige andere Daten einsortieren muss. In diesem Fall hängt man diese Daten an das Ende des sortierten Arrays an, bevor man es dann mit dem Insert-Sort sortieren lässt. Bei großen vorsortierten Datenmengen, wie z. B. bei einem Telefonbuch, in das neue Telefondaten einzumischen sind, ist der Insert-Sort sogar den später vorgestellten komplizierten Sortieralgorithmen überlegen.

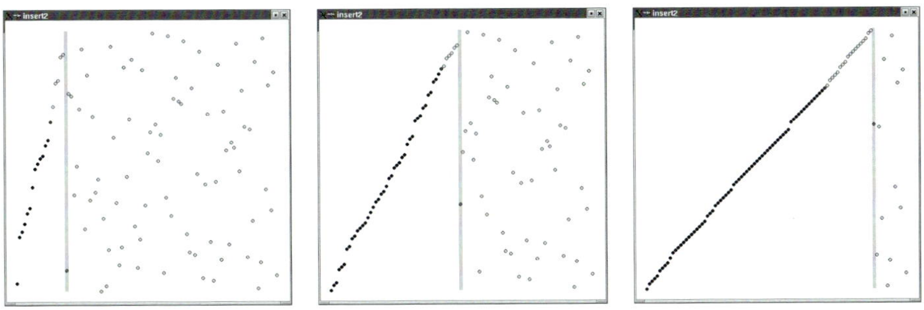

Abbildung 8.69: Sortieren einer zufälligen Zahlenpermutation mit dem Insert-Sort

8.5.4 Select-Sort

Beim *Select-Sort* (Sortieren durch direktes Auswählen) ermittelt man zunächst das kleinste Element und setzt es an die erste Stelle. Dann wählt man wieder das kleinste Element und setzt es an die zweite Stelle usw. Allgemein bestimmt man für $i = 1, 2, 3, \ldots, n$ die Position, an der das kleinste Element im noch unsortierten Bereich (i..n) steht und tauscht es gegen z[n] aus. Die folgende Funktion realisiert den Select-Sort für ein int-Array der Größe `n`:

```
void select_sort(int n, int z[]) {
    int  i, j, h, t, k;
    for (int i=0; i < n-1; i++) { /* sucht i. tes Element */
       h = i;
       for (int j=i+1; j < n; j++)
          if (z[h] > z[j])
             h = j;   /* Merke neue Position */
       if (h != i) {
          int t = z[h];    z[h] = z[i];    z[i] = t; /* Vertauschen von z[h] und z[i] */
       }
    }
}
```

Ein möglicher Ablauf der beiden Programme `select.c` und `Select.java`, die diese Funktion `select_sort()` realisieren und die beide im begleitenden Zusatzmaterial gezeigt werden, ist:

```
—— vor select_sort————————————
  24 74 24 86 59 96 13 76  7 39
  1. Durchlauf:    7 74 24 86 59 96 13 76 24 39
  2. Durchlauf:    7 13 24 86 59 96 74 76 24 39
  3. Durchlauf:    7 13 24 86 59 96 74 76 24 39
  4. Durchlauf:    7 13 24 24 59 96 74 76 86 39
  5. Durchlauf:    7 13 24 24 39 96 74 76 86 59
  6. Durchlauf:    7 13 24 24 39 59 74 76 86 96
  7. Durchlauf:    7 13 24 24 39 59 74 76 86 96
  8. Durchlauf:    7 13 24 24 39 59 74 76 86 96
  9. Durchlauf:    7 13 24 24 39 59 74 76 86 96
—— nach select_sort———————————
   7 13 24 24 39 59 74 76 86 96
```

Das jeweils kleinste ausgewählte und eventuell auch neu eingeordnete Element ist, wenn es nicht schon am richtigen Platz war, bei obiger Ausgabe fett hervorgehoben.

Die begleitenden Programme `select2.c` und `Select2.java`, die im Zusatzmaterial vorgestellt werden, zeigen grafisch den Fortgang der Sortierung an, indem sie eine zufällige Zahlen-Permutation mittels des Insert-Sorts sortieren. Die im jeweiligen Durchgang zu vertauschenden Elemente werden dabei durch eine Linie miteinander verbunden (siehe auch Abbildung 8.70).

Der Select-Sort benötigt ungefähr $\frac{n^2}{2}$ *Vergleiche und ungefähr n Vertauschoperationen.*

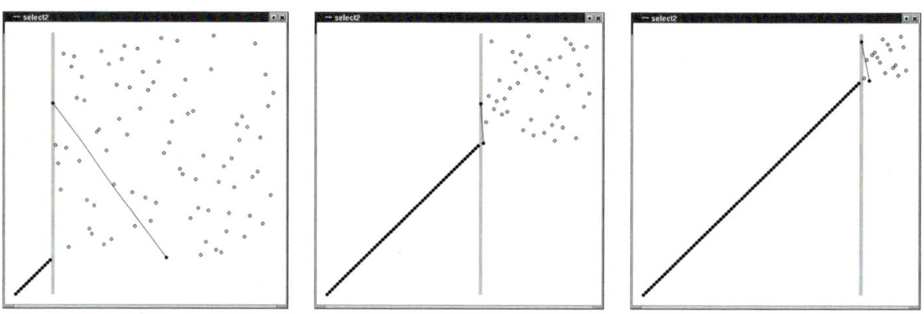

Abbildung 8.70: Sortieren einer zufälligen Zahlenpermutation mit dem Select-Sort

8.5.5 Zeitmessungen für Bubble-, Insert- und Select-Sort

Nun werden Zeitmessungen für die drei zuvor vorgestellten Sortier-Algorithmen durchgeführt, wobei unterschiedliche Situationen berücksichtigt werden.

Zeitverhalten bei kleinen Datensätzen

Hier werden die benötigten Zeiten der drei Algorithmen untersucht, wenn die zu sortierenden Datensätze klein sind, wie z. B. `int`-Zahlen. Das begleitende Programm `sortvergl.c` misst dabei die Zeiten für den günstigsten (bereits sortiert), den durchschnittlichen und ungünstigsten (umgekehrt sortiert) Fall bei 100 000 zu sortierenden ganzen Zahlen:

```
.... Guenstigster Fall:
Bubble-Sort:   0.00 Sek.
Insert-Sort:   0.00 Sek.
Select-Sort:  19.18 Sek.
.... Durchschnittlicher Fall:
Bubble-Sort:  59.47 Sek.
Insert-Sort:  28.73 Sek.
Select-Sort:  20.46 Sek.
.... Unguenstigster Fall:
Bubble-Sort:  58.39 Sek.
Insert-Sort:  57.92 Sek.
Select-Sort:  20.63 Sek.
```

Der Select-Sort benötigt in allen drei Fällen in etwa die gleiche Zeit. Im durchschnittlichen Fall benötigt der verbesserte Bubble-Sort doppelt so viel Zeit wie die beiden anderen Sortier-Algorithmen, während im ungünstigsten Fall der Select-Sort nur halb so viel Zeit benötigt wie der Bubble- und Insert-Sort. Bei kleinen Datensätzen ist also bei der Wahl des Algorithmus auf die vorliegende Reihenfolge der zu sortierenden Daten zu achten.

Zeitverhalten bei großen Datensätzen

Bei großen Datensätzen zeigen die Sortier-Algorithmen, die viele Austauschoperationen durchführen, ein schlechtes Zeitverhalten. Das begleitende Programm `sortvergl2.c`, das 5000 Strings der Länge 1000 sortiert, soll dies verdeutlichen:

```
.... Guenstigster Fall:
Bubble-Sort:   0.00 Sek.
Insert-Sort:   0.00 Sek.
Select-Sort:   0.47 Sek.
.... Durchschnittlicher Fall:
Bubble-Sort:  25.12 Sek.
Insert-Sort:  23.13 Sek.
Select-Sort:   0.52 Sek.
.... Unguenstigster Fall:
Bubble-Sort:  46.97 Sek.
Insert-Sort:  46.87 Sek.
Select-Sort:   0.64 Sek
```

Der Select-Sort benötigt wieder in allen drei Fällen in etwa die gleiche Zeit, wobei er im durchschnittlichen und im ungünstigsten Fall das eindeutig beste Zeitverhalten zeigt. Also ist auch bei großen Datensätzen bei der Wahl des Algorithmus auf die vorliegende Reihenfolge der zu sortierenden Daten zu achten.

8.5.6 Distribution Count-Sort (Bucket-Sort)

Beim *Distribution Counting* handelt es sich um einen Algorithmus, der die Verteilung der einzelnen zu sortierenden Werte zählt. Dieser Algorithmus kann angewendet werden, wenn bekannt ist, dass die zu sortierenden Daten in einem bestimmten Bereich, wie z. B. von `0` bis `m-1` liegen. Beim Distribution Count-Sort (Bucket-Sort) kann man wie folgt vorgehen:

1. Anlegen eines Zähl-Arrays `count` der Größe `m`, in dem man alle Elemente mit `0` initialisiert. Dieses Array bildet die „Körbe“ (*buckets*) nach, in die die einzelnen Daten dann beim Durchlaufen der Datenmenge aufgeteilt werden.
2. Durchlaufen aller zu sortierenden Daten und Mitzählen, wie oft die einzelnen Elemente vorkommen (Daten auf „Körbe“ verteilen), wie z. B.:

```
for (i=0; i<n; i++)  /* n ist Groesse des zu sortierenden Arrays */
   count[array[i]]++;
```

3. Nun durchläuft man das Array `count` und addiert auf jedes `count[j]` den Wert von `count[j-1]`, wie z. B.:

```
for (j=1; i<m; j++) /* m-1 ist maximal moegl. Wert im zu sortierenden Array */
   count[j] += count[j-1];
```

   Nun enthält jedes `count[j]` die Anzahl der Werte im zu sortierenden Array, die kleiner oder gleich `j` sind.
4. Mit einem weiteren Durchlaufen des zu sortierenden Arrays kann man nun unter Zuhilfenahme der Information aus `count[j]` die einzelnen Elemente an ihren richtigen Platz positionieren. Dazu empfiehlt sich ein Hilfsarray, das man abschließend nur noch in das Original-Array kopieren muss, wie z. B.:

```
for (i=n-1; i>=0; i--)
   hilf[--count[array[i]]] = array[i];
for (i=0; i<n; i++) /* ... Sortiertes Array hilf nach array kopieren */
   array[i] = hilf[i];
```

Um diesen Algorithmus zu verdeutlichen, nehmen wir an, dass das Array mit den folgenden Buchstaben zu sortieren ist:

```
d b a c b b c
```

Die erste for-Schleife führt zu folgender Belegung des Arrays `count`:

```
a:  count[0] = 1  (a kommt einmal vor)
b:  count[1] = 3  (b kommt dreimal vor)
c:  count[2] = 2  (c kommt zweimal vor)
d:  count[3] = 1  (d kommt einmal vor)
```

Die zweite for-Schleife führt dann zu folgender Belegung des Arrays `count`:

```
a:  count[0] = 1  (Im Array ist ein Buchstabe vorhanden, der <= 'a' ist)
b:  count[1] = 4  (Im Array sind vier Buchstaben vorhanden, die <= 'b' sind)
c:  count[2] = 6  (Im Array sind sechs Buchstaben vorhanden, die <= 'c' sind)
d:  count[3] = 7  (Im Array sind sieben Buchstaben vorhanden, die <= 'd' sind)
```

Diese Information aus dem Array `count` wird nun in der dritten for-Schleife verwendet, um die einzelnen Elemente an die richtige Position zu bringen. Für unser zu sortierendes Array (`d b a c b b c`) bedeutet dies, dass zuerst das Element `c` (ganz hinten) einsortiert wird. Mit `count[array[i]]` erhalten wir in diesem Fall den Zugriff auf `count[2]`, was den Wert 6 liefert. Dies bedeutet, dass wir dieses Element an sechster Position einordnen müssen. Da diese Position nun besetzt ist, erniedrigen wir den Wert von `count[2]`, damit der nächste Buchstabe `c` an fünfter Position eingeordnet wird. Das Erniedrigen erfolgt dabei als Präfix-Operation, da unser Array mit dem Index 0 beginnt. Im nächsten Durchlauf der for-Schleife wird dann der vorletzte Buchstabe (`b`) an der Position 4 (`count[1]`) positioniert usw. Die einzelnen Buchstaben werden somit wie folgt einsortiert:

. . . . . . **c** .
. . . **b** . c .
. . **b** b . c .
. . b b **c** c .
a . b b c c .
a **b** b b c c .
a b b b c c **d**

Das Einsortieren mit der dritten Schleife läuft dabei rückwärts, damit es sich hier um einen stabilen Sortiervorgang handelt. Die begleitenden Programme `distcount.c` und `Distcount.java` zeigen das Sortieren mit dem Distribution Count-Sort schrittweise an, wobei sie den jeweils einsortierten Buchstaben groß statt klein anzeigen. Zusätzlich geben diese Programme noch die Werte des `count`-Arrays nach den entsprechenden beiden for-Schleifen aus:

```
... letter :
    a d b d e d a b
... count (Verteilung der Buchstaben):
    a b c d e
    2 2 0 3 1
... count (Anzahl von Buchst. <= diesem Buchst.):
    a b c d e
    2 4 4 7 8
... hilf :
    . . . B . . . .
    . A . b . . . .
    . a . b . . D .
    . a . b . . d E
    . a . b . D d e
    . a B b . d d e
    . a b b D d d e
    A a b b d d d e
```

8.6 Shell-Sort

Der Shell-Sort, der von *D.L. Shell* gefunden wurde, war einer der ersten Sortieralgorithmen überhaupt. Er basiert auf dem Insert-Sort, wobei er anders als der Insert-Sort nicht nur benachbarte Elemente, sondern auch weit voneinander liegende Elemente vertauscht. Der Shell-Sort ist eine Folge von sich überlappenden Insert-Sorts, die Elemente in einer Distanz der Größe `h` voneinander vergleichen und entsprechend sortieren. Man spricht hier auch von *h-sortierten* Daten. Eine *h-sortierte Datenmenge* besteht dabei aus `h`-unabhängigen sortierten Datenmengen, die übereinander liegen. Dies bedeutet, dass nach jedem `h`-Durchgang alle Daten, die mit einer Distanz von `h` zueinander liegen, zueinander sortiert sind. Z. B. könnte man nach einem `h`-Durchgang mit `h=7` jedes 7. Element (unabhängig vom Startwert) aus der Datenmenge entnehmen und man hätte ein sortiertes Teilarray.

Nachfolgend ist der typische Code für einen Shell-Sort gezeigt:

```
void shell_sort(int z[], int l, int r) {
   int h, sw[] = { 1391376, 463792, 198768, 86961, 33936, // Folge von h-Distanzen
                   13776, 4592, 1968, 861, 336, 112, 48, 21, 7, 3, 1 };
   for (int k=0; k < sw.length; k++) {
      h = sw[k];
      for (int i = l+h; i <= r; i++) {
         int v = z[i], j = i;
         while (j >= h && z[j-h] > v) { z[j] = z[j-h]; j -= h; }
         z[j] = v;
      }
   }
}
```

Die Parameter `l` und `v` legen dabei den zu sortierenden Bereich des Arrays fest. Die begleitenden Programme `shellsort.c` und `Shellsort.java` zeigen grafisch den Sortiervorgang beim Shell-Sort, wobei sie die gerade vertauschten Elemente schwarz zeichnen. Abbildung 8.71 zeigt z. B. den Inhalt des Arrays bei `h=21`, wobei die blauen Linien nach den blassen Linien immer die jeweils sortierten Teil-Arrays anzeigen, die sich der Benutzer mit Tastendruck nacheinander anzeigen lassen kann.

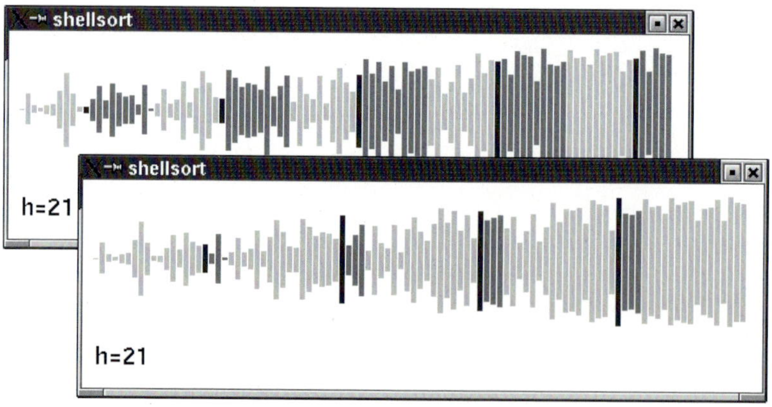

Abbildung 8.71: Sortierte Teil-Arrays bei `h=21`

Abbildung 8.72 zeigt z. B. den Inhalt des Arrays bei h=3 und schließlich das sortierte Array grafisch an.

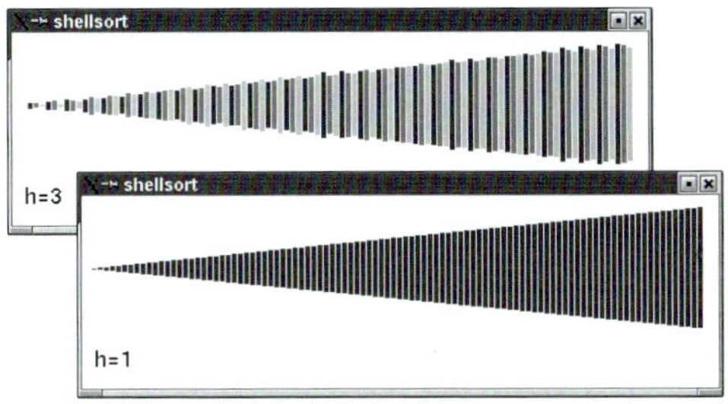

Abbildung 8.72: Sortierte Teil-Arrays bei h=3 und das sortierte Array am Ende

Würde man in den begleitenden Programmen shellsort.c/Shellsort.java die Zahlen statt in einer zufälligen Reihenfolge in umgekehrter Reihenfolge im Array zahlen ablegen, wie mit

```
for (i=0; i<100; i++)
   zahlen[i] = 100-i+1;
```

so ergäbe sich ein Ablauf, wie er ausschnittsweise in Abbildung 8.73 gezeigt ist. Die zugehörigen Programme sind hier shellsort2.c und Shellsort2.java.

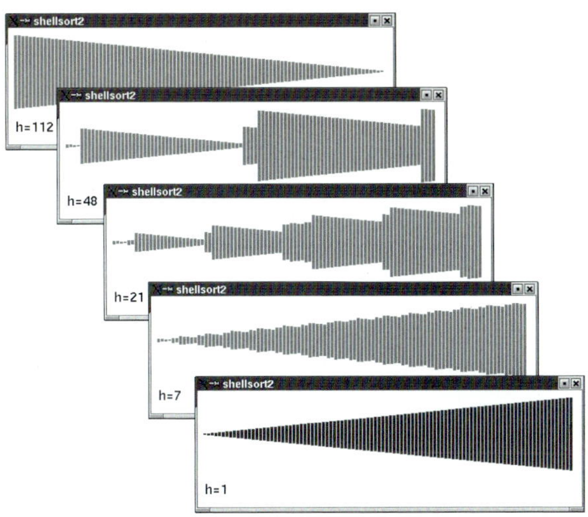

Abbildung 8.73: Shell-Sort bei einer in umgekehrter Reihenfolge vorliegenden Datenmenge

Eine Datenmenge, die zugleich 2-sorted und 3-sorted ist, kann mit einem Durchgang und n Vergleichen vollständig sortiert werden, also 1-sorted werden. Entsprechend gilt, dass eine 4-sorted und 6-sorted Datenmenge in einem Durchgang mit n Vergleichen 2-sorted gemacht werden kann. Ebenso kann eine 6-sorted und 9-sorted Datenmenge in einem Durchgang mit `n` Vergleichen in eine 3-sorted Menge umgewandelt werden.

Die begleitenden Programme `sortshell.c` und `Sortshell.java` stellen das Sortieren durch den Shell-Sort grafisch dar, wie es in den Abbildung 8.74 gezeigt ist. Abbildung 8.75 zeigt das Sortieren einer in umgekehrter Reihenfolge vorliegenden Zahlenpermutation mit den Programmen `sortshell2.c` und `Sortshell2.java`. An diesen Abbildungen ist im Übrigen sehr gut erkennbar, dass die diagonale Linie im Shell-Sort wie ein Magnet auf die einzelnen Zahlen wirkt, der sie abhängig von der `h`-Größe unterschiedlich stark auf ihre richtige Position im Array anzieht, wobei kleineres `h` größere Anziehungskraft bedeutet.

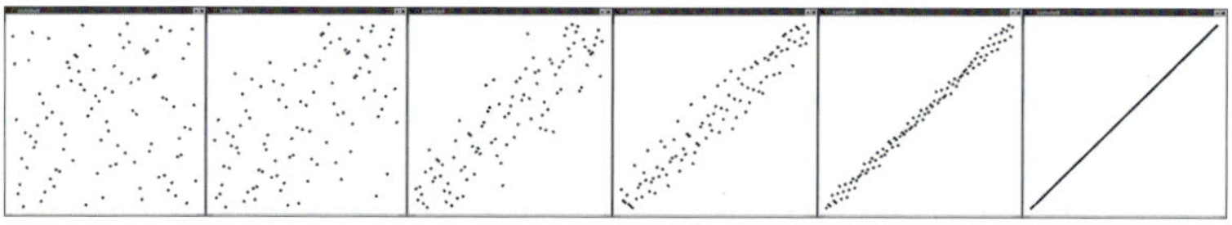

Abbildung 8.74: Sortieren einer zufälligen Zahlenpermutation mit dem Shell-Sort

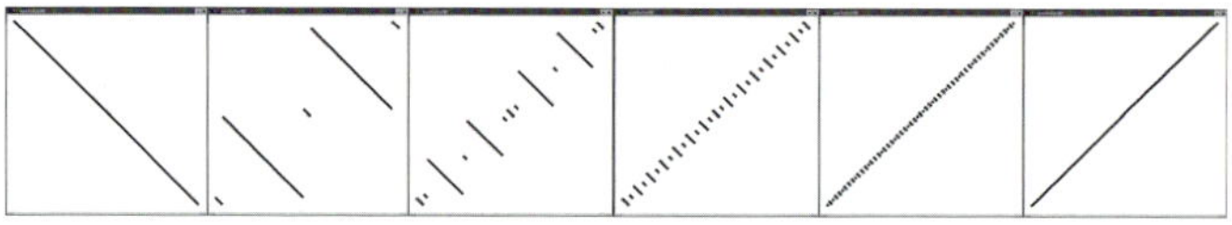

Abbildung 8.75: Sortieren bei umgekehrter Reihenfolge mit dem Shell-Sort

Der Shell-Sort ist ein kurzer und einfacher Algorithmus, der selbst bei Datenmengen mit mehreren 1000 Elementen noch ein gutes Laufzeitverhalten zeigt. Die nachfolgend vorgestellten Algorithmen sind für solche Datenmengen mit einigen 1000 Elementen zwar im besten Fall doppelt so schnell, dafür aber auch wesentlich komplizierter. Man sollte deshalb abhängig von der der Größe der zu sortierenden Datenmenge immer abwägen, ob sich der zusätzliche Aufwand bedingt durch die Kompliziertheit des schnelleren Sortieralgorithmus wirklich lohnt.

8.7 Quicksort

Der Quicksort, der Anfang der 1960er Jahre von *C.A.R Hoare* gefunden wurde, ist wohl einer der am häufigsten verwendeten der Sortieralgorithmen überhaupt. Im Durchschnitt benötigt der Quicksort nur $n \cdot \log_n$ Operationen. Der Vorteil des Quicksort ist nicht nur seine Schnelligkeit, was der Name ja auch ausdrückt, sondern zusätzlich noch sein geringer Speicherbedarf, da er die Daten im zu sortierenden Array direkt nur unter Zuhilfenahme eines kleinen Hilfs-Stacks sortiert. Die Nachteile des Quicksort sind, dass er rekursiv arbeitet und im ungünstigsten Fall n^2 Operationen benötigt.

Der Quicksort arbeitet nach dem Prinzip „Teile und Herrsche". Dazu zerlegt er die zu sortierende Datenmenge in zwei Teile und sortiert dann diese beiden Teile unabhängig voneinander. Der Quicksort geht wie folgt vor:

- Das Array `z[p..r]` wird in zwei nicht-leere Teilarrays `z[p..q]` und `z[q+1..r]` zerlegt, so dass alle Elemente in `z[p..q]` kleiner als alle in `z[q+1..r]` sind.

- Die Funktion `partition()`, die für die Zerlegung des Arrays in Teilarrays zuständig ist, liefert dabei den Index des so genannten *Pivot-Elements*, das die Trennstelle zwischen den beiden Teilarrays ist.
- Die Teilarrays werden nun ihrerseits wieder nach dem gleichen Verfahren durch rekursive Aufrufe des Quicksort sortiert.

Der typische Standard-Algorithmus des Quicksort ist:

```
int partition(int z[], int l, int r) {
    int x = z[r], i = l-1, j = r;
    while (1) {
        while (z[++i] < x)
            ;
        while (z[--j] > x)
            ;
        if (i < j)
            swap(&z[i], &z[j]);
        else {
            swap(&z[i], &z[r]);
            return i;
        }
    }
}
void quick_sort(int z[], int l, int r) {
    if (l < r) {
        int pivot = partition(z, l, r);
        quick_sort(z, l, pivot-1);
        quick_sort(z, pivot+1, r);
    }
}
```

Die begleitenden Programme `quickquad.c` und `Quickquad.java` demonstrieren das Sortieren mit dem Quicksort schrittweise grafisch, wie es Abbildung 8.76 zeigt.

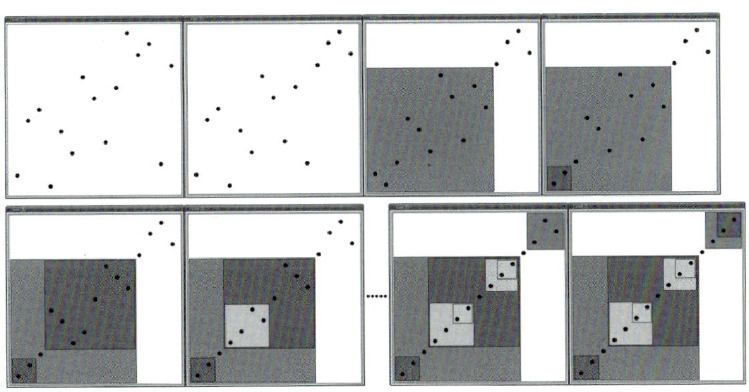

Abbildung 8.76: Grafische Darstellung des Quicksort

In Abbildung 8.76 ist erkennbar, wie jede Zerlegung ein Array in zwei unabhängige Teilarrays aufteilt, die dann wieder unabhängig voneinander bearbeitet werden. Die jeweiligen Teilarrays werden in dieser Abbildung mit einem farbigen Quadrat umrandet. Durch den Zerlegungsprozess wird nun ein solches Quadrat in zwei kleinere Quadrate unterteilt, wobei sich das Element an der „Bruchstelle" auf der Diagonalen befindet, also bereits richtig einsortiert ist. Die noch unsortierten Elemente in den jeweiligen Quadraten befinden sich dabei bereits sehr nahe an der Diagonalen.

Hinsichtlich der Laufzeit gilt Folgendes für den Quicksort.

- *Günstigster Fall ($O(n \cdot \lg n)$)*: Der günstigste Fall (*best case*) beim Quicksort ist, dass bei jeder rekursiven Zerlegung der Datenmenge in zwei Teilarrays das vorhergehende Array genau halbiert wird.
- *Durchschnittlicher Fall ($O(1,38n \cdot \lg n)$)*: Dies bedeutet, dass der durchschnittliche Fall (*average case*) nur um etwa 40% mehr Vergleiche benötigt als der günstigste Fall, wenn die zu sortierenden Daten zufällig angeordnet sind.
- *Ungünstigster Fall ($O(n^2)$)*: Sollte die zu sortierende Datenmenge bereits auf- oder absteigend sortiert sein, so liegt beim Quicksort der ungünstigste Fall (*worst case*) vor, da bei jeder Zerlegung in zwei Teilarrays immer nur das eine Teilarray ein Element enthält.

Die entsprechende Laufzeitanalyse zu diesen Fällen mit Herleitung über Formeln finden Sie im Zusatzmaterial zu diesem Buch.

8.8 Mergesort

Während der Quicksort die Datenmenge immer rekursiv in zwei Teilarrays zerlegt, die er dann sortiert, geht der Mergesort umgekehrt vor, indem er rekursiv zwei bereits sortierte Teilarrays mischt, woher auch sein Name *merge* kommt. Der Hauptvorteil des Mergesort ist, dass seine Laufzeit immer, also auch im ungünstigsten Fall, proportional zu $n \cdot log_n$ ist. Sein größter Nachteil ist, dass er einen zu n proportionalen zusätzlichen Speicherplatz benötigt. Wenn es um Schnelligkeit geht und genug Speicherplatz vorhanden ist, ist also der Mergesort dem Quicksort vorzuziehen. Ein weiterer Vorteil des Mergesort ist, dass er sich so umändern lässt, dass er den Zugriff auf die Daten nahezu sequenziell (also ohne Indizes) realisiert. Dies ist natürlich sehr vorteilhaft, wenn auf die zu sortierenden Daten nur sequenziell zugegriffen werden kann, wie z. B. beim Sortieren einer verketteten Liste oder beim Sortieren auf Geräten mit sequenziellem Zugriff.

8.8.1 Rekursiver Mergesort für Arrays

Wie der Quicksort, so arbeitet auch der folgende Mergesort nach dem Prinzip „Teile und Herrsche". Dazu zerlegt er die zu sortierende Datenmenge in zwei Teile, sortiert diese beiden Teile rekursiv unabhängig voneinander und mischt sie dann:

```
void merge(int z[], int l, int m, int r) {
   int i, j, k;
   for (i=m+1; i>l; i--)
      hilf[i-1] = z[i-1];
   for (j=m; j<r; j++)
      hilf[r+m-j] = z[j+1];
   for (k=l; k<=r; k++)
      z[k] = (hilf[i] < hilf[j]) ? hilf[i++] : hilf[j--];
}
void merge_sort(int z[], int l, int r) {
   if (l < r) {
      int mitte = (l+r)/2;
      merge_sort(z, l, mitte);
      merge_sort(z, mitte+1, r);
      merge(z, l, mitte, r);
   }
}
```

Die begleitenden Programme `mergesort.c` und `Mergesort.java` zeigen den Sortiervorgang durch den Mergesort wie in Abbildung 8.77 schrittweise auf Tastendruck grafisch an. Dabei werden immer die beiden jeweils zu sortierenden Teilarrays vor dem Mischvorgang eingerahmt und grau schattiert. Nach dem Mischvorgang sind diese nicht nur eingerahmt, sondern zusätzlich die nun sortierten Elemente noch kobaltblau (cyan) schattiert.

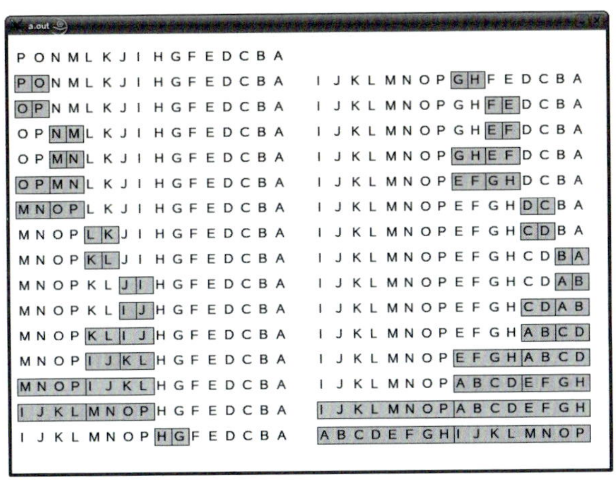

Abbildung 8.77: Sortieren mit dem rekursiven Mergesort

Abbildung 8.77 zeigt, dass zuerst `P` und `O` gemischt werden, so dass man „`O P`“ erhält. Dann wird `N` und `M` gemischt und man erhält „`M N`“. Nun wird das Teilarray „`O P`“ mit dem Teilarray „`M N`“ gemischt, und man erhält „`M N O P`“. Später wird dann „`K L`“ mit „`I J`“ gemischt und man erhält „`I J K L`“. Dieses Array wird mit „`M N O P`“ gemischt und man erhält „`I J K L M N O P`“ usw.

8.8.2 Nicht-rekursiver Mergesort für Arrays

Der einfachste Algorithmus für den nicht-rekursiven Mergesort ist folgender:

```
void merge_sort(int z[], int l, int r) {
   for (int m=1; m<=r-l; m+=m)
      for (int i=l; i<=r-m; i+=m+m)
         merge(z, i, i+m-1, MIN(i+m+m-1, r));
}
```

1. Man durchläuft zuerst das Array und führt Mischoperationen „1 mit 1“ aus, so dass man sortierte Teilarrays der Größe 2 erhält.
2. Dann durchläuft man das Array und führt Mischoperationen „2 mit 2“ aus, so dass man sortierte Teilarrays der Größe 4 erhält.
3. Anschließend durchläuft man das Array und führt Mischoperationen „4 mit 4“ aus, so dass man sortierte Teilarrays der Größe 8 erhält usw. bis man das ganze Array sortiert hat.

Abbildung 8.78 verdeutlicht, dass diese Vorgehensweise im Wesentlichen die gleichen Mischoperationen durchführt wie der zuvor vorgestellte rekursive Mergesort (siehe Abbildung 8.77), jedoch in einer anderen Reihenfolge. Im Allgemeinen sind für das Sortieren einer Datenmenge mit n Elementen $\log n$ Durchläufe erforderlich.

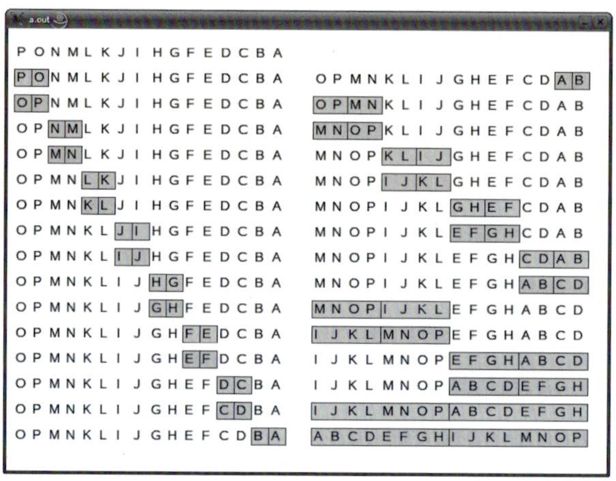

Abbildung 8.78: Sortieren mit dem nicht-rekursiven Mergesort

Die begleitenden Programm `mergesort2.c` und `Mergesort2.java` zeigen den Sortiervorgang durch den nicht-rekursiven Mergesort schrittweise durch Tastendruck grafisch an, wie es in Abbildung 8.78 gezeigt ist.

Die begleitenden Programme `mergesort3.c` und `Mergesort3.java`, die im Zusatzmaterial zu diesem Buch vorgestellt werden, zeigen für das gleiche Array den Sortiervorgang sowohl für den rekursiven als auch für den nicht-rekursiven Mergesort nebeneinander schrittweise auf Tastendruck grafisch an.

Die begleitenden Programme `mergesort4.c` und `Mergesort4.java`, die ebenfalls dort vorgestellt werden, lassen den Benutzer wählen, welche Art von Array und mit welchem Mergesort dieses zu sortieren ist, wie z. B.:

```
1: Rekursiver Mergesort mit Zufallszahlen
2: Rekursiver Mergesort mit umgekehrter Reihenfolge
3: Iterativer  Mergesort mit Zufallszahlen
4: Iterativer  Mergesort mit umgekehrter Reihenfolge
Ihre Wahl:
```

Danach zeigen diese Programme den entsprechenden Sortiervorgang grafisch auf Tastendruck an.

8.8.3 Analyse des Mergesort

Für den Mergesort gelten folgende Punkte:

- Der Mergesort ist ein relativ einfacher Algorithmus.
- Der Mergesort ermöglicht sequenziellen Zugriff auf die zu sortierenden Daten, was ihn zum bevorzugten Sortieralgorithmus macht, wenn auf die zu sortierenden Daten nur sequenziell zugegriffen werden kann, wie z. B. beim Sortieren von verketteten Listen oder beim Sortieren auf Geräten mit sequenziellem Zugriff.
- Der Mergesort benötigt im günstigsten, ungünstigsten und im durchschnittlichen Fall immer in etwa $n \lg n$ Vergleiche. Hierbei ist er dem Quicksort überlegen, da er auch im ungünstigsten Fall nicht zu einem quadratischen Algorithmus mutiert.
- Beim Mergesort handelt es sich um einen stabilen Sortieralgorithmus, was für den Quicksort nicht zutrifft.
- Der Mergesort benötigt zusätzlichen Speicherplatz, der zu `n` proportional ist, was ein Nachteil ist. Dieser zusätzliche Speicherplatz wird allerdings bei verketteten Listen nicht benötigt, da hierbei lediglich die Verkettung geändert wird, so dass dieser Nachteil beim Sortieren von verketteten Listen nicht auftritt.

8.8.4 Mischen von zwei sortierten Arrays

In der Praxis kommt es sehr häufig vor, dass man bereits sortierte Daten vorliegen hat, zu denen ständig neue Daten hinzukommen, die einzusortieren sind. Es wäre nun denkbar, diese neuen Daten am Ende des Arrays anzuhängen und dann das gesamte Array nach einer gewissen Anzahl von neu hinzugekommenen Daten vollständig neu zu sortieren. Das wäre aber sicherlich nicht die optimale Lösung. Stattdessen ist es wesentlich effizienter, die neuen Daten in einem eigenen Array abzulegen, das man dann nach einer gewissen Anzahl von Einträgen sortiert, und dann mit dem „großen“ sortierten Array zusammenmischt. Nachfolgend wird der *Zweiweg-Misch-Algorithmus (two-way-merging)* vorgestellt, der zwei sortierte Arrays zu einem sortierten Array zusammenmischt:

```
void merge_2way(int m, int a[], int n, int b[], int c[]) {
   int k, i=0, j=0;
   a[m] = b[n] = INT_MAX;
   for (k=0; k<m+n; k++)
      c[k] = (a[i] < b[j]) ? a[i++] : b[j++];
}
```

Dieser Algorithmus mischt die beiden sortierten Arrays `a[0],...,a[m-1]` und `b[0],...,b[n-1]` zu einem Array `c[0],...,ca[m+n-1]` zusammen. Das letzte Element wird in beiden Arrays (`a[m]` und `b[n]`) mit einem Wert belegt, der größer ist als alle „echten" Werte in beiden Arrays. So erreicht man, dass bei Erreichen des Endes eines der beiden Arrays quasi von selbst der Rest des anderen Arrays an das Ende des Arrays `c` kopiert wird. Mit diesem kleinen Trick erzielt man, dass dieser Algorithmus nur `m+n` Vergleiche benötigt. Ohne diese beiden Hilfselemente `a[m]` und `b[n]` müsste man zusätzliche Vergleiche (`i<m` und `j<n`) einbauen, um zu prüfen, ob in einem der beiden Arrays bereits das Ende erreicht ist.

Die begleitenden Programme `merge2way.c` und `Merge2way.java` erstellen zwei sortierte Arrays mit Zufallszahlen und mischen diese beiden Arrays dann zu einem sortierten Array zusammen, wobei der Mischvorgang mit der Funktion `merge_2way()` dann grafisch dargestellt wird, wie Abbildung 8.79 zeigt.

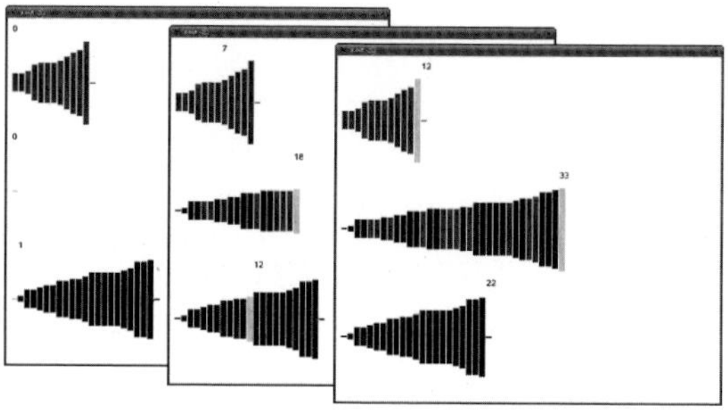

Abbildung 8.79: Grafische Darstellung des Mischens von zwei sortierten Arrays

8.9 Backtracking

Backtracking ist ein Lösungsverfahren, das nach dem *Trial-and-Error*-Verfahren (*Versuch-und-Irrtum*) arbeitet. Beim Backtracking versucht man, eine Teillösung eines Problems systematisch zu einer Gesamtlösung auszubauen. Falls in einem gewissen Punkt ein weiterer Ausbau einer vorliegenden Teillösung nicht mehr möglich ist (Sackgasse), werden eine oder mehrere der letzten Teilschritte rückgängig gemacht. Die dann erhaltene reduzierte Teillösung versucht man auf einem anderen Weg wieder auszubauen. Das Zurücknehmen von Schritten und erneute Vorangehen wird so lange wiederholt, bis eine Lösung des vorliegenden Problems gefunden ist oder bis man erkennt, dass das Problem keine Lösung besitzt. Die Möglichkeit in Sackgassen zu laufen und aus ihnen „rückwärts" wieder herauszufinden, zeichnet das Backtracking-Verfahren aus.

Viele Probleme lassen sich mit Hilfe des Backtracking-Verfahrens lösen, von denen nachfolgend einige vorgestellt werden.

8.9.1 Finden in einem Labyrinth

Ein klassisches Problem, das sich mit Backtracking lösen lässt, ist eine Maus im Labyrinth, die einen Käse finden muss, wie es z. B. links in Abbildung 8.80 gezeigt ist. Diese Aufgabenstellung soll hier nun gelöst werden, indem der folgende Algorithmus verwendet wird:

```
void versuch(int x, int y, int breite, int hoehe) {
        /* x, y = Momentaner Aufenthaltsort im Labyrinth */
        /* breite, hoehe = Breite und Hoehe des Labyrinths */
    if (getFarbe(x, y) == YELLOW) {
        Kaese gefunden
        exit(0);  /*--- Programm verlassen ---*/
    }
    if (getFarbe(x, y) == LIGHTGRAY) { /* kein Hindernis */
        /*----- Backtracking-Teil ---------------------*/
        if (x+1<breite) versuch(x+1, y, breite, hoehe);
        if (y+1<hoehe) versuch(x, y+1, breite, hoehe);
        if (x-1>=0)    versuch(x-1, y, breite, hoehe);
        if (y-1>=0)    versuch(x, y-1, breite, hoehe);
    }
}
```

Die möglichen Wege der Maus lassen sich dabei als Baum darstellen, wie es in der Mitte von Abbildung 8.80 gezeigt ist, wobei die Knoten in diesem Baum mit der Position der Maus im Labyrinth markiert sind.

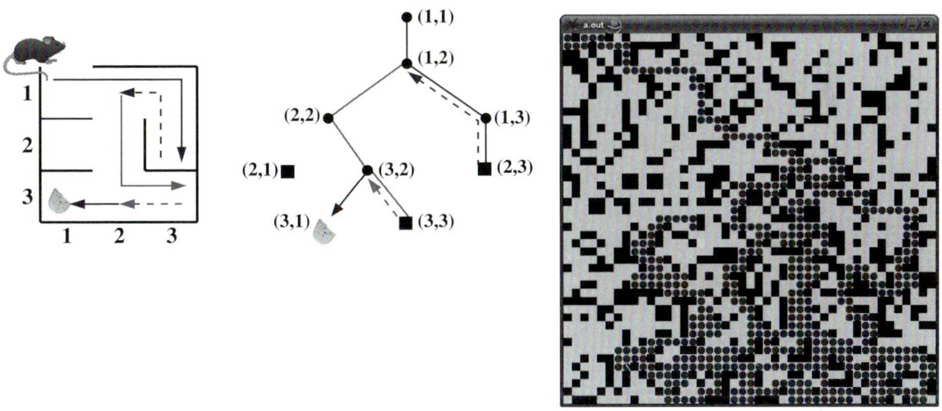

Abbildung 8.80: Maus sucht Käse in einem Labyrinth

Das begleitende Programm `mauskaes.c` erstellt ein Labyrinth, indem es zufällig Hindernisse am Bildschirm positioniert. Der Benutzer kann dabei die Breite und Höhe des Labyrinths ebenso festlegen wie die Anzahl der zufälligen Hindernisse im Labyrinth. Danach platziert dieses Programm einen Käse an einer zufälligen Stelle in diesem Labyrinth, bevor sich dann die Maus von links oben her (unter Anwendung des Backtracking-Verfahrens) auf die Suche nach dem Käse begibt. Die Maus lässt sich dabei immer mit einem Tastendruck weiterbewegen. Der Vorwärtsweg der Maus wird dabei mit blau und der Rückwärtsweg mit kobaltblau (cyan) angezeigt. Rechts in Abbildung 8.80 ist hierzu ein Beispiel gezeigt, wie sich die Maus auf der Suche nach dem Käse befindet. In diesem Programmen `mauskaes.c` läuft die Maus immer nur nach links, rechts, unten oder oben. Wollte man sie auch diagonal laufen lassen, so müsste man den zuvor vorgestellten Backtracking-Teil des Algorithmus wie folgt erweitern:

```
/*----- Backtracking-Teil ----------------------------*/
if (x+1<=breite)                 versuch(x+1, y,   breite, hoehe);
if (x+1<=breite && y+1<=hoehe) versuch(x+1, y+1, breite, hoehe); // Neu
if (y+1<=hoehe)                  versuch(x,   y+1, breite, hoehe);
if (x-1>0 && y+1<=hoehe)        versuch(x-1, y+1, breite, hoehe); // Neu
if (x-1>0)                       versuch(x-1, y,   breite, hoehe);
if (x-1>0 && y-1>0)             versuch(x-1, y-1, breite, hoehe); // Neu
if (y-1>0)                       versuch(x,   y-1, breite, hoehe);
if (x+1<=breite && y-1>0)       versuch(x+1, y-1, breite, hoehe); // Neu
```

8.9.2 Das Achtdamen-Problem

Eine der ältesten Programmieraufgaben stellt das Achtdamen-Problem dar. Beim Achtdamen-Problem besteht die Aufgabe darin, acht Damen (aus dem Schachspiel) so auf einem Schachbrett zu positionieren, dass keine der Damen sich gegenseitig bedrohen. Bedrohen bedeutet dabei, dass sich zwei Damen auf der gleichen Horizontalen, Vertikalen oder Diagonalen befinden. Üblicherweise wird diese Aufgabenstellung rekursiv gelöst, wie z. B. mit dem folgenden Backtracking-Algorithmus:

```
void koenigin_dazu(int zeile) {
   for (int s=1; s <= 8; s++) {
      if ( spaltfrei [s] && aufwaertsfrei[zeile+s] && abwaertsfrei[8+zeile-s]) {
         spalte[zeile] = s;
         spaltfrei [s] = aufwaertsfrei[zeile+s] = abwaertsfrei[8+zeile-s] = 0;
         if (zeile == 8)
            for (int i=1; i <= 8; i++) { /* Ausgabe der Loesung */
               for (int j=1; j <= 8; j++)
                  printf("| %s ", (spalte[j]==i) ? "X" : " ");
               printf("|\n");
            }
         else
            koenigin_dazu(zeile+1); /* hier rekursiver Aufruf */
         spaltfrei [s] = aufwaertsfrei[zeile+s] = abwaertsfrei[8+zeile-s] = 1;
      }
   }
}

Aufruf von: koenigin_dazu(1);
```

Dieser Algorithmus verwendet für die Vertikalen und die beiden Diagonalen jeweils ein Array. Wie Abbildung 8.81 zeigt, kann man durch Addition bzw. Subtraktion der Zeilen- und Spaltennnumer eines Felds ganz leicht erkennen, auf welcher Diagonalen man sich befindet.

Betritt eine Dame also ein Feld, so muss man nur den Wert des entsprechend berechneten Index in den beiden Diagonalen-Arrays um 1 erhöhen. Für die Spalte ist der Eintrag mit der Spaltennumer im Spalten-Array um 1 zu erhöhen. Beim Verlassen eines Feldes müssen dann nur die entsprechenden Werte im Spalten- und den beiden Diagonalen-Arrays um 1 erniedrigt werden. So kann man dann bei jeder Brett-Stellung leicht feststellen, ob es sich hierbei um eine mögliche Lösung des Achtdamen-Problems handelt oder nicht. Eine Lösung liegt vor, wenn keiner der

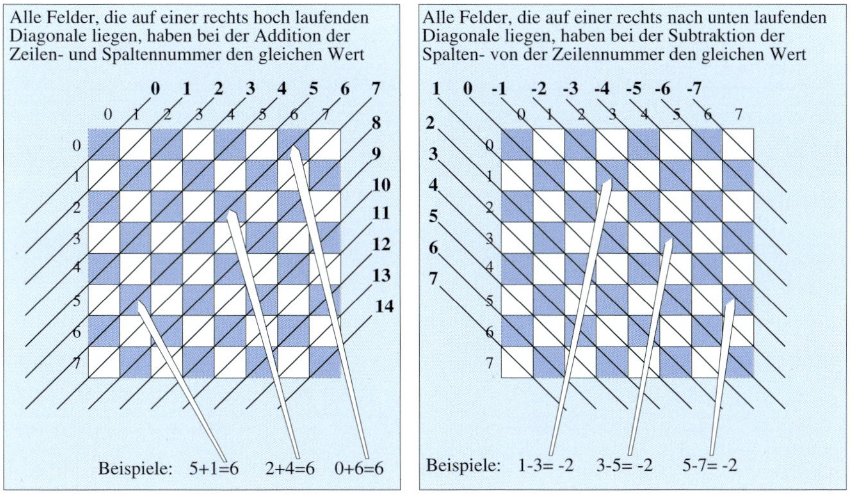

Abbildung 8.81: Gemeinsame Indizes für die Diagonalen

Werte im Spalten-Array und in den beiden Diagonalen-Arrays einen Wert größer als 1 besitzt, also keine Spalte oder Diagonale mehr als einmal durch eine Dame bedroht ist. Die begleitenden Programme `achtdame.c` und `Achtdame.java` realisieren diesen Algorithmus und geben dazu alle 92 möglichen Lösungen aus:

```
 1. Loesung                2. Loesung
|X|-|-|-|-|-|-|-|         |X|-|-|-|-|-|-|-|
|-|-|-|-|-|-|X|-|         |-|-|-|-|-|-|X|-|
|-|-|-|-|X|-|-|-|         |-|-|-|X|-|-|-|-|
|-|-|-|-|-|-|-|X|         |-|-|-|-|-|X|-|-|    ..........
|-|X|-|-|-|-|-|-|         |-|-|-|-|-|-|-|X|    ..........
|-|-|-|X|-|-|-|-|         |-|X|-|-|-|-|-|-|
|-|-|-|-|-|X|-|-|         |-|-|-|-|X|-|-|-|
|-|-|X|-|-|-|-|-|         |-|-|X|-|-|-|-|-|
```

Die Anzahl der Lösungen steigt mit der Brettgröße sehr stark an, wie z. B.:

n	Anzahl	*n*	Anzahl	*n*	Anzahl	*n*	Anzahl	*n*	Anzahl
4	2	5	10	6	4	7	40	8	92
9	352	10	724	11	2 680	12	14 200	13	73 712

Mit dem Programm `achtdame2.c`, das im Zusatzmaterial vorgestellt wird, kann man sich Lösungen zum Achtdamen-Problem für Bretter beliebiger Größe grafisch anzeigen lassen, wobei man die *try-and-error*-Versuche auch schrittweise verfolgen kann.

8.9.3 Rekursives Füllen von Figuren

Um Figuren mit einer Farbe zu füllen, bietet sich z. B. folgender Algorithmus an:

```
void flaeche_fuellen(int x, int y, int farbe, int rand_farbe) {
  int  i, j, pixel_farbe;
   if (x >= 0 && x <=getmaxx() && y >= 0 && y <= getmaxy()) {
      pixel_farbe = getpixel(x, y);
      if (pixel_farbe != rand_farbe) {
         putpixel(x, y, farbe);
         for (i=-1; i<=1; i++)
           for (j=-1; j<=1; j++)
               flaeche_fuellen(x+i, y+j, farbe);
      }
   }
}
```

Das begleitende C-Programm `fuellen.c` lässt Sie mittels Linien eine beliebige Figur zeichnen und füllt diese dann beim Drücken der rechten Maustaste mit einer Farbe aus, wie es in Abbildung 8.82 gezeigt ist.

Abbildung 8.82: Rekursives Füllen einer beliebigen Figur

8.9.4 Sudoku

Ein Sudoku-Rätsel ist ein aus Japan stammendes Zahlenpuzzle, bei dem das Puzzlefeld aus einem Quadrat besteht, das in 3 × 3 Unterquadrate eingeteilt ist. Jedes Unterquadrat ist wieder in 3 × 3 Felder eingeteilt, so dass das Gesamtquadrat also 81 (9 × 9) Felder bzw. 9 Reihen und 9 Spalten mit je 9 Feldern besitzt. In einige dieser Felder sind schon zu Beginn Ziffern (1 bis 9) eingetragen. Typischerweise sind 22 bis 36 Felder von 81 möglichen vorgegeben. Das Puzzle muss nun so vervollständigt werden, dass in jeder Zeile, in jeder Spalte und in jedem der neun Unterquadrate jede Ziffer von 1 bis 9 genau einmal auftritt.

Das begleitende Programm `sudoku.c` verwendet Backtracking, um ein vorgegebenes Sudoku-Rätsel zu lösen. Man muss dazu das ganze Quadrat nur in eine Datei schreiben, wobei die leeren Zahlen durch 0 anzugeben sind, wie z. B. in eine Datei `sudoku1.txt` oder `sudoku2.txt`:

5	3			7				
6			1	9	5			
	9	8					6	
8				6				3
4			8		3			1
7				2				6
	6					2	8	
			4	1	9			5
				8			7	9

Abbildung 8.83: Ein Sudoku-Rätsel

Datei `sudoku1.txt`

```
530070000
600195300
098000060
800060003
400803001
700020006
060000280
000419005
000080079
```

Datei `sudoku2.txt`

```
090604750
406000000
700508609
007402006
860301074
900705800
502107008
000000305
083209010
```

Ruft man nun das begleitende Programm `sudoku.c` mit dem entsprechenden Dateinamen auf der Kommandozeile auf, so gibt es die Lösung bzw. wenn möglich auch mehrere Lösungen aus, wie z. B.:

Lösung zu `sudoku1.txt`

```
+---+---+---+
|534|678|912|
|672|195|348|
|198|342|567|
+---+---+---+
|859|761|423|
|426|853|791|
|713|924|856|
+---+---+---+
|961|537|284|
|287|419|635|
|345|286|179|
+---+---+---+
```

Lösung zu `sudoku2.txt`

```
+---+---+---+
|298|614|753|
|456|973|182|
|731|528|649|
+---+---+---+
|317|482|596|
|865|391|274|
|924|765|831|
+---+---+---+
|542|137|968|
|179|846|325|
|683|259|417|
+---+---+---+
```

8.9.5 Branch-and-Bound-Verfahren

Es ist hier darauf hinzuweisen, dass beim Backtracking-Verfahren die Rechenzeit exponentiell mit der Suchtiefe anwächst. Deshalb eignen sich Backtracking-Verfahren für die Praxis oft nur dann, wenn man durch Zusatzbedingungen vorab möglichst viele Sackgassen (*Branch-and-Bound-Verfahren, Entscheidungsbaum*) ausschließen kann, worauf wir hier nicht näher eingehen.

Betriebssysteme

9

ÜBERBLICK

9.1 Rätsel: Überquerung einer Hängebrücke

Lösungen

Vier Personen wollen nachts eine Hängebrücke über einen Fluss überqueren. Aus Sicherheitsgründen darf die Überquerung nur mit einer Taschenlampe durchgeführt werden. Diese ist von den überquerenden Personen mitzuführen und besitzt eine Leuchtzeit von 60 Minuten. Es dürfen sich nur zwei Personen gleichzeitig auf der Brücke aufhalten. Die Personen A, B, C und D benötigen für die Überquerung unterschiedliche Zeiten:

A: 5 Minuten, B: 10 Minuten, C: 20 Minuten, D: 25 Minuten.

Gehen zwei Personen gleichzeitig, so bestimmt die langsamere das Tempo. In welcher Reihenfolge müssen die Personen die Brücke überqueren, damit sie nach 60 Minuten alle auf der anderen Flussseite sind?

9.2 Der Begriff Betriebssystem

Um einen Computer überhaupt nutzen zu können, ist ein Software-Programm erforderlich, da bereits die Grund- bzw. Betriebsfunktionen eines Universal-Rechners durch Programmbefehle festgelegt werden. Ohne ein solches Programm bleibt der Bildschirm dunkel, die Tastatur erkennt keine Tastenbetätigungen und auch auf Speichermedien, wie Festplatten, kann nicht zugegriffen werden. Ein Prozessor versucht nach dem Einschalten einen ersten Programmbefehl von einer festgelegten Adresse aus dem Arbeitsspeicher zu laden. An dieser und den folgenden Adressen befindet sich üblicherweise ein ROM-Speicher (BIOS), der ein Programm für das Laden und den Start eines Betriebssystems von einem Permanentspeicher, wie einer Festplatte oder CD-ROM-Disk, enthält. Erst nach dem Start eines Betriebssystems kann ein Computer genutzt werden und Anwendungsprogramme wie z. B. Textverarbeitungs-, E-Mail- oder Web-Browser-Programme können ablaufen. Bei speziellen Systemen, wie z. B. bei kleinen „Embedded Systems“, können das Betriebssystem oder auch nur entsprechende Grundfunktionen direkt im ROM-Speicher enthalten sein und ablaufen.

Definition nach DIN: *Unter Betriebssystem versteht man alle Programme eines digitalen Rechensystems, die zusammen mit den Eigenschaften der Rechenanlage die Basis der möglichen Betriebsarten des digitalen Rechnersystems bilden und insbesondere die Abwicklung von (Anwendungs-)Programmen steuern und überwachen.*

9.3 Die Geschichte von Betriebssystemen

Die Geschichte von Betriebssystemen ist eng mit der Entwicklung der Computerarchitekturen verwandt, für die sie entworfen wurden.

1. *Generation (1940–1950): Röhren und Steckbretter*
   Die ersten Rechner hatten überhaupt kein Betriebssystem. Auf diesen Rechnern wurden die Programme in Maschinensprache geschrieben. Um die Grundfunktionen der Maschinen zu kontrollieren, wurden nicht selten Kabel umgesteckt. Programmiersprachen waren zu diesem Zeitpunkt unbekannt.
2. *Generation (1950–1960): Transistoren und Stapelsysteme* (batch systems)
   Mit Einführung der Lochkarte im Jahre 1950 wurde es nun möglich, Programme auf Lochkarten zu schreiben und diese einzulesen; größere „Stöpselaktionen“

waren nicht mehr notwendig. Eine revolutionäre Veränderung brachte jedoch erst die Erfindung des Transistors mit sich, da man nun erheblich komplexere und leistungsfähigere Rechner bauen konnte. Erstmals wurde klar zwischen Designer, Computerarchitekten, Operator, Programmierer und Wartungspersonal unterschieden. Die Programmentwicklung erfolgte damals in folgenden Schritten:

1. Der Programmierer entwarf das Programm (in Assembler oder FORTRAN) und stanzte es auf Lochkarten.
2. Der Lochkartenstapel wurde dem Operator im Eingaberaum übergeben. Dieser brachte es zum Rechner, ließ die Lochkarten dort einlesen und den entsprechenden Job (Programm) ablaufen.
3. War der Job fertig bearbeitet, brachte der Operator die Ausgabe vom Drucker zum Ausgaberaum, wo sie der Programmierer abholen konnte.

Um die vergeudete Computerzeit des Hin- und Herlaufens des Operators zwischen Maschinen- und Ein-/Ausgaberaum zu verringern, führte man so genannte Stapelsysteme ein, so dass sich folgende Abfolge ergab:

1. Mehrere Jobs wurden im Eingaberaum gesammelt (gestappelt).
2. Dieser Stapel wurde von billigeren Computern auf Magnetband geschrieben.
3. Der Operator brachte dann das Magnetband in den Maschinenraum zum Hauptcomputer, der das Programm vom Magnetband las, ausführte und die Ergebnisse auf das Ausgabe-Magnetband schrieb. Es wurde immer nur ein Programm ausgeführt. Erst wenn dessen Ausführung beendet war, wurde das nächste Programm aus dem Stapel ausgeführt.
4. Der Operator brachte dann das Ausgabe-Magnetband zurück zu einem billigeren Computer, der die Ergebnisse einlas und am Drucker ausgab.

3. und 4. Generation (1960–1975): Integrierte Schaltkreise und das Betriebssystem OS/360 von IBM

360 war die erste größere Computerlinie, die integrierte Schaltkreise verwendete. Als „Kind für alles" (kommerzielle und wissenschaftliche Datenverarbeitung) sollte OS/360 für das ganze damalige Computerspektrum einsetzbar sein, von kleinen Systemen bis zu ganzen Rechenzentren. Das Ergebnis war ein äußerst komplexes Betriebssystem mit Millionen von Assemblerzeilen.

Multiprogramming – eine neue von OS/360 eingeführte Technik

7094, die im Stapelbetrieb arbeitete, ergab sich folgendes Problem: Wenn der momentane Job pausierte, weil er auf ein Magnetband oder andere E/A-Operationen wartete, so „saß die CPU untätig herum". Diese Wartezeit für E/A-Operationen konnte bis zu 90 Prozent der Gesamtzeit ausmachen. Man unterteilte deshalb nun den Speicher in mehrere Teile, wobei unterschiedliche Jobs in diesen unterschiedlichen Teilen untergebracht wurden. Während ein Job auf die Beendigung einer E/A-Operation wartete, benutzte ein anderer Job die CPU. Können auf diese Weise genug Jobs gleichzeitig im Hauptspeicher gehalten werden, so kann die CPU fast zu 100 Prozent ausgenutzt werden.

Spooling – Simultaneous Peripheral Operation On Line
Eine andere neue Fähigkeit der Computer der 3. Generation war, Jobs direkt von Lochkarten auf die Festplatte (in eine Warteschlange) zu schreiben, sobald diese in den Computerraum gebracht wurden. Immer wenn ein Job beendet war, konnte dann das Betriebssystem sofort einen neuen Job von der Festplatte in den nun leeren Speicherbereich laden und starten. Diese *spooling*-Technik wurde auch für die Ausgabe verwendet.

Timesharing – Einteilen der CPU-Zeit in Zeitscheiben
Trotz all dieser Vorzüge waren die Computer der 3. Generation eigentlich noch Stapelsysteme: Das Vertippen bei Angabe eines Variablennamens in einem FORTRAN-Programm konnte immer noch einen halben Tag zur Korrektur kosten. Dies war nicht zufriedenstellend und es wurde eine neue Variante des Multiprogramming eingeführt: *Timesharing*. Hier hat jeder Anwender seinen eigenen Terminal (Bildschirm und Tastatur), der direkt mit dem Computer verbunden ist. Die Grundidee hierbei ist folgende: Gewöhnlich arbeiten z. B. von 20 Computerbenutzern höchstens fünf gleichzeitig und diese wiederum lassen meist nur kurze Programme ablaufen. Wenn man nun abwechselnd jedem Benutzer die CPU für eine kurze Zeitspanne zur Verfügung stellt, bekommt jeder der Benutzer das Gefühl, dass der Computer nur für ihn arbeitet. Kurze Jobs (wie z. B. Auflisten aller Dateien) werden meist in dieser Zeitspanne (oft auch *Zeitscheibe* genannt) erledigt, während zeitaufwändigere Jobs (wie Compilierung größerer Programme) mehrere solche Zeitscheiben benötigen. Wenn deren Zeitscheibe abgelaufen ist, werden diese aus der CPU entfernt und wieder in die Warteschlange eingereiht, wo in der Zwischenzeit möglicherweise neue Jobs angekommen sind. Bei der nächsten Zuteilung der CPU wird die Ausführung an der Stelle fortgesetzt, an der die Unterbrechung stattfand.

5. *Generation (1975 – heute): Computernetze und Personal Computer*
Eine große Neuheit dieser Generation sind die Computernetze, die sich über die gesamte Welt erstrecken. Eine andere revolutionäre Erscheinung dieser Epoche sind unzweifelhaft die Personal Computer. Nun kann sich jeder für 1000 Euro oder sogar weniger einen eigenen Computer zulegen, dessen Rechenleistung den Computern der frühen 60er Jahre entspricht; diese allerdings kosteten noch Hunderttausende von Dollar oder D-Mark. Drei Betriebssysteme dominierten bzw. dominieren immer noch dieses Zeitalter:

MS-DOS als erstes standardisiertes Betriebssystem für Personal Computer
Dieses *Single-User*-Betriebssystem wurde von Microsoft entwickelt. Sein Erfolg war sicherlich durch die Einfachheit seiner Bedienung erklärbar, wobei es allerdings auch einen Großteil seines Erfolgs dem Höhenflug des IBM-PCs verdanken dürfte, für den es das Standard-Betriebssystem ist bzw. war.

WindowsXX-Systeme als Nachfolger von MS-DOS
Diese Betriebssysteme wurden von der Firma Microsoft als Nachfolger des Betriebssystems MS-DOS entwickelt und brachten doch ganz erhebliche Verbesserungen (wie z. B. *Multitasking*[1]) mit sich. Ein Großteil der heutigen Personal Computer arbeitet mit einem dieser Systeme.

1 Man kann mehrere Programme gleichzeitig ablaufen lassen, wie z. B. eine CD brennen, während man mit einem Textverarbeitungsprogramm einen Brief erstellt.

Unix bzw. Linux als Betriebssystem für Großrechner und auch für PCs

Bei Unix bzw. Linux handelt es sich um ein *Multitasking- und Multiuser*[2]-Betriebssystem. In den 1970er Jahren in den *Bell Laboratories der Firma AT&T* entwickelt, wurde das Betriebssystem Unix von immer mehr Firmen auf deren Rechner portiert, was dazu führte, dass Unix heute fast für jede Rechner- Plattform verfügbar ist. Einen neuen Unix-Boom löste zu Beginn der 1990er Jahre das Erscheinen von Linux aus. Linux ist eine frei erhältliche Version von Unix und erfreut sich heute aus vielen Gründen immer größerer Beliebtheit.

Neben den heute allgemein bekannten Betriebssystemen aus dem PC-Bereich, wie z. B. Linux und Windows, gibt es vor allem für den Bereich der Embedded Systems weitere unzählige Betriebssysteme. Wenn auch die grundlegenden Aufgaben von Betriebssystemen weitgehend die gleichen sind, so werden im Embedded Bereich spezielle Betriebssysteme benötigt, die sich leicht an die jeweiligen Gegebenheiten anpassen lassen. So werden hier z. B. meist kleinere und weniger leistungsfähige Prozessoren mit möglichst geringem Stromverbrauch (häufig Batteriebetrieb) eingesetzt. Weiterhin sind auch in weiten Bereichen konfigurierbare Systeme nötig, da nicht immer alle Funktionen eines Betriebssystems benötigt werden. Viele Embedded Systems, wie z. B. ABS-Systeme, benötigen überhaupt keine Bedienschnittstelle, andere dagegen, wie z. B. Ultraschallgeräte, benötigen eine spezielle, weitgehend auf Funktionstasten beruhende Bedienschnittstelle.

9.4 Grundaufgaben von Betriebssystemen

Betriebssysteme haben zunächst einmal zwei wesentliche Aufgaben, die nachfolgend kurz erläutert werden.

Schnittstelle zwischen Mensch und Hardware

Hier kann man zwei Schnittstellen unterscheiden:

Bedienschnittstelle (UI, User Interface)

Für Benutzer und Anwender stellen Betriebssysteme üblicherweise eine Bedienschnittstelle bzw. Benutzeroberfläche zur Verfügung. Das Betriebssystem selbst und alle Programme müssen mit dem Benutzer kommunizieren, um nach dessen Wünschen Aufgaben zu erledigen. Es existieren zwei verschiedene Arten von Benutzeroberflächen:

- Die dialogorientierte Konsole ermöglicht das dialogbasierte Arbeiten. Hier gibt der Benutzer über Tastatur Befehle ein und erhält entsprechende Antworten.
- Die grafische Benutzeroberfläche ermöglicht dagegen die intuitive Erledigung von Aufgaben über das Aktivieren von Schaltflächen, Menüs und Symbolen mit der Maus. So gut wie alle modernen Betriebssysteme besitzen unterschiedlich leistungsfähige Varianten beider Arten von Oberflächen.

2 Mehrere Benutzer können gleichzeitig über verschiedene Terminals am gleichen Rechner arbeiten.

Programmierschnittstelle (API, Application Programming Interface)
Eine wichtige Aufgabe eines Betriebssystems ist es, dem Programmierer eine leicht verständliche und gut handhabbare Schnittstelle zur eigentlichen Maschine anzubieten und die Komplexität der darunterliegenden Maschine zu verstecken. Der Ansprechpartner für den Programmierer ist also nicht mehr die wirkliche Maschine, sondern eine virtuelle Maschine (Betriebssystem), welche wesentlich einfacher zu verstehen und zu programmieren ist.

Der folgende Systemaufruf aus der C/C++-Bibliothek ist sicher einfacher zu handhaben, als wenn der Programmierer sich zunächst um die Positionierung und Synchronisierung der Lese-/Schreibköpfe, Setzen der entsprechenden E/A-Adressen usw. kümmern müsste:

```
write(dateinummer, text_adresse, bytezahl);
```

wobei `dateinummer` eine Nummer ist, die eine bestimmte Datei identifiziert und `text_adresse` eine Speicheradresse, an der sich der zu schreibende Text befindet. `bytezahl` schließlich legt die Anzahl der zu schreibenden Zeichen fest.

Mit dem Angebot eines solchen Aufrufs kann der Programmierer sich auf seine eigentliche Aufgabe konzentrieren, wie z. B. alle Kunden in eine Datei schreiben, ohne dass er sich um die darunterliegende Hardware kümmern muss, was ihn bei der Lösung seiner eigentlichen Aufgabe erheblich behindern würde.

Verwalter von Ressourcen

Eine weitere Aufgabe eines Betriebssystems ist es, alle Einzelteile eines komplexen Systems (Prozessoren, Arbeitsspeicher, Festplatten, Bildschirme, Drucker, usw.) zu verwalten: *Ein Betriebssystem muss eine geordnete und kontrollierte Zuteilung von Prozessoren, Speichereinheiten und Peripheriegeräten unter den verschiedenen Programmen, welche darum konkurrieren, sicherstellen.*

Wäre dies Aufgabe des Benutzers, so würde er nicht nur wieder von seiner eigentlichen Aufgabe ablenkt werden, sondern er wäre auch in hohem Maße damit überfordert. Zudem sollte eine solche Ordnungsfunktion von einem neutralen, objektiven und schnellreagierenden Medium übernommen werden; d. h. ein Administrator oder Systembenutzer wäre für diese Funktion nicht geeignet, da er nicht nur subjektiv, sondern auch viel zu langsam handeln würde. Hier sind nämlich Reaktionen im Bereich von Milli- bzw. Mikrosekunden gefordert.

Fünf Programme, welche auf demselben Computer laufen, möchten gleichzeitig drucken. Ohne Steuerung durch das Betriebssystem würde dies einen gemischten Ausdruck (zusammengesetzt aus allen fünf Programmausgaben) ergeben, kurzum ohne Betriebssystemsteuerung würde Chaos herrschen.

9.5 Aufbau und Dienste von Betriebssystemen

Im Einzelnen werden die Aufgaben von Betriebssystemen durch die Bereitstellung folgender Dienste bewältigt:

Prozessmanagement
Den verschiedenen laufenden Programmen und Aufgaben müssen der Prozessor und auch andere Ressourcen zugeteilt werden. Zu diesem Zweck werden die einzelnen Aufgaben als so genannte Prozesse ausgeführt, die vom Betriebssystem als übergeordnetem Steuerprozess verwaltet werden.

Speichermanagement
Obwohl Computersysteme heute über einen vergleichsweise großen Arbeitsspeicher verfügen, finden dennoch oftmals nicht alle Programme und Daten auf einmal Platz darin. Das Speichermanagement sorgt dafür, dass immer die gerade benötigten Speicherinhalte zur Verfügung stehen, ohne dass die Programmierer der Anwendungssoftware sich sonderlich darum kümmern müssten.

Dateiverwaltung
Programme und Daten müssen auf einem Computer dauerhaft gespeichert werden. Da der Arbeitsspeicher zu klein ist und vor allem, weil sein Inhalt beim Ausschalten verloren geht, werden Daten in Form von Dateien auf Datenträgern wie Festplatten, CDs oder Disketten gespeichert. Die Logik der Dateiverwaltung wird in Form so genannter Dateisysteme vom Betriebssystem zur Verfügung gestellt, damit alle Programme auf dieselbe Art und Weise darauf zugreifen können.

Steuerung und Abstraktion der Hardware, Geräteverwaltung, E/A-Steuerung
Computersysteme sind hochgradig vielfältig und modular aufgebaut. Jede Aufgabe kann durch viele verschiedene Geräte unterschiedlicher Hersteller erledigt werden. Betriebssysteme lösen dieses Problem durch den Einsatz der so genannten Gerätetreiber. Dies sind gerätespezifische Programme, die in das Betriebssystem eingebunden (installiert) werden und die Steuerlogik für bestimmte Hardware enthalten. Vor dem Programmierer werden so die konkreten Einzelheiten bestimmter Geräte verborgen, weil es vollkommen unzumutbar wäre, beim Schreiben eines Anwendungsprogramms auf die Besonderheiten hunderter möglicher Geräte einzugehen.
Computerprogramme sind auf die Eingabe von Daten angewiesen, ihre Benutzer erwarten die Ausgabe von Ergebnissen. Betriebssysteme steuern die Zusammenarbeit mit vielen verschiedenen Ein- und Ausgabegeräten wie Tastatur und Bildschirm, Datenträgern oder Netzwerken.

Bereitstellen der Benutzeroberfläche
Auf die Benutzeroberfläche wurde bereits auf Seite 475 näher eingegangen.

Die Bereitstellung der Dienste für die Anwendungen erfolgt üblicherweise in einer so genannten Applikationsschnittstelle (*API=Application Programming Interface*), d. h. durch Funktionen einer Funktionsbibliothek. Im Folgenden sollen nun Details zum Aufbau und den einzelnen Diensten von Betriebssystemen erläutert werden.

9.5.1 Schichtenaufbau

Ein Betriebssystem besitzt üblicherweise eine modulare Architektur, die meist als Schichten- oder Schalen-Aufbau dargestellt wird. Die Nutzung von Diensten erfolgt dabei von oben nach unten bzw. von außen nach innen, was bedeutet, dass Module höherer Schichten Funktionen niedrigerer Schichten nutzen, aber nicht umgekehrt. Ein solcher Aufbau erleichtert die Übersichtlichkeit und Wartung und vor allem auch

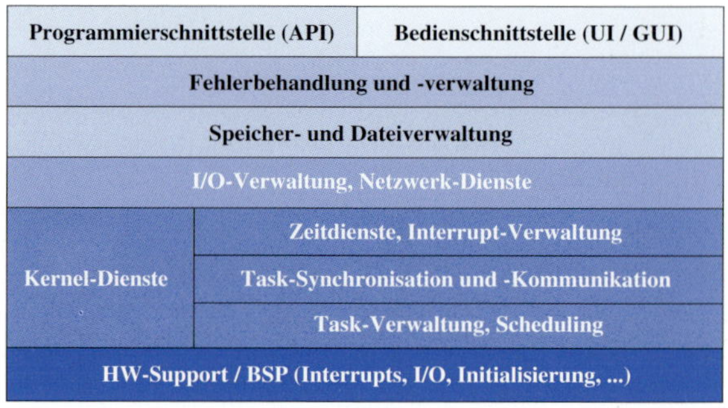

Abbildung 9.1: Typischer Schichtenaufbau eines Betriebssystems

die Anpassbarkeit an neue Prozessoren oder geänderte Hardware. Änderungen innerhalb einer Schicht sind problemlos möglich, solange die Schnittstelle zu den anderen Schichten unverändert bleibt (siehe auch Abbildung 9.1).

Auf der untersten Ebene sitzen die HW-spezifischen Funktionen, die die Unterstützung für den gewählten Prozessor und das HW-spezifische Ein-/Ausgabesystem beinhalten. Diese Schicht wird mit Begriffen wie *HAL (Hardware Abstraction Layer)* oder auch *BSP (Board Support Package)* bezeichnet. Einzelne Funktionen aus dieser Schicht sind häufig auch in Maschinensprache implementiert, während vor allem die höheren Schichten von Betriebsystemen in der Praxis fast ausschließlich in der Programmiersprache C implementiert sind.

Direkt auf der HW-spezifischen Schicht bauen elementare Betriebssystem-Kernfunktionen, wie Scheduling, Synchronisations- und Zeit-Dienste auf. Nach weiteren Diensten zur Speicher- und Dateiverwaltung, zum Zugriff auf Netzwerke und zur Fehlererkennung und -behandlung kommt als oberste Schicht die Bedienschnittstelle, die häufig auch *Shell* genannt wird. Ausgewählte Funktionen bilden außerdem noch die Programmierschnittstelle, die *API (Application Programming Interface)*. Ein auf diese Weise aufgebautes Betriebssystem ist gut überschaubar und wartbar, und kann leicht für spezielle Bedürfnisse angepasst werden, solange Dienste der höheren Schichten jeweils nur Dienste aus den unteren Schichten verwenden und nicht umgekehrt. Vor allem im Bereich der Embedded Systems ist eine weite Konfigurierbarkeit eines Betriebssystems wünschenswert, denn die verwendeten Prozessoren und HW-Bausteine sind äußerst vielfältig. Die Unterstützung verschiedenster Prozessoren durch ein Betriebssystem wird dann meist durch das Angebot verschiedener so genannter *BSPs (Board Support Packages)* realisiert, und wenn ein bestimmtes Gerät beispielsweise keine serielle Schnittstelle besitzt, so müssen die dafür bereitgestellten Dienst- und API-Funktionen auch nicht eingebunden werden, da sie ja nur unnötig wertvollen Speicherplatz belegen würden.

9.5.2 Prozesse, Threads, Scheduling

Ein Schlüsselkonzept moderner Betriebssysteme ist das *Prozess-Konzept*. Anwendungsprogramme werden in Form von Prozessen verwaltet und zum Ablauf gebracht. Der Unterschied zwischen einem Programm und einem Prozess und weitere Eigenschaften können leicht an einem Beispiel aus dem täglichen Leben demonstriert werden. Das folgende Backrezept (Programm) besteht aus Anweisungen:

> Man gebe in eine Schüssel: 200 g Mehl, 100 g Zucker und 3 Eier.
> Man verrühre nun die Zutaten und gebe den Teig in eine Backform.
> Anschließend backe man diesen Teig 1 Stunde lang bei 200 Grad.

Das Programm alleine ergibt hier noch keinen Kuchen. Dieser wird erst erhalten, wenn das Programm in einem Prozess „Backen“ gestartet wird, der diesen Algorithmus ausführt. Dabei kann die ausführende Person (*der Prozessor*) den Prozess „Backen“ auch an bestimmten Stellen für eine gewisse Zeit unterbrechen. In dieser Zeit kann ein anderer, wichtigerer Prozess, wie z. B. „Reaktion auf Haustürglocke“ oder „Spülmaschine einräumen und starten“ bearbeitet werden.

Scheduling

Auf vergleichbare Weise wird von heutigen modernen Betriebssystemen ein *Multitasking*-Betrieb unterstützt. Dabei können mehrere Prozesse abwechselnd bearbeitet werden. Die Auswahl des nächsten zu bearbeitenden Prozesses und die Umschaltung erfolgt durch das *Scheduler-* bzw. *Dispatcher-Programm* des Betriebssystems, das zu bestimmten Zeitpunkten oder bei bestimmten Ereignissen gestartet wird. Das Scheduler-Programm unterbricht dabei den gerade laufenden Prozess und startet, falls vom Algorithmus vorgesehen, einen anderen Prozess.

Bei einer solchen Umschaltung müssen natürlich alle vom gerade ablaufenden Prozess belegten Prozessorregister und weitere temporär belegte Speicherplätze gesichert werden, um diese bei einem Weiterlaufen dieses unterbrochenen Prozesses wiederherstellen zu können. Dieser so genannte *Prozess-Kontext* umfasst neben den *Prozessorregistern* den so genannten *Stack-Speicher*, der zur Ablage temporärer Variablen und Funktions-Rücksprungadressen dient. Zum Sichern werden die Registerinhalte üblicherweise auf den *Prozess-Stack* kopiert und da jeder Prozess in Multitasking-Systemen einen eigenen Stack-Speicherbereich erhält, bleibt dieser für den Prozess erhalten. Beim Prozess-Wechsel wird einfach auf die Stack-Adresse des neuen Prozesses umgeschaltet und die gesicherten Prozessorregister werden wieder geladen. In modernen Betriebssystemen erhält jeder Prozess einen vollständigen eigenen Speicherbereich, der über das *virtuelle Speichermanagement* (siehe auch Kapitel 16.6 auf Seite 720) verwaltet wird. Das erlaubt einerseits die Vergabe von insgesamt mehr Speicher als real vorhanden ist, andererseits kann damit auch ein gegenseitiger Speicherschutz gewährleistet werden. Jeder Prozess kann nur die ihm zugeteilten Speicheradressen lesen und schreiben. Beim Versuch, eine nicht zugeordnete Speicherzelle zu manipulieren, wird der Prozess schlimmstenfalls abgebrochen, ohne dass andere Prozesse und das System Schaden nehmen. Sollen verschiedene Prozesse untereinander Daten austauschen, so kann dies nun aber nicht mehr auf dem einfachen Weg über gemeinsam genutzte Speicherbereiche erfolgen, sondern nur noch über spezielle, vom Betriebssystem bereit gestellte Kommunikations-Mechanismen.

Threads

Oft möchte man aber auch innerhalb eines Programms (Prozesses) Abläufe (quasi) parallel bearbeiten lassen. Führt z. B. ein Programm nach Drücken einer bestimmten Taste eine längere interne Berechnung (z. B. länger als eine Minute) durch, so möchte man in der Zwischenzeit trotzdem noch andere Funktionen des Programms nutzen können. Dies wird über die Erzeugung und den Ablauf von so genannten

Threads ermöglicht. Das Multitasking auf dieser Ebene wird daher *Multithreading* genannt. Threads sind quasi-parallel laufende Ablauffäden innerhalb eines Prozesses, die sich alle Ressourcen des Prozesses teilen, vor allem den Speicher des Prozesses, weshalb sie auch einfach untereinander Daten austauschen können. Sie haben daher aber auch keinen gegenseitigen Speicherschutz. Das Umschalten wird ebenso wie das Umschalten zwischen Prozessen durch den Scheduler durchgeführt. Praktisch alle modernen Betriebssysteme stellen für die dynamische Erzeugung von Threads innerhalb eines Programms bzw. Prozesses eigene spezielle Dienstfunktionsaufrufe zur Verfügung.

Im Zusatzmaterial finden Sie Programme für Linux/Unix, Windows und Java, die einen separaten Thread erzeugen, der – während der Main-Thread auf eine Benutzereingabe wartet – etwa alle 3 Sekunden einen Punkt ausgibt.

Scheduling-Verfahren

Die Zuteilung von Rechenzeit an Threads und Prozesse hängt vom Scheduling-Modell ab. Während für statische Systeme, d. h. kleine Embedded Systems mit immer gleichen und bekannten Aufgaben ein *statisches Scheduling*, ähnlich einem Zugfahrplan, einsetzbar ist, werden für gößere Systeme mit beliebig start- und anhaltbaren Programmen *dynamische Schedulingverfahren* benötigt.

Dabei wird der nächste abzulaufende Prozess oder Thread innerhalb eines Prozesses vom Scheduler nach einem bestimmten Algorithmus bestimmt. Grundsätzlich wird hier zwischen den folgenden Verfahren unterschieden, wie es in Abbildung 9.2 dargestellt ist.

- *Kooperative Verfahren:* Hier muss ein Prozess den Prozessor freiwillig abgeben, d. h. direkt oder indirekt selbst den Scheduler aufrufen, um einem anderen Prozess den Ablauf zu ermöglichen.
- *Konkurrierende Verfahren:* Hier kann der Scheduler bzw. Dispatcher dem gerade laufenden Prozess den Prozessor einfach entziehen, was eine vorzeitige Unterbrechung bewirkt, eine so genannte *Preemption*. In diesem Fall muss der Scheduler dann aber auch für den anzuhaltenden Prozess die Sicherung und für den ausgewählten weiterlaufenden Prozess die Restaurierung des Prozess-Kontextes durchführen. Es gibt dabei folgende Möglichkeiten, den Scheduler aufzurufen:

  zeitgesteuert (zu festen oder variablen Zeiten): Prozesse erhalten in der Regel ihre Rechenzeit in abwechselnder Reihenfolge zugeteilt,

  ereignisgesteuert (bei Eintritt bestimmter Ereignisse): Prozesse erhalten in der Regel ihre Rechenzeit nach ihrer Wichtigkeit, d. h. einer (vorher) festgelegten Priorität zugeteilt.

In modernen PC-Betriebssystemen wird heute allgemein ein zeitgesteuertes, kombiniert mit Anteilen eines ereignisgesteuerten Schedulings verwendet. Anwendungs-Prozesse und -Threads erhalten bestimmte Prioritäten und alle mit gleicher Priorität laufen jeweils eine Zeitscheibe lang. Wichtige (System-)Prozesse besitzen eine höhere Priorität und laufen, sobald sie durch ein Ereignis aktiviert werden, vor normalen Anwender-Prozessen. In Embedded- und vor allem in Echtzeitsystemen liegt der Schwerpunkt in der Regel mehr bei ereignisgesteuertem Scheduling nach Prozessprioritäten.

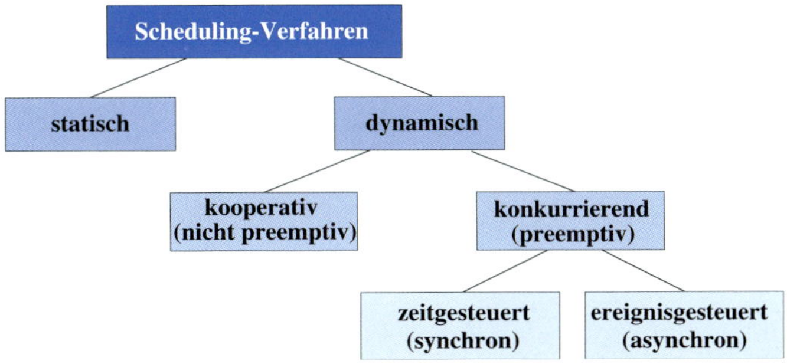

Abbildung 9.2: Verschiedene Scheduling-Verfahren

Nicht immer möchten oder können alle Prozesse bei einem Scheduler-Abruf den Prozessor zugeteilt bekommen und ablaufen. Der Scheduler muss also ablaufbereite Prozesse von den anderen unterscheiden können. Dazu werden Task-Zustände eingeführt und verwaltet. Moderne Betriebssysteme kennen oft mehr als zehn Zustände, mit denen dann auch unterschieden wird, ob ein Prozess zur Zeit überhaupt im Arbeitsspeicher vorhanden oder im virtuellen Speicher auf der Festplatte ausgelagert ist, und zum Ablauf erst in den Arbeitsspeicher gebracht werden muss. Für das grundsätzliche Scheduling werden allerdings nur wenige Task-Zustände benötigt, die in Abbildung 9.3 zusammen mit ihren Übergängen dargestellt sind. Gespeichert wird der jeweilige Zustand zusammen mit weiteren spezifischen Daten in einer für jede Task angelegten und üblicherweise Task-Control-Block (TCB) genannten Datenstruktur.

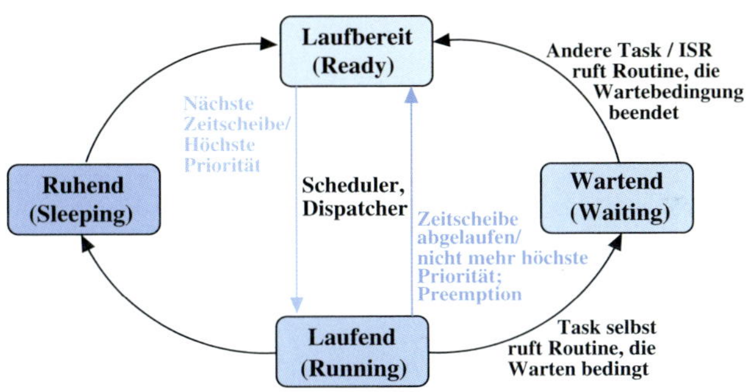

Abbildung 9.3: Hauptzustände und Übergänge von Prozessen und Threads

Wie bereits im vorigen Abschnitt wird im Folgenden anstelle der Begriffe Prozesse und Threads häufig auch der allgemeine Begriff *Tasks* verwendet.

9.5.3 Synchronisationsmechanismen

In Multitasking- bzw. Multithreading-Systemen können durch Zugriffe auf gemeinsam genutzte Ressourcen, wie z. B. Speicherplätze, Konflikte auftreten und zu äußerst schwer auffindbaren Fehlern führen. Typischerweise müssen Ressourcen geschützt werden, auf die nicht nur lesend, sondern auch schreibend zugegriffen wird.

Kritische Abschnitte

Zur Vermeidung solcher Konflikte sind Synchronisationsmechanismen zum gegenseitigen Ausschluss (*Mutual Exclusion*) unumgänglich. Solche Zugriffe müssen verwaltet werden und geordnet (sequenziell) erfolgen. Programmabschnitte, in denen Zugriffe auf gemeinsame Ressourcen durchgeführt werden, heißen *kritische Abschnitte (Critical Regions)*. Die Notwendigkeit einer Zugriffs-Synchronisation kann am folgenden kleinen Beispiel mit Zugriffen zweier Tasks auf Uhrzeitdaten erkannt werden:

```
                        int  std=11, min=59;
/* Task 1 */                                |
min = min + 1;                              |
if ( min == 60 ) {                          |
  std = std + 1;                            |
        /* Hier wird Task 1                 |  /* Task 2 */
           von Task 2 abgebrochen */        |  Ausgabe: Uhrzeit=std:min
  min = 0;                                  |           (12:60)
}                                           |
```

Task 1 durchläuft obiges Programm und wird innerhalb der if-Anweisung vor der Zuweisung `min = 0` von Task 2 unterbrochen. Task 2 soll die Uhrzeit auf dem Bildschirm anzeigen und wird nun statt `12:00` unsinnigerweise `12:60` anzeigen.

Das Problem kann nur gelöst werden, indem die Task 2 die Task 1 während des kritischen Abschnitts, d. h. während der Befehle, in denen die Uhrzeit manipuliert wird, nicht unterbrechen darf.

Ein generelles Verbot von Unterbrechungen während kritscher Abschnitte würde das Problem zwar lösen, wäre aber bei vielen unterschiedlichen kritischen Abschnitten in Programmen auch sehr restriktiv, was sich sehr ungünstig auf die Laufzeit des Programms auswirken würde. Das Ziel sollte also nur ein spezielles Verbot der Unterbrechung, in diesem Fall durch die Task 2 sein, und ist selbst in diesem Fall nur dann nötig, wenn die Task 2 ihrerseits in den kritischen Abschnitt kommt, in dem die Uhrzeitdaten gelesen werden sollen.

Semaphore

Sehr häufig werden zur Synchronisation von Prozessen bzw. Threads mittels gegenseitigen Ausschlusses so genannte *Semaphore* eingesetzt. *Semaphor-Variablen* sind eine Erfindung von *Dijkstra* und werden als `P`- und `V`-, `DOWN`- und `UP`- oder `TAKE`- und `GIVE`-Operationen modelliert.

Es wird dabei jeweils eine Semaphore einer zu schützenden Ressource (dem kritischen Abschnitt) eigens zugeordnet. Zu Beginn des kritischen Abschnitts wird die Semaphore genommen (`TAKE`) und am Ende wieder zurückgegeben (`GIVE`). Versucht eine Task mittels `TAKE` einen kritischen Abschnitt zu betreten, den gerade eine andere Task ausführt, so findet diese eine belegte Semaphore und muss warten, bis die Semaphore frei wird, also durch die gerade ausführende Task freigegeben wird. Erst jetzt kann die wartende Task die Semaphore tatsächlich nehmen und in den kritischen Abschnitt eintreten. Der Vorteil dieses Mechanismus ist, dass Tasks nur genau dann ausgeschlossen werden und warten müssen, wenn sie auf eine durch eine Semaphore geschützte Ressource zugreifen wollen, die bereits belegt ist. Die `TAKE`- und `GIVE`-Operationen von Semaphoren sind leicht und kurz zu realisieren. Es muss nur noch sichergestellt werden, dass diese selbst nicht unterbrochen werden können.

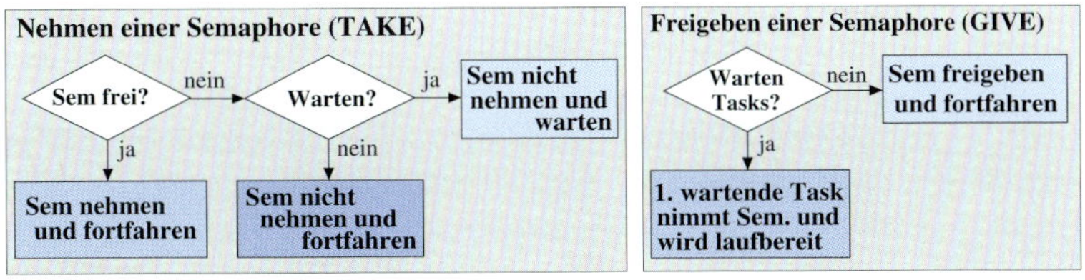

Abbildung 9.4: Nehmen und Freigeben einer Semaphore

Wegen der Kürze der Operationen kann dazu eine Sperre aller Unterbrechungen auf Prozessorebene (Interrupt-Sperre) verwendet werden.

Semaphore bestehen üblicherweise aus einer booleschen oder auch einer ganzzahligen Variablen mit einer zugehörigen Warteschlange für Tasks. Möchte eine Task eine nicht freie Semaphore nehmen, wird sie auf den Zustand *Wartend* gesetzt und in die zugehörige Semaphore-Warteschlange eingetragen. Beim Zurückgeben der Semaphore wird eine in die Warteschlange eingetragene Task sofort wieder *Laufbereit*. So wird sichergestellt, dass Tasks nur dann und genau dann warten müssen, wenn sie gleichzeitig den gleichen kritischen Abschnitt betreten möchten. Beide Abläufe sind in Abbildung 9.4 demonstriert, wobei hier bei der `TAKE`-Operation noch zusätzlich eine Wartezeit möglich ist.

Im Zusatzmaterial finden Sie die Programme `luhrfalsch.c` für Linux/Unix, `wuhrfalsch.c` für Windows und `Juhrfalsch.java` für Java, die am obigen Beispiel einer Uhrzeit den beschriebenen Synchronisationsfehler demonstrieren. Um für die Beobachtung eines Fehlers nicht allzu lange warten zu müssen, wird dabei die Zeit nicht jede Sekunde, sondern mit schnellstmöglicher Geschwindigkeit gezählt. Der Anzeigethread wird durch das Scheduling des Systems zufällig gestartet und sollte nur Zeiten mit der Stunde 0 anzeigen, zeigt aber stattdessen auch falsche Uhrzeiten.

Die Programme `luhrok.c` für Linux/Unix, `wuhrok.c` für Windows und `Juhrok.java` für Java im Zusatzmaterial demonstrieren die gleiche Anzeige, nun aber mit korrekten Zeiten mit der Stunde 0, da hier die jeweils kritischen Abschnitte durch Synchronisationsmechanismen vor einer Unterbrechung geschützt sind. Dies wirkt sich allerdings auf die Programmlaufzeit aus, denn eine solche Synchronisation kostet ihren Preis.

Synchronisationsprobleme (Deadlocks)

Mechanismen zum gegenseitigen Ausschluss bergen allerdings auch wiederum Gefahren. Das in der Praxis am häufigsten auftretende Problem sind so genannte *Verklemmungen* oder *Deadlocks*, die beim gegenseitigen Warten auf die Freigabe zweier oder mehrerer Ressourcen entstehen können.

Eine typische Verklemmung in Form einer *Circular-wait*-Situation ist in Abbildung 9.5 gezeigt. Task A hat die Ressource X belegt und wartet auf die Belegung der Ressource Y. Diese Ressource Y hat jedoch bereits Task B belegt, die nun wiederum auf die Belegung von Ressource X wartet. Beide Prozesse können nicht mehr weiter arbeiten und blockieren sich gegenseitig.

Strategien zur Vermeidung von Deadlocks sind:

Gründliche Systemanalyse beim Design: In diesem Fall könnte das Problem z. B. vermieden werden, wenn alle Prozesse, die beide Ressourcen belegen, diese immer in der gleichen Reihenfolge (zuerst X und dann Y) belegen.

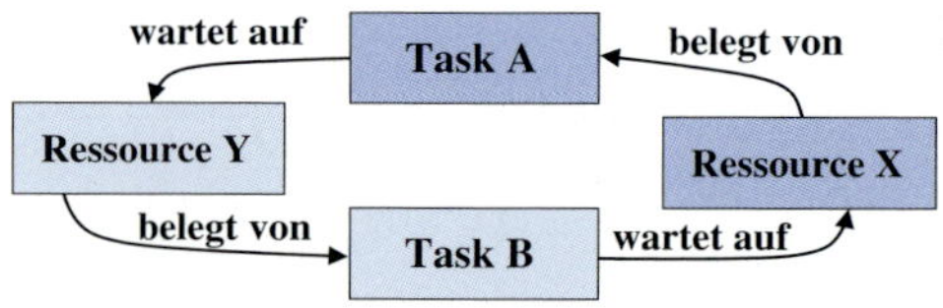

Abbildung 9.5: Circular-wait: Typische Verklemmung (Deadlock)

Erkennen und Auflösen von Deadlocks zur Laufzeit: Eine Erkennung von Deadlocks zur Laufzeit wird dadurch ermöglicht, dass ein Timer (*Watch-Dog*), der vom zu überwachenden Prozess regelmäßig neu gestellt werden muss, abläuft, wenn der Prozess bedingt durch einen Deadlock diesen nicht mehr bedient. Eine mögliche Beseitigung des Deadlocks wird dann z. B. durch Abbruch und Neustart des betroffenen Prozesses bewirkt. Dies ist natürlich keine optimale Lösung, aber häufig und vor allem für nicht ständig von Menschen überwachte Systeme doch noch besser als ein andauernder Deadlock.

Verschiedene Semaphore-Dienste

Für verschiedene Nutzungsarten und auch aus Gründen der effizienten Realisierung sind häufig etwas unterschiedliche Arten von Semaphoren vorhanden:

Mutex-Semaphore dienen zum gegenseitigen Ausschluss (*mutual exclusion*),

Counting-Semaphore erlauben einer bestimmten Anzahl von Tasks den kritischen Abschnitt zu betreten, bevor neu ankommende Tasks warten müssen. So lassen sich Zähler realisieren, die es Tasks erlauben, Daten in oder aus einem Puffer mit einer endlichen Anzahl von möglichen Einträgen zu schreiben bzw. zu lesen.

Weiterhin werden häufig zur Synchronisation so genannte *Ereignis-Dienste* bzw. signalisierende Semaphore angeboten. Damit ist es einer Task möglich, auf ein Ereignis zu warten, das von einer anderen Task oder von einer so genannten *Interrupt-Service-Routine (ISR)* gesendet wird. Ist das Ereignis eingetreten, kann die wartende Task weiterlaufen.

9.5.4 Zeitdienste (Timer)

Zeitdienste werden in Betriebssystemen für viele unterschiedliche Aufgaben benutzt. Sie werden systemintern benötigt zur

- Verwaltung von Datum und Uhrzeit (Kalender),
- Bestimmung von Zeiten beim Zeitscheiben-Scheduling.

Weiterhin werden Zeitdienste auch vielfach von Anwendungs-Programmen benötigt, wie z. B. zum

- direkten Anhalten des Programmablaufs für eine gewisse Zeitdauer,
- Warten auf Ressourcen, wie z. B. auf eine Semaphore, freien Speicher oder auf Ereignisse.

Um die Nutzung von mehreren Zeitdiensten durch verschiedene Programme zu ermöglichen, werden Zeitdienste meist in Form von „Software-Timern" realisiert. Die-

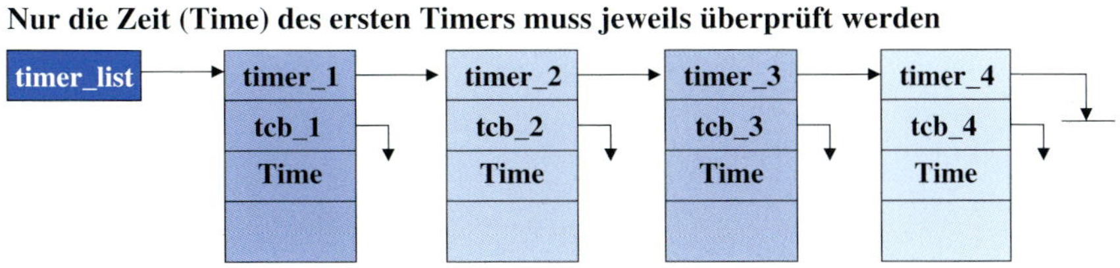

Abbildung 9.6: Verwaltung von Software-Timern in zeitlich geordneter Liste

ser Begriff bezeichnet üblicherweise eine Datenstruktur, in der Zeiten in Sekunden, Bruchteilen von Sekunden oder einfach in „Zeitticks" gespeichert werden können und die zur Verwaltung meist noch einige weitere Daten, wie anfordernde Task, Verkettungszeiger usw. beinhaltet. Benutzende Tasks können in diese Timer dann mit bestimmten Diensten Daten, wie z. B. eine Ablaufzeit, eintragen.

Innerhalb des Systems muss die Verwaltung und Überwachung der SW-Timer durch mindestens einen HW-Timer erfolgen, der im Allgemeinen einen Interrupt mit einer festen Periode auslöst. In der zugehörigen Interrupt-Service-Routine (ISR) müssen dann alle Timer-Daten auf Ablauf überprüft werden. Die Frequenz des Interrupts legt die Zeitauflösung fest, wobei eine höhere Frequenz eine höhere Genauigkeit, aber auch eine höhere Rechenlast bei der Verwaltung von vielen Timern in der Verwaltungsroutine bewirkt. Um diese Rechenlast zu minimieren, ist daher eine sehr effiziente Implementierung der Verwaltungsfunktion geboten. Dazu wird die Liste aller Timer üblicherweise als geordnete Liste geführt, in der der als nächstes ablaufende Timer immer am Anfang steht, wie in Abbildung 9.6 gezeigt. Bei einem Timer-Interrupt müssen dann nur dieser und maximal noch der nachfolgende Timer überprüft werden. Der damit etwas größere Aufwand beim Starten, Anhalten und eventuellen Neustart von Timern ist durch die viel häufiger nötige Überprüfung im Interrupt hier gerechtfertigt.

Von Betriebssystemen werden Zeitdienste durch verschiedenste und teilweise auch sehr unterschiedliche Dienstfunktionsaufrufe angeboten, wobei die Funktionalität für ablauffähige Timer grob in etwa folgende Gruppen eingeteilt werden kann:

- Eintrag eines Ablaufzeitwertes in einen Timer und Setzen der Task in den Zustand „Wartend", in dem sie nicht mehr am Scheduling teilnimmt. Nach Ablauf des Timers erhält die Task den Zustand „Laufbereit" zurück und nimmt am Scheduling wieder teil.
- Eintrag eines Ablaufzeitwertes und einer Funktionsadresse oder Objektreferenz in einen Timer. Die Task kann beliebig weiterlaufen, bei Ablauf des Timers wird eine Funktion, die so genannte *Callback- oder Timer-Handler-Funktion* bzw. eine bestimmte Objektmethode aufgerufen.
- Eintrag des Ablaufzeitwertes und einer Ereignis- bzw. einer Nachrichtenkennung in einen Timer. Bei Ablauf des Timers wird das Ereignis bzw. die Nachricht mit der gegebenen Nummer an die Task gesendet, das diese erwarten muss bzw. die von ihr dann bearbeitet werden muss.

Häufig werden Zeitdienste auch innerhalb der oben bereits besprochenen Semaphore- und Ereignisdienste verwendet. Dabei erlauben sie einer Task, auf die Freigabe einer Semaphore oder den Eintritt eines Ereignisses nicht für unbestimmte Zeit, sondern maximal eine gewählte Zeitdauer zu warten. Wird die Semaphore innerhalb dieses

Zeitraums nicht frei bzw. das Ereignis nicht gesendet, so wird die Task vom ablaufenden Timer wieder auf laufbereit gesetzt, mit der Mitteilung, dass nicht das erwartete Ereignis eingetreten, sondern die Zeitspanne abgelaufen ist.

Zum direkten Anhalten eines Kind-Threads für eine bestimmte Zeit stehen Dienstaufrufe wie `sleep(sek)` oder `Sleep(sek)` als Timerfunktionen zur Verfügung. Als Beispiel können hier die im Zusatzmaterial gezeigten Programme `lthreadeing.c` für Linux/Unix, `wthreadeing.c` für Windows und `Jthreadeing.java` herangezogen werden, bei denen ein separater Thread etwa alle 3 Sekunden einen Punkt ausgibt. Ein solcher Aufruf bewirkt letztlich den Eintrag des Wartewertes in einen Timer und das Setzen der Task in den Wartezustand, aus dem sie – nach Ablauf der angegebenen Zeit – von der Timerverwaltung zurück in den laufbereiten Zustand gebracht wird.

Im Zusatzmaterial finden Sie Programme für Linux, Windows und Java, die die gleiche Funktionalität wie die eben erwähnten Programme, nun aber ohne einen wartenden Thread, sondern mit Hilfe eines Timers und einer zugehörigen Timer-Funktion bzw. eines Timerobjekts, realisieren.

Eine weitere, nochmals andere Art eines Zeitdienstes erlaubt die Messung von Programmlaufzeiten.

9.5.5 Speicherverwaltung

Die Anwendungen, aber auch das System selbst, benötigen zum Ablauf Speicher zum Zwischenspeichern und Ablegen von Daten. Der Speicher muss dafür zugeteilt und die Zuteilung unter Umständen auch verwaltet werden. Für die Zuteilung bzw. Verwaltung von Arbeitsspeicher stehen folgende Möglichkeiten zur Verfügung:

- Der für die Daten benötigte Speicher wird bereits vom Compiler zur Compilierzeit fest vergeben. So wird z. B. in C für alle außerhalb von Funktionen und für alle statisch definierten Variablen (z. B. `static int i`) ein fester Platz (eine Adresse) im Arbeitsspeicher vom Compiler festgelegt. Diese Speicherplätze sind für die gesamte Laufzeit des Programms belegt und den Daten zugeordnet.
- Zusätzlich zu der festen Vergabe wird ebenfalls bereits zur Compilierzeit ein Speicherbereich festgelegt, der zur Laufzeit vom System dynamisch verwendet werden kann. Die Verwaltung bzw. Zuteilung erfolgt als einfacher Stapelspeicher. Ein auf diese Weise verwalteter Stackspeicher erlaubt die Speicherung von funktionslokalen Variablen und Rücksprungadressen bei Funktionsaufrufen. In C werden z. B. alle innerhalb von Funktionen definierten so genannten lokal definierten Variablen jeweils beim Betreten der Funktion auf dem Stackspeicher an der jeweils nächsten freien Stelle angelegt. Beim Verlassen der Funktion wird dieser Platz bei einem Aufruf einer weiteren Funktion für deren lokale Variablen verwendet. Damit sind die vorherigen Variablen dann nicht mehr vorhanden und ungültig. Stackspeicher kann somit während der Laufzeit eines Programms für unterschiedliche Daten (wieder-)verwendet werden.
- Eine weitere Möglichkeit der Speicherzuteilung ist eine völlig dynamische Belegung und Freigabe von Datenspeicher zur Laufzeit durch die Programme selbst. Die Verwaltung eines solchen Heap-Speichers erfordert ein zur Laufzeit aktives Speichermanagement, das angeforderte Speicherblöcke als belegt und zurückgegebene als frei kennzeichnet. Die Belegung solchen Speichers erfolgt mit Funktionen wie z. B. `malloc()` in C oder `new` in Java, die Freigabe erfolgt mit Funktionen

wie z. B. `free()`. Diese Art der Speicherbelegung bietet natürlich Vorteile in allen den Fällen, in denen zur Compilierzeit noch keine genauen Angaben zum Speicherbedarf gemacht werden können. Weiterhin wird damit auch während der Programmlaufzeit eine mehrfache (Wieder-)Verwendung ermöglicht. Andererseits entstehen Fehlermöglichkeiten durch falsche Belegung und Freigabe, und es wird – wie bereits erwähnt – ein Speichermanagement durch das System zur Laufzeit benötigt.

Die ersten beiden Arten der Speicherbelegung werden in praktisch allen Systemen genutzt, während eine dynamische Belegung von Speicher in kleineren Embedded Systems nicht immer zur Verfügung steht. Neben diesen direkt für Programme verwendbaren Speicherarten wird von modernen Betriebssystemen üblicherweise noch so genannter *virtueller Speicher* zur Verfügung gestellt, indem zusätzlicher Arbeitsspeicher in einem Teil des Festplattenspeichers nachgebildet wird, um den physikalisch vorhandenen Arbeitsspeicher entsprechend vergrößert erscheinen zu lassen. Auf virtuelle Speicher wird in Kapitel 16.6 auf Seite 720 näher eingegangen.

9.5.6 Dateiverwaltung und Dateisysteme

Eine Datei ist eine Sammlung von Daten, die auf einem Permanentspeicher gehalten wird. Ein *Dateisystem* ist nun dafür verantwortlich, Daten auf einem Speichermedium in geeigneter Form zugänglich zu machen, ohne dass der Benutzer sich um die Details der internen Datenorganisation kümmern muss. Daneben bietet ein Dateisystem einen Schutzmechanismus, der sicherstellt, dass Dateien nur von Anwendern gelesen oder geändert werden dürfen, die dazu berechtigt sind.

Die Daten in einer Datei können in unterschiedlicher Form organisiert sein. Die einfachste und am häufigsten verwendete Form ist die einer linearen Folge von Daten (Bytes), was man auch als *byte-stream* bezeichnet.

Daneben gibt es üblicherweise unterschiedliche Arten von Dateien, wie z. B.:

- „normale Dateien" (Textdateien, ausführbare Programme, Bilddateien (jpg, gif, ...) usw.
- Verzeichnisse (*Directories*)
- Verweise (*Links*) auf andere Dateien usw.

Nachfolgend wird nun zum besseren Verständnis eines Dateisystems das *Extended File System Version 2 (ext2)* von Unix/Linux vorgestellt.

Das inode-Prinzip des ext2-Dateisystems

Grundsätzlich werden – wie bereits erwähnt – die Verwaltungsinformationen von den eigentlichen Daten getrennt gespeichert. Die Verwaltungsdaten einer Datei, also alle Merkmale wie Rechte, Zugriffszeiten, Größe usw., werden beim ext2-Dateisystem in so genannten *Inodes* gehalten. Die einzige wichtige Information, die nicht im Inode steht, ist der Name der Datei, der sich mit dem Inode in der Directorydatei befindet. Abbildung 9.7 zeigt den prinzipiellen Aufbau eines Inodes im ext2-System mit den zugehörigen Datenadressen.

Würde man die Daten einer Datei direkt im Inode unterbringen, hätte man lediglich 60 Bytes zur Verfügung, was sicherlich unpraktikabel wäre. Deshalb hat man hier eine andere Vorgehensweise gewählt, nämlich dass die letzten 15 Einträge im Inode

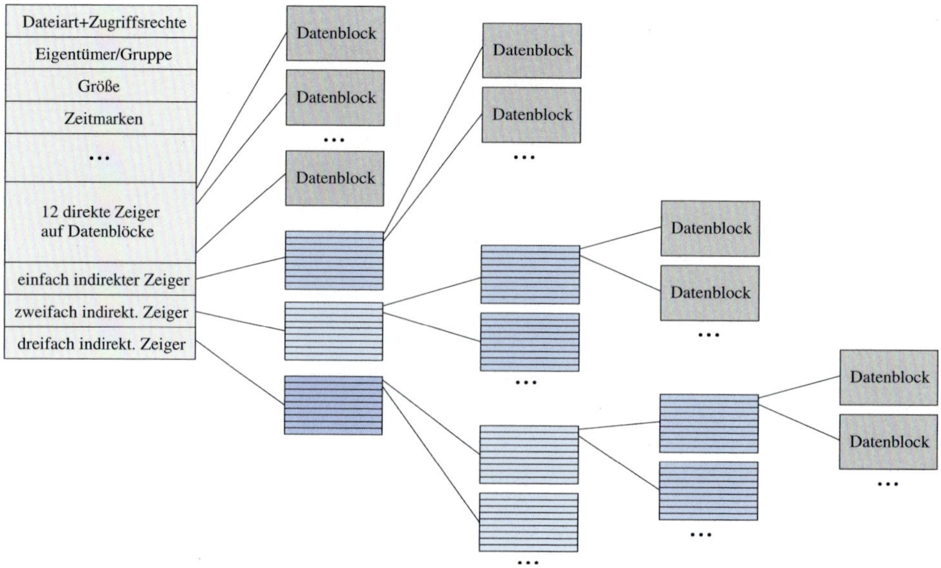

Abbildung 9.7: Inode im ext2-Dateisystem

die Adressen von Datenblöcken sind, in denen sich die eigentlichen Daten der Datei befinden. Wie viele Adresseinträge für eine jeweilige Datei gültig sind, wird anhand der im Inode gespeicherten Anzahl belegter Datenblöcke berechnet.

- *12 direkte Zeiger (Adressen)* auf Datenblöcke sind in einem Inode vorgesehen. Nimmt man als Blockgröße 1024 Bytes (1 KByte) an, dann lassen sich mit den 12 direkten Verweisen (Zeigern) im Inode eines ext2-Dateisystems maximal $12 \cdot 1024$ Bytes (12 KByte) speichern.
- *Einfach indirekter Zeiger*: Reicht der Speicherplatz (12 Datenblöcke) für eine Datei nicht aus, referenziert der nächste Eintrag im Inode einen Datenblock, dessen Inhalt nun keine echten Daten sind, sondern stattdessen Zeiger (Adressen) auf die eigentlichen Datenblöcke. Man spricht von einem *einfach indirekten Zeiger*. Der einfach indirekte Zeiger verweist somit auf einen Block, der maximal $\frac{1024}{4} = 256$ Zeiger (Adressen) aufnehmen kann, wenn ein Zeiger 4 Bytes belegt. Folglich sind über diesen einfach indirekten Zeiger im Inode $256 \cdot 1024$ Bytes (256 KByte) adressierbar.
- *Zweifach indirekter Zeiger*: Reicht auch der einfach indirekte Zeiger nicht aus, kommt der nächste Eintrag (*zweifach indirekter Zeiger*) ins Spiel. Er verweist auf einen Block, dessen Inhalt Zeiger (Adressen) auf Blöcke sind, deren Inhalte wiederum Zeiger (Adressen) auf die Daten der Datei sind. Über diesen zweifach indirekten Zeiger sind somit $256 \cdot 256 \cdot 1024$ Bytes (65 536 KByte) adressierbar.
- *Dreifach indirekter Zeiger*: Sollte auch der zweifach indirekte Zeiger nicht ausreichen, wird der dreifach indirekte Zeiger verwendet, über den nun $256 \cdot 256 \cdot 256 \cdot 1024$ Bytes (16 GByte) adressierbar sind.

Während die Größe eines Inodes beim ext2-Dateisystem konstant 128 Byte beträgt, kann die Datenblockgröße beim Einrichten des Dateisystems festgelegt werden. Zulässig sind 1, 2 und 4 KByte (wird meist bevorzugt). Um die maximal mögliche Dateigröße zu erhalten, sind die vier Werte zu addieren. Die nachfolgende Tabelle enthält die (theoretischen) Werte für die verschiedenen Datenblockgrößen:

Blockgröße (KByte)	Maximale Dateigröße (GByte)
1	16
2	256
4	4100

Der Datenblock ist im Sinne der Dateiverwaltung die kleinste zu adressierende Einheit. Als Konsequenz ist der physische Speicherplatzverbrauch einer Datei im Mittel größer als ihr tatsächlicher Bedarf. Ist eine Datei z. B. 1200 Bytes groß, so benötigt sie bei einer 1 KByte Blockgröße 2 KByte Speicherplatz, bei 2 KByte Blockgröße 2 KByte Speicherplatz, bei 4 KByte Blockgröße belegt sie jedoch 4 KByte Speicherplatz, d. h. im letzten von einer Datei belegten Block geht im Mittel die Hälfte des Speicherplatzes als „Verschnitt" verloren. Dies legt nahe, dass die 1 KByte-Blockgröße die beste Wahl sei. Die Vermutung kann man bestätigen, für den Fall, dass man überwiegend sehr kleine Dateien speichern will. Bei großen Dateien jedoch beschleunigt die 4 KByte-Blockgröße den Lesezugriff erheblich, da sichergestellt ist, dass umfangreiche Teile der Datei hintereinander auf der Festplatte liegen und der Schreib-/Lese-Kopf diese sehr schnell finden kann. Hohe Blockgrößen minimieren den Effekt der so genannten *Fragmentierung*.

Suche nach freien Inodes im ext2-Dateisystem

Wird eine neue Datei erzeugt, muss ein freier Inode für sie gefunden und reserviert werden. ext2 reserviert eine Reihe möglichst zusammenhängender Blocknummern, um die Daten aufnehmen zu können, wobei meist vorab zu viele Blöcke für eine Datei reserviert werden, da der für die Datei tatsächlich benötigte Speicherbedarf so lange ungewiss ist, bis die Datei abgespeichert wird. Wird die Bearbeitung einer neuen Datei beendet, gibt ext2 die nicht benötigten Blöcke wieder frei. So ist garantiert, dass die Blöcke, aus denen sich eine Datei zusammensetzt, nun hintereinander auf der Festplatte liegen. Dieselbe vorausschauende Markierung von Blöcken kommt beim Anfügen von Daten an eine existierende Datei zur Anwendung, so dass der Grad der Fragmentierung einer Datei in akzeptablen Grenzen gehalten wird.

Um einen freien Inode oder Block aufzuspüren, könnte ext2 die Inodes bzw. Blöcke sequenziell durchsuchen, bis ein unbelegter Eintrag gefunden wird. Jedoch wäre dies sehr ineffizient. ext2 verwendet deshalb so genannte *Bitmaps*, die bitweise kodieren, welche Blöcke bzw. Inodes frei und welche belegt sind. Es existiert jeweils eine Bitmap für die Datenblöcke und eine für die Inodes. Eine „0" des Bits x kennzeichnet den Block bzw. Inode mit der Nummer x als frei und eine „1" steht für einen belegten Block bzw. Inode. Eine solche Bitmap belegt genau einen Block, d. h. bei 1 KByte-Blöcken verwaltet eine Bitmap 8192 Inodes bzw. Datenblöcke. Mit einer 4 KByte-Blockgröße können 32768 Einheiten angesprochen werden, was wiederum die mögliche Größe einer Datei auf 128 MByte beschränken würde.

Das Gruppenkonzept und der Aufbau des ext2-Dateisystems

ext2 organisiert das Dateisystem in Gruppen. Jede Gruppe beinhaltet eine Kopie des so genannten *Superblocks*, eine Liste aller Gruppendeskriptoren, die Bitmaps für die danach liegenden Inodes und Datenblöcke (siehe auch Abbildung 9.8).

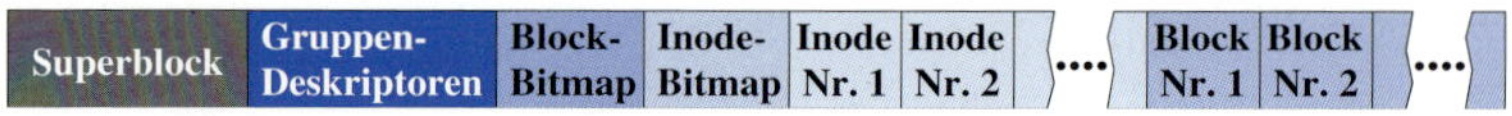

Abbildung 9.8: Aufbau einer ext2-Gruppe

Der Superblock einer jeden Gruppe ist die exakte Kopie des Superblocks des Dateisystems und beinhaltet Informationen zur Blockgröße, der Anzahl der Inodes und Datenblöcke, den Status des Dateisystems, usw.

Gruppendeskriptoren beinhalten Informationen zur relativen Lage der Bitmaps und der Inode-Tabelle innerhalb einer Gruppe. Da die Deskriptoren aller Gruppen in jeder Gruppe gespeichert sind, kann bei Beschädigung einer Gruppe diese anhand dieser Informationen wieder restauriert werden. Die Nummerierung der Inodes und Blöcke ist innerhalb eines Dateisystems eindeutig. Hat der letzte Inode der Gruppe x die Inode-Nummer y, so hat der erste Inode der Gruppe $x + 1$ die Inode-Nummer $y + 1$. Durch diese Struktur wird sichergestellt, dass sich die Daten einer Datei nahe bei ihrem Inode befinden und die Dateien eines Verzeichnisses (Directorys) nahe der Verwaltungsstruktur des Verzeichnisses (Directorys) liegen, woraus ein schnellerer Zugriff auf die Daten der Festplatte resultiert.

Abbildung 9.9 zeigt, dass im ext2-Dateisystem nach dem Bootsektor die einzelnen Gruppen hintereinander angegeben sind, wobei alle Gruppen gleich groß sind. Die Anzahl der Gruppen wird dabei durch die Größe der Partition und durch die gewählte Blockgröße und Inode-Anzahl bestimmt.

Abbildung 9.9: Aufbau des ext2-Dateisystems

Da die Speicherkapazität einer einzelnen Gruppe auf maximal 128 MByte begrenzt ist, werden die Daten sehr großer Dateien auf mehrere Gruppen verteilt.

9.5.7 Geräteverwaltung und Treiber

Wie bereits in Kapitel 5.4.5 auf Seite 113 beschrieben, kann auf Peripheriegeräte über bestimmte Adressen bzw. Adressbereiche zugegriffen werden. Während in kleinen und einfachen Systemen die Geräte direkt über diese Adressen angesprochen werden können, müssen in komplexen Systemen mit mehreren ablaufenden Programmen die Zugriffe auf Geräte koordiniert und verwaltet werden. Dies ist – wie bereits auf Seite 477 erwähnt – eine Aufgabe des Betriebsystems, ebenso wie die Forderung, dass für den Anwender bzw. Anwendungsprogammierer viele teilweise sehr unterschiedliche und auch unterschiedlich anzusteuernde Geräte über eine einfache Schnittstelle angesprochen werden können. Da es aber praktisch unmöglich ist, für alle auf dem Markt befindlichen HW-Geräte die jeweiligen Steuer- und Verwaltungsfunktionen direkt in den Betriebssystemen zu programmieren und dann auch noch auf dem neuesten Stand zu halten, wurde innerhalb von Betriebssystemen eine Software-Schnittstelle geschaffen, die es ermöglicht, das System um solche HW-Steuerungsprogramme zu erweitern. Diese Schnittstelle heißt *Treiberschnittstelle* und die HW-Steuerprogramme heißen einfach *Treiber* oder *Treiberprogramme*. Solche Treiber müssen von den Herstellern von Geräten, die an Rechner angeschlossen und von der Software angesprochen werden sollen, zur Verfügung gestellt werden, so dass sie in das Betriebssystem integriert bzw. installiert werden können. Da sich die Treiberschnittstellen verschiedener Betriebssysteme mehr oder weniger stark unterscheiden, sind solche Treiber wiederum sehr spezifisch und müssen für alle Systeme, an denen das entsprechende Gerät betrieben werden soll, speziell erstellt werden.

Eine typische Standard-Treiber-Schnittstelle enthält in etwa folgende Funktionen, d. h. ein dafür erstellter Geräte-Treiber muss diese Funktionen bereitstellen:

- `create()`, `open()`, `close()`, `remove()` – zum Anlegen, Öffnen, Schließen und Entfernen eines Geräts,
- `read()`, `write()` – zum Lesen und Schreiben vom bzw. zum Gerät,
- `ioctl()` – zur Änderung von internen Geräteparametern.

Für die Erstellung eines Geräte-Treibers müssen diese oder ähnliche Funktionen noch zusammen mit Funktionen zur Installation des Treibers ins System in einem Geräte-Treiber-Modul implementiert werden. Dieses Treiber-Modul kann ins System installiert werden und erhält damit auch gleich die für HW-Zugriffe nötigen System-Privilegien (Rechte). Die Kommunikation eines Anwendungsprogramms mit dem Gerät erfolgt dann über die definierte I/O Systemschnittstelle des Betriebssystems und das Treiberprogramm, wie es in Abbildung 9.10 dargestellt ist. Ein solcher Aufbau bietet erhebliche Vorteile und ermöglicht auch die erwähnte, notwendige Koordination und Verwaltung der Geräte bei vielfachen Zugriffen verschiedener Anwendungsprogramme.

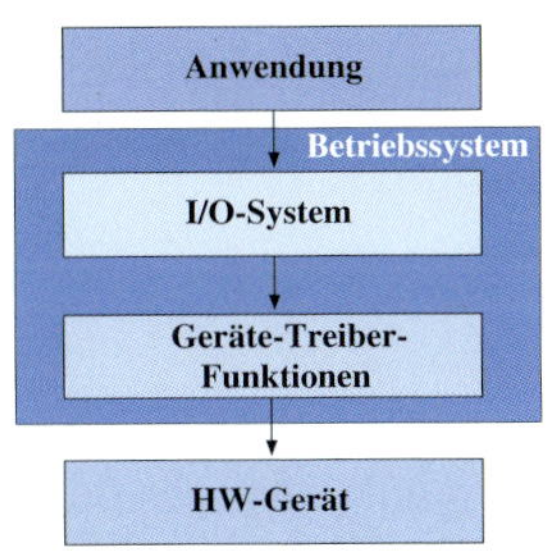

Abbildung 9.10: Modell zum Zugriff auf Geräte

Ein so wie vorgehend beschriebenes, tief in das Betriebssystem integriertes und mit besonderen Rechten ausgestattetes, Treiberprogramm kann bei einem Fehlverhalten allerdings auch das ganze System destabilisieren und sogar bis zum Absturz bringen. Daher sollte bei der, ohnehin nicht ganz einfachen, Erstellung von Treibern mit besonderer Sorgfalt vorgegangen werden.

Während für neu erstandene Geräte die Treiber für bestimmte Betriebssysteme auf einem üblicherweise beigelegten Datenträger enthalten sind, sind Treiber von bekannten und weit verbreiteten Geräten häufig schon in den Betriebssystemen enthalten bzw. werden zusammen mit diesen ausgeliefert.

9.5.8 Benutzerschnittstelle (Kommandozeile bzw. GUI)

Bei den für lange Zeit üblichen Benutzerschnittstellen für Rechensysteme konnten Zeichen über Lochkarten bzw. Tastatur ein- und über einen Drucker oder Bildschirm ausgegeben werden. Das zugrundeliegende Modell war von bekannten Geräten wie Schreibmaschine bzw. Fernschreiber abgeleitet.

Die Kommandos für das Betriebssystem wurden von einer so genannten System-Shell (Schale) entgegengenommen, von dieser interpretiert und in entsprechende Systemaufrufe umgesetzt, so dass die vom Benutzer geforderten Aktivitäten vom System durchgeführt wurden. Die System-Rückmeldungen wurden dann wieder von dieser Shell entgegengenommen und ausgewertet.

Zur Bedienung von Anwendungsprogrammen wurden z. B. in der Sprache C Ein- und Ausgaben mit Routinen wie `scanf()` und `printf()` realisiert. Dabei ruft die Anwendung eine Funktion des Betriebssystems auf, um z. B. Daten von der Tastatur einzulesen (`scanf()`, ...), die Betriebssystemroutine wartet bis eine Taste gedrückt wird und liefert dann die Eingaben an das aufrufende Programm zurück, das nun im Ablauf weiterfahren kann.

Am Xerox-PARC in Kalifornien wurde etwa ab Mitte der 1970er Jahre über einfachere Bedienmöglichkeiten für Computer nachgedacht und mit der Entwicklung der Grundlagen von grafischen Benutzeroberflächen begonnen. Eine erste Bekanntmachung dieser Art von MMIs geschah ab 1983 durch die Firma Apple mit den Rechnern Lisa und dem darauffolgenden Macintosh. Dies führte dazu, dass grafische Benutzeroberflächen verbreitet und Rechner auch von Nicht-Fachleuten als Werkzeuge akzeptiert wurden.

Daraufhin wurden für nahezu alle Systeme und Betriebssysteme grafisch orientierte Benutzeroberflächen angeboten und verbreiteten sich sehr schnell, wie z. B.:

DOS	Windows	OS/2	Presentation Manager	NEXT	Next Step
Atari	GEM	UNIX	X-Window	SUN	NeWs

Dieses Angebot geschah anfangs meist als Betriebssystemzusatz bzw. -erweiterung, heute jedoch sind GUIs (*Graphical User Interfaces*) mehr oder weniger ins Betriebssystem integriert und auch nicht mehr wegzudenken. Mit der Einführung von GUIs begann sich die bis dahin sehr unterschiedliche Bedienung von Computern unterschiedlichster Hersteller anzugleichen und wurde erheblich einfacher. Es musste nicht länger eine „kryptische“, von System zu System verschiedene Kommandosprache gelernt werden.

Mit der Einführung von GUIs mussten auch einige Änderungen am zugrunde liegenden Betriebssystem angebracht werden. Neben der Unterstützung von Multitasking, ohne das GUI-Anwendungen zum Teil sehr bedienunfreundlich wären, einem leistungsfähigen Speichermanagement und einer einheitlichen Grafik-Schnittstelle musste vor allem das oben erwähnte Eingabekonzept geändert werden.

Unter einem GUI-Programm wird jede Eingabe des Benutzers zu einem Ereignis, das als Nachricht an die Anwendung gesendet wird. Die Anwendung ruft also nicht mehr eine Systemroutine auf, um Eingaben zu erhalten, sondern das System sendet der Anwendung eine Botschaft, auf die entsprechend reagiert werden kann. Beim Drücken der linken Maustaste wird so beispielsweise eine Nachricht der Art `LBUTTONDOWN` gesendet, das Drücken einer Tastaturtaste erzeugt eine `KEYDOWN`- und das Loslassen

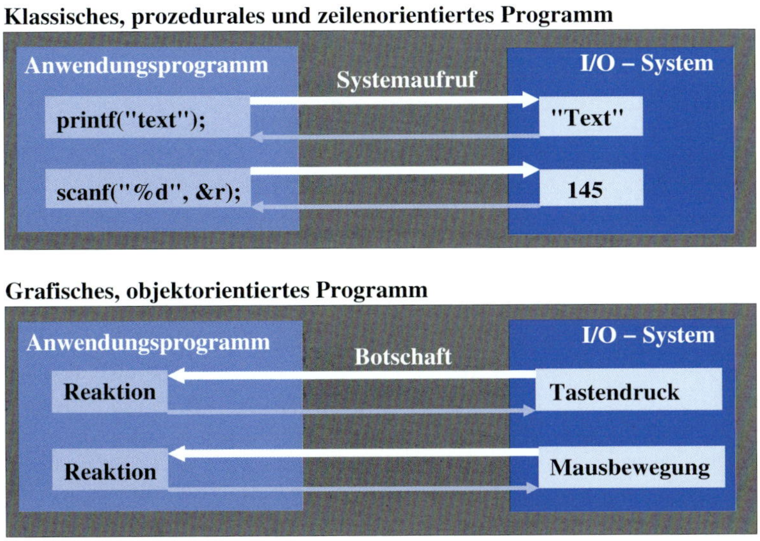

Abbildung 9.11: Klassisch: Man ruft auf; Objektorientiert: Man wird aufgerufen

eine KEYUP-Nachricht. In Abbildung 9.11 sind die Konzepte eines klassischen und eines grafischen, objektorientierten Programms gegenübergestellt.

Die Vorteile dieses Konzepts liegen darin, dass nun eine Anwendung asynchron auf Benutzereingaben reagieren kann, d. h vom Benutzer keine strenge Eingabesequenz mehr befolgt werden muss. Auch Änderungen des zur Anwendung gehörigen Fensters werden per Botschaft mitgeteilt, so dass z. B. auch bei einer Größenänderung des Fensters ein eventuell enthaltener Text sofort umgebrochen und neu dargestellt werden kann. Dieser Aspekt der GUIs und der GUI-Programmierung hat auch sehr enge historische Gemeinsamkeiten mit der objektorientierten Programmierung. In den GUIs fanden die objektorientierten Konzepte eine erste Anwendung. Ein Fenster ist letztlich ein Objekt. Es besitzt Daten und Funktionen (Methoden) und wird durch Senden von Nachrichten zu einem bestimmtem Verhalten gebracht (sich darstellen, Daten ausgeben, ...), wie es in Abbildung 9.12 veranschaulicht ist.

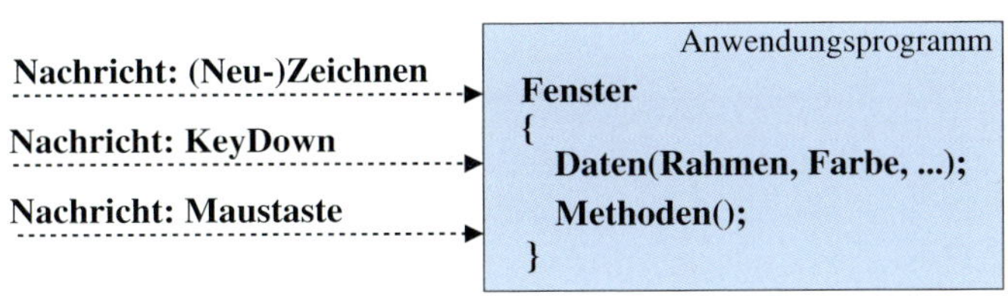

Abbildung 9.12: Fenster-Objekt mit Daten und Methoden

9.5.9 Programmierschnittstelle (API)

Die meisten der im Vorangehenden beschriebenen Systemfunktionen sollen Anwendungsprogramme nutzen können. Betriebssysteme stellen diese Funktionen den Anwendungsprogrammierern in Form von so genannten APIs (*Application Programming Interface*) zur Verfügung. Die Programmiersprache, in der die API angeboten wird, ist im Allgemeinen die Implementierungssprache des Betriebssystems, und da die meisten Betriebssysteme in der Sprache C/C++ implementiert sind, stehen APIs auch meist für die Sprache C/C++ zur Verfügung. APIs können allerdings nicht nur durch Betriebssysteme selbst, sondern auch durch Zusatz-Bibliotheken zur Verfügung gestellt werden. Für andere Sprachen als die Betriebssystemsprache ist dies sogar zwingend erforderlich. Solche Bibliotheken mit betriebssystemunabhängigen API-Funktionen werden vielfach angeboten und bei vielen Programmiersprachen gehören API-Bibliotheken auch zum Lieferumfang des Compilers.

Standard-APIs

Programmiersprachen definieren häufig Funktions-Bibliotheken und weisen diese als Standard-Bibliothek zu dieser Sprache aus, d. h. ein Compiler, der sich als standardkompatibel bezeichnen möchte, muss dann eine Bibliothek mit diesen Funktionen beinhalten. Die Programmiersprache C/C++ bietet z. B. eine API in Form der ANSI-C-Standard-Bibliothek, die viele nützliche Funktionen zumindest zur Erstellung einfacher Anwendungen enthält, und objektorientierte Sprachen wie C++ und Java bieten ebenfalls mehr oder weniger standardisierte API-Bibliotheken mit Klassendefinitionen an. Mit diesen Funktionen werden in der Sprache C/C++ (bzw. Klassen in C++/Java), unabhängig von Hardware und Betriebssystem, z. B. Ein-/ Ausgaben und Dateizugriffe ermöglicht (`printf()` bzw. `fprintf()`), ebenso dynamische Speicherbelegungen (`malloc()`) oder mathematische Berechnungen (`sin()`, `sqrt()`) usw. Das standardisierte C/C++-API trägt zu einem wesentlichen Teil zur bekannten „Portabilität“ von C/C++-Programmen bei. Soll ein C/C++-Programm auf einer Maschine mit anderer Hardware- oder Betriebssystem-Ausstattung ablaufen, so genügt eine Compilierung mit dem jeweiligen Compiler. Am Quellcode sind keinerlei Änderungen nötig, solange nur Funktionen des Standard-APIs verwendet werden. In Abbildung 9.13 wird dieses Konzept für zwei Betriebssysteme dargestellt. Quantitativ beinhaltet das C Standard-API etwa zwischen 100 und 200 Funktionen.

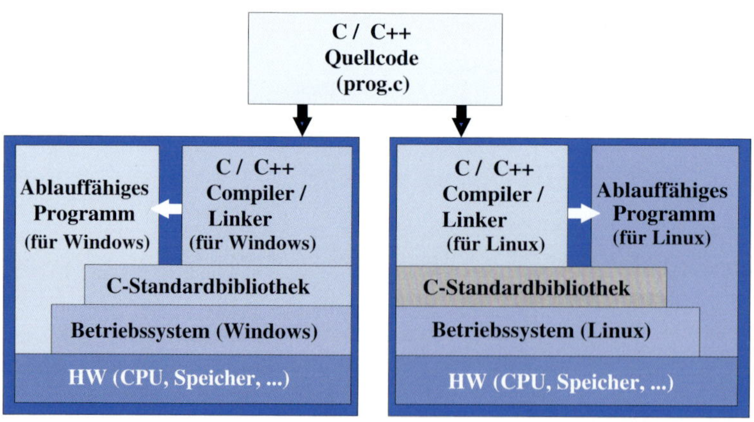

Abbildung 9.13: Prinzipielle Programmierkonzepte (Beispiel)

Proprietäre APIs

Zur Erstellung von heutigen modernen Programmen werden aber meist erheblich mehr Funktionen benötigt als Standard-APIs bieten, wie z. B.:

- Funktionen zur Erstellung von Programmen mit grafischen Bedienoberflächen (Fenster-Programme mit Menüs, Dialogen, ...), anstelle von Kommandozeilen,
- Funktionen zur Erstellung von Programmen mit mehreren Ablauf-Threads (Multi-Threading Programme).

Solche Funktionen können für bestimmte Sprachen und Systeme in speziellen Bibliotheken angeboten werden und sind auch in großer Vielzahl mit speziellen Grafik-, GUI- oder anderen Funktionen verfügbar. Es kann selbstverständlich jeder Compilerhersteller eigene API-Funktionen zusätzlich zum Standard-API der jeweiligen Programmiersprache anbieten und es kann natürlich auch jeder Programmierer eigene API-Bibliotheken erstellen und vertreiben. Zum Beispiel enthalten C-Compiler der Firma Borland für DOS zusätzliche Funktionen, wie `gotoxy()` zur Positionierung des Cursors in einem Kommandofenster oder `inp()` und `outp()` zum Lesen und Schreiben auf HW-Port-Adressen von seriellen oder parallelen Schnittstellen. Beim Microsoft-Compiler sind dazu die Funktionen `_inp()` bzw. `_outp()` vorhanden. Auch Betriebssysteme bieten ihre Dienste, wie oben aufgeführt, in meist proprietäten APIs an. Die Windows Betriebssysteme offerieren das Win32-API und die Unix/Linux-Betriebssysteme im Allgemeinen eines der, teilweise leicht verschiedenen, Unix- und/ oder der standardisierten Posix-APIs und speziell für die Erstellung von Programmen mit grafischen Bedienoberflächen (GUI-Programme) das X11-/Motif-API. Die Verwendung von bestimmten APIs bietet dann einfache Möglichkeiten zur Erstellung von Programmen mit beispielsweise

- grafischen Bedienoberflächen (GUI-Programme),
- mehreren Ablauffäden (Multithreading),
- speziellen Grafik-, Multimedia- und anderen Möglichkeiten.

Beispiele für spezielle API-Funktionen sind

- Erzeugung eines Fensters für GUI-Programme:

  Win32-API mit Funktion `CreateWindow()`

  X11/Motif-API mit Funktion `XCreateSimpleWindow()`

- Erzeugung eines Threads:

  Win32-API mit Funktion `CreateThread()`

  Posix-API mit Funktion `pthread_create()`

Der Umfang von speziellen APIs ist – verglichen mit dem C Standard-API – im Allgemeinen erheblich höher. Beispielsweise umfasst das Win32-API – je nach Betriebssystem-Version – mehrere 1000 Funktionen, und auch das Posix-API definiert Funktionen in einer ähnlichen Anzahl. Ein Programm, das Funktionen aus solchen APIs verwendet, kann nun allerdings nur noch mit der Zusatzbibliothek, die die API zur Verfügung stellt oder dem entsprechenden Betriebssystem erstellt (übersetzt) werden und ablaufen. Das Programm bzw. der Quellcode mit den speziellen API-Funktionsaufrufen ist nicht mehr beliebig „portabel“, sondern mehr oder weniger systemabhängig. Leider konnte sich eine über die einfache C-Standard-API hinausgehende Programmier-API als allgemeiner Programmier-Standard nie durchsetzen.

Die erweiterten Möglichkeiten und der „Komfort“ werden also mit einer Abhängigkeit (auch des Quellcodes) von einem bestimmten Compiler, Betriebssystem oder einer Zusatzbibliothek erkauft. Aus Herstellersicht kann man damit „Kunden binden“. Eine Zusatzbibliothek kann allerdings auch für verschiedene Compiler und Betriebssysteme erhältlich sein, so dass damit eine Betriebssystemunabhängigkeit zum im Allgemeinen geringeren Preis einer Bibliotheksabhängigkeit erhalten bleiben kann. Die C++-Klassenbibliothek Qt der Firma Trolltech ist z. B. für verschiedene Betriebssysteme, wie Linux und Windows, erhältlich. Damit können moderne GUI- oder Multithreading-Programme erstellt werden, die im Quellcode keine Betriebssystemabhängigkeiten beinhalten. Bei einer Portierung auf ein anderes System muss lediglich das Programm übersetzt und mit der systemspezifischen Bibliothek gebunden werden.

Die meisten APIs bzw. API-Bibliotheken unterliegen auch einer ständigen Erweiterung durch die Einbringung neuer Funktionen. Sie sind also im Allgemeinen nicht als starr anzusehen. Der C99-Standard wurde bei der Erweiterung zum C89-Standard auch um einige neue API-Funktionen ergänzt. Jede neue Windows-Version ergänzt das Win32-API um weitere Funktionen. Werden die entsprechenden Bibliotheken nicht auch für vorherige Versionen zur Verfügung gestellt (z. B. als Dynamic Link Library, DLL), können Programme, die neue API-Funktionen verwenden, darauf nicht ablaufen. Es erscheint dann z. B. die Meldung: „DLL nicht vorhanden“. Auch von den im Unix/Linux-Bereich verwendeten Posix- und weiteren APIs gibt es mehrere Versionen. In manchen Bereichen können unter Umständen auch einige Funktionen von APIs kaum genutzt werden. In der Systemprogrammierung von HW-Treibern und in vielen Embedded Systems sind standardisierte, text-orientierte Ein-/Ausgaben kaum nützlich.

- In vielen Steuerungsgeräten (z. B. ABS-System), aber auch in Treiberprogrammen ist keinerlei Bedien-Ein-/Ausgabe nötig. Dagegen werden dort spezielle Sensor/ Aktor spezifische Ein-/Ausgaben benötigt.
- Viele Geräte, wie z. B. Handys, haben spezielle, herstellerspezifische Tastaturen und Bildschirme, die nur schwer mit Standard-Ein-/Ausgabefunktionen ansprechbar sind.

In solchen und ähnlichen Fällen müssen dann eigene spezielle Ein-/Ausgabe-Funktionen erstellt werden.

Zur Erstellung von modernen Anwendungen mit GUI-, Multithreading- und weiteren Eigenschaften, bieten sich in der heutigen Praxis etwa folgende Möglichkeiten:

- Verwendung einer entsprechenden Programmier-Schnittstelle (API) mit prozeduralen Bibliotheksfunktionen nach Art der ANSI/ISO C/C++-Bibliothek, wie z. B.
  - für Windows die in das Betriebssystem integrierte Win32-API,
  - für Unix/Linux die Zusatz-Bibliotheken X-Lib und Motif.
- Verwendung einer objektorientierten Bibliothek mit GUI-Klassen, wie z. B.
  - MFC-Bibliothek – eine C++-Bibliothek der Firma Microsoft für Windows,

- OWL-Bibliothek – eine C++-Bibliothek der Firma Borland für Windows,
- Qt-Bibliothek – eine C++-Bibliothek der Firma Trolltech mit Unterstützung für gleichzeitig mehrere Betriebssysteme, wie z. B. Windows und Unix/Linux.

Die neu entwickelten objektorientierten Sprachen, wie Java oder C#, die Vorteile bei der Erstellung von großen, verteilten Anwendungen und Anwendungen im Internet versprechen, bieten auch neue, eigene APIs bzw. API-Bibliotheken an. Diese Sprachen und Bibliotheken beinhalten selbstverständlich alle modernen Features wie GUI- und Multithreading-Unterstützung. Aktuell sind folgende Bibliotheken bzw. Entwicklungsumgebungen verfügbar:

- .NET mit einer Klassen-Bibliothek der Firma Microsoft für die Sprachen C#, C++, Visual-Basic für Windows,
- Java mit einer Klassen-Bibliothek der Firma SUN für die Sprache Java mit z. B. AWT- bzw. JFC-Klassen für GUI und Thread-Klassen für Multithreading-Anwendungen; über die Verwendung der entsprechenden virtuellen Maschine werden auch verschiedene Betriebssysteme unterstützt.

Diese neuen Programmiersprachen erzeugen bei der Compilierung keinen direkt ablaufbaren, für einen Prozessor spezifischen Maschinencode, sondern einen eigenen Befehlscode, einen Zwischencode, der erst von einer virtuellen Maschine in den speziellen Maschinencode umgesetzt wird. Eine solche virtuelle Maschine (VM) ist ein Programm, das in der Regel erst zum oder kurz vor dem Ablauf das Programm im Zwischencode in den benötigten Maschinencode umsetzt. Somit ermöglicht der Einsatz einer virtuellen Maschine eine Programm-Portabilität auf Executable-Ebene, d. h. der erstellte Zwischen-Code kann auf jeder Maschine ablaufen, für die die virtuelle Maschine vorhanden und installiert ist. Dies birgt natürlich bei der im Internet vorhandenen heterogenen Rechner-HW erhebliche Vorteile. Da die Java-VM für verschiedene Betriebssysteme erhältlich ist, können Java Programme auf unterschiedlichen Systemen ablaufen. Prinzipiell ist auch eine Portierung/Erstellung der .NET-VM (.NET-CLR) auf/für andere Betriebssysteme möglich und denkbar. Aktuell wird dies für LINUX in freien Projekten durchgeführt.

Auch die, für Grafikausgaben in vielen Beispielprogrammen dieses Buchs verwendete und im Zusatzmaterial (Datei `lcgi.pdf`) näher beschriebene, so genannte LCGI-Bibliothek kann als Beispiel für eine spezielle API-Bibliothek genannt werden. Da sie sowohl für Linux als auch für Windows verfügbar ist, können damit ablauffähige Programme für beide Systeme erstellt werden.

9.6 Besonderheiten bei Embedded Systems

An Embedded Systems wie Handys und allgemeine Steuerungssysteme werden, nicht nur bezüglich der Benutzerschnittstelle, teilweise andere Anforderungen gestellt als an PCs bzw. Workstations. Dies wirkt sich sowohl auf die benutzten Betriebssysteme, als nicht zuletzt auch auf die Art der Entwicklung von Programmen insgesamt aus. Weiterhin müssen in Embedded Systems meist auch mehr oder weniger harte Zeitbedingungen und Zeitgrenzen berücksichtigt werden, so dass dies sehr häufig so genannte Echtzeitsysteme sind und dann den Einsatz von möglichst echtzeitfähigen Betriebssystemen erfordern.

Echtzeitsysteme, Echtzeitbetriebssysteme

Nun bedeutet Echtzeitfähigkeit nicht unbedingt sehr schnelle Systeme, sondern heißt erst einmal nur, dass während des Betriebs zeitliche Grenzen und Randbedingungen existieren, die bereits bei der Entwicklung berücksichtigt werden müssen. Eine Verletzung von vorgegebenen Zeitgrenzen wird ebenso als Fehler betrachtet, wie ein logischer Fehler in einem üblichen System. (Ein Autopilot in einem Flugzeug, der die Bremsklappen zu spät anstellt, bewirkt ein Versagen des Bremsvorgangs ebenso wie bei einem zu geringem Anstellwinkel). Die Hauptforderung an Echtzeitsysteme und insbesondere an Echtzeitbetriebssysteme ist damit eine Rechtzeitigkeit und dazu möglichst genaue zeitliche Vorhersagbarkeit aller Aktionen und Dienste. Die Dienste von Echtzeitbetriebssystemen müssen bekannte und vorhersagbare Laufzeiten besitzen. Maßnahmen, die eine Leistungssteigerung im Mittel aber auf Kosten der Vorhersagbarkeit bringen, sind dabei meist wenig hilfreich.

Programm-Entwicklung als Cross-Entwicklung

Die Entwicklung von Programmen für μ-Controller in Embedded Systems erfolgt im Allgemeinen als so genannte *Cross Entwicklung*. Die Programm-Erstellung erfolgt dabei auf einem PC oder einer Workstation mit den üblichen Werkzeugen wie einem Editor, einem Dateisystem und weiteren X-Entwicklungswerkzeugen. Die entsprechenden X-Werkzeuge erzeugen den Maschinen-Code für einen anderen Prozessor als dem, auf dem sie laufen. Für eine Programm-Entwicklung werden mindestens Assembler, Linker und Programm-Lader benötigt. Für fast alle Controller und verschiedene Host-Systeme (Windows, Linux, ...) stehen heute auch C/C++-Compiler zur Verfügung, so dass die Programmierung nicht in Assembler, sondern in einer Hochsprache erfolgen kann. Meist wird der ANSI-C/C++ Standard unterstützt, manchmal auch nur mit eingeschränkten Bibliotheks-Funktionen.

Ablauf direkt aus ROM-Speicher (ROM-Fähigkeit)

Embedded Systems besitzen selten Sekundärspeicher mit einem Dateisystem, wie z. B. Festplatten, auf denen ablauffähige Programme als Dateien gespeichert und von dort bei Bedarf geladen und gestartet werden. In solchen Systemen werden Programme im Allgemeinen bereits in der Produktion an eine feste Adresse *gelinkt* bzw. *located*, dann in einen ROM-Speicher eingebracht und direkt aus diesem heraus zum Ablauf gebracht. Nur in seltenen Fällen wird ein im ROM abgelegtes Programm zum Ablauf in einen RAM-Speicher kopiert und zwar üblicherweise nur bei extremen Laufzeitanforderungen, da RAM-Speicher etwas kürzere Zugriffszeiten als ROM-Speicher besitzen.

Programme, die aus ROM-Speichern ablaufen, müssen ROM-fähig geschrieben werden, wobei die ROM-Fähigkeit letztlich durch die Art der Initialisierung von Variablen bestimmt wird. Prinzipiell kann eine Initialisierung von Variablen auf 2 Arten erfolgen, und zwar zur

- *Compilierzeit*: In diesem Fall setzt bereits der Compiler den Initialisierungswert an der entsprechenden Variablen-Adresse im Datenbereich, der beim Programmstart zusammen mit dem Code-Bereich in den Arbeitsspeicher geladen wird. Die Variable erhält den Initialisierungswert also beim Start des Programms durch das Laden (Kopieren) der Werte des Datenbereichs aus der ausführbaren Datei.

- *Laufzeit*: Für die Initialisierung wird ein Wertzuweisungs-Befehl erzeugt. Beim Programmablauf wird dieser vom Prozessor ausgeführt und damit der Wert an die Variable zugewiesen. Prinzipiell erfolgt diese Zuweisung jedesmal bei Ausführung des Befehls.

Da bei einem Programmablauf direkt aus einem ROM-Speicher das Laden von Daten aus einer ausführbaren Datei und damit das Setzen von Initialisierungswerten von Variablen entfällt, ergibt sich, dass ein Programm nur dann direkt aus einem ROM-Speicher fehlerfrei ablaufen kann und damit ROM-fähig ist, wenn alle Variablen nur zur Laufzeit initialisiert werden. Für die ROM-Fähigkeit muss also für jeden Initialisierungswert einer Variablen ein Wertzuweisungsbefehl erzeugt werden. In der Praxis wird dazu meist eine spezielle Initialisierungsfunktion, die beim Programmstart aufgerufen werden muss, eigens erstellt. Bei modernen Cross-Compilern für Embedded Systems kann auch mit speziellen Direktiven eine automatische Generierung einer solchen Funktion erreicht werden.

Generell sind Fehler bei der Initialisierung von Variablen, gerade in Embedded Systems, sehr häufig und schwer zu finden. Sie hängen von der Vorgeschichte ab, sind damit oft nicht einfach reproduzierbar und können sich auf verschiedenen HW-Platinen auch völlig unterschiedlich darstellen. Erwartet ein Programm beim Start z. B. einen positiven Initialisierungswert einer Variablen im RAM und bricht bei einem gefunden negativen Wert sofort ab, so sagt dies keineswegs, dass die HW-Platinen, auf denen das Programm nicht startet, einen HW-Defekt aufweisen, sondern kann eben auch auf einer fehlerhaften Initialisierung, d. h. auf einem SW-Fehler, beruhen.

Rechnernetze und das Internet

10

ÜBERBLICK

10.1 Rätsel: Synthetische Rätsel (1)

Lösungen

1. An einem abgelegenen Ort in Mexiko lebten die drei Grundbesitzer Pablo, Juan und Emilio. Pablo hatte drei Söhne, Juan vier und Emilio fünf. Sie teilten ihren Grundbesitz gleichmäßig unter ihren Erben auf. Pablos Grundstück hatte die Form eines gleichseitigen Dreiecks. Da er keinen seiner Söhne bevorzugen wollte, bat er den staatlichen Landvermesser, den Boden in drei Parzellen von genau der gleichen Größe und Form aufzuteilen. Diesen Auftrag konnte der Landvermesser erfüllen. Juan mit vier Söhnen hatte ein L-förmiges Grundstück, drei Viertel eines Quadrats. Nach langer Überlegung teilte es der Landvermesser in vier Teile von genau gleicher Größe und Form auf. Emilio schließlich, der Vater von fünf Söhnen, hatte ein quadratisches Grundstück. Er forderte den Landvermesser auf, es in fünf identische Teile aufzuteilen. Dem Landvermesser erschien die Aufgabe unlösbar (siehe auch links in Abbildung 10.1). Können Sie ihm helfen?
2. Sechs Geldstücke werden in zwei Reihen so auf den Tisch gelegt, dass in einer Reihe vier Münzen und in der anderen drei liegen (siehe auch in der Mitte von Abbildung 10.1). Die Geldstücke sollen so umgelegt werden, dass sich wieder zwei Reihen ergeben, die jeweils aus vier Münzen bestehen.
3. Die rechts in Abbildung 10.1 gezeigten neun Punkte sollen durch vier gerade Linien in einem Zug verbunden werden.
4. Wie jedes Jahr erwartet ein König, dass jeder seiner 30 Vasallen ihm 30 Goldmünzen abgibt. Er weiß jedoch, dass einer von ihnen die schlechte Angewohnheit besitzt, seine Schuld in Münzen von 9g statt, wie gefordert, in Münzen von 10g zu begleichen. Wird es dem König gelingen, mit einer einzigen Wägung den Schuldigen zu entlarven, um ihn zu enthaupten?

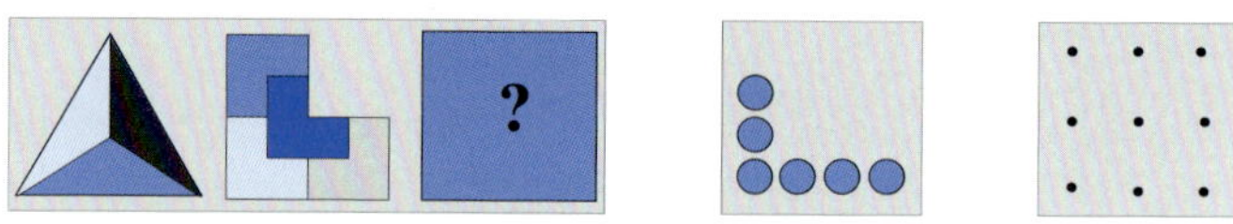

Abbildung 10.1: Bilder zu den ersten drei Rätseln

10.2 Grundlagen der Vernetzung von Rechnern

Rechner werden miteinander verbunden, um Daten schnell und direkt austauschen zu können. Physikalisch können zwei Rechner einfach über ein Kabel miteinander verbunden werden. Zur Übertragung von Daten müssen jedoch einige weitere Festlegungen getroffen werden, wie z. B.:

- Das Kabel soll je einen Draht für Hin- und Rückleitung und einen Draht für die Masseleitung aufweisen.
- Die Datenbits sollen durch Spannungspegel mit +12 V für 1-Bits und −12 V für 0-Bits gekennzeichnet werden.
- Jeweils 8 Bits (1 Byte) werden in einer Gruppe hintereinanderfolgend mit fest vorgegebener Geschwindigkeit übertragen.

- Der Anfang einer solchen Sequenz soll durch ein längeres „Startbit" und das Ende durch ein „Stopbit" gekennzeichnet werden.

Diese und weitere Festlegungen ermöglichen dann eine serielle Datenübertragung nach der so genannten RS232-Norm. Solche einfachen Datenübertragungen besitzen jedoch einige Nachteile, wie z. B.:

- Die Reichweite bei der Verwendung von Spannungspegeln ist sehr begrenzt (weniger als 100 m).
- Die Verbindung von vielen Rechnern über solche „Punkt zu Punkt"-Leitungen ist sehr aufwändig.

Den ersten Nachteil kann man überwinden, indem die Daten nicht als Spannungspegel, sondern „aufmoduliert" auf eine Wechselspannung übertragen werden. Der zweite Nachteil kann umgangen werden, indem nicht jeder Rechner einzeln mit jedem anderen verbunden wird, sondern nur mit einer einzigen Verbindung in ein Netzwerk der anderen Rechner eingebunden wird. In diesen Fällen sind – neben den oben bereits aufgezeigten – weitere Festlegungen erforderlich. In solchen Netzwerken sind dann unter anderem Festlegungen zu treffen bezüglich

Art des Übertragungsmediums, wie z. B. Koax- oder Twisted-Pair-Kabel, Lichtwellenleiter, Funkübertragung usw.

Topologie des Netzes, wie z. B. bus-, ring- oder sternförmige Verbindungen

Zugriffskontrolle auf das Übertragungsmedium zur Verhinderung gleichzeitiger Übertragungen; hier sind feste Zugriffszeiten möglich oder auch ein Zugriff bei Bedarf mit einer vorherigen Prüfung auf eine bereits laufende Übertragung

Art der Adressierung des Rechners im Netzverbund und der Adressierung einer spezifischen Anwendung auf einem Rechner

Möglichkeiten von Sicherheitsaspekten und der Identifikation von Teilnehmern

Abfolge und Bedeutung von Befehlen und Daten.

Mit Ausnahme der Hardware-orientierten- werden solche Festlegungen *Protokolle, Netzwerkprotokolle* oder *Kommunikationsprotokolle* genannt. Für ein vollständiges Netzwerkprotokoll ergibt sich somit eine Vielzahl von Festlegungen aus den unterschiedlichsten Bereichen. Eine Gliederung und Aufteilung der verschiedenen Festlegungen und Protokoll-Funktionen in einzelne, logisch zusammengehörige und überschaubare Schichten leistet nun einen erheblichen Beitrag zur besseren Übersicht und zum Verständnis. Ferner vereinfacht sie auch die Implementierung und Nutzung der Funktionen. Das bekannteste solche Netzwerk-Schichten-Model ist das ISO/OSI-Modell, das nun kurz erläutert werden soll.

10.3 Das ISO/OSI-Modell und Internet-Protokolle

Abbildung 10.2 zeigt links das siebenschichtige OSI-Modell (*Open Systems Interconnections*) für Computer-Kommunikation der ISO (*International Standards Organization*). Sowohl für Festlegungen von einer, als auch von mehreren Schichten wird häufig der Begriff „*Protokoll*" gemeinsam verwendet. Eine zu einem jeweiligen Protokoll gehörige Implementierung der verschiedenen Schichten wird dann „*Protokoll-Stapel*" (*protocol stack*) genannt. Nicht alle Stacks sind in der Praxis jedoch so mo-

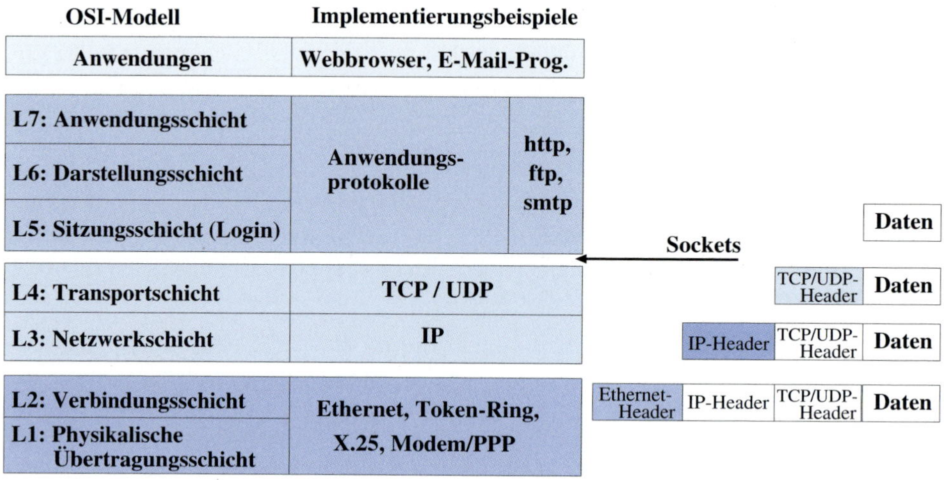

Abbildung 10.2: Das siebenschichtige OSI-Modell

dular und gemäß dem OSI-Modell aufgebaut, das prinzipiell davon ausgeht, dass einzelne Schichten fast beliebig ausgetauscht werden können. So werden in praktischen Implementierungen häufig einfachere Modelle mit weniger stark gegliedertem Aufbau verwendet. Vor allem die im Internet und zunehmend auch in LANs (*Local Area Networks*) verwendeten Protokolle der Internet-Protokollfamilie, von denen viele bereits einige Zeit vor der Definition des OSI-Modells erstellt wurden, gehen von einem einfacheren 4-Schichten-Modell aus, was die verschieden farbigen Blöcke in Abbildung 10.2 anzeigen. Für die Verbindung mit bzw. dem Zugang zu dem Netzwerk werden dabei keine eigenen speziellen Protokolle definiert. Diese ist über unterschiedlichste Medien wie z. B. über Ethernet, Funk (WLAN), Modem und Telefonleitungen usw. mit jeweils eigenen, speziellen Protokollen möglich. Die Netzwerkschicht wird von den IPv4- und IPv6-Protokollen bedient. Bei den Transportschichten kann man zwischen TCP und UDP wählen. Die später kurz beschriebenen Sockets bilden die Schnittstellen zwischen den Anwendungen (Benutzerprozessen) zur Transportschicht. Wichtig im Zusammenhang mit der Netzwerkprogrammierung ist die Transportschicht und hier insbesondere die TCP- und UDP-Protokolle, da die meisten Client-/Server-Anwendungen diese Protokolle verwenden. Diese beiden Protokolle verwenden nun ihrerseits das Netzwerkschichtprotokoll (IPv4 oder IPv6). Wird eine Nachricht über das Netzwerk versendet, so fügt beim Durchgang durch die drei unteren Schichten 2, 3 und 4 der Sender den Daten einen so genannten Header mit Kontrollinformation hinzu, der dann vom Empfänger in umgekehrter Reihenfolge ausgewertet wird (siehe auch rechts in Abbildung 10.2).

- Der TCP/UDP-Header enthält unter anderem die Portnummern der beiden kommunizierenden Prozesse.
- Der IP-Header enthält dabei unter anderem die Internet-Adresse des Sender- und Empfänger-Hosts sowie eine Kennung zum verwendeten Protokoll, damit die Daten an das entsprechende Modul weitergegeben werden können.

Die Anwendungsprotokollschichten bedienen spezielle Anwendungsprogramme wie Webbrowser und -server, E-Mail-Clients und -Server oder ftp-Programme zum Kopieren von Dateien, wobei sie üblicherweise in den Anwendungen mit enthalten sind. Die Gesamtheit der im Internet verwendeten Protokolle wird häufig auch einfach nach dem Namen der beiden wichtigsten Netzwerkprotokolle als *TCP/IP-Protokollfamilie* bezeichnet.

10.4 Internet-Protokolle in Rechnernetzen

10.4.1 Grundbegriffe zu TCP/IP-Netzen

Eine Kommunikation in einem Netzwerk findet üblicherweise zwischen Prozessen auf verschiedenen Rechnern, auch *Hosts* genannt, statt, wie in Abbildung 10.3 gezeigt. Im Allgemeinen bietet dabei ein Prozess auf einem fremden Rechner (*Server*) Dienste an, die ein Prozess (*Client*) auf dem lokalen Rechner in Anspruch nimmt.

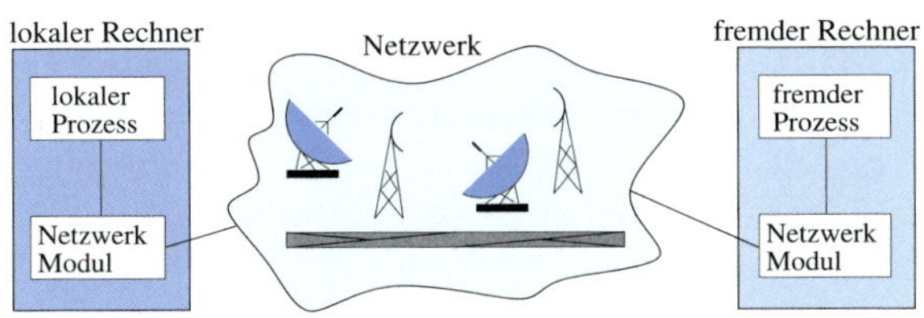

Abbildung 10.3: Das Kommunikationsmodell

Eine Netzwerkverbindung kann durch folgendes 5-Tupel charakterisiert werden:

(Protokoll, lokaler Host, lokaler Prozess, fremder Host, fremder Prozess)

Das Format der Host-Adressen und die Identifikation der kommunizierenden Prozesse wird durch das verwendete Protokoll definiert. In der TCP/IP-Protokollfamilie werden dabei Internet-Adressen und Portnummern verwendet, wie z. B.:

```
  IP−Nummer des lokalen Hosts IP−Nummer des fremden Hosts
                |                  |
(TCP,    196.8.79.22, 1078,     132.49.2.3, 21)
  |                   |                   |
  |           Portnummer lokaler Host   Portnummer fremder Host
  Protokollfamilie
```

IP-Nummern: Jeder Rechner im Internet benötigt eine eindeutige Nummer, unter der er für alle anderen Rechner im Internet erreichbar ist. Diese Nummer heißt IP-Nummer (nach dem *Internet Protocol*). Genauso wie eine Telefonnummer muss diese Nummer weltweit eindeutig sein, damit keine Adressierungskonflikte auftreten. Deswegen werden diese Nummern von internationalen Organisationen vergeben. Jeder, der eine eigene IP-Nummer im Internet haben möchte, um z. B. einen eigenen, weltweit erreichbaren Webserver zu betreiben, kann sich eine über seinen Internet-Provider bzw. über den *Network Information Center (NIC)* zuteilen lassen. Für private Benutzer oder kleine Firmen ist dies normalerweise nicht notwendig, da sie beim Zugang über den Internet-Service-Provider (ISP) automatisch Adressen zugewiesen bekommen.

IPv4-Nummern: IP-Nummern setzen sich beim IPv4 aus vier Zahlen zusammen, die durch einen Punkt voneinander getrennt sind, wie etwa `192.168.1.2`. Weltweit sind beim IPv4 nur IP-Nummern zwischen `0.0.0.0` und `255.255.255.255` erlaubt (255 = 0xFF entspricht 1 Byte). Damit ist es theoretisch möglich, über 4 Milliarden Rechner an das Internet anzuschließen. In Wirklichkeit sind es aber wesentlich weniger, da z. B. gewisse Nummern (wie etwa alle Nummern, die mit `.0` oder `.255 enden`) für bestimmte Zwecke reserviert sind. Der unglaubliche Internet-Boom in den letzten Jahren hat nun dazu geführt, dass IP-Nummern knapp geworden sind. Die nächste Version des Internet-Protokolls (IPv6) lässt nun wesentlich längere IP-Nummern zu. Allerdings lassen sich die Millionen von Rechnern im Internet nicht einfach mal so umstellen. Deswegen wird es noch eine Weile dauern, bis wieder genügend IP-Nummern verfügbar sind. In der Zwischenzeit gehen die Organisationen, die die IP-Nummern zuteilen, recht sparsam damit um.

IPv6-Nummern: Wie bereits zuvor erwähnt, werden bei IPv4 die IP-Nummern knapp, weswegen eine neue IP-Version 6 (IPv6) diese alte IP-Version ablösen soll. Bei IPv6 sind IP-Adressen nun 128 Bit (statt 32 Bit) lang, die man vollständig ausgeschrieben in acht durch Doppelpunkte getrennte Hexadezimalzahlen angibt, wie z. B.:

```
3ffe:675:53b:41:134:c35:ff:4
```

Um die Schreibweise zu vereinfachen, wurden folgende Regeln eingeführt:

Zusammenfassen von Nullen
Man kann für mehrere 0-Gruppen nur einen doppelten Doppelpunkt (::) angeben, wie z. B.:

Volle Schreibweise	Kurze Schreibweise
3ffe:353:0:0:0:0:0:1	3ffe:353::1
0:0:0:0:0:534:2c:a23	::534:2c:a23

IPv4-kompatible Adressen
Bei IPv4-kompatiblen Adressen in IPv6 sind die ersten sechs Gruppen `0`: `0:0:0:0:0:0:C206:AFFE` oder `::C206:AFFE`. Die beiden abschließenden Gruppen dürfen dabei aus Lesbarkeitsgründen statt hexadezimal auch dezimal angegeben werden, wie z. B.: `0:0:0:0:0:0:194.6.175.254` oder in Kurzschreibweise: `::194.6.175.254`. Weitere Informationen zu IPv6 findet man z. B. auf den folgenden Webseiten: http://www.ipv6.org/, http://www.ipv6forum.com/ und http://www.ipv6-net.de/

Loopback-Adresse (eigener Rechner): Für den eigenen Rechner (*Localhost*) ist folgende *Loopback-Adresse* vorgesehen: `127.0.0.1` (IPv4) bzw. `::1` (IPv6)

Statische IP-Nummern: Alle Rechner, die ständig mit dem Internet verbunden sind, benötigen eine so genannte statische IP-Nummer. Diese wird einmal zugeteilt, wenn der Rechner in Betrieb geht, und ändert sich dann nicht mehr.

Dynamische IP-Nummern: Im Gegensatz zu statischen IP-Nummern werden dynamische IP-Nummern jedes Mal, wenn man sich ins Internet einwählt, neu zugeteilt. Der Vorteil ist, dass z. B. ein Internet-Service-Provider nur noch so viele IP-Nummern braucht, wie Einwählleitungen zur Verfügung stehen, und nicht mehr so viele, wie es Benutzer gibt. Damit reduziert sich der IP-Nummern-Verbrauch ganz erheblich. Diese Zuteilung geschieht bei moderner Software vollautomatisch, ohne dass der Benutzer dies bemerkt. Dynamische IP-Nummern werden üblicherweise auch in großen lokalen Netzen verwendet. Dazu muss ein Rechner innerhalb des Netzes als so genannter *DHCP-Server (Dynamic Host Configuration Protocol)* konfiguriert werden. Jeder Rechner kontaktiert dann bei seiner Anmeldung an das Netz den DHCP-Server, um von diesem eine dynamische IP-Nummer zugeteilt zu bekommen. So kann das ganze Netzwerk zentral verwaltet werden und nicht jeder Rechner muss einzeln mit statischen IP-Adressen im Netzwerk integriert werden, was den Administrationsaufwand ganz erheblich reduziert.

Portnummern: Netzwerkverbindungen können gleichzeitig von mehreren Anwendungsprozessen genutzt werden. Zur Unterscheidung dieser Prozesse verwenden die Transportprotokolle TCP und UDP eine ganzzahlige 16-Bit-Portnummer. Die Internet-Protokolle legen nun zur Identifizierung bekannter Dienste eine Gruppe fester Portnummern fest, wie z. B. für Webserver die Portnummer 80 und für FTP-Server die Portnummer 21. Auf der Webseite von *IANA (Internet Assigned Numbers Authority)* `http://www.iana.org/assignments/port-numbers` kann eine Liste der aktuell zugeteilten Portnummern nachgeschlagen werden. Die Portnummern sind in drei Kategorien eingeteilt:

1–1023 — *bekannte (well-known) Portnummern* für Standardanwendungen, wie z. B. 21 für FTP-Server oder 80 für Webserver. Sie werden von IANA kontrolliert und zugewiesen. Sie können meist nur vom Administrator (Superuser) bzw. priviligierten Prozessen benutzt werden.

1024–49151 — *registrierte Portnummern*, die von IANA zwar nicht kontrolliert, aber registriert und gelistet werden. So sind z. B. die Ports 6000 bis 6063 sowohl bei TCP als auch bei UDP einem X-Window-Server zugeteilt.

49152–65535 — *dynamische oder private Portnummern*, über die IANA nichts festlegt. Sie werden oft auch als kurzlebige Portnummern bezeichnet, die vom System automatisch an Benutzerprozesse vergeben werden, die nicht auf eine bestimmte Portnummer angewiesen sind.

Netzwerkmaske und Broadcast-Adresse: Die Ausdehnung eines lokalen Netzes wird durch zwei so genannte Masken festgelegt. Umfasst das lokale Netz alle Nummern 192.168.1.n, dann wäre z. B. die zugehörige Netzwerkmaske 255.255.255.0 und die zugehörige Broadcast-Adresse 192.168.1.255.

Hostname oder Domainname: Einem Rechner ist in einem Netzwerk immer eine eindeutige Nummer zugeteilt. Da sich Menschen Nummern nicht so leicht merken können wie Namen, wird an die Nummern zusätzlich noch ein Name vergeben. Der aus Host- und Domainname zusammengesetzte Name identifiziert einen Rechner innerhalb eines Netzwerks, wie etwa `elefant.saugtier.network`.

Der Hostname (`elefant`) bezeichnet den einzelnen Rechner und der Domainname (`saugtier.network`) das Netzwerk, in dem sich der Rechner befindet. Hat man nur einen (nicht vernetzten) Rechner kann man für den Domainnamen zwei beliebige Namen verwenden. Wenn man für einen Internetanschluss einen weltweit gültigen Domainnamen haben möchte, bekommt man die erforderlichen Daten von seinem Internet-Provider, der über einen vollwertigen Internet-Anschluss verfügt, oder in Absprache mit dem NIC (*Network Information Center*; http://www.nic.de/).

Nameserver: Der Nameserver ist ein Rechner, der für die Umsetzung zwischen Rechnernamen und IP-Nummern zuständig ist. Bei kleinen Netzen sind lokale IP-Nummern meist in Form einer Tabelle in einer bestimmten Datei hinterlegt. Bei größeren Netzen, wie z. B. dem Internet, werden diese Daten dagegen meist in eigenen Datenbanken gehalten. Gibt man z. B. den Namen eines Servers in Finnland an, sucht der Nameserver in seiner Datenbank dessen IP-Adresse. Findet er den Namen dort nicht, kontaktiert er einen anderen Nameserver.

10.4.2 TCP/IP-Protokolle

Die TCP/IP-Protokolle wurden in den 1980er Jahren als Standard für das ARPANET definiert, aus dem das heutige Internet entstand. Kurz darauf wurden sie in BSD-Unix integriert, was zu ihrer schnellen Verbreitung führte. Die TCP/IP-Protokolle sind offene Standards, die unabhängig von der Hardware und Betriebssystemen sind; sie werden in so genannten *Request for Comments (RFC)* publiziert. Obwohl man diese Protokollfamilie mit „TCP/IP" bezeichnet, umfasst sie wesentlich mehr Elemente als TCP und IP. Nachfolgend werden einige wichtige kurz vorgestellt.

IPv4 (Internet Protocol, Version 4) und *IPv6 (Internet Protocol, Version 6)* IPv4 arbeitet mit 32-Bit-Adressen und wird seit den 1980er Jahren verwendet. IPv4 stellt den Vermittlungsdienst für TCP, UDP und ICMP zur Verfügung.

Bei IPv6 sind IP-Adressen nun 128 Bit (statt 32 Bit) lang. IPv6 stellt den Paketdienst für TCP, UDP und ICMPv6 zur Verfügung.

TCP (Transmission Control Protocol) ist ein so genanntes verbindungsorientiertes Protokoll, das einem Benutzerprozess einen zuverlässigen, Vollduplex-Bytestream zur Verfügung stellt. TCP impliziert z. B. Übertragungswiederholungen bei fehlerhaften Übertragungen, weshalb auch die meisten Internet-Anwendungen TCP benutzen. TCP kann sowohl IPv4 als auch IPv6 einsetzen.

UDP (User Datagram Protocol) ist ein verbindungsloses Transportprotokoll und ist anders als TCP ein unzuverlässiges Protokoll, da es nicht garantiert, dass die UDP-Datagramme ihren Adressaten auch erreichen. Wegen fehlender Quittierungsmechanismen ist es jedoch erheblich schneller als TCP und wird häufig auch für Broadcast-Nachrichten eingesetzt. UDP kann wie TCP sowohl IPv4 als auch IPv6 einsetzen.

ICMPv4 und ICMPv6 (Internet Control Message Protocol, Version 4 und 6) ICMPv4 unterstützt Fehler- und Steuerungsinformationen, welche üblicherweise von der TCP/IP-Software und nicht von Benutzerprozessen erzeugt werden. So arbeitet z. B. das `ping`-Programm mit ICMP.

ICMPv6 ist eine neuere Version als ICMPv4.

Wichtige Eigenschaften von Protokollen

Verbindungsorientierte oder verbindungslose Protokolle
: Bei verbindungsorientierten Protokollen (*connection-oriented*) wird zuerst – ähnlich wie beim Telefon – eine Verbindung zwischen zwei Endpunkten aufgebaut, bevor eine Kommunikation stattfindet. Andere Benutzer haben keine Möglichkeit, sich in eine so eingerichtete Verbindung zwischen zwei Teilnehmern hineinzudrängen. Protokolle, die ohne eine solche Verbindung zwischen zwei Endpunkten arbeiten, nennt man verbindungslose Protokolle (*connection-less*).

Sequencing
: Protokolle, die sicherstellen, dass die Daten in der gleichen Reihenfolge empfangen werden, in der sie gesendet wurden, bieten das so genannte Sequencing an.

Streaming-Protokolle oder paketbasierte Protokolle
: Streaming-Protokolle arbeiten mit einzelnen Bytes, wobei größere Bytefolgen in Blöcken zusammengefasst werden können. Paketbasierte Protokolle dagegen erlauben nur das Versenden und Empfangen von ganzen Datenpaketen. In den meisten Fällen ist eine Maximalgröße für die Pakete festgelegt.

Fehlerkontrolle (error control)
: Hierzu zählt man Protokolle, die Daten, welche während der Übertragung beschädigt wurden, automatisch verwerfen und erneut anfordern können.

Flusskontrolle
: Eine Flusskontrolle stellt sicher, dass der Sender die Daten nicht schneller schickt, als sie der Empfänger entgegennehmen kann.

halbduplex oder vollduplex
: Bei einer Halbduplex-Verbindung (wie z. B. einer Pipe) kann nur in eine Richtung übertragen werden, also entweder nur gesendet oder empfangen werden. Bei einer Vollduplex-Verbindung dagegen kann gleichzeitig in beide Richtungen übertragen werden, also sowohl gesendet als auch empfangen werden.

Von allen denkbar möglichen Kombinationen dieser Eigenschaften haben sich zwei Protokollarten durchgesetzt, die hauptsächlich von Anwendungen benutzt werden.

Stream-Protokolle: Stream-Protokolle sind Streaming-Protokolle mit Sequencing und Fehlerkontrolle, wie z. B. das TCP-Protokoll. TCP-Sockets sind ein Beispiel für Stream-Sockets.

Datagram-Protokolle: Diese Protokolle sind paketorientiert und bieten weder Sequencing noch Fehlerkontrolle. Ein oft benutztes Datagram-Protokoll ist UDP, was zur TCP/IP-Protokollfamilie gehört. Auf UDP baut z. B. das NFS-Protokoll auf. UDP-Sockets sind ein Beispiel für Datagram-Sockets.

Folgende Tabelle zeigt, über welche Eigenschaften die beiden Protokolle TCP und UDP verfügen:

TCP (Stream-Protokoll)	UDP (Datagram-Protokoll)
verbindungsorientiert	verbindungslos
Sequencing und zuverlässig	kein Sequencing und unzuverlässig
Streaming-Protokoll	paketbasiert
Fehler- und Flusskontrolle	keine Fehler- und keine Flusskontrolle
vollduplex	

Von einigen wichtigen Internet-Anwendungen verwendete Protokolle sind:

Anwendung	TCP	UDP	ICMP
SMTP (Simple Mail Transfer Protocol)	x		
Telnet,FTP (File Transfer Protocol)	x		
HTTP (HyperText Transfer Protocol)	x		
DNS (Domain Name System)	x	x	
NFS (Network File System)	x	x	
ping			x

Klassen von IPv4-Adressen und Netzmasken

Jeder Host (Rechner) im Internet hat eine Internet-Adresse, die sich im Falle einer IPv4-Adresse bei den ersten drei der Formate (in Abbildung 10.4) aus einer Netzwerk-ID und einer dazu relativen Host-ID zusammensetzt. Eine 32 Bit lange IPv4-Adresse hat eines der in Abbildung 10.4 gezeigten fünf Formate.

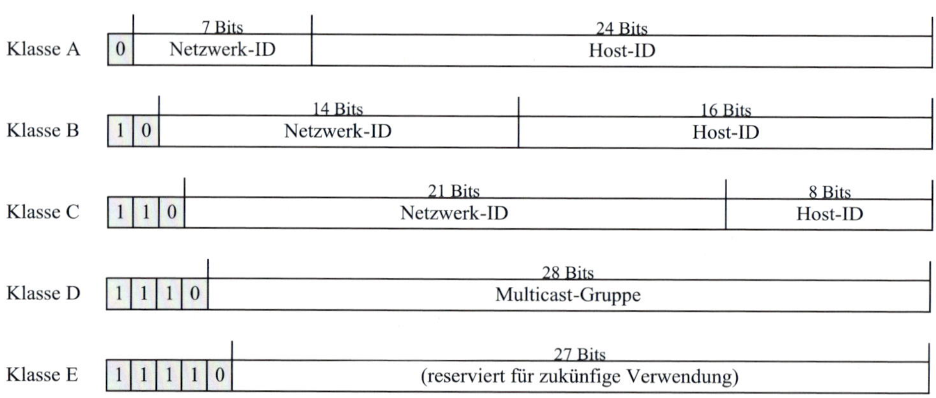

Abbildung 10.4: Klassen von IPv4-Adressen

Folgende Tabelle zeigt die Bereiche für die fünf Klassen von IPv4-Adressen:

Klasse	Bereich	verwendet für
A	**0**.0.0.0 – **127**.255.255.255	Netze mit vielen Hosts
B	**128**.0.0.0 – **191**.255.255.255	Netze mit mittlerer Anzahl von Hosts
C	**192**.0.0.0 – **223**.255.255.255	Netze mit wenigen Hosts
D	**224**.0.0.0 – **239**.255.255.255	für Sonderzwecke
E	**240**.0.0.0 – **247**.255.255.255	für Sonderzwecke

In manchen Situationen, wie z. B. bei der Einrichtung eines eigenen Netzwerks, benötigt man eine Netzmaske (*netmask*). Diese ist der Wert, mit dem man die IPv4-Nummer mittels bitweisem AND verknüpfen muss, um die Netzwerk-ID zu erhalten. Zur IPv4-Nummer `192.168.9.6` wäre z. B. die Netzmaske `255.255.255.0`:

IPv4-Nummer (hexadezimal):	`C0 A8 09 06`	(dezimal: 192.168.9.6)
Netzmaske (hexadezimal):	`FF FF FF 00`	(dezimal: 255.255.255.0)
Netzwerkadresse (hexadezimal):	`C0 A8 09 00`	(dezimal: 192.168.9.0)

Neben der Netzmaske gibt es auch noch Subnetzmasken (*subnet masks*). Bei Subnetzmasken beinhaltet die Host-ID in den vorderen Bits noch eine Subnetz-ID, deren Bits dann auch noch zur Netzmaske gehören. Wenn also Subnetzmasken verwendet werden, so unterscheidet sich die Netzmaske von den hier vorgestellten Netzmasken. Das begleitende Programm `netmask.c` klassifiziert die im Programm fest vorgegebenen IPv4-Adressen und gibt die zugehörige Netzmaske aus:

```
     IPv4-Adresse  | Klasse |        Netzmaske |
-------------------+--------+------------------+
    23.126.166.16  |      A |        255.0.0.0 |
        127.0.0.1  |      A |        255.0.0.0 |
   139.211.32.195  |      B |      255.255.0.0 |
      192.168.9.6  |      C |    255.255.255.0 |
   227.125.52.171  |      D |  255.255.255.255 |
    243.77.126.17  |      E |  255.255.255.255 |
```

IP-Nummern für lokale Netze und reservierte IP-Nummern

Auf Rechner in lokalen Netzen kann normalerweise nicht vom Internet aus zugegriffen werden, da drei IP-Nummernbereiche explizit für lokale Netzwerke reserviert sind:

`10.0.0.0 - 10.255.255.255` (Klasse A; 1 Netz; Netzmaske 255.0.0.0)
: Dieser reservierte Bereich ermöglicht es großen Firmen, ein großes lokales Netz (mit bis zu 16 Millionen Rechnern) zu betreiben.

`172.16.0.0 - 172.31.255.255` (Klasse B; 16 Netze; Netzmaske 255.255.0.0)
: Bei diesem Bereich sind 16 Teilnetze mit jeweils ca. 65.000 Adressen (z. B. 172.25.0.0 bis 172.25.255.255) möglich.

`192.168.0.0 - 192.168.255.255` (Klasse C; 256 Netze; Netzmaske 255.255.255.0)
  Bei diesem Bereich sind 256 kleine Teilnetze mit jeweils 256 Adressen (z. B. 192.168.99.0 bis 192.168.99.255) möglich.

Innerhalb eines lokalen Netzes sollten IP-Nummern aus diesen drei Zahlenbereichen verwendet werden, um sicherzustellen, dass es zu keinen Konflikten mit IP-Internet-Adressen kommt. Als private Adressen sind die IP-Nummern von `192.168.0.0` bis `192.168.255.255` zugelassen. Diese können und dürfen nicht direkt im Internet verwendet werden, sondern müssen durch entsprechende *Router* in eine öffentliche IP-Adresse umgesetzt werden. Sie finden z. B. für dynamische IP-Adressvergaben durch Internet-Provider-Firmen Verwendung. Über solche Router können ganze Unternetzwerke einfach an das Internet angebunden werden. Der Wert `127.0.0.1` ist die *Loopback*-Adresse zur lokalen Verwendung und Adressierung auf einem Rechner mit dem Namen *localhost*. Es gibt auch eine große Zahl von reservierten IP-Nummern, die für spezielle Anwendungen reserviert sind, wie z. B.:

Klasse	reservierter Bereich			Netzmaske	Anwendung
A	4.0.0.0	–	4.255.255.255	255.0.0.0	Atlantic Satellite Network
A	44.0.0.0	–	44.255.255.255	255.0.0.0	Amateur Radio
B	128.14.0.0	–	128.14.255.255	255.255.0.0	BBN SATNET Test Net
C	192.5.8.0	–	192.5.8.255	255.255.255.0	University of Washington
...	...	...	...	...	...

Einige einfache Anwendungen, vor allem zu Test- und Diagnosezwecken, werden auch bei der Installation eines TCP/IP-Protokolls automatisch installiert:

`ping` *`hostname`* oder `ping` *`IP-Nummer`*
  dient zum Test der TCP/IP-Installation und des Netzes, wie z. B.:

```
ping 192.168.69.2
PING 192.168.69.2 (192.168.69.2) 56(84) bytes of data.
64 bytes from 192.168.69.2: icmp_seq=1 ttl=128 time=0.219 ms
64 bytes from 192.168.69.2: icmp_seq=2 ttl=128 time=0.169 ms
64 bytes from 192.168.69.2: icmp_seq=3 ttl=128 time=0.220 ms
Strg-C    [Drücken der Taste C bei gedrückter Strg-Taste -> Programmabbruch]
--- 192.168.69.2 ping statistics ---
3 packets transmitted, 3 received, 0% packet loss, time 2000 ms
rtt min/avg/max/mdev = 0.169/0.202/0.220/0.028 ms
```

`telnet` *`hostname portnr`* oder `telnet` *`IP-Nummer portnr`*
  ermöglicht den Aufbau einer, auch allgemein nutzbaren, Terminalverbindung. Auf Servern ist z. B. üblicherweise unter Port 7 ein so genannter *echo*-Dienst erreichbar. Startet man das `telnet` auf einem Client mit einem Server-Namen oder Server-IP-Nummer und der Portnummer 7 werden alle Eingaben am lokalen Rechner dann vom *echo*-Dienst des Servers zurückgesendet.

10.5 Hubs, Switches, Router und Gateways

Je nach gewählter Netztopologie müssen einzelne Rechner oder Netzwerke zu größeren Einheiten zusammengeschaltet werden. Dazu werden spezielle Geräte, die wie Mehrfachverteiler wirken und in der Praxis meist 4, 8, 16 oder mehr Verteiler-Ports besitzen, benötigt. Je nach Einbeziehung von entsprechenden OSI-Schichten sind allerdings verschiedene solche Verteiler zu unterscheiden.

Hubs erlauben eine einfache Verbindung von Netzwerkteilnehmern auf der untersten OSI-Netzwerkebene 1 (Hardware). Sie sind einfache (elektrische) Verteiler. An einem Port eintreffende Netzwerknachrichten werden entsprechend vervielfacht an alle anderen Ports weitergeleitet.

Switches arbeiten bis zur Netzwerkebene 2 und sind vergleichbar zu Hubs mit zusätzlichen Funktionen, so dass man sie als *intelligente Hubs* bezeichnen kann. An einem Port ankommende Nachrichten werden anhand einer intern aufgebauten Tabelle, beruhend auf Layer-2-Adressen nur an bestimmte Ports weitergeleitet. Im Fall von Ethernet erlaubt ein Switch den Betrieb eines „switched Ethernets“, bei dem Kollisionen und damit verbundene Verzögerungen von Nachrichten, wie sie bei einem Betrieb von mehreren Stationen an einem einzigen Bus-Kabel unvermeidlich sind, vermieden werden können, da jeder Rechner ein eigenes Kabel zum Switch besitzt. Dabei entsteht ein Netzwerk mit Stern-Topologie.

Router arbeiten bis zur Netzwerkebene 3 und dienen zur Verbindung von Netzwerken mit gleichen Netzwerkprotokollen. Anhand einer internen Routing-Tabelle werden Nachrichten an die richtigen Adressaten der Schicht 3 weitergeleitet. Ein Router mit integriertem 4-Port-Switch kann z. B. verwendet werden, um mehrere Rechner eines kleinen Home-LANs mit dem Internet zu verbinden, wobei nur eine einzige öffentliche IP-Adresse benötigt wird, da die Rechner im LAN mit privaten IP-Adressen arbeiten können.

Gateways dienen üblicherweise zur Verbindung von Netzwerken mit unterschiedlichen Protokoll-Stacks. Sie arbeiten bis zur Ebene 7 und können eine Netzwerknachricht über alle Schichten eines bestimmten Protokoll-Stacks in eine Nachricht eines anderen Protokoll-Stacks umsetzen.

10.6 Grundlagen der Socket-Programmierung

Wie bereits in Abbildung 10.2 gezeigt, sind Sockets die Schnittstellen zwischen den Anwendungen (Benutzerprozessen) und der Transportschicht. Aus Programmierersicht sind lediglich die Sockets und nicht die darunterliegenden Schichten im ISO/OSI-Modell von Wichtigkeit, denn die Sockets spielen die entscheidende Rolle in der Netzwerkprogrammierung. Im Zusatzmaterial werden die Grundlagen für die Socket-Programmierung kurz vorgestellt.

10.7 Verteilte Anwendungen

Neben dem einfachen Austausch von Daten in Form von Nachrichten, wie über die Socket-Schnittstelle möglich, erhalten *verteilte Anwendungen*, d. h. aufgeteilte

Programme, die über das Netzwerk verteilt sind und darüber interagieren, eine zunehmende Bedeutung. Grundlage solcher Überlegungen und Vorgehensweisen sind Schichten-Modelle von Anwendungen, so genannte *Multi-Tier-Modelle*. Prinzipiell kann man in Software-Anwendungen mindestens drei voneinander trennbare Funktionseinheiten unterscheiden, und zwar die

- Benutzeroberfläche
- Programmlogik
- persistente Datenspeicherung bzw. Datenhaltung.

Nach dieser Aufteilung kann man nun herkömmliche monolithische Anwendungen, die diese drei Funktionalitäten in einer einzigen ausführbaren (*executable*) Einheit beinhalten und damit auch als ein Programm auf einem Rechner ablaufen müssen, von so genannten *2-Schicht- bzw. 3-Schicht-Anwendungen* unterscheiden, bei denen einzelne dieser Funktionen jeweils auf unterschiedlichen Rechnern ablaufen und über Netzwerke interagieren. Solche verteilten Anwendungen bieten Vorteile wie:

- Die Funktionalität bzw. Logik von *Softwarekomponenten* kann vielen Clientrechnern gleichzeitig zur Verfügung gestellt, aber dennoch zentral von einem Serverrechner angeboten und auch zentral gewartet werden.
- Besonders rechenintensive Funktionen können auf einem leistungsfähigen Server durchgeführt werden oder auch auf mehrere Serverrechner aufgeteilt, und die Ausführungen so parallelisiert werden, so dass die Programme schneller ausgeführt werden.
- Wichtige Funktionalität können mehrere Server redundant anbieten.
- Auch bei großer, umfangreicher Software ist auf den Client-Rechnern jeweils nur ein kleines, spezielles Programm zu installieren. Solche Rechner werden dann häufig auch als *Thin Clients* bezeichnet.

Voraussetzung für eine einfache Erstellung solcher verteilter Anwendungen ist, dass von den Anwendungsprogrammen Informationen mit einem entfernten Rechner nicht nur über den Austausch von Nachrichten übertragen werden können, sondern dass eine Zusammenarbeit mit den anderen Programmteilen in Form von Funktions- bzw. Methodenaufrufen auf entfernten Rechnern, einschließlich Transport und Rücktransport von Aufrufparametern, ermöglicht wird. Die Unterstützung sollte dabei auf einfache Weise und für die Anwendung weitgehend transparent erfolgen, d. h., sie sollte nichts von einem dazwischenliegenden Netzwerk wissen müssen.

Eine der ersten und ältesten Methoden zur Realisierung verteilter Anwendungen ist die *Remote Procedure Call* (*RPC*)-Technologie, die es Programmen ermöglicht, Funktionen auf entfernten Rechnern praktisch genauso wie lokale Funktionen aufzurufen. Die Umsetzung des Funktionsnamens und der Funktionsparameter in eine Netzwerknachricht und zurück wird dabei von einer speziellen RPC-Software durchgeführt. Mit der zunehmenden Verbreitung und Verwendung objektorientierter Programmiersprachen waren und sind jedoch nicht mehr nur einfache Funktionsaufrufe, sondern Zugriffe auf Objekte bzw. auf so genannte „Komponenten“, die aus mehreren Objekten bestehen können, gefragt.

Für Software, die dazu dient, verteilte „Komponenten“ transparent für die Anwendungssoftware zu verbinden, ist der Begriff *„Middleware“* gebräuchlich. Unter anderem soll damit ausgedrückt werden, dass solche Software in der Mitte zwischen

Betriebssystem- und Anwendungssoftware anzusiedeln ist. Diese Software setzt üblicherweise oberhalb der OSI-Schicht 4 auf der Socket-Schnittstelle auf und bietet dann auch Funktionen der OSI-Anwendungsschichten 5 bis 7 an. Durch die Verwendung von Middleware kann ein Netzwerk-Zugriff für die Anwendung völlig transparent abgehandelt werden, d. h., die Anwendung kann beispielsweise Zugriffe auf bzw. Methodenaufrufe für ein Objekt im Netzwerk genauso wie für ein lokales Objekt durchführen. Die Umsetzung von Objekt-Zugriffen bzw. Funktions- oder Methodenaufrufen in Netzwerknachrichten und zurück wird automatisch durch die Middleware durchgeführt. Die Middleware realisiert praktisch das Konzept eines Software-Busses, mit dem beliebige Programmkomponenten verbunden werden können.

Middleware-Technologien und entsprechende unterstützende Software werden von vielen verschiedenen Firmen angeboten. Als bekannteste Produkte können beispielsweise genannt werden:

- *CORBA* (*Common Object Request Broker Architecture*)
  Dies ist ein von der *OMG* (*Object Management Group*) definierter, sprachen-, hersteller- und systemunabhängiger Standard zur Erstellung von verteilten Anwendungen.
- *DCOM/COM+ (Distributed Component Object Modell)* und *.NET*
  Dies sind Technologien von Microsoft zur Erstellung verteilter Anwendungen. Die neueste Technologie *.NET* enthält die bereits erwähnte Sprache C# und eine umfangreiche Klassenbibliothek.
- *RMI (Remote Method Invocation)*
  Dies ist eine Technologie von Java zur Erstellung verteilter Anwendungen.

Für weitere Informationen zu diesem Themengebiet sollte der Leser entsprechende Spezialliteratur zu Rate ziehen.

10.8 Das World Wide Web (WWW)

Das *World Wide Web* (oder auch kurz *WWW* bzw. *Web*) ist ein über das Internet abrufbares so genanntes *Hypertext-System*[1]. Hierzu benötigt man einen *Webbrowser*, um Daten von einem *Webserver* anzufordern und am eigenen Bildschirm anzuzeigen. Das WWW wird oft fälschlicherweise mit dem Internet gleichgesetzt, obwohl es – neben E-Mail, FTP und vielen anderen, auch proprietären Diensten – nur eine mögliche Nutzung des Internets darstellt.

10.8.1 Komponenten und Konzepte des WWW

Das Grundkonzept des WWW, das 1989 am CERN in Genf von Sir Timothy John Berners-Lee entwickelt wurde, ist ein Client-Server-Konzept, bei dem die *Webserver* Informationen zum Abruf bereitstellen und *Clients* diese von den Servern abrufen. Ein Webserver hat zwei Aufgaben: Zum einen hält er Informationen in Form von HTML-Dokumenten zum Abruf bereit, zum anderen bearbeitet der Server die Anfragen von Clients und schickt ihnen dann die angeforderten Informationen.

1 Ein Hypertext-System ist ein System, in dem Dokumente durch Verweise (Links) miteinander verknüpft werden, so dass sich ein verzweigtes System an hinterlegten Daten bildet. Das Hypertext-System im WWW beruht auf der *HyperText Markup Language* in Form von HTML-Dokumenten mit Formatierungsanweisungen und Querverweisen in Form von *Hyperlinks*.

Web-Clients, auch *Webbrowser* genannt, sind z. B. Programme wie Google Chrome, Mozilla Firefox, Microsoft Internet Explorer bzw. Edge, Apple Safari, Opera usw. Solche Webbrowser senden entsprechende Anforderungen (*Requests*) an einen angewählten Webserver, nehmen dann die vom Webserver geschickten Informationen entgegen und stellen diese entsprechend der empfangenen Anweisungen grafisch am lokalen Rechner dar. Die Darstellung von Webseiten liegt ausschließlich in der Verantwortung des eingesetzten Browsers. Dabei wird inzwischen weitgehend das Konzept der Trennung von Inhalt, Darstellung und Logik angewandt. Der Inhalt bzw. die Information wird in HTML-Dokumenten, die Darstellung in CSS-Anweisungen und die Logik in JavaScript-Code beschrieben, wie im folgenden noch weiter ausgeführt wird.

Um eine möglichst identische Darstellung der HTML- und CSS-Anweisungen auf verschiedenen Geräten und Browsern zu erreichen, werden diese als Standard definiert. Für HTML und CSS und weiteren Technologien im Bereich des WWW ist das *World Wide Web Consortium* (W3C) seit 1994 für die Standardisierung verantwortlich. Der aktuelle HTML-Standard ist Version 5 (HTML5.2), der aktuelle CSS-Standard ist Version 3 (CSS3).

Das WWW basiert auf fünf nachfolgend kurz vorgestellten Grundkomponenten sowie etlichen weiteren optionalen Erweiterungen.

URI – Die einheitliche Adressierung im Internet

URI (*Uniform Resource Identifier*) ist ein allgemein gehaltenes Konzept einer einheitlichen Adressierung beliebiger Ressourcen des Internets. Unter Ressource versteht man dabei ein Objekt, das sich irgendwo im Internet befinden kann. Dies kann z. B. eine Datei, eine Datenbank, ein Newsartikel oder eine Telnetsitzung auf einem beliebigen Rechner sein. Das WWW hat somit die Philosophie, dass sich alles, was existiert, auch adressieren und darstellen lässt.

URIs können ihrerseits wiederum in URNs (*Uniform Resource Names*) und URLs (*Uniform Resource Locators*) unterschieden werden, wobei man es im WWW meist nur mit URLs zu tun hat.

Eine URL setzt sich aus einem protokollspezifischen und einem allgemeinen Teil zusammen. Im protokollspezifischen Teil der URL wird beispielsweise das Namensschema des Objekts (üblicherweise Protokoll-Namen wie http, https, ftp, ...) beschrieben, während der allgemeine Teil das entsprechende Objekt selbst adressiert.

HTTP – Das Kommunikationsprotokoll

Das *HyperText Transfer Protocol* (HTTP), das ein Anwendungsprotokoll ist, definiert, wie Webserver und Webbrowser untereinander kommunizieren. Das Protokoll selbst ist relativ einfach gehalten, um den Webserver möglichst wenig zu belasten. Die Kommunikation selbst setzt ein Transportprotokoll wie TCP/IP voraus. Eine Kommunikation über HTTP ist immer gleich aufgebaut (siehe auch Abbildung 10.5):

1. Aufbau der Verbindung mittels TCP/IP zum gewünschten Webserver.
2. Anfordern der gewünschten Informationen über die aufgebaute Verbindung.
3. Antwort des Servers, also die Übersendung der angeforderten Informationen.
4. Abbau der Verbindung nach der Datenübertragung.

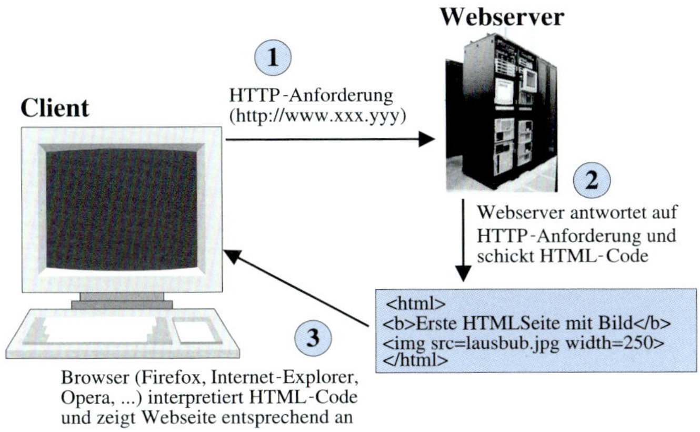

Abbildung 10.5: Kommunikation zwischen Web-Client und Webserver

Neben dem einfachen Protokoll existiert noch die verschlüsselte Variante *HTTPS*, die als Sitzungsprotokoll TLS (*Transport Layer Security*) benutzt und damit eine verschlüsselte Verbindung zwischen Server und Client aufbaut. Dafür müssen Webserver ein Sicherheitszertifikat zur Verfügung stellen, das von einer Zertifizierungsstelle (*Certificate Authority*, CA) ausgestellt wurde. Eine HTTPS-Verbindung bietet eine Verschlüsselung der Daten und sichert die Datenintegrität (d. h., die Daten können bei der Übertragung nicht unbemerkt verändert werden) sowie die Authentizität des Servers bzw. der Daten. Dieses Protokoll wird inzwischen fast ausschließlich verwendet, insbesondere bei Webseiten, die kommerzielle oder sicherheitsrelevante Inhalte haben oder z. B. passwortgeschützt sind. Das eigentliche Anwendungsprotokoll ist bei HTTPS identisch zu HTTP.

HTML – Die Auszeichnungssprache für WWW-Dokumente

HTML wurde speziell für das WWW entwickelt und ist das klassische Dokumentenformat im Web. Das Besondere an HTML sind die so genannten *Hyperlinks*, also Verweise zu anderen Dokumenten, die sich auf beliebigen Rechnern in der Welt befinden können und die man sich mit einem Mausklick auf einen solchen Hyperlink am eigenen Rechner anzeigen lassen kann.

CSS – Die Darstellungsbeschreibung von WWW-Dokumenten

Während HTML den Inhalt eines WWW-Dokuments beschreibt (also Texte, Tabellen, Abbildungen etc.), definieren *Cascading Style Sheets* (CSS) die grafische Darstellung dieser Inhalte. Dies umfasst unter anderem Textformatierungen wie Schriftart, -größe und -farbe, aber auch Hintergrundfarben, Innen- und Außenabstände von verschiedenen Elementen eines HTML-Dokuments sowie Animationen. Das ermöglicht die Trennung von *Inhalt* und *Darstellung* innerhalb eines Dokuments.

JavaScript – Die Programmiersprache für WWW-Dokumente

HTML und CSS erlauben nur eine statische Darstellung (abgesehen von fest definierten CSS-Animationen). Um Inhalte dynamisch zu gestalten und auf Nutzereingaben schneller regieren zu können, kann *JavaScript* genutzt werden. Mit JavaScript können während der Laufzeit dynamisch Inhalte des dargestellten Dokuments manipuliert werden sowie bei Bedarf im Hintergrund weitere Daten von Webservern nachgeladen werden.

Weitere Standards

Darüber hinaus wurden im Lauf der Zeit noch weitere Standards definiert, die im WWW genutzt werden können. Auch wenn sie in dieser Auflage des Buches nicht weiter erklärt werden, seien die bekanntesten der Vollständigkeit halber hier erwähnt. Dazu zählen u. a.:

Cookies und *Web Storage* sind Techniken, mit denen auf dem lokalen Rechner des Benutzers Daten gespeichert werden können. Diese Funktion wird oft genutzt, um Benutzer beim Server später wieder identifizieren zu können, z. B., ob sie auf einer Website erneut eingeloggt sind.

Websockets ist ein Protokoll, das dem Webserver ermöglicht, Benachrichtigungen an Nutzer zu initiieren ("push"), wodurch Inhalte von HTML-Dokumenten nicht mehr nur auf direkte Nachfrage des Clients ("pull"), sondern auch vom Server aktualisiert werden können.

WebGL ist eine Schnittstelle, die die effiziente Darstellung und das Rendering[2] von 3-D-Grafiken mittels JavaScript und der Grafikkarte des Nutzers ermöglicht.

10.8.2 Einführung in HTML

Statische Dokumente, die über das WWW dargestellt werden und keine Interaktion mit dem Benutzer ermöglichen, sind in der Sprache HTML (*HyperText Markup Language*) geschrieben. HTML ist keine Programmiersprache im üblichen Sinn, sondern vielmehr eine Auszeichnungssprache (*Markup Language*) für die darzustellenden Informationen und ihren (hierarchischen) semantischen Aufbau. Auf diese Weise kann Text in Kapitel, Unterkapitel, Paragraphen etc. eingeteilt werden. Da HTML keine Programmiersprache ist, können unter anderem keinerlei Berechnung, Abfragen oder Schleifen durchgeführt werden.

Der Inhalt von WWW-Dokumenten wird mittels HTML-Elementen semantisch strukturiert. Diese werden über so genannte Tags identifiziert. HTML-Elemente bestehen üblicherweise aus einem Start- und Endtag mit optionalem Inhalt zwischen diesen.

- Die Tags setzen sich hierbei aus einem Schlüsselwort innerhalb von spitzen Klammern zusammen (z. B. `<html>`).
- Bei Endtags ist dem entsprechenden Schlüsselwort ein Slash vorangestellt (z. B. `</html>`).
- Bei HTML-Tags wird nicht zwischen Groß- und Kleinschreibung unterschieden; als Standard hat sich Kleinschreibung durchgesetzt.

2 Rendern oder Bildsynthese bezeichnet in der Computergrafik die Erzeugung eines Bildes aus Rohdaten. Rohdaten können geometrische Beschreibungen im 2-D- oder 3-D-Raum, SVG (*Scalable Vector Graphics*) etc. sein.

- Tags können direkt nach dem Schlüsselwort noch zusätzliche Attribute (und teilweise mit dazugehörigem Wert) zugewiesen werden (z. B. bei Grafiken der Pfad zur Bilddatei: `<img src="bild.jpg" >`).
- Bei Tags, die keinen eigenen Inhalt besitzen können (z. B. `<img>`, `<br>`), kann auf die Angabe des Endtags verzichtet werden.

Ein HTML-Dokument nach dem aktuellen Standard HTML5 beinhaltet mindestens folgende Elemente:

- eine Doctype-Angabe (`<!DOCTYPE ...>`), die Informationen über den Dokumententyp enthält;
- ein `<html>...</html>`-Tag-Paar, das den Inhalt des WWW-Dokuments umschließt und folgende zwei Abschnitte enthält:
  einen `<head>...</head>`-Bereich, der überwiegend Metadaten bzw. für den Nutzer nicht direkt sichtbare Dokumenteninformationen enthält (z. B. Encoding, Sprache, Seitentitel, Darstellungsanweisungen usw.);
  den `<body>...</body>`-Abschnitt, der den für den Nutzer direkt sichtbaren Teil eines WWW-Dokuments enthält (Überschriften, Texte, Grafiken usw.).

Listing 10.1: `HtmlErsteWebs.htm`

```
<!DOCTYPE html>
<html>
  <head>
    <meta charset="UTF-8">
    <title>Mein erstes HTML-Dokument
    </title>
  </head>
  <body>
    <h1>Überschrift</h1>
    <p>Erster Absatz und ganz viel Text:
    Wenn ich diese Datei, in der sich dieser
    Text befindet, im Browser öffne, sind
    die eingefügten Teilumbrüche
    verschwunden.
    Ende.</p>
    <p>Zweiter Absatz</p>
  </body>
</html>
```

Abbildung 10.6: `HtmlErsteWebs.htm`: Beispiel eines HTML-Dokuments

Öffnet man dieses HTML-Dokument aus Abbildung 10.6 im Webbrowser, so fallen folgende Punkte auf:

- HTML-Anzeigen haben, wenn dies nicht explizit angegeben wird, keine festen Seitenlängen und Zeilenbreiten, wie in Abbildung 10.6 zu sehen ist. Der Browser bestimmt selbst, wie lang eine Zeile sein darf und bricht den Text entsprechend um. Ändert man z. B. die Größe des Fensters rechts, dann passt der Browser den Text automatisch an die neue Fensterbreite an.

- In einer HTML-Datei angegebene Leerzeilen, Leerzeichen und Zeilenumbrüche werden vom Browser einfach ignoriert; sie werden jeweils durch ein Leerzeichen ersetzt. Formatierungen wie Zeilenumbrüche werden in HTML über weitere Elemente (z. B. `<br>`) ausgelöst.
- Überschriften werden anders dargestellt als normaler Text.

Attribute

Neben dem eigentlichen Tag-Namen erlaubt HTML bei den meisten Elementen noch die Zuweisung so genannter Attribute. Diese erlauben die Definition zusätzlicher Informationen für das entsprechende Tag. Die hier aufgeführten Informationen sind nur ein kleiner Ausschnitt möglicher Attribute. Für eine Gesamtübersicht sollte der aktuelle HTML-Standard bzw. eine entsprechende HTML-Referenz verwendet werden.

Ein populäres Beispiel für Attribute ist, neben `src=`, der Alternativtext für Grafiken `alt=`. Dies ist vor allem für Personen mit Handicap hilfreich, die einen Screenreader nutzen. Weitere Attribute sind `href=` für Verweise auf Dokumente oder auch der so genannte Tooltip `tooltip=`. Hiermit kann ein Text festgelegt werden, der erscheint, wenn der Nutzer mit der Maus über das Element fährt.

```
<img src="bild.jpg" alt="Foto des Buches Grundlagen der Informatik">

<a href="https://de.wikipedia.org/wiki/Informatik" tooltip="Mehr Informationen auf *
                                                   *Wikipedia">Informatik</a>
```

Abschließend sollten noch Klassen und IDs erwähnt werden. Zwar bieten diese keine direkte Information für den Webseitennutzer, jedoch ermöglichen sie das Festlegen von zusätzlichen Identifikatoren für das entsprechende Tag/Element. Diese werden später für die Elementauswahl bei der Definition des Layouts per CSS (siehe Kapitel 10.8.3) oder bei der Logikprogrammierung per JavaScript (siehe Kapitel 10.8.5) wichtig.

Über das `class=`-Attribut können eine oder auch mehrere Klassen pro Tag festgelegt werden. Eine Klasse kann beliebig vielen Elementen zugewiesen werden. Über das `id=`-Attribut kann eine ID zugewiesen werden. IDs müssen hierbei einzigartig sein und dürfen entsprechend immer nur einem Element innerhalb des gleichen HTML-Dokuments zugewiesen werden.

```
<img id="einzigartigeID" class="Klassenname1 Klassenname2" src="bild.jpg" alt="Foto des *
                                                   *Buches Grundlagen der Informatik">

<a class="Klassenname1" href="https://de.wikipedia.org/wiki/Informatik"
   tooltip="Mehr Informationen auf Wikipedia">Informatik</a>
```

Sonderzeichen und Kommentare

Wird im `head`-Bereich des HTML-Dokuments kein UTF8-Encoding (`<meta charset="UTF-8">`) definiert (siehe Abbildung 10.6), dann müssen Sonderzeichen, wie beispielsweise Umlaute, als so genannte *Entities* eingegeben werden.

- Sonderzeichen sind entweder als Unicode-Codepunkte (z. B. `”`) oder als Name (z. B. `ö`) im HTML-Dokument anzugeben.
- Ein solcher „Sonderzeichen-Ausdruck" muss immer mit einem &-Zeichen beginnen und mit einem Semikolon abgeschlossen werden.

Folgende Tabelle zeigt die Kodierungen der wichtigsten Sonderzeichen in HTML:

Zeichen	Code	Zeichen	Code	Zeichen	Code
Ä	Ä	ä	ä	Ö	Ö
ö	ö	Ü	Ü	ü	ü
ß	ß	"	"	Leerzeichen	(*non-breakable space*)
<	<	>	>	&	&

Im **MyLab | Grundlagen der Informatik** wird mit einer HTML-Datei `sonderzeich.htm` ein Demonstrationsbeispiel zu diesen Sonderzeichen gegeben.

Zu beachten ist, dass die Zeichen `<`, `>` und `&` *immer* über die oben angegebenen Entities eingegeben werden, da diese Zeichen in HTML für den Start von HTML-Tags oder Entities benutzt werden. Zwar ist es in HTML5 möglich, in einigen Fällen diese Zeichen direkt in das Dokument zu schreiben, wir empfehlen jedoch weiterhin die Nutzung von Entities, um Parsingfehler durch den Browser zu vermeiden.

Neben reinen Steueranweisungen ist es auch möglich, Kommentare in HTML-Dokumenten anzugeben. Kommentare dienen der Information des Programmierers und werden vom Browser überlesen. Kommentartexte werden mit dem Tag `<!--` eingeleitet und mit `-->` beendet. Ein Kommentartext darf sich dabei auch über mehrere Zeilen erstrecken, wie z. B.:

```
<!--
Hier wurde am 12.8.2023
die folgende Liste um einen Eintrag erweitert.
  ..........
-->
```

Überschriften, Zeilenumbrüche und Absätze

HTML kennt sechs verschiedene Überschriften, die durch die Elemente `<h1>...</h1>` bis `<h6>...</h6>` dargestellt werden, wobei `<h1>` die höchste Stufe ist, also der größten Überschrift entspricht. Lädt man die HTML-Datei aus Abbildung 10.7 in einen Browser, so wird das rechts in dieser Abbildung dargestellte Fenster angezeigt.

Um explizit einen Zeilenumbruch durch den Browser zu erzwingen, steht das Element `<br>` zur Verfügung. Hierbei handelt es sich um eines der Elemente, die ausschließlich ein Starttag benötigen und ohne Endtag auskommen. Absätze (*paragraph*) werden durch `<p>...</p>` gekennzeichnet. Zwischen einigen HTML-Elementen – hierzu zählen unter anderem Überschriften und Absätze – wird automatisch ein Leerraum (*margin*) eingefügt, der sich per CSS konfigurieren lässt. Lädt man die HTML-Datei aus Abbildung 10.8 im Browser, so wird das rechts in der Abbildung gezeigte Fenster eingeblendet.

```
<html>
   <head>
      <title>Ueberschriften in HTML</title>
   </head>
   <body>
      <h1>&Uuml;berschrift Nr. 1</h1>
      <h2>&Uuml;berschrift Nr. 2</h2>
      <h3>&Uuml;berschrift Nr. 3</h3>
      <h4>&Uuml;berschrift Nr. 4</h4>
      <h5>&Uuml;berschrift Nr. 5</h5>
      <h6>&Uuml;berschrift Nr. 6</h6>
   </body>
</html>
```

Abbildung 10.7: `ueberschrift.htm`: Beispiel zu Überschriften in HTML

```
<html>
   <head><title>Abs&auml;tze</title></head>
   <body>
      <p>1. Absatz, kombiniert mit <br>
      Zeilenumbruch.
       Nach Absatzende wird automatisch ein
      Zeilenumbruch sowie Leerzeile *
                               *eingef&uuml;gt.</p>
      <p>Dies sollte nun 2. Absatz sein,
      der auch optisch getrennt vom
      ersten  dargestellt  sein wird.</p>
   </body>
</html>
```

Abbildung 10.8: `absatz.htm`: Beispiel zu Zeilenumbruch und Absätzen in HTML

Texthervorhebungen

Um einen Textausschnitt hervorzuheben, gibt es z. B. die folgenden Möglichkeiten:

Tags	Beispiel	Beschreibung
`<b>Text</b>`	**Text**	Fettdruck (engl. *bold*)
`<i>Text</i>`	*Text*	Kursivdruck (engl. *italic*)
`<strong>Text</strong>`	**Text**	Hervorhebung (meist fett)
`<em>Text</em>`	*Text*	Hervorhebung (meist kursiv)
`<cite>Worte</cite>`	*Worte*	Buchtitel, Zitate usw. im Text (meist kursiv)
`<blockquote>Zitat </blockquote>`	*Zitat*	Zitat als eigener Absatz (meist kursiv und eingerückt)

Im **MyLab | Grundlagen der Informatik** finden Sie mit den Dateien `texthervor.htm`, `zitat.htm` und `code.htm` Beispiele zu diesen und weiteren Texthervorhebungen.

Aufzählungen

HTML stellt standardmäßig zwei verschiedene Aufzählungsoptionen zur Verfügung: geordnete Listen (`<ol>` – *ordered list*), welche die Elemente entsprechend durchnummerieren, sowie ungeordnete Listen (`<ul>` – *unordered list*), welche die Elemente mit einem vorangestellten runden Kreis darstellen. Neue Aufzählungspunkte werden bei beiden Aufzählungsoptionen mit `<li>...</li>` eingefügt. Lädt man die HTML-Datei `aufzaehl1.htm` aus Abbildung 10.9 im Browser, so wird das wie rechts in dieser Abbildung gezeigt dargestellt.

```
<html>
   <head>
      <title>Einfache Aufz&auml;hlungen</title>
   </head>
   <body>
      <h3>Demo zu <i>einfachen *
              *Aufz&auml;hlungen</i></h3>
   <ul>
      <li>Erster Listenpunkt einer ungeordneten *
              *Aufzählung.</li>
      <li>Dies der zweite,</li>
      <li>Und dies der dritte.</li>
   </ul>
   <ol>
      <li>Erster Punkt einer nummerierten *
              *Aufzählung.</li>
      <li>Dies der zweite,</li>
      <li>Und dies der dritte.</li>
    </ol>
   </body>
</html>
```

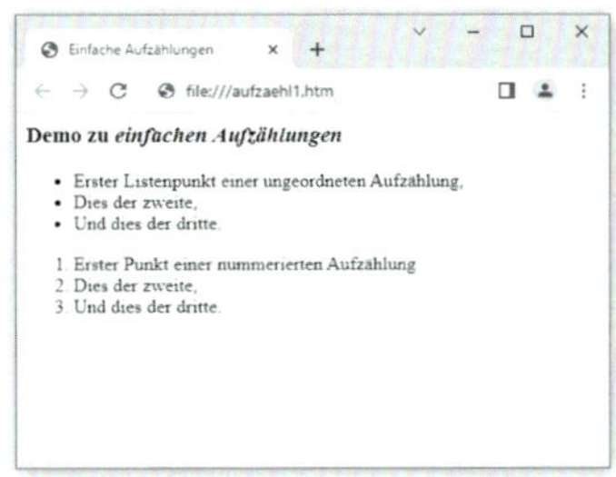

Abbildung 10.9: `aufzaehl1.htm`: Einfache Aufzählungen in HTML

Bei beiden Listentypen ist es auch möglich, die Aufzählungsoptionen zu verschachteln, also Unteroptionen von bestehenden Aufzählungsoptionen zu definieren. Im **MyLab | Grundlagen der Informatik** zu diesem Kapitel finden Sie Beispiele zu (geschachtelten) Aufzählungen.

Trennlinien

Einfache Trennlinien lassen sich mit dem Element `<hr>` (*horizontal rule*) realisieren (ohne Endtag).

Im **MyLab | Grundlagen der Informatik** finden Sie mit `linie.htm` ein Beispiel zu Trennlinien.

Tabellen

Für die Erstellung von Tabellen gilt grundsätzlich immer Folgendes:

- Tabellen müssen immer mit dem Element `<table>...</table>` geklammert sein.
- Um eine Tabellenzeile zu definieren, steht das Element `<tr>...</tr>` (*table row*) zur Verfügung. Die entsprechende Tabellenzeile muss dabei vollständig mit diesem Tag geklammert sein.
- Um innerhalb einer Tabellenzeile eine Tabellenzelle zu definieren, benutzt man das Element `<td>...</td>` (*table data*) beziehungsweise `<th>...</th>` für die Kopfzeile der Tabelle (*table head*).

Lädt man im Browser die HTML-Datei `table1.htm` aus Abbildung 10.10, so wird z. B. das rechts in der Abbildung gezeigte Fenster eingeblendet.

```
<html>
   <head>
      <title>Dreispaltige Tabelle</title>
   </head>
   <body>
      <h3>Eine dreispaltige Tabelle</h3>
      <table>
         <tr>
            <th> Überschrift 1 </th>
            <th> Überschrift 2 </th>
            <th> Überschrift 3 </th>
         </tr>
         <tr>
            <td> 1.Zeile/1.Spalte |</td>
            <td> 1.Zeile/2.Spalte |</td>
            <td> 1.Zeile/3.Spalte |</td>
         </tr>
         <tr>
            <td> 2.Zeile/1.Spalte |</td>
            <td> 2.Zeile/2.Spalte |</td>
            <td> 2.Zeile/3.Spalte |</td>
         </tr>
         <tr>
            <td> 3.Zeile/1.Spalte |</td>
            <td> 3.Zeile/2.Spalte |</td>
            <td> 3.Zeile/3.Spalte |</td>
         </tr>
      </table>
   </body>
</html>
```

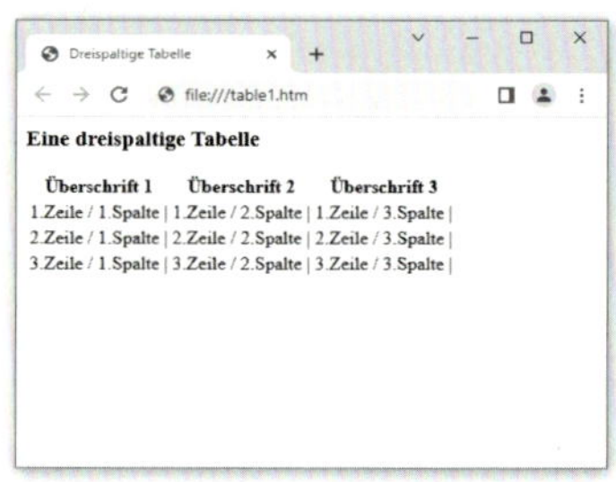

Abbildung 10.10: `table1.htm`: Einfache dreispaltige Tabelle

Innerhalb von Tabellenzellen (in `<td>...</td>`) können alle normalen Tags zur Textformatierung benutzt werden, wie sie auch im normalen Fließtext verwendet werden können.

Im **MyLab | Grundlagen der Informatik** zu diesem Buch finden Sie neben der Datei `table1.htm` noch weitere HTML-Dateien mit Beispielen zu Tabellen.

Grafiken

In HTML-Dokumente können auch Grafiken eingebunden werden. Nahezu alle Browser unterstützen heute die Pixelgrafikformate GIF, PNG und JPEG sowie (gegebenenfalls mit leichten Einschränkungen) das Vektor-Format SVG. Manche Browser unterstützen noch viele weitere Formate, wie TIFF, BMP oder JPEG2000. Um eine Grafik in ein HTML-Dokument einzubinden, steht das Attribut `src=` im Tag `<img>` zur Verfügung, mit dem die URL für die Grafik angegeben werden kann. Um z. B. die Grafikdatei `mydog.gif` in ein HTML-Dokument einzubinden, muss nur Folgendes angegeben werden:

```
<img src="mydog.gif"> bzw. <img src="../../images/mydog.gif">
```

Den Dateinamen (einschließlich des Pfadnamens) der Grafikdatei sollte man immer in Anführungszeichen angeben, besonders wenn `>`, `&`, Leerzeichen oder andere Sonderzeichen im Pfad enthalten sind. Eine Grafik kann auch von einem anderen Webserver bereitgestellt werden, in dem Fall muss einfach eine absolute URL (`http://...`) angegeben werden (siehe auch nächster Abschnitt über Hyperlinks).

Ein eingebundenes Bild wird wie ein Zeichen behandelt und daher direkt im Text integriert. Soll das Bild in einer eigenen Zeile stehen, so muss davor und danach das Tag `<br>` angegeben werden oder es muss mit dem Absatztag `<p>...</p>` geklammert sein.

Im **MyLab | Grundlagen der Informatik** finden Sie mit der HTML-Datei `grafik1.htm` ein Beispiel zum Einbinden von Grafiken.

Hyperlinks (Querverweise)

Hyperlinks (Verweise) sind die wesentlichen Elemente von HTML-Dokumenten. Sie sind die Querverbindungen zu anderen Stellen innerhalb des gleichen Dokuments oder aber zu anderen Dokumenten, die sich auf einem beliebigen Webserver im Internet befinden. Ein Hyperlink verweist dabei immer auf eine URL eines Dokumentes.

Lokale Verweise innerhalb einer HTML-Datei (URI Fragment Identifier) Hier sind zwei Schritte erforderlich:

- Markieren des Verweisziels, also der Einsprungadresse
  Dazu steht bei nahezu allen Tags das Attribut `id=` zur Verfügung, mit dem man den Namen dieses Verweisziels festlegen kann. Ein mögliches Verweisziel wird somit immer wie folgt definiert:

  ```
  <p id="nameDesVerweisZiels">Hier ist Text, auf den verwiesen werden kann</p>
  ```

- Angeben eines Hyperlinks, der auf das Verweisziel zeigt
  Um einen Verweis auf ein definiertes Verweisziel festzulegen, muss das Element `<a>...</a>` benutzt werden, wobei hier das Attribut `href=` zu verwenden ist, um

den Namen des Verweisziels festzulegen, auf den dieser Verweis zeigen soll. Dem Verweisnamen ist dabei das Zeichen # voranzustellen. Ein lokaler Verweis wird somit immer wie folgt definiert:

```
<a href="#nameDesVerweisZiels">Text des Hyperlinks (auf Verweisziel)</a>
```

Bei einer solchen Definition wird der `Text des Hyperlinks` als anklickbar angezeigt. Klickt der Benutzer auf diesen Hyperlink, dann verzweigt der Browser automatisch an dieses Verweisziel (*nameDesVerweisZiels*) im HTML-Dokument.

Im **MyLab | Grundlagen der Informatik** zu diesem Buch finden Sie mit der HTML-Datei `hyper1.htm` ein Beispiel zu lokalen Verweisen innerhalb einer HTML-Datei.

Verweise auf andere lokale Dokumente Möchte man in einem Dokument auf ein Verweisziel in einem anderen Dokument verweisen, das sich lokal auf dem gleichen Server befindet, dann muss man nur den Namen der entsprechenden HTML-Datei vor dem Zeichen # angeben:

```
<a href="HTML-Datei#nameDesVerweisZiels">Text des Hyperlinks</a>
```

Möchte man nur auf den Anfang eines anderen Dokuments verweisen, dann reicht die alleinige Angabe des entsprechenden Dateinamens (ohne `#nameDesVerweisZiels`). Befindet sich die dazugehörige HTML-Datei nicht im selben Verzeichnis wie die aktuelle HTML-Datei, so muss der entsprechende Pfad angegeben werden.

Im **MyLab | Grundlagen der Informatik** zu diesem Buch finden Sie mit der HTML-Datei `hyper2.htm` ein Beispiel zu Verweisen auf andere lokale Dokumente.

Verweise ins Web zu nicht lokalen Dokumenten Neben Verweisen auf lokale Dokumente können auch Hyperlinks auf andere HTML-Dokumente angegeben werden, die sich nicht auf dem gleichen Server, sondern eben irgendwo im Web befinden. Soll z. B. ein Hyperlink auf die Datei `staaten.htm` eingerichtet werden, die im `public`-Webdirectory des Benutzers `toma` auf dem Rechner `www.toll.de` liegt, so ist dies wie folgt möglich:

```
<a href=http://www.toll.de/~toma/staaten.html>Liste der Staaten</a>
```

Beispiel zum Einrichten eines Links auf die Homepage des Benutzers `Tom_Miller`:

```
<a href=http://www.toll.de/homepages/Tom_Miller>Homepage von Tom Miller</a>
```

Im **MyLab | Grundlagen der Informatik** zu diesem Buch finden Sie mit der HTML-Datei `hyper3.htm` ein Beispiel zu Verweisen ins Web zu nicht lokalen Dokumenten.

Auch Hyperlinks müssen immer in Anführungszeichen angegeben werden, wenn >, &, Leerzeichen oder andere Sonderzeichen im Pfad enthalten sind. Im Zweifel sollten immer Anführungszeichen benutzt werden, auch wenn das in HTML5 nicht mehr zwingend vorgeschrieben ist.

Einige wichtige Protokolltypen

Beim Zugriff auf eine URL-Adresse kann der Browser verschiedene Protokolle verwenden, um die Daten zu lesen. Den Namen des Protokolls gibt man als Vorspann beim Attribut `href=` an, wie z. B.: „`http://`“ (Zugriff auf einen Webserver) oder „`file:/`“ (Zugriff auf eine lokale Datei). Einige wichtige Protokolle, die etwas detaillierter im **MyLab | Grundlagen der Informatik** vorgestellt werden, sind:

`http:`	Zugriff auf Webseiten
`https:`	Zugriff auf Webseiten über eine verschlüsselte Verbindung
`file:`	Zugriff auf Dateien am lokalen Rechner
`ftp:`	Zugriff auf Filetransfer-Service
`mailto:`	Verschicken von Mails an vordefinierte Adressen
`javascript:`	JavaScript-Aufrufe

iFrames, Objects und Embed

HTML ermöglicht auch die Einbindung von Drittinhalten auf einer Website. Zur Einbindung von anderen HTML-Dokumenten gibt es hierfür das `iFrame`-Tag. Mit diesem ist es möglich, z. B. YouTube-Videos oder Ausschnitte aus Google Maps auf der eigenen Website einzubinden. iFrames definieren hierbei einen rechteckigen Bereich, auf dem der Inhalt der Drittwebsite dargestellt wird.

Hinweis Bei der Nutzung von iFrames ist es empfehlenswert, das seit HTML5 existierende `sandbox`-Attribut zu nutzen, um mögliche Angriffe über den eingebundenen Drittinhalt zu verhindern.

```
<iframe src={...}URL{...} width=500 height=300 sandbox></iframe>
```

Neben iFrames gibt es noch die Objekte `object` und `embed`. Diese ermöglichen das Einbinden von Medieninhalten wie PDF-Dokumenten oder SVGs (*Scalable Vector Graphics*). Im Gegensatz zu iFrames passen sie hierbei den Inhalt der Objekte an ihre eigene Größe an.

```
<object data="datei.pdf" type="application/pdf" width="300" height="500"<p>Die *
         *PDF–Datei kann leider auf deinem System nicht dargestellt werden, du kannst *
         *sie aber hier herunterladen: <a href="mypdf.pdf">Download *
         *PDF–Datei</a>.</p></object>

<embed src="datei.svg" width="400" height="250">
```

Formulare

HTML bietet auch die Möglichkeit, so genannte Formulare zu erstellen. Formulare enthalten Elemente wie Eingabefelder, Auswahllisten usw., in denen der Benutzer Eingaben vornehmen kann oder bestimmte Auswahlmöglichkeiten hat. Die eingegebenen bzw. ausgewählten Daten können dann natürlich auch über das Internet verschickt werden.

Hier wird ohne nähere Erläuterungen ein einfaches Beispiel zu Formularen gegeben. Lädt man im Browser die HTML-Datei `formular1.html` aus Listing 10.2, dann wird das in Abbildung 10.11 gezeigte Fenster eingeblendet, in dem schon einige Eingaben vorgenommen wurden.

Listing 10.2: `formular1.html`: Formular mit einzeiligen Eingabefeldern

```
<!DOCTYPE html>
<html>
   <head>
      <title>Formular mit einzeiligen Eingabefeldern</title>
   </head>
   <body>
      <h4>Formular mit einzeiligen Eingabefeldern</h4>
      <form method=post action="mailto:hh@web.de">
         <label for="loginname">Name:</label>
         <input type=text name="loginname" id="loginname"><br>
         <label for="geheimwort">Passwort:</label>
         <input type=password name="geheimwort" id="geheimwort" SIZE=6><br>
         <label for="alter">Alter:</label>
         <input type=text name="alter" id="alter" maxlength=2><br>
         <label for="country">Land:</label>
         <input type=text name="country" id="country" value="Deutschland"><br>
         <label for="farbe">Farbe:</label>
         <input type=text name="farbe" id="farbe" size=8 maxlength=9><br>
         <br>
         <button>Formular Absenden</button>
      </form>
   </body>
</html>
```

Mehr Informationen zu Formularen können im **MyLab | Grundlagen der Informatik** nachgeschlagen werden.

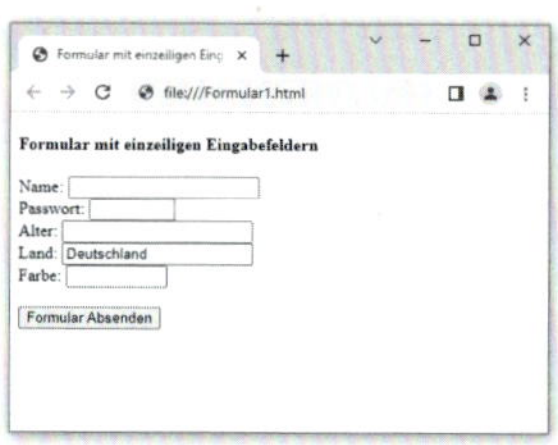

Abbildung 10.11: Browser-Anzeige für Listing 10.2 (Datei: `formular1.html`)

10.8.3 Einführung in CSS

Da HTML nur für die semantische Gliederung der Inhalte von WWW-Dokumenten genutzt werden sollte, wird die grafische Formatierung der Darstellung mittels *Cascading Style Sheets* (CSS) definiert. Hierbei können von Positionsangaben, Größen und Abständen über Hintergrund- oder Schriftfarben bis hin zu Animationen vielfältigste Eigenschaften bestimmt werden. Jeder Internetbrowser hat hierbei Standarddefinitionen, die zur grafischen Darstellung von Webseiten genutzt werden (z. B. Farbe und Größe von Überschriften), sofern sie nicht überschrieben werden. Die CSS-Anweisungen des aktuellen CSS-Standards Version 3 werden von fast allen Browsern durchgehend unterstützt. Die hier aufgeführten Informationen sind nur ein kleiner Ausschnitt der aktuell definierten Selektoren und CSS-Eigenschaften. Für eine Gesamtübersicht sollte der aktuelle CSS-Standard bzw. eine entsprechende CSS-Referenz verwendet werden.

Farbnamen und RGB-Farben

Neben Abständen und Größen sind Farben ein wichtiger Bestandteil der grafischen Formatierung von WWW-Dokumenten mittels CSS. Farben können hierbei sowohl für Elementhintergründe sowie Texte definiert werden. Für die Repräsentation von Farben benutzen Browser standardmäßig das RGB-Farbschema, bei dem sich jede Farbe aus einer Mischung der drei Grundfarben Rot, Grün und Blau ergibt. Zur Angabe von Farben gibt es hierbei unterschiedliche Möglichkeiten:

- Farbnamen
  Die einfachste Möglichkeit ist, einen vordefinierten Farbnamen, wie z. B. `red`, `blue` oder `green`, zu nutzen. Da aktuell nur 140 verschiedene Farbnamen definiert sind, ist diese Option allerdings weniger flexibel als die nachfolgenden Möglichkeiten. Eine Liste vordefinierter Farbnamen finden Sie im **MyLab | Grundlagen der Informatik** zu diesem Kapitel.
- Hexadezimalzahlen
  Bei der Hexadezimalzahlangabe werden zur Kodierung eines Farbwerts die drei Grundfarben durch einen 8-Bit-Wert repräsentiert. Jede dieser Grundfarben steuert somit einen Farbanteil zwischen 0 und 100 % zur Mischfarbe bei. Mit 0 % Rot, 0 % Grün und 100 % Blau erhält man also z. B. die Mischfarbe Blau, mit 100 % Rot, 100 % Grün und 0 % Blau die Mischfarbe Gelb (additive Farbmischung). Ein solcher Farbwert ist als Hexadezimalzahl `#rrggbb` (mit je zwei Hexadezimalziffern für jeden 8-Bit-Wert) anzugeben. Für die beiden Ziffern `rr` ist also der Beitrag der Farbe Rot zur Mischfarbe im Bereich von 0 bis 255 (entspricht 00 bis FF im Hexadezimalsystem) anzugeben. Dasselbe gilt für `gg` (Beitrag von Grün) und `bb` (Beitrag von Blau). So legt z. B. der Wert `#0000FF` die Farbe Blau und der Wert `#FFFF00` die Farbe Gelb fest.
- RGB(A)-Angaben
  Schließlich gibt es noch die Möglichkeit einen `RGB(A)`-Wert zu verwenden. Hierbei werden wie bei Hexadezimalzahlen die drei Grundfarben durch einen Wert repräsentiert. Bei `RGB(A)`-Zahlen werden jedoch direkt die Dezimalwerte von 0 bis 255 angegeben. Die Farbe Gelb wird somit z. B. durch die Angabe `rgb(255,255,0)` festgelegt. Zusätzlich bietet die `RGBA`-Angabe noch die Möglichkeit, dem Alphakanal (dieser bestimmt die Transparenz, 0 = voll durchsichtig, 1 = voll deckend) einen Wert zuzuweisen, wodurch Transparenzen dargestellt werden können. Soll die Farbe somit zu 50 % transparent sein, sähe die Angabe für Gelb wie folgt aus: `rgba(255,255,0,0.5)`.

Einbindung von CSS-Anweisungen

Um CSS-Anweisungen für eine HTML-Seite bereitzustellen, gibt es folgende verschiedene Möglichkeiten:

- Direkt innerhalb eines HTML-Elements (*Inline CSS*)
  Mit dieser Methode wird mit dem `<style>`-Attribut genau nur das eine spezifische Element umgestaltet.

```
<h1 style="color: red">Überschrift in Rot</h1>
```

  Wird diese Methode genutzt müssen beispielsweise bei jeder Überschrift oder jedem Absatz des Dokuments die entsprechenden Anweisungen für das Element hinterlegt werden. Aus dem Gesichtspunkt der Wartbarkeit ist diese Methode somit nicht zu empfehlen.

- Innerhalb des `<head>`-Bereichs des HTML-Dokuments (*Internal CSS*)
  Hierbei können innerhalb des `<style>`-Tags CSS-Anweisungen für das gesamte Dokument hinterlegt werden.

```
<head>
   <style>
      h1 {
         color: red;
      }
   </style>
</head>
```

  Diese Anweisung würde alle Level-1-Überschriften des HTML-Dokuments in Rot darstellen. Im Fall von mehreren Dateien müsste der `<style>`-Block in jeder HTML-Datei hinterlegt werden. Hierdurch ist auch diese Methode wegen aufwändiger Wartbarkeit nicht empfehlenswert.

- In einer externen Datei (*External CSS*)
  Hierbei werden alle CSS-Anweisungen in einer externen `.css`-Datei gespeichert. Auf diese wird dann im HTML-Dokument im `<head>`-Bereich referenziert.

```
<head>
        <link rel="stylesheet" type="text/css" href="stylesheet.css">
<\head>
```

  Diese Option ist eigentlich immer den anderen vorzuziehen und bietet gleich mehrere Vorteile: So ermöglicht sie die beste Trennung von Inhalt und Darstellung. Des Weiteren ermöglicht sie die Referenzierung der gleichen CSS-Datei in beliebig vielen HTML-Dokumenten. Somit muss bei einer Designänderung nur der Inhalt dieser einen Datei angepasst werden, anstatt jedes HTML-Dokument ändern zu müssen. In `.css`-Dateien werden CSS-Anweisungen direkt und nicht in `<style>`-Tags eingebracht.

Nutzt man Option zwei oder drei, dann muss festgelegt werden, für welche Elemente die CSS-Anweisungen bzw. -Regeln (*CSS Rules*) gelten sollten. Diese Zuweisung der CSS-Angaben zu Elementen einer HTML-Seite geschieht hierbei über die so genannten Selektoren. Diese werden, wie eben beschrieben, innerhalb eines `<style>...</style>`-Tags oder in einer externen `.css`-Datei eingebracht. Kommentare innerhalb von CSS-Anweisungen `<style>...</style>` bzw. in `.css`-Dateien sind in `/* ... */` zu setzen.

Neben den eben genannten Möglichkeiten können CSS-Anweisungen auch während der Laufzeit mit JavaScript manipuliert werden.

Selektoren

Selektoren bestimmen, für welche Elemente des HTML-Dokuments die nachfolgenden, von geschweiften Klammern umfassten CSS-Anweisungen gelten sollen. Jede Anweisung muss hierbei mit einem Semikolon abgeschlossen werden.

```
selektor {
   eigenschaft: wert;
}
```

Neben dem Universalselektor *, der alle Elemente des HTML-Dokuments berücksichtigt, gibt es viele Möglichkeiten, die Elementauswahl einzuschränken. Beispiele für die folgenden Selektoren finden Sie im **MyLab | Grundlagen der Informatik** zu diesem Kapitel.

- Typen-Selektor
  Dieser Selektor basiert auf den HTML-Tags und wählt alle Elemente eines bestimmten Typs aus. Somit ermöglicht er es, z. B. alle Überschriften einer bestimmten Hierarchie (`<h1>`) oder alle Links (`<a>`) eines Dokuments zu selektieren.

```
h1 {
        color: red;
}
```

- Klassen-Selektor
  Über den Klassen-Selektor können alle Elemente mit einem bestimmten Klassennamen (mittels `class=` Attribut zugewiesen) ausgewählt werden. Der Selektor besteht hierbei aus einem Punkt gefolgt von dem gewünschten Klassennamen.

```
.eins {
      color: red;
}
```

```
<p class="eins">Dieser Absatz wird *
               *selektiert</p>

<p>Dieser Absatz wird nicht *
               *selektiert</p>
```

- ID-Selektor
  Mit diesem Selektor können mittels zugewiesener `id=`-Attribute Elemente ausgewählt werden. Der Selektor besteht hierbei aus einem Rautenzeichen (Hash) gefolgt von der gewünschten ID.

```
#ersteID {
        color: red;
}
```

```
<p id="ersteID">Dieser Absatz wird *
              *selektiert</p>

<p>Dieser Absatz wird nicht *
              *selektiert</p>
```

- Pseudoklassen-Selektor
  Neben den direkt im HTML-Code zugewiesenen Klassen existieren noch die so genannten Pseudoklassen. Diese werden automatisch aufgrund ihrer Eigenschaft (z. B. erstes Element einer Liste `first-child` oder Element wird gerade vom Nutzer angeklickt `active`) definiert. Damit kann beispielsweise die Farbe eines Links geändert werden, wenn der Nutzer mit seiner Maus darüberfährt (`hover`). Der Pseudoklassen-Selektor besteht hierbei aus einem Elementselektor (Typ, Klasse, ID) gefolgt von einem Doppelpunkt und dem gewünschten Pseudoklassennamen.

```
h1:hover {
        color: grey;
}
```

- Pseudoelement-Selektor
  Mit dem Pseudoelement-Selektor können Elemente, die nicht im HTML-Dokument definiert sind, gestaltet und mit Inhalt gefüllt werden. Der Pseudoelement-Selektor besteht hierbei aus einem Elementselektor (Typ, Klasse, ID) gefolgt von zwei Doppelpunkten und dem gewünschten Pseudoklassennamen. Über den Wert `content` kann definiert werden, welcher Inhalt eingefügt werden soll. So kann z. B. ein Punkt (`•`) mit nachfolgendem Leerzeichen vor jedem Element mit der Klasse `item` eingefügt werden.

```
.item::before {
        content: '&bull;  ';
}
```

- Attribut-Selektor
  Abschließend ist es auch möglich, Elemente anhand ihrer Attribute oder ihrer Attributwerte auszuwählen. So könnte man alle Links, die einen Tooltip beinhalten, rot schreiben.

```
a[ title ] {
        color: red;
}
```

Priorität von CSS-Anweisungen CSS-Anweisungen können sich innerhalb eines HTML-Dokuments überschreiben. Hierbei folgt die Hierarchie der Eindeutigkeit des Selektors in der Reihenfolge niedrigste bis höchste Priorität: Universal-Selektor, Typen-Selektor, Klassen-Selektor, ID-Selektor.

Pseudoklassen- und Pseudoelement-Selektoren haben jeweils die Priorität des vorangestellten Selektors. Dies bedeutet, dass Anweisungen unter einem Pseudoklassen-Selektor, der sich auf einen Typen-Selektor bezieht, von solchen mit Bezug auf einen Klassen- oder ID-Selektor überschrieben werden können.

Mit der Anweisung `!important` kann die Hierarchie überschrieben werden, d. h., alle Anweisungen mit diesem Zusatz werden als höchste Priorität gewertet, ungeachtet ihres Selektors.

```
#myID {
        color: red;
}
div {
        color: blue !important;
}
```

```
<div id="myID">Dieser Absatz wird *
    *blau geschrieben</div>
```

Hinweis Anweisungen mit dem `!important`-Zusatz können nur von anderen `!important`-Anweisungen überschrieben werden. Dies kann zu unübersichtlichem CSS-Code führen. Aus diesem Grund sollte der Einsatz von `!important` möglichst vermieden werden.

Das oben verwendete `<div>`-Tag kann als allgemeiner Container für beliebigen Inhalt verwendet und mit Attributen wie `class`, `id` oder CSS-Anweisungen versehen werden. Er hat keine eigene semantische Bedeutung.

Verkettung und Kombinationen Neben einzelnen Selektoranweisungen ist es auch möglich, diese zu verketten und zu kombinieren. So können verschiedenen Elementen die gleichen CSS-Anweisungen zugeordnet werden, indem verschiedene Selektoren, getrennt durch ein Komma, einem Anweisungsblock zugeordnet werden. So kann man zum Beispiel die Überschriften der Level 1–3 unterstrichen darstellen:

```
h1,h2,h3 {
        text-decoration: underline;
}
```

Sollen mehrere Bedingungen auf ein Element zutreffen, so dürfen keine Leerzeichen zwischen die Selektoren geschrieben werden. Dies ist vor allem hilfreich, wenn man Elemente mit verschiedenen Klassen hat und hierbei nur bestimmte Kombinationen auswählen will. Die folgende CSS-Anweisung würde somit nur für Elemente gelten, welche die beiden (nicht nur eine) Klassen „Klasse1“ und „Klasse2“ besitzen.

```
div.Klasse1.Klasse2 {
        color: blue;
}
```

```
<div class="Klasse1 Klasse2">Wird *
    *ausgewählt</div>
<div class="Klasse1">Wird nicht *
    *ausgewählt</div>
<div class="Klasse2">Wird nicht *
    *ausgewählt</div>
```

Abschließend ist es auch noch möglich, bei Selektoren so genannte Kombinatoren zu verwenden. Mit diesen kann man Beziehungen innerhalb einer Kombination von Selektoren noch präziser definieren. So ist es beispielsweise möglich, Links auszuwählen, die sich direkt (nicht weiter verschachtelt) innerhalb eines Elements mit einer bestimmten Klasse befinden.

```
.button > a {
        color: blue;
}
```

Mit dieser CSS-Anweisung werden alle Links (`a`), die sich direkt (nicht weiter verschachtelt) innerhalb von Elementen mit der Klasse `button` befinden, ausgewählt und in blau dargestellt. Weitere Informationen zu Kombinatoren finden Sie im **MyLab | Grundlagen der Informatik**.

CSS-Eigenschaften

Mit den in den Selektoren zugeordneten CSS-Eigenschaften lässt sich die Darstellung der damit ausgewählten Elemente bestimmen. Die Eigenschaften werden hierbei vererbt, also jeweils an die Kinder und deren nachfolgenden Elementen weitergegeben. Setzt man beispielsweise eine Schriftfarbe für das `body`-Element, dann werden die Texte in allen anderen Elementen entsprechend eingefärbt, sofern der Wert nicht für spezifische Elemente überschrieben wird.

```
body {
        color: dimgrey;
}
```

Die CSS-Anweisungen in den folgenden Beispielen werden jeweils mit Klassen-Selektoren zugewiesen und in (Ausschnitten von) HTML-Dateien innerhalb eines `<style>...</style>`-Tags dargestellt. Die Beispiele finden Sie im **MyLab | Grundlagen der Informatik** zu diesem Kapitel.

Darstellung und Position In CSS gibt es für Elemente verschiedene Positionierungsmethoden. Mit der Eigenschaft `position` kann diese für jedes Element angegeben werden. Mittels `visibility` kann die Sichtbarkeit geändert werden. Die Eigenschaft `display` bestimmt das Anzeigeverhalten. So werden Elemente, bei denen die Eigenschaft `display` auf den Wert `inline` gesetzt ist, innerhalb des Textflusses dargestellt, während solche mit dem Wert `block` den Textfluss unterbrechen (d. h., nachfolgende Elemente werden in die nächste Zeile geschoben). Mit dem Wert `none` können die Elemente aus der Darstellung entfernt werden. Einige Möglichkeiten sind in Abbildung 10.12 mit der zugehörigen HTML-Datei gezeigt.

```
<!DOCTYPE html>
<html>
  <head>
    <meta charset="UTF-8">
    <title>CSS Eigenschaften</title>
    <style>
    .box1 {
           position: absolute;
           top: 0;
           left : 0;
    }
    .box2 {
           position: absolute;
           top: 20px;
           right: 20px;
    }
    </style>
  </head>
  <!-- Zuweisung zu den Elementen mit *
                          *class= -->
  <body>
    <h4>Darstellung und Position</h4>
    <div class="box1">Box1</div>
    <div class="box2">Box2</div>
  </body>
</html>
```

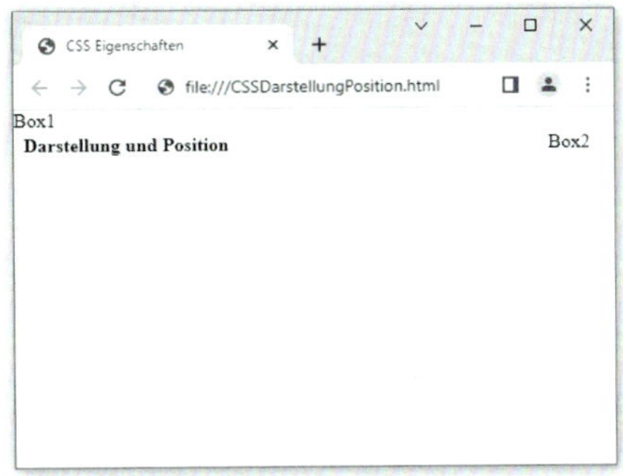

Abbildung 10.12: CSS-Eigenschaften: Darstellung und Position

Die folgende Tabelle zeigt die wichtigsten CSS-Elemente und Werte zur Darstellung und Positionierung.

Eigenschaft	Bedeutung	Mögliche Werte (Default-Werte unterstrichen)
position	Positionierung des Elements im Dokument	static (Objekt wird normal gerendert), relative (Element wird im Bezug auf seine normale Position gerendert), absolute (Element wird im Bezug auf das erste Nicht-static-Elternelement gerendert), fixed (Position bezieht sich auf das Browserfenster, Element scrollt somit nicht mit), sticky (Element wird abhängig von der Scrollposition des Benutzers platziert)
left/right/top/bottom	Abstände, funktioniert nur bei Nicht-static-Elementen	0px/pt/cm/ ... (Längenangabe), % (im Bezug auf das erste Nicht-static-Elternelement)
visibility	Sichtbarkeit	visible, hidden
display	Anzeigeverhalten (die Art der Renderingbox)	inline, block, inline-block, none, ...
float		none, left, right

Der Unterschied zwischen `display: none;` und `visibility: hidden;` liegt darin, wie mit dem ursprünglichen Platz des Elements umgegangen wird. Während `display: none;` das Element visuell komplett entfernt und somit auch den eingenommenen Platz für andere Elemente freigibt, wird der Platz bei `visibility: hidden;` nicht neu vergeben, wodurch hier eine leere Fläche entsteht.

Größe und Abstände Die Größe eines Elements kann über die Eigenschaften `width` und `height` definiert werden. Hierbei ist zu beachten, dass `width`- und `height`-Angaben nur für Block-Elemente (`display: block;` oder `display: inline-block;`) umgesetzt werden. Abbildung 10.13 zeigt einige Beispiele.

```
<style>
  .box1 {
        display: inline−block;
        width: 200px;
  }
  .box2 {
        display: inline;
  }
  .box3 {
        display: block;
        padding−top: 50px
  }
</style>
```

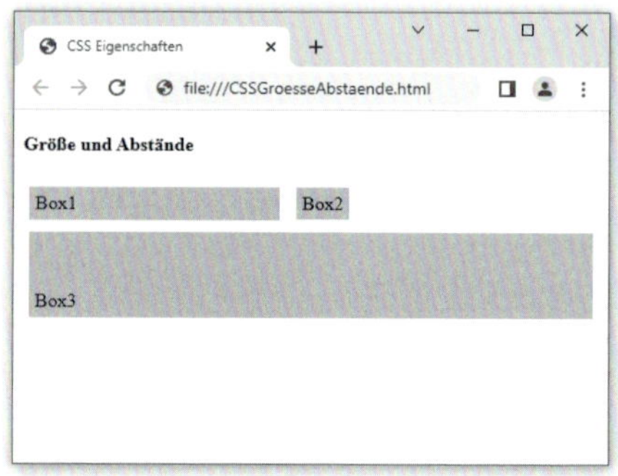

Abbildung 10.13: CSS-Eigenschaften: Größe und Abstände

Die folgende Tabelle umfasst gebräuchliche CSS-Elemente und Werte für Größe und Abstände.

Eigenschaft	Bedeutung	Mögliche Werte (Default-Werte unterstrichen)
width	Breite	auto (Größe passt sich Inhalt an), Npx/pt/cm/…, % (im Bezug auf Elternelement)
height	Höhe	auto (Größe passt sich Inhalt an), Längenangabe (px, pt, cm u. Ä.), % (im Bezug auf Elternelement)
margin[-left/-right/-bottom/-top]	Außenabstand	0px/pt/cm/… (Längenangabe), % (im Bezug auf Elternelement), auto (Abstände werden automatisch berechnet, zentriert Element horizontal)
padding[-left/-right/-bottom/-top]	Innenabstand	0px, pt, cm, %, …
box-sizing	Blockgrößenberechnung	content-box (border und padding werden zu width/height addiert), border-box (border und padding werden von width/height subtrahiert)

Bei der Platzkalkulation für Elemente ist zu beachten, dass Werte wie Innenabstand (`padding`) und Außenränder (`border`) (siehe Abschnitt Rahmen und Schatten auf Seite 540) zur Elementgröße hinzuaddiert werden. Somit braucht ein Element, das 200 Pixel breit sein soll (weiße Box) mit einem `padding`-Wert von 10 Pixel, insgesamt 220 Pixel Platz (schwarzer Rand; siehe dazu auch Abbildung 10.14).

Mit der Eigenschaft `box-sizing` lässt sich dieses Verhalten ändern. Der Wert `border-box` gibt an, dass `padding`- und `border`-Werte mit dem `width`-Wert verrechnet werden sollen. Somit bräuchte ein Element, das einen `width`-Wert von 200 Pixel und einen `padding`-Wert von 10 Pixel an allen Seiten hat, auch nur 200 Pixel Platz. Dafür reduziert sich der Platz für den Inhalt innerhalb dieses Elements auf 180 Pixel. Abbildung 10.14 stellt das zugrunde liegende Modell zur Platzberechnung vor.

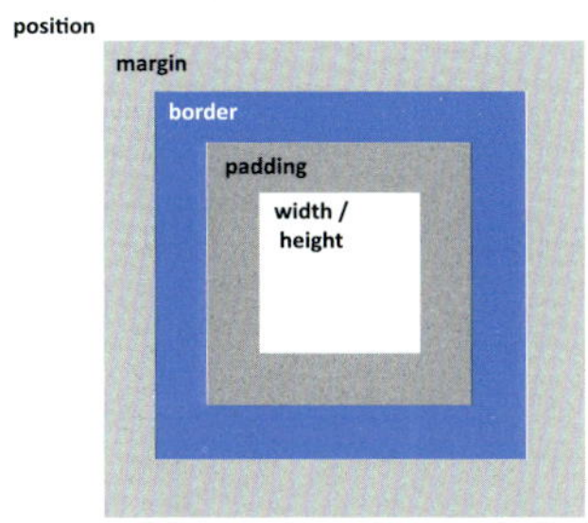

Abbildung 10.14: Box-Modell in CSS (zur Platzkalkulation)

In den nächsten Beispielen erfolgt die Festlegung der Position, Größe und Abstände der 3 Boxen durch die folgende CSS-Anweisung:

```
<style>
  div {
        display: inline-block;
        margin: 10px;
        padding: 10px;
        width: 100px;
        height: 100px;
  }
</style>
```

Hintergrundfarben, -farbverläufe und -grafiken Um einem Element eine Hintergrundfarbe zuzuweisen, gibt es die Eigenschaft `background-color`. Dies wird in Abbildung 10.15 gezeigt. Die Elementbeschreibung ist in der Tabelle auf Seite 539 mitenthalten.

Des Weiteren gibt es die Möglichkeit, Farbverläufe zu definieren. Hierbei gibt es zwei Optionen: `linear-gradient` (gerader Farbverlauf) und `radial-gradient` (kreisförmiger Farbverlauf). Bei der Definition des Farbverlaufs können alle drei oben aufgezählten Farbangaben verwendet werden. Bei linearen Farbverläufen kann hierbei die Richtung angegeben werden. Dies kann entweder flexibel per Gradangabe, z. B. `90deg`, oder per vordefinierten textuellen Angaben, wie z. B. `to right`, erfolgen. Bei

```
<style>
  div { /* s.o .... */
  }
  .box1 {
        background-color: grey;
  }
  .box2 {
        background-color: #798FB8;
  }
  .box3 {
        background-color: rgb(0,84,158);
  }
</style>
```

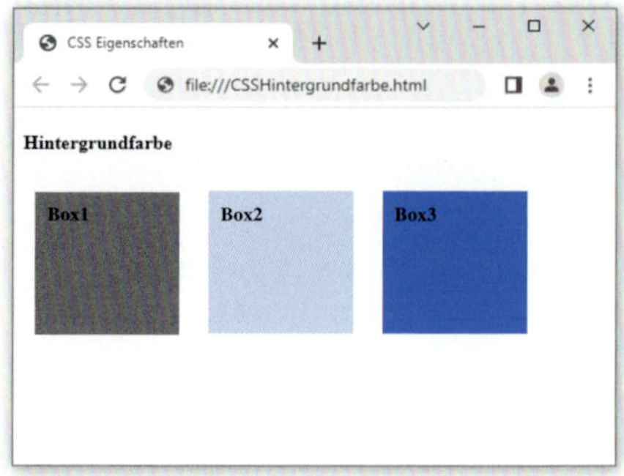

Abbildung 10.15: CSS-Eigenschaften: Hintergrundfarbe

radialen Farbverläufen folgt die dargestellte Reihenfolge immer von innen nach außen. Ferner ist es möglich, die relative Position innerhalb des Farbverlaufs zu definieren sowie nicht zentrierte radiale Farbverläufe zu erstellen. Farbverläufe können Elementen mittels der `background`-Angabe als Hintergrund zugewiesen werden. Abbildung 10.16 zeigt einige Beispiele.

```
<style>
  div { /* s.o .... */
  }
  .box1 {
        background: *
          *linear-gradient(90deg, *
          *rgba(255,255,255,1) 0%, *
          *rgba(0,84,158,1) 100%);
  }
  .box2 {
        background: *
          *radial-gradient(circle, *
          *rgba(255,255,255,1) 0%, *
          *rgba(0,84,158,1) 100%);
  }
  .box3 {
        background: *
          *linear-gradient(145deg, *
          *rgba(0,84,158,1) 10%, *
          *rgba(255,255,255,1) 40%, *
          *rgba(121,143,184,1) 90%);
  }
</style>
```

Abbildung 10.16: CSS-Eigenschaften: Hintergrund-Farbverläufe

Die folgende Tabelle zeigt CSS-Elemente und Werte für Hintergrundfarben und -farbverläufe.

Eigenschaft	Bedeutung	Mögliche Werte
background-color	Hintergrundfarbe	Farbname, #rrggbb, rgba(255,255,255,1), rgb(255,255,255)
background	Hintergrundverlauf gerade	linear-gradient([0deg], [Farbe1] [Pos1], [Farbe2] [Pos2], [Farbe3] [Pos3], ...) (Richtungsangabe ist optional, Standard: von oben nach unten, ebenso wie Positionsangaben der einzelnen Farben)
background	Hintergrundverlauf kreisförmig	radial-gradient([Farbe1] [Pos1], [Farbe2] [Pos2], [Farbe3] [Pos3], ...) (Positionsangaben der einzelnen Farben sind optional)

Auch Bilder bzw. Grafiken können als Hintergrund von Elementen definiert werden. Hierbei wird zunächst der Pfad zu der entsprechenden Grafik angegeben. Es können JPG-, PNG-, SVG-, webP- oder GIF-Dateien verwendet werden. Zusätzlich kann definiert werden, wie die Grafik positioniert, wiederholt oder skaliert werden soll. Mit der CSS-Kurzformat-Eigenschaft (*Shorthand*) `background` kann eine Hintergrundfarbe, eine Grafik, deren Position, Größe und Wiederholungsart in nur einer Zeile gesetzt werden. Beispiele zu den Möglichkeiten sind in Abbildung 10.17 zu sehen.

```
<style>
  div { /* s.o .... */
  }
  .box1 {
          background-image: url("image.jpg");
  }
 .box2 {
          background-image: url("image.jpg");
          background-repeat: repeat-y;
          background-position: top center;
          background-size: 50px 50px;
 }
.box3 {
          background: #00549e *
             *url("image.jpg") center center / *
             *50px 50px no-repeat;
}
</style>
```

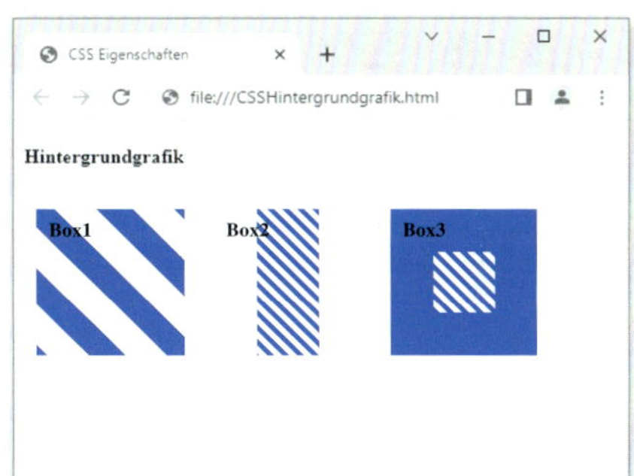

Abbildung 10.17: CSS-Eigenschaften: Hintergrundgrafik

Die folgende Tabelle zeigt CSS-Elemente und Werte für Hintergrundgrafiken.

Eigenschaft	Bedeutung	Mögliche Werte
background-image: url("[PFAD]")	Pfadangabe der Hintergrundgrafik	http://…, lokale Pfadangabe
background-position	Position der Hintergrundgrafik	Numerischer Wert, prozentualer Wert, left | center | right (x-Achse), top | center | bottom (y-Achse)
background-repeat	Wiederholung der Hintergrundgrafik	repeat, repeat-x, repeat-y, no-repeat
background-size	Größe der Hintergrundgrafik	auto, numerischer Wert, prozentualer Wert, contain, cover
background-clip	Definiert, über welchen Bereich des Box-Modells (siehe Abschnitt Größe und Abstände) sich die Hintergrundgrafik erstreckt	border-box, padding-box, content-box
background-origin	Definiert den Ausgangspunkt für die Positionierung der Hintergrundgrafik	border-box, padding-box, content-box
background	Kurzformat-Eigenschaft (Shorthand)	Hintergrundfarbe, Hintergrundgrafik, Position, Größe, Wiederholungsart, …

Rahmen und Schatten Um ein Element mit einer Umrandung zu versehen, gibt es mehrere Eigenschaften, die gesetzt werden können. So gibt es alleine acht verschiedene Rahmen-Designs, aber auch Dicke, Farbe oder Eckenabrundung können, wie unten aufgelistet, definiert werden. Zunächst gibt es die Kurzformat-Eigenschaft `border` mit welcher Stil, Breite und Farbe des Rahmens in einer Zeile gesetzt werden können. Darüber hinaus ist es mit der `border-[bottom/top/left/right]`-Angabe möglich, für jede Seite eines Elements eine andere Umrandung zu definieren. Zusätzlich kann auch ein Schlagschatten für ein Boxelement definiert werden. Hierbei können Versatz in x- und y-Richtung, Schattenunschärfe, Schattengröße sowie Schattenfarbe definiert werden. Auch ist es möglich, mehrere Schatten pro Box nacheinander zu definieren. Die Darstellungsreihenfolge folgt hierbei der Definitionsreihenfolge (erster Schatten ganz oben, letzter ganz unten). Einige der Möglichkeiten sind in Abbildung 10.18 demonstriert.

```
<style>
  div { /* s.o ....  */
  }
  .box1 {
        border-style: solid;
        border-width: 5px;
        border-color: black;
  }
  .box2 {
        border: 5px dashed #00549e;
        border-radius: 5px;
  }
  .box3 {
        box-shadow: 4px 4px 15px 2px *
          *rgba(0,0,0,0.66);
  }
</style>
```

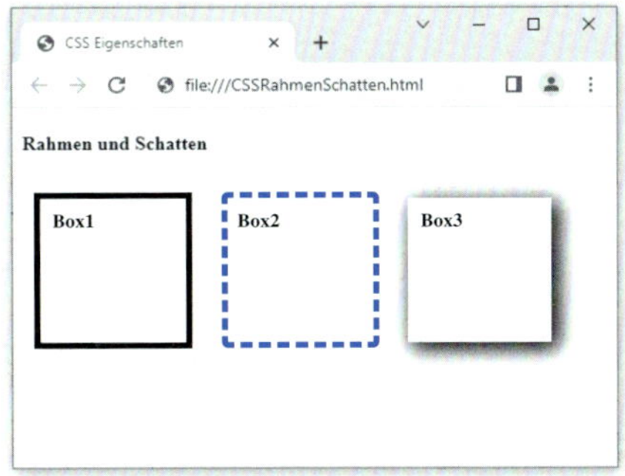

Abbildung 10.18: CSS-Eigenschaften: Rahmen und Schatten

Die folgende Tabelle zeigt nützliche CSS-Elemente und Werte für Rahmen und Schatten.

Eigenschaft	Bedeutung	Mögliche Werte
border-style	Rahmenart	dotted, dashed, solid, double, groove, ridge, inset, outset, none, hidden
border-width	Rahmenbreite	Numerischer Wert (in px, pt, cm, em)
border-color	Rahmenfarbe	Farbname, #rrggbb, rgb(255,255,255), rgba(255,255,255,1)
border-bottom, border-top, border-left, border-right	Definiert den Rahmen für die spezifische Seite	Werte wie beim Kurzformat "border" (Stil, Breite, Farbe; siehe dort)
border-radius	Abrundung der Ecken, es kann pro Ecke ein individueller Wert festgelegt werden	Numerischer Wert (in px, pt, cm, em)
box-shadow	Schlagschatten nach innen oder außen	[inset], Abstand X, Abstand Y, Unschärfe, Größe, Farbe

Textformatierung (Schriftgröße, -schnitt, -arten und -farbe) Auch die Darstellung von Text eines WWW-Dokuments lässt sich mittels CSS-Eigenschaften anpassen. So kann mit der Eigenschaft `font-size` die Schriftgröße bestimmt werden. Analog zu anderen Größenangaben können hier verschiedene Einheiten genutzt werden, auch wenn `px` (Pixel) die meistverbreitete ist. Die Darstellungsart der Schrift lässt sich über zwei CSS-Angaben steuern. Die Eigenschaft `font-style` ermöglicht es zum Beispiel, Text kursiv darzustellen, `font-weight` ermöglicht es u. a., Text in Fettdruck darzustellen.

Die Farbe der Schrift innerhalb eines Elements kann mittels `color`-Eigenschaft gesetzt werden. Hier ist es möglich, einen Farbnamen, eine Hexadezimalzahl oder einen RGB(A)-Wert anzugeben. Für Schriftarten gibt es die Eigenschaft `font-family`. Hierbei können mehrere Schriftartennamen nacheinander angegeben werden. Falls der Browser die erste Schriftart nicht unterstützt, versucht er die nächste Schriftart. Neben spezifischen Schriftartennamen können auch generische Kategorien wie beispielsweise serifenlose Schrift angegeben werden. Dies ermöglicht es dem Browser, bei Nichtvorhandensein einer spezifischen Schriftart zumindest eine sehr ähnliche aus den installierten Schriftarten des Nutzers zu wählen.

Wie auch bei anderen Eigenschaften gibt es für die Textformatierung eine Kurzangabe. Mit der Shorthand `font` können `font-style`, `font-weight`, `font-size` und `font-family` (die Reihenfolge muss hierbei eingehalten werden) in einer Zeile gesetzt werden. Beispiele zu Textformatierungen sind in Abbildung 10.19 gezeigt.

```
<style>
  div { /* s.o .... */
  }
  .box1 {
  }
  .box2 {
        font-weight: bold;
        font-size: 20px;
        font-family: "Times New *
          *Roman", serif;
  }
  .box3 {
        font: italic 30px "Wingdings", *
          *fantasy;
        color: #00549e;
  }
</style>
```

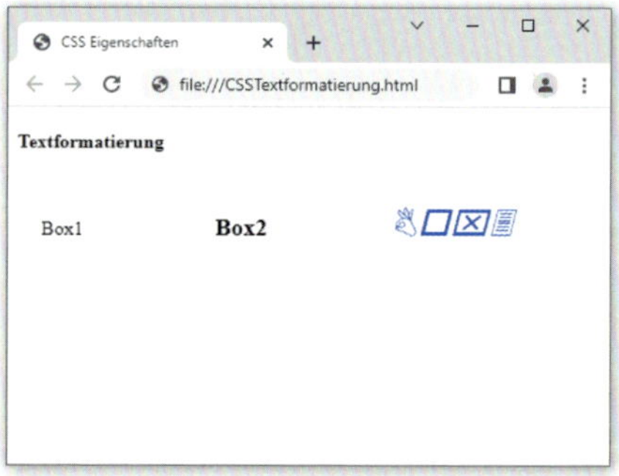

Abbildung 10.19: CSS-Eigenschaften: Textformatierung

Die folgende Tabelle zeigt die wichtigsten CSS-Elemente und Werte zur Textformatierung.

Eigenschaft	Bedeutung	Mögliche Werte
font-style	Schriftstil	normal, italic, oblique
font-weight	Schriftdicke	normal, bold, bolder, lighter
font-size	Schriftgröße	Numerischer Wert (in px, pt, cm, em)
font-family	Schriftart	Spezifischer Schriftartenname (z. B. Arial), Font-Kategorien (z. B. serif, sans-serif, cursive, fantasy, monospace)
color	Schriftfarbe	Farbname, #rrggbb, rgb(255,255,255), rgba(255,255,255,1)
@font-face		font-family:[Name], src: url([TTF/OTF/WOFF])

Hinweis zum Abschluss: Möchte man, dass eine ganz bestimmte Schriftart auf jeden Fall genutzt wird, dann muss diese mittels `@font-face`-Regel eingebunden werden. Die entsprechende Schrift muss am Server hinterlegt sein, da diese von dort heruntergeladen und anschließend für die Anzeige der Website genutzt wird. Wichtig ist es hierbei zu beachten, dass diese Angabe unabhängig von Elementen gesetzt wird. Der dort angegebene Name kann dann in den gewünschten Elementen mittels `font-family` referenziert werden.

Transitionen und Animationen Seit CSS3 ist es möglich, sanfte Übergänge zwischen verschiedenen Zuständen zu definieren (z. B. Element wird mit der Maus überfahren oder nicht). Somit ändern sich dann z. B. Schriftfarben nicht sofort auf einen anderen Wert, sondern werden langsam überblendet. Diese so genannten Transitionen lassen sich für alle Elemente definieren.

Hinweis Der Standardwert für `transition-duration` beträgt 0 sec (`0s`). Somit muss dieser immer spezifiziert werden, ansonsten ist die Transition nicht sichtbar.

Die folgende Tabelle zeigt CSS-Elemente und Werte für Transitionen und Animationen.

Eigenschaft	Bedeutung	Mögliche Werte
transition-property	Eigenschaft, die überblendet werden soll	all, no, Eigenschaftsname (z. B. color)
transition-duration	Dauer des Übergangs	s (seconds), ms (milliseconds)
transition-timing-function	Geschwindigkeitskurve des Übergangseffekts	ease, linear, ease-in, ease-out, ease-in-out, step-start, step-end, steps(), cubic-bezier()
transition-delay		s (seconds), ms (milliseconds)

Media-Queries Für viele Webangebote ist es wichtig, das Aussehen für verschiedene Endgeräte wie Desktops, Laptops, Tablets und Mobiltelefone zu optimieren (Responsive Webdesign). Eine beliebte Möglichkeit hierzu sind die so genannten Media-Queries, die es erlauben, für verschiedene Anzeigegrößen unterschiedliche CSS-Eigenschaften zu definieren.

Die `@media`-Anweisung bzw. -Regel ermöglicht die Definition von Media-Queries. Hierbei kann zunächst das Medium angegeben werden, für welche die in der Anweisung enthaltenen CSS-Angaben gelten sollen. Somit können z. B. Elemente wie das Menü ausgeblendet werden, wenn die Seite gedruckt werden soll (`@media print`). Zur Optimierung für verschiedene Endgeräte wie z. B. Laptop oder Smartphone wird das Medium `screen` gewählt. Mittels des Attributs `width` kann anschließend z. B. festgelegt werden, ab welcher Ansichtsfensterbreite ein Layout zweispaltig dargestellt werden soll und wann mit nur einer Spalte. Abbildung 10.20 zeigt die Darstellungen auf unterschiedlichen Bildschirmen.

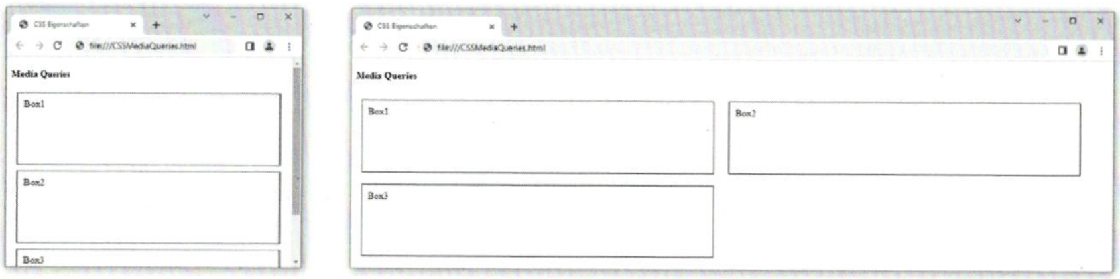

Abbildung 10.20: Darstellung derselben Seite bei unterschiedlicher Bildschirmbreite

Der zugehörige CSS-Code sieht wie folgt aus:

```
<style>
  div {
                margin: 10px;
                padding: 10px;
                height: 100px;
                border: 1px solid #000000;
  }
  /* Ab einer Browserfenstergröße von mindestens 1024px ist das Layout zweispaltig */
  @media only screen and (min-width : 1024px) {
      div {
                display: inline-block;
                width: 45%;
      }
  }
</style>
```

Die folgende Tabelle zeigt CSS-Elemente und Werte für Media-Queries.

Eigenschaft	Bedeutung	Mögliche Werte
@media [not | only] MEDIUM and (ATTRIBUT1 [and | or | not ATTRIBUT2])	Medienregel	MEDIUM: all, print, screen, speech
		ATTRIBUT: (min-/max-)width, (min-/max-)height, orientation, device-aspect-ratio, ...
		ATTRIBUT: Hintergrundfarbe, Hintergrundgrafik, Position, Größe, Wiederholungsart, ...

Es ist auch möglich, eine Medienregel direkt im link-Tag zur CSS-Datei anzugeben. Diese gilt dann für alle CSS-Angaben der entsprechenden Datei: <link rel= "stylesheet" media="print" href="..." />

Tipp: Beim Erstellen eines Responsive Webdesigns empfiehlt es sich, zuerst das kleinste Design (meist die mobile Ansicht) zu definieren und anschließend die nötigen Anpassungen für Tablet- und Desktop-Darstellung per Media-Queries zu setzen.

CSS-Präprozessoren

Für größere Projekte empfiehlt sich die Nutzung eines so genannten CSS-Präprozessors. Mit die bekanntesten sind hierbei *Sass* und *Less*. Jeder Präprozessor bringt eine eigene Syntax mit, aus der er standardisierten CSS-Code generieren kann. Diese so genannten Skriptsprachen erweitern die Standardfunktionen von CSS um einige nützliche Funktionen. So ermöglichen sie z. B. so genanntes *Nesting*, dies erlaubt die Verschachtelung von Anweisungen.

Des Weiteren ermöglichen sie die Nutzung von Variablen, mit denen Werte, wie z. B. Farben und Abstände, einmal zu Projektbeginn festgelegt werden können. Soll später der Abstand aller Elemente geändert werden, dann muss dies nur einmal in der zugehörigen Variablen geschehen und nicht für jedes einzelne Element. Weitere Funktionalitäten beinhalten Vererbung, so genannte Mixins, Funktionen und auch mathematische Operationen.

Da es sich hier um eigene Scriptsprachen handelt, müssen diese erst mit Hilfe des entsprechenden CSS-Präprozessors in CSS compiliert werden, bevor sie vom Browser interpretiert werden können.

10.8.4 Datenstrukturen zum Informationsaustausch

Eine kurze Einführung in XML

Hier wird eine kurze Einführung in XML gegeben. XML (*Extensible Markup Language*) ist nicht nur einfach eine weitere Sprache, sondern ein neues Konzept für die Datenspeicherung und deshalb nicht nur auf das Internet zugeschnitten. Die Idee zu XML hatte *Tim Berners-Lee*, der Vater von HTTP und HTML, in den Anfangsjahren der Internet-Euphorie, als er erkannte, dass HTML alleine nicht ausreichen würde, die ständig steigenden Ansprüche zu erfüllen. Es wurde offensichtlich, dass ein Standard geschaffen werden musste, in den HTML, das zwischenzeitlich weit verbreitet war, integriert werden konnte. Dazu schuf er im Jahr 1994 ein offenes Forum für Entwickler aus den unterschiedlichsten Branchen, in dem dann die verschiedensten Ansätze diskutiert wurden.

Im Jahr 1996 wurde dann der erste Entwurf zu XML präsentiert. Die Standardisierung von XML unterliegt nun – wie auch bei HTML – dem W3-Konsortium (W3C). Im Februar 1998 brachte das W3C schließlich die erste Empfehlung zu XML heraus. Danach bemühte sich das W3C, andere vorhandene Metasprachen mit Hilfe von XML zu standardisieren. Eine der wichtigsten Sprachen war dabei natürlich HTML, das auch mit Hilfe von XML zum neuen Standard XHTML umdefiniert wurde. Jedoch hat sich dieser Versuch, HTML abzulösen, nie durchgesetzt, und auch das W3C hat inzwischen die Weiterentwicklung von XHTML zugunsten von HTML5 eingestellt. Auch andere Sprachen wie z. B. SVG (Vektorgrafikformat), MathML (*Mathematical Markup Language*), RDF (*Resource Description Framework*) und WML (*Wireless Markup Language*) für Handys wurden mit Hilfe von XML umdefiniert, um sie als softwareunabhängige Beschreibungssprachen einsetzen zu können.

XML ist ein völlig neuer Ansatz, der die ganze Software-Industrie revolutionieren könnte. Das Ziel von XML ist es nämlich, unabhängige Dateiformate bereitzustellen, so dass sie beliebig zwischen den unterschiedlichen Programmen austauschbar sind. Setzt sich z. B. ein XML-basiertes Dateiformat für Office-Pakete durch, dann kann ein Brief mit jedem beliebigen Office-Programm, ob nun mit Microsoft Word oder mit

OpenOffice, gelesen und editiert werden. Das Einzige, was sich dabei noch unterscheiden wird, ist die Bedienoberfläche, die sehr wahrscheinlich auch weiterhin in den unterschiedlichen Programmen verschieden sein wird. Da XML von Anfang an universell entworfen wurde, könnte es sich als Standard für die unterschiedlichsten Anwendungen durchsetzen, so dass man je nach Anwendungstyp wie z. B. Grafik, Datenbanken, Computerspiele, CAD usw. jeweils nur noch ein unabhängiges Dateiformat kennt, das auf XML basiert.

Entscheidend bei XML ist, dass *Daten und Layout grundsätzlich voneinander getrennt sind*. Das gleiche XML-Dokument kann sowohl von einem Browser als Webseite eingeblendet werden oder aber an einem Drucker ausgegeben werden, da die Daten selbst vom Layout getrennt sind. Die Darstellung der Daten, also das Layout, erfolgt mit Hilfe von Konvertern, die XML-Daten in andere medienabhängige Formate (wie z. B. in HTML oder in Postscript) übersetzen.

Die Metasprache XML

XML ist eine Metasprache, mit der man Dokumenttypen definieren kann. XML gibt allerdings nur die Regeln vor, die beim Definieren von Dokumenttypen einzuhalten sind. Anders als HTML schreibt XML keine bestimmten Schlüsselwörter mit einer zugeordneten Funktionsweise vor, sondern legt lediglich den Aufbau und die Struktur fest, an die sich jedes XML-Dokument halten muss. Nachfolgend ist ein mögliches Aussehen eines XML-Dokuments gezeigt:

Listing 10.3: Einfaches Beispiel eines XML-Dokuments

```
<adresse nr="1">
<titel />
<name>Hans Meier</name>
<postfach>352</postfach>
<wohnort>12345 Musterstadt</wohnort>
</adresse>
```

An diesem Beispiel kann man schon die grundsätzliche Struktur von XML-Dokumenten sowie die dahinterliegende XML-Philosophie erkennen.

- In XML existieren so genannte Tags (Elemente). Diese Tags in spitzen Klammern (wie z. B. `<adresse>`) treten immer paarweise auf, wobei das Endtag (wie z. B. `</adresse>`) den jeweiligen Block beendet.
- Tags können beliebig geschachtelt werden. Die Schachtelung entspricht dabei einer Klammerung, wie man sie z. B. von der Mathematik her kennt. Dies bedeutet, dass jedes Element auf der Ebene abgeschlossen werden muss, auf der es auch geöffnet wurde.
- Leere Elemente können das Endtag gleich mitenthalten (`<titel />`).
- Tags können Attribute haben, wie z. B. eine Kennzeichnung (`<adresse nr=1>`).
- Die Information selbst steht innerhalb des Start- und Endtags, wie z. B. innerhalb von `<wohnort>...</wohnort>`.

Optional kann auch ein Kopfteil angegeben werden, der die XML-Version und den Zeichensatz festlegt, wie das nachfolgend gezeigt ist:

Listing 10.4: XML-Dokument mit Kopfteil

```
<?xml version="1.0" encoding="UTF-8" ?>
<adressen>
<adresse>
<name>Hans Meier</name>
<postfach>352</postfach>
<wohnort>12345 Musterstadt</wohnort>
</adresse>
<adresse>
<title>Dr.</title>
<name>Kati Wilhelm</name>
<strasse>Waldstr. 17</strasse>
<wohnort>54342 Hallenfurt</wohnort>
</adresse>
</adressen>
```

Dokumenttyp-Definitionen (DTDs) Die Regeln für erlaubte Elemente, Attribute und Verschachtelungsmöglichkeiten einer XML-Metasprache werden unabhängig von den eigentlichen Daten definiert. Die Vorgabe dieser Regeln nennt man Dokumenttyp-Definition (*DTD: Document Type Definition*). Ein Dokument, das alle Vorgaben einer DTD erfüllt, bezeichnet man als ein *gültiges* Dokument. Das Verfahren, um zu überprüfen, ob eine XML-Datei nach den Regeln ihrer zugehörigen DTD fehlerfrei ist, heißt *Validierung*.

Für das vorherige Beispiel könnte eine DTD wie folgt aussehen:

Listing 10.5: XML Document Type Definiton (DTD)

```
<!ELEMENT adressen (adresse)*>

<!-- Der Titel kann, muss aber nicht angegeben werden und
es ist entweder das Postfach oder die Strasse, aber
nicht beides anzugeben
-->

<!ELEMENT adresse (titel?, name, (postfach | strasse), wohnort)>

<!ELEMENT titel (#PCDATA)>
<!ELEMENT name (#PCDATA)>
<!ELEMENT postfach (#PCDATA)>
<!ELEMENT strasse (#PCDATA)>
<!ELEMENT wohnort (#PCDATA)>
```

Die Element-Deklaration

```
<!ELEMENT adressen (adresse)*>
```

legt fest, dass das Tag `<adresse>` nur in `<adressen>...</adressen>` angegeben werden darf. Der Stern (*) legt dabei fest, dass dort das Tag `<adresse>` entweder gar nicht angegeben sein muss oder aber auch einmal oder mehrmals vorkommen darf. Die Element-Deklaration

```
<!ELEMENT adresse (titel?, name, (postfach | strasse), wohnort)>
```

legt fest, dass die Tags `<titel>`, `<name>`, `<postfach>`, `<strasse>`, `<wohnort>` nur innerhalb von `<adresse>...</adresse>` angegeben werden dürfen. Der Titel wird hier als optional festgelegt, was man mit der Angabe des Fragezeichens `?` hinter `titel` erreicht. Die anderen Tags `<name>`, `<postfach>`, `<strasse>` und `<wohnort>` dagegen müssen immer in `<adresse>...</adresse>` vorhanden sein, wobei allerdings nur eines der beiden Tags `<postfach>` oder `<strasse>` angegeben sein darf. Dazu wurden diese beiden alternativen Elementtypen geklammert und mit einem Senkrechtstrich | voneinander getrennt.

Eine Element-Deklaration wie z. B.

```
<!ELEMENT name (#PCDATA)>
```

legt fest, dass es ein Element `name` gibt, das mit den Tags `<name>...</name>` eingegrenzt und dessen Inhalt als normaler Text interpretiert wird.

Kommentare lassen sich mit `<!-- ... -->` in der DTD einfügen.

Formatierung für XML-Elemente mit Style-Sprachen XML-Dokumente enthalten lediglich so genannte semantische Markierungen. Eine Markierung wie z. B. `<cite>...</cite>` legt dabei nicht fest, wie der darin enthaltene Text anzuzeigen ist. In HTML dagegen würde der Browser bei einer Angabe wie `<cite>...</cite>` den darin angegebenen Text entsprechend hervorgehoben darstellen, wie z. B. kursiv. In XML dagegen muss man mit Hilfe einer Style-Sprache festlegen, wie die Daten in den entsprechenden Tags zu formatieren sind.

Dazu stehen heute zwei Style-Sprachen zur Verfügung: CSS und XSL.

CSS (*Cascading Style Sheets*), die in Kapitel 10.8.3 kurz vorgestellt wurden, dienen lediglich dazu, festzulegen, wie der Browser die Elemente einer XML-Datei darstellen soll.

XSL (*Extensible Stylesheet Language*) auf der anderen Seite ist wesentlich mächtiger und direkt auf XML zugeschnitten. Darauf wird hier allerdings nicht weiter eingegangen.

XML-Darstellung mit Cascading Style Sheets (CSS) Es besteht abhängig vom verwendeten Browser die Möglichkeit, XML-Daten zu formatieren. Genauso, wie man vordefinierte HTML-Elemente wie `h1`, `table` oder `div` mit CSS formatieren kann, kann man bei einem entsprechenden Browser auch eigene XML-Elemente mit Hilfe von CSS formatiert darstellen lassen. Dies ist jedoch nur möglich, wenn der Browser sowohl XML als auch CSS verarbeiten kann und zudem auch die Verbindung zwischen CSS und XML unterstützt.

Im **MyLab | Grundlagen der Informatik** wird ein Beispiel zur XML-Darstellung mit Cascading Style Sheets gezeigt, wobei ein Medaillenspiegel mit folgenden drei Teilen grafisch dargestellt wird:

- einer DTD für die Validierbarkeit der Daten (`medaillencss.dtd`),
- einer XML-Datei, also ein konkreter Medaillenspiegel (`medaillencss.xml`),
- einer CSS-Datei mit den entsprechenden Layout-Vorgaben (`medaillen.css`).

Eine kurze Einführung in JSON

Wie XML ist JSON (JavaScript Object Notation) eine definierte, textbasierte Struktur zur Datenspeicherung. Auch wenn es ursprünglich auf der JavaScript-Programmierung basierte, ist JSON nicht auf die Nutzung mit JavaScript limitiert, da mittlerweile JSON-Parser und -Generatoren für alle weit verbreiteten Programmiersprachen wie C/C++, Java oder auch Python existieren. JSON wurde 1997 von Douglas Crockford geprägt, aktuell ist das Format durch zwei Standards spezifiziert: RFC 8259 und ECMA-404. Zum Datenaustausch werden die Daten als Zeichenkette gespeichert und als JSON-Objekt weitergegeben.

Da JSON im Gegensatz zu XML keine Endtags benutzt, wird es oft als leichter leserlich empfunden und die Dateigröße ist meist kleiner.

Aufbau JSON-Dateien beginnen mit einer offenen geschwungenen Klammer und enden mit einer schließenden geschwungenen Klammer. Die Daten werden in Form von Schlüssel-Wert-Paaren (*key/value pairs*) gespeichert. Diese bestehen aus einem frei wählbaren Feldnamen bzw. Schlüssel („key"), der mittels Doppelpunkt von der nachfolgenden dazugehörigen Information bzw. dem Wert („value") getrennt wird. Die einzelnen Schlüssel-Wert-Paare werden jeweils mit einem Komma voneinander separiert.

Innerhalb von JSON sind folgende Datentypen für Werte definiert:

- Nullwert
- Zahlenwert
- String
- Boolescher Wert
- Array
- Objekt

Hinweis JSON benötigt immer doppelte Anführungszeichen ("Name") – einfache Anführungszeichen ('Name') sind nicht zulässig.

Listing 10.6: Mögliche Datentypen mit Werten in einem JSON-Dokument

```
{
        "Nullwert": null,
        "Zahlenwert": 1.2,
        "String": "Zeichenkette",
        "Boolean": false,
        "Array": [42, "abc", true, 4, "Information5"],
        "Objekt": {
                "Objektdaten1": "Name",
                "Objektdaten2": 5,
                "Objektdaten3": ["Eins","Zwei","Drei"]
        }
}
```

Wie auch bei XML sind in JSON verschachtelte Strukturen ohne Tiefenbegrenzung möglich. So können Arrays sowie auch Objekte weitere Arrays, Objekte oder andere Datentypen beinhalten. JSON-Dateien werden üblicherweise mit der Endung `.json` gespeichert.

Verarbeitung Die Nutzung von JSON-Daten ist in den meisten Programmiersprachen relativ intuitiv umgesetzt. Hierzu soll folgendes Beispiel dienen (Datei: `data.json`):

Listing 10.7: Beispiel eines JSON-Dokuments (Datei: `data.json`)

```
{
        "key":"value",
        "array": [1,2,3]
}
```

JSON-Daten müssen zuerst geparst werden, bevor mit diesen gearbeitet werden kann. Beim Parsing ist zu beachten, dass dies nur erfolgreich durchgeführt werden kann, solange die Formatierung der gesamten JSON-Datei fehlerfrei ist. Sollte währenddessen ein Fehler auftreten (z. B. aufgrund eines fehlenden Kommas nach einem Name-Wert-Paar), dann können die gesamten Daten nicht genutzt werden.

Insgesamt unterscheidet sich die Nutzung der geparsten JSON-Daten innerhalb der verschiedenen Programmiersprachen kaum.

In Python werden JSON-Daten als Dictionary (siehe Kapitel 7.7.3 auf Seite 291) geparst, wodurch bei der weiteren Verarbeitung Name-Wert-Paare einfach aufgerufen werden können:

Listing 10.8: Verarbeitung des JSON-Dokuments: `data.json` mit Python

```
import json
with open('data.json') as jsonFile:      # Datei Öffnen ('r' für read ist default)
   jsonData = json.load(jsonFile)         # JSON Parsen
print (jsonData["key"])                   # Ausgabe:     value
for value in jsonData["array"]:
   print(value)                           # Ausgabe:     1
                                                        #2
                                                        #3
```

Eine Einführung in die Programmierung mit Python findet sich in Kapitel 7.7. Ein Beispiel für die Nutzung von JSON-Daten in JavaScript ist in Kapitel 10.8.5 auf Seite 559/560 bzw. Listing 10.15 gezeigt.

JSONP Für WWW-Dokumente gilt die so genannte „Same-Origin-Policy“. Diese dient der Sicherheit und soll verhindern, dass Webanwendungen Informationen lesen, die nicht selbst von ihnen kommen. So dürfen Webseiten z. B. nur ihre eigenen Cookies auslesen. Um den Austausch von JSON-Daten im Web über Domaingrenzen hinweg zu ermöglichen, wurde JSONP (*JavaScript Object Notation with Padding*) definiert. Hierzu werden die gewünschten Daten einer Website innerhalb des `<script>`-Tags geladen, um die Same-Origin-Policy zu umgehen. Da dies jedoch das Risiko für den Nutzer erhöht, Opfer von Sicherheitsangriffen zu werden, empfehlen wir Daten möglichst selbst bereitzustellen oder nur von äußerst vertrauenswürdigen Seiten zu laden.

10.8.5 Clientseitige Web-Programmierung mit JavaScript

Während HTML den Inhalt einer Webseite und CSS das Layout definiert, bieten sie keine Möglichkeit an, dass Nutzer Inhalte interaktiv beeinflussen können (abgesehen vielleicht von Formularen). Aus diesem Grund wurde JavaScript entwickelt, welches ermöglicht, das Verhalten von Webseiten zu gestalten.

Die Programmiersprache *JavaScript* (JS) wurde erstmals 1995 vorgestellt. Durch die Nutzung von JavaScript gibt es praktisch keine Grenzen mehr für die Gestaltung und die Funktionalität von Webseiten. Selbst Spiele im Browser lassen sich damit umsetzen. Der Programmiersprache zugrunde liegt der offizielle Standard ECMAScript, der von der Ecma International Organisation definiert wird. Im Gegensatz zu anderen Programmiersprachen wie C/C++ wird JavaScript zur Laufzeit auf dem Endgerät des Nutzers compiliert (*just in time* – JIT) und im Browser ausgeführt. Da dies (heutzutage) automatisch geschieht, läuft JavaScript üblicherweise in einer so genannten „Sandbox", um sicherzustellen, dass Skripte nicht auf Dateien, andere Programme oder Eingaben außerhalb des entsprechenden Browserfensters zugreifen können.

Die hier aufgeführten Informationen sind nur ein kleiner Ausschnitt der aktuell definierten Funktionalitäten von JavaScript. Für eine Gesamtübersicht sollte der aktuelle Standard bzw. eine entsprechende Referenz verwendet werden.

Entwicklungswerkzeuge und Debugging

Zu den wichtigsten Entwicklerwerkzeugen neben einem Editor (wobei hier ein simpler Texteditor reichen würde) gehören die Analysetools der Browser. Diese können im Browser per Rechtsklick im Browserfenster der gewünschten Webseite und dem Auswählen des Menüpunkts *Untersuchen* geöffnet werden. Hier kann das aktuelle DOM (siehe im Folgenden) inklusive aller bisher durchgeführten Manipulationen betrachtet werden. Über die „Konsole" können alle Debug-Ausgaben (über den Befehl `console.log([Daten])`) oder auch Fehlermeldungen eingesehen werden.

Einbinden von JavaScript Code

Um JavaScript-Anweisungen für eine Webseite bereitzustellen, gibt es folgende Möglichkeiten:

- Direkt im HTML-Dokument (*Internal JS*)
  JavaScript kann direkt in die HTML-Datei, innerhalb von `<script>...</script>`-Tags, geschrieben werden. Diese Blöcke können wiederum frei innerhalb des `<head>`- oder des `<body>`-Bereichs platziert werden.

```
<script>
   alert("Hallo Welt!");
</script>
```

- In einer externen Datei (*External JS*)
  Hierbei wird der JavaScript-Code in einer externen `.js`-Datei gespeichert. Auf diese wird dann mittels `src`-Angabe im `<script>`-Tag referenziert.

```
<script src="datei.js"></script>
```

Oft wird JavaScript-Code am Ende des Dokuments vor dem abschließenden `</body>`-Tag eingebunden. Dies ermöglicht dem Browser, den HTML-Code vor dem Laden der Skripte zu parsen. Somit kann die Website schneller dargestellt werden. Alternativ kann auch das `async`-Attribut für das `<script>`-Tag gesetzt werden (`<script async src="...">`), um das Parsen sowie das Laden der Skripte zu parallelisieren.

Kommentare sind in JavaScript wie in C und Java als Zeilenkommentare mit `//` oder auch über mehrere Zeilen mit `/* ... */` möglich. Für Bezeichner gelten die gleichen Regeln wie für C/C++ und Java.

Document Object Model, Elementselektoren und -manipulation

Beim Laden einer Webseite wird vom Browser ein so genanntes „Document Object Model" (DOM) des Inhalts des HTML-Dokuments erstellt. Dieses ist als Baumstruktur aufgebaut, wodurch jedes Element eindeutig erreichbar ist. Die Struktur ist in Abbildung 10.21 gezeigt.

JavaScript kann mit Hilfe dieses Modells auf HTML-Elemente zugreifen und diese sowie deren Attribute, CSS-Stile, Ereignisse und Inhalte ändern. Die gewünschten Elemente können hierbei entweder per Tag, Klasse, ID oder auch CSS-Selektor ausgewählt werden. So könnte man per `document.getElementsByTagName("a")` alle Links eines HTML-Dokuments auswählen, um anschließend weitere Anweisungen bezüglich gewünschter Manipulationen anzuhängen. Mittels `classList.add("[Klassenname]")` kann (einem) Element(en) eine (zusätzliche) Klasse zugewiesen oder per `classList.remove("[Klassenname]")` entfernt werden. Über die Funktion `setAttribute()` können dem/n ausgewähltem/n Element(en) (weitere) Attribute zugewiesen werden.

```
// Füge jedem Link die Klasse "meineKlasse" hinzu:
document.getElementsByTagName("a").classList.add("meineKlasse");
```

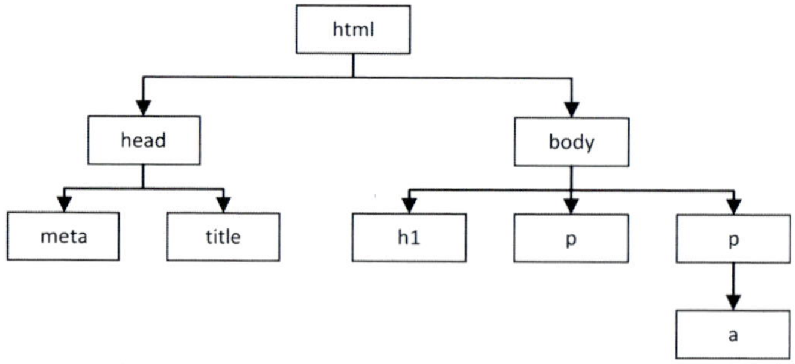

Abbildung 10.21: Document Object Model (DOM) für HTML-Dokument

Weitere Beispiele für Elementauswahl sowie -manipulation mit JavaScript finden Sie im **MyLab | Grundlagen der Informatik** zu diesem Kapitel.

Event-Handler

JavaScript ermöglicht es mit so genannten Event-Handlern auf Aktionen des Nutzers zu reagieren. Hierzu zählen direkte Interaktionen mit dem Inhalt der Webseite, wie einem Mausklick oder Tastendruck, aber auch andere Aktionen wie etwa das Verändern der Fenstergröße oder auch das Verlassen der Webseite. Event-Handler können entweder direkt im HTML-Dokument als Attribute definiert werden, mit z. B. `onclick=` oder `onkeypress=`, oder alternativ im JavaScript-Code mittels `addEventListener` dynamisch bestimmten Elementen zugewiesen werden.

```
// Zeige bei einem Klick auf ein Element mit der ID "myBtn" ein Popup mit dem Text des *
                                              *angeklickten Elements an:
document.getElementById("myBtn").addEventListener("click", function(){ *
                                              *alert(this.innerHTML); });
```

JavaScript-Funktionen werden auf Seite 556 vorgestellt. Weitere Beispiele für Arten von Event-Handlern und deren Zuweisung in JavaScript finden Sie im **MyLab | Grundlagen der Informatik** zu diesem Kapitel.

Datentypen und Variablen

In JavaScript gibt es folgende primitive Datentypen:

- Boolean, Number (kann eine Ganzzahl als auch eine Dezimalzahl repräsentieren), String, Symbol, Null und Undefined.

Darüber hinaus bietet JavaScript unter anderem noch folgende Datenstrukturen an:

- Arrays wie z. B. [„eins“, „zwei“, „drei“],
- Sets (Sammlung von eindeutigen Werten),
- Objects (beinhalten Schlüssel-Wert-Paare, für Schlüssel nur Strings erlaubt),
- Maps (beinhalten Schlüssel-Wert-Paare, Schlüsselwörter müssen keine Strings sein, sind iterierbar).

JavaScript hat keine statischen Datentypen und Datentypen werden auch automatisch umgewandelt. Hierdurch ist es möglich, einen String mit einem Boolean zu addieren, ohne vorher eine Umwandlung (*Type Cast*) angeben zu müssen. Dies führt teilweise zu unerwarteten Ergebnissen, wie z. B. die Operation von `true + true`, welche `2` ergibt, da `true` intern in `1` umgewandelt und dann addiert wird. Aber auch (vermeintliche) Zahlenoperationen liefern unerwartete Ergebnisse, so ergibt die Summe `"2"`+1 als Ergebnis `21`, da die `1` in einen String umgewandelt wird und die Strings dann aneinandergehängt werden. Jedoch ergibt die Differenz `"2"`−1 das Ergebnis `1`, da hier die `2` in eine Zahl umgewandelt wird und dann die arithmetische Operation durchgeführt wird. Explizite Datentypumwandlungen können mittels `Number()`, `String()` oder `Boolean()` und noch einigen weiteren Möglichkeiten für Konvertierungen erfolgen.

Generell zu beachten ist auch die potenzielle Ungenauigkeit bei Dezimalzahlen, so liefert die Gleichung `0.1 + 0.2 == 0.3` ein `false`, da Dezimalbrüche nicht immer genau dargestellt werden können und somit die Summe der zwei Dezimalzahlen nicht genau `0.3` ergibt (`0.30000000000000004`).

Eine Besonderheit bei JavaScript ist der typgleiche Vergleichsoperator (===). Dieser prüft nicht nur auf Wertgleichheit, sondern auch, ob beide zu vergleichenden Werte vom selben Datentyp sind. So gibt `"2"` == 2 das Ergebnis `true`, während `"2"` === 2 ein `false` ergibt.

Wie in allen anderen Programmiersprachen ist es auch in JavaScript möglich, Variablen zu definieren. Die Besonderheit hierbei ist, dass JavaScript keine statischen Datentypen für Variablen hat (schwache Typisierung). Ursprünglich gab es in JavaScript nur Variablen mit dem Schlüsselwort (*keyword*) `var`. Ab 2015 wurden noch die Schlüsselwörter `let` und `const` zur Definition von Variablen bzw. Konstanten hinzugefügt.

Aktuell wird empfohlen für Variablendefinitionen standardmäßig `let` zu nutzen, wenn man nicht `const` verwenden kann, das nicht mehr änderbare Variablenwerte auszeichnet. Da `let`-Variablen als lokale Variablen betrachtet werden, bieten diese mehr Sicherheit, da sie zu weniger Flüchtigkeitsfehlern führt. Weiter können `let`-Variablen auch nicht innerhalb ihres gültigen Bereichs neu deklariert werden.

Listing 10.9: Beispiel für JavaScript

```
var variableVar = 1;
let variableLet = 1;
var number = 3;

if (number > 2) {
        var variableVar = 2;
        let variableLet = 2;
}

console.log(variableVar);               // Ausgabe: 2
console.log(variableLet);               // Ausgabe: 1

var variableVar = 3;
let variableLet = 3;                    // Führt zu Fehlermeldung
```

Das `const`-Schlüsselwort bewirkt, dass der Inhalt einer Variablen nach der Deklaration nicht mehr geändert werden kann. Es ist jedoch weiterhin möglich, Eigenschaften von Objekten zu aktualisieren. So können z. B. immer noch Elemente von Arrays geändert, hinzugefügt oder entfernt werden. Die Array-Variable kann jedoch nicht komplett durch ein neues Array ersetzt werden.

Schleifen und Iterationen

JavaScript bietet verschiedene Schleifen an, um Anweisungsblöcke wiederholt ausführen zu lassen.

for (...in/...of)-Schleifen Eine `for`-Schleife ermöglicht ein begrenztes Wiederholen eines bestimmten Programmteils (siehe auch Kapitel 7.5.4). In JavaScript folgt der Aufbau hierbei dem Schema

```
for ([Zählvariable]; [Fortführungsbedingung]; [ÄnderungDerZählvariablen])
```

gefolgt vom Anweisungsblock in geschweiften Klammern.

```
for (var i = 0; i < 10; i++) {
        console.log(i);
}
```

Für das Iterieren über Objects sowie Arrays, Set und Maps gibt es noch zwei unterschiedliche Abwandlungen der `for`-Schleife. Dies liegt unter anderem daran, dass Inhalte von Objects in JavaScript keine definierte Reihenfolge haben (somit ist den Werten kein Index zugeordnet).

```
for (variable in objekt) { ... }
for (variable of datenstruktur) { ... }
```

Mit der `for...in`-Schleife kann man über die aufzählbaren Eigenschaften eines Objects iterieren. Dabei wird jeweils der Schlüssel der `variable` zugewiesen.

Die `for...of`-Schleife erlaubt das Iterieren nur über sortierte Datenstrukturen (also keine Objects – nur Array, Set und Map). Hier werden direkt die Werte der Eigenschaften der `variable` zugewiesen.

(do...) while-Schleifen Wie auch in C/C++ gibt es zwei Arten von while-Schleifen: `while` (Prüfungsbedingung zu Beginn) und `do...while` (Prüfungsbedingung am Ende). Eine ausführliche Beschreibung der zwei Arten findet man in den Kapiteln 7.5.5 und 7.5.6 dieses Buchs.

Listing 10.10: `while`-Schleife in JavaScript

```
var i = 0;

// Wird nie ausgeführt:
while (i > 0) {
        i--;
        console.log(i);
}

// Wird einmal ausgeführt:
do {
        i--;
        console.log(i);
} while (i > 0);
```

Auch in JavaScript können die Anweisungen `break` und `continue` innerhalb von Schleifen, wie in den Kapiteln 7.5.7 und 7.5.8 beschrieben, genutzt werden.

Funktionen

Wie auch in anderen Programmiersprachen können in JavaScript Funktionen definiert werden. Diese erlauben Anweisungen in Blöcken zu definieren und somit Prozeduren auszuführen, die regelmäßig von verschiedenen Programmstellen aus durchgeführt werden können, ohne die gleichen Codezeilen kopieren zu müssen (für eine ausführliche Beschreibung von Funktionen siehe Kapitel 7.5.11).

Eine Funktion wird mit dem Schlüsselwort `function`, gefolgt gegebenenfalls von einem Namen und von einer Parameterliste in `()`, definiert. Die Parameterliste kann auch leer sein. In bestimmten Kontexten (z. B. Eventhandlern) kann eine Funktion auch ohne Namen, d. h. als so genannte anonyme Funktion, definiert werden. Der Anweisungsblock der Funktion wird mit {} geklammert.

Wie auch in anderen Programmiersprachen können einer Funktion Werte mit Hilfe von Argumenten übergeben werden. Während bei der Übergabe von primitiven Datentypen Werte nur innerhalb der Funktion geändert werden (*call by value*), wird bei der Übergabe einer Datenstruktur der Inhalt auch außerhalb der Funktion geändert (*call by reference*). Über ein `return` innerhalb der Funktion kann ein Wert zurückgegeben werden.

Listing 10.11: Funktion in JavaScript

```
let primWert = 1
let datenStrukt = {
        "Test":"Bestanden";
}

function meineFunktion(primitiveVariable, datenStruktur) {
        primitiveVariable = 2;
        datenStruktur["Test"] = "Durchgefallen";
}

meineFunktion(primWert, datenStrukt);

console.log(primWert);                  // Ausgabe: 1
console.log(datenStrukt["Test"]);       // Ausgabe: Durchgefallen
```

Klassen

In JavaScript wird das Verhalten von Objekten normalerweise durch deren Eigenschaften festgelegt. Nichtsdestotrotz können auch in JavaScript Klassen angelegt und Eigenschaften vererbt werden, wie man es von objektorientierten Sprachen wie Java gewohnt ist. Die Grundlagen objektorientierter Programmierung können in Kapitel 7.6 nachgelesen werden.

Bevor Klassen in JavaScript genutzt werden können, müssen diese deklariert werden. Das erfolgt über das Schlüsselwort `class`, gefolgt vom Klassennamen, der üblicherweise großgeschrieben wird, um Klassen von Variablen schnell unterscheiden zu können. Jede Klasse hat eine `constructor`-Methode. Diese wird automatisch aufgerufen, wenn eine neue Instanz der Klasse (über das Schlüsselwort `new`, gefolgt vom Klassennamen) erstellt wird. Darüber hinaus können innerhalb von Klassen zusätzliche eigene Methoden definiert werden.

Listing 10.12: Klassendefinition in JavaScript

```
class Person {
        constructor(vorname, alter, hobbies) {
                this.vorname = vorname;
                this.alter  = alter;
                this.hobbies = hobbies; }

        vorstellen() {
                console.log("Hallo, mein Name ist " + this.vorname)
        }
}
const dasBinIch = new Person("Tony",21, ["Programmieren","Fahrradfahren"]);
dasBinIch.vorstellen();                    // Ausgabe: Hallo, mein Name ist Tony
```

Um klasseninterne Variablen auf `private` zu setzen, muss ihnen ein Hash (#) vorangestellt werden und sie müssen in der Klasse deklariert werden. Darüber hinaus bieten Klassen in JavaScript auch die Möglichkeit von Vererbung (siehe auch Kapitel 7.6.5). Hierbei wird nach dem Schlüsselwort `extends` der Klassenname der Elternklasse angefügt. Innerhalb der neuen Klasse können über das Schlüsselwort `super` Funktionen der Elternklasse aufgerufen werden.

Listing 10.13: Vererbung in JavaScript

```
class Student extends Person {
        #studiengang

        constructor(vorname, alter, hobbies, studiengang) {
                super(vorname, alter, hobbies);
                this.#studiengang = studiengang;
        }

        vorstellen() {
                super.vorstellen();
                console.log("Ich studiere " + this.#studiengang);
        }
}

const dasIstEinStudent = new Student("Jona",23, *
                                *["Programmieren","Fahrradfahren"],"Informatik");
dasIstEinStudent.vorstellen();           // Hallo, mein Name ist Jona
                                         // Ich studiere Informatik
```

Asynchrone Operationen, Callbacks und Promises

In JavaScript werden alle Befehle nacheinander ausgeführt (sequenziell), das heißt, Zeile 1 wird immer vor Zeile 2 abgearbeitet. Des Weiteren läuft nur *ein* JavaScript-Prozess im Browser, das Programm wird also in einem Thread (*single-threaded*) ausgeführt. Jedoch möchte man ab und zu Funktionen auch im „Hintergrund" laufen lassen, ohne das Browserfenster „einfrieren" zu lassen. Diese so genannten „asynchronen" Funktionen können Timer (mittels `setTimeout`) sein, die erst nach einiger Zeit bestimmte Befehle ausführen, oder Funktionen zum Nachladen von Dateien, die einige Zeit in Anspruch nehmen können. Zur Information über den Abschluss und gegebenenfalls zum Auswerten des Ergebnisses von solchen asynchronen Funktionen bietet JavaScript zwei Techniken:

- Callbacks
  Einer (asynchronen) Funktion können Funktionen als Argumente übergeben werden. Diese können als so genannte Callback-Funktionen aufgerufen werden, nachdem die Operation abgeschlossen ist. Dies ist im folgenden Beispiel mit der asynchronen Funktion `setTimeout()` gezeigt:

```
setTimeout(meineFunktion, 2000); // Nachdem Timer von 2 s abgelaufen ist, wird *
                                         *"meineFunktion" aufgerufen

function meineFunktion() {
        document.getElementsByTagName("body")[0].innerHTML = "Hallo Welt!";
}
```

- Promises
  Promise-Objekte repräsentieren den Zustand (`state`) einer asynchronen Operation. Dieser kann entweder den Wert `pending` (initialer Zustand), `fulfilled` (Operation erfolgreich abgeschlossen) oder `rejected` (Operation schlug fehl) annehmen. Zusätzlich werden das Operationsergebnis (`value`) oder der Grund des Fehlschlags (`error`) mitgeliefert. So können über die `then()`-Methode des Promise-Objects, abhängig vom Ergebnis der asynchronen Funktion, verschiedene Callbacks definiert und aufgerufen werden. Im Folgenden ist das vorherige Beispiel des Timers mittels Promise-Objekt umgesetzt:

```
const meinPromise = new Promise(function(callbackResolve, callbackReject) {
        setTimeout(function() { callbackResolve("Hallo Welt!"); }, 2000);
});

meinPromise.then(function(value) {
        document.getElementsByTagName("body")[0].innerHTML = value;
});
```

Wie im Beispiel oben dargestellt, können mit der `then()`-Methode des Promise-Objects Callbacks definiert bzw. aufgerufen werden. Hierbei können der `then()`-Methode zwei Argumente übergeben werden: Das erste Argument ist die Callback-Funktion, die bei Erfolg aufgerufen wird. Das zweite (optionale und im Beispiel nicht verwendete) Argument ist die Callback-Funktion, die bei Ablehnung des Promise aufgerufen wird. Die `then()`-Methoden geben stets ein neues Promise zurück. Dadurch können auch mehrere `then()`-Methoden nacheinander gekettet werden, die jeweils das Promise der vorherigen Methode weiterverarbeiten. Zusätzlich wird am Ende meist noch eine `catch()`-Methode angehängt (siehe folgendes Beispiel). Diese fängt alle abgelehnten Promise-Objekte auf, die nicht innerhalb von vorherigen `then()`-Methoden verarbeitet wurden. Da in JavaScript Anweisungen erst mit einem Semikolon beendet werden, können diese jeweils problemlos in eine neue Zeile geschrieben werden.

Über das Schlüsselwort `async` kann eine benutzerdefinierte Funktion als asynchron definiert bzw. ausgeführt werden. Sie gibt nach Abschluss ein Promise-Objekt zurück, so dass damit die `then()`-Methode des Promise aufgerufen werden kann, die dann die entsprechende Callback-Funktion aufruft. Im folgenden Beispiel wird in einer asynchronen Funktion getestet, ob die aktuelle Sekundenzahl gerade oder ungerade ist. Falls ungerade, wird ein Fehler ausgeworfen.

Listing 10.14: Asynchrone Verarbeitung in JavaScript

```
async function asynchroneFunktion() {
        var jetzt = new Date();
        if ( jetzt .getSeconds() % 2 === 0) {
                return ( jetzt .getHours() + ":" + jetzt .getMinutes() + ":" + *
                                                        * jetzt .getSeconds() );
        } else {
                throw new Error("Sekunden sind ungerade!");
        }
}

asynchroneFunktion()
.then(function (value) {          // Funktion erhält Operationsergebnis (value) des Promise
        console.log(value);
})
.catch(function (error) {         // Funktion fängt alle abgelehnten Promises auf
        console.log("Fehler!");
        console.log(error.message);
});
```

Eine sehr populäre Anwendung von asynchronen Operationen ist AJAX. Die Idee dahinter ist, Daten mit Webservern im Hintergrund austauschen zu können und somit Inhalte dynamisch laden oder abschicken zu können, ohne dass das Browserfenster neu geladen werden muss. Der Begriff *AJAX* ist die Abkürzung für *Asynchronous JavaScript And XML*, auch wenn diese Bezeichnung heute etwas veraltet ist. So erfolgt der Datenaustausch mittlerweile meist über das JSON-Format (siehe Kapitel 10.8.4 auf Seite 549) und es gibt nicht mehr nur die `XMLHttpRequest`-API, um Daten nachzuladen. AJAX wird heutzutage bei nahezu allen größeren Webauftritten genutzt. Populär wurde es vor allem durch die „Infinite Scroll"-Funktion von Facebook und Twitter.

Die mit ECMAScript 6 eingeführte `fetch`-API, die von allen modernen Browsern unterstützt wird, entspricht der in JavaScript üblichen Struktur bei der Nutzung von Promises. Im folgenden Beispiel wird eine der vielen Anwendungsmöglichkeiten der `fetch`-API dargestellt. Der Code demonstriert das Nachladen einer JSON-Datei. Hierzu wird der `fetch`-API der Pfad der gewünschten Datei übergeben. Wenn die Anfrage eine Antwort vom Server erhält, wird sie zunächst mittels der `json()`-Methode geparst und dann weitergeben. Dort können die JSON-Daten ausgegeben werden. Sollte beim Laden der Datei z. B. ein Netzwerkfehler auftreten, dann wird die `.catch`-Funktion aufgerufen, welche die Fehlermeldung ausgibt.

Listing 10.15: Verarbeitung einer JSON-Datei mit JavaScript

```
function ajaxCall(file) {
        fetch(file)                                     // Datei Anfragen
        .then(response => response.json())             // JSON-Daten parsen
        .then(function (data) {                         // Callback bei erfolgreichem Parsen*
                                                        * aufrufen
                console.log("Data:");
                console.log(data);
        })
        .catch(function (error) {
                console.log("Error:");
                console.log(error);
        });
}
ajaxCall("/data/data.json");
```

Wichtig hierbei zu beachten ist, dass die `fetch`-API das Promise-Objekt nicht ablehnt, wenn ein http-Fehler (z. B. „HTTP 404 – Datei nicht gefunden") zurückgegeben wird. Sobald der Server antwortet, wird das Promise normal aufgelöst, jedoch wird das `ok`-Attribut auf `false` gesetzt, sollte der Antwortcode des Servers nicht im Bereich 200–299 liegen. Möchte man auf unterschiedliche Fehlermeldungen reagieren, so kann man zu Beginn entsprechend auf `response.ok` prüfen, bei Bedarf das Promise manuell ablehnen und anschließend in der `.catch`-Methode auf `response.status` prüfen, welcher Fehlercode zurückgegeben wurde.

Listing 10.16: AJAX-Call mit Promise in JavaScript

```
function ajaxCall(file) {
        fetch(file)                          // Datei Anfragen
        .then(response => {
                if (response.ok) {           // Test, ob Server keinen http-Fehler *
                                                     *zurückgegeben hat
                        return response.json();
                }
                return Promise.reject(response);
        })
{...}
```

Da `fetch`-Anfragen nicht einfach lokal über das Laden einer Datei im Browser durchgeführt werden können (sie dürfen nur über das http-Protokoll gestartet werden), kann zum Testen zum Beispiel ein lokaler Webserver auf dem Rechner installiert werden.

Nachfolgend wird ein JavaScript-Beispiel anhand eines Prozentrechners gezeigt. Lädt man die HTML-Datei `prozent.htm` aus Listing 10.17 im Browser, so wird z. B. das links in Abbildung 10.22 gezeigte Fenster eingeblendet. Gibt der Benutzer nun im ersten Eingabefeld den Betrag und im zweiten den Prozentsatz ein und klickt anschließend auf den Button `Berechnen`, so wird ihm im letzten Feld der entsprechende Prozentwert angezeigt, wie dies z. B. rechts in Abbildung 10.22 gezeigt ist.

Listing 10.17: `prozent.htm`: Ein Prozentrechner mit JavaScript

```
<html>
<head> <title>Prozentrechner</title>
<script type="text/javascript">
function Rechnen() {
        var betrag  = document.Prozentrechner.Eingabe.value;
        var prozent = document.Prozentrechner.Prozent.value;
        var gesamt = betrag * prozent/100 + Number(betrag);
        document.Prozentrechner.Gesamt.value = gesamt;
}
</script>
</head>
<body>
<form name="Prozentrechner">
<table>
<tr> <td>Betrag:                              </td>
<td><input type="text" name="Eingabe" size="10"></td>
<td><input type="button" value="Berechnen" onClick="Rechnen()"></td></tr>
<tr> <td>Prozent:                             </td>
<td><input type="text" name="Prozent" size="10"></td></tr>
<tr> <td>Gesamtbetrag:                        </td>
<td><input type="text" name="Gesamt" size="10"> </td></tr>
</table>
</form> </body></html>
```

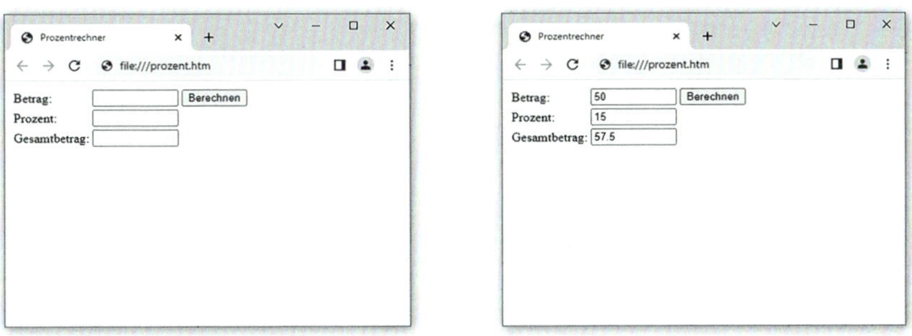

Abbildung 10.22: Interaktiver Prozentrechner in einem Browser

Im **MyLab | Grundlagen der Informatik** zu diesem Buch finden Sie mit der HTML-Datei `bestell.htm` ein weiteres Beispiel zu JavaScript, das eine kleine Online-Bestellung realisiert.

Moderne Webbrowser enthalten hochoptimierte JavaScript-Engines. Die Ausführungsgeschwindigkeit von JavaScript-Code liegt deshalb heutzutage fast in der Größenordnung von nativem C-Code, der für die jeweilige Plattform übersetzt wurde. Allerdings ist der Speicherbedarf noch immer erheblich höher.

10.8.6 Serverseitige Webentwicklung

Neben der eigentlichen Webseite möchte man den Nutzern oft noch zusätzliche Dienste, wie z. B. ein Gästebuch, in das sich Besucher eintragen können, oder auch einen Web-Shop, über den Bestellungen ausgeführt werden können, zur Verfügung stellen. Hierzu braucht man eine Anwendung auf dem Server, welche die Einträge empfängt, die Nutzer über ein Formular abschicken, diese abspeichert und beim erneuten Abruf der Webseite bereitstellt.

Die serverseitige Webentwicklung wird auch oft als *Backend Development* bezeichnet. Für die Implementierung der Server-Logik kann hierbei aus einer Vielzahl verschiedener Sprachen gewählt werden. Im Folgenden möchten wir einen kurzen Überblick über die populärsten Programmiersprachen und Frameworks dazu geben. Die hier aufgeführten Informationen sind nur ein kleiner Ausschnitt der Möglichkeiten. Für detaillierte Informationen empfehlen wir Fachliteratur zu der entsprechenden Sprache zu verwenden.

Die Skriptsprache PHP

Eine der beliebtesten Programmiersprachen für die serverseitige Web-Programmierung ist die Skriptsprache *PHP* (***P****HP* ***H****ypertext* ***P****reprocessor*). Dabei sind der PHP-Code, der vom Server ausgeführt wird, und HTML-Code, der an den Client gesendet wird, in einer Datei enthalten. Zur Verarbeitung einer Seite startet der Server dabei im „HTML-Modus“; er nimmt also zunächst an, dass die Datei HTML-Code enthält, der unverändert an den Browser weiterzuleiten ist. Erst wenn er auf PHP-Code (mit `<?php...?>` geklammert) trifft, wechselt er in den „PHP-Modus“, in dem er nun die angegebenen PHP-Anweisungen bearbeitet. Alle Ausgaben von PHP-Anweisungen, die typischerweise mit `echo` oder `print` durchgeführt werden, wie z. B.:

```
echo "HTML-Text";
```

schickt der Server dann – eingefügt an der entsprechenden Stelle des Dokuments – anstelle des PHP-Codes ebenfalls an den Browser. Wenn der Server das Ende eines PHP-Codeteils (mit `?>` gekennzeichnet) erreicht, schaltet er wieder in den „HTML-Modus“ um und schickt ab da den Inhalt wieder – ohne jegliche Interpretation oder Verarbeitung – an den Browser. In einer PHP-Datei kann an verschiedenen Stellen PHP-Code eingefügt werden.

Auf Variablen kann in PHP durch Voranstellen des Dollarzeichens ($) vor den Variablennamen zugegriffen werden.

Als Beispiel soll hier das Listing 10.18 dienen, das einen kleinen Prozentrechner mittels PHP realisiert.

Listing 10.18: `prozentrechner.php`: Ein Prozentrechner mit PHP

```
<?php $titel = "Prozentrechner"; ?>
<html>
<head> <title><?php echo $titel; ?></title> </head>
<body>
<h1><?php echo "Ein Prozentrechner"; ?></h1>
<form action="<?php $PHP_SELF ?>?action=rechne" method="post">
<table>
<tr> <td>Betrag: </td>
     <td><input type="text" name="zahl"
          value="<?php echo $zahl; ?>" size="10"></td></tr>
<tr> <td>Prozent:</td>
     <td><input type="text" name="prozent"
          value="<? echo $prozent; ?>" size="10"></td></tr>
</table>
<input type="Submit" name="Submit" value="Berechnen">
</form>
<?php
if ($action == "rechne" && (!empty($zahl) && !empty($prozent))) {
   $ergebnis = $zahl * $prozent/100;
   echo "<b>Ergebnis: $prozent% von $zahl sind $ergebnis!</b>";
}
?>
</body> </html>
```

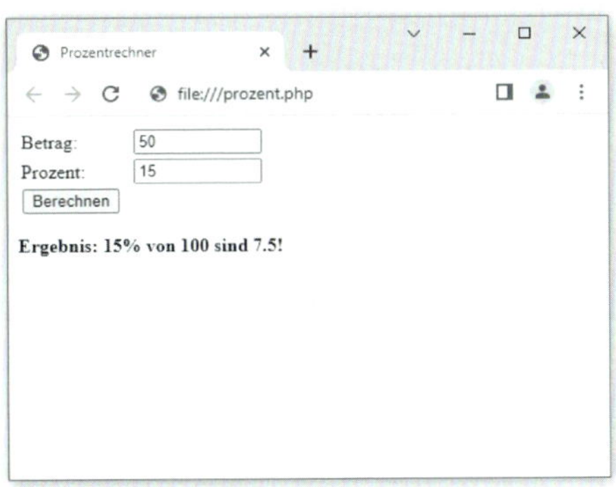

Abbildung 10.23: Ein mit PHP realisierter Prozentrechner

Legt man diese PHP-Datei `prozentrechner.php` aus Listing 10.18 auf einen Server, der PHP unterstützt, und fordert diese Datei dann über einen Browser an, so kann man sich Prozentwerte berechnen lassen, wie es Abbildung 10.23 zeigt.

Im **MyLab | Grundlagen der Informatik** zu diesem Buch finden Sie mit der Datei `buchbestell.php` ein weiteres Beispiel zu PHP, das eine kleine Online-Bestellung realisiert.

Auch wenn viele beliebte Content-Management- und Blog-Systeme wie Wordpress, Typo3 oder Joomla in PHP implementiert sind, hat die Sprache aufgrund ihrer Anfälligkeit für Sicherheitslücken in den letzten Jahren an Popularität verloren.

Andere populäre Programmiersprachen und Frameworks

Neben PHP haben sich unter anderem auch folgende Programmiersprachen und Frameworks für die serverseitige Programmierung etabliert:

- Java
  Java wird häufig für größere und komplexe Applikationen genutzt. Etabliert hat sich hierbei das Open-Source-Framework *Spring*, das Aktionen wie etwa das Transaktionsmanagement oder auch den Datenbankzugriff gegenüber reinem, einfachen Java vereinfachen soll.
- JavaScript
  Mit dem 2009 erschienenen Framework *NodeJS* wurde serverseitiges JavaScript populär, auch wenn es bereits vorher als Programmiersprache für Webserver genutzt werden konnte. Die für JavaScript typische eventgesteuerte Architektur zeichnet sich durch gute Performance im Vergleich zu PHP aus.
- Python
  Immer beliebter wird auch Python für die Serverentwicklung. Hierbei bringt die Sprache die Grundlagen bereits mit, wodurch mit nur der einen Zeile `python3 -m http.server` bereits ein funktionierender HTTP-Server, der in Python enthalten ist, gestartet werden kann. Eine Einführung in die Programmierung mit Python findet sich in Kapitel 7.7.
  Nichtsdestotrotz haben sich auch hier weitere Frameworks etabliert, wie beispielsweise *Django*, welches gerne für schnelles Prototyping genutzt wird.

Datenbanken

Hinter jeder größeren Webseite steht nicht nur eine serverseitige Anwendung, sondern auch eine Datenbank, in der Benutzereingaben und sonstige dynamische Inhalte gespeichert werden. Hier haben sich neben klassischen SQL-Datenbanken, wie *mySQL*, *MariaDB* oder *SQLite*, auch so genannte NoSQL-Datenbank-Managementsysteme, wie etwa *MongoDB*, etabliert. Allgemeine Informationen zu Datenbanken finden sich im folgenden Kapitel 11 (Datenbanksysteme). Für detaillierte Informationen zu den verschiedenen Datenbanksystemen empfehlen wir, die Online-Dokumentation der jeweiligen Projekte oder entsprechende Fachliteratur zu Rate zu ziehen.

10.9 Gefahren durch Software

10.9.1 Arten von Schadsoftware

Mit Schadsoftware (*Malware*) bezeichnet man Computerprogramme, die Aktionen ausführen, die in jedem Fall unerwünscht und meist sogar schädlich sind. Damit der jeweilige Benutzer dieser Programme nicht bemerkt, dass er gerade Schadsoftware ablaufen lässt, läuft solche Schadsoftware gewöhnlich getarnt im Hintergrund, d. h. ohne Ausgaben auf dem Bildschirm bzw. Informationen für den Benutzer. Der Schaden, den Schadsoftware anrichtet, kann ganz erheblich sein, wie z. B. Zerstören oder Löschen von Daten oder Abfragen von geheimen Daten wie Passwörter oder TAN-Nummern für Bankkonten und vieles mehr.

Nachfolgend werden einige wichtige Typen von Schadsoftware kurz vorgestellt:

Computerviren

Computerviren sind sich selbst verbreitende Computerprogramme, die sich in andere Computerprogramme einschleusen und sich damit selbst wie die echten biologischen Viren reproduzieren. Um Computerviren zu finden und zu entfernen, stehen Antivirenprogramme zur Verfügung. Mit Hilfe dieser Programme werden Festplatte und Arbeitsspeicher nach schädlichen Programmen durchsucht. Allerdings schützen Antivirenprogramme nur vor schon bekannten Viren, weshalb es äußerst wichtig ist, regelmäßig die von den Herstellern bereitgestellten aktualisierten Versionen zu installieren.

Computerwürmer

Computerwürmer besitzen die Eigenschaft, sich selbst zu vervielfältigen, nachdem die Software, in der sie eingebettet sind, ausgeführt wurde. Anders als die Computerviren verbreitet sich ein Computerwurm, ohne dass er fremde Dateien oder Bootsektoren mit seinem Code infiziert. Computerwürmer verbreiten sich über Wechselmedien wie USB-Sticks oder über Netzwerke. Ein Computerwurm kann sich z. B. selbst an alle von einem E-Mail-Programm verwalteten E-Mail-Adressen mittels eines E-Mail-Anhangs verschicken. Öffnen nun die adressierten Benutzer an ihren Systemen den E-Mail-Anhang, wird automatisch der darin enthaltene Wurm ausgeführt. Einmal ausgeführt, verschickt sich der Computerwurm dann wiederum an alle E-Mail-Adressen, die sich auf den jeweiligen Zielsystemen befinden, was zu seiner sehr schnellen Verbreitung beiträgt.

Trojanische Pferde

Als Trojanische Pferde bezeichnet man Software, die vortäuscht, eine nützliche Anwendung zu sein, und somit dazu verführt, diese Software ausführen zu lassen. In Wirklichkeit versteckt sich aber dahinter Schadsoftware. Hat man z. B. ein Programm mit den Namen `TollerBildschirmSchoner.exe`, so ist man verführt, dieses Programm ausführen zu lassen. Handelt es sich dabei jedoch um ein trojanisches Pferd, so mag eventuell sogar ein schöner Bildschirmschoner angezeigt werden, während aber im Hintergrund Schaden angerichtet wird, wie z. B. wichtige Daten gelöscht werden. Der Name ist vom Trojanischen Pferd der Mythologie abgeleitet, das die Trojaner nach dem Abzug der Griechen dazu verführte, es in die Stadt Troja zu bringen. In dem Bauch des Pferdes hatten sich jedoch die feindlichen griechischen Soldaten versteckt, die dann in der Nacht die Stadttore Trojas von innen öffneten und das griechische Heer in die Stadt ließen, was zum Untergang Trojas führte.

Backdoors und Spam

Mit Backdoors („Hintertüren“) bezeichnet man Schadsoftware, die üblicherweise durch Viren, Würmer oder Trojanische Pferde in ein System eingeschleust wird. Sie ermöglicht dann Fremden einen unbefugten und nicht vom Benutzer bemerkten Zugang zu einem einmal infizierten System. Backdoors werden oft genutzt, um die von ihnen befallenen Systeme als Spamverteiler zu missbrauchen. Mit *Spam* (deutsch „Abfall“ oder „Plunder“) werden unerwünschte, meist auf elektronischem Weg übertragene

Nachrichten bezeichnet, die dem Empfänger unverlangt zugestellt werden und meist Werbung enthalten. Der Name *SPAM* ist eigentlich ein Markenname für Dosenfleisch *SPiced hAM*[3], das während der Rationierung im Krieg eines der wenigen Nahrungsmittel war, das in England nahezu überall und unbeschränkt verfügbar war. Diese allseitige Verfügbarkeit führte dazu, dass man solchen unerwünschten Botschaften, wie z. B. E-Mails mit nervender und belästigender Werbung, diesen Namen gab.

Spyware

Spyware (*Schnüffelsoftware*) ist eine englische Wortneubildung, die sich aus *spy*, dem englischen Wort für Spion, und *-ware* als Endung von Software zusammensetzt. Spyware forscht den Rechner und das Verhalten des jeweiligen Benutzers ohne dessen Wissen oder Zustimmung aus und sendet die Daten an den Hersteller dieser Spyware, um diese dann zu verkaufen oder um gezielt Werbung zu platzieren. Meist dienen Spyware-Programme dazu, das Surfverhalten eines Benutzers im Internet zu analysieren. Die über solche Spyware gewonnenen Daten erlauben das Aufstellen eines Benutzerprofils, um diesem Benutzer dann gezielt Werbung einzublenden. Spyware wird häufig geheim zusammen mit anderer, nützlicher Software installiert, ohne den Anwender zu fragen, und bleibt auch häufig nach versuchter Deinstallation weiter aktiv.

Adware

Adware (*Reklamesoftware*) ist eine englische Wortneubildung, die sich aus *advertisement*, dem englischen Wort für Werbung bzw. Reklame, und *-ware* als Endung von Software zusammensetzt. Adware-Software wird meist vom Benutzer unbemerkt bei normalen Installationen oder beim Herunterladen nützlicher Software mit installiert, um Werbung anzuzeigen bzw. Marktforschung zu betreiben.

Scareware

Scareware (*Angstsoftware*) ist eine englische Wortneubildung, die sich aus *scare*, dem englischen Wort für Angst bzw. Schrecken, und *-ware* als Endung von Software zusammensetzt. Ziel der Scareware ist es, Benutzer zu verunsichern und sie dazu zu verleiten, dass sie Schadsoftware installieren oder ein für sie eigentlich nutzloses Produkt kaufen. Scareware könnte z. B. dem Benutzer melden, dass sein System angeblich von Computerviren befallen ist, was in Wirklichkeit nicht der Fall ist. Gleichzeitig wird ihm in dieser Meldung dazu unnützliche Software angeboten, mit deren Kauf sich diese nicht vorhandenen Viren beseitigen lassen. In anderen Fällen wird dem Benutzer z. B. auf einer Webseite vorgegaukelt, sein Rechner sei Opfer eines Hacker-Angriffs geworden. Lädt der Benutzer dann die angebotene Software zur Abwehr des Hacker-Angriffs herunter, so lädt er in Wirklichkeit ein Trojanisches Pferd herunter, das dann erst den wirklichen Angriff darstellt.

Dialer

Illegale Dialer-Programme (*Einwahlprogramme*) bauen heimlich im Hintergrund ohne Wissen des Benutzers über das analoge Telefon- oder das ISDN-Netz eine Wählver-

3 Fälschlicherweise wird oft auch für diese Abkürzung *Spiced Pork And Meat* genannt.

bindung zum Internet oder anderen Computernetzwerken zu teuren 0190- bzw. 0900-Nummern auf, was zu hohen Telefonrechnungen seitens des Geschädigten führt.

Phishing

Phishing (*Angeln nach Passwörtern mit Ködern*) ist eine englische Wortneubildung, die sich aus *password* und dem englischen Wort für *fishing* (Angeln) zusammensetzt. Häufig wird das *h* in dem Begriff mit dem Wort *Harvesting* (Ernten) erklärt, so dass der Begriff *Phishing* dann *Password harvesting fishing* bedeutet. Mit Phishing werden Versuche bezeichnet, um an geheime Daten eines Internet-Benutzers zu gelangen, wie z. B.:

- Nachahmung einer vertrauenswürdigen Webseite, wie z. B. einer Bank, die dem Benutzer vortäuscht, dass er sich auf der Webseite seiner wirklichen Bank befindet. Gibt er hier nun bei Online-Banking seine PIN, TAN und Kontonummer oder seine Kreditkartendaten ein, so werden diese vom dahinter ablaufenden Trojanischen Pferd abgefangen.
- Versenden von Phishing-Nachrichten mit E-Mail oder Instant-Messaging, in denen der Empfänger aufgefordert wird, auf einer präparierten Webseite oder am Telefon geheime Zugangsdaten preiszugeben.

Vishing

Vishing steht für *Voice Phishing*. Dabei wird per automatisierten Telefonanrufen versucht, den Empfänger irrezuführen und zur Herausgabe von Zugangsdaten, Passwörtern, Kreditkartendaten usw. zu bewegen. Die Betrüger machen sich hierbei die niedrigen Kosten der Internettelefonie (VoIP) zunutze und rufen automatisiert unzählige Telefonnummern an.

Eine andere Variante des Vishing ist, mittels Spam-Mail-Versand eine Telefonnummer an viele E-Mail-Empfänger zu verschicken, wobei diese Nachrichten mit der Aufforderung versehen sind, sich unter der angegebenen Telefonnummer zu melden. Dort werden die Anrufer durch eine Bandansage um die Nennung persönlicher Daten gebeten. Besonders hinterhältig stellt sich dieses Verfahren dar, weil es den Ratschlag vieler Finanzinstitute ausnutzt, nicht auf E-Mails zu reagieren, sondern telefonischen Kontakt zu suchen. Im Jahr 2006 kam es in Deutschland zu Vishing-Angriffen auf Bankkunden. Trickbetrüger, so genannte Visher, riefen über im Internet aufgefundene Bankverbindungen und Telefonnummern die entsprechenden Bankkunden an und gaben sich als Mitarbeiter der jeweiligen Bank aus. In diesem Telefongespräch fragten sie die Bankkunden nach deren Onlinebanking-Zugangsdaten (PIN, TAN und Kontonummer) und führten mit diesen dann betrügerische Überweisungen durch.

10.9.2 Pufferüberläufe (Buffer Overflows)

Nachdem im vorigen Abschnitt verschiedene Arten von Schadsoftware aufgezählt und erläutert wurden, soll hier nun kurz aufgezeigt werden, wie Schadsoftware es erreichen kann, auf einem Rechner überhaupt ausgeführt zu werden, um Schaden anrichten zu können.

Schadsoftware hat häufig das Ziel, auf einem System bestimmte Funktionen zu nutzen bzw. aufzurufen, wie z. B. zum Zugriff auf das Dateisystem, um Daten zu lesen und zu schreiben oder auch zum Start bestimmter anderer Programme. Allgemein kann von einem Angreifer auch versucht werden, sich einen einfachen Zugang zum System zu verschaffen, um dieses dann über das Netzwerk bedienen und für bestimmte eigene Zwecke missbrauchen und nutzen zu können. Für solche Ziele muss ein Schadprogramm es zunächst versuchen, selbst auf dem Rechner ausgeführt zu werden.

Eine einfache Möglichkeit dafür ist natürlich, dass der Nutzer ein entsprechend getarntes Schadprogramm mehr oder weniger selbst auf dem System wie ein gewöhnliches Programm installiert und ablaufen lässt. Anstelle einer vom Benutzer direkt initiierten Installation, sind viele Schadprogramme aber darauf ausgelegt, möglichst unauffällig und unbemerkt vom Benutzer auf ein System zu gelangen und ausgeführt zu werden. Für diese Möglichkeit kann in einem bereits installierten und ablaufenden Programm ein so genannter *Pufferüberlauf* (*Buffer Overflow*) ausgenutzt werden.

Bei einem Pufferüberlauf erlaubt es ein auf dem System ablaufendes Programm in einer Funktion, auf Grund eines Programmierfehlers, zu große Datenmengen in einen dafür zu kleinen Speicherbereich, den Puffer, zu schreiben, wodurch dann die nach dem Puffer liegenden Speicherstellen überschrieben werden können. Durch die eingeschleusten Daten können dort liegende wichtige interne Systemdaten, wie z. B. Rücksprungadressen von Funktionen, gezielt geändert und das System dadurch z. B. zum Ablauf anderer Funktionen gebracht werden. Im Einzelfall kann sogar auch fremder Code eingeschleust und zum Ablauf gebracht werden.

Pufferüberläufe gehören zu den häufigsten Sicherheitslücken in aktuellen Programmen, die von Schadsoftware direkt ausgenutzt werden können. In verbreiteter Server- und Clientsoftware werden Pufferüberläufe z. B. von Internetwürmern ausgenutzt. Behoben werden sie in der Regel durch kurzfristige Fehlerkorrekturen der Programmhersteller, so genannte Patches.

Beispiel eines Pufferüberlaufs

Im Folgenden soll kurz ein grundlegendes Verständnis der Funktionsweise von Pufferüberläufen gegeben werden. Bei der Programmiersprache C/C++ liegen Übergabeparameter und lokale Variablen von Funktionen in einem bestimmten Speicherbereich, dem Stack-Bereich. Im gleichen Bereich liegen auch System relevante Daten, wie z. B. beim Funktionsaufruf gesicherte Prozessorregister, und die Rücksprungadresse für die Funktion. Liegt nun ein für Eingabedaten vorgesehener Puffer-Bereich als lokale Variable (z. B. Array) in diesem Bereich, können durch Eingabe von mehr als den vorgesehenen bzw. reservierten Daten diese gesicherten Register-Werte und/oder auch die Rücksprungadresse der Funktion überschrieben werden.

Listing 10.19 zeigt ein Beispiel für den Stackaufbau mit Rücksprungadresse, Parametern und lokalen Variablen bei Aufruf von `func2()` in `func1()` auf einem PC-System. Rechts in diesem Listing ist der Stack-Aufbau in `func1()` direkt vor Aufruf von `func2()` als Kommentar vereinfacht gezeigt.

Listing 10.19: Beispiel zum Aufruf von C-Funktionen; Stack wächst zu niedrigen Adressen hin (hier nach oben)

```
void func2(char *p2)
{
    ...            // SP-> 0012FF50: [r2r2r2r2 (return-Addr. für Rückkehr von func2())]
}                  //      0012FF54: p2p2p2p2 (Übergabeparameter für func2(): z.B. &a2)
void func1(void)   //      0012FF58: a2a2a2a2 (Lokale Variable (Array a2) in func1())
{                  //      0012FF5C: a2a2a2a2
  char a2[10];     //      0012FF60: a2a2dddd
    ...            //      0012FF64: r1r1r1r1 (return-Addr. für Rückkehr von func1())
  func2(a2);
    ...
}
```

Werden an die Adresse von `a2` (durch `func2()`) mehr als 10 bzw. 12 Bytes geschrieben, so wird `r1` überschrieben. Bei Rückkehr von `func1()` wird dann diese geänderte Adresse angesprungen.[4]

Wenn beim Rücksprung nun eine mehr oder weniger sinnlose Adresse angesprungen und der dort vorhandene Code ausgeführt wird, kann ein solcher Pufferüberlauf dann einfach zum Absturz des betroffenen Programms führen. Durch gezielte Manipulation kann aber auch eine ganz bestimmte Adresse angesprungen werden oder es kann zusätzlich auch neuer, eigener Maschinencode mit beliebigen Befehlen eingefügt und dieser dann angesprungen und ausgeführt werden.

Nicht wenige Funktionen der C-Standardbibliothek lassen Eingaben von Daten, insbesondere Zeichenketten, ohne explizite Längenüberprüfung zu und führen bei nachlässiger Verwendung durch den Programmierer sehr schnell zu solchen Sicherheitslücken.

Der folgende Code soll nun zur Demonstration von solchen „Hacker-Angriffen“ dienen. Dabei werden 2 Varianten eines Angriffs mit Hilfe von Buffer Overflows demonstriert.

1. Variante (V1): Einschleusen einer neuen Rücksprungadresse und damit Ausführen einer beliebigen Funktion des Programms.
2. Variante (V2): Einschleusen einer neuen Rücksprungadresse und zusätzliches Einschleusen neuer Befehle bzw. Funktionen, auf die die neue Sprungadresse direkt verweist.[5]

Voraussetzung für diese Art von Angriffen ist nur, dass bei einer Dateneingabe in einen Buffer oder Array mehr Daten eingegeben werden können, als vorgesehen bzw. reserviert wurden. Die Eingaben werden in den Beispielen dabei einfach durch Umleitung

4 Da Variablen und Adressen bei 32-Bit-Systemen immer an durch 4 teilbaren Adressen beginnen, werden gegebenfalls noch so genannte Alignement- oder Padding-Bytes (hier 2 Bytes, mit `d` gekennzeichnet) eingefügt.

5 Ein kleines Problem beim Einschleusen von Code besteht darin, dass viele Funktionen beim Kopieren einer Zeichenkette bei bestimmten Werten wie z. B. `0x0`, `\n` oder `EOF` das Kopieren beenden. Um auch solche Werte einschleusen zu können greift man zu einem Trick, indem z. B. der einzuschleusende Wert mit einem Wert `X` über XOR verknüpft oder indem eine Konstante `X` aufaddiert wird, so dass die Zeichenkette keine solchen Zeichen mehr enthält. Allerdings muss man diesem so geändert eingeschleusten Code dann ein paar zusätzliche Zeilen Code voran- bzw. nachstellen, die diese Operationen (XOR bzw. Addition) beim Ablauf wieder rückgängig machen.

der Standardeingabe `stdin` auf eine angegebene Textdatei mit den Schaddaten/-code durchgeführt.

Das Beispielprogramm `BuffOvfw.c` in den Listings 10.20 bis 10.24 wurde mit dem MS-VC++-Compiler für Windows compiliert[6] und der erzeugte Assemblercode zur Ermittlung der Variablen- und Ladeadressen unter Anderem im MS-VisualStudio-Debugger betrachtet. Bei Verwendung anderer Compiler bzw. bei Ablauf auf anderen Betriebssystemen sind eingeschleuste Addressen und eingeschleuster Code entsprechend anzupassen.

Listing 10.20: `BuffOvfw.c`: Demonstration eines Buffer Overflows

```c
/*****************************************************************\
 * Normale Eingabe: Zeichenkette, z.B.: 12345
 * Fehler mit z.B.: 0123456789010@p0
\*****************************************************************/
#include <stdio.h>

static const char pw[] = "QW";
/*****************/
int read( void ) {
   char arr[10];
   int  x;
   gets(arr);
   printf("\nEingegebene Zeichenkette: %s\n", arr);
   x = strcmp(arr, pw);
   return x;
}
/*****************/
int main( void ) {
   int x;
   printf("Bitte Eingabe (max. 10 Zeichen): ");
   x = read();
   if ( x != 0 ) {
      printf("PW falsch; Programm-Abbruch\n");
      getchar();
      exit(0);
   }
   printf("PW korrekt; Programm-Ablauf\n");
   getchar();
   return 0;
}
/*****************/
char s[] = "Called format(), Festplatte wurde formatiert !\n";

void func( void ) {
   printf("Called func(): %s", s);
}
```

6 VisualStudio 8.0 mit bestimmten Optionen: `CL /O2 /Ob1 /GS- nn.c /link /OPT:NOREF`

Listing 10.21: BuffOvfw.c: Disassembly mit Ladeadressen der Funktionen

```
void func( void ) {
  printf("Called func(): %s", s);
004010B0 68 04 A0 41 00 push        offset _s (41A004h)
  // ...

/*****************/
int main( void ) {
   // ...
   if ( x != 0 )
00401072 85 C0              test        eax,eax
00401074 74 19              je          main+2Fh (40108Fh)
  { printf("PW falsch; Programm-Abbruch\n");
     // ...
  }
  printf("PW korrekt; Programm-Ablauf\n");
0040108F 68 DC 71 41 00 push        offset string(4171DCh)
  // ...

/*****************/
void read( void ) {
  char arr[10]; int x;
  gets(arr);
00401000 8D 44 24 F4        lea         eax,[esp-0Ch]
00401004 83 EC 0C           sub         esp,0Ch
00401007 50                 push        eax
00401008 E8 71 04 00 00 call        gets (40147Eh)
  printf("\nEingegebene Zeichenkette: %s\n", arr);
0040100D 8D 4C 24 04        lea         ecx,[esp+4]
00401011 51                 push        ecx
00401012 68 BC 71 41 00 push        offset string (4171BCh)
00401017 E8 A7 00 00 00 call        printf (4010C3h)
0040101C 83 C4 0C           add         esp,0Ch
  x = strcmp(arr, pw);
  // ...
  return x;
0040104E 83 C4 0C           add         esp,0Ch
00401051 C3                 ret
}
```

Listing 10.22: BuffOvfw.c: Stackaufbau in read() direkt vor Aufruf von gets(arr)

```
0012FF5C: 0D104000 (return-Addr. für Rückkehr von gets())
0012FF60: 64FF1200 (Übergabeparameter für gets(): &arr)
0012FF64: aaaaaaaa (Lokale Variable: char arr[10], +2=12; (int x in register))
0012FF68: aaaaaaaa
0012FF6C: aaaadddd
0012FF70: 72104000 (return-Addr. für Rückkehr von read())
```

1. Variante (V1): Eingabe neuer Rücksprungadresse (Rücksprung auf z. B. &func)
   Eingabe: **A123456789##....** (0xB0 0x10 0x40 0x00)
   Hex: 41 31 32 33 34 35 36 27 28 39 23 23 B0 10 40 00

Listing 10.23: `BuffOvfw.c`: Stack in `read()`

```
0012FF60: 64FF1200 (Übergabeparameter &arr)
0012FF64: 41313233 (char arr[10], +2=12)
0012FF68: 34353637
0012FF6C: 38392323
0012FF70: B0104000 (NEUE return–Addr, hier: &func())
```

Die Eingabe erfolgt durch Umlenkung von `stdin` auf eine Datei, die die entsprechende Zeichenkette enthält. Bei einem Aufruf von **BuffOvfw < BO_Eingab1.txt**[7] ergibt sich folgende Ausgabe:

```
Called func(): Called format(), Festplatte wurde formatiert !
```

Bei Eingabe der Adresse **8F104000** (NEUE return-Addr.: `&main()`, Stelle: „PW korrekt;") bzw. einem Aufruf von **BuffOvfw < BO_Eingab1a.txt** ergibt sich folgende Ausgabe:

```
PW korrekt; Programm–Ablauf
```

2. Variante (V2): Eingabe neuer Rücksprungadresse und eigener Code (Rücksprung auf Stack-Adresse, dort zusätzlich eingeschleuster Code führt eigene Ausgabe durch)

   Eingabe: **0123456789##...**

   Hex: 30 31 32 33 34 35 36 37 38 39 23 23 74 FF 12 00
   83 C4 04 68 D5 19 40 00 58 05 00 01 00 00 50
   68 04 A0 41 00 E8 36 11 2D 00 83 C4 04 E9 FA 10 2D 00

Listing 10.24: `BuffOvfw.c`: Stack in `read()` mit Disassembly des eingeschleusten Codes

```
0012FF60: 64FF1200 (Übergabeparameter &arr)
0012FF64: 30313233 (char arr[10], +2=12)
0012FF68: 34353637
0012FF6C: 38392323
0012FF70: 74FF1200 (NEUE return–Addr. hier: &Stack (nach return)!!!)
0012FF74: 83C404   add esp,4   (Hier Beispiel zu neu eingebrachten Code !!!)
0012FF77: 68D5194000 push 4019D5h
0012FF7C: 58         pop eax
0012FF7D: 0500010000 add eax,100h
0012FF82: 50         push eax
0012FF83: 6804A04100 push str (41A004h)
0012FF88: E836112D00 call printf (4010C3h)
0012FF8D: 83C404   add esp,4
0012FF90: E9FA102D00 jmp main+2Fh (40108Fh)
```

7 Eingabe befindet sich in Datei `BO_Eingab1.txt`.

Bei einem Aufruf von **BuffOvfw < BO_Eingab2.txt**[8] ergibt sich folgende Ausgabe:

```
Called format(), Festplatte wurde formatiert !
PW korrekt; Programm-Ablauf
```

Hier wurde also nicht mehr nur, wie in Variante 1, die Funktion `func` aufgerufen, sondern eigener Code zur beispielhaften Ausgabe einer Zeichenkette eingeschleust.

Dateizugriffe oder den Start eines anderen Programms wird ein Angreifer natürlich nicht vollständig selbst in Assemblercode programmieren und einschleusen wollen. Er wird daher eher möglichst auf Funktionen des jeweiligen Betriebssystems zurückgreifen, die er aus seinem eingeschleusten Code heraus nur anspringt. Gelingt dem Angreifer zum Beispiel das Öffnen eines Kommandofensters bzw. einer Benutzereingabe auf einem Netzwerk-Port, so kann er darüber das System letztendlich weitgehend übernehmen und von außen bedienen.

Maßnahmen zum Schutz vor Pufferüberläufen

Zum Schutz vor bzw. zur Vermeidung von Pufferüberläufen ist grundsätzlich bei jeder Dateneingabe in einem Programm unmittelbar sicherzustellen bzw. zu überprüfen, dass keinesfalls mehr Daten eingegeben werden können, als Speicher (auf dem Stack) vorgesehen ist. Das heißt z. B. im Fall der folgenden Funktionen die Verwendung von:

- `fgets(s, MAXLAENGE, stdin)` mit maximaler Längenangabe, anstatt `gets(s)`
- `scanf("%10s", s)` mit Weitenangabe bei Strings, anstatt nur `scanf("%s", s)`
- `strncpy(s, ct, sizeof(s))` mit Längenangabe, anstatt nur `strcpy(s, ct)`

Die Häufigkeit der notwendigen Programm-Patches der Hersteller lässt leider vermuten, dass solche und ähnliche Regeln, auch von professionellen Programmierern, immer noch sehr oft missachtet werden.

Es gilt noch folgender Hinweis: Eine Überprüfung der Länge erst nach dem Einlesen, also wenn der Speicher bereits überschrieben wurde, ist weitgehend wirkungs- und sinnlos.

Auch in anderen Funktionen zum Lesen von Daten, wie z. B. in Netzwerkprogrammen, ist die korrekte Angabe von maximalen Pufferlängen sehr wichtig:

```
anzahl = recv( soc, rBuf, sizeof(rBuf), 0 );
anzahl = recvfrom( soc, rBuf, sizeof(rBuf), 0, ... );
```

Neben den aufgezeigten Nachlässigkeiten bei der Programmierung werden die Probleme durch Pufferüberläufe insbesondere durch Systeme erleichtert, die auf der

8 Eingabe befindet sich in Datei `BO_Eingab2.txt`.

Von-Neumann-Architektur basieren. Hier liegen die Daten und Programme im gleichen Speicher und werden von der Maschine nicht unterschieden. Dadurch können beliebige Daten eben auch als Maschineninstruktionen interpretiert werden.

Gewisse neue Ansätze versuchen, diese Schwachstelle zu verbessern. So unterbinden z. B. neuere Prozessoren das Ausführen von Code in Speicherbereichen, die üblicherweise für Daten verwendet werden (Stack). Da manche Programme, vor allem in der Hardware- und Treiberprogrammierung, dies jedoch bisher teilweise selbst ausgenutzt haben, ist ein solcher Schutz erst in den neuesten Systemen möglich, die dafür eigens angepasst wurden.

Solche eben erwähnten Ansätze zum Schutz vor bzw. Gegenmaßnahmen zu Buffer Overflows sind *DEP* (*Data Execution Prevention*) oder *Executable Space Protection*, wodurch, meist durch Setzen eines Prozessor-Bits beim Start des Systems, das Ausführen von Code aus dem Adressbereich der Daten bzw. des Stacks verhindert wird. Eine weitere Möglichkeit ist *ASLR* (*Address Space Layout Randomization*): Hier wird ein Programm beim Start nicht, wie sonst üblich, immer auf die gleiche (virtuelle) Adresse, sondern jeweils auf eine zufällig gewählte Adresse geladen, so dass ein Einschleusen von festen Adressen keine definierten Funktionen mehr ausführen lässt, sondern mit hoher Wahrscheinlichkeit eine Prozessor-Exception und gegebenenfalls einen Programmabbruch bewirkt. Diese Maßnahmen müssen allerdings vom Betriebssystem und gegebenenfalls auch von der Prozessor-HW veranlasst bzw. unterstützt werden. Aktuelle PC-Betriebssysteme wie Linux oder Windows sehen diese Maßnahmen vor, wodurch die vorne beschriebene Demonstration eines Pufferüberlaufs und dabei insbesondere die Einschleusung und Ausführung fremden Codes nicht mehr so einfach möglich ist.

Gegen solche Maßnahmen zum Schutz von Systemen gibt es jedoch auch wieder Umgehungsmöglichkeiten bzw. Gegenmaßnahmen, also Gegen-Gegenmaßnahmen. Insbesondere sind dies Verfahren wie z. B. *Return-to-libc* und *ROP* (*Return Oriented Programming*) und so genanntes *Spraying*. Anstatt eigenen, speziellen Schadcode einzuschleusen wird dabei vor allem versucht, bekannte Funktionen des Systems für bestimmte eigene Zwecke auszuführen und zu nutzen. Als Möglichkeit dagegen, also als Gegen-Gegen-Gegenmaßnahme wird *Control-flow Enforcement Technology* (*CET*) angesehen, was jedoch einen zweiten (Schatten-)Stack benötigt und daher vom Betriebssystem und wohl auch von der Prozessor-HW unterstützt werden muss. Genaue Details dazu sind in der weiterführenden Literatur oder – wenn Sie den aktuellsten Stand haben möchten – im Netz zu finden.

Andere Ansätze zur Vermeidung des dargestellten Problems setzen auf Werkzeuge zur automatischen Analyse des Codes und der damit möglichen Entdeckung von Schwachstellen oder auf spezielle Compiler-Maßnahmen. Diese können die zusätzliche Einfügung einer generierten Zufallszahl in den gefährdeten Speicherbereich und deren Überprüfung nach dem Rücksprung oder eine zusätzliche Kopie der Rücksprungadresse mit Vergleich beim Rücksprung sein. Ergeben solche Prüfungen beim Programmablauf dann einen Fehler, so wird das Programm nicht weitergeführt, sondern sofort abgebrochen.

Mit solchen Maßnahmen können Angriffe durch Pufferüberläufe zumindest wesentlich erschwert werden. Der beste Schutz vor dem Eindringen von Schadsoftware durch Pufferüberläufe ist jedoch nach wie vor eine entsprechend sichere Programmierung.

Weitere Maßnahmen für sichere Programmierung

Für etliche Funktionen der C-Standardbibliothek hat die Firma Microsoft in ihren Visual-Studio-C++-Compilern zusätzliche Varianten mit erhöhter Sicherheit eingeführt. Diese Funktionen sind praktisch sowohl namens- als auch funktionsgleich zu denen der C-Standardbibliothek, jedoch mit jeweils einem angehängtem `_s`. So gibt es z. B. zur Funktion `scanf()` die Funktion `scanf_s()`, die erhöhte Sicherheit bietet, indem zu den Formatangaben `%c` und `%s` nicht nur die Pufferadresse, sondern direkt darauffolgend zusätzlich auch die Pufferlänge anzugeben ist.

Dies ist kurz in folgendem Beispiel aufgezeigt:

```
anzahl = scanf_s("%c, %s", &cr, 1, cs, sizeof(cs));
```

Die zu `%c` bzw. `%s` anzugebende Pufferlänge ist hier für `cr` mit 1 angegeben, für `cs` wird sie mit `sizeof()` ermittelt und schließt das `'\0'` Zeichen mit ein. Werden nun mehr Zeichen eingegeben, als die Pufferlänge angibt, und ist in der Formatierungsvorgabe (`%...`) keine Weite angegeben, also wie hier nur `"%s"`, dann werden überhaupt keine Zeichen eingelesen. Wird eine Weite angegeben, also z. B. `"%10s"`, und ist die Weite kleiner als die angegebene Pufferlänge, so werden maximal die in Weite angegebenen Zeichen eingelesen.

Mit einer Weitenangabe wie z. B. `"%10s"` wirkt `scanf()` praktisch gleich zu `scanf_s()` mit entsprechender Angabe der Pufferlänge und ist somit ähnlich sicher. Allerdings muss bei `scanf_s()` der Parameter Pufferlänge zwingend angegeben werden und die Pufferlänge kann mit `sizeof()` einfach ermittelt werden, während es bei `scanf()` nur optional ist, eine Weite anzugeben, und eine Weite jeweils als Zahlenwert anzugeben ist. Die angegebene Weite muss dabei für das zusätzliche Endezeichen `'\0'` ein Element kürzer als die Pufferlänge sein. Zusätzliches zu C-IO-Funktionen ist auch im Kap. 7 auf Seite 157 zu finden. Für genauere Informationen und Details zu weiteren solcher Funktionen mit erhöhter Sicherheit wird die Literatur zu MS-Visual-C++ empfohlen. Diese zusätzlichen Funktionen sind jedoch nicht standardisiert, so dass sie von anderen Compilern in der Regel nicht unterstützt werden.

Insbesondere beim Einlesen von Daten wird auch dringend empfohlen, jeweils auf Falscheingaben zu überprüfen, um ein definiertes Programmverhalten zu gewährleisten. Kann nämlich z. B. bei `scanf()` der eingegebene Wert nicht in die Formatangabe eingelesen werden, so bleibt die angegebene Variable unbelegt und damit gegebenenfalls undefiniert, wie im folgenden Beispiel gezeigt:

```
anzahl = scanf("%d,%d", &zahl1, &zahl2);
```

Bei Eingabe von Buchstaben, wie z. B. `e,r`, werden hier keine Werte eingelesen, da diese keine Dezimalzahlen sind und nicht in `%d` eingelesen werden können. Ohne weitere Überprüfung würde das Programm mit den zufällig in `zahl1` und `zahl2` enthaltenen Werten fortgesetzt und gegebenenfalls fehlerhaft arbeiten. Eine solche Fortsetzung mit undefinierten Variablenwerten kann aber sehr einfach durch die Überprüfung des Rückgabewerts der Funktion `scanf()`, der die Anzahl der eingelesenen Variablen enthält, verhindert werden. Nahezu alle Einlesefunktionen geben entsprechende Werte zurück.

Im obigen Beispiel sollte die Rückgabe-Variable `anzahl` auf den hier gewünschten Wert `2` überprüft werden und im Fall einer Abweichung sollte das Programm beendet oder der Benutzer z. B. in einer Schleife zu einer weiteren, korrekten Eingabe aufgefordert werden. Durch die Verwendung einer `do...while`- anstelle einer `while`-Schleife kann auch noch ein doppelter Aufruf von `scanf()` vermieden werden, der ansonsten vor und in der `while`-Schleife nötig wäre.

```
int anzahl, zahl1=0, zahl2=0;
...
do {
        printf("Bitte 2 positive Zahlen eingeben: x,y: ");
        anzahl = scanf("%d,%d", &zahl1, &zahl2);
        while (getchar() != '\n');                //Puffer–Bereinigung, Lesen der *
                                                      *Eingabetaste
} while (anzahl != 2 || zahl1 < 0 || zahl2 < 0);
```

Eine vergleichbare Einleseüberprüfung sollte nicht nur bei direkten Benutzereingaben, sondern ebenfalls auch beim Einlesen von Daten über Netzwerkfunktionen durchgeführt werden. Zusätzlich ist jeweils auch, wie oben gezeigt, eine Initialisierung der einzulesenden Variablen zu empfehlen, so dass in keinem Fall mit uninitialisierten Variablen weitergearbeitet wird.

Die Sicherheit von Programmen und Systemen wird aber auch in Zukunft wohl immer ein Spiel wie Hase gegen Igel sein und muss ständig beobachtet und überprüft werden.

Datenbanksysteme

11

ÜBERBLICK

11.1 Rätsel: Synthetische Rätsel (2)

Lösungen

1. *Wo bleibt der 30. Taler?*
   Drei Bauern bestellen bei einem Schmied einen Pflug. Der Schmied verlangt 30 Taler. Jeder der Bauern gibt nun dem Schmied zehn Taler. Nun überlegt sich der Schmied, dass der Preis mit 30 Talern zu hoch war und 25 Taler für den Pflug genug wären. So gibt er seinem Lehrling fünf Taler mit dem Auftrag, diese den drei Bauern zurückzugeben. Nun ist es für den Lehrling sehr schwierig, fünf Taler genau in drei gleiche Teile aufzuteilen. Er macht sich stattdessen die Sache einfach, indem er jedem Bauern einen Taler zurückgibt und die verbleibenden zwei Taler für sich behält. Rechnen wir noch einmal nach:

   Jeder Bauer hat 9 Taler bezahlt: 3×9 Taler $= 27$ Taler.
   2 Taler behält der Lehrling, so dass gilt: 27 Taler + 2 Taler = 29 Taler.

   Wo bleibt der 30. Taler?
2. *Vier Dreiecke aus sechs Streichhölzern*
   Aus sechs Streichhölzern sollen vier gleichseitige Dreiecke gebildet werden.
3. *Zehn Bäume*
   Zehn Bäume sollen so gepflanzt werden, dass sich fünf gerade Reihen mit je vier Bäumen ergeben.
4. *Ein quadratischer Bierständer*
   Ein quadratischer Bierständer kann 36 Flaschen fassen. Können Sie darin 14 Flaschen so anordnen, dass jede waagerechte und jede senkrechte Reihe eine gerade Zahl von Flaschen enthält?

11.2 Grundlegendes zu Datenbanksystemen

Datenbanksyteme (oder kurz auch nur *Datenbanken* genannt) sind wohl eine der wichtigsten Anwendungen von Computern, da die Speicherung, Verwaltung und Manipulation beliebiger Informationen bei der riesigen Datenflut in der heutigen Zeit von fundamentaler Bedeutung ist.

Der Begriff *Datenbanksystem* umfasst die folgenden beiden Komponenten:

- *Daten, die sich in einer Datenbank befinden und nach bestimmten Regeln strukturiert sind.* Diese Daten werden auch als *Datenbasis* oder *Datenpool* bezeichnet.
- *Programm, das diese Daten verwaltet.* Dieses zugehörige Programm, mit dem die Daten verwaltet werden können, wird als *Database Management System (DBMS)* oder auf deutsch als *Datenbankverwaltungssystem* bezeichnet. Es bietet Funktionen z. B. zum Suchen, Sortieren, Filtern und formatierten Ausgeben der in der Datenbank befindlichen Daten an.

11.2.1 Aufgaben einer Datenbank

Für eine Datenbank ergeben sich unter anderem die folgenden Aufgaben.

Persistente Speicherung in einem programmunabhängigen Format

Abbildung 11.1 zeigt, dass üblicherweise mehrere Anwendungsprogramme, die in unterschiedlichen Programmiersprachen geschrieben sein können, auf die Datenbank

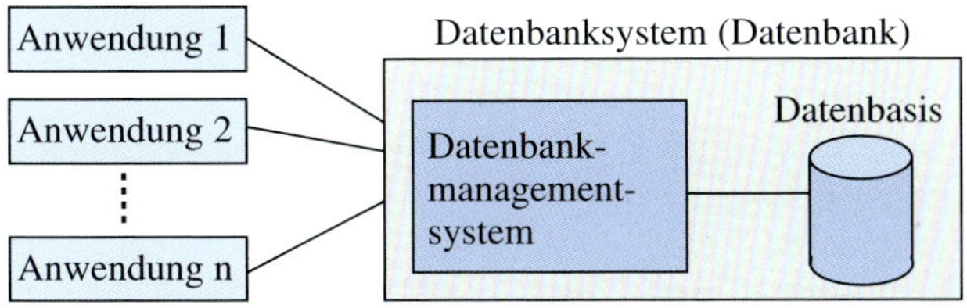

Abbildung 11.1: Aufbau eines Datenbanksystems

zugreifen. Daraus folgt, dass die Daten auf nicht-flüchtigen (persistenten) Datenspeichern (meist Festplatten) in einem neutralen, programmunabhängigen Format abgelegt werden müssen. Für den Zugriff auf die Daten stellen die Programme Abfragen an die Datenbank, die dann Teile des meist sehr großen Datenbestands an die Programme zurückliefert. In den Programmen werden diese Daten dann in das interne Format gewandelt, verarbeitet und dargestellt.

Datenkonsistenz und Transaktionen

Geänderte oder neu hinzukommende Datensätze werden wieder in die Datenbank zurückgeschrieben bzw. dort gelöscht. Geschieht dies in einer Mehrprozessumgebung, wo mehrere Programme gleichzeitig auf die Daten zugreifen, muss eine so genannte *Datenkonsistenz* gewährleistet werden. Dies bedeutet, dass gleichzeitige Zugriffe auf denselben Datensatz bei solchen Transaktionen durch mehrere Programme unterbunden und stattdessen diese Zugriffe hintereinander stattfinden müssen.

Nicht vollständig ausführbare Transaktionen müssen rückgängig gemacht werden, so dass die Datenbank jederzeit in einem konsistenten Zustand ist. Daneben werden logisch abgeschlossene Transaktionen, die noch nicht physikalisch auf der Festplatte abgeschlossen wurden, wiederholt, bis die Datenbank sich in einem konsistenten Zustand befindet. So ist die Datenkonsistenz auch bei einem Ausfall des Rechners oder des Datenspeichers gewährleistet.

11.2.2 Vorteile von Datenbanken

Datenbanken bieten somit für Anwendungsprogramme gegenüber proprietären Dateisystemen z. B. folgende Vorteile:

- geringerer Erstellungs- und Verwaltungsaufwand,
- sichere Realisierung des gleichzeitigen Zugriffs auf Daten durch mehrere Programme,
- Änderungen des Formats der Daten ziehen keine Änderungen in den darauf zugreifenden Programmen nach sich, da hier eine *Datenunabhängigkeit* gewährleistet ist,
- Vermeidung von Redundanz der Daten, da zu jedem in der Datenbank gespeicherten Objekt der realen Welt genau ein Satz von Daten existiert, und nicht eventuell mehrere wie in Dateisystemen,
- Vermeidung von Inkonsistenzen, da eben nur jeweils ein Datensatz zu einem realen Datenobjekt existiert,

- Datensicherung und Zugriffskontrolle findet für die Datenbank insgesamt statt, und nicht getrennt und verstreut für jede Einzeldatei.

11.2.3 Datenunabhängigkeit

Von allen zuvor genannten Vorteilen ist die Datenunabhängigkeit der wichtigste. Datenunabhängigkeit bezieht sich auf

- die *physische Realisierung* (Blockung, Art der Speicherung (dezimal, binäre, gepackt usw.), Reihenfolge der Felder, Dateinamen usw.),
- *Art des Zugriffs* (sequenziell, wahlfrei über binäres Suchen, Baumstruktur, usw.).

Der Anwender hat somit eine logische und von den physischen Realisierungen unabhängige Sicht der Daten. Eine Formalisierung eines Konzepts zur Trennung der Sichten erfolgte durch die *ANSI/X3/SPARC-Studiengruppe* im Jahre 1975, die ein Architekturmodell in mindestens drei Schichten vorschlägt, wie es in Abbildung 11.2 gezeigt ist:

- *internes Schema (physische Sicht)*
  Hier wird beschrieben, wie die Daten auf dem externen Speicher abgebildet werden.
- *konzeptuelles Schema (logische Gesamtsicht)*
  Hier erfolgt eine Beschreibung der Gesamtheit aller Daten in der Datenbank.
- *externe Schemata (Benutzersichten)*
  Hier finden sich individuelle Schemata für unterschiedliche Benutzergruppen.

Zwischen den Schichten existieren dabei automatisierte Transformationsregeln. Die Gesamtheit der Schemata werden vom *Datenbankadministrator (DBA)* aufgebaut und überwacht.

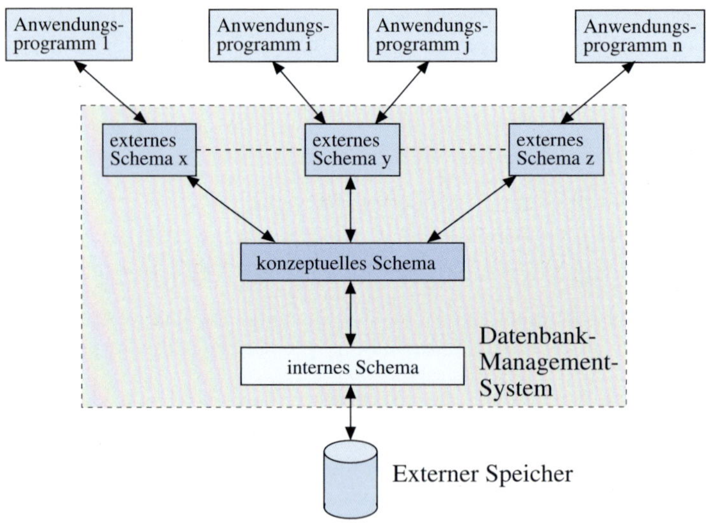

Abbildung 11.2: Drei-Schichten-Architektur einer Datenbank

11.3 Datenmodelle

Ein *Datenmodell* stellt den relevanten und vereinfachten Ausschnitt der zu behandelnden Realität implementierungsneutral dar. Die so gewonnenen konzeptuellen Schemata sind übersichtlicher und führen zu besseren Gesamtsichten als Entwürfe, die sich bereits an den Möglichkeiten eines konkreten DBMS orientieren.

11.3.1 Das Entity-Relationship-Modell

Ein solches abstraktes Datenmodell ist das *Entity-Relationship-Modell (E/R-Modell)*. Es beschreibt eine Abstraktion der realen Welt durch Verwendung so genannter *Entitäten (entities)* und ihren Beziehungen (*relationships*) untereinander.

Grundbegriffe zum E/R-Modell

- *Entitäten, Attibute, Entitätsmengen, Entitätstypen und Attributmengen*
  Eine Entität entspricht einer Abstraktion eines Objekts aus der realen Welt. Entitäten besitzen Eigenschaften, die als *Attribute* bezeichnet werden. Logisch zusammengehörige Entitäten, die über gleiche Attribute verfügen, werden zu einer *Entitätsmenge* zusammengefasst, wobei man die Strukturbeschreibung einer solchen Entitätsmenge als *Entitätstyp* bezeichnet. Ein *Entitätstyp* wird durch einen eindeutigen Namen und mit einer zugehörigen Menge von Attributen beschrieben.
- *Beziehungen, Beziehungsmengen und Beziehungstypen*
  Durch *Beziehungen* lassen sich Zusammenhänge zwischen verschiedenen Entitäten herstellen, wobei solche Beziehungen optional auch noch eine Menge von Attributen besitzen können. Hierbei lassen sich wieder logisch zusammengehörige Beziehungen zu einer *Beziehungsmenge* zusammenfassen, wobei man die Strukturbeschreibung einer solchen Beziehungsmenge als *Beziehungstyp* bezeichnet, der die Menge der beteiligten Entitätstypen und die Menge der Attribute enthält.

In Abbildung 11.3 werden zwei verschiedene Entitätsmengen „`Angestellte`“ und „`Abteilungen`“ einer Firma dargestellt, wobei eine Entität hierbei als Attribut den Namen des Angestellten bzw. der Abteilung besitzt. Die Verbindungslinien zwischen den Entitäten zeigen dabei Beziehungen, wie z. B. zwischen „`Marc Haller`“ und „`Vertriebsabteilung`“.

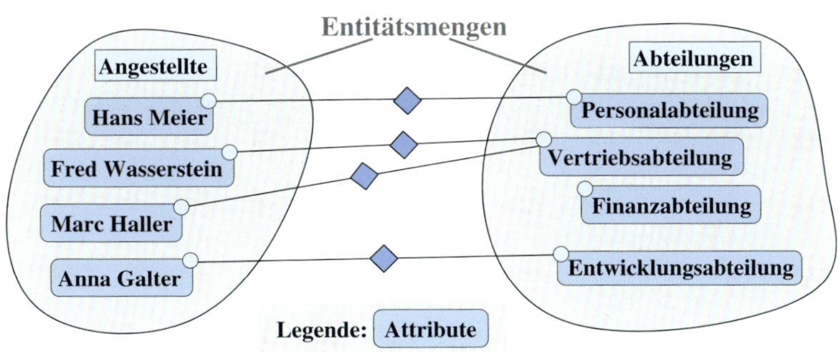

Abbildung 11.3: Entitäten, Entitätsmengen und Beziehungen

Das E/R-Diagramm

Im E/R-Diagramm werden bei den Beziehungen so genannte *Kardinalitäten* angegeben. Diese zeigen dann an, wie viele Entitätstypen bei einer Beziehung auf beiden Seiten beteiligt sind:

Kardinalität bei Beziehung A : B	Anzahl von Entitätstyp A	Anzahl von Entitätstyp B
1:1	1	1
n:1	n	1
1:n	1	n
n:m	n	m

Ein E/R-Datenmodell lässt sich nun in Form eines *E/R-Diagramms* veranschaulichen, wie es z. B. in Abbildung 11.4 gezeigt ist.

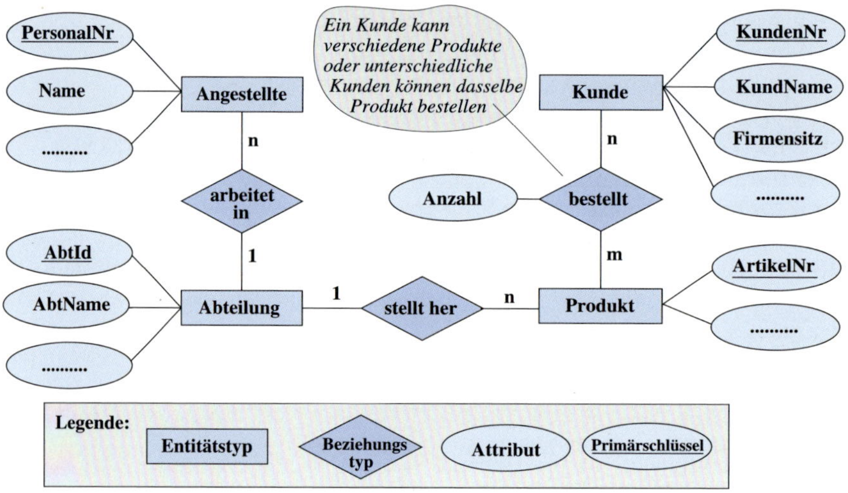

Abbildung 11.4: Einfaches E/R-Diagramm zu einer Firma

11.3.2 Das relationale Datenmodell

Die Grundlage der meistverbreiteten Datenbanksysteme ist das in einer Arbeit von *E.F. Codd* 1970 vorgestellte *relationale Datenmodell* und seine Erweiterungen. Es eignet sich besonders für die Implementierung der aus einem E/R-Modell gewonnenen Schemaentwürfe. Dazu werden Entitäten in Tabellen aufgelistet. Jede Tabelle stellt Beziehungen zwischen den Werten der Entitäten her und kann damit als *Relation* aufgefasst werden: Je Attribut wird eine Spalte angelegt und jede Entitätsausprägung ergibt eine Zeile. Beziehungen zwischen Entitäten werden implizit über Attributwerte hergestellt oder bilden eigene Tabellen. Nachfolgend ist hierzu eine Tabelle zu Angestellten einer Firma gezeigt:

Mitarbeiter			
PersNr	**Name**	**GebJahr**	**AbtId**
4711	Hans Meier	1985	PA
1234	Fred Wasserstein	1978	VA
9999	Marc Haller	1973	VA
1508	Anna Galter	1981	EA

Aus formaler Sicht ist eine *n-stellige Relation eine Teilmenge des Kreuzprodukts (kartesischen Produkts) von n beliebigen Wertebereichen (domains)* $W_1, W_2, \ldots, W_n$, kurz $W_1 \times W_2 \times \ldots \times W_n$ als Menge aller n-Tupel $(w_1, w_2, \ldots, w_n)$ mit Komponente $w_i \in W_i$ für $i = 1, 2, \ldots, n$.

Der Wert n bezeichnet den *Grad (degree) der Relation*. Die zuvor gezeigte Tabelle ist folglich eine 4-stellige Relation und Teilmenge des Kreuzprodukts

PersNr × Name × GebJahr × AbtId

Ein spezielles 4-Tupel daraus ist `(9999, Marc Haller, 1973, VA)`.

Da Relationen Mengen sind, ist die Reihenfolge der Tupel (Zeilen) nicht festgelegt, jedoch darf jedes Tupel nur einmal auftreten. In einer konkreten Realisierung als Tabelle eines DBMS wird man aber oft feststellen, dass die Reihenfolge implementierungsbedingt oder durch Sortieranweisungen festgelegt ist. Genauso ist formal gesehen die Anordnung der Spalten irrelevant. In der Realisierung erscheinen aber die Spalten in der Reihenfolge und mit den Attributbezeichnern, wie sie durch den Entwerfer im Tabellenschema angegeben wurden. Diese Angabe entspricht einer Typdeklaration in einer Programmiersprache und enthält neben den Attributnamen eine Deklaration des Wertebereichs. Dafür sind meist nur so genannte *atomare Bereiche* zugelassen, wie z. B. ganze Zahlen, Gleitpunktzahlen und Zeichenketten.

Entsprechend lautet das Relationenschema für die Mitarbeiterrelation

```
Mitarbeiter(PersNr, Name, GebJahr, AbtId)
```

oder mit Angabe der Wertebereiche

```
Mitarbeiter(PersNr:int, Name:string, GebJahr:int, AbtId:string)
```

Kann man für einen Attributwert keine Angaben machen, weil z. B. für einen Mitarbeiter kein Geburtsdatum erfasst oder er noch keiner Abteilung zugeordnet wurde, trägt man in den Tupel der Spalte einen Nullwert (`NULL`) ein. Gleiches gilt auch, wenn eine Angabe keinen Sinn macht, wie etwa ein Schwangerschaftsurlaub für einen männlichen Mitarbeiter.

Die minimale Menge der Attribute, die eine eindeutige Unterscheidung der Tupel zulässt, heißt *Schlüssel*. Existieren mehrere minimale Mengen, spricht man von *Schlüsselkandidaten*. Einen darunter bestimmt man zum *Primärschlüssel*, für den keine NULL-Werte zugelassen sind. In der Mitarbeiter-Beispielrelation ist nur das Attribut `PersNr` als Schlüsselkandidat geeignet und hier auch zugleich der Primärschlüssel, da keine andere minimale Menge zur eindeutigen Unterscheidung existiert. Der schnelle Zugriff auf gesuchte Tupel über andere Attribute kann unterstützt werden. So empfiehlt es sich, z. B. auf Kundendaten nicht nur über den Primärschlüssel `KundenNr`, sondern gleichzeitig auch über den Kundennamen zuzugreifen, da Kunden ihre Kundennummer oft nicht auswendig kennen. Man spricht dann von Sekundärschlüsseln.

11.3.3 Die relationale Algebra

Die *relationale Algebra* stellt eine Menge von ein- und zweistelligen Operatoren zur Verfügung, die zu einer bzw. zwei Relationen eine neue Relation berechnen. Generell bezeichne $R(A_1 : W_1, A_2 : W_2, ..., A_n : W_n)$ eine n-stellige Relation mit Attributnamen $A_1, A_2, ..., A_n$ und Wertebereichen $W_1, W_2, ..., W_n$. Falls die Wertebereiche nicht von Interesse sind, schreiben wir hier $R(A_1, A_2, ..., A_n)$ oder nur R. R ist dabei der Name einer Relationenvariablen. Einige wichtige Operatoren der relationalen Algebra sind nun:

- *Selektion $\sigma_B : R \rightarrow R$ – Auswahl von Zeilen gemäß einer Bedingung*
  Eine Selektion liefert alle Tupel der Relation R, die die Bedingung B erfüllen, wie z. B. die Mitarbeiter mit der `AbtId = VA`:

$\sigma_{VA}(Mitarbeiter)$			
PersNr	**Name**	**GebJahr**	**AbtId**
1234	Fred Wasserstein	1978	VA
9999	Marc Haller	1973	VA

  Die Selektion darf nicht mit dem später vorgestellten mächtigeren `select`-Befehl in SQL verwechselt werden.

- *Projektion $\pi_L : R \rightarrow R$ – Auswahl von Spalten einer Relation*
  Eine Projektion liefert alle Spalten zu den in der Liste $L = A_{i1}, A_{i2}, ..., A_{im}$ angegebenen Attributen, wie z. B. nur die Spalten `Name` und `AbtId`:

$\pi_{Name,AbtId}(Mitarbeiter)$	
Name	**AbtId**
Hans Meier	PA
Fred Wasserstein	VA
Marc Haller	VA
Anna Galter	EA

  Entstehen bei dieser Auswahl doppelte Zeilen (Duplikate), dann müssen diese entfernt werden.

- *Produkt R x S – Kartesisches Produkt zu zwei Relationen*
  Ein Produkt erzeugt aus zwei Tabellen eine neue Tabelle aus der Kombination aller Zeilen. Die Resultatsrelation hat dann die Attribute

  $(R.A_1, R.A_2, ..., R.A_n, S.A_1, S.A_2, ..., S.A_m)$

  mit Punktnotation zur Unterscheidung gleichnamiger Attribute. Hat man z. B. zusätzlich zur obigen noch die folgende Tabelle:

Abteilung		
AbtId	**AbtName**	**Ort**
PA	Personalabteilung	Hamburg
VA	Vertriebsabteilung	Nürnberg
EA	Entwicklungsabteilung	Rostock

  so liefert das Produkt aus Mitarbeiter und Abteilung folgende Tabelle:

Mitarbeiter M x Abteilung A						
M.PersonalNr	**M.Name**	**M.Geb-Jahr**	**M.Abt-Id**	**A.Abt-Id**	**A.AbtName**	**A.Ort**
4711	Hans Meier	1985	PA	PA	Personalabt.	Hamburg
4711	Hans Meier	1985	PA	VA	Vertriebsabt.	Nürnberg
4711	Hans Meier	1985	PA	EA	Entwicklungsabt.	Rostock
1234	Fred Wasserstein	1978	VA	PA	Personalabt.	Hamburg
1234	Fred Wasserstein	1978	VA	VA	Vertriebsabt.	Nürnberg
1234	Fred Wasserstein	1978	VA	EA	Entwicklungsabt.	Rostock
9999	Marc Haller	1973	VA	PA	Personalabt.	Hamburg
9999	Marc Haller	1973	VA	VA	Vertriebsabt.	Nürnberg
9999	Marc Haller	1973	VA	EA	Entwicklungsabt.	Rostock
1508	Anna Galter	1981	EA	PA	Personalabt.	Hamburg
1508	Anna Galter	1981	EA	VA	Vertriebsabt.	Nürnberg
1508	Anna Galter	1981	EA	EA	Entwicklungsabt.	Rostock

- *Differenz $R - S$ – Differenz zweier Relationen*
  Eine Differenz liefert alle Tupel aus der Relation R, die nicht in der Relation S vorhanden sind. Gäbe es etwa neben der Mitarbeiter-Relation eine gleich aufgebaute Relation WeiblichMitarbeiter, dann würde die Differenz Mitarbeiter – WeiblichMitarbeiter alle männlichen Mitarbeiter liefern.

11.4 Die Datenbanksprache SQL

Die universelle Datenbanksprache ist heute *SQL (Structured Query Language)*. Sie wurde in den 70er Jahren für das System/R, einer Forschungsentwicklung der IBM, entwickelt und ist inzwischen als ISO-Standard in verschiedenen Entwicklungsstufen genormt (SQL-86, SQL-89, SQL-92, SQL-99). SQL-89 wird von allen relationalen Datenbanksystemen, SQL-92 (auch SQL2 genannt) von den meisten großen unterstützt. Ferner existieren Einbettungen in alle höheren Programmiersprachen wie z. B. C/C++ und Java. Zur Zeit befindet sich SQL3 bzw. SQL-99 in der Entwicklung, die erhebliche Erweiterungen gegenüber SQL2 vorsieht.

Die von SQL behandelten Objekte sind (im einfachen, nichtgeschachtelten Fall bis zur Version SQL2) Tabellen (*tables*), Zeilen (*rows*), Spalten (*columns*) und Felder (*fields*). SQL bietet zum einen die Möglichkeit Schemata anzulegen (*Datendefinition*) und zum anderen auf die Daten einer Datenbank zuzugreifen (*Datenmanipulation*).

11.4.1 Datendefinition

Auf Seite 580 wurde gezeigt, dass eine Datenbank in drei Ebenen unterteilt ist. SQL erlaubt auf allen drei Ebenen das Anlegen bzw. Modifizieren eines Schemas.

Konzeptuelle Ebene – Anlegen, Ändern, Löschen der Relationen

Wesentliche Befehle sind hier:

`create table` – *Anlegen einer Relation* Unsere Mitarbeiter-Tabelle könnten wir z. B. wie folgt anlegen:

```
create table Mitarbeiter (
   PersNr integer primary key,
   Name       char(30) not null,
   GebJahr    integer(4),
   AbtId      char(2)
);
```

Wie zu sehen ist, muss jedes Attribut mit einem Namen und einem Datentyp angegeben werden. Die Datentypen `int` und `char(n)` legen dabei ganze Zahlen bzw. Zeichenketten der Länge *n* fest. Daneben gibt es noch eine Vielzahl von so genannten *Integritätsregeln*, die man bei der Definition einer Relation angeben kann, wie z. B. `not null`, was festlegt, dass jeder Datensatz bei diesem Attribut einen gültigen Wert besitzen muss. Ohne diese Integritätsregel wären auch Datensätze erlaubt, bei denen dieses Attribut keinen Wert besitzt, was z. B. hier für `GebJahr` oder `AbtId` zutrifft. Die Integritätsregel `primary key` legt im vorherigen Beispiel fest, dass `PersNr` der Primärschlüssel ist.

`alter table` – *Ändern einer Relation*
Mit diesem Befehl kann das Schema einer bestehenden Relation geändert werden, wobei es aber im Allgemeinen nur möglich ist, neue Attribute im Relationsschema hinzuzufügen und nicht Attribute zu entfernen.

`drop table` – *Löschen einer Relation*

Externe Ebene – Erzeugen unterschiedlicher Sichten

Auf der externen Ebene lassen sich für bestimmte Benutzergruppen oder Benutzer individuelle *Sichten* auf Basis des konzeptuellen Schemas anlegen, indem man nur den für die jeweiligen Benutzer relevanten Teil der Datenbank zur Verfügung stellt. Das folgende Beispiel erzeugt eine Sicht, die nur die Namen und das Alter aller Mitarbeiter der Vertriebsabteilung zeigt:

```
create view vertriebsPersonal as select Name, (year(now() – GebJahr))
      from Mitarbeiter  where AbtId = 'VA';
```

Interne Ebene – Festlegen der Speicherrepräsentation einer Relation

Mittels `create index` kann man die Speicherrepräsentation einer Relation festlegen. Ein *Index* dient bei großen Relationen dazu, Suchoperationen effizienter durchführen zu lassen. Da die Daten extern auf der Festplatte verwaltet werden, kann das Suchen dort sehr zeitaufwändig sein. Legt man nun intern eine Indexstruktur an, so kann das

Suchen erheblich beschleunigt werden, da dann über diese Indizes direkt auf die gesuchten externen Daten ohne langwieriges externes Suchen zugegriffen werden kann. Wird z. B. oft nach den Namen von Mitarbeitern statt nach deren Personalnummern gesucht, empfiehlt es sich, einen Index zu den Mitarbeiternamen anzulegen, wie z. B.:

```
create index MitarbeiterName on Mitarbeiter(Name);
```

Man kann zwar eine beliebige Anzahl von Indizes anlegen, sollte dabei aber bedenken, dass dadurch bei Änderungen wie z. B. Einfügen neuer Datensätze auch entsprechend zeitaufwändige Operationen erforderlich sind, um die Indizes an den neuen Datenbestand anzupassen.

11.4.2 Einfügen, Ändern und Löschen von Datensätzen

Zum Einfügen, Ändern oder Löschen von Datensätzen in einer Relation stehen folgende Befehle zur Verfügung:

`insert into` – *Einfügen eines neuen Datensatzes*

```
insert into Mitarbeiter values(4711, 'Hans Meier', 1985, 'PA');
insert into Mitarbeiter values(1234, 'Fred Wasserstein', 1978, 'VA');
insert into Mitarbeiter values(9999, 'Marc Haller', 1973, 'VA');
```

Sind einige Werte eines Datensatzes unbekannt, so kann man die entsprechenden Attribute angeben, die hier zu setzen sind, wie z. B.:

```
insert into Mitarbeiter (PersNr, Name) values(1508, 'Anna Galter');
```

`update` – *Ändern eines Datensatzes*

```
update Mitarbeiter set GebJahr = GebJahr + 1 where PersNr = 4711;
update Mitarbeiter set AbtId = 'EA' where PersNr = 1508;
```

`delete from` – *Löschen eines Datensatzes*

```
delete from Mitarbeiter where AbtId = 'VA';
```

Diese Anweisung würde alle Mitarbeiter aus der Vertriebsabteilung (`Fred Wasserstein` und `Marc Haller`) aus der Datenbank entfernen.

Man kann auch Bedingungen mit booleschen Operatoren verknüpfen. Z. B. würde folgende Anweisung die Mitarbeiterin `Anna Galter` aus der Datenbank löschen.

```
delete from Mitarbeiter where GebJahr > 1980 and AbtId = 'EA';
```

11.4.3 Anfragen mit select

Einfache Anfragen

Um sich eine Tabelle vollständig anzuzeigen zu lassen, muss folgender Befehl angegeben werden:

```
select * from Mitarbeiter;
```

Existieren die beiden früher gezeigten Tabellen Mitarbeiter und Abteilung, kann man sich mit folgender Anfrage den Namen, das Geburtsjahr und den Abteilungsort von allen Mitarbeitern liefern lassen, die nach 1975 geboren sind:

```
select Name, GebJahr, Ort
       from Mitarbeiter, Abteilung
       where Mitarbeiter.AbtId = Abteilung.AbtId and Mitarbeiter.GebJahr > 1975;
```

Diese Anfrage würde dann die folgende Tabelle liefern:

Name	GebJahr	Ort
Hans Meier	1985	Hamburg
Fred Wasserstein	1978	Nürnberg
Anna Galter	1981	Rostock

Aggregatfunktionen und Gruppierung

Die wichtigsten so genannten Aggregatfunktionen in SQL sind:

```
select avg(GebJahr) from Mitarbeiter;   # liefert das Durchschnitts–Geburtsjahr
select sum(GebJahr) from Mitarbeiter;   # liefert die Summe aller Geburtsjahre
select count(GebJahr) from Mitarbeiter; # liefert Anzahl der Mitarbeiter,
                                        #        die Geburtsjahr angegeben haben
select min(GebJahr) from Mitarbeiter;   # liefert juengsten Mitarbeiter
select max(GebJahr) from Mitarbeiter;   # liefert aeltesten Mitarbeiter
```

Der folgende Befehl ermittelt für Mitarbeiter mit Personalnummern höher als 2000 das Durchschnitts-Geburtsjahr:

```
select avg(GebJahr) from Mitarbeiter where PersNr > 2000;
```

Diese Anfrage würde Folgendes liefern:

avg(GebJahr)
1979.0000

Aggregatfunktionen lassen sich auch im Zusammenhang mit `group by` kombinieren, so dass man gleiche Attribute zusammenfassen kann. So liefert z. B. die folgende Anweisung das Durchschnitts-Geburtsjahr in den einzelnen Abteilungen:

```
select AbtId, avg(GebJahr) from Mitarbeiter group by AbtId;
```

Diese Anfrage würde folgende Tabelle liefern:

AbtId	avg(GebJahr)
EA	1981.0000
PA	1985.0000
VA	1975.5000

Mit `having` kann man hierbei wieder nur Zeilen einblenden lassen, die eine vorgegebene Bedingung erfüllen. So liefert z. B. die folgende Anweisung das Durchschnitts-Geburtsjahr nur zu den Abteilungen, in denen dieser Durchschnitt größer als 1980 ist:

```
select AbtId, avg(GebJahr) from Mitarbeiter group by AbtId having avg(gebJahr) >1980;
```

Diese Anfrage würde folgende Tabelle liefern:

AbtId	avg(GebJahr)
EA	1981.0000
PA	1985.0000

Die folgende Anweisung liefert das Durchschnitts-Geburtsjahr zu den Abteilungen, die mehr als einen Mitarbeiter haben:

```
select AbtId, avg(GebJahr) from Mitarbeiter group by AbtId having count(*) > 1;
```

Diese Anfrage würde folgende Tabelle liefern:

AbtId	avg(GebJahr)
VA	1975.5000

Kartesisches Produkt zu zwei Relationen

Um sich das kartesische Produkt zu zwei Tabellen liefern zu lassen, kann man eine Anweisung wie die folgende angeben:

```
select * from Mitarbeiter, Abteilung;
```

Diese Anfrage würde folgende Tabelle liefern:

PersNr	Name	GebJahr	AbtId	AbtId	AbtName	Ort
4711	Hans Meier	1985	PA	PA	Personalabteilung	Hamburg
1234	Fred Wasserstein	1978	VA	PA	Personalabteilung	Hamburg
9999	Marc Haller	1973	VA	PA	Personalabteilung	Hamburg
1508	Anna Galter	1981	EA	PA	Personalabteilung	Hamburg
4711	Hans Meier	1985	PA	VA	Vertriebsabteilung	Nuernberg
1234	Fred Wasserstein	1978	VA	VA	Vertriebsabteilung	Nuernberg
9999	Marc Haller	1973	VA	VA	Vertriebsabteilung	Nuernberg
1508	Anna Galter	1981	EA	VA	Vertriebsabteilung	Nuernberg
4711	Hans Meier	1985	PA	EA	Entwicklungsabteilung	Rostock
1234	Fred Wasserstein	1978	VA	EA	Entwicklungsabteilung	Rostock
9999	Marc Haller	1973	VA	EA	Entwicklungsabteilung	Rostock
1508	Anna Galter	1981	EA	EA	Entwicklungsabteilung	Rostock

Software Engineering

12

ÜBERBLICK

Lösungen

12.1 Rätsel: Synthetische Rätsel (3)

1. *Ein schwer zu berechnender Term?*
   Der Term $(x - a) \cdot (x - b) \cdot (x - c) \cdot \ldots\ldots \cdot (x - z)$ ist zu berechnen.
2. *Umstellen eines schweren Polstersessels*
   Ein sehr schwerer Polstersessel soll umgestellt werden. Es ist aber nur möglich, ihn jeweils um genau 90 Grad um jede seiner Ecken zu drehen. Ist es möglich, ihn so zu verschieben, dass er am Ende genau neben seiner ursprünglichen Position steht und die Rückenlehne ebenfalls wieder hinten ist?
3. *Dominosteine auf einem amputierten Schachbrett*
   Von einem gewöhnlichen Schachbrett werden zwei einander diagonal gegenüberliegende Eckfelder entfernt. Lässt sich das verbleibende Brett durch Dominosteine überdecken, die jeweils zwei Felder überdecken?
4. *Leichte Quadrat-Berechnung für mit 5 endende Zahlen*
   Egon brachte regelmäßig alle Mathematiklehrer zur Verzweiflung. Wenn es jedoch darum ging, wie groß die Quadratzahl von 35 oder 75 oder auch 85 ist, gab er innerhalb einer Sekunde die richtige Antwort. Er hatte tatsächlich einen „Trick", auf den er sehr stolz war: Um eine Zahl zu quadrieren, die mit der Ziffer 5 endet, multiplizierte er erst die Zehnerziffer mit dieser selben Ziffer plus 1 und schrieb 25 rechts neben das so errechnete Produkt. Für 75^2 antwortete er z. B. $(7 \cdot 8)25 = 5625$. Erklären Sie diesen „Trick" von Egon.

12.2 Die Software-Krise

Die Vorteile von Software-Lösungen gegenüber Hardware-Lösungen, wo es längere Zykluszeiten wie z. B. durch die Entflechtung und das Bestücken von Baugruppen mit dem entsprechenden Materialverbrauch gibt, scheinen auf der Hand zu liegen:

> *Software ist reine „Brainware", sie unterliegt (von Datenträgern abgesehen) keinem Materialverbrauch, ist leicht zu ändern, durch den kurzen „Herstellungsprozess" sofort testbar und leicht korrigierbar.*

Somit dürfte eine Software-Entwicklung wesentlich planbarer und risikoloser als andere Entwicklungen sein, wie z. B. in der Elektronik oder im Maschinenbau.

Weit gefehlt: Die Mitte der 1960er Jahre einsetzende Softwarekrise hat uns eines Besseren belehrt. Die Wunderwaffe wurde zum Problemkind. Die Zahl der Einsatzgebiete, Anwendungen und Anwender sowie auch der Softwareprojekte und -entwickler wuchs stetig. Vor allem die Komplexität der Softwarelösungen wuchs den Entwicklern schnell über den Kopf. Die Einhaltung von Kosten-, Zeit- und Qualitätszielen von Software-Entwicklungen gerieten außer Kontrolle und der ganze Software-Produktionsprozess wurde immer weniger plan- und beherrschbar. Links in Abbildung 12.1 wird eine Untersuchung von 1995 gezeigt. Damals wurden gerade einmal 16% aller SW-Projekte erfolgreich abgeschlossen, während knapp ein Drittel der SW-Projekte scheiterte. Der Rest der Projekte wurde nicht planmäßig abgeschlossen.

Der Grund für diese Entwicklung lässt sich durch folgendes Gedankenspiel veranschaulichen: Angenommen, die Wahrscheinlichkeit, dass die Programmanteile zweier Entwickler durch die gegenseitige Wechselwirkung beim Zusammenspiel der Module einen Fehler verursachen könnten, sei so hoch wie die Wahrscheinlichkeit, dass die

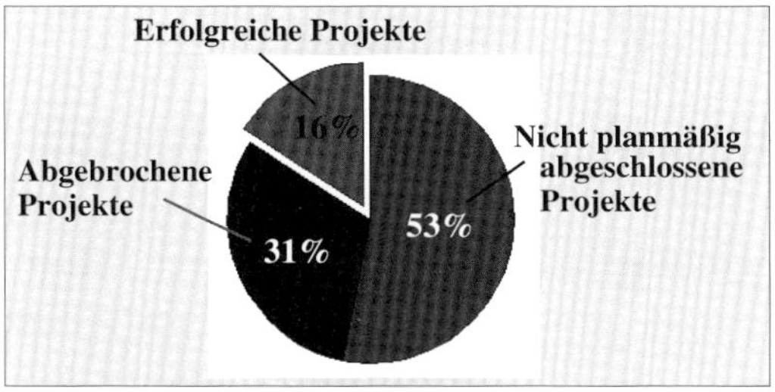

Erfolgsrate bei SW-Projekten (Chaos Report, 1995, Standish Group)

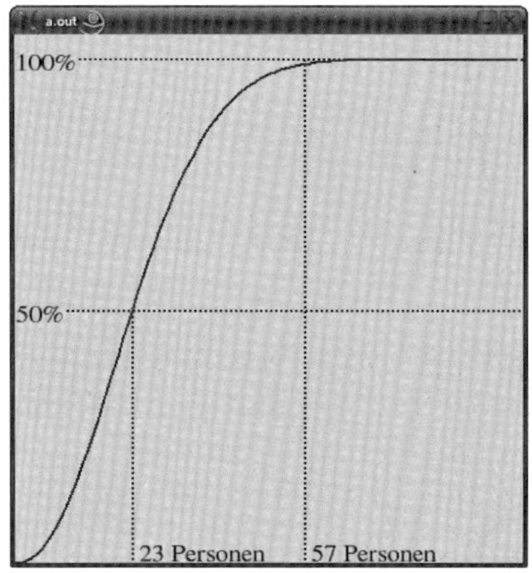

Wahrscheinlichkeit, dass mindestens zwei Personen einer Gruppe am gleichen Tag Geburtstag haben

Abbildung 12.1: Erfolgsrate von SW-Projekten und Wahrscheinlichkeitsbetrachtung

beiden Entwickler am gleichen Tag Geburtstag haben. Wir haben es hier mit bedingter Wahrscheinlichkeit zu tun. Die Wahrscheinlichkeit, dass bei einer Gruppe von n Personen alle an einem verschiedenen Tag des Jahres Geburtstag haben, ist:

$$q = \frac{365}{365} \cdot \frac{364}{365} \cdot \ldots \cdot \frac{365 - n + 1}{365}$$

Die gesuchte Wahrscheinlickeit, dass mindestens zwei Personen davon an einem Tag Geburtstag haben, ist dann $p = 1 - q$. Das begleitende Programm `gebtag.c` zeigt grafisch die Wahrscheinlichkeit an, dass abhängig von der Anzahl der Personen in einer Gruppe mindestens zwei Personen am gleichen Tag Geburtstag haben (siehe auch rechts in Abbildung 12.1). Dieses Programm verwendet im Übrigen nicht die obige Formel, sondern simuliert die Geburtstage der n Personen mittels Zufallszahlen. Die Abbildung zeigt auch, dass die Fehlerwahrscheinlichkeit bei zunehmender Anzahl von Entwicklern gegenüber einer linearen Annahme deutlich überproportional auf Basis der zwischen den Personen wachsenden Querbezüge ansteigt. So ist bereits bei 23 Personen die Wahrscheinlichkeit an die 50% und bei 57 Personen über 99%.

In der Praxis ergibt sich bei einer signifikanten Fehlerwahrscheinlichkeit im Allgemeinen eine Vielzahl von Fehlern. Die Fehlerbehebungen verursachen auf Grund der angesprochenen Wechselwirkungen wiederum neue Fehler, wodurch es sehr schwierig und aufwändig wird, ein absolut fehlerfreies Software-Paket zu entwickeln. Das Problem lässt sich auch nicht damit beheben, dass ein einziger Entwickler die gesamte Software entwickelt, was aus Zeitgründen gar nicht möglich wäre, da es auch innerhalb der Arbeit eines Entwicklers Fehlerwahrscheinlichkeiten wegen der Querbezüge innerhalb der eigenen Arbeit gibt, die der Entwickler mit wachsender Programmgröße immer weniger überschauen kann.

Die Betrachtung nach Abbildung 12.1 kann auch dahingehend interpretiert werden, dass die Programmkomplexität nicht linear, sondern deutlich überproportional mit der Programmgröße steigt, wenn man „einfach darauf losprogrammiert“ und keine besonderen Vorkehrungen trifft.

12.3 Eine geeignete Software-Architektur

Es lässt sich anhand dieses Gedankenspiels annehmen, dass man die durch das Zusammenspiel der Module bedingte Fehlerwahrscheinlichkeit einschränken kann, wenn man die Möglichkeiten der Wechselwirkung zwischen den Modulen einschränkt, indem man eine geeignete Software-Architektur wählt.

- Die Software wird auf einzelne Komponenten aufgeteilt.
- Es werden geeignete und möglichst schlanke Schnittstellen zwischen den Modulen definiert.
- Man trennt und entkoppelt die Aspekte der Benutzeroberfläche (GUI) von der eigentlichen Fachlogik des Programms und den Aspekten der Datenhaltung, was man mit *Drei-Schichten-Architektur* bezeichnet. Dadurch lässt sich z. B. die Benutzeroberfläche ändern, ohne dass allzu große Änderungen in der darunterliegenden Fachkonzept-Schicht und (idealerweise) keinerlei Änderungen in der weiter unten liegenden Datenhaltungsschicht erforderlich werden.
- Man verwendet *Entwurfsmuster (Design Patterns)*, die die Wiederverwendbarkeit und Wartbarkeit erhöhen, indem man auf bewährte, generalisierte Lösungsideen zu immer wiederkehrenden Entwurfsproblemen zurückgreift und „das Rad nicht nochmal neu erfinden muss“.

Dies sind lediglich exemplarische Aspekte zum Entwurf einer geeigneten Architektur. In diesem Grundlagenbuch kann nicht weiter auf diese weitreichende Thematik des Software Engineering eingegangen werden.

12.4 UML-Diagramme für die Modellierung

Mit *Objektorientierung* lässt sich durch eine geeignete Kapselung von Daten und zugehörigen Operationen in der Regel eine geringere Fehlerwahrscheinlichkeit und eine bessere Erweiterbarkeit der Software erreichen. Die UML (siehe auch Seite 242) bietet hier einen guten Ansatz für eine modellbasierte Software-Entwicklung, um große Komplexitäten zu beherrschen und durch abstrakte, funktionale, strukturelle und verhaltensbasierte Sichten den Sachverhalt zu veranschaulichen und exakter definierbar zu machen.

Der Ablauf in einem objektorientierten Programm entsteht dadurch, dass Objekte miteinander kommunizieren. Kommunikation zwischen Objekten bedeutet, dass die Objekte sich gegenseitig Nachrichten schicken, d. h. Methoden des anderen Objekts aufrufen, um entsprechende Aktionen anzustoßen. Die Voraussetzung für eine Kommunikation zwischen Objekten ist, dass diese sich kennen.

12.4.1 Statische Modellierung in UML

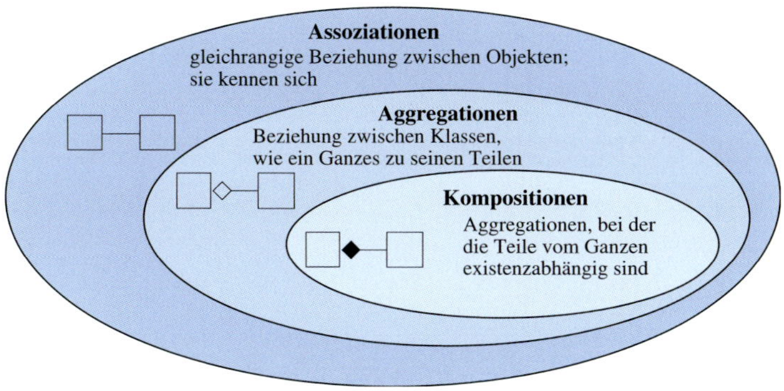

Abbildung 12.2: Assoziationen, Aggregationen und Kompositionen

Assoziation (Benutzt-Beziehung)

Über eine Assoziation zueinander in Beziehung stehende Objekte kennen sich lediglich, haben aber sonst keinerlei stärkere Beziehung zueinander. Ein einfaches Beispiel hierfür ist eine Beziehung zwischen einem Menschen und einer Menge von Büchern, wie es in Abbildung 12.3 gezeigt ist.

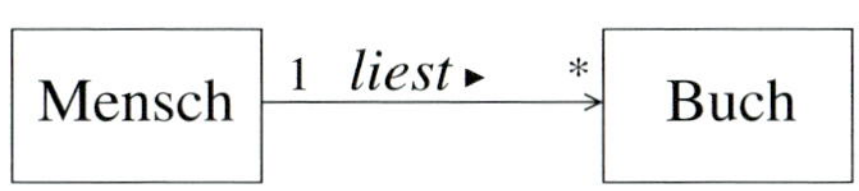

Abbildung 12.3: Assoziationsbeziehung zwischen Mensch und Buch

Im einfachsten Fall wird eine Assoziation nur in Form einer Linie zwischen zwei Klassen angegeben. Üblicherweise werden aber bei Assoziationen zusätzlich noch möglichst viele weitere Informationen angegeben, wie z. B.:

- *Text auf der Linie*, der die Form der Beziehung näher beschreibt. Diese Beziehungsbeschreibung wird in UML kursiv geschrieben. Damit man den Klassennamen und die kursiv geschriebene Beziehungsbeschreibung in richtiger Richtung lesen kann, kann neben der Beziehungsbeschreibung ein kleines, ausgefülltes Dreieck angegeben werden, dessen Spitze die Leserichtung anzeigt.
- *Anzahl (Kardinalität/Multiplizität*[1]), d. h. wie viele Objekte auf der einen Seite der Assoziation mit wie vielen auf der anderen verbunden sind, wie z. B.:

1	genau eins	0..3	null bis drei
1,3,5	eins oder drei oder fünf	1..4,8	eins bis vier oder acht
0..*	keines, eines oder mehrere	*	entspricht `0..*`
1..*	eines oder mehrere		

  Ein Fehlen der Kardinalitätsangabe wird immer als 1 interpretiert. Liegt das Minimum bei Null, bedeutet dies, dass die Beziehung optional ist.
- *Rollennamen*, die die Rolle der beteiligten Objekte in der Beziehung näher beschreiben, wie z. B. Gärtner, Werkzeug, Arbeitgeber oder Arbeitnehmer.

1 *Kardinalität*: Anzahl der Elemente ↔ *Multiplizität*: Bereich erlaubter Kardinalitäten

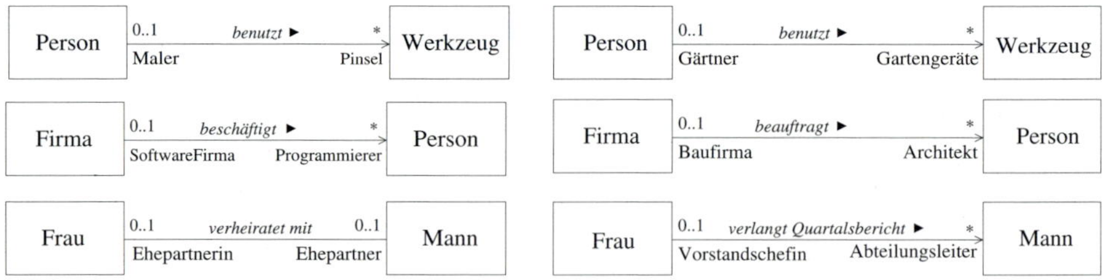

Abbildung 12.4: Assoziationen mit Multiplizitäten- und Rollenangaben

Aggregation (Hat-Beziehung)

Eine Aggregation ist eine Sonderform der Assoziation: Bei einer Aggregation handelt es sich ebenfalls um eine Beziehung zwischen zwei Klassen, jedoch mit der Besonderheit, dass die Klassen zueinander in Beziehung stehen wie ein Ganzes zu seinen Teilen. Eine Aggregation ist die Zusammensetzung eines Objekts aus einer Menge von Einzelteilen, wie z. B.:

- Ein *Ganzes und seine Teile* (z. B. Computer besteht aus CPU, Speicher usw.)
- Ein *Behälter und sein Inhalt* (z. B. Stack und seine Elemente)
- Eine *Kollektion und ihre Elemente* (z. B. Verein und seine Mitglieder)

Aggregationen sind *Hat-Beziehungen*: Eine Stadt hat z. B. Straßen, Häuser, Parks usw. Eine Stadt ist also eine Aggregation aus Straßen, Häusern, Parks usw. Auch diese Teile können wiederum Aggregationen sein: Ein Park besteht z. B. aus Bäumen, Sträuchern, Fußwegen usw. Aggregationen werden manchmal auch als *Teile-Ganzes-Hierarchie* bezeichnet. Um eine Beziehung als Aggregation zu kennzeichnen, wird auf der Seite des Ganzen eine Raute gezeichnet.

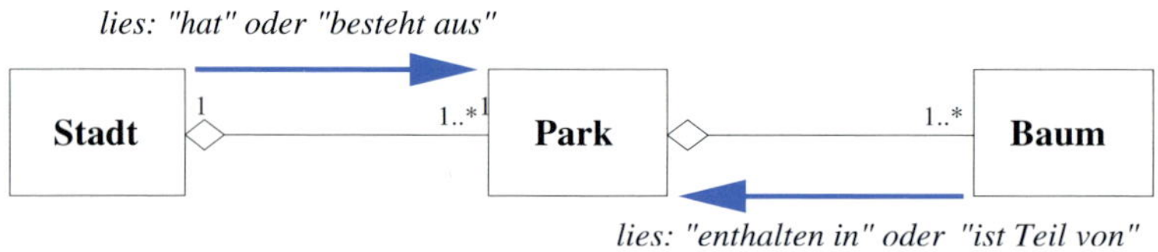

Abbildung 12.5: Beispiel für Aggregationen

Komposition (Aggregation mit existenzabhängigen Teilen)

Eine Sonderform der Aggregation liegt vor, wenn die Einzelteile vom Aggregat (dem Ganzen) existenzabhängig sind. Man spricht in diesem Fall von einer *Komposition*. Ein Beispiel hierfür ist die Beziehung zwischen Geheimnummer und Bankkonto. Eine Geheimnummer gehört immer zu einem bestimmten Bankkonto. Wenn das Ganze (z. B. Bankkonto) also gelöscht werden soll, so werden auch alle existenzabhängigen Einzelteile (z. B. Geheimnummer) mitgelöscht, da sie keine Existenzberechtigung mehr haben. Bei einer normalen Aggregation würde dagegen nur das eine Objekt und die Beziehung zum anderen Objekt gelöscht, aber das andere Objekt würde weiterbestehen. Ein Beispiel für eine normale Aggregation ist die Beziehung: „Stadt hat

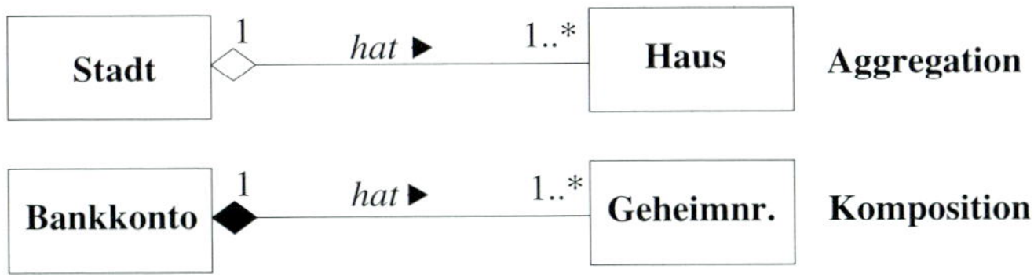

Abbildung 12.6: Aggregation versus Komposition

Straßen". Die Straßen gehören zwar notwendigerweise zu einer Stadt, weshalb auch eine Aggregation vorliegt. Da die Straßen aber auch eigenständig betrachtet werden können, also unabhängig von der Stadt exististenzfähig sind, liegt bei dieser Beziehung eine normale Aggregation und keine Komposition vor.

Bei einer Komposition übernimmt das Ganze bestimmte Aufgaben für die Gesamtheit der Einzelteile. Hat man z. B. eine Klasse `Rechnung`, die aus mehreren Rechnungspositionen besteht, so handelt es sich dabei um eine Komposition. Die Klasse `Rechnung` bietet dann z. B. Operationen wie z. B. `gesamtBetrag()`, `mwst()` oder `positionsAnzahl()` an.

12.4.2 Dynamische Modellierung in UML

UML-Zustandsdiagramme für Objektzustände

Die UML stellt ein Diagramm zur Verfügung, um die Zustände eines Objekts (oder auch eines Systems) zu modellieren: das *Zustandsdiagramm* (*state diagram*). Im Zustandsdiagramm werden neben den Zuständen auch die Zustandsübergänge (Transitionen) modelliert, d. h. wie das Objekt von einem Zustand in den nächsten gelangt. Dabei wird am Zustandsübergang die Nachricht oder das Ereignis angegeben, durch die der Zustandsübergang ausgelöst wird. In [...] kann dabei eine zusätzliche Wächterbedingung angegeben werden, die für den Zustandsübergang ebenfalls erfüllt sein muss. Verwandte Begriffe für ein Zustandsdiagramm sind auch *Zustandsübergangsdiagramm* (*state transition diagram*) oder *Endlicher Automat*, der sich zu jedem Zeitpunkt in einer Menge endlicher Zustände befindet. Abbildung 12.7 zeigt das Zustandsdiagramm zu einer Klasse `CStack`, die einen Stack (siehe auch Kapitel 8.2.6 auf Seite 386) realisiert.

Zustandsdiagramme sind für folgende Anwendungsfälle sehr hilfreich:

- Zur Überprüfung, ob sich ein Objekt stabil verhält und nicht in einen undefinierten Zustand gerät. Potenzielle Fehler können so im Vorfeld vermieden werden. So hätten bei unserer Klasse `CStack` die Fälle `voll` und `leer` leicht übersehen werden können, was fatale Folgen gehabt hätte (Speicherüber-/unterschreitung).
- Für den möglichst vollständigen Test einer Klasse. Eine Klasse sollte immer so entworfen werden, dass jede Methode zu jedem beliebigen Zeitpunkt aufgerufen werden kann, ohne dass das Objekt in einen undefinierten Zustand gerät.

Zustandsdiagramme sind also sehr hilfreich, um das Verhalten eines Objekts in seiner Gesamtheit zu untersuchen.

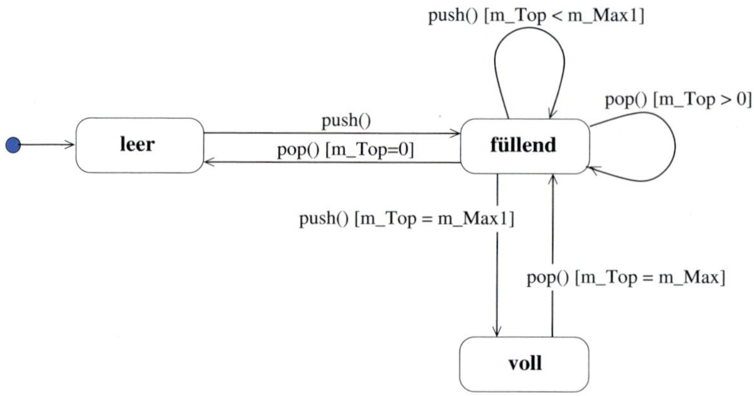

Abbildung 12.7: Zustandsdiagramm zur Klasse CStack

Sequenzdiagramme stellen den zeitlichen Ablauf in den Vordergrund

Sequenzdiagramme zeigen die Kommunikation zwischen ausgewählten Objekten für eine bestimmte Nachrichtensequenz, d. h. für ein bestimmtes Szenario auf. Abbildung 12.8 zeigt ein mögliches Sequenzdiagramm zu einem Arztbesuch.

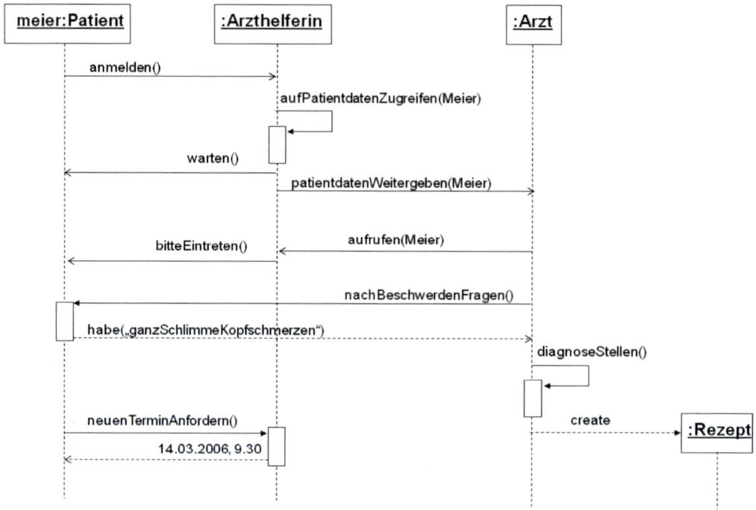

Abbildung 12.8: Sequenzdiagramm zu einem Arztbesuch

Bei Sequenzdiagrammen gelten unter anderem folgende Regeln:

- *Objekte* werden durch gestrichelte senkrechte Linien (Lebenslinien) notiert, an denen oben über der Linie der Name bzw. das Objektsymbol steht. Die Zeit verläuft in Sequenzdiagrammen von oben nach unten.
- Graue oder auch nicht ausgefüllte senkrechte Balken zeigen an, welches Objekt gerade die Programmkontrolle besitzt, d. h. welches Objekt gerade den *Steuerungsfokus* besitzt, also aktiv ist.

- *Nachrichten* werden als waagrechte Pfeile zwischen den Objekt-Linien gezeichnet. Auf ihnen wird die entsprechende Nachricht (`nachricht()`) angegeben.
- *Synchrone Nachrichten*, die eine Rückantwort erwarten, damit ein Objekt seine Ausführung fortfahren kann, werden durch einen ausgefüllten Pfeil gekennzeichnet. Die *Antwort auf eine Nachricht* kann als Text (`antwort:=nachricht()`) oder als eigener gestrichelter Pfeil mit offener Pfeilspitze angegeben werden.
- *Asynchrone Nachrichten*, die keine Rückantwort erwarten, werden durch einen nicht ausgefüllten offenen Pfeil gekennzeichnet.
- Das Erzeugen von Objekten kann dargestellt werden, indem eine Nachricht direkt auf ein Objektsymbol trifft, das zuvor nicht existierte.

Kommunikationsdiagramme zeigen die prinzipielle Zusammenarbeit

Eine weitere Diagrammart sind die Kommunikationsdiagramme (früher Kollaborationsdiagramme genannt), die im Zusatzmaterial vorgestellt werden.

12.5 Modellierungsmöglichkeiten für die Software

Man kann z. B. folgende Vorgehensweisen unterscheiden:

- *Modellgetriebene Software-Entwicklung (MDA=model driven architecture)*: Hier wird das Modell fachlich so exakt beschrieben, dass sich daraus (zumindest teilweise) der zu erstellende Programmcode generieren lässt.
- *Reverse Engineering*: Hier lässt sich aus dem weiterentwickelten Programmcode das Modell wieder auf einen Stand bringen, so dass insgesamt ein so genanntes *Round Trip Engineering* möglich ist.

12.6 Notwendigkeit von Prozessen

Seit Beginn der Software-Krise ist klar, dass die Software-Entwicklung nicht nur aus Programmieren und Compilieren besteht, sondern aus einer Vielfalt von Tätigkeiten mit der damit verbundenen Vielfalt von Tätigkeitsprofilen der einzelnen Mitarbeiter. Es werden Prozesse benötigt, die die einzelnen Entwicklungstätigkeiten und Ergebnisse definieren und die Zusammenarbeit der dabei beteiligten Mitarbeiter regeln. Die Tätigkeiten zur Erzeugung eines Software-Produktes werden im Rahmen eines koordinierten Software-Projektes nach den definierten Prozessen durchgeführt.

Prozesse prägen Mitarbeiter und Produkte

Bei der Prozessdefinition ist jedoch Vorsicht geboten: Prozesse dürfen die Kreativität der Mitarbeiter nicht ersticken, sonst droht „Dienst nach Vorschrift“. Der richtige Mittelweg ist erforderlich zwischen der Standardisierung der Tätigkeiten und der Freiheit, um den Entwicklern dabei trotzdem ihre Kreativität zu lassen. Prozesse werden in der Regel durch geeignete Werkzeuge unterstützt, z. B.

- zur *Versionsverwaltung von Dateien* (*Konfigurationsmanagement*)
- Verwaltung von Software-Anforderungen
- Erzeugung von Software-Modellen
- Verwaltung und Organisation von Software-Tests usw.

Als Software-Produkt ist nicht nur der Programmcode und die ausführbare Software zu sehen, sondern auch die notwendige Dokumentation für den Benutzer, sowie der *Engineering History Record*, der Aufzeichnungen über wichtige Überlegungen zur Entwicklung und Pflege eines Produktes, Testprotokolle usw. beinhaltet. Insbesondere beim Einsatz von sicherheitskritischer Software, z. B. in medizinischen Geräten, ist ein entsprechender Nachweis dieses *Engineering History Record* für die Marktzulassung der Geräte notwendig. 1968 fand die weltweit erste Software Engineering Konferenz statt, unter anderem mit dem Ziel, erste Parallelen von Software-Entwicklungen mit Arbeitsweisen in anderen Ingenieurdisziplinen zu suchen. Der Begriff des Software Engineering war etabliert als Ingenieurdisziplin für Prinzipien, Methoden, Techniken und Werkzeugen zur Entwicklung großer Software-Systeme. Seitdem wurden strukturierte und objektorientierte Ansätze zur Software-Entwicklung entworfen. Die Verbesserung des Software-Entwicklungsprozesses (SPI = Software Process Improvement) begleitet seitdem die Software-Hersteller sowohl projektübergreifend als auch projektbezogen. Mit dem Capability Maturity Model (CMM) existiert ein Standard zur Bewertung und Klassifikation des Reifegrades von Prozessen. Die Erhöhung des Reifegrades der Prozesse hat das Ziel, Software-Entwicklungen produktiver und kalkulierbarer zu machen.

Ein Patentrezept zur Software-Entwicklung bzw. den optimalen Software-Entwicklungsprozess gibt es aber nach wie vor nicht. Es existiert jedoch eine Vielzahl von propagierten Entwicklungsprozessen, die in der Praxis unternehmens-, abteilungs- oder sogar produktspezifisch gewählt und angepasst werden (müssen).

Produkte prägen Mitarbeiter und Prozesse

Selbst wenn ein Großunternehmen ein bestimmtes Prozessmodell propagiert, wird dies von den Mitarbeitern zum großen Teil durch eine spezielle Anpassung auf ihre eigenen Bedürfnisse, Talente und Vorlieben angepasst, was man mit *Tailoring* bezeichnet.

Mitarbeiter prägen Prozesse und Produkte

Spätestens hier wird klar, dass Prozesse, Produkte und Mitarbeiter eine echte Dreiecksbeziehung bilden und sich gegenseitig beeinflussen.

12.7 Der wichtige Prozess „Requirement Engineering"

Der Faktor Mensch spielt letztlich beim Management der Anforderungen an die zu entwickelnde Software (*Requirement Engineering*) eine große Rolle. Die Informationen für die Anforderungen liegen beim Kunden und in dem Umfeld, in dem die Software eingesetzt werden soll. Wir müssen die Geschäftsanforderungen (*Business Requirements*) des Kunden verstehen, denn das sind die Hintergründe für die Anforderungen. Ein Kunde sagte einmal: „Geben Sie mir nicht, was ich will, sondern was ich brauche." Außerdem muss man den Anwender beachten, seine Arbeitsabläufe (*Workflows*), wie er die Software verwenden und mit dem System interagieren will. Dies wird im Allgemeinen durch Anwendungsfälle (*Use Cases*) beschrieben und durch Definition der entsprechenden Abläufe (*Szenarios*), z. B. mit Hilfe von Aktivitätsdiagrammen. Auch hier bietet die UML entsprechende Diagrammtypen an.

12.7.1 Das UML-Anwendungsfalldiagramm (Use Case Diagram)

Ein *Anwendungsfalldiagramm* zeigt den Zusammenhang zwischen Anwendungsfällen und den daran beteiligten Akteuren. Ein *Anwendungsfall* beschreibt eine typische Interaktion zwischen dem Anwender und dem System, d. h., er stellt das externe Systemverhalten aus der Sicht des Anwenders dar.

- *Der Anwender wird dabei als so genannter* Akteur *dargestellt*
  Ein Akteur ist genau genommen eine außerhalb des Systems liegende „Klasse", d. h. es könnte sich auch um ein externes, angeschlossenes System handeln. Ein Anwendungsfall wird durch einen Akteur (typischerweise der Anwender des Systems) angestoßen und muss zu einem für diesen wahrnehmbaren Ergebnis führen.
- *Ein Anwendungsfall (Geschäftsanwendungsfall) beschreibt einen typischen Arbeitsablauf.*

Abbildung 12.9 zeigt die in einer Arztpraxis vorkommenden *Use Cases*: Ein Anwendungsfall wird als Oval dargestellt, ein Akteur durch ein Strichmännchen und eine Linie zwischen Akteur und Anwendungsfall bedeutet, dass eine Kommunikation stattfindet.

Ein Geschäftsprozess setzt sich meist aus Einzelschritten zusammen, die auch als *Aktivitäten* bezeichnet werden. Ähneln sich Abläufe, so können diese in eigenen Anwendungsfällen herausgelöst werden, um sie nicht doppelt beschreiben zu müssen.

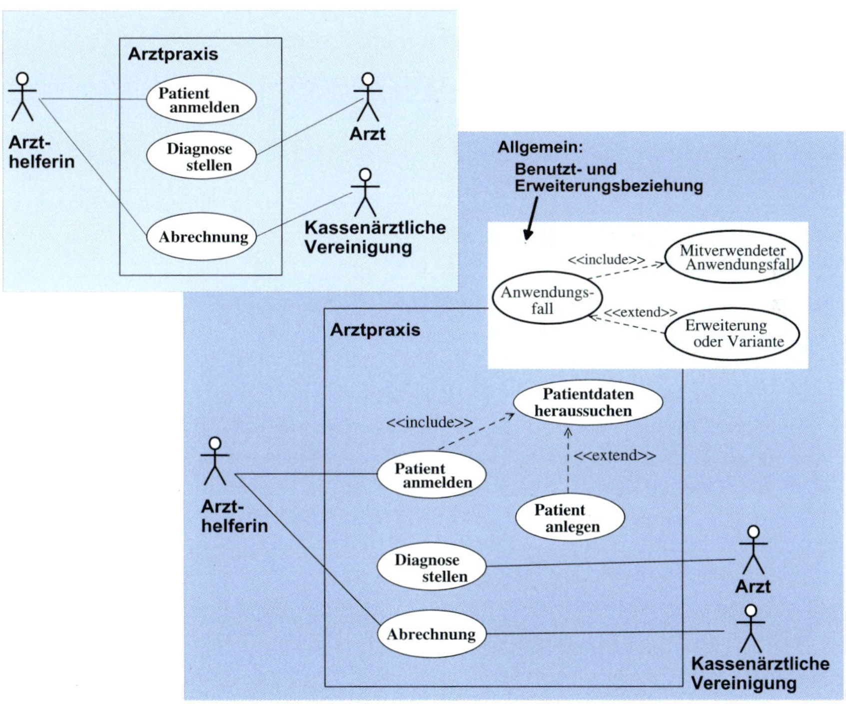

Abbildung 12.9: Use Case Diagram zu einer Arztpraxis

Die Beziehung zwischen dem eigentlichen Anwendungsfall und den herausgelösten Fällen wird durch die Stereotypen <<include>> oder <<extend>> beschrieben, je nachdem ob es sich um eine Benutzt- oder Erweiterungsbeziehung handelt.

- <<include>> (Enthält-Beziehung): wird verwendet, wenn das gleiche Stück Anwendungsfallbeschreibung in unterschiedlichen Anwendungsfällen vorkommen kann. Der Anwendungsfall, von dem der Pfeil ausgeht, kann niemals allein, sondern immer nur in Verbindung mit dem Anwendungsfall, auf den der Pfeil zeigt, ausgeführt werden (siehe auch rechts in Abbildung 12.9).
- <<extend>> (Erweiterungs-Beziehung): wird verwendet, um Variationen eines Anwendungsfalles zu zeigen, beispielsweise Fehler- und Ausnahmesituationen, spezielle Abweichungen oder Erweiterungen des Standardfalles.

Wichtig ist, dass man sich über sämtliche möglichen Anwendungsfälle Gedanken macht und diese dem Kunden zur Gegenprüfung vorlegt, um sicherzustellen, dass das System vollständig analysiert ist. Das Anwendungsfalldiagramm zeigt eine Übersichtsdarstellung über die Anwendungsfälle, vermittelt aber keine Details über den genauen Ablauf und die unterschiedlichen Szenarios, die dabei auftreten können. Diese werden für jeden Anwendungsfall in einer separaten Anwendungsfallbeschreibung in Textform oder durch ein Aktivitätsdiagramm vorgegeben, das im nächsten Kapitel vorgestellt wird.

▶ Übung: Hotelbuchung

Erstellen Sie ein Anwendungsfalldiagramm zu einer Hotelbuchung, bei der der Gast an der Rezeption eines Hotels ankommt und ein Zimmer beim Portier bucht.

- Der Portier verwendet die Daten der Anmeldung zur Zimmerreservierung.
- Stellt der Portier bei der Zimmerreservierung fest, dass das Zimmer noch zu reinigen ist, veranlasst er, dass das Reinigungspersonal dieses zuerst reinigt.
- Aufgabe des Reinigungspersonals ist auch das Auffüllen der Minibar.

▶ Übung: Haftpflichtschaden

Nehmen wir an, dass Sie aus Versehen Ihr Fahrrad auf das Auto Ihres Nachbarn haben fallen lassen. Betrachten Sie diesen Anwendungsfall „Abwicklung Haftpflichtschaden“ nun aus der Sicht Ihrer Haftpflichtversicherung. Erstellen Sie hierzu ein Anwendungsfalldiagramm, wobei Sie, Ihr Nachbar und eventuell ein externer Gutachter dabei die Akteure sein sollen.

12.7.2 Das UML-Aktivitätsdiagramm

Ein *Aktivitätsdiagramm (Activity Diagram)* ist ein weiteres UML-Diagramm, das die Ablaufmöglichkeiten eines Systems beschreibt.

- Im Diagramm werden die einzelnen Aktionen und deren Zusammenhänge notiert, z. B. ob die Aktionen sequenziell oder parallel stattfinden, ob sie von irgendwelchen Bedingungen abhängig sind usw.
- Neben den Aktionen können auch Zustände im Aktivitätsdiagramm notiert werden, wenn durch die Aktion ein Zustandswechsel erfolgt. Aktivitätsdiagramme werden

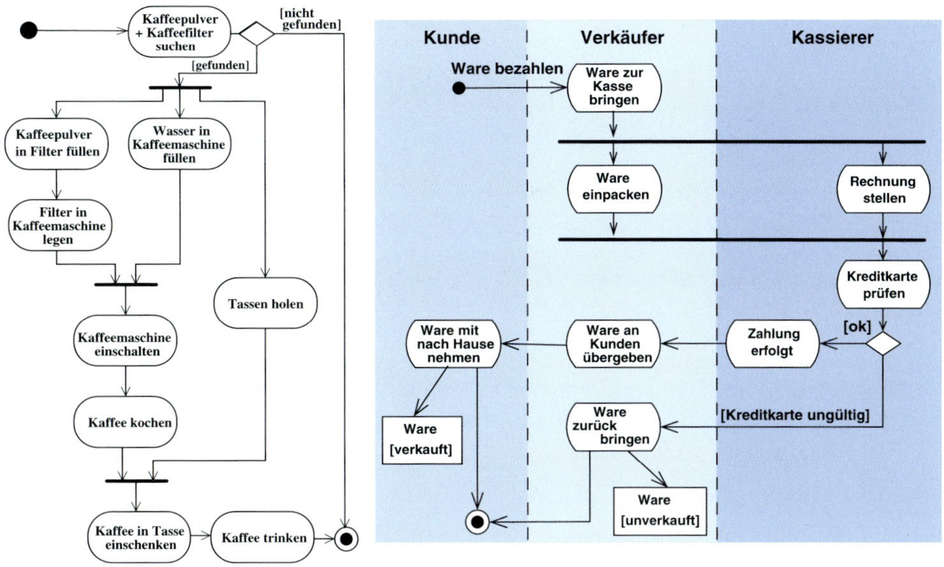

Abbildung 12.10: Aktivitätsdiagramme zu „Kaffee kochen" und „Ware bezahlen"

daher auch als eine spezielle Form des Zustandsdiagramms betrachtet. Der Fokus liegt hier aber eindeutig auf den Aktionen.

- Aktivitätsdiagramme ähneln prozeduralen Flussdiagrammen, allerdings sind im Aktivitätsdiagramm die Aktionen eindeutig Objekten zugeordnet.

Links in Abbildung 12.10 ist ein *Aktivitätsdiagramm* gezeigt, das die die Ablaufmöglichkeiten beim Kochen von Kaffee mit anschließendem Trinken des Kaffees darstellt.

Aktivitätsdiagramme können in *Verantwortlichkeitsbereiche* (auch so genannte *swim lanes*) aufgeteilt werden. Die einzelnen Verantwortlichkeitsbereiche werden im Diagramm durch senkrechte Linien voneinander getrennt, wobei jede Aktion dann genau einem Verantwortlichkeitsbereich zugeordnet ist. Ein Verantwortlichkeitsbereich kann dabei einem oder mehreren Objekten zugeordnet sein. Das Aktivitätsdiagramm rechts in Abbildung 12.10 beschreibt die Ablaufmöglichkeiten beim Bezahlen einer Ware. Oben werden die beteiligten Objekte notiert, die für die Aktion verantwortlich sind.

Da eine Aktion ein einzelner Schritt in einem Verarbeitungsablauf ist, werden die Aktivitätsdiagramme auch sehr oft im Zusammenhang mit Anwendungsfallbeschreibungen eingesetzt.

Im Zusatzmaterial zu diesem Buch finden Sie einen Überblick zu den wichtigsten Symbolen in Aktivitätsdiagrammen.

▶ Übung: Essen bestellen, verzehren und bezahlen

Erstellen Sie ein Aktivitätsdiagramm, das die Ablaufmöglichkeiten beim Vorgang „Essen bestellen, verzehren und bezahlen" beschreibt. Verwenden Sie dabei als Verantwortlichkeitsbereiche *Gast*, *Ober* und *Küche*.

12.7.3 Genaue Klärung der Kundenanforderungen

Der Kunde gibt meist Lösungsvorstellungen bekannt, aber selten, wozu er diese Lösung braucht. Genau darin liegt die Gefahr der Missverständnisse und Lücken bei den Anforderungen, oder es werden Anforderungen des Kunden umgesetzt, die sich später als „fixe Idee" herausstellen und letztendlich überhaupt nicht gebraucht werden. Diese Gefahr besteht bei allen Requirements, die sich nicht unmittelbar auf Business Requirements oder Use Cases zurückführen lassen.

Die schwierige Aufgabe des Requirement Engineering soll die folgende „Kundenanforderung" aus dem Film „Harry und Sally" veranschaulichen, in dem Sally ihre Bestellung beim Kellner abgibt:

> *„Aber den Kuchen bitte heiß, wenn es geht. Und das Eis nicht obendrauf, ich will es extra, und ich hätte gerne Erdbeer- statt Vanilleeis, wenn es geht. Wenn nicht: Kein Eis, nur Schlagsahne, aber nur frische. Wenn sie aus der Dose kommt, gar nichts."*
>
> *„Nicht mal Kuchen?"*
>
> *„Doch, in dem Fall nur den Kuchen, aber bitte nicht heiß."*
>
> *„Aha."*

Die Frage ist, ob die Bestellung (Kundenanforderung) vollständig und widerspruchsfrei ist. Wir sehen, dass die Kundenanforderung nach der gezielten Nachfrage des Kellners noch vervollständigt wird. Bei einer genauen Analyse des Textes (notfalls auch mit Hilfe einer Entscheidungstabelle oder eines Struktogramms) eröffnen sich noch neue Fragen, über die Sally explizit nichts ausgesagt hat:

- Wenn der Kuchen nicht heiß angeboten werden kann, soll dann trotzdem Eis oder Schlagsahne mit serviert werden?
- Wenn kein Erdbeereis angeboten werden kann, aber frische Schlagsahne, soll diese dann auch extra serviert werden?

Wir können nur eine Annahme treffen, wie sie es gemeint haben könnte. Deshalb ist es besser, wenn wir zur Sicherheit noch einmal nachfragen. Meist ergeben sich bei der Analyse und Umsetzung der Anforderungen noch Rückfragen an den Kunden. Aus diesem Grund fordern manche Entwicklungsvorgehensweisen wie z. B. *Extreme Programming*, dass der Kunde auch während der Entwicklung vor Ort sein soll.

In der Software-Entwicklung bedarf es also einer sehr aufmerksamen Untersuchung der Anforderungen. Ansonsten werden diese unvollständig oder womöglich sogar widersprüchlich erfasst, wodurch entsprechende Fehler in der Anforderungsdefinition entstehen. Dies wären besonders schwerwiegende Fehler, da mit höchster Wahrscheinlichkeit die Funktionalität nicht kundengerecht umgesetzt werden würde. Ähnlich wie Sally in diesem Beispiel unter Umständen falsch bedient worden wäre, wenn der Kellner nicht nachgefragt hätte.

12.8 Prozessmodelle

12.8.1 Schwer- und leichtgewichtige Prozessmodelle

Klassische Prozessmodelle wie z. B. das V-Modell werden auch als schwergewichtig bezeichnet, schwergewichtig im Sinne eines relativ genau definierten, geplanten[2] und damit stark von Dokumentation geprägten Entwicklungsvorgehens. Diese Bezeichnung ist nicht (nur) als negativ zu werten, da sich diese Prozessmodelle aufgrund ihrer angestrebten weitgehenden Planung auch für sehr große und lang andauernde Software-Projekte eignen.
Nach den schwergewichtigen Prozessmodellen soll die Individualität der Mitarbeiter eher kaschiert werden, wonach der Mitarbeiter ein gefordertes Tätigkeitsprofil gemäß des Prozesses zu erfüllen hat. Der Mitarbeiter spielt danach z. B. die Rolle des Software-Architekten und agiert entsprechend der Prozessvorschriften.

Die seit 2001 propagierten leichtgewichtigen (oder agilen) Prozessmodelle berufen sich darauf, dass die Tätigkeiten in der Software-Entwicklung nicht in der Weise zu standardisieren und zu planen sind wie z. B. der Bau einer Brücke. Eine Software-Entwicklung ist im Allgemeinen wesentlich unberechenbarer. Das Ziel eines Prozessmodells muss es deshalb vielmehr sein, möglichst flexibel auf sich ständig ändernde Rahmenbedingungen (wie z. B. sich ändernde Software-Anforderungen) reagieren zu können. In den postulierten Werten der agilen Prozessmodelle, die im Manifest von 2001 formuliert wurden, heißt es provokativ:

- Individuen und Interaktionen sind wichtiger als Prozesse und Werkzeuge.
- Funktionierende Software ist wichtiger als umfassende Dokumentation.
- Die Zusammenarbeit mit dem Kunden ist wichtiger als Vertragsverhandlungen.
- Sich auf unbekannte Änderungen einzustellen, ist wichtiger, als einem Plan zu folgen.

> *Wir schätzen aufgrund unserer Erfahrungen die Punkte auf der rechten Seite, aber wir bewerten die Punkte auf der linken Seite höher.*

Die leichtgewichtigen Prozessmodelle wie z. B. *Extreme Programming* und *Scrum* sind wegen ihres fast ereignis- bzw. personengetriebenen Vorgehens aber eher nur für kleinere Software-Projekte geeignet.

12.8.2 Das Wasserfall-Modell

Das Wasserfall-Modell stellt eines der einfachsten Prozessmodelle für die Software-Entwicklung dar. Es besteht aus einer linearen Abfolge von Stufen, die die Aktivitäten charakterisieren und als Phasen bezeichnet werden. Jede Phase muss in voller Breite (d. h. für alle Anforderungen des Software-Projektes) vollständig bearbeitet worden sein, damit man zur nächsten Phase übergehen kann. Natürlich kann es sein, dass man in einer darauf folgenden Phase mit dem Prozessergebnis der Vorgänger-Phase nicht arbeiten kann und es korrigieren muss. Dafür sind die Rückkopplungen zu den Vorgänger-Phasen eingebaut worden. Das gesamte Projekt fällt in diesem Fall in die Vorgänger-Phase zurück. *Concurrent Engineering* (paralleles Arbeiten

2 Kritiker sagen auch: „starren“ und damit auch „trägen“

in unterschiedlichen Phasen an unterschiedlichen Software-Anforderungen) ist im Wasserfall-Modell nicht vorgesehen. Das Modell ist dadurch einfach, leicht verständlich und erfordert einen relativ geringen Management-Aufwand.

Das Wasserfall-Modell in Abbildung 12.11 beschreibt auch, dass die Software-Anforderungen im Rahmen einer Systementwicklung aus den System-Anforderungen abgeleitet worden sind, wo es neben den Software-Anforderungen z. B. auch Anforderungen an die Mechanik, die Elektronik usw. gibt.

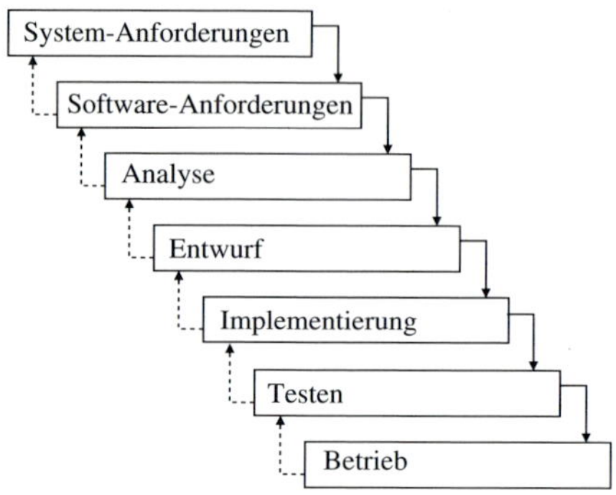

Abbildung 12.11: Das Wasserfall-Modell

Das Wasserfall-Modell scheint im Ablauf logisch und schlüssig, da man nach dem Modell eindeutig beantworten kann, in welcher Phase ein Projekt gerade ist. Es ist aber in Wirklichkeit eher realitätsfremd und dogmatisch, da man von einer Vorausschaubarkeit der Softwareentwicklung ausgeht, die in der Regel in der Praxis nicht vorliegt. Obwohl das Wasserfall-Modell in seiner Grundform heute kaum mehr eingesetzt wird, definiert es doch einen grundlegenden Ablauf von Entwicklungsschritten, der in den weiterentwickelten Prozessmodellen übernommen wurde.

Beim Testen gibt es normalerweise zwei unterschiedliche Sichtweisen.

- *Verifikation: Wurde das Produkt richtig entwickelt?*
  Stimmt also das entwickelte Produkt mit der Spezifikation überein?
- *Validierung: Wurde das richtige Produkt entwickelt?*
  Eignet sich also das Produkt für den beabsichtigten Einsatz?

Beim Wasserfall-Modell stellt sich bei der Verifikation die Frage, gegen welche Spezifikation das Produkt beim Testen überprüft wird – gegen die Software-Anforderungen, die Analyse oder den Entwurf. Es kann durchaus sein, dass das Produkt gegenüber der Entwurfsspezifikation korrekt ist, aber die eigentlichen Software-Anforderungen doch nicht richtig erfüllt. Und umgekehrt kann es den Software-Anforderungen genügen und doch nicht der Entwurfsspezifikation entsprechen. Dies könnte bei der Weiterentwicklung oder Wartung des Produktes unangenehme Folgen haben.

Es macht deshalb Sinn, für jede Entwicklungsphase eine explizite Testphase vorzusehen, wie es beim V-Modell getan wird.

12.8.3 Das V-Modell

Beim V-Modell gibt es eine Vielzahl unterschiedlicher Ausprägungen, Darstellungen, Formulierungen und Versionen (die neueste Version ist das so genannte V-Modell XT), auf die hier nicht explizit eingegangen werden kann. Deshalb wird an dieser Stelle ein verallgemeinertes V-Modell vorgestellt, das die Charakteristika sowie die Vor- und Nachteile des V-Modells erkennen lässt.

Die Ergebnisse jeder Entwicklungsphase werden durch Verifikationsschritte überprüft und die Ergebnisse der Analyse bzw. des funktionalen Konzeptes werden im Integrationstest getestet, in dem die einzelnen Komponenten in das System integriert werden und ihr Zusammenspiel getestet wird. Die Einhaltung der Designvorgaben bzw. der Modulspezifikation werden im Modultest getestet, die Implementierung wird zusätzlich aber auch durch *Code-Reviews* überprüft.

Ob das Produkt kunden- und anwendertauglich ist, kann erst bei der Validierung des Produktes im Systemtest getestet werden. Hier wird überprüft, ob das fertige Produkt die Software-Anforderungen erfüllt und sich mit ihm die spezifizierten Use Cases und Arbeitsabläufe (Workflows) realisieren lassen. Da zusätzlich der Kunde und das Anwenderumfeld in die Validierung einbezogen werden, wird auch die Qualität der Anforderungsdokumentation überprüft. Hierdurch kann sichergestellt werden, dass keine Software auf den Markt gebracht wird, die zwar die spezifizierten Anforderungen erfüllt, letztlich aber doch (z. B. aufgrund von Fehlern in den Anforderungen) nicht marktgerecht ist. Kunde und Anwender sind nach diesem Prozessmodell also sowohl in der Anforderungs- als auch in der Systemtestphase beteiligt.

Die nichtgestrichelten (Einfach-)Pfeile in Abbildung 12.12 signalisieren den zeitlichen Ablauf von oben nach unten bzw. von unten nach oben „im V“. Entlang dieses Pfades sind die Anforderungen (vertikal) verfolgbar, d. h. man findet für jede Anforderung z. B. über spezielle Verweise vom Analyse- zum Designergebnis und umgekehrt.

Auch hier sind jeweils Rückkopplungen im Ablauf über die gestrichelten Linien möglich. Die Doppelpfeile signalisieren die horizontale Verfolgbarkeit zwischen den Anforderungen und der Verifikation/Validierung in den jeweiligen Testdokumenten.

Die Verfolgung von Anforderungen bzw. das *(Requirement-)Tracing* stellt sicher, dass keine der Anforderungen im Entwicklungsablauf „verloren geht“ oder entsprechende Tests vergessen werden.

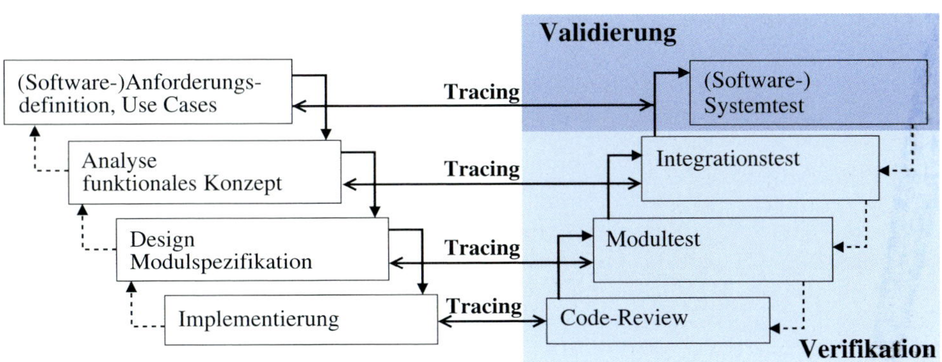

Abbildung 12.12: Das V-Modell

Im Gegensatz zum Wasserfallmodell wird hier in der Praxis oft *Concurrent Engineering* erlaubt. Man dürfte also durchaus an der Analyse bzw. sogar schon am Design und der Implementierung von manchen Anforderungen (für die die Anforderungsdefinition bereits durchlaufen wurde) arbeiten, während bei anderen Anforderungen noch an der Anforderungsdefinition gearbeitet wird. Durch das *Concurrent Engineering* wird der vielleicht überzogene Anspruch aufgegeben, dass man alle Entwicklungsschritte immer schritthaltend in der vollen Breite, d. h. für alle Anforderungen, durchführen muss. Dadurch ist das V-Modell in der praktischen Umsetzung viel besser einsetzbar als das Wasserfallmodell.

Letztendlich verbleiben am V-Modell jedoch entscheidende Nachteile, die auch beim Wasserfall-Modell vorhanden sind: Der erste Teil der Entwicklungszeit wird nur durch Dokumentation geprägt, was einige Risiken in sich birgt.

- Das Projekt könnte eventuell in einem „Spezifikationsgrab" enden, wenn man wegen der ganzen Papiere das Ziel vor Augen verliert. Auf Basis der Dokumentation können so viele offene Fragen verbleiben, dass man den Einstieg in Design und Implementierung nicht findet oder aus überzogenen Qualitätsforderungen an die Analysephase die ersten Implementierungsversuche gar nicht erst zulässt.
- Papier ist geduldig, vor allem in der Anforderungs- und Analysephase. Typische Denkfehler hinsichtlich Architektur und Realisierbarkeit werden unter Umständen von allen Projektbeteiligten übersehen. Diese Fehler merkt man aber oft erst im Design und in der Implementierung oder sogar erst im Integrations- oder Systemtest, wenn das System doch nicht so funktionieren kann, wie man es sich vorgestellt hat. Wenn man sich deshalb allzu lange Zeit mit der Anforderungs- und Analysephase aufgehalten hat, fehlt später die Zeit und in der Regel mindestens ein vollständiger „Durchlauf durch das V", um diese Fehler wirklich zielführend korrigieren zu können.

12.8.4 Inkrementelle und iterative Prozessmodelle

Genau bei den zuvor erwähnten Risiken setzen die evolutionären Prozesse an, die von Anfang an mehrere und schnellere „Durchläufe (Iterationen) durch den Entwicklungszyklus" einplanen. Dabei zieht man für die erste Iteration nicht alle Anforderungen heran, sondern nur einige grundlegende Anforderungen, mit dem Ziel, zunächst einmal einen Produktkern (die so genannte *Nullversion*) zu entwickeln und zu testen, bevor man dann Iteration für Iteration jeweils neue Anforderungen hinzunimmt und Iteration für Iteration das Produkt hinsichtlich Funktionalität und Qualität anreichert, bis die Entwicklungsergebnisse die Produktreife aufweisen. Auf diese Art und Weise wächst das Produkt wie ein Schneckenhaus von innen heraus (deshalb auch der Name *Spiralmodell*).

Um so wichtiger und risikoreicher die Anforderungen sind, desto früher sollten sie implementiert werden (zur Risikominimierung). Falls dem Kunden etwas nicht gefällt, kann man im nächsten Durchlauf die entsprechenden Korrekturen vornehmen. Bei den einzelnen Iterationen muss man also jeweils nicht auf eine vollständige und fehlerfreie Lösung bestehen, da man in den nachfolgenden Iterationen noch Korrekturspielraum hat.

Die Kundenanforderungen werden teilweise erst entwickelt, wenn der Kunde mit den einzelnen Zwischenprodukten „spielen" kann.

Dies soll im Folgenden anhand des *Unified Process (UP)* erläutert werden. Die Begriffe iterativ und inkrementell werden beim UP wie folgt definiert:

- *iterativ:* Das Bestehende wird durch mehrere Durchläufe immer weiter verbessert, bis es den Qualitätsanforderungen genügt.
- *inkrementell:* Jeder Durchlauf bringt die Realisierung neuer Anforderungen.

Die Iterationen folgen meist im gleichen zeitlichen Raster aufeinander. Jede Iteration erzeugt eine neue Zwischenversion, die mit dem Kunden durchgesprochen werden kann. Auf diese Art und Weise reduziert sich das Risiko, dass Kunde und Software-Hersteller lange Zeit aneinander vorbeireden.

Innerhalb jeder Iteration werden folgende Entwicklungsschritte durchlaufen:

- (Auswahl und eventuell Überarbeitung der) Anforderungen
- Planung
- Analyse
- Implementierung
- Test
- Bewertung der Zwischenversion

Die Entwicklungsschritte sind dabei aber im Allgemeinen so verzahnt, dass die Anforderungs- bzw. Planungsschritte in der jeweiligen Voriteration durchgeführt werden, so dass im eingeschwungenen Zustand der Verarbeitungs-Pipeline in einer Iteration direkt mit der Analyse begonnen werden kann. Dadurch wird *Concurrent Engineering* quasi systematisiert, da alle Prozesse weitgehend parallel arbeiten können. Abbildung 12.13 zeigt ein Beispiel für einen verzahnten Ablauf der Entwicklungstätigkeiten innerhalb der Iterationen im iterativen und inkrementellen Prozessmodell.

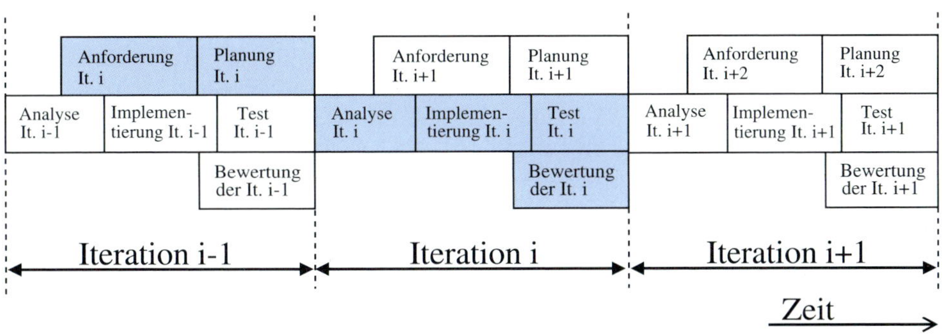

Abbildung 12.13: Verzahnung innerhalb der Iterationen in einem iterativen und inkrementellen Prozessmodell

Die Ergebnisse aus den Implementierungs- und Testaktivitäten werden gegen Ende einer Iteration jeweils bewertet, wodurch man für die Planung der nächsten Iteration berücksichtigen kann, ob man aus Qualitätssicht in der nächsten Iteration viele Korrekturen an der bereits implementierten Funktionalität vornehmen muss, oder ob man die nächste Iteration ausschließlich für die Implementierung neuer Funktionalitäten ausrichten kann. Dadurch wachsen Qualität und Funktionalität sukzessive.

Das Risiko des Wasserfall- und des V-Modells, dass man in der ersten Entwicklungszeit nur Dokumentation erzeugt und keine Rückmeldung über die Realisierbarkeit erhält, wird hier Iteration für Iteration abgebaut.

Der UP verwendet den Begriff der Phase in einem anderen Kontext als das Wasserfall-Modell und das V-Modell. Die Phasen repräsentieren und charakterisieren hier nicht die einzelnen Entwicklungsschritte innerhalb einer Iteration, sondern man geht vielmehr davon aus, dass mehrere Iterationen notwendig sind, um z. B. die Produktideen vollständig und konsistent zu entwickeln, bzw. bis man in die Phase der Entwicklung gehen kann. Der Produktlebenszyklus enthält beim UP demnach vier Phasen, wobei jede Phase mehrere Iterationen beinhalten kann.

- *Inception Phase*: Ideen haben und konkretisieren
- *Elaboration Phase*: Ausarbeiten der Ideen zu konkreten Systemvorstellungen
- *Construction Phase*: Realisierung des Systems
- *Transition Phase*: Überleitung in die Nutzung

Der UP propagiert außerdem mit komponentenbasierten Architekturen zu arbeiten und möglichst visuell (d. h. mit UML) zu modellieren.

Damit man innerhalb einer Iteration aber einen vernünftigen Funktions- und Qualitätshub vornehmen kann, darf die Iterationszeitdauer natürlich nicht beliebig kurz gewählt werden. Ansonsten würden die Aufwände für die Organisation der Iterationen einen erheblichen Teil des Gesamtaufwands ausmachen. Aufgrund der Strukturierung der Entwicklung in einzelne Iterationen erkennt man, dass diese Form der (schwergewichtig) organisierten iterativen und inkrementellen Prozesse nur bei länger andauernden Software-Projekten Sinn macht. Für Software-Projekte mit kleinem Projektvolumen bzw. kurzer Entwicklungszeit sind im Allgemeinen leichtgewichtige Prozessmodelle besser geeignet, die auf Basis ihrer Vorgehensweise mit wesentlich geringeren Management-Aufwänden auskommen. Diese agilen Prozessmodelle sind auch bei extrem markt- bzw. konkurrenzgetriebenen Projekten besser geeignet, wenn man z. B. in jeder Woche mit einer Änderung der Produktanforderungen rechnen muss.

Die bisher vorgestellten Prozessmodelle besitzen bezüglich des Ablaufes der Entwicklungstätigkeiten die Gemeinsamkeit einer entwicklungsgetriebenen Vorgehensweise. Auf Basis der definierten Anforderungen und der festgelegten Architektur werden die Funktionalitäten programmiert. Parallel dazu oder eventuell sogar erst nach der Implementierung werden die entsprechenden Tests entwickelt.

Sofern die Implementierungs- und Testverantwortlichen parallel arbeiten, tritt häufig der Umstand auf, dass die meist nicht vollständig umfassenden und konsistenten Vorgaben aus Anforderungen und Architektur von Implementierung und Test unterschiedlich interpretiert werden. Die Folge wäre: Die Tests „passen nicht zur Implementierung" und liefern auf Basis der unterschiedlichen Interpretationen Fehler. In der Praxis werden die Testverantwortlichen bei der Entwicklung der Tests bei diesen Interpretationsspielräumen natürlich mit den Implementierungsverantwortlichen kommunizieren oder sogar zur Umsetzung der Tests auf die ersten Implementierungsergebnisse warten.

12.8.5 Agiles Vorgehen mit eXtreme Programming (XP)

Das wohl bekannteste Beispiel für eine agile Vorgehensweise ist *eXtreme Programming (XP)*, was für dieses Henne-Ei-Problem (*chicken-egg-problem*) einen testgetriebenen Ansatz zur Klärung bzw. fachlichen Aufarbeitung der aus Anforderungen und Architektur verbliebenen Interpretationsspielräume liefert. Im Gegensatz zu den bereits vorgestellten Prozessmodellen wird bei XP vor der eigentlichen Programmierung einer Funktionalität vom Entwickler zunächst der *Unit- bzw. Modul-Test umgesetzt.* Damit legt der Test gewissermaßen eine möglichst exakte Definition der zu programmierenden Funktionalität fest, die im Allgemeinen genauer ist als die Definition in einem Anforderungsdokument.

Durch diese Vorgehensweise werden bei XP meist auch keine so umfangreichen Anforderungsdokumente erzeugt wie bei anderen Prozessmodellen. Dies wird dadurch ausgeglichen, dass der Kunde als ständiges Teammitglied betrachtet wird und in intensiver Zusammenarbeit mit den Testern und Programmierern steht. Die Planungsphase (*Planning Game*) bei XP sieht vor, dass der Kunde die Anforderungen (*User Stories*) auf so genannten *Story Cards* vorgibt.

Der Entwickler schätzt auf Basis dieser Definition die Entwicklungsaufwände und zeigt eventuell vorhandene Abhängigkeiten zwischen den Story Cards auf, wie z. B.: „Diese Story Card kann nicht vor jener Story Card umgesetzt werden". Dementsprechend wird die Reihenfolge für die Umsetzung zusammen mit dem Kunden bzw. Kundenvertreter geplant.

Bei der Umsetzung der Tests ist natürlich eine möglichst vollständige Testautomatisierung anzustreben. Auf diese Art und Weise kann der Entwickler während der Implementierung seine jeweiligen Ergebnisse automatisiert und schnell testen und so lange korrigieren, bis sie die auf Unit- bzw. Modul-Testbasis getroffenen Vorgaben erfüllen (Verifikation).

Die so erzielten Ergebnisse werden dann umgehend mit den Ergebnissen der anderen Programmierer zusammengeführt, wodurch eine kontinuierliche Integration erfolgt. Dabei werden die Unit- bzw. Modul-Tests ständig in Form von *Regressionstests* durchgeführt, wodurch man umgehend feststellen kann, ob es Integrationsprobleme im Zusammenhang mit der übrigen Software-Umgebung gibt. Bei anderen Prozessmodellen wird hingegen häufig innerhalb eines kurzen Zeitraumes integriert, was häufig auf eine „Big Bang Integration" hinausläuft.

Neben dem Programmierer gibt es bei XP auch die Rolle des Testers. Diese Tester entwickeln parallel zu den Programmiertätigkeiten mit Unterstützung des Kunden die übergreifenden Akzeptanztests (Validierung), die die tatsächliche Kundentauglichkeit des Gesamtsystems überprüfen sollen.

Die Programmierung wird stets als so genanntes *Pair Programming* durchgeführt, wobei immer zwei Entwickler vor dem zu entwickelnden Programmcode sitzen. Während einer der Entwickler programmiert, kontrolliert der andere die Eingaben und bedenkt bereits die nächsten Schritte. Dabei wechseln die Besetzungen der Entwicklungspaare während einer Entwicklung in regelmäßigen Abständen, so dass das Wissen über den Programmcode im gesamten Programmierteam ausgetauscht wird. Auf diese Weise werden alle Entwickler Eigentümer allen Programmcodes. Dies erfordert natürlich den Grundsatz, dass das Design so einfach wie möglich gehalten werden muss. Außerdem fördert dieses Vorgehen eine starke Kommunikation unter den Entwicklern. Diese Form des *Collective Ownership* ist in den anderen Prozessmodellen häufig nicht gegeben, so dass dort jeder Entwickler nur Kenntnis über einen Teil des Programmcodes besitzt. Aber natürlich halbiert sich bei XP durch das Pair Programming die Anzahl der Arbeitsplätze, an denen programmiert werden kann. Dies wird aber in der Regel dadurch ausgeglichen, dass bei den anderen Prozessmodellen jeder

Entwickler seine Arbeit umso besser dokumentieren muss (also nicht ausschließlich programmieren kann), damit notfalls ein anderer Entwickler seine Arbeit übernehmen kann.

Aufgrund der informellen bzw. stark kommunikations-, aber weniger planungs- und dokumentationsbetonten Vorgehensweise, die im übrigen auch geringere Management-Aufwände besitzt, ist es daher nur schwer möglich, XP in einem Großprojekt mit mehreren hundert Entwicklern einzusetzen. Es sei denn, das Großprojekt lässt sich wirklich so zergliedern, dass ein Teilprojekt nahezu vollständig unabhängig von den anderen Teilprojekten durchgeführt werden kann.

12.9 Qualität eines Software-Produktes aus Kundensicht

Abschließend wollen wir zum Thema Software Engineering noch einige Überlegungen zum Thema Qualität eines Software-Produktes aus Kundensicht anstellen. Bei der Betrachtung der Qualität eines Software-Produktes ist nicht nur die Anzahl der Fehler entscheidend, sondern auch der jeweilige Schweregrad, die jeweiligen Folgen, und die Bedeutung im Arbeitsablauf des Kunden bzw. des Anwenders.

So kann z. B. ein Fehler beim Abspeichern eines Dokumentes aus einem Zeichenprogramm ein Fehler sein, der das Programm für den Anwender nahezu unbrauchbar macht, denn wer malt schon eine Zeichnung, die er nicht abspeichern kann. Es sei denn, das Abspeichern des Dokumentes funktioniert z. B. aus dem Hauptmenü des Programms, und nur nicht über die Tastenkombination *Strg-S* (Short-Cut). Diese Arten von Fehlern sind zwar lästig, machen das Programm aber nicht unbrauchbar, wenn es einen entsprechenden *Workaround* gibt. Entscheidend für die Akzeptanz des Software-Produktes beim Kunden bzw. Anwender ist, dass er seine beabsichtigten Arbeitsabläufe zu seiner Zufriedenheit durchführen kann.

Es ist insofern auch nicht verwunderlich, wenn ein anerkanntes Software-Produkt auf einmal einen versteckten Fehler bei einer selten benötigten Funktionalität zeigt, noch dazu, wenn die zu erledigende Aufgabe im Allgemeinen über andere Funktionen erledigt wird.

Häufig stehen Software-Anbieter vor der Frage, ob die Behebung von „kleinen" aber dennoch ärgerlichen Software-Fehlern wichtiger ist als die Implementierung neuer Funktionalitäten, auf die der Kunde vielleicht noch dringlicher wartet. Ein interessanter Denkanstoß ist, wenn man eine in einem Software-Produkt fehlende Funktionalität, die der Kunde dringend benötigt, die aber bisher weder spezifiziert noch geplant oder implementiert wurde, wie einen „Fehler" behandelt. Diesen „Fehler" kann man dann im Vergleich zu übrigen Software-Fehlern aus Sicht des Kundennutzens priorisieren. In diesem Fall kann es sein, dass man die Behebung des angesprochenen *Strg-S*-Fehlers zugunsten einer dringend neu zu implementierenden Funktion auf eine spätere Produktversion verschiebt, weil sich der Anwender vielleicht ohnehin schon daran gewöhnt hat, dass er zur Abspeicherung nur das Hauptmenü verwenden kann.

Aus diesem Denkanstoß heraus können neue Anforderungen zusammen mit Fehlern, die auf Basis der installierten Produktbasis heraus gemeldet wurden, in einer gemeinsamen *Änderungsmanagement-Datenbank* gepflegt werden. Dadurch kann man die unterschiedlichen Änderungsanträge in Konkurrenz zueinander beurteilen, und ihnen aus dieser Beurteilung heraus eine Version zuordnen, in der die notwendigen Änderungen umgesetzt, d. h. die Fehler behoben werden sollen. Dies ist eine pragmatische Vorgehensweise, die im aktuellen Produktgeschäft oft gut funktioniert. Die Folge ist, dass häufig die neu geforderten Funktionen in der Priorisierung siegen und sich für die Produkte eine Vielzahl von bekannten, aber noch nicht behobenen Fehlern ansammeln.

Es ist jedoch zu beachten, welche Folgen ein geringfügiger bzw. unbemerkter Fehler haben kann, der zum Beispiel erst in einer neuen Software-Umgebung auftritt. Welche Auswirkungen eine fehlerhafte 64-Bit-Gleitkommakonvertierung in einen 16-Bit-Integerwert haben kann, ist uns 1996 bei der Explosion der Ariane-5-Rakete bewusst geworden. Man hatte Teile der Lageregelungssoftware vom Vorgängermodell Ariane-4 übernommen, ohne zu berücksichtigen, dass die Ariane-5 fünfmal schneller beschleunigte als die Ariane-4 und es infolgedessen hier zu einem Überlauf kommen konnte.

Software durchdringt unseren Alltag mehr und mehr. Wir dürfen nicht vergessen, dass unser gesamtes Leben, unser Wohlstand, unser Erfolg, aber auch unsere Sicherheit mittlerweile von Software abhängt. Sicherheitsrelevante Fehler z. B. in der Verkehrstechnik oder in der Medizintechnik können natürlich auf keinen Fall akzeptiert werden. Dafür gibt es entsprechende gesetzliche Auflagen.

Die Sicherheitslücken in Betriebssystemen sind erst dann in den Mittelpunkt des öffentlichen Interesses gerückt, als Viren, die diese Sicherheitslücken ausnutzen, diverse Rechner und ganze Firmen vorübergehend lahmlegten.

Welche Konsequenzen hätte es, wenn ein Fehler bzw. eine Sicherheitslücke die Funktionsfähigkeit des gesamten Internets lahmlegen würde?

Diese Szenarien dürften aufzeigen, dass wir keinesfalls achtlos mit Fehlern und leichtfertig mit der Qualität von Software umgehen dürfen. Gerade mit der stetig steigenden Komplexität von Software gewinnt Software Engineering deshalb mehr und mehr an Bedeutung.

Leider gilt auch heute noch die 1969 von *Edsger W. Dijkstra* aufgestellte Behauptung:

> *„Mit dem Testen von Software kann man nur die Anwesenheit von Fehlern, aber niemals deren Abwesenheit beweisen.“*

TEIL III

Technische Informatik

Alfred Polgar erhielt ein ausgeliehenes Buch voller Fettflecken zurück.
Er schickte dem Entleiher eine Ölsardine und schrieb „Ich bestätige den Empfang meines Buches und erlaube mir, Ihnen anbei Ihr Lesezeichen zurückzugeben.“

(Anekdote)

Transistoren, Chips und logische Bausteine

13

ÜBERBLICK

13.1 Rätsel: Synthetische Rätsel (4)

Lösungen

1. *Quader zersägen*
   Ein Quader soll in 27 gleiche kleine Quader zersägt werden. Dies ist sicherlich mit 6 Sägevorgängen möglich, wie es links in Abbildung 13.1 gezeigt ist. Die Frage ist nun, ob dies auch mit weniger Sägevorgängen realisierbar ist.
2. *Ein Kartenhaus mit 47 Stockwerken*
   Bauen Sie ein Kartenhaus, wie es rechts in Abbildung 13.1 gezeigt ist. Wie viele Karten brauchen Sie, um auf diese Weise ein 47-stöckiges Haus zu bauen?
3. *Toni und eine falsche spinnoische Golddublone*
   „Toni hat mir ein Dutzend spinnoische Golddublonen verkauft", sagt Anton zu seiner Frau, „aber ich ich traue dem Kerl nicht. Allerdings glaube ich nicht, dass er mir mehr als eine gefälschte Münze andrehen würde. Jedenfalls weichen Fälschungen neuerer Prägungen im Gewicht voneinander ab. Sie sind entweder schwerer oder leichter als normale Golddublonen." Seine Frau bringt mürrisch die uralte Balkenwaage und sagt zu Anton: „Gewichte sind keine dabei und diese Waage hält maximal drei Wägungen aus." Wie kann Anton unter diesen Voraussetzungen herausfinden, ob eine Fälschung dabei ist, und wenn, ob sie schwerer oder leichter als die übrigen Münzen ist?
4. *Summe von Zahlenfolge, in der jede Ziffer nur einmal vorkommt*
   Ist es möglich, eine Folge von Zahlen anzugeben, in denen jede der Ziffern 0 bis 9 nur einmal vorkommt und deren Summe gleich 100 ist?

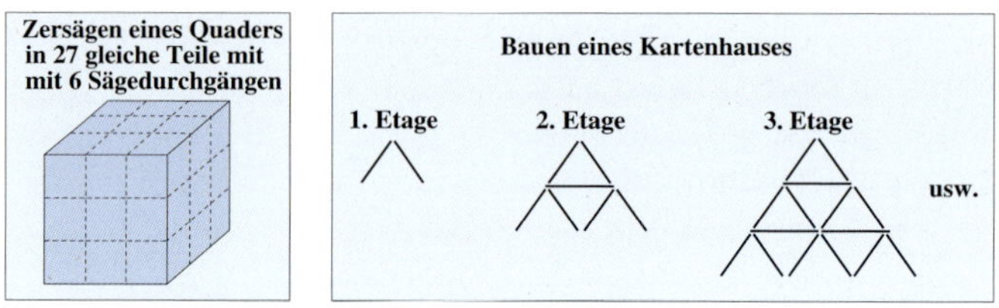

Abbildung 13.1: Zersägen eines Quaders und Bauen eines Kartenhauses

13.2 Transistoren

13.2.1 Funktionsweise und Aufbau von Transistoren

Wie in Kapitel 5.2.2 auf Seite 94 bereits gezeigt wurde, bestehen Computer aus einer Zentraleinheit (CPU), einem Arbeitsspeicher und Peripheriegeräten. Alle diese Komponenten sind hochkomplexe Schaltkreise, die hauptsächlich aus *Transistoren* aufgebaut sind.

Transistoren sind elektronisch gesteuerte Schalter, die an oder aus sein können. Mittels entsprechendes Kombinieren solcher Schalter entstehen Schaltkreise, die das gewünschte Verhalten realisieren.

Das wichtigste elektronische Bauteil ist der so genannte *MOS-Transistor* (*MOS* = *Metal-Oxide-Semiconductor* = *Metalloxid-Halbleiter*). Es existieren verschiedene Arten von Transistoren, wobei aber alle aus mehreren Materialschichten aufgebaut sind:

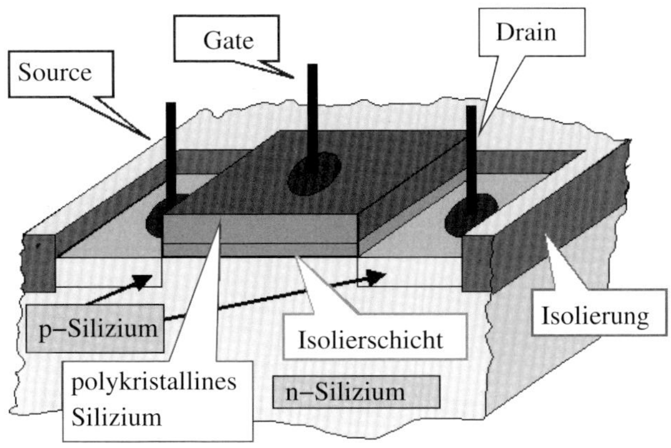

Abbildung 13.2: Ein MOS-Transistor

neben reinem Silizium noch p-Silizium, n-Silizium, Siliziumdioxid und polykristallines Silizium. Bei dem verwendeten p- bzw. n-Silizium handelt es sich um absichtlich mit bestimmten Stoffen verunreinigtes (dotiertes) Silizium, das zusätzliche **p**ositive bzw. **n**egative Ladungsträger enthält. Des Weiteren beinhaltet ein Transistor Kontakte, metallische Leitungsebenen usw. In einem komplexen Herstellungsprozess werden diese Materialien und Strukturen schrittweise erzeugt. Hierauf soll hier nicht genauer eingegangen werden.

Entscheidend ist, dass ein Transistor wie ein Schalter wirkt, der nach außen drei elektrische Anschlüsse besitzt: `Source`, `Drain` und `Gate`, wie es schematisch in Abbildung 13.3 gezeigt ist. Die Ladung oder Spannung im Gate (polykristallines Silizium) kontrolliert dabei die Spannung/den Strom zwischen *Source* und *Drain* wie folgt: Wenn die Ladung einen bestimmten Schwellenwert überschreitet, sammeln sich Elektronen in dem nichtdotierten Bereich der Diffusionsschicht genau unterhalb des Gate (*n*-Silizium zwischen *Source* und *Drain*), so dass sich eine leitende Bahn zwischen *Source* und *Drain* ergibt. Es sind somit die beiden folgenden Fälle zu unterscheiden: Übersteigt die Ladung am Gate den Schwellenwert, fließt Strom und die Spannung sinkt. Unterschreitet die Ladung am Gate den Schwellenwert, fließt kein Strom mehr und die Spannung steigt.

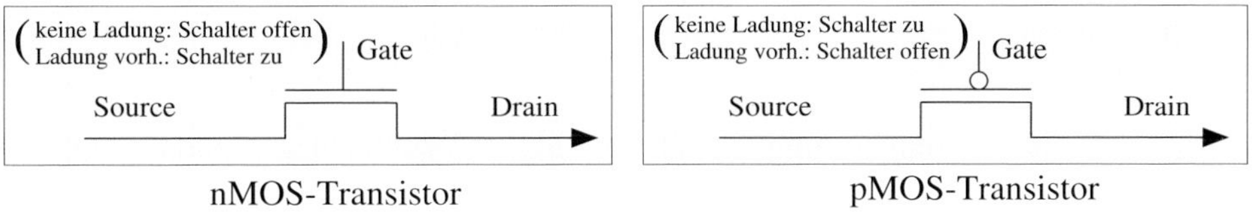

Abbildung 13.3: nMOS-und pMOS-Transistoren wirken wie Schalter

Neben den gerade vorgestellten nMOS-Transistoren existieren auch so genannte *pMOS-Transistoren*, bei denen *Source* und *Drain* nicht positiv, sondern negativ dotiert sind und die Schicht zwischen diesen beiden dafür positiv dotiert ist. *pMOS-Transistoren* arbeiten dann komplementär zu den *nMOS-Transistoren*, was bedeutet, dass *Source* und *Drain* verbunden sind, wenn keine Spannung am Gate anliegt, und nicht verbunden sind, wenn eine Spannung am Gate anliegt (siehe auch Abbildung 13.3). Das Ergebnis ist somit bei beiden Transistorarten die Grundform eines Schalters, aus dem man eine Reihe logischer Schaltungen aufbauen kann.

13.2.2 Realisierung boolescher Funktionen mit Transistoren

Ein Transistor besitzt also drei Anschlüsse: einen Stromeingang (*Source*), einen Stromausgang (*Drain*) und einen Steuerungseingang (*Gate*). Durch Kombination von mehreren Transistoren lassen sich nun die booleschen Funktionen NOT, NAND und NOR realisieren, wie es nachfolgend gezeigt ist.

NOT-Schaltung mit einem nMOS- und pMOS-Transistor

Eine NOT-Schaltung, die den Eingangswert negiert, lässt sich realisieren, indem ein nMOS-Transistor mit einem einem pMOS-Transistor gekoppelt wird.

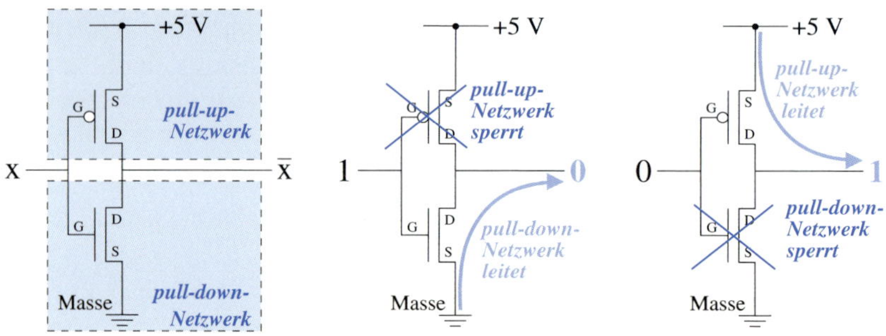

Abbildung 13.4: NOT-Schaltung mit einem nMOS- und pMOS-Transistor

NAND- und NOR-Schaltung mit zwei nMOS- und pMOS-Transistoren

Die einfachsten Schaltungen, die sich jeweils mit Hilfe von zwei nMOS- und pMOS-Transistoren realisieren lassen, sind die NAND- und die NOR-Schaltung, wie es in Abbildung 13.5 gezeigt ist. Dabei ist erkennbar, dass

- nMOS-Transistoren eingesetzt werden, um 0 durchzuschalten (*pull-down*) und
- pMOS-Transistoren, um 1 durchzuschalten (*pull-up*).

Abbildung 13.6 zeigt dann die Funktionsweise eines NAND-Gatters.

AND- und OR-Schaltung mit CMOS

Um AND- bzw. OR-Schaltungen zu realisieren, muss hinter der NAND- bzw. NOR-Schaltung aus Abbildung 13.5 nur eine NOT-Schaltung aus Abbildung 13.4 angehängt werden. Dies bezeichnet man auch als *CMOS-Technologie* (*Complementary MOS*), da man hierbei eine NAND- bzw. NOR-Schaltung invertiert. Insgesamt werden für die Schaltung dann sechs Transistoren benötigt.

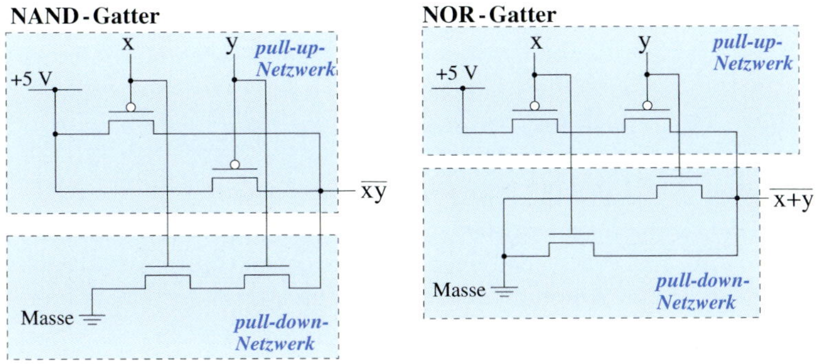

Abbildung 13.5: NAND- und NOR-Schaltung mit zwei nMOS- und pMOS-Transistoren

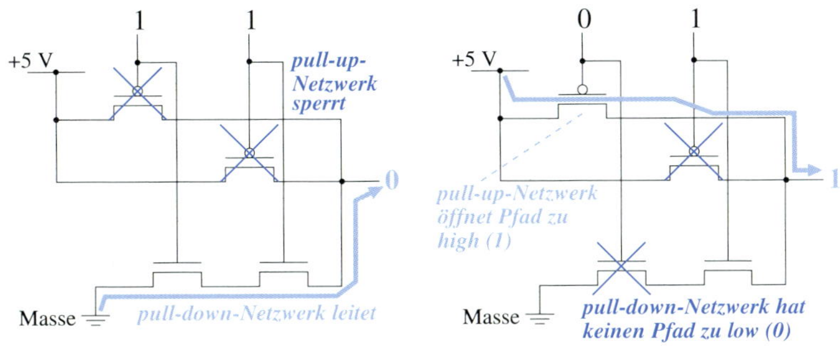

Abbildung 13.6: Funktionsweise einer NAND-Schaltung

13.3 Chips

Mit *Chip* bezeichnet man in der Informatik einen *integrierten Schaltkreis* oder eine *integrierte Schaltung* (*integrated circuit, abgekürzt IC*). Ein IC ist eine elektronische Schaltung aus Transistoren, Kondensatoren, Widerständen und Induktivitäten, die vollständig in bzw. auf einem einzigen Stück Halbleitersubstrat (Silizium-Scheibchen) integriert ist. Erst diese Möglichkeit der Integration von vielen solchen Elementen in kleine Chips bietet die Grundlage für die Entwicklung immer leistungsfähigerer elektronischer Rechner.

13.3.1 Geschichtliche Entwicklung

Nachfolgend sind einige wichtige Schritte hinsichtlich der geschichtlichen Entwicklung von ICs angegeben, wobei die Anzahl der darauf untergebrachten Transistoren in Klammern angegeben ist.

- *1950er Jahre: Diskrete Schaltungen*
  Bis in die 1950er Jahre wurden elektronische Schaltungen diskret aufgebaut, indem die einzelnen Bauteile auf so genannte Leiterplatten (Platinen) aufgelötet und miteinander durch Drähte oder gedruckte Leiterbahnen verbunden wurden.

- *Anfang 1960er: SSI = small-scale integration (< 100 Bauteile/Chip)*
  Die ersten integrierten Schaltkreise in Serienproduktion entstanden Anfang der 1960er Jahre und sie bestanden nur aus wenigen Transistoren.
- *Mitte 1960er: MSI = medium-scale integration (≥ 100 Bauteile/Chip)*
  Mit den Jahren wurden die Strukturen jedoch weiter verkleinert. Mit der medium-scale integration (MSI) fanden einige hundert Transistoren auf einem Chip Platz.
- *Anfang 1970er: LSI = large-scale integration (≥ 1.000 Bauteile/Chip)*
  Zu diesem Zeitpunkt war es erstmals möglich, ganze CPUs als Mikroprozessoren auf einem Chip zu integrieren, was die Kosten für Computer erheblich reduzierte.
- *Anfang 1980er: VLSI = very-large-scale integration (≥ 100 000 Bauteile/Chip)*
  Nun konnte man auch Speicherchips (RAM) mit einer Kapazität von 1 MByte herstellen.
- *Heute: CPU-Chips (> 100 Mio.) bzw. Speicherchips (≥ 1 Mrd. Bauteile/Chip)*
  Heutige CPU-Chips enthalten Hunderte von Millionen von Transistoren auf einer Fläche von weniger als einem 1 cm^2, während auf Speicherchips aufgrund ihrer regelmäßigen Struktur sogar Milliarden von Transistoren integriert werden können.

13.3.2 Herstellungsprozess

Integrierte Schaltkreise werden industriell in großen Stückzahlen hergestellt, wobei diese in extrem sauberer Umgebung, so genannten Reinräumen, mit einer sehr geringen Dichte von Staubpartikeln gefertigt werden, da auch die kleinsten Staubpartikel im Chip (< 0,1 µm) bereits defekte und nicht brauchbare Schaltkreise nach sich ziehen.

Zunächst wird aus einer hochreinen Siliziumschmelze ein bis zu 2 m langer einkristalliner Zylinder mit etwa 20 cm Durchmesser gezogen. Dieser Zylinder wird dann nach dem Erkalten in dünne Scheiben zersägt, die das Ausgangsmaterial für den Herstellungsprozess sind, bei dem auf jeder dieser Scheiben einige hundert Chips in einem Arbeitsgang entstehen. Abhängig von der Komplexität eines Chips sind dabei von einigen Dutzend bis zu mehreren Hunderten von Schritten erforderlich.

Bei jedem Herstellungsschritt werden unterschiedliche fotolithografische Verfahren angewendet, wobei jedes Mal zunächst eine Metallschicht aufgetragen und mit Fotolack überzogen wird. Dieser wird dann mit Hilfe einer so genannten Maske belichtet, auf der die Chipstrukturen ausgespart sind. Nach der fotografischen Entwicklung werden die unbelichteten Stellen bearbeitet, was abhängig vom jeweiligen Arbeitsschritt bedeuten kann: wegätzen, dotieren oder mit Kontakten versehen. Anschließend wird der restliche Fotolack wieder entfernt.

Um einen oben beschriebenen Transistor hierbei zu realisieren, wird z. B. zunächst eine n-leitende Schicht erzeugt, auf der dann eine p-leitende Schicht aufgebracht wird. Auf diese wird dann die Isolierschicht und anschließend die polykristalline Schicht aufgebracht. Natürlich ist dabei auch noch das Aufbringen von Leitungen und Kontakten erforderlich usw.

Jedenfalls entsteht nach dem Aufbringen der Transistoren und Leitungen auf den Siliziumscheiben ein waffelartiges Muster von einzelnen Chips, weshalb diese Siliziumscheiben auch als *Wafer* bezeichnet werden.

Auf diesen *Wafern* werden also durch eine wiederholte Folge von Strukturisierungs-, Ätz-, Dotier- und Abscheideprozessen die Bauelemente und die Struktur der ge-

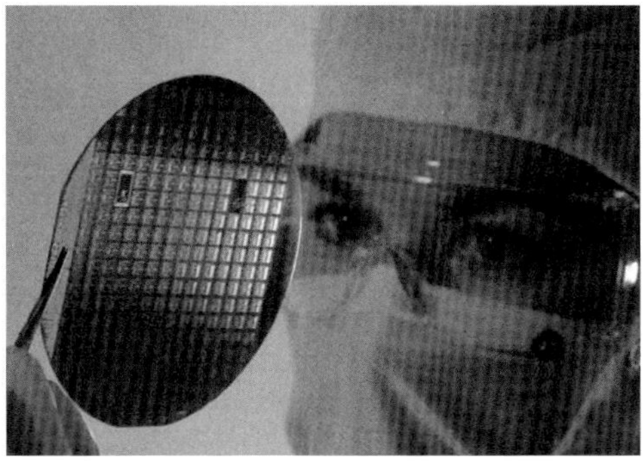

Abbildung 13.7: Ein Wafer

wünschten Schaltung erzeugt. Die Wafer werden anschließend zersägt und die herausgesägten Chips in Gehäuse eingebaut und mit Anschlussdrähten versehen, bevor das Gehäuse dann vollständig verschlossen wird.

13.4 Logische Bausteine

13.4.1 Gatter

Die logischen Funktionen, die wir im vorherigen Kapitel eingeführt haben, werden nun als *Gatter* dargestellt. Ein *AND-Gatter* realisiert beispielsweise die AND-Operation und ein *OR-Gatter* die OR-Operation. Während diese beiden Gatter eine zweistellige boolesche Funktion mit zwei Eingängen und einem Ausgang realisieren, realisiert das *NOT-Gatter* die einstellige NOT-Operation mit einem Ein- und einem Ausgang. Abbildung 13.8 zeigt die genormten Symbole zu diesen drei Gattern.

Um den Leser mit allen diesen unterschiedlich genormten Symbolen vertraut zu machen, wird auf den folgenden Seiten nicht nur eine Symbolart verwendet, sondern abwechselnd die eine oder andere Symbolart.

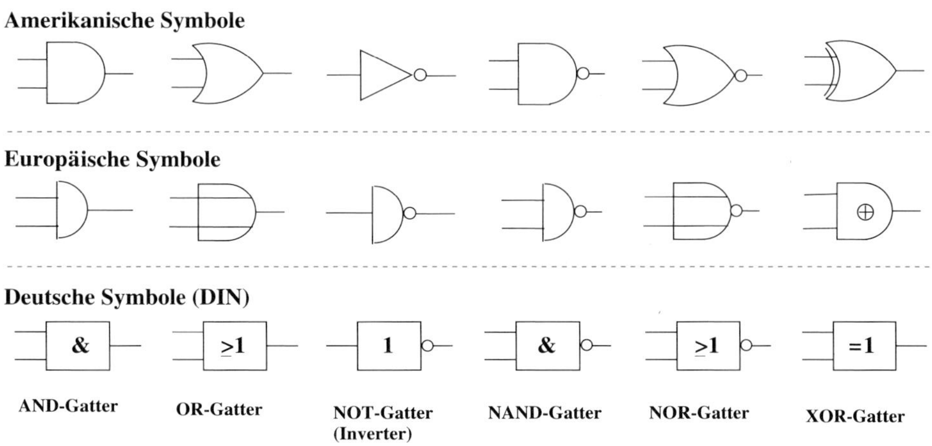

Abbildung 13.8: Verschiedene Symbole für die Gatter

Abbildung 13.9 zeigt z. B., wie sich die boolesche Funktion $\overline{\overline{a}+b}$ mittels der zuvor vorgestellten Gatter darstellen lässt.

Abbildung 13.9: Normale (links) und vereinfachte (rechts) Darstellung der Funktion $\overline{\overline{a}+b}$

Nachfolgend lernen wir erste logische Bausteine kennen, die mehr als einen Ausgang haben und aus Gattern aufgebaut werden.

13.4.2 Decoder

Ein *Decoder* hat n Eingänge und 2^n Ausgänge (eventuell auch weniger), wobei es für jede Eingabekombination genau einen Ausgang gibt, der den Wert 1 hat, d. h. an dem ein Signal anliegt. Alle anderen Ausgänge haben den Wert 0. Wir wollen als Beispiel den *3-to-8 Decoder* nehmen, der auch *3-Bit-Decoder* genannt wird (siehe auch Abbildung 13.10).

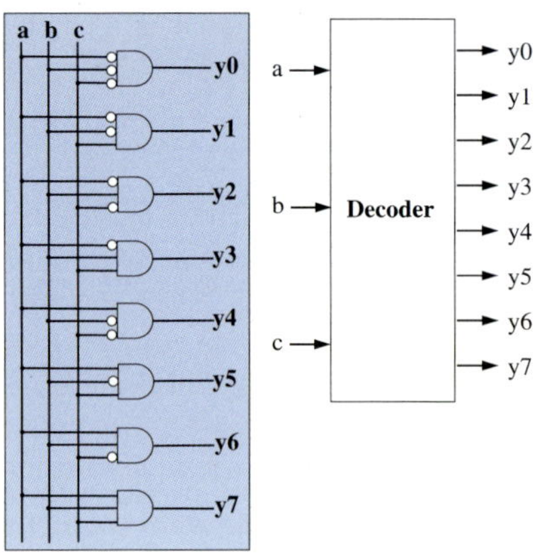

Eingänge			Ausgänge							
a	b	c	y0	y1	y2	y3	y4	y5	y6	y7
0	0	0	1	0	0	0	0	0	0	0
0	0	1	0	1	0	0	0	0	0	0
0	1	0	0	0	1	0	0	0	0	0
0	1	1	0	0	0	1	0	0	0	0
1	0	0	0	0	0	0	1	0	0	0
1	0	1	0	0	0	0	0	1	0	0
1	1	0	0	0	0	0	0	0	1	0
1	1	1	0	0	0	0	0	0	0	1

Abbildung 13.10: 3-to-8 Decoder mit zugehöriger Schaltung und Wahrheitstabelle

In der Wahrheitstabelle in Abbildung 13.10 ist der entsprechende Ausgang y_i auf 1 gesetzt, während alle anderen Ausgänge 0 sind. Welcher Ausgang y_i auf 1 zu setzen ist, legt dabei die durch die Eingänge `a`, `b` und `c` dargestellte Dualzahl fest.

Schaltelemente mit mehreren Ausgängen können nicht mehr durch eine boolesche Funktion beschrieben werden. Deshalb wird der Begriff der *Schaltfunktion* eingeführt.

> *Eine Schaltfunktion besitzt ein n-Tupel von Bits als Eingabe und ein m-Tupel von Bits als Ausgabe, wobei gilt, dass jede Schaltfunktion durch eine Folge von booleschen Funktionen beschreibbar ist.*

Im Falle unseres *3-to-8 Decoders* wäre `n=3` und `m=8`.

Decoder werden z. B. in ROM-Speichern verwendet.

Im Begleitmaterial zu diesem Buch wird das Programm `decoder.c` vorgestellt, das eine dreistellige Dualzahl einliest (a=1.Ziffer, b=2.Ziffer, c=3.Ziffer) und dann ausgibt, welcher Ausgang den Wert 1 hat.

13.4.3 Encoder

Die inverse Funktion wird durch das logische Element des so genannten *Encoders* realisiert. Der *Encoder* hat 2^n Eingänge, von denen genau einer wahr sein sollte, und produziert eine Ausgabe von n Bits. Als Beispiel wollen wir hier einen *8-to-3-Encoder* verwenden, der die Nummer des Eingangs $x_0, x_1, \ldots x_7$ als Dualzahl an den Ausgängen d_2, d_1, d_0 darstellt. Dazu stellen wir eine Wahrheitstabelle auf. Abbildung 13.11 zeigt den entsprechenden *8-to-3 Encoder* mit zugehöriger Schaltung und Wahrheitstabelle.

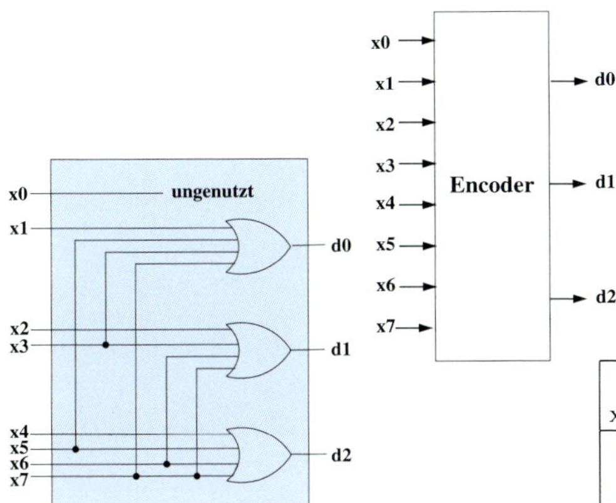

Eingänge								Ausgänge		
x0	x1	x2	x3	x4	x5	x6	x7	d2	d1	d0
1	0	0	0	0	0	0	0	0	0	0
0	1	0	0	0	0	0	0	0	0	1
0	0	1	0	0	0	0	0	0	1	0
0	0	0	1	0	0	0	0	0	1	1
0	0	0	0	1	0	0	0	1	0	0
0	0	0	0	0	1	0	0	1	0	1
0	0	0	0	0	0	1	0	1	1	0
0	0	0	0	0	0	0	1	1	1	1

Abbildung 13.11: 8-to-3 Encoder mit zugehöriger Schaltung und Wahrheitstabelle

Im Begleitmaterial zu diesem Buch wird das Programm `encoder.c` vorgestellt, das acht Dualziffern einliest und dann die Dualzahl ausgibt, bei der die entsprechende Stelle den Wert 1 hat.

13.4.4 Multiplexer (Selektor)

Multiplexer werden oft auch als *Selektoren* bezeichnet, da sie unter den Eingangssignalen eines auswählen. Ein Multiplexer hat mehrere Eingänge und einen Ausgang, wobei dieser einem der Eingänge entspricht, der durch eine Steuerung ausgewählt wird.

Als erstes wollen wir den *1-Multiplexer* betrachten. Abbildung 13.12 zeigt links diesen *1-Multiplexer* mit der zugehörigen Schaltung. `x` und `y` stehen dabei für Eingabewerte, `s` steht für einen *Selektor*, d. h.einen Steuerwert (*control value*). Dieser Steuerwert bestimmt, welcher der Eingabewerte zum Ausgabewert wird.

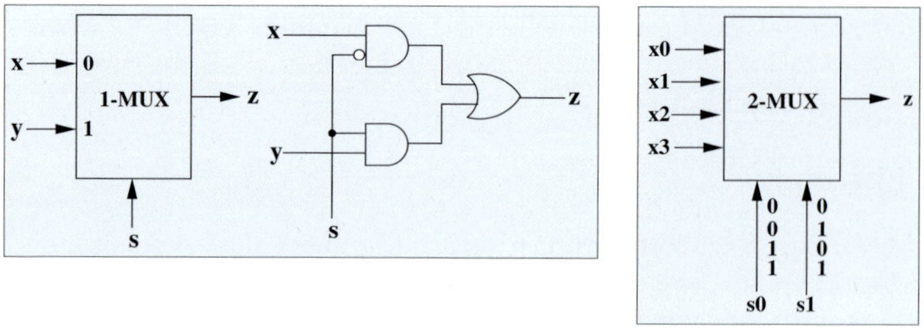

Abbildung 13.12: 1-Multiplexer mit zugehöriger Schaltung und ein 2-Multiplexer

Die Funktionalität des 1-Multiplexers kann als boolesche Funktion beschrieben werden: $z = \bar{s}x + sy$, was folgender Tabelle entspricht:

s	$\bar{s}x$	sy
0	**x**	0
1	0	**y**

Bei s=0 wird also x und bei s=1 wird y zum Ausgang weitergeleitet.

Beim *2-Multiplexer* sind zwei Steuereingänge vorhanden, so dass es möglich ist, vier der Eingabesignale auszuwählen. Es ergeben sich dann zu dem 2-Multiplexer rechts in Abbildung 13.12 die folgenden Auswahlmöglichkeiten:

s0	s1	z (Ausgang)
0	0	x0
0	1	x1
1	0	x2
1	1	x3

Aus dieser Tabelle lässt sich dann die folgende Schaltfunktion herleiten:

$$z = \overline{s_0}\,\overline{s_1}x_0 + \overline{s_0}s_1x_1 + s_0\overline{s_1}x_2 + s_0s_1x_3$$

Die Realisierung dieser Schaltfunktion ist in Abbildung 13.13 als „Bottom-Up" bezeichnet. Allerdings besteht auch die Möglichkeit diese Schaltfunktion „Top-Down" zu realisieren, indem man sie unter Verwendung von 1-Multiplexern realisiert, da

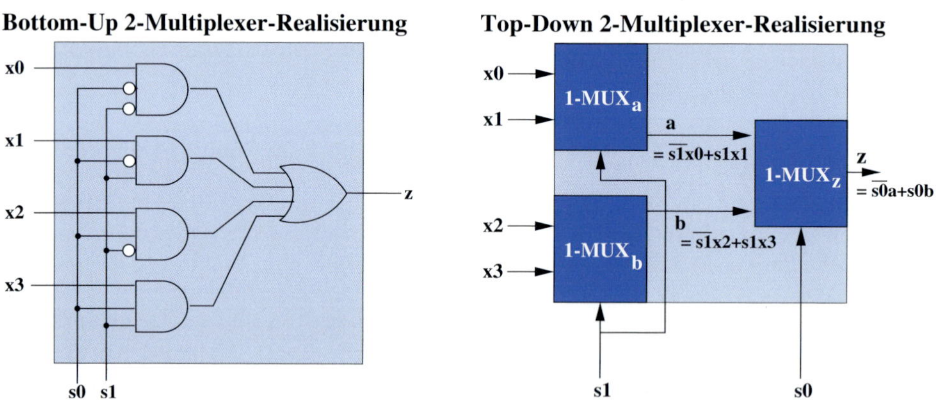

Abbildung 13.13: Zwei mögliche Schaltungen für 2-Multiplexer

Folgendes für den rechten Teil in Abbildung 13.13 gilt:

1. Ausgang von 1-MUX$_z$: z = $\overline{s_0}a + s_0b$
2. Ausgang von 1-MUX$_a$: a = $\overline{s_1}x_0 + s_1x_1$
3. Ausgang von 1-MUX$_b$: b = $\overline{s_1}x_2 + s_1x_3$

Setzen wir nun die beiden Gleichungen 2) und 3) in der Gleichung 1) ein, erhalten wir die oben ermittelte Schaltfunktion: $z = \overline{s_0}\,\overline{s_1}x_0 + \overline{s_0}s_1x_1 + s_0\overline{s_1}x_2 + s_0s_1x_3$.

Zur Top-Down-Realisierung ist jedoch anzumerken, dass hier anders als bei der Bottom-Up-Realisierung eine größere Anzahl von Gattern verwendet wird, was zum einen nicht preisgünstig ist und zum anderen die Schaltung verlangsamt.

Multiplexer können mit jeder beliebigen Anzahl von Eingaben realisiert werden. Im Falle von n Eingabesignalen werden jedoch log_2n Selektoreingaben benötigt. Dann besteht ein Multiplexer aus drei Teilen (siehe Abbildung 13.14):

1. einem Decoder, der aus den log_2n Selektoreingaben n Signale erzeugt, die jeweils einen anderen Eingabewert auswählen,
2. einer Ansammlung von n AND-Gattern, die jeweils ein Signal vom Decoder mit einem Eingabesignal kombinieren,
3. einem OR-Gatter mit n Eingängen (bzw. n-1 hintereinander geschaltete OR-Gatter mit je zwei Eingängen), das die Ausgaben der AND-Gatter verknüpft.

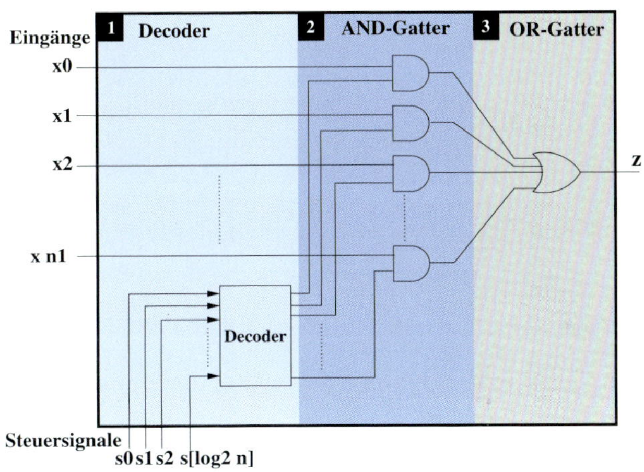

Abbildung 13.14: Die drei Teile eines n-Multiplexers

Wie in diesem Beispiel des n-Multiplexers zu sehen ist, können verschiedene logische Bausteine zusammengesetzt werden, um neue Schaltfunktionen zu realisieren.

▶ Übung: 4-Multiplexer

Entwerfen Sie einen 4-Multiplexer mit den drei Teilen aus Abbildung 13.14, der zu einer Dualzahl, die in Form von 4 Steuersignalen anliegt, am Ausgang anzeigt, ob es sich bei dieser Dualzahl um eine Primzahl handelt (1) oder nicht (0).

13.4.5 Demultiplexer

Während für einen Multiplexer Folgendes gilt:

- 2^d Eingänge $(x_0, x_1, \ldots, x_{2^d} - 1)$,
- d Steuersignale $(s_0, s_1, \ldots, s_{d-1})$ und
- ein Ausgang z mit $z = \sum_{i=0}^{2^d-1} x_i \cdot s_0 s_1 \ldots s_{d-1}$

gilt für einen Demultiplexer Folgendes:

- ein Dateneingang x,
- d Steuersignale $(s_0, s_1, \ldots, s_{d-1})$ und
- 2^d Ausgänge $(z_0, z_1, \ldots, z_{2^d-1})$ mit $z_i = x \cdot s_0 s_1 \ldots s_{d-1}$

Beim Demultiplexer legen die Steuersignale fest, auf welchen Ausgang das Eingangssignal gelegt wird.

Als Erstes wollen wir den *1-Demultiplexer* betrachten, wie er links in Abbildung 13.15 mit der zugehörigen Schaltung gezeigt ist.

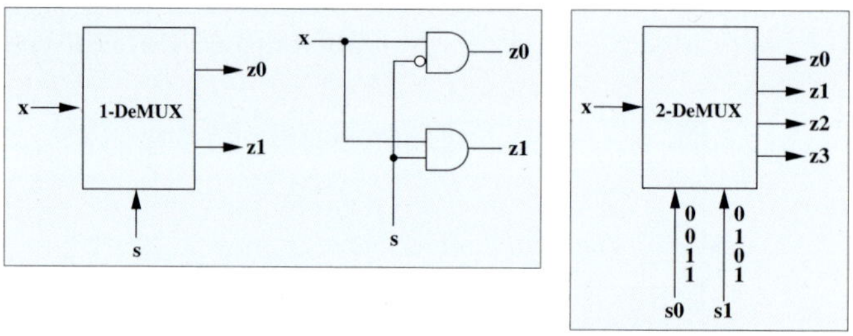

Abbildung 13.15: 1-Demultiplexer mit zugehöriger Schaltung und ein 2-Demultiplexer

x steht dabei für den Eingabewert und s für einen *Selektor*, d. h. einen Steuerwert (*control value*). Dieser Steuerwert bestimmt, zu welchem der Ausgabewerte der Eingabewert weitergeleitet wird. Die Funktionalität des 1-Demultiplexers kann mit folgenden booleschen Funktionen beschrieben werden: $z_0 = x\overline{s}; z_1 = xs$, was folgender Tabelle entspricht:

s	x	Auswahl	Schaltfunktion
0	x	z_0	$z_0 = x\overline{s}$
1	x	z_1	$z_1 = xs$

Beim *2-Demultiplexer* sind zwei Steuereingänge vorhanden, so dass es möglich ist, vier der Ausgabesignale auszuwählen. Es ergeben sich dann zu dem 2-Demultiplexer rechts aus Abbildung 13.15 die folgenden Auswahlmöglichkeiten:

s0	s1	Auswahl	Schaltfunktion
0	0	z0	$z0 = x\overline{s_0}\ \overline{s_1}$
0	1	z1	$z1 = x\overline{s_0}s_1$
1	0	z2	$z2 = xs_0\overline{s_1}$
1	1	z3	$z3 = xs_0s_1$

Die Realisierungen der einzelnen Schaltfunktionen sind in Abbildung 13.16 als „Bottom-Up“ bezeichnet. Allerdings besteht auch die Möglichkeit diese Schaltfunktion „Top-Down“ zu realisieren, indem man sie unter Verwendung von 1-Demultiplexern realisiert, da folgende Gleichungen gelten:

$$
\begin{aligned}
z0 &= a\overline{s_1} \rightarrow z0 = x\overline{s_0}\,\overline{s_1}\\
z1 &= as_1 \rightarrow z1 = x\overline{s_0}s_1\\
z2 &= b\overline{s_1} \rightarrow z2 = xs_0\overline{s_1}\\
z3 &= bs_1 \rightarrow z3 = xs_0s_1
\end{aligned}
$$

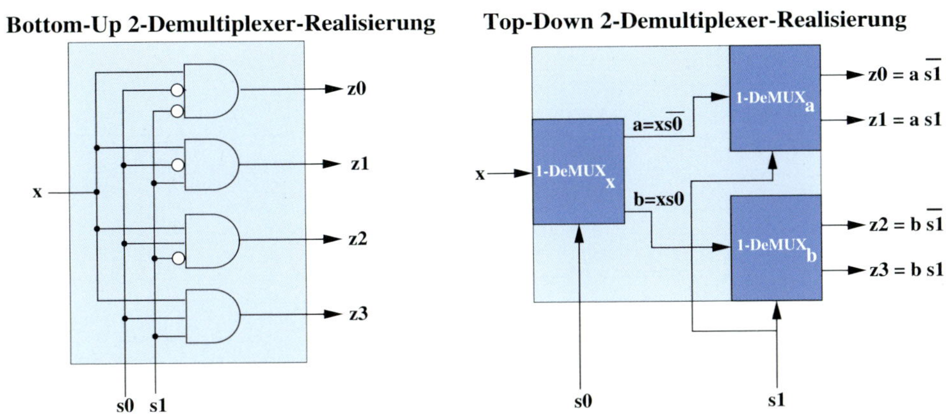

Abbildung 13.16: 2-Demultiplexer mit zwei möglichen Schaltungen

Zur Top-Down-Realisierung ist jedoch wieder anzumerken, dass hier anders als bei der Bottom-Up-Realisierung eine größere Anzahl von Gattern verwendet wird, was sich im Herstellungspreis bemerkbar macht und die Schaltung verlangsamt.

Schaltnetze

14

ÜBERBLICK

14.1 Rätsel: Ein dialektisches Rätsel

Lösungen

Drei amerikanische Soldaten waren in japanische Gefangenschaft geraten. Der Offizier, der sie verhörte, hatte noch etwas für Logik übrig. „Eigentlich ist euer Leben verwirkt“, so erklärte er den drei Soldaten. „Doch ihr könnt euch retten, wenn ihr das folgende Problem löst: Hier seht ihr drei weiße und zwei schwarze Fähnchen. Es werden euch jetzt die Augen verbunden, und dann wird hinter jedem von euch eines der fünf Fähnchen aufgestellt. Die beiden übrigen Fähnchen werden fortgebracht. Ihr steht im Dreieck mit den Gesichtern zueinander. Nun wird euch die Binde von den Augen genommen und jeder muss bestimmen, welche Farbe das Fähnchen hinter ihm hat. Wem das gelingt, den lasse ich frei.“ Nachdem die Prozedur vorgenommen und schließlich die Augenbinden entfernt waren, blieben die drei Amerikaner, gefesselt und bis über die Knöchel im Sand eingegraben, eine geraume Zeit regungslos. Nur an ihren Gesichtern sah man die Anspannung ihres Nachdenkens. Dann endlich riefen sie alle drei nahezu gleichzeitig die richtige Farbe.

Die Amerikaner wurden freigelassen. Wie kamen sie zu ihrer Behauptung?

14.2 Normalformen von Schaltfunktionen

Die Normalformen von Schaltfunktionen sollen hier an einem Beispiel erläutert werden. In einem Gebäude mit acht Stockwerken gibt es mehrere Aufzüge. Einer davon soll die Eingangshalle (im Erdgeschoss) und die Stockwerke 4, 5, 6 und 7 miteinander verbinden. Die Stockwerksnummer (0 bis 7) steht dabei als dreistellige Dualzahl zur Verfügung. Es ist daraus ein Signal abzuleiten, das in den Stockwerken, in denen der Aufzug halten darf (0, 4, 5, 6, 7), den Wert 1 hat. Für diese Aufzugssteuerung soll nun eine Schaltung mit den Eingangsgrößen a, b, und c (Stockwerksnummer als Dualzahl) und der Ausgangsgröße s (1, wenn Aufzug halten darf) entwickelt werden.

14.2.1 Disjunktive Normalform (DNF)

Als Erstes stellen wir eine Wahrheitstabelle zu dieser Aufzugssteuerung auf.

a	b	c	s
0	0	0	1
0	0	1	0
0	1	0	0
0	1	1	0
1	0	0	1
1	0	1	1
1	1	0	1
1	1	1	1

Aus der ersten Zeile der Tabelle lässt sich ablesen, dass die Variable s den Wert 1 annimmt, wenn a = 0, b = 0 und c = 0 ist:

$$t_1 = \overline{a}\overline{b}\overline{c}$$

Des Weiteren können wir aus der Tabelle ablesen, dass s auch noch für folgende Belegungen der Variablen a, b und c den Wert 1 annimmt: $t_2 = a\overline{b}\overline{c}$, $t_3 = a\overline{b}c$, $t_4 = ab\overline{c}$, $t_5 = abc$

Solche Einzelterme t_i bezeichnet man auch als *Vollkonjunktionen*, da jede Variable (negiert oder nicht) enthalten ist. Verknüpft man alle diese Einzelterme mit OR (+), erhält man die *disjunktive Normalform (DNF)*[1] der Schaltfunktion:

$$s = \overline{a}\overline{b}\overline{c} + a\overline{b}\overline{c} + a\overline{b}c + ab\overline{c} + abc$$

Die zur Aufzugssteuerung gehörige Schaltung ist links in Abbildung 14.1 gezeigt.

1 Enthalten die Einzelterme alle Variablen (negiert oder nicht), spricht man auch von der *kanonischen disjunktiven Normalform (KDNF)*. Diese Unterscheidung wird hier nicht vorgenommen.

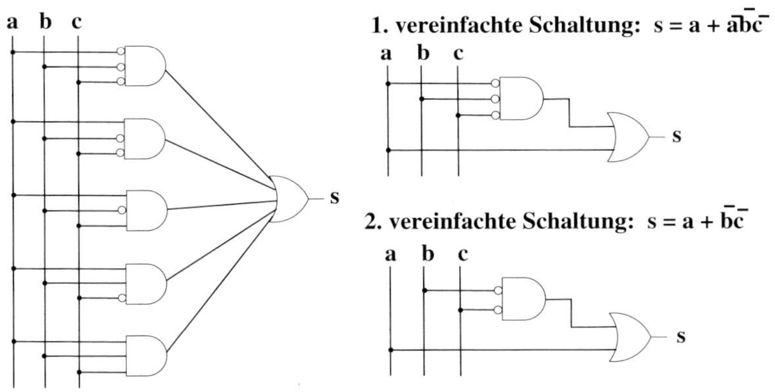

Abbildung 14.1: Schaltungen zur Aufzugssteuerung (rechts vereinfachte Schaltungen)

Durch Äquivalenzumformungen (Anwendung der Rechenregeln für die boolesche Algebra) können wir die obige DNF in eine andere Form bringen, die in ihrem Ergebnis völlig identisch zur DNF ist, aber wesentlich weniger Teilterme enthält.

$$\begin{aligned} s &= \overline{a}\overline{b}\overline{c} + a\overline{b}\overline{c} + a\overline{b}c + ab\overline{c} + abc \\ &= \overline{a}\overline{b}\overline{c} + a\overline{b}(\overline{c} + c) + ab(\overline{c} + c) \\ &= \overline{a}\overline{b}\overline{c} + a\overline{b} + ab \\ &= \overline{a}\overline{b}\overline{c} + a(\overline{b} + b) \\ &= \overline{a}\overline{b}\overline{c} + a \end{aligned}$$

Wenn wir diesen Ausdruck zur Realisierung der Schaltung verwenden, sparen wir erheblich an Gattern (siehe auch rechte Schaltung in Abbildung 14.1). Wir werden später in Kapitel 14.4 Verfahren kennenlernen, mit denen sich eine DNF systematisch minimieren lässt, um so bei der Realisierung mit weniger Schaltelementen auszukommen.

14.2.2 Konjunktive Normalform (KNF)

Neben der disjunktiven Normalform existiert noch die so genannte *konjunktive Normalform (KNF)*. Um diese aus der Wahrheitstabelle zu ermitteln, nimmt man alle Teilterme derjenigen Zeilen, in denen die Variable s den Wert 0 hat. Aus der zweiten Zeile der Tabelle lässt sich ablesen, dass die Variable s den Wert 0 annimmt, wenn $a = 0$, $b = 0$ und $c = 1$ ist, wobei man hier jedoch den entsprechenden negierten Wert der jeweiligen Variablen nimmt: $t_1 = a + b + \overline{c}$

Außerdem können wir aus der Tabelle ablesen, dass s auch noch für folgende Belegungen der Variablen a, b und c den Wert 0 annimmt:

$$t_2 = a + \overline{b} + c\,, \quad t_3 = a + \overline{b} + \overline{c}$$

Solche Einzelterme bezeichnet man auch als *Volldisjunktionen*, da jede Variable (negiert oder nicht) in ihnen enthalten ist. Verknüpft man nun alle diese Einzelterme mit

AND (*), so erhält man die so genannte *konjunktive Normalform (KNF)*[2] der Schaltfunktion:

$$s = (a + b + \overline{c})(a + \overline{b} + c)(a + \overline{b} + \overline{c})$$

Die zugehörige Schaltung würde ebenso wie die beiden anderen den Aufzug richtig steuern.

Durch Äquivalenzumformungen können wir die obige KNF wieder in eine andere Form bringen, die in ihrem Ergebnis völlig identisch zur KNF ist, aber wesentlich weniger Teilterme enthält:

$$\begin{aligned} s &= (a + b + \overline{c})(a + \overline{b} + c)(a + \overline{b} + \overline{c}) \\ &= a + (b + \overline{c})(\overline{b} + c)(\overline{b} + \overline{c}) \\ &= a + (b + \overline{c})(\overline{b} + c\overline{c}) \\ &= a + (b + \overline{c})\overline{b} \\ &= a + b\overline{b} + \overline{c}\overline{b} \\ &= a + \overline{b}\overline{c} \end{aligned}$$

Wenn wir diesen Ausdruck zur Realisierung der Schaltung verwenden, sparen wir wieder erheblich an Gattern (siehe auch untere rechte Schaltung in Abbildung 14.1). Wir werden – wie bereits erwähnt – später in Kapitel 14.4 Verfahren kennenlernen, mit denen sich eine DNF systematisch minimieren lässt, um so bei der Realisierung mit weniger Schaltelementen auszukommen.

14.2.3 Allgemeines Verfahren beim Erstellen einer Schaltung

Zusammengefasst gilt folgendes Verfahren beim Erstellen einer Schaltung:

1. Aufstellen der Wahrheitstabelle zur gesuchten Schaltung
2. Beim Herleiten einer Normalform hat man zwei Möglichkeiten:
   - *Disjunktive Normalform:* Man bildet zu allen Zeilen der Wertetabelle, denen eine 1 zugeordnet ist, die Vollkonjunktion, wobei die mit 0 belegten Variablen negiert werden. Diese Vollkonjunktionen werden dann disjunktiv verknüpft.
   - *Konjunktive Normalform:* Man bildet zu allen Zeilen der Wertetabelle, denen eine 0 zugeordnet ist, die Volldisjunktion, wobei die mit 1 belegten Variablen negiert werden. Diese Volldisjunktionen werden dann konjunktiv verknüpft.
3. Versuch der Minimierung mittels Äquivalenzumformungen durch Anwendung der Gesetze der booleschen Algebra.

2 Enthalten die Einzelterme alle Variablen (negiert oder nicht), spricht man auch von der *kanonischen konjunktiven Normalform (KKNF)*. Diese Unterscheidung wird hier nicht vorgenommen.

▶ Übung: Schaltung zur Ein-/Ausschaltung einer Gaszufuhr

Die Gaszufuhr für einen Gasbrenner kann mit zwei Handschaltern (Schalter A im Keller, Schalter B im Wohnzimmer) ein- bzw. ausgeschaltet werden. Ein Sicherheitsschalter S wird durch ein Thermoelement gesteuert, und zwar so, dass s geschlossen wird, wenn die Zündflamme erlischt. In diesem Fall muss die Gaszufuhr in jedem Fall unterbrochen werden. Es ist nun eine Schaltung so zu entwerfen, dass das Gasventil beim Betätigen von A oder B geöffnet bzw. geschlossen wird. Ist Schalter S geschlossen, soll eine Sperre X aktiviert werden, die die Gaszufuhr unterbricht. Wir nehmen folgende Kodierung vor:

```
a=1 (A geschlossen), a=0 (A geöffnet)
b=1 (B geschlossen), b=0 (B geöffnet)
s=1 (S geschlossen; Zündflamme aus), s=0 (S geöffnet; Zündflamme brennt)
x=1 (Sperre X aktiviert), x=0 (Sperre X nicht aktiviert)
```

Dabei entsprechen a, b, s den Eingangssignalen, x ist das Ausgangssignal der Schaltung. Die Bedingung für eine Unterbrechung der Gaszufuhr (Aktivieren der Sperre X) lautet: *Die Zündflamme ist ausgegangen oder beide Handschalter sind offen.*

Stellen Sie zunächst zu dieser Aufgabenstellung eine Wahrheitstabelle auf, bevor Sie mit Hilfe dieser Tabelle die disjunktive Normalform (DNF) ermitteln. Versuchen Sie anschließend durch Anwendung der Gesetze der booleschen Algebra diese DNF zu minimieren und geben Sie dann zu Ihrem minimierten logischen Ausdruck die entsprechende Schaltung an.

14.2.4 Schaltkreisrealisierung durch PLAs

Wie wir gesehen haben, kann jede Schaltfunktion als DNF (*sum of products form*) oder als KNF (*product of sums form*) dargestellt werden.

Üblicherweise wird die DNF verwendet, wobei man von der Wahrheitswertetabelle ausgeht und dabei die Eingabekombinationen als Produkte betrachtet, die die Ausgabe 1 ergeben. Diese Herangehensweise führt zu einer *Zwei-Level-Repräsentation*. Die zugehörige Implementierung wird *Programmable Logic Array (PLA)* genannt. Ein PLA hat eine Menge von *Inputs* als Eingabe und zwei Stufen von Logiken: ein Feld von ANDs, das eine Menge von Produkten (Konjunktionen) generiert, und als zweite Stufe ein Feld von ORs.

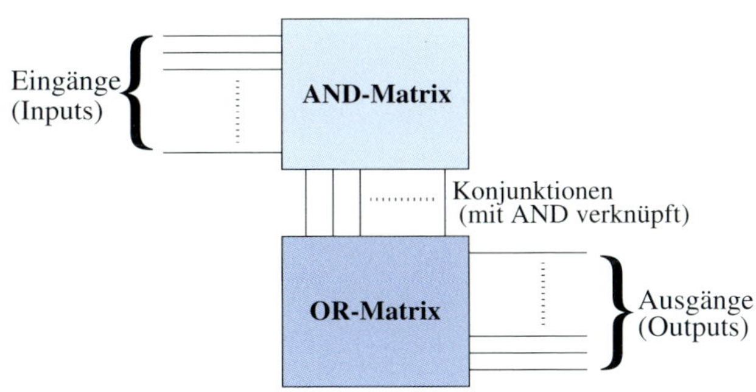

Abbildung 14.2: Programmable Logic Array (PLA)

Ein PLA ist also ein Halbleiterschaltkreis, der aus zwei hintereinander geschalteten AND- und OR-Matrizen besteht, um Schaltwerke für logische Funktionen in DNF zu erstellen.

- Die *AND-Matrix* repräsentiert dabei die *Konjunktionsterme*. Die Auswahl dieser Terme erfolgt bei der Programmierung meist mittels eines speziellen Geräts durch das Entfernen von Schaltgliedern aus der AND-Matrix.
- Die *disjunktive Verknüpfung der Konjunktionsterme* erfolgt mit der *OR-Matrix*.

Abbildung 14.3 zeigt hierzu ein Beispiel mit vier Grundbausteinen.

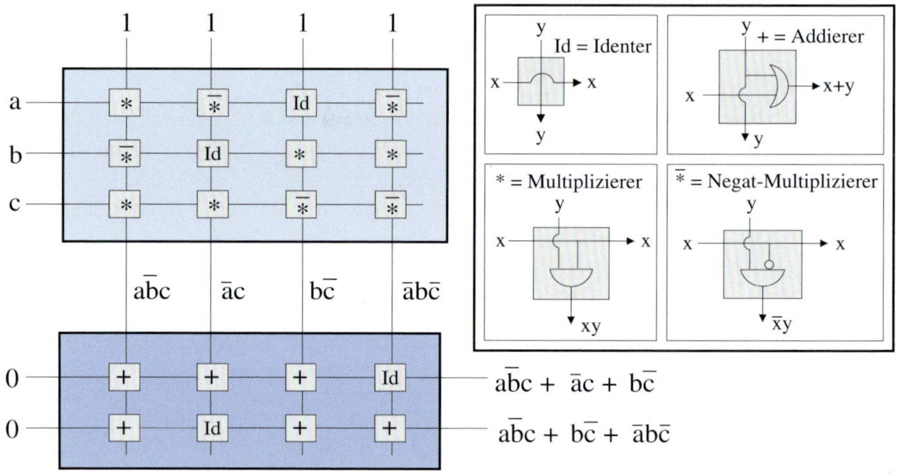

Abbildung 14.3: Ein PLA, das zwei Schaltfunktionen realisiert

Verwendet man für die Grundbausteine die Nummern aus der in Abbildung 14.4 gezeigten Tabelle, dann kann ein solches Logik-Gitter durch eine $(n + m) \times k$-Matrix spezifiziert werden, wobei

n die Anzahl der Variablen,
m die Anzahl der verschiedenen booleschen Funktionen und
k die Anzahl der Teilterme ist.

In den ersten n Zeilen dieser Matrix kommen dabei nur die Werte 0, 2 und 3 und in den letzten m Zeilen nur die beiden Werte 0 und 1 vor. Das PLA aus Abbildung 14.3 lässt sich dann durch folgende $(3 + 2) \times 4$ Matrix beschreiben:

$$\begin{pmatrix} 2 & 3 & 0 & 3 \\ 3 & 0 & 2 & 2 \\ 2 & 2 & 3 & 3 \\ \hline 1 & 1 & 1 & 0 \\ 1 & 0 & 1 & 1 \end{pmatrix}$$

Um nun an den jeweiligen Gitterpunkten den entsprechenden Bausteintyp festzulegen, also diesen „programmieren“ zu können, erhält jeder Baustein an einem Gitterpunkt zwei zusätzliche Zuleitungen s und t, um darüber dessen Bausteintyp festlegen zu können (siehe auch Abbildung 14.4).

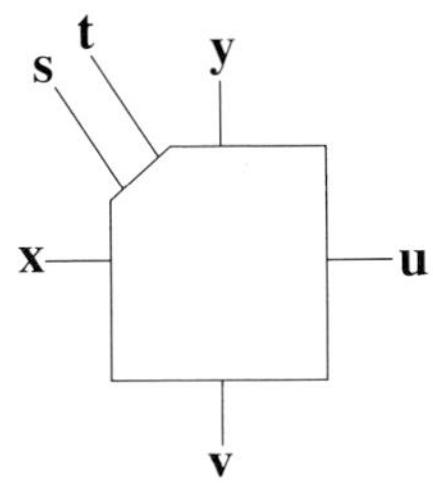

Zugehörige Tabelle:

Bausteintyp	Nummer	s t	u	v
Identer	0	0 0	x	y
Addierer	1	0 1	$x+y$	y
Multiplizierer	2	1 0	x	xy
Negat-Multiplizierer	3	1 1	x	$\overline{x}y$

Abbildung 14.4: Über zwei Zuleitungen s und t programmierbarer Gitterbaustein

Aus der Tabelle in Abbildung 14.4 lassen sich nun die beiden folgenden Schaltfunktionen herleiten:

$$u = x + \overline{s}ty\,, \quad v = \overline{s}y + sy(t \oplus x)$$

Ursprünglich wurde eine Matrix aus Sicherungen (engl. *fuse*) verwendet, wobei beim Programmieren, entsprechend der zu realisierenden logischen Funktion, einzelne Sicherungen mit einem hohen Strom durchgebrannt wurden. Eines der Probleme dieser Technologie war, dass mit der Zeit einzelne Sicherungen auf Grund von Kristallisierung wieder leitend werden konnten.

Bei der neueren *Anti-Fuse-Technologie* besteht das PLA aus einer Diodenmatrix, in der jede Diode ein Bit repräsentiert. Anders als bei der Fuse-Technologie, wo eine leitende Verbindung unterbrochen wird, sind hier die Dioden so verschaltet, dass sie normalerweise den Strom sperren. Beim Programmiervorgang werden nun gezielt bestimmte Dioden mittels eines sehr hohen Stroms zerstört, so dass sie eine leitende Verbindung bilden. Nach dem „Brennen“ werden die geschriebenen Daten durch ein Bitmuster defekter und funktionierender Dioden repräsentiert.

Während diese Daten zwar beliebig oft ausgelesen werden können, kann ein einmal programmierter PLA nicht mehr geändert werden, was bei einer endgültigen Serienfertigung nicht weiter hinderlich ist. Daneben existieren auch so genannte *GALs (Generic Array Logic)*, die sich wieder löschen und neu programmieren lassen. GALs werden hauptsächlich während der Entwicklungsphase von elektronischen Schaltungen eingesetzt.

Während man bei einfacheren und „kleineren“ Bausteinen programmierbarer Logik meist von PLAs bzw. GALs spricht, haben sich bei komplexeren Bausteinen dagegen die Begriffe *ASIC*, *FPGA* und *CPLD*, abhängig von der Art der Implementierung, durchgesetzt.

Neben PLAs gibt es noch Sonderfälle, wie z. B. *Programmable Array Logic (PAL)* und *Programmable Read-Only Memory (PROM)*. Die folgende Tabelle zeigt dabei, wie sich diese drei Arten unterscheiden:

	AND-Matrix	OR-Matrix
PLA	programmierbar	programmierbar
PROM	fest	programmierbar
PAL	programmierbar	fest

14.3 Entwurf von Schaltnetzen

Wie wir bereits in den vorherigen Abschnitten gesehen haben, gibt es prinzipiell zwei Möglichkeiten, um Schaltnetze zu entwerfen.

- *Bottom-Up-Entwurf*: Komplexe Schaltungen werden aus elementaren Bausteinen sukzessive zusammengesetzt.
- *Top-Down-Entwurf*: Die Schaltung wird in wohldefinierte Teilaufgaben zerlegt. Hier ergibt sich dann die Schaltung aus einer Realisierung der einzelnen Komponenten, die dann zusammengefügt werden.

Die Idee des Bottom-Up-Entwurfs findet vor allem dann Anwendung, wenn aus den elementaren Gattern komplexere Schaltungen aufgebaut werden, die ihrerseits wieder als mehr oder weniger standardisierte logische Bausteine betrachtet werden. Beispiele dafür sind die bereits betrachteten Decoder, Encoder und Multiplexer.

Ein solches Zusammenfassen von Bausteinen oder Modulen zu neuen Bausteinen bezeichnet man als *Integration*. Sowohl Gatter als auch Addierer, Subtrahierer, Kodierer usw. sind als integrierte Schaltkreise (engl. *integrated circuits*) im Handel erhältlich. Von diesen Bausteinen (engl. *chips*) ist nach außen nur die Funktionalität bekannt, der innere Aufbau bleibt dabei verborgen.

Abhängig davon, wie viele Gatter sich auf einem Chip befinden, unterscheidet man:

SSI (Small Scale Integration)	$\leq$ 10 Gatter pro Chip
MSI (Medium Scale Integration)	10 bis 10^2 Gatter pro Chip
LSI (Large Scale Integration)	10^2 bis 10^5 Gatter pro Chip
VLSI (Very Large Scale Integration)	mehr als 10^5 Gatter pro Chip

Wie wir bereits in Kapitel 4.6 auf Seite 87 gesehen haben, lässt sich jede boolesche Funktion entweder mit Hilfe der NAND-Verknüpfung oder mit Hilfe der NOR-Verknüpfung realisieren. Deshalb reicht einer der beiden in Abbildung 14.5 gezeigten Bausteine (NAND- bzw. NOR-Gatter) aus, um jede boolesche Funktion durch eine Schaltung zu realisieren.

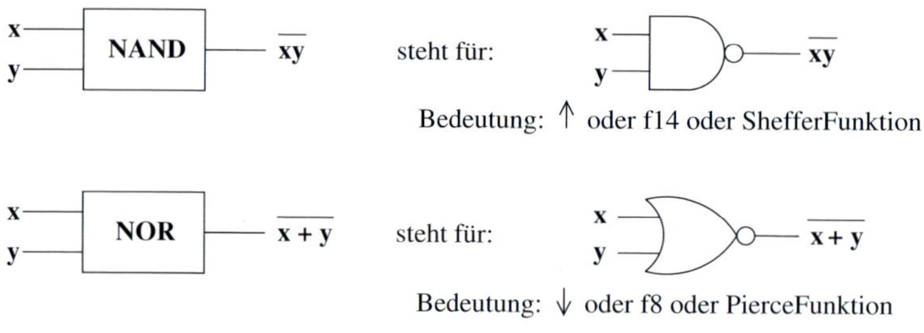

Abbildung 14.5: NAND- und NOR-Gatter

Zur Realisierung einer vorliegenden *Antivalenz* (XOR) würde sich z. B. der in Abbildung 14.6 gezeigte Baustein eignen, der aus vier NAND-Gattern aufgebaut ist.

Später werden wir Schaltungen kennenlernen, mit denen eine *Arithmetisch-logische Einheit (ALU)* für den *von-Neumann-Rechner* realisiert werden kann.

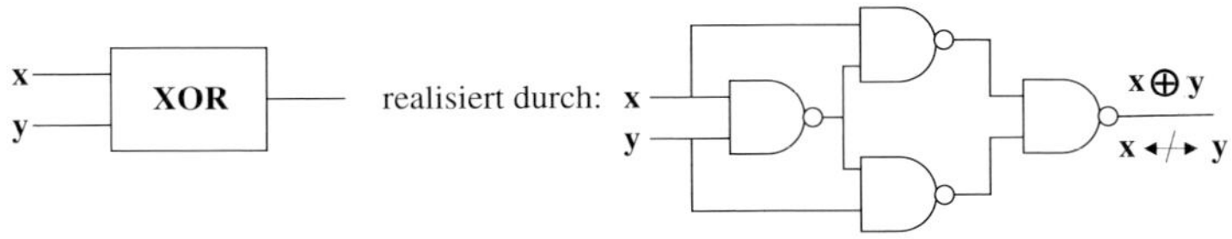

Abbildung 14.6: Aufbau eines XOR-Gatters aus vier NAND-Gattern

14.4 Minimierung logischer Ausdrücke

Hat man einmal die DNF bzw. KNF aufgestellt, muss man versuchen, sie zu minimieren, um die daraus resultierende Schaltung zu vereinfachen. Eine solche Minimierung hat viele technische und wirtschaftliche Vorteile.

> *Je weniger Bauelemente verwendet werden, desto billiger ist das Produkt, und je kleiner die Anzahl der notwendigen Gatter ist, um so geringer sind Laufzeitprobleme bei zeitkritischen Schaltungen.*

Jeder Entwickler kommt also an der Frage nach möglichst einfacher Realisierung seiner Ideen nicht vorbei. Man könnte natürlich mit Hilfe von Äquivalenzumformungen – wie wir dies auch zuvor getan haben – eine solche Minimierung durchführen. Dies ist jedoch oft sehr schwierig und gegenüber Fehlern recht anfällig. Deshalb werden hier zwei Verfahren vorgestellt, mit denen eine Minimierung systematisch durchgeführt werden kann.

14.4.1 Karnaugh-Veitch-Diagramme (KV-Diagramme)

Ein *KV-Diagramm* ist eigentlich nur eine andere Anordnung der Wahrheitstabelle, aus der man besser die Beziehung der Vollkonjunktionen (auch *Minterme* genannt) erkennt. Dabei werden die Schaltvariablen so in einem Raster angeordnet, dass von einem Feld zum anderen nur eine Variable ihren Wert (0 oder 1) ändert. Das KV-Verfahren erfolgt in drei Schritten, wobei nachfolgend die Variablennamen nach dem Alphabet angenommen werden (a ist erste Variable, b ist zweite usw.).

1. Schritt: Konstruktion eines KV-Diagramms

Man zeichnet ein Rechteck und unterteilt es in 2^n Felder (n = Anzahl der Eingangsvariablen). Der einen Hälfte ordnet man die Minterme zu, die die erste Variable a enthalten, und der anderen alle Minterme mit $\overline{a}$. Für die zweite Variable b sucht man ebenfalls eine Halbierung, die so liegen muss, dass die Kombinationen

$$ab\,,\quad a\overline{b}\,,\quad \overline{a}b\,,\quad \overline{a}\overline{b}$$

gleich häufig auftreten. Entsprechend sucht man für die Variable c eine Halbierung, so dass die Kombinationen

$$abc\,,\quad ab\overline{c}\,,\quad a\overline{b}c\,,\quad a\overline{b}\overline{c}\,,\quad \overline{a}bc\,,\quad \overline{a}b\overline{c}\,,\quad \overline{a}\overline{b}c\,,\quad \overline{a}\overline{b}\overline{c}$$

gleich oft vorkommen. Dieses Verfahren setzt man bis zur letzten Variablen fort. Bei zwei Variablen kann man den vier Feldern (2^2) die Minterme auf verschiedene, aber gleichwertige Weise zuordnen, wie es in Abbildung 14.7 gezeigt ist.

Bei drei Variablen erhält man acht Felder (2^3) und und bei vier Variablen erhält man 16 Felder (2^4) (siehe auch Abbildung 14.8). Bei fünf Variablen erhält man 32 Felder

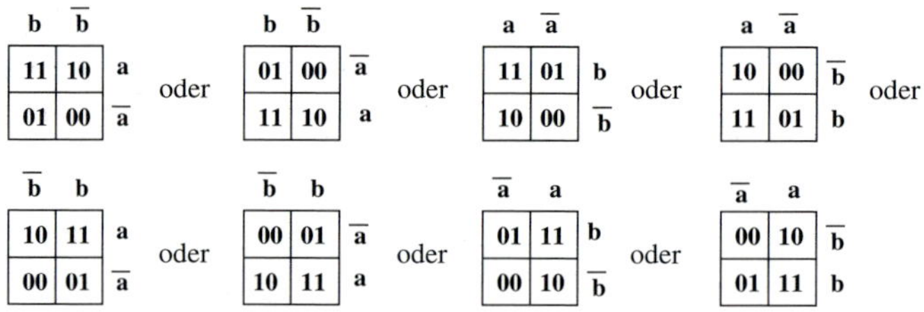

Abbildung 14.7: Mögliche KV-Diagramme für zwei Eingangsvariablen

(2^5), wobei Abbildung 14.8 eine mögliche Aufteilung zeigt. Hier hat man bereits nicht zusammenhängende Bereiche (siehe Variable d) und das Diagramm beginnt unübersichtlich zu werden.

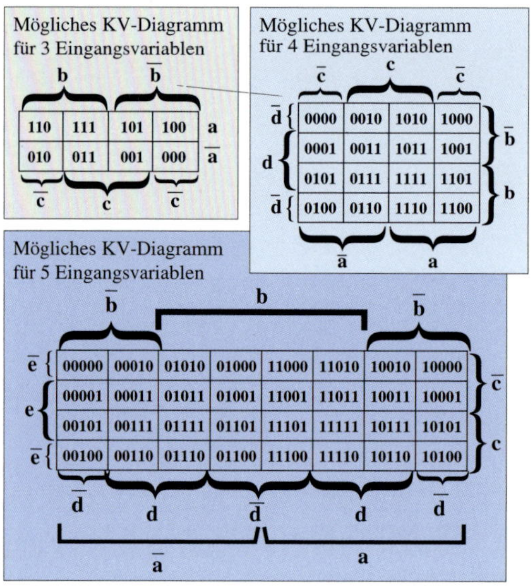

Abbildung 14.8: Mögliche KV-Diagramme bei drei, vier und fünf Eingangsvariablen

2. Schritt: Markierung der zur DNF gehörenden Minterme

Alle in der DNF auftretenden Minterme werden in dem KV-Diagramm (z. B. durch Schraffieren) markiert.

3. Schritt: Verschmelzung „benachbarter" Minterme

Hat man n Variablen, so kann man Minterme von gekennzeichnten, benachbarten Feldern zu einem Term mit n-1 Variablen zusammenfassen, also eine Variable einsparen. Kann man vier gekennzeichnete Nachbarfelder zusammenfassen, erhält man einen Term mit n-2 Variablen und spart somit zwei Variablen ein. Folgende Tabelle zeigt die Einsparung von Variablen durch Zusammenfassen von gekennzeichneten Nachbarfeldern bei einem Ausgangsterm mit n Variablen:

Zusammenfassen von x gekennzeichneten Nachbarfeldern	Anzahl der Variablen im neuen Term	Einsparung an Variablen
x=2 (2^1)	n − 1	1
x=4 (2^2)	n − 2	2
x=8 (2^3)	n − 3	3
x=16 (2^4)	n − 4	4
…	…	…
x=2^{n-1} (Hälfte der Felder)	1	n − 1
x=2^n (alle Felder)	0	n (Ausdruck immer wahr)

Bei den folgenden Diagrammen ist zu beachten, dass die linken und die rechten sowie die oberen und die unteren Felder ebenfalls als Nachbarn zu betrachten sind. Zum Beispiel sind bei der folgenden DNF: $ab\overline{c} + a\overline{b}\overline{c}$ die Felder 110 und 100 „benachbart" (siehe Abbildung 14.9), und die zugehörigen Minterme sind zu $a\overline{c}$ zu verschmelzen, da gilt: $a\overline{b}\overline{c} + ab\overline{c} = a\overline{c}(\overline{b} + b) = a\overline{c}$

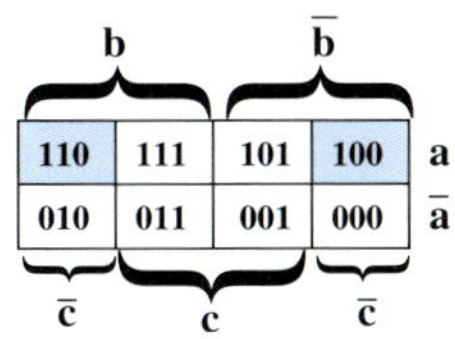

Abbildung 14.9: Ränder und Ecken gelten als „benachbart" und sind verschmelzbar

Der Ausdruck $b + \overline{a}\overline{b}c + b\overline{c}d + a\overline{b}\overline{d} + \overline{a}\overline{b}\overline{c}$ ist nach dem KV–Verfahren zu minimieren.

1. *Aufstellen des KV-Diagramms:* siehe Abbildung 14.10

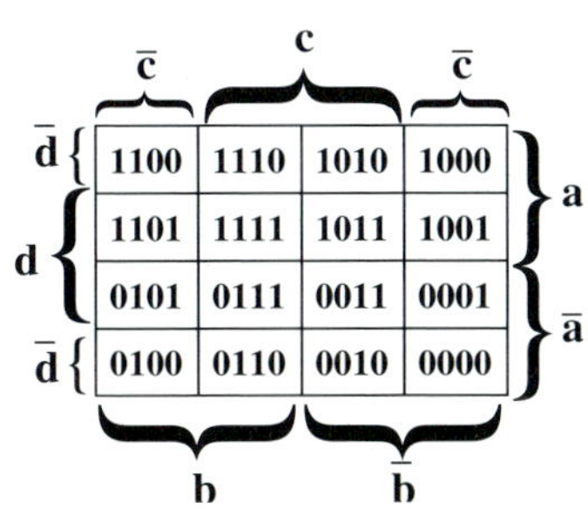

Abbildung 14.10: KV-Diagramm zu den vier Variablen a, b, c und d

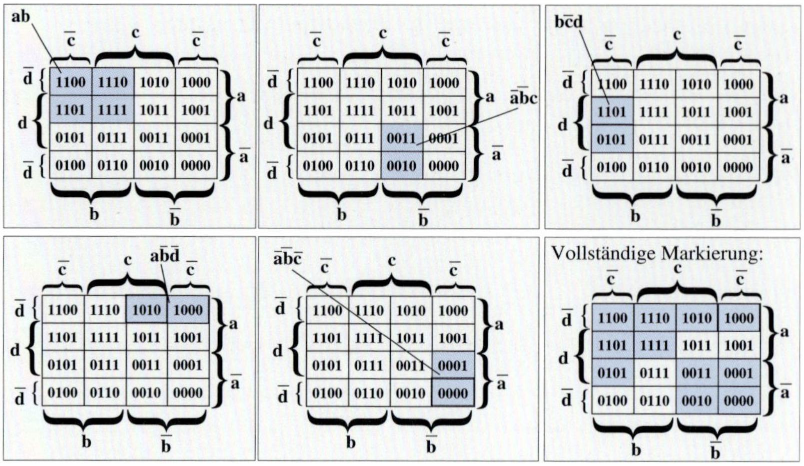

Abbildung 14.11: Markierung zum Ausdruck $ab + \overline{a}\overline{b}c + b\overline{c}d + a\overline{b}\overline{d} + \overline{a}\overline{b}\overline{c}$

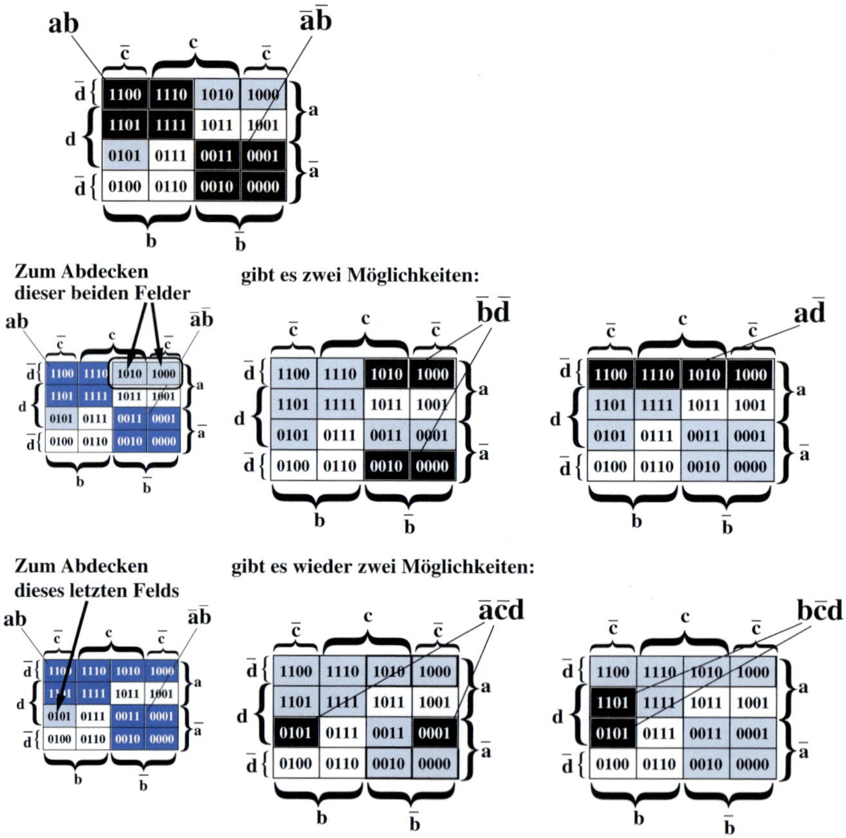

Abbildung 14.12: Verschmelzungsalternativen „benachbarter" Minterme

2. *Markieren der zur DNF gehörenden Minterme:* siehe Abbildung 14.11
3. *Verschmelzen „benachbarter“ Minterme*
   Abbildung 14.12 zeigt das Verschmelzen „benachbarter“ Minterme. Daraus wird ersichtlich, dass sich vier Möglichkeiten der Minimierung ergeben:

$$ab + \bar{a}\bar{b} + \bar{b}\bar{d} + \bar{a}\bar{c}d$$

$$ab + \bar{a}\bar{b} + \bar{b}\bar{d} + b\bar{c}d$$

$$ab + \bar{a}\bar{b} + a\bar{d} + \bar{a}\bar{c}d$$

$$ab + \bar{a}\bar{b} + a\bar{d} + b\bar{c}d$$

   Solche Minimalformen werden auch *Disjunktive Minimalform (DMF)* genannt.

Disjunktive Minimalform (DMF) zur Aufzugssteuerung

Nachfolgend soll mittels KV-Diagrammen eine DMF zur Aufzugssteuerung in Kapitel 14.2 auf Seite 632 gefunden werden. Dazu ist folgender Ausdruck zu minimieren:

$$\bar{a}\bar{b}\bar{c} + a\bar{b}\bar{c} + a\bar{b}c + ab\bar{c} + abc$$

Abbildung 14.13 zeigt die Anwendung der drei Schritte des KV-Verfahrens. Dabei wird in den einzelnen Zellen nicht die entsprechende Dualzahl, sondern stattdessen nur eine 1 angegeben, was vollständig ausreicht und das ganze Verfahren vereinfacht und übersichtlicher gestaltet. Als DMF erhalten wir hier $a + \bar{b}\bar{c}$.

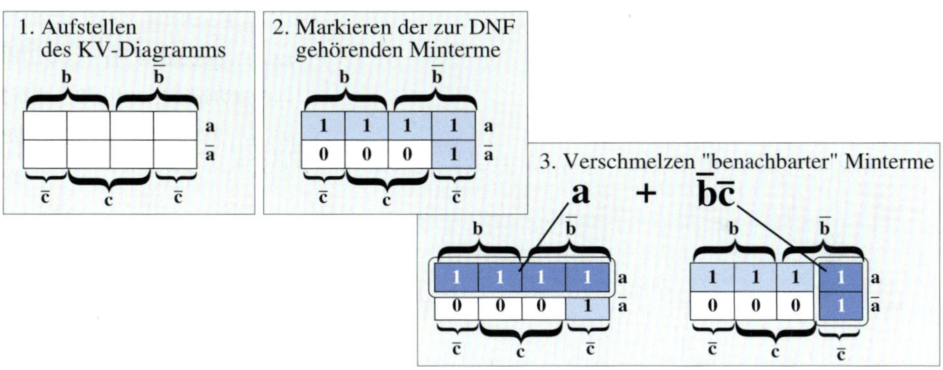

Abbildung 14.13: Minimieren von $\bar{a}\bar{b}\bar{c} + a\bar{b}\bar{c} + a\bar{b}c + ab\bar{c} + abc$ mit dem KV-Verfahren

14.4.2 Don't Care Argumente

Im vorherigen Kapitel sind wir davon ausgegangen, dass die zu realisierende boolesche Funktion *total* war, was bedeutet, dass zu allen möglichen Eingangs-Kombinationen ein definiertes Ausgangssymbol vorlag. Das muss jedoch nicht immer so sein, wie das folgende Beispiel zeigt.

Ansteuern der Leuchtdioden einer Sieben-Segment-Anzeige

Bei einer Sieben-Segment-Anzeige sind sieben Leuchtdioden oder Flüssigkeitskristallstreifen in Form einer Acht angeordnet, wobei jedes Segment einzeln angesteuert oder hervorgehoben werden kann, wie es in Abbildung 14.14 gezeigt ist. Durch die unterschiedlichen Kombinationsmöglichkeiten lassen sich alle 10 Dezimalziffern darstellen. Es soll ein Schaltnetz entwickelt werden, das nach Eingabe eines der Binärwörter `abcd=0000, 0001, 0010, 0011,..., 1001` die zur entsprechenden Dezimalziffer der Sieben-Segment-Anzeige gehörenden Leitungen aktiviert.

In Abbildung 14.14 ist die zugehörige Wahrheitstabelle dargestellt.

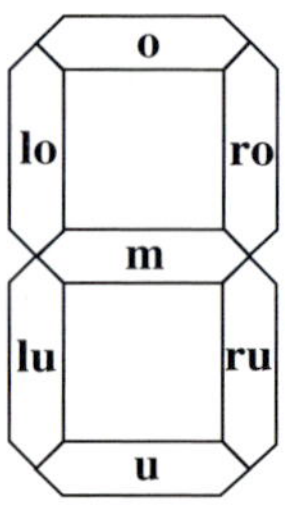

Zugehörige Wahrheitstabelle:

a	b	c	d	o	lo	**lu**	u	**ru**	ro	m
0	0	0	0	1	1	**1**	1	**1**	1	0
0	0	0	1	0	0	**0**	0	**1**	1	0
0	0	1	0	1	0	**1**	1	**0**	1	1
0	0	1	1	1	0	**0**	1	**1**	1	1
0	1	0	0	0	1	**0**	0	**1**	1	1
0	1	0	1	1	1	**0**	1	**1**	0	1
0	1	1	0	1	1	**1**	1	**1**	0	1
0	1	1	1	1	0	**0**	0	**1**	1	0
1	0	0	0	1	1	**1**	1	**1**	1	1
1	0	0	1	1	1	**0**	1	**1**	1	1
1	0	1	0	D	D	**D**	D	**D**	D	D
1	0	1	1	D	D	**D**	D	**D**	D	D
1	1	0	0	D	D	**D**	D	**D**	D	D
1	1	0	1	D	D	**D**	D	**D**	D	D
1	1	1	0	D	D	**D**	D	**D**	D	D
1	1	1	1	D	D	**D**	D	**D**	D	D

Abbildung 14.14: Sieben-Segment-Anzeige und zugehörige Wahrheitstabelle

Hier ist besonders darauf zu achten, dass die Werte `10, 11, 12, 13, 14` und `15` nicht vorkommen können. Solche Terme wurden in unserer Wahrheitstabelle mit `D` (für *Don't Care*) gekennzeichnet. Eine solche boolesche Funktion nennt man *partiell.* Die *Don't Care Argumente* können mit willkürlichen Funktionswerten belegt werden. Bei der Minimierung mit dem KV-Verfahren erhält man das optimalste Schaltnetz, wenn man *Don't Cares* mit dem Funktionswert 1 belegt, um dadurch bereits vorhandene Blöcke zu vergrößern und optimalere Schaltungen zu erhalten. Wichtig ist in jedem Fall, dass *Don't Cares* nicht abzudecken sind, sondern nur bei Bedarf herangezogen werden können, um „Abdeckungsblöcke" zu vergrößern. Hier soll das KV-Verfahren beispielhaft für die beiden Balken `lu` und `ru` gezeigt werden.

1. *Aufstellen der DNF und des KV-Diagramms (siehe auch Abbildung 14.15)*

$$\mathrm{lu} = \overline{a}\overline{b}\overline{c}\overline{d} + \overline{a}\overline{b}c\overline{d} + \overline{a}bc\overline{d} + a\overline{b}\overline{c}\overline{d}$$

$$\mathrm{ru} = \overline{a}\overline{b}\overline{c}\overline{d} + \overline{a}\overline{b}\overline{c}d + \overline{a}\overline{b}cd + \overline{a}b\overline{c}\overline{d} + \overline{a}b\overline{c}d + \overline{a}bc\overline{d} + \overline{a}bcd + a\overline{b}\overline{c}\overline{d} + a\overline{b}\overline{c}d$$

2. *Markieren der zur DNF gehörenden Minterme*
Nun werden die zur DNF gehörigen Felder im KV-Diagramm markiert. Don't

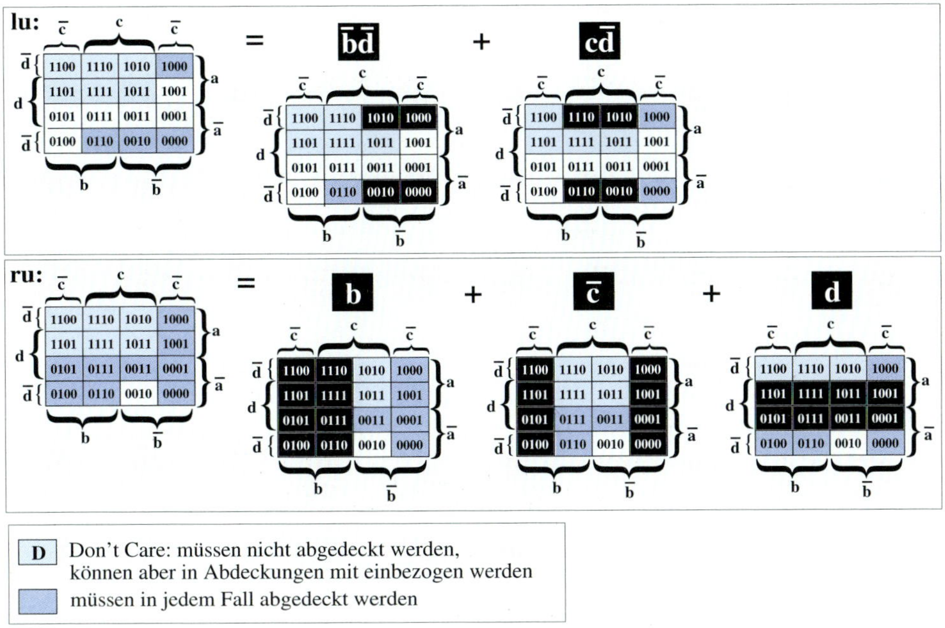

Abbildung 14.15: Verschmelzen „benachbarter" Minterme für `lu`

Care Argumente werden ebenfalls markiert, wobei sie jedoch mit einer anderen Markierung versehen werden, um sie von den „echten" Markierungen unterscheiden zu können, wie es z. B. in Abbildung 14.15 gezeigt wird.

3. *Verschmelzen „benachbarter" Minterme*
   Don't Care Argumente können bei der Verschmelzung herangezogen werden, um größere Blöcke zusammenzufassen und somit eine bessere Minimierung zu erreichen. Die DMF muss jedoch – wie bereits erwähnt – nur die Minterme der DNF und nicht etwa auch alle Don't Care Argumente abdecken. Abbildung 14.15 zeigt das Verschmelzen „benachbarter" Minterme. Da bei der Minimierung zur Abdeckung der jeweiligen DNF auch die Don't Care Argumente beliebig herangezogen werden können, lassen sich die folgenden beiden DMFs herleiten:

$$\text{lu} = \overline{bd} + c\overline{d}\,, \quad \text{ru} = b + \overline{c} + d$$

▶ Übung: DMFs zu den restlichen fünf Leuchtdioden

Finden Sie mittels des KV-Verfahrens die DMFs zu den restlichen fünf Leuchtdioden `o`, `lo`, `u`, `ro` und `m`!

▶ Übung: BCD/Gray-Codewandler

Finden Sie mittels des KV-Verfahrens die DMFs für einen Codewandler, der den BCD-Code in den so genannten Gray-Code (siehe auch Kapitel 3.8.2 auf Seite 76) umwandelt, wobei Ihnen die folgende Tabelle die Eingangs- und Ausgangswerte zeigt:

BCD-Code Eingänge				Gray-Code Ausgänge			
a	b	c	d	o	p	q	r
0	0	0	0	0	0	0	0
0	0	0	1	0	0	0	1
0	0	1	0	0	0	1	1
0	0	1	1	0	0	1	0
0	1	0	0	0	1	1	0
0	1	0	1	0	1	1	1
0	1	1	0	0	1	0	1
0	1	1	1	0	1	0	0
1	0	0	0	1	1	0	0
1	0	0	1	1	1	0	1

14.4.3 Quine-McCluskey-Verfahren

Für die manuelle Minimierung bei wenigen Schaltvariablen ist das KV-Diagramm besonders geeignet. Leider wird es ab fünf Schaltvariablen sehr unübersichtlich, da die bis dahin (n = 1,2,3,4) zusammenhängenden Bereiche zerfallen, so dass eine Reduktion nur noch schwer möglich ist. Außerdem würde eine gewünschte Umsetzung in ein Programm erhebliche Schwierigkeiten bereiten. Das nun hier vorgestellte Verfahren lässt sich dagegen – wenn auch mit etwas Aufwand – programmieren. Dieses Quine-McCluskey-Verfahren beruht auf wiederholter Anwendung der Beziehung:

$$ab + a\overline{b} = a(b + \overline{b}) = a$$

Die Minimierung wird dann folgendermaßen durchgeführt, wobei dies am folgenden Ausdruck demonstriert wird: $ab + \overline{a}\overline{b}c + b\overline{c}d + a\overline{bd} + \overline{a}\overline{b}\overline{c}$

1. Schritt: Aufstellen der DNF

Im ersten Schritt muss wieder die DNF aufgestellt werden. Für unser Beispiel erhalten wir die folgende DNF:

$$\overline{a}\overline{b}\overline{c}\overline{d} + \overline{a}\overline{b}\overline{c}d + \overline{a}\overline{b}c\overline{d} + \overline{a}\overline{b}cd + \overline{a}b\overline{c}d + a\overline{b}\overline{c}\overline{d} + a\overline{b}c\overline{d} + ab\overline{c}\overline{d} + ab\overline{c}d + abc\overline{d} + abcd$$

2. Schritt: Ermitteln der Primimplikanten (PI)

Ein Term T ist dann ein *Primimplikant*, wenn kein weiterer Term T′ existiert, der sich mit $ab + a\overline{b} = a(b + \overline{b}) = a$ mit T zu einem einfacheren Term zusammenfassen lässt. Nun zur Ermittlung der Primimplikanten:

- *Aufteilen der Minterme in Klassen*
  Die Minterme der DNF und auch Don't Care Argumente werden in Klassen K_i so aufgeteilt, dass die jeweilige Klasse K_i alle Minterme enthält, die i nicht negierte Variablen enthalten. Für unser Beispiel erhalten wir folgende Tabelle:

Klasse	Nr.	Minterm
Klasse 0	0.	$\overline{a}\overline{b}\overline{c}\overline{d}$
Klasse 1	1.	$\overline{a}\overline{b}\overline{c}d$
	2.	$\overline{a}\overline{b}c\overline{d}$
	3.	$a\overline{b}\overline{c}\overline{d}$
Klasse 2	4.	$\overline{a}b\overline{c}d$
	5.	$\overline{a}\overline{b}cd$
	6.	$a\overline{b}c\overline{d}$
	7.	$ab\overline{c}\overline{d}$
Klasse 3	8.	$ab\overline{c}d$
	9.	$abc\overline{d}$
Klasse 4	10.	$abcd$

- *1. Reduktionstabelle*

  Nun werden unter Anwendung der Regel: $ab + a\overline{b} = a(b + \overline{b}) = a$ die Minterme benachbarter Klassen K_i zu kürzeren Termen zusammengefasst. Solche Minterme, die zu einem um eine Variable kürzeren Term verschmolzen werden können, werden abgehackt. In den folgenden Tabellen zu unserem Beispiel zeigt ein $\star$ an, dass dieser Term abgehackt wurde, da er zu einem neuen, um eine Variable kürzeren Term verschmolzen wurde, und dieser neue Term in die Reduktionstabelle übertragen wurde. In den Reduktionstabellen werden dann noch in eckigen Klammern die Nummern der beiden Terme aus der vorherigen Tabelle angegeben, aus denen dieser Term verschmolzen wurde.

Klasse	Nr.	Minterm	
Klasse 0	0.	$\overline{a}\overline{b}\overline{c}\overline{d}$	*
Klasse 1	1.	$\overline{a}\overline{b}\overline{c}d$	*
	2.	$\overline{a}\overline{b}c\overline{d}$	*
	3.	$a\overline{b}\overline{c}\overline{d}$	*
Klasse 2	4.	$\overline{a}b\overline{c}d$	*
	5.	$\overline{a}\overline{b}cd$	*
	6.	$a\overline{b}c\overline{d}$	*
	7.	$ab\overline{c}\overline{d}$	*
Klasse 3	8.	$ab\overline{c}d$	*
	9.	$abc\overline{d}$	*
Klasse 4	10.	$abcd$	*

$\rightarrow$

Klasse	Nr.	Minterm	
Klasse 0	0.	$\overline{a}\overline{b}\overline{c}-$	[0,1]
	1.	$\overline{a}\overline{b}-\overline{d}$	[0,2]
	2.	$-\overline{b}\overline{c}\overline{d}$	[0,3]
Klasse 1	3.	$\overline{a}-\overline{c}d$	[1,4]
	4.	$\overline{a}\overline{b}-d$	[1,5]
	5.	$\overline{a}\overline{b}c-$	[2,5]
	6.	$-\overline{b}c\overline{d}$	[2,6]
	7.	$a\overline{b}-\overline{d}$	[3,6]
	8.	$a-\overline{c}\overline{d}$	[3,7]
Klasse 2	9.	$-b\overline{c}d$	[4,8]
	10.	$a-c\overline{d}$	[6,9]
	11.	$ab\overline{c}-$	[7,8]
	12.	$ab-\overline{d}$	[7,9]
Klasse 3	13.	$ab-d$	[8,10]
	14.	$abc-$	[9,10]

- *2. Reduktionstabelle*
  Die durch Verschmelzung von Mintermen entstandenen Terme werden dann in eine neue Tabelle eingetragen und wieder nach Klassen geordnet. Nun werden in dieser Tabelle erneut unter Anwendung der Regel

$$ab + a\overline{b} = a(b + \overline{b}) = a$$

  die Terme benachbarter Klassen K_i verglichen und – falls möglich – verschmolzen und abgehackt.

Klasse	Nr.	Minterm	
Klasse 0	0.	$\overline{a}\overline{b}\overline{c}-$	*
	1.	$\overline{a}\overline{b}-\overline{d}$	*
	2.	$-\overline{b}\overline{c}\overline{d}$	*
Klasse 1	3.	$\overline{a}-\overline{c}d$	
	4.	$\overline{a}\overline{b}-d$	*
	5.	$\overline{a}\overline{b}c-$	*
	6.	$-\overline{b}c\overline{d}$	*
	7.	$a\overline{b}-\overline{d}$	*
	8.	$a-\overline{c}\overline{d}$	*
Klasse 2	9.	$-b\overline{c}d$	
	10.	$a-c\overline{d}$	*
	11.	$ab\overline{c}-$	*
	12.	$ab-\overline{d}$	*
Klasse 3	13.	$ab-d$	*
	14.	$abc-$	*

→

Klasse	Nr.	Minterm	
Klasse 0	0.	$\overline{a}\overline{b}--$	[0,5]
			[1,4]
			...
	1.	$-\overline{b}-\overline{d}$	[1,7]
			[2,6]
			...
Klasse 1	2.	$a--\overline{d}$	[7,12]
			[8,10]
			...
Klasse 2	3.	$ab--$	[11,14]
			[12,13]
			...

- *Eventuell weitere Reduktionstabellen*
  Die durch Verschmelzung von Termen neu entstandenen Terme werden in eine andere Tabelle übertragen, auf die dieses Verfahren erneut angewendet wird, was eventuell wiederum eine neue Tabelle liefert. Das gesamte Verfahren wird wiederholt, bis keine Verschmelzungen mehr möglich sind und somit auch keine neue Tabelle mehr aufgestellt werden kann.
  Die in den einzelnen Tabellen nicht abgehackten, also nicht weiter verschmelzbaren Terme sind dann die gesuchten *Primimplikanten*.

3. Schritt: Ermitteln der Kern-Primimplikanten (KPI)

Unter *Kern-Primimplikanten* versteht man die Primimplikanten, die als Einzige einen der Minterme enthalten und die deshalb unbedingt in die DMF übernommen werden müssen. Dazu bildet man eine Tabelle, in der jedem Minterm eine Spalte und jedem Primimplikanten eine Zeile zugeordnet ist. Jedes Feld der Tabelle, das durch einen Primimplikanten und einen darin enthaltenen Minterm definiert ist, kreuzt man an. Alle Spalten, die nur ein Kreuz enthalten, verweisen auf Kern-Primimplikanten, da der Minterm dieser Spalte nur in diesem einen Primimplikanten enthalten ist.

In der folgenden Tabelle zu unserem Beispiel werden die Minterme als Dualzahlen aufgefasst, wobei jede nicht negierte Variable als 1 und jede negierte als 0 aufgefasst wird, wie z. B. $a\overline{b}c\overline{d} = 1010_{(2)} = 10_{(10)}$.

PI	Minterme 0 $\overline{a}\overline{b}\overline{c}\overline{d}$	1 $\overline{a}\overline{b}\overline{c}d$	2 $\overline{a}\overline{b}c\overline{d}$	3 $\overline{a}\overline{b}cd$	5 $\overline{a}b\overline{c}d$	8 $a\overline{b}\overline{c}\overline{d}$	10 $a\overline{b}c\overline{d}$	12 $ab\overline{c}\overline{d}$	13 $ab\overline{c}d$	14 $abc\overline{d}$	15 $abcd$	KPI
$\overline{a}\overline{c}d$		x			x							
$b\overline{c}d$					x				x			
$\overline{a}\overline{b}$	x	x	x	**X**								⇐
$\overline{b}\overline{d}$	x		x			x	x					
$a\overline{d}$						x	x	x		x		
ab								x	x	x	**X**	⇐
				⇑							⇑	

Der Minterm 3 ($\overline{a}\overline{b}cd$) bzw. 15 ($abcd$) ist nur in einem Primimplikanten, und zwar in $\overline{a}\overline{b}$ bzw. ab enthalten; $\overline{a}\overline{b}$ und ab sind also Kern-Primimplikanten. Sie überdecken die Minterme 0, 1, 2, 3 und 12, 13, 14, 15.

4. Schritt: Ermitteln der DMF

Die in den Kern-Primimplikanten nicht enthaltenen Minterme und die restlichen Primimplikanten (auch *Wahl-Primimplikanten* genannt) überträgt man in eine neue Tabelle. Aus diesen Primimplikanten bildet man Disjunktionen, in denen alle restlichen Minterme enthalten sind, und wählt aus ihnen eine Disjunktion mit minimaler Länge aus. Während die Schritte 1 bis 3 eindeutig festgelegt sind, hat man im Allgemeinen bei diesem 4. Schritt eine gewisse Freiheit bei der Wahl der Restüberdeckung. Das Ergebnis dieses Minimierungsverfahrens ist eine DMF, in der die Kern-Primimplikanten und eine minimale Restüberdeckung disjunktiv verknüpft sind.

Für unser Beispiel sind die restlichen Primimplikanten $\overline{a}\overline{c}d$, $b\overline{c}d$, $\overline{b}\overline{d}$ und $a\overline{d}$ dann Wahlimplikanten, die man zusammen mit den verbleibenden Mintermen 5, 8, 10 in einer Tabelle zusammenfasst:

Keine KPI	nicht durch KPI abgedeckte Minterme 5 $\overline{a}b\overline{c}d$	8 $a\overline{b}\overline{c}\overline{d}$	10 $a\overline{b}c\overline{d}$	
$\overline{a}\overline{c}d$ $b\overline{c}d$	x x			Minterm 5 kann durch $\overline{a}\overline{c}d$ oder $b\overline{c}d$ überdeckt werden.
$\overline{b}\overline{d}$ $a\overline{d}$		x x	x x	Die Minterme 8 und 10 können durch $\overline{b}\overline{d}$ oder durch $a\overline{d}$ überdeckt werden

Somit ergeben sich vier mögliche DMFs:

Kern-Primimplikanten + 4 gleichwertige Restüberdeckungen

$$\overline{a}\overline{b} + ab + \begin{cases} \overline{b}\overline{d} + \overline{a}\overline{c}d \\ \overline{b}\overline{d} + b\overline{c}d \\ a\overline{d} + \overline{a}\overline{c}d \\ a\overline{d} + b\overline{c}d \end{cases}$$

Kleidungsordnung für Weihnachtsmänner

Es gelte z. B. folgende Kleidungsordnung für die bei der studentischen Arbeitsvermittlung angestellten Weihnachtsmänner. Es darf getragen werden: ein roter Mantel (m), rote Stiefel (s), rote Hosen (h) und eine rote Zipfelmütze (z), wobei die folgenden Regeln beachtet werden müssen:

1. *Wer einen roten Mantel trägt, muss auch rote Hosen tragen:* $m \rightarrow h = \overline{m} + h$
   Vergleiche auch Tabelle 4.5 auf Seite 88: Wenn roter Mantel, dann auch rote Hosen.
2. *Man darf nur dann rote Stiefel und rote Hosen zusammen tragen, wenn man auch einen roten Mantel oder eine rote Zipfelmütze trägt:*

   $$sh \rightarrow (m + z) = \overline{sh} + m + z$$

   Vergleiche auch Tabelle 4.5 auf Seite 88: Wenn rote Stiefel und rote Hosen, dann entweder roter Mantel oder rote Zipfelmütze
3. *Wer rote Hosen oder eine rote Zipfelmütze trägt, oder wer keine roten Stiefel trägt, muss einen roten Mantel tragen:*

   $$(h + z + \overline{s}) \rightarrow m = \overline{(h + z + \overline{s})} + m = \overline{h}\overline{z}s + m \quad \text{(nach De Morgan)}$$

Die Gesamtbedingung ist dann: $(\overline{m} + h) \cdot (\overline{sh} + m + z) \cdot (\overline{h}\overline{z}s + m)$. Vor Arbeitsbeginn kontrolliert ein Aufseher die Kleidung der Weihnachtsmänner. Für diesen Kontrollvorgang soll eine möglichst einfache Schaltung entworfen werden, die für jedes der vier Kleidungsstücke einen Schalter am Eingang besitzt. Am Ausgang soll eine grüne Lampe leuchten, wenn die Kleidung den Vorschriften entspricht.

1. *Aufstellen der DNF*: $\overline{m}s\overline{h}\overline{z} + m\overline{s}h\overline{z} + m\overline{s}hz + msh\overline{z} + mshz$
2. *Ermitteln der Primimplikanten*

- *Aufteilen der Minterme in Klassen*

Klasse	Nr.	Minterm
Klasse 1	0.	$\overline{m}s\overline{h}\overline{z}$
Klasse 2	1.	$m\overline{s}h\overline{z}$
Klasse 3	2.	$m\overline{s}hz$
	3.	$msh\overline{z}$
Klasse 4	4.	$mshz$

- *1. Reduktionstabelle:*
  In den Tabellen zeigt wieder ein * an, dass dieser Term abgehackt wurde, da er zu einem neuen, um eine Variable kürzeren Term verschmolzen wurde und dieser neue Term in die Reduktionstabelle übertragen wurde. In den Reduktionstabellen werden dann noch in eckigen Klammern die Nummern der beiden Terme aus der vorherigen Tabelle angegeben, aus denen dieser Term verschmolzen wurde.

Klasse	Nr.	Minterm	
Klasse 1	0.	$\overline{m}s\overline{h}\overline{z}$	
Klasse 2	1.	$m\overline{s}h\overline{z}$	*
Klasse 3	2.	$m\overline{s}hz$	*
	3.	$msh\overline{z}$	*
Klasse 4	4.	$mshz$	*

→

Klasse	Nr.	Minterm	
Klasse 2	0.	$m\overline{s}h-$	[1,2]
	1.	$m-h\overline{z}$	[1,3]
Klasse 3	2.	$m-hz$	[2,4]
	3.	$msh-$	[3,4]

- *2. Reduktionstabelle:*

Klasse	Nr.	Minterm	
Klasse 2	0.	$m\overline{s}h-$	*
	1.	$m-h\overline{z}$	*
Klasse 3	2.	$m-hz$	*
	3.	$msh-$	*

→

Klasse	Nr.	Minterm	
Klasse 2	0.	$m-h-$	[0,3] oder auch [1,2]

3. *Ermitteln der Kern-Primimplikanten*

PI	Minterme 4 $\overline{m}s\overline{h}\overline{z}$	10 $m\overline{s}h\overline{z}$	11 $m\overline{s}hz$	14 $msh\overline{z}$	15 $mshz$	KPI
$\overline{m}s\overline{h}\overline{z}$	**x**					⇐
mh		**x**	**x**	**x**	**x**	⇐
	⇑	⇑	⇑	⇑	⇑	

4. *Ermitteln der DMF*
   Da hier keine Wahlimplikanten existieren, ist die gesuchte DMF: $\overline{m}s\overline{h}\overline{z} + mh$

Im Begleitmaterial zu diesem Buch wird das Programm `mcluskey.c` vorgestellt, bei dem man entweder eine Wahrheitstabelle oder einen booleschen Ausdruck eingeben kann. Dieses Programm ermittelt dann mit Hilfe des Quine-McCluskey-Verfahrens die zugehörige DMF.

▶ Übung: Minimierung der Aufzugssteuerung mit dem Quine-McCluskey-Verfahren

Finden Sie zur Aufzugssteuerung von Kapitel 14.2 auf Seite 632 mittels Anwendung des Quine-McCluskey-Verfahrens die zugehörige DMF.

▶ Übung: Minimierung der Gaszufuhr mit dem Quine-McCluskey-Verfahren

Finden Sie zur Steuerung der Gaszufuhr auf Seite 635 mittels Anwendung des Quine-McCluskey-Verfahrens die zugehörige DMF.

14.5 Addiernetze

14.5.1 Paralleladdierer

Unter einem *Paralleladdierer* versteht man ein Schaltnetz, das zwei n-stellige Binärwörter (Dualzahlen) addiert.

Vier-Bit-Paralleladdierer

Als Beispiel wollen wir hier einen *Vier-Bit-Paralleladdierer* nehmen, der zwei vierstellige Binärwörter (Dualzahlen) addiert, wie z. B.:

```
    1 0 1 0      a
+   1 0 1 1      b
1   0 1 0        u
--------------
1   0 1 0 1      s
```

Dabei sind a und b die beiden Summanden, u ist der Übertrag und s ist die Summe. Für diese Aufgabenstellung benötigen wir zwei Schaltungen.

1. *Halbaddierer:* Schaltnetz, das zu je zwei Dualziffern (a und b) eine Summe und einen Übertrag liefert.
2. *Volladdierer:* Schaltnetz, das zu drei Dualziffern (a, b und u) eine Summe und einen Übertrag liefert.

Abbildung 14.16 zeigt den Aufbau des Paralleladdierers aus einem Halbaddierer (HA) und einem Volladdierer (VA).

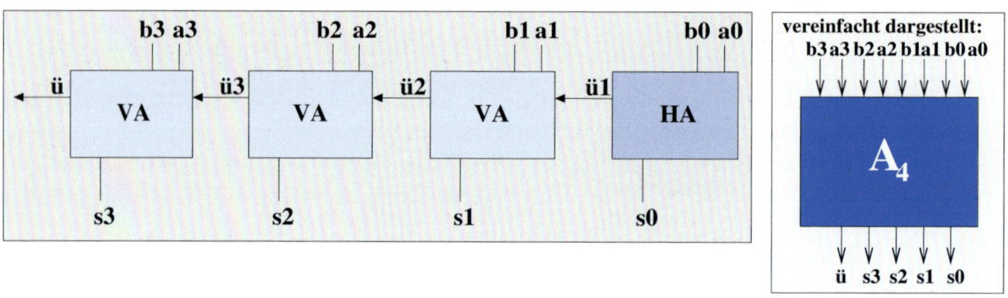

Abbildung 14.16: Vier-Bit-Paralleladdierer

Halbaddierer und Volladdierer

Für den Halb- und Volladdierer gelten dabei folgende Wahrheitstabellen:

Wahrheitstabelle zum Halbaddierer:

a	b	s	u
0	0	0	0
0	1	1	0
1	0	1	0
1	1	0	1

Wahrheitstabelle zum Volladdierer:

a	b	u	u'	s
0	0	0	0	0
0	0	1	0	1
0	1	0	0	1
0	1	1	1	0
1	0	0	0	1
1	0	1	1	0
1	1	0	1	0
1	1	1	1	1

Aus der Tabelle für den Halbaddierer lässt sich dann Folgendes ableiten:

$$s = \overline{a}b + a\overline{b}\,; \qquad u = ab$$

Hieraus ergibt sich die in Abbildung 14.17 gezeigte Schaltung. Im Übrigen könnte man die Summe s auch durch ein XOR-Gatter (siehe rechts in Abbildung 14.17) erhalten, da ja gilt: $s = \overline{a}b + a\overline{b} = a \oplus b$; $\qquad \oplus$ = Zeichen für XOR.

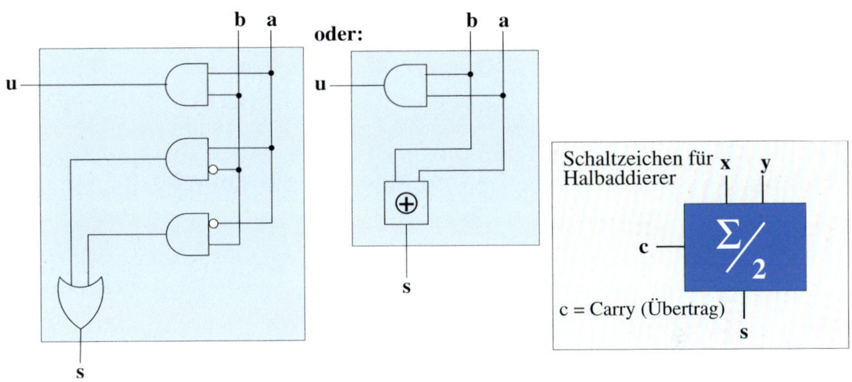

Abbildung 14.17: Schaltnetz und Schaltzeichen des Halbaddierers

Aus der Tabelle für den Volladdierer lässt sich dann Folgendes ableiten:

- Für die Summe s liefert diese Wahrheitstabelle die folgende KNF:

$$\begin{aligned} s &= (a+b+u)(a+\overline{b}+\overline{u})(\overline{a}+b+\overline{u})(\overline{a}+\overline{b}+u) \\ &= \{a + [(b+u)(\overline{b}+\overline{u})]\}\{\overline{a} + [(b+\overline{u})(\overline{b}+u)]\} \\ &= \{a + (b \oplus u)\}\{\overline{a} + \overline{(b \oplus u)}\} \\ s &= a \oplus (b \oplus u) = (a \oplus b) \oplus u \end{aligned}$$

- Für den Übertrag verwenden wir die DNF:

$$\begin{aligned} u' &= \overline{a}bu + a\overline{b}u + ab\overline{u} + abu \\ &= (\overline{a}b + a\overline{b})u + (ab + u\overline{u}) \\ u' &= (a \oplus b)u + ab \end{aligned}$$

Für den Volladdierer ergibt sich dann die in Abbildung 14.18 gezeigte Schaltung.

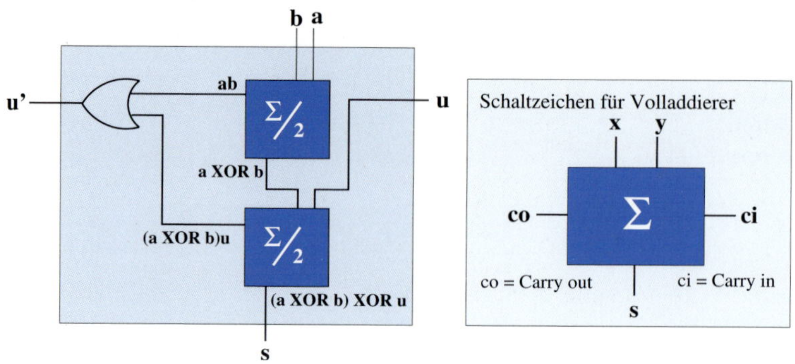

Abbildung 14.18: Schaltnetz und Schaltzeichen des Volladdierers

Im Begleitmaterial zu diesem Buch wird das C++-Programm `4bitparaadd.cpp` vorgestellt, das schrittweise die Arbeitsweise des Paralleladdierers demonstriert.

14.5.2 Paralleladdierer und -subtrahierer

Nachfolgend soll nun ein Parallelsubtrahierer entworfen werden. Hierbei ist Folgendes zu beachten: Eine Dualzahl wird subtrahiert, indem man ihr Zweier-Komplement addiert und den führenden Übertrag ignoriert, falls er den Wert 1 hat; andernfalls zeigt er an, dass das Ergebnis negativ ist. Das Zweier-Komplement ergibt sich durch Negation aller Binärziffern (Einer-Komplement) und anschließender Addition von 1.

Wir verwenden einen Steuereingang `A/S`, dessen Wert festlegt, ob eine Addition oder eine Subtraktion durchzuführen ist.

A/S=0 bedeutet Addition: In diesem Fall liegt b am Volladdierer an und der Übertragungs-Eingang `ü0` erhält den Wert 0.

A/S=1 bedeutet Subtraktion: In diesem Fall liegt wegen $1 \oplus b = \overline{b}$ die Negation von `b` am Volladdierer an. Die anschließende Addition von 1 erfolgt dadurch, dass der erste Übertrag `ü0` den Wert 1 hat, da `A/S=1`. Um ihn zu verarbeiten, muss anstelle eines Halbaddierers auch für die erste Stelle ein Volladdierer verwendet werden.

Abbildung 14.19 zeigt das Schaltbild des Paralleladdierers/-subtrahierers.

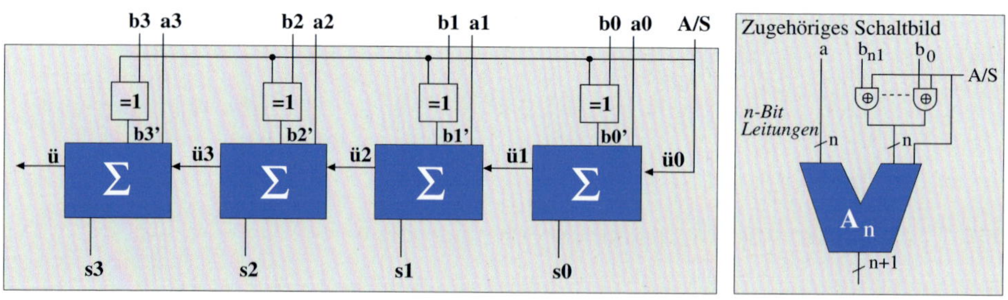

Abbildung 14.19: Paralleladdierer und -subtrahierer

Als Beispiel wollen wir die beiden Zahlen a=3 (0011) und b=2 (0010) addieren:

				$b_i \oplus A/S$	$(a_i \oplus b'_i) \oplus ü_i$	$(a_i \oplus b'_i)ü_i + a_i b'_i$
i	A/S	a_i	b_i	b'_i	s_i	$ü_{i+1}$
0	0	1	0	0	**1**	0
1	0	1	1	1	**0**	1
2	0	0	0	0	**1**	0
3	0	0	0	0	**0**	1

Wir erhalten also als Ergebnis die Zahl 5 (0101).

Als Nächstes wollen wir von der Zahl a=5 (0101) die Zahl b=3 (0011) subtrahieren:

				$b_i \oplus A/S$	$(a_i \oplus b'_i) \oplus ü_i$	$(a_i \oplus b'_i)ü_i + a_i b'_i$
i	A/S	a_i	b_i	b'_i	s_i	$ü_{i+1}$
0	1	1	1	0	**0**	1
1	1	0	1	0	**1**	0
2	1	1	0	1	**0**	1
3	1	0	0	1	**0**	1

Wir erhalten also als Ergebnis die Zahl 2 (0010).

Als Letztes wollen wir von der Zahl a=2 (0010) die Zahl b=5 (0101) subtrahieren:

				$b_i \oplus A/S$	$(a_i \oplus b'_i) \oplus ü_i$	$(a_i \oplus b'_i)ü_i + a_i b'_i$
i	A/S	a_i	b_i	b'_i	s_i	$ü_{i+1}$
0	1	0	1	0	**1**	0
1	1	1	0	1	**0**	1
2	1	0	1	0	**1**	0
3	1	0	0	1	**1**	0

Wir erhalten also als Ergebnis die Zahl −3 (1101).

Das begleitende C++-Programm `4bitaddsub.cpp`, das im Zusatzmaterial vorgestellt wird, liest zwei vierstellige Dualzahlen ein. Zudem liest es noch ein, ob diese beiden Zahlen zu addieren oder zu subtrahieren sind. Anschließend zeigt es dann auf Tastendruck schrittweise die Arbeitsweise des Paralleladdierers und -subtrahierers.

14.5.3 Carry-Select-Addiernetze

Carry-Ripple-Addierer

Verallgemeinert kann man ein Addiernetz zur Addition zweier n-stelliger Dualzahlen auch nur mittels `n` Volladdierern realisieren. Dann muss nur sichergestellt sein, dass am u-Eingang des ersten Volladdierers stets eine 0 anliegt. Solche asynchronen Addiernetze werden als *Carry-Ripple-Adder* oder *Carry-Chain-Adder* bezeichnet, da bei derartigen Addiernetzen der endgültige Übertrag (wie in der Schule gelernt von rechts nach links) durch das Schaltnetz geschoben wird (siehe auch Abbildung 14.20).

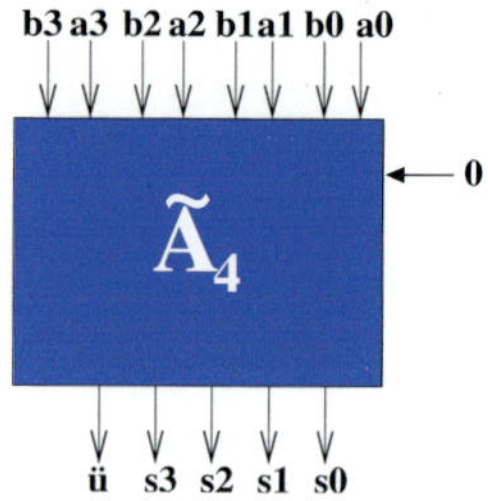

Abbildung 14.20: Carry-Ripple-Addierer

Das Problem bei einer hohen Stellenanzahl der zu addierenden Dualzahlen besteht darin, dass viele Schaltstufen vorhanden sind, so dass es eine gewisse Zeit dauert, bis die Volladdierer nacheinander ihre Operationen ausgeführt haben.

Conditional-Sum-Addierer

Die Idee zur Beschleunigung eines Schaltnetzes ist hier die Verringerung der Anzahl der Schaltebenen. Als Beispiel wollen wir hier den *Conditional-Sum-Adder* heranziehen, bei dem durch redundante Hardware die Verarbeitung beschleunigt wird. Abbildung 14.21 veranschaulicht dies am Beispiel der Addition von zwei 8-stelligen Dualzahlen.

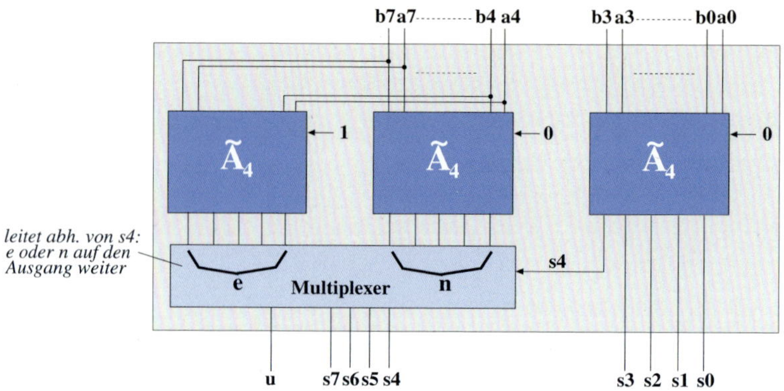

Abbildung 14.21: 8-stelliger Conditional-Sum-Addierer

Die niedrigwertige Hälfte der Inputoperanden (a0, a1, a2, a3 und b0, b1, b2, b3) wird normal mit einem Addiernetz für 4-stellige Dualzahlen verarbeitet. Die obere Hälfte wird dagegen parallel zweimal addiert: einmal für einen möglicherweise auftretenden Übertrag 0 und einmal für einen möglicherweise auftretenden Übertrag 1. Steht dieser Übertrag nach der Berechnung der unteren vier Stellen fest, so wird mittels eines Multiplexers das entsprechende Ergebnis (e oder n) aus den Summen der oberen Operanden ausgewählt.

Der *Conditional-Sum-Addierer* arbeitet zwar schneller als der *Carry-Ripple-Addierer*, ist dafür aber auch in seiner Herstellung teuerer, da er mehr Gatter benötigt.

14.5.4 Carry-Save-Addiernetze

Für den Fall, dass mehr als 2 Summanden zu addieren sind, wollen wir noch die *Carry-Save-Addiernetze* betrachten. Die Idee ist dabei Folgende:

- In einer ersten Stufe werden drei Summanden stellenweise zu einer Summe zusammenaddiert, wobei die Überträge in dieser Summe nicht aufgenommen werden, sondern eigens festgehalten werden.
- In weiteren Stufen kommt zu der Summe und dem Übertrag immer je ein neuer Summand hinzu.

Es sind die folgenden vierstelligen Zahlen zu addieren:
x = 0101, y = 0011, z = 0100, w = 0001

1. Stufe		2. Stufe		3. Stufe	
x	0101	Summe1	0010		
y	0011	Übertrag1	1010	Summe2	1001
z	0100	w	0001	Übertrag2	0100
Summe1	0010	Summe2	1001	Endsumme	1101
Übertrag1	1010	Übertrag2	0100		

Für Berechnungen dieser Art verwendet man so genannte *Carry-Save-Addierbausteine (CSA)*, die drei Summanden auf zwei Summanden, d. h. eine „Summe“ und einen Übertrag reduzieren. Solche CSA-Bausteine lassen sich durch nebeneinandergeschaltete Volladdierer realisieren, wie es in Abbildung 14.22 gezeigt ist.

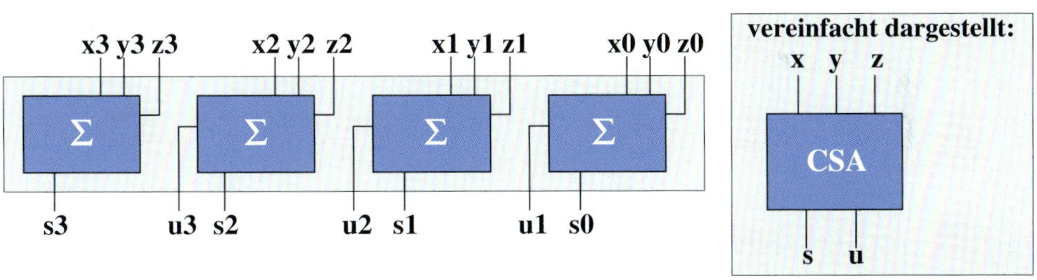

Abbildung 14.22: Carry-Save-Addierbaustein

Um z. B. die vier Zahlen aus unserem vorherigen Beispiel zu addieren, muss man zwei CSA-Bausteine hintereinander schalten, wobei man am Ende ein Addiernetz benötigt, wie es links in Abbildung 14.23 dargestellt ist.

Allgemein gilt, dass man `m-2` CSA-Bausteine benötigt, um `m` Summanden zu addieren. Rechts in Abbildung 14.23 ist das entsprechende Schaltnetz zur Addition von `m=8` Summanden gezeigt, wo man dann folglich 6 CSA-Bausteine benötigt.

Im Begleitmaterial zu diesem Buch wird das C++-Programm `csa.cpp` vorgestellt, das 4 vierstellige Dualzahlen einliest und diese dann mittels zweier CSA-Bausteine addiert.

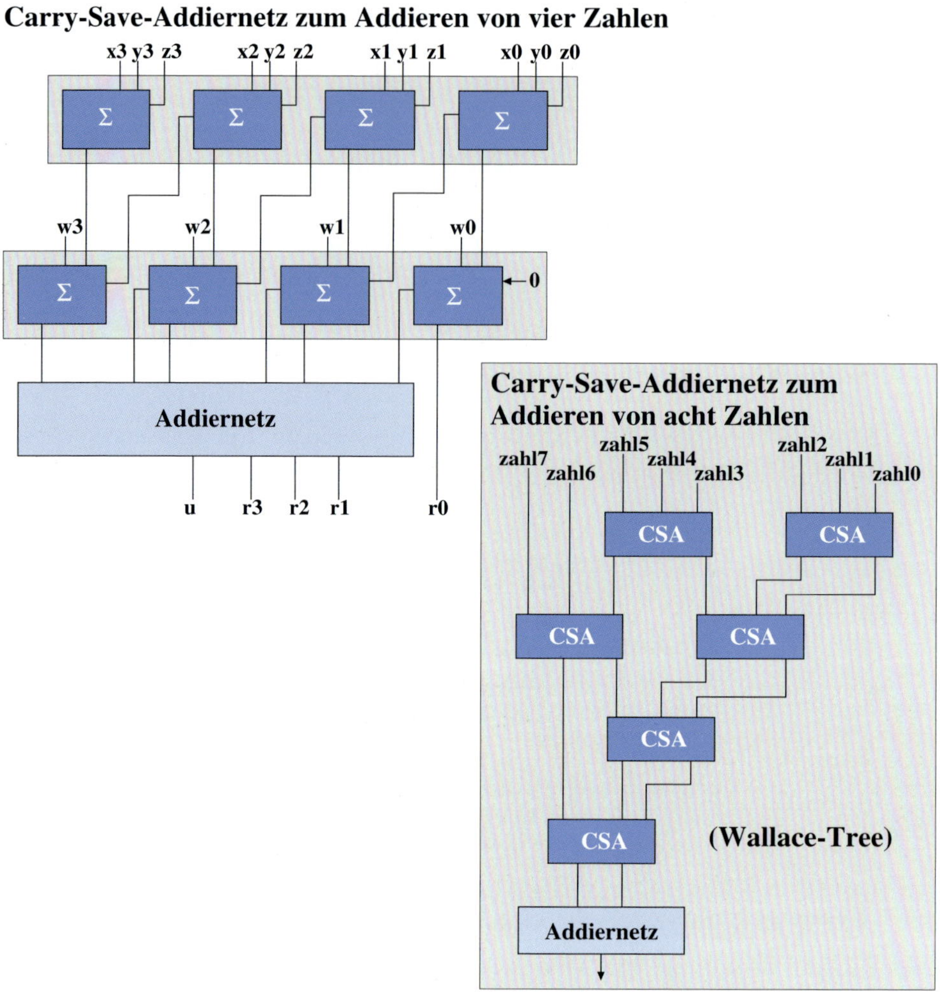

Abbildung 14.23: Carry-Save-Addiernetz zum Addieren von vier bzw. acht Zahlen

14.5.5 Multiplizierer

Die Multiplikation ganzer Zahlen lässt sich mit Hilfe wiederholter Addition durchführen, wie z. B.:

```
  110  *  101
 ----------
  110
   000
     110
 -----
  11110
```

Die Multiplikation kann folglich mittels Schiebeoperationen und Additionen realisiert werden:

```
1101001  *  11011001:
 11010010000000  +
 01101001000000  +
 00000000000000  +
 00011010010000  +
 00001101001000  +
 00000000000000  +
 00000000000000  +
 00000001101001
---------------------------
101100100000001
```

Schaltet man also n-2 CSA-Bausteine hintereinander, so können n Additionen durchgeführt werden, wie es in Abbildung 14.24 gezeigt ist.

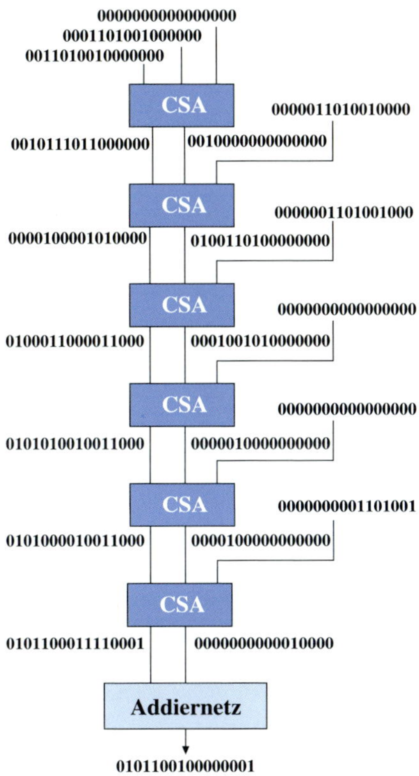

Abbildung 14.24: Multiplizieren mit hintereinander geschalteten CSA-Bausteinen

Die zuvor vorgestellte Technik des Multiplizierens ist allerdings sehr langsam, da die Additionen sequenziell erfolgen, und der jeweils nächste CSA-Baustein immer erst dann addieren kann, wenn er die Ergebnisse von seinem Vorgänger erhalten hat.

Eine Möglichkeit, die Multiplikationszeit zu verringern, ist die Verwendung von 4-zu-2-Bausteinen, die zwei CSA-Bausteine enthalten, wie es links in Abbildung 14.25 gezeigt ist. Schaltet man nun solche 4-zu-2-Bausteine parallel, wie es rechts in Abbildung 14.25 zu sehen ist, so kann man die Multiplikation erheblich beschleunigen.

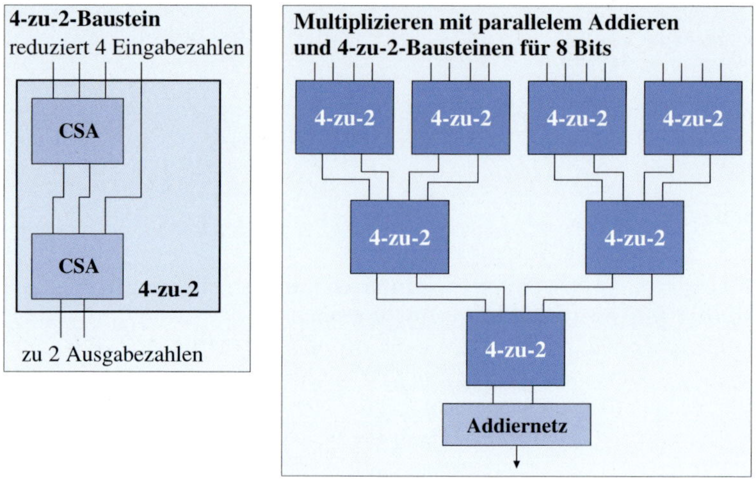

Abbildung 14.25: 4-zu-2-Baustein und Multiplizieren mit parallelem Addieren für 8 Bits

Würde man z. B. die Multiplikation für 16 Bits mit hintereinander geschalteten CSA-Bausteinen realisieren, so wären dort 14 (n-2) Additionen notwendig, während bei der parallelen Variante entsprechend Abbildung 14.25 nur 4 Schritte erforderlich wären, da hier für die Anzahl der Schritte $log_2\ n$ gilt.

Im Begleitmaterial zu diesem Buch wird das C++-Programm `multiseq.cpp` vorgestellt, das die Multiplikation für 8 Bits mit sechs hintereinander geschalteten CSA-Bausteinen simuliert. Zusätzlich wird dort das C++-Programm `multi4zu2.cpp` vorgestellt, das die Multiplikation mit parallelem Addieren und 4-zu-2-Bausteinen für 8 Bits simuliert.

14.6 Prinzipieller Aufbau einer ALU

Die ALU (*Arithmetic Logic Unit*) realisiert die Elementaroperationen eines Rechners, was – wie der Name schon sagt – sowohl arithmetische Operationen wie Addition und Subtraktion als auch logische Operationen wie AND und OR sind.

Im Allgemeinen wird dabei durch die ALU aus zwei Eingabewerten X und Y ein Ergebniswert Z gebildet. Diese Werte werden dabei in so genannten Registern abgelegt. Typische Registerbreiten sind 8, 16, 32 oder 64 Bits und entsprechend wird dann von einem 8-, 16-, 32- oder 64-Bit-Rechner gesprochen.

Da bei der Ausführung von Operationen bestimmte Zusatzinformationen (wie z. B. Übertrag) anfallen können, welche die ALU festhalten muss, existiert noch ein so genanntes Flag-Register, in dem entsprechende Bits gesetzt werden, wenn bei der ausgeführten Operation ein entsprechendes Ereignis aufgetreten ist.

Rechts in Abbildung 14.26 ist neben den Eingängen a und b noch ein Carry-Bit c für einen möglichen Übertrag angegeben.

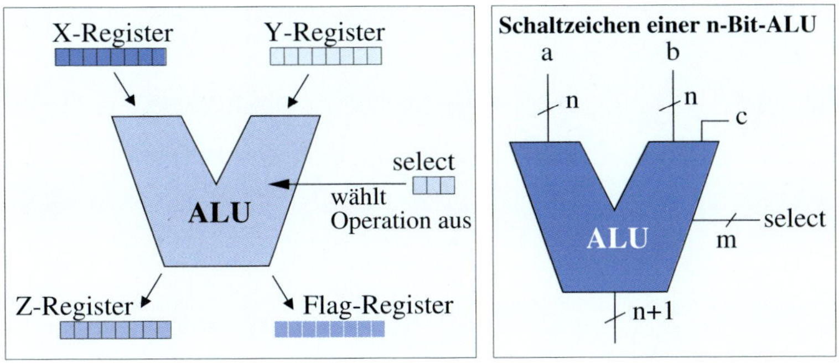

Abbildung 14.26: ALU (Arithmetic Logic Unit)

Da die ALU über mehrere Operationen verfügt, muss ihr noch mitgeteilt werden, welches Operationsergebnis sie nach außen weiterleiten soll, was üblicherweise mittels eines Multiplexers geschieht. Ist ein Selektionssignal vorgegeben, dann wird in der ALU die Schaltkreisfunktion (SKF) mit der Nummer *select* ausgewählt, wie es links in Abbildung 14.27 gezeigt ist.

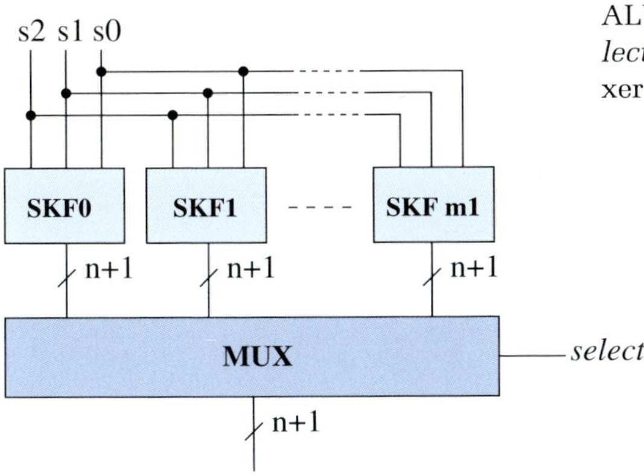

ALU-Funktionen mit zugehörigen *select*-Bitkombinationen für den Multiplexer:

s2	s1	s0	SKF
0	0	0	0...0
0	0	1	$b - a$
0	1	0	$a - b$
0	1	1	$a + b + c$
1	0	0	$a \oplus b$
1	0	1	$a \vee b$
1	1	0	$a \wedge b$
1	1	1	1...1

Abbildung 14.27: Operations-Auswahl über das select-Signal in einer n-Bit-ALU

In der Tabelle von Abbildung 14.27 ist erkennbar, dass s2 zwischen den arithmetischen und logischen Operationen bzw. zwischen den Konstanten 0 und 1 unterscheidet. s1 und s0 entscheiden dann, welche konkrete Operation (von den arithmetischen bzw. logischen) auszuführen ist.

Die Schaltung in Abbildung 14.28 zeigt die zugehörige ALU-Realisierung.

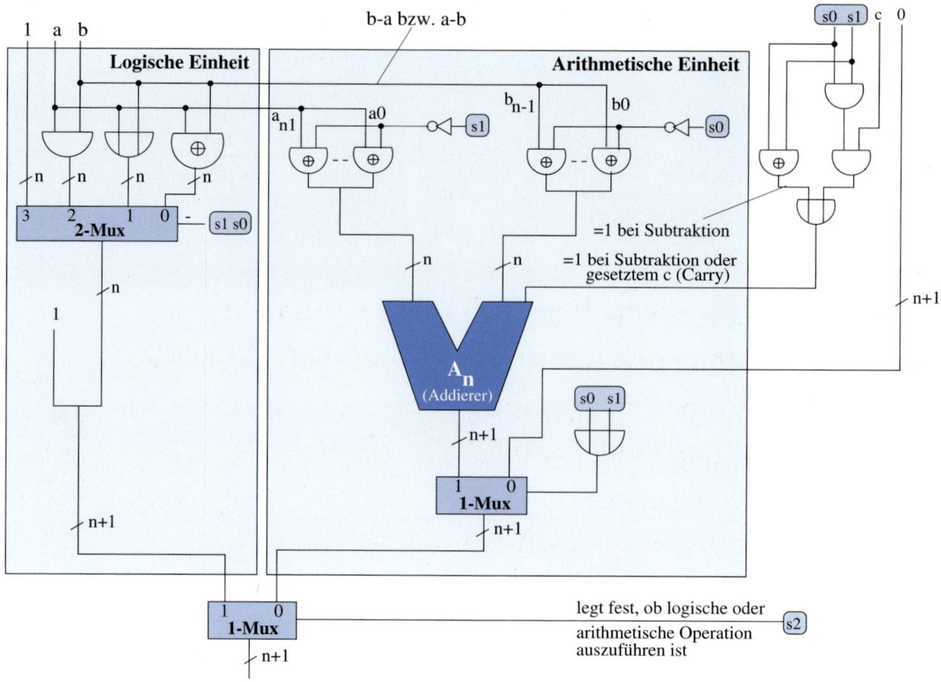

Abbildung 14.28: Schaltungsrealisierung einer n-Bit-ALU

Schaltwerke

15

ÜBERBLICK

15.1 Rätsel: Waldlauf, Schnapsgläser und mehr

Lösungen

1. *Waldlauf*: An einem Waldlauf nahmen 81 Personen teil. Es waren doppelt so viele Männer wie Frauen. Die Anzahl der Kinder und Jugendlichen war halb so groß wie die Anzahl der Erwachsenen. Es waren doppelt so viele Jugendliche wie Kinder. Wie viele Männer und Frauen, Jugendliche und Kinder nahmen teil?
2. *Volle und leere Schnapsgläser*: Auf einem Tisch stehen in einer Linie hintereinander drei volle und drei leere Schnapsgläser, wie es links in Abbildung 15.1 gezeigt ist. Man darf nur ein Glas bewegen und dann soll immer abwechselnd ein volles und ein leeres Glas stehen.
3. *Streichholz-Rechnung*: Auf dem Tisch liegen fünf Streichhölzer, wie es rechts in Abbildung 15.1 gezeigt ist. Nun soll ein Streichholz umgelegt werden, damit diese Gleichung stimmt.

Abbildung 15.1: Drei volle und drei leere Schnapsgläser und eine Streichholzgleichung

4. *Personal und Fahrgäste eines Zuges*: Das Personal eines Zuges besteht aus dem Schaffner, dem Heizer und dem Lokführer. Die drei heißen Jelinski, Meier und Breitenbach. Aber nicht unbedingt in dieser Reihenfolge. Drei Reisende in diesem Zug haben zufällig dieselben Namen. Allerdings handelt es sich bei ihnen um einen Dr. Jelinski, Dr. Meier und Dr. Breitenbach.

   a) Dr. Breitenbach wohnt in Charlottenburg.
   b) Dr. Jelinski verdient 5000 Euro monatlich.
   c) Der Schaffner wohnt auf halber Strecke zwischen Charlottenburg und Nürnberg.
   d) Sein Nachbar, einer der Passagiere, verdient übrigens genau dreimal so viel wie er.
   e) Der Namensvetter des Schaffners wohnt in Nürnberg.
   f) Meier besiegt den Heizer im Schach.

   Wie heißt der Lokführer?
5. *Eidechsen, Käfer und Würmer*: Robert sammelt Eidechsen, Käfer und Würmer. Er hat mehr Würmer als Eidechsen und Käfer zusammen. Insgesamt hat er 12 Exemplare mit 26 Beinchen. Wie viele Eidechsen besitzt Robert?
6. *Drei Männer und ihre Jobs*: Drei Männer haben jeweils zwei Jobs. Der Chauffeur hat den Musiker beleidigt. Der Musiker und der Gärtner fischen zusammen mit Hans. Der Maler leiht sich vom Kaufmann eine Schachtel Zigaretten. Der Chauffeur macht der Schwester des Malers den Hof. Klaus schuldet dem Gärtner 20 Euro. Joe schlägt Klaus und den Maler im Schach. Einer ist Friseur, und keine zwei gehen derselben Beschäftigung nach. Wer hat welche Berufe?
7. *Fünf Frauen sitzen um einen runden Tisch*: Fünf Frauen haben sich zum Essen getroffen und sitzen um einen runden Tisch. Frau Oßwald sitzt zwischen Frau Lutz und Frau Martin. Erika sitzt zwischen Katy und Frau Neidlinger. Frau

Lutz sitzt zwischen Erika und Alice. Katy und Doris sind Schwestern. Bettina hat als linke Nachbarin Frau Pieper und als rechte Frau Martin. Welche Vor- und Zunamen haben die einzelnen Frauen und wer sitzt wo am Tisch?

8. *Eine Kartenrunde*: Die Herren Wagner, Beier, Kühne und Schmidt spielen Karten. Ihre Vornamen in anderer Reihenfolge sind Jens, Volker, Martin und Richard. Martin spielt aus, Herr Schmidt sticht, Herr Kühne wirft ab, Richard muss bedienen. Am Schluss des Kartenabends ist Martin der Erste, Herr Wagner der Zweite, Jens Dritter und Herr Kühne Vierter. Wie heißen die Kartenfreunde mit Vornamen und Familiennamen?

15.2 Synchrone und asynchrone Schaltwerke

Im vorherigen Kapitel haben wir kennengelernt, wie sich vorgegebene Schaltfunktionen – zusammengesetzt aus booleschen Funktionen – durch Schaltnetze realisieren lassen. Dabei sind wir von Folgendem ausgegangen:

- Nach dem Anlegen von Eingangssignalen hat sich nach endlicher Zeit (Schaltzeit, auch *Hazard* genannt) ein stabiler Zustand an den Ausgängen eingestellt. Diese Zeit vom Anlegen der Eingangssignale bis zum Ablesen der Ausgangssignale wurde dabei vernachlässigt.
- Für die Berechnung des Ausgangs war nur der aktuelle Eingangswert maßgebend, nicht jedoch frühere Eingangswerte.

Bei den *Schaltnetzen*, die man auch als *kombinatorische Schaltungen (combinational circuits)* bezeichnet, hängt also der Ausgangswert nur von den Eingangssignalen ab.

Hier lernen wir nun *Schaltwerke* kennen, welche man auch als *sequenzielle Schaltungen (sequential circuits)* bezeichnet, bei denen die Ausgangswerte auch vom aktuellen inneren Zustand abhängen.

Man kann hier zwei Arten von Schaltwerken unterscheiden:

- *synchrone Schaltwerke*
  Alle Zustandsspeicher werden von einem (oder auch mehreren) zentralen Synchronisationssignal(en) T (Takt) gesteuert.
- *asynchrone Schaltwerke*
  Die Zustandsspeicher werden nicht von einem (oder auch mehreren) zentralen Synchronisationssignal(en) T (Takt) gesteuert, sondern steuern sich gegenseitig, indem sie nachfolgende Zustandsspeicher takten.

Synchrone Schaltwerke mit Pegel- oder Flankensteuerung

Bei synchronen Schaltwerken, die über ein gemeinsames zentrales Steuersignal getaktet sind, wird noch unterschieden zwischen:

- *Pegelsteuerung (Zustandssteuerung)*
  - Hier ist der Zustandsspeicher während einer Takthälfte transparent (durchgeschaltet) und während der anderen speichert er.
  - Die Eingänge wirken sich nur dann auf den Zustand aus, wenn der Takt z. B. den Wert 1 hat. Hat der Takt den Wert 0, wird der aktuelle Zustand gespeichert und ändert sich nicht.

- Der Nachteil bei der Pegelsteuerung ist, dass sich die Eingangssignale während der transparenten Taktperiode mehrfach ändern können, was Probleme mit sich bringt.
- Pegelgesteuerte Zustandsspeicher werden auch *Latches* genannt.

- *Flankensteuerung*
  - Nur während des Taktwechsels, entweder bei der positiven Taktflanke (0 → 1) oder bei der negativen Taktflanke (1 → 0), werden die Eingabewerte in den Zustandsspeicher übernommen, was bei den zugehörigen Schaltsymbolen durch ein kleines Dreieck angezeigt wird, wie es Abbildung 15.2 zeigt. Im Rahmen dieses Buches werden wir auf diese Unterscheidung verzichten.
  - Der Vorteil der Flankensteuerung ist, dass die Eingänge nur für eine sehr kurze Zeitspanne gültig sein müssen und nicht wie bei der Pegelsteuerung über eine ganze Takthälfte.

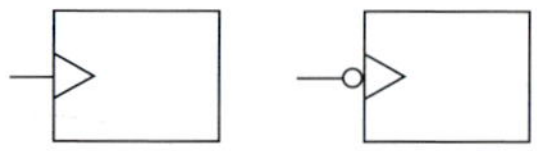

Abbildung 15.2: Schaltsymbole für flankengesteuerten Takteingang

Mittlere und größere Schaltwerke werden immer als synchrone Schaltwerke realisiert, da sie leichter zu entwerfen sind als asynchrone Schaltwerke und unabhängig von internen Verzögerungszeiten sind.

Asynchrone Schaltwerke

Asynchrone Schaltwerke werden verwendet, da immer schneller werdende Bausteine zum Teil asynchrone Entwurfstechniken erzwingen. Sie sind z. B. erforderlich, wenn die internen Verzögerungszeiten der verwendeten Bausteine kleiner als die Signallaufzeiten auf dem Chip sind, denn in diesem Fall ist der gemeinsame zentrale Takt nicht mehr synchron, da er die einzelnen Bausteine je nach Entfernung zu unterschiedlichen Zeitpunkten erreicht.

Die in asynchronen Schaltwerken verwendeten Bausteine sind selbst kleine asynchrone Schaltwerke.

15.3 Schaltungen mit Delays

15.3.1 4-Bit-Ringzähler als synchrones Schaltwerk

Als Beispiel für die Rückführung von Ausgangssignalen auf den Eingang soll ein *4-Bit-Ringzähler* entworfen werden. Ein 4-Bit-Ringzähler erhöht die am Eingang anliegende Zahl um 1, wobei er immer nur bis 15 (`1111`) zählt und dann wieder bei 0 (`0000`) beginnt. Die zugehörige Wahrheitstabelle mit `i` für den Input (Eingang) und `o` für den Output (Ausgang) ist links in Abbildung 15.3 gezeigt.

i_3	i_2	i_1	i_0	o_3	o_2	o_1	o_0
0	0	0	0	0	0	0	1
0	0	0	1	0	0	1	0
0	0	1	0	0	0	1	1
0	0	1	1	0	1	0	0
0	1	0	0	0	1	0	1
0	1	0	1	0	1	1	0
0	1	1	0	0	1	1	1
0	1	1	1	1	0	0	0
1	0	0	0	1	0	0	1
1	0	0	1	1	0	1	0
1	0	1	0	1	0	1	1
1	0	1	1	1	1	0	0
1	1	0	0	1	1	0	1
1	1	0	1	1	1	1	0
1	1	1	0	1	1	1	1
1	1	1	1	0	0	0	0

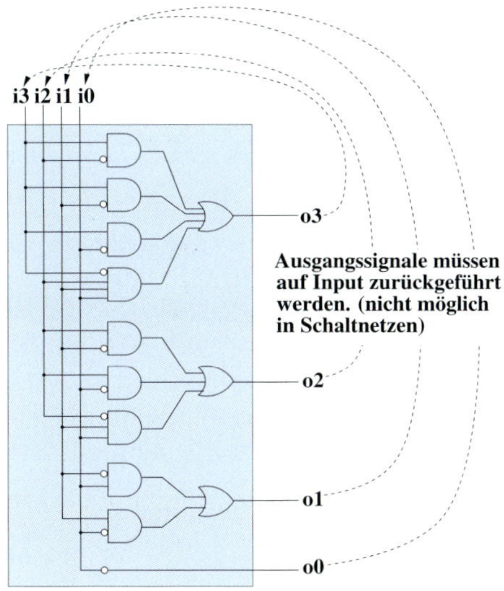

Abbildung 15.3: Wahrheitstabelle und Schaltung zum 4-Bit-Ringzähler

Aus dieser Wahrheitstabelle in Abbildung 15.3 lassen sich folgende Schaltfunktionen herleiten, deren Herleitung und Minimierung im begleitenden Material zu diesem Buch gezeigt ist, wobei es dem Leser überlassen wird, dies auch als Übung selbst durchzuführen:

$$o_0 = \overline{i}_0\,, \qquad o_1 = i_1\overline{i}_0 + \overline{i}_1 i_0$$

$$o_2 = i_2\overline{i}_1 + i_2\overline{i}_0 + \overline{i}_2 i_1 i_0\,, \qquad o_3 = \overline{i}_3 i_2 i_1 i_0 + i_3\overline{i}_2 + i_3\overline{i}_1 + i_3\overline{i}_0$$

Abbildung 15.3 zeigt rechts die Schaltung zum 4-Bit-Ringzähler. Problematisch an dieser Schaltung ist nun, dass deren Output als neuer Input zu nehmen und erneut die Funktion darauf anzuwenden ist, d. h. den Output als nächsten Input aufzunehmen, also eine Art Rückkopplung herzustellen. Schaltnetze, welche zyklusfreie Graphen sind, lassen eine derartige Konstruktion nicht zu.

Hier sind *Schaltwerke* erforderlich, die gerichtete zyklische Graphen darstellen. Man benötigt in diesem Fall eine kontrollierte Rückführung, welche durch eine zentrale Uhr (*Taktgeber*) mittels Taktimpulsen gesteuert wird.

15.3.2 Delays

Als neues Bauteil verwenden wir dazu ein so genanntes *Delay* (*Schleuse*), das man, wie in Abbildung 15.4 gezeigt, darstellt.

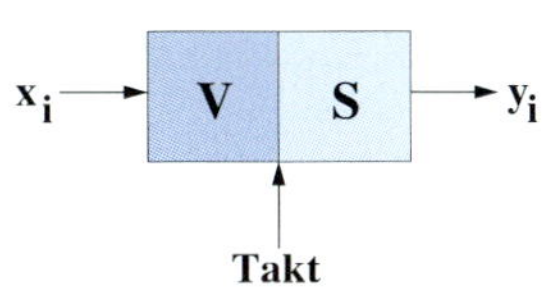

Abbildung 15.4: Delay

Für ein Delay, das die Rückkopplung synchronisiert und ein Bit speichern kann, gilt Folgendes:

- Ein Delay besteht aus einem Vorspeicher V und einem Speicher S.
- Die Arbeitsweise ähnelt einer *Schleuse*, die in zwei Phasen arbeitet.
  1. *Arbeitsphase*:
     Der Inhalt von S wird nach außen abgegeben, es steht also als Signal y_i für eine längere Zeit zur Verfügung und ein Signal x_i wird in V abgelegt, wobei V und S durch eine Sperre getrennt sind.
  2. *Setzphase:*
     Eine zentrale Synchronisation (*clock* ist eine Uhr, die Taktimpulse erzeugt), hebt die Sperre kurzzeitig auf und bewirkt dadurch die Abgabe des Inhalts von V an S. Diese Abgabe wird als Setzen bezeichnet.
- Die Setzphase ist im Allgemeinen wesentlich kürzer als die Arbeitsphase. In dieser Setzphase werden keine Signale von außen aufgenommen oder nach außen abgegeben.
- Befindet sich zum Zeitpunkt i der Wert x_i im Vorspeicher und y_i im Speicher, so wird beim nächsten Takt der Wert x_i in den Speicher geschrieben und vom Zeitpunkt i zum Zeitpunkt i+1 übergegangen.

Mit vier Delays lässt sich nun ein funktionstüchtiger 4-Bit-Ringzähler realisieren, wie es in Abbildung 15.5 dargestellt ist.

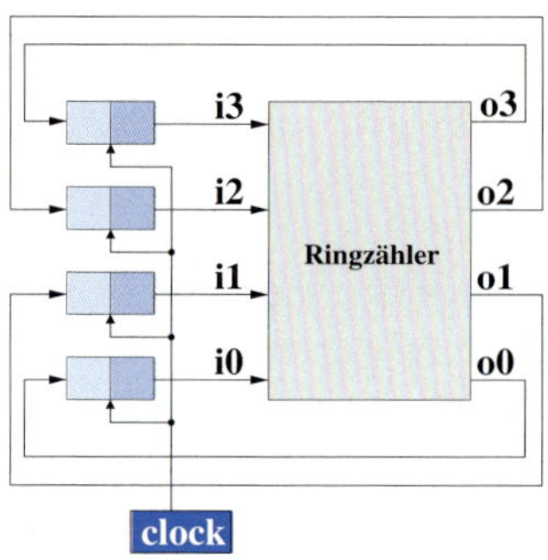

Abbildung 15.5: 4-Bit-Ringzähler mit Delays

In der Praxis muss dabei die *Clock* so beschaffen sein, dass ein neuer Taktimpuls erst dann erzeugt wird, wenn sicher ist, dass der vom Ringzähler erzeugte Output die gesamte Schaltung durchlaufen hat.

Bei der Verwendung von Delays nehmen wir ein getaktetes synchronisiertes Arbeiten an. Solche Schaltungen mit einem zentralen Takt nennt man *synchrone Schaltwerke*.

Register

Zu Speicherungszwecken im Computer kommt man nicht mit einem Delay aus, sondern man benötigt üblicherweise eine Folge von Delays. Diese werden dann auch als *Register* bezeichnet.

Im Beispiel des Ringzählers haben wir ein 4-stelliges Register verwendet, dessen Komponenten paarweise voneinander unabhängig waren. Wir verwenden dafür eine vereinfachte Darstellung, wie es Abbildung 15.6 gezeigt ist. Dabei ist nur der Speicherteil, nicht jedoch der Vorspeicher dargestellt.

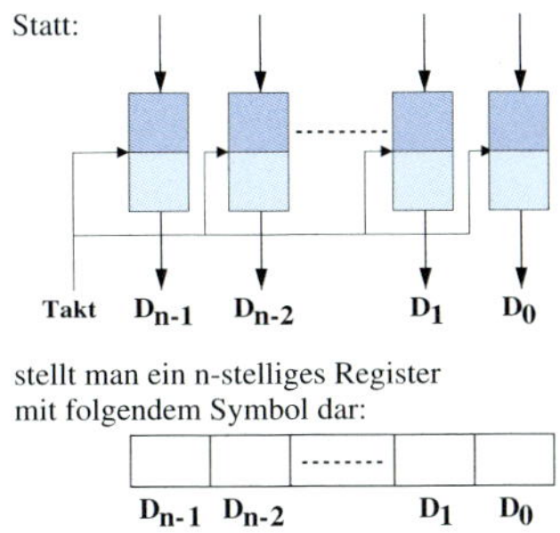

Abbildung 15.6: Darstellung eines n-stelligen Registers

Register sind nun in der Lage, Worte der Länge n zu speichern. Bei einem n-stelligen Register bezeichnet man n auch als *Wortlänge*. Typische Wortlängen sind z. B. $n = 8, 16, 32, 48, 64$. Alle Delays eines Registers und prinzipiell auch alle Delays eines Schaltwerkes bzw. Rechners werden insgesamt gleichzeitig getaktet, wobei zwischen zwei aufeinanderfolgenden Taktimpulsen in jedem Delay sowohl Arbeits- als auch Setzphase ablaufen. Die Zeit, die zwischen zwei Taktimpulsen vergeht, nennt man die *Taktzeit* oder *Taktzykluszeit* eines Rechners, den die Clock erzeugt. Taktzyklen liegen heute in der Größenordnung von $T = 10^{-9}$ Sekunden (Nanosekunden), was $\frac{1}{T} = 10^9$ Hertz (Gigahertz) entspricht. In diesem Rhythmus vollziehen sich synchron alle rechnerinternen Abläufe. Aber nicht alle Abläufe können innerhalb eines Takts realisiert werden. So kann eine Addition zweier Dualzahlen z. B. 12 Takte dauern. Innerhalb eines Taktes können parallel jedoch mehrere Ereignisse ablaufen.

15.3.3 Realisierung von Delays mit Flipflops

Abbildung 15.7 zeigt eine Flimmerschaltung, wobei diese links ungetaktet ist, was bedeutet, dass sich der Wert am Ausgang ständig mit einer wahnsinnigen Geschwindigkeit zwischen 0 und 1 ändert. Im rechten Teil von Abbildung 15.7 dagegen ändert sich der Wert am Ausgang immer nur in der Taktzeit zwischen 0 und 1.

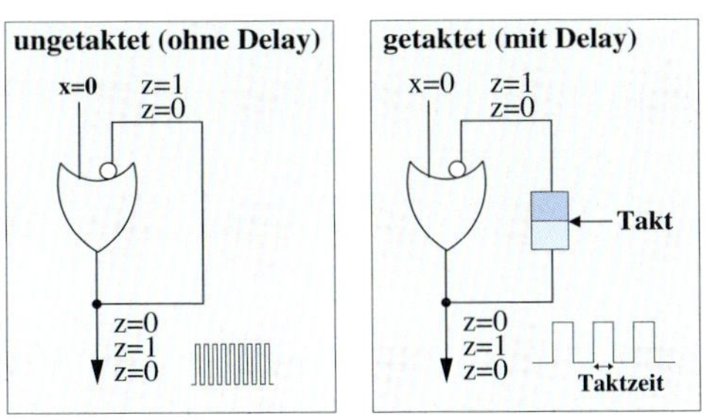

Abbildung 15.7: Flimmerschaltung (links) und mit Delay getaktete Schaltung (rechts)

SR-Flipflop

Um einen 1-Bit-Speicher zu realisieren, benötigt man eine Schaltung, die sich nicht nur auf die Werte 1 und 0 setzen lässt, sondern auch einen gesetzten Wert halten, also speichern kann. Dies lässt sich mit zwei NOR- bzw. zwei NAND-Gattern realisieren. Abbildung 15.8 zeigt die beiden entsprechenden Schaltungen, die man auch als *SR-Flipflops* bezeichnet. Diese Schaltungen aus Abbildung 15.8 haben jeweils

- zwei Eingänge
  - S (*Set*) zum Setzen und
  - R (*Reset*) zum Löschen
- und zwei komplementäre Ausgänge Q und $\overline{Q}$.

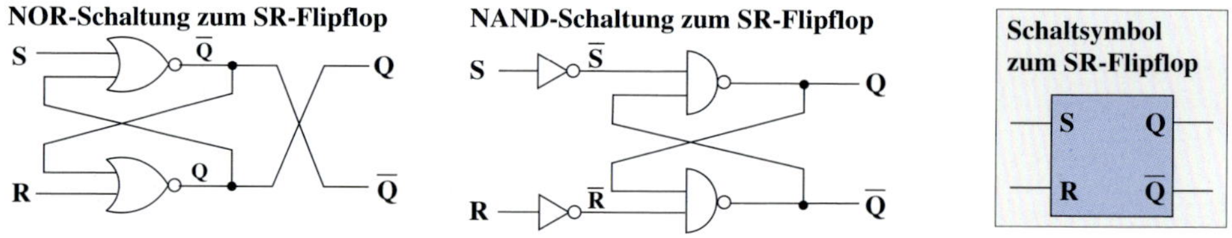

Abbildung 15.8: SR-Flipflop

Für diese Schaltungen aus Abbildung 15.8 lässt sich die nachfolgende Tabelle aufstellen.

Eingänge		Ausgang (alt)		Ausgang (neu)		Funktion
S	R	Q	$\overline{Q}$	Q	$\overline{Q}$	
0	0	0	1	0	1	Speichern
0	0	1	0	1	0	Speichern
0	1	beliebig		0	1	Rücksetzen
1	0	beliebig		1	0	Setzen
1	1	beliebig		1	1	ungültig

Aus dieser Tabelle lässt sich nun Folgendes herleiten:

1. *Fall: Speichern (S=R=0)*
   In diesem Fall bleibt der Wert von Q erhalten.
2. *Fall: Rücksetzen (S=0, R=1)*
   Hiermit lässt sich Q auf 0 setzen, unabhängig davon, welchen Wert es zuvor hatte.
3. *Fall: Setzen (S=1, R=0)*
   Hiermit lässt sich Q auf 1 setzen, unabhängig davon, welchen Wert es zuvor hatte.

4. *Fall: Irreguläre Belegung* (S=R=1)
   In diesem Fall werden sowohl Q als auch $\overline{Q}$ auf den Wert 0 gesetzt, was der Forderung, dass diese beiden Ausgänge stets verschiedene Werte haben sollen, widerspricht. Diese Belegung sollte deshalb grundsätzlich vermieden werden.

Aufgrund des beschriebenen Verhaltens heißt S der *Setzeingang* und R der *Rücksetzeingang*. Abbildung 15.9 zeigt ein Anwendungsbeispiel für ein RS-Flipflop mit entsprechendem Zeitverhalten. Bei dieser Abbildung wird eine Warnlampe eingeschaltet, wenn der Sensor eine Temperaturüberschreitung am S-Eingang signalisiert. Das Rücksetzen (Ausschalten) der Lampe muss dabei manuell über den R-Eingang erfolgen.

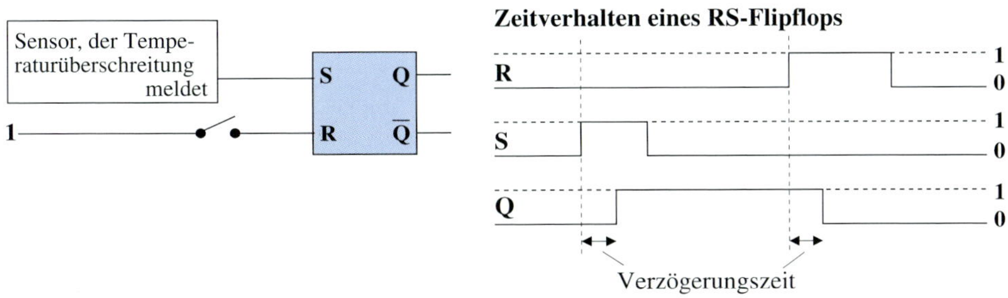

Abbildung 15.9: SR-Flipflop zum Einschalten einer Lampe bei Temperaturüberschreitung

Aus dem SR-Flipflop lassen sich nun zahlreiche weitere Arten von Flipflops ableiten.

SR-Flipflop mit Pegelsteuerung (SR-Latch)

Das Grundflipflop ist eine *asynchrone Schaltung*, d. h. ein Zustandswechsel erfolgt stets unmittelbar nach dem Eintreffen der Eingangssignale. In einer Schaltung, in der mehrere Flipflops vorkommen, schalten diese nicht genau gleichzeitig, sondern aufgrund unterschiedlicher Laufzeitverzögerung der Gatter zu verschiedenen Zeitpunkten. Bei umfangreicheren Schaltungen kann es dadurch zu Störungen kommen.

In solchen Fällen bevorzugt man die *synchrone Arbeitsweise*. Hierbei werden alle Speicherelemente von einem gemeinsamen Takt gesteuert. Dies geschieht mittels eines zusätzlichen Eingangs C (*clock*), der ein Taktsignal führt, das den Zeitpunkt bestimmt, zu dem der Zustandswechsel erfolgen soll bzw. zu dem die Daten von den Eingängen S und R in den Speicher, also auf die Ausgänge, übernommen werden sollen. Zu diesem Zweck legt man vor die Eingänge des Grundflipflops ein „Tor aus zwei AND-Gattern", das – vom Takt gesteuert – die an den Eingängen anliegenden Signale durchschaltet oder sperrt, was durch die Schaltung in Abbildung 15.10 dargestellt wird. Ein solches taktpegelgesteuertes SR-Flipflop wird auch als *SR-Latch* bezeichnet, wobei der Begriff *Latch (Riegel)* andeutet, dass ein Umschalten erst durch Anliegen eines gültigen Pegelwertes am Takteingang erfolgen kann.

In Abbildung 15.10 gilt Folgendes:

- Gilt C=1 (aktiver Taktzustand), sind die Eingänge R und S zum Grundflipflop durchgeschaltet und Änderungen dieser Signale wirken sich unmittelbar auf das Grundflipflop aus.

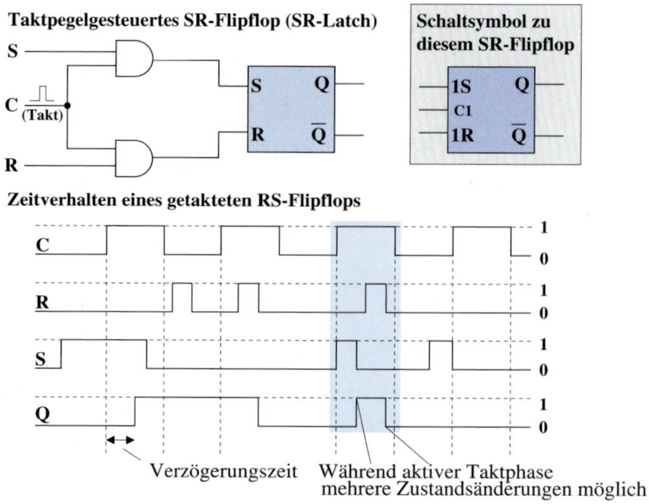

Abbildung 15.10: Pegelgesteuertes SR-Flipflop

- Ist jedoch `C=0` (passiver Taktzustand), liefern die beiden AND-Gatter den Wert 0, und Änderungen von `R` und `S` bleiben damit ohne Wirkung: die Eingänge `R` und `S` sind also gesperrt.

Die folgende Tabelle verdeutlicht dies nochmals.

Eingänge		Takt	Ausgang (alt)		Ausgang (neu)		Funktion
S	R	C	Q	$\overline{Q}$	Q	$\overline{Q}$	
beliebig		0	unverändert				Sperren
0	0	1	unverändert				Sperren
0	1	1	beliebig		0	1	Rücksetzen
1	0	1	beliebig		1	0	Setzen
1	1	1	beliebig		1	1	ungültig

Das Zeitverhalten in Abbildung 15.10 zeigt, dass während einer Taktphase mehrere Zustandsänderungen möglich sind. Dies hat zur Folge, dass pegelgesteuerte RS-Flipflops für viele Anwendungen nicht geeignet sind.

D-Flipflop mit Pegelsteuerung (D-Latch)

Beim *D-Flipflop* handelt es sich um ein erweitertes pegelgesteuertes SR-Flipflop. Um die unzulässige Eingangsbelegung `R=S=1` zu vermeiden, verwendet man die links in Abbildung 15.11 gezeigte Schaltung. Bei dieser Schaltung ist der R-Eingang über einen Inverter mit dem S-Eingang verbunden. Somit haben die beiden Eingänge stets entgegengesetzte Werte und die unzulässige Belegung `R=S=1` ist ausgeschlossen, wie die Tabelle rechts in Abbildung 15.11 zeigt.

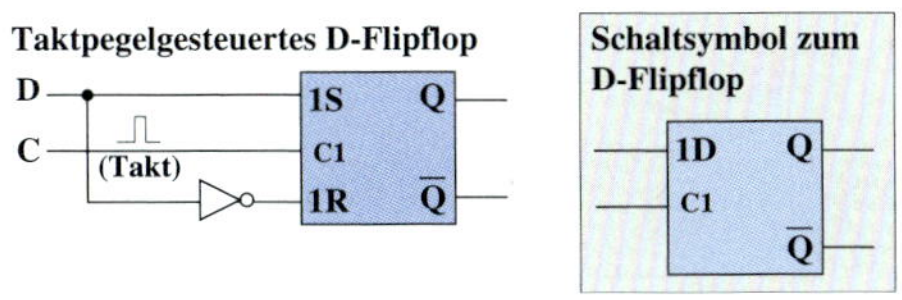

C	D	S	R	Q_{neu}	*Wirkung*
0	–	–	–	Q_{alt}	*Speichern*
1	0	0	1	0	*Rücksetzen*
1	1	1	0	1	*Setzen*

Abbildung 15.11: D-Flipflop

Die Bezeichnung des Eingangs mit *D* ist vom englischen Wort *delay* abgeleitet, da der Wert der Eingangsvariablen *D* um eine Taktperiode verzögert am Ausgang zur Verfügung gestellt wird.

Zweistufiges Master/Slave-Flipflop

Bei den bisher betrachteten Flipflops sind die Eingangssignale während des aktiven Taktzustands wirksam. Für dessen Dauer sind die Eingänge mit den Ausgängen direkt verbunden, d. h. eine Änderung der Eingangswerte bewirkt unmittelbar eine Änderung der Ausgänge. Wenn man nun mehrere Flipflops dieser Art (wie bei Zählern und Schieberegistern) hintereinander schaltet und sie synchron ansteuert, so wird das Signal am Eingang des ersten Flipflops „durchrutschen", d. h. für die Dauer des aktiven Taktzustands wären alle Flipflops im gleichen Zustand.

Um dies zu vermeiden, muss ein Speicherelement konstruiert werden, das die an seinen Eingängen anliegenden neuen Werte schon übernehmen und dennoch die an seinen Ausgängen gespeicherten alten Werte für eine festgelegte Zeitdauer halten kann. Dies wird durch *zweistufige Flipflops*, d. h. Flipflops mit zwei Speichern möglich, bei denen zwei getaktete Flipflops hintereinander geschaltet sind, welche im Gegentakt arbeiten. Abbildung 15.12 zeigt die Schaltung zum so genannten *Master/Slave-Flipflop*. Wenn bei diesem zweistufigen Flipflop aus Abbildung 15.12 das linke Flipflop (der Master) Daten übernimmt, ist das rechte Flipflop (der Slave) gesperrt. Erst beim Zustandswechsel des Taktes `C=1` auf `C=0` werden die neuen Werte im *Slave* übernommen, wobei dann die Eingänge zum *Master* gesperrt sind. Das Retardierungszeichen ¬ im Schaltsymbol zeigt an, dass der Slave erst dann seinen Wert erhält, wenn die Eingänge im Master gesperrt sind. Abbildung 15.13 zeigt ein Master/Slave-Flipflop aus NAND-Gattern und dessen Funktionsweise.

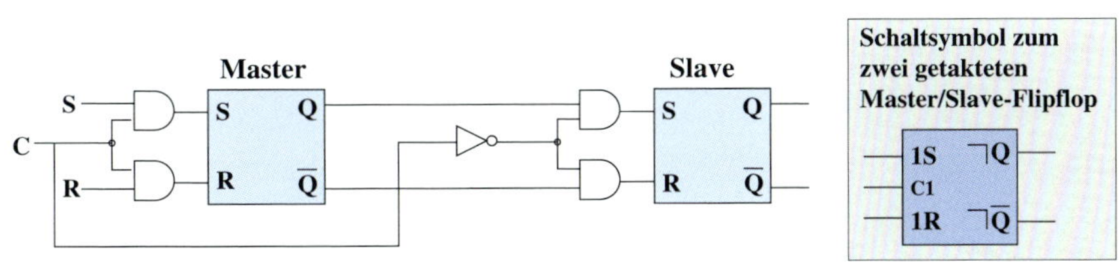

Abbildung 15.12: Master/Slave-Flipflop

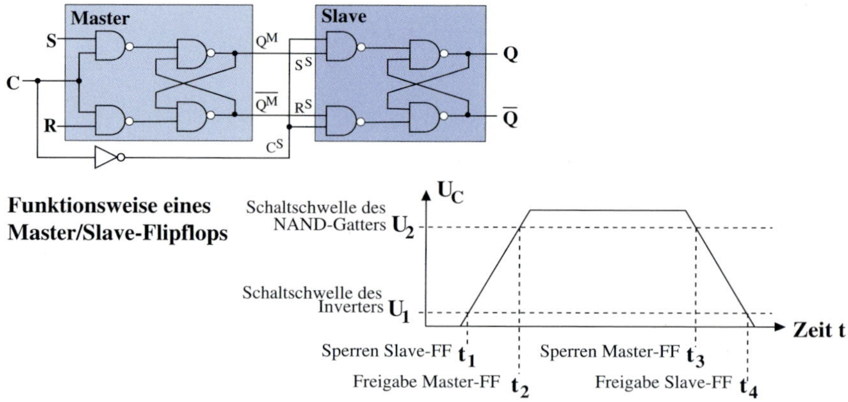

Abbildung 15.13: Master/Slave-Flipflop aus NAND-Gattern und dessen Funktionsweise

Flankengesteuertes D-Flipflop

Bei dem früher vorgestellten pegelgesteuerten RS-Flipflop sind die Eingangsvariablen, die vom Taktsignal C abhängen, so lange wirksam, wie $C = 1$ ist. Der Nachteil hierbei ist, dass für die Dauer, in der $C = 1$ ist, sich – wie dort erwähnt – die Werte der Eingangsvariablen nicht ändern und auch keine Störsignale auftreten dürfen.

Um diesen Nachteil pegelgesteuerter Flipflops zu beseitigen, verwendet man Schaltungen, die nicht darauf reagieren, ob der Takteingang den Zustand 1 oder 0 hat, sondern die auf den Zustandswechsel reagieren. Ein solcher Eingang wird dann mit *Trigger-Eingang (Auslöser)* bezeichnet. Bei solchen *Flipflops mit Taktflankensteuerung* werden die Eingangswerte nur dann wirksam, wenn das Taktsignal von 0 auf 1 (steigende Taktflanke) oder umgekehrt von 1 auf 0 (fallende Taktflanke) wechselt.

Zu allen Flipflops mit Taktzustandssteuerung existieren auch entsprechende Flipflops mit Taktflankensteuerung, die in ihrem Symbol beim Takteingang ein kleines Dreieck enthalten, um sie von den Flipflops mit Taktzustandssteuerung zu unterscheiden. Nachfolgend wird stellvertretend ein flankengesteuertes T-Flipflop vorgestellt.

Durch die Serienschaltung von zwei D-Flipflops und komplementärer Taktansteuerung erhält man z. B. ein *flankengesteuertes D-Flipflop*, wie es in Abbildung 15.14 gezeigt ist.

- Während $C = 0$ folgt das Master-Flipflop den Änderungen des Eingangssignals D, während das Slave-Flipflop verriegelt ist.

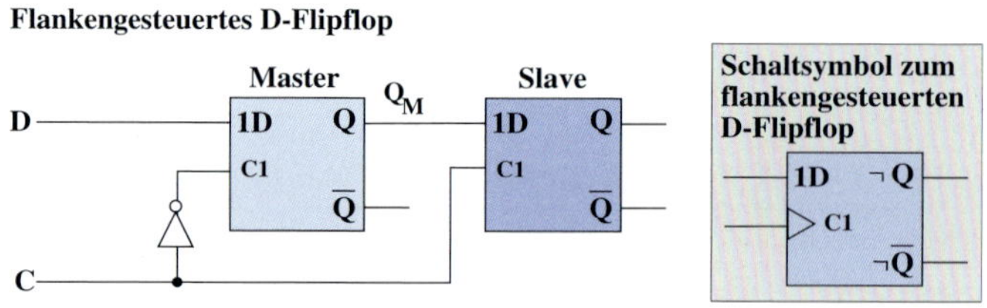

Abbildung 15.14: Master/Slave-D-Flipflop

- Mit dem Wechsel des Taktes von 0 nach 1 wird das Master-Flipflop verriegelt.
- Unabhängig von nun eventuell auftretenden Änderungen von D bleibt der Ausgabewert des Masters Q_M gleich dem Wert von D, der beim Wechsel des Taktes von 0 nach 1 anlag.
- Dieser Wert wird nun in das Slave-Flipflop übernommen und dort auch gespeichert, wenn der Takt von 1 auf 0 zurückgeht.

D-Flipflops sind die am einfachsten zu realisierenden flankengesteuerten Speicherelemente und werden wegen ihres geringen Platzbedarfes am häufigsten als Speicherglieder in integrierten Schaltungen verwendet.

Flankengesteuerte D-Flipflops dienen z. B. als Grundbaustein für n-Bit-Register, wie es in Abbildung 15.15 zu sehen ist. Dabei werden Daten vom Datenbus bei steigender Flanke des LOAD-Signals in das Register geladen.

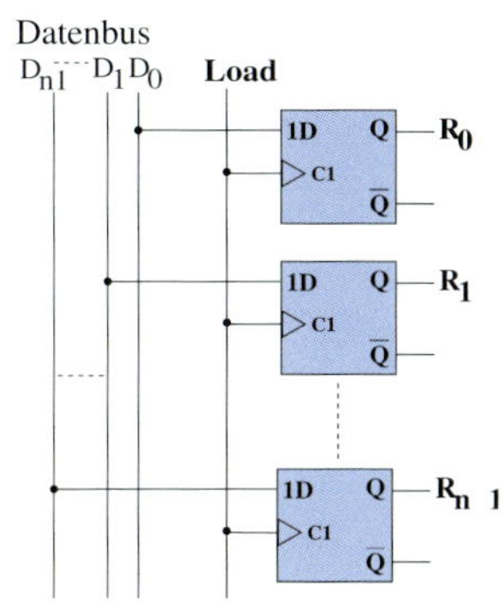

Abbildung 15.15: D-Flipflops zur Realisierung von einem n-Bit-Register

JK-Flipflop

Das so genannte *JK-Flipflop* (*J=Jump* und *K=Kill*) – wie es links in Abbildung 15.16 dargestellt ist – entsteht z. B. aus einem flankengesteuerten SR-Flipflop, bei dem der S-Eingang durch ein AND-Gatter mit dem Eingang J und dem rückgekoppelten Ausgang $\overline{Q}$ belegt wird. Der R-Eingang wird dabei mit dem Eingang K und dem rückgekoppelten Ausgang Q belegt. Die dabei nicht benötigte Belegung R=S=1 wird dazu benutzt, Q zu invertieren (*toggeln*).

Abbildung 15.16 zeigt in der Mitte eine alternative Realisierung eines JK-Flipflops mit einem flankengesteuerten D-Flipflop.

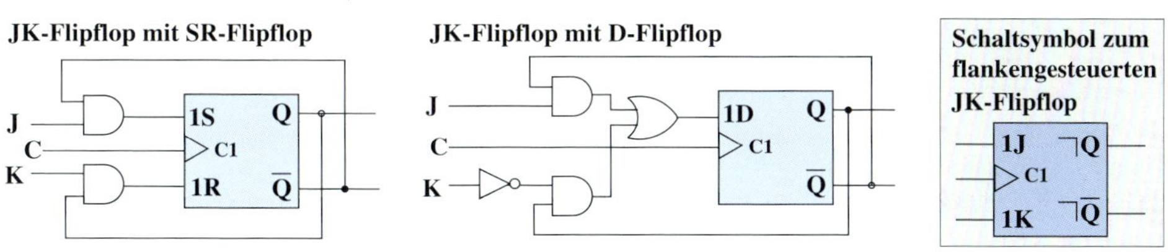

Abbildung 15.16: JK-Flipflop

Für J=K=1 ändert das JK-Master/Slave-Flipflop seinen Zustand, wie die folgende linke Tabelle zeigt. Die folgende rechte Tabelle zeigt noch, wie man den *J*- bzw. *K*-Eingang setzen muss, um aus Q_{alt} dann den entsprechenden Wert zu Q_{neu} zu erhalten.

J	K	Q_{neu}	*Wirkung*
0	0	Q_{alt}	*Speichern*
0	1	0	*Rücksetzen*
1	0	1	*Setzen*
1	1	$\overline{Q_{alt}}$	*Invertieren*

J	K	Q_{neu}	Q_{alt}
0	–	0	0
1	–	1	0
–	1	0	1
–	0	1	1

JK-Flipflops werden bei der Realisierung von Schaltwerken sehr häufig eingesetzt.

Flankengesteuertes T-Flipflop

Verbindet man die beiden Eingänge des JK-Flipflops, erhält man ein *T-Flipflop* (*toggle=Umschalten, Kippen*), das man verwendet, um durch das Rückkoppeln der Ausgänge Q und $\overline{Q}$ Kippschalter zu realisieren. Abbildung 15.17 zeigt rechts die Schaltung dieses *T-Flipflops*, das immer bei steigender Flanke seinen Wert wechselt, wie die links in Abbildung 15.17 angegebene verkürzte Tabelle zeigt.

T	Q_{neu}	*Funktion*
0	Q_{alt}	*Speichern*
1	$\overline{Q_{alt}}$	*Wechseln*

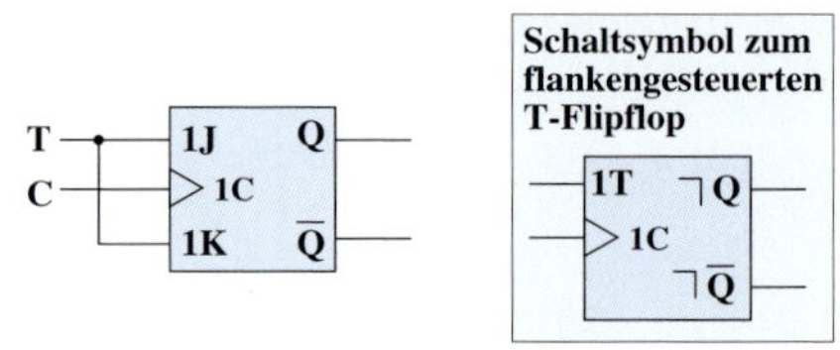

Abbildung 15.17: T-Flipflop zur Realisierung von Kippschaltern

Übersicht über die Flipflop-Typen

Abbildung 15.18 zeigt Symbole zu unterschiedlichen Flipflop-Typen.

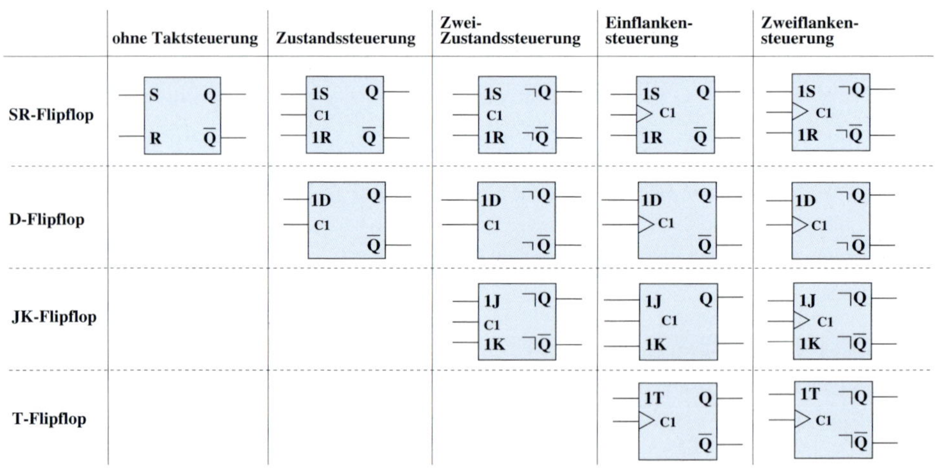

Abbildung 15.18: Übersicht zu den Flipflop-Typen

Flipflops besitzen neben den Dateneingängen in den meisten Fällen auch *Set*- und *Reset*-Eingänge, über die man unabhängig vom Takt den Zustand des Flipflops festlegen kann.

Flipflops werden nicht nur als Speicherbausteine, sondern auch bei vielen anderen Realisierungen verwendet. Im Folgenden werden dazu die für den Aufbau einer Zentraleinheit entscheidenden Schaltwerke, nämlich Zähler, Register und einfache Rechenschaltungen, vorgestellt.

15.4 Zähler und Frequenzteiler

Da der durch eine Quarzschaltung vorgegebene zentrale Arbeitstakt nicht von allen Bauelementen in voller Geschwindigkeit genutzt wird, muss er auf ganzzahlige Teile heruntertransformiert werden. Zur Erzeugung solcher ganzzahliger Zeitsignale aus dem zentralen Takt des Quarzbausteins werden sequenzielle Zähler als Taktgeber und Frequenzteiler verwendet.

Zähler und Frequenzteiler werden aus Flipflops aufgebaut, wobei zur Auswertung bzw. Anzeige der gespeicherten Zählergebnisse die Ausgänge der Flipflopstufen verwendet werden. Dabei ist Folgendes zu beachten:

- *Zähler* addieren die eintreffenden Eingangssignale, speichern diese und geben das Ergebnis aus, weshalb hier die Anschlüsse der Flipflops nach außen geführt werden müssen.
- *Frequenzteiler* dagegen geben nach n eintreffenden Einganssignalen ein Ausgangssignal nach außen ab.

15.4.1 Synchroner 4-Bit-Ringzähler mit JK-Flipflops

Abbildung 15.20 zeigt die Realisierung eines dualen synchronen 4-Bit-Ringzählers mit JK-Flipflops, der wie folgt zählt:

z3	z2	z1	z0
0	0	0	0
0	0	0	1
0	0	1	0
0	0	1	1
0	1	0	0
0	1	0	1
0	1	1	0
0	1	1	1
1	0	0	0
1	0	0	1
1	0	1	0
1	0	1	1
1	1	0	0
1	1	0	1
1	1	1	0
1	1	1	1
0	0	0	0
...	...	...	...

$\Longrightarrow$

Wert	Q_3	Q_2	Q_1	Q_0	Q'_3	Q'_2	Q'_1	Q'_0
0	0	0	0	0	0	0	0	1
1	0	0	0	1	0	0	1	0
2	0	0	1	0	0	0	1	1
3	0	0	1	1	0	1	0	0
4	0	1	0	0	0	1	0	1
5	0	1	0	1	0	1	1	0
6	0	1	1	0	0	1	1	1
7	0	1	1	1	1	0	0	0
8	1	0	0	0	1	0	0	1
9	1	0	0	1	1	0	1	0
10	1	0	1	0	1	0	1	1
11	1	0	1	1	1	1	0	0
12	1	1	0	0	1	1	0	1
13	1	1	0	1	1	1	1	0
14	1	1	1	0	1	1	1	1
15	1	1	1	1	0	0	0	0

In dieser Tabelle ist erkennbar, dass

- $z0$ bei jedem Takt seinen Wert ändert,
- $z1$ immer nach zwei Takten seinen Wert ändert,
- $z2$ immer nach vier Takten seinen Wert ändert und
- $z3$ immer nach acht Takten seinen Wert ändert.

Hinsichtlich der neuen Q_i'-Werte verwenden wir KV-Diagramme, um die DMFs zu finden, wie es in Abbildung 15.19 dargestellt ist.

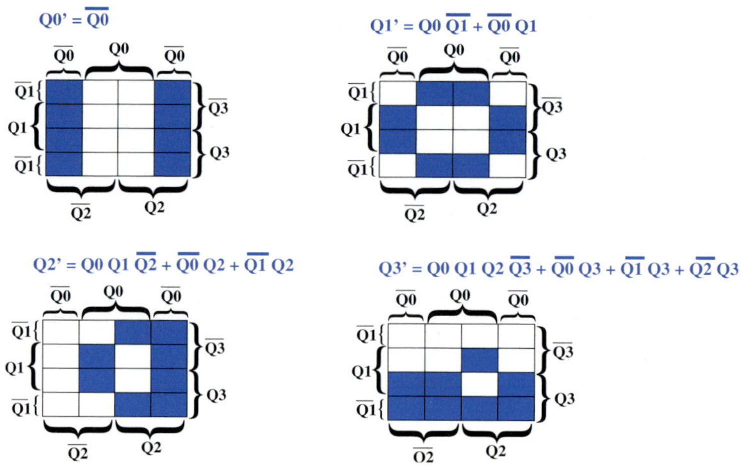

Abbildung 15.19: DMFs für die Q_i'-Werte

Mittels der Gleichung $Q' = J\overline{Q} + \overline{K}Q$ wollen wir nun die erforderlichen J- und K-Eingänge finden:

$$
\begin{array}{lcrcrcll}
Q' & = & J\overline{Q} & + & \overline{K}Q & & & \\
\hline
Q_0' & = & 1\overline{Q_0} & + & \overline{1}Q_0 & \Longrightarrow & J_0 = 1, & K_0 = 1 \\
Q_1' & = & Q_0\overline{Q_1} & + & \overline{Q_0}Q_1 & \Longrightarrow & J_1 = Q_0, & K_1 = Q_0 \\
Q_2' & = & Q_0Q_1\overline{Q_2} & + & \overline{Q_0Q_1}Q_2 & \Longrightarrow & J_2 = Q_0Q_1, & K_2 = Q_0Q_1 \\
Q_3' & = & Q_0Q_1Q_2\overline{Q_3} & + & \overline{Q_0Q_1Q_2}Q_3 & \Longrightarrow & J_3 = Q_0Q_1Q_2, & K_3 = Q_0Q_1Q_2
\end{array}
$$

Dieses Verhalten wird durch den synchronen 4-Bit-Ringzähler in Abbildung 15.20 realisiert. Die AND-Gatter bewirken, dass ein JK-Flipflop immer dann bei einem Takt schaltet, wenn alle dahinter liegenden JK-Flipflops den Q-Wert 1 haben, was genau das Zählen in der obigen Tabelle widerspiegelt.

Bei synchronen Zählern sind alle Takteingänge der Flipflops parallel geschaltet, so dass alle Zustandsänderungen taktsynchron erfolgen. Nachteilig bei den synchronen Zählern ist der zusätzliche Schaltungsaufwand wie z. B. AND-Gatter in Abbildung 15.20, damit nicht alle Flipflops bei jedem Taktimpuls schalten.

Im Begleitmaterial zu diesem Buch wird das C++-Programm `syncZaehler.cpp` vorgestellt, das einen dualen 4-Bit-Ringzähler simuliert.

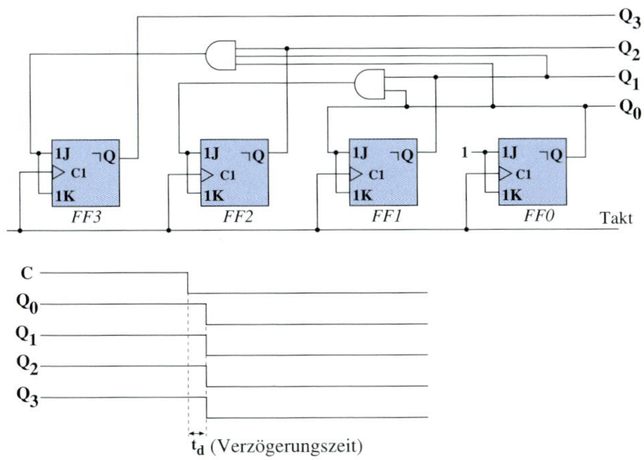

Abbildung 15.20: Synchroner dualer 4-Bit-Ringzähler mit JK-Flipflops

15.4.2 Asynchroner 4-Bit-Ringzähler mit T-Flipflops

Abbildung 15.21 zeigt die Realisierung eines dualen asynchronen 4-Bit-Ringzählers mit flankengesteuerten T-Flipflops, die ihren Wert immer bei fallender Flanke invertieren, wobei sie bis auf den ersten Flipflop alle durch ihre Vorgänger-Flipflops getaktet werden.

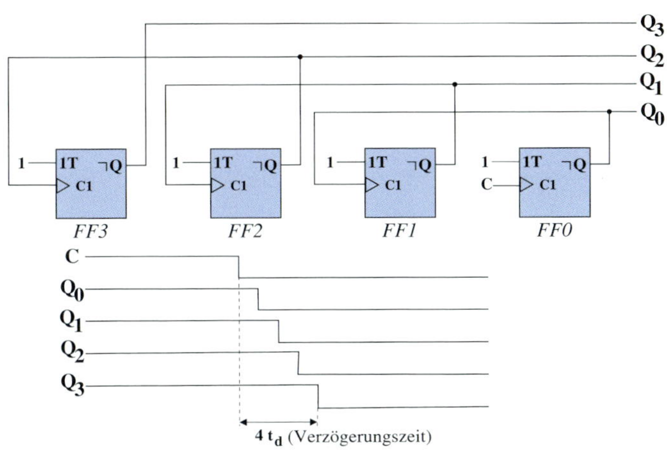

Abbildung 15.21: Asynchroner dualer 4-Bit-Ringzähler mit T-Flipflops

Asynchrone Zähler benötigen weniger Schaltungsaufwand. Wegen der Signallaufzeiten kippen die einzelnen Flipflops nacheinander, also asynchron. Dadurch dauert der Übergang zwischen den Zählerzuständen länger als bei einem synchronen Zähler und an den Zählerausgängen können zwischenzeitlich undefinierte Belegungen auftreten.

Im Begleitmaterial zu diesem Buch wird das C++-Programm `asyncZaehler.cpp` vorgestellt, das einen dualen asynchronen 4-Bit-Ringzähler mit T-Flipflops simuliert.

15.4.3 Synchroner BCD-Zähler (Mod-10) mit T-Flipflops

Zur Realisierung eines BCD-Zählers wird für jede Dezimalziffer ein vierstelliger Dualzähler benötigt, wobei durch zusätzliche Schaltungen festgelegt wird, dass dieser Dualzähler bereits beim zehnten Zählimpuls wieder auf den Anfangszustand (alle Bits 0) zurückgesetzt wird. Ein solcher BCD-Zähler zählt also 0000 (0), 0001 (1), 0010 (2), 0011 (3), 0100 (4), 0101 (5), 0110 (6), 0111 (7), 1000 (8), 1001 (9) und nun beginnt er wieder bei der 0000 (0).

Abbildung 15.22 zeigt einen solchen synchronen BCD-Zähler, der hier mit T-Flipflops realisiert ist, wobei gegenüber dem dualen 4-Bit-Ringzähler Folgendes zu berücksichtigen ist:

- Flipflop FF1 darf beim 10. Zählimpuls (1001) nicht auf 1 schalten, obwohl am Ausgang Q_0 ein aktiver 1/0-Wechsel auftritt. Dies wird dadurch erreicht, dass vor dem Eingang von FF1 ein AND-Gatter aus $\overline{Q_3}$ und Q_0 geschaltet wird. Dies bewirkt, dass bei 1001 dieses Bit nicht auf 1 gesetzt wird.
- Flipflop FF3 muss beim 10. Zählimpuls (1001) auf 0 zurückgeschaltet werden. Dies erreicht man durch ein zusätzliches AND-Gatter mit den Eingängen Q_0 und Q_3, die beide bei 1001 den Wert 1 haben. Den Ausgang dieses AND-Gatters und den des „normalen" AND-Gatters beim dualen Ringzähler verknüpft man dann mit einem OR-Gatter, dessen Ausgang als Eingang von FF3 dient.

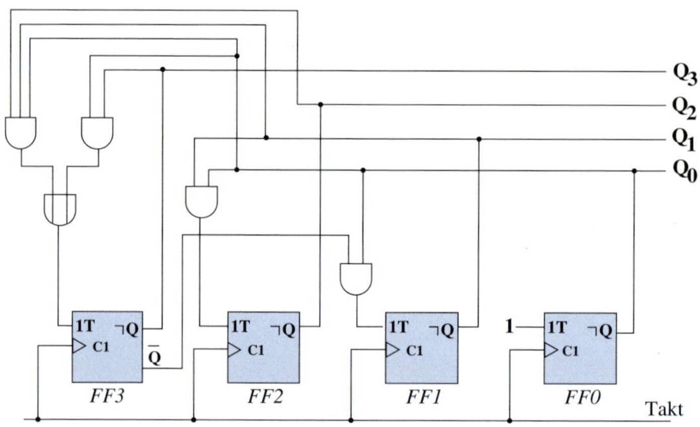

Abbildung 15.22: Synchroner BCD-Zähler mit T-Flipflops

Im Begleitmaterial zu diesem Buch wird das C++-Programm `syncbcdZaehler.cpp` vorgestellt, das einen dualen synchronen BCD-Zähler mit T-Flipflops simuliert.

15.4.4 Asynchroner BCD-Zähler (Mod-10) mit JK-Flipflops

Abbildung 15.23 zeigt einen asynchronen BCD-Zähler, der mit JK-Flipflops realisiert ist, wobei hier Folgendes gilt:

- Flipflop FF1 darf beim 10. Zählimpuls (1001) nicht auf 1 schalten, obwohl am Ausgang Q_0 ein aktiver 1/0-Wechsel auftritt. Um den Ausgang Q_1 nun auf 0 zu halten, wenn Q_3 vor dem Takt den Wert 1 hat, wird J_1 mit $Q_0\overline{Q_3}$ belegt. So ist sichergestellt, dass nicht nur Q_1, sondern auch Q_2 beim 10. Zählimpuls auf 0 bleibt.

- Flipflop FF3 muss beim 10. Zählimpuls (1001) auf 0 zurückgeschaltet werden. Da die Flipflops FF1 und FF2 nun blockiert sind, wird als Takt für das Flipflop FF3 der Ausgang von Q_0 benutzt und somit diese Blockade umgangen.
- Das Setzen von J_3 auf Q_2Q_1 verhindert, dass das Flipflop FF3 zu früh kippt, wie z. B. bei den Taktzeiten 2, 4, 6. So wird erstmals mit dem achten Zählimpuls Q_3 auf 1 geschaltet. Da gleichzeitig Q_1 und Q_2 auf 0 zurückgesetzt werden, ist sichergestellt, dass dann mit dem nächsten 1/0-Wechsel an Q_0 beim 10. Zählimpuls Q_3 wieder zurückgesetzt wird.

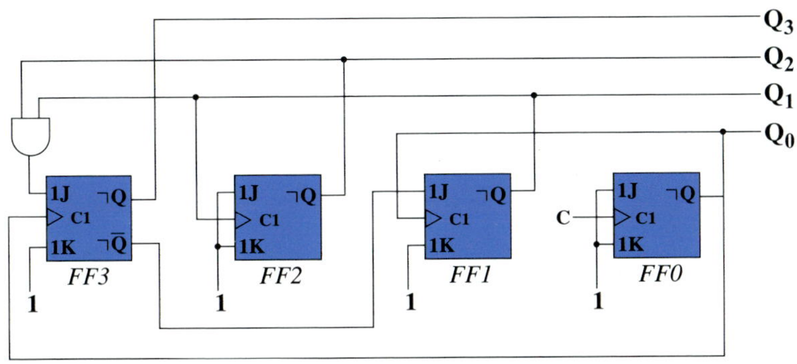

Abbildung 15.23: Asynchroner BCD-Zähler mit JK-Flipflops

15.5 Schieberegister

Eine Schieberegister besteht aus einer Kette von Flipflops. Die Schiebeoperation erfolgt taktgesteuert, indem bei jedem Takt der Schieberegisterinhalt um ein Flipflop weitergeschoben wird. Die Ein- und Ausgabe kann dabei sowohl seriell als auch parallel erfolgen.

Serielles Rechtsschieberegister

Bei der Schaltung in Abbildung 15.24 handelt es sich um ein *4-Bit-Rechtsschieberegister*, bei dem nach vier Takten die seriell eingelesenen Datenbits an den Ausgängen $Q_3 \ldots Q_0$ anliegen.

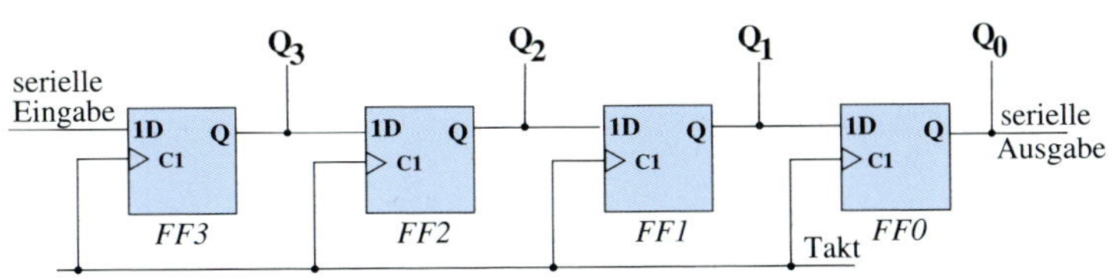

Abbildung 15.24: Rechtsschieberegister mit serieller Ein- und Ausgabe

Schieberegister werden z. B. bei den folgenden Anwendungen eingesetzt:

- serieller Datenübertragung
- Multiplikation mit 2^n bzw. Division durch 2^n, denn n Bits nach links schieben entspricht einer Multiplikation mit 2^n und n Bits nach rechts schieben entspricht einer ganzzahligen Division durch 2^n, wie die folgenden Beispiele zeigen.

Ausgangszahl	Verschieben um	Multiplikation nach links	Division nach rechts
11010 (26)	1 Bit ($2^1 = 2$)	110100 (52)	1101 (13)
11010 (26)	2 Bit ($2^2 = 4$)	1101000 (104)	110 (6)
11010 (26)	3 Bit ($2^3 = 8$)	11010000 (208)	11 (3)

- Zählern über Rückkopplungen
- Pseudozufallszahlengeneratoren, wie nachfolgend gezeigt

Im Begleitmaterial zu diesem Buch wird das C++-Programm `schiebereg.cpp` vorgestellt, das ein Rechtsschieberegister simuliert.

Zufallszahlengenerator mit Schieberegister

Hier wird die so genannte *Methode der additiven Kongruenz* verwendet, um Zufallszahlen mittels Schieberegistern mit linearer Rückführung zu erzeugen. Die Idee besteht darin, mit einem Register zu beginnen, das mit einem beliebigen Muster (nicht alles Nullen) gefüllt ist, und es dann z. B. um einen Schritt nach rechts zu verschieben, wobei die links freigewordene Position mit einem Bit gefüllt wird, dessen Wert vom Registerinhalt abhängig ist. Abbildung 15.25 zeigt ein solches einfaches, vier Bit umfassendes Schieberegister mit linearer Rückführung, wobei das neue Bit, das vorne rechts eingeschoben wird, durch eine XOR-Verknüpfung der beiden am weitest rechts stehenden Bits gebildet wird.

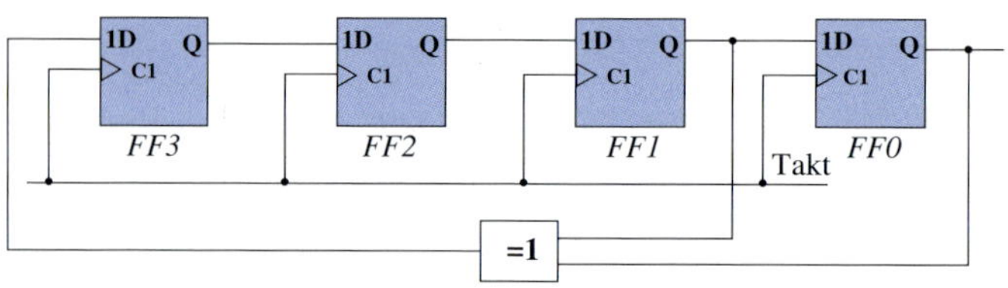

Abbildung 15.25: Rechtsschieberegister für einen Zufallszahlengenerator

Im Begleitmaterial zu diesem Buch wird das Programm `schiebezufall.c` vorgestellt, das einen solchen Zufallszahlengenerator mit der Methode der additiven Kongruenz simuliert. Zudem wird dort auch noch einmal kurz auf die Besonderheiten solcher Zufallszahlengeneratoren eingegangen.

Johnson-Zähler

Bei einem nicht rückgekoppelten Schieberegister geht das Ausgabebit beim nächsten Schiebetakt verloren. Verwendet man ein n-Bit-Schieberegister, bei dem der Ausgang negiert auf den Eingang zurückgeführt wird, so erhält man nach $2n$ Zeittakten wieder den ursprünglichen Ausgangszustand. Ein solches Schieberegister wird als *Johnson-*

Zähler bezeichnet. Abbildung 15.26 zeigt einen solchen Johnson-Zähler der Länge 4. Ein Vorteil des Johnson-Zählers ist, dass sich pro Zähltakt immer nur ein Ausgabebit ändert und dadurch nur ein Flipflop schaltet, was besonders in integrierten Schaltkreisen wichtig ist, um eine möglichst geringe Verlustleistung zu erreichen.

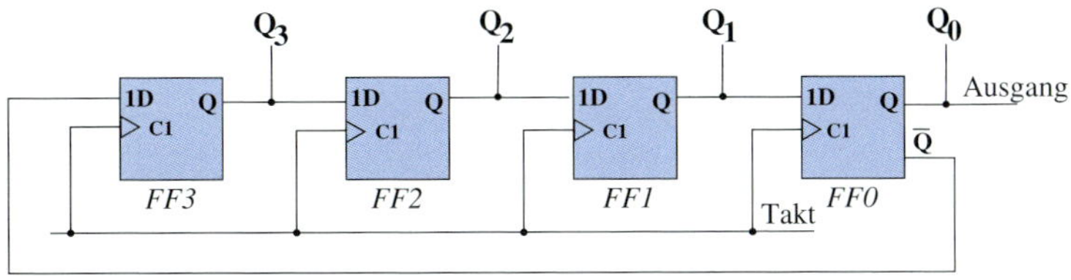

Abbildung 15.26: Johnson-Zähler: Schieberegister mit Rückkopplung

Im Begleitmaterial zu diesem Buch wird das C++-Programm `johnson.cpp` vorgestellt, das einen solchen Johnson-Zähler simuliert.

15.6 Entwurf synchroner Schaltwerke mittels Automaten

Unter Verwendung so genannter *Automaten* kann man synchrone Schaltwerke systematisch entwerfen. Nachfolgend wird zuerst anhand eines Beispiels eine kurze Einführung in die Automatentheorie gegeben, bevor dann anhand der so genannten *Mealy*- und der *Moore*-Automaten ein einfaches Schaltwerk entworfen wird.

15.6.1 Kurze Einführung in die Automatentheorie

Um das Verhalten eines Automaten zu beschreiben, muss festgelegt werden, welche Eingaben möglich sind, welche Ausgaben der Automat erzeugt und wie die Ausgaben von den Eingaben abhängen. Hier soll als Beispiel ein Automat mit Gewinnkugeln herangezogen werden, der gegen Einwurf einer 2-Euro-Münze oder zweier 1-Euro-Münzen eine Kugel auswirft, in der sich entweder ein Euro-Schein oder aber eine Niete befindet. Nach Drücken des Rückgabeknopfes gibt er bereits eingeworfenes Geld zurück, sofern 2 Euro noch nicht erreicht sind. Der Automat ist allerdings nicht in der Lage, 2-Euro-Münzen wieder zurückzugeben.

- Das *Eingabealphabet* unseres Automaten sei `X = {1,2,r}`, wobei `1` für den Einwurf einer 1-Euro-Münze, `2` für den Einwurf einer 2-Euro-Münze und `r` für das Drücken des Rückgabeknopfes steht.
- Das *Ausgabealphabet* sei `Y = {k,n,1,k1}`, wobei `k` für den Auswurf einer Kugel, `n` für Nichts, `1` für die Rückgabe einer 1-Euro-Münze und `k1` für die gleichzeitige Ausgabe einer Kugel und die Rückgabe einer 1-Euro-Münze steht. Die Rückgabe einer 2-Euro-Münze ist nicht möglich.
- Die *Zustandsmenge* ist `Z = {z0,z1}`, wobei `z0` der neutrale Anfangs- und zugleich auch Endezustand ist. Im Zustand `z1` wurde bereits eine 1-Euro eingeworfen.

Anschaulich lässt sich das Verhalten eines Automaten mit Hilfe eines *Zustandsgraphen* darstellen. Zu unserem Gewinnkugel-Automaten lässt sich der in Abbildung 15.27 gezeigte *Zustandsgraph* aufstellen.

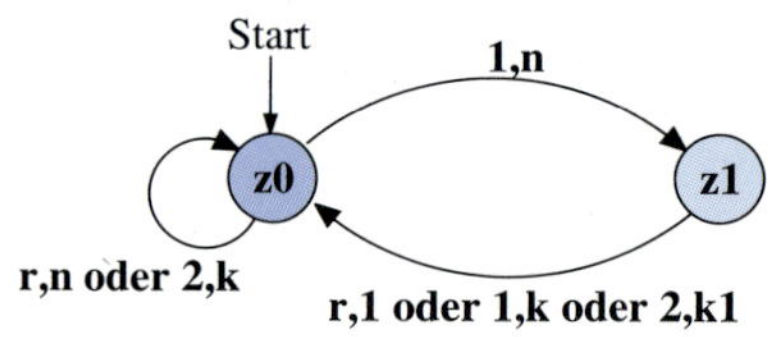

Abbildung 15.27: Zustandsgraph zum Gewinnkugel-Automaten

In diesem Zustandsgraph bedeuten die Beschriftungen an den Kanten (Pfeile) Folgendes:

- Der Pfeil von `z0` nach `z1` mit der Beschriftung `1,n`:
  Befindet sich der Automat im Zustand `z0` und erfolgt die Eingabe `1` (1 Euro), so macht er nichts (`n`) und geht in den Zustand `z1` über.
- Der Pfeil von `z0` zurück nach `z0` mit der Beschriftung `r,n oder 2,k`:
  - `r,n`: Erfolgt im Zustand `z0` die Eingabe `r` (Rückgabeknopf), so soll der Automat nichts (`n`) tun und im Zustand `z0` bleiben.
  - `2,k`: Erfolgt die Eingabe `2` (2 Euro) im Zustand `z0`, so soll der Automat eine Kugel (`k`) auswerfen und im Zustand `z0` bleiben.
- Der Pfeil von `z1` nach `z0` mit der Beschriftung `r,1 oder 1,k oder 2,k1`:
  - `r,1`: Erfolgt im Zustand `z1` die Eingabe `r` (Rückgabeknopf), so soll der Automat eine 1-Euro-Münze (`1`) zurückgeben und in den Zustand `z0` übergehen.
  - `1,k`: Erfolgt im Zustand `z1` die Eingabe `1` (1 Euro), so soll der Automat eine Kugel (`k`) auswerfen und in den Zustand `z0` übergehen.
  - `2,k1`: Erfolgt im Zustand `z1` die Eingabe `2` (2 Euro), so soll der Automat eine Kugel und eine 1-Euro-Münze (`k1`) auswerfen und in den Zustand `z0` übergehen.

Zunächst müssen nun die Eingabezeichen, Ausgabezeichen und Zustände als Binärwörter dargestellt werden:

Eingabezeichen: 01=1, 10=2, 11=r
Ausgabezeichen: 00=n, 01=1, 10=k, 11=k1
Zustände: 0=z0, 1=z1

Aus dem Zustandsgraphen leitet sich die folgende *Zustandstabelle* her:

Zustand	Eingabe		Folgezustand	Ausgabe		
z	x1	x0	z'	y1	y0	Aktion
0	0	1	1	0	0	Nichts tun
0	1	0	0	1	0	Kugel auswerfen
0	1	1	0	0	0	Nichts tun
1	0	1	0	1	0	Kugel auswerfen
1	1	0	0	1	1	Kugel auswerfen und 1 Euro zurückgeben
1	1	1	0	0	1	1 Euro zurückgeben

Der boolesche Term für die *Übergangsfunktion* ist dann:

$$z' = \overline{z}\,\overline{x_1}x_0$$

Für die *Ausgabefunktion* benötigen wir zwei boolesche Terme:

$$y_1 = \overline{z}x_1\overline{x_0} + z\overline{x_1}x_0 + zx_1\overline{x_0}; \qquad y_0 = zx_1\overline{x_0} + zx_1x_0$$

Unter Verwendung von KV-Diagrammen lassen sich y_1 und y_0 nun noch minimieren, wie es in Abbildung 15.28 gezeigt ist.

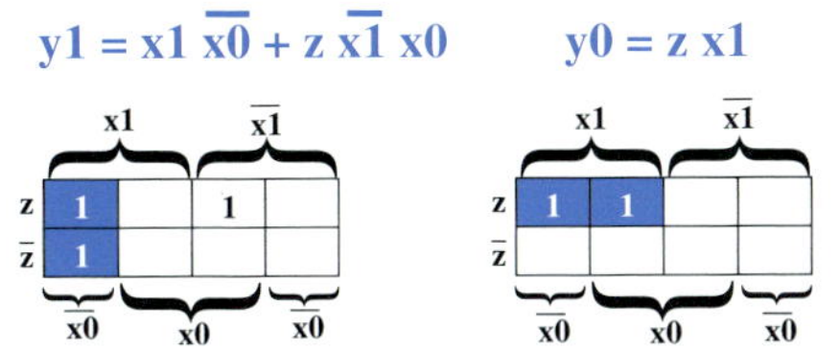

Abbildung 15.28: DMFs für die Ausgabefunktionen

Für die Realisierung eines endlichen Automaten durch ein binäres Schaltwerk werden folgende Bestandteile benötigt:

1. ein *Übergangsschaltnetz* (*next state logic*), das aus dem aktuellen Zustand und der Eingabe den jeweiligen Folgezustand ermittelt (=Realisierung der *Übergangsfunktion f* des Automaten),
2. ein *Ausgabeschaltnetz* (*output logic*), das die Ausgabe bereitstellt (=Realisierung der *Ausgabefunktion g* des Automaten),
3. einen *Speicher*, der dafür sorgt, dass der Momentanzustand bis zum nächsten Taktimpuls erhalten bleibt.

Das binäre Schaltwerk, das den Gewinnkugel-Automaten realisiert, hat dann beispielsweise das in Abbildung 15.29 gezeigte Aussehen.

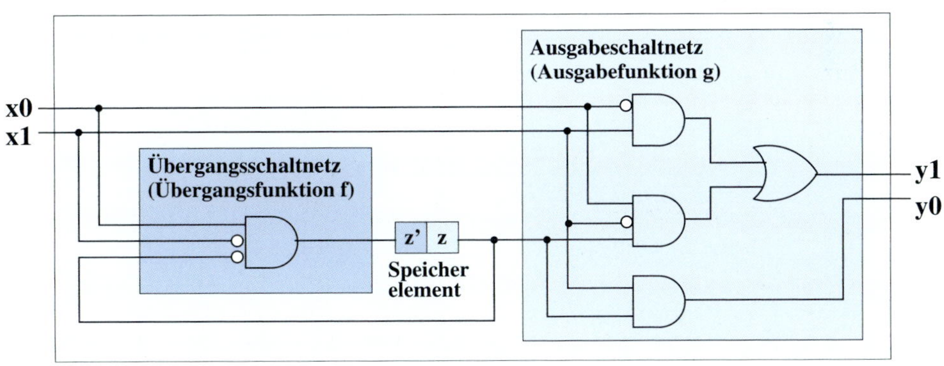

Abbildung 15.29: Schaltwerk zum Gewinnkugel-Automaten

Dieses binäre Schaltwerk arbeitet folgendermaßen:

- Zu einem beliebigen Zeitpunkt `t` liegen die Eingangsgrößen `x=(x0,x1)` an und das Schaltwerk befindet sich im Zustand `z`. Aus `x` und `z` bildet das Übergangsschaltnetz `f` den Folgezustand `z'`, der am Eingang des Speicherelements zur Übernahme bereitsteht. Das Ausgabeschaltnetz `g` erzeugt aus `x` und `z` die Ausgangsgröße `y=(y0,y1)`.
- Zum nächsten Zeitpunkt `t'` wird dann der Folgezustand `z'` in den Speicher übernommen und dadurch zum neuen internen Zustand `z`. Aus `z` und der nun anliegenden Eingangsgröße `x` bildet das Schaltnetz `f` den neuen Folgezustand `z'` usw.
- Die Zeitpunkte $t, t', t'', \ldots$ werden durch ein dem Speicherelement zugeführtes Taktsignal festgelegt, das jeweils die Übernahme des Folgezustands auslöst. Das Speicherelement gibt also immer den an seinem Eingang anliegenden Zustand beim nächsten Taktimpuls an seinen Ausgang weiter.

Es gilt allgemein: *Jeder endliche Automat lässt sich als binäres Schaltwerk realisieren.*

Die Realisierung eines endlichen Automaten als binäres Schaltwerk erfolgt dabei immer in den folgenden Schritten:

1. Binäre Kodierung der Eingabezeichen, Ausgabezeichen und Zustände.
2. Aufstellen der Schaltwerttabelle für die Ausgabefunktion und für die Übergangsfunktion.
3. Ermittlung der Schaltnetze für Ausgabe- und Übergangsfunktion sowie Beschaltung der Speicherelemente. Sind n Zustände vorhanden, müssen mindestens $\log_2 n$ Speicherelemente vorgesehen werden.

15.6.2 Entwurf von Schaltwerken mit Moore- und Mealy-Automaten

Moore- und Mealy-Automat

Abbildung 15.30 zeigt sowohl den *Mealy*- als auch den *Moore*-Automaten, wobei hier Folgendes erkennbar ist:

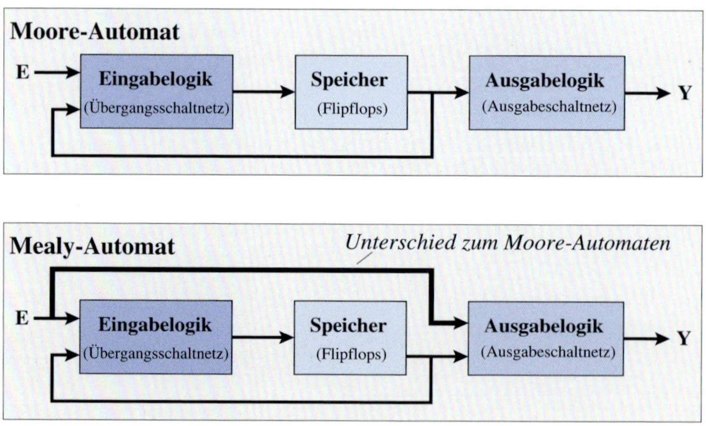

Abbildung 15.30: Moore- und Mealy-Automat

- Bei beiden Automaten bestimmt die Eingabelogik (*Übergangsschaltnetz*) die Zustandsübergänge, die von den Eingabesignalen und vom aktuellen Zustand abhängen.
- Die Ausgabelogik (*Ausgabeschaltnetz*) bestimmt die Ausgabe Y, die beim Moore-Automaten nur vom aktuellen Zustand, beim Mealy-Automaten aber zusätzlich noch vom Eingabesignal E abhängt.

Vorgehensweise zum systematischen Entwurf eines Schaltwerks

Um ein synchrones Schaltwerk systematisch zu entwerfen, wird folgende Vorgehensweise gewählt:

1. Erstellen eines *Zustandsdiagramms (Zustandsgraphen)*
2. Erstellen einer *Zustandstabelle*
3. *Zustandskodierung* und Erstellen einer *binären Zustandstabelle*
4. *Auswahl des entsprechenden Flipflop-Typs*
5. Ermitteln der *Ansteuerungsfunktionen für die Ausgänge*
6. Ermitteln der *Ansteuerungsfunktionen für die Flipflops*
7. *Minimieren der Ansteuerungsfunktionen für die Ausgänge und Flipflops*
8. *Realisieren des Schaltwerks*

Entwurf eines synchronen Schaltwerks mit dem Moore-Automaten

Hier soll unter Zuhilfenahme des *Moore-Automaten* ein Schaltwerk entworfen werden, das in einem binären Eingabestrom $E(t)$ die Sequenz `010` erkennt. Am Ausgang soll dabei $Y = 1$ ausgegeben werden, sobald die Sequenz erkannt wurde, ansonsten soll $Y = 0$ sein.

1. *Erstellen eines Zustandsdiagramms für einen Moore-Automaten*
   In einem Zustandsdiagramm entsprechen die Knoten den Zuständen und die Kanten den Zustandsübergängen, wobei beim Moore-Automaten Folgendes zutrifft:

   - In den *Knoten* wird die Bezeichnung S/Y angegeben, wobei S den Zustand und $Y = Y_1 Y_2 \ldots Y_n$ die zugehörige Ausgabe festlegt.
   - Auf den *Kanten* wird die für den jeweiligen Zustandsübergang erforderliche Eingabe $E = E_1 E_2 \ldots E_m$ angegeben.

   Abbildung 15.31 zeigt das Zustandsdiagramm für das 010-Schaltwerk.

2. *Erstellen einer Zustandstabelle*
   Die folgende Zustandstabelle zeigt den Folgezustand S' und die zugehörige Ausgabe in Abhängigkeit von E.

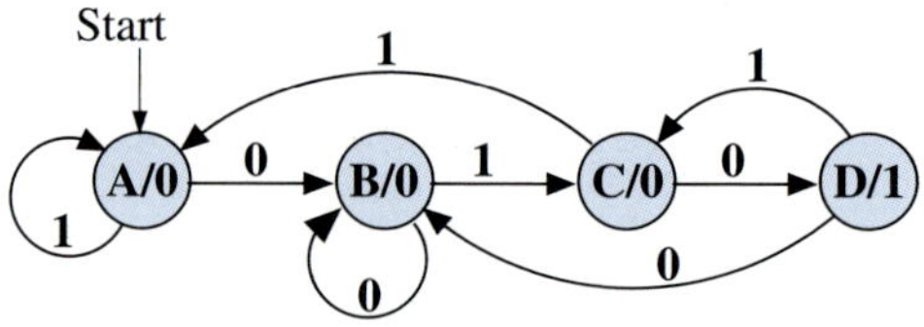

Abbildung 15.31: Zustandsdiagramm für Moore-Automaten

S	E	S'	Y
A	0	B	0
A	1	A	0
B	0	B	0
B	1	C	0
C	0	D	0
C	1	A	0
D	0	B	1
D	1	C	1

3. *Zustandskodierung und binäre Zustandstabelle*
   Hier werden die Zustände S in binäre Zustände (Dualzahlen) $Q = Q_{k-1} \ldots Q_1 Q_0$ kodiert, wobei für die Anzahl der Dualstellen $k = log_2$ *Zustandszahl* gilt. Da wir hier 4 Zustände haben, benötigen wir folglich $k = log_2\ 4 = 2$ Dualstellen in der binären Zustandstabelle 15.1.

Tabelle 15.1

Binäre Zustandstabelle für den 010-Sequenzdetektor

S	E	S'	Y
A	0	B	0
A	1	A	0
B	0	B	0
B	1	C	0
C	0	D	0
C	1	A	0
D	0	B	1
D	1	C	1

$\Longrightarrow$

Q_1	Q_0	E	Q'_1	Q'_0	Y
0	0	0	0	1	0
0	0	1	0	0	0
0	1	0	0	1	0
0	1	1	1	0	0
1	0	0	1	1	0
1	0	1	0	0	0
1	1	0	0	1	1
1	1	1	1	0	1

4. *Auswahl des Flipflop-Typs*
   Wir wollen hier JK-Flipflops verwenden, wobei die linke Tabelle in Tabelle 15.2 nochmals zeigt, wie man den J- bzw. K-Eingang setzen muss, um aus Q_{alt} dann entsprechenden Wert zu Q_{neu} zu erhalten. Nun lässt sich für die Flipflops die rechts in Tabelle 15.2 gezeigte Ansteuerungstabelle aufstellen, wobei d für „*don't care*" steht.

5. *Ermitteln der Ansteuerungsfunktionen für die Ausgänge*
Da in der binären Zustandstabelle 15.1 (rechte Tabelle) der Ausgang Y beim Moore-Automaten nur von Q_1 und Q_0 abhängt, kann man folgende reduzierte Tabelle für den 010-Sequenzdetektor aufstellen:

Q_1	Q_0	Y
0	0	0
0	1	0
1	0	0
1	1	1

Aus dieser Tabelle lässt sich nun sofort die folgende Ausgangsgleichung ableiten:

$$Y = Q_0 Q_1$$

6. *Ermitteln der Ansteuerungsfunktionen für die Flipflops*
Aus der Ansteuerungstabelle 15.2 für die Flipflops lassen sich nun folgende Ansteuergleichungen für die Flipflops ableiten:

$$J_1 = \overline{Q_1} Q_0 E \qquad K_1 = Q_1 \overline{Q_0} E + Q_1 Q_0 \overline{E}$$

$$J_0 = \overline{Q_1}\,\overline{Q_0}\,\overline{E} + Q_1 \overline{Q_0}\,\overline{E} \qquad K_0 = \overline{Q_1} Q_0 E + Q_1 Q_0 E$$

Tabelle 15.2

Ansteuerungstabelle für die Flipflops

J	K	Q_{alt}	Q_{neu}
0	–	0	0
1	–	0	1
–	1	1	0
–	0	1	1

Q_1	Q_0	E	Q_1'	Q_0'	J_1	K_1	J_0	K_0
0	0	0	0	1	0	*d*	1	*d*
0	0	1	0	0	0	*d*	0	*d*
0	1	0	0	1	0	*d*	*d*	0
0	1	1	1	0	1	*d*	*d*	1
1	0	0	1	1	*d*	0	1	*d*
1	0	1	0	0	*d*	1	0	*d*
1	1	0	0	1	*d*	1	*d*	0
1	1	1	1	0	*d*	0	*d*	1

7. *Minimieren der Ansteuerungsfunktionen für die Ausgänge und Flipflops*

- Ausgangsfunktion ist bereits minimal: $Y = Q_0 Q_1$
- Abbildung 15.32 zeigt die Minimierung zu den Flipflop-Funktionen.

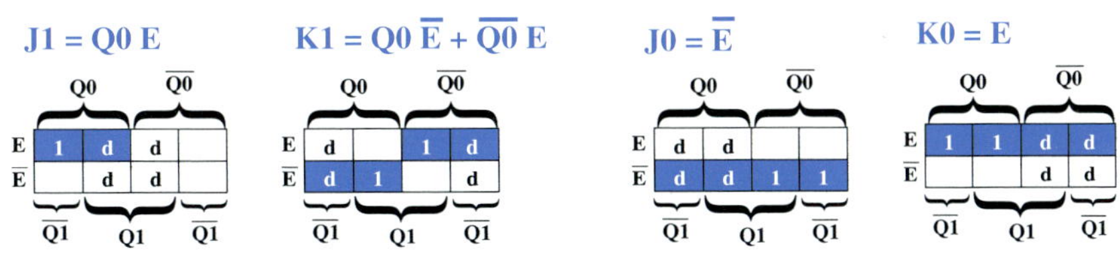

Abbildung 15.32: DMFs für die Ansteuerung der Flipflops

8. *Realisieren des Schaltwerks*
   Abbildung 15.33 zeigt die Schaltwerk-Realisierung zum 010-Sequenzdetektor.

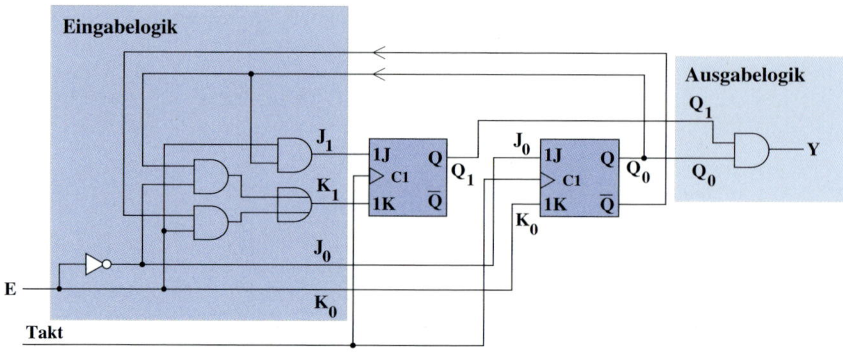

Abbildung 15.33: Schaltwerk zum 010-Sequenzdetektor

Entwurf eines synchronen Schaltwerks mit dem Mealy-Automaten

Hier soll unter Zuhilfenahme des *Mealy-Automaten* ein Schaltwerk zum vorherigen 010-Sequenzdetektor gefunden werden.

1. *Erstellen eines Zustandsdiagramms für einen Mealy-Automaten*
   Auch beim Mealy-Automaten entsprechen im Zustandsdiagramm die Knoten den Zuständen und die Kanten den Zustandsübergängen, wobei hier aber Folgendes zutrifft:

   - In den *Knoten* wird – anders als beim Moore-Automaten – nur die Bezeichnung des Zustands S angegeben.
   - Auf den *Kanten* wird E/Y angegeben, wobei $E = E_1E_2...E_m$ die für den jeweiligen Zustandsübergang erforderliche Eingabe und $Y = Y_1Y_2...Y_n$ die resultierende Ausgabe ist.

   Abbildung 15.34 zeigt das Zustandsdiagramm für das 010-Schaltwerk.

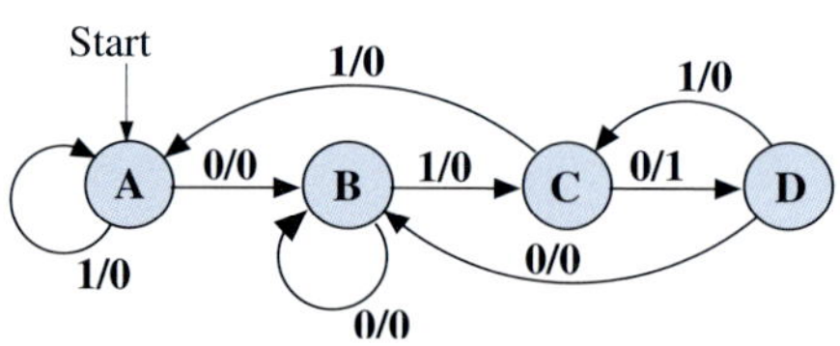

Abbildung 15.34: Zustandsdiagramm für Mealy-Automaten

2. *Erstellen einer Zustandstabelle*

S	E	S'	Y
A	0	B	0
A	1	A	0
B	0	B	0
B	1	C	0
C	0	D	**1**
C	1	A	**0**
D	0	B	**0**
D	1	C	**0**

Diese Zustandstabelle zeigt den Folgezustand S' und die zugehörige Ausgabe in Abhängigkeit von E, wobei sich hier jedoch – anders als beim Moore-Automaten – Y im gleichen Takt sofort ändert, wenn die Eingabe E sich ändert.

3. *Zustandskodierung und binäre Zustandstabelle*
Hier werden wieder wie beim Moore-Automaten die Zustände S in binäre Zustände (Dualzahlen) $Q = Q_{k-1}...Q_1Q_0$ kodiert, wobei für die Anzahl der Dualstellen wieder $k = log_2$ *Zustandszahl* gilt. Da wir hier 4 Zustände haben, benötigen wir folglich $k = log_2\ 4 = 2$ Dualstellen in der binären Zustandstabelle 15.3.

Tabelle 15.3

Binäre Zustandstabelle für den 010-Sequenzdetektor

S	E	S'	Y		Q_1	Q_0	E	Q'_1	Q'_0	Y
A	0	B	0		0	0	0	0	1	0
A	1	A	0		0	0	1	0	0	0
B	0	B	0		0	1	0	0	1	0
B	1	C	0	$\Longrightarrow$	0	1	1	1	0	0
C	0	D	**1**		1	0	0	1	1	**1**
C	1	A	**0**		1	0	1	0	0	**0**
D	0	B	**0**		1	1	0	0	1	**0**
D	1	C	**0**		1	1	1	1	0	**0**

4. *Auswahl des Flipflop-Typs*
Wie beim Moore-Automaten werden hier JK-Flipflops verwendet. Für die Flipflops ergibt sich dann die gleiche Ansteuerungstabelle 15.2 wie beim Moore-Automaten auf Seite 689.

5. *Ermitteln der Ansteuerungsfunktionen für die Ausgänge*
Da beim Mealy-Automaten der Ausgang Y nicht nur von Q, sondern auch von der Eingabe E abhängt, ergibt sich hier die folgende reduzierte Tabelle für den 010-Sequenzdetektor.

Q_1	Q_0	E	Y
0	0	0	0
0	0	1	0
0	1	0	0
0	1	1	0
1	0	0	1
1	0	1	0
1	1	0	0
1	1	1	0

Aus dieser Tabelle lässt sich nun sofort die folgende Ausgangsgleichung ableiten:

$$Y = Q_1\overline{Q_0 E}$$

6. *Ermitteln der Ansteuerungsfunktionen für die Flipflops*
Die Ansteuerungsgleichungen für die Flipflops entsprechen denen beim Moore-Automaten.

$$J_1 = \overline{Q_1}Q_0E \qquad K_1 = Q_1\overline{Q_0}E + Q_1Q_0\overline{E}$$
$$J_0 = \overline{Q_1}\,\overline{Q_0}\,\overline{E} + Q_1\overline{Q_0}\,\overline{E} \qquad K_0 = \overline{Q_1}Q_0E + Q_1Q_0E$$

7. *Minimieren der Ansteuerungsfunktionen für die Ausgänge und Flipflops*
   - Ausgangsfunktion ist bereits minimal: $Y = Q_1\overline{Q_0 E}$
   - Die minimalen Flipflop-Funktionen entsprechen denen in Abbildung 15.32 auf Seite 689.

8. *Realisieren des Schaltwerks*
Abbildung 15.35 zeigt die Schaltwerk-Realisierung zum 010-Sequenzdetektor.

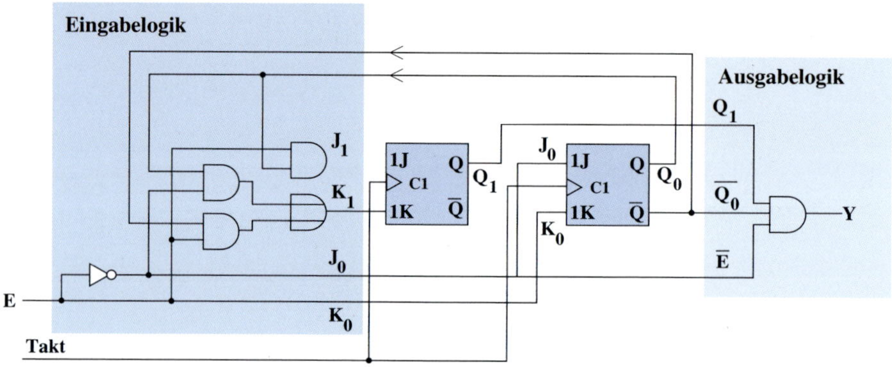

Abbildung 15.35: Schaltwerk zum 010-Sequenzdetektor

Gegenüberstellung von Moore- und Mealy-Automat

Beide Automaten sind zum Entwurf von Schaltwerken geeignet, wobei sie jeweils jedoch unterschiedliche Vorteile aufweisen.

- *Moore-Automat*
  - Auf Grund der taktsynchronen Ausgabe von Y wirken sich asynchron auftretende Störungen der Eingangssignale nicht auf Y aus.

- Hängt die Ausgabe Y nur von einem Zustand ab, ist der Schaltungsaufwand für die Ausgabelogik gering.

- *Mealy-Automat*
  - Da die Ausgabe Y auch vom Eingangssignal E abhängt, wird schneller auf Änderungen des Eingabesignals reagiert.
  - Es ist eine Realisierung mit weniger Zuständen möglich, wenn mehrere Zustandsübergänge zu einem Zustand verschiedene Ausgaben erfordern.

Reduktion von Zuständen

Zustände in Automaten lassen sich eventuell reduzieren, wobei folgende Zustände zusammengefasst werden können:

- beim Moore-Automat Zustände mit gleichen Ausgaben und Folgezuständen,
- beim Mealy-Automat Zustände mit gleichen Folgezuständen und gleichen Ausgaben bei den Übergängen.

Jede Reduzierung eines Zustands führt zur Einsparung eines Flipflops.

Abbildung 15.36 zeigt eine solche Zustandsreduzierung für einen Automaten zur Erkennung von 110 und 100, wobei in dieser Abbildung d für „*don't care*" steht.

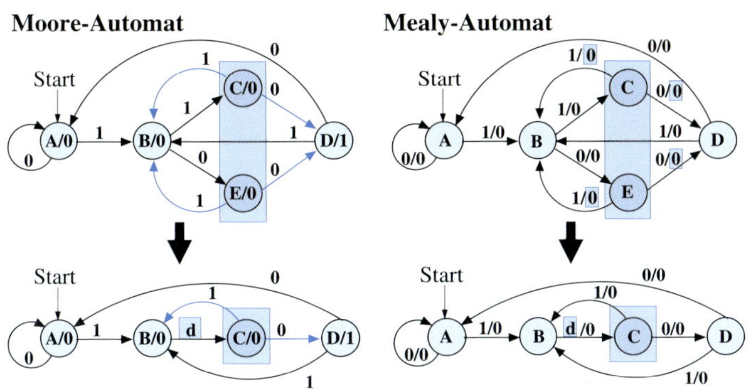

Abbildung 15.36: Reduktion von Zuständen

Entwurf eines Serienaddierers mit einem Mealy-Automaten

Hier soll ein Serienaddierer unter Zuhilfenahme eines Mealy-Automaten entworfen werden, der zwei Eingangsvariablen-Folgen (die Zahlen x und y) sowie eine Folge von Ausgabewerten (die Summe s) besitzt. Abbildung 15.37 zeigt das Blockschaltbild dieses Serienaddierers, der über zwei Zustände verfügt, welche anzeigen, ob bei der vorherigen Stelle ein Übertrag aufgetreten ist oder nicht.

- Zustand ü1: Übertrag ist aufgetreten.
- Zustand ü0: kein Übertrag ist aufgetreten.

Hier ist ein Mealy-Automat erforderlich, da die Ausgabe von den aktuellen Werten der Eingangsvariablen abhängig ist.

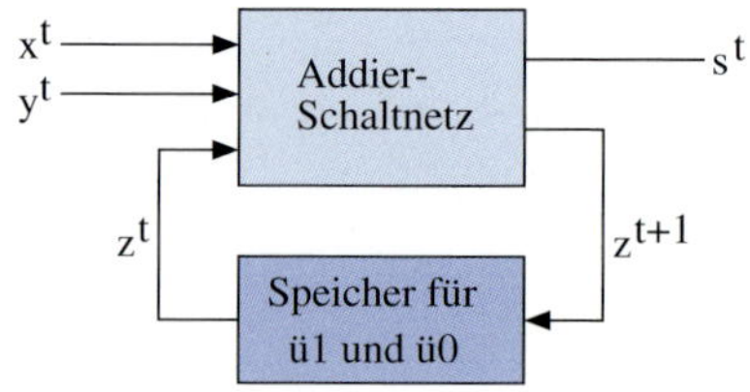

Abbildung 15.37: Blockschaltbild des Serienaddierers

1. *Erstellen eines Zustandsdiagramms*
   Abbildung 15.38 zeigt das Zustandsdiagramm zum Serienaddierer.

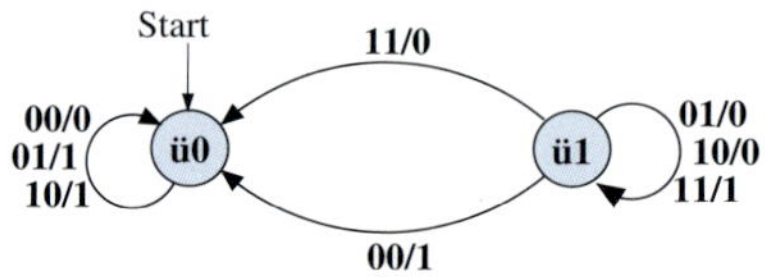

Abbildung 15.38: Mealy-Automat zum Serienaddierer

2. *Erstellen einer Zustandstabelle*
   Die folgende Zustandstabelle zeigt den Folgezustand Z' und die zugehörige Ausgabe in Abhängigkeit von x und y.

Z	x	y	Z'	S
ü0	0	0	ü0	0
ü0	0	1	ü0	1
ü0	1	0	ü0	1
ü0	1	1	ü1	0
ü1	0	0	ü0	1
ü1	0	1	ü1	0
ü1	1	0	ü1	0
ü1	1	1	ü1	1

3. *Zustandskodierung und binäre Zustandstabelle*
   Da es hier nur zwei Zustände gibt, ist die Zustandskodierung einfach: ü0 = 0 und ü1 = 1. Die 2 Zustände benötigen nur $log_2\ 2 = 1$ Dualstelle in der binären Zustandstabelle.

Z	x	y	Z'	S
ü0	0	0	ü0	0
ü0	0	1	ü0	1
ü0	1	0	ü0	1
ü0	1	1	ü1	0
ü1	0	0	ü0	1
ü1	0	1	ü1	0
ü1	1	0	ü1	0
ü1	1	1	ü1	1

$\Longrightarrow$

Z	x	y	Z'	S
0	0	0	0	0
0	0	1	0	1
0	1	0	0	1
0	1	1	1	0
1	0	0	0	1
1	0	1	1	0
1	1	0	1	0
1	1	1	1	1

4. *Auswahl des Flipflop-Typs*
   Hier soll ein JK-Flipflop verwendet werden, wobei die folgende Tabelle nochmals zeigt, wie man den J- bzw. K-Eingang setzen muss, um aus Z_{alt} dann den entsprechenden Wert zu Z_{neu} zu erhalten.

J	K	Z_{alt}	Z_{neu}
0	–	0	0
1	–	0	1
–	1	1	0
–	0	1	1

   Nun lässt sich für das Flipflop die folgende Ansteuerungstabelle aufstellen, wobei d wieder für „*don't care*" steht.

Z	x	y	Z'	S	J	K
0	0	0	0	0	0	d
0	0	1	0	1	0	d
0	1	0	0	1	0	d
0	1	1	1	0	1	d
1	0	0	0	1	d	1
1	0	1	1	0	d	0
1	1	0	1	0	d	0
1	1	1	1	1	d	0

5. *Ermitteln der Ansteuerungsfunktion für den Ausgang*
   Aus der vorherigen Tabelle lässt sich die folgende Ausgangsgleichung für S ableiten:

$$S = \overline{Z}\overline{x}y + \overline{Z}x\overline{y} + Z\overline{x}\,\overline{y} + Zxy$$

6. *Ermitteln der Ansteuerungsfunktionen für das Flipflop*
   Aus der vorherigen Tabelle lassen sich die folgenden Ansteuerungsfunktionen für das Flipflop ableiten:

$$J = xy$$
$$K = \overline{x}\,\overline{y}$$

7. *Minimieren der Ansteuerungsfunktionen für den Ausgang und das Flipflop*
   - Ausgangsfunktion S kann nicht weiter minimiert werden:

$$S = \overline{Z}\overline{x}y + \overline{Z}x\overline{y} + Z\overline{x}\,\overline{y} + Zxy$$

   - Ansteuerungsfunktionen für das Flipflop sind bereits minimal:

$$J = xy\,, \quad K = \overline{x}\,\overline{y}$$

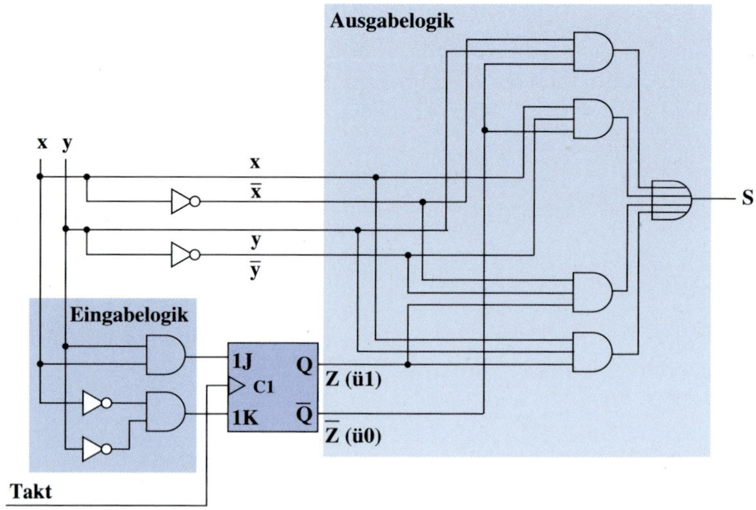

Abbildung 15.39: Schaltwerk zum Serienaddierer

8. *Realisieren des Schaltwerks*
   Abbildung 15.39 zeigt die Schaltwerk-Realisierung zum Serienaddierer.

Prozessorarchitekturen, Speicher und Caches

16

ÜBERBLICK

16.1 Rätsel: Schachbrett-Quadrate, Flickenmuster, Kreuzformfirma

Lösungen

1. *Quadrate auf einem Schachbrett*
   Jemand behauptet, auf einem gewöhnlichen Schachbrett könne man 204 Quadrate aufspüren. Stimmt das?
2. *Flickenmuster*
   Gegeben sei ein Quadrat. Man ziehe nun mehrere gerade Linien durch sein Inneres, so dass das Quadrat in mehrere Teilbereiche zerlegt wird, wie es z. B. in Abbildung 16.1 gezeigt ist.
   Die eigentliche Aufgabe besteht nun darin, die dadurch abgegrenzten Bereiche so zu färben, dass benachbarte Gebiete verschieden gefärbt sind. Dabei sollen Gebiete, die nur in einem Punkt aneinander stoßen, nicht als benachbart gelten. Wie viele Farben benötigen Sie mindestens?

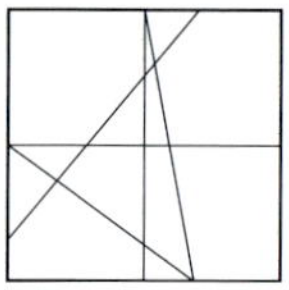

Abbildung 16.1: Ein Quadrat durch Ziehen von Linien in Teilbereiche zerlegen

3. *Kreuzformfirma*
   Neulich saß mir in der Eisenbahn eine etwas redselige junge Frau gegenüber. Sie erzählte unaufhörlich von der Firma, in der sie arbeitet. Diese befindet sich, wie ich erfuhr, in einem jener hässlichen, in Kreuzform gebauten Bürobungalows. Offenbar ist besagte Dame mit vier Mitarbeiterinnen besonders eng befreundet.
   „In der Firma", sagte sie, „meinen die Kollegen, es läge wohl an der Namensähnlichkeit." Die ist tatsächlich verblüffend. Die Damen heißen Ackenbach, Eckenberg, Ickenbring, Ockendorf und Uckenburg. Eine von ihnen arbeitet im Nordflügel des Gebäudes, eine im Ostflügel, eine im Südflügel, eine im Westflügel und eine in der Mitte, im „Zentralbüro".
   Die Dame sagte: „Wir besuchen einander oft während der Arbeitszeit, wobei der Weg von einem Flügel zu einem anderen stets durch das Zentralbüro führt. Bevor Frau Ackenbach und ich Anfang dieses Jahres unsere Arbeitsplätze getauscht haben, lag mein Raum nördlich von dem der Frau Ockendorf, die östlich von Frau Uckenburgs Raum arbeitet, der westlich von Frau Eckenbergs Raum liegt."
   Ich erfuhr zudem, dass Frau Ackenbach im vorigen Jahr östlich von Frau Ickenbrink gearbeitet hat. „Zu jener Zeit", rief mir die Dame noch beim Aussteigen zu, „musste Kollegin Ackenbach im Zentralbüro in den rechten Gang einbiegen, wenn sie Kollegin Eckenberg besuchen wollte. Ich hingegen ging geradeaus, wenn ich Frau Ackenbach besuchte."
   Endlich war ich allein. Aber ich konnte die Ruhe nicht genießen. Denn mich ließ die Frage nicht mehr los, welche der Damen wo im Gebäude arbeitet und wie die Frau hieß, die so lange auf mich eingeredet hatte.
   Wer, wo, und wie?

16.2 CISC und RISC

Es lassen sich zwei grundlegende Prozessorarchitekturen voneinander unterscheiden: *CISC (Complex Instruction Set Computer)* und *RISC (Reduced Instruction Set Computer)*, deren wesentliche Eigenschaften hier vorgestellt werden.

Typische Merkmale von CISC-Prozessoren

Bei der traditionellen CISC-Architektur wird versucht, immer mehr und auch immer komplexere Funktionen direkt durch den Prozessor durchführen zu lassen, weshalb diese Architektur mit ihrem komplexen Befehlssatz als „*Complex Instruction Set Computer*" bezeichnet wird. Typische Merkmale von CISC-Prozessoren sind:

- *große Anzahl von Maschinenbefehlen* (meist mehr als 100),
- *komplexe Operationen*, wie z. B. Realisierung von Gleitpunkt-Operationen direkt in der Hardware,
- *unterschiedliche Ausführungszeiten für die einzelnen Befehle,*
- *große Anzahl unterschiedlicher Adressierungsarten,*
- *kleine Anzahl von Registern*, von denen die meisten für vorbestimmte Aufgaben eingesetzt werden,
- *mehrere Datentypen werden direkt von Hardware unterstützt,*
- *Interpretation der einzelnen Befehle durch eigenes Mikroprogramm.*
  Wird ein Mikroprogramm zur Bearbeitung der Befehle eingesetzt, so werden diese nicht von der Hardware direkt ausgeführt, sondern vom Mikroprogramm interpretiert und in kleinere Anweisungen zerlegt, die erst dann von der Hardware bearbeitet werden. Mikroprogramme werden im ROM (*Read-Only Memory*) des Prozessors von dessen Hersteller „eingebrannt".

Typische Merkmale von RISC-Prozessoren

Bei der neueren RISC-Architektur geht man genau den umgekehrten Weg: Man versucht die Struktur des Prozessors zu vereinfachen, indem man einen Befehlssatz zur Verfügung stellt, der nur wenige, aber dafür sehr schnelle und einfach auszuführende Befehle beinhaltet. Typische Merkmale von RISC-Prozessoren sind:

- *Wenige, schnell ausführbare Maschinenbefehle* (meist weniger als 100).
  Besitzt ein Prozessor nur 20 oder weniger Befehle, wird er als ein *low RISC*-Prozessor eingestuft.
- *Einfache Operationen*, die in einem Verarbeitungsschritt ausführbar sind.
- *Geringe Anzahl unterschiedlicher Adressierungsarten.*
  Gibt des für den Zugriff auf den Datenspeicher nur eine Lade- und eine Speicher-Operation, so nennt man dies eine *LOAD/STORE-Archiktektur.*
- *Große Anzahl von Registern*, von denen die meisten frei verwendbar sind.
- *Interpretation der einzelnen Befehle direkt durch die Hardware.*
  Eine feste Verdrahtung des Steuerwerks bringt eine schnellere Befehlsausführung mit sich, da der Zwischenschritt über das Mikroprogramm hier entfällt.

Moderne Rechner verfügen sowohl über RISC- als auch über CISC-Merkmale, um die jeweiligen Vorteile beider zu integrieren, weshalb für aktuelle Prozessoren keine eindeutige Zuordnung zu einer dieser beiden Architekturen mehr möglich ist.

Vor- und Nachteile von CISC bzw. RISC

- *CISC erleichtert den Bau von Übersetzern*
  Da die CISC-Architektur eine Vielzahl von Adressierungsarten und Maschinenbefehlen mit teilweise umfangreicher Funktionalität anbietet, erleichtert dies den Bau von Compilern oder Interpretern, da sie zum einen mehr Flexibilität bietet und zum anderen aber auch dem Übersetzungsprogramm viel Arbeit abnimmt, indem dieses z. B. nur einen vorhandenen „mächtigen" CISC-Befehl verwendet, um eine ganze Folge von Schritten ausführen zu lassen. Bei RISC-Architekturen dagegen muss das Übersetzungsprogramm die erforderlichen Schritte selbst mit den angebotenen sehr einfachen Maschinenbefehlen nachbilden.
- *RISC ermöglicht eine schnellere Ausführung von Maschinenprogrammen*
  Hohe Ausführungsgeschwindigkeit kann man erreichen, wenn folgende Punkte zutreffen:

  1. Jeder der vorhandenen Befehle kann in einem Zyklus ausgeführt werden.
  2. Die Befehle lassen sich einfach dekodieren.
  3. Einsatz von so genanntem Pipelining (siehe nächstes Kapitel 16.3) ist möglich.
  4. Das Steuerwerk ist fest verdrahtet und es kann auf den Einsatz eines Mikroprogramms verzichtet werden.

  Bei allen diesen Punkten ist die RISC-Architektur der von CISC überlegen, da Folgendes gilt:

  1. RISC-Befehle sind einfach und besitzen einen einheitlichen Befehlsaufbau, so dass sie sich in einem Zyklus ausführen lassen.
  2. Es existieren nur wenige RISC-Befehle, so dass die Dekodierung auch nur wenige unterscheiden muss, weshalb sich RISC-Befehle auch schneller dekodieren lassen als CISC-Befehle.
  3. RISC-Befehle ermöglichen wegen ihrer Einfachheit, ihres einheitlichen Aufbaus und ihrer Ausführbarkeit in einem Zyklus das so genannte Pipelining.
  4. Wie bereits zuvor erwähnt, ist bei RISC-Prozessoren eine feste Verdrahtung des Steuerwerks möglich, was eine schnellere Befehlsausführung mit sich bringt, da der Zwischenschritt über das Mikroprogramm hier entfällt.

- *Entwurf von RISC-Prozessoren ist einfacher*
  Es ist offensichtlich, dass ein CISC-Entwurf auf Grund der Komplexität und der Vielzahl der einzelnen Befehle wesentlich komplizierter ist als der Entwurf eines RISC-Prozessors, der sich durch eine wesentlich einfachere Hardware realisieren lässt. Diese Einfachheit bringt es zudem mit sich, dass man bei RISC-Prozessoren mit einer kleineren Chip-Fläche auskommt, und man somit zusätzliche Register oder Cache-Speicher auf dem Chip integrieren kann.

16.3 Pipelining (Fließbandverarbeitung)

Um die Geschwindigkeit zu steigern, wird vor allen Dingen bei RISC-Prozessoren das so genannte Pipelining angewendet, das in diesem Kapitel vorgestellt wird.

16.3.1 Unterschiedliche Phasen beim Pipelining

Beim Pipelining parallelisiert man verschiedene Phasen der Befehlsbearbeitung, um so die Bearbeitung ähnlich einem Fließband in einer Produktionshalle mit mehreren Maschinen durchzuführen. Bei einem Fließband führt eine Maschine immer einen bestimmten gleichen Arbeitsvorgang durch, reicht das jeweils bearbeitete Teil an die nächste Maschine zur Weiterverarbeitung weiter, und beginnt sofort für das nächste Teil wieder mit ihrer Arbeit, wie es schematisch in Abbildung 16.2 gezeigt ist.

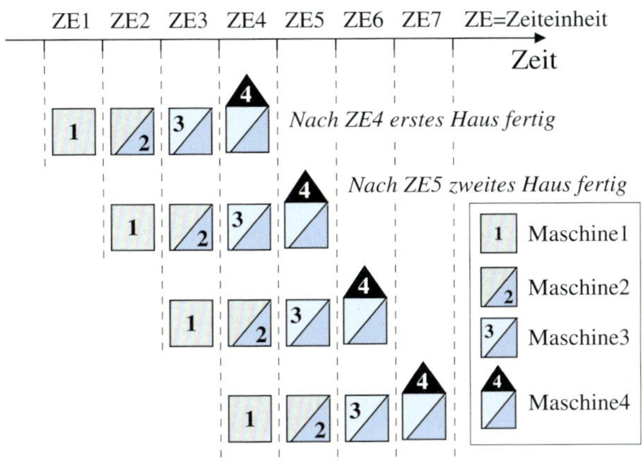

Abbildung 16.2: Fließbandverarbeitung mit vier Maschinen

Dieses Prinzip der Fließbandverarbeitung kann auch bei der Abarbeitung von Befehlen im Prozessor angewendet werden, indem man einen Befehl z. B. in den folgenden fünf Phasen abarbeitet:

- *Phase 1: IF = Instruction Fetch*
  Nächsten Befehl aus dem Programmspeicher holen.
- *Phase 2: ID = Instruction Decode*
  Dekodieren des Befehls und Holen der Operanden aus den Registern.
- *Phase 3: Ex = Execute/address calculation*
  Ausführen der Operation und Berechnen der Adresse.
- *Phase 4: MEM = Memory access*
  Abspeichern des Ergebnisses.
- *Phase 5: WB = Write back*
  Bei Bedarf Schreiben des durch die ALU gelieferten Ergebnisses in ein Register.

Manche Befehle benötigen nicht alle fünf Phasen der Pipeline: Erzeugt ein Befehl z. B. kein Ergebnis, entfallen für ihn die beiden letzten Phasen.

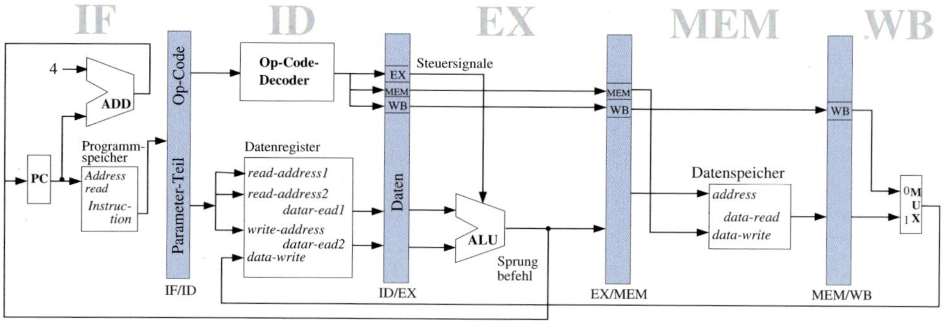

Abbildung 16.3: Schematischer Aufbau eines RISC-Prozessors mit fünfstufigem Pipelining

Es ist noch zu erwähnen, dass moderne Prozessoren nicht mit fünf, sondern mit bis zu 20 Phasen arbeiten, die jeweils durch eigene Funktionseinheiten realisiert sind.

In Abbildung 16.3 ist der stark vereinfachte schematische Aufbau eines RISC-Prozessors mit Pipeline dargestellt.

- *IF-Phase* wertet den Befehlszähler PC aus. Bei einem 32-Bit-Prozessor mit byteweiser Speicheradressierung wird der Befehlszähler mit jedem Takt um 4 erhöht. Der aus dem Programmspeicher gelesene Befehl wird in das Pipelineregister `IF/ID` geschrieben.
- *ID-Phase* dekodiert den Op-Code durch ein Schaltnetz. Die dabei erzeugten drei Steuersignale werden über das Pipelineregister `ID/EX` an die drei nachfolgenden Phasen `EX`, `MEM` und `WB` weitergeleitet. Parallel zur Dekodierung des Op-Codes wird auf die beiden Leseeingänge der Datenregister zugegriffen.
- *EX-Phase* legt das im `ID/EX`-Pipelineregister stehende Steuersignal `EX` als ALU-select an die ALU an. Bei Sprungbefehlen wird der Befehlszähler neu gesetzt.

Tabelle 16.1

Abarbeitung der Befehle bei fünfstufigem Pipelining

Befehl 1:	ID	IF	EX	MEM	WB					
Befehl 2:		ID	IF	EX	MEM	WB				
Befehl 3:			ID	IF	EX	MEM	WB			
Befehl 4:				ID	IF	EX	MEM	WB		
Befehl 5:					ID	IF	EX	MEM	WB	
Befehl 6:						ID	IF	EX	MEM	WB
Takt:	1	2	3	4	5	6	7	8	9	10

- *MEM-Phase* greift auf den Datenspeicher lesend oder schreibend zu. Die entsprechend benötigten Daten und Informationen erhält sie dabei aus dem `EX/MEM`-Pipelineregister.
- *WB-Phase* schreibt bei Bedarf das Ergebnis in ein Register.

Da die einzelnen Funktionseinheiten bzw. Phasen unabhängig voneinander sind und eine gleich lange Ausführungszeit benötigen, können sie parallel bearbeitet werden.

Hat man z. B. eine Folge von Befehlen $B_1, B_2, B_3, B_4, \ldots$ und fünf Phasen, ergibt sich das in Tabelle 16.1 gezeigte Pipelining, bei dem sechs Befehle in 10 Takten abgearbeitet werden.

16.3.2 Geschwindigkeitsgewinn beim Pipelining

Um den Geschwindigkeitsgewinn, auch *Speedup* genannt, beim Pipelining zu berechnen, machen wir folgende Voraussetzungen:

$n =$ Anzahl der Phasen in der Pipeline

$t =$ Bearbeitungszeit für einen Befehl

$\frac{t}{n} =$ Ausführungszeit einer Phase (folgt aus den beiden vorherigen Punkten)

Nun lässt sich Folgendes feststellen:

Zeitpunkte					
t	$t+\frac{t}{n}$	$t+2\cdot\frac{t}{n}$	…	…	$t+(b-1)\cdot\frac{t}{n}$
1. Befehl fertig	2. Befehl fertig	3. Befehl fertig	…	…	b. Befehl fertig

Es gilt somit nun, dass b Befehle zu ihrer Abarbeitung die folgenden Zeiten benötigen:

- mit Pipelining: $t+(b-1)\cdot\frac{t}{n}$
- ohne Pipelining: $b\cdot t$

Der Geschwindigkeitsgewinn lässt sich nun wie folgt berechnen:

$$Speedup = \frac{Zeit\ ohne\ Pipeline}{Zeit\ mit\ Pipeline} = \frac{b\cdot t}{t+(b-1)\cdot\frac{t}{n}} = \frac{n\cdot b\cdot t}{n\cdot t+(b-1)\cdot t} = \frac{n\cdot b}{n+(b-1)}$$

In den Tabellen 16.2 und 16.3 sind die theoretischen Geschwindigkeitsgewinne bei unterschiedlicher Phasenzahl in Abhängigkeit von der Anzahl der Befehle gezeigt. In diesen Tabellen ist erkennbar, dass der Speedup sich mit zunehmender Programmgröße (Anzahl der Befehle) der Anzahl der Phasen der Pipeline nähert, was der überhaupt maximal mögliche Geschwindigkeitsgewinn ist.

Tabelle 16.2

Speedup bei einer Phasenzahl zwischen 1 und 10 abhängig von Befehlszahl

Befehls-	Anzahl der Phasen									
zahl	1	2	3	4	5	6	7	8	9	10
1	1.00	1.00	1.00	1.00	1.00	1.00	1.00	1.00	1.00	1.00
10	1.00	1.82	2.50	3.08	3.57	4.00	4.38	4.71	5.00	5.26
20	1.00	1.90	2.73	3.48	4.17	4.80	5.38	5.93	6.43	6.90
50	1.00	1.96	2.88	3.77	4.63	5.45	6.25	7.02	7.76	8.47
100	1.00	1.98	2.94	3.88	4.81	5.71	6.60	7.48	8.33	9.17
200	1.00	1.99	2.97	3.94	4.90	5.85	6.80	7.73	8.65	9.57
500	1.00	2.00	2.99	3.98	4.96	5.94	6.92	7.89	8.86	9.82
1000	1.00	2.00	2.99	3.99	4.98	5.97	6.96	7.94	8.93	9.91
5000	1.00	2.00	3.00	4.00	5.00	5.99	6.99	7.99	8.99	9.98
10000	1.00	2.00	3.00	4.00	5.00	6.00	7.00	7.99	8.99	9.99

Tabelle 16.3

Speedup bei einer Phasenzahl zwischen 11 und 20 abhängig von Befehlszahl

Befehls-	Anzahl der Phasen									
zahl	11	12	13	14	15	16	17	18	19	20
1	1.00	1.00	1.00	1.00	1.00	1.00	1.00	1.00	1.00	1.00
10	5.50	5.71	5.91	6.09	6.25	6.40	6.54	6.67	6.79	6.90
20	7.33	7.74	8.12	8.48	8.82	9.14	9.44	9.73	10.00	10.26
50	9.17	9.84	10.48	11.11	11.72	12.31	12.88	13.43	13.97	14.49
100	10.00	10.81	11.61	12.39	13.16	13.91	14.66	15.38	16.10	16.81
200	10.48	11.37	12.26	13.15	14.02	14.88	15.74	16.59	17.43	18.26
500	10.78	11.74	12.70	13.65	14.59	15.53	16.47	17.41	18.34	19.27
1000	10.89	11.87	12.85	13.82	14.79	15.76	16.73	17.70	18.66	19.63
5000	10.98	11.97	12.97	13.96	14.96	15.95	16.95	17.94	18.93	19.92
10 000	10.99	11.99	12.98	13.98	14.98	15.98	16.97	17.97	18.97	19.96

16.3.3 Hazards beim Pipelining

Es können allerdings beim Pipelining auch Konflikte, so genannte *Hazards* auftreten, die Probleme mit sich bringen. Solche Hazards sowie Lösungsmöglichkeiten bei diesen Hazards werden nachfolgend kurz vorgestellt. Dazu werden hier folgende beispielhafte Maschinenbefehle eingeführt:

```
ADD R[x],R[y],R[x]   ; addiert Registerinhalte R[y] und R[x]
                       und speichert Ergebnis in R[x]
SUB R[x],R[y],R[z]   ; subtrahiert Registerinhalte R[y] - R[z]
                       und speichert Ergebnis in R[x]
LDD R[x],R[y]        ; lädt durch R[y] adressierte Speicherzelle
                       nach R[x]
SHR R[x],R[y]        ; schiebt alle Bits in R[y] um eine Stelle
                       nach rechts und speichert Ergebnis in R[x]
NOT R[x],R[y]        ; invertiert alle Bits in R[y] und speichert
                       Ergebnis in R[x]
JC  n                ; Sprung an Adresse n, wenn Carry-Bit gesetzt ist
```

Data Hazards – Datenabhängigkeiten

Zwei aufeinanderfolgende Befehle besitzen z. B. dann eine Datenabhängigkeit, wenn der zweite Befehl das Ergebnis des ersten Befehls benötigt, dies aber noch nicht vorliegt, da dieser noch nicht vollständig abgearbeitet ist. Als Beispiel für einen Data Hazard soll der folgende Ausschnitt eines *MikroOne*-Programms dienen, bei dem der Wert des Registers R[1] nicht rechtzeitig dem ADD-Befehl zur Verfügung gestellt werden kann:

```
LDD R[1],R[0]        ; R[1] := ds[R[0]]      (B1)
ADD R[3],R[2],R[1]   ; R[3] := R[2] + R[1]   (B2)
..................   ; (B3)
..................   ; (B4)
```

Die folgende Tabelle zeigt, dass im 3. Takt ein *Data-Hazard* auftritt, denn ADD lädt in der ID-Phase den Inhalt von Register R[1], das aber noch nicht das Ergebnis vom LDD-Befehl enthält, da dieser noch nicht die WB-Phase durchlaufen hat. ADD addiert folglich einen falschen Wert auf.

Takt	IF	ID	EX	MEM	WB	
1	LDD					
2	ADD	LDD				
3	B3	**ADD**	**LDD**			→ **Data-Hazard**
4	B4	B3	ADD	LDD		
5		B4	B3	ADD	LDD	
6			B4	B3	ADD	
7				B4	B3	*erst jetzt ADD in ID erlaubt*

Das Problem bei Data-Hazards ist also das zu dichte Aufeinanderfolgen von Befehlen. Nachfolgend werden drei Möglichkeiten gezeigt, dieses Problem zu lösen:

- *Einfügen von leeren Operationen (NOP's)*
  Die spezielle Operation NOP (*No OPeration*) veranlasst das Rechen- und Steuerwerk, einen Zyklus lang keinerlei Operation auszuführen. So kann ein Folgebefehl so lange verzögert werden, bis die benötigten Daten zur Verfügung stehen, wie z. B.:

Takt	IF	ID	EX	MEM	WB	
1	LDD					
2	NOP	LDD				
3	NOP	NOP	LDD			
4	NOP	NOP	NOP	LDD		
5	ADD	NOP	NOP	NOP	**LDD**	→ nach WB-Phase neuer Wert in R[1]
6	B3	**ADD**	NOP	NOP	NOP	→ **kein Data-Hazard mehr**
7	B4	B3	ADD	NOP	NOP	
8		B4	B3	ADD	NOP	
9			B4	B3	ADD	
10				B4	B3	

  Bei dieser Lösung benötigt man allerdings wegen des Einfügens von NOP's für die Ausführung der beiden Befehle LDD und ADD nun 10 statt 7 Takte, was sich natürlich sehr negativ auf die Geschwindigkeit des gesamten Programms auswirkt, wenn viele Data-Hazards auftreten.

- *„Forwarding" mit Zusatzhardware*
  Zwei NOP's ließen sich einsparen, wenn man im Prozessor zusätzliche Hardware integriert, mit der es möglich ist, das Ergebnis des LDD-Befehls nach der EX-Phase direkt in die Register zu schreiben, was man als „Forwarding" bezeichnet. Dann wäre die folgende Befehlssequenz möglich:

Takt	IF	ID	EX	MEM	WB	
1	LDD					
2	NOP	LDD				
3	ADD	NOP	LDD			→ LDD schreibt Ergebnis nach R[1]
4	B3	ADD	NOP	LDD		→ **kein Data-Hazard mehr**
5	B4	B3	ADD	NOP	LDD	
6		B4	B3	ADD	NOP	
7			B4	B3	ADD	
8				B4	B3	

- *Umsortieren der Befehle durch den Compiler*
  Nehmen wir als Beispiel den folgenden Programmausschnitt:

```
LDD R[1],R[0]          ; R[1] := ds[R[0]]      (B1)
ADD R[3],R[2],R[1]     ; R[3] := R[2] + R[1]   (B2)
SHR R[4],R[5]          ; R[4] := R[5] um 1 Bit rechts geschoben (B3)
NOT R[6],R[7]          ; R[6] := invertierten Bits von R[7] (B4)
SUB R[8],R[9],R[10]    ; R[8] := R[9] − R[10]  (B5)
```

  Gute Compiler können hier Datenabhängigkeiten durch Umsortieren der Befehle auflösen, wie z. B.:

```
LDD R[1],R[0]           ; R[1] := ds[R[0]]        (B1)
SHR R[4],R[5]           ; R[4] := R[5] um 1 Bit rechts geschoben (B3)
NOT R[6],R[7]           ; R[6] := invertierten Bits von R[7] (B4)
SUB R[8],R[9],R[10]  ; R[8] := R[9] − R[10] (B5)
ADD R[3],R[2],R[1]    ; R[3] := R[2] + R[1] (B2)
```

Nun liegt kein Data-Hazard mehr vor, wie der folgende Ablauf verdeutlicht:

Takt	IF	ID	EX	MEM	WB	
1	LDD					
2	SHR	LDD				
3	NOT	SHR	LDD			
4	SUB	NOT	SHR	LDD		
5	ADD	SUB	NOT	SHR	**LDD**	→ **LDD schreibt Ergebnis nach R[1]**
6		**ADD**	SUB	NOT	SHR	→ **kein Data-Hazard mehr**
7			ADD	SUB	NOT	

Der Compiler muss hierbei natürlich dafür Sorge tragen, dass durch das Umsortieren das Programm weiterhin das Gleiche leistet wie zuvor. Solches Umsortieren ist nur möglich, wenn die nachfolgenden Befehle keine Abhängigkeit auf den Befehl besitzen, bei dem das Data-Hazard auftritt.

Control Hazards bei bedingten Sprungbefehlen

Bei Verzweigungen, die von einer Bedingung abhängen, wie z. B. der Sprungbefehl `JC`, muss zuerst die Bedingung ausgewertet werden, bevor entschieden werden kann, an welche Stelle zu springen ist. Da diese Auswertung aber erst in einer späteren Pipeline-Phase geschieht, ist es hier nicht möglich sofort den nächsten Befehl zu bearbeiten, da ja noch nicht bekannt ist, was der nächste Befehl sein wird. Nehmen wir z. B. den folgenden Programmausschnitt:

```
ADD R[3],R[2],R[1]    ; R[3] := R[2] + R[1] (B1)
JC  50                ; Springe zur Adr. 50, wenn Carry−Bit gesetzt *
                                     *(B2)
SUB R[8],R[9],R[10]  ; R[8] := R[9] − R[10] (B3)
```

Hier liegt ein Control-Hazard vor, wie der folgende Ablauf verdeutlicht:

Takt	IF	ID	EX	MEM	WB	
1	ADD					
2	JC	ADD				
3	SUB	JC	ADD			→ **Control-Hazard**

Nachdem `JC` die Phase `IF` verlassen hat, kann nicht einfach als Nächstes der Befehl `SUB` geladen werden, da ja zu diesem Zeitpunkt noch nicht bekannt ist, ob nicht eventuell ein Sprung auf den Befehl an der Position 50 stattfindet. Es gibt mehrere Möglichkeiten, Control-Hazards aufzulösen:

- *Einfügen von leeren Operationen (NOP's)*, um den nächsten Befehl erst zu laden, wenn bekannt ist, welcher Befehl dies ist, wie z. B.:

Takt	IF	ID	EX	MEM	WB	
1	ADD					
2	NOP	ADD				
3	NOP	NOP	ADD			→ nach EX-Phase PC richtig gesetzt
4	xxx	NOP	NOP	ADD		xxx=nächster Bef. (**kein Hazard**)

  Solche NOP's wirken sich natürlich wieder sehr negativ auf die Geschwindigkeit des gesamten Programms aus, wenn viele Control-Hazards auftreten.

- *Branch Prediction*: Heutige Prozessoren realisieren in der Hardware die so genannte *Branch Prediction* (Sprungvorhersage), indem sie einfach mittels bestimmter Techniken den wahrscheinlichsten nächsten Befehl zu erraten versuchen. Sie raten dabei allerdings nicht blind, sondern wenden gewisse Techniken an, wie z. B. eine Statistik, nach der festgelegt ist, wie oft ein solcher bedingter Sprung zu einem wirklichen Sprung führte oder wie oft nicht. Das am wahrscheinlichsten eintretende Ereignis nehmen sie dann und laden den entsprechenden Befehl in die Pipeline. War die Vorhersage richtig, haben sie natürlich viel Zeit eingespart, da sie ja nicht NOP's eingeschoben haben. Sollte die Vorhersage aber falsch gewesen sein, muss die ganze Pipeline geleert werden und eventuell falsch gesetzte Werte müssen wieder zurückgesetzt werden.

In jedem Fall machen diese Hazards deutlich, dass unser zuvor berechneter *Speedup* in Kapitel 16.3.2 auf Seite 703 beim Pipelining rein theoretischer Natur ist.

16.4 Speicher für Prozessoren

Man kann zwischen zwei Arten von Halbleiter-Speicherzellen zur Verwendung als Arbeitsspeicher unterscheiden:

- *SRAM (*Static RAM*) – sehr schnell, aber auch teuer*
  SRAM-Speicherzellen benötigen nur das Anliegen einer Spannung und werden üblicherweise unter Verwendung von vier bis zehn Transistoren pro Speicherbit realisiert. Ihre Zugriffszeiten liegen im Nanosekunden-Bereich und diese sind 5- bis 15-mal schneller als bei den nachfolgend vorgestellten DRAM-Speicherzellen. Diese Schnelligkeit wird jedoch mit dem Nachteil erkauft, dass SRAM-Speicherzellen wesentlich teurer sind und auch einen höheren Stromverbrauch als DRAMs haben. Deshalb wird heute zumindest der ganze Arbeitsspeicher nicht mit SRAM-Bausteinen realisiert. SRAM-Bausteine werden stattdessen für Prozessorregister oder schnelle Cache-Speicher verwendet.

- *DRAM (*Dynamic RAM*) – langsamer als SRAM, aber auch kostengünstiger*
  DRAM-Speicherzellen werden üblicherweise unter Verwendung von einem oder zwei Transistoren und einem Kondensator pro Speicherbit realisiert. DRAMs benötigen allerdings nicht nur wie die SRAMs das Anliegen einer Spannung, sondern erfordern zusätzlich, dass der Inhalt aller Speicherstellen mit jedem Taktzyklus aufgefrischt wird, was man als *Refresh* bezeichnet. DRAMs sind kostengünstig und haben einen niedrigen Stromverbrauch, weshalb heute der Großteil des Arbeitsspeichers durch DRAMs realisiert wird.

SRAMs bei Registern und schnellen Cache-Speichern

Wie bereits erwähnt, werden Prozessorregister und sehr schnelle Cache-Speicher mit den sehr schnellen, aber auch teueren SRAM-Speicherzellen realisiert. Dies hat zwei Gründe:

- *Häufiger Zugriff erfordert schnelle SRAM-Speicherzellen.*
- *Geringe Speicherkapazität rechtfertigt den Einsatz teuerer SRAMs.*

Cache-Speicher, die in Kapitel 16.5 auf Seite 711 noch detaillierter vorgestellt werden, wurden aus wirtschaftlichen Gründen eingeführt, um die Leistungsfähigkeit von Computern wesentlich zu steigern, ohne dass erhebliche Kosten entstanden.

Realisierung von Arbeitsspeicher mit DRAM-Speicherzellen

Würde man den gesamten großen Arbeitsspeicher (Hauptspeicher) mit schnellen DRAM-Speicherelementen realisieren, wie sie bei den Registern und schnellen Cache-Speichern verwendet werden, wäre dies zum einen sehr teuer und zum anderen würde dies zu einem sehr hohen Stromverbrauch führen. Der Arbeitsspeicher ist daher mit Hilfe von DRAMs realisiert. Die DRAM-Speicherzellen sind dabei – wie in Abbildung 16.4 schematisch gezeigt – matrixförmig angeordnet.

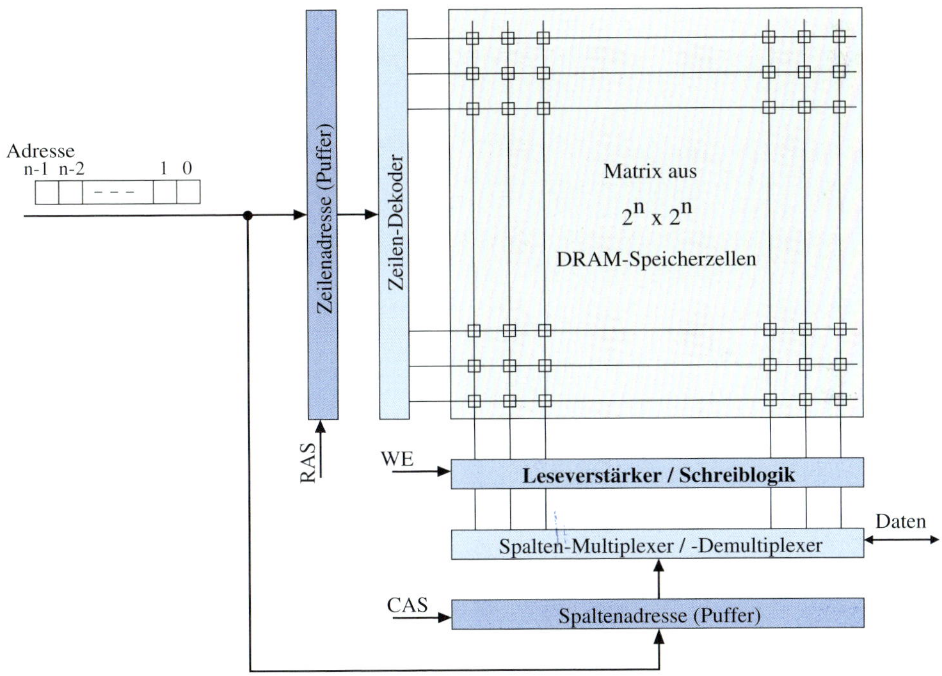

Abbildung 16.4: Aufbau eines Speichers (DRAM-Baustein) mit 2^{2n} DRAM-Speicherzellen

Um eine DRAM-Speicherzelle des Arbeitsspeichers anzusprechen, wird die Zeilenadresse durch Aktivieren des Steuersignals RAS (*Row Address Strobe*) in den *Zeilenadress-Puffer* geschrieben. Anschließend wird die Spaltenadresse durch Aktivieren des Steuersignals CAS (*Column Address Strobe*) in den *Spaltenadress-Puffer* geschrieben. Soll nun auf weitere Bits der gleichen Zeile zugegriffen werden, was sehr wahrscheinlich ist, muss nun nur noch die neue Spaltenadresse in den *Spaltenadress-Puffer* geschrieben werden, während ein neues Beschreiben des *Zeilenadress-Puffers* nicht mehr notwendig ist. Über das Steuersignal WE (*write-enable*) wird festgelegt, ob die adressierte DRAM-Speicherzelle gelesen oder beschrieben werden soll.

- *Lesen eines Werts aus dem DRAM-Baustein*
  Durch Anlegen des Steuersignals RAS werden alle 2^n Bits der adressierten Zeile von dem Leseverstärker ausgelesen. Die anschließende Aktivierung des Signals CAS selektiert dann das adressierte Bit in dieser Zeile und leitet es über den *Daten*-Ausgang unter Verwendung des Spalten-Multiplexers nach außen weiter. Weitere Bits der gleichen Zeile lassen sich jetzt natürlich schneller nach außen weiterleiten, da alle 2^n Bits dieser Zeile schon an den Ausgängen des Leseverstärkers anliegen. Nach dem Lesevorgang muss die ganze Zeile durch die Schreiblogik zurückgeschrieben werden, da das Lesen einer Zeile das Entladen der entsprechenden Kondensatoren in der Matrix bewirkt hat. Diese Technik der Adressierung wird auch mit *(Fast) Page Mode* bezeichnet.
- Zeile, in der sich die zu beschreibende DRAM-Speicherzelle befindet, durch Aktivierung des RAS-Signals von den Leseverstärkern ausgelesen wurde, wird über den Spalten-Demultiplexer und dem Aktivieren des CAS-Signals das entsprechende Bit durch den am *Daten*-Eingang anliegenden Wert überschrieben. Anschließend muss die ganze Zeile durch die Schreiblogik wieder zurückgeschrieben werden.

Durch Zusammenschalten von DRAM-Bausteinen ist Folgendes möglich:

- *Vergrößern der Wortbreite*
  Abbildung 16.5 zeigt, wie die Wortbreite durch Zusammenschalten von DRAM-Bausteinen vergrößert werden kann, indem dort vier $(2^n \times s)$-DRAM-Bausteine über

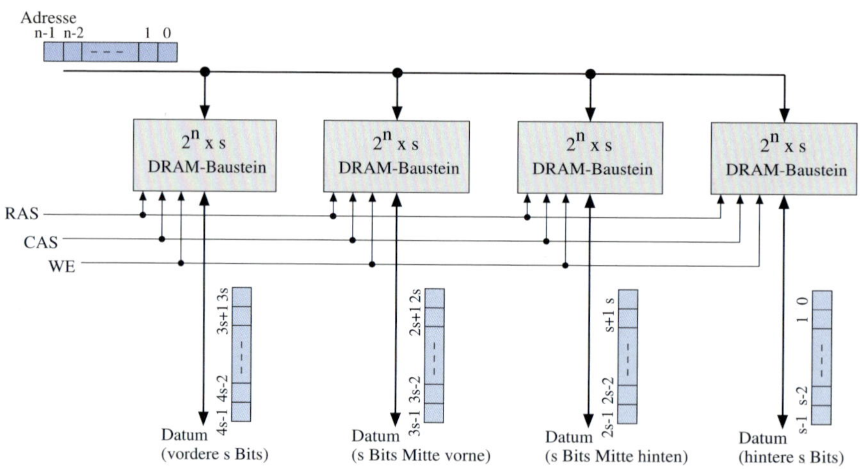

Abbildung 16.5: Vergrößern der Wortbreite durch Zusammenschalten von DRAMs

die gleichen Adress- und Steuerleitungen zusammengeschaltet sind. Gilt z. B., dass $s = 8$ Bit ist, würde man mit diesem Zusammenschalten einen Speicher von 2^n Worten mit einer Wortbreite von 32 Bit realisieren.

- *Vergrößern des Adressraums*
  Abbildung 16.4 zeigt, wie der Adressraum durch Zusammenschalten von DRAM-Bausteinen von 2^n Worten auf 2^{n+2} Worte vergrößert werden kann, also vervierfacht werden kann. Es greifen hierbei alle 4 (2^2) DRAM-Bausteine auf die Datenleitungen (s-1, s-2, ..., 1, 0) zu und werden alle über die niederwertigen n Bits (n-1, n-2, ..., 1, 0) der Adressleitungen gesteuert. Die beiden höherwertigen Bits wählen dabei mit Hilfe von zwei Demultiplexern den entsprechenden Baustein aus, der das Datum enthält, auf das zugegriffen werden soll.

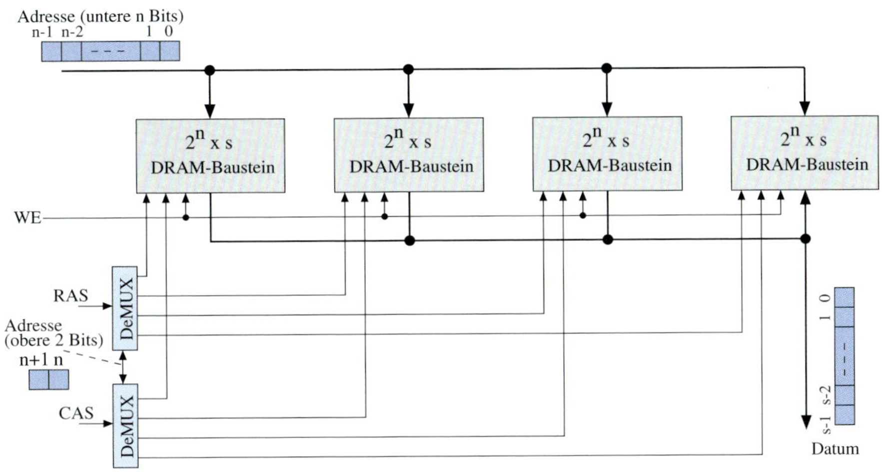

Abbildung 16.6: Vergrößern des Adressraums durch Zusammenschalten von DRAMs

16.5 Caches

Cache-Speicher befinden sich – wie in Abbildung 5.5.1 auf Seite 123 gezeigt – in der Speicherhierarchie zwischen den CPU-internen Registern und dem Hauptspeicher. Sie können dabei

- sowohl direkt in der CPU (*on-chip-cache* oder *first-level-cache*) integriert sein,
- als auch außerhalb der CPU (*second-level-cache*) angesiedelt sein.

Auf jeden Fall kann auf Cache-Speicher nicht von außen durch den Benutzer zugegriffen werden[1].

1 *cacher* ist französisch und bedeutet zu deutsch: *verstecken*.

16.5.1 Das Lokalitätsprinzip und der Cache-Controller

Die Cache-Speichern zugrundeliegende Idee

Cache-Speicher wurden eingeführt, um die Geschwindigkeitslücke zwischen Registern (SRAMs) und Hauptspeicher (DRAMs) soweit wie möglich zu schließen: Cache-Speicher sind deshalb im Vergleich zum Hauptspeicher sehr kleine, aber wesentlich schnellere Speicher, da sie mit SRAMs realisiert werden.

Die grundlegende Idee von Cache-Speichern ist, dass man in den Cache-Speicher möglichst immer die Daten aus dem Hauptspeicher kopiert, die von der CPU als Nächstes benötigt werden. Erreicht man dies, entfallen die zeitaufwändigen Zugriffe auf den Hauptspeicher, da die entsprechenden Daten nun von der CPU direkt aus dem schnellen Cache-Speicher geladen werden können.

Möchte man diese Idee umsetzen, so drängen sich automatisch zwei Fragen auf, die man beantworten muss:

- *Wie kann man herausfinden, welche Daten von der CPU als Nächstes benötigt werden?*
- *Sollen grundsätzlich alle von der CPU benötigten Daten erst aus dem Hauptspeicher in den Cache-Speicher kopiert werden?* Diese Frage lässt sich leicht mit „Nein“ beantworten, denn damit würde man die Geschwindigkeit der CPU sogar verlangsamen, da dieser zusätzliche Kopier-Zwischenschritt die Busse und damit auch die CPU blockieren würde, welche die Busse zum Datenaustausch benötigt.

Nachfolgend werden Lösungen zu diesen Fragestellungen vorgestellt.

Das Lokalitätsprinzip

Das *Lokalitätsprinzip* besagt, dass zu jedem Zeitpunkt einer Programmausführung mit einer sehr großen Wahrscheinlichkeit nur auf einen eingeschränkten Adressbereich bevorzugt und wiederholt zugegriffen wird. Dies bedeutet, dass mit sehr großer Wahrscheinlichkeit als Nächstes auf eine Adresse zugegriffen wird, die nicht weit entfernt von der Adresse ist, auf die zuletzt zugegriffen wurde. Dies trifft in jedem Fall bei Schleifen und Arrays zu, welche sehr oft in Programmen verwendet werden.

Um dieses Lokalitätsprinzip auszunutzen, sind Cache-Speicher so konzipiert, dass während der Programmausführung nicht ein einzelnes gerade benötigtes Datum aus dem Hauptspeicher in den Cache-Speicher kopiert wird, sondern stattdessen ganze Blöcke, die neben dem angeforderten Datum auch noch dessen benachbarte Werte aus dem Hauptspeicher enthalten. Werden entsprechend dem Lokalitätsprinzip nun solche Nachbaradressen von der CPU benötigt, befinden sich die zugehörigen Werte bereits im Cache und es ist kein zeitaufwändiger Zugriff auf den Hauptspeicher mehr erforderlich. Dasselbe trifft natürlich auch zu, wenn auf das gleiche Datum in kurzer Zeit mehrfach zugegriffen wird, denn dann befindet sich das entsprechende Datum zumindest beim zweiten Zugriff bereits im schnellen Cache-Speicher.

Der Cache-Controller

Zur Steuerung des Datenverkehrs zwischen Hauptspeicher, Cache-Speicher und Prozessorregister verfügen Caches über einen eigenen Controller, wie es in Abbildung 16.7 gezeigt ist.

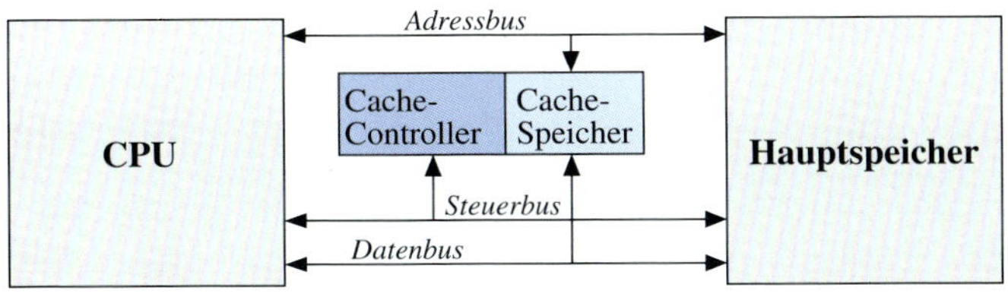

Abbildung 16.7: Cache-Controller zur Steuerung des Datenverkehrs

Daten-Cache und Befehls-Cache

In der Regel befinden sich in einem Rechner zwei getrennte Caches: einer für die Befehle und einer für die Daten. Da die Konzepte für beide weitgehend identisch sind, wird nachfolgend nur allgemein der Cache und nicht diese beiden Cache-Arten einzeln getrennt voneinander behandelt.

16.5.2 Der Lesezugriff

Möchte ein Programm Daten aus dem Hauptspeicher lesen, so wird diese Anforderung intern nicht nur an den Hauptspeicher, sondern gleichzeitig auch an den Cache geschickt. Bei der Anforderung an den Cache sind nun zwei Möglichkeiten zu unterscheiden:

- *cache hit – Datum (Kopie) ist bereits im Cache vorhanden*
  In diesem Fall sorgt der Cache-Controller dafür, dass das angeforderte Datum direkt und schnell über den Datenbus vom Cache in die CPU übertragen wird, wie es in Abbildung 16.8 gezeigt ist.

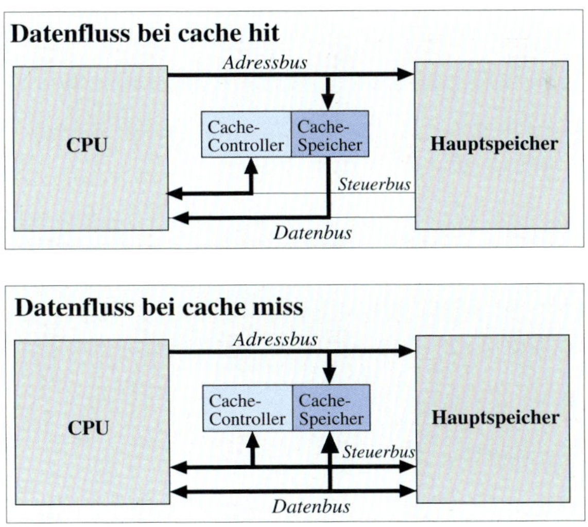

Abbildung 16.8: Datenfluss bei cache hit und bei cache miss

- *cache miss – Datum (Kopie) ist nicht im Cache vorhanden*
  In diesem Fall wird die CPU vom Cache-Controller benachrichtigt, dass das Datum nicht im Cache vorhanden ist, so dass die CPU es über den Datenbus vom langsameren Hauptspeicher anfordern kann. Allerdings sorgt der Cache-Controller auch dafür, dass das Datum vom Hauptspeicher in den Cache geladen wird, um dem Lokalitätsprinzip gerecht zu werden (siehe auch Abbildung 16.8). Entsprechend dem Lokalitätsprinzip wird hierbei jedoch nicht nur das einzelne gerade angeforderte Datum in den Cache kopiert, sondern stattdessen werden ganze Blöcke in den Cache übertragen, die neben dem angeforderten Datum auch noch dessen benachbarte Werte aus dem Hauptspeicher enthalten. Es ist offensichtlich, dass bei einem cache miss der Datenaustausch wesentlich länger dauert als bei einem cache hit.

Speicherzugriffszeiten bei Verwendung von Caches

Es ist augenscheinlich, dass die durchschnittliche Speicherzugriffszeit beim Einsatz von Caches von der Anzahl der erzielten cache hits abhängig ist. Die durchschnittliche Trefferrate lässt sich dabei durch folgende Formel definieren:

$$\text{Trefferrate } t = \frac{\text{Anzahl von cache hits}}{\text{Anzahl von cache hits} + \text{Anzahl von cache misses}}$$

Ist nun

- c = Zugriffszeit auf Cache und
- h = Zugriffszeit auf Hauptspeicher

so lässt sich die durchschnittliche Speicherzugriffszeit wie folgt berechnen:

$$\text{durchschnittl. Speicherzugriffszeit} = \overset{\text{Zugriff auf Cache (in jedem Fall)}}{c} + \overset{\text{bei cache miss}}{(1-t)\cdot h}$$

Tabelle 16.4 zeigt Speicherzugriffszeiten in Abhängigkeit von der Anzahl der cache hits, wobei folgende hypothetische Zugriffszeiten angenommen wurden:

$$c = 20 \text{ Nanosekunden} \quad \text{und} \quad h = 100 \text{ Nanosekunden}$$

In Tabelle 16.4 ist erkennbar, dass Caches bei einer hohen Trefferrate die Zugriffszeit ganz erheblich verbessern.

Tabelle 16.4

Zugriffszeiten in Abhängigkeit von der Trefferrate
($c = 20\,\text{ns}, h = 100\,\text{ns}$)

Trefferrate t	0 (ohne Cache)	0,5 50%	0,6 60%	0,7 70%	0,8 80%	0,9 90%	0,95 95%
Zugriffszeit	100 ns	70 ns	60 ns	50 ns	40 ns	30 ns	25 ns

16.5.3 Vollassoziative und direktabgebildete Caches

Bisher haben wir verschwiegen, dass beim Lesen aus dem Cache nicht wie beim Lesen aus dem Hauptspeicher das gesuchte Datum direkt gefunden werden kann, da seine Adresse im Cache natürlich eine völlig andere als die im Hauptspeicher ist. Um das entsprechende Datum überhaupt im Cache auffinden zu können, muss im Cache-Speicher zusätzlich zum Datum noch dessen Hauptspeicher-Adresse abgespeichert werden, wie es in Abbildung 16.9 gezeigt ist.

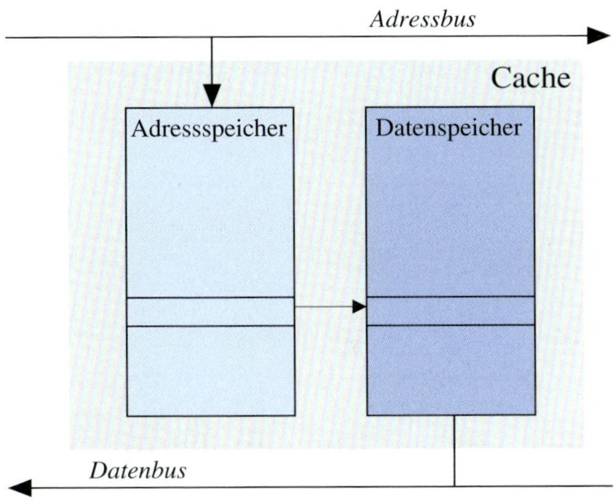

Abbildung 16.9: Cache enthält neben Daten auch deren Hauptspeicher-Adresse

Würde nun das Suchen nach einer Adresse im Cache zu lange dauern, wäre das ganze Cache-Prinzip nutzlos. Nachfolgend werden deshalb zwei Techniken vorgestellt, mit denen ein schnelles Auffinden der entsprechenden Hauptspeicher-Adresse im Adressspeicher des Cache ermöglicht wird.

Vollassoziative Cache-Speicher

Bei vollassoziativen Cache-Speichern wird die gesuchte Adresse parallel mit allen Einträgen des Cache-Adressspeichers verglichen. Dieses parallele Vergleichen aller Adressen auf einmal ist allerdings nicht umsonst, sondern erfordert zusätzliche aufwändige Schaltungen, deren Größe und damit auch Kosten von der Größe des jeweiligen Cache-Speichers abhängen. Dies ist auch der Grund dafür, dass vollassoziative Cache-Speicher ab einer gewissen Größe nicht mehr kostengünstig herzustellen sind.

Tritt nun bei einem vollassoziativen Cache-Speicher, der bereits voll ist, ein cache miss auf, stellt sich die Frage, welches Datum durch das neue im Cache einzutragende Datum zu ersetzen ist. Die Auswahl des zu verdrängenden Datums ist dabei von zentraler Bedeutung, denn es soll natürlich kein Datum verdrängt werden, das in naher Zukunft wieder benötigt wird, da dies dann wieder zu einem cache miss führen würde. Bei der Auswahl des zu verdrängenden Datums sind drei Strategien denkbar, die alle davon ausgehen, dass auf Daten, auf die in der Vergangenheit nicht oder kaum zugegriffen wurde, auch in naher Zukunft nicht mehr oder zumindest mit geringer Wahrscheinlichkeit wieder zugegriffen wird.

- *LRU (least recently used) – Datum, dessen Zugriff am längsten zurückliegt*
  Diese Strategie kann z. B. durch einen eigenen Zugriffszähler realisiert werden.
- *LFU (least frequently used) – Datum, auf das am wenigsten zugegriffen wurde*
  Auch diese Strategie lässt sich z. B. durch einen eigenen Zugriffszähler realisieren.
- *FIFO (first in, first out) – Datum, das bereits am längsten im Cache liegt*
  Der Vorteil dieser Strategie ist ihre leichte Realisierbarkeit. Ihr Nachteil ist, dass sie nicht so hohe Trefferraten erzielt wie die beiden vorherigen Strategien LRU und LFU.

Direktabgebildete Cache-Speicher (direct-mapped caches)

Möchte man ohne die zusätzlichen Schaltungen für den parallelen Adressvergleich beim vollassoziativen Cache-Speicher auskommen, kann man dies durch eine Direktabbildung der Hauptspeicheradressen auf die Cache-Adressen erreichen. Wie dies erreicht werden kann, soll anhand eines vereinfachten Beispiels gezeigt werden.
Bei der Direktabbildung wird die von der CPU geschickte Hauptspeicheradresse in zwei Teile aufgespalten:

h (high)	l (low)
$a_{n-1}a_{n-2}\ldots a_i$	$a_{i-1}\ldots a_1 a_0$
Adress-Tag (im Cache gespeichert)	Adresse von h (high) im Cache-Adressspeicher

In unserem Beispiel hier nehmen wir der Einfachheit halber an, dass der Arbeitsspeicher 64 Worte umfasst und der Cache-Speicher die Adressen von 4 Worten aus dem Arbeitsspeicher direkt abbilden kann, wobei die von der CPU gelieferte Hauptspeicheradresse wie folgt aufgespalten wird:

h (high)	l (low)
$a_5 a_4 a_3 a_2$	$a_1 a_0$
Adress-Tag (im Cache gespeichert)	Adresse von h (high) im Cache-Adressspeicher

Abbildung 16.10 zeigt den internen Aufbau des direktabgebildeten Cache für unser einfaches Beispiel, wobei in dieser Abbildung bereits Adress-Tags im Cache eingetragen sind.

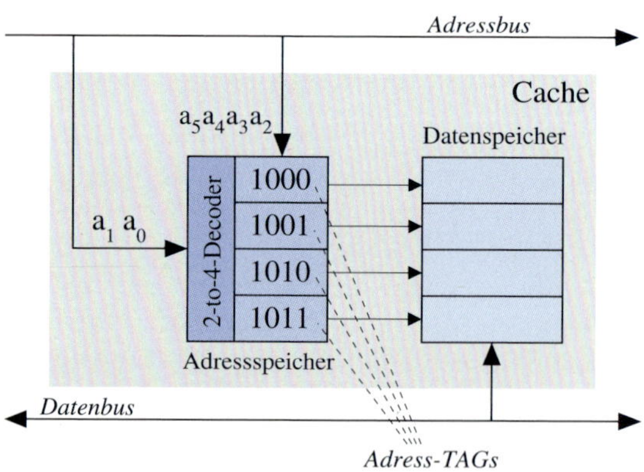

Abbildung 16.10: Interner Aufbau unseres direktabgebildeten Cache

Hier kann man nun drei Fälle unterscheiden:

1. *Datum im Cache vorhanden und valid bit gesetzt* $\Longrightarrow$ *cache hit*
   Fordert nun z. B. die CPU in Abbildung 16.10 das Datum zur Adresse 100110 (Tag = 1001 an Position 10 (2)) an, so wird im Cache an 2. Position (10) das Adress-Tag mit 1001 verglichen. Da es übereinstimmt, befindet sich das zu dieser Hauptspeicher-Adresse gehörige Datum im Cache. In diesem Fall wird mit Hilfe des so genannten *valid bit* überprüft, ob das zugehörige Datum noch gültig, also im Vergleich zum zugehörigen Datum im Hauptspeicher nicht veraltet ist. Ist das *valid bit* gesetzt, so liegt ein cache hit vor und das Datum kann über den Datenbus an die CPU übertragen werden.
2. *Datum im Cache vorhanden, aber valid bit nicht gesetzt* $\Longrightarrow$ *cache miss*
   Ist das gesuchte Datum zwar im Cache vorhanden, aber das *valid bit* ist nicht gesetzt, so liegt ein cache miss vor (siehe auch Punkt 3).
3. *Datum nicht im Cache vorhanden* $\Longrightarrow$ *cache miss*
   Bei cache misses wird das entsprechende angeforderte Datum aus dem Hauptspeicher in den Cache übertragen und die Adresse (Adress-Tag) im Adressspeicher des Cache entsprechend eingetragen. Z. B. würde für die Adresse 001010 (Tag = 0010 an Position 01 (2)) in Abbildung 16.10 ein cache miss vorliegen. In diesem Fall würde das Datum an Position 01 (2) verdrängt und als neues Adress-Tag dort 0010 in den Cache eingetragen.

   Durch die Verwendung der niederwertigen Bits zur Dekodierung wird sichergestellt, dass Daten, die im Hauptspeicher nahe beieinander liegen, sich nicht gegenseitig verdrängen. So wird auch bei direktabgebildeten Caches das Lokalitätsprinzip eingehalten, ohne dass man aufwändige Verdrängungsstrategien wie bei vollassoziativen Caches realisieren muss.

Gegenüberstellung von vollassoziativem und direktabgebildetem Cache

Es gilt allgemein Folgendes:

- *Vollassoziative Caches*
  - weisen eine höhere Performanz auf.
  - sind wegen des parallelen Adressvergleichs und der einzubauenden Verdrängungsstrategien aufwändiger in der Realisierung.
- *Direktabgebildete Caches*
  - haben eine niedrigere Trefferrate als vollassoziative Caches. Allerdings erreichen sie dennoch Trefferraten bis zu 90%.
  - sind wesentlich einfacher zu realisieren als vollassoziative Caches und deshalb auch kostengünstiger.

Zwischenzeitlich existieren auch Mischformen, bei denen durch einen direktabgebildeten Cache nicht eine Cache-Adresse, sondern ein Block solcher Adressen adressiert wird, wobei diese Blöcke dann intern als vollassoziative Caches realisiert sind.

16.5.4 Der Schreibzugriff

Befinden sich dieselben Daten gleichzeitig sowohl im Cache als auch im Hauptspeicher, ist darauf zu achten, dass diese immer konsistent bleiben, also die gleichen Werte besitzen, was man auch mit *Daten-Kohärenz* bezeichnet. Solange nur lesend auf den Speicher zugegriffen wird, ist die Daten-Kohärenz in jedem Fall sichergestellt. Bei Schreibzugriffen kann allerdings diese Daten-Kohärenz verloren gehen.

Nachfolgend werden nun drei Methoden vorgestellt, mit denen die Daten-Kohärenz auch bei Schreibzugriffen gewährleistet wird.

write-through

Bei dieser Methode wird wie folgt verfahren:

- Bei einem *cache hit* wird sowohl die entsprechende Hauptspeicher-Zelle als auch deren Kopie im Cache sofort aktualisiert.
- Bei einem *cache miss* wird nur die entsprechende Hauptspeicher-Zelle aktualisiert und der Inhalt des Cache bleibt unverändert, da der Cache ja dann bedingt durch den cache miss die neue Kopie aus dem Hauptspeicher erhält.

Hier werden also die Daten überall aktualisiert, so dass die Daten-Kohärenz zu jedem Zeitpunkt garantiert ist. Diese Methode ist jedoch sehr zeitaufwändig, da in jedem Fall auf den Hauptspeicher zugegriffen werden muss.

write-back

Bei dieser Methode wird wie folgt verfahren:

- Bei einem *cache hit* wird nur die Kopie im Cache aktualisiert, nicht aber die entsprechende Hauptspeicher-Zelle. Durch ein so genanntes *dirty bit* wird die entsprechende Zelle im Cache als „inkonsistent“ hinsichtlich des Hauptspeichers markiert. Findet später eine Verdrängung dieser Zelle statt oder wird das Programmende erreicht, so wird der Inhalt dieser Cache-Zelle in den Hauptspeicher zurückgeschrieben, wenn für diese Zelle das *dirty bit* gesetzt ist.
- Bei einem *cache miss* wird nur die entsprechende Hauptspeicher-Zelle aktualisiert und der Inhalt des Cache bleibt unverändert, da der Cache ja dann bedingt durch den cache miss die neue Kopie aus dem Hauptspeicher erhält.

Bei dieser Methode ist das Verhalten bei cache misses identisch zu dem bei der *write-through*-Methode.

write-allocation

Bei dieser Methode wird wie folgt verfahren:

- Bei einem *cache hit* wird nur die Kopie im Cache aktualisiert, nicht aber die entsprechende Hauptspeicher-Zelle. Durch ein so genanntes *dirty bit* wird die entsprechende Zelle im Cache als „inkonsistent“ hinsichtlich des Hauptspeichers markiert. Findet später eine Verdrängung dieser Zelle statt oder wird das Programmende erreicht, so wird der Inhalt dieser Cache-Zelle in den Hauptspeicher zurückgeschrieben, wenn für diese Zelle das *dirty bit* gesetzt ist.

- Bei einem *cache miss* wird das entsprechende Datum nicht in den Hauptspeicher, sondern nur in den Cache geschrieben, wobei dort das zugehörige *dirty bit* gesetzt wird, um diese Cache-Zelle als „inkonsistent" zum Hauptspeicher zu markieren. Findet später eine Verdrängung dieser Zelle statt oder wird das Programmende erreicht, so wird der Inhalt dieser Cache-Zelle in den Hauptspeicher zurückgeschrieben, wenn für diese Zelle das *dirty bit* gesetzt ist.

Bei dieser Methode kommt man anders als bei den beiden vorherigen Methoden auch bei cache misses zunächst ohne einen Hauptspeicher-Zugriff aus.

Gegenüberstellung der drei Verfahren

Abbildung 16.11 zeigt nochmals grafisch die drei unterschiedlichen Verfahren zur Gewährleistung der Daten-Kohärenz bei Schreibzugriffen.

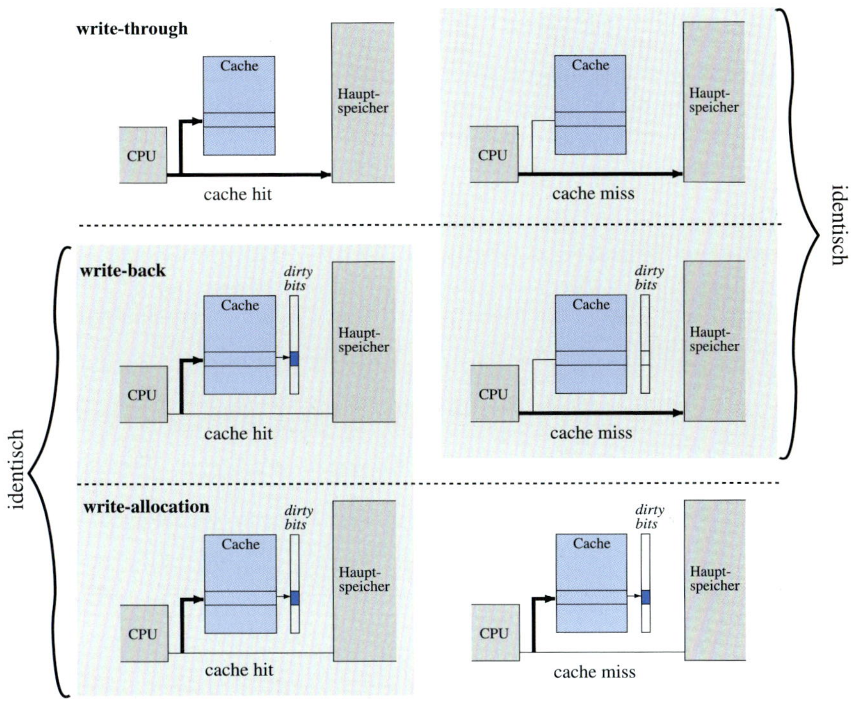

Abbildung 16.11: Verfahren für Schreibzugriffe

Allgemein gilt Folgendes für die einzelnen Verfahren:

- *write-back* und *write-allocation*
  - \+ schnelle Schreibzugriffe, da Hauptspeicher-Zugriffe nur bei Bedarf stattfinden,
  - \+ geringere Belastung der systemweiten Busse, da das Zurückschreiben in den Hauptspeicher nicht jedes Mal, sondern erst nach mehreren Schreibvorgängen erforderlich ist,

– zusätzlicher Aufwand, um die Cache-Kohärenz zu jedem Zeitpunkt zu garantieren, da eventuell nicht nur von einer CPU, sondern auch von einem so genannten *DMA-Controller* auf den Hauptspeicher zugegriffen werden darf. In diesem Fall muss auch für diesen DMA-Controller die Cache-Kohärenz sichergestellt sein.

- *write-through*
  + einfach zu realisieren,
  + Daten-Kohärenz ist zu jedem Zeitpunkt ohne jeglichen Zusatzaufwand garantiert,
  – langsamer als write-back und write-allocation, da in jedem Fall auf den Hauptspeicher zugegriffen wird.

16.6 Virtueller Speicher

Da die Busse in heutigen Rechnern sehr breit sind, können auch entsprechend viele Daten adressiert werden, was man als Adressraum bezeichnet. Umfasst z. B. ein Adressbus 64 Leitungen, so hat man einen Adressraum von 2^{64} verschiedenen Adressen (mehrere Milliarden von Gigabytes). So große Hauptspeicher sind heute schon alleine vom Preis her nicht denkbar, denn sie würden Milliarden von Euro kosten.

Da man aber trotzdem den verfügbaren Adressraum nutzen und sich nicht auf den „relativ kleinen“ Adressraum des physikalisch wirklich vorhandenen Hauptspeichers beschränken will, hat man so genannte *virtuelle Speicher* eingeführt. Virtuelle Speicher werden, wie Abbildung 16.12 zeigt, zwischen dem Hauptspeicher und dem Festplattenspeicher verwendet.

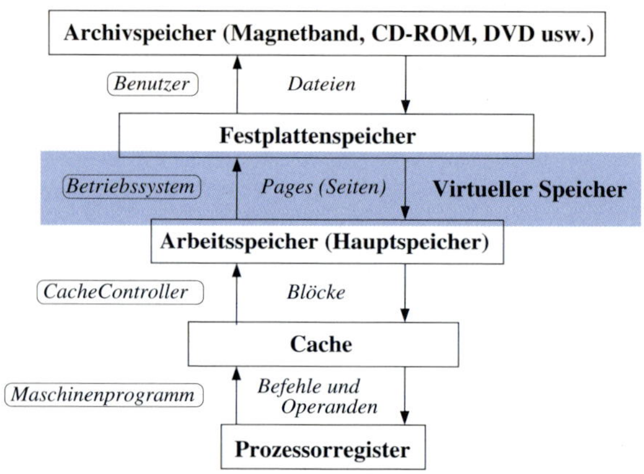

Abbildung 16.12: Virtueller Speicher in der Speicherhierarchie

Um virtuelle Speicher zu realisieren, wird der Festplattenspeicher herangezogen, um Adressen, die im Hauptspeicher physikalisch aus Platzgründen nicht existieren können, dort abzubilden. Dieses Abbilden der Adressen sowie die Steuerung des Datenverkehrs zwischen Hauptspeicher und Festplattenspeicher ist dabei die Aufgabe des jeweiligen Betriebssystems. Für eine effiziente Umsetzung zwischen realen und virtuellen Adressen steht in größeren Systemen, in denen virtueller Speicher angeboten wird, in der Regel eine spezielle Hardware-Einheit zur Speicherverwaltung, eine so genannte *Memory-Management-Unit (MMU)* zur Verfügung. Diese wird dann vom Betriebssystem zur Adressumsetzung und zusammen mit virtuellem Speicher auch für Speicherschutzaufgaben genutzt. Im Folgenden sollen jedoch nicht die technischen Realisierungen und Details von MMUs, sondern nur die allgemeinen Prinzipien der Adressabbildung bei der Realisierung von virtuellem Speicher erläutert werden.

Virtuelle Speicher vergrößern also *virtuell* den physikalisch wirklich vorhandenen Hauptspeicher, so dass z. B. Programme, die 2 GByte Hauptspeicher benötigen, auch auf einem Rechner ablaufen werden, der nur 1 GByte Hauptspeicher besitzt. Sie laufen dann zwar auf Grund des Einsatzes der Festplatte als „vergrößerter Hauptspeicher" langsamer ab, aber sie sind zumindest ausführbar.

Es existieren verschiedene Organisationsformen für virtuelle Speicher, von denen zwei wichtige nachfolgend vorgestellt werden.

16.6.1 Paging

Beim so genannten *Paging* – oder manchmal auch "'Swapping"' genannt – gilt Folgendes:

- Der virtuelle Speicher befindet sich teilweise oder auch vollständig auf der Festplatte bzw. einem anderen Sekundärspeicher.
- Der virtuelle Speicher ist in so genannte *Pages (Seiten)* mit einer festen Größe unterteilt.
- Der Hauptspeicher ist in so genannte *Page Frames (Seitenrahmen)* unterteilt, die jeweils eine Seite aufnehmen können.
- Eine *Page Table (Seitentabelle)* zeigt immer an, welche Seiten des virtuellen Speichers sich aktuell in den jeweiligen Page Frames des Hauptspeichers befinden.

Hier sind Parallelen zum Cache-Konzept erkennbar, denn auch bei virtuellen Speichern arbeitet ein großer langsamerer Speicher mit einem kleineren schnelleren Speicher zusammen, wobei dieser kleinere Speicher immer nur eine nach bestimmten Kriterien ausgewählte Teilmenge von Daten aus dem größeren Speicher enthält. Wie bei Caches ist es für die Geschwindigkeit von eminenter Bedeutung, dass die jeweils benötigten Daten im schnelleren Hauptspeicher zur Verfügung stehen.

Abbildung 16.13 zeigt das grundsätzliche Konzept des virtuellen Speichers.

Wie Abbildung 16.13 zeigt, ist die Page Table im Hauptspeicher untergebracht und enthält für jeden möglichen Page Frame drei Einträge:

1. *belegt* zeigt an, ob der entsprechende Page Frame mit einer Seite des virtuellen Speichers belegt ist,
2. *Festplattenadresse* enthält die Adresse, an der sich diese Page auf der Festplatte befindet,
3. *Pagenr.* enthält die Adresse der entsprechenden Page im virtuellen Speicher.

Das Betriebssystem ist dabei sowohl für die richtige Zuordnung zwischen Hauptspeicher, Festplattenspeicher und virtuellem Speicher als auch für die erforderlichen Aktualisierungen in der Page Table zuständig.

Ist eine Page im Hauptspeicher abgelegt, kann direkt auf sie zugegriffen werden. Tritt jedoch ein so genannter *Page Fault (Seitenfehler)* auf, muss zuerst die entsprechende Page von der Festplatte in den Hauptspeicher geladen werden, damit ein Zugriff auf

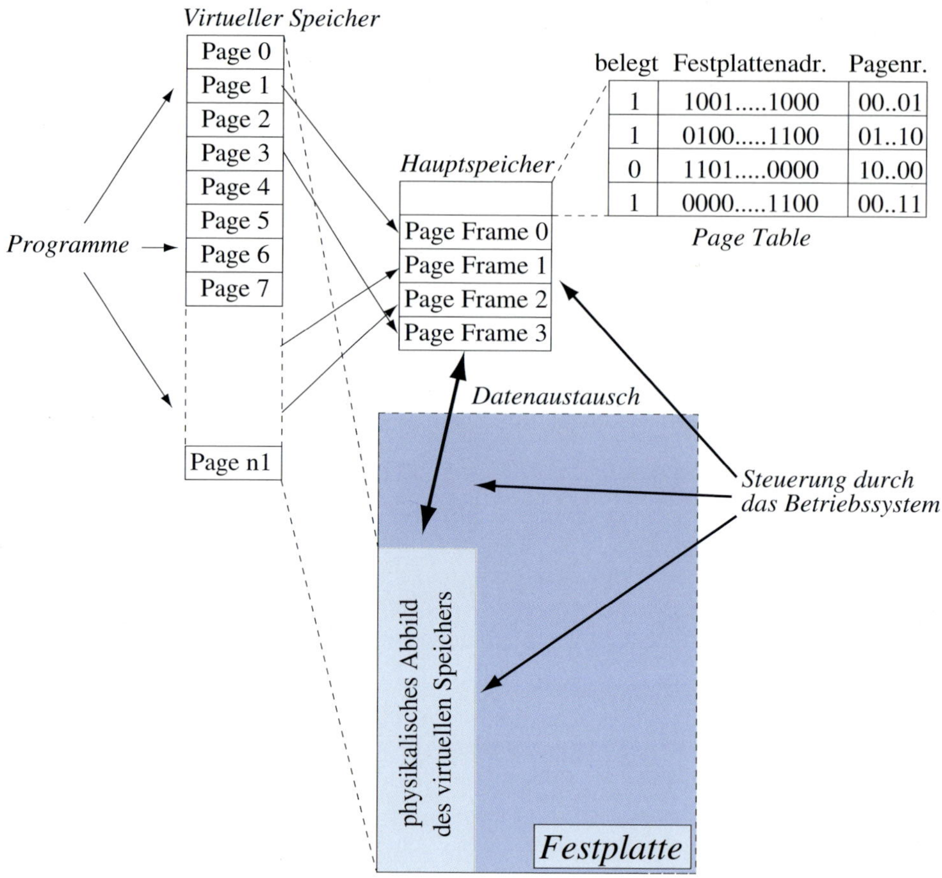

Abbildung 16.13: Virtueller Speicher und dessen Verwaltung

die vom Benutzer angeforderten Daten möglich ist. Sind in diesem Fall bereits alle Page Frames mit gültigen Pages belegt, muss eine dieser Pages aus dem Hauptspeicher verdrängt werden, wobei eventuell ein Zurückschreiben auf die Festplatte notwendig wird, wenn in diese Kopie im Hauptspeicher geschrieben wurde.

Bei der Auswahl der zu verdrängenden Seite kann man wieder die bereits bei den Caches auf Seite 716 vorgestellten Strategien verwenden, die jeweils die Seite verdrängen, nämlich:

- *LRU (least recently used) – deren letzter Zugriff am längsten zurückliegt,*
- *LFU (least frequently used) – auf die am wenigsten zugegriffen wurde,*
- *FIFO (first in, first out) – die bereits am längsten im Hauptspeicher liegt.*

Bei der FIFO-Strategie ist dabei der Verwaltungsaufwand am geringsten, da nur beim Auftreten eines Page Fault die älteste Page im Hauptspeicher zu verdrängen ist.

Bei den LRU- und LFU-Strategien dagegen muss eine Zugriffsstatistik mitgeführt werden, die bei Zugriffen entsprechend aktualisiert wird.

Neben diesen drei Verdrängungsstrategien existieren beim Paging noch weitere komplexere Verdrängungsstrategien, die zwar zeitaufwändiger sind, aber auf Grund der gegenüber von Caches erlaubten langsameren Zugriffszeiten durchaus eingesetzt werden können.

16.6.2 Segmentierung

Anders als beim Paging wird bei der *Segmentierung* der virtuelle Speicher in so genannte *Segmente* unterteilt, die meist unterschiedlich groß sind, da sie für unterschiedliche Teile eines Programms eingesetzt werden. So gibt es z. B. meist folgende Segmente:

1. *Code*-Segment für die Programmbefehle,
2. *Data*-Segment für die globalen statischen Daten, die für die gesamte Laufzeit des Programms verfügbar sein müssen,
3. *Heap*-Segment für Daten, die dynamisch während der Programmausführung erzeugt werden und eventuell später wieder freigegeben werden,
4. *Stack*-Segment für Daten, die z. B. nur für die Dauer der Ausführung einer Funktion benötigt werden.

Die Segmente können dabei entweder eine feste Größe besitzen, wie z. B. das Code- und Data-Segment, oder aber ihre Größe kann sich auch während des Programmablaufs ändern, wie z. B. das Heap- und Stack-Segment. Abbildung 16.14 zeigt, dass das *Stack*-Segment nach unten und das *Heap*-Segment nach oben wächst.

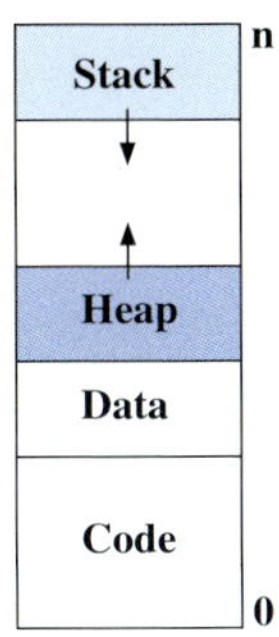

Abbildung 16.14: Typische Segmente eines Programms

Eine Adresse besteht bei der Segmentierung üblicherweise aus zwei Teilen, einem *Segmentselektor* und einem *Offset*. Damit kann ein logischer Adressraum gebildet werden. Da die Segmentierung jedoch eine eher nur grobe Verwaltung des Speichers erlaubt, hat diese in modernen Systemen gegenüber dem Paging an Bedeutung verloren.

TEIL IV

Theoretische Informatik

Den verderblichen Kreislauf der Wirtschaftskrise charakterisiert folgende Geschichte aus den dreißiger Jahren:
Ein Arbeiterkind fragt die Mutter: „Warum heizen wir nicht?“
„Weil es keine Kohle gibt.“
„Warum haben wir keine Kohle?“
„Weil der Vater arbeitslos ist.“
„Warum ist der Vater arbeitslos?“
„Weil es zu viel Kohle gibt!“

Automatentheorie und formale Sprachen

17

ÜBERBLICK

17.1 Rätsel: Weg durch ein Labyrinth und um die Ecke gedacht

Lösungen

- *Weg durch ein Labyrinth*
  Dieses Rätsel stammt aus der Zeitschrift *Zeitmagazin*. Nach dem Start in einem beliebigen Dreieck, wie es in Abbildung 17.1 gezeigt ist, führt der Weg kreuzungsfrei durch alle übrigen Dreiecke zurück zum Ausgangspunkt.

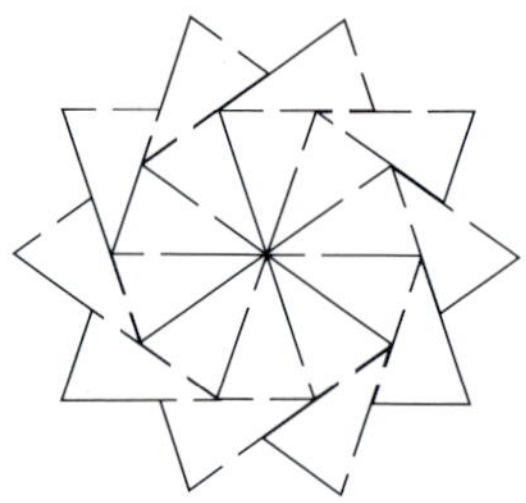

Abbildung 17.1: Kreuzungsfreien Weg durch dieses Labyrinth finden

- *Zeiträtsel (Um die Ecke gedacht) und Kreativitätstechniken*
  Bei diesem Rätsel aus der Zeitschrift *Zeitmagazin*, das im Zusatzmaterial vorgestellt wird, handelt es sich um ein Kreuzworträtsel der besonderen Art. Neben dem Rätsel selbst werden im Zusatzmaterial auch Kreativitätstechniken vorgestellt.

17.2 Lexikalische und syntaktische Analyse

Automaten sind in der Informatik einfache Modelle von *zustandsorientierten Maschinen*, die sich nach bestimmten Regeln, dem Programm, verhalten. Bevor hier näher auf die Automaten und die dazugehörigen formalen Sprachen eingegangen wird, werden zuerst einmal Begriffe geklärt, die für das Verständnis dieses Kapitels wichtig sind.

Programme, die ein Programmierer erstellt, bezeichnet man als *Quellprogramme* (*Sourcen*), die in die für den Menschen nicht lesbare Maschinensprache des jeweiligen Prozessors übersetzt werden müssen, damit dieser sie ausführen kann.

Nachfolgend werden nun einige wichtige Begriffe vorgestellt, die in diesem Kapitel benötigt werden.

Alphabet einer Sprache:

Quellprogramme sind Texte, die aus einer Folge von Zeichen bestehen. Die Menge aller Zeichen, die eine Programmiersprache in solchen Quellprogrammen zulässt, also akzeptiert, bezeichnet man als das *Alphabet* dieser Programmiersprache. So sind z. B. in den Programmiersprachen C, C++ oder Pascal Großbuchstaben, Kleinbuchstaben, Ziffern und bestimmte Sonderzeichen, wie z. B. <, =, {, }, + usw. erlaubt.

Wörter einer Sprache:

Aus dem Alphabet einer Sprache werden dann die *Wörter* definiert, die zu dieser Sprache gehören. Dies sind in Sprachen wie C, C++, Java und Pascal z. B.:

- *Schlüsselwörter*: **for**, **while**, **if**, **switch**, …
- *Sonderzeichen*: **+**, **-**, *****, <, >=, …

- *Benutzerdefinierte Bezeichner*: `zaehler`, `x12`, `kinder_zahl`, ...
- *Konstanten*: `425` (Integer), `3.14` oder `2.3e7` (Gleitpunktzahlen), `'z'` (Zeichen), „`Guten Tag`" (String), ...

Ein Übersetzer (*Compiler* oder *Interpreter*) muss nun als Erstes prüfen, ob ein Quellprogramm, das aus einer Folge von Zeichen besteht, den Regeln der entsprechenden Programmiersprache genügt. Dies geschieht in zwei Analysephasen: der *lexikalischen Analyse* und der *syntaktischen Analyse*.

Lexikalische Analyse

Bei dieser ersten Phase wird der vorgelegte Programmtext in einzelne Wörter zerlegt, wobei alle Whitespaces (Leer-, Tabulator- und Neuezeilezeichen), die die einzelnen Wörter trennen, und die für den Menschen gedachten Kommentare entfernt werden. Als Beispiel möge der folgende Ausschnitt aus einem kleinen C-Programm dienen:

```
main() { /* Summe aller ungeraden Zahlen zw. 1 und 100 */
   int i, sum=0;
   for (i=1; i<100; i = i+2)
      sum = sum + i;
}
```

Dieses Programm wird in der lexikalischen Analyse in eine Folge von Wörtern zerlegt, wobei jedem Wort ein so genanntes *Token* zugeordnet wird. Das Token gibt dabei an, zu welcher Klasse von Wörtern das jeweilige Wort gehört, wie z. B. das Token *integer* für ganze Zahlen. Jedem Schlüsselwort der jeweiligen Sprache ist dabei ein eigenes Token zugeordnet. Nach dem Zerlegen ist aus dem Programm eine Folge von Tokens geworden, wie z. B.:

main	(	)	{	**int**	i	,	sum	=	0	;	**for** ...
id	*klAuf*	*klZu*	*gesAuf*	*int*	*id*	*komma*	*id*	*eq*	*integer*	*semi*	*for* ...

Damit ist die lexikalische Analyse abgeschlossen. Abbildung 17.2 zeigt einen endlichen Automaten, der von einem Band die Folge der Zeichen liest und hieraus dann Tokens erzeugt, die er als Ausgabe liefert.

Dieses Zuordnen von Tokens in der lexikalischen Analyse bezeichnet man auch als *Scannen*. In Kapitel 17.3 auf Seite 730 wird nochmals detaillierter auf die lexikalische Analyse eingegangen.

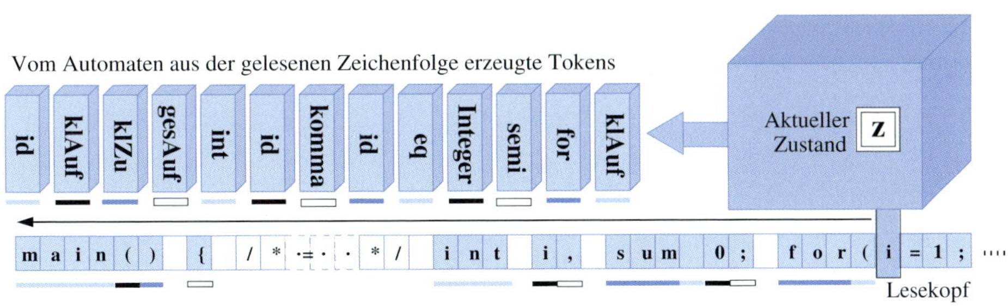

Abbildung 17.2: Endlicher Automat zur lexikalischen Analyse

Syntaxanalyse

In der Syntaxanalyse wird geprüft, ob die Folge, in der die einzelnen Wörter gefunden wurden, in der jeweiligen Programmiersprache erlaubt ist, also nicht die Regeln der *Grammatik* zu dieser Programmiersprache verletzt. Wie natürliche Sprachen besitzen nämlich auch Programmiersprachen eine Grammatik, an die sich die jeweiligen Quellprogramme halten müssen.

Beispielsweise würde der Satz „*Die jagt Katze Maus die*" gegen die Grammatik der deutschen Sprache verstoßen und wäre syntaktisch falsch.

Genauso würde ein Ausdruck wie „`z = x + * y`" gegen die Grammatik von Programmiersprachen wie C oder Java verstoßen, denn in diesen Sprachen darf zwischen zwei Operanden nur ein Operator angegeben sein.

Dieses Überprüfen in der Syntaxanalyse, ob eine Folge von Tokens den vorgegebenen Regeln einer Sprache entspricht, bezeichnet man auch als *Parsen*. In Kapitel 17.4 auf Seite 740 wird nochmals detaillierter auf die Syntaxanalyse eingegangen.

17.3 Reguläre Sprachen und endliche Automaten

17.3.1 Alphabet, Wort und Sprache

Sowohl bei der lexikalischen Analyse als auch bei der Syntaxanalyse geht es darum, zu entscheiden, ob ein Element (Wort bzw. Tokenreihenfolge) zu einer vorgegebenen Klasse gehört oder nicht.

- Die lexikalische Analyse bildet aus Zeichenfolgen Wörter und prüft, ob diese Wörter zu einer vorgegebenen Klasse von Wörtern (aus der Sprache) gehören oder nicht.
- Die Syntaxanalyse setzt die von der lexikalischen Analyse gelieferten Tokens zu „Wörtern" zusammen und prüft, ob die vorgegebene Klasse von Regeln (aus der Grammatik) diese „Wörter" zulässt oder nicht.

Allgemein kann man nun für beide Analysen folgende Definitionen aufstellen:

Alphabet: Ein Alphabet Σ ist eine endliche Menge von Zeichen.

Alphabete werden meist mit griechischen Großbuchstaben und Zeichen mit den Anfangsbuchstaben des Alphabets a, b, c, … bezeichnet.

Wort: Ein Wort über einem Alphabet Σ ist eine endliche Folge von Zeichen aus Σ, wobei man die Menge aller Wörter über Σ mit Σ^* bezeichnet. Es gibt dabei auch ein leeres Wort ε.

Wörter werden meist mit Kleinbuchstaben u, v und w bezeichnet und es sind die folgenden Operationen bei Wörtern möglich:

- *Konkatenation von Wörtern* bedeutet das Zusammenfügen von zwei Wörtern u und v zu einem neuen Wort uv. Grundsätzlich gilt für jedes Wort: $\varepsilon u = u\varepsilon = u$. Notationen wie aw bzw. wa bedeuten, dass man dem Wort w das Zeichen a voranstellt bzw. anfügt.

- *Länge eines Worts* ist die Anzahl der Zeichen, aus der sich ein Wort zusammensetzt, wobei man für die Länge eines Worts meist die Notation $|w|$ verwendet. Es gilt z. B.: $|uv| = |u| + |v|$ und $|\varepsilon| = 0$.

Sprache: Eine Sprache über einem Alphabet Σ ist eine Menge von Wörtern über Σ.

Eine Sprache über Σ ist somit eine Teilmenge von Σ^*, wobei zu beachten ist, dass sowohl die leere Menge $\{\}$ als auch Σ^* (alle möglichen Wörter) selbst Sprachen sein können.

Für Sprachen wird oft der Buchstabe L (für *language*) benutzt.

Nachfolgend einige Beispiele dazu:

- Ist Σ die Menge aller Kleinbuchstaben und Γ die Menge aller Ziffern, dann wären Wörter wie ε, *hallo*, *mister* usw. Elemente von Σ^* und ε, *1245*, *0*, *7111* usw. Elemente von Γ^*. Daneben sind dann Wörter wie *123gsuffa*, *zaehler2*, *x1y2* usw. Elemente aus der folgenden Vereinigung $(\Sigma \cup \Gamma)$, aber keine Elemente der folgenden Vereinigung $\Sigma^* \cup \Gamma^*$.
- Variablennamen in der Programmiersprache C können mit Unterstrich bzw. einem Buchstaben (kein Umlaut) beginnen, und dann weiterhin Buchstaben, Unterstriche und Ziffern enthalten.
  Hier hat man als Alphabet $\Sigma = \{a, b, \ldots, z, A, B, \ldots, Z, \_, 0, 1, \ldots, 9\}$.
  Die Sprache aller gültigen C-Variablennamen ist dann
  $$L = \{aw | w \in \Sigma^*, a \notin \{0, 1, \ldots, 9\}\} .$$
- Dezimale Konstanten können in der Programmiersprache C optional mit einem Vorzeichen beginnen, gefolgt von einer Folge von Ziffern, wobei die erste Ziffer bei mehreren Ziffern jedoch keine 0 sein darf, da dies die Konvention für oktale Konstanten ist. Hier hat man als Alphabet
  $\Sigma = Vorz \cup Ziffern$ mit $Vorz = \{+, -, \varepsilon\}$ und $Ziffern = \{0, 1, \ldots, 9\}$. Zunächst definieren wir uns eine Hilfssprache:
  $$L_{dezZiffern} = \{au | a \in Ziffern - \{0\}, u \in Ziffern^*\} \cup \{0\} .$$
  Die Sprache aller gültigen dezimalen Konstanten in C ist dann
  $$L_{dezKonstante} = \{uv | u \in Vorz, v \in L_{dezZiffern}\} .$$

17.3.2 Reguläre Ausdrücke

Um nun komplizierte Sprachen aus einfacheren Sprachen konstruieren zu können, werden folgende Operationen verwendet, wobei L_1 und L_2 reguläre Sprachen über dem gemeinsamen Alphabet Σ sind, und die neu konstruierte Sprache L ihrerseits wiederum eine reguläre Sprache ist:

Vereinigung:	$L = L_1 \cup L_2$
Durchschnitt:	$L = L_1 \cap L_2$
Produkt (Konkatenation):	$L = L_1 \cdot L_2 = \{uv \mid u \in L_1, v \in L_2\}$
Potenzen:	$L^0 = \{\varepsilon\}; \quad L^{n+1} = L \cdot L^n$
Kleene-Stern:	$L^* = \{\varepsilon\} \cup \{L^n \mid n \in \mathcal{N}\}$
L mindestens einmal:	$L^+ = L \cdot (L^*)$
L einmal oder keinmal (optionales L):	$L? = L \cup \{\varepsilon\}$

Zur Beschreibung von Sprachen führt man dann eine Notation ein, in der sich die betrachteten Sprachen gut beschreiben lassen: die so genannten *regulären Ausdrücke*, für die Folgendes zu einem Alphabet Σ gilt:

- $\emptyset$ (leer) und ε (leeres Wort) sind reguläre Ausdrücke,
- a ist ein regulärer Ausdruck für jedes $a \in \Sigma$,
- sind r_1 und r_2 reguläre Ausdrücke, dann sind auch $r_1 + r_2$, $r_1 \cdot r_2$ und r_1^* reguläre Ausdrücke.

Hierbei gilt, dass üblicherweise $*$ eine höhere Priorität als $\cdot$ besitzt, und $\cdot$ seinerseits eine höhere Priorität als $+$. Benötigt man andere Prioritäten in regulären Ausdrücken, so kann man wie in mathematischen Ausdrücken auch Klammern $(\ldots)$ verwenden.

Jeder reguläre Ausdruck beschreibt nun eine Sprache $L(r)$, wobei die Definition entsprechend dem induktiven Aufbau der regulären Ausdrücke erfolgt:

$$L(\emptyset)\{\}\,, \quad L(\varepsilon)\{\varepsilon\}, \qquad L(a) = \{a\} \quad \text{für jedes} \quad a \in \Sigma$$
$$L(r_1 + r_2) = L(r_1) \cup L(r_2)\,, \qquad L(r_1 \cdot r_2)L(r_1) \cdot L(r_2)\,, \quad L(r^*)L(r)^*$$

Für dezimale Konstanten ohne Vorzeichen in der Programmiersprache C könnten wir nun z. B. Folgendes angeben:

$$L_{\text{dezKonstante}} = (1+2+3+4+5+6+7+8+9) \cdot (0+1+2+3+4+5+6+7+8+9)^* + 0$$

Um reguläre Ausdrücke nun noch kompakter angeben zu können, führen wir zusätzliche Abkürzungen ein:

$r? = r + \varepsilon$ für optionales r: r also einmal oder keinmal
$r+ = r \cdot r^*$ für mindestens einmal r: r also einmal oder mehrmals
$[a-h]$ für $(a+b+c+d+e+f+g+h) \leftarrow$ Bereichsangaben

Zudem gibt man meist das Konkatenationszeichen $\cdot$ nicht an. Somit können wir folgende reguläre Ausdrücke zu unseren vorherigen Beispielen angeben:

$[+-]?[1-9][0-9]^* + 0$ für dezimale Konstanten in der Programmiersprache C
$[a-zA-Z\_][a-zA-Z\_0-9]^*$ für Variablennamen in der Programmiersprache C

Solche regulären Sprachen werden in vielen Unix-Werkzeugen und in vielen Sprachen wie z. B. *perl*, `awk`, *lex* usw. verwendet. Das Scanner-Tool *lex* wird in Kapitel 17.3.5 auf Seite 736 kurz vorgestellt.

17.3.3 Endliche Automaten und reguläre Sprachen

Bereits in Kapitel 15.6 auf Seite 683 haben wir Automaten verwendet, um Schaltwerke zu entwerfen. Hier werden wir Automaten verwenden, um damit reguläre Sprachen zu erzeugen, die nun ihrerseits vorgegebene reguläre Ausdrücke akzeptieren oder nicht.

Ein *endlicher Automat* ist ein sehr einfaches Modell einer zustandsorientierten Maschine, die eine endliche Menge von inneren Zuständen hat. Er liest ein Eingabewort zeichenweise ein und führt bei jedem Zeichen entsprechend seinem Programm einen Zustandsübergang durch. Zusätzlich kann er bei jedem Zustandsübergang ein Ausgabesymbol ausgeben.

Ein endlicher Automat hat einen besonders gekennzeichneten Startzustand und eine Menge von Endezuständen. Erreicht der Automat nach einer Folge von Zustandsübergängen einen Endezustand, so bedeutet dies, dass das gelesene Wort in der Sprache vorhanden ist, also der Automat dieses akzeptiert hat.

Die Menge aller von einem Automaten akzeptierten Wörter bezeichnet man als die akzeptierte Sprache.

So würde z. B. der Automat aus Abbildung 17.3 alle Wörter akzeptieren, die durch den regulären Ausdruck $01(001)*01$ abgedeckt sind, wie z. B.:

`0101`, `0100101`, `0100100101`, `0100100100101`, usw.

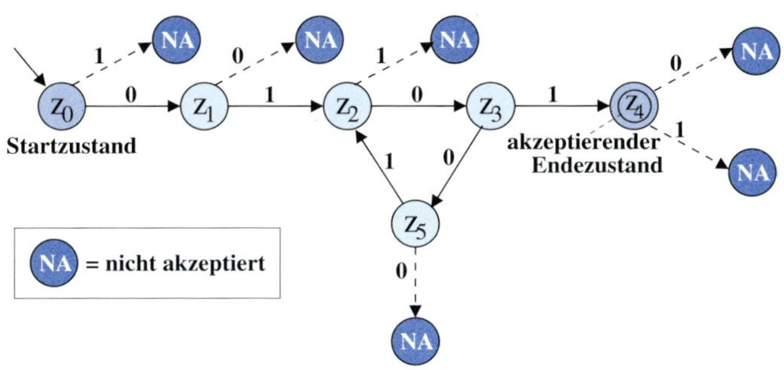

Abbildung 17.3: Automat zum regulären Ausdruck $01(001)*01$

Als Eingabe des Automaten A wird dabei ein Alphabet Σ (0 und 1 in diesem Beispiel) verwendet. Der Automat besitzt dabei eine endliche Menge Z von Zuständen ($z_0, z_1, z_2, z_3, z_4, z_5$ in diesem Beispiel), wobei er mit einer *Reset*-Taste in einen wohldefinierten Startzustand gebracht werden kann. Danach liest er Zeichen aus dem Alphabet Σ ein, wobei jedes gelesene Zeichen den Automaten in einen neuen Zustand versetzen kann. Ist z der aktuelle Zustand und der Automat liest das Zeichen a, so soll mit $\delta(z, a)$ der neue Zustand bezeichnet werden. Befindet der Automat sich nach dem letzten gelesenen Zustand im *akzeptierenden Endezustand*, so ist das gelesene Wort durch den realisierten regulären Ausdruck abgedeckt, ansonsten eben nicht.

Allgemein wird ein solcher *endlicher Automat* wie folgt definiert:

Σ sei ein endliches Alphabet. Ein Σ-Automat besteht dann aus einer Menge Z von Zuständen und einer Übergangsfunktion $\delta : Z \times \Sigma \to Z$. Ein spezieller

Zustand $z_0 \in Z$ dient dabei als Startzustand (Anfangszustand) und $E \subseteq Z$ sei eine Menge von akzeptierenden Endezuständen.

Der Automat in Abbildung 17.4 würde z. B. alle in der Programmmiersprache C erlaubten dezimalen Konstanten abdecken, also akzeptieren. In dieser Abbildung zeigt ein Punkt an, dass ein anderes Zeichen gelesen wurde, das nicht auf den anderen abgehenden Pfeilen angegeben ist.

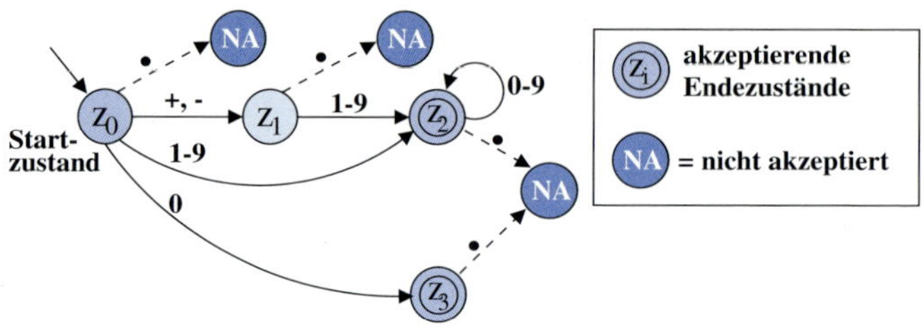

Abbildung 17.4: Automat zum regulären Ausdruck $[+-]?[1-9][0-9]^*+0$

Der Automat in Abbildung 17.5 deckt alle in der Programmmiersprache C erlaubten Variablennamen ab, also akzeptiert diese. In dieser Abbildung sind die nicht akzeptierenden Zustände nicht mehr eingezeichnet, was auch üblich ist, da dadurch die Übersichtlichkeit erhöht wird.

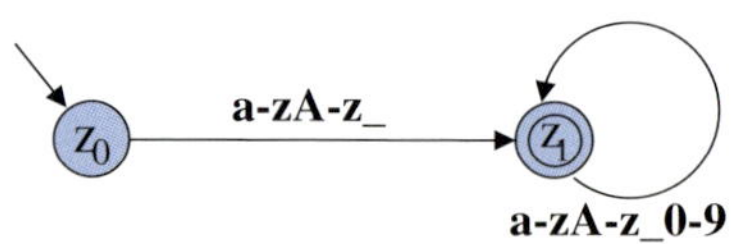

Abbildung 17.5: Automat zum regulären Ausdruck $[a-zA-Z\_][a-zA-Z\_0-9]^*$

Allgemein gilt nun:

Sei A ein Σ-Automat mit Anfangszustand z_0, Übergangsfunktion δ und akzeptierenden Zuständen $E \subseteq Z$, dann ist $L(A)$ die Sprache des Automaten:

$L(A) = \{w \in \Sigma^* | \delta^*(z_0, w) \in E\}$, wobei

$\delta^*(z, \varepsilon) = z$ und $\delta^*(z, aw) = \delta^*(\delta(z, a), w)$ für jedes Wort w und Zeichen a ist.

Jeder Automat definiert so eine Sprache, nämlich die Menge aller Wörter, die ihn vom Anfangszustand in einen seiner akzeptierenden Endezustände führen.

Reguläre Sprachen werden von Typ-3-Grammatiken erzeugt

Reguläre Grammatiken werden auch *Typ-3-Grammatiken* genannt. Sie erzeugen genau die regulären Sprachen, d. h.:

Jede Typ-3-Grammatik erzeugt eine reguläre Sprache und zu jeder regulären Sprache existiert eine Typ-3-Grammatik, die diese erzeugt.

Reguläre Sprachen können – wie in diesem Kapitel gezeigt – alternativ auch durch reguläre Ausdrücke beschrieben werden und die regulären Sprachen sind genau die Sprachen, die von endlichen Automaten erkannt werden können. Sie werden gewöhnlich benutzt, um Suchmuster oder die lexikalische Struktur von Programmiersprachen zu definieren.

17.3.4 Realisierung endlicher Automaten

Um einen endlichen Automaten zu realisieren, stellt man eine $|Z| \times |\Sigma|$-Tabelle auf, in der zu jedem Zustand und gelesenen Zeichen der Folgezustand angegeben ist, wie z. B. für den Automaten aus Abbildung 17.3, wobei -1 für einen nicht akzeptierenden Folgezustand steht:

Zustand	Gelesenes Zeichen		
z_i	0	1	
0	1	−1	
1	−1	2	
2	3	−1	Folgezustände
3	5	4	
4	−1	−1	
5	−1	2	

Solche Tabellen lassen sich nun leicht in einer Programmiersprache realisieren, wie es nachfolgend gezeigt ist:

```
int tabelle[6][2] = { { 1, -1 }, { -1, 2 }, { 3, -1 }, { 5, 4 }, { -1, -1 }, { -1, 2 } };
int deltaStern(int zustand, int zeich) { return tabelle[zustand][zeich]; }
int istEndezustand(int zustand)        { return zustand == 4;            }
int main(void) {
   int zeich, zustand = 0;

   while ( (zeich=getchar()) != '\n')
      if ( (zustand = deltaStern(zustand, zeich-'0')) < 0)
         break;
   if (istEndezustand(zustand))
      printf(" .... akzepiert\n");
   else
      printf(" .... nicht akzepiert\n");
}
```

Der Automat zum Erkennen von in C erlaubten Dezimalkonstanten aus Abbildung 17.4 lässt sich wie folgt realisieren:

```
int tabelle[4][128]; /* 128 fuer alle Zeichen des ASCII-Codes */
int deltaStern(int zustand, int zeich) { return tabelle[zustand][zeich]; }
int istEndezustand(int zustand)        { return zustand==2 || zustand==3; }
int main(void) {
   int i, j, zeich, zustand = 0;

   for (i=0; i < 4; i++) /* Zunaechst alles ungueltige Folgezustaende */
      for (j=0; j < 128; j++)
         tabelle[i][j] = -1;
```

```
    tabelle[0]['+'] = tabelle[0]['-'] = 1; /* Folgezustaende beim Startzustand */
    for (i='1'; i <='9'; i++)
       tabelle[0][i] = 2;
    tabelle[0]['0'] = 3;
    for (i='1'; i <='9'; i++) /* Folgezustaende bei Zustand 1 */
       tabelle[1][i] = 2;
    for (i='0'; i <='9'; i++); /* Folgezustaende bei Zustand 2 */
       tabelle[2][i] = 2
    while ( (zeich=getchar()) != '\n')
       if ( (zustand = deltaStern(zustand, zeich)) < 0)
          break;
    if (istEndezustand(zustand))
       printf(" .... akzepiert\n");
    else
       printf(" .... nicht akzepiert\n");
}
```

Beide Automaten wurden in den begleitenden C-Programmen `automat01.c` und `automatdezkonst.c` realisiert. Beide Programme erwarten die Eingabe einer Zeichenkette und geben dann aus, ob diese Zeichenkette zur Sprache des jeweiligen Automaten gehört oder nicht.

17.3.5 lex – Ein Werkzeug für die lexikalische Analyse

lex ist eine Art von Compiler, der lex-Programme in ein C-Programm umsetzt. lex-Programme müssen in einer dem lex verständlichen Sprache geschrieben sein. Diese Programme bestehen aus einer Tabelle von regulären Ausdrücken und zugehörigen C-Programmteilen. Anhand eines Beispiels soll die lexikalische Analyse mittels lex verdeutlicht werden. Dazu wird nun ein einfacher Taschenrechner mit folgender Funktionalität entwickelt:

- Taschenrechner kann addieren, subtrahieren, multiplizieren und dividieren.
- Klammerung von Ausdrücken ist erlaubt, um andere Prioritäten festzulegen.
- Als Operanden sind ganze Zahlen erlaubt.
- Der Wert eines jeden in einer Zeile angegebenen arithmetischen Ausdrucks soll unmittelbar ausgegeben werden.

Bei den nachfolgenden Realisierungen werden die in Listing 17.1 gezeigten globalen Definitionen verwendet, die wie Definitionen in der Sprache C ausgeführt sind.

Mit der Verwendung von lex kann die lexikalische Analyse für diesen Taschenrechner relativ einfach realisiert werden, wie es in Listing 17.2 gezeigt ist. An diesem Beispiel ist auch der grundsätzliche Aufbau eines lex-Programms erkennbar:

```
%{
   C-Deklarationen und C-Definitionen, die zur lexikalischen Analyse
   erforderlich sind.
%}
%%
    Regelteil
%%
```

Listing 17.1: `global.h`: Globale Konstantendefinitionen

```
#include <stdio.h>
#include <ctype.h>

#define ZAHL 256
#define PLUS 257 /* + */
#define MINUS 258 /* - */
#define MULT 259 /* * */
#define DIV   260 /* / */
#define AUF   261 /* ( */
#define ZU    262 /* ) */

#define NICHTS   263
#define ZEILENENDE 264
#define FERTIG   265
```

Listing 17.2: `scanner.l`: lex-Programm mit Zeilennummern

```
%{
#include <stdlib.h>
#include "global.h"

int tokenwert = NICHTS; /* Programmglobale Var., der im Falle */
                        /* einer Zahl Zahlenwert zugewiesen wird */
int zeilennr = 1;  /* Programmglobale Variable: enthaelt immer */
                   /* Nummer der aktuellen Eingabezeile       */
%}
%%
[ \t]+   ;  /* Leer- und Tabzeichen ueberlesen */
\n       { return(ZEILENENDE); }
[0-9]+   { tokenwert = strtol(yytext,NULL,10); return(ZAHL); }
"+"      { return(PLUS); }
"-"      { return(MINUS); }
"*"      { return(MULT); }
"/"      { return(DIV); }
"("      { return(AUF); }
")"      { return(ZU); }
.        { tokenwert = yytext[0]; return(NICHTS); }
%%
```

Im Regelteil wird für jedes mögliche Token ein regulärer Ausdruck angegeben, der eine oder aber auch mehrere Zeichenketten abdecken kann. Kommt im Eingabetext eine Zeichenkette (auch *String* genannt) vor, die durch einen der angegebenen regulären Ausdrücke abgedeckt wird, so wird der danach angegebene C-Code (meist in {...} eingebettet) ausgeführt:

Zeile	Bedeutung
11	Alle Leer- und Tabzeichen ignorieren.
12	Für Neuezeilezeichen das Token `ZEILENENDE` zurückgeben.
13	`[0-9]+` deckt alle ganzen Zahlen im Eingabetext ab. Ein durch einen regulären Ausdruck abgedeckter String wird von lex in `yytext` gespeichert. Mit dem Aufruf von `strtol(...)` wird die Zeichenkette aus `yytext` in eine Zahl umgewandelt und der Variablen `tokenwert` zugewiesen, bevor das Token `ZAHL` mit `return` zurückgegeben wird.
14 bis 19	decken die Zeichen +, -, *, /, (,) ab und geben entsprechend eines der Tokens `PLUS`, `MINUS`, `MULT`, `DIV`, `AUF` und `ZU` zurück.
20	Hierbei handelt es sich um eine so genannte *Default-Angabe*. Der Punkt deckt ein beliebiges Zeichen ab. Diese Regel wird nur ausgeführt, wenn ein Zeichen nicht durch einen der zuvor angegebenen regulären Ausdrücke abgedeckt wird. In diesem Fall wird das Token `NICHTS` zurückgegeben.

Dieses lex-Programm `scanner.l` muss nun lex vorgelegt werden. lex erzeugt hieraus dann durch folgenden Aufruf ein C-Programm `lex.yy.c`:

lex scanner.l *[lex erzeugt aus lex-Programm scanner.l ein C-Programm lex.yy.c]*

lex transformiert dabei – ähnlich wie zuvor beschrieben – die regulären Ausdrücke aus dem lex-Programm in Automaten und dann in ein tabellengesteuertes Programm, wie es auch in den Listings des vorherigen Abschnitts gezeigt wurde. Der Inhalt dieses automatisch von lex erzeugten C-Programms ist hier nicht von Interesse. Entscheidend ist, dass der Regelteil von lex in eine C-Funktion `yylex()` umgeformt wird, die die lexikalische Analyse für den Taschenrechner durchführt. `yylex()` liefert bei jedem Aufruf eines der im Regelteil mit `return` zurückgegebenen Tokens. Am Ende des Eingabetextes liefert `yylex()` den Wert 0. Um die lexikalische Analyse durchführen zu lassen, wird deshalb meist Folgendes angegeben:

```
while (token=yylex()) {
    ....
}
```

Das C-Programm aus Listing 17.3 soll testen, ob das lex-Programm `scanner.l` aus Listing 17.2 die lexikalische Analyse richtig durchführt.

Nun muss sowohl das aus `scanner.l` erzeugte C-Programm `lex.yy.c` als auch das Testprogramm `scannertest.c` in ein ausführbares Maschinenprogramm umgeformt werden, was man mit der Eingabe der folgenden Kommandozeile erreicht:

gcc -o scanner lex.yy.c scannertest.c -lfl (unter LINUX) bzw.
cc -o scanner lex.yy.c scannertest.c -ll (unter anderen Unix-Systemen)

Das daraus entstehende ausführbare Programm wird in die Datei `scanner` (**-o scanner**) geschrieben. Nun soll noch kurz getestet werden, ob **scanner** die lexikalische Analyse für den Taschenrechner richtig durchführt. Dies erreicht man durch den Aufruf **./scanner**:

Listing 17.3: `scannertest.c`: C-Programm zum Testen des lex-Programms 17.2

```
#include "global.h"
extern int zeilennr, tokenwert;
int main(void) {
  int token;
   printf("%5d : ", zeilennr);
   while (token=yylex()) { /* Aufruf der von lex erzeugten Funktion yylex() */
       switch (token) {
         case NICHTS  : printf("%c (in Zeile %d nicht klassifizierbar)\n",
                                    tokenwert, zeilennr);      break;
         case ZAHL    : printf("%d (ZAHL)\n", tokenwert); break;
         case PLUS    : printf("+ (PLUS)\n");                  break;
         case MINUS   : printf("- (MINUS)\n");                 break;
         case MULT    : printf("* (MULT)\n");                  break;
         case DIV     : printf("/ (DIV)\n");                   break;
         case AUF     : printf("( (AUF)\n");                   break;
         case ZU      : printf(") (ZU)\n");                    break;
         case ZEILENENDE: printf("-----\n");
                        printf("%5d : ", ++zeilennr);          break;
         default      : printf("Programmfehler\n");            break;
       }
   }
   return 0;
}
```

```
./scanner            [Aufrufen des ausführbaren Programms scanner]
    1 : (2 + 3) *20
( (AUF)
2 (ZAHL)
+ (PLUS)
3 (ZAHL)
) (ZU)
* (MULT)
20 (ZAHL)
-----
    2 : 100/3^2
100 (ZAHL)
/ (DIV)
3 (ZAHL)
^ (in Zeile 2 nicht klassifizierbar )
2 (ZAHL)
-----
    3 : Strg-D          [Bei gedrückter Strg-Taste die Taste D drücken]
```

Unter Linux existiert kein eigenes Programm *lex*, sondern stattdessen das frei verfügbare GNU-Programm *flex*, das weitgehend identisch zu dem hier beschriebenen lex ist. Ruft man unter Linux lex auf, so wird automatisch flex aufgerufen.

17.4 Kontextfreie Sprachen und Kellerautomaten

Mit den zuvor vorgestellten endlichen Automaten kann man die in einer Programmiersprache erlaubten Wörter beschreiben. Ein Scanner, der einen endlichen Automaten realisiert, liefert dann als Ergebnis eine Folge von Tokens. Es ist nun Aufgabe der nächsten Phase, der Syntaxanalyse, zu bestimmen, ob die gelieferte Folge von Tokens in der jeweiligen Sprache eine erlaubte Folge ist oder nicht.

Nimmt man nun das Alphabet Γ, das alle erlaubten Tokens umfasst, so ist jedes Programm (Folge von Tokens) ein Wort über diesem Alphabet. Die Menge aller korrekten Programme ist somit eine Sprache über Γ. Entscheidend an dieser Stelle ist nun, dass hier die zuvor vorgestellten endlichen Automaten nicht mehr ausreichen, um zu entscheiden, ob eine Folge von Tokens in dieser Sprache erlaubt ist oder nicht.

Als Beispiel soll ein arithmetischer Ausdruck in einer Programmiersprache dienen, der nur dann korrekt sein kann, wenn ebenso viele schließende wie öffnende Klammern darin vorkommen. Nehmen wir an, dass wir folgenden arithmetischen Ausdruck haben: $(a * ((b + c) * 5) + x)$. Ein solcher Ausdruck könnte nicht durch einen endlichen Automaten als richtig bzw. falsch eingestuft werden, da ein endlicher Automat kein „Gedächtnis“ besitzt und nicht mitzählen kann, wie viele öffnende Klammern er bereits gelesen hat, um dann anhand dieser Information zu erkennen, ob genügend schließende Klammern vorhanden sind.
Hier reichen also reguläre Sprachen und endliche Automaten nicht aus.

17.4.1 Kontextfreie Grammatiken

Klammerausdrücke kommen in allen Programmiersprachen vor, sei es als arithmetische Ausdrücke oder als Klammerung von Blöcken, wie z. B. mit { und }. Wie bereits erwähnt, lassen sich Sprachen mit solchen Klammerausdrücken nicht mehr mit regulären Sprachen definieren. Stattdessen verwendet man so genannte *kontextfreie Sprachen*, die ihre Regeln über so genannte *kontextfreie Grammatiken* beschreiben. Um eine kontextfreie Grammatik zu beschreiben, existieren verschiedene Darstellungsmöglichkeiten.

Syntaxdiagramm

Abbildung 17.6 zeigt ein Syntaxdiagramm für einen so genannten *ausdruck* in einer Programmiersprache. In dieser Abbildung ist erkennbar, dass hier eine rekursive Definition vorliegt, da Folgendes dadurch ausgedrückt wird:

- Ein *ausdruck* kann wieder aus einem *ausdruck* bestehen, der mit + bzw. – mit einem *term* verknüpft ist. Alternativ kann jedoch ein *ausdruck* auch nur aus einem *term* bestehen.
- Ein *term* seinerseits kann wiederum aus einem *term* bestehen, der mittels * (Multiplikation) bzw. / (Division) mit einem *factor* verknüpft ist. Alternativ kann jedoch ein *term* auch nur aus einem *factor* bestehen.
- Ein *factor* kann entweder eine `ZAHL` sein, der optional ein Minuszeichen vorangestellt sein darf, oder aber wiederum ein geklammerter *ausdruck*, womit wir wieder mittels Rekursion beim ersten Syntaxdiagramm zum *ausdruck* sind.

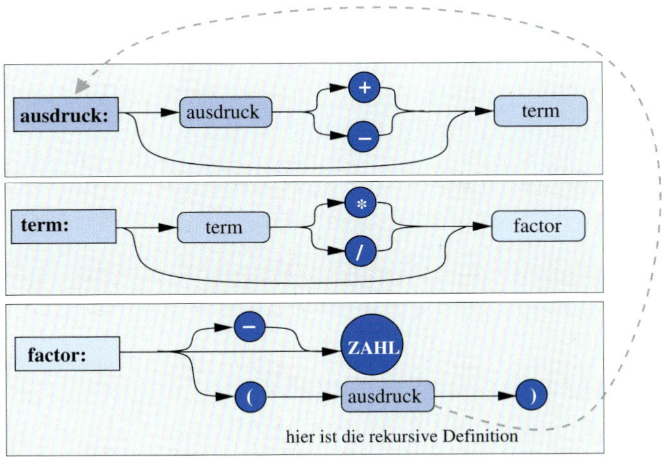

Abbildung 17.6: Syntaxdiagramm zu einem Ausdruck

Backus-Naur-Form (BNF)

Eine andere und sehr häufig benutzte Darstellungsform ist die *Backus-Naur-Form (BNF)*. Eine kontextfreie Grammatik hat in der BNF vier Komponenten.

1. Eine Menge von *terminalen Symbolen*: Terminale Symbole sind die Tokens (wie z. B. + (`OPERATOR`) oder `ZAHL` in Abbildung 17.6).
2. Eine Menge von *nichtterminalen Symbolen*: Nichtterminale Symbole sind Überbegriffe für Konstruktionen, die sich aus terminalen und/oder nichtterminalen Symbolen zusammensetzen, wie z. B. `ausdruck` oder `factor` in Abbildung 17.6.
3. Eine endliche Menge von *Produktionen*: Jede Produktion wird dabei wie folgt angegeben:

   linker Teil $\longrightarrow$ *rechter Teil*
   linker Teil muss dabei ein nichtterminales Symbol sein und
   rechter Teil eine Folge terminaler und/oder nichtterminaler Symbole.

4. *Startsymbol*: Ein nichtterminales Symbol legt immer das Startsymbol fest, wie z. B. `ausdruck` in Abbildung 17.6.

Die Produktion mit dem Startsymbol wird bei der Angabe von Produktionen immer zuerst angegeben. Produktionen mit dem gleichen nichtterminalen Symbol auf der linken Seite wie z. B. nachfolgend links gezeigt, können zu einer Produktion zusammengefasst werden, indem die einzelnen rechten Seiten mit | voneinander getrennt angegeben werden, wie nachfolgend rechts gezeigt:

$$\begin{array}{l} \text{op} \longrightarrow + \\ \text{op} \longrightarrow - \\ \text{op} \longrightarrow * \\ \text{op} \longrightarrow / \end{array} \qquad \begin{array}{rl} \text{op} \longrightarrow & + \\ | & - \\ | & * \\ | & / \end{array}$$

Im folgenden Beispiel werden terminale Symbole fett und nichtterminale Symbole kursiv angegeben:

$$
\begin{array}{lll}
\textit{ausdruck} & \longrightarrow & \textit{ausdruck}\ \textbf{PLUS}\ \textit{term} \\
 & | & \textit{ausdruck}\ \textbf{MINUS}\ \textit{term} \\
 & | & \textit{term} \\
\textit{term} & \longrightarrow & \textit{term}\ \textbf{MULT}\ \textit{factor} \\
 & | & \textit{term}\ \textbf{DIV}\ \textit{factor} \\
 & | & \textit{factor} \\
\textit{factor} & \longrightarrow & \textbf{ZAHL} \\
 & | & \textbf{MINUS}\ \textbf{ZAHL} \\
 & | & \textbf{KLAMAUF}\ \textit{ausdruck}\ \textbf{KLAMZU}
\end{array}
$$

Die Herleitung eines Ausdrucks wie z. B. `4+5*2` lässt sich dann sehr anschaulich an einem so genannten *parse tree* zeigen, wie es in Abbildung 17.7 veranschaulicht ist.

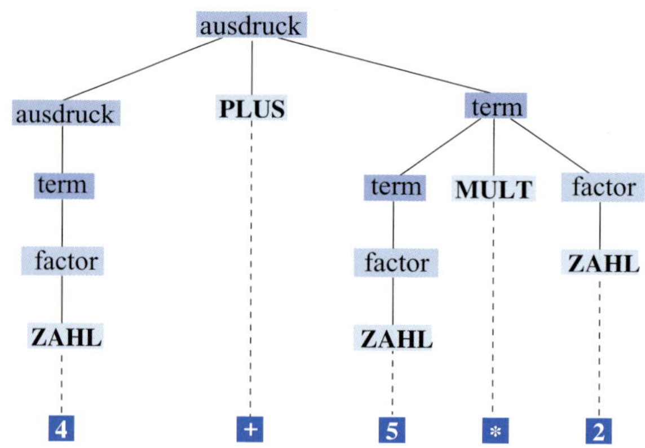

Abbildung 17.7: *parse tree* zum Ausdruck $4 + 5 * 2$

Ein *parse tree* ist ein Baum mit folgenden Eigenschaften:

1. Die Wurzel ist das Startsymbol.
2. Jedes Blatt ist ein Token (terminales Symbol) oder Epsilon ε (leeres Symbol).
3. Jeder innere Knoten (nicht die Blätter) ist ein nichtterminales Symbol.
4. Wenn `A` ein innerer Knoten ist, der die Kinder b_1, b_2, ..., b_n hat, so stellt dies folgende Produktion dar: $A \longrightarrow b_1\ b_2 \ldots b_n$

Aus dem *parse tree* in Abbildung 17.7 wird deutlich, dass zuerst `5*2` zu berechnen ist, bevor auf dieses Ergebnis dann der Wert `4` addiert wird.

Allgemein gelten nun folgende Definitionen für kontextfreie Grammatiken und kontextfreie Sprachen:

- *Eine kontextfreie Grammatik besteht aus einer Menge T von Terminalen (oder Tokens), einer dazu disjunkten Menge NT von Nichtterminalen, einer endlichen Menge von Produktionen $P \subseteq NT \times (T \cup NT)^*$ und einem Startsymbol $S \in NT$.*

Eine Produktion ist somit ein Paar (A,α) (bzw. $A \rightarrow \alpha$), wobei $A \in NT$ und $\alpha \in (T \cup NT)^*$ ein Wort ist, das aus Terminalen und Nichtterminalen bestehen kann. Ein solches Wort bezeichnet man auch als *Satzform*. Man verwendet bei Grammatiken meist

griechische Kleinbuchstaben α, β, γ	für Satzformen
Kleinbuchstaben a, b, c, t	für Terminale
Großbuchstaben A, B, C, S	für Nichtterminale

- *Eine kontextfreie Sprache von G bezeichnet man mit $L(G) = \{w \in T^* | S \rightarrow *w\}$, wobei G eine kontextfreie Grammatik mit Startsymbol S ist und die Notation $\alpha \rightarrow *\gamma$ für eine Folge von Ableitungen steht: $\alpha \rightarrow \beta \ldots \rightarrow \gamma$.*

17.4.2 Kellerautomaten

Da endliche Automaten nicht in der Lage sind, kontextfreie Sprachen zu erzeugen, benötigt man hier einen anderen Automatentyp, den so genannten *Kellerautomaten* (*Stackautomaten* und in engl. *pushdown automaton (PDA)*). Ein Kellerautomat liest – wie ein endlicher Automat auch – die Eingabe zeichenweise von links nach rechts, wobei, wenn möglich, das jeweilige Eingabezeichen sofort verarbeitet wird. Ist die Bearbeitung eines Zeichens wie z. B. eine öffnende Klammer nicht sofort möglich, wird dieses Zeichen in einem eigenen Stack abgelegt und dessen Bearbeitung aufgeschoben, bis die dazugehörige schließende Klammer gelesen wird.

Die möglichen Aktionen des Kellerautomaten hängen dabei wie beim endlichen Automaten vom momentan verarbeiteten Eingabezeichen, vom momentanen Zustand des Automaten und anders als beim endlichen Automaten zusätzlich vom Inhalt des Stacks ab, wobei immer nur das oberste Zeichen des Stacks relevant ist. Abbildung 17.8 zeigt einen Kellerautomaten mit seinem Stack.

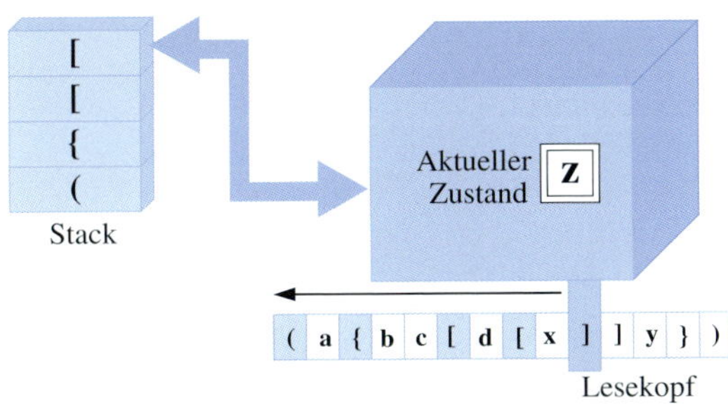

Abbildung 17.8: Ein Kellerautomat mit seinem Stack

In jedem Verarbeitungsschritt (das Lesen eines Zeichens und die damit zusammenhängenden Operationen) kann sich der Zustand des Automaten und der Stackinhalt ändern.

Die Funktionsweise eines Kellerautomaten soll anhand eines arithmetischen Ausdrucks mit Klammern hier kurz erläutert werden: Der Automat beginnt in einem Startzustand, wobei zu diesem Zeitpunkt der Stack leer ist. Bei der Abarbeitung des Ausdrucks bewegt sich der Lesekopf Zeichen für Zeichen weiter. Stößt er dabei auf eine öffnende Klammer, so wird diese im Stack an oberster Stelle abgelegt. Tritt in der weiteren Abarbeitung eine schließende Klammer auf, so wird die oberste öffnende Klammer im Stack wieder gelöscht. Die Eingabe ist dann erfolgreich abgearbeitet, wenn der Lesekopf das Ende des Eingabebandes erreicht hat und der Stack leer ist. Befindet sich dagegen noch eine geöffnete Klammer am Ende im Stack, so bedeutet dies, dass eine schließende Klammer fehlt und ein syntaktischer Fehler vorliegt.

Formal wird ein *nichtdeterministischer Kellerautomat (NPDA)* als ein 7-Tupel $K = (Z, \Sigma, \Gamma, \delta, z_0, \#, E)$ definiert, wobei Folgendes gilt:

Z eine endliche Menge von Zuständen,

Σ ein endliches Eingabealphabet,

Γ ein endliches Stackalphabet,

δ eine nichtdeterministische Übergangsfunktion $\delta : Z \times (\Sigma \cup \{\varepsilon\}) \times \Gamma \rightarrow (Z \times \Gamma^*)$,

$z_0 \in Z$ der Startzustand,

$\#$ das Anfangssymbol im Stack (für leeren Stack) und

$E \subseteq Z$ eine Menge von akzeptierenden Endezuständen.

Wenn die Übergangsrelation die Eigenschaft

$$\forall z \in Z, \forall a \in \Sigma, \forall A \in \Gamma, |\delta(z, a, A)| + |\delta(z, \varepsilon, A)| \leq 1$$

erfüllt, spricht man von einem *deterministischen Kellerautomaten (DPDA)*: Zu einer festen Eingabe gibt es dann höchstens eine Zustandsübergangsabfolge und Mehrdeutigkeiten können anders als beim NPDA nicht auftreten.

Das begleitende Programm `kellerautomat.c` simuliert einen Kellerautomaten, der Klammerausdrücke als richtig oder falsch identifiziert, wie z. B.:

```
Gib die oeffnenden Symbole ein: ([{
Gib schliessende Symbole korrespondierend zu den oeffnenden ein: )]}
Gib den Ausdruck mit Klammern ein: (ab{{c}d}ee)x[(a)]
gelesen:  (.... push('(')  Stack: (,
gelesen: a ....            Stack: (,
gelesen: b ....            Stack: (,
gelesen:  {.... push('{')  Stack: {,  (,
gelesen:  {.... push('{')  Stack: {,  {,  (,
gelesen: c ....            Stack: {,  {,  (,
gelesen:  }.... pop()='{'  Stack: {,  (,
gelesen: d ....            Stack: {,  (,
gelesen:  }.... pop()='{'  Stack: (,
gelesen: e ....            Stack: (,
gelesen: e ....            Stack: (,
gelesen:  ).... pop()='('  Stack:
gelesen: x ....            Stack:
gelesen:  [.... push('[')  Stack: [,
gelesen:  (.... push('(')  Stack: (,  [,
gelesen: a ....            Stack: (,  [,
gelesen:  ).... pop()='('  Stack: [,
gelesen:  ].... pop()='['  Stack:
-----------------------------------> akzeptiert
```

```
Gib die oeffnenden Symbole ein: ([{
Gib schliessende Symbole korrespondierend zu den oeffnenden ein: )]}
Gib den Ausdruck mit Klammern ein: (a[ab]a))
gelesen: (.... push('(')  Stack: (,
gelesen: a ....           Stack: (,
gelesen: [.... push('[')  Stack: [, (,
gelesen: a ....           Stack: [, (,
gelesen: b ....           Stack: [, (,
gelesen: ].... pop()='['  Stack: (,
gelesen: a ....           Stack: (,
gelesen: ).... pop()='('  Stack:
gelesen: ).... pop()='#'
--------------------------------------> nicht akzeptiert
```

```
Gib die oeffnenden Symbole ein: ([{
Gib schliessende Symbole korrespondierend zu den oeffnenden ein: )]}
Gib den Ausdruck mit Klammern ein: ((a)[b
gelesen: (.... push('(')  Stack: (,
gelesen: (.... push('(')  Stack: (, (,
gelesen: a ....           Stack: (, (,
gelesen: ).... pop()='('  Stack: (,
gelesen: [.... push('[')  Stack: [, (,
gelesen: b ....           Stack: [, (,
--------------------------------------> nicht akzeptiert
```

Bei den folgenden Ablaufbeispielen deckt der Automat die Sprache $L = \{a^n b^n | n > 0\}$ ab:

```
Gib die oeffnenden Symbole ein: a
Gib schliessende Symbole korrespondierend zu den oeffnenden ein: b
Gib den Ausdruck mit Klammern ein: aaabbb
gelesen: a .... push('a')  Stack: a,
gelesen: a .... push('a')  Stack: a, a,
gelesen: a .... push('a')  Stack: a, a, a,
gelesen: b .... pop()='a'  Stack: a, a,
gelesen: b .... pop()='a'  Stack: a,
gelesen: b .... pop()='a'  Stack:
--------------------------------------> akzeptiert
```

```
Gib die oeffnenden Symbole ein: a
Gib schliessende Symbole korrespondierend zu den oeffnenden ein: b
Gib den Ausdruck mit Klammern ein: abb
gelesen: a .... push('a')  Stack: a,
gelesen: b .... pop()='a'  Stack:
gelesen: b .... pop()='#'
--------------------------------------> nicht akzeptiert
```

Für einen nichtdeterministischen Kellerautomaten ist es möglich, in der Definition auf die Menge der Endezustände zu verzichten. Stattdessen definiert man, dass der nichtdeterministische Kellerautomat seine Eingabe akzeptiert, wenn es einen Berechnungspfad gibt, bei dem nach dem Einlesen der Eingabe der Stack das leere Wort enthält.

Nichtdeterministische Kellerautomaten erkennen genau die kontextfreien Sprachen. Sie sind damit mächtiger als endliche Automaten, welche genau die regulären Sprachen erkennen, aber weniger mächtig als die später vorgestellten Turingmaschinen, welche z. B. auch kontextsensitive und rekursiv aufzählbare Sprachen erkennen.

Es gibt formale Sprachen, die von keinem Kellerautomaten erkannt werden können.

So kann z. B. die kontextsensitive Sprache $L = \{a^n b^n c^n | n \geq 0\}$ nicht von einem Kellerautomaten erkannt werden.

Kellerautomaten müssen mit der Einschränkung leben, dass sie das Eingabeband nur *in einer Richtung* lesen können und dass im Stack jeweils immer nur das oberste Element zugänglich ist. Hebt man diese Einschränkungen auf, gelangt man zum Begriff der *Turingmaschinen*, die in Kapitel 18.4.1 auf Seite 760 vorgestellt werden.

Kontextfreie Sprachen werden von Typ-2-Grammatiken erzeugt

Kontextfreie Grammatiken werden auch *Typ-2-Grammatiken* genannt. Sie erzeugen genau die kontextfreien Sprachen, d. h.:

Jede Typ-2-Grammatik erzeugt eine kontextfreie Sprache und zu jeder kontextfreien Sprache existiert eine Typ-2-Grammatik, die diese erzeugt.

Typ-2-Grammatiken besitzen nur Regeln der Form $A \to \gamma$, wobei A ein Nichtterminal und γ ein Wort bestehend aus Terminalen und Nichtterminalen ist. Die kontextfreien Sprachen sind genau die Sprachen, die von einem nichtdeterministischen Kellerautomaten (NPDA) erkannt werden können. Eine Teilmenge dieser Sprachen bildet die theoretische Basis für die Syntax der meisten Programmiersprachen.

17.4.3 yacc – Ein Werkzeug für die Syntaxanalyse

Unter Verwendung des unter Unix/Linux verfügbaren Programms *yacc* kann die Syntaxanalyse für unseren Taschenrechner sehr einfach und verständlich formuliert werden, da im entsprechenden yacc-Programm nur die früher in BNF vorgestellten Produktionsregeln anzugeben sind. yacc formt diese Regeln dann in ein C-Programm `y.tab.c` um. Listing 17.4 zeigt das yacc-Programm, das die Syntaxanalyse für den Taschenrechner durchführt.

An diesem einfachen Beispiel ist auch der grundsätzliche Aufbau eines yacc-Programms erkennbar:

```
%{
    C–Deklarationen und C–Definitionen, die zur
    Syntaxanalyse erforderlich sind.
%}
yacc–Deklarationen (%start .., %token .., ...)
%%
yacc–Regeln
%%
evtl. weitere C–Programmteile
```

Listing 17.4: `parser.y`: yacc-Programm zum Taschenrechner

```
%{
#define prompt  printf("\n%5d : ",++zeilennr)
#include "lex.yy.c" /* kopiert den ganzen Scanner-Code hier ein */
%}

%start  zeilen
%token PLUS MINUS MULT DIV AUF ZU ZAHL ZEILENENDE NICHTS

%%

zeilen :    /* leeres Symbol (Epsilon) */
       |    ausdruck {printf("%d",$1); prompt;} ZEILENENDE zeilen
       ;
ausdruck:  ausdruck PLUS term { $$ = $1 + $3; }
        |  ausdruck MINUS term { $$ = $1 - $3; }
        |  term  { $$ = $1; }
        ;
term    :  term  MULT factor { $$ = $1 * $3; }
        |  term  DIV  factor  { $$ = $1 / $3; }
        |  factor   { $$ = $1; }
        ;
factor  :  AUF ausdruck ZU { $$ = $2; }
        |  ZAHL { $$ = tokenwert; }
        |  MINUS ZAHL { $$ = -tokenwert; }
        ;
%%
```

Alle in `%{ ...%}` angegebenen C-Deklarationen und C-Definitionen werden direkt in das von yacc generierte C-Programm `y.tab.c` kopiert.
Die yacc-Deklarationen legen hier bei dem Taschenrechner das Startsymbol und die Tokens fest. Dazu werden die yacc-Schlüsselwörter `%start` und `%token` verwendet.

Im Regelteil werden die yacc-Regeln in einer Form angegeben, die weitgehend der BNF entspricht:

```
lsymbol :  rsymbol11 {aktion11} rsymbol12 {aktion12} ...
        |  rsymbol21 {aktion21} rsymbol22 {aktion22} ...
           ..............
        ;
```

Anders als bei der BNF trennt ein Doppelpunkt das Symbol der linken Seite von der rechten Seite. Unterschiedlich zur BNF ist auch, dass jede yacc-Regel mit Semikolon abzuschließen ist.

Im Unterschied zur BNF kann außerdem zu jedem *rsymbol* (Symbol auf der rechten Seite) eine Aktion angegeben werden. Die in {...} angegebene Aktion wird in Form von C-Anweisungen angegeben, die ausgeführt werden, wenn das links davon angegebene *rsymbol* abgedeckt wird. In den C-Anweisungen einer Aktion kann auf den Wert, den das erste *rsymbol* liefert, mit `$1`, auf den Wert, den das zweite *rsymbol* liefert, mit `$2` usw. zugegriffen werden. Soll eine Aktion einen Wert zurückgeben, muss in dieser Aktion der speziellen Variablen `$$` der entsprechende Wert zugewiesen werden.

Für den Taschenrechner sind hier 4 Regeln angegeben:

1. *Regel:*

```
zeilen  :  /* leeres Symbol (Epsilon) */
        |  ausdruck { printf("%d",$1); prompt; } ZEILENENDE zeilen
        ;
```

legt fest, dass mehrere Eingabezeilen zugelassen sind, wobei jede Eingabezeile einen `ausdruck` enthalten kann. Ist `ausdruck` vollständig abgearbeitet, wird der zugehörige Wert (`$1`) ausgegeben, bevor mit der Ausgabe der Zeilennummer zur nächsten Eingabe aufgefordert wird.

Es handelt sich hier um eine rekursive Definition, da das nichtterminale Symbol `zeilen` auf der rechten Seite wieder angegeben ist. Um eine endlose Rekursion zu vermeiden, ist für zeilen auch eine leere Produktion ϵ angegeben. Leere Produktionen werden in den yacc-Regeln üblicherweise in Form eines Kommentars angegeben.

2. *Regel:*

```
ausdruck :  ausdruck PLUS  term { $$ = $1 + $3; }
         |  ausdruck MINUS term { $$ = $1 - $3; }
         |  term  { $$ = $1; }
         ;
```

legt fest, dass `ausdruck` wieder ein `ausdruck` sein kann, nach dem ein Plus- bzw. Minuszeichen gefolgt von einem `term` vorkommt. Der Rückgabewert für diese beiden Produktionen ist dabei der von `term` gelieferte Wert (`$3`) addiert mit bzw. subtrahiert vom Wert, den `ausdruck` liefert (`$1`). Um die hier vorhandene rekursive Definition zu einem Ende kommen zu lassen, wird festgelegt, dass `ausdruck` auch nur ein `term` sein kann. In diesem Fall ist der Rückgabewert der Wert von `term`.

3. *Regel:*

```
term  :  term  MULT factor { $$ = $1 * $3; }
      |  term  DIV  factor { $$ = $1 / $3; }
      |  factor { $$ = $1; }
      ;
```

legt fest, dass ein `term` erneut ein `term` sein kann, der mit einem `factor` multipliziert bzw. durch einen solchen `factor` dividiert wird. Der Rückgabewert für diese beiden Produktionen ist dabei der von `term` gelieferte Wert (`$1`) multipliziert mit bzw. dividiert durch den Wert, den `factor` liefert (`$3`). Um die hier vorhandene rekursive Definition enden zu lassen, wird festgelegt, dass `term` auch nur ein `factor` sein kann. In diesem Fall ist der Rückgabewert der Wert von `factor`.

4. *Regel:*

```
factor  :  AUF ausdruck ZU { $$ = $2; }
        |  ZAHL { $$ = tokenwert; }
        |  MINUS ZAHL { $$ = -tokenwert; }
        ;
```

legt fest, dass `factor` eine Zahl sein kann, vor der optional ein Minuszeichen angegeben ist. Der Rückgabewert ist hier die Zahl selbst bzw. deren Negativwert. Zusätzlich legt diese Regel fest, dass `factor` wieder ein geklammerter `ausdruck` sein kann. Der Rückgabewert ist in diesem Fall der von `ausdruck` gelieferte Wert: `{$$=$2;}`.

Die lexikalische Analyse wird hier nun durch das lex-Programm `scanner2.l` (Listing 17.5) durchgeführt, das bis auf das Fehlen von `#include „global.h“` identisch zu dem zuvor verwendeten lex-Programm `scanner.l` in Listing 17.2 ist. Mit dem Vorhandensein von `%token ...` im yacc-Programm sind die expliziten Token-Definitionen in `global.h` überflüssig geworden.

Listing 17.5: `scanner2.l`: Leicht geändertes lex-Programm

```
%{
#include <stdlib.h>
int tokenwert = NICHTS; /* Programmglobale Var., der im Falle */
                        /* einer Zahl Zahlenwert zugew. Wird */
int zeilennr = 1;  /* Programmglobale Variable: enthaelt immer */
                   /* Nummer der aktuellen Eingabezeile      */
%}
%%
[ \t]+    ;  /* Leer- und Tabzeichen ueberlesen */
\n        { return(ZEILENENDE); }
[0-9]+    { tokenwert = strtol(yytext,NULL,10); return(ZAHL); }
"+"       { return(PLUS); }
"-"       { return(MINUS); }
"*"       { return(MULT); }
"/"       { return(DIV); }
"("       { return(AUF); }
")"       { return(ZU); }
.         { tokenwert = yytext[0]; return(NICHTS); }
%%
```

Nun muss zunächst lex aufgerufen werden, um aus `scanner2.l` ein neues C-Programm `lex.yy.c` zu generieren. Danach wird yacc aufgerufen, um aus dem yacc-Programm `parser.y` das C-Programm `y.tab.c` generieren zu lassen:

lex scanner2.l *[lex erzeugt aus lex-Programm scanner2.l ein C-Programm lex.yy.c]*

yacc parser.y *[yacc erzeugt aus yacc-Programm parser.y ein C-Programm y.tab.c]*

Der Inhalt von `y.tab.c` ist hier wieder nicht von Interesse. Wesentlich ist, dass sich in `y.tab.c` eine Funktion `yyparse()` befindet, die die Syntaxanalyse durchführt. Dazu ruft diese Routine ständig die von lex generierte Routine `yylex()` auf, um die lexikalische Analyse durchführen zu lassen. Es fehlt jetzt nur noch ein Programm, das in `main()` die Funktion `yyparse()` aufruft, wie es in Listing 17.6 gezeigt ist.

Listing 17.6: `rechner.c`: C-Programm zum Testen unseres Taschenrechners

```
extern int zeilennr;
int main(void) {
    printf("%5d : ", zeilennr);
    yyparse();
    return 0;
}
```

Nun muss sowohl das aus `parser.y` erzeugte C-Programm `y.tab.c` als auch das C-Programm `rechner.c` in ein ausführbares Maschinenprogramm umgeformt werden, was man mit der Eingabe der folgenden Kommandozeile erreicht:

gcc -o rechner y.tab.c rechner.c -ly -lfl (unter LINUX) bzw.

cc -o rechner y.tab.c rechner.c -ly -ll (unter anderen Unix-Systemen).

`lex.yy.c` muss hier nicht angegeben werden, da dieses Programm durch die folgende Zeile automatisch mit compiliert wird:

```
#include "lex.yy.c"    /* in parser.y */
```

Das ausführbare Programm wird in die Datei `rechner` (**-o rechner**) geschrieben und man kann nun den mit lex und yacc realisierten Taschenrechner verwenden:

```
./rechner          [Aufrufen des ausführbaren Programms rechner]
    1 : 2+3 *5
17
    2 : (2+3) *5
25
    3 : 4+-12*6+3
-65
    4 : 3+((5*2)+ (6*(2+1))*5)-10
93
    5 : Strg-D     [Bei gedrückter Strg-Taste die Taste D drücken]
```

Unter Linux existiert kein eigenes Programm *yacc*, sondern stattdessen das frei verfügbare GNU-Programm *bison*, das weitgehend identisch zu dem hier beschriebenen yacc ist. Ruft man unter Linux yacc auf, so wird automatisch bison aufgerufen.

17.4.4 lex und yacc im Zusammenspiel

Während die Abbildung 17.9 das Zusammenspiel der beiden automatisch generierten C-Routinen *yylex()* und *yyparse()* demonstriert, zeigt die Abbildung 17.10 nochmals die Schritte, die bei der Verwendung von *lex* und *yacc* erforderlich sind.

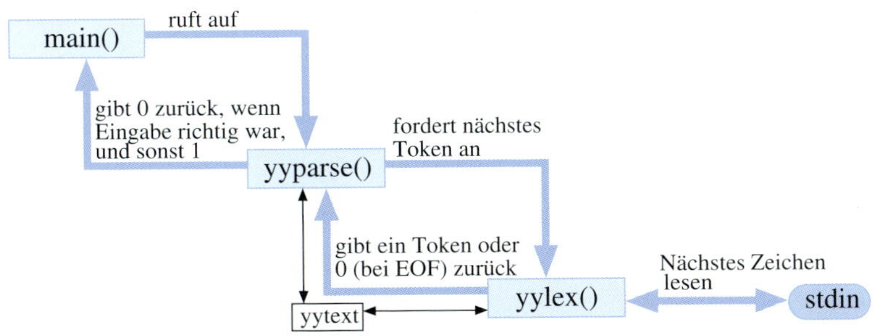

Abbildung 17.9: Zusammenspiel der automatisch generierten yylex() und yyparse()

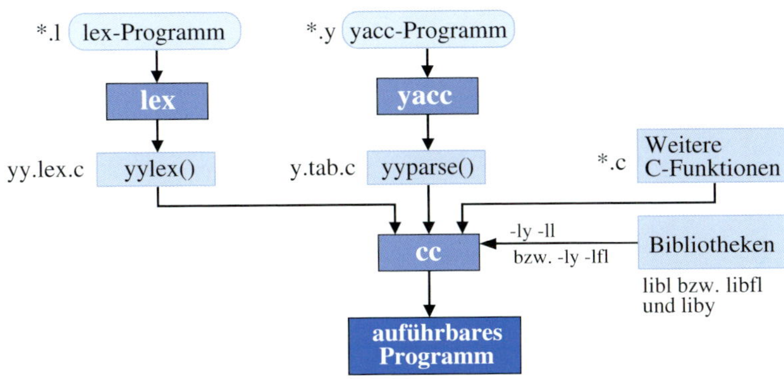

Abbildung 17.10: Verwendung von lex, yacc und cc

17.4.5 Rekursion bei der Syntaxanalyse

In den vorherigen Kapiteln haben wir mittels der Werkzeuge *lex* und *yacc* unseren Taschenrechner realisiert, der durch BNF (Backus-Naur-Form) auf Seite 742 spezifiziert wurde. Die beiden Tools *lex* und *yacc* vereinfachen natürlich die hierbei erforderliche Syntaxanalyse.

Interessierte Leser seien auf das begleitende Programm *crechner.c* hingewiesen, das im Zusatzmaterial gezeigt wird und das diesen Taschenrechner rekursiv in der Programmiersprache C löst. Rekursion eignet sich hervorragend dazu, in BNF angegebene Syntaxregeln zu realisieren, wie dieses Programm es stellvertretend zeigt.

17.5 Die unterschiedlichen Phasen eines Compilers

Im Allgemeinen ist der Übersetzungsvorgang eines Compilers in verschiedene Phasen unterteilt, wobei jedoch in manchen Compilern mehrere Phasen zu einer zusammengefasst sein können. Abbildung 17.11 zeigt die Phasen eines Compilers in der Reihenfolge, wie sie bei der Übersetzung eines Quellprogramms durchlaufen werden, wobei in dieser Abbildung anhand eines einfachen Beispiels (Übersetzung einer C-Anweisung `neuwert = wert + x * 50`) die Funktionsweise jeder einzelnen Phase verdeutlicht wird.

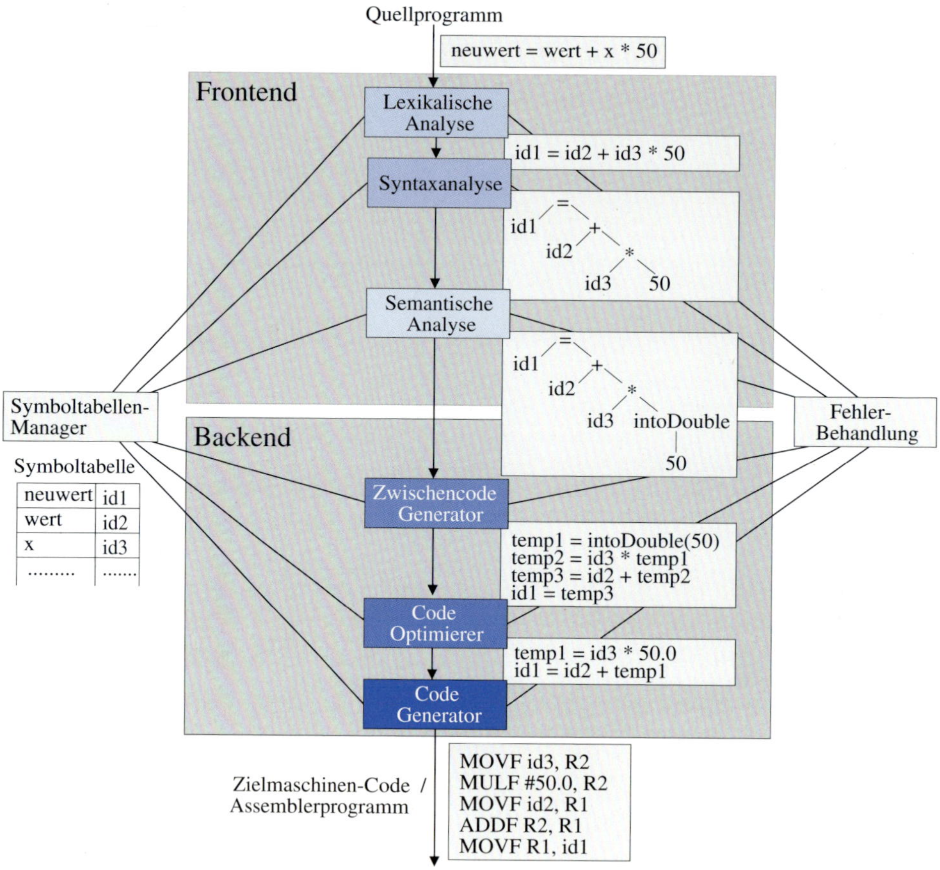

Abbildung 17.11: Typische Phasen eines Compilers

Analysephase (auch „Frontend" genannt)

Wir betrachten zunächst die Phase der *Analyse des Quellprogrammes*. Diese Phase besteht selbst wieder aus drei Teilen.

1. *Lexikalische Analyse* (auch *lineare Analyse* oder *Scanning* genannt)
   Der Zeichenstrom des Quellprogramms wird dabei von links nach rechts gelesen und in Symbole (so genannte *Tokens*) zerlegt. Die lexikalische Analyse wurde in Kapitel 17.3 bereits detaillierter behandelt.

2. *Syntaktische Analyse* (auch *hierarchische Analyse* oder *Parsing* genannt)
   Die lexikalische Analyse zerlegt zwar den Eingabetext in einzelne Tokens, macht aber keinerlei Prüfung, ob die Reihenfolge der Tokens sinnvoll ist. Auch können Vorrangsregeln wie „Punkt vor Strich" bei der lexikalischen Analyse nicht berücksichtigt werden. Zur Prüfung solcher Regeln ist die Syntaxanalyse erforderlich, die bereits ausführlicher in Kapitel 17.4 vorgestellt wurde.

3. *Semantische Analyse*
   Die semantische Analyse muss dann z. B. erkennen, dass ein Operand eventuell zuerst von einer ganzen Zahl in eine Kommazahl (Gleitpunktzahl) umzuwandeln ist, bevor er mit den anderen Operanden eines Ausdrucks verknüpft werden kann.

Synthesephase (auch „Backend" genannt)

Nach diesen drei Schritten der Analyse folgt die Synthese, in der aus dem *parse tree* das gewünschte Zielprogramm konstruiert wird.

4. *Zwischencode-Generator*: Der *parse tree* soll nun in ein Zielprogramm übersetzt werden. Der Zwischencode-Generator übersetzt dazu das Quellprogramm in eine Zwischensprache. Es gibt dabei verschiedene Möglichkeiten. Hier verwenden wir den so genannten „Drei-Adress-Code", der der Assembler-Sprache für eine Maschine ähnelt. Der „Drei-Adress-Code" ist eine Folge von Befehlen, bei denen jeder Befehl höchstens drei Operanden und neben der Zuweisung „=" höchstens einen Operator (*, +, ...) hat, wie z. B.:

```
temp1 = intoreal(50)  /* wandelt Ganzahl 50 in 50.0 um */
temp2 = id3 * temp1
temp3 = id2 + temp2
id1 = temp3
```

   `temp1`, `temp2` und `temp3` sind dabei temporäre Namen für Speicherplätze (Register), auf die der Rechner sehr einfach zugreifen kann. Ein Zwischencode hat den Vorteil, dass man unnötigen Aufwand vermeidet, wenn man Compiler zu anderen Sprachen (siehe links in Abbildung 17.12) bzw. einen Compiler für andere Prozessoren (siehe rechts in Abbildung 17.12) anbieten möchte.

5. *Code-Optimierer*: Der erzeugte Zwischencode wird dann vom Code-Optimierer verbessert, indem z. B. redundante Um- und Zwischenspeicherungen erkannt und beseitigt werden. In unserem Beispiel kommt man z. B. statt mit vier nur mit zwei Befehlen aus, die das Gleiche leisten:

```
temp1 = id3 * 50.0
id1 = id2 + temp1
```

6. *Code-Generator*: Der Code-Generator schließlich übersetzt das ihm in der Zwischensprache vorgelegte Programm in den Code der Zielmaschine oder in ein Assemblerprogramm, wie dies in in Abbildung 17.11 anhand eines Pseudo-Assemblercodes gezeigt ist:

```
MOVF id3, R2 ;      Lade Inhalt von id3 in das Register R2
MULF #50.0, R2 ;    Multipliziere Inhalt von Reg. R2. mit der Zahl 50.0
MOVF id2, R1 ;      Lade Inhalt von id2 in das Register R1
ADDF R2, R1  ;      Addiere auf Reg. R2 den Inhalt von Reg. R1 auf
MOVF R1, id1 ;      Speichere Inhalt von Reg. R1 in id1
```

Das angehängte `F` soll bei diesem Pseudo-Assemblercode bedeuten, dass es sich dabei nicht um ganze Zahlen, sondern um reelle Zahlen (`float`) handelt. Dies ist wichtig, da reelle Zahlen intern im Rechner ganz anders dargestellt werden als ganze Zahlen (siehe auch Kapitel 3.2.2 auf Seite 49 und Kapitel 3.6 auf Seite 68).

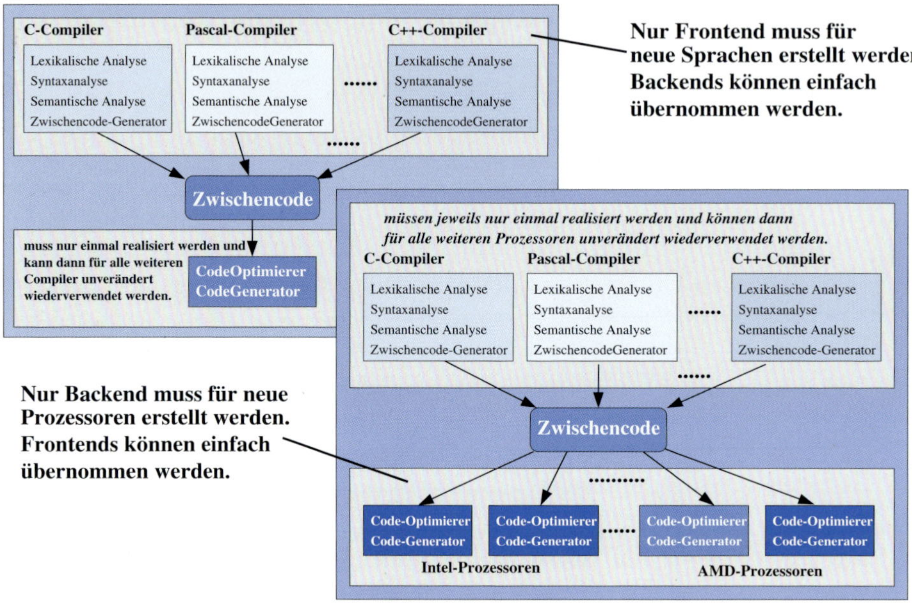

Abbildung 17.12: Vorteile bei Verwendung eines Zwischencodes

Parallel zu diesen sechs Phasen hat der Compiler noch zwei Aufgaben:

- *Symboltabellenverwaltung*
  Die Symboltabelle ist die zentrale Datenstruktur, die für jeden Bezeichner eines Quellprogramms einen Platz vorsieht, in dem Name, Datentyp und sonstige Attribute festgehalten werden.
- *Fehlerbehandlung*
  Neben dem Symboltabellen-Manager existiert meist noch ein weiteres zentrales Teil „Fehlerbehandlung", das von allen Phasen benutzt wird. Dieses Programmteil enthält üblicherweise die zu allen möglichen Fehlerarten gehörigen Nummern und Meldungen. Stößt der Compiler bei der Bearbeitung des ihm vorgelegten Quellprogramms auf einen Fehler, meldet er dies. Bei den meisten Fehlern kann der Compiler mit der Compilierung fortfahren, um weitere Fehler zu entdecken.

Berechenbarkeitstheorie

18

ÜBERBLICK

18.1 Rätsel: Kneipen, Ei, stehen gebliebene Uhr und Alter

Lösungen

1. *Kneipentreff*: Es wäre übertrieben Egon Tröffer einen Säufer zu nennen, wiewohl er an jedem Wochentag-Abend in eine Kneipe geht und dort nicht gerade Limonade zu sich nimmt. Tröffer jedenfalls führt als Beweis für seine Unabhängigkeit vom Alkohol die Tatsache an, dass er weder samstags noch sonntags auch nur einen Tropfen trinkt. Er gehe, sagt er, nur in die Kneipe, um dort mit seinen fünf Großkunden zu konferieren, den Herren Vielkauf, Reibacher, Pleitemeyer, Nassauer und Geldsitzer. Einer der Kunden ist Bankier, einer Arzt, einer Unternehmer, einer Rechtsanwalt und einer Hotelier. Die Geschäfte des Herrn Tröffer werden ein wenig außerhalb der Legalität getätigt, weshalb er darauf achtet, dass die Kunden voneinander möglichst nichts wissen. Darum trifft er jeden an einem anderen Wochentag und in einer anderen Kneipe, aber in jeder Woche am gleichen Tag und gleichen Ort.

   An Kneipen fehlt es wahrlich nicht im Ort; Tröffer trifft seine Kunden im „Spatzenpfiff", „Kupferkessel", „Weinfass", „Bräustübl" und in der „Teekanne". Neulich fragte ich Tröffer, wen er denn wann wo treffe, worauf er mir diese Antwort gab:

   „An drei aufeinander folgenden Tagen sind zuerst Geldsitzer, dann das Bräustübl und dann der Unternehmer an der Reihe. Der Arzt ist nicht Herr Vielkauf, und ich treffe den Arzt nicht im Spatzenpfiff. Am Mittwoch Nachmittag stehen immer noch die Konferenzen dieser Woche mit Nassauer und Pleitemeyer sowie der Besuch des Kupferkessels bevor. Montags gehe ich nicht in die Teekanne. Den Hotelier treffe ich nach Reibacher, doch vor dem Rechtsanwalt, aber keinen der drei treffe ich am Montag. Nassauer treffe ich vor Pleitemeyer, jedoch nach Geldsitzer, aber diese drei Herren treffe ich an einem Tag, der nach meinem Besuch der Teekanne liegt."

   Wen trifft Tröffer wann, wo, und wer von den Herren hat welchen Beruf?

2. *15-Minuten-Ei*: „Bringen Sie mir ein hartgekochtes Ei, es muss aber genau eine Viertelstunde lang gekocht haben", begehrt der Hotelgast im Frühstückszimmer, und in wenig freundlichem Ton fügt er hinzu: „Aber beeilen Sie sich ein bisschen. In spätestens 25 Minuten möchte ich mein Ei auf dem Tisch haben." „Der hat wohl schlecht geschlafen", murmelt die Kellnerin, während sie zur Küche geht um ihren Auftrag weiterzugeben.

   „Ein hartgekochtes Ei", ruft sie der Köchin zu. Die quittiert: „Wird gemacht, kein Problem." Die Kellnerin: „Das sehe ich aber etwas anders. Dieses Ei muss nämlich exakt 15 Minuten lang kochen, nicht länger und nicht kürzer. Außerdem hat es der Gast ziemlich eilig." Und sie erklärt der Köchin, dass der Mann sein Ei in spätestens 25 Minuten vor sich stehen haben möchte. „Das ist allerdings ein Problem", räumt die Köchin ein, „wie soll ich das denn ohne Uhr hinkriegen?" „Hast du denn keine Eieruhr?", fragt die Kellnerin. Darauf die Köchin: „Natürlich habe ich eine, ich habe sogar zwei Eieruhren, mein liebes Kind, aber es sind Sanduhren und keine davon läuft genau 15 Minuten. Wer will denn auch schon so harte Eier?" „Mein Gast will so harte Eier", erwidert die Kellnerin, „wie lange laufen denn die Sanduhren?" „Die eine läuft sieben und die andere elf Minuten", antwortet die Köchin. Bei diesem Gespräch sind inzwischen 4 Minuten vergangen und der Gast kaut sichtlich nervös an seinem Marmeladenbrötchen. Wenn das Ei nicht pünktlich auf dem Tisch steht, schlägt so einer bestimmt mächtig Krach. Das muss auf jeden Fall vermieden werden. Also hat sich die Köchin zu sputen, um ihr Problem mit Hilfe der beiden Sanduhren lösen zu können.

Wie kann sie damit exakt 15 Minuten messen und das innerhalb von 21 Minuten, die ihr noch verblieben sind?

3. *Die stehen gebliebene Uhr*: Herr Meier ist ein überaus pünktlicher Mensch. Besonders achtet er darauf, dass seine Standuhr stets die genaue Zeit angibt. Darum war er sehr bekümmert, als sie an einem Dienstag stehen blieb, weil er unerklärlicherweise am Tage vorher vergessen hatte, sie aufzuziehen. Und er konnte sie nicht stellen, weil es die einzige Uhr war, die er besaß. Am Abend ging er zu seinem Freund zur wöchentlichen Schachpartie. Er schlenderte in seinem normalen, gleichmäßigen Schritt dahin. Im Flur in der Wohnung des Freundes hing eine zuverlässige Wanduhr. Nach etlichen Partien Schach ging Herr Meier genauso normal und gleichmäßig, wie er gekommen war, wieder heim. Angekommen, stellte er seine Uhr genau. Wie war ihm das möglich?
4. *Wie alt?* Der kleine Niklas wollte gern wissen, wie alt seine Eltern sind. Aber die wollten es ihm nicht direkt sagen, um bei der Gelegenheit gleich Arithmetik mit ihm zu üben. Also gaben sie ihm einige Daten, von denen sie annahmen, dass er daraus ihr Alter bestimmen könnte. So war sein Vater sechsmal so alt wie Niklas. Aber der wusste sein Alter selbst nicht so genau. Also sagten sie ihm, er und seine Eltern seien zusammen 70 Jahre alt. Und wenn Niklas halb so alt ist wie Vater, muss ja wohl die Summe ihrer drei Alter genau doppelt so hoch sein wie jetzt. Das war recht spannend, aber es war zu schwer für Niklas. Finden Sie es heraus!

18.2 Berechenbare Funktionen

Es scheint zunächst, dass es keine Aufgaben geben kann, die ein Computer nicht lösen kann. Hier liegt allerdings ein Trugschluss vor, denn es gibt Grenzen der Berechenbarkeit für Computer. Es war der englische Mathematiker *Alan M. Turing*, der im Jahre 1937, also lange vor dem Aufkommen der elektronischen Rechner, lediglich mit reinen mathematischen Mitteln charakterisierte, was Computer berechnen können und wozu sie niemals in der Lage sein werden. Die Berechnung von Funktionen durch Rechner lässt sich formal wie folgt ausdrücken:

$$f\colon \Sigma^* \to \Gamma^* \,, \quad \text{wobei } \Sigma \text{ das Eingabe- und } \Gamma \text{ das Ausgabealphabet ist} \,. \tag{18.1}$$

Werden nicht alle möglichen Eingaben aus Σ^* akzeptiert, so handelt es sich um eine *partielle Funktion*, die nur auf einer Teilmenge

$$def(f) \subseteq \Sigma^* \quad \text{definiert ist, also} \quad f\colon def(f) \to \Gamma^*.$$

Formal wird eine solche partielle Funktion meist wie folgt angegeben:

$$f :: \Sigma^* \to \Gamma^* \,, \quad \text{wobei man statt } x \notin def(f) \text{ oft folgende Schreibweise verwendet:}$$
$$f(x) = \perp \,, \quad \text{wobei } \perp \text{ für } \textit{undefiniert} \text{ steht} \,.$$

Eine partielle Funktion $f :: \Sigma^* \rightarrow \Gamma^*$ nennt man nur dann berechenbar, wenn ein Algorithmus gefunden werden kann, der diese Funktion berechnet.

- *Beispiel für eine berechenbare und überall definierte (totale) Funktion*

  Z. B. lässt sich die Folge von natürlichen Zahlen: $2, 4, 6, 8, 10, 12, \ldots$ mit einem sehr einfachen Algorithmus berechnen: $f(n) = 2 \cdot n$. Es ist hierbei grundsätzlich zwischen den Begriffen *Funktion* und *Algorithmus* zu unterscheiden. Mit *Funktion* bezeichnet man eine *Zuordnung* oder *Abbildung*. In diesem Beispiel ist dies die Zahlenfolge, die jeder natürlichen Zahl ihren doppelten Wert zuordnet. So wäre z. B. die Funktion $g(n) = \frac{4 \cdot n}{2}$ gleich zur Funktion $f(n)$, da sie die gleiche Zahlenfolge erzeugt, wobei sie jedoch einen anderen Algorithmus dazu verwendet. Solche Funktionen wie $f(n)$ und $g(n)$ werden als *überall definierte Funktionen* bezeichnet.

- *Beispiel für eine berechenbare, aber nur partiell definierte Funktion*

  Ein Beispiel für eine partielle Funktion ist: $f(n) = \frac{100}{n-1}$. Für $n = 1$ würde dies bei dieser Funktion eine Division durch 0 nach sich ziehen, was bedeutet, dass $f(n)$ bei $n = 1$ nicht definiert ist.

  Funktionen dieser Art werden als *partiell definierte Funktionen* bezeichnet.

18.3 Nicht berechenbare Funktionen

18.3.1 Das Diagonalverfahren von Cantor

Nehmen wir an, dass wir eine unendlich lange Liste von Funktionen aufstellen können, die alle möglichen Kombinationen von Ziffern natürlicher Zahlen erzeugen, wie dies ansatzweise nachfolgend gezeigt ist:

$$
\begin{array}{lcl}
f(0) & = & \mathbf{1}\ 2\ 3\ 4\ 5\ 6\ 7\ 8\ 9\ 0\ \ldots \\
f(1) & = & 2\ \mathbf{4}\ 6\ 8\ 0\ 2\ 4\ 6\ 8\ 0\ \ldots \\
f(2) & = & 0\ 0\ \mathbf{0}\ 0\ 0\ 0\ 0\ 0\ 0\ 0\ \ldots \\
f(3) & = & 4\ 2\ 4\ \mathbf{2}\ 4\ 2\ 4\ 2\ 4\ 2\ \ldots \\
f(4) & = & 5\ 5\ 5\ 5\ \mathbf{5}\ 5\ 5\ 5\ 5\ 5\ \ldots \\
f(5) & = & 0\ 1\ 0\ 0\ 1\ \mathbf{0}\ 0\ 0\ 1\ 0\ \ldots \\
f(6) & = & 1\ 4\ 2\ 8\ 5\ 7\ \mathbf{9}\ 5\ 3\ 5\ \ldots \\
 & & \ldots\ldots\ldots \\
\hline
f(D) & = & \mathbf{0\ 0\ 1\ 0\ 0\ 1\ 0}\ \ldots\ldots\ldots\ldots
\end{array}
$$

Zu dieser Tabelle von Funktionen, die angeblich alle möglichen Kombinationen von Ziffern natürlicher Zahlen erzeugen, lässt sich nun eine weitere Funktion $f(D)$ mit einer besonderen Zahlenfolge konstruieren. Dazu muss man in dieser Tabelle von links oben nach rechts unten entlang gehen, das jeweilige Diagonalelement nehmen und dafür 0 nehmen, wenn das Element verschieden von 0 ist, und 1, wenn das entsprechende Diagonalelement den Wert 0 hat: $f(D) = \mathbf{0010010}\ldots\ldots$

Nach unserer ersten Annahme enthielt bereits am Anfang die Liste alle möglichen Kombinationen von Ziffern natürlicher Zahlen, was bedeutet, dass auch die neue Folge $f(D)$ bereits in dieser Liste enthalten sein muss. In der ersten Zeile kann sie aber nicht stehen, da $f(D)_0 = 0$ ist, aber $f(0)_0 = 1$. Ebenso kann sie nicht in der zweiten Zeile stehen, da $f(D)_1 = 0$ ist und $f(1)_1 = 4$ usw. Die neu konstruierte Folge von $f(D)$

kann also nicht in dieser Liste stehen, da sie garantiert im Diagonalelement von jeder der Folgen in der Liste abweicht. Damit haben wir also eine Funktion $f(D)$ mit einer neuen Kombinationsfolge gefunden, die nicht in obiger Liste enthalten sein kann. Die obige Liste konnte somit entgegen unserer Annahme nicht vollständig sein, obwohl sie unendlich viele Einträge enthält. Nun könnten wir natürlich die neue Funktion $f(D)$ zu obiger Liste hinzufügen. Doch anschließend könnten wir das Diagonalverfahren wieder durchführen und eine weitere Funktion mit einer neuen Folge konstruieren, die nicht in der Liste enthalten ist. Dies können wir endlos durchführen, aber wir werden nie eine vollständige Liste erhalten.

Man bezeichnet dieses Konstruktionsverfahren als *Cantor'sches Diagonalverfahren*, das der berühmte Mathematiker *Georg Cantor* im Jahre 1873 benutzte, um zu beweisen, dass es keine vollständige Liste der reellen Zahlen geben kann.

18.3.2 Nicht durch einen Algorithmus berechenbare Funktionen

Die Menge aller möglichen Teilmengen von $\mathcal{N}$ bezeichnet man als die Potenzmenge $\mathcal{P}(\mathcal{N})$ von $\mathcal{N}$. Aus dem Satz von Cantor folgt nun, dass es mehr Teilmengen von $\mathcal{N}$ geben muss als Elemente von $\mathcal{N}$. Man sagt, dass die Potenzmenge $\mathcal{P}(\mathcal{N})$ *überabzählbar* ist. Folglich ist auch die Menge aller Funktionen $f\colon \mathcal{N} \to \mathcal{N}$ über-abzählbar.

Allerdings existieren nur *abzählbar* viele berechenbare Funktionen, da es zu jeder berechenbaren Funktion einen Algorithmus geben muss. Da aber ein Algorithmus aus einem endlichen Text (ein Wort aus Σ^*) bestehen muss, gibt es nur abzählbar viele Algorithmen und folglich auch nur abzählbar viele berechenbare Funktionen.
Dies bedeutet nun, dass aus der Potenzmenge sehr viele Funktionen übrig bleiben müssen, die nicht durch einen Algorithmus berechnet werden können. Um nun eine Funktion als berechenbar bzw. nicht berechenbar zu klassifizieren, ist eine präzisere Definition des Begriffs „Algorithmus“ erforderlich.

18.3.3 Die Church'sche Algorithmus-Definition

Es wurden verschiedene Versuche unternommen, den Begriff „Algorithmus“ präzise zu definieren. Bei einer Gegenüberstellung dieser unterschiedlichen Ansätze stellte sich überraschenderweise heraus, dass man unabhängig vom verwendeten Ansatz stets die gleiche Menge von berechenbaren Funktionen erhielt. Dies führte zur Anerkennung der *Church'schen These* (auch *Church-Turing-These* genannt), die nach *A. Church* und *A. Turing* benannt ist. Sie trifft Aussagen über die Fähigkeiten einer Rechenmaschine. Sie lautet:

Die Klasse der Turing-berechenbaren Funktionen ist genau die Klasse der intuitiv berechenbaren Funktionen.

Diese These, auf die wir in Kapitel 18.4.9 auf Seite 773 nochmals zurückkommen, ist nicht beweisbar, da der Begriff *intuitiv berechenbare Funktion* nicht exakt formalisiert werden kann. Es wird in der Informatik üblicherweise angenommen, dass die These stimmt. Dadurch ist es möglich, von einer Funktion nachzuweisen, ob sie berechenbar ist oder nicht, denn es gilt, wie im Folgenden noch gezeigt wird, der Satz:

Die Menge der Turing-berechenbaren Funktionen ist die Menge aller Funktionen, die sich mit einer Turingmaschine berechnen lassen.

18.4 Berechenbarkeitskonzepte

18.4.1 Turingmaschinen

Der englische Mathematiker *Alan M. Turing* konzipierte eine „rechnende Maschine", die ihm zu Ehren heute *Turingmaschine* heißt. Jede Turingmaschine besitzt ein nach beiden Seiten *unbegrenztes Arbeitsband*, das in Felder unterteilt ist und auf dem ein *LS-Kopf* (Lese-/Schreibkopf) hin- und herbewegt werden kann. Die Maschine befindet sich zu jedem Zeitpunkt in einem von *endlich vielen Zuständen*, und der LS-Kopf steht jeweils über genau einem Feld des Bandes (dem momentanen *Arbeitsfeld*). Sie kann erkennen, welches Zeichen auf dem Arbeitsfeld steht und kann es durch ein Zeichen überschreiben. Ein Arbeitsschritt besteht aus Folgendem: In Abhängigkeit vom aktuellen Zustand z und dem Zeichen a, das der LS-Kopf gerade liest (*dem Eingabezeichen*), beschriftet sie das Arbeitsfeld mit einem Zeichen (dem *Ausgabezeichen*). Anschließend vollzieht sie eine Kopfbewegung, d. h. sie bewegt sich zum links oder rechts benachbarten Feld und geht in einen neuen Zustand z' über. Formal kann man eine deterministische Turingmaschine als 7-Tupel $M = (Z, \Sigma, \Gamma, \delta, z_0, \#, E)$ beschreiben, wobei Folgendes gilt:

Z eine endliche Menge von Zuständen,

$\Sigma \subset \Gamma$ ein endliches Eingabealphabet,

Γ ein endliches Bandalphabet,

$\delta :: Z \times \Gamma \rightarrow Z \times \Gamma \times \{L, 0, R\}$ eine Überführungsfunktion,

$z_0 \in Z$ der Startzustand,

 # für leeres Feld und

$E \subseteq Z$ eine Menge von akzeptierenden Endezuständen.

Turingmaschinen spielen in der Informatik eine wichtige Rolle, denn es gilt folgender Satz:

> *Jedes Problem, das überhaupt maschinell lösbar ist, kann von einer Turingmaschine gelöst werden.*

Wir wollen nun nachfolgend eine Turingmaschine programmieren, die eine ungerade Paritätsprüfung durchführt, indem sie alle Strichfolgen mit einer ungeraden Anzahl von Strichen, also *I*, *III*, *IIIII*, ... akzeptiert. Zu Beginn befindet sich dabei der LS-Kopf über dem ersten (am weitesten links stehenden) I und im Zustand 1. Leere Felder sollen hier mit # gekennzeichnet werden.

Programme für Turingmaschinen kann man durch einen Zustandsgraphen (Automaten) veranschaulichen, bei dem die Knoten die Zustände sind, wobei an den Pfeilen das Eingabezeichen, Ausgabezeichen und die Kopfbewegung angegeben sind, wie es links in Abbildung 18.1 gezeigt ist.

Die Tätigkeit der Turingmaschine beschreiben wir durch ein 5-Tupel:

(Zustand, Eingabezeichen, Ausgabezeichen, Kopfbewegung, Folgezustand)

Für dieses Beispiel benötigen wir drei 5-Tupel, nämlich

```
1I#R2, 2I#R1, 2##N3
```

die wie folgt zu interpretieren sind:

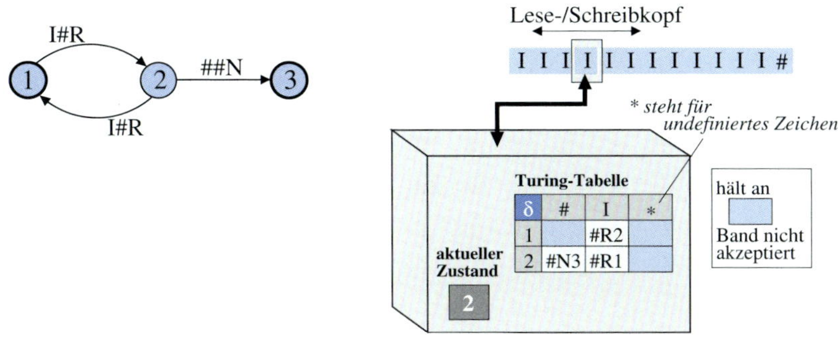

Abbildung 18.1: Zustandsgraph (Automat) mit zugehöriger Paritäts-Turingmaschine

`1I#R2`: Liest die Maschine im Zustand 1 einen Strich, ersetzt sie ihn durch ein Leerzeichen #, macht die Kopfbewegung R(echts) und geht in Zustand 2 über.

`2I#R1`: Liest die Maschine im Zustand 2 einen Strich, ersetzt sie ihn durch ein Leerzeichen #, macht die Kopfbewegung R(echts) und geht in Zustand 1 über.

`2##N3`: Liest die Maschine im Zustand 2 ein Leerzeichen, macht sie N(ichts), sondern wechselt nur in den akzeptierenden Zustand 3 und hält an.

Die Maschine ist hier also immer im Zustand 2, wenn sie eine ungerade Anzahl von Strichen gelesen hat, und im Zustand 1 befindet sie sich immer dann, wenn sie eine gerade Anzahl von Strichen gelesen hat. Kann die Maschine im aktuellen Zustand für ein Eingabezeichen keines der vorgegebenen 5-Tupel anwenden, hält sie an und akzeptiert das Eingabeband nicht.

Die Überführungsfunktion δ kann man als Tabelle angeben, wobei die Zeilen den Zuständen und die Spalten den gelesenen Eingabezeichen entsprechen. In den zugehörigen Zellen kann man dann ein Tripel *(Ausgabezeichen, Kopfbewegung, Folgezustand)* zu diesem Zustand und Eingabezeichen eintragen. Rechts in Abbildung 18.1 wird dies nochmals verdeutlicht.

Als Nächstes soll eine Turingmaschine erstellt werden, die eine duale Addition von 1 durchführt: So soll z. B. diese Turingmaschine aus der Bandinschrift `#1100#` die Bandschrift `#1101#` oder aus der Bandinschrift `#11011#` die Bandschrift `#11100#` produzieren. Eine solche Turingmaschine lässt sich durch den links in Abbildung 18.2 gezeigten Zustandsgraphen beschreiben.

Nun soll eine Turingmaschine erstellt werden, die Wörter aus folgender formaler Sprache erkennt: $L = \{a^n b^n c^n | n \geq 0\}$. Erlaubte Wörter dieser Sprache sind z. B. `aaaabbbbcccc`, `abc`, `aabbcc` und nicht erlaubte Wörter sind z. B. `aabcc`, `aaabbbcc`, `abbc`. Solche Wörter spielen z. B. dann eine Rolle, wenn eine Textdatei, die zur Ausgabe auf einem Zeilendrucker bestimmt ist, in einen Text für eine Fotomaschine konvertiert werden muss. In diesem Fall müssen unterstrichene Wörter durch Kursivschrift ersetzt werden. Ein unterstrichenes Wort ist dabei eine Buchstabenfolge, an die sich die gleiche Anzahl von Backspace-Zeichen und von Unterstreichungszeichen anschließt. Diese Buchstabenfolge hat somit die Form $a^n b^n c^n$. Eine Turingmaschine, die solche Wörter erkennt, lässt sich nun durch den rechts in Abbildung 18.2 gezeigten Zustandsgraphen beschreiben.

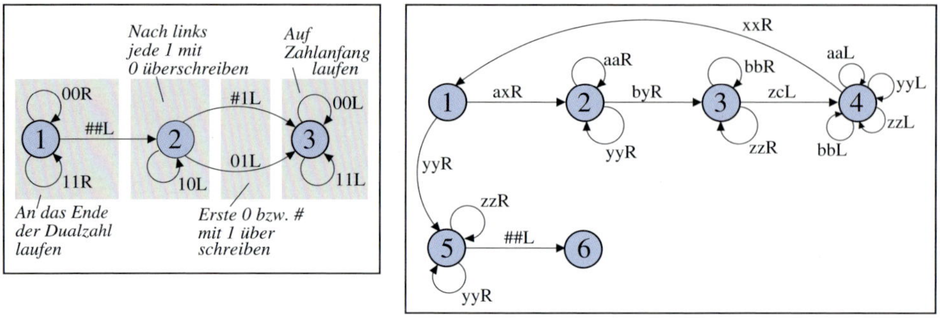

Abbildung 18.2: Automaten zur dualen Addition von 1 und zur Erkennung von Wörtern der Form $a^n b^n c^n$

▶ Übung: Verdopplungs- und Multiplizier-Turingmaschine

1. *Verdopplungs-Turingmaschine*: Erstellen Sie ein Turingmaschinen-Programm, das eine Verdopplung der auf dem Band angegebenen Striche durchführt. Wenn n Striche auf dem Band angegeben sind, so soll das Band danach $2 \cdot n$ Striche enthalten. So soll z. B. diese Verdopplungs-Turingmaschine aus der Bandinschrift `III` die Bandschrift `IIIIII` produzieren.
2. *Multiplizier-Turingmaschine*: Erstellen Sie ein Turingmaschinen-Programm, das zwei Zahlen multipliziert. So könnte z. B. diese Multiplizier-Turingmaschine aus der Bandinschrift `III#IIII` die Bandschrift `AAA#IIII#IIIIIIIIIIII` produzieren, wobei diese die vorderen Striche durch `A` überschreibt, um mit zu zählen, wie oft sie schon addiert hat, um die Multiplikation zu realisieren.

Es gibt viele Varianten von Turingmaschinen, die sich hinsichtlich ihrer Leistungsfähigkeit aber als gleichwertig herausstellen. Begrenzt man z. B. das Band an einer Seite, so wird dadurch die Leistungsfähigkeit nicht reduziert, da Turingmaschinen mit einseitigem unendlichen Band Turingmaschinen mit beidseitigem unendlichen Band simulieren können. Andere komplexere Varianten sind z. B. Turingmaschinen mit mehreren Bändern und entsprechend vielen Lese-/Schreibköpfen, die man ebenfalls mit der hier vorgestellten Standard-Turingmaschine simulieren kann.

Turingmaschinen mit einem großen Eingabealphabet lassen sich auch durch Maschinen mit einem kleinen Alphabet wie z. B. $\Sigma = \{\#, 0, 1\}$ simulieren, indem man jedes Zeichen durch mehrere Zeichen aus Σ kodiert.

Es lassen sich auch Turingmaschinen konstruieren, für die nicht von vornherein festgelegt ist, welche Operation sie ausführen sollen, sondern bei denen die entsprechenden Befehle auf dem Band angegeben sind.

Genau genommen müsste man zwischen der Hardware, was die *Turingmaschine* selbst ist, und der Software, was die *Turingtabelle* oder das *Turingprogramm* ist, unterscheiden. So könnte man z. B. die Turingtabelle auch durch eine sehr einfache Programmiersprache beschreiben, die nur folgende Schlüsselwörter besitzt: `LEFT`, `RIGHT`, `WRITE`, `IF`, `JUMP` und `HALT`. Das Programm zur Addition von 1 auf eine Dualzahl (siehe auch links Abbildung 18.2) könnte man dann wie folgt angeben:

```
// .....  An das Ende der Dualzahl laufen
 10 RIGHT
 20 IF 0 JUMP 10
 30 IF 1 JUMP 10
// .....  Nach links jede 1 mit Nullen ueberschreiben
 40 LEFT
 50 IF 1 JUMP 80
 60 IF 0 JUMP 100
 70 IF # JUMP 140
 80 WRITE 0
 90 IF 0 JUMP 40
100 WRITE 1
// .....  Nach links auf Zahlenanfang laufen
110 LEFT
120 IF 0 JUMP 110
130 IF 1 JUMP 110
140 HALT
```

18.4.2 Turing-berechenbare Funktionen

Um eine partielle Funktion $f :: \mathcal{N}^k \to \mathcal{N}$ mit einer Turingmaschine zu berechnen, schreibt man die Argumente $(n_1, n_2, ..., n_k) \in \mathcal{N}^k$ in der Form $n_1\#n_2\#...\#n_k$ auf das Band, positioniert den Lese-/Schreibkopf auf das erste Zeichen von n_1 und startet anschließend die Turingmaschine in ihrem Anfangszustand.

Hält die Turingmaschine dann irgendwann an, so kann man das Ergebnis beginnend ab dem Zeichen unter dem Lese-/Schreibkopf nach rechts vom Band ablesen. Sollte $(n_1, n_2, ..., n_k)$ eine von f akzeptierte Eingabe sein, so muss dieses Ergebnis gleich der Zahl $f(n_1, n_2, ..., n_k)$ sein, andernfalls wird die Turingmaschine nicht anhalten oder unter dem Lese-/Schreibkopf beginnt keine Zahl.

Hat man eine Turingtabelle zur Berechnung von f, kann man diese so „programmieren“, dass am Ende alle Zwischenergebnisse vom Band gelöscht werden und nur noch das Ergebnis $f(n_1, n_2, ..., n_k)$ auf dem Band steht, wobei der Lese-/Schreibkopf auf dem ersten Zeichen des Ergebnisses steht. So lässt sich dann sofort mit diesem Ergebnis weiterrechnen, indem man dieses als Eingabe für eine nachfolgende Turingmaschine verwendet. Es gilt nämlich, dass die sequenzielle Ausführung zweier Turing-berechenbarer partieller Funktionen $f, g :: \mathcal{N} \to \mathcal{N}$ wieder Turing-berechenbar ist.

18.4.3 Registermaschinen

Registermaschinen wurden bereits in Kapitel 5.6 auf Seite 129 anhand eines Simulationsprogramms vorgestellt, weshalb hier auf eine detailliertere Beschreibung verzichtet werden kann. Jedenfalls ist eine Registermaschine ein Rechnermodell der theoretischen Informatik, das einem realen Rechner schon sehr nahe kommt.

Eine Registermaschine kann alles berechnen, was auch ein realer Rechner berechnen kann, da man mit Registermaschinen Turingmaschinen simulieren kann. So könnte man z. B. die Speicherzellen mit geraden Nummern zur Speicherung der Daten auf dem Eingabeband der Turingmaschine verwenden, und dann nur noch die Speicherzellen mit ungeraden Nummern für die anderen Daten verwenden.

18.4.4 GOTO- und WHILE-Programme

Die beiden hier vorgestellten speziellen Programmiersprachen spielen im Zusammenhang mit Berechenbarkeit eine große Rolle, da sich zeigen lässt, dass jede Turing-berechenbare Funktion auch GOTO-berechenbar und WHILE-berechenbar ist.

Die GOTO-Programmiersprache verwendet statt Registern Variablennamen und kommt somit einer höheren Programmiersprache schon näher. Jede Zeile eines GOTO-Programms enthält entweder eine Zuweisung oder einen bedingten Sprung, wobei am Anfang jeder Zeile die Zeilennummer steht:

```
znr: id := ausdruck
znr: IF bed GOTO znr
 Für arithmetische und boolesche Ausdrücke gilt folgende Backus-Naur-Form:
   ausdruck : id
            | 0
            | succ(ausdruck) /* liefert Nachfolgezahl zur natürlichen Zahl x, als x+1 */
   bed : ausdruck <= ausdruck
```

Jedes GOTO-Programm kann nun jede Registermaschine simulieren und somit ist jede Turing-berechenbare Funktion auch GOTO-berechenbar.

Der folgende GOTO-Programmausschnitt realisiert z. B. die nicht in der GOTO-Programmiersprache vorhandene Addition von zwei natürlichen Zahlen $x := a + b$:

```
100:  ....
101:  x := a
102:  z := 0
103:  IF b <= z GOTO 107
104:  x := succ(x)
105:  z := succ(z)
106:  GOTO 103
107:  .... ; Ergebnis steht in x
```

Umgekehrt kann jedes GOTO-Programm durch eine Registermaschine simuliert werden, indem man jeder Variablen eine Speicherzelle im Datenspeicher zuordnet, und dann jede Zuweisung durch entsprechende *Load*/*Store*-Befehle nachbildet. Z. B. kann man die folgende GOTO-Zuweisung: `a := succ(b)` mit folgenden Befehlen einer Registermaschine realisieren:

```
LDK 1
ADD 02   ; wenn 02 Adresse von b ist
STA 03   ; wenn 03 Adresse von a ist
```

Somit sind beide Berechnungskonzepte äquivalent und man kann mit beiden die gleichen partiellen Funktionen berechnen.

▶ Übung: GOTO-Programme zur Subtraktion, Multiplikation und Division

Geben Sie GOTO-Programme an, die die Subtraktion, Multiplikation und Division von zwei natürlichen Zahlen realisieren.

WHILE-Programme haben die folgende Syntax:

Prog : *id* **:=** *ausdruck*
| **IF** *bed* **THEN** *Prog* **ELSE** *Prog*
| **WHILE** *bed* **DO** *Prog* **DONE**
| *Prog* **;** *Prog*
bed : *ausdruck* <= *ausdruck*
ausdruck : *id*
| **0**
| **succ(***ausdruck***)**

Ein WHILE-Programm besteht somit aus einer Zuweisung, einer bedingten Anweisung, einer WHILE-Schleife oder einer Sequenz von Programmen.

Der folgende WHILE-Programmausschnitt realisiert die in der WHILE-Sprache nicht vorhandene Addition von zwei Zahlen $x := a+b$ und die Multiplikation zweier Zahlen $e := a * b$:

```
//   ..............   Addition: x := a + b
z := 0;
x := a;
WHILE succ(z) <= b DO
   x := succ(x);
   z := succ(z)
DONE
//   ..............   Multiplikation: e := a * b
m := 0;
e := 0;
WHILE succ(m) <= a DO
   z := 0;
   WHILE succ(z) <= b DO
      e := succ(e);
      z := succ(z)
   DONE
   m := succ(m)
DONE
```

Es ist offensichtlich, dass man jede WHILE-Schleife durch einen bedingten Sprung nachbilden kann:

WHILE-Programm		GOTO-Programm
WHILE $x \le y$ **do** *Prog*	ist identisch zu:	*znr1* : **IF** $succ(y) \le x$ **GOTO** *znrX* . . . *Prog* . . . **IF** $x \le y$ **GOTO** *znr1* *znrX*:

Damit ist bewiesen, dass jedes BASIC-Programm (mit seinen vielen GOTO-Befehlen) auch durch ein äquivalentes C-, C++-, Java-Programm usw. dargestellt werden kann. Es ist also möglich, dass man ohne die in der praktischen Programmierung verpönten GOTOs mit dem daraus resultierenden „*Spagetticode*“ auskommt, und stattdessen strukturiert programmieren kann. Um zu zeigen, dass man umgekehrt mit WHILE-

Programmen auch GOTO-Programme und damit auch Registermaschinen simulieren kann, führt man den Programmzähler *pc* als zusätzliche Variable ein und ersetzt jede GOTO-Anweisung wie folgt durch eine WHILE-Anweisung:

GOTO-Anweisung		WHILE-Anweisung
znr: *id* **:=** *ausdruck*	durch	*id* **:=** *ausdruck*; **pc := pc + 1;**
znr: **IF** *bed* **GOTO** *znr*	durch	**IF** *bed* **pc :=** *znr*

Ein beliebiges GOTO-Programm

```
1: gotoAnw1
2: gotoAnw2
   .......
n: gotoAnwN
```

kann durch ein WHILE-Programm der folgenden Form simuliert werden:

```
pc = 1
WHILE PC <= n DO
   IF pc == 1 THEN whileAnw1;
   IF pc == 2 THEN whileAnw2;
   ........
   IF pc == n THEN *
                         *whileAnwN;
DONE
```

Es gilt somit:

Jedes GOTO-Programm lässt sich in ein äquivalentes WHILE-Programm umwandeln und umgekehrt.

Interessant ist hier noch, dass man bei der Umformung von GOTO- in WHILE-Programme ein Programm erhält, das mit nur einer einzigen WHILE-Schleife auskommt. Da nun WHILE-berechenbare Funktionen – wie wir gesehen haben – zugleich auch GOTO-berechenbar und damit auch Turing-berechenbar sind, konnte *Kleene* sein *Kleene'sches Normalformentheorem* aufstellen:

Jede berechenbare Funktion kann mit einer WHILE-Schleife programmiert werden.

▶ **Übung: Realisierung von Subtraktion und Division als WHILE-Programme**

18.4.5 LOOP-Programme (FOR-Programme)

Bei LOOP-Programmen wird die WHILE-Schleife durch eine FOR-Schleife ersetzt, wobei diese FOR-Schleife aber etwas anders ausgelegt ist als die for-Schleife in C/C++ oder Java. LOOP-Programme haben die folgende Syntax:

```
Prog  :  id := ausdruck
       | IF bed THEN Prog ELSE Prog
       | FOR i := ausdruck TO ausdruck DO
       | Prog ; Prog
bed : ausdruck <= ausdruck
ausdruck : id
           | 0
           | succ(ausdruck)
```

Bei der FOR-Schleife werden zuerst die beiden *ausdrücke* zu Zahlenwerten n_1 und n_2 ausgewertet. Falls $n_1 \leq n_2$ gilt, durchläuft die Laufvariable i alle Werte von n_1 bis n_2 und führt bei jedem Durchlauf *Prog* aus, wobei allerdings i nicht in *Prog* geändert werden darf. So würde z. B. das folgende LOOP-Programm alle Werte zwischen 1 und 10 aufaddieren:

```
sum := 0;
FOR i:=1 TO 10 DO
   FOR j := 1 TO i DO
      sum := succ(sum)
   DONE
DONE
```

Da bei LOOP-Programmen immer ein Start- und ein Endwert angegeben ist, gilt folgender Satz:

Jedes LOOP-Programm terminiert.

Die LOOP-Sprache ist schwächer als die WHILE-Sprache, da man weder einen Turingmaschinen- noch einen Registermaschinensimulator in der LOOP-Sprache schreiben kann.

▶ **Übung: Addition, Subtraktion, Multiplikation und Division als LOOP-Programme**

Simulationsprogramm zu den Berechenbarkeitskonzepten

Zu den hier vorgestellten Berechenbarkeitskonzepten wurde ein Simulator entwickelt, der es dem Leser ermöglicht, eigene Turingmaschinen-Programme zu erstellen und sich dann die Abarbeitung dieser Programme schrittweise anzeigen zu lassen. Zudem ist dieser von den in der Einleitung erwähnten Studenten implementierte Simulator nicht nur in der Lage, eigene Turingprogramme abzuarbeiten, sondern ebenso auch eigene WHILE-, GOTO-, LOOP- und Registermaschinen-Programme (siehe auch Abbildung 18.3). Hierbei kann man die Befehle des jeweiligen Programms schrittweise durchlaufen oder aber das jeweilige Programm als Ganzes mit entsprechender Anzeige ablaufen lassen. Die Bedienungsanleitung zu diesem Simulator und die Syntaxregeln zu den jeweiligen Programmtypen finden Sie in der Datei `turing.pdf` bzw. in der Online-Hilfe dieses Simulators.

18.4.6 Primitive Rekursion

Funktionale Programmiersprachen kommen völlig ohne Zuweisung und Schleifen aus, denn jede Funktion kann man direkt durch Rekursion definieren.

Primitive Rekursion lässt sich wie folgt definieren:

> *Zu einer k-stelligen Funktion f und einer (k+2)-stelligen Funktion g ist eine (k+1)-stellige Funktion R_{fg} wie folgt definiert:*

$$\begin{aligned} R_{fg}(0, x_1, \ldots, x_k) &= f(x_1, \ldots, x_k) \\ R_{fg}(n+1, x_1, \ldots, x_k) &= g(n, R_{fg}(n, x_1, \ldots, x_k), x_1, \ldots, x_k) \end{aligned}$$

In der zweiten Gleichung tritt die neue Funktion R_{fg} sowohl links als auch rechts von $=$ auf. Trotzdem liegt keine zirkulare Definition vor, denn auf der rechten Seite wird der entscheidende Parameter n im ersten Argument um 1 erniedrigt.

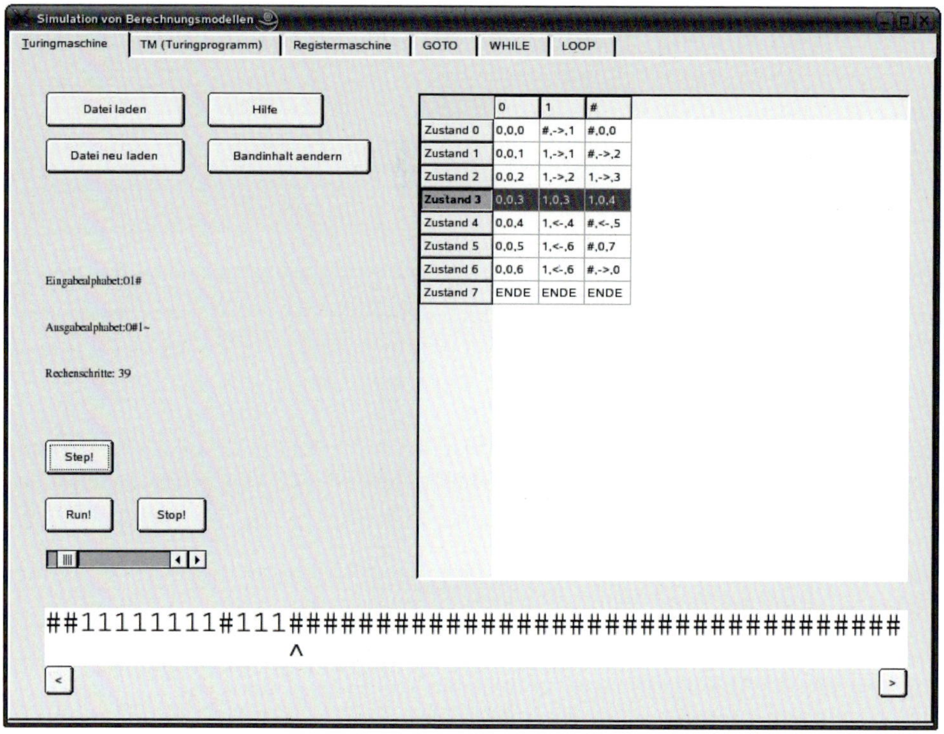

Abbildung 18.3: Der Simulator zu den Berechenbarkeitskonzepten

Bei der primitiven Rekursion ist dabei noch *Komposition* (Einsetzen von schon vorhandenen Funktionen) und *Vertauschen von Argumentpositionen* erlaubt.

Primitiv rekursive Funktionen werden nun wie folgt definiert:

Eine Funktion $f\colon \mathcal{N}^k \rightarrow \mathcal{N}$ heißt primitiv rekursiv, wenn sie aus 0, succ() und den Projektionen von Verkettung und primitiver Rekursion definiert werden kann, wobei Folgendes gilt:

- *Projektion:* $p_{k,i}\colon \mathcal{N}^k \rightarrow \mathcal{N}$ definiert durch $p_{k,i}(x_1, \ldots, x_k) = x_i$
- *Verkettung:* Ist f eine n-stellige und sind $g_1, \ldots, g_n$ k-stellige Funktionen, so ist die Verkettung $f \circ (g_1, \ldots, g_n)\colon \mathcal{N}^k \rightarrow \mathcal{N}$ definiert durch: $(f \circ (g_1, \ldots, g_n))(x_1, \ldots, x_k) = f(g_1(x_1, \ldots, x_k), \ldots, g_n(x_1, \ldots, x_k))$

Die Grundoperationen der Arithmetik lassen sich mit primitiver Rekursion definieren:

Addition durch $k = 1, f = p_{1,1}, g = succ \circ (p_{3,2})$:

$$add(0, y) = p_{1,1}(y) = y$$
$$add(x + 1, y) = succ(p_{3,2}(x, add(x, y), y)) = succ(add(x, y))$$

Multiplikation durch nochmalige Anwendung primitiver Rekursion auf *add*:

$$mult(0, y) = 0 \circ () = 0$$
$$mult(x + 1, y) = (add \circ (p_{3,2}, p_{3,3}))(x, mult(x, y), y) = add(mult(x, y), y)$$

Vorgängerfunktion *pred()*:

$$pred(0) = 0$$
$$pred(x + 1) = p_{2,2}(pred(x), x) = x$$

Subtraktion durch $k = 1, f = p_{1,1}, g = pred \circ (p_{3,2})$:

$$sub(0, y) = p_{1,1}(y) = y$$
$$sub(x + 1, y) = pred(p_{3,2}(x, sub(x, y), y)) = pred(sub(x, y))$$

Listing 18.1 zeigt ein C-Programm, das `add()` und `mult()` mittels primitiver Rekursion realisiert.

Listing 18.1: `primrek.c`: add()- und mult()-Realisierung mit primitiver Rekursion

```
#include <stdio.h>

int succ(int x) { return x + 1; }
int pred(int x) { return x==0 ? 0 : x-1; }
int add (int x, int y) { return (x==0) ? y : succ(add(pred(x), y));      }
int mult(int x, int y) { return (x==0) ? 0 : add(mult(pred(x), y), y); }

int main(void) {
   int a, b;

   printf("Gib zwei Zahlen durch Komma getrennt ein: ");
   scanf("%d, %d", &a, &b);
   printf(" add(%d, %d) = %d\n", a, b, add(a, b));
   printf("mult(%d, %d) = %d\n", a, b, mult(a, b));

   return 0;
}
```

Abbildung 18.4 zeigt eine Aufrufhierarchie zu `add(2,3)`. In dieser Abbildung ist bereits erkennbar, dass man solche primitiv rekursive Funktionen auch iterativ lösen kann, denn es gilt:

> *Jede primitiv rekursive Funktion ist LOOP-berechenbar.*
> Oder anders ausgedrückt:

Jede „vernünftig“ total berechenbare Funktion ist primitiv rekursiv, wobei „vernünftig“ bedeutet, dass man die maximal möglichen Schleifendurchläufe vorab bestimmen kann.

Listing 18.2 zeigt ein C-Programm, das das Gleiche wie Listing 18.1 leistet, jedoch `add()` und `mult()` mittels eines LOOP-Programms iterativ realisiert.

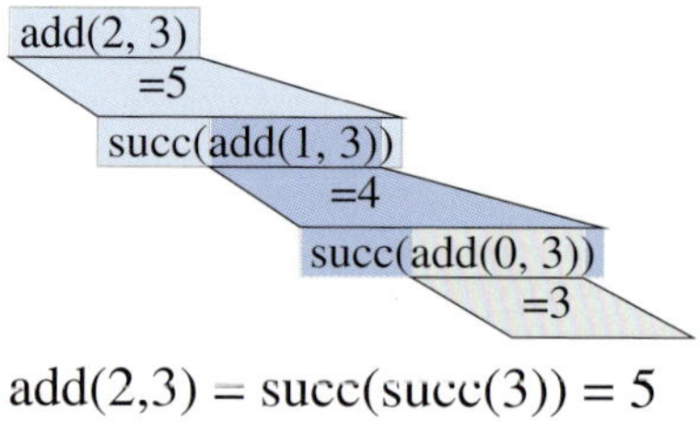

Abbildung 18.4: Aufrufhierarchie zu `add(2,3)`, gleichwertig zu iterativen Aufrufen

Listing 18.2: `primrek2.c`: add()- und mult()-Realisierung mit LOOP-Programm

```
#include <stdio.h>

int succ(int x) { return x + 1; }
int pred(int x) { return x==0 ? 0 : x-1; }

int add(int x, int y) {
   int i, wert = x;

   for (i=1; i <= y; i++)
      wert = succ(wert);
   return wert;
}
int mult(int x, int y) {
   int i, wert = 0;
   for (i=1; i <= y; i++)
      wert = add(wert, x);
   return wert;
}
int main(void) {
   /* identisch zu Programm primrek.c */
}
```

18.4.7 μ-Rekursion

Es existieren Probleme, die sich nicht mit primitiv rekursiven Funktionen lösen lassen, wie z. B. *Suchprobleme*, bei denen für eine $(k+1)$-stellige boolesche Funktion $f(z, x_1, \ldots, x_k)$ das kleinste z zu finden ist, für das diese Funktion *true* liefert. Hier kann man mit $z = 0$ beginnen, dann $z = 1$ probieren usw.

Allgemein lässt sich dies wie folgt rekursiv beschreiben:

$$\mu f(z, x_1, \ldots, x_k) = \begin{cases} z & , \text{ wenn } f(z, x_1, \ldots, x_k) = \text{true} \\ \mu f(z+1, x_1, \ldots, x_k) , & \text{sonst} \end{cases}$$

Eine solche Funktion heißt μ-rekursiv und ist nicht mehr primitiv rekursiv, da beim rekursiven Aufruf ein Argument nicht mehr kleiner, sondern größer wird. Somit besteht die Gefahr, dass diese Funktion zu keinem Ende führt, wenn kein z existiert, für das $f(z, x_1, \ldots, x_k)$ den Wahrheitswert *true* liefert.

Sollte es sich bei Funktion f um eine totale Funktion handeln, so besteht diese Gefahr nicht, denn dann liefert diese Funktion ja für alle möglichen Werte von z den

Wert *true* und somit würde sie beim ersten Aufruf stoppen. Handelt es sich bei f allerdings um eine partielle Funktion, so besteht diese Gefahr des Nichtterminierens sehr wohl.

Es gilt nun:

Die Klasse der μ-rekursiven Funktionen stimmt mit der Klasse der WHILE-berechenbaren Funktionen überein.

Dass dies zutrifft, kann man leicht mit folgendem einfachen WHILE-Programm zeigen:

```
z := 0;
WHILE NOT f(z, x1, ..., xK) DO
   z := succ(z);
DONE
```

Da nun μ-rekursive Funktionen zugleich auch WHILE-berechenbar und damit auch GOTO- und Turing-berechenbar sind, gilt der folgende Satz:

Jede berechenbare Funktion lässt sich mit μ-rekursiven Funktionen definieren.

18.4.8 Die Ackermann-Funktion

Bisher haben wir Folgendes festgestellt:

- Jede LOOP-berechenbare Funktion ist total.
- Jede total berechenbare Funktion, für die wir mit einem LOOP-Programm eine Abschätzung der maximal möglichen Schleifendurchläufe angeben können, ist ebenfalls LOOP-berechenbar.
- LOOP-berechenbare Funktionen sind genau die primitiv rekursiven Funktionen.

Es stellt sich nun die Frage, ob jede total berechenbare Funktion grundsätzlich immer durch ein LOOP-Programm berechenbar ist.

Hier wird nun eine Funktion vorgestellt, die zwar total und berechenbar ist, jedoch nicht primitiv rekursiv. Diese Ackermann-Funktion wurde von *F. W. Ackermann* aufgestellt und von *R. Peter* und *R. M. Robinson* etwas vereinfacht. Die Ackermann-Funktion ist ein Beispiel für eine berechenbare Funktion, die nicht primitiv rekursiv ist. Die Ackermann-Funktion lautet:

$$a(n,m) = \begin{cases} m+1 & : \text{ wenn } n=0 \\ a(n-1,1) & : \text{ wenn } m=0 \\ a(n-1,a(n,m-1)) & : \text{ sonst} \end{cases}$$

Das begleitende Programm `ackerman.c` lässt den Benutzer zunächst n und m eingeben. Anschließend berechnet es die Ackermann-Funktion und gibt das Ergebnis aus, wie z. B.:

n: **0**
m: **10**
a(0,10) = 11

n: **1**
m: **10**
a(1,10) = 12

n: **2**
m: **2**
a(2,2) = 7

Das Besondere an der Ackermann-Funktion ist, dass sie sehr stark anwächst. Sie kann von keiner primitiv rekursiven Funktion nach oben beschränkt werden. Die Ackermann-Funktion wurde so entworfen, dass sie eine Verallgemeinerung der Grundrechenarten darstellt. Dies sieht man an:

$$
\begin{aligned}
a(0,y) &= y+1 \\
a(1,y) &= y+2 \\
a(2,y) &= 2y+3 \\
a(3,y) &= 2^{y+3}-3 \\
a(4,y) &= 2^{2^{\cdot^{\cdot^{2}}}}-3
\end{aligned}
$$

wobei beim letzten Term der „Exponententurm" die Höhe $y+2$ hat. Die ersten Werte sind

$$
\begin{aligned}
a(4,0) &= 2^4-3 = 13 \\
a(4,1) &= 2^{16}-3 = 65533 \\
a(4,2) &= 2^{65536}-3
\end{aligned}
$$

Wegen $[65536 \cdot log_{10}2]$ hat die Zahl $a(4,2)$ nicht weniger als 19728 Dezimalstellen. Die Zahl $a(4,4)$ ist bereits unvorstellbar. Würde man 4 Stellen dieser Zahl je Sekunde schreiben, so würde man

$10^{10^{19727}}$ Sekunden benötigen.

Als Vergleich: Das Alter der Erde beträgt 10^{17} Sekunden.

Eine weitere mehrfach rekursive Funktion, ähnlich der Ackermann-Funktion, ist die *Hofstadter*-Funktion aus dem empfehlenswerten Buch *Gödel-Escher-Bach* von *Douglas R. Hofstadter*:

$$
hof(n) = \begin{cases} 1 & : \text{ wenn } n \leq 2 \\ hof(n-hof(n-1)) + hof(n-hof(n-2)) & : \text{ wenn } n > 2 \end{cases}
$$

Diese Beispiele zeigen also, dass nicht jede berechenbare Funktion auch durch ein LOOP-Programm berechenbar ist.

18.4.9 Die Church'sche These und die Chomsky-Hierarchie

Wir haben auf den vorherigen Seiten nun mehrere Möglichkeiten für eine mathematische Definition des Begriffs „Algorithmus" kennengelernt:

$$\begin{aligned}\text{Algorithmus} &= \text{Turing-Programm} &&= \text{Registermaschinenprogramm} = \\ &= \text{WHILE-Programm} &&= \text{Definition durch } \mu\text{-Rekursion}\end{aligned}$$

Wie wir gesehen haben, lassen sich mit Turingmaschinen Registermaschinen simulieren, die sich ihrerseits wieder mit WHILE-Programmen simulieren lassen. Mit WHILE-Programmen lassen sich nun aber auch wiederum Turingmaschinen simulieren. Der Kreis hat sich geschlossen und somit gilt für partielle Funktionen $f :: \mathcal{N}^k \rightarrow \mathcal{N}$ folgende Äquivalenz:

Turing-berechenbar = Registermaschinen-berechenbar = WHILE-berechenbar = μ-rekursiv

Weiterhin gilt somit, dass alle Programmiersprachen, die über eine WHILE-Schleife verfügen, wie z. B. C/C++, Java, PASCAL usw. zu dieser Äquivalenz-Liste hinzugefügt werden können. Allgemein bezeichnet man deshalb diese Klasse von Funktionen, die auf diese Weise berechenbar sind, als die *berechenbaren Funktionen.*

A. Church stellte dazu die nach ihm benannte *Church'sche These* auf:

> *Die Klasse der intuitiv berechenbaren Funktionen ist gleich der Klasse der (Turing-) berechenbaren Funktionen.*

oder anders ausgedrückt:

Jede fundierte Präzisierung des Algorithmus-Begriffes führt zur gleichen Klasse von berechenbaren Funktionen.

Die *Chomsky-Hierarchie* ist nach *N. Chomsky* benannt, der 1956 folgende Hierarchie für Sprachklassen aufstellte, wobei die Allgemeingültigkeit in Tabelle 18.1 von oben nach unten abnimmt.

Tabelle 18.1

Die Chomsky-Hierarchie

Klasse	Grammatiken	Sprachen	Minimaler Automat
Typ 0	uneingeschränkt	rekursiv (Seite 770)	Turingmaschine (Seite 760)
Typ 1	kontextsensitiv	kontextsensitiv	Linear beschränkt
Typ 2	kontextfrei	kontextfrei (Seite 740ff)	Kellerautomat (Seite 740ff)
Typ 3	regulär	regulär (Seite 730ff)	Endlicher Automat (Seite 730ff)
	Jeder Typ ist eine Teilmenge des darüberliegenden Typs		

Ein Beispiel für eine kontextsensitive Sprache ist $L = \{a^n b^n c^n | n \geq 0\}$. Solche kontextsensitiven Sprachen, die in den vorherigen Kapiteln nicht genauer vorgestellt wurden, können von Turingmaschinen mit beschränkter Bandlänge erkannt werden, die man auch mit *linear beschränkte Automaten (linear bounded automata, LBA)* bezeichnet.

Ein linear beschränkter Automat ist eine nichtdeterministische Turingmaschine mit Zweispurband, die zwei Bedingungen erfüllt:

- Ihr terminales Alphabet enthält zwei besondere Symbole wie z. B. $<$ und $>$, die linke und rechte Endmarken genannt werden und nur zur Kennzeichnung der Bandenden dienen.
- Der linear beschränkte Automat ist so programmiert, dass er sich nicht links über die Marke $<$ und nicht rechts über die Marke $>$ hinausbewegt und auch die Marken nicht überschreibt.

18.5 Prinzipiell unlösbare Probleme

In diesem Kapitel werden *prinzipiell unlösbare Probleme* vorgestellt, zu denen sich zwar ein Algorithmus angeben lässt, die aber dennoch nicht mit einem Computer gelöst werden können. Hierbei handelt es sich um Probleme, die sich niemals durch menschliche Erfindungskraft, wissenschaftlichen und technischen Fortschritt werden lösen lassen, also um Probleme, bei denen eine Lösung durch die Grenzen des menschlichen Denkens verhindert wird.

18.5.1 Entscheidbare Mengen

Eine Menge M heißt *rekursiv entscheidbar* oder einfach nur *entscheidbar*, wenn es einen Algorithmus gibt, der nach endlicher Zeit terminiert und entscheidet, ob die Eingabe zur Menge gehört oder nicht. Formal lässt sich dies wie folgt ausdrücken:

Eine Teilmenge der natürlichen Zahlen $M \subseteq \mathcal{N}$ heißt entscheidbar, wenn es eine total berechenbare Funktion f gibt mit:

$$f\colon \mathcal{N} \to \{0,1\}\,, \qquad f(x) = \begin{cases} 1\,, & \text{wenn } x \in M \\ 0\,, & \text{wenn } x \notin M \end{cases}$$

Entscheidbare Mengen sind z. B.: *alle endlichen Mengen, Komplemente endlicher Mengen, die Menge aller geraden Zahlen und die Menge aller Primzahlen.*

Die Goldbach-Vermutung lautet z. B.:

> *„Jede gerade Zahl größer als 2 lässt sich als Summe zweier Primzahlen darstellen.“*

Diese Goldbach-Vermutung wurde zu einem der bekanntesten, bis heute ungelösten mathematischen Probleme.

Bei einem Test auf die Goldbach-Eigenschaft einer geraden Zahl wird von der Eigenschaft „Primzahl zu sein“ Gebrauch gemacht. Diese Eigenschaft „Primzahl zu sein“ ist entscheidbar, und damit auch die Goldbach-Eigenschaft.

Für die Informatiker ist damit das Goldbach-Problem gelöst, denn man kann die Frage: *„Gibt es einen Algorithmus, der bezüglich einer beliebigen geraden natürlichen Zahl entscheidet, ob sie die Goldbach-Eigenschaft besitzt?“* mit *„ja“* beantworten.

Die Mathematiker geben sich damit allerdings nicht zufrieden, denn sie würden gerne wissen, wie die Antworten auf alle geraden Zahlen bei diesem Entscheidungsverfahren aussehen, insbesondere hätten sie gerne die Frage beantwortet, ob es gerade Zahlen gibt, die die Goldbach-Eigenschaft nicht besitzen.

Im begleitenden Zusatzmaterial wird das Programm `goldbach.c` vorgestellt, das für eine einzugebende Unter- und Obergrenze feststellt, ob für alle Zahlen aus diesem Bereich die Goldbach-Vermutung zutrifft oder nicht.

18.5.2 Semi-entscheidbare Mengen (Game of Life und Halteproblem)

Eine allgemeinere Klasse als die entscheidbaren Mengen sind die *rekursiv aufzählbaren* bzw. *semi-entscheidbaren Mengen*, bei denen in endlicher Zeit die Frage, ob ein Element zu diesen Mengen gehört, entweder nur mit „ja" oder nur mit „nein" beantwortet werden muss. Eine dieser beiden Antworten kann hierbei für bestimmte Eingaben nicht in endlicher Zeit gegeben werden.

Ein Beispiel hierfür sind die so genannten wundersamen Zahlen (auch $3n+1$-Problem) genannt. Dieses $3n+1$-Problem lässt sich wie folgt beschreiben:

$$n_{i+1} = \begin{cases} 3n_i + 1\,, & \text{wenn } n_i \text{ ungerade} \\ \frac{n_i}{2} \quad\quad\;\,, & \text{wenn } n_i \text{ gerade} \end{cases}$$

Man beginnt also mit einer natürlichen Zahl. Ist diese ungerade, wird sie mit 3 multipliziert und 1 aufaddiert, andernfalls wird sie halbiert. Dieses Verfahren wird dann für die neue Zahl wiederholt usw. Die Startzahl heißt *wundersam*, wenn diese Folge (auch *Collatz-Folge genannt*) mit der Zahl 1 endet, andernfalls ist die Startzahl *unwundersam*. Nachfolgend sind einige Collatz-Folgen gezeigt:

6: 3, 10, 5, 16, 8, 4, 2, 1
7: 22, 11, 34, 17, 52, 26, 13, 40, 20, 10, 5, 16, 8, 4, 2, 1
8: 4, 2, 1
9: 28, 14, 7, 22, 11, 34, 17, 52, 26, 13, 40, 20, 10, 5, 16, 8, 4, 2, 1
100009: 300028, 150014, 75007, 225022, 112511, 337534, ... 4, 2, 1

Bei der Zahl `100009` steht ... für 390 weitere Zahlen. Die Frage, welche natürlichen Zahlen wundersam sind, ist wegen der Art und Weise, wie die Zahlen oszillieren, bald anwachsen und dann wieder schrumpfen, nicht vorhersagbar, da es sich hier nicht um ein regelmäßiges, sondern um ein chaotisches Muster handelt.

Bis heute wurde kein Algorithmus gefunden, der allgemein für jede beliebige eingegebene Zahl nach einer endlichen Anzahl von Schritten entscheiden kann, ob es sich um eine wundersame oder nicht wundersame Zahl handelt.

Somit sind die wundersamen Zahlen semi-entscheidbar, denn gibt unser Algorithmus nach einer endlichen Anzahl von Schritten die Antwort „ja", so handelt es sich um eine wundersame Zahl. Startet man allerdings mit einer unwundersamen Zahl, kommt der Algorithmus zu keinem Ende und somit auch zu keiner Entscheidung. Es wurde bis heute noch keine unwundersame Zahl gefunden, was jedoch nicht bedeutet, dass eventuell unwundersame Zahlen existieren, die möglicherweise mit einem anderen Entscheidungsverfahren gefunden werden können.

Es gilt jedenfalls: *Jede entscheidbare Menge ist auch semi-entscheidbar.*

Im begleitenden Zusatzmaterial wird das Programm `collatz.c` vorgestellt, das für eine einzugebende Unter- und Obergrenze die Collatz-Folgen für alle Zahlen aus diesem Bereich ausgibt.

Nachfolgend werden einige weitere semi-entscheidbare Mengen vorgestellt.

Das Spiel des Lebens

Als Beispiel für eine semi-entscheidbare, aber nicht entscheidbare Menge, soll hier das so genannte *Game of Life* dienen.

Die wesentliche Eigenschaft lebender Organismen ist ihre Fähigkeit zur Selbstreproduktion. Jeder Organismus kann Nachkommen erzeugen, die – bis auf Feinheiten – eine Kopie des erzeugenden Organismus sind. *John von Neumann* stellte folgende Frage: *Sind auch Maschinen (z.B. Roboter) zur Selbstreproduktion fähig? Welche Art logischer Organisation ist dafür notwendig und hinreichend? S. M. Ulam* schlug die Verwendung so genannter *zellularer Automaten* vor. Einen zellularen Automaten kann man sich anschaulich als eine in Quadrate (Zellen) aufgeteilte Ebene vorstellen. Auf jedem Quadrat befindet sich ein endlicher Automat, dessen Verhalten von seinem eigenen Zustand und von den Zuständen gewisser Nachbarn (Zellen) abhängt. Alle Automaten sind gleich und arbeiten im gleichen Takt. Ein berühmtes Beispiel für einen zellularen Automaten ist das *Game of Life (Lebensspiel)* des englischen Mathematikers *John H. Conway*. Jede Zelle hat zwei Zustände (lebend, tot) und die Umgebung der Zelle besteht aus den angrenzenden acht Nachbarquadraten. Die Zeit verstreicht in diskreten Schritten. Von einem Schlag der kosmischen Uhr bis zum nächsten verharrt die Zelle im zuvor eingenommenen Zustand, beim Gong aber wird nach den folgenden Regeln erneut über Leben und Tod entschieden:

Geburt
: Eine tote Zelle feiert Auferstehung, wenn drei ihrer acht Nachbarn leben.

Tod durch Überbevölkerung
: Eine Zelle stirbt, wenn vier oder mehr Nachbarn leben.

Tod durch Vereinsamung
: Eine Zelle stirbt, wenn sie keinen oder nur einen lebenden Nachbarn hat.

Eine lebende Zelle bleibt also genau dann am Leben, wenn sie zwei oder drei lebende Nachbarn besitzt. Der Reiz dieses Spiels liegt in seiner Unvorhersehbarkeit. Nach den oben angegebenen Regeln kann eine Population aus lebenden Zellen *grenzenlos wachsen*, sich zu einem *periodisch wiederkehrenden oder stabilen Muster* entwickeln oder aber *aussterben*. Was für eine jeweilige Population hierbei zutrifft, ist im Allgemeinen schwer vorherzusagen.

Das begleitende Programm *life.c* simuliert dieses Spiel des Lebens (*Game of Life*). Hierbei kann der Benutzer zunächst die Länge und Breite des Spielfelds eingeben

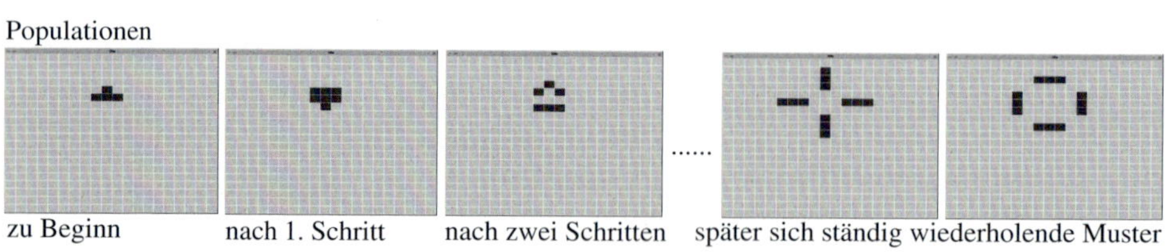

Abbildung 18.5: Populationen im „Game of Life"

und dann anschließend wählen, ob er die Anfangspopulation selbst (über Mausklicks) eingeben will oder ob diese zufällig sein soll. Im zweiten Fall kann der Benutzer noch eingeben, wie viele Zellen zu Beginn leben sollen. Das Spielfeld stellt dabei eine Kugel dar, was bedeutet, dass die Zellen in der oberen Zeile Nachbarn zu den Zellen in der unteren Zeile, und Zellen in der linken Spalte Nachbarn zu den Zellen in der rechten Spalte sind. Abbildung 18.5 zeigt mögliche Anzeigen des Programms *life.c*.

Weitere interessante Figuren sind:

```
Pentomino          Kreuz    Gleiter          x    x
                     x                        xxxx
    xx              xxx         x            x    x
   xx                x           x           x xx x    Chesire -Katze
    x                x         xxx           x    x
                                              xxxx
```

Eine andere Population mit interessantem Verhalten ist:

xxxxx xxxxx xxxxx xxxxx xxxxx xxxxx xxxxx

> *Es wird hier nun ein Algorithmus gesucht, der für eine beliebige Figur (Population) entscheidet, ob diese unsterblich ist, oder nicht.*

Der hier verwendete Algorithmus, der den Lebenslauf der Figur Schritt für Schritt nachvollzieht, kann für die Fälle des Aussterbens oder sich periodisch wiederholender Muster eine Entscheidung treffen. Was ist aber, wenn keiner dieser beiden Fälle eintritt? In diesem Fall gelangt dieser Algorithmus zu keinem Ende und somit auch zu keiner Entscheidung. Die Frage ist hier nun, ob eventuell ein abstrakterer Algorithmus gefunden werden kann, der das Ergebnis vieler Entwicklungsschritte ermittelt, ohne dass er alle Einzelschritte durchlaufen muss. Da bewiesen wurde, dass es einen solchen Algorithmus für das *Game of Life* nicht gibt, gilt folglich, dass nicht entscheidbar ist, ob eine Population ausstirbt bzw. auf Grund sich ständig wiederholender Muster ewig lebt. Es gilt somit:

Es gibt Mengen, die zwar semi-entscheidbar, aber nicht entscheidbar sind.

Das Halteproblem

Das Halteproblem ist das grundlegende Beispiel für ein semi-entscheidbares, aber nicht entscheidbares Problem, das auf *Alan M. Turing* zurückgeht. Er beschäftigte sich mit der Frage, ob es entscheidbar ist, also ob eine Turingmaschine existiert, die für jedes Paar aus kodierter Turingmaschine und Eingabe berechnen kann, ob die kodierte Maschine auf dieser Eingabe anhält. Anders ausgedrückt lautet die Frage:

> *Kann man ein Programm entwickeln, das als Eingabe den Quelltext eines zweiten Programms sowie dessen Eingabewerte erhält, und das dann entscheiden kann, ob das zweite Programm terminiert, d. h. nicht endlos weiterläuft?*

Alan Turing bewies 1936, dass es keinen Algorithmus geben kann, der dieses *Halteproblem* für alle Eingaben löst: Durch einen Widerspruchsbeweis lässt sich eindeutig zeigen, dass eine solche Turingmaschine und damit auch folglich kein solches Programm jemals existieren kann. Angenommen, es gibt eine Funktion *haltetest()*:

```
string haltetest(Programm,Eingabe) {
   if (Programm(Eingabe) terminiert)
      return JA;
   else
      return NEIN;
}
```

dann lässt sich daraus folgende Funktion *test()* bilden:

```
void test(Programm) {
    while (haltetest(Programm, Programm) == JA)
        ; /* leere Anweisung */
    /* Solange das Programm bei Eingabe seiner eigenen Kodierung */
    /* terminiert, terminiert die Funktion test() nicht.         */
}
```

Wenn man nun die Funktion *test()* sich selbst als Eingabedaten übergibt und sie sich somit von der Funktion *haltetest()* auf Terminierung prüfen lässt, wie z. B.:

```
test(test); /* Dieser Aufruf terminiert nun genau dann, */
            /* wenn er nicht terminiert. (Widerspruch!) */
```

kann diese kein richtiges Ergebnis liefern, denn nun gilt Folgendes:

- Liefert *haltetest(test, test)* JA, so bedeutet dies, dass *test(test)* terminiert, aber dann ist die Bedingung *haltetest(Programm, Programm)* in *test()* immer wahr, so dass *test(test)* eben nicht terminiert, weil die while-Schleife niemals beendet wird. Das ist ein Widerspruch!
- Liefert *haltetest(test, test)* NEIN, so ist die Bedingung der while-Schleife niemals wahr, und *test(test)* terminiert sofort. Das ist ebenfalls ein Widerspruch!

Das bedeutet nun, dass es keine Turingmaschine geben kann, die, wenn sie als Eingabe die Kodierung einer Turingmaschine M und eine zugehörige Eingabe w erhält, JA ausgibt, wenn M auf w hält, und NEIN ausgibt, wenn M nicht auf w hält.

Es gibt aber eine Turingmaschine, die immer dann JA ausgibt, wenn M auf w hält, aber endlos arbeitet, wenn M nicht auf w hält. Diese muss nur die Berechnung der Turingmaschine simulieren und JA ausgeben, nachdem diese Simulation eventuell hält. Das Halteproblem gehört deshalb zu den semi-entscheidbaren Problemen.

Diese Unlösbarkeit des Halteproblems erschütterte die damalige Mathematik, in der man davon ausging, dass sich jedes mathematische Problem durch eine geeignete Formalisierung lösen lässt. Nach diesen Erkenntnissen ist so etwas jedoch grundsätzlich nicht möglich, denn nun galt Folgendes:

> *In jedem System, das turingmächtig ist, was für die Arithmetik zutrifft, lassen sich Aussagen formulieren, die weder bewiesen noch widerlegt werden können. Solche Systeme sind grundsätzlich unvollständig.*

Oder anders ausgedrückt:

> *Es gibt Funktionen, die zwar wohldefiniert sind, deren Wert sich aber trotzdem im Allgemeinen nicht berechnen lässt.*

Setzt man nun die Church'sche These als wahr voraus, so können Maschinen und letztlich Menschen das Halteproblem (und viele andere Probleme) grundsätzlich nicht lösen. Für die Softwareentwicklung bedeutet das Halteproblem, dass im Allgemeinen eine automatisierte Überprüfung einer Programmlogik nicht möglich ist. Insbesondere ist es nicht immer möglich durch einen Rechner festzustellen, ob ein gegebenes Programm jemals anhalten wird.

18.5.3 Unberechenbarkeit (Fleißiger Biber)

Nach der Unentscheidbarkeit des Halteproblems soll nun der Begriff der *Unberechenbarkeit* am Beispiel einer speziellen Funktion (*Fleißiger Biber*) erläutert werden, die der ungarische Mathematiker *T. Rado* im Jahre 1962 vorstellte:

Ein Fleißiger Biber (busy beaver) *ist eine Turingmaschine mit n Zuständen, einem Endezustand und einem Alphabet mit zwei Werten* $\{0, 1\}$, *die eine maximale Anzahl* k_n *von Einsen auf ein leeres (mit Nullen beschriebenes) Band schreibt und dann anhält. Keine andere Turingmaschine mit gleicher Anzahl von Zuständen und gleichem Alphabet kann mit mehr Einsen als ein fleißiger Biber auf dem Band anhalten.*

Über die Anzahl k_n von Einsen, die ein fleißiger Biber mit n Zuständen schreibt, definiert man den Wert der *Busy-Beaver-Funktion* (auch *Rado-Funktion* genannt) an der Stelle $n : \Sigma(n) = k_n$.

Abbildung 18.6 zeigt links eine Turingmaschine mit zwei Zuständen, welche die maximal mögliche Zahl von vier Einsen schreibt. Das Schreiben der vier Einsen der Turingmaschine geschieht dabei wie es rechts in Abbildung 18.6 dargestellt ist.

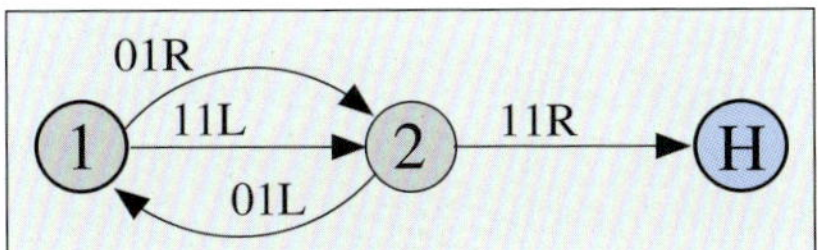

TuringTabelle

δ	0	1
1	1R2	1L2
2	1L1	1RH

H = Haltezustand

Schritt	Zustand	Bandinhalt (*Kopfpos.*)
0	1	. . . $\underline{0}$
1	2	. . . 1 $\underline{0}$
2	1	. . . $\underline{1}$ 1
3	2	. . . $\underline{0}$ 1 1
4	1	. . $\underline{0}$ 1 1 1
5	2	. . 1 $\underline{1}$ 1 1
6	H	. . 1 1 $\underline{1}$ 1

Abbildung 18.6: 2-Zustands-TM zum Schreiben von maximal möglichen vier Einsen

Abbildung 18.7 zeigt eine Turingmaschine mit drei Zuständen, welche die maximal mögliche Zahl von sechs Einsen schreibt.

TuringTabelle

δ	0	1
1	1R2	1RH
2	0R3	1R2
3	1L3	1L1

H = Haltezustand

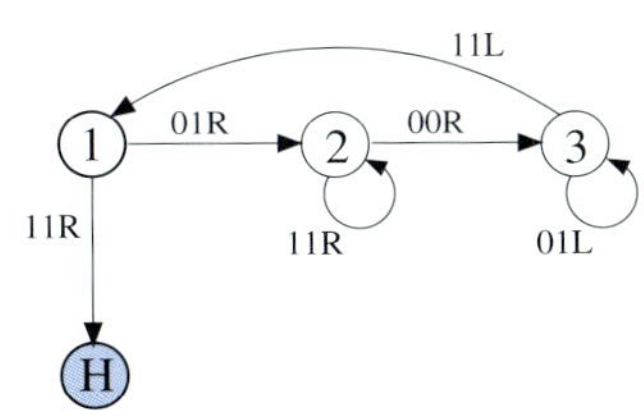

Abbildung 18.7: 3-Zustands-TM zum Schreiben von maximal möglichen sechs Einsen

Das Schreiben der sechs Einsen der Turingmaschine aus Abbildung 18.7 geschieht wie folgt:

Schritt	Zustand	Bandinhalt (*Kopfposition*)
0	1	. . . $\underline{0}$
1	2	. . . 1 $\underline{0}$
2	3	. . . 1 0 $\underline{0}$
3	3	. . . 1 $\underline{0}$ 1
4	3	. . . $\underline{1}$ 1 1
5	1	. . . $\underline{0}$ 1 1 1
6	2	. . . 1 $\underline{1}$ 1 1
7	2	. . . 1 1 $\underline{1}$ 1
8	2	. . . 1 1 1 $\underline{1}$
9	2	. . . 1 1 1 1 $\underline{0}$
10	3	. . . 1 1 1 1 0 $\underline{0}$
11	3	. . . 1 1 1 1 $\underline{0}$ 1
12	3	. . . 1 1 1 $\underline{1}$ 1 1
13	1	. . . 1 1 $\underline{1}$ 1 1 1
14	H	. . . 1 1 1 $\underline{1}$ 1 1

Der fleißige Biber führt zu einem Problem, das nicht lösbar ist, da nicht allgemein entscheidbar ist, ob eine gegebene Turingmaschine mit n Zuständen tatsächlich eine Folge von Einsen mit maximaler Länge schreibt oder nicht. Folglich ist die Menge der Werte von $\Sigma(n)$ nicht entscheidbar, obwohl $\Sigma(n)$ wohldefiniert ist. Wegen dieser Eigenschaften der Wertemenge ist die Funktion $\Sigma(n)$ nicht berechenbar. Zudem lässt sich zeigen, dass diese Funktion stärker als jede berechenbare Funktion wächst. Das Wachstum der Funktion $\Sigma(n)$ ist sogar stärker als das jeder Exponentialfunktion. Schon für $n > 5$ sind keine realistischen Aussagen mehr über den Wert von $\Sigma(n)$ mehr möglich. Dazu müsste man für jede einzelne Turingmaschine mit n Zuständen jeweils herausfinden, nach wie vielen Schritten sie hält und eventuell beweisen, dass sie nicht anhält. Aus *Gödels Unvollständigkeitssatz* (wird hier nicht näher erläutert) folgt jedoch, dass ein entsprechender Beweis nicht für alle solchen Turingmaschinen existiert. Tabelle 18.2 zeigt das starke Anwachsen der Funktion $\Sigma(n)$.

Tabelle 18.2

Anwachsen der Beasy-Beaver-Funktion $\Sigma(n)$

n	Anzahl der Maschinen	$\Sigma(n)$, (Jahr)
1	144	1
2	104976	4
3	$> 10^8$	6
4	$> 10^{11}$	13
5	$> 10^{15}$	≥ 1915 (1984), ≥ 4098 (1989)
6	$> 10^{19}$	$> 1,29 \cdot 10^{865}$
7	$> 10^{23}$	keine realistische Abschätzung mehr möglich

Wie ebenfalls aus Tabelle 18.2 ersichtlich wird, fand man im Jahr 1984 einen Biber mit 5 Zuständen, der 1915 Striche schreibt. Dieser Rekord wurde 1989 mit 4098 Strichen gebrochen. Ob dies der fleißigste Biber mit 5 Zuständen ist, konnte bisher nicht bewiesen werden. Erst recht nicht bekannt sind die Funktionswerte der Funktion $\Sigma(n)$ für $n > 5$.

Komplexitätstheorie

19

ÜBERBLICK

Lösungen

19.1 Rätsel: Falsche Uhrzeit, Kalenderrechnen und mehr

1. *Falsche Uhrzeit*: Herr Pünktlich hatte an einem Samstag um 12.00 Uhr eine Uhr nach dem Zeitzeichen des Radios eingestellt. Er bemerkte am folgenden Sonntag um 12.00 Uhr beim Zeitzeichen des Radios, dass seine Uhr genau um 6 Minuten nachging, vergaß jedoch, seine Uhr richtig zu stellen. Am folgenden Montag früh wollte er genau um 8.00 Uhr das Haus verlassen. Welche Zeit musste seine Uhr genau zu diesem Zeitpunkt anzeigen?
2. *Beim Bäcker*: Eine Frau kauft die Hälfte aller Brote und ein halbes Brot, die zweite Frau die Hälfte aller restlichen Brote und ein halbes, die letzte Frau die Hälfte der nunmehr restlichen Brote und ein halbes Brot. Jetzt sind alle Brote verkauft. Wie viele Brote hat der Bäcker an die drei Frauen verkauft?
3. *Kalenderrechnen*: Angenommen, der 1. Januar des Jahres 1600 war ein Montag gewesen. Was für ein Wochentag müsste dann der 1. Januar des Jahres 2000 sein?
4. *Schneller Stempel*: Ein automatischer Stempel druckt in jeder Sekunde eine Nummer. Er beginnt mit 0 und fährt mit den aufeinanderfolgenden Zahlen 1, 2, 3, ... fort. Wie oft druckt dieser Stempel die Ziffer 1 in der ersten Viertelstunde?

19.2 Die Klasse P für praktisch lösbare Probleme

Man unterscheidet verschiedene Klassen von Problemen, die hier und in den nächsten Abschnitten vorgestellt werden. Während am Ende des vorherigen Kapitels Probleme vorgestellt wurden, die mit Computern überhaupt nicht lösbar sind, werden hier nun Aufgabenstellungen erörtert, die *praktisch unlösbar* sind. Hierbei handelt es sich um Probleme, deren Lösung bedingt durch praktische Grenzen niemals möglich sein wird. Solche Probleme sind zwar algorithmisch lösbar, aber der Aufwand an Betriebsmitteln (Zeit und Speicherplatz) wächst mit der Problemgröße so stark, dass er jedes vernünftige Maß übersteigt.

Ein Problem, das berechenbar ist, kann mit einem Rechner gelöst werden, allerdings nur dann, wenn die vorhandenen Ressourcen ausreichen. Ein zwar berechenbares Problem ist z. B. nicht lösbar, wenn man mehr Speicherplätze benötigt, als das Universum Atome hat oder aber die Lösung zu dem Problem auch auf den schnellsten Rechnern erst in ein paar Milliarden Jahren geliefert wird.

Als *praktikabel (praktisch lösbar)* gelten alle Algorithmen, die höchstens polynomialen Aufwand erfordern. Diese Art von Problemen gehören zur Klasse *P* (*Polynomial time solvable*). Zu dieser Klasse gehören z. B.:

- Schnelles Potenzieren nach Legendre mit $O(\log n)$
- Sequenzielle Suche mit $O(n)$
- Sortieralgorithmen mit $O(n \log n)$
- Primzahlensieb des Eratosthenes mit $O(n^2)$
- Klassische Matrizenmultiplikation mit $O(n^3)$

Ein Algorithmus, der z. B. zur Komplexitätsklasse $O(2^n)$ gehört, wächst nicht polynomial, sondern exponentiell und gehört somit nicht zur Klasse *P*.

Für die in der Zukunft möglicherweise realisierbaren Quantencomputer wird vorhergesagt, dass sie manche heute praktisch unlösbaren Probleme in erheblich kürzeren Zeiten lösen können. Dabei werden neue spezielle Algorithmen in Betracht gezogen, die anstelle eines bisher exponentiellen dann nur einen polynomialen Aufwand erfordern. Da solche Algorithmen bisher aber nur für sehr spezielle Probleme erwartet werden, wird dies höchstwahrscheinlich kaum grundsätzliche Auswirkungen auf die folgenden Ausführungen haben.

Letztlich können jedoch, nach dem derzeitigen Stand der Forschung, keine endgültigen Aussagen über die praktische Realisierbarkeit von Quantencomputern und die damit lösbaren Probleme gemacht werden. Genauso wenig ist bekannt, ob ebenfalls in der Erforschung befindliche DNA-Computer, die mit Desoxyribonukleinsäure-Molekülen höchst parallel arbeiten sollen, jemals eine praktische Bedeutung zur Lösung von bisher unlösbaren Problemen erhalten werden.

19.3 Nichtdeterminismus und die Klasse NP

Als *impraktikabel (praktisch undurchführbar)* gelten die Algorithmen mit mindestens exponentiellem Aufwand. Obwohl sich die Klassen der praktikablen und impraktikablen Probleme wohl unterscheiden lassen, ist es nicht immer einfach, gewisse Probleme in die eine oder andere Klasse einzuordnen. Es gibt nämlich eine sehr interessante Problemklasse, die eine Art *Zwischenstellung* einnimmt, nämlich die Klasse *NP* (*Nondeterministic Polynomial time solvable*) mit *nichtdeterministischen Algorithmen*. Die Probleme dieser Klasse haben die merkwürdige Eigenschaft, dass es sehr schwer ist, eine Lösung zu finden. Hat man aber einmal einen Lösungskandidaten gefunden, lässt sich leicht (mit höchstens polynomialem Aufwand) feststellen, ob dieser das Problem tatsächlich löst, weshalb das *P* in der Bezeichnung dieser Klasse aufgenommen wurde.

Für die Probleme der NP-Klasse kennt man bis heute nur Algorithmen mit mindestens exponentieller Komplexität.

19.3.1 Das SAT-Problem als erstes NP-Problem

Das SAT-Problem (*satisfiability problem*) wird im Deutschen auch als *Erfüllbarkeitsproblem* bezeichnet:

> *Beim Erfüllbarkeitsproblem stellt sich zu einem gegebenen booleschen Ausdruck die Frage, ob eine Belegung der Variablen des Ausdrucks mit Werten* true *und* false *existiert, so dass der Ausdruck den Wert* true *annimmt.*

- Für den booleschen Ausdruck $(\overline{a}+b)\cdot(a+\overline{b}+\overline{c})\cdot\overline{c}$ liefert z. B. die Belegung $a = false$, $b = true$ und $c = false$ den Wert *true*. Dieser Ausdruck ist also erfüllbar.
- Der boolesche Ausdruck $a \cdot (\overline{a} + b) \cdot (\overline{b} + \overline{c}) \cdot c$ dagegen ist nicht erfüllbar, da er für jede mögliche Variablenbelegung den Wert *false* liefert.

Ein Algorithmus, der alle Kombinationen von Belegungen überprüft, um festzustellen, ob der Ausdruck erfüllbar ist, benötigt größenordnungsmäßig $O(2^n)$ Schritte, wobei n gleich der Zahl von Variablen des Ausdrucks ist.

Für das Verständnis von NP-Problemen ist das Erfüllbarkeitsproblem von großer Bedeutung, denn dieses Problem war das erste Problem, das als *NP* (oder noch genauer *NP-vollständig*) nachgewiesen werden konnte. Auf *NP-vollständig* wird später in diesem Kapitel noch genauer eingegangen. Bis heute ist kein Algorithmus bekannt, der dieses Problem in Polynomialzeit löst, und man weiß auch nicht, ob solch ein Algorithmus überhaupt existiert. Jeder bekannte Algorithmus hat exponentielle Komplexität, was bedeutet, dass dieses Problem nicht *effizient* (bzw. *praktikabel*) lösbar ist, da kein Rechner für sehr große Werte von n eine Lösung in einer annehmbaren Zeit finden kann. Nehmen wir an, dass ein Rechner in einer Sekunde 1 Million (10^6) Schritte durchführen kann, benötigt er abhängig von n die folgenden Zeiten:

$n = 20$: ~ 1 Sekunde	$n = 30$: ~ 18 Minuten	$n = 40$: ~ 12 Tage
$n = 50$: ~ 35 Jahre	$n = 60$: ~ 36 558 Jahre	$n = 100$: ~ 40 196 936 841 331 475 Jahre

19.3.2 Reduzierung auf ja/nein-Probleme mit zugehörigen Sprachen

Viele Probleme – wie z. B. auch das SAT-Problem – lassen sich auf ja/nein-Probleme, also auf *Entscheidungsprobleme* zurückführen. Sucht man z. B. eine Belegung der Variablen $x_1, x_2, \ldots, x_n$, zu der ein boolescher Ausdruck $f(x_1, x_2, \ldots, x_n)$ *true* liefert, kann man fragen, ob es eine Belegung von $x_2, \ldots, x_n$ gibt, für die der boolesche Ausdruck $f(1, x_2, \ldots, x_n)$ *true* liefert. Findet man eine solche Belegung, kann man $x_1 = 1$ setzen, ansonsten fährt man mit $f(0, x_2, \ldots, x_n)$ fort. So reduziert man das Problem eine Belegung zu finden auf die Frage, ob eine Lösung existiert, und man hat ein ja/nein-Problem.

Um Entscheidungsprobleme wie ja/nein-Probleme untersuchen zu können, muss man sie formalisieren, indem man sie in Fragestellungen über Sprachen überträgt. Für eine Klasse von Problemen legt man dazu eine Kodierung durch ein Alphabet Σ fest, so dass jedes Problem zu einem Wort $w \in \Sigma^*$ wird. Die Menge aller lösbaren Probleme ist dann eine Teilmenge, also eine Sprache $L \subseteq \Sigma^*$. Die Frage, ob ein Problem lösbar ist, entspricht dann der Frage, ob das entsprechende Wort w in der Sprache L aller lösbaren Probleme enthalten ist. Das SAT-Problem kann man z. B. als Wörter zum Alphabet $\Sigma = \{x, 0, 1, \cdot, +, \overline{x\ldots}, (,)\}$ kodieren, wobei die einzelnen Variablennamen mit x, xx, xxx, ... dargestellt werden. Der Algorithmus zur Lösung des SAT-Problems ist somit lediglich ein Entscheidungsalgorithmus zu $SAT \subseteq \Sigma^*$.

Statt des Satzes „Der Algorithmus löst das Erfüllbarkeitsproblem“ kann man nun sagen „Der Algorithmus akzeptiert die Sprache *SAT*“.

19.3.3 Nichtdeterminismus

Bei genauerer Betrachtung des SAT-Problems stellt man fest, dass die Hauptursache für die hohe Laufzeit des Algorithmus die große Zahl möglicher Lösungskandidaten ist, nämlich 2^n verschiedene Variablenbelegungen mit *true* oder *false*, was im Übrigen für alle Probleme der Klasse NP zutrifft. Die Überprüfung eines einzelnen Kandidaten erfolgt dagegen sehr schnell. Hier führt man nun *nichtdeterministische Algorithmen* ein, indem man die entsprechende Programmiersprache um ein weiteres Sprachkonstrukt $(anw_1 | anw_2 | \ldots | anw_n)$ erweitert. Dieses neue Sprachkonstrukt bedeutet, dass der Rechner nichtdeterministisch entweder die Anweisung anw_1 oder die Anweisung anw_2 oder ... oder die Anweisung anw_n ausführen kann. Dies bedeutet zunächst, dass bei jedem Start des Programms zufallsabhängig an dieser Stelle eventuell eine andere Anweisung ausgeführt wird. Abbildung 19.1 zeigt den Berechnungsbaum für drei Variablen. Das Setzen einer Variablen auf *false* oder *true* wird dabei dadurch symbolisiert, dass man auf der zur jeweiligen Variablen gehörenden Stufe des Baums nach links bzw. nach rechts verzweigt. Die Höhe des Baums ist dabei zugleich die Komplexität des Algorithmus $O(n)$.

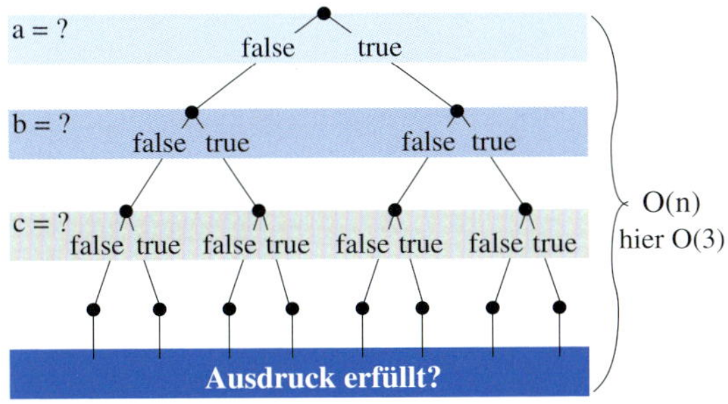

Abbildung 19.1: Berechnungsbaum eines nichtdeterministischen Algorithmus zu SAT

Das SAT-Problem ließe sich nun z. B. in polynomialer Zeit $O(n)$ bei n verschiedenen Variablen lösen, wenn man

- 2^n Parallelrechner einsetzt, wobei jeder dieser Rechner für einen Pfad des Berechnungsbaums zuständig ist, oder
- ein Rechner an jedem Knotenpunkt mit „hellseherischer Fähigkeit" immer den richtigen Pfad bei den zwei Möglichkeiten auswählen würde.

19.3.4 Die Klasse NP

Neben der Klasse *P (Menge aller Sprachen (Probleme), die ein deterministischer Algorithmus mit polynomialer Komplexität akzeptiert (löst))* existiert nun also noch die Klasse NP:

> *Klasse NP ist die Menge aller Sprachen (Probleme), die ein nichtdeterministischer Algorithmus mit polynomialer Komplexität akzeptiert (löst).*

Nichtdeterministische Algorithmen dienen als Klassifizierungshilfe in der Informatik, um eine wichtige Klasse von algorithmisch lösbaren Problemen zu charakterisieren. Sie werden unter anderem deshalb verwendet, weil sie sich leicht als korrekt beweisen lassen. Hat man von einem nichtdeterministischen Algorithmus bewiesen, dass er ein Problem löst, dann ist dies auch mit jedem deterministischen Algorithmus möglich. Den entsprechenden deterministischen Algorithmus erhält man dann dadurch, dass man die willkürliche Auswahl im nichtdeterministischen jeweils durch feste Entscheidungen ersetzt, da $P \subseteq NP$ gilt. Solche schweren Probleme wie z. B. das SAT-Problem lassen sich nun in zwei Phasen lösen:

- *Guess-Phase* (*Rate-Phase*) in nichtdeterministisch polynomialer Zeit t_n und
- *Check-Phase* (*Prüf-Phase*) in deterministisch polynomialer Zeit t_d. Diese Phase ist von jedem der parallelen Prozessoren durchzuführen.

Der folgende deterministische Algorithmus akzeptiert Wörter aus der Sprache $L = \{xx^R | x \in \{0,1\}*\}$, wobei x^R das Spiegelbild zu x ist. L enthält also alle 0-1-Folgen, wobei die zweite Hälfte der Folge das Spiegelbild der ersten ist. Der Algorithmus gibt „ja“ aus, wenn das Eingabewort w aus L ist, und sonst „nein“. Dieser Algorithmus, der die Komplexität $O(|w|)$ mit $|w|$ gleich der Wortlänge hat, speichert die gesamte Eingabe in einem Array und vergleicht dann die einzelnen Ziffern von x und x^R.

```
n = 0, i = 1, ja = 1, ende = 0;
 while (!ende) {
    n++;
    ende = (folge[n] = getchar()) == '\n';
 }
 n--; /* wegen \n */
 if (n%2 == 0) {
    while (i <= n/2 && ja) {
       ja = folge[i] == folge[n+1-i];
       i++;
    }
 } else
    ja = 0;
 Ausgabe: "ja", wenn ja==1, sonst "nein"
```

Da $P \subseteq NP$ gilt, kann man auch einen nichtdeterministischen Algorithmus zu dieser Aufgabenstellung angeben. Weil der deterministische Algorithmus beim Einlesen nicht feststellen kann, wo die Mitte des Eingabeworts liegt, also wo x endet und x^R beginnt, muss er die gesamte Eingabe abspeichern.

Der folgende nichtdeterministische Algorithmus „rät“ stattdessen die Mitte von w, speichert nur w in seinem Array ab und vergleicht dann beim weiteren Einlesen die gelesenen Zeichen rückwärts mit den im Array gespeicherten Zeichen. Deshalb hat dieser nichtdeterministische Algorithmus nur eine höchstens halb so große Laufzeit (einmaliges statt zweimaliges Lesen der Eingabe) und einen höchstens halb so großen Speicherbedarf. Trotzdem hat er weiterhin die gleiche Komplexität $O(n)$. Dieser nichtdeterministische Algorithmus kann allerdings nur die Antworten „ja“ oder „weiss nicht“ ausgeben:

```
n = 0, ja = 1, mitte = 0, ende = 0;
 while (!ende && !mitte) {
    n++;
    ende = (folge[n] = getchar()) == '\n';
    mitte = rand() % 10; /* Einfach zufaellig Mitte festlegen */
 }
 while (n >= 1 && ja && !ende) {
    ende = (ziffer = getchar()) == '\n';
    ja = ziffer == folge[n];
    n--;
 }
 Ausgabe: "ja", wenn ja==1 && n==0 && Eingabeende, sonst "weiss nicht"
```

19.4 Der Satz von Cook und NP-Vollständigkeit

Von *Stephen E. Cook* stammt der folgende Satz, den er auch bewiesen hat:

Jedes Problem in NP lässt sich polynomial auf das SAT-Problem zurückführen.

Nachfolgend werden dazu einige Beispiele vorgestellt.

19.4.1 Das Dreifarbenproblem als Spezialfall des SAT-Problems

Das *Dreifarbenproblem (3COLOR-Problem)* lautet:

Kann ein gegebener Graph mit höchstens n Farben gefärbt werden, so dass alle benachbarten Knoten unterschiedliche Farben besitzen?

Abbildung 19.2 zeigt zwei mögliche Färbungen mit den zugehörigen Graphen und einen Graphen, der nicht dreifärbbar ist.

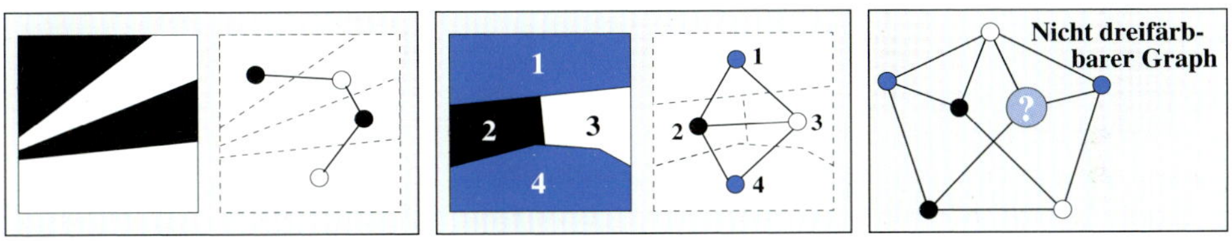

Abbildung 19.2: Das Dreifarbenproblem (3COLOR-Problem)

Für $n = 2$ ist das Dreifarbenproblem leicht lösbar, denn ein Graph kann nur dann mit zwei Farben gefärbt werden, wenn er keinen Kreis mit einer ungeraden Anzahl von Knoten enthält. Dies lässt sich in linearer Zeit feststellen.

Für $n = 3$ liegt das Dreifarbenproblem vor, das zur Klasse NP gehört. Nachfolgend wird nun gezeigt, dass sich das Dreifarbenproblem auf das SAT-Problem zurückführen lässt. Dies wird anhand des mittleren Graphen in Abbildung 19.2 gezeigt. Die Fragestellung ist dabei, ob sich die Flächen bzw. Knoten 1, 2, 3 und 4 mit drei Farben schwarz, weiß und blau so färben lassen, dass keine zwei benachbarten Flächen bzw. Knoten die gleiche Farbe haben. Dazu ordnen wir den Knoten des Graphen zunächst die folgenden booleschen Variablen zu:

$$\begin{aligned} s_i &= \text{Knoten } i \text{ ist schwarz}\,, \\ w_i &= \text{Knoten } i \text{ ist weiß}\,, \\ b_i &= \text{Knoten } i \text{ ist blau}\,. \end{aligned}$$

Eine erlaubte Färbung ist dann gefunden, wenn jede der drei folgenden Bedingungen erfüllt ist:

- *Jeder Knoten hat eine Farbe*

$$a_1 \quad = \quad (s_1 + w_1 + b_1) \cdot (s_2 + w_2 + b_2) \cdot (s_3 + w_3 + b_3) \cdot (s_4 + w_4 + b_4)$$

- *Kein Knoten hat zwei Farben*

$$
\begin{aligned}
a_2 \quad = \quad & (\overline{s_1} + \overline{w_1}) \cdot (\overline{s_1} + \overline{b_1}) \cdot (\overline{w_1} + \overline{b_1}) \cdot \\
& (\overline{s_2} + \overline{w_2}) \cdot (\overline{s_2} + \overline{b_2}) \cdot (\overline{w_2} + \overline{b_2}) \cdot \\
& (\overline{s_3} + \overline{w_3}) \cdot (\overline{s_3} + \overline{b_3}) \cdot (\overline{w_3} + \overline{b_3}) \cdot \\
& (\overline{s_4} + \overline{w_4}) \cdot (\overline{s_4} + \overline{b_4}) \cdot (\overline{w_4} + \overline{b_4})
\end{aligned}
$$

- *Je zwei benachbarte Knoten haben verschiedene Farben*
  Dazu werden den Kanten des Graphen entsprechende Paare (1,2), (1,3), (2,3), (2,4) und (3,4) zugeordnet:

$$
\begin{aligned}
a_3 \quad = \quad & (\overline{s_1} + \overline{s_2}) \cdot (\overline{w_1} + \overline{w_2}) \cdot (\overline{b_1} + \overline{b_2}) \cdot && = \text{Kante } (1,2) \\
& (\overline{s_1} + \overline{s_3}) \cdot (\overline{w_1} + \overline{w_3}) \cdot (\overline{b_1} + \overline{b_3}) \cdot && = \text{Kante } (1,3) \\
& (\overline{s_2} + \overline{s_3}) \cdot (\overline{w_2} + \overline{w_3}) \cdot (\overline{b_2} + \overline{b_3}) \cdot && = \text{Kante } (2,3) \\
& (\overline{s_2} + \overline{s_4}) \cdot (\overline{w_2} + \overline{w_4}) \cdot (\overline{b_2} + \overline{b_4}) \cdot && = \text{Kante } (2,4) \\
& (\overline{s_3} + \overline{s_4}) \cdot (\overline{w_3} + \overline{w_4}) \cdot (\overline{b_3} + \overline{b_4}) && = \text{Kante } (3,4)
\end{aligned}
$$

Die Konjunktion $a = a_1 \cdot a_2 \cdot a_3$ ist nun der entsprechende boolesche Ausdruck zum Graphen. Wird zu diesem booleschen Ausdruck eine Belegung gefunden, so dass er *true* liefert, ist eine Färbung (mit dieser Belegung) möglich. Damit wurde das Dreifarbenproblem auf das SAT-Problem zurückgeführt.

Dies bedeutet nun, dass die *Aussagenlogik eine universelle Sprache zur Problembeschreibung* ist. Da sich folglich dann alle Probleme aus der Klasse NP mit Hilfe der Aussagenlogik formulieren lassen, müsste man also nur einen effizienten Lösungsalgorithmus für das SAT-Problem finden, und könnte damit dann alle Probleme der Klasse NP effizient lösen. Leider wurde bis heute kein solcher Algorithmus gefunden.

19.4.2 NP-Vollständigkeit

Das SAT-Problem ist eines der schwierigsten Probleme in der Klasse *NP*. Allerdings ist es nicht das einzige Problem mit dieser Eigenschaft, sondern es gibt eine Vielzahl von ähnlich schwierigen Problemen, weshalb man in der Klasse *NP* noch eine eigene Unterklasse *NP-vollständig* eingeführt hat:

> *Ein Problem p heißt* ***NP-vollständig****, wenn das SAT-Problem auf p zurückführbar ist. Die Klasse der NP-vollständigen Probleme wird mit* ***NPC*** *(C für complete) bezeichnet.*

Es gilt nun Folgendes:

1. *Jedes NPC-Problem ist mindestens so schwierig wie das SAT-Problem.*
2. Andererseits besagt der Satz von Cook, dass sich jedes Problem aus der Klasse *NP* auf das SAT-Problem zurückführen lässt, was bedeutet, dass *jedes Problem der Klasse NP höchstens so schwierig wie das SAT-Problem ist.*
3. Schließlich gilt: *Die Probleme aus der Klasse NPC sind alle gleich schwierig.*

19.4.3 P = NP?

Nachdem Cook die Rückführbarkeit jedes NP-Problems auf das SAT-Problem und dieses damit als *NP-vollständig* nachgewiesen hatte, waren bereits im Jahr darauf über 20 *NP-vollständige* Probleme bekannt. Heute kennt man mehrere Tausend von *NP-vollständigen* Problemen. Könnte man nur für ein einziges Problem aus der Klasse *NPC* nachweisen, dass es in der Klasse *P* liegt, also mit polynomialem Aufwand lösbar ist, dann wären die Problemklassen *P* und *NP* gleich, weswegen die folgende Beziehung

$$P = NP\,?$$

bis heute eines der größten ungelösten Rätsel der Informatik ist. Es spricht zwar viel dafür, dass $P \neq NP$ gilt, aber das konnte bis jetzt noch nicht bewiesen werden. Da die deterministischen Algorithmen ein Spezialfall der nichtdeterministischen sind, gilt sicher: $P \subseteq NP$ (siehe Abbildung 19.3).

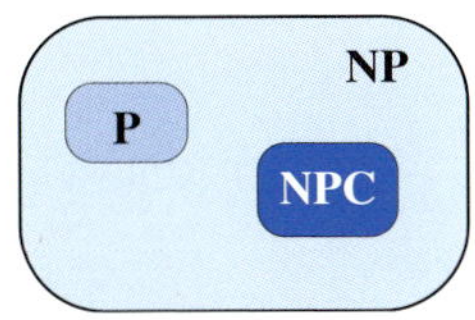

Abbildung 19.3: P = NP?

Nachfolgend werden noch einige weitere NP-vollständige Probleme kurz vorgestellt.

19.4.4 Das 3SAT-Problem

Das hier vorgestellte 3SAT-Problem ist ebenfalls NP-vollständig, da es ein Spezialfall vom SAT-Problem ist. Zum Nachweis dieser Behauptung reicht eine Reduktion von SAT auf 3SAT, die sich mit polynomialem Aufwand durchführen lässt. Eine solche polynomiale Reduktion drückt man wie folgt aus:

$$SAT \leq_P 3SAT$$

Anders als beim SAT-Problem sind beim 3SAT-Problem im entsprechenden booleschen Ausdruck nur Klauseln (OR-Audrücke) mit maximal 3 Literalen (Variablen) erlaubt, was man auch als 3KNF bezeichnet.

Um nun eine SAT-Formel *F* auf eine 3SAT-Formel *F′* zu reduzieren, geht man wie folgt vor:

1. *Anwenden der de Morgan'schen Regeln und Entfernen doppelter Negation* $\overline{\overline{x}} = x$.
   Hat man z. B. den booleschen SAT-Ausdruck $F = \overline{x_1\overline{x_2} + x_3x_4}$, so lässt sich dieser – wie links in Abbildung 19.4 gezeigt – in $(\overline{x_1} + x_2) \cdot (\overline{x_3} + \overline{x_4})$ umformen.

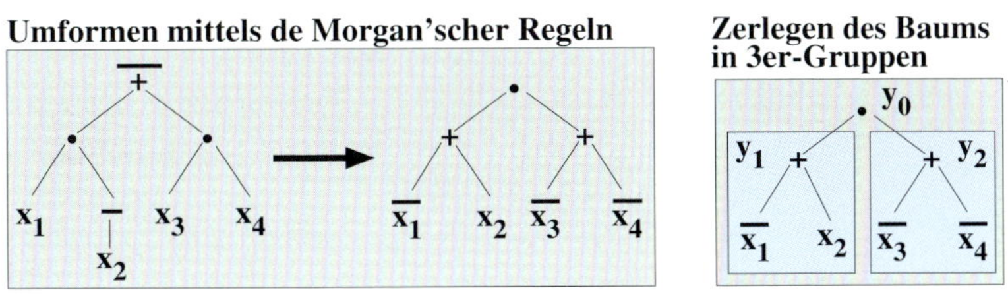

Abbildung 19.4: Die ersten beiden Schritte beim Umformen einer SAT- in eine 3SAT-Formel

2. *Zerlegen des Baums in 3er-Gruppen*, wie es rechts in Abbildung 19.4 gezeigt ist.

   Es gilt nun: $y_0 \Longleftrightarrow (y_1 \cdot y_2)$, $y_1 \Longleftrightarrow (\overline{x1} + x_2)$, $y_2 \Longleftrightarrow (\overline{x_3} + \overline{x_4})$ und die gesuchte Formel ist dann die Konjunktion von y_0 und diesen Formeln, also hier

$$F' = y_0 \cdot (y_0 \Longleftrightarrow y_1 \cdot y_2) \cdot (y_1 \Longleftrightarrow \overline{x1} + x_2) \cdot (y_2 \Longleftrightarrow \overline{x_3} + \overline{x_4})$$

3. *Umformen in 3KNF unter Anwendung der beiden folgenden Formeln*:

$$a \Longleftrightarrow (b \cdot c) \quad \rightarrow (\overline{a} + b) \cdot (\overline{a} + c) \cdot (a + \overline{b} + \overline{c})$$
$$a \Longleftrightarrow (b + c) \quad \rightarrow (a + \overline{b}) \cdot (\overline{a} + b + c) \cdot (a + \overline{c})$$

   Hier erhalten wir somit:

$$\begin{aligned} F' = y_0 \cdot\, & (\overline{y_0} + y_1) \cdot (\overline{y_0} + y_2) \cdot (y_0 + \overline{y_1} + \overline{y_2}) \cdot \\ & (y_1 + x_1) \cdot (\overline{y_1} + \overline{x_1} + x_2) \cdot (y_1 + \overline{x_2}) \cdot \\ & (y_2 + x_3) \cdot (\overline{y_2} + \overline{x_3} + \overline{x_4}) \cdot (y_2 + x_4) \end{aligned}$$

Mit diesem hier gezeigten Verfahren lässt sich jeder SAT-Ausdruck mit polynomialem Aufwand auf einen 3SAT-Ausdruck reduzieren, und es gilt somit:

$$SAT \leq_P 3SAT\,.$$

19.4.5 Das Cliquenproblem

Ein Beispiel aus der Graphentheorie ist das so genannte *Cliquenproblem (CLIQUE-Problem)*:

> *In einem Graphen bezeichnet man eine Teilmenge von Knoten als Clique, wenn je zwei Elemente aus dieser Teilmenge durch eine Kante verbunden sind. Nimmt man z. B. als Knotenmenge alle Besucher des Oktoberfests an einem Abend, so besteht eine Clique aus einer Gruppe von Personen, von denen jede die anderen Personen kennt. Das Cliquenproblem besteht nun darin, dass man hier die Clique mit den meisten Personen findet.*

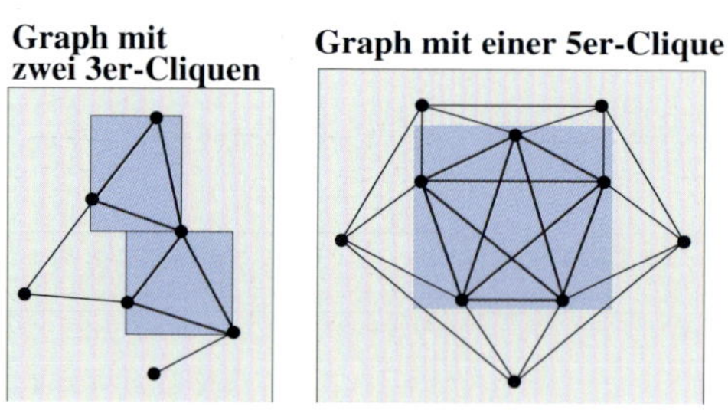

Abbildung 19.5: Das Cliquenproblem

Abbildung 19.5 verdeutlicht dieses Cliquenproblem nochmals.

Das Cliquenproblem ist ebenfalls NP-vollständig, da es ein Spezialfall vom 3SAT-Problem ist. Zum Nachweis dieser Behauptung reicht eine Reduktion von 3SAT auf CLIQUE, die sich mit polynomialem Aufwand durchführen lässt. Eine solche polynomiale Reduktion drückt man wieder wie folgt aus: $3SAT \leq_P CLIQUE$.

Um das 3SAT auf das Cliquenproblem zu reduzieren, geht man wie folgt vor:

Sei F eine 3SAT-Formel mit Klauseln (Disjunktionen) wie die folgende: $F = (z_{11} + z_{12} + z_{13}) \cdot \ldots \cdot (z_{m1} + z_{m2} + z_{m3})$, mit $z_{ij} \in \{x_1, x_2, \ldots, x_n, \overline{x_1}, \overline{x_2}, \ldots, \overline{x_n}\}$ dann transformiert diese Formel in einen entsprechenden Graphen $G = (V, E)$ (V=Knoten und E=Kanten) von CLIQUE wie folgt:

$$V = \{(1,1), (1,2), (1,3), \ldots, (m,1), (m,2), (m,3)\} = 3 \cdot m \,\text{Knoten}$$
$$E = \{\{(i,j), (p,q)\} | i \neq p, z_{ij} \neq \overline{z_{pq}}\}$$

Die Formel zu E besagt, dass zwei Knoten (i,j) und (p,q) miteinander verbunden sind, wenn sie

- in verschiedenen Klauseln (Disjunktionen) vorkommen $i \neq p$, und
- nicht komplementär sind $z_{ij} \neq \overline{z_{pq}}$.

Abbildung 19.6 zeigt den Graphen zum Ausdruck $(a + b + \overline{c}) \cdot (\overline{a} + c) \cdot (\overline{a} + \overline{b})$.

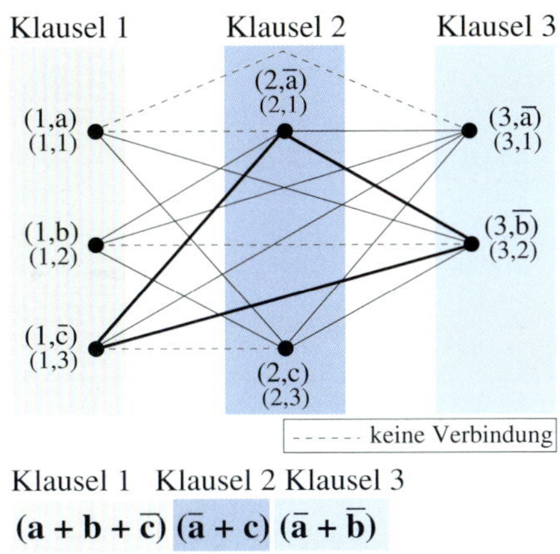

Abbildung 19.6: Graph zum Ausdruck $(a + b + \overline{c}) \cdot (\overline{a} + c) \cdot (\overline{a} + \overline{b})$

Die Funktion F ist erfüllbar durch eine Belegung B, wenn

- zwei Knoten verbunden sind (siehe vorher) und
- es in jeder Klausel ein Literal gibt, das bei Belegung B den Wert 1 hat.

Das begleitende Programm `clique.c` ermittelt Cliquen zu einem Ausdruck, der einzugeben ist, wie z. B.:

```
Gib Klauseln zeilenweise ein (Grossbuchstabe = Negation)
Anfangsbuchstaben vom Alphabet (Ende mit Leerzeilen):
AB
abd
aCD
[Return]
(1,A)--(2,b)--(3,C)--(1,A)
(1,A)--(2,b)--(3,D)--(1,A)
(1,A)--(2,d)--(3,C)--(1,A)
(1,B)--(2,a)--(3,a)--(1,B)
(1,B)--(2,a)--(3,C)--(1,B)
(1,B)--(2,a)--(3,D)--(1,B)
(1,B)--(2,d)--(3,a)--(1,B)
(1,B)--(2,d)--(3,C)--(1,B)
```

19.4.6 Das Rucksack- und Teilsummen-Problem

Das Rucksack-Problem

Beim *Rucksack-Problem (knapsack problem)* handelt es sich um eine Optimierungsaufgabe. Gegeben sind n Gegenstände unterschiedlicher Größen g_i mit unterschiedlichen Werten w_i und ein Rucksack mit einer begrenzten Größe g_{max}. Gesucht ist nun eine Füllung des Rucksacks, so dass der Gesamtwert der eingepackten Gegenstände maximal wird, jedoch die maximale Kapazität des Rucksacks nicht überschritten wird. In der Literatur wird das Rucksack-Problem oft durch einen Dieb veranschaulicht, der nur einen Teil der Beute in seinem Rucksack mitnehmen kann und nun versucht, einen maximalen Gewinn (Wert) dabei zu erreichen. Hat der Rucksack z. B. die Kapazität $K = 15$ und es sind folgende Gegenstände mit entsprechenden Werten vorhanden:

Gegenstand	a	b	c	d	e
Größe	3	4	7	8	9
Wert	4	5	10	11	13

dann könnte man z. B. fünf Mal den Gegenstand a in den Rucksack packen und hätte einen Gesamtwert von 20. Würde man dagegen die Gegenstände c und d in den Rucksack packen, hätte man einen Gesamtwert von 21. Der folgende Algorithmus zeigt eine mögliche Lösung zum Rucksack-Problem, wobei gilt:

- `max[k]`: größter Wert, der mit einem Rucksack der Kapazität k möglich ist,
- `optimal[k]`: letzter hinzugefügter Gegenstand, um `max[k]` zu erreichen.

```
for (i=0; i<N; i++) /* N = Anzahl unterschiedlicher Gegenstaende */
   for (k=0; k<=K; k++) /* K = Kapazitaet des Rucksacks */
      if (k >= g[i] && max[k] < max[k-g[i]] + w[i]) {
         max[k]     = max[k-g[i]] + w[i];
         optimal[k] = i;
      }
```

Dieser Algorithmus berechnet zuerst für alle Größen des Rucksacks (bis K) den maximalen Wert, wenn nur Gegenstände vom Typ a verwendet werden, und danach den maximalen Wert, wenn nur Gegenstände vom Typ a und b verwendet werden usw. Im kommerziellen Bereich existieren viele Aufgabenstellungen, die dem Rucksack-Problem entsprechen. So kann es z. B. für eine Spedition wichtig sein, einen LKW mit begrenzter Kapazität mit verschiedenen Gütern unterschiedlichen Werts so zu beladen, dass der Gewinn maximal wird. `max[k]` spielt dabei die zentrale Rolle. Hat man z. B. einen Gegenstand i zum Rucksack hinzugepackt, dann ist der beste erreichbare Gesamtwert $w[i] + max[k - g[i]]$ (Gegenstand i + Rest für die Füllung des Rucksacks). Sollte dieser Wert den besten Wert übersteigen, der ohne den Gegenstand i erreicht werden kann, werden `max[k]` und `optimal[k]` entsprechend aktualisiert.

Das begleitende Programm `rucksack.c` verdeutlicht diesen Algorithmus nochmals, indem es Folgendes ausgibt:

```
 0  1  2  3  4  5  6  7  8  9 10 11 12 13 14 15 : Rucksackgroesse
--------------------------------------------------------------------
 0  0  0  4  4  4  8  8  8 12 12 12 16 16 16 20 : maximal
 a  a  a  a  a  a  a  a  a  a  a  a  a  a  a  a : optimal
--------------------------------------------------------------------
 0  0  0  4  5  5  8  9 10 12 13 14 16 17 18 20 : maximal
 a  a  a  a  b  b  a  b  b  a  b  b  a  b  b  a : optimal
--------------------------------------------------------------------
 0  0  0  4  5  5  8 10 10 12 14 15 16 18 20 20 : maximal
 a  a  a  a  b  b  a  c  b  a  c  c  a  c  c  a : optimal
--------------------------------------------------------------------
 0  0  0  4  5  5  8 10 11 12 14 15 16 18 20 21 : maximal
 a  a  a  a  b  b  a  c  d  a  c  c  a  c  c  d : optimal
--------------------------------------------------------------------
 0  0  0  4  5  5  8 10 11 13 14 15 17 18 20 21 : maximal
 a  a  a  a  b  b  a  c  d  e  c  c  e  c  c  d : optimal
--------------------------------------------------------------------
     3: a,
     4: b,
     5: b,
     6: a, a,
     7: c,
     8: d,
     9: e,
    10: c, a,
    11: c, b,
    12: e, a,
    13: c, a, a,
    14: c, c,
    15: d, c,
```

Die beiden ersten *Maximal*- und *Optimal*-Zeilen zeigen die maximalen Gesamtwerte, wenn nur Gegenstände von Typ a verwendet werden. Die nächsten beiden *Maximal*- und *Optimal*-Zeilen zeigen die maximalen Gesamtwerte, wenn nur Gegenstände von Typ a und b verwendet werden usw. Der größte Wert, der z. B. mit einem Rucksack der Kapazität $K = 15$ erreicht werden kann, ist 21 (Gegenstand d und c) und der größte Wert bei einer Kapazität $K = 10$ ist 14 (Gegenstand c und a). Die obige Ausgabe zeigt auch die optimalen Füllungen des Rucksacks bei unterschiedlichen Kapazitäten. `optimal[K]` enthält dabei immer den zuletzt hinzugefügten Gegenstand, wie z. B. `optimal[15]` den Gegenstand d. Die zuvor hinzugefügten Gegenstände findet man dann, indem man zuerst „rückwärts" den Inhalt des optimalen Rucksacks `K-g[optimal[K]]` nimmt, also `max[K-g[optimal[K]]]`. Weitere Gegenstände findet man dann wiederum „rückwärts“, wie es der folgende Algorithmus zeigt:

```
n = K;
Ausgabe: optimal[n]+'a';
while (n > 0 && max[n−g[optimal[n]]] > 0) {
   n = n − g[optimal[n]];
   Ausgabe: optimal[n]+'a';
}
```

Zur Lösung des Rucksack-Problems wird für ganze Zahlen eine zu $N \cdot K$ proportionale Zeit benötigt.

Hier gilt allerdings bereits die Einschränkung, dass bei großem K die Laufzeit sehr stark ansteigt, wie es das begleitende Programm `rucksack2.c` verdeutlicht, das Gegenstände mit zufälligen Größen und Gewichten verwendet, wobei es deren Anzahl immer um das Zehnfache steigert:

```
    100:   0.000 Sek.
   1000:   0.060 Sek.
  10000:   5.720 Sek.
 100000: 579.430 Sek.
1000000: Nach 10 Stunden abgebrochen
```

Vollständig unbrauchbar wird der obige Algorithmus, wenn K und die Größen oder Werte z. B. reelle statt ganze Zahlen sind.

Das Teilsummen-Problem

Eine andere spezialisierte Version des Rucksack-Problems ist das *Teilsummen-Problem (SUBSUM): Gegeben seien n natürliche Zahlen $a_1, a_2, \ldots, a_n$ und eine natürliche Zahl b. Gibt es eine Teilmenge $I \in \{1, 2, \ldots, n\}$, so dass*

$$\sum_{i \in I} a_i = b$$

gilt, was bedeutet: Kann man die Zahl b als Summe gewisser Zahlen a_i erhalten?

Hat man z. B. folgende Zahlen $a_1 = 50$, $a_2 = 31$, $a_3 = 46$, $a_4 = 23$, $a_5 = 17$ und $b = 100$, kann man b als folgende Teilsumme darstellen: $b = a_2 + a_3 + a_4$. Für $b = 97$ existiert dagegen keine solche Teilsumme für die Zahlen a_i.

Teilsummen- und Rucksack-Problem sind *NP*-vollständig

Sowohl das Teilsummen- als auch das Rucksack-Problem gehört zur Klasse der *NP-vollständigen Probleme*. Zum Nachweis dieser Behauptung reduziert man zuerst SUBSUM auf RUCKSACK, indem man alle Gewichte auf 1 setzt, und dann reduziert man 3SAT auf SUBSUM. Diese polynomiale Reduktion erfolgt somit in zwei Schritten:

1. *SUBSUM* $\leq_P$ *RUCKSACK* (Spezialisierung)
2. 3*SAT* $\leq_P$ *SUBSUM*

Um das 3SAT- auf das Teilsummenproblem zu reduzieren, geht man wie folgt vor.

Sei F eine 3SAT-Formel mit Klauseln (Disjunktionen) wie z. B. die folgende: $F = (z_{11} + z_{12} + z_{13}) \cdot \ldots \cdot (z_{m1} + z_{m2} + z_{m3})$, mit $z_{ij} \in \{x_1, x_2, \ldots, x_n, \overline{x_1}, \overline{x_2}, \ldots, \overline{x_n}\}$. Man setzt nun den zu erzielenden Gewinn gleich:

$$q \quad = \quad \underbrace{44\ldots44}_{\text{m = Anzahl der Klauseln}} \qquad \underbrace{11\ldots11}_{\text{n = Anzahl der verschiedenen Literale } x_i}$$

Dann erstellt man folgende Zahlenkombinationen, die alle aus $m + n$ Dezimalziffern bestehen:

Objekt	$x_1 \; \ldots \; x_n$	$\overline{x_1} \; \ldots \; \overline{x_n}$	Hilfsobjekte	
Gewinn	$v_1 \; \ldots \; v_n$	$\overline{v_1} \; \ldots \; \overline{v_n}$	$c_1 \; \ldots \; c_m$	$d_1 \; \ldots \; d_m$

Die einzelnen Gewinne werden dabei wie folgt definiert:

- $b_{j,i}$ ist die Anzahl der Vorkommen von x_j in Klausel i und
- $\overline{b_{j,i}}$ ist die Anzahl der Vorkommen von $\overline{x_j}$ in Klausel i.

Hierbei gilt: $\overline{b_{j,i}}, b_{j,i} \in \{0, 1, 2, 3\}$. Nun lassen sich die einzelnen Gewinne wie folgt aufstellen:

						.				$12\ldots\ldots\ldots n$
v_j	$=$	$b_{j,1}$	$b_{j,2}$	$\ldots$	$b_{j,i-1}$	$b_{j,i}$	$b_{j,i+1}$	$\ldots$	$b_{j,m}$	$00\ldots010\ldots0$
$\overline{v_j}$	$=$	$\overline{b_{j,1}}$	$\overline{b_{j,2}}$	$\ldots$	$\overline{b_{j,i-1}}$	$\overline{b_{j,i}}$	$\overline{b_{j,i+1}}$	$\ldots$	$\overline{b_{j,m}}$	$00\ldots010\ldots0$
c_i	$=$	0	0	$\ldots$	0	1	0	$\ldots$	0	$00\ldots000\ldots0$
d_i	$=$	0	0	$\ldots$	0	2	0	$\ldots$	0	$00\ldots000\ldots0$

In v_j und $\overline{v_j}$ steht die „1" im hinteren Ziffernblock an der j-ten Position und in c_i bzw. d_i steht die Ziffer „1" bzw. „2" an der i-ten Position des ersten Ziffernblocks. Die Zahlen v_j, $\overline{v_j}$, c_i und d_i sind dabei so gewählt, dass beim Aufsummieren dieser Zahlen kein Übertrag entsteht.

Die Werte in c_i bzw. d_i dienen lediglich zum „Auffüllen", um die Ziffern „4" im ersten Zahlenblock von q zu erreichen. Diese Ziffer „4" kann jedoch nur erreicht werden, wenn wenigstens einer der Werte v_j mit $b_{j,i} \geq 1$ oder $\overline{v_j}$ mit $\overline{b_{j,i}} \geq 1$ an der Summe beteiligt ist. So wird sichergestellt, dass in jeder Lösung von SUBSET mindestens eine Variable x_j oder $\overline{x_j}$ enthalten ist.

Der zweite Block, bestehend aus n Spalten, stellt sicher, dass niemals gleichzeitig v_j und $\overline{v_j}$ zum Füllen eines Rucksacks verwendet werden, was ja ein Widerspruch wäre.

Die Funktion F ist nun erfüllbar durch eine Belegung B, wenn eine Kombination aus v_j, $\overline{v_j}$ und geeigneter c_i's und/oder d_i's gefunden wird, deren Summe gleich q ist.

Gegeben sei die Funktion $F = (x_1 + \overline{x_2} + x_3) \cdot (\overline{x_1} + x_2 + \overline{x_4}) \cdot (\overline{x_1} + \overline{x_3} + \overline{x_3})$.

Hier gilt nun: $m = 3$ Klauseln und $n = 4$ Literale (Variablen) $\rightarrow q = 444 \quad 1111$

$$\begin{array}{lcll|lcll}
v_1 & = & 100 & 1000 & \overline{v_1} & = & 011 & 1000 \\
v_2 & = & 010 & 0100 & \overline{v_2} & = & 100 & 0100 \\
v_3 & = & 100 & 0010 & \overline{v_3} & = & 002 & 0010 \\
v_4 & = & 000 & 0001 & \overline{v_4} & = & 010 & 0001 \\
\hline
c_1 & = & 100 & 0000 & d_1 & = & 200 & 0000 \\
c_2 & = & 010 & 0000 & d_2 & = & 020 & 0000 \\
c_3 & = & 001 & 0000 & d_3 & = & 002 & 0000
\end{array}$$

Der Gewinn lässt sich dann mit der Summe folgender Zahlenkombinationen erreichen:

$$\begin{array}{rcll}
v_1 & = & 100 & 1000 \\
+v_2 & = & 010 & 0100 \\
+\overline{v_3} & = & 002 & 0010 \\
+\overline{v_4} & = & 010 & 0001 \\
+c_1 & = & 100 & 0000 \\
+d_1 & = & 200 & 0000 \\
+d_2 & = & 020 & 0000 \\
+d_3 & = & 002 & 0000 \\
\hline
=q & = & 444 & 1111
\end{array}$$

Dies bedeutet, dass der Gewinn q bei $x_1 = x_2 = 1$ und bei $x_3 = x_4 = 0$ erreicht wird.

Gegeben sei die Funktion $F = (x_1 + x_2 + \overline{x_3}) \cdot (x_1 + \overline{x_2} + x_3) \cdot (x_1 + \overline{x_2} + \overline{x_3}) \cdot (\overline{x_1} + x_2 + x_3)$.

Hier gilt nun: $m = 4$ Klauseln und $n = 3$ Literale (Variablen) $\rightarrow q = 4444 \quad 111$

$$\begin{array}{lcll|lcll}
v_1 & = & 1100 & 100 & \overline{v_1} & = & 0011 & 100 \\
v_2 & = & 1001 & 010 & \overline{v_2} & = & 0110 & 010 \\
v_3 & = & 0101 & 001 & \overline{v_3} & = & 1010 & 001 \\
\hline
c_1 & = & 1000 & 000 & d_1 & = & 2000 & 000 \\
c_2 & = & 0100 & 000 & d_2 & = & 0200 & 000 \\
c_3 & = & 0010 & 000 & d_3 & = & 0020 & 000 \\
c_4 & = & 0001 & 000 & d_4 & = & 0002 & 000
\end{array}$$

Der Gewinn lässt sich mit der Summe folgender Zahlenkombinationen erreichen:

$$\begin{array}{rcll}
v_1 & = & 1100 & 100 \\
+v_2 & = & 1001 & 010 \\
+\overline{v_3} & = & 1010 & 001 \\
+c_1 & = & 1000 & 000 \\
+c_2 & = & 0100 & 000 \\
+d_2 & = & 0200 & 000 \\
+c_3 & = & 0010 & 000 \\
+d_3 & = & 0020 & 000 \\
+c_4 & = & 0001 & 000 \\
+d_4 & = & 0002 & 000 \\
\hline
=q & = & 4444 & 111
\end{array}$$

Dies bedeutet, dass der Gewinn q bei $x_1 = x_2 = 1$ und bei $x_3 = 0$ erreicht wird.

Das begleitende Programm `subsum.c` ermittelt die Lösung des Teilsummenproblems zu einem Ausdruck, der einzugeben ist, wie z. B.:

```
Gib Klauseln zeilenweise ein (Grossbuchstabe = Negation)
Anfangsbuchstaben vom Alphabet (Ende mit Leerzeilen):
abb
ABB
AAb
[Return]

v1 = 100 10     |    vQuer1 = 012 10
v2 = 201 01     |    vQuer2 = 020 01
-------------------------------------------------------
c1 = 100 00     |        d1 = 200 00
c2 = 010 00     |        d2 = 020 00
c3 = 001 00     |        d3 = 002 00

    v2 = 201 01 +
vQuer1 = 012 10 +
    c2 = 010 00 +
    c3 = 001 00 +
    d1 = 200 00 +
    d2 = 020 00
-------------------------
     q = 444 11

 b = 1
 a = 0
```

19.4.7 Das Hamilton-Problem

Im Jahre 1859 kam in London ein Geduldspiel auf den Markt, das vom irischen Mathematiker *W. R. Hamilton* erfunden worden war. Das Spiel verlangt das Finden eines Weges in einem Graphen (siehe auch links in Abbildung 19.7), so dass jeder Knoten genau einmal besucht wird, wobei man aus Sicht der Informatik unterscheiden kann zwischen

- *Hamilton-Weg (HP=hamilton path)*:
  jeder Knoten des Graphen kommt in *HP* genau einmal vor und
- *Hamilton-Kreis (HC=hamilton circuit)*:
  wie *HP*, nur dass man am Ende wieder auf den Anfangsknoten zurückkommt.

Das Hamilton-Problem ist NP-vollständig, da es auch ein Spezialfall vom 3SAT-Problem ist. Zum Nachweis dieser Behauptung reicht eine Reduktion von 3SAT auf das Hamilton-Problem, die sich mit polynomialem Aufwand durchführen lässt:

$$3SAT \leq_P HAMILTON$$

Um den Rahmen dieses Buches nicht zu sprengen, wird hier auf das Verfahren, wie diese Reduktion durchzuführen ist, verzichtet.

19.4.8 Das Problem des Handlungsreisenden

Beim so genannten *Rundreise-Problem* oder *Problem des Handlungsreisenden (Traveling Salesman Problem = TSP)* geht es darum, dass man eine Reihe von *n* Städten möglichst auf dem kürzesten Weg nacheinander besucht und wieder zum Ausgangsort zurückkehrt. Es darf dabei jedoch jeder Ort nur einmal und nicht mehrmals besucht werden, wie es rechts in Abbildung 19.7 gezeigt ist.

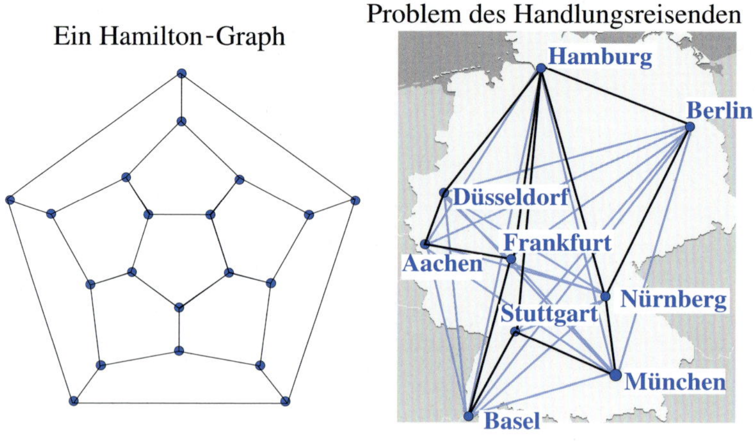

Abbildung 19.7: Ein Hamilton-Graph und das Problem des Handlungsreisenden

Das Problem des Handlungsreisenden ist *NP*-vollständig, da man alle möglichen Permutationen der Entfernungen zwischen Städten ausprobieren muss, um den kürzesten Rundreiseweg zu finden. Dass das Problem des Handlungsreisenden *NP*-vollständig ist, lässt sich durch eine Reduktion des Hamilton-Problems auf dieses TSP-Problem zeigen:

$$HAMILTON \leq_P TPC$$

Diese Reduktion wird nachfolgend unter Zuhilfenahme von Abbildung 19.8 veranschaulicht. Sei $G_{Ham} = (V, E)$ der zum Hamilton-Problem gehörige Graph. Nun lässt sich ein Graph $G_{TSP} = (V_{TSP}, E_{TSP})$ konstruieren, um zu zeigen, dass in G_{Ham} genau dann ein Hamilton-Kreis existiert, wenn es in G_{TSP} eine Rundreise mit durch n beschränkter Länge gibt, wobei n die Anzahl der Knoten von G_{Ham} ist. Es sei $V_{TSP} = V$ und E_{TSP} die Menge aller möglichen Kanten zwischen den Punkten V_{TSP}, wobei die Kanten E_{TSP} wie folgt gekennzeichnet werden: Ist k bereits eine Kante in G_{Ham}, erhält sie den Wert 1 und ansonsten den Wert 2.

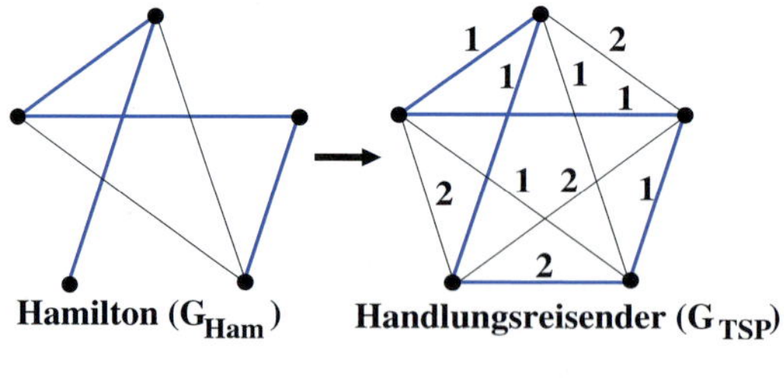

Abbildung 19.8: Reduktion des Hamilton-Problems auf das TSP-Problem

Ein Hamilton-Kreis in G_{Ham} entspricht dann direkt einer Rundreise in G_{TSP} mit der Gesamtlänge n.

Das begleitende Programm `tsp.c` füllt eine Entfernungsmatrix 10x10 mit zufälligen Werten, und findet dann mittels Backtracking (siehe auch Kapitel 8.9 auf Seite 464) den optimalen Rundreiseweg zwischen diesen Städten, wie z. B.:

```
    |  1 |  2 |  3 |  4 |  5 |  6 |  7 |  8 |  9 | 10 |
----+----+----+----+----+----+----+----+----+----+----+
  1 |  — | 59 | 49 | 64 | 79 | 28 | 62 | 14 | 79 | 77 |
  2 | 59 |  — | 59 | 84 | 78 | 97 | 72 | 88 | 84 | 18 |
  3 | 49 | 59 |  — | 45 | 66 | 38 | 32 | 40 | 48 | 92 |
  4 | 64 | 84 | 45 |  — | 10 | 26 | 81 | 37 | 82 | 83 |
  5 | 79 | 78 | 66 | 10 |  — | 84 | 93 | 32 | 48 | 72 |
  6 | 28 | 97 | 38 | 26 | 84 |  — | 12 | 63 | 39 | 43 |
  7 | 62 | 72 | 32 | 81 | 93 | 12 |  — | 40 | 88 | 27 |
  8 | 14 | 88 | 40 | 37 | 32 | 63 | 40 |  — | 71 | 47 |
  9 | 79 | 84 | 48 | 82 | 48 | 39 | 88 | 71 |  — | 90 |
 10 | 77 | 18 | 92 | 83 | 72 | 43 | 27 | 47 | 90 |  — |
----+----+----+----+----+----+----+----+----+----+----+
Laenge der optimalen Rundreise: 301
Staedte: 1    6    7    10    2    3    9    5    4    8    1
Entfern.   28   12   27    18   59   48   48   10   37   14
```

Das begleitende Programm `tsp2.c` füllt eine Entfernungsmatrix 100x100 mit zufälligen Werten, und versucht dann nacheinander den optimalen Rundreiseweg für die ersten fünf Städte, dann die ersten sechs Städte usw. zu finden. Es zählt dabei, wie oft es jeweils die rekursive Funktion zur Ermittlung des optimalen Wegs aufgerufen hat, um den optimalen Weg zu finden. Zudem stoppt es die benötigte Zeit, wie z. B.:

```
.......  5. Staedte:         51 Aufrufe (Zeit:   0.00 Sek.)
.......  6. Staedte:        208 Aufrufe (Zeit:   0.00 Sek.)
.......  7. Staedte:        569 Aufrufe (Zeit:   0.00 Sek.)
.......  8. Staedte:       2235 Aufrufe (Zeit:   0.00 Sek.)
.......  9. Staedte:       8211 Aufrufe (Zeit:   0.00 Sek.)
....... 10. Staedte:      24307 Aufrufe (Zeit:   0.02 Sek.)
....... 11. Staedte:     124119 Aufrufe (Zeit:   0.08 Sek.)
....... 12. Staedte:     298057 Aufrufe (Zeit:   0.23 Sek.)
....... 13. Staedte:    1269327 Aufrufe (Zeit:   1.10 Sek.)
....... 14. Staedte:    5696748 Aufrufe (Zeit:   5.48 Sek.)
....... 15. Staedte:   43692146 Aufrufe (Zeit:  46.80 Sek.)
....... 16. Staedte:  142020773 Aufrufe (Zeit: 164.95 Sek.)
....... 17. Staedte:  547441202 Aufrufe (Zeit: 687.06 Sek.)
Strg-C
```

An dieser Ausgabe ist sehr schön das exponentielle Wachstum bei diesem Algorithmus zum Rundreiseproblem zu erkennen. Für das Finden des optimalen Wegs z. B. zu 30 Städten würde dieses Programm bereits mehr Zeit benötigen als das Alter der Erde ist.

19.4.9 Hierarchie der NP-vollständigen Probleme

Abbildung 19.9 zeigt die Einordnung der hier vorgestellten NP-vollständigen Probleme, wobei $A \rightarrow B$ bedeutet, dass sich A auf B reduzieren lässt.

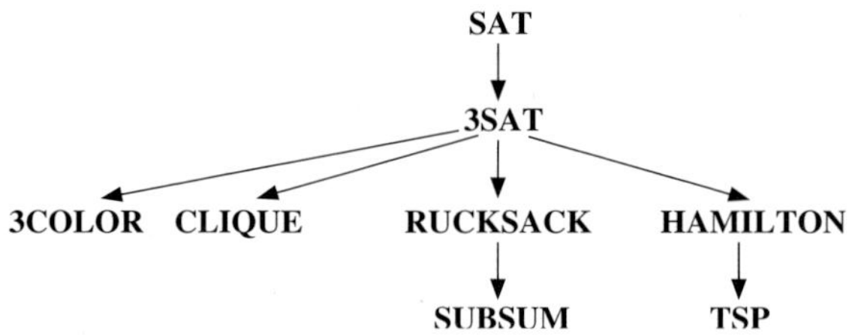

Abbildung 19.9: Hierarchie der NP-vollständigen Probleme

19.5 Approximationsalgorithmen

Wird ein Problem in der theoretischen Informatik als „NP-vollständig" klassifiziert, was „hoffnungslos schwierig" bedeutet, muss man deswegen noch nicht aufgeben, denn es gibt meist auch so genannte *Approximationsalgorithmen*, die das jeweilige Problem zwar nicht optimal lösen, aber zumindest in einer polynomialen Zeit eine akzeptable Lösung finden.

NP-vollständige Probleme lassen sich nun weiter in ihrer Komplexität unterteilen, je nachdem, wie gut sie sich approximativ lösen lassen. Das 3COLOR-Problem lässt sich z. B. nur sehr schlecht approximativ lösen, während sich andere Probleme wesentlich besser mittels *Approximationsalgorithmen* approximieren lassen.

Approximationsalgorithmus zum TSP-Problem

Nehmen wir als Beispiel das NP-vollständige TSP-Problem, was auch in der Praxis eine wichtige Rolle spielt, wie z. B. bei Routenplan-Programmen. Um hier eine optimale Lösung zu finden, müsste man bei n Städten

$$n! = 1 \cdot 2 \cdot 3 \cdot \ldots \cdot n$$

Permutationen der Zahlen $1, \ldots, n$ durchprobieren, da es ja genauso viele Rundreise-Möglichkeiten gibt. Zur Berechnung kann man hier die *Stirling'sche Formel* verwenden:

$$n! \approx \left(\frac{n}{e}\right)^n \cdot \sqrt{2\pi n}$$

Bei $n = 250$ Städten würde dies folgende Anzahl von Permutationen bedeuten:

$$250! \approx \left(\frac{250}{e}\right)^n \cdot \sqrt{500\pi} \approx 3{,}232 \cdot 10^{492}$$

Wenn man z. B. annimmt, dass ein Rechner 1 Billion Permutationen in einer Sekunde erzeugen könnte, würde das entsprechende Programm immer noch über 10^{475} Jahre zur Lösung benötigen.

Ein möglicher Approximationsalgorithmus zum TSP-Problem ist nun z. B.:

Wähle immer als Nächstes die nächstgelegene Stadt, die noch nicht besucht wurde!

Das begleitende Programm `tspapprox.c` füllt eine Entfernungsmatrix mit zufälligen Werten und versucht dann nacheinander zuerst einen Rundweg mit dem soeben genannten Approximationsalgorithmus und bei den ersten 14 Städten zusätzlich noch den optimalen Rundreiseweg zu finden. Es stoppt dabei die jeweils benötigten Zeiten und gibt diese in Klammern aus, wie z. B.:

```
      13 81 77 70 69 20 28 45 44 42 64 45 96 20
         92 75 55 28 33 41 67 72 70 18 16 36 58
            70 57 65 95 92 99 76 75 66 87 54 66
               14 90 19 19 90 60 97 31 27 30 92
                  42 70 55 75 46 53 12 87 70 44
                     62 34 37 42 12 18 19 54 25
                        44 71 81 61 26 41 14 80
                           10 89 73 77 92 80 47
                              11 18 73 40 63 20
                                 20 17 59 77 41
                                    75 25 58 54
                                       28 22 90
                                          82 88
                                             56
n= 5: 1, 2, 5, 4, 3,  = 233 (0.0)
n= 5: 1, 2, 5, 4, 3,  = 233 (0.0)
n= 6: 1, 2, 6, 5, 4, 3,  = 248 (0.0)
n= 6: 1, 2, 6, 5, 4, 3,  = 248 (0.0)
n= 7: 1, 2, 6, 5, 4, 7, 3,  = 292 (0.0)
n= 7: 1, 2, 6, 3, 5, 4, 7,  = 216 (0.0)
n= 8: 1, 2, 6, 8, 4, 5, 3, 7,  = 280 (0.0)
n= 8: 1, 2, 6, 3, 5, 4, 8, 7,  = 260 (0.0)
n= 9: 1, 2, 6, 8, 9, 7, 4, 5, 3,  = 327 (0.0)
n= 9: 1, 2, 7, 4, 5, 3, 6, 9, 8,  = 276 (0.0)
n=10: 1, 2, 6, 8, 9, 10, 5, 4, 7, 3,  = 351 (0.0)
n=10: 1, 2, 6, 8, 9, 10, 3, 5, 4, 7,  = 282 (0.0)
n=11: 1, 2, 6, 11, 9, 8, 4, 5, 10, 3, 7,  = 351 (0.0)
n=11: 1, 2, 7, 4, 5, 3, 6, 11, 10, 9, 8,  = 282 (0.1)
..............
n=17: 1, 2, 16, 13, 6, 11, 9, ..., 10, 15, 14, 7, 17, 3,  = 495 (0.0)
n=18: 1, 2, 16, 13, 6, 11, 9, ..., 18, 17, 3, 14, 7, 15,  = 456 (0.0)
n=19: 1, 2, 16, 13, 6, 11, 9, ..., 17, 3, 19, 14, 7, 15,  = 466 (0.0)
n=20: 1, 2, 16, 13, 6, 11, 9, ..., 3, 20, 15, 14, 7, 19,  = 476 (0.0)
n=100: 1, 48, 69, ... ,67, 19, 86, 78,  = 1348 (0.0)
```

An dieser Ausgabe ist erkennbar, dass der Approximationsalgorithmus zwar nicht den optimalen Weg findet, dafür aber in polynomialer Zeit einen Rundweg, der zumindest näherungsweise am optimalen Rundweg liegt. Mit diesem Programm kann man dann z. B. auch einen Rundweg für 100 Städte in sehr kurzer Zeit finden. Beim früher vorgestellten Programm `tsp2.c` wurde erwähnt, dass bereits das Suchen eines optimalen Rundwegs für 30 Städte länger dauern würde als die Erde existiert.

Ein Approximationsalgorithmus ist also ein Algorithmus, der zu einem Problem eine Näherungslösung liefert, die möglichst nahe an der exakten Lösung ist.

Die Güte eines Approximationsalgorithmus ist das Verhältnis der approximierten Lösung zur exakten Lösung. Wenn ein Algorithmus immer die exakte Lösung liefert, ist seine Güte 1, ansonsten ist die Güte größer.

Approximationsalgorithmus (Warnsdorff-Regel) zum Springerproblem

Das *Springer-* oder *Rösselproblem* wurde 1759 von Euler vorgestellt. Gesucht ist dabei der Weg eines Springers auf einem Schachbrett gemäß den Regeln des Schachspiels, bei dem jedes Feld genau einmal berührt werden soll. Zu jedem der 64 Felder gibt es (außer am Rand) acht Zugmöglichkeiten und somit führt dies zu

$$64^8 = 2^{48} = 2.81 \cdot 10^{14} \quad \text{Zugmöglichkeiten.}$$

Es handelt sich hier um ein NP-vollständiges Problem, denn es ist ein Spezialfall des früher vorgestellten Hamilton-Problems. Bei Verwendung des folgenden Standard-Backtracking-Algorithmus dauert es Jahrhunderte eine Lösung zu finden, wenn man Schachbretter mit einer Seitenlänge von größer als 10 verwendet.

Der Standard-Backtracking-Algorithmus zum Springerproblem ist z. B.:

```
 /* Moegliche relative Sprungdistanzen des Springers */
int dx[] = { -2, -2, -1, 1, 2,  2,  1, -1 };
int dy[] = { -1,  1,  2, 2, 1, -1, -2, -2 };

int sprungErlaubt(int x, int y) { /* Zug moegl. */
   return x > 0 && y > 0 && x <= n && y <= n && brett[x][y] == 0;
}
void springe(int x, int y, int zug) {
   if (!sprungErlaubt(x, y)) /* Zug nicht moegl. */
      return;
   brett[x][y] = zug;
   if (zug == n*n)
      ausgabe(); /* Loesung gefunden */
   else
      for (i=0; i< 8; i++)
         springe(x+dx[i], y+dy[i], zug+1);
   brett[x][y] = 0;
}
springe(x, y, 1);
```

Das begleitende Programm `springer.c` realisiert diesen Algorithmus. Es liest zunächst die Brettgröße ein und lässt den Benutzer dann durch einen Mausklick die Startposition des Springers wählen. Anschließend zeigt es den Weg des Springers über das Brett, wobei der Benutzer einen Sprung immer durch Drücken einer beliebigen Taste auslösen kann. Die Abbildungen 19.10 und 19.11 zeigen ein Beispiel dazu.

Nachdem ein Weg des Springers über das Schachbrett gezeigt wurde, wird der Benutzer gefragt, ob er sich noch einen anderen Weg anzeigen lassen will, wenn noch ein solcher möglich ist. Der Vorteil dieses Algorithmus ist, dass er alle Lösungen findet. Der große Nachteil dieses Standard-Backtracking-Algorithmus ist allerdings, dass er z. B. bereits für Bretter ab der Größe 8 eventuell auch schon Stunden zum Finden einer Lösung benötigen würde.

1823 wurde von *H.C. Warnsdorff* eine wesentliche Verbesserung gegenüber dem einfachen Backtracking vorgeschlagen in: „*Des Rösselsprungs einfachste und allge-*

Abbildung 19.10: Brett am Anfang

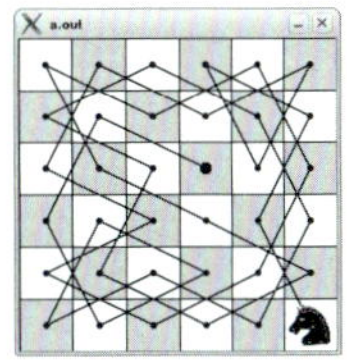

Abbildung 19.11: Brett während des Springens

meinste Lösung“. Ziel dieser Methode ist es, Sackgassen zu vermeiden. Warnsdorff schlug deshalb vor, diejenigen Felder zuerst zu besuchen, von denen aus es die wenigsten nächsten Zugmöglichkeiten gibt, wie es der folgende Algorithmus zeigt:

```
int dx[] = { −2, −2, −1, 1, 2,  2,  1, −1 }; /* Moegl. rel. Sprungdistanzen d. Springers *
                                                                        **/
int dy[] = { −1,  1,  2, 2, 1, −1, −2, −2 };
int sprungErlaubt(int x, int y) { /* Zug moegl. */
   return x > 0 && y > 0 && x <= n && y <= n && brett[x][y] == 0;
}
int naechstMoeglich(int x, int y) {
   int  i, moegl = 0;
   for (i=0; i < 8; i++)
      if (sprungErlaubt(x+dx[i], y+dy[i])) /* Zug moegl. */
         moegl++;
   return moegl;
}
void springe(int x, int y, int zug) {
   if (x <= 0 || y <= 0 || x > n || y > n || brett[x][y] != 0) /* Zug nicht moegl. */
      return;
   brett[x][y] = zug;
   if (zug == n*n)
      ausgabe(); /* Loesung gefunden */
   else {
      int i, min = 9, m, naechst=0;
      for (i=0; i < 8; i++)
          if (sprungErlaubt(x+dx[i], y+dy[i]) &&
             (m = naechstMoeglich(x+dx[i], y+dy[i])) < min) {
             min = m;
             naechst = i;
          }
      springe(x+dx[naechst], y+dy[naechst], zug+1);
   }
}
springe(x, y, 1);
```

Das begleitende Programm `springer2.c` realisiert diesen Algorithmus. Es liest zunächst die Brettgröße ein und lässt den Benutzer dann wieder durch einen Mausklick die Startposition des Springers wählen. Anschließend zeigt es den Weg des Springers über das Brett, wobei der Benutzer einen Sprung immer durch Drücken einer beliebigen Taste auslösen kann. Abbildung 19.12 zeigt ein Beispiel dazu für eine Brettgröße von 15×15, was mit diesem Algorithmus in viel weniger als einer Sekunde gelöst wurde, aber mit dem einfachen Backtracking-Algorithmus eine „Ewigkeit“ gedauert

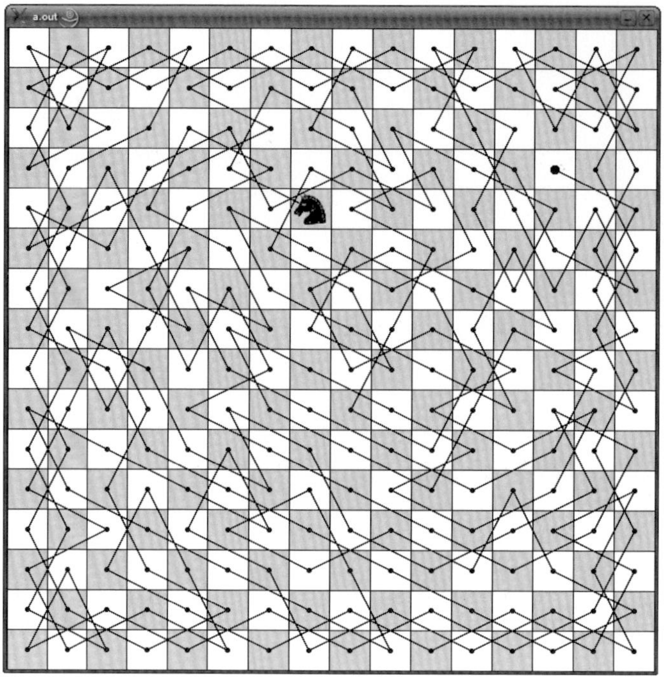

Abbildung 19.12: Springer-Weg mit Warnsdorff-Regel bei einem Brett von 15x15

hätte.

Der große Vorteil der Warnsdorff-Regel ist, dass sie innerhalb weniger Sekunden Lösungen auch für sehr große Bretter mit Seitenlängen weit über 10 liefert. Der Nachteil der Warnsdorff-Regel ist, dass sie nicht alle möglichen Lösungen findet. Man kann Züge durchführen, die die Regel verletzen und doch einen vollständigen Weg finden. Außerdem besitzt die Regel einen Hauch von Beliebigkeit, da es häufig zu einer Wahl zwischen gleichen Alternativen kommt.

Die Warnsdorff-Regel wurde 1991 von einem *Jugend-forscht*-Team (*Hindrichs T., Conrad A., Morsy H.*) aus Köln zu einem sehr effektiven heuristischen Verfahren verbessert.

TEIL V

Codes, Kompression, Kryptografie

Als George Bernard Shaw nach seinen Wünschen im Jenseits gefragt wurde, antwortete er:

> *„Das Klima ist im Himmel sicher angenehmer, die Gesellschaft ist aber bestimmt in der Hölle interessanter.“*

(Anekdote)

Fehlertolerante Codes

20

ÜBERBLICK

20.1 Rätsel: Auf der Demo mit Bruder und Schwester

Lösungen

1. *Auf der Demo*: Stellen wir uns in Zehnerreihen auf, ist einer zu wenig. Stellen wir uns in Neunerreihen auf, ist ebenfalls einer zu wenig. In Achterreihen auch. Ebenso in Sieberreihen. In Sechserreihen ebenfalls und auch in Fünferreihen. In Vierer-, Dreier- und schließlich Zweierreihen wird auch einer fehlen. Wie viele sind wir denn, wenn wir weniger als 5000 sind?
2. *Bruder und Schwester*: „Meine Schwester, du hast genauso viele Brüder wie Schwestern". „Mein Bruder, du hast zweimal mehr Schwestern als Brüder". Können Sie aus dieser Unterhaltung die Anzahl der Kinder dieser Familie ermitteln?
3. *Die beiden Schwestern*: Zwei Schwestern haben vier Jahre Altersunterschied. Zieht man von der Kubikzahl des Alters der ersten die Kubikzahl des Alters der zweiten ab, erhält man 988. Wie alt sind sie?

20.2 Motivation für fehlertolerante Codes

Da beim Übertragen von Nachrichten ebenso wie beim Speichern bzw. Lesen von Daten Fehler auftreten können, war und ist man bestrebt, so genannte *fehlertolerante Codes* zu finden. Fehlertolerante Codes ermöglichen es dem Empfänger zu erkennen, ob bei der Übertragung ein Fehler aufgetreten ist und falls ja, diesen eventuell sogar selbst zu korrigieren. Verfügt ein Code über die Eigenschaft, dass man bei ihm Fehler erkennen kann, handelt es sich um einen *fehlererkennenden Code*. Ermöglicht er zusätzlich noch dem Empfänger, erkannte Fehler zu korrigieren, spricht man von einem *fehlerkorrigierenden Code*.

20.3 „k aus n"-Codes

Manche Codes verwenden nur eine Teilmenge und nicht bei einer gegebenen Bitanzahl den ganzen möglichen Binärcode. Solche Codes können dazu verwendet werden, in vorliegenden Bitmustern gewisse Fehler zu erkennen und gegebenenfalls zu korrigieren. Durch Angaben wie die folgenden wird festgelegt, aus wie vielen n Bits ein Codewort jeweils besteht und wie viele k Bits in einem Codewort immer gesetzt sind:

$$\binom{10}{1} \text{ Code} \quad \text{oder:} \quad \binom{5}{2} \text{ Code}$$

Der im begleitenden Programm `teilcode.c` verwendete Algorithmus ermittelt alle 01-Tupel der Länge `n` mit `k` gesetzten Bits:

```
Länge der 01-Tupel (1..30): 5 [2 aus 5 Code]
Wie viele Bits gesetzt  (1..5): 2
 0 0 0 1 1   0 0 1 0 1   0 0 1 1 0   0 1 0 0 1   0 1 0 1 0   0 1 1 0 0
 1 0 0 0 1   1 0 0 1 0   1 0 1 0 0   1 1 0 0 0
```

Länge der 01–Tupel (1..30):
4 *[1 aus 4 Code]*
Wie viele Bits gesetzt (1..4): **1**
0 0 0 1 0 0 1 0 0 1 0 0 1 0 0 0

Länge der 01–Tupel (1..30):
3 *[2 aus 3 Code]*
Wie viele Bits gesetzt (1..3): **2**
0 1 1 1 0 1 1 1 0

20.4 Der Hammingabstand eines Codes

Die Anzahl der gesetzten Bits in einem Wort nennt man das *Hamminggewicht des Wortes.*

Die Anzahl von Binärstellen, an denen sich zwei Codewörter unterscheiden, heißt Hammingabstand d. Aus dem Vergleich aller Codewörter untereinander kann dann – wie unten noch gezeigt – der Hammingabstand des jeweiligen Codes bestimmt werden. Der Hammingabstand ist ein Maß für die Störsicherheit eines Codes. Hat ein Code den Hammingabstand d, so können

- *alle Fehler erkannt werden, die weniger als* d *Bits betreffen*, und
- *alle Fehler korrigiert werden, die weniger als* $\frac{d}{2}$ *Bits betreffen.*

Man spricht dann abhängig von der Anzahl *n* von falsch übertragenen Bits, die bei einem Code automatisch erkannt bzw. korrigiert werden können, von einem *n-erkennenden* bzw. *n-korrigierenden Code.* Wir wollen hier einmal den Hammingabstand für den zuvor vorgestellten „2 aus 5"-Code bestimmen. Dazu nehmen wir die folgende Zuordnung der Zeichen zum Code vor.

Zeichen	Code	Zeichen	Code	Zeichen	Code	Zeichen	Code	Zeichen	Code
a	00011	b	00101	c	00110	d	01001	e	01010
f	01100	g	10001	h	10010	i	10100	j	11000

Nachfolgend einige Beispiele zur Bestimmung des Abstands zwischen Codewörtern:

	c **00110** g **10001**	a 000**11** e 010**1**0	d 0**1001** j 1**1000**	e 0**1010** i 1**0100**
Abstand	4	2	2	4

Zur Bestimmung des Hammingabstands stellen wir nun folgende Tabelle auf:

	a	b	c	d	e	f	g	h	i	j
a	0									
b	2	0								
c	2	2	0							
d	2	2	4	0						
e	2	4	2	2	0					
f	4	2	2	2	2	0				
g	2	2	4	2	4	4	0			
h	2	4	2	4	2	4	2	0		
i	4	2	2	4	4	2	2	2	0	
j	4	4	4	2	2	2	2	2	2	0

Der Hammingabstand eines Codes ist nun der kleinste auftretende Abstand verschiedener gleichlanger Codewörter. In dieser Tabelle ist der kleinste Abstand zwischen den Codewörtern also 2. Da der Hammingabstand für den zuvor vorgestellten „2 aus 5“-Code 2 ist, kann ein Fehler, der eine Bitstelle betrifft, erkannt werden. Es handelt sich dabei also um einen *1-erkennenden Code*.

Der Hammingabstand des ASCII-Codes ist 1, weil z. B. die Buchstaben a und c den Hammingabstand 1 haben (siehe auch Tabelle 3.2 auf Seite 71). Dies bedeutet, dass man beim ASCII-Code keinerlei Übertragungsfehler erkennen kann.

Das begleitende Programm `hamming.c` liest die einzelnen Wörter eines Codes ein und gibt dann eine Tabelle über den Hammingabstand der einzelnen Codewörter aus, wie z. B.:

```
Wie viele Stellen hat Ihr Code (1,20): 5
Wie viele Zeichen soll Ihr Code haben (1,100): 4
1. Zeichen: a 00000
2. Zeichen: b 00111
3. Zeichen: d 11100
4. Zeichen: g 11011
    a   b   d   g
 +---+---+---+---+
a|  0|  3|  3|  4|
b|  3|  0|  4|  3|
d|  3|  4|  0|  3|
g|  4|  3|  3|  0|
Hamming-Abstand: 3,    wie z.B:
           a: 00000
           b: 00111
Gib Codesequenz ein (Abschluss mit Return):
10111 00000 11111 10001 10000 11100   [übertragene Zeichen]
    ?     a     ?     ?     ?     d
00111 00000 11011 10001 00000 11100
    b     a     g     ?     a     d   [korrigierte Zeichen]
```

```
Wie viele Stellen hat Ihr Code (1,20): 8
Wie viele Zeichen soll Ihr Code haben (1,100): 5
1. Zeichen: a 01000001
2. Zeichen: b 01000010
3. Zeichen: c 01000011
4. Zeichen: o 01001111
5. Zeichen: x 01011000
    a   b   c   o   x
 +---+---+---+---+---+
a|  0|  2|  1|  3|  3|
b|  2|  0|  1|  3|  3|
c|  1|  1|  0|  2|  4|
o|  3|  3|  2|  0|  4|
x|  3|  3|  4|  4|  0|
Hamming-Abstand: 1,    wie z.B:
           a: 01000001
           c: 01000011
```

Der Code des obigen Ablaufbeispiels hat einen Hammingabstand von 3. Dies bedeutet, dass alle Fehler, die nur ein Bit eines Zeichens betreffen, korrigiert werden können. Fehler, die zwei Bits betreffen, können noch erkannt werden. Nur im vierten Codewort der eingegebenen Codesequenz im obigen Ablaufbeispiel hat ein Übertragungsfehler mehr als ein Bit verfälscht. Dieses Zeichen kann deshalb nicht klassifiziert werden. Nachfolgend werden nun Beispiele für fehlertolerante Codes gezeigt.

20.5 Eindimensionale Parity-Prüfung

Ein häufig verwendetes Verfahren, um aus einem nicht fehlertoleranten Code einen 1-fehlererkennenden Code zu erhalten, ist die Verwendung eines so genannten *Parity-Bits*. Bei gerader Parität (even parity) gilt:

> *Hat man einen nicht fehlertoleranten Code mit n Bits, erweitert man diesen um ein Parity-Bit, das z. B. immer so gesetzt wird, dass es eine 0 ist, wenn das jeweilige Codewort eine gerade Anzahl von Einsen besitzt. Bei einer ungeraden Anzahl von Einser-Bits im jeweiligen Codewort ist das Parity-Bit 1.*

Als Beispiel wollen wir hier den 7-Bit-ASCII-Code verwenden, bei dem das vorderste Bit immer 0 ist und somit nicht verwendet wird. Dafür wird hinten ein Parity-Bit angefügt, wie es in folgender Tabelle für die Großbuchstaben des 7-Bit-ASCII-Codes gezeigt ist:

A	10000010	G	10001110	M	10011010	S	10100110	Y	10110010
B	10000100	H	10010000	N	10011100	T	10101001	Z	10110100
C	10000111	I	10010011	O	10011111	U	10101010		
D	10001000	J	10010101	P	10100000	V	10101100		
E	10001011	K	10010110	Q	10100011	W	10101111		
F	10001101	L	10011001	R	10100101	X	10110001		

Im Begleitmaterial finden Sie eine Tabelle zum 7-Bit-ASCII-Code mit Parity-Bit.

Das begleitende Programm `parity1.c` liest eine beliebig lange Folge von Nullen und Einsen ein und verwendet dann den 7-Bit-ASCII-Code mit Parity-Prüfung, um die einzelnen Zeichen zu identifizieren, wie z. B.:

```
Geben Sie eine beliebig lange Folge von Nullen und Einsen ein:
100100001100001111011000110110001101111001000001101011111100101011001
  10010000 H
  11000011 a
  11011000 l
  11011000 l
  11011110 o
  01000001 SP  [Leerzeichen]
  10101111 W
  11001010 e
  11001000 ?   [Fehler (ungerade Parität)]
```

20.6 Zweidimensionale Parity-Prüfung

Die zweidimensionale Parity-Prüfung wird bei Übertragung von Blöcken eingesetzt. Sie verwendet zunächst für jedes einzelne Zeichen ein eigenes Parity-Bit. Zusätzlich wird hier aber, nachdem alle Zeichen übertragen wurden, noch ein weiteres Codewort übertragen, das die Parity-Bits zu allen Spalten des übertragenen Blocks enthält, wie es z. B. nachfolgend gezeigt ist, wobei hier die Parity-Bits fett angegeben sind:

1	1	0	0	0	0	1	**1**	
1	1	0	0	0	1	0	**1**	
1	1	0	0	0	1	1	**0**	
1	1	0	0	1	0	0	**1**	
1	1	0	0	1	0	1	**0**	
1	1	0	0	1	1	0	**0**	
1	1	0	0	1	1	1	**1**	
1	1	0	1	0	0	0	**1**	
0	**0**	**0**	**1**	**0**	**0**	**0**	**1**	Spalten-Parity-Bits

Das begleitende Programm `parity2.c`, das den 7-Bit-ASCII-Code benutzt, gibt zu einer Folge von Nullen und Einsen die zugehörigen Spalten-Parity-Bits aus:

```
Geben Sie eine beliebig lange Folge von Nullen und Einsen ein:
1100001111000101110001101100100111001010110011001100111111010001
   11000011  a
   11000101  b
   11000110  c
   11001001  d
   11001010  e
   11001100  f
   11001111  g
   11010001  h
   ___________
   00010001  Spalten-Parity-Bits
```

Kippt bei der Übertragung nur ein Bit, kann dieses bei der zweidimensionalen Parity-Prüfung korrigiert werden, wie es z. B. nachfolgend gezeigt ist, wobei hier die beiden falschen Parity-Bits und das falsch übertragene Bit schattiert angegeben sind:

Korrigieren eines Fehlers bei zweidimensionaler Parity-Prüfung:

```
1  1  0  0  0  0  1  1
1  1  0  0  0  1  0  1
1  1  0  1  0  1  1  0  <==
1  1  0  0  1  0  0  1
1  1  0  0  1  0  1  0
1  1  0  0  1  1  0  0
1  1  0  0  1  1  1  1
1  1  0  1  0  0  0  1
0  0  0  1  0  0  0  1  Spalten-Parity-Bits
         ⇑
```

Bei Vorliegen eines Einzelfehlers ist genau ein Zeilen- und ein Spalten-Parity-Bit falsch gesetzt. Einen falschen Wert hat dann in diesem Fall das Bit, das sich genau in der Zeile und in der Spalte mit den falschen Parity-Bits befindet. Daraus lässt sich folglich schließen, dass ein Code mit zweidimensionaler Parity-Prüfung mindestens den Hammingabstand 3 hat.

Das begleitende Programm `parity3.c`, das wieder den 7-Bit-ASCII-Code benutzt, liest eine beliebig lange Folge von Nullen und Einsen ein. Es lokalisiert dann falsche Zeilen- und Spalten-Parity-Bits. Falls nur ein einziger Fehler bei der Übertragung aufgetreten ist, korrigiert es diesen auch, wie z. B.:

```
Geben Sie eine beliebig lange Folge von Nullen und Einsen ein:
110000111100010111010110110010011100101011001100110011111101000100010001
  1. 11000011 a
  2. 11000101 b
  3. 11010110 ? [Fehler]
  4. 11001001 d
  5. 11001010 e
  6. 11001100 f
  7. 11001111 g
  8. 11010001 h
  ------------------
     00010001 Spalten-Parity-Bits
        |
     00000001 Richtige Spalten-Parity-Bits
3. Wort: 11010110 --> korrigiert: 110| 0 |0110 --> c
```

Treten bei der Übertragung zwei oder drei Fehler auf, so können diese bei der zweidimensionalen Parity-Prüfung zwar erkannt, aber nicht korrigiert werden, wie es z. B. nachfolgend gezeigt ist:

Doppelfehler, der an vier falschen Parity-Bits erkannt wird:

1	1	0	0	0	0	1	**1**	
1	1	0	0	0	1	0	**1**	
1	1	0	1	0	1	1	0	⇐
1	1	0	0	1	0	0	**1**	
1	1	0	0	1	1	1	0	⇐
1	1	0	0	1	1	0	**0**	
1	1	0	0	1	1	1	**1**	
1	1	0	1	0	0	0	**1**	
0	**0**	**0**	1	**0**	0	**0**	**1**	Spalten-Parity-Bits
			⇑		⇑			

Doppelfehler, der an zwei falschen Parity-Bits erkannt wird:

1	1	0	0	0	0	1	**1**	
1	1	0	0	0	1	0	**1**	
1	1	0	1	0	1	1	0	⇐
1	1	0	0	1	0	0	**1**	
1	1	0	0	1	0	1	**0**	
1	1	0	1	1	1	0	0	⇐
1	1	0	0	1	1	1	**1**	
1	1	0	1	0	0	0	**1**	
0	**0**	**0**	**1**	**0**	**0**	**0**	**1**	Spalten-Parity-Bits

Dreierfehler, der an sechs falschen Parity-Bits erkannt wird:

1	1	0	0	0	0	1	**1**	
1	1	0	0	0	1	0	**1**	
1	1	0	1	0	1	1	0	⇐
1	1	0	0	1	0	0	**1**	
1	1	0	0	1	1	1	0	⇐
1	1	0	0	1	1	0	**0**	
1	1	1	0	1	1	1	1	⇐
1	1	0	1	0	0	0	**1**	
0	**0**	0	1	**0**	0	**0**	**1**	Spalten-Parity-Bits
		⇑	⇑		⇑			

Dreierfehler, der an zwei falschen Parity-Bits erkannt wird:

1	1	0	0	0	0	1	**1**	
1	1	0	0	0	1	0	**1**	
1	1	1	1	0	1	1	**0**	
1	1	0	0	1	0	0	**1**	
1	1	0	0	1	0	1	**0**	
1	1	0	0	1	1	0	**0**	
1	1	1	0	1	1	1	**1**	⟸
1	1	0	1	0	0	0	**1**	
0	**0**	**0**	**1**	**0**	**0**	**0**	**1**	Spalten-Parity-Bits
			⇑					

Das Erkennen von vier Fehlern ist bei zweidimensionaler Parity-Prüfung nicht garantiert, wie es z. B. nachfolgend gezeigt ist:

1	1	0	0	0	0	1	**1**	
1	1	0	0	0	1	0	**1**	
1	0	0	1	0	1	1	**0**	
1	1	0	0	1	0	0	**1**	
1	1	0	0	1	0	1	**0**	
1	0	0	1	1	1	0	**0**	
1	1	0	0	1	1	1	**1**	
1	1	0	1	0	0	0	**1**	
0	**0**	**0**	**1**	**0**	**0**	**0**	**1**	Spalten-Parity-Bits

Hieraus lässt sich folgern, dass ein Code mit zweidimensionaler Parity-Prüfung einen Hammingabstand besitzt, der kleiner als 5 ist. Allgemein gilt deshalb:

Ein Code mit zweidimensionaler Parity-Prüfung ist 1-fehlerkorrigierend und 3-fehlererkennend.

Das oben bereits erwähnte begleitende Programm `parity3.c`, das den 7-Bit-ASCII-Code benutzt, liest eine beliebig lange Folge von Nullen und Einsen ein, wobei es zwei bis drei Übertragungsfehler, aber nicht zwangsweise vier Fehler erkennt, wie die nachfolgenden Ablaufbeispiele zeigen:

```
Geben Sie eine beliebig lange Folge von Nullen und Einsen ein:
110000111100010111010110110010011100111011001100110011111101000100010001
  1. 11000011 a
  2. 11000101 b
  3. 11010110 ?
  4. 11001001 d
  5. 11001110 ?
  6. 11001100 f
  7. 11001111 g
  8. 11010001 h
  -------------------
     00010001 Spalten-Parity-Bits    [Erkennen von zwei Fehlern]
        | |
     00000101 Richtige Spalten-Parity-Bits
```

```
Geben Sie eine beliebig lange Folge von Nullen und Einsen ein:
110000111100010111010110110010011100111011001100111011111101000100010001
  1. 11000011 a
  2. 11000101 b
  3. 11010110 ?
  4. 11001001 d
  5. 11001110 ?
  6. 11001100 f
  7. 11101111 ?
  8. 11010001 h
  -------------------
     00010001 Spalten-Parity-Bits    [Erkennen von drei Fehlern]
       || |
     00100101 Richtige Spalten-Parity-Bits
```

```
Geben Sie eine beliebig lange Folge von Nullen und Einsen ein:
110000111100010110010110110010011100101010011100110011111101000100010001
  1. 11000011 a
  2. 11000101 b
  3. 10010110 K
  4. 11001001 d
  5. 11001010 e
  6. 10011100 N
  7. 11001111 g
  8. 11010001 h
  -------------------
     00010001 Spalten-Parity-Bits  [Kein Erkennen von vier Fehlern]
```

20.7 Hamming-Codes

Als Hamming-Codes bezeichnet man eine von *R. Hamming* entwickelte Klasse von Codes.
Der einfachste Hamming-Code ist ein *(7,4)-Code*, der eine Länge von 7 Bits hat, wovon allerdings nur 4 Bits Nutzinformationen sind und die restlichen 3 Bits zur Fehlerkorrektur dienen. Dieser Hamming-Code ist ein 1-fehlerkorrigierender Code mit einem Hammingabstand von 3.
Im Allgemeinen gibt es Hamming-Codes der Länge $2^r - 1$, wobei $r \geq 3$ sein muss. Davon sind dann r Bits Korrekturbits und die restlichen $2^r - 1 - r$ Bits Informations-Bits.
Hamming-Codes sind optimal, was bedeutet, dass jedes mögliche Wort entweder ein gültiges Codewort ist oder aber einen Hammingabstand 1 von genau einem gültigen Codewort hat.
Folgende Tabelle zeigt den grundsätzlichen Aufbau des Hamming-Codes anhand des (7,4)-Codes, wobei D für ein echtes Datenbit und P für ein Parity-Bit steht:

7 D	6 D	5 D	4 P	3 D	2 P	1 P	Parity-Bit an Position ... (Dualzahl-Stellen, ...
D	-	D	-	D	-	P	2^0 ... die an letzter Stelle eine 1 haben)
D	D	-	-	D	P	-	2^1 ... die an vorletzter Stelle eine 1 haben)
D	**D**	**D**	**P**	-	-	-	2^2 ... die an drittletzter Stelle eine 1 haben)

An dieser Tabelle ist erkennbar, dass sich die drei Parity-Bits (1, 2, 4) auf die Datenbits (3, 5, 6, 7) beziehen, wobei Abbildung 20.1 zeigt, welche Bitstellen welches Parity-Bit überprüft:

- Parity-Bit an der Stelle 1 überprüft die Stellen 3, 5, 7. (Alle Stellen, die als Dualzahl geschrieben, an letzter Stelle eine 1 besitzen: `001`, `011`, `101`, `111`).
- Parity-Bit an der Stelle 2 überprüft die Stellen 3, 6, 7. (Alle Stellen, die als Dualzahl geschrieben, an vorletzter Stelle eine 1 besitzen: `010`, `011`, `110`, `111`).
- Parity-Bit an der Stelle 4 überprüft die Stellen 5, 6, 7. (Alle Stellen, die als Dualzahl geschrieben, an drittletzter Stelle eine 1 besitzen: `100`, `101`, `110`, `111`).

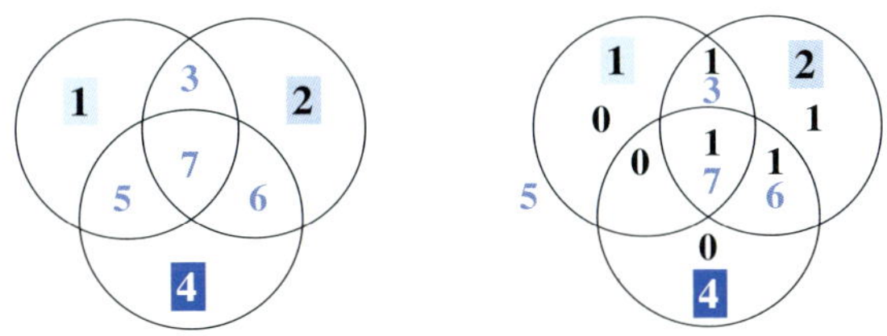

Abbildung 20.1: Bezug von Parity-Bits auf Datenbits beim Hamming-Code

Links in Abbildung 20.1 ist erkennbar, dass bei Änderung eines der Bits 1 bis 7, eines oder mehrere der drei Parity-Bits davon betroffen sind. Ändert man z. B das 7. Bit, so hat dies Auswirkungen auf alle drei Parity-Bits, während ein Übertragungsfehler beim 6. Bit sich nur auf die beiden Parity-Bits 2 und 4 auswirkt. Ebenso ist erkennbar, dass das Kippen eines Parity-Bits sich auch nur auf dieses gekippte Bit selbst auswirkt.

Wenn z.B. die Information 1101 zu übertragen ist, würde die Bitfolge 1100110 gesendet, wie es die folgende Tabelle nochmals verdeutlicht:

7	6	5	4	3	2	1
1	1	0	0	1	1	0
1	-	0	-	1	-	0
1	1	-	-	1	1	-
1	1	0	0	-	-	-

Trägt man diese sieben Bits in die einzelnen Parity-Kreise ein, wie es rechts in Abbildung 20.1 gezeigt ist, so kann man erkennen, dass in jedem Kreis, insgesamt zusammen mit dem Parity-Bit, eine gerade Parität vorliegt.

Ferner ist erkennbar, dass beim Auftreten eines Fehlers in einem der 7 Bits, dieser Fehler Auswirkungen auf unterschiedliche Kombinationen der drei Parity-Bits hat. Als Beispiel soll die folgende Bitfolge 1100110 übertragen werden, wobei jedoch bei der Übertragung das fünfte Bit kippt, so dass der Empfänger die mit einem Fehler behaftete Bitfolge 1110110 erhält.

7 1	6 1	5 1	4 0	3 1	2 1	1 0	Paritätsbit	wird gewertet als
1	-	1	-	1	-	0	falsch	1
1	1	-	-	1	1	-	richtig	0
1	1	1	0	-	-	-	falsch	1

Schreibt man nun diese Bitkombination aus der letzten Spalte dieser Tabelle „von unten nach oben“ hin, erhält man die Dualzahl 101, was der Dezimalzahl 5 entspricht, und genau da im 5. Bit ist der Fehler aufgetreten. Beim Hamming-Code geben nämlich genau die Parity-Bits dual kodiert die Position des fehlerhaften Bits an.

Die folgende Tabelle zeigt noch den grundsätzlichen Aufbau des Hamming-Codes anhand des (15,11)-Codes, wobei wieder *D* für ein echtes Datenbit und *P* für ein Parity-Bit steht:

15 D	14 D	13 D	12 D	11 D	10 D	9 D	2^3 8 P	7 D	6 D	5 D	2^2 4 P	3 3 D	2^1 2 P	2^0 1 P
D	-	D	-	D	-	D	-	D	-	D	-	D	-	P
D	D	-	-	D	D	-	-	D	D	-	-	D	P	-
D	D	D	D	-	-	-	-	D	D	D	P	-	-	-
D	D	D	D	D	D	D	P	-	-	-	-	-	-	-

Das begleitende Programm `hammingcode.c` simuliert den (7,4)-Hamming-Code, indem es eine siebenstellige Dualzahl einliest und dann den zugehörigen Hamming-Code ausgibt, wobei der Hammingabstand zu diesem eingegebenen Codewort bei jedem einzelnen Codewort in Klammern ausgegeben wird. Tritt ein Fehler auf, so korrigiert es diesen, wie die nachfolgenden Ablaufbeispiele zeigen:

```
Geben Sie eine 7-stellige Dualzahl ein (Abbruch mit Leerzeile): 1010111
 0: 0000000: (5)
 1: 0000111: (2)
 2: 0011001: (4)
 3: 0011110: (3)
 4: 0101010: (6)
 5: 0101101: (5)
 6: 0110011: (3)
 7: 0110100: (4)
 8: 1001011: (3)
 9: 1001100: (4)
10: 1010010: (2)
11: 1010101: (1) --> (Bit 2 korrigiert): 10101 0 1
12: 1100001: (4)
13: 1100110: (3)
14: 1111000: (5)
15: 1111111: (2)
Geben Sie eine 7-stellige Dualzahl ein (Abbruch mit Leerzeile): 0011001
 0: 0000000: (3)
 1: 0000111: (4)
 2: 0011001: (0) --> 0011001 (kein Fehler)
 3: 0011110: (3)
 4: 0101010: (4)
 5: 0101101: (3)
 6: 0110011: (3)
 7: 0110100: (4)
 8: 1001011: (3)
 9: 1001100: (4)
10: 1010010: (4)
11: 1010101: (3)
12: 1100001: (4)
13: 1100110: (7)
14: 1111000: (3)
15: 1111111: (4)
```

20.8 CRC-Kodierung

Der wohl am häufigsten verwendete fehlererkennende Code ist der CRC-Code (*Cyclic Redundancy Check*). Die Regeln einer CRC-Prüfung besagen, dass ein 16- oder 32-Bit-Prüfwert durch Division des Werts durch einen Divisor gebildet werden soll und diese Bildung über „Modulo-2"-Division geschieht. Auf diese Weise erhält man einen Quotienten und einen Rest:

$$Dividend\ modulo\ Divisor = Quotient + Rest$$

Bei der Division von Dualzahlen ist zur Ermittlung einer Stelle jeweils nur eine Subtraktion notwendig, da man sofort feststellen kann, ob der Divisor größer oder kleiner als der Teildividend ist.

Als Beispiel soll hier $ab17_{(16)}$ modulo $a6_{(16)}$ =? dienen, wobei nachfolgend die sukzessive nach unten geholten Ziffern fett dargestellt werden:

```
1010101100010111 modulo 10100110 = 100000111 + 10001101
10100110
--------
 00001010
 00000000
 --------
  00010100
  00000000
  --------
   00101000
   00000000
   --------
    01010001
    00000000
    --------
     10100010
     00000000
     --------
     101000101
      10100110
      --------
      100111111
       10100110
       --------
      100110011
        10100110
        --------
         10001101     [Rest (der Division)]
-----------------------------------------------------------------
 1010101100010111 modulo 10100110 = 100000111 + 10001101
```

Der Quotient ist also $100000111_2 = 107_{16} = 263_{10}$
und der Rest ist $10001101_2 = 8d_{16} = 141_{10}$.

Für die CRC-Berechnungen wird nun aber nicht diese normale Arithmetik, sondern die so genannte *Modulo-2-Arithmetik* verwendet. In dieser Arithmetik werden sowohl die Subtraktion als auch die Addition mit XOR durchgeführt, so dass Subtraktion und Addition für zwei Operanden das gleiche Ergebnis liefern. Wenn dies zunächst auch nicht logisch erscheint, so hat es mathematisch betrachtet doch seinen Sinn.

Außerdem ist die technische Realisierung der Modulo-2-Arithmetik wesentlich einfacher als die der normalen Arithmetik, weil man auf keinerlei Überträge Rücksicht nehmen muss. Da man mit einfachen XOR-Gattern auskommt, ist die Berechnung natürlich auch wesentlich schneller, was bei Validierung von großen Datenmengen von sehr großer Wichtigkeit ist.

Die Division mit Modulo-2-Arithmetik wird nun in gleicher Weise wie die normale Division ausgeführt, nur bildet man statt der sukzessiven normalen Differenzen die Modulo-2-Differenzen, d. h. die bitweisen XOR-Werte.

Als Beispiel soll hier wieder $ab17_{(16)}$ modulo $a6_{(16)}$ =? dienen, wobei nachfolgend die sukzessive nach unten geholten Ziffern fett dargestellt werden:

```
1010101100010111 modulo 10100110 = 100011101 + 1111001
10100110
--------
 00011010
 00000000
 --------
  00110100
  00000000
  --------
   01101000
   00000000
   --------
    11010001
    10100110
    --------
     11101110
     10100110
     --------
      10010001
      10100110
      --------
       01101111
       00000000
       --------
        11011111
        10100110
        --------
         1111001   [Rest (der Division)]
```

1010101100010111 modulo 10100110 = 100011101 + 1111001

——> Quotient = $100011101_2 = 11d_{16} = 285_{10}$ und Rest = $1111001_2 = 79_{16} = 121_{10}$

Sowohl Quotient als auch Rest unterscheiden sich vom vorherigen Ergebnis, da sie nach einer anderen Rechenvorschrift erzeugt wurden.

In jedem Fall sagt ein über normale oder Modulo-2-Arithmetik ermittelter Quotient und Rest mehr über den Dividenden aus, als dies Prüfsummen können.

Der ermittelte Quotient und Rest sind der Ausgangspunkt für CRC-Prüfsummen. Für diese spielt eigentlich nur der Rest eine Rolle, den man mit Modulo-2-Arithmetik ermittelt, indem man die Daten durch einen festgelegten Divisor teilt. Der Rest ist immer kleiner als der Divisor. Die Länge des Divisors legt also die Länge der CRC-Prüfsumme fest. In Computern verwendet man z. B. einen 17-Bit-Divisor für normale und einen 33-Bit-Divisor für kritische Anwendungen.

Die Divisoren werden auch als *Generatoren* bezeichnet, da sie die CRC-Prüfsummen erzeugen (generieren). Die 17- bzw. 33-Bit-Generatoren führen zu einem 16-Bit- bzw. 32-Bit-CRC-Wert. Die Leistungsfähigkeit von CRC-Prüfsummen bei der Erkennung von Datenfehlern ist enorm. Für einen 16-Bit-CRC-CCITT (siehe weiter unten) gilt z. B. Folgendes:

100%	bei Einzel-/Doppelbitfehlern, Fehlern mit gerader Bit-Anzahl und Bündelfehlern $\leq$ 16 Bit
99,9969%	bei Bündelfehlern mit 17 Bit
99,984%	bei allen anderen Bündelfehlern

Bündelfehler (Blockfehler) sind ganze Blöcke von Bits, die bedingt durch Störeinflüsse falsch übertragen wurden.

Die relativ einfache Berechnung auf der einen und die enorme Leistungsfähigkeit auf der anderen Seite haben dazu geführt, dass sich CRC-Prüfsummen zur Fehlerprüfung sehr stark durchgesetzt haben. Heute verwendet man meist 17-Bit-Generatoren, die zu 16-Bit-Prüfsummen führen. Dies sind z. B. die beiden folgenden Werte:

- 10001000000100001(11021_{16} oder 68665_{10}): ist vom *CCITT* festgelegt worden und das CRC-Ergebnis wird daher auch als $CRC - CCITT$ bezeichnet.
- 10001000000000101(11005_{16} oder 69637_{10}): wird von IBM in seinem BYSYNC-Protokoll zur Datenkommunikation verwendet.

Der erste Generator ist bei der Erkennung von Fehlern etwas leistungsfähiger als der zweite von IBM und wird z. B. bei Disketten-Controllern zur Berechnung der CRC-Prüfsummen in den Sektoren verwendet.

Um eine Datenprüfung mit CRC-Werten durchzuführen, muss der Datensender aus jeweils einer bestimmten Anzahl von Datenbytes den CRC-Wert ermitteln und diesen zusätzlich zu den Datenbytes übermitteln. Der Empfänger ermittelt dann mit dem gleichen Verfahren aus den Datenbytes eine CRC-Prüfsumme und vergleicht diese mit der empfangenen Prüfsumme. Stimmen sie überein, sind die Datenbytes mit 99,9969% Wahrscheinlichkeit richtig. Diese Vorgehensweise ist zwar möglich, wird aber meist nicht angewendet.

Stattdessen verwendet man eine andere Methode: Muss man z. B. Datenblöcke mit 512 Bytes übermitteln, hängt man den 512 Datenbytes noch die zwei CRC-Bytes an. Die empfangenen 514 Bytes werden nun aber nicht von der CRC-Logik in einen 512-Datenbyte-Block und zwei CRC-Bytes aufgeteilt, sondern es wird für den gesamten 514-Byte-Block die CRC-Berechnung durchgeführt. Das Besondere an der CRC-Berechnung mit Modulo-2-Arithmetik ist, dass der CRC-Wert dieser 514 Bytes dann genau 0 ergibt. Dasselbe gilt natürlich auch für 32-Bit-CRC-Werte, nur müssen hierbei an die Datenbytes 32 0-Bits angehängt werden, bevor die CRC-Prüfsumme berechnet wird. Es gilt also folgende Vorgehensweise:

- Der Sender erweitert die Datenbytes auf der niederwertigen Seite um eine Anzahl von 0-Bytes, die der Zahl der CRC-Bytes entspricht. Er ermittelt dann aus den Datenbytes plus den 0-Bytes einen CRC-Wert und überträgt die Datenbytes und den CRC-Wert als zusammenhängenden Datenblock. Sollen z. B. die zwei Datenbytes $b5$ und $6c$ übertragen werden, wobei die CRC-Prüfsumme mit dem CCITT-Generator 11021_{16} berechnet wird, wird $b56c4cd2$ ($b56c0000$ modulo $11021 = be92+$ **4cd2**) gesendet.
- Der Empfänger ermittelt für den gesamten (zusammenhängenden) Datenblock einen CRC-Wert. Ist dieser CRC-Wert gleich 0, stimmen die berechnete und die empfangene CRC-Prüfsumme überein, ansonsten ist ein Datenfehler aufgetreten. Der Empfänger berechnet z. B. die CRC-Summe zur empfangenen Bytefolge $b56c4cd2$ modulo $11021 = be92 + 0$.

Auffallend ist, dass sowohl der Sender als auch der Empfänger bei der CRC-Berechnung den gleichen Quotienten erhält.

Im begleitenden Zusatzmaterial wird für Interessierte ein kurzer Einblick in die mathematischen Hintergründe des CRC-Codes gegeben.

Datenkompression

21

ÜBERBLICK

21.1 Rätsel: Tierseuche

Lösungen

Auf einem großen Hof lebten gleich viele Kühe, Schweine, Pferde und Kaninchen. Da brach plötzlich eine schreckliche Krankheit aus und die verschiedenen Bewohner dieses Hofes beklagten sich wie folgt:

Vater: „Jede fünfte Kuh ist gestorben.“
Mutter: „Es gibt genauso viele tote Pferde wie überlebende Schweine.“
Sohn: „Der neue Anteil von Kaninchen (unter den Überlebenden) beträgt $\frac{5}{14}$.“
Großmutter: „Der Tod hat keine Tierart verschont.“

Aber die Großmutter war schon sehr betagt. Beweisen Sie, dass sie sich geirrt hat.

21.2 Verlustbehaftete und verlustlose Kompression

Im Zeitalter der Telekommunikation und globalen Vernetzung werden immer mehr Daten zwischen Rechnern, Satelliten usw. übertragen. Einerseits wird versucht, die Fehlertoleranz in der Datenübertragung durch Erzeugen eingebauter Redundanzen (Parity-Bits usw.) zu erhöhen, andererseits versucht man aber auch, die zu übertragenden Datenmengen durch effiziente Kompressionsalgorithmen zu verkleinern, um so zum einen eine schnellere Übertragung zu erreichen und zum anderen den Datenverkehr auf den begrenzten Kapazitäten der Übertragungskanäle zu reduzieren.

Mittlerweile wurde eine Vielzahl von Verfahren zur Datenkomprimierung entwickelt, die sich prinzipiell in zwei Gruppen unterteilen lassen.

- *Verlustbehaftete Kompression (lossy compression)*: Hier geht ein Teil der Information verloren, was bedeutet, dass sich die dekodierten Daten von den Originaldaten unterscheiden. Dieser Informationsverlust kann in Kauf genommen werden, wenn es sich bei den zu komprimierenden Daten um Standbilder, Audio- oder Videodateien handelt, da hier die physiologischen und wahrnehmungspsychologischen Eigenschaften der Sinnesorgane, also der Augen und der Ohren, ausgenutzt werden können. So ist es für die menschliche Wahrnehmung charakteristisch, die Bereiche eines Frequenzspektrums unterschiedlich gut zu erfassen. Diese qualitative Wahrnehmungslücke wird bei der Kompression berücksichtigt. Dafür lassen sich hier wesentlich höhere Kompressionsraten erzielen als bei der verlustlosen Kompression.
- *Verlustlose Kompression (lossless compression)*: Diese Verfahren, bei denen sich die dekodierten Daten nicht von den Originaldaten unterscheiden, werden verwendet, wenn der Verlust einzelner Bits die Qualität des Originals wahrnehmbar beeinflussen würde, wie z. B. bei der Kompression von Texten und Tabellen. In diesem Kapitel werden verlustlose Kompressionsverfahren vorgestellt.

21.3 Codes mit variabel langen Codewörtern

Die üblichen Zeichen-Codes verwenden für jedes Zeichen die gleiche Anzahl an Bits zur Darstellung. In den jeweiligen Sprachen, wie z. B. Deutsch oder Englisch, treten die verschiedenen Zeichen jedoch mit unterschiedlicher Häufigkeit auf. Erreicht man es also, häufig auftretende Buchstaben mit einer kürzeren Bitfolge darzustellen, hat man einen ersten Ansatz zur Verringerung von Redundanz mittels Kompression.

Die Idee der Kodierung von Zeichen mit variabler Länge ist keine heutige Erfindung, sondern lag bereits dem zwischen 1832 und 1837 von *Samuel F. B. Morse* entwickelten Morsealphabet zugrunde. Dabei entspricht die Kodierung von Zeichen durch lange und kurze Symbole der Darstellung von Zeichen als Bitfolgen. Zur Kodierung von Nachrichten wird jedoch noch die Pause zwischen zwei Zeichen als drittes Symbol benötigt, um eine eindeutige Rekonstruktion zu ermöglichen. Abbildung 21.1 zeigt die Baumstruktur des Morsealphabets mit deutschen Umlauten, wobei die links abzweigenden Kanten mit einem Punkt (für kurzen Ton) und die rechts abzweigenden Kanten mit einem Strich (für langen Ton) beschriftet sind.

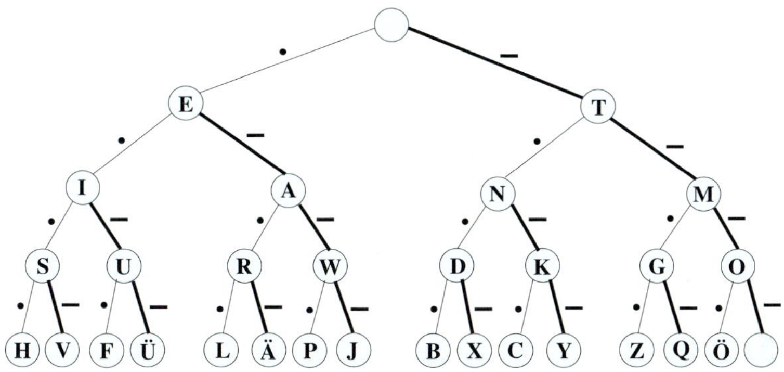

Abbildung 21.1: Baumstruktur des Morsealphabets mit deutschen Umlauten

So würde z. B. das Wort `Maus` wie folgt im Morse-Code kodiert:

```
——    . —     . . —     . . .
M     A       U         S
```

Im begleitenden Zusatzmaterial zu diesem Buch finden Sie eine Tabelle zum englischen Morsealphabet mit Ziffern.

21.4 Fano-Bedingung für Dekodierbarkeit eines Codes

Codes mit verschieden langen Codewörtern müssen für die Dekodierbarkeit eine Bedingung erfüllen. Diese Bedingung ist nach *R. M. Fano*, dem Begründer einer statistischen Theorie der Nachrichtenübertragung, benannt:

Ein Code erfüllt die Fano-Bedingung, wenn kein Wort aus dem Code der Anfang eines anderen Wortes ist.

Solche Codes, die die Fano-Bedingung erfüllen, nennt man auch *präfixfreie Codes*.

Der Morse-Code z. B. benötigt zur Dekodierung noch ein zusätzliches Zeichen, den Zwischenraum (Pause), da er die Fano-Bedingung nicht erfüllt:

```
e=., i=.., s=..., n=-., r=.-.
```

Die Kodierung der beiden Worte „seen" und „eier" ist hier jeweils: „.....-.".

Das begleitende Programm `fano.c` liest die einzelnen Wörter eines Codes ein und gibt dann aus, ob dieser Code die Fano-Bedingung erfüllt. Wenn der Code die Fano-

Bedingung erfüllt, hat der Benutzer noch die Möglichkeit, einen Code einzugeben, den das Programm dekodiert:

```
Wie viele Zeichen soll Ihr Code haben (1,100): 3
 1. Zeichen: a 0
 2. Zeichen: b 10
 3. Zeichen: c 11
 ---> Code erfuellt die Fano-Bedingung

Gib Codesequenz ein (Abschluss mit Return):
10111011001011
b c b c aab c
```

```
Wie viele Zeichen soll Ihr Code haben (1,100): 5
 1. Zeichen: a 000
 2. Zeichen: b 111
 3. Zeichen: c 110
 4. Zeichen: d 100
 5. Zeichen: e 011
 ---> Code erfuellt die Fano-Bedingung

Gib Codesequenz ein (Abschluss mit Return):
1110001000011101
b   a   d   ?e   ?
```

```
Wie viele Zeichen soll Ihr Code haben (1,100): 5
 1. Zeichen: a 000
 2. Zeichen: b 10
 3. Zeichen: c 010
 4. Zeichen: d 100
 5. Zeichen: e 111
 ---> Code erfuellt die Fano-Bedingung nicht
```

21.5 Lauflängenkodierung („run-length encoding")

Eine einfache Methode zur verlustlosen Datenkomprimierung ist die Lauflängenkodierung („run-length encoding"), bei der die Wiederholungen eines Zeichens im Text durch einen Zähler vor dem entsprechenden Zeichen ersetzt wird. Hier wird z. B. die Zeichenfolge `AAAABBBBCCDDDDDDACCCCCDDBBBBBBBBB` wie folgt übertragen: `4A4B2C6D1A5C2D9B`

Diese Vorgehensweise kann zum Beispiel bei der Faxübertragung genutzt werden. Handelt es sich bei den zu übertragenden Daten um Schwarz-Weiß-Bilder, lässt sich jedes Pixel dual darstellen und man erhält dadurch in der Regel längere Bitfolgen, so genannte „runs", die sich effizient zusammenfassen lassen. Diese Methode entspricht somit der Kompression einer Binärdatei.

21.6 Shannon-Fano-Kodierung

Bei der *Shannon-Fano-Kodierung* ordnet man die Zeichen nach ihrer Auftrittswahrscheinlichkeit, beginnend mit dem am häufigsten vorkommenden Zeichen. Dazu werden die Zeichen zunächst in zwei Gruppen aufgeteilt, so dass die Summe der Auftrittswahrscheinlichkeiten in beiden Gruppen in etwa gleich ist. Nun erhalten alle Zeichen der ersten Gruppe ein Codewort, das mit 0 beginnt, und alle Zeichen der zweiten Gruppe ein Codewort, das mit 1 beginnt. Die beiden Gruppen werden nun wieder in jeweils zwei weitere Untergruppen unterteilt, wobei nun das jeweilige Codewort der ersten Untergruppe um 0 und das der zweiten Untergruppe um 1 erweitert wird. Dieses Verfahren wird rekursiv weiter angewendet, indem ständig weitere Untergruppen gebildet werden, bei denen die jeweiligen Codewörter immer um eine 0 bzw. eine 1 erweitert werden. Die Tabelle links in Abbildung 21.2, die hypothetische Häufigkeiten für ein Alphabet aus acht Zeichen zeigt, und der Baum rechts in Abbildung 21.2 verdeutlichen dieses Verfahren.

Zeichen	Häufigkeit	Codewort
E	30.6%	**00**
R	19.5%	0**1**
L	19.5%	10**0**
N	12.9%	10**1**
S	7.6%	110**0**
T	3.3%	110**1**
I	3.3%	111**0**
A	3.3%	111**1**

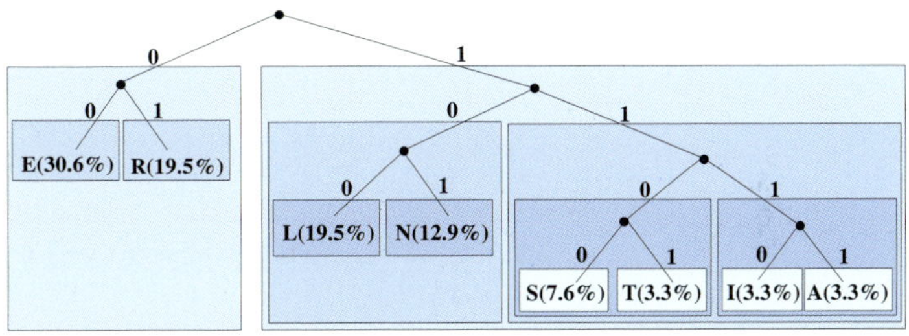

Abbildung 21.2: Gruppenbildung bei der Shannon-Fano-Kodierung

Bei diesem Beispiel aus der Tabelle in Abbildung 21.2 ist die mittlere Codewortlänge des Codes somit:

$$2 \cdot (0.306 + 0.195) + 3 \cdot (0.195 + 0.129) + 4 \cdot (0.076 + 0.033 + 0.033 + 0.033) = 2.674\,.$$

21.7 Huffman-Kodierung

Die im Jahre 1952 von *Huffman* gefundene Kodierung ist der Shannon-Fano-Kodierung sehr ähnlich, nur dass sie die Codewörter nicht von vorne nach hinten, sondern umgekehrt von hinten nach vorne ermittelt. Das Verfahren von Huffman baut dazu den Codebaum iterativ von unten nach oben (*bottom-up*) wie folgt auf:

1. Es wird zuerst für jedes Zeichen des Alphabets ein so genanntes *Blatt* für den Codebaum angelegt, wobei dieses Blatt mit der Auftrittswahrscheinlichkeit dieses Zeichens beschriftet wird, wie es in Abbildung 21.3 gezeigt ist.

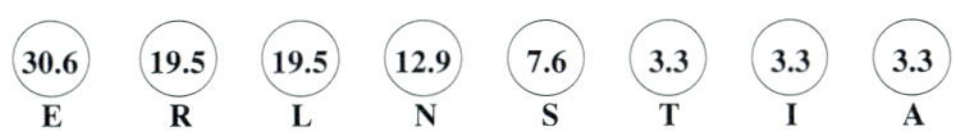

Abbildung 21.3: Anlegen der Blätter zum Huffman-Codebaum

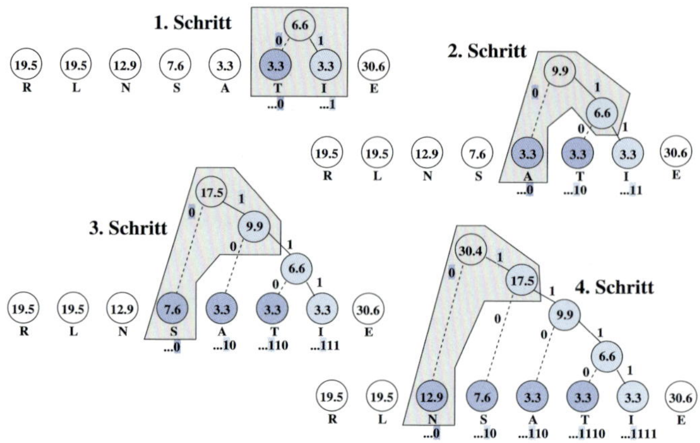

Abbildung 21.4: Die ersten Schritte beim Erzeugen eines Huffman-Codebaums

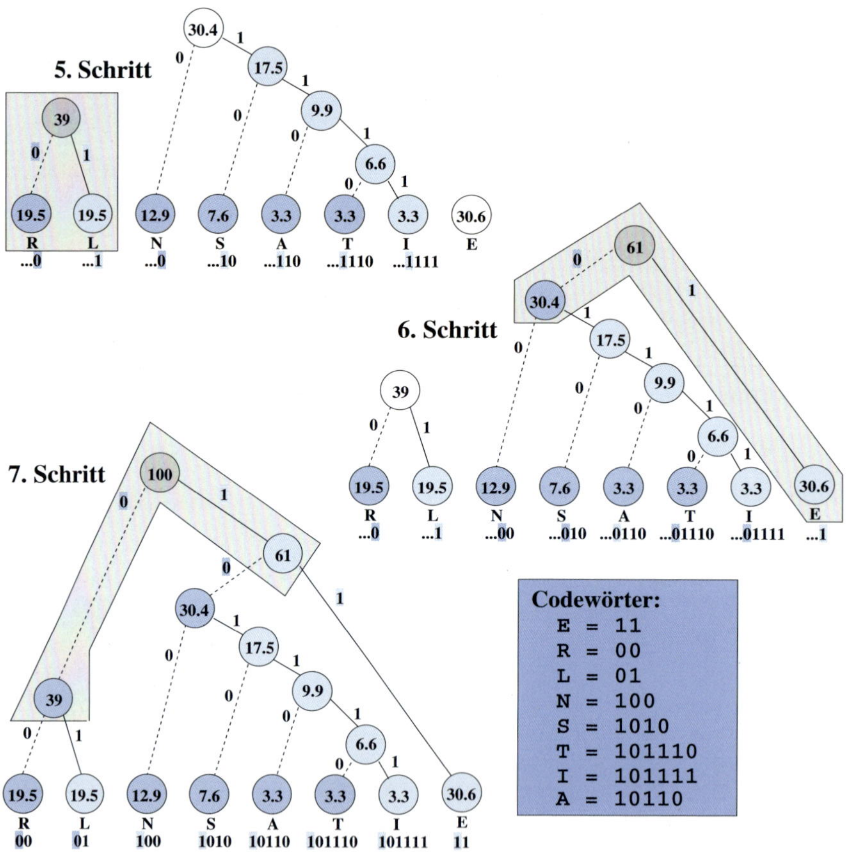

Abbildung 21.5: Weitere Schritte beim Erzeugen eines Huffman-Codebaums

2. In jedem weiteren Schritt werden die beiden Knoten mit den zwei kleinsten Beschriftungen (Wahrscheinlichkeiten) zu einem neuen Knoten zusammengefasst. Als Beschriftung für diesen neuen Knoten, der sich im Baum eine Hierarchieebene höher befindet, wird die Summe aus den Wahrscheinlichkeiten der beiden zusammengefassten Knoten verwendet. Zusätzlich wird zu diesen beiden zusammengefassten „Kindknoten" vom übergeordneten Knoten jeweils eine Linie (Kante) gezogen, wobei eine dieser Linien mit 0 und die andere mit 1 beschriftet wird. Dieses Verfahren wird wiederholt, bis man einen Knoten mit der Beschriftung 100% erhält. Die Abbildungen 21.4 und 21.5 verdeutlichen dieses Verfahren.

Informationsgehalt und Entropie

Der *Informationsgehalt* eines einzelnen Zeichens ist definiert durch folgende Formel:

$I(z_i) = \log_2 \frac{1}{p_i}$ wobei p_i die Auftrittswahrscheinlichkeit des Zeichens z_i ist.

Für eine Datenquelle als Ganzes definiert man dann die so genannte *Entropie H* als den gewichteten Durchschnitt der Informationsgehalte aller Symbole S:

$$H(S) = \sum_{i=1}^{n} p_i I(z_i) = \sum_{i=1}^{n} p_i \log_2 \frac{1}{p_i}\,.$$

Diese Entropieformel gibt die theoretisch optimal mögliche Kodierung an, also in Bezug auf die Datenkompression die kleinst mögliche Codewortlänge.
Hier wird anhand eines Beispiels gezeigt, dass mit der Huffman-Kodierung fast die theoretisch mögliche kleinste Codewortlänge erreicht wird. Abbildung 21.6 zeigt eine Huffman-Kodierung zu 5 Zeichen mit den angenommenen Auftrittswahrscheinlichkeiten für jedes Zeichen.

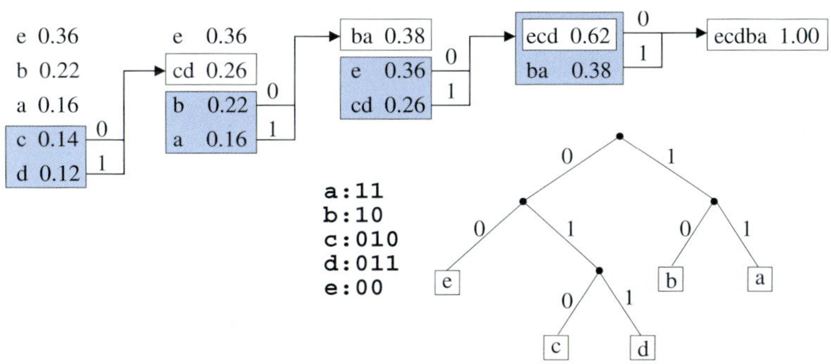

Abbildung 21.6: Huffman-Kodierung zu 5 Zeichen

Tabelle 21.1 zeigt die Berechnung des Informationsgehalts I der einzelnen Zeichen, der Entropie H und der Kompression K zur Abbildung 21.6. Vergleicht man die theoretisch optimale Kodierung $H = 2.198$, erreicht man bei dieser Huffman-Kodierung das theoretisch mögliche Optimum zu 97.25% $(= \frac{2.198}{2.26} \cdot 100)$. Bei diesem Beispiel in Abbildung 21.6 erreicht man eine Kompression um knapp 25% $(100 - \frac{2.26}{3} \cdot 100)$, wenn man die Huffman-Kodierung anstatt einer Kodierung mit jeweils 3 Bits für jedes der 5 Zeichen verwendet.

Tabelle 21.1

Berechnung der Entropie H und der Kompression K zur Abbildung 21.6

z_i	p_i	$I(z_i)$	$p_i I(z_i)$	Code	Bitanzahl	$Bitanzahl \cdot p_i$
a	0.16	2.644	0.423	11	2	0.32
b	0.22	2.184	0.481	10	2	0.44
c	0.14	2.837	0.397	010	3	0.42
d	0.12	3.059	0.367	011	3	0.36
e	0.36	1.474	0.531	00	2	0.72
Summe	1.00	H =	2.198			K = 2.26

Es gilt: *Der Huffman-Code ist ein optimaler, eindeutig dekodierbarer Code.*

Um beim Dekodieren von Huffman-kodierten Daten nicht erneut mit viel Zeitaufwand die zugehörigen Codewörter berechnen zu müssen, speichert man den Codebaum bzw. überträgt diesen zusammen mit den Daten, so dass dieser beim Dekodieren sofort bekannt ist.

Eine andere Möglichkeit ist, dass man z. B. für Texte immer den gleichen Codebaum verwendet, der eine generelle Häufigkeit des Vorkommens der einzelnen Zeichen widerspiegelt. Tabelle 21.2 zeigt die relativen Häufigkeiten, mit der in deutschen Texten die einzelnen Buchstaben auftreten.

Tabelle 21.2

Relative Häufigkeiten der Buchstaben in deutschen Texten

Buchstabe	rel. Häufigkeit	Buchstabe	rel. Häufigkeit	Buchstabe	rel. Häufigkeit
E	17,40%	U	4,35%	K	1,21%
N	9,78%	L	3,44%	Z	1,13%
I	7,55%	C	3,06%	P	0,79%
S	7,27%	G	3,01%	V	0,67%
R	7,00%	M	2,53%	J	0,27%
A	6,51%	O	2,51%	Y	0,04%
T	6,15%	B	1,89%	X	0,03%
D	5,08%	W	1,89%	Q	0,02%
H	4,76%	F	1,66%		

Nachteile bei der Huffman-Kodierung

- Die Huffman-Kodierung hat den Nachteil, dass man für den Fall, dass der Codebaum nicht bekannt ist, zuerst in einem Vorverarbeitungsschritt alle Codewörter zeitaufwändig berechnen muss.
- Ein weiterer kleiner Nachteil dieser Kodierung ist, dass gleiche Wahrscheinlichkeiten in unterschiedlichen Knoten beim Aufstellen des Codebaums auftreten können und somit unterschiedliche Codewörter für das gleiche Zeichen aus dem Codebaum resultieren können. Daher muss zum Dekodieren entweder genau der gleiche Algorithmus wie beim Kodieren zum Aufstellen des Codebaums verwendet werden, oder aber der Huffman-Codebaum mit der kodierten Nachricht zusammen abgespeichert bzw. übertragen werden.
- Ein wesentlich schwerwiegender Nachteil der Huffman-Kodierung ist, dass man bei Einbeziehung der Kontextabhängigkeit einer Nachricht eine riesige Menge an Codewörtern erhält. Kontextabhängigkeit bedeutet dabei, dass man z. B. nicht nur immer einem Zeichen, sondern, um eine noch höhere Kompression zu erreichen, eben zwei oder mehr Zeichen ein Codewort zuordnet, was man auch als *erweiterte Huffman-Kodierung* bezeichnet. So würde man z. B. für die Tabelle 21.1 folgende Wahrscheinlichkeiten erhalten:

  $p(aa) = p(a) \cdot p(a) = 0.16 \cdot 0.16 = 0.0256;$ $\quad p(ab) = p(a) \cdot p(b) = 0.16 \cdot 0.22 = 0.0352$

  ....

  $p(ed) = p(e) \cdot p(d) = 0.36 \cdot 0.12 = 0.0432;$ $\quad p(ee) = p(e) \cdot p(e) = 0.36 \cdot 0.36 = 0.1296$

  Nimmt man z. B. den ASCII-Code mit seinen 256 Zeichen, so ergäbe sich folgende Anzahl von Codewörtern bei der erweiterten Huffman-Kodierung:

Zeichen je Codewort	Anzahl Codewörter	Zeichen je Codewort	Anzahl Codewörter
1	256	2	65.536
3	16.777.216	4	4.294.967.296
5	1.099.511.627.776		

Die Huffman-Kodierung war über Jahrzehnte das am häufigsten eingesetzte Verfahren zur Datenkompression und ist deshalb in vielen Verfahren und Standards anzutreffen. In den letzten Jahren wurde sie aber immer immer mehr von der nachfolgend vorgestellten arithmetischen Kodierung abgelöst, da diese besonders bei sehr ungleichen Wahrscheinlichkeitsverteilungen effizienter komprimiert.

21.8 Arithmetische Kodierung

Bei der arithmetischen Kodierung tritt der gerade erwähnte Nachteil der „Explosion von Codewörtern“ wie bei der erweiterten Huffman-Kodierung nicht auf, da diese die Codewörter bereits beim ersten Lesen der Daten („on-the-fly“) berechnet, ohne dass sie die Codewörter aller Zeichenfolgen kennt. Das Prinzip der arithmetischen Kodierung ist die Darstellung von Daten als Intervalle in den rationalen Zahlen. Ausgehend vom Intervall [0,1) am Anfang wird dieses Intervall mit jedem neuen Symbol verkleinert, wobei es entsprechend der Auftrittswahrscheinlichkeiten proportional aufgeteilt wird. Mit folgenden Auftrittshäufigkeiten soll nun das Wort RADADA arithmetisch kodiert werden: A: 50%; R: 20%; D: 30%. Die Gleitpunktzahl, die die

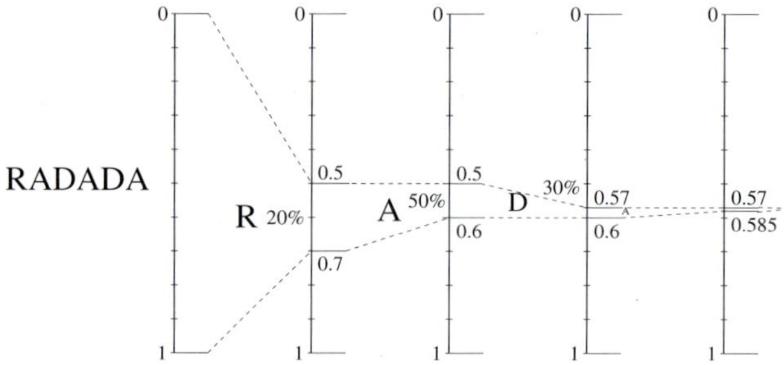

Abbildung 21.7: Schrittweise Intervallschachtelung bei der arithmetischen Kodierung

zu kodierende Nachricht darstellt, wird nun durch sequenzielle Intervallschachtelung bestimmt, wie es in Abbildung 21.7 ansatzweise gezeigt ist.

Zuerst wird ein Zeichen eingelesen und das dazugehörige Teilintervall bestimmt. Dieses Teilintervall dient nun als Grundlage für das nächste Zeichen, indem die Zeichenwahrscheinlichkeiten darauf abgebildet werden. Dieser Vorgang kann nun bis zum Einlesen des letzten Zeichens der Nachricht wiederholt werden. Zuletzt wird eine Gleitpunktzahl als „Code" aus dem letzten Teilintervall gewählt. Dabei empfiehlt es sich, eine Zahl zu wählen, die mit möglichst wenig Bits darstellbar ist.

Alternativ kann auch nach einer bestimmten Anzahl von eingelesenen Zeichen die „Codezahl" abgespeichert und der Vorgang erneut mit Intervall [0,1) begonnen werden. Die schrittweise Kodierung geschieht dabei wie folgt:

```
u=0 und o=1 (u=Untergrenze und o=Obergrenze)
while Zeichen vorhanden, lies naechstes Zeichen und fuehre Folgendes aus:
    intervall  = o − u
    o = u + intervall  ∗ Obere Grenze(Zeichen)
    u = u + intervall  ∗ Untere Grenze(Zeichen)
end_while
Gib u aus
```

In Abbildung 21.8 wird die vollständige Kodierung des Worts „RADADA" schrittweise gezeigt. Das Lösungsintervall wird nach jedem Schritt kleiner, so dass am Ende die Gleitpunktzahl im Intervall [0.5805, 0.58275) liegen muss. Dabei stellen die gestrichelten Linien die Unterteilung des neuen Intervalls als Projektion des alten Teilintervalls dar.

Beim Dekodieren einer arithmetischen „Codezahl" hat man das Problem, dass nicht bekannt ist, wann das Dekodieren zu beenden ist, also wann alle Zeichen dekodiert sind. Dieses Problem lässt sich auf zwei Arten lösen:

1. Man speichert bzw. überträgt die Anzahl der zu dekodierenden Zeichen zusammen mit der arithmetischen „Codezahl".
2. Man kennzeichnet das Ende der dekodierten Zeichenfolge mit einem speziellen Zeichen, wie z. B. EOF (*end-of-file*).

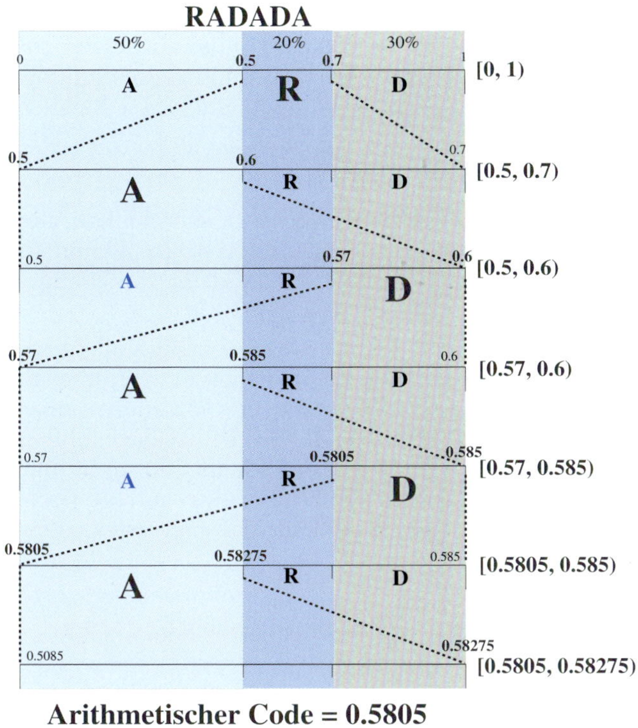

Abbildung 21.8: Schrittweise arithmetische Kodierung des Worts „RADADA"

Die schrittweise Dekodierung geschieht dann wie folgt:

```
Lies arithmetische Codezahl
do
   Gib das Zeichen aus, in dessen Intervall die Codezahl liegt
   Bereich := Intervallbreite  (dieses Zeichens)
   Codezahl := Codezahl – Untergrenze (des Intervalls dieses Zeichens)
   Codezahl := Codezahl / Bereich
while (noch Symbole zu dekodieren)
```

Probleme bei der arithmetischen Kodierung

- Ein Problem, das bei der arithmetischen Kodierung gelöst werden muss, sind die immer kleiner werdenden Teilintervalle mit jedem neu zu kodierenden Zeichen. Bei der Vorstellung der Gleitpunktzahlen in Kapitel 3.6.2 auf Seite 68 haben wir gesehen, dass Rechner aber nur, abhängig von ihrer Wortbreite, eine begrenzte Genauigkeit für Gleitpunktzahlen zulassen, so dass ab einer gewissen Grenze die erforderlichen arithmetischen „Codezahlen" nicht mehr dargestellt werden können. Dieses Problem lässt sich lösen, indem man ganze Zahlen anstelle von Gleitpunktzahlen heranzieht, was man mit *incremental transmission scheme* bezeichnet. Darauf soll aber hier nicht näher eingegangen werden.

- Ein weiteres Problem bei der arithmetischen Kodierung ist, dass man ähnlich wie bei der Huffman-Kodierung im Voraus die Auftrittswahrscheinlichkeiten beim Kodieren kennen muss, um die entsprechende Intervallunterteilung vornehmen zu können. Um dieses Problem zu lösen gibt es die folgenden Möglichkeiten:
  - *Verwendung der immer gleichen Auftrittswahrscheinlichkeiten*, was meist eine geringe Kompressionsrate nach sich zieht.
  - *Verwendung des semi-adaptiven Verfahrens*, bei dem man vor der Kodierung einer Datenmenge diese zuerst vollständig liest, um die entsprechenden Auftrittswahrscheinlichkeiten zu ermitteln, und dann diese Wahrscheinlichkeiten nach dem Kodieren mit abspeichert bzw. überträgt.
  - *Verwendung des adaptiven Verfahrens*, das auf wechselnde Häufigkeiten flexibel reagiert, indem es regelmäßig die Intervalle an die Auftrittswahrscheinlichkeiten anpasst. Nach der Übertragung einer vorher bestimmten Anzahl von Blöcken werden dann die neuen zu erwartenden Auftrittswahrscheinlichkeiten anhand einer einfachen Formel berechnet. Somit kann sich die arithmetische Kodierung den aktuellen Häufigkeiten flexibel anpassen und bei geschickter Wahl der Aktualisierungsformel entsprechend höhere Kompressionsraten erzielen.

Mit dem begleitenden Programm `aritcode.c` kann man sich zu kleinen Zeichenketten den arithmetischen Code ermitteln lassen, wie z. B.:

```
RADADA
R:  1.000000 (0.500000, 0.700000)
A:  0.200000 (0.500000, 0.600000)
D:  0.100000 (0.570000, 0.600000)
A:  0.030000 (0.570000, 0.585000)
D:  0.015000 (0.580500, 0.585000)
A:  0.004500 (0.580500, 0.582750)
Arithmetischer Code: 0.5805
```

Mit dem begleitenden Programm `aritdecode.c` kann man sich zu einem arithmetischen Code die dekodierte Zeichenkette ermitteln lassen, wie z. B.:

```
Arithmetischer Code: 0.5805
Anzahl von Zeichen: 6
 0.5805000 ---> R [0.5, 0.7)
 0.4025000 ---> A [0, 0.5)
 0.8050000 ---> D [0.7, 1)
 0.3500000 ---> A [0, 0.5)
 0.7000000 ---> D [0.7, 1)
 0.0000000 ---> A [0, 0.5)
```

21.9 Lempel-Ziv-Kodierungen

Die unterschiedlichen Verfahren der *Lempel-Ziv-Kodierung* gehören zur großen Gruppe der *wörterbuchbasierten Kompressionsalgorithmen*, bei denen die zu komprimierenden Zeichenfolgen in einem Wörterbuch verwaltet werden. Die Zeichenfolgen der zu komprimierenden Daten werden im Wörterbuch nachgeschlagen. Ist dort bereits ein entsprechender Eintrag vorhanden, so erfolgt die Substitution im Ausgabestrom durch eine Referenz, ansonsten wird ein neuer Eintrag generiert.

Im Gegensatz zu den statischen Verfahren, bei denen vor der Kodierung das Wörterbuch festgelegt und dieses weder beim Kodieren noch beim Dekodieren verändert wird, handelt es sich bei der Lempel-Ziv-Kodierung um ein dynamisches Verfahren, bei dem das Wörterbuch sowohl während der Kodierung aus den zu verschlüsselnden Daten als auch während der Dekodierung implizit aus den verschlüsselten Daten neu generiert wird. Dies hat zur Folge, dass man bei der Dekompression ohne zusätzliche Informationen über die Daten auskommt, da diese Informationen während des Dekodiervorganges gewonnen werden. Hier liegt der Hauptunterschied zu den anderen beiden zuvor vorgestellten Verfahren, da ja sowohl beim Huffman-Code als auch bei der arithmetischen Kodierung die Kodierungstabelle mit übertragen werden muss. Prinzipiell erfolgt die Datenkompression bei allen Lempel-Ziv-Verfahren dadurch, dass redundante Zeichenketten durch kürzere Codes ersetzt werden. Die Art und Weise, wie Redundanz bei der Kompression erkannt und wie das Wörterbuch jeweils erzeugt und verwaltet wird, ist das wichtigste Unterscheidungsmerkmal zwischen den einzelnen Lempel-Ziv-Verfahren.

Die Lempel-Ziv-Algorithmen lassen sich in zwei Gruppen aufteilen:

1. Komprimieren von Wiederholungen (LZ77- und LZSS-Algorithmen)
   Diese Gruppe versucht die zu komprimierende Zeichenfolge in der schon verarbeiteten Datenmenge zu finden. Anstatt einer Wiederholung wird dann lediglich ein Zeiger auf das letzte Auftreten derselben abgespeichert. Das Wörterbuch wird hier also durch die bereits verarbeitete Datenfolge repräsentiert (*implicit dictionary*).

2. Erzeugen eines Wörterbuchs aus Teilfolgen (LZ78-, LZW- und LZC-Algorithmen)
   Bei dieser Gruppe wird während des Kompressionsvorganges ein Wörterbuch aus Teil-Zeichenfolgen erzeugt, die in den zu komprimierenden Daten auftreten. Ist eine Zeichenfolge bereits im Wörterbuch eingetragen, wird diese durch den Index ihres Eintrags ersetzt. Dieses Wörterbuch wird während der Dekodierung dynamisch generiert.

Im Folgenden werden die fundamentalen LZ-Algorithmen zusammen mit ihren wichtigsten Varianten erläutert. Dabei werden folgende Begriffe verwendet:

Eingabedatenstrom: Folge von Zeichen, die komprimiert werden soll.

Kodierungsposition: Position des Zeichens im Eingabedatenstrom, das gerade kodiert werden soll.

Datenfenster: Intervall der Größe n, das den zuletzt verarbeiteten n Zeichen des Eingabedatenstromes entspricht.

Zeiger: bezeichnet die Position einer Zeichenkette im Datenfenster; dieser Zeiger wird durch ein Tupel (Position, Länge) dargestellt.

Vorausschaupuffer: Zeichenfolge von der Kodierungsposition bis zum Ende des Eingabedatenstroms.

Wörterbuch: Tabelle aus Zeichenketten; zu jeder Zeichenkette im Wörterbuch gehört dabei genau ein Code als eindeutiger Index auf das Wörterbuch.

Präfix: beliebig lange Folge von Zeichen, die genau einem Zeichen vorangestellt ist.

21.9.1 Der LZ77-Algorithmus

Der LZ77-Algorithmus wurde 1977 veröffentlicht und war der erste von *A. Lempel* und *J. Ziv* entwickelte LZ-Algorithmus. Da es zuviel Rechenzeit in Anspruch nehmen würde, immer die gesamten verarbeiteten Daten nach einem Muster zu durchsuchen, legt dieses Verfahren ein Datenfenster auf die zu komprimierenden Daten, und durchsucht nur dieses nach Übereinstimmungen. Dieses Datenfenster wird analog zur Abarbeitung der Daten verschoben, so dass immer die n zuletzt gelesenen Zeichen der Mustererkennung zu Verfügung stehen.

Der Algorithmus durchsucht also das Datenfenster nach der längsten Zeichenkette, die mit der an der Kodierungsposition beginnenden Zeichenkette übereinstimmt. Da es jedoch vorkommen kann, dass überhaupt keine Übereinstimmung im Datenfenster gefunden wird, reicht es nicht aus, nur den Zeiger (Position, Länge) auszugeben. Also gibt der LZ77-Algorithmus nach dem Zeiger noch das erste Zeichen im Vorausschaupuffer nach der übereinstimmenden Zeichenkette aus. Wird überhaupt keine Übereinstimmung gefunden, so wird ein Null-Zeiger (0,0) gefolgt vom Zeichen an der Kodierungsposition ausgegeben.

Der Algorithmus der LZ77-Kodierung ist wie folgt:

1. Setze die Kodierungsposition auf den Anfang des Eingabedatenstroms.
2. Finde die längste Übereinstimmung im Datenfenster mit der an der Kodierungsposition beginnenden Zeichenkette im Vorausschaupuffer.
3. Gib den Zeiger auf die Übereinstimmung im Datenfenster und das erste nicht passende Zeichen im Vorausschaupuffer aus.
4. Ist das Ende der zu komprimierenden Datenmenge noch nicht erreicht, dann bewege die Kodierungsposition (und somit auch das Datenfenster) um $l+1$ Zeichen weiter, wobei l die Länge der zuletzt gefundenen Zeichenkette bezeichnet, und fahre bei 2. fort.

Anhand eines Beispiels soll die LZ77-Kodierung demonstriert werden:

```
Position:    0 1 2 3 4 5 6 7 8
Datenmenge:  A A B C A A A B C
```

Nachfolgend ist nun schrittweise die zugehörige LZ77-Kodierung gezeigt, wobei Kleinbuchstaben immer den Inhalt des Datenfensters (DF) und Großbuchstaben den Inhalt des Vorausschaupuffers (VP) anzeigen:

Kodierungsposition	DF:VP	Position:Übereinstimmung	Ausgabe (Position, Länge)Zeichen
0	:AABCAAABC	-	(0,0)A
1	a:ABCAAABC	0:A	(0,1)B
3	aab:CAAABC	-	(0,0)C
4	aabc:AAABC	0:AA	(0,2)A
7	aabcaaa:BC	3:BC	(2,1)C[1]

1 Hier wird anstatt der gefundenen Zeichenkette *BC* nur der Code für *B* und das Zeichen *C* ausgegeben, da beim Dekodieren immer ein Code gefolgt von einem Zeichen erwartet wird. Wäre hier nicht das Ende des Eingabedatenstromes erreicht, würde natürlich der Code für *BC* ausgegeben werden.

Die Dekodierung ist hier sehr einfach: Das Datenfenster wird auf dieselbe Weise verwendet wie bei der Kodierung. Der Dekodierer gibt zuerst die durch (Position, Länge) angegebene Zeichenkette aus und anschließend das dem Zeiger nachgestellte Zeichen.

Aus der vorherigen Kodierung haben wir den folgenden Eingabedatenstrom:

```
(0,0)A (0,1)B (0,0)C (0,2)A (2,1)C
```

Nachfolgend ist nun schrittweise die zugehörige LZ77-Dekodierung gezeigt, wobei Kleinbuchstaben immer den Inhalt des Datenfensters (DF) und Großbuchstaben die Ausgabe anzeigen:

Eingabe	DF:Ausgabe
(0,0)A	-:A
(0,1)B	a:AB
(0,0)C	aab:C
(0,2)A	aabc:AAA
(2,1)C	aabcaaa:BC

Bekannte Komprimierungsprogramme, die den LZ77-Algorithmus verwenden, sind das UNIX-Programm *compress* sowie die Packprogramme *arj*, *lha*, *pkzip*, *zip* und *zoo*. Das LZ77-Verfahren wird zudem in vielen Textverarbeitungsprogrammen eingesetzt.

21.9.2 Der LZSS-Algorithmus

Der LZSS-Algorithmus, der eine Weiterentwicklung des LZ77-Algorithmus ist und 1982 von *Storer* und *Szymanski* veröffentlicht wurde, benötigt die gleiche Menge an Speicher und Rechenzeit wie der LZ77-Algorithmus, arbeitet aber effizienter.

Da der LZ77-Algorithmus grundsätzlich nach jedem Zeiger noch explizit ein Zeichen ausgibt, auch wenn er keine Übereinstimmung im Datenfenster finden kann, erzeugt er im Falle einer Nicht-Übereinstimmung eine neue Redundanz: Entweder der Null-Zeiger ist redundant, oder das nachgestellte Zeichen, das ja in der nächsten Übereinstimmung enthalten sein könnte. Der LZSS-Algorithmus geht hier anders vor: Es wird nur ein Zeiger ausgegeben, wenn die Übereinstimmung länger ist als der Zeiger, ansonsten werden die Zeichen explizit angegeben. Da der Ausgabestrom nun in ungeordneter Form Zeiger und Zeichen enthält, benötigt man zur Unterscheidung ein weiteres so genanntes *Identifikations-Bit (Id-Bit)*. Der Algorithmus der LZSS-Kodierung ist wie folgt:

1. Setze die Kodierungsposition auf den Anfang des Eingabedatenstroms.
2. Finde längste Übereinstimmung im Datenfenster mit der an der Kodierungsposition beginnenden Zeichenkette im Vorausschaupuffer.

   p := Position der Übereinstimmung im Datenfenster

   l := Länge der Übereinstimmung
3. Ist $l \geq$ Länge eines Zeigers?

   wenn ja: Schreibe (p, l) in die Ausgabe und erhöhe Kodierungsposition um l.

wenn nein: Gib erstes Zeichen des Vorausschaupuffers aus
und erhöhe die Kodierungsposition um 1.

4. Ist das Ende der zu komprimierenden Datenmenge noch nicht erreicht, dann gehe zurück zu 2.

Beim Dekodieren wird zuerst anhand des Id-Bits fest geprüft, ob ein Zeiger oder ein Zeichen folgt: Zeichen werden einfach ausgegeben und Zeiger werden wie beim LZ77-Algorithmus behandelt.

21.9.3 Der LZ78-Algorithmus

Der LZ78-Algorithmus ist die zweite von *A. Lempel* und *J. Ziv* entwickelte Kompressionsmethode. Anders als der LZ77-Algorithmus referenziert der LZ78-Algorithmus keine Zeichenketten über Zeiger im Datenfenster, sondern er benutzt immer eindeutige Codes, die einen Index auf ein Wörterbuch darstellen, das während des Kodier- und Dekodiervorgangs aufgebaut wird.

Zu Beginn ist dabei das Wörterbuch und die Präfix-Zeichenkette leer und es wird ein Zeichen *z* aus dem Eingabedatenstrom gelesen. Ist die Zeichenkette „Präfix+z" im Wörterbuch enthalten, so wird das Präfix um *z* erweitert.

Dieses Einlesen und Erweitern wird so lange fortgesetzt, bis „Präfix+z" nicht im Wörterbuch enthalten ist. In diesem Fall werden dann der das Präfix repräsentierende Code und das momentane Zeichen *z* ausgegeben und „Präfix+z" noch im Wörterbuch eingetragen. Anschließend wird mit einem neuen Präfix begonnen.

Für den Sonderfall, dass das Präfix leer ist und *z* nicht im Wörterbuch vorkommt, wird ein spezieller Code, der einen leeren String repräsentiert, und *z* ausgegeben und *z* in das Wörterbuch eingetragen.

Der Algorithmus zur LZ78-Kodierung ist somit:

1. Zu Beginn sind Präfix und das Wörterbuch leer.
2. z := nächstes Zeichen aus dem Eingabedatenstrom.
3. Ist „Präfix+z" im Wörterbuch?

   wenn ja: Präfix := „Präfix+z"

   wenn nein: Gib den Code für Präfix und *z* aus.
   Trage „Präfix+z" im Wörterbuch ein und leere Präfix.

4. Ist das Ende des Eingabedatenstroms erreicht?

   wenn nein: Gehe zu Schritt 2.

   wenn ja: Ist Präfix nicht leer, gib seinen korrespondierenden Code aus.

Anhand eines Beispiels soll die LZ78-Kodierung demonstriert werden:

```
Position:   0 1 2 3 4 5 6 7 8
Datenmenge: A A B C A A A B C
```

Nachfolgend ist nun schrittweise die zugehörige LZ78-Kodierung gezeigt, wobei Kleinbuchstaben immer schon verarbeitete Zeichen und Großbuchstaben die noch zu verarbeitenden Zeichen anzeigen:

Kodierungs-position	verarbeitet:nicht verarbeitet	Code:Wörterbucheintrag	Ausgabe Code,Zeichen
0	:AABCAAABC	1:A	0,A
1	a:ABCAAABC	2:AB	1,B
3	aab:CAAABC	3:C	0,C
4	aabc:AAABC	4:AA	1,A
6	aabcaa:ABC	5:ABC	2,C

Im Folgenden steht „*K*“ für die zu *K* gehörige Zeichenkette:

1. Zu Beginn ist das Wörterbuch leer.
2. K := der nächste Code aus dem Eingabedatenstrom.
3. z := das darauffolgende Zeichen.
4. Gib die durch K im Wörterbuch repräsentierte Zeichenfolge (kann leer sein) und anschließend z aus.
5. Trage „K“+z im Wörterbuch ein.
6. Ist das Ende des Eingabedatenstroms noch nicht erreicht, gehe zu Schritt 2.

Bei der Dekodierung wird das Wörterbuch genau auf dieselbe Weise aufgebaut wie bei der Kodierung, so dass nach der Dekodierung das Wörterbuch identisch mit dem nach der Kodierung ist. Der Dekodierer gibt zuerst die durch (Position, Länge) angegebene Zeichenkette aus und anschließend das dem Zeiger z nachgestellte Zeichen. Aus der vorherigen Kodierung haben wir den folgenden Eingabedatenstrom: `0,A 1,B 0,C 1,A 2,C`. Nachfolgend ist nun schrittweise die zugehörige LZ78-Dekodierung gezeigt, wobei Kleinbuchstaben immer die schon ausgegebenen Zeichen und Großbuchstaben die aktuelle Ausgabe anzeigen:

Eingabe	Wörterbucheintrag	Ausgabe
0,A	1:A	A
1,B	2:AB	aAB
0,C	3:C	aabC
1,A	4:AA	aabcAA
2,C	5:ABC	aabcaaABC

21.9.4 Der LZW-Algorithmus

Der LZW-Algorithmus ist eine Weiterentwicklung des LZ78-Algorithmus, der im Jahre 1984 von *Terry Welch* veröffentlicht wurde. Der *Lempel-Ziv-Welch-Algorithmus (LZW)* ist die bekannteste LZ-Variante und wird deshalb fälschlicherweise oft als *der Lempel-Ziv-Algorithmus* bezeichnet.

Der wesentliche Unterschied zum LZ78-Algorithmus besteht darin, dass nur noch Codes und keine Zeichen mehr ausgegeben werden. Dies setzt allerdings voraus, dass zu Beginn der Kodierung/Dekodierung für jedes im Eingabealphabet vorkommende

Zeichen ein entsprechender Eintrag im Wörterbuch existiert. Da deshalb jede Kodierung mit einem Präfix der Länge 1 beginnt, wird bei der Kodierung immer zuerst im Wörterbuch nach Zeichenketten der Länge 2 gesucht. Außerdem muss das erste Zeichen des neuen Präfix mit dem letzten Zeichen der zuvor eingetragenen Zeichenkette identisch sein, da sonst bei der Dekodierung dieses Zeichen, das beim LZ78-Algorithmus explizit ausgegeben wurde, fehlt, und so das Wörterbuch nicht richtig aufgebaut werden könnte.

Der Algorithmus der LZW-Kodierung ist wie folgt:

1. Zu Beginn ist das Präfix leer und das Wörterbuch enthält für jedes im Dateneingabestrom vorkommende Zeichen einen Eintrag.
2. z := nächstes Zeichen aus dem Eingabedatenstrom.
3. Ist „Präfix+z“ im Wörterbuch?

   wenn ja: Präfix := „Präfix+z“.

   wenn nein: Gib den Code für Präfix aus und trage „Präfix+z“ im Wörterbuch ein. Präfix := z
4. Ist das Ende des Eingabedatenstroms erreicht?

   wenn nein: Gehe zu Schritt 2.

   wenn ja: Ist Präfix nicht leer, gib seinen korrespondierenden Code aus.

Die folgende Tabelle zeigt die LZW-Kodierung für die Zeichenkette *ABBABABAC*, wobei Z für Zeichen, P für Präfix und $P + Z$ für „Präfix+Zeichen“ steht:

			P+Z im Wörterbuch? ja	nein			
Z	P	P+Z	Neues P	Ausgabe: … (für P aus Wörterbuch)	Wörterbuch-eintrag 1:A, 2:B, 3:C	Neues P	gelesen bisher
A		A	A		…		A
B	A	AB		1	…, 4:AB	B	AB
B	B	BB		2	…, 5:BB	B	ABB
A	B	BA		2	…, 6:BA	A	ABBA
B	A	AB	AB		…		ABBAB
A	AB	ABA		4	…, 7:ABA	A	ABBABA
B	A	AB	AB		…		ABBABAB
A	AB	ABA	ABA		…		ABBABABA
C	ABA	ABAC		7	…, 8:ABAC	C	ABBABABAC
-	C			3			(am Ende)

Das begleitende Programm `lzw.c` liest zunächst alle in einer zu kodierenden Zeichenkette vorkommenden Zeichen ein, um diese in sein Wörterbuch einzutragen. Anschließend liest es die zu kodierende Zeichenkette selbst ein, um dann hierfür die LZW-Kodierung durchzuführen, wie z. B.:

```
_Gib alle  vorkommenden Zeichen als eine Zeichenkette ein: ABC
                  ..... Wortbucheintrag: 1: A
                  ..... Wortbucheintrag: 2: B
                  ..... Wortbucheintrag: 3: C
Gib die zu kodierende Zeichenkette ein: ABBABABAC
 1: A             (im Wortbuch hat Praefix A den Code 1)
                  ..... Wortbucheintrag: 4: AB
 2: B             (im Wortbuch hat Praefix B den Code 2)
                  ..... Wortbucheintrag: 5: BB
 2: B             (im Wortbuch hat Praefix B den Code 2)
                  ..... Wortbucheintrag: 6: BA
 4: AB            (im Wortbuch hat Praefix AB den Code 4)
                  ..... Wortbucheintrag: 7: ABA
 7: ABA           (im Wortbuch hat Praefix ABA den Code 7)
                  ..... Wortbucheintrag: 8: ABAC
 3: C

__________Wortbuchinhalt___
1: A
2: B
3: C
4: AB
5: BB
6: BA
7: ABA
8: ABAC
```

Algorithmus zur LZW-Dekodierung

Bei der Dekodierung eines LZ78-Codes wurde der nächste Wörterbucheintrag aus dem zuletzt übersetzten Code und dem angehängten Zeichen gebildet. Da bei der LZW-Kodierung keine Zeichen mehr explizit ausgegeben werden, musste der LZW-Code so konzipiert werden, dass man beim Dekodieren trotzdem noch das Wörterbuch richtig aufstellen kann. Dieses Problem wurde mit der Vereinbarung gelöst, dass das erste Zeichen eines neuen Wörterbucheintrags identisch sein muss mit dem letzten Zeichen des vorhergehenden. Dies hat jedoch zur Folge, dass man bei der Erstellung des Wörterbuchs während des Dekodierens dem Kodieren einen Eintrag hinterher „hinkt", da man beim Dekodieren erst dann einen neuen Wörterbucheintrag vornehmen kann, wenn man den nächsten Code ermittelt hat, da man ja dessen erstes Zeichen benötigt. Deshalb kann es vorkommen, dass man beim Dekodieren einen Code einliest, der noch nicht im Wörterbuch eingetragen worden ist. Dieser Fall tritt nur dann auf, wenn im Eingabedatenstrom beim Kodieren eine Zeichenfolge der Form $Z\omega Z$ (*Z Omega Z*) aufgetreten ist, wobei Z ein beliebiges Zeichen und ω eine beliebige Zeichenfolge ist. Voraussetzung dabei ist allerdings, dass die Zeichenkette „$Z\omega$" bereits einen Eintrag im Wörterbuch hat, so dass man beim Dekodieren weiß, wie der fehlende Eintrag zusammengesetzt werden muss: Die zuletzt ausgegebene Zeichenkette konkateniert mit ihrem ersten Zeichen, was somit $Z\omega Z$ entspricht.

Der Algorithmus der LZW-Dekodierung ist wie folgt:

1. Das Wörterbuch enthält zu Beginn für jedes im Eingabedatenstrom vorkommende Zeichen einen Eintrag.
2. *Code* := erster Code aus dem Eingabedatenstrom (immer ein Zeichen).
3. Gib „*Code*“ aus.
4. Merke *Code* in *altCode*.
5. *Code* := nächster Code im Eingabedatenstrom.
6. Ist *Code* im Wörterbuch?

   wenn ja:

   a. Gib „*Code*“ aus.
   b. Präfix := „*altCode*“.
   c. Zeichen := erstes Zeichen von „*Code*“.
   d. Trage „Präfix+Zeichen“ in das Wörterbuch ein.

   wenn nein:

   a. Präfix := „*altCode*“.
   b. Zeichen := erstes Zeichen von „*altCode*“.
   c. Trage „Präfix+Zeichen“ (=„*Code*“) in Wörterbuch ein UND gib es aus.

7. Ist Ende des Eingabedatenstroms noch nicht erreicht, dann gehe zu Schritt 4.

Das begleitende Programm `lzwdecode.c` liest zunächst alle in einer kodierten Zeichenkette vorkommenden Zeichen ein, um diese in sein Wörterbuch einzutragen. Anschließend liest es die zu dekodierende Zeichenkette selbst ein, um dann hierfür schrittweise mit entsprechenden Ausgaben von Kommentaren die LZW-Dekodierung durchzuführen, wie z. B.:

```
Gib alle vorkommenden Zeichen als eine Zeichenkette ein: ABC
                ..... Wortbucheintrag: 1: A
                ..... Wortbucheintrag: 2: B
                ..... Wortbucheintrag: 3: C
Gib den zu dekodierenden Code (mit Leerzeichen getrennt) ein,
Abschluss mit 0:
1 2 2 4 7 3 0
 1: A (Code aus Woerterbuch)
 2: B (Code aus Woerterbuch)
           ....... Praefix = A,
           ....... Zeichen = B (Erstes aus "Code" 2 (B)),
           ....... Neuer Wortbucheintrag: AB (Praefix+Zeichen)
 2: B (Code aus Woerterbuch)
           ....... Praefix = B,
           ....... Zeichen = B (Erstes aus "Code" 2 (B)),
           ....... Neuer Wortbucheintrag: BB (Praefix+Zeichen)
 4: AB (Code aus Woerterbuch)
           ....... Praefix = B,
           ....... Zeichen = A (Erstes aus "Code" 4 (AB)),
           ....... Neuer Wortbucheintrag: BA (Praefix+Zeichen)
```

```
6: ABA (Code nicht im Woerterbuch)
        ....... Praefix = AB (Prafix := "altCode"),
        ....... Zeichen = A (Erstes aus "altCode" 4 (AB)),
        ....... Neuer Wortbucheintrag und Ausgabe: ABA (Praefix+Zeichen)
3: C (Code aus Woerterbuch)
        ....... Praefix = ABA,
        ....... Zeichen = C (Erstes aus "Code" 3 (C)),
        ....... Neuer Wortbucheintrag: ABAC (Praefix+Zeichen)

 ........ Dekodierte Zeichen: ABBABABAC

__________Wortbuchinhalt___
1: A
2: B
3: C
4: AB
5: BB
6: BA
7: ABA
8: ABAC
```

21.9.5 Varianten der Lempel-Ziv-Kodierung

Nachfolgend werden die wichtigsten Varianten der Lempel-Ziv-Familie kurz vorgestellt, die entwickelt wurden, um entweder die Redundanz im erzeugten Code noch weiter zu reduzieren, oder den Algorithmus auf eine spezielle Art der Redundanz innerhalb des Eingabedatenstroms hin zu optimieren.

LZSS-Algorithmus mit adaptiver arithmetischer Kodierung

Im Ausgabecode eines LZSS-Kompressors verhält es sich meist so, dass z. B. das Zeichen „e“ häufiger vorkommt als das Zeichen „q“. Ebenso wird ein Zeiger (*Position, Länge*) mit der Länge 3 meistens häufiger vorkommen als ein Zeiger (*Position, Länge*) mit der Länge 25. Dies nutzt die arithmetische Kodierung aus, indem sie häufig vorkommende Codes bzw. Zeichen mit einer kleineren Anzahl von Bits und selten vorkommende mit einer größeren Anzahl von Bits darstellt.

LZSS-Algorithmus mit adaptiver Huffman-Kodierung

Bei diesem Verfahren wird lediglich die arithmetische Kodierung durch eine adaptive Huffman-Kodierung ersetzt, wobei man eine nahezu gleiche Kompressionsrate erreicht. Allerdings ist diese Variante wesentlich schneller als LZSS mit adaptiver arithmetischer Kodierung. Das Archivierungsprogramm *LHArc* benutzt z. B. diese Variante.

LZC-Algorithmus

Der LZC-Algorithmus ist eine Weiterentwicklung des LZW-Algorithmus. Die Standard-Implementierung von LZW benutzt ein Wörterbuch mit 4096 Einträgen, was einer notwendigen Codegröße von 12 Bit entspricht, um die gesamte Tabelle adressieren zu können. Der LZC-Algorithmus beginnt zunächst mit einer Codegröße von

9 Bit und erweitert diese mit dem Wachsen des Wörterbuchs dynamisch auf 12 Bit. Dadurch erreicht der LZC-Algorithmus eine etwas bessere Kompressionsrate als der LZW-Algorithmus.

Der LZC-Algorithmus hat gegenüber dem LZW-Algorithmus auch den Vorteil, dass er ein für eine bestimmte Datenmenge ungeeignetes Wörterbuch löschen und neu aufbauen kann, und somit örtliche Redundanzen berücksichtigen kann. Neben dem GIF-Format, das diese Art der Kodierung benutzt, verwendet auch das Unix-Komprimierungskommando *compress* dieses Verfahren.

LZMW-Algorithmus

Der LZMW-Algorithmus versucht die Anpassung des Wörterbuchs an die Eingabedaten schneller als der LZW- bzw. LZC-Algorithmus durchzuführen. Während beim LZW-Algorithmus jede Zeichenkette um maximal ein Zeichen verlängert werden kann, sucht der LZMW-Algorithmus die längste bekannte Zeichenkette, die mit der nachfolgenden Eingabe übereinstimmt, und hängt diese an das letzte Präfix an. Dies bringt vor allen Dingen bei Daten mit vielen Zeichenwiederholungen Vorteile mit sich, wie z. B. für den Eingabedatenstrom: *XXXXXXXXXXXXXXXXXXX*:

LZW-Wörterbuch	Ausgabe LZW	LZMW-Wörterbuch	Ausgabe LZMW
0: X 1: XX 2: XXX 3: XXXX 4: XXXXX		0: X 1: XX 2: XXXX 3: XXXXXXXX -	
	0,1,2,3,4,3		0,1,2,3,2

Kryptografie

22

ÜBERBLICK

Lösungen

22.1 Rätsel: Weinflasche und Erben von Weinfässern

1. *Wie viel kostet die Flasche?* Dieses Rätsel stammt aus *Alice im Rätselland* von Raymond Smullyan: „Teilen kann sie überhaupt nicht!“, sagte die Rote Königin noch einmal. „Soll ich es jetzt mit Addition und Subtraktion versuchen?“ „Unbedingt!“, antwortete die Weiße Königin. „Also gut“, sagte die Rote Königin. „Eine Flasche Wein kostet neun Euro. Der Wein kostet acht Euro mehr als die Flasche. Wie teuer ist die Flasche?“ Hier fand Alice die richtige Lösung. Sie auch?
2. *Erben von leeren, halbvollen und vollen Weinfässern*: Als ein Vater im Sterben lag, gab er seinen Söhnen je 10 Fässer, von denen 10 mit Wein gefüllt, 10 halb voll und 10 leer waren. Teile den Wein und die Fässer so auf, dass jeder der drei Söhne gleich viele Fässer und gleich viel Wein bekommt.

22.2 Allgemeines zu Kryptosystemen

Eine verschlüsselte Übermittlung von Nachrichten ist heute nicht nur für Militärs oder Geheimagenten von Wichtigkeit, sondern nahezu für alle Daten, die übertragen werden. Man denke z. B. nur an Firmen, die die Baupläne einer neuen Maschine in eine ihrer Abteilungen in ein anderes Land übermitteln, oder im privaten Bereich an Online-Banking.

Elemente, die für eine sichere Kommunikation zwischen zwei Endpunkten erforderlich sind, nennt man in ihrer Gesamtheit ein *Kryptosystem (Ver- und Entschlüsselungssystem)*. Abbildung 22.1 zeigt die prinzipielle Struktur eines typischen Kryptosystems.

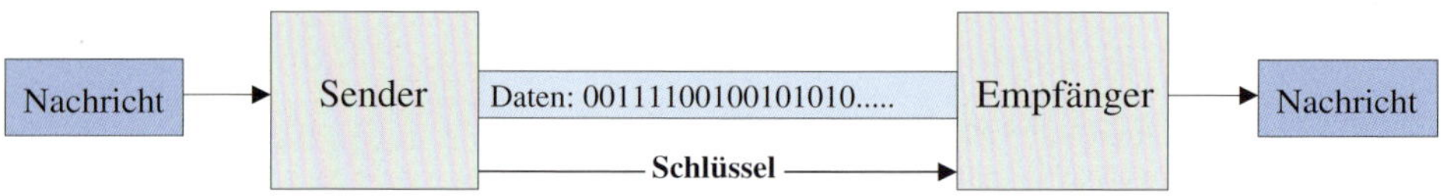

Abbildung 22.1: Typisches Kryptosystem (Ver- und Entschlüsselungssystem)

Der Sender sendet eine Botschaft (*Klartext* genannt) an den Empfänger, indem er den Klartext in einen so genannten *Chiffretext* umwandelt, wozu er einen Verschlüsselungsalgorithmus und gewisse Schlüsselparameter verwendet. Um die Botschaft zu lesen, muss der Empfänger den hierzu passenden Entschlüsselungsalgorithmus und die gleichen Schlüsselparameter verwenden, um den Chiffretext in den Klartext zurückwandeln zu können.

Allgemein gilt, dass ein Kryptosystem um so sicherer ist, seine Benutzung jedoch um so komplizierter, je mehr Schlüsselparameter vorhanden sind.

22.3 Einfache Verschlüsselungsmethoden

22.3.1 Cäsar-Chiffre

Zu den einfachsten und ältesten Verschlüsselungsmethoden gehört die so genannte *Cäsar-Chiffre*: Falls ein Buchstabe im Klartext der n-te Buchstabe aus dem Alphabet ist, so ersetzt man ihn durch den $(n+k)$-ten Buchstaben aus dem Alphabet, wobei k eine feste Zahl ist. Cäsar verwendete im Übrigen $k = 3$.

Nachfolgend wird gezeigt, wie die Nachricht *BOTSCHAFT* unter Verwendung dieser Methode mit $k = 1$ verschlüsselt wird:

Klartext: `BOTSCHAFT`
Chiffretext: `CPUTDIBGU`

Diese Methode ist äußerst unzuverlässig, da zum Entschlüsseln nur der Wert k erraten werden muss. Probiert man jede der 26 in Frage kommenden Möglichkeiten aus, ist man sicher, dass man die Botschaft entschlüsselt.

22.3.2 Chiffre mit eigener Zuordnungstabelle

Eine weitaus bessere Methode ist folgende Vorgehensweise: Für jeden Buchstaben im Text wird in einer eigenen Tabelle angegeben, welcher Buchstabe im Chiffretext zu verwenden ist. Wenn z. B. folgende Zuordnung vorgegeben ist:

```
_ A B C D E F G H I J K L M N O P Q R S T U V W X Y Z
D I E K A T Z L G M S C H N _ B F J O P Q R U V W X Y
```

dann wird eine Botschaft wie folgt verschlüsselt:

Klartext: `DIES_IST_EIN_GEHEIMTEXT`
Chiffretext: `AMTPDMPQDTM_DLTGTMNQTWQ`

Diese Verschlüsselung ist wesentlich schwieriger zu entschlüsseln, wenn die entsprechende Zuordnungstabelle nicht bekannt ist, als dies bei der einfachen Cäsar-Chiffre der Fall war. In diesem Fall müsste nämlich ein so genannter Kryptoanalytiker ungefähr 27! (ca. 10^{28}) Tabellen ausprobieren, um eine sichere Entschlüsselung zu gewährleisten.

Da jedoch in einem Text üblicherweise gewisse Buchstaben häufiger auftreten als andere (z. B. kommt *E* sicher öfter vor als *X*), könnte ein Kryptoanalytiker beim Entschlüsseln der Botschaft einen guten Anfang finden, indem er den häufigsten Buchstaben im Chiffretext findet und diesen z. B. durch *E* ersetzt. Auch wenn dies eventuell ein falscher Ansatz ist, ist diese Vorgehensweise sicher besser, als alle 26 Buchstaben nacheinander auszuprobieren. Die Chancen erhöhen sich jedoch nochmals erheblich für den Kryptoanalytiker, wenn auch Kombinationen von zwei Buchstaben (so genannte *Digramme*) berücksichtigt werden. Manche Digramme (wie z. B. *QX*) treten in einem deutschen Text niemals auf, während andere (wie z. B. *ST* oder *ER*) sehr oft vorkommen. Durch Untersuchung der Häufigkeiten von Buchstaben und Buchstabenkombinationen kann ein Kryptoanalytiker eine Chiffre durch einfaches Ersetzen sehr leicht entschlüsseln.

22.4 Vigenère-Verschlüsselungsmethoden

Eine Möglichkeit, diesen Weg zur Entschlüsselung zu erschweren, besteht in der Verwendung von mehr als einer Tabelle. Ein einfaches Beispiel hierfür ist eine Verallgemeinerung der Cäsar-Chiffre, die *Vigenère-Chiffre* genannt wird:

Ein kurzer, sich wiederholender Schlüssel wird benutzt, um den Wert von k für jeden Buchstaben neu zu bestimmen. Bei jedem Schritt wird der Index des Buchstabens im Schlüssel zum Index des Buchstabens neu addiert, um den Index des Buchstabens im Chiffretext zu bestimmen. Mit dem Schlüssel *ABC* lässt sich der Klartext *GEHEIMTEXT* wie folgt verschlüsseln:

Schlüssel:	`ABCABCABCA`
Klartext:	`GEHEIMTEXT`
Chiffretext:	`HGKDKPUGAU`

G im Klartext ist der 7. Buchstabe im Alphabet und das *A* im Schlüssel ist der 1. Buchstabe im Alphabet. Daraus ergibt sich für den Chiffretext der 8. Buchstabe (7+1), was der Buchstabe *H* ist. Nehmen wir das *X* aus dem Klartext und das *C* aus dem Schlüssel, so erhalten wir bei Addition von *X* (24. Buchstabe) und *C* (3. Buchstabe) den 27. Buchstaben. Da aber nur 26 Buchstaben existieren, führen wir Modulo-26 durch, was uns als Ergebnis 1 liefert, was bedeutet, dass wir den 1. Buchstaben aus dem Alphabet (*A*) für den Chiffretext nehmen.

Je länger der Schlüssel bei der *Vigenère-Chiffre* ist, um so schwerer ist der Chiffretext für Fremde zu entschlüsseln. Wenn der Schlüssel genauso lang wie der Klartext ist, liegt die so genannte *Vernam-Chiffre* vor. Dies ist im Übrigen das einzige nachweisbar sichere Kryptosystem. Da jeder Buchstabe im Schlüssel nur einmal verwendet wird, hat ein Uneingeweihter keine andere Möglichkeit, als für jede Position der Nachricht jeden möglichen Schlüsselbuchstaben auszuprobieren, was natürlich ein hoffnungsloses Unterfangen ist.

Es stellt sich hier die Frage, warum dieses absolut perfekte System nur so selten eingesetzt wird. Das Problem besteht hier in der Übermittlung des Schlüssels, der genauso lang wie der Klartext sein muss. Wenn man den Schlüssel auf demselben Weg wie den Klartext übermittelt, so ist wegen der Länge des Schlüssels die Chance gelesen zu werden so groß wie bei einer unverschlüsselten Übermittlung des Klartextes. Versucht man, den Schlüssel auf anderem Weg zu übermitteln (etwa durch die Post), so hat man das Risiko nur auf diesen anderen Übermittlungsweg verlagert.

Eine genauere Erläuterung zur *Vigenère-Verschlüsselung* sowie ein zugehöriges Programm `vignere.c` finden Sie im begleitenden Zusatzmaterial zu diesem Buch.

22.5 Verschlüsselung mittels Zufallsfolgen

Hat man einen binären Klartext, so verwendet man natürlich auch einen binären Schlüssel. In diesem Fall entsteht der Chiffretext, indem man die Bits des Schlüssels mittels XOR mit den Bits des Klartextes verknüpft. Eine nützliche Eigenschaft dieser Methode ist, dass man sowohl für die Verschlüsselung als auch für die Entschlüsselung die XOR-Verknüpfung verwenden kann, wie das nachfolgende Beispiel zeigt:

- Verschlüsselung:

Schlüssel:	11010110
Klartext:	01101111 (XOR)
Chiffretext:	10111001

- Entschlüsselung:

Schlüssel:	11010110
Chiffretext:	10111001 (XOR)
Klartext:	01101111

Es gilt sogar, dass man mittels XOR den Schlüssel ermitteln kann, wenn man den Klartext und den Chiffretext kennt:

- Finden des Schlüssels aus Klartext und Chiffretext:

Klartext:	01101111
Chiffretext:	10111001 (XOR)
Schlüssel:	11010110

Private Fernsehgesellschaften (*Pay-TV*) wenden oft dieses Verschlüsselungsverfahren an, um sich vor Schwarzsehern zu schützen. Dabei werden die gesendeten Signale verschlüsselt. Um sie wieder zu entschlüsseln, müssen die zahlenden Zuschauer ein Passwort haben, das von der Gesellschaft z. B. jeden Monat geändert wird. Das neue Passwort wird den Kunden zugleich mit dem verschlüsselten Signal über Satellit mitgeteilt. Es kann also auch von allen nicht autorisierten Antennenbesitzern empfangen werden. Um seine Geheimhaltung zu gewährleisten, wird das Passwort selbst auch kodiert, und ist dabei eine Folge von 0 und 1. Die Verschlüsselung beginnt mit der Erzeugung einer gleichlangen binären Zufallszahlenfolge. Diese wird Bit für Bit mittels XOR mit dem Passwort zu einer Chiffre verknüpft, wie z. B.:

Passwort:	11001001
Zufallszahl:	01011100 (XOR)
Chiffriertes Passwort:	10010101

Das chiffrierte Passwort wird nun zusammen mit dem verzerrten Fernsehsignal über Satellit ausgestrahlt. Autorisierte Benutzer können mit einem von der Gesellschaft zur Verfügung gestellten Dekodierer die empfangene Chiffre entschlüsseln: ein Mikroprozessor im Dekodiergerät enthält eine Kopie des Zufallszahlengenerators. Wenn er die richtige Eingabe erhält, produziert er die gleichen Zufallszahlenfolgen, die auch bei der Verschlüsselung benutzt wurden. Diese wird mit der Chiffre verknüpft, um das Passwort wieder zu ermitteln:

Chiffre:	10010101
Zufallszahl:	01011100 (XOR)
Dechiffriertes Passwort:	11001001

Da auch der Zufallszahlengenerator öffentlich zugänglich ist, beruht die Sicherheit dieses Verfahrens einzig und allein auf der Eingabesequenz. Jeder Kunde bekommt eine zugeteilt. Wenn er nicht bezahlt, wird seine persönliche Eingabesequenz gelöscht.

22.6 Kryptosysteme mit öffentlichen Schlüsseln

22.6.1 Eigenschaften von Public-Key-Systemen

Bei den bisher kennengelernten Chiffriersystemen gilt immer Folgendes:

1. Wer verschlüsseln kann, kann auch entschlüsseln.
2. Je zwei Partner müssen einen gemeinsamen geheimen Schlüssel austauschen.

Die zweite Eigenschaft ist natürlich ein Nachteil, während man die erste als Vorteil ansieht. Die hier vorgestellten Verfahren zeichnen sich nun aber dadurch aus, dass sie sich von der ersten Eigenschaft so weit wie möglich entfernen und die zweite Eigenschaft überhaupt nicht ausweisen, was bedeutet, dass der Schlüssel nicht mehr geheim, sondern jedermann zugänglich ist.

Die Idee der *Kryptosysteme mit öffentlichen Schlüsseln* (*Public-Key-Systeme*) besteht in der Verwendung eines „Telefonbuchs mit Schlüsseln" für die Verschlüsselung. Jedermanns Schlüssel für die Verschlüsselung (mit P bezeichnet) ist öffentlich bekannt. Der Schlüssel einer Person könnte z. B. neben ihrer Nummer im Telefonbuch angegeben sein. Jedermann besitzt außerdem einen privaten Schlüssel zur Entschlüsselung (mit S bezeichnet), der sonst niemandem bekannt ist.

Um eine Botschaft M zu übermitteln, sucht der Absender den öffentlichen Schlüssel P des Empfängers heraus, verschlüsselt seine Botschaft damit, und übermittelt dann die chiffrierte Botschaft $C = P(M)$. Der Empfänger verwendet seinen privaten Schlüssel S für das Entschlüsseln der chiffrierten Botschaft und erhält somit die originale Botschaft $M = S(C) = S(P(M))$. Damit dieses System funktioniert, müssen zumindest die folgenden Bedingungen erfüllt sein:

1. $S(P(M)) = M$ für jede Botschaft M.
2. Alle Paare (S, P) sind verschieden.
3. Das Finden des privaten Schlüssels S bei Kenntnis von P ist nahezu unmöglich.
4. Das Entschlüsseln der Botschaft M ohne Kenntnis des Schlüssels S ist nahezu unmöglich.
5. Sowohl S als auch P lassen sich leicht berechnen. Diese Bedingung ist für die praktische Verwendbarkeit des Systems unverzichtbar.

Solche *Public-Key-Systeme* wurden 1976 von *W. Diffie* und *M. Hellman* vorgeschlagen, was eine revolutionäre Idee für die Kryptografie bedeutete. Jedoch konnten sie keine Methode angeben, die alle diese Bedingungen erfüllt hätte. Eine derartige Methode wurde bald danach von *R. Rivest*, *A. Shamir* und *L. Adleman (RSA)* gefunden. Ihr Verfahren wurde als RSA-Kryptosystem mit öffentlichen Schlüsseln bekannt. Dieser RSA-Algorithmus soll hier beschrieben werden. Dazu brauchen wir etwas Mathematik, wobei jedoch für das Verständnis des Algorithmus nur die Ergebnisse wichtig sind.

22.6.2 Der Satz von Euler

Für eine natürliche Zahl n definieren wir $T(n)$ als die Anzahl der zu n teilerfremden natürlichen Zahlen, die nicht größer als n sind. $T(n)$ sind also alle natürlichen Zahlen $< n$, deren größter gemeinsamer Teiler mit n gleich 1 ist, wie z. B.:

$$T(1) = 1 \text{ (immer)}, \quad T(2) = 1, \quad T(3) = 2, \quad T(4) = 2, \quad T(6) = 2,$$
$$T(10) = 4, \quad T(15) = 8$$

Zur Erläuterung nehmen wir $T(15)$: Die zu 15 teilerfremden Zahlen sind 1, 2, 4, 7, 8, 11, 13 und 14. Dies sind 8 Zahlen, also gilt $T(15) = 8$.

Es gilt nun Folgendes:

1. **Ist p eine Primzahl, so ist: $T(p) = p - 1$**, denn jede der $p - 1$ Zahlen $1, 2, 3, \ldots, p - 1$ ist teilerfremd zu p.
2. **Sind p und q verschiedene Primzahlen, so ist: $T(pq) = (p - 1)(q - 1)$**

   Dies lässt sich wie folgt erklären: Insgesamt gibt es genau $pq - 1$ natürliche Zahlen, die kleiner als pq sind. Nun zählen wir, wie viele von diesen nicht teilerfremd zu pq sind. Dies sind zum einen die $q - 1$ Vielfachen von p, also p, $2p, 3p, \ldots, (q-1)p$ und zum anderen die $p-1$ Vielfachen von q, also $q, 2q, 3q, \ldots, (p - 1)q$. Da dies alle Zahlen zwischen 1 und pq sind, die nicht teilerfremd zu pq sind, ergibt sich

   $$T(pq) = (pq - 1) - (q - 1) - (p - 1) = pq - q - p + 1 = (p - 1)(q - 1)$$

Bevor wir uns weiter in die Theorie vertiefen, sollten zunächst einige Begriffe erläutert werden. Ein äußerst wichtiger Begriff in diesem Zusammenhang ist die *Kongruenz*. Zwei ganze Zahlen a und b heißen *kongruent modulo n*, geschrieben als $a \equiv b$, wenn sie beide den gleichen Rest bei Division durch n liefern. Z. B. gilt $25 \equiv 17 = 1 \pmod 4$.

Nachfolgend einige Beispiele dazu:

$5x \equiv 1 \pmod{17}$: Die Lösung lautet hier $x = 7$. Allgemein gilt, dass es für einen *Ausdruck modulo Primzahl* immer eine Lösung gibt.

$5x \equiv 1 \pmod{15}$: Hierfür gibt es keine Lösung, da 15 ein Vielfaches von 5 ist.

$5x \equiv 1 \pmod{14}$: Obwohl 14 keine Primzahl ist, gibt es eine Lösung: $x = 3$. Für Gleichungen der Form $ax = 1pmodn$ gibt es immer eine Lösung, wenn a und n keine gemeinsamen Teiler haben, also teilerfremd sind.

Der Satz von Euler besagt nun:

> *Sind m und k zwei natürliche Zahlen, die teilerfremd sind, so gilt:*
> $m^{T(k)} \equiv 1 \pmod k$.

Auf den Beweis dieses Satzes soll hier verzichtet werden. Dafür soll er an zwei Beispielen erläutert werden:

$$5^{T(6)} = 5^2 = 25 \equiv 1 \pmod 6 \quad [25 \bmod 6 = 1]$$
$$31^{T(851)} = 31^{T(23 \cdot 37)} = 31^{22 \cdot 36} \equiv 1 \pmod{851}$$

Nun aber zur Schlüsselerzeugung.

22.6.3 Schlüsselerzeugung beim RSA-Algorithmus

Der Algorithmus zur Schlüsselerzeugung beim RSA-Algorithmus ist folgender:

1. Man wählt zwei sehr große Primzahlen p und q (mit 1000 Stellen und mehr), die in etwa gleich lang sind, und bildet deren Produkt: $n = p \cdot q$.
2. Man berechnet: $T(n) = T(pq) = (p-1)(q-1)$
3. Man wählt eine Primzahl e ($1 < e < T(n)$), die teilerfremd zu $T(n)$ ist.
4. Man berechnet eine Zahl d, so dass gilt: $e \cdot d \equiv 1 \pmod{T(n)}$. Diese Gleichung bedeutet, dass das Produkt $e \cdot k$ bei der Division durch $T(n)$ den Rest 1 ergeben muss. Diese Kongruenz lässt sich nun auch als folgende Gleichung angeben:

   $$e \cdot d = k \cdot T(n) + 1 \quad \text{oder} \quad T(n) \cdot k - e \cdot d = -1\,, \qquad \text{wobei } k \text{ eine ganze Zahl ist.}$$

Nun hat man die folgenden beiden Schlüssel,

den öffentlichen Schlüssel (public key), der aus zwei Teilen besteht:

- n = Primzahlenprodukt und
- e = öffentlicher Exponent

den privaten Schlüssel (private key), der ebenfalls aus zwei Teilen besteht:

- d = privater Exponent und
- n = öffentliches Primzahlenprodukt

Nachfolgend zwei Beispiele dazu:

1. Beispiel:

1. Sei $p = 3$ und $q = 5$, womit $n = 15$ ist.
2. $T(n) = T(pq) = (p-1)(q-1) \Longrightarrow T(15) = T(3 \cdot 5) = 2 \cdot 4 = 8$.
3. Für die zu $T(15) = 8$ teilerfremde neue Primzahl wählen wir $e = 11$.
4. Es ist nun die folgende Gleichung zu lösen:

   $$e \cdot d \equiv 1 \pmod{T(n)} = 11 \cdot d \equiv 1 \pmod 8$$

   Diese Gleichung bedeutet, dass das Produkt $11 \cdot d$ bei der Division durch 8 den Rest 1 ergeben muss. Die Kongruenz lässt sich nun auch als folgende Gleichung angeben: $11 \cdot d = k \cdot 8 + 1$ oder $8 \cdot k - 11 \cdot d = -1$, wobei k eine ganze Zahl ist. Für $k = 4$ und $d = 3$ finden wir dann eine Lösung zu dieser Gleichung.

Damit sind alle für eine Kodierung und Dekodierung nötigen Daten vorhanden:

```
e=11               n=15            d=3
   \              /    \          /
    öffentlicher   und   privater   Schlüssel
```

Dem Teilnehmer werden nun die Zahlen $e = 11$ und $n = 15$ als öffentliche Schlüssel und die Zahl $d = 3$ als geheimer Schlüssel mitgeteilt.

2. Beispiel:

1. Sei $p = 11$ und $q = 13$, womit $n = 143$ ist.
2. $T(n) = T(pq) = (p-1)(q-1) \implies T(143) = T(11 \cdot 13) = 10 \cdot 12 = 120.$
3. Für die zu $T(143) = 120$ teilerfremde neue Primzahl wählen wir $e = 23$.
4. Es ist nun die folgende Gleichung zu lösen:

$$e \cdot d \equiv 1 \pmod{T(n)} = 23 \cdot d \equiv 1 \pmod{120}$$

   Diese Gleichung bedeutet, dass das Produkt $23 \cdot d$ bei der Division durch 120 den Rest 1 ergeben muss. Die Kongruenz lässt sich nun wieder als folgende Gleichung angeben: $23 \cdot d = k \cdot 120 + 1$ oder $120 \cdot k - 23 \cdot d = -1$, wobei k eine ganze Zahl ist. Für $k = 9$ und $d = 47$ finden wir dann eine Lösung zu dieser Gleichung.

Damit sind alle für eine Kodierung und Dekodierung nötigen Daten vorhanden:

```
e=23                    n=120                 d=43
    \                  /      \              /
     öffentlicher  und  privater  Schlüssel
```

Dem Teilnehmer werden nun die Zahlen $e = 23$ und $n = 120$ als öffentliche Schlüssel und die Zahl $d = 43$ als geheimer Schlüssel mitgeteilt.

Noch einige Bemerkungen hierzu:

1. Kein Teilnehmer X braucht seine p, q und $T(n)$ zu kennen. Andere Teilnehmer dürfen diese Werte niemals erfahren, da sie sonst leicht den geheimen Schlüssel von X ausrechnen können. Da die in den vorherigen Beispielen gewählten Primzahlen $p = 3$, $q = 5$ bzw. $p = 11$, $q = 13$ sehr klein sind, minimiert sich automatisch der Wertebereich. In diesem Fall können nur Werte bis 15 bzw. 143 $(p \cdot q)$ verwendet werden. In dem Moment, in dem die Zahl n, die ja öffentlich bekannt gegeben wird, faktorisiert werden kann, lässt sich ein Schlüssel finden. Somit ist der Schlüssel zu „knacken".
2. Die Schwierigkeit beim RSA-Algorithmus besteht darin, Primzahlen p und q zu finden. Des Öfteren liest man in der Zeitung, dass wieder einmal eine neue größte Primzahl gefunden wurde und damit ein alter Weltrekord gebrochen wurde. Dies scheint auf den ersten Blick ein Problem für den RSA-Algorithmus darzustellen, da man bei diesem Algorithmus offenbar für jeden Benutzer zwei Primzahlen braucht. Das wiederum bedeutet, dass man eine unzählige Anzahl von Primzahlen benötigt. Berücksichtigt man noch, dass die Primzahlen, die im RSA-Algorithmus verwendet werden, eine Größe von 1000 Stellen und mehr haben, scheint es, dass der RSA-Algorithmus doch einen sehr großen Aufwand an Rechenzeit benötigt, um genügend so große Primzahlen zu finden. So gilt z. B., dass die Berechnung einer neuen Primzahl mit einer zusätzlichen Dezimalstelle etwa das Dreifache an Rechenaufwand bedeutet. Um diesen Rechenaufwand erheblich zu reduzieren, wählt man deshalb beim RSA-Algorithmus keine „echten" Primzahlen für p und q, sondern nur so genannte *Pseudoprimzahlen*. Das sind solche Zahlen, die nur alle leicht nachprüfbaren Primzahlkriterien erfüllen.

22.6.4 Ver- und Entschlüsselung mit dem RSA-Algorithmus

Verschlüsseln mit dem RSA-Algorithmus

Soll z. B. an die Firma *Rumpelstilzchen* eine geheime Nachricht geschickt werden, so muss man zunächst deren öffentlichen Schlüssel in Erfahrung bringen. Dieser besteht – wie zuvor erläutert – aus dem Modul n und dem Exponenten e, die beide z. B. im Internet jedermann zur Verfügung gestellt werden. Nun wird die zu schickende Nachricht in Form einer oder mehrerer natürlicher Zahlen $k \leq n$ (n = Modul) dargestellt. Eine solche Zahl k wird nun verschlüsselt, indem sie mit e potenziert und dann *modulo n* reduziert wird, so dass gilt: $c = k^e \bmod n$.

Die Zahl c ist dann der zum Klartext k gehörige Geheimtext.

Es soll z. B. die folgende Nachricht verschlüsselt werden:

```
DIES_IST_EIN_GEHEIMTEXT
```

Verwendet man die Standardkodierung (jeder Buchstabe eine Zahl), so ergibt sich für diese Nachricht die aus 46 Ziffern zusammengesetzte Zahl:

```
0409051900091920000509140007050805091320052420
                    _=00, A=01, B=02, C=03, ...
```

Damit nun der Umfang dieses Beispiels klein bleibt, beginnen wir mit einigen zweistelligen Primzahlen anstatt mit 1000-stelligen, wie es eigentlich gefordert ist. Dazu wählen wir:

$$p = 47\,, \quad q = 79 \quad \text{und} \quad e = 37.$$

Diese Zahlen führen zu:

$$\begin{aligned} &n = pq = 47 \cdot 79 = 3713 \quad \text{und} \\ &T(n) = (p-1)(q-1) = 46 \cdot 78 = 3588 \\ &e \cdot d \equiv 1 \pmod{3588} \longrightarrow d = 97 \end{aligned}$$

Um die Nachricht zu verschlüsseln, zerlegen wir sie in vier Ziffern lange Teilstücke und erheben diese in die e-te Potenz (modulo n):

$$\begin{aligned} 0409^{37} &\equiv 0975 \pmod{3713} \\ 0519^{37} &\equiv 3130 \pmod{3713} \\ 0009^{37} &\equiv 3674 \pmod{3713} \\ 1920^{37} &\equiv 0577 \pmod{3713} \\ &\dots \end{aligned}$$

Der verschlüsselte Text wird dann in Form der folgenden Ziffernfolge übertragen:

```
097531303674057719940523247829531736092522433284
```

Schwierig bei dieser Berechnung ist nur die Potenzierung, also z. B. 0409^{37}. Verwendet man jedoch den Modul (3713) und rechnet mit einem dualen Exponenten, so hat man eine sehr schnelle Berechnung, die der folgende Algorithmus realisiert, der höchstens $2 \cdot \log_2(expo)$ Multiplikationen modulo m benötigt:

```
long exp_modulus(long basis, long expo, long m) {
 /* Berechnet die diskrete Exponentialfunktion basis hoch expo modulo m
    unter ausschliesslicher Verwendung der Operationen Quadrieren
    und Multiplizieren. Der Rest wird nach jeder Operation bestimmt,
    um grosse Zwischenergebnisse zu vermeiden
       % bezeichnet die Modulo-Operation
       / bezeichnet die ganzzahlige Division   */
   long quad = basis,   halb = expo,    erg = 1;
   while (halb > 0) {
      if (halb % 2 > 0)
         erg = (erg * quad) % m;
      quad = (quad * quad) % m;
      halb = halb / 2;
   }
   return erg;
}
```

Um diesen Algorithmus besser verstehen zu können, wird er anhand eines Beispiels (5^{23} mod 77) verdeutlicht, wobei in der folgenden Tabelle der Buchstabe m für *mod 77* steht:

altes halb ist ungerade? → neues erg	quad	halb
1 (Startwert)	5 (Startwert)	23
$5m$	5^2m	11
$(5m \cdot 5^2m)m$	$(5^2m)^2m$	5
$((5m \cdot 5^2m)m \cdot (5^2m)^2m)m$	$((5^2m)^2m)^2m$	2
...	$(((5^2m)^2m)^2m)^2m$	1
$(((5m \cdot 5^2m)m \cdot (5^2m)^2m)m \cdot (((5^2m)^2m)^2m)^2)m$	$((((5^2m)^2m)^2m)^2m)^2m$	0

Das Ergebnis $(((5m \cdot 5^2m)m \cdot (5^2m)^2m)m \cdot (((5^2m)^2m)^2m)^2)m$, das zurückgegeben wird, entspricht dann:

$$(((5m \cdot 5^2m)m \cdot (5^2m)^2m)m \cdot (((5^2m)^2m)^2m)^2)m =$$
$$((5 \cdot 5^2) \cdot (5^2)^2 \cdot (((5^2)^2)^2)^2) \bmod 77 =$$
$$(5^3 \cdot 5^4 \cdot 5^{16}) \bmod 77 =$$
$$5^{23} \bmod 77$$

Entschlüsseln mit dem RSA-Algorithmus

Der Prozess der Entschlüsselung ist der gleiche, nur dass anstelle des öffentlichen Schlüssels e der private Schlüssel d (hier $d = 97$) verwendet wird:

$$0975^{97} \equiv 0409 \pmod{3713}$$
$$3130^{97} \equiv 0519 \pmod{3713}$$
$$3674^{97} \equiv 0009 \pmod{3713}$$
$$0577^{97} \equiv 1920 \pmod{3713}$$
$$\ldots$$

Somit erhalten wir die folgende Zahlreihe:

```
0409051900091920000509140007050805091320052420
```

Dekodieren wir diese wieder, indem wir die zweistelligen Buchstabennummern in Buchstaben umschreiben, erhalten wir die Originalnachricht:

```
DIES_IST_EIN_GEHEIMTEXT
```

Das begleitende Programm `rsakrypt.c` verschlüsselt und das dazugehörige Programm `rsadekrypt.c` entschlüsselt Texte mit dem RSA-Algorithmus, wie z. B.:

- Verschlüsseln mit dem Programm `rsakrypt.c`

```
Gib den zu verschluesselnden Text ein:
Dies ist ein Geheimtext
oeffentlicher Exponent (e): 37
Modulus: 3713
Text in Zahlenform:
...0409051900091920000509140007050805091320052420
Verschluesselter Text (in Zahlen):
...097531303674057719940523247829531736092522433284
```

- Entschlüsseln mit dem Programm `rsadekrypt.c`

```
Gib den zu entschluesselnden Text als Zahlen ein:
097531303674057719940523247829531736092522433284
Privater Exponent (d): 97
Modulus: 3713
Entschluesselter Text:
.... dies ist ein Geheimtext
```

Schwierigkeiten dürfte an dieser Stelle noch die Berechnung des öffentlichen Exponenten e bzw. des privaten Schlüssels d bereiten. Im begleitenden Zusatzmaterial zu diesem Buch werden Algorithmen zur Berechnung von e und d vorgestellt.

Weiterführende Literatur

Teil I: Einführung in die Informatik

Kapitel 2: Die Historie und die Teilgebiete der Informatik

- Computergeschichte:
  http://www.de.wikipedia.org/wiki/Computergeschichte
  http://www.computergeschichte.de
- Teilgebiete der Informatik:
  http://www.de.wikipedia.org/wiki/Informatik
- Konrad-Zuse-Computermuseum (Hoyerswerda)-Online-Museum:
  http://www.konrad-zuse-computermuseum.de/
- Viele Informationen zum Lebenslauf und den Rechnern von K. Zuse:
  http://www.konrad-zuse.de
- Zuse Institut Berlin: http://www.zib.de/
- Rembold, U: Einführung in die Informatik; Hanser Verlag, 1991
- Weizenbaum, J: Die Macht der Computer und die Ohnmacht der Vernunft; Suhrkamp, 1976

Kapitel 3: Speicherung und Interpretation von Information

- Zahlensysteme: http://www.de.wikipedia.org/wiki/Zahlensystem
- Zweier- und Einerkomplement:
  http://www.de.wikipedia.org/wiki/Zweierkomplement
  http://www.de.wikipedia.org/wiki/Einerkomplement
- Gleitpunktzahlen:
  http://www.de.wikipedia.org/wiki/Gleitkommazahlen
- ASCII-Code: http://www.de.wikipedia.org/wiki/ASCII-Code
- Unicode:
  http://unicode.e-workers.de
  http://www.unicode.org
- BCD-Code: http://www.de.wikipedia.org/wiki/BCD-Code
- Gray-Code:
  http://www.mipraso.de/enzyklopaedie/g/gray-code-tabelle.html
- Barcode: http://www.de.wikipedia.org/wiki/Barcode

Kapitel 5: Hardwarekomponenten eines Computers

- Dembowski, K: PC-Tabellenbuch; Markt&Technik, 1995
- Nauck, D; Borgelt, C; Klawonn, F.; Kruse, R: Neuro-Fuzzy-Systeme; Vieweg, 2003
- Patterson, D: Künstliche neuronale Netze; Prentice Hall, 1997
- Tischer, M; Jennrich, B: PC-intern; Data Becker, 1995

Teil II: Praktische Informatik

Kapitel 7: Programmiersprachen

- Abts, D: Grundkurs Java; Vieweg, 2002 und Aufbaukurs Java; Vieweg, 2003
- Bishop, J: Java lernen; Pearson Studium, 2003
- Breshears C: The Art of Concurrency; O'Reilly Media 2009
- Fa. SUN: Java Tutorial; `http://java.sun.com/docs/books/tutorial/index.html`
- Eckel, B: Thinking in Java; Prentice Hall, 2002; `http://www.mindview.net/Books/TIJ/`
- Herold, H; Arndt, J: C-Programmierung unter Linux/UNIX/Windows; millin Verlag, 2011
- Herold, H: C Kompaktreferenz; Addison-Wesley, 2005
- Herold, H; Klar, M; Klar, S: C++, UML und Design Patterns; Addison-Wesley, 2005
- Herold, H: Die C++-Standardbibliothek (ebook); Addison-Wesley, 2005
- Hoffmann S; Lienhart R.: OpenMP; Springer 2008
- Krüger, G: Handbuch der Java-Programmierung; Addison-Wesley, 2006
- Pratt, T: Programmiersprachen; Prentice Hall, 1998
- Rauber T; Rünger G: Multicore: Parallele Programmierung; Springer 2008
- Schiedermeier, R: Programmieren mit Java; Pearson Studium, 2004
- Ullenboom, C: Java ist auch eine Insel; Galileo Computing, 2006, mit CD; `http://www.galileocomputing.de/openbook/javainsel4/`
- `http://www.openmp.org` (OMP)
- `https://computing.llnl.gov/tutorials/openMP` (OMP-Tutorial)
- `http://developer.nvidia.com/object/gpucomputing.html` (CUDA)
- Funktionale Programmierung:
  - iX – Magazin für Informationstechnik, 06/2010, S. 124; Programmiersprachen (Scala)

- iX – Magazin für Informationstechnik, 08/2010, S. 115; .Net-Programmierung
- `http://msdn.microsoft.com/de-de/fsharp`
- `http://msdn.microsoft.com/de-de/magazine/cc164244.aspx`

Kapitel 8: Datenstrukturen und Algorithmen

- Cormen, T.H; Leiserson, C.E; Rivest, R; Stein, C: Algorithmen – Eine Einführung; Oldenbourg, 2004
- Güting, R.H; Dieker, S: Datenstrukturen und Algorithmen; Teubner, 2004
- Knuth, D.E: Fundamental Algorithms; Addison-Wesley, 1973
- Sedgewick, R: Algorithmen; Pearson Studium, 2005

Kapitel 9: Betriebssysteme

- Ehses, E; Köhler, L; Riemer, P; Stenzel, H; Victor, F.K: Betriebssysteme; Pearson Studium, 2005
- Harris, J.A: Betriebssysteme; mitp-Verlag; 2003
- Herold, H: Linux/Unix-Grundlagen – Kommandos und Konzepte; Addison-Wesley, 2003
- Herold, H: Linux/Unix-Grundlagenreferenz – Die wichtigsten Kommandos und typische Anwendungsfälle; Addison-Wesley, 2004
- Herold, H: Linux-Unix-Kurzreferenz; Addison-Wesley, 1999
- Herold, H: Linux-Unix-Shells – Bourne-Shell, Korn-Shell, C-Shell, bash, tcsh; Addison-Wesley, 1999
- Herold, H: Linux/Unix-Systemprogrammierung; Addison-Wesley, 2004
- Rick, G; Moote, R; Cyliax, I: Real-Time Programming; Addison-Wesley, 1998
- Simon, D.E: An Embedded Software Primer; Addison-Wesley, 1999
- Tanenbaum, A: Moderne Betriebssysteme; Pearson Studium, 2002

Kapitel 10: Rechnernetze und das Internet

- Benge, G: Verteilte Systeme; Vieweg, 2004
- Comer, D: Computernetzwerke und Internets; Prentice Hall, 1998
- Herold, H: Das HTML/XHTML Buch mit Cascading Style Sheets und einer Einführung in XML (ebook); millin Verlag, 2006
- Herold, H: Linux/Unix-Systemprogrammierung; Addison-Wesley, 2004
- Proebster, W.E: Rechnernetze; Oldenbourg, 2002
- Redlich, J.P: Corba 2.0; Addison-Wesley, 1996

- Ross, K; Kurose, J: Computernetze – Ein Top-Down-Ansatz mit Schwerpunkt Internet; Pearson Studium
- Solymosi, A; Solymosi, P: Effizient Programmieren mit C# und .Net; Vieweg, 2001
- Tanenbaum, A: Computernetzwerke; Pearson Studium, 2003
- Tanenbaum, A; v.Steen, M: Verteilte Systeme; Pearson Studium, 2003

Kapitel 11: Datenbanksysteme

- Elmasri, R; Navathe, S: Grundlagen von Datenbanksystemen; Pearson Studium, 2005
- Kemper, A; Eickler, A: Datenbanksysteme, Eine Einführung; Oldenbourg, 2004
- Rolland, F: Datenbanksysteme im Klartext; Pearson Studium

Kapitel 12: Software Engineering

- Brügge, B; Dutoit, A: Objektorientierte Softwaretechnik – mit UML, Entwurfsmustern und Java; Pearson Studium, 2003
- Dogs, C; Klimmer, T: Agile Software-Entwicklung kompakt; mitp, 2005
- Freeman, E; Freeman, E: Entwurfsmuster von Kopf bis Fuß; O'Reilly, 2006
- Herold, H; Klar, M; Klar, S: C++, UML und Design Patterns; Addison-Wesley, 2005
- Larman, C: UML 2 und Patterns angewendet; mitp, 2005
- Österreich, B: Analyse und Design mit UML 2; Oldenbourg, 2005
- Sommerville, I: Software Engineering; Pearson Studium, 2004
- Störrle, H; UML 2 für Studenten; Pearson Studium, 2005
- Zuser, W; Grechenig, T; Köhle, M: Software Engineering – mit UML und dem Unified Process; Pearson Studium

Teil III: Technische Informatik

- Becker, B; Drechsler, R; Molitor, P: Technische Informatik – Eine Einführung; Pearson Studium, 2005
- Henke, K; Wuttke, H-D: Schaltsysteme – Eine automatenorientierte Einführung; Pearson Studium
- Tanenbaum, A: Computerarchitektur – Strukturen, Konzepte, Grundlagen; Pearson Studium, 2005
- Oberschelp, W; Vossen G.: Rechneraufbau und Rechnerstrukturen; Oldenbourg, 2005

Teil IV: Theoretische Informatik

- Baier, C; Asteroth, A: Theoretische Informatik – Einführung in Berechenbarkeit, Komplexität und formale Sprachen; Pearson Studium, 2002
- Herold, H: lex und yacc – Die Profitools zur lexikalischen und syntaktischen Textanalyse; Addison-Wesley, 2003
- Hinze, T; Sturm, M: Rechnen mit DNA; Oldenbourg, 2004
- Hofstadter, D-R: Gödel, Escher, Bach; Klett-Cotta, 1985
- Hopcroft, J; Motwani, R; Ullman, J: Einführung in die Automatentheorie, Formale Sprachen und Komplexität; Pearson Studium, 2002
- Quantencomputer: `http://www.bmbf.de/pub/einsteins_unverhofftes_erbe.pdf`
- Wegener, I; Theoretische Informatik; Teubner, 1999

Teil V: Codes, Kompression, Kryptografie

Kapitel 21: Fehlertolerante Codes

- Dankmeier, W: Codierung; Vieweg, 2001
- Haming, R: Coding and Information Theory, Prentice-Hall, 1980
- Heise, W; Quattrocchi, P: Informations- und Codierungstheorie – Mathemathische Grundlagen der Daten-Kompression und -Sicherung in diskreten Kommunikationssystemen; Springer, 1995
- Schulz, R-H: Codierungstheorie – Eine Einführung; Vieweg Verlag, 2003
- `http://de.wikipedia.org/wiki/Kodierungstheorie`

Kapitel 22: Datenkompression

- Bell, T; Cleary, J; Witten, I: Text Compression; Prentice Hall, 1990
- Salomon, D: Data Compression – The Complete Reference; Springer, 2004
- Storer, J: Data Compression; Computer Science Press, 1988

Kapitel 23: Kryptografie

- Buchmann, J: Einführung in die Kryptographie; Springer, 2004
- Ertel, W: Angewandte Kryptographie; Hanser, 2003
- Schneier, B: Angewandte Kryptographie; Pearson Studium, 2005
- Singh, S: Codes – Die Kunst der Verschlüsselung; dtv, 2004
- Wätjen, D: Kryptographie – Grundlagen, Algorithmen, Protokolle; Spektrum Akademischer Verlag, 2003
- Zeitschriftenartikel zur Quantenkryptografie: `http://www.pro-physik.de/Phy/pdfs/ISSART12536DE.PDF`

Sachregister

!

A

B

C

D

E

F

G

H

I

J

K

L

Q

R

S

T

U

V

W

X

Y

Z